형감 衡鑑

이 책은 2015년도 정부(교육부)의 재원으로 한국고전번역원의 지원을 받아 수행된 특수고전협동번역사업의 결과물임

형감 衡鑑

이정인 편 | 김용흠·원재린·김정신 역주

혜안

머리말

조선후기 정치사는 흔히 당쟁사로 인식되었다. 조선왕조 국가의 멸망 원인으로서 지금까지도 당쟁망국론이 거론될 정도로 당쟁은 조선후기 정치사를 부정적으로 묘사하는 개념이 되었다. 16세기에 붕당이 형성된 이후 이를 기반으로 삼아서 전개된 정치적 대립과 갈등을 17세기 붕당정치, 18세기 탕평정치, 19세기 세도정치로 유형화하여 이해하는 시각이 제시되기도 하였지만 당쟁에 대한 부정적 인식이 크게 불식되지는 못하였다.

조선후기 정치사에서 개인의 권력욕이나 사리사욕, 당리당략에 의한 모략과 음모 등이 난무한 것은 사실이지만 이것만으로 모든 정치적 갈등을 설명할 수는 없다. 여기에는 개인의 권력욕이나 당리당략을 합리화하는 논리와 이에 의거하여 기득권을 유지 고수하려는 세력만이 있었던 것이 아니라 민생을 안정시켜 국가를 유지 보존하려는 세력과 논리도 역시 존재하였다. 이들은 현실 정치 속에서 서로 대립 갈등할 수밖에 없었는데, 당론서에는 바로 이러한 배경 속에서 발생한 다양한 사건들과 갈등 당사자들의 현실인식, 사유형태 등이 풍부하게 담겨 있다. 당론서를 통해서 표출된 주장과 논리는 이처럼 정책과도 긴밀하게 연관되어 있었다.

조선후기에는 당쟁이 격렬하였던 것만큼이나 각 당파의 정당성을 주장하는 수많은 당론서가 생산되고 필사를 통해 전파되었다. '당론서(黨論書)'란 17세기 이후 서인과 남인의 대립 갈등이 격화되는 가운데 생성되어, 이후 노론과 소론, 시파와 벽파의 갈등을 거치면서 각 정파의 행적과 논리의 정당성을 천명하기 위해 의도적으로 편찬된 자료를 지칭한다. 당론서는 국가의 공식 기록인 『조선왕조실록』이나 『승정원일기』와 같은 연대기, 또는 개인이나 문중에서 편찬하는 문집이나 전기류 등과는 구별되는 독특한 체제와 내용을 담고 있다.

여기에는 해당 시기 정계와 학계를 주도했던 인물들의 정치 행적뿐만 아니라 그들의 현실인식과 세계관, 이에 입각하여 정치적 과제를 설정하고 대처해 나가는 모습 등이 구체적으로 담겨있다. 이에 대해서 당대의 사회경제적 제반 조건과 관련지어 체계적이고 과학적으로 분석해야만 조선후기 정치적 갈등이 정책과 어떻게 관련되어 있는지를 드러낼 수 있을 것이다. 따라서 당론서는 조선후기 정치사를 과학적으로 인식하는 관건이 되는 자료라고 말할 수 있다.

조선후기 당론서는 현재 확인되는 것만도 그 규모가 방대하고 대부분이 한문 원자료 상태로 남아 있어 일반인의 접근이 어려운 것이 현실이다. 그리고 일부 번역된 것도 있지만 원문 번역에 그쳐서 일반인이 이해하기는 쉽지 않다는 문제가 있었다. 그리하여 관련 연구자가 전공 지식에 바탕을 두고 정밀한 역주를 통해서 친절하게 안내할 필요가 있다는 지적이 있어왔다.

본서의 번역에 참여한 세 사람의 전임연구원들은 모두 조선시대 정치사, 정치사상사 전공자들로서 다년간에 걸쳐서 당론서 번역 사업을 수행해왔다. 2006년에는 한국연구재단의 지원을 받아서 '당론서 3종 번역과 주석 및 표점 작업'을 진행하여 『갑을록(甲乙錄)』(소론), 『아아록(我我錄)』(노론), 『동소만록(桐巢漫錄)』(남인)들을 번역하는 사업을 완료하고, 『동소만록』은 작년부터 시판에 들어갔다. 이어서 2013년과 2014년에는 서울대 규장각한국학연구원의 지원을 받고 신규장각 자료구축사업의 일환으로 한국학자료총서로서 『사도세자의 죽음과 그 후의 기억-『현고기(玄皐記)』 번역(飜譯)과 주해(註解)』(2015), 『충역의 시비를 정하다-『정변록(定辨錄)』 역주』(2016)를 간행하였다. 이러한 성과를 바탕으로 2011년에는 한국역사연구회, 2016년에는 한국사상사학회 주관으로 학술대회를 통해서 연구 성과를 발표하기도 하였다.

또한 한국고전번역원의 '특수고전 정치사분야협동번역사업'의 일환으로 2015년 『형감(衡鑑)』, 2016년 『족징록(足徵錄)』과 『진감(震鑑)』, 2017년 『유문변록(酉門辨錄)』과 『대백록(待百錄)』 등의 번역이 완료되어 출간을 기다리고 있으며, 2018년에는 『동남소사(東南小史)』와 『수문록(隨聞錄)』 등의 번역 작업이 진행되고 있다.

이번에 출간하는 『형감』은 한국고전번역원에서 지원한 '정치사분야협동번역사업'의 1차년도 성과물로서, 노론측을 대표하는 당론서이다. 조선 후기 사회를 주도한 당색이 노론이었으므로, 당론서 가운데 노론측 당론서가 압도적 분량을 차지하고 있는 것은 자연스러운 일인데, 그 중에서도 『형감』은 여러 가지 측면에서 노론 당론서로서의 전형을 보여준다. 『형감』은 분량도 적지 않으며, 노론 당론의 원천인 송시열(宋時烈)의 저술은 물론이고 다양한 노론측 인물들의 주장을 담고 있다. 이들의 주장을 여러 측면에서 입체적으로 분석하면, 서로 다른 사상과 논리에 의거하여 국가 운영의 이상과 현실을 두고 치열하게 갈등하였던 조선시대 정치사의 현장을 구체적으로 조망할 수 있을 것이다.

본 사업을 진행하면서 많은 분들의 도움을 받았다. 한국고전번역원의 신승훈 원장님 이하 박재영 기획실장, 권경열 평가실장 등 관련 임직원 여러분들이 당론서의 사료 가치를 공유하고 적극적으로 지원하여 이 사업이 완수될 수 있었다. 이제 그 1차년도 사업 성과물의 출간을 앞두고 진심으로 감사를 표하는 바이다. 또한 한국고전번역원 출범의 산파 역할을 했던 유기홍 전 국회의원의 적극적인 후원에도 감사드린다. 연세대학교 국학연구원의 김도형 전 원장님과 신형기 현 원장님 이하 임직원 여러분들의 도움에도 감사드린다. 그리고 세 사람의 전임연구원과 함께 20년이 넘는 기간 같이 전공 세미나를 전개하며 물심양면으로 도움을 준 정호훈, 구만옥, 정두영 선생 등과도 출간의 기쁨을 함께 나누고 싶다. 당론서를 비롯한 국학 자료 출판에 애정을 갖고 더딘 번역 작업을 인내심을 갖고 기다려 주신 도서출판혜안 오일주 사장님과 난삽한 원고를 깔끔하게 정리해주신 김현숙, 김태규 선생께도 감사드린다.

2018년 9월
김 용 흠

차례

제 2 책

제3책

衡鑑

『형감(衡鑑)』은 조선후기 숙종대 서인(西人)이 노론(老論)과 소론(少論)으로 분열될 당시의 정치적 갈등을 송시열(宋時烈)과 노론의 입장에서 정리한 노론측 당론서(黨論書)이다. 3책의 필사본으로서 서울대학교 규장각한국학연구원에 소장되어 있다(奎 12248). 이것은 한 사람의 저술이 아니라 관련 자료를 모은 것인데, 편찬자는 이정인(李鼎寅, 1788~?)으로 명시되어 있다.

이정인의 본관은 전주(全州), 자는 성흠(聖欽)이다. 선조(宣祖)의 제13자 영성군 계(寧城君季)의 후손 이명걸(李命杰)의 손자, 통훈대부(通訓大夫) 행호조정랑(行戶曹正郎) 이주헌(李周憲)의 아들이다. 순조대 형조판서를 지낸 이요헌(李堯憲, 1766~1815)은 그의 중부(仲父)이다. 1810년(순조10) 식년시(式年試)에서 진사 3등으로 급제하고, 함열현감(咸悅縣監)을 지냈으며, 1903년(고종40) 정3품 통정대부 비서원 승에 추증되었다. 중부인 이요헌이 1785년(정조9) 무과에 급제해 정조(正祖)의 총애를 받았고, 순조대 병조·형조 판서를 역임한 것으로 보아 당시 상당한 위세를 떨친 가문이었음을 짐작해 볼 수 있다.

본서의 편찬 연대는 알 수 없는데, 그가 소과에 합격한 이후 19세기 전반으로 추정해 볼 수 있다. 본서는 숙종대 노·소론의 대립·갈등과 관련된 자료를 편찬한 것인데, 대체로 시대순으로 배열되어 있다. 책별 목차와 교감본을 아래에 표로 제시하였다. 각 책별로 내용을 살펴보면 다음과 같다.

제1책은 송시열이 직접 지은 글과 송시열의 후손과 제자들의 기록이 대종을 이루고 있는데, 대체로 1689년 기사환국까지의 기록을 수록하고 있다. 우선 송시열이 작성한 효종(孝宗)과 관련된 기록(「기해악대기(己亥握

對記)」·「영릉어찰(寧陵御札)」·「영릉지문(寧陵誌文)」)이 있고, 노소론 사이에 논란을 빚은 윤선거(尹宣擧) 묘갈명(墓碣銘)과 제문(祭文)이 있다. 제문으로는 그 외에도 송상민(宋尙敏)·이유태(李惟泰) 제문이 더 있다. 그리고 1689년 기사환국으로 송시열이 죽음을 앞두고 기억에 의존해서 지은 「잡록(雜錄)」이 수록되어 있는데, 송시열이 사거한 뒤 노론측의 주장이 대체로 이 기록에 의거하고 있다는 점이 주목을 요한다. 송시열이 죽음을 앞두고 자신의 스승인 김장생(金長生)에 대한 고묘문(告廟文)을 지은 것도 그러한 범주에 해당된다고 볼 수 있다.

다음 1689년 기사환국으로 남인이 집권하여 서인이 몰락하고 송시열 등이 유배되는 조정에서의 과정을 기록한 것(「기사당화(己巳黨禍)」)과 송시열이 죽음을 맞이하는 광경을 그 수제자 권상하(權尙夏)가 기록한 것이 있다(「정읍역책시소기(井邑易簀時所記)」). 그리고 「만동묘사실(萬東廟事實)」은 예외적으로 1704년에 지은 것인데, 송시열의 유언에 따라서 권상하가 만동묘를 세우고 명나라 황제인 신종(神宗)에게 올린 제문과 그 전말을 기록한 것이다.

또한 노론측 당론서의 특유한 형식인 문답류가 세 가지 수록되어 있다. 「향동문답(香洞問答)」은 흔히 노론과 소론이 분열된 해로 기억되는 1683년 송시열과 박세채가 당시의 정치 쟁점에 대해 토론한 내용이며, 「후동문답(後洞問答)」은 송시열과 노론의 정당성을 문답 형태로 정리한 것이고, 「광탄문답(廣灘問答)」은 김장생 후손이자 송시열 제자인 김만증(金萬增)이 박세채와 대화하면서 박세채가 윤증(尹拯)을 두둔한 이유를 추궁하는 내용이다.

제1책이 이처럼 대체로 1689년 기사환국까지의 송시열과 그 집안, 그리고 제자들의 기록이라면 제2책은 숙종대 노론과 소론이 갈등하는 원인과 관련된 핵심 자료를 제시하고 있다. 따라서 여기에는 송시열과 갈등한 이유태와 윤선거의 기록은 물론이고 소론측 기록도 다수 포함되어 있는데, 대체로 1716년 병신처분 이전까지의 기록이 대부분이다.

여기에는 문제가 된 윤선거 상소문과 윤선거가 송시열에게 보내려고 작성하였지만 보내지 못한 「기유의서(己酉擬書)」, 그리고 박세채가 지은 윤선거 행장과 윤증이 편찬한 연보 등은 물론이고, 윤증이 송시열을 비판한 「신유의서(辛酉擬書)」와 병자호란 당시 윤선거의 강화도 행적을 밝힌 기록 등이 있다. 또한 1687년 소론측에서 송시열의 상소문을 반박한 나양좌 상소문과 주변 기록도 포함되어 있다. 물론 이러한 소론측 기록은 「신유의서」를 예외로 하면 대체로 아주 간략하게 수록되어 있어 소론측에서 편찬한 『갑을록(甲乙錄)』이 노·소론의 기록을 균형있게 수록한 것과는 대조가 된다.

그리고 이와 함께 송시열 손자 송주석(宋疇錫)과 문인 한원진(韓元震)을 비롯한 필자 미상의 노론측 변론이 반드시 함께 수록되어 있는 것은 물론이다. 특히 이유태 예설, 목천사(木川事), 인인설사(忍人說事) 3항목은 소론측 최석문(崔錫文) 상소에서 관련된 내용을 먼저 제시하고, 이것을 반박하는 노론측 이시정(李蓍定) 상소문을 뒤에 붙이는 형태로 편찬되었다.

제3책은 송시열 재전 제자들의 기록을 주로 수록하였다. 권상하 문인인 한홍조(韓弘祚, ?~1712), 한원진(韓元震, 1682~1751), 윤봉구(尹鳳九, 1683~1767)의 기록이 가장 많고, 김창협(金昌協) 문인 이재(李縡, 1680~1746), 박세채 문인 김유(金楺, 1653~1719)의 기록도 들어 있다. 기록 시기로 보면 한홍조가 작성한 「강상문답(江上問答)」과 김유의 「검재쇄록(儉齋瑣錄)」만 병신처분 이전 기록이고, 나머지는 모두 병신처분 이후에 작성되었으며 경종·영조대에 대한 기록이 포함되어 있다.

한홍조가 권상하와의 대화를 기록한 「강상문답」은 제1책에 실린 「후동문답」과 함께 노론측 당론서 특유의 문답체 형식을 대표하는 기록이다. 김유의 「검재쇄록」은 박세채가 결국은 송시열을 지지하였다고 주장하려는 의도에서 수록된 것으로 보인다. 3책의 대부분을 차지하는 것은 김창협 문인 이재와 권상하 문인 한원진·윤봉구의 기록인데, 이들은 모두 한홍조와 함께 『송자대전』의 「기술잡록(記述雜錄)」에 이름이 올라 있는 사람들이니 노론의 정통을 계승한 사람들로 간주할 수 있다. 이들은 영조대 조정에서 노론의 의리론(義理論)을 대표하여 활약한 인물들이다.

시기상으로 이들보다 훨씬 후대의 기록이 이민보(李敏輔, 1717~1799)의

「이서변(尼書辨)」과 작자 미상의 「붕당원위(朋黨源委)」이다. 「붕당원위」는 선조(宣祖)대 동서(東西) 분당부터 영조대까지를 간략하게 정리하였는데, 한원진의 「남당잡지」의 내용을 확대시켜, 노론의 정당성을 역사적으로 체계화하려고 시도하였다. 이민보는 송시열 제자인 이단상(李端相) 후손으로서 영조·정조대 노론 준론 입장을 취한 대표적 인물이다. 제목은 '윤증 편지에 대한 변론'으로 되어 있지만 송시열과 윤증의 갈등 전반에 걸쳐서 세세한 일화를 제시하였다. 앞 부분과 중복되는 내용도 많지만 새로운 사실도 꽤 보인다. 이들 두 자료는 정조대 기록임이 분명하다.

이처럼 『형감』은 숙종대 노론과 소론이 분열되어 대립·갈등하는 양상을 송시열과 노론의 입장에서 정리한 노론측 당론서인데, 이와 유사한 『아아록(我我錄)』이 문답체로 그친 것에 비해서, 『향동문답』·『후동문답』·『광탄문답』·『강상문답』 등 노론측 4대 문답체 당론서를 모두 수록하였을 뿐만 아니라 노론측 주장의 정당성을 뒷받침하는 기록과 증언을 다양하게 수집해서 수록했다는 점에서 차이가 있다. 이들 기록은 표에서 보는 바와 같이 작성자의 문집에 있는 것도 있고, 다른 곳에서는 볼 수 없는 것도 있다. 그런데 이 자료와 문집에 수록된 교본(校本)을 비교해 보면 여기에 실린 자료가 더 생생하고 일차적이라는 느낌을 주는 자료도 많아서 사료적 가치가 높아 보인다. 아울러서 표에서 교본이 없는 자료들의 경우 여기에만 수록된 자료로 볼 수 있으므로 더욱 사료 가치를 높여준다고 볼 수 있다. 더구나 이 규장각 필사본은 다른 곳에서는 찾아보기 어렵다는 점에서 노론측 당론서로서 이 자료가 중요한 가치를 가지고 있다는 것을 알 수 있다.

『형감』 제1책 차례와 교본(校本)

순서	제목	교본	작성자
1	己亥握對記 尤庵先生所記	『宋子大全拾遺』「幄對說話」 『顯宗改修實錄』 즉위년 9月 5日	宋時烈
2	寧陵御札	『宋子大全拾遺』「孝宗大王密札」 『肅宗實錄』 20년 윤5월 11일	宋時烈
3	寧陵誌文	『孝宗實錄』 附錄 「誌文」 『宋子大全』「寧陵誌文」	宋時烈
4	萬東廟事實	『寒水齋集』 권23, 「淸州華陽洞萬東祠神宗皇帝位祭文」	權尙夏
5	尹吉甫墓碣銘 幷序	『宋子大全』 권179, 「尹吉甫墓碣銘 幷序」	宋時烈
6	祭尹吉甫宣擧文	『宋子大全』 권153, 「祭尹吉甫文」	宋時烈
7	祭宋子愼文 第五文	『宋子大全』 권153, 「祭宋子愼文[五祭文]」	宋時烈
8	祭草廬李惟泰文	『宋子大全』 권153, 「祭李草廬文」	宋時烈
9	告沙溪先生墓文	『宋子大全』 권151, 「告沙溪先生墓文」	宋時烈
10	雜錄 出尤菴集	『宋子大全』 권131 「雜錄」, 「燕居雜錄」 권132 「偶記」, 「瑣錄」/ 권134 「雜著」	宋時烈
11	井邑易簀時所記 遂菴先生錄	『寒水齋集』 권21, 「楚山語錄」 『宋子大全』 續拾遺附錄 권2, 「楚山日記[門人閔鎭綱錄]」	權尙夏 閔鎭綱
12	香洞問答 尤菴先生孫宋疇錫所記	『肅宗實錄』 권14, 9년 11월 10일 『鳳谷集』 권3, 「香洞問答」	宋疇錫
13	後洞問答	장서각 소장 『後洞問答』 규장각 소장 『江上問答附後洞問答』	
14	廣灘問答 金知事萬增景能所錄		金萬增
15	己巳黨禍		

『형감』 제2책 차례와 교본(校本)

순서	제목	校本	작성자
16	構禍事蹟 宋校理疇錫錄	『鳳谷集』 권3, 「構禍事蹟」 『稗林』 8집, 「構禍事蹟」	宋疇錫
17	與尤齋先生別紙 草廬丙辰四月	『草廬集』 권25 「與尤菴書 別紙 丙辰四月 在謫所時」 『肅宗實錄補闕正誤』 10年 4月 24日	李惟泰
18	又丙辰九月	『草廬集』 권14, 「與宋英甫書 丙辰九月」	李惟泰
19	美村辭持平疏 乙未十一月	『魯西遺稿』 권3, 「辭持平 江外陳情疏 再疏」	尹宣擧
20	美村己酉擬書	『魯西遺稿 別集』 「擬答宋英甫 己酉」	尹宣擧
21	鑴祭美村文	『白湖集』 권17, 「祭尹吉甫文」	尹鑴
22	美村年譜中語	『魯西遺稿』 「年譜 庚子七月」	尹宣擧
23	尼山抵史局書	『明齋遺稿』 別卷3, 「答羅顯道 辛酉夏」	尹拯
24	又送李伯吉書 甲子	상동	尹拯
25	尼山與朴玄石書	『明齋遺稿』 別卷3, 「答朴和叔 兼示羅顯道」	尹拯
26	三洲與其仲舅書	『農巖集』 권11, 「上仲舅 乙酉」	金昌協
27	執義尹公狀文中江都事 玄石撰	『魯西遺稿』 附錄下, 「成均生員贈通政大夫吏曹參議魯西先生尹公行狀」	朴世采
28	尹辭持平疏	『魯西遺稿』 권3, 「辭持平 江外陳情疏 再疏」	尹宣擧
29	年譜死罪臣一段	『魯西遺稿』 附錄上	尹宣擧
30	尼山與金判書萬重書	『明齋遺稿』 권13, 「與金重叔萬重 庚午二月」	尹拯
31	又與金哀君守甫鎭龜書		尹拯
32	羅良佐私記	『明村雜錄』 「續疏辨源委後記聞」	羅良佐
33	羅良佐疏中語	『肅宗實錄』 13년 3월 17일	羅良佐
34	對或問		
35	示或人書	『南塘集』 권22, 「與姜甥奎煥, 乙未二月」	韓元震
36	辨說		
37	尼山辛酉擬書	『明齋遺稿』 別卷3, 擬與懷川書	尹拯
38	辨奸說		
39	草廬禮說事	『肅宗實錄』 42년 3월 3일, 崔錫文 上疏 『肅宗實錄』 42년 윤3월 15일, 李蓍定 上疏 『屛溪集』 권7, 「代館學儒生李蓍定等辨尤菴遂菴兩先生被誣疏 丙申」	崔錫文 李蓍定
40	木川事	上同	上同
41	忍人說事	上同	上同

『형감』 제3책 차례와 교본(校本)

순서	제목	校本	작성자
42	江上問答 遂庵門人進士韓錫祚記	『寒水齋集 附錄』「黃江問答」 『宋子大全 附錄』 권19, 「記述雜錄」	韓錫祚= 韓弘祚
43	三官記 陶菴所著	『宋子大全 附錄』 권19, 「記述雜錄」	李縡
44	儉齋瑣錄	『儉齋集』 권31, 「丁戊瑣錄」 권32, 「乙丙瑣錄」·「己庚瑣錄」	金楺
45	南塘雜識	『南塘先生文集』 권38, 「雜識」 外篇[下]	韓元震
46	久菴聞見錄 屛溪所錄		尹鳳九
47	尼尹始末 上同	『屛溪集』 권34, 「尼尹始末」	上同
48	偶記 上同	『屛溪集』 권34, 「偶記」	上同
49	瑣記 上同	『屛溪集』 권34, 「瑣記」	上同
50	小記 上同	『屛溪集』 권34, 「小記」	上同
51	朋黨源委		
52	尼書辨 李敏輔伯訥常齋著		李敏輔

* 본 번역의 底本은 규장각 본[奎12248, 『朝鮮黨爭關係資料集』 권5(驪江出版社 영인본)]을 활용하였다.

제 1 책

기해년 악대의 기록

己亥幄對記[1)]

우암(尤菴)[2)] 선생이 기록하였다.

완산(完山) 이정인(李鼎寅)[3)]

기해년(1659, 효종10) 3월 11일 희정당(熙政堂)[4)]에서 소대(召對)[5)]하였다. 주상[6)]이 말하기를, "신료들은 모두 나가고 이조판서[7)]만 남아 있도록

---

1) 『宋子大全拾遺·幄對說話』 및 『顯宗改修實錄』 즉위년 9月 5日 기사를 교본(校本)으로 하였다.

2) 우암(尤菴) : 송시열(宋時烈, 1607~1689)의 호이다. 본관은 은진(恩津), 자 영보(英甫), 시호 문정(文正)이다. 사옹원 봉사 갑조(甲祚)의 아들이며, 김장생(金長生)·김집(金集)의 문인이다. 효종대 「기축봉사(己丑封事, 1649)」와 「정유봉사(丁酉封事, 1657)」를 올려 조정의 논의를 주도하였다. 현종대 두 차례 예송(禮訟)에 깊이 간여했다가 1674년 서인들이 패배하자 파직·삭출되었다. 1682년(숙종8) 김석주(金錫冑)·김익훈(金益勳) 등 훈척들이 역모를 조작하여 남인들을 축출한 사건에서 김장생의 손자 김익훈을 두둔하다가 서인의 젊은 층으로부터 비난을 받았다. 이로 인해 결국 서인이 노론과 소론으로 분열되었는데, 송시열은 노론의 종장(宗匠)이 되었다. 1683년 노·소론의 대립으로 교착상태에 빠진 정국을 타개하기 위해 박세채(朴世采)가 탕평론(蕩平論)을 제출하였는데, 이에 대한 반발로 송시열이 윤선거(尹宣擧)·윤증(尹拯) 부자를 공격하여 1684년 이후 일어난 회니시비(懷尼是非)의 당사자가 되었다. 1689년 기사환국으로 남인이 재집권했는데, 이때 세자 책봉에 반대하는 소를 올렸다가 유배되었다. 그 해 6월 정읍에서 사약을 받고 죽었다.

3) 이정인(李鼎寅) : 1788~?. 본관은 전주(全州), 자 성흠(聖欽)이다. 선조의 제13자 영성군 계(寧城君季)의 후손, 이명걸(李命杰)의 손자, 통훈대부(通訓大夫) 행호조정랑(行戶曹正郞) 이주헌(李周憲)의 아들이다. 순조대 형조판서를 지낸 이요헌(李堯憲, 1766~1815)은 그의 중부(仲父)이다. 1810년(순조10) 식년시(式年試)에서 진사 3등으로 급제하고, 함열현감(咸悅縣監)을 지냈으며, 1903년(고종40) 정3품 통정대부 비서원 승에 추증되었다. 『형감 합편(衡鑑合編)』의 편자(編者)로서, 효종~숙종 대에 걸쳐 전개된 서인과 남인, 노론과 소론의 정치적 대립과 갈등의 연원을 서인·노론의 시각으로 정리하였다.

4) 희정당(熙政堂) : 창덕궁 대조전(大造殿) 남쪽에 있는 전각으로 임금이 평상시 거처하면서 사무를 보는 편전이다.

5) 소대(召對) : 왕명으로 입대(入對)하여 정사(政事)에 관한 의견을 상주(上奏)하는 일이다.

6) 주상 : 효종(孝宗, 1619~1659)을 가리킨다. 인조의 둘째 아들이며, 어머니는 인열왕후(仁烈王后)이다. 비는 우의정 장유(張維)의 딸 인선왕후(仁宣王后)이다. 1626년(인조4) 봉림대군(鳳林大君)에 봉해졌다. 1636년 병자호란이 일어나자 인조의 명으로 아우

하라.” 하였다. 신료들이 모두 밖으로 나가자, 주상이 내관에게 문들을 활짝 열게 하고 말씀하시기를, “너희들도 모두 멀리 물러가 있도록 하라.” 하였다.

그런 다음 주상이 말하였다. “매번 경과 조용히 대화를 나누고 싶어 여러 달을 기다렸지만 끝내 기회가 없었소. 그러므로 오늘은 내가 마음먹고 이 자리를 마련하였소. 다행히 내 기운도 회복되어 좋아졌으니, 내가 마음속에 품은 뜻을 모두 털어 놓을 수 있을 것 같소. 내가 말하고자 하는 것은 오늘날의 대사요. 지금 오랑캐는 반드시 망하게 될 형편에 놓여 있소. 예전의 칸[汗][8] 때는 형제들이 매우 번성했었는데 지금은 점점 줄어들어 그 형세가 매우 외롭소. 예전의 칸 때는 인재가 매우 많았는데 지금은 모두 용렬한 자들이고, 예전의 칸 때는 오직 무사(武事)만을 숭상했는데 지금은 점점 무사를 폐하고 자못 중국의 일을 본받고 있소.[9] 이는 바로 경이 전일에 말해 준 주자(朱子)[10]의 이른바 ‘오랑캐가

인평대군(麟坪大君)과 함께 비빈·종실 및 남녀 양반들을 이끌고 강화도로 피난했다. 이듬해 강화가 성립되자, 형 소현세자(昭顯世子)와 척화신(斥和臣) 등과 함께 청나라에 볼모로 갔다. 1645년 소현세자가 귀국 뒤 갑자기 죽자 그를 대신하여 세자에 책봉되었다. 평생을 북벌에 전념해 군비 확충에 몰두하였다. 하지만 국제정세가 호전되지 않았을 뿐만 아니라 재정부족으로 때로는 현실적인 경제재건을 주장하는 조신(朝臣)들과 갈등하다가 북벌의 뜻을 이루지 못했다. 이 자료에 보이는 송시열과의 독대는 자신의 북벌 정책을 반대하는 양반 지배층 일반을 설득하려는 의도에서 나온 것이었다. 그러나 그 뒤 1659년 5월 4일 41세를 일기로 창덕궁에서 승하하여, 북벌 정책은 정치의 중심에서 사리지게 된다.

7) 이조판서 : 송시열을 가리킨다. 1658년(효종9) 9월 19일 효종은 호서산림(湖西山林) 세력을 재등용하는 일환으로 송시열을 이조판서에 특서(特敍)하였다. 이 조치는 산림의 영수인 송시열에게 인사의 대권을 맡기고 그를 중심으로 한 산림의 지지기반 위에서 난항에 빠진 북벌 정책의 실효를 거두려는 시도에서 비롯되었다.

8) 예전의 칸[汗] : ‘칸[汗]’은 왕을 지칭하는 몽골어 칸(khan)의 음차로, 원래는 가한(可汗)이라고 한다. 여기에서는 청나라 군주를 낮게 칭하는 말로 쓰였으며, ‘예전의 칸’은 청나라 태조(太祖, 1559~1626)와 태종(太宗, 1592~1643)을 가리킨다.

9) 지금은……있소 : 지금은 기해독대가 있던 1659년(효종10)으로, 청나라 3대 황제인 세조(世祖) 순치제(順治帝, 1638~1661) 16년에 해당하는 시기였다. 1643년 청 태종 홍타이지가 사망하자 청나라는 권력투쟁의 혼란이 발생하였으며 그의 9번째 아들 풀린이 5세의 나이로 즉위하여 순치제가 되었다. 하지만 순치제는 너무 어렸기 때문에 태조 누르하치의 14번째 아들인 도르곤[多爾袞]이 정권을 장악하고 섭정을 하였으며, 1653년 도르곤의 사망 후에야 순치제의 친정(親政)이 시작되었다. 여기에서

중원(中原)의 인재를 얻어 중국의 제도를 배우면 점차 쇠약해진다.'는 것일 것이오. 지금의 칸이 비록 영웅이라고는 하나 주색(酒色)에 깊이 빠져 있으니 그 형세는 반드시 오래 가지 못할 것이오.

오랑캐의 일은 내 익히 알고 있소. 신하들은 모두 내가 군대를 양성하지 말기를 바라지만, 내 결코 그들의 말을 듣지 않는 것은 천시(天時)와 인사(人事)의 좋은 기회가 언제 닥쳐올지 모르기 때문이오. 그러므로 정예 포병(砲兵) 10만을 길러 자식처럼 사랑하고 돌보아 모두 죽음을 두려워하지 않는 병사로 만든 다음, 저들에게 틈이 생기기를 기다려 예기치 못하였을 때 출병해 곧장 산해관(山海關)[11] 밖까지 쳐들어가면 중원의 의사(義士)와

효종은 순치제 전반(前半) 청나라 조정의 자못 혼란했던 권력 양상을 오랑캐의 성세(盛勢)가 꺾이고 쇠락해 가기 시작한 것으로 바라보고 있다. 당시 순치제는 명나라의 유교적 이념과 정치제도를 도입하고 한인(漢人)을 등용하였으며, 명나라 말기의 폐정을 바로잡고 인심의 안정에 힘을 기울여 중국 지배의 기초를 닦았는데, 효종은 청나라의 이와 같은 '한화(漢化)' 정책을 이적(夷狄)이 중화(中華)의 정통에 흡수 소멸되어가는 과정으로 판단하고 있다.

10) 주자(朱子) : 남송대 학자이자 정치가였던 주희(朱熹, 1130~1200)를 말한다. 주희의 자는 원회(元晦)·중회(仲晦), 호 회암(晦庵)·회옹(晦翁)·운곡산인(雲谷山人)·창주병수(滄洲病叟)·둔옹(遯翁) 등이 있다. 14세 때 호적계(胡籍溪), 유백수(劉白水), 유병산(劉屛山)에게 사사하면서 불교와 노자의 학문에도 흥미를 가졌었다. 24세 때 연평(延平) 이통(李侗)을 만나 사숙(私淑)하면서 유학에 복귀하게 된다. 19세에 진사시에 급제하여 71세에 생애를 마칠 때까지 여러 관직을 거쳤으나, 약 9년 정도만 현직에 근무하였을 뿐, 그 밖의 관직은 명목상의 관직이었기 때문에 학문에 전념할 수 있었다. 1188년 주희는 황제의 도덕수양이 국가 안녕의 기반이라는 주장을 담은 상소문을 올리기도 하였다. 만년에 이르러서 정적(政敵)인 한탁주가 주희의 학설과 행실에 대해 중상모략을 하여 그의 학문을 위학(僞學)이라 하여, 저서의 간행과 유포가 금지되었고 정치활동을 비롯한 모든 공적인 활동이 금지되었다. 1209년과 1230년에 그에게 시호가 내려졌고 1241년에는 그의 위패가 정식으로 공자사당에 모셔졌다. 주희의 성리학은 오랫동안 중국을 비롯한 동아시아 지식인 사회를 지배해왔고, 사서에 대한 그의 주석서는 과거에 합격하려는 사람들의 필독서가 되었다. 주희의 저서로는 『논어요의(論語要義)』, 『논어훈몽구의(論語訓蒙口義)』, 『곤학공문편(困學恐聞編)』, 『정씨유서(程氏遺書)』, 『논맹정의(論孟精義)』, 『자치통감강목(資治通鑑綱目)』, 『팔조명신언행록(八朝名臣言行錄)』, 『서명해의(西銘解義)』, 『주역본의(周易本義)』, 『시집전(詩集傳)』, 『초사집주(楚辭集注)』 등이 있다. 나중에 그의 글은 『주문공문집(朱文公文集)』으로 편집되었고, 제자들과 학문하면서 토론할 때 남긴 주희의 말은 『주자어류(朱子語類)』로 편찬되었다.

11) 산해관(山海關) : 만리장성의 동쪽 끝에 자리하고 있는 중요한 관문의 하나이다. 명대 이후 북경이 수도가 되면서 인근한 산해관의 군사적 중요성이 더욱 강조되어

호걸 중에 어찌 호응하는 자가 없겠소. 대개 산해관 밖까지 곧장 쳐들어가는 일이 그리 어렵지 않다 하는 것은 오랑캐가 무비(武備)에 힘쓰지 않아 요동(遼東)과 심양(瀋陽) 천리 길에 활 쏘고 말 타는 자가 없어서 마치 무인지경에 들어가는 것과 같을 것이기 때문이오.

또 하늘의 뜻으로 말하자면, 우리나라의 세폐(歲幣)[12]를 저들이 모두 요동과 심양에 쌓아 두고 있으니, 하늘의 뜻은 아마도 우리에게 그것을 쓰라고 되돌려주고자 하는 듯하오. 또 우리나라에서 포로로 잡혀간 이들이 얼마나 되는지 모를 정도로 많으니 그 중에 내응하는 이가 또한 어찌 없겠소. 오늘날의 일은 하지 않는 것을 염려할 뿐, 성공하기 어려운 것은 염려하지 않아도 될 것이오."

내가 답하기를, "전하의 뜻이 이와 같으시니, 우리나라뿐만 아니라 실로 천하 만대의 다행입니다. 그러나 제갈량(諸葛亮)도 오히려 성공하지 못하고서[13] 뜻대로 이루기 어려운 것이 세상사라고 하였습니다. 만에 하나 차질이 생겨 나라가 망하는 화가 있게 되면 어찌하시렵니까?" 하니, 주상이 웃으며 말하였다. "이것은 경이 나를 시험하는 말이오. 큰 뜻을 품고 큰일을 거행하며 어찌 만전을 보장할 수 있겠소. 내 재주로 이 일을 해낼 수 있다고 생각하는 것은 아니오. 다만 천리와 인심으로 보아 그만둘 수 없는데, 어찌 재주가 미치지 못한다 하여 스스로 포기하고 하지 않을 수 있겠소. 더욱이 뜻이 진실로 굳게 정해지면 정성이 자연 돈독해지고, 정성이 자연 돈독해지면 재주 또한 나아질 수 있는 것이니, 이 때문에 항상 스스로 분발하고 있을 뿐이오.

또한 하늘의 뜻이 여기에 있으니, 내가 생각하기에 나라가 망하는

북방 이민족의 침입을 방어하는 중요한 군사적 요충이 되었다.

12) 세폐(歲幣) : 해마다 음력 10월에 중국에 보내던 공물을 가리킨다.

13) 제갈량도……못하고서 : 제갈량(諸葛亮, 181~234)의 자는 공명(孔明), 시호는 충무(忠武)이다. 후한(後漢) 말 유비(劉備, 161~223)를 보좌하여 한나라의 부흥을 위해 힘썼으나, 221년 한나라의 멸망을 계기로 유비가 촉한(蜀漢)의 제위에 오르자 승상(丞相)이 되었다. 이후 무향후(武鄕侯)에 봉해져 무후(武侯)라고도 부른다. 여섯 차례나 대군을 거느리고 기산(祁山)으로 나가 중원을 도모하였으나 끝내 실패하고 오장원(五丈原)에서 병사하였다.

우환은 없을 것이오. 하늘이 내게 부여해 준 자질이 그리 용렬하지 않은데다가, 나로 하여금 일찍이 환란을 당하게 하여 내 부족한 재주를 한층 향상시켜 주었고, 나로 하여금 일찍부터 활 쏘고 말 달리는 일이며 전진(戰陣)의 일을 익히게 하였으며, 나로 하여금 저들 속에 들어가 그 형세와 산천, 도로를 익숙히 알게 하였고,[14] 나로 하여금 그곳에 오랫동안 머무르게 하여 두려워하는 마음이 없게 하였소. 내 어리석은 생각으로는 하늘의 뜻이 나에게 있으니 막막하지는 않다고 여기고 있소.

그러나 신하들 중에 이 일을 함께 논의할 수 있는 사람이 없고 내 나이는 점차 많아지니 항상 초조하여 사는 것이 즐거운 줄을 모르겠소. 경이 상경한 후로 점차 좋은 생각을 하게 되었으나 경 또한 외로운 처지이니 매우 염려스럽소. 경은 당론(黨論)을 주장하지 않으니, 이 때문에 이쪽저쪽에서 모두 도움을 주지 않는 것이오. 그러나 나와 경은 뜻이 같고 생각이 합치되니 항상 골육의 형제처럼 지낸다면 자연히 함께 호응하는 사람이 있을 것이오. 나는 10년을 기한으로 삼고 있는데, 앞으로 10년이면 내 나이 51세가 되오. 10년 안에 이 일을 이루지 못하면 나의 지기(志氣)는 매우 쇠약해져 다시는 가망이 없을 것이오. 그리 되면 나는 경이 물러가도록 허락할 것이고, 그때엔 경도 물러가는 것이 좋을 것이오.

세자가 매우 어질지만, 아무리 부자간이라 해도 어찌 서로에 대해 모르겠소. 세자는 성품이 온화하고 효성스러우며 심지가 굳건하니, 정녕 수문(守文)[15]하는 훌륭한 군주가 될 것이오. 다만 그 아이는 깊은 궁중에서 나고[16] 자란 데다 병가(兵家)의 일을 알지 못하니, 어려운 일을 억지로

---

14) 나로 하여금……알게 하였고 : 1636년 병자호란 당시 봉림대군이었던 효종은 소현세자(昭顯世子), 척화신(斥和臣) 등과 함께 청나라에 볼모로 끌려갔다. 1645년 4월, 앞서 귀국했던 소현세자가 돌연 급서하자 5월에 돌아와 9월에 세자로 책봉되었고, 1649년 인조 승하 후 창덕궁에서 즉위하였다. 오랜 볼모생활 동안 효종은 청의 강요로 동쪽으로는 철령위(鐵嶺衛)·개원위(開元衛), 서쪽으로는 몽고, 남쪽으로는 산해관, 금주위(錦州衛) 송산보(松山堡) 등 격전지에 동행하였고 명나라가 패망하는 것을 직접 목도하였다.

15) 수문(守文) : 선대의 법을 계승하여 나라를 잘 다스리고 백성을 편안히 한다는 뜻이다.

16) 깊은 궁중에서 나고 : 세자인 현종(1641~1674)의 실제 출생지는 효종이 봉림대군

책임지울 수 없소. 또 아직 천연두를 앓지 않아 내가 그 아이를 아기처럼 보호하고 있는데, 병치레도 잦고 아직 후사가 없어 매우 염려스럽소. 생각건대 그 아이의 나이가 어려 아직 혈기가 안정되지 못하였는데, 몸을 보호하고 아끼지 못하여 자식을 보기 어렵거나 학문에 방해될까 걱정이오. 때문에 근자에 내가 저곳에 방 하나를 만들어, -그러면서 손으로 경의각(敬義閣)을 가리켰다.- 그 아이에게 그곳에서 독서를 하게하고, 또 몸가짐이 조신하고 나이가 지긋한 내관을 뽑아 함께 기거하게 하였소. 그리고 나는 이곳에 있으면서 부자간에 서로 지켜보고 때때로 그 아이를 내전(內殿)에 들게 하고 있소.

부자간의 일은 남에게 말하기 어려운 것이지만 경은 형제와 같기 때문에 숨기지 않고 이렇게 다 말하는 것이오. 오늘날의 이 일은 내 대에서 하지 못하면 장차 이루어지지 못할 것이오. 세자의 훌륭한 덕은 나라를 평안히 보전하기에 충분하니, 이처럼 지극히 어렵고 위태로운 일을 해내도록 기대하지는 못한다 해도 나라에 근심은 없을 것이오.

또 내가 내전에 드는 날은 혈기가 손상될 뿐만 아니라, 지기(志氣) 또한 해이해져서 일을 처리하는 것이 온당치 못하게 되오. 또 옛사람이 장수하고 단명하는 경우를 보면 대부분 이것과 관계되니 진실로 무일(無逸)의 경계[17]와 같소. 때문에 내가 술과 여색을 극히 경계하여 가까이하지 않았는데, 늘 지기가 맑고 몸도 건강해졌음을 알겠으니, 어찌 10년을 버티지 못하겠소. 하늘이 나에게 10년만 허용해 준다면 성패가 어떻든 거사를 한번 일으킬 것이오. 경은 뜻을 같이하는 이들과 은밀히 의논해 보도록 하시오. 내 소견으로는 송아무개[18] -동춘당(同春堂)을 이른다.- 는

시절에 청나라의 볼모로 심양(瀋陽)에 있을 때 머물렀던 심관(瀋館)이었다.

17) 무일(無逸)의 경계 : 무일은 『서경(書經)』「주서(周書)」의 편명(篇名)이다. 주공(周公)이 어린 성왕(成王)에게 안일함을 경계하도록 훈계하는 내용으로, 제왕이 정사에 부지런하면 장수를 누리고 나라가 태평해지지만, 안일에 빠지면 나라가 혼란해지고 군주도 요절하고 만다고 강조하였다.

18) 송아무개 : 송준길(宋浚吉, 1606~1672)을 가리킨다. 본관은 은진(恩津), 자 명보(明甫), 호 동춘당(同春堂)이며, 시호는 문정(文正)이다. 이이(李珥)를 사숙하고, 김장생(金長生)의 문하생이 되었다. 1649년 김장생의 아들이자 산당(山黨)의 영수인 김집(金集)이

일을 맡을 의사가 없는 듯한데 어떻게 생각하오?"

내가 대답하기를, "그런 뜻이 없는 것은 아니나, 그 사람의 기질이 나약하여 그러한 것입니다." 하니, 주상이 "이 아무개 -유태(惟泰)[19]- 는 어떻소?" 하고 물으시기에 내가 대답하기를, "이유태가 항상 말하기를, '주상께서 큰 뜻을 굳게 정하신다면 모든 일은 모름지기 견실하게 해야 한다. 가령 사람이 죽으면 우선 집 뒤에 장사 지내게 한 다음 거사가 이루어지기를 기다려 다시 장사지내게 해야 한다. 이를 다른 일에까지 미루어 나가 백성들이 재물을 허비하거나 민력을 피로하게 하는 길을 일체 막아서 오로지 이 일에만 힘써야 할 것이다.' 하였습니다." 하였다.

주상이 기쁘게 듣고 말하기를, "그의 말이 이와 같다면 참으로 등용할 만한 사람이오. 내 생각에 허적(許積)[20]은 강건하고 용감하여 일을 맡길

이조판서로 기용되면서 송시열과 함께 발탁되었다. 현종 즉위 후 자의대비(慈懿大妃)의 복상 문제로 이른바 예송이 일어났는데 송시열이 기년설(朞年說)을 주장할 때 그를 지지하였다. 이에 남인의 윤휴·허목·윤선도 등의 3년설과 논란을 거듭한 끝에 기년제를 관철시켰다. 1675년(숙종1) 허적(許積)·윤휴·허목 등의 공격을 받아 관작을 삭탈 당하였다가, 1680년 경신환국으로 서인이 재집권하면서 관작이 복구되었다. 1756년(영조32) 문묘에 제향되었다.

19) 유태(惟泰) : 이유태(李惟泰, 1607~1684)를 가리킨다. 본관은 경주(慶州), 자 태지(泰之), 호는 초려(草廬)이다. 처음에는 민재문(閔在汶)에게 배우다가 김장생(金長生)·김집(金集) 부자를 사사하고, 그 문하의 송시열·송준길·윤선거·유계와 더불어 호서산림 5현(五賢)의 한 사람으로 손꼽혔다. 1658년(효종9) 송시열과 송준길의 천거로 관직에 나아갔고, 1660년(현종1) 복제시비 때 송시열의 기년설(朞年說)을 옹호하였다. 1674년(현종15)의 갑인예송(甲寅禮訟) 때 복제를 잘못 정했다는 윤휴(尹鑴) 등의 탄핵을 받아 유배되었지만, 남인 오시수(吳始壽)가 '이유태는 의례(議禮)의 잘못을 깨달았다'고 사면을 청하여 1679년 석방되었다. 이 과정에서 송시열은 이유태가 예설을 고쳐서 처벌을 면하려 한다고 의심하였고, 양자 간의 갈등이 표면화되었다. 본문의 소주(小注)에서 이유태의 호를 쓰지 않고 이름을 그대로 적시한 것은 이 때문이라 할 수 있다.

20) 허적(許積) : 1610~1680. 본관은 양천(陽川), 자 여차(汝車), 호 묵재(默齋)·휴옹(休翁). 1633년(인조11) 사마시(司馬試)를 거쳐 1637년(인조15) 정시문과(庭試文科)에 병과로 급제하고, 1655년(효종6) 호조판서, 1659년(효종10) 형조판서가 되었다. 현종대 예송에서 송시열과 대립하였으며, 숙종대 초반 송시열의 처벌 문제를 둘러싸고 청남(清南)·탁남(濁南)으로 분열되었을 때, 탁남의 영수가 되었다. 1680년(숙종6) 경신환국(庚申換局) 때 서자 견(堅)의 모역사건에 휘말려 사사되었다가 1689년(숙종15) 기사환국(己巳換局)으로 신원되었다.

만하나, 다만 그 사람이 술과 여색에 빠져 자못 몸가짐이 바르지 못하다 하니, 매우 애석한 일이오. 내 일찍이 생각하기를, 나와 이 일을 함께 할 수 있는 사람은 오랑캐에게 죽임을 당한 집안의 자제들이요 그 나머지 사람들은 어렵다고 여겼소.

내가 일찍이 만수전(萬壽殿)[21]을 지을 때 터를 살핀다는 핑계로 한곳에 가 앉아서 몇 명의 신하에게 이 일을 은밀히 말하여 시험해 보았는데,[22] 모두 막연하게 생각하며 해볼 뜻이 없었으니, 이처럼 통탄할 일이 어디 있겠소. 신하들이 오직 눈앞의 부귀만을 도모하여 이 일을 하면 나라가 망하고 집안이 무너질까 두려워하고 있소. 때문에 이 일을 말하면 모두 벌벌 떨며 두려워 하니, 나는 다만 탄식할 뿐이오. 저들이 모두 제 자손을 위한 계책만 세우고 나를 도우려 하지 않으니, 나 또한 달리 할 일이 없기에 딸들을 위해 생계를 만들어 주었던 것이오.[23] 만약 대계(大計)가 정해진다면 여러 궁가(宮家)가 이미 완성되었더라도 철거하는 일이 결코 어렵지는 않을 것이오." 하였다.

내가 대답하기를, "예로부터 제왕들은 반드시 먼저 자신을 수양하고

---

21) 만수전(萬壽殿) : 1656년(효종7) 창덕궁 인정전 북쪽 옛 흠경각(欽敬閣) 터에 건축한 전각이다. 인조의 계비 자의대비 조씨[장렬왕후]를 위한 대왕대비전으로 사용되었다.

22) 만수전을……보았는데 : 『동평위견문록(東平尉見聞錄)』과 『동소만록(桐巢漫錄)』에는 이에 대한 일화가 다음과 같이 전한다. "병신년(1656, 효종7) 효종이 자의대비 조씨를 위해 만수전(萬壽殿)을 조성할 당시 도제조는 정태화(鄭太和), 제조는 원두표(元斗杓)·허적(許積)·정유성(鄭維城)이었다. 이들이 만수전 터를 살피기 위해 궁내로 들어갔는데, 효종이 후원의 별당에서 기다리고 있었다. 이들은 '사관(史官)이 함께 들어오지 않았습니다' 하며 사양했지만 임금은 손수 술잔을 권하며 나라의 대사를 의논하였다."

23) 딸들을……것이오 : 효종은 훗날 현종이 되는 세자 외에도 슬하에 5명의 공주와 1명의 옹주를 두었다. 1652년(효종3) 숙명공주(淑明公主)의 혼인을 필두로, 1653년 숙휘공주(淑徽公主), 1656년 숙정공주(淑靜公主), 1659년 숙경공주(淑敬公主)의 하가(下嫁)가 이어졌는데 그때마다 화려하고 사치스러운 토목공사가 문제되었다. 송시열은 1657년에 올린 「정유봉사(丁酉封事)」에서 이와 같은 궁실의 잇단 역사(役事)에 대해 '민정을 어기고 천의를 거스르는 일[乖民情 咈天意]'이라고 간언한 바 있다. 여기에서 효종은 이러한 신료들의 비판을 의식하면서 문제의 원인을 북벌에 소극적인 신료들의 탓으로 돌리고 있다.

집안을 다스린 후에야 기강을 세우고 일에 두서가 있게 되었습니다. 지금 전하께서 쓸데없고 자질구레한 일들을 떨쳐 버리지 못하신다면, 뜻 있는 선비들이 흩어지지 않는다고 어찌 단정하며, 자기 자신만 살찌우는 신하들 역시 전하를 보고 그대로 따라하지 않는다고 어찌 장담하겠습니까. 지난 인조(仁祖) 때 윤황(尹煌)[24]이 한 말에 '예로부터 윗사람이 선을 행하여 아랫사람들을 따르게 한 일은 있어도, 아랫사람이 불선(不善)을 행하는데 윗사람이 도리어 본받는 일은 들어보지 못하였습니다.'라는 내용이 있는데, 이 말이 모름지기 일리가 있습니다. 전하께서 진실로 심신을 깨끗이 하여 잡다한 모든 일들을 일체 하지 않고, 온 마음과 생각으로 이 일에 집중하신다면 신하들 또한 어찌 감히 제 몸을 잊고 나라를 위하지 않겠습니까. 신이 지난번에, 제갈량이 사관(史官)을 두지 않은 일과 주자가 우선 중원을 회복하고 나서 사당을 세우려 하였던 일[25]을 말씀드린 것은 뜻이 있어 그랬던 것입니다." 하였다.

주상이 말하기를, "경의 말이 매우 옳소. 이제부터는 모든 일을 경과 더불어 은밀히 의논할 것이오. 그런데 은밀히 의논하기가 극히 어려우니, 내 서서히 그 방도를 생각해 보겠소. -이후에 과연 이 전교와 같은 일이 있었다.- 오늘날 천재(天災)와 시변(時變)이 이와 같은 것은, 마땅히 하지 말아야 할 일을 해서 진실로 재변을 초래한 것이거니와 또한 마땅히 해야 할 일을 하지 않아서 재변을 부른 것이기도 하오. 옛날 진 무제(晉武帝)[26]는

24) 윤황(尹煌) : 1571~1639. 본관은 파평(坡平), 자 덕요(德耀), 호 팔송(八松), 시호는 문정(文正)이다. 우계(牛溪) 성혼(成渾)의 사위이자 윤선거(尹宣擧)의 아버지이다. 1597년(선조30) 알성 문과에 을과로 급제해 출사(出仕)하였으나 광해군대의 정치적 상황에 회의를 느끼고 시골에 은거하였다. 1627년(인조5) 정묘호란이 일어나자 척화(斥和)를 주장하며 이귀(李貴)·최명길(崔鳴吉) 등 주화론자의 유배를 청하고, 항장(降將)은 참할 것을 주장하였다. 1636년(인조14) 병자호란이 일어나자 척화를 주장하다가 탄핵을 받고 영동군에 유배되었다가 병으로 풀려 나와 죽었다. 사람됨이 강의(剛毅)하고 기절(氣節)이 있다는 평을 들었다. 저서로는 『팔송봉사(八松封事)』가 있다.

25) 제갈량이……하였던 일 : 제갈량은 한나라의 적인 조조(曹操) 부자를 토벌하여 중원(中原)을 수복하기 전에는 사관(史官)을 두지 않겠다고 하였다. 또한 주자는 송나라가 금나라에 당한 치욕을 씻고 잃어버린 중원을 되찾는 것이 남송 최대의 국가적 과제이므로 종묘제도를 고제(古制)에 따라 복원하는 일은 중원을 회복하여 구도(舊都)로 돌아갈 훗날로 미루어야 한다고 하였다.

나라를 세운 후 전혀 하는 일이 없었기 때문에, 고금의 재앙과 이변이 빈번하기가 그때 같은 적이 없었소. 이로써 속수무책으로 가만히 앉아 있으면 하늘의 노여움을 산다는 것을 알 수 있소. 하물며 오늘날 마땅히 해야 할 일은 실로 천지의 떳떳한 도리여서 그만둘 수 없는 것인데도 안일하게 하지 않고 있으니, 하늘이 경계를 보여주는 것이 당연하지 않겠소.

오늘날 사람들은 모두 오랑캐에게 포로가 된 사람들이 변을 일으킬까 두려워하고 있는데,[27] 이는 결코 그럴 리가 없을 것이오. 저들은 우리나라가 보존되어 길이 자기들의 이익이 되기를 몹시 바라고 있는데, 어찌 우리나라에 사단을 만들고자 하겠소. 간혹 저들이 우리를 위협하는 것은 우선 우리를 협박하여 이익을 챙기려는 것이고, 실제로 그들의 마음은 우리나라가 무사하기를 바라고 있소. 그런데도 저들이 한마디라도 말을 꺼내면 모두 기운을 잃고 넋이 빠지니, 너무도 슬픈 일이오. 내가 밤낮으로 노심초사하는 일은 오직 병력을 양성하는 일[養兵] 하나요. 경이 전에 말하기를, '백성을 기르는 일[養民]과 병력을 양성하는 일이 반드시 서로 상충하는 것은 아니다.'[28] 하였는데, 어떻게 하면 서로 상충되지 않을

---

26) 진 무제(晉武帝) : 이름은 사마염(司馬炎, 236~290), 자는 안세(安世), 묘호는 세조(世祖), 시호는 무제(武帝)이다. 사마소(司馬昭, 211~265)의 아들이자 사마의(司馬懿)의 손자이다. 서진(西晉)의 제1대 황제(재위 265~290)로, 위나라 원제의 선양을 받아 낙양을 도읍으로 하여 진나라를 세웠다. 280년 오나라의 항복을 받아 천하를 재통일하였다. 무제는 황위를 보위한 종실의 힘을 강화시키고자 봉건제를 실시하였는데, 이는 결과적으로 권력 다툼이 일어나게 되는 원인이 되었고, 무제를 이어 즉위한 혜제(惠帝) 대 팔왕(八王)의 난으로 이어지게 되었다.

27) 오랑캐에게……있는데 : 조선은 양난(兩亂) 이후 절의의 관념을 확대 재생산하여 종래의 질서와 권위를 회복하고자 하였다. 이에 '죽음'을 전제로 한 '절의', 즉 '순절(殉節)'을 국가적으로 현창하는 과정에서 상대적으로 살아남아 포로가 된 이들에 대한 부정적 인식이 확산되었다. 절의를 강조하는 이들은 피로인들에게 '배절자(背節者)'의 혐의를 두었으며, 경우에 따라서는 이들 피로인들을 적에게 항복하여 '향도(嚮導)' 노릇을 하는 '투로자(投虜者)'로 간주하기도 하였다. 여기에 정명수(鄭命壽, ?~1653)와 같이 청나라의 포로가 되었다가 이후 조선의 사정을 밀고하고 청의 신임을 얻는 사람이 실제로 생김에 따라 피로인에 대한 조선의 잠재적 불신은 더욱 강화되고 있었다.

28) 병력을……아니다 : 효종대 북벌의 조건으로 거론되었던 양민(養民)·양병(養兵)에

수 있겠소?" 하였다.

내가 대답하기를, "이는 신의 말이 아니라, 바로 주자의 말씀[29] 입니다. 신은 재력(財力)에 관계되는 것은 일체 함부로 쓰지 말고 모두 군수(軍需)로 돌려야 한다고 생각합니다. 또 보오법(保伍法)[30]을 시행하여 누락되는

대해 송시열이 강조하였던 것은 군비·방어책을 강화하되, 이에 따른 농민 부담을 최소화하여 양민과 양병의 균형을 적절히 유지하는 일이었다. 물론 그의 양병론은 양정(良丁)의 군포(軍布) 납부를 전제로 하였던 것이었으므로 양병과 양민은 상충할 여지가 많았고 송시열 또한 이에 대한 우려를 감추지 않았다. 다만 아래 내용에서 나오듯이 그가 보오법에 입각, '3정(丁 보(保)) 일병(一兵)'의 방안을 시행하면 '병과 민이 모두 편안할 수 있다[兵民兩便]'고 주장하는 것은 송시열 자신은 적어도 양병과 양민이 항상 상충한다고 생각하였던 것은 아니며, 그가 제안한 부세제도 이정(釐正)책의 성공 여하에 따라 양자의 조화가 가능하다고 보았음을 보여주는 것이라 할 수 있다. 실제로 효종과의 독대가 있기 약 5개월 전인 1658년(효종9) 10월에도 송시열은 부세제도 이정의 차원에서 누락 군정(軍丁)의 포착, 한정(閑丁) 수괄(搜括)을 철저하게 하면 양민을 해치지 않고도 양병의 실효를 거둘 수 있음을 주장한 바 있다.『宋子大全·年譜2』.

29) 주자의 말씀 : 주자(朱子, 1130~1200)가 송나라 효종(孝宗), 광종(光宗), 영종(英宗)에게 올린 여러 상소문들에는 군정(軍政)과 양민(養民)이 상충하는 현실과 이를 시정할 수 있는 방안에 대한 의견들이 누차 피력되어 있다. 금나라와의 어떠한 타협도 불가함을 밝혀 화의론(和議論)을 배격하고 주전론(主戰論)을 주장하였던 주자는 이를 위한 군정의 강화를 어쩔 수 없다 보았으나 군비 조달을 위해 임시로 각종 세금의 과세율을 높인 결과 양민(養民)을 해치는 군정 상의 폐단은 시급히 바로잡아야 한다고 주장하였다. 그는 이를 위해 용병(冗兵)들의 요식비와 부패한 간신들에게 뇌물을 일삼는 장수들이 도적질하고 낭비하는 비용, 신(新)·구임(舊任)의 교체를 비롯한 잡다한 명목의 비용들을 혁파할 것과, 장수와 관리의 정선, 병적(兵籍)의 정비, 둔전의 확장 등을 통해 군비를 절약하고 군량을 충실하게 할 것을 주장하였다. 나아가 주자는 이 모든 일의 근본이 군주의 심술(心術)을 바르게 함으로써 기강을 세우는 것에 있음을 강조하였다. 즉 주자는 군주(君主)의 일심(一心)이야말로 정치의 근본이라는 정치론에 기초하여 생부이군(省賦理軍), 즉 과중한 세금을 경감하고 군정의 폐단을 바로잡을 때 양민과 군정이 함께 안정될 수 있다는 현실 인식을 피력하였던 것이다.『朱子大全·庚子應詔封事·戊申封事』.

30) 보오법(保伍法) : 다섯 집이 보(保)가 되어 서로 비위(非違)를 적발하게 하는 법으로, 진(秦) 상앙(商鞅)이 처음 시행하였다. 백성을 10집·9집으로 조직하여 서로 규찰(糾察)하고 감찰하게 하되, 한 집에 죄가 있으면 9집이 합동으로 고발하고, 규찰하여 고발하지 않으면 10집이 연좌된다.(『史記·商君傳』) 보오법은 북송대 왕안석의 보갑법(保甲法)을 거쳐 남송대에는 향촌자경조직(鄕村自警組織)의 원리가 되었다. 이 제도는 나아가 향촌의 인구조사, 조세징수의 조직으로도 활용되었고, 또 향촌의 교화·기민구황(飢民救荒) 활동에도 이용되었다. 송시열은 주자문집에 나타난 보오법에 관심을 두고 조선에서의 시행을 고민한 것으로 보인다. 그가 군정(軍政)에 보오법을 활용하여 3정1병(三丁一兵) 체제로 편제하고 그 중 2정이 포(布)를 내어 1병정을 급양하는

민정(民丁)이 없게 한 다음, 세 사람마다 장정 한 사람을 뽑아 병사로 삼고 전투를 익히게 하십시오. 그리고 나머지 두 사람은 포(布)를 내어 그 한 명의 병사를 기르게 하기를 오늘날 어영군(御營軍)의 법[31]처럼 한다면, 이는 병사로써 병사를 양성[以兵養兵]하는 것이 되므로 농민에게 피해를 주는 일은 없게 될 것입니다. 보오법은 『주례(周禮)』의 뜻입니다. 그러나 반드시 먼저 기강을 세운 뒤에라야 이 일을 시행할 수 있고, 기강을 세우는 길은 전하께서 사심(私心)을 없애는 데에 달려 있습니다." 하자, 주상이 "보오법은 마땅히 강구하여 시행해야 할 것이오." 하였다.

내가 말하기를, "'강씨의 옥사[姜獄事][32]에 대해 지금까지도 인심이 불평하고 있는데, 주상께서는 어떻게 생각하십니까?" 하니, 주상이 말하기를, "경과 늘 이 일에 대해 말해보고 싶었는데 겨를이 없어 하지 못했소, 강씨의 악행을 어찌 한 입으로 다 말할 수 있겠소. 내 한 가지 일만 예를 들어 말해보겠소. 자식을 사랑하는 마음은 짐승이라도 가지고 있기 마련이오. 지난 소현(昭顯)[33]의 상사(喪事) 때 대조(大朝)께서 애통해하시며

'이병양병(以兵養兵)'책을 실현해야 한다고 주장한 것은 이를 잘 보여준다. 그러나 송시열은 이것을 효종·현종과의 대화에서 한 번씩 언급했을 뿐, 독자적으로 상소거나 적극 건의한 적은 없었으므로, 과연 이 제도를 적극적으로 시행하려고 했는지는 의문이다.

31) 어영군(御營軍)의 법 : 여기에서 송시열은 어영군제(御營軍制)를 보오법에 입각, 이병양병(以兵養兵)을 관철하여 양민과 양병의 조화를 가능하게 하는 대표적 선례(善例)로 제시하고 있다. 그는 어영군제의 장점으로서 번상(番上)과 휴하(休下)가 번갈아 반복되어 농민부담이 적고, 휴하병에게서 징수한 미포(米布)를 번상병의 늠급(廩給)으로 충당하게 되므로 별도의 재정 부담이 없다는 것을 들었다.

32) 강씨의 옥사[姜獄事] : 소현세자 빈(昭顯世子嬪) 강씨(姜氏)의 사사(賜死) 사건을 가리킨다. 1645년(인조23) 소현세자의 급서 후, 세자의 지위가 소현세자의 장남이 아닌 봉림대군에게 돌아간 상황에서, 인조는 후궁인 소의(昭儀) 조씨(趙氏)를 저주하고 어선(御膳)에 독약을 넣었다는 죄목으로 강씨를 후원(後苑)에 유폐(幽廢)하였다. 이때 이미 인조는 강빈이 심양에 있었을 때 내전(內殿)의 칭호를 사용하거나 홍금적의(紅錦翟衣)를 미리 만들어 두었다는 소문을 들어 역위(易位)를 도모한 혐의가 있다고 의심하고 있었던 상황이었다. 이후 소현세자의 궁인 신생(辛生)의 자백으로 인조는 강씨가 자신을 저주하고 독살하려 한 음모가 밝혀졌다고 간주, 궁인의 자백이 확실한 물증이 될 수 없다는 신하들의 반대를 무릅쓰고 1646년(인조24) 3월 마침내 강씨를 사사하였다.

33) 소현(昭顯) : 인조의 장자이자 효종의 형인 소현세자(1612~1645)를 가리킨다. 1625년

강씨를 책망하기를, 이는 잠자리를 삼가지 않았기 때문이라 하시자 강씨가 노하여 발악하기를, 모월(某月) 이후로는 서로 가까이하지 않았다고 하였소. 그 후 자식을 낳게 되자 서로 가까이하지 않았다는 자신의 말을 사실로 만들고자 즉시 자식을 죽여 감추었소. 그 성품이 이와 같으니, 그가 역모를 꾀한 것이 어찌 괴이하다 하겠소. 또 역모를 꾀한 행적은 궁중에서만 알 뿐, 외간에서 어찌 알 수 있겠소. 그 일이 확연히 드러나 전혀 의심할 것이 없는데도 외간에서는 지금도 원통한 일이라 한다 하니 실로 내 마음이 아프오." 하였다.

내가 대답하기를, "그 역모를 꾀한 행적을 외간에서는 참으로 알 수 없습니다만, 어리석은 신이 생각하기에 의심이 없을 수 없습니다. 신이 기억하기에 당시 선왕께서 전교하시기를, 흉물을 묻고 독을 넣은 것은 필시 이 사람의 소행일 것[34]이라고 하였습니다. 무릇 '필시(必是)'라는 두 글자는 아직 분명하지 않다는 말입니다. 아직 밝혀지지 않은 일을 가지고 사람을 대역죄로 몰아 죽였는데 어찌 사람들이 원통하다 일컫지 않을 리가 있겠습니까. 송나라 때 '막수유(莫須有)'라는 세 글자로 악비(岳飛)를 죽였기 때문에[35] 지금까지도 온 천하가 원통한 일이라고 합니다. 지금 이 '필시'라는 두 글자로는 사람들의 입을 다물게 할 수 없을 것입니다." 하자, 주상이 서글픈 표정으로 말하기를, "그 점은 내가 미처 생각하지 못했던 것인데, 과연 경의 말과 같소. 그러나 역모를 꾀한 일은 진실로

세자로 책봉되었고, 부인은 강석기의 딸인 민회빈(愍懷嬪) 강씨(姜氏)이다. 1636년 병자호란이 일어나 삼전도에서 청나라에 항복한 이후, 청나라에 인질로 끌려갔다 돌아왔으나 곧 급서하였다.

34) 흉물을……것 : 이 내용은 『인조실록』 24년 2월 3일자 인조가 내린 비망기(備忘記)에 보인다. 비망기에는 "흉물을 묻고 독을 넣은 것은 모두 다른 사람의 소행이 아닌 것이다.[則埋凶置毒, 皆非他人之所爲也.]"라고 되어 있어, '필시 그 사람의 소행일 것이다.[埋凶置毒, 必是此人所爲]'라는 송시열의 기억과 기록에 차이가 있다.

35) 송나라……때문에 : 송(宋)나라 진회(秦檜)가 악비(岳飛)를 무함하여 죽일 때, "악비의 아들 운(雲)이 장헌(張憲)에게 보낸 편지 내용이 불분명하긴 하나 사체로 볼 때에는 있을 법한 일이다.[莫須有]"라고 하자, 한세충(韓世忠)이 "'막수유'라는 세 글자를 가지고 어떻게 천하 사람들을 이해시키겠는가."라고 한 고사가 있다. 이후 '막수유'는 사실이 분명치 않은 사건을 있을 법한 일이라고 추단(推斷)하는 옥사를 지칭하는 말로 사용되었다.(『宋史·岳飛列傳』)

의심할 것이 없소." 하기에, 내가 대답하기를, "설령 강씨가 참으로 역모를 꾀했다 하더라도, 김홍욱(金弘郁)[36]이 어찌 그 역모 사실을 알고도 그를 구하려 한 것이겠습니까. 소견이 이와 같았을 뿐이었는데 전하께서 너무 급하게 죽였으므로 인심이 더욱 불평하는 것입니다." 하였다.

주상이 말하기를, "그때 내 이미 법을 정하여 만일 이 일에 대해 감히 말을 하는 자가 있으면 강씨와 같은 죄로 다스리겠다고 하였는데,[37] 그가 어찌 감히 법령을 무시하고 그 일을 말한단 말이오. 이 때문에 내가 그를 죽이지 않을 수 없었던 것이오." 하자, 내가 대답하기를, "그것이 바로 사람들의 말을 초래한 까닭입니다. 강씨가 이미 대역죄로 죽임을 당했으면 법은 이미 시행된 것이거늘, 어찌 사람들의 말을 걱정해 '감히 말하지 말라'는 법을 다시 만들어 사람들의 입을 막는단 말입니까. 이는 내실이 부족한 자들이 하는 짓과 같으니, 이 때문에 사람들이 더욱 의심하지 않을 수 없는 것입니다." 하니, 주상이 한참 있다가 말하기를, "경의 말을 듣고 다시 생각해 보니, 과연 그러하오." 하였다.

주상이 말하기를, "경은 말마다 반드시 주자(朱子)를 일컫는데, 몇 년이나 주자의 글을 읽었기에 이처럼 잘 알고 있소?" 하였다. 내가 대답하기를, "신은 어려서부터 『주자대전(朱子大全)』과 『주자어류(朱子語類)』를 읽고 진

---

36) 김홍욱(金弘郁) : 1602~1654. 본관은 경주(慶州), 자 문숙(文叔), 호 학주(鶴洲), 시호는 문정(文貞)이다. 1654년 황해도 관찰사로 재임할 때 재변 때문에 효종이 구언(求言)하자 8년 전 사사(賜死)된 강씨의 억울함을 풀어줄 것을 상소했다. 이른바 '강옥(姜獄)'이라 불리었던 강빈 사건은 경우에 따라 효종의 종통(宗統)에 대해 시비를 불러일으킬 수 있는 민감한 문제였던 만큼 효종의 격노를 불러일으켰고 김홍욱은 결국 친국을 받던 중 장살되었다. 1659년(효종10) 3월에 송시열의 건의로 신원(伸冤)되어 관작이 복구되었다.

37) 법을……하였는데 : 『효종실록』 3년 6월 3일 기사에는 효종이 대신들을 인견하는 자리에서 다음과 같이 전교하였음을 볼 수 있다. "비록 여러 세대 뒤에라도 만약 역강의 일을 조정에 아뢰는 자가 있으면 역당으로 논하여 바로 궐정에서 추국하여 다스리도록 하라. 혹 강포한 신하나 흉악한 사람이 있어서 이 전교를 따르지 않거든 삼사와 백공들은 모두 즉시 다투어 논집하여 역당으로 논하는 것이 옳다. 이 뜻을 내외의 각 해당 기관에 분부하도록 하라.[雖閱累世之後, 若以逆姜事, 聞於朝者, 論之以逆黨, 直以庭鞫治之. 或有强臣兇孽, 不遵此敎, 則三司百工, 皆卽爭執, 論以逆黨可矣. 此意分付于內外各該司.]"

심으로 좋아하였습니다만 아직 읽지 못한 글도 많습니다." 하였다.

주상이 주자의 말을 과연 일일이 다 시행할 수 있는 것이냐고 묻기에 내가 대답하기를, "옛 성인의 말씀에는 간혹 고금의 형편이 달라 시행할 수 없는 것도 있습니다. 그러나 주자의 말씀은 시대가 지금과 매우 가깝고 또 주자가 처했던 상황도 오늘날과 아주 비슷하기 때문에 신은 그 말씀 하나하나를 모두 시행할 수 있다고 생각합니다. 전하께서 한가한 날 시험 삼아 봉사(封事)·주차(奏箚)·주의(奏議)[38] 등의 글을 먼저 읽으시고,[39] 그 다음에 『주자어류』 중 절실하고 요긴한 말들을 보신다면 전하의 마음에 반드시 부합되는 바가 있을 것입니다." 하자, 주상이 말하기를, "마땅히 경이 말한 대로 해 보겠소." 하였다.

주상이 말하기를, "내가 하고자 하는 일과 아래에서 하고자 하는 일을, 대신들이 중간에서 막으면 결국 할 수 없게 되오. 지난번 포척(布尺)의 규정을 정할 때 내가 경의 말[40]을 듣고 즉시 전교를 내려 먼저 내수사(內需司)에 바치는 포부터 그 길이를 줄이라 하였는데, 대신 이하 신료들이 시행하기 어렵다 하여 끝내 시행하지 못하였소. 이제부터는 반드시 뜻을 같이 하는 사람과 모든 일을 상의하여 정할 것이소. 내가 또한 경에게 중책을 맡기고 싶으나 마침 이를 시기하는 사람이 있으니 경에게 편치

---

38) 봉사(封事)·주차(奏箚)·주의(奏議) : 봉사·주차·차자는 모두 특정한 주제에 대해 군주에게 의견을 개진한 상소문을 일컫는 용어이나, 그 형식에서 서로 구별되었다. 봉사는 자신의 의견을 담아 밀봉해서 올리는 상소문을 지칭했고, 차자는 특정 사안에 대해 간략하게 자신의 의견을 개진한 글을, 주차는 차자 가운데, 군주를 직접 만나 그 면전에서 자신의 의견을 진술하며 올린 글을 가리킨다. 주의는 신하가 임금에게 올리는 것을 총칭한 것이다.

39) 전하께서……읽으시고 : 주자의 상소문들은 그의 길지 않은 관직생활의 산물로, 주자학 정치사상의 핵심을 담고 있다고 할 수 있다. 자신의 의견을 철저히 주자학의 사유에 기초하여 모색하였던 송시열은 주자의 상소문을 누누이 강조하고 그로부터 많은 내용을 원용하였다. 송시열은 주자의 봉사문을 정서하여 효종에게 읽도록 진달하는가 하면 숙종대에는 제자 권상하(權尙夏)의 도움을 빌려 주자의 상소문만을 모아 간행한 『주자봉사(朱子封事)』의 주해를 써서 올리기도 하였다.(『宋子大全·進朱子封事奏箚箚疑箚癸亥六月二十八日』)

40) 포척에……말 : 송시열은 1657년(효종8) 8월에 올린 정유봉사(丁酉封事)에서, 정척(正尺)의 규식(規式)이 정해져 있음에도 불구하고 수령들이 포척(布尺)의 길이를 길게 하여 받는 폐단에 대해 논한 바 있다.

못한 일이 될 것이오. 또 경의 직위가 오르고 나면 인사[銓選]를 맡길 만한 자가 없기에 지금까지 주저하고 있으니, 마음이 항상 답답하오. 내가 마음속으로 생각하고 있는 것은 조만간 경에게 중책을 맡기되 양전(兩銓)[41]을 겸임하게 하려는 것이오. 다만 경에게 수고로운 일을 많이 맡기게 되는 것이 미안하고, 또 이와 같이 하면 경을 시기하는 자들이 더욱 많아질 것이므로 마음속에만 두고 있을 뿐이오." 하였다.

내가 대답하기를, "신은 결코 그러한 인재가 아닙니다. 만약 그렇게 생각하셨다면 전하께서는 신을 너무도 모르시는 것입니다. 신은 감히 전하가 위임하시는 일을 제가 감당할 수 있다고 생각하지 않습니다. 다만 지난번 전하께서 큰 뜻을 은미하게 보여 주셨을 때, 신의 벗 이유태가 일찍이 말하기를 '성상께서 정말로 큰 뜻을 품고 계시다면 비록 재주와 지혜가 없더라도 떨쳐 일어나 석호촌(石壕村)의 아낙처럼 새벽밥 짓는 일이라도 해야[42] 할 것이다.……' 하기에, 신이 비록 용렬해도 감히 부르시는 명을 받들어 온 것입니다. 전하께서 이미 큰 뜻을 품으시고 또 신을 버리지 않으시려는데 신이 어찌 감히 물러가려는 마음을 갖겠습니까. 마땅히 죽음을 각오할 뿐입니다. 그러나 신은 실로 쓸 만한 재주가 없으니, 다만 전하께서 신을 유악(帷幄)[43]에 두시고 때때로 의심나는 일을 물으신다면 신이 어찌 어리석은 소견이나마 다하지 않을 수 있겠습니까." 하자, 주상이 말하기를, "경의 뜻은 나와 같지 않소. 그러나 시험 삼아 오늘날의

41) 양전(兩銓) : 이조와 병조를 통틀어 이르던 말이다. 이조에서는 문관, 병조에서는 무관을 전형한 데서 유래한다. 효종은 당시 송시열을 정승으로 발탁하여 문·무관의 인사권을 모두 부여하려 하였던 것으로 보인다.

42) 석호촌(石壕村)의……해야 : 싸움터에 나가 조그만 일이라도 하겠다는 뜻이다. 석호(石壕)는 중국 하남성(河南省) 섬현(陝縣)에 있던 진(鎭)의 이름으로 일명 석호촌이라고도 한다. 당나라 현종(玄宗) 때 안녹산(安祿山)의 난을 평정하기 위하여 남정(男丁)들을 모두 징발해 가고 심지어 나이든 사람까지도 마구 전쟁터로 내몰았다. 마침 두보(杜甫)가 석호촌에 유숙하고 있었는데, 아들 삼 형제가 모두 전쟁터로 끌려가고 이어 관리들이 늙은 남편마저 징발하러 오자 늙은 아낙이 차라리 자신이 전장으로 나가 새벽밥이라도 짓겠다며 호소하는 애절한 말을 듣고 「석호리(石壕吏)」라는 시를 지었다.(『杜詩·石壕吏』)

43) 유악(帷幄) : 유(帷)와 악(幄)은 진영(陣營)에 쓰이는 휘장과 장막을 말하는데, 군사상 기밀을 논하는 곳을 가리킨다. 여기에서는 임금의 거소 또는 경연(經筵)을 의미한다.

일 중에 무엇이 가장 급선무인지 말해 보시오." 하였다.

내가 대답하기를, "이는 짧은 시간에 다 할 수 있는 말이 아닙니다만, 신이 평소 배운 내용을 들어 말씀드려 보겠습니다. 무릇 격물(格物)·치지(致知)·성의(誠意)·정심(正心)의 설[44]에 대해 사람들은 늘 진부하고 오활한 말이라고 합니다.[45] 그러나 성인께서 이런 쓸데없는 말로 후세 사람들을 속이지 않았을 것은 분명합니다. 무릇 격물치지(格物致知)라는 것은 이 마음을 밝혀 일을 처리함에 마땅함을 얻는 것입니다. 마음이 진실로 밝지 못하면 일을 처리함에 그 마땅함을 얻을 수 없고, 일에 마땅함을 얻지 못하면 비단 정사(政事)에 해가 될 뿐만 아니라, 인심이 사나워져 복종하지 않게 되고, 또한 능멸하고 업신여기기까지 합니다. 이와 같은데도 나라가 제대로 다스려지는 경우는 없습니다.

후세의 오활한 유자(儒者)들은 초목과 곤충의 이치를 면밀히 살피는 것이 격물치지라고 생각합니다. 이 또한 격물치지의 한 가지 일이기는 하나, 오로지 여기에만 전념하고 사물과 인륜의 큰일을 우선하지 않는다면 어찌 격물치지라 할 것이며 또 장차 어디에 쓰겠습니까. 주상께서도 이를 격물치지라 여기신다면 성인의 말씀을 오활하고 절실하지 않다고 생각하여 힘을 기울이려 하지 않을 것입니다. 옛날에 주자가 모든 일에

---

44) 격물(格物)……설 : 기해악대(己亥幄對)에서 효종과 송시열은 조선사회의 당면과제가 북벌(北伐)=외양(外攘)임에 의견을 같이 하였다. 그러나 효종의 북벌이 청과의 전쟁을 전제로 하여 실질적인 부국강병책을 적극적으로 추진하는 것이었다면, 송시열의 북벌은 이른바 북벌을 준비하는 내수(內修)의 문제에서 군주의 도덕수행, 즉 격치성정(格致誠正)의 수신 공부를 선차적 과제로 삼는 것이었다. 이는 송시열이 주자학 정치론을 그대로 적용, 효종에게 제시한 것이라 할 수 있다. 주자학에서는 정치가 제대로 이루어지기 위해서는 군주의 성학(聖學)이 선차적 과제임을 강조하였다. 즉 정치의 성패는 군주의 마음[心]에 달려 있으므로 군주의 마음을 바로 잡는 것이 무엇보다 중요하며, 이를 위해서는 『대학(大學)』의 학문 방법론에 따라 '격물치지(格物致知)', '성의정심(誠意正心)'의 공력을 쌓아야 한다는 것이다.

45) 무릇……합니다 : 송시열은 효종과의 독대를 기회로 격치성정에 대한 의론이 진부하고 오활하다는 일각의 비판을 반박하고자 하였다. 실제로 1654년(효종5) 당시 병조판서였던 원두표(元斗杓)의 경우 "유신(儒臣)이 진언할 때 꼭 성의(誠意) 정심(正心)을 말하지만 사무(事務)에 있어서는 착실한 공(功)이 없으니 오활(迂濶)하다고 하겠습니다."라며 수양 공부를 우선하는 주자학 정치론의 고식성(姑息性)을 지적하기도 하였다.

옳음을 구하는 것이 격물치지의 요체라고 하였으니, 이 말을 깊이 체득해야 할 것입니다.

성의(誠意)의 설에 이르러서는 선을 좋아하고 악을 미워하는 것이 바로 그 실제의 일입니다. 군주가 안으로는 자신의 몸과 마음의 사이에서, 밖으로는 인재를 등용하고 일을 처리하는 데에 이르기까지 모두 이 성의 공부에 힘쓴다면 나라를 다스리는 데에 무슨 어려움이 있겠습니까.

이른바 정심(正心)이라고 하는 것은, 마음의 본체가 이미 밝아지고, 좋아하고 미워하는 것을 이미 분별했다 해도 마음이 맑게 비고 밝지 못하면 외물에 쉽게 흔들리고 어두워지게 됩니다. 이 때문에 도리어 호오(好惡)의 올바름을 잃어버리게 되는 것입니다. 전하께서 진실로 이른 새벽 아직 사물을 접하지 않아 이 마음에 치우침이 없을 때 시험 삼아 마음의 응대함이 어떠한가를 징험해 보십시오. 그리하면 분명 이치에 합당한 것은 많고 이치에 어긋나는 것은 적을 것입니다." 하였다.

주상이 말하기를, "그 말이 매우 옳소. 내가 새벽에 이와 같은 일을 많이 체험하였는데, 낮에 마음이 번잡하고 어지러울 때와는 저절로 구별이 되었소." 하기에 내가 말하기를, "격물치지하여 일마다 모두 올바름을 얻게 되고, 성의 공부로 좋아하고 미워함이 분명하게 되며, 정심 공부로 마음의 본체가 항상 태연하여 얽매임이 없게 되면 모든 사물을 처리할 때마다 그 마땅함을 얻게 될 것입니다. 이렇게 하고서도 일들이 이치에 어긋나거나 인심이 복종하지 않는 일은 결코 없을 것입니다. 그러한즉 이른바 격물·치지·성의·정심이라는 것이 과연 오활하고 실제가 없는 헛된 말이라고 할 수 있겠습니까.

이렇게 하지 않고 한갓 지려(智慮)와 혈기만을 가지고 억지로 한다면 비록 우연히 이치에 합하는 일이 없지는 않겠으나, 이는 뿌리 없는 나무와 같고 근원 없는 물과 같아서 한 가지 일은 이치에 맞았다가도 한 가지 일은 이치에 어긋나게 되며, 오늘은 잘하다가도 내일은 잘하지 못하게 됩니다. 이리 되면 오히려 자기 마음도 항상 쾌활하지 못한데 하물며 다른 사람이 믿고 따르기를 바랄 수 있겠습니까." 하였다.

주상이 말하기를, "그 말이 참으로 옳소. 이것이 옛사람이 말한바 '청명(淸明)함이 몸에 있으면 지기(志氣)가 신명(神明)해진다.'[46]는 것이오, 내 비록 어둡고 어리석으나 때때로 이러한 뜻이 실제로 있으니, 만일 이러한 뜻이 끊임없이 이어진다면 무슨 일인들 하지 못하겠소. 그러나 뜻이 좋을 때는 극히 드물었소." 하기에, 내가 대답하기를, "이것이 정자와 주자가 학문을 논할 때 반드시 경(敬)을 위주로 하였던 까닭입니다. 경을 행하면 이 마음이 항상 보존되어 조금도 중단됨이 없고, 경을 행하지 않으면 마음이 번잡하고 어지러워져서 좋은 뜻이 곧 사라지게 됩니다. 그러므로 주자가 말하기를 '한때의 뜻이 얼마나 가겠는가.'라고 하였던 것입니다. 이와 같이 경을 실천하기를 좋아하지 않는다면 작은 일도 이룰 수 없을 터인데, 하물며 천하 국가의 일을 바라겠습니까." 하였다.

주상이 말하기를, "경이 늘 지극한 정성으로 나를 이끌어 주니, 내 감히 잊지 못할 것이오. 경 또한 뭇 선(善)을 모으고 아름다운 말이 오게 할 방도를 생각하여 함께 거사를 이룰 수 있는 방책으로 삼아 주시오. 경이 말한 이른 새벽[平朝][47]에 대한 얘기가 가장 절실한데, 나도 여러 번 체험해 보았소. 아랫사람이 아뢴 일이 내 뜻에 어긋나는 일이 있으면 우선 내버려 두었다가 한밤중이 되어 불평한 뜻이 사라지기를 기다린 다음, 이른 새벽에 일어나 처리하면 사리에 어긋나는 일이 드물었소. 이로써 맹자의 말씀[48]이 지당한 논의임을 알게 되었소." 하기에 내가 대답하기를, "주상께서 이와 같이 공부에 힘쓰신다면, 성학(聖學)이 고명한 경지에 이르지 못할 것을 어찌 걱정하겠습니까." 하였다.

---

46) 청명함이……신명해진다 : 『예기(禮記)』「공자한거(孔子閒居)」의 "청명한 덕을 몸에 지녀 지기가 신과 같다.[淸明在躬, 氣志如神.]"를 인용한 것이다.

47) 이른 새벽[平朝] : 오전 3시~5시, 즉 인시(寅時)를 말한다. 앞서 송시열은 '평명(平明)'이라 하였는데, 뜻은 같다.

48) 맹자의 말씀 : 야기(夜氣)와 평조지기(平朝之氣)에 대한 말을 가리킨다. 여기에서 야기는 한밤에 사물의 생장을 돕는 맑은 기운으로, 인의(仁義)의 마음이 자라도록 돕는다고 하며, 평조지기는 사람이 아침에 일어나서 아직 사물과 접하지 않을 때의 청명(淸明)한 기운으로, 이 상태에서는 인의의 마음이 미세하나마 나타난다고 한다.(『孟子·告子上』)

주상이 말하기를, "내가 마음으로 크게 근심하는 것이 있는데, 지금 경에게 물어 결정해야 하겠소. 오늘날의 큰 걱정은 양현(兩賢)을 문묘에 종사[49]하자는 주청보다 큰 것이 없소. 내 일찍이 피차에 대해 백방으로 미봉책을 써서 겨우 안정시켜 놓고[50] 다행이라 여기고 있소. 그러나 이 논란이 갑자기 다시 일어나면 풍파가 크게 일어 오랫동안 진정되지 못할 것이니, 정사에 끼치는 해를 어찌 다 말할 수 있겠소. 경은 이 문제의 시비를 어떻게 생각하오?" 하기에 내가 대답하기를, "이는 쉽사리 단정하여 말할 수 있는 일이 아닙니다. 양현을 종사하자는 주청은 온 나라가 같은 말을 해온 지가 지금까지 이미 수십 년이 되었으니, 이것은 공론이라 할 수 있습니다. 오직 몇몇 사람만이 선대의 논의를 답습하여 감히 다른 주장을 하고 있을 뿐입니다. 신의 생각으로는 양현의 종사는 막중한 전례(典禮)이니, 만약 경솔히 의논할 수 없다고 한다면 오히려 괜찮습니다. 그러나 양현을 무함하고 모욕하는 자들은 정녕 패역한 무리입니다. 양현의 도덕이 어떠한지는 논하지 않더라도 그분들은 이미 선배이자 장자(長者)인데, 후생·후학으로서 어찌 감히 그렇게 할 수 있단 말입니까.[51] 정자(程子)의 문인이 선배의 단점을 논하면 정자는 반드시 '너희들은 그 장점만을

49) 양현(兩賢)을 문묘에 종사 : 양현은 이이(李珥)와 성혼(成渾)을 가리킨다. 1635년(인조 13) 5월 11일에 성균관 유생 송시형(宋時瑩) 등 270여 명이 이이와 성혼을 문묘에 종사하자는 내용의 상소를 올린 이래 집권 서인 세력은 꾸준히 이 두 사람의 문묘 종사를 주장, 국가 차원에서 자파의 도통(道統)을 정립하려는 노력을 기울였으나 남인의 반발과 국왕의 암묵적 반대로 실현되지 못하고 있었다.

50) 내 일찍이……놓고 : 피차는 양현의 문묘 종사를 주장하는 쪽과 배척하는 쪽을 가리킨다. 효종대의 양현 종사를 둘러싼 찬반 시비는 1649년(효종 즉위)과 1650년(효종 1)에 집중되어 나타났다. 이 문제를 둘러싼 분란을 두고 효종은 "사론이 어그러지고 조정이 어지러워진 것이 전적으로 이 때문이다.[士論乖戾, 朝著淆亂, 職此之由.]"라고 하거나, "나라가 이로 인해 망할 것[國以是將亡]"이라는 등의 강력한 언사로 논의 자체를 잠재웠다.(『孝宗實錄』 1年 3月 15日)

51) 후생·후학으로서……말입니까 : 1650년(효종1) 이이와 성혼을 문묘에 배향하려는 움직임이 일자 경상도의 진사(進士) 유직(柳稷) 등 900여 인이 반대 상소를 올렸다. 상소의 내용은 이이에 대해 "천륜을 끊고 불가(佛家)로 도망하여 숨었다."라고 하였고, 성혼에 대해서는 "나라의 후한 은혜를 입고도 임금이 파천(播遷)하던 날 달려오지 않았다."라고 비난하며 이들의 문묘종사가 부당하다는 것이었다.(『孝宗實錄』 1年 2月 22日)

배우면 된다.'고 하였으니, 이 어찌 훌륭하고 아름다운 풍속이 아니겠습니까." 하자,

주상이 말하기를, "그 무리들은 참으로 패역한 자들이니 무엇을 따지겠는가." 하기에 내가 대답하기를, "그 무리가 따질 가치도 없다는 것을 누가 모르겠습니까. 그러나 그 사이에 간혹 그 부형(父兄)되는 자들이 이를 저지하지 못하고 도리어 이끄는 자가 있기도 하니 심히 미워할 만합니다. 두 현인의 도덕과 학문에 대해 신 또한 학문이 미천하니 어찌 감히 알 수 있겠습니까. 만약 주상께서 그 책을 읽고 그 마음을 구하며 그들이 실제 행한 자취를 논하신다면 종사하는 일이 합당한지 아닌지를 아시게 될 것입니다. 만약 분명히 알지 못하고 독실히 신뢰하지 않으면서 남의 말만 옳다고 들으신다면 실로 주상의 심신에는 보탬이 없을 것이니, 광해군(光海君)이 오현(五賢)을 종사한 것이 그러합니다.[52] 신은 이 문제에 대해 따로 소견을 가지고 있지만 외람되어 감히 아뢰지 못하겠습니다." 하자, 주상이 한번 말해 보라고 하였다.

이에 내가 대답하기를, "오현을 종사한 일은 비록 온 나라가 함께 주청하여 이루어진 일이지만, 그 중에 어찌 다시 헤아려 참작해야 할 점이 없겠습니까. 일찍이 문성공(文成公) 이이(李珥)가 조광조(趙光祖)와 이황(李滉)만을 문묘에 종사할 만하다고 하였는데,[53] 신이 생각하기에 이 논의가

---

52) 광해군(光海君)이……그러합니다 : 1610년(광해군2) 9월에 김굉필(金宏弼)·정여창(鄭汝昌)·조광조(趙光祖)·이언적(李彦廸)·이황(李滉) 등 오현(五賢)을 문묘에 배향(配享)한 일을 가리키는 것으로, 여기서는 진실한 정성이 없이 형식적으로만 했다는 뜻이다.

53) 문성공……하였는데 : 이이의 『석담일기(石潭日記)』 선조 6년 8월 기사를 보면, 관학 유생들이 오현(五賢)의 문묘종사를 청한 데 대해 다음과 같은 이이의 생각이 피력되어 있다. 즉, "유생들이 청하는 오현으로 말하면 그 중에 어찌 우열이 없겠는가. 문경공 김굉필과 문헌공 정여창은 언론의 기풍과 뜻이 미약해서 드러나지 못하였고, 문원공 이언적은 그 출처(出處)에 자못 논의할 만한 것이 있다. 그러나 문정공 조광조는 도학을 주창하여 밝혀서 후인을 교도하였으며, 문순공 이황은 의리에 침잠하여 일대의 모범이 되었으니, 이 두 분을 내세워 종사하자고 하면 누가 불가하다고 하랴."라는 내용이 그것이다. 한편 김장생이 지은 『율곡 이 선생 행장(栗谷李先生行狀)』에는 이이가 선조에게 "지금 교화를 밝히려고 하면 반드시 선현을 높이고 숭배하여 후학으로 하여금 본받게 하여야 합니다. 우리나라의 이름난 선비를 비록 다 문묘에

매우 적절한 듯합니다. 이후로 이이와 같은 대현(大賢)이 나온다면 이미 종사한 오현과 아직 종사하지 않은 양현을 두고 정밀히 선별해야 할 것입니다. 그리하여 만세토록 다른 의논이 없게 하고 또한 사람들이 농간을 부릴 수 없도록 해야 할 것입니다." 하자, 주상이 말하기를, "그렇게 한다면 일은 비록 지당하게 될지라도 더욱 시끄러워질 것이오." 하기에 내가 대답하기를, "그렇기 때문에 신이 '반드시 대현이 나오기를 기다린 후에야 할 수 있다.'고 말씀드린 것입니다." 하니, 주상이 말하기를, "오늘날 시급한 것은 이 일이 아닌 듯한데, 조정의 신하들과 유생들은 이 일을 시급히 거행해야 한다고 여기니, 내가 매우 통탄스럽소." 하였다.

내가 대답하기를, "양현을 종사하는 일은 논의가 일치되기를 기다려서 하여도 늦지 않을 것입니다. 그러나 선비들의 습속은 먼저 바로잡지 않을 수 없습니다. 선현(先賢)을 무함하고 모욕하는 자들은 전하께서 깊이 미워하고 통렬히 끊으셔야 할 것이니, 이 일을 대수롭지 않게 보아서는 안 됩니다." 하자 주상이 말하기를, "경의 말이 옳소. 이후로 선현을 무함하고 모욕하는 자가 있으면 내 마땅히 통렬히 끊고 용서하지 않을 것이오." 하였다.

이어 주상이 말하기를, "오늘 내가 경과 더불어 말한 내용 중에 신료들의 출척(黜陟)에 관해 논의한 것은 없었소만, 밖의 사람들은 좋아하지 않는 자가 틀림없이 많을 것이오." 하기에 내가 대답하기를, "참으로 성상의 염려와 같습니다. 그러나 억측으로 신하들을 의심해서는 안 됩니다." 하자 주상이 말하기를, "후일에도 다시 오늘처럼 하여야겠지만, 글로 은밀하게 상의할 방도를 경도 생각해 보도록 하시오. 그리고 오늘 나눈 대화는 비록 묻는 자가 있더라도 경이 어찌 다른 사람들에게 누설하겠소."

배향할 수는 없으나 조광조는 도학을 주창하여 밝혔고 이황은 이치의 근본을 연구하였으니, 이 두 분을 문묘에 종사하여 여러 선비들의 선(善)을 향하는 마음을 진작시켜야 합니다."라고 하여 이이가 오현 중 조광조와 이황만을 거론하여 아뢰었다는 내용이 실려 있다. 실제로 이이는 황해도 해주 석담에 있던 은병정사(隱屛精舍)에 주자를 종사로 하는 사당을 세우고 조광조와 이황을 동서에 배향하여 봄·가을로 제사를 지냈다고 전해진다.

하였다.

내가 웃으며 대답하기를, "전하께서는 신이 반드시 전광(田光)[54]처럼 하지는 않을 것이라 생각하시어 이런 하교를 내리시는 것입니다." 하자 주상이 웃으며 말하기를, "이 어찌 장자(長者)를 의심해서 하는 말이겠소. 성인도 '일에 임해서 두려워하고, 일을 잘 모의하여 성공한다.'[55] 말씀하셨소." 하였다. 마침내 내가 물러나오자, 주상이 직접 내관을 불러 돌아가게 하였다. 12일에 추기(追記)하였다.

내가 그날의 대화를 추록하여 작은 책자로 만들었다. 그 다음 달 성후(聖候)가 편찮으시더니 5월 4일에 끝내 승하하셨다. 하늘을 원망하며 부르짖었으나, 더 이상 어찌할 수 없었다. 장례를 마치자마자, 책을 품고 고향으로 돌아왔다. 단단히 싸서 보관하고 세상에 내놓을 수 있는 날을 기다렸으나 내놓을 그 날은 끝내 없을 것 같기에 깊숙한 곳에 간직해 두고 백세후를 기약하려 하였다.

지난해 한림(翰林)[56] 이자휘(李子輝) -지평(持平) 이광직(李光稷)[57]의 자이다.-가 은밀히 편지를 보내와 이 기록이 있는지의 여부를 묻고, 또 말하기를, "원컨대 그 기록을 얻어 책서(策書)[58]에 실을 수 있게 해 주십시오." 하였다.

---

54) 전광(田光) : 전광은 전국시대 연(燕)나라 협객(俠客)이다. 연나라 태자인 단(丹)이 전광을 불러서 함께 진시황(秦始皇)을 살해할 것을 계획하였다. 이에 전광은 자신은 늙고 쇠약하다 하여 사양하고 형가(荊軻)를 대신 추천하였는데, 태자가 전광에게 "이 일을 밖에 나가 누설하지 마시오." 하고 당부하였다. 전광은 밖으로 나와 탄식하기를 "일을 하면서 사람을 의심하는 것은 의협(義俠)을 중히 여기는 것이 아니다." 하고 스스로 목을 찔러 자결하였다.(『史記·刺客列傳』)

55) 일에……성공한다 : 『논어(論語)』에 이르기를, 자로(子路)가 "부자께서 삼군을 인솔하고 전장에 나가시게 된다면 누구와 함께 가시겠습니까?[子行三軍, 則誰與?]" 묻자, 공자가 이르기를 "나는 범을 맨손으로 잡으려 하고 하수를 맨몸으로 건너려다가 죽어도 뉘우침이 없는 자와는 함께 하지 않을 것이다. 반드시 일에 임해 두려워하고, 일을 꾀하기를 잘 하여 성공하는 자라야 할 것이다.[暴虎憑河, 死而無悔者, 吾不與也. 必也臨事而懼, 好謀而成者也.]"라고 하였다.(『論語·述而』)

56) 한림(翰林) : 예문관 봉교(奉教)·대교(待教)·검열(檢閱) 등을 두루 이르는 말이다.

57) 이광직(李光稷) : 본관은 한산(韓山), 자 자휘(子輝), 호 희암(希菴)이다. 숙종의 장인인 광성부원군 김만기(金萬基)와 사돈 간으로 김진귀(金鎭龜)의 장인이자 김춘택(金春澤)의 외조부이다.

내가 마음에 의심이 들어 종일토록 심사숙고 하였으나 그 가부를 결정하지 못하였다.

그러던 끝에 문득 마음속으로 생각하기를, "당시 하늘이 성상을 더 사시게 하여 그 뜻하신 일을 이루었다면 이 기록은 굳이 있을 필요가 없다. 지금은 이미 끝나버린 일이지만 생각건대 만약 그날의 말씀까지 끝내 드러내지 않고 감추어 버린다면 내 죄가 어떠하겠는가. 그날 누설하지 말라고 간곡하게 경계하신 말씀을 저버리는 일이나 그 죄는 오히려 적을 것이다." 하였다. 그리하여 마침내 손수 봉함하여 인편에 부치려 하였는데, 그날 아침 자휘의 부음이 홀연 당도했다. 자휘가 요절한 것이 애통하고, 또 그의 좋은 뜻이 끝내 이루어지지 못한 것이 애처로워, 비통한 생각이 오래도록 그치지 않았다.

지난번 이도원(李道遠) -좌랑 이세장(李世長)[59]의 자이다.- 과 이택지(李擇之) -참판 이선(李選)[60]의 자이다.- 두 한림도 자휘와 같은 뜻을 가지고 있었다. 그러나 바야흐로 그때 내가 말로 인해 엎드려 죄를 기다리던 중이라, 이로 인해 죄가 가중될까 두려워 주저하고 감히 하지 못하였다. 지금까지도 이도원의 요청이 계속되어 그치지 않기에, 내가 생각하기를, "전에는 허락했다가 후에는 끝까지 인색하다면, 그 뜻이 어디에 있는가." 하고는, 마침내 김경능(金景能) -지사(知事) 김만증(金萬增)[61]의 자이다.- 을 통해 부쳐주

---

58) 책서(策書) : 원래는 임금이 벼슬아치를 임명하던 사령장을 가리키나, 여기에서는 임금의 말씀에 대한 기록이라는 의미로 사용되었다.

59) 이세장(李世長) : 1628~1668. 본관은 경주(慶州), 자 도원(道遠), 이항복의 증손이다. 영남어사로 많은 치적을 쌓았으나 1668년 병사(病死)했다.

60) 이선(李選) : 1632~1692. 본관 전주(全州), 자 택지(擇之), 호 지호(芝湖)이며, 시호는 정간(正簡)이다. 아버지는 우의정 후원(厚源)이며, 송시열의 문인이다. 1689년 호군(護軍)으로 있을 때, 기사환국으로 정권을 장악한 남인들에 의해 송시열의 당(黨)으로 지목되어 정언 송유룡(宋儒龍)의 탄핵을 받고 유배되었다. 유배지에서 죽은 뒤 1694년 갑술환국으로 서인이 집권하자 관작이 회복되었다. 시호는 정간(正簡)이다. 저서로는 『지호집(芝湖集)』이 있으며, 편서로는 『황강실기(黃岡實記)』, 『시법총기(諡法摠記)』 등이 있다.

61) 김만증(金萬增) : 1635~1720. 본관은 광산, 자 경능(景能), 호 둔촌(遯村)이다. 장생(長生)의 증손이자 익희(益熙)의 아들로서, 송시열(宋時烈)의 문하에서 수학하였다.

게 되었다.

아, 성고(聖考)[62]의 웅대한 법도와 큰 뜻이 다만 내 앞에서만 보였을 뿐 시행된 것은 하나도 없으니, 저 푸른 하늘은 어찌 차마 이럴 수 있단 말인가. 이 외로운 신하는 근심에 잠긴 채 아직 따라 죽지 못하고,[63] 매번 덕음(德音)을 생각할 때마다 피눈물을 훔칠 뿐이다. 오늘 아침에 다시 예전에 봉함한 것을 살펴보니, 아련히 다시 문석(文石)[64]에 올라 옥음(玉音)을 듣는 듯하였다. 이에 다시 울음을 삼키며 그 봉함한 겉면에 이 글을 써서 두 한림에게 고한다. 아, 도원과 택지는 나의 외로운 충정을 알고 있을 터이니 이 기록을 역사에 모두 올리도록 하라. 행여 외부 사람에게 새나가지 않도록 하고, 그 원본은 적합한 사람 편에 되돌려 준다면 매우 다행이겠다. 태사공(太史公)이 말하기를 "주상이 밝고 훌륭한데도 그 덕이 널리 알려지지 않는다면, 이는 유사(有司)의 잘못이다."[65] 하였다. 아, 이 내용이 장차 만세 이후로도 전해질 수 있을 것인가? 도원과 택지는 이에 힘쓰라.

숭정(崇禎)[66] 을사년(1665, 현종6) 7월 15일에 승하하신 성상을 부르짖던[67] 천신(賤臣)은 절하고 드리며 이름은 적지 않으니[68] 죄송할 뿐이다.

---

62) 성고(聖考) : 승하한 전대의 임금을 높여 부르는 말이다.

63) 따라 죽지 못하고 : '욕의(褥蟻)'는 '욕누의(蓐螻蟻)'의 준말로, 잠자리를 깔아 땅강아지와 개미를 쫓는다는 뜻이다. 여기서는 승하한 임금을 따라 죽으려는 신하의 충성을 말한다. 전국시대에 안릉군(安陵君)이 초 공왕(楚共王)에게 "대왕께서 승하하신 뒤에 이 몸이 황천에 따라가서 잠자리를 만들고 개미를 쫓게 되기를 바랍니다."라고 하였다는 고사에서 나온 말이다.(『戰國策·楚策1』)

64) 문석(文石) : 임금이 거처하는 전각 계단의 돌을 가리킨다.

65) 주상이……잘못이다 : 사마천(司馬遷)이 말한, "선비가 현능한데도 등용하지 못하면 나라의 수치이고, 주상이 총명하고 덕이 높은데도 덕이 널리 알려지지 않으면 유사의 잘못이다.[士賢能而不用, 有國者之恥, 主上明聖, 而德不布聞, 有司之過也.]"라는 내용을 인용한 것이다.(『史記·太史公自序』)

66) 숭정(崇禎) : 명나라의 마지막 황제 의종(毅宗) 때의 연호(1628~1644). 명나라가 망한 뒤에도 조선은 명나라에 대한 의리를 들어 대내적으로는 청나라 연호를 쓰는 대신 이 연호를 사용하였다.

67) 승하하신 성상을 부르짖던 : '호궁(號弓)'은 활을 안고 호곡한다는 뜻으로, 임금의 죽음을 슬퍼하는 것을 가리킨다.(『史記·封禪書』)

68) 이름은 적지 않으니 : 번심흠명(煩甚欠名). 편지 끝 부분에 보통 쓰는 말로 자신의

이 편지는 책을 돌려줄 때 함께 돌려주기 바란다.

그 후 11년이 지난 을묘년(1675, 숙종1) 5월 4일에 안동(安東) 김수증(金壽增)[69] 연지(延之)가 성천(成川)의 임소에서 의춘(宜春)의 유배지[70]에 있는 나를 찾아왔다. 연지는 문정공(文正公) 석실 선생(石室先生)[71]의 사손(嗣孫)인데, 나를 선생의 문인이라고 여긴 것이다. 함께 지난 일들을 말하며 탄식하고 눈물을 흘렸다.

그가 떠날 때 나에게 말하기를, "그날 악대(幄對)하여 나눈 대화를 남에게 보여 주지 않으려 한다는 것을 알고 있습니다. 그러나 이러한 일을 우리 두 집안의 자제들에게 알려 주지 않는다면 이는 도리에 어긋나는 일입니다. 또한 내가 그 책을 얻어 선조의 언행을 기록한 책 뒤에 실어 한 책으로 만들고자 하는데, 그렇게 하면 사리에 매우 합당할 것입니다. 그대는 어떻게 생각하십니까?" 하였다. 내가 그렇게 하겠다고 대답하고 가만히 생각해 보니, 노선생(老先生)이 평소에 자임하였던 것은 바로 성조(聖祖)가

이름을 적지 않는다는 뜻이다. 친한 친구간이거나 또는 자신보다 아랫사람에게 쓴다. 번흠(煩欠)이라고도 한다. 여기에서는 송시열이 자신의 문인격인 이세장과 이선에게 책자를 보내며 덧붙인 글인데다, 이 책의 내용이 밖으로 유출되는 것을 조심스럽게 여겨 이름을 적지 않은 것으로 추정된다.

69) 김수증(金壽增) : 1624~1701. 본관은 안동, 자 연지(延之), 호 곡운(谷雲)이다. 상헌(尙憲)의 손자이다. 1670년(현종11) 강원 화천군 사내면 영당동에 복거(卜居)할 땅을 마련하고 농수정사(籠水精舍)를 지었다. 1675년(숙종1) 성천부사로 있을 때 동생 수항(壽恒)이 송시열(宋時烈)과 함께 유배되자 벼슬을 버리고 농수정사로 돌아갔다. 1689년(숙종15) 기사환국으로 수항이 사사(賜死)되자, 은거하여 주자를 비롯한 송대 성리학자들의 성리서를 탐독하였다. 문집에 『곡운집(谷雲集)』이 있다.

70) 의춘(宜春)의 유배지 : 함경도 덕원(德源)의 옛 지명이다. 현종대 예론의 시비는 숙종대에도 여전히 계속되었다. 숙종 즉위 직후 진주의 유생 곽세건(郭世健)이 송시열을 공격함으로써 예론의 시비가 재연되었고, 급기야 송시열은 숙종 즉위년 12월에 파직, 삭탈관작, 문외출송을 거쳐 함경도 덕원에 유배되었다.

71) 석실 선생(石室先生) : 김상헌(金尙憲, 1570~1652)을 가리킨다. 본관은 안동, 자 숙도(叔度), 호 청음(淸陰)·석실산인(石室山人)이며, 시호는 문정(文正)이다. 1623년 인조반정 이후 시비, 선악의 엄격한 구별을 주장해 서인의 영수가 되었다. 병자호란이 일어나자 주화론(主和論)을 배척하고 끝까지 주전론(主戰論)을 펴다가 인조가 항복하자 안동으로 은퇴하였다. 1639년 청나라의 출병 요구에 반대하는 소를 올렸다가 청나라에 압송되어 6년 후에 귀국하기도 하였다. 효종이 즉위해 북벌을 추진할 때 그 이념적 상징으로 간주되어 '대로(大老)'로 불릴 정도로 존경을 받았다. 1653년 영의정에 추증되었으며, 1661년(현종2) 효종 묘정에 배향되었다.

뜻하였던 일이었다. 당시 하늘이 노선생에게 다시 수명을 빌려주어 그 기회를 얻게 하였다면 성조의 간곡한 말씀은 굳이 나에게 있지 않았을 것이다. 연지가 노선생의 언행과 악대하여 나눈 대화를 둘로 보지 않고 합하여 한권의 책으로 만들려는 것은 마땅한 일이다. 이에 마침내 작은 책자에 기록하고 봉함하여 부쳐 주었다.

악대(幄對)라고 한 것은, 송 효종(宋孝宗)이 장 위공(張魏公) 부자[72]에게 정사를 위임하고 남헌(南軒) 장식(張栻)을 불러 유악(帷幄)에서 논의할 때 밖에 한 사람도 없었다는 고사가 있으므로, 지금 이 대화도 '악대'라고 명명한 것이다. 8월 모일(某日)에 봉산(蓬山)[73]의 유배지에서 쓰다. -봉산은 곧 장기(長鬐)의 다른 이름이다.-

---

72) 장 위공(張魏公) 부자 : 남송(南宋) 때의 명재상인 장준(張浚, 1094~1164)과 그의 아들 식(栻, 1133~1180)을 가리킨다. 장준은 남송 초기 주전파의 거물로, 효종 때에 추밀원사(樞密院使)가 되고 위국공(魏國公)에 봉해진 후 장 위공이라 일컬어졌다. 장식의 자(字)는 경부(敬夫)이고, 호 남헌(南軒)·낙재(樂齋)이다. 장식은 주자·여조겸(呂祖謙)과 함께 '동남 삼현(東南三賢)'으로 불렸다.

73) 봉산(蓬山) : 경상도 장기(長鬐)의 별칭이다. 1675년(숙종1) 6월에 송시열은 덕원으로부터 장기로 이배(移配)되었다.

효종의 어찰

寧陵[74]御札[75]

어제 올린 봉계(封啓)[76] 속에서 한 통의 작은 편지를 받았는데 말한 뜻을 잘 알았소. 경의 진심어린 정성이 아니라면 어찌 이러한 말이 나왔겠소. 내 심히 기쁜 나머지 무어라 말해야 할지 모르겠소. 그런데 끝머리에 경이 불안해하고 두려워한 뜻은 또 무엇 때문이오? 이는 과인의 부덕한 마음을 모르기 때문은 아니오? 군신 간에는 서로의 마음을 아는 것이 중요하니 이후로는 남처럼 멀리하는 말을 하지 말고 충실하게 힘써주기 바라오.

밀찰(密札)로 가르침을 준 말은 더욱 나의 뜻에 합하는 내용이었소. 내 오래 전부터 해보려 하였으나 경의 생각이 어떤지 몰라 주저하며 결단을 내리지 못했는데, 이제 경의 말을 보아 하니 실로 내 뜻과 꼭 맞았소. 앞으로 나랏일을 논함에 있어 지성껏 해준다면 너무도 다행이겠소.

다만 국조(國朝)의 규례가 그러할 뿐만이 아니라, 근자에 인심이 흩어져 독대하는 일을 진심으로 미워함이 심하거니와 불측스러운 말까지 지어내고 있으니, 이는 장차 국가에 불리할 터라 형편상 도저히 할 수 없게 되었소. 지난번 독대한 뒤에 사람들의 기색을 살펴보니 몹시 싫어하였소. 홍명하(洪命夏)[77]가 차자(箚子)에서 한 말[78]과 같은 것은 경도 알고 있지요?

---

74) 영릉(寧陵) : 효종과 효종의 비 인선왕후 장씨의 무덤이다. 경기도 여주시 능서면 왕대리에 소재한다.

75) 『宋子大全拾遺·孝宗大王密札』 및 『肅宗實錄』 20年 閏5月 11日 기사를 교본으로 하였다. 1694년(숙종20) 윤 5월 11일 실록 기사에 따르면, 송시열의 아들인 전 군수 송기태(宋基泰)가 갑술환국을 맞아 송시열이 숙종에게 올리려 하였던 상소문 3벌과 효종의 어찰 3벌을 올렸다. 원래는 1689년(숙종15) 기사환국으로 송시열이 사사되며 상소문 및 어찰을 손자인 송주석(宋疇錫)에게 맡겼는데, 얼마 후 송주석이 병사한 관계로 송기태가 올리게 되었다고 한다.

76) 봉계(封啓) : 밀봉하여 임금에게 올린 문서이다.

77) 홍명하(洪命夏) : 1607~1667. 본관은 남양(南陽), 자 대이(大而), 호 기천(沂川), 시호는 문간(文簡)이다. 효종 때 대사헌·형조판서 등을 역임하였고, 현종 때 1663년(현종4)

그 의도는 충분히 예상할 수 있는 일이니, 오늘 다시 독대하는 일은 또한 어렵지 않겠소?

이로써 말하자면 이 길을 열어 상하의 심사를 소통하게 하지 않을 수 없소. 다만 서신을 전할 길이 극히 어려워 여러 가지로 생각해 보아도 모두 마땅치 않기에 부득불 세자로 하여금 손수 전하게 하였으니[79] 경도 이런 뜻을 알고 회답하는 서찰은 세자에게 전하도록 하시오. 이리 하면 귀신도 모를 것이니 어찌 만전을 기하였다 하지 않겠소. 작은 종이에 적은 일은 내 마땅히 모두 시행할 것이니 경은 염려하지 마시오.[80]

큰일을 논의함에 대신이 모르면 안 되지만 지금의 대신은 모두 한때의 중망으로 순서에 따라 나온 이들이라 재간과 국량을 지닌 사람을 얻기가 쉽지 않소. 원평(原平)[81]은 재주가 없지는 않으나 평소 기질이 차분하지

우의정을 거쳐, 이듬해 사은 겸 진주사(謝恩兼陳奏使)로 다시 청나라에 다녀와 1665년(현종6) 좌의정을 거쳐 영의정이 되었다. 성리학에 조예가 깊었고, 효종의 두터운 신임 아래 북벌계획을 적극 추진하였으며, 박세채·윤증 등을 조정에 천거하였다. 순조 때 여주의 기천서원(沂川書院)에 배향되었으며, 저서로는 『기천집(沂川集)』이 있다.

78) 홍명하(洪命夏)가……한 말 : 이와 관련해서는 『효종실록』 10년 윤3월 9일 기사에서 예조판서 홍명하가 올린 차자 중 독대에 대한 비판의 뜻을 간접적으로 밝혔다.

79) 세자로……하였으니 : 『숙종실록』 20년 윤5월 11일 기사에 따르면, 기해년(1659, 효종 10) 3월 11일 독대 후에도 종종 효종의 밀유(密諭)가 있었으며, 급기야 독대 후 4월 그믐에는 효종이 당시 세자였던 현종의 서연(書筵)을 궁궐 깊은 곳에서 열게 하고 송시열에게 수찰(手札)을 전하게 하였다고 한다. 그러나 이때에도 내관들을 물리쳤기 때문에 그 곡절을 아는 사람은 없었으며, 송시열이 효종의 수찰에 답신을 완성하기도 전에 효종이 승하하였다고 하였다. 송시열은 이때의 수찰 안에 불태우란 명이 없었으므로 내내 보관해 두었다고 하였다.

80) 여기까지가 송시열이 남긴 효종의 어찰(御札) 3벌 중 제1 어찰에 해당한다.

81) 원평(原平) : 원두표(元斗杓, 1593~1664)의 봉호이다. 본관은 원주(原州), 자 자건(子建), 호 탄수(灘), 시호 충익(忠翼)이며, 박지계(朴知誡)의 문인이다. 인조반정으로 정사공신(靖社功臣)에 올라 원평군(原平君)에 봉해졌다. 정묘호란(1627)이 일어나자 분조(分朝)하여 남하한 세자를 호종했고, 병자호란(1636) 때에는 어영대장으로 남한산성의 북쪽 성문을 방어했다. 효종의 북벌정책을 지지하여 군비를 증강하는 데 앞장서며 동전 유통 보급책을 제시하고 교생고강(校生考講)·오가작통(五家作統)의 실시 등을 주장하여 피역(避役) 방지책을 강구하였다. 그러나 대동법이나 사족 수포(收布) 실시 등에는 반대하였다. 그의 북벌책은 가능한 한 양반 사족의 권익을 보호하는 선에서 마련된 것이라 할 수 있다.

못하여 치밀하고 세세한 일은 하기 어려울 듯하고, 심 정승[82]은 현명하기는 하나 재주가 없으며, 완남(完南)[83]은 병치레가 잦아 나오지를 않고 있소. 지혜로 보나 사무에 대한 식견으로 보나 영상(領相)[84]이 적임이지만 중대한 일을 담당하지 않으려 하니 이것이 흠이오. 하지만 이 사람이 아니면 안 되니, 경이 모름지기 이 뜻을 알고 그와 사귀어 친분을 쌓은 후라야 차츰 일을 논의할 수 있을 것이오.[85] 서북(西北)의 일도 또한 이와 같이 하려 하지만, 다만 서방(西方)의 일이 더욱 어려운지라 깊이 염려하고 있소.[86]

근일의 변괴가 이 지경에 이르러 근심 걱정이 끝이 없는데 그 중에서도 3월에 눈이 내린 변괴는 더욱 염려스럽소. 3월 26일 새벽에 꿈을 꾸었는데, 역적 김자점(金自點)[87]이 칼을 들고 내 침실 안으로 들어오기에 내가 크게

---

82) 심 정승 : 심지원(沈之源, 1593~1662)을 가리킨다. 본관은 청송(靑松), 자 원지(源之), 호 만사(晩沙)이다. 병자호란 때 조익(趙翼)·윤계(尹棨) 등과 의병을 모집하려 했으나 윤계의 죽음과 인조의 삼전도 항복으로 무산되었다. 영의정을 역임하였으며, 효종의 승하 후 원상(院相)으로서 국정을 맡고 총호사(摠護使)로서 상례를 총괄하였다. 현종 즉위 후 불거진 자의대비(慈懿大妃)의 복제 문제에서 송시열과 뜻을 같이 하면서도 남인 조경(趙絅)을 적극 신구(伸救)하기도 하였다. 저서에 『만사고(晩沙稿)』가 있다.

83) 완남(完南) : 이후원(李厚源, 1598~1660)의 봉호이다. 본관은 전주(全州), 자 사진(士晋)·사심(士深), 호 우재(迂齋)이다. 김장생의 문인으로 김집(金集)·조속(趙涑)·송준길(宋浚吉) 등과 교류하였다. 1623년(인조1) 인조반정 후 정사공신(靖社功臣) 3등으로 완남군(完南君)에 봉해졌다. 1657년 우의정 때 송시열을 이조판서, 송준길을 병조판서에 천거하는 등 서인 산림과 밀접한 관계를 유지하였다.

84) 영상(領相) : 정태화(鄭太和, 1602~1673)를 가리킨다. 본관은 동래(東萊), 자 유춘(囿春), 호 양파(陽坡)이다. 1637년 소현세자를 선양(瀋陽)에 배종하고 돌아왔다. 1659년 영의정이 되어, 효종의 승하 후 원상으로서 국정을 처리하였다. 북벌정책과 예송으로 신료들의 반목이 격화되던 시기에 온화한 성품과 원만한 대인관계로 효종과 현종을 보필하였다.

85) 底本에서는 여기까지가 송시열이 남긴 효종의 어찰(御札) 3벌 중 제2 어찰에 해당한다.

86) 底本에서는 이 문장에서부터 문단을 달리하여 효종의 제3 어찰에 포함시키고 있으나, 실록에 근거하여 제2 어찰에 포함시켰다.

87) 김자점(金自點) : 1588~1651. 본관은 안동, 자 성지(成之), 호 낙서(洛西)이며, 성혼의 문인이다. 병자호란 때 도원수로서 임진강 이북에서 청군을 저지해야 할 총책임을 맡았으나 적군의 남하를 막지 못하여 1년 동안 강화도에 위리안치 되었다. 이후 인조의 신임 아래 정권을 담당하면서 청나라의 후원을 얻어 정치적 입지를 굳혀갔다. 효종의 즉위 후 김집·송시열 등의 공격을 받아 홍천에 유배되자 역관 정명수(鄭命壽)와 이형장(李馨長)을 시켜 조선의 새 왕이 옛 신하들을 몰아내고 청나라를 치려

놀라 일어나서 물러가라 호령하였소. 꿈에서 겨우 깨어나자 근시(近侍)가 아뢰기를, 하늘에서 큰 눈이 내린다고 하니, 이 얼마나 괴이하고 고약하기 그지없는 일이오. 이것은 일찍이 없었던 꿈이거늘, 어찌하여 앞도 아니고 뒤도 아닌 바로 이즈음에 맞추어 꾸었단 말이오? 아무래도 우연이 아닌 듯하오. 꿈이란 실로 허망한 것이지만 이 꿈은 허망한 것으로 돌릴 수 없을 것 같소. 요 근래 근거 없는 말들도 몹시 괴이하다 할 만하지 않소? 아무래도 남몰래 선동하는 자가 있는 듯하오. 평상시 나는 꿈에 시달리는 일이 없소.

지난번 독대했을 때 말한 일은 그 후 특별히 의논할 만한 것이 없소. 경이 편지로 말한 뜻은 상세하게 살펴서 다시 아뢰도록 하고 이밖에도 말할 만한 것이 있으면 모두 말하도록 하시오. 스스로 멀리하려는 생각을 갖지 말고 진심어린 충정으로 나의 지극한 바람에 부응해 주시오.

눈병이 아직 다 낫지 않아 세세하게 쓰기 어려울 뿐만 아니라 몹시 바쁘기도 하여 이렇게 필체가 어지럽고 전혀 존경하는 뜻을 표함이 없게 되었으니 심히 미안한 마음이오.[88]

한다고 고발하고, 그 증거로 청나라의 연호를 쓰지 않은 장릉지문(長陵誌文)을 보냈다. 이로 인해 광양으로 유배되었고, 이후 아들 김익(金釴)이 수어청 군사와 수원 군대를 동원해 원두표·김집·송시열·송준길을 제거하고 숭선군(崇善君)을 추대하려 한 역모가 폭로되어 아들과 함께 복주되었다.

88) 여기까지가 송시열이 남긴 효종의 어찰(御札) 3벌 중 제3 어찰에 해당한다.

효종대왕 묘지문

寧陵誌文[89]

왕께서는 총명하고 슬기로운 자질을 가지고 어지러운 세상을 다스려 바로잡으려는 뜻을 품고서, 재위한 10년 동안 국사에 부지런하고 백성을 돌보기를 일찍이 하루도 게을리 한 적이 없었다. 그리하여 바다 한 구석에 살고 있는 백성들이 바야흐로 발꿈치를 들고 목을 길게 늘여 공이 이루어지고 다스림이 안정될 날을 기대하고 있었다. 그런데 뜻밖에도 기해년(1659, 효종10) 5월 4일 왕께서 승하하시니 향년 41세였다. 아! 하늘이여, 진실로 '대업(大業)을 시작하고 반도 이루지 못한 채 중도에 세상을 떠났다'[90] 할만하다.

아, 하늘이 굽히고 펴지는 기수(氣數)[91]에 몰려 큰 난리가 일어나면 또한 반드시 큰 성인(聖人)을 낳아서 맡기니, 장차 그 사람에게 큰 임무를 부여할 때는 반드시 몸소 고난을 겪게 하여 그를 더욱 성장시키는 법이다. 그러므로 왕께서 탄생하던 날 밤 오색 기운이 서려 그 단서를 드러냈다.

태어나서 9세가 되자 정묘년(1627, 인조5)의 병란[92]을 당하였고, 18세에

---

89) 효종대왕 묘지문[寧陵誌文] : 『孝宗實錄·誌文』 및 『宋子大全·寧陵誌文』을 교본으로 하였다. 효종의 묘지문은 1659년(현종 즉위년) 10월 현종의 명을 받아 송시열이 지었다. 저본(底本)의 지문은 교본의 원문을 축약한 것으로, 약간의 문자 출입과 문장의 생략이 보이나 전체적 의미나 맥락은 큰 차이가 없다.

90) 대업(大業)을……떠났다 : 제갈량이 중원으로 출병하며 후주(後主) 유선(劉禪)에게 올린 「출사표(出師表)」에서, "선제께서 대업을 시작하고 반도 못 이룬 채 중도에 세상을 떠나시고, 지금 천하가 셋으로 나누어진 가운데 익주가 피폐하니, 이는 참으로 존망이 달린 위급한 때입니다.[先帝創業未半而中道崩殂, 今天下三分, 益州疲弊, 此誠危急存亡之秋也.]"라고 한 구절을 인용한 것이다. 여기에서 선제는 촉한(蜀漢)의 선주(先主) 유비(劉備)를 가리킨다.

91) 기수(氣數) : 길흉화복(吉凶禍福)의 운수를 가리킨다.

92) 정묘년의 병란 : 1627년(인조5) 1월에 후금(後金)이 장군 패륵(貝勒)과 왕자 아민(阿敏)을 보내어 조선을 침략한 사건을 이른다. 명나라는 인조반정을 묵인한다는 명분으로 조선에게 모문룡과 연합하여 후금을 공격하도록 요구하였고, 조선은 척화론이 득세하며 이를 수용하였다. 이에 후금의 군사 3만여 명이 남하하여 황주(黃州)까지 쳐들어오자 인조와 조신들은 강화로 피난했다가 후금과 강화하였다. 이때 조선은

는 병자년(1636, 인조14)의 병란[93]을 만나 심양(瀋陽)에 볼모로 갔다.[94] 청나라에 있은 지 8년 만에 비로소 동쪽으로 돌아올 수 있었으나, 그 와중에 연경(燕京)으로 들어가 대명(大明)이 잿더미가 된 것을 보았다.[95] 전후 20여 년 동안 하늘이 고통과 환란으로 왕을 단련시키기 위해 겪게 하지 않은 일이 없었다.

그 후 마침내 차장자로서 세자의 자리에 올랐고, 세자로서 직무를 수행하다가[96] 지존(至尊)의 자리에 올랐다. 왕은 하늘의 뜻이 어디 있는지를 마음 깊이 알고, 감히 한가롭고 편안하게 지내는 일이 없이 오직 덕을 연마하여 올바른 정치를 베풀기에 여념이 없었다. 일찍이 궁료[97]에게 말하기를, "한(漢)나라의 문제(文帝)와 무제(武帝) 가운데 누가 더 나은가?" 하자, 모두 문제가 더 낫다고 말하자, 왕이 말하기를, "무제는 '평성(平城)의 곤욕'[98]을 잊지 않았으니, 무제가 더 낫다."[99]고 하였다.

후금에 대해 교역(交易)과 세공(歲貢)을 약속하고 형제의 동맹을 맺었다.

93) 병자년의 병란 : 1636년(인조14) 12월 청나라가 조선을 침입하여 일으킨 병란을 이른다. 후금이 국호를 청으로 정하고 조선에 군신관계를 맺을 것을 요구하였으나 조선이 이를 거부하였다. 이에 청 태종이 10만 대군을 이끌고 남하하여 인조가 피신해 있던 남한산성을 포위하였고, 결국 인조는 다음해 1월 삼전도(三田渡)에서 항복하였다.

94) 심양(瀋陽)에 볼모로 갔다 : 심양은 청나라 순치제(세조, 재위 1643~1661)가 1644년 북경을 수도로 정하기 전까지 청나라의 수도였던 곳으로, 성경(盛京)이라고도 불리었다. 1637년(인조15) 정월 인조가 삼전도에서 청에 항복한 뒤 당시 봉림대군[효종]은 소현세자와 함께 심양에 도착한 뒤 심양관(瀋陽館)에 머물렀다. 볼모가 된 지 8년 만인 1645년(인조23) 2월 소현세자가 귀국한 뒤 4월 급서하자 효종은 5월에 귀국하여 9월 27일 세자로 책봉되었다.

95) 연경(燕京)으로……하였다 : 명나라 수도 북경을 가리킨다. 북경은 1644년 이자성(李自成)이 이끄는 농민반란군에게 함락되었고, 이자성과 오삼계(吳三桂)의 대립을 틈타 청나라는 큰 저항 없이 북경에 입성하였다. 청나라는 북경에 입성하며 소현세자의 동행을 강요하였는데, 당시 봉림대군 또한 함께 갔다.

96) 세자로서……수행하다가 : 감무(監撫)는 감국무군(監國撫軍)의 줄임말이다. 세자가 임금을 도와서 국사를 감독하고 군사를 위무하던 일을 가리킨다. 총괄하여 세자의 직무를 이른다.

97) 궁료(宮僚) : 동궁 소속의 관료들이나 시강원(侍講院) 보덕(輔德) 이하의 벼슬아치를 통틀어 이르던 말이다.

98) 평성에서의 곤욕 : 평성(平城)은 지금의 산서성(山西省) 대동현(大同縣) 동쪽에 있는 지명이다. 한 고조(漢高祖) 유방(劉邦)이 흉노를 토벌하러 평성(平城)에 갔다가 백등(白

일찍이 『시경(詩經)』의 「육아편(蓼莪篇)」[100]을 강론하는 자리에서 목이 메어 슬피 눈물을 흘리면서 말하기를, "시(詩)는 성정에 근본한 것이라 하더니 과연 그러하구나. 하물며 나처럼 선대의 치욕을 아직 설욕하지 못하여 원통함이 하늘에 사무친 사람임에랴." 하였다. 처음 즉위하자마자 맨 먼저 김상헌(金尙憲)[101]을 기용하였는데, 상헌은 대의(大義)를 자임하고 있었다. 그는 일찍이 청나라에 끌려가 북쪽에 잡혀 있었는데,[102] 간악한

登)에서 포위되는 수모를 겪은 뒤 진평(陳平)의 계책으로 간신히 빠져 나왔던 일을 가리킨다.

99) 무제가 더 낫다 : 문제(文帝, 재위 B.C.180~B.C.157)는 한나라의 5대 황제로, 그의 치세는 그 뒤를 이어 제위에 오른 경제(景帝)의 치세와 함께 문경지치(文景之治)로 통칭될 만큼 태평성대를 이루었다. 흉노와는 주로 강화를 유지함으로써 변경을 안정시켰고 내정(內政)을 굳건히 하였다. 반면 7대 황제 무제(武帝, B.C.141~B.C.87)는 강경책을 일관되게 추진하여 흉노를 굴복시킴으로써 고조가 평성에서 당한 수치를 설욕하였다. 궁료와의 문답에서 효종은 평성에서 한 고조가 당한 수치와 인조가 남한산성에서 청군에게 포위당했던 수치를 동렬에 놓고, 흉노와 화의책으로 일관한 문제보다 흉노를 토벌함으로써 치욕을 씻은 무제를 높이 평가함으로써 자신의 북벌 의지를 드러내고 있다.

100) 육아편(蓼莪篇) : 『시경(詩經)』 「소아(小雅)」의 편명으로, 돌아가신 부모의 은혜를 생각하고 생전에 제대로 봉양하지 못한 것을 서글퍼하는 내용이다.

101) 김상헌(金尙憲) : 1570~1652. 본관은 안동, 자 숙도(叔度), 호 청음(淸陰)·석실산인(石室山人, 중년 이후 楊州 石室에 退歸해 있으면서 사용)·서간노인(西磵老人, 만년에 안동에 은거하면서 사용)이다. 병자호란(1636)이 일어나자 예조판서로 주전론(主戰論)을 펴다가 인조가 항복하자 안동으로 은퇴하였다. 1639년 청나라가 명나라를 공격하기 위해 요구한 출병에 반대하는 소를 올렸다가 청나라에 압송되어 6년 후 풀려 귀국하였다. 효종이 즉위해 북벌을 추진할 때 그 이념적 상징으로 '대로(大老)'라고 존경을 받았으며, 김육(金堉)이 추진하던 대동법에는 반대하고 김집(金集) 등 서인계 산림(山林)의 등용을 권고하였다. 저서로는 『청음전집(淸陰全集)』이 있다. 시호는 문정(文正)이다.

102) 청나라에……있었는데 : 1642년(인조20)에 선천 부사 이계(李烓)가 명나라 상선(商船)과 밀무역을 했다는 혐의를 받아 심양으로 붙잡혀 갔는데, 이때 그는 죽음을 면하고자 조선이 청나라 연호를 사용하지 않는 등의 일을 밀고했다. 이 일로 김상헌을 비롯한 이경여(李敬輿), 신익성(申翊聖), 이명한(李明漢), 허계(許啓), 신익전(申翊全) 등 척화파 신료들이 심양으로 불려가 고초를 겪었고, 이계는 나라를 팔아 목숨을 구걸했다는 죄안으로 조선에서 처형되었다. 『인조실록』 20년 12월 11일 기사에 따르면, 이계가 심양에 잡혀갔을 때, '조정은 오로지 붕당만을 일삼고 동양위(東陽尉) 신익성과 김상헌이 서로 안팎이 되어 힘껏 변명하여 구제하고 있다. 나는 일찍이 김상헌을 논핵하였기 때문에 좌천되어 변방 수령이 되었으며, 상께서도 일을 잘 처리하지 못하여 이와 같은 상황이 벌어진 것이다.'라고 발언하는 등 특히 김상헌을 모함하였다고 하였다. 그러나 일각에서는 일찍이 이계가 김상헌에 대해 '혼자만 깨끗한 척하면서

사람이 이것을 구실로 모해하여 죄를 꾸며내니 장차 화를 예측할 수 없었다.[103] 이때 왕이 임기응변으로 잘 처리하여 일이 해결될 수 있었고, 그 뒤로도 그를 향한 총애가 조금도 줄어들지 않았다. 언젠가 말하기를, "송나라 신종(神宗)[104]이 인재가 없음을 한탄하고서도 정호(程顥)와 정이(程頤)[105]를 기용하지 않은 것은 무슨 까닭인가?" 하였다.

또 일찍이 주자에 대해 논한 일이 있었는데 경연에서 강론하던 신하가 아뢰기를, "주자는 송나라가 남쪽으로 옮겨 간 때[106]에 태어나 경세제민(經世濟民)에 뜻을 두었습니다. 그리하여 군주로 하여금 마음을 바르게 하고[正心] 자신의 사욕을 극복하며[克己] 백성을 기르고[養民] 병력을 양성하는 일[養兵] 외에는 다른 어떤 일도 끼이지 못하게 하고자 하였습니다." 하니, 왕이 말하기를, "송나라는 정자·주자가 있어도 그들을 등용하지 못하였는데, 지금에 와서도 그 도(道)를 미루어 시행하지 못한다면 어찌 다시 뒷사람의 유감이 되지 않겠는가?" 하였다.

또 말하기를, "군신 사이는 진실로 서로 믿기가 어려운데, 더욱 어려운 것은 장수를 임용하는 일이다. 한신(韓信)이 말하기를, '한왕(漢王)은 말하면

임금을 팔아 명예를 구한다.'는 내용의 탄핵을 하는 등 김상헌과 정치적으로 대립하였기 때문에, 서인 척화세력들이 명확하지 않은 죄안으로 이계를 얽어 억울한 죽음으로 몰아넣었다고 보기도 한다. 이에 대해서는『동소만록(桐巢漫錄)』「허상유사(許相遺事)」「기언(記言)·이분사비(李分沙碑)」의 해당 내용을 참고할 수 있다.

103) 간악한……없었다 : 효종이 즉위하자 청국에서 척화파의 진출을 염려하여 이른바 '6칙사'를 파견하여 조선 조정을 위협한 일을 가리킨다. 이 일을 노론측에서는 김자점(金自點)이 청국과 내통하여 벌어진 일로 간주하였다. 이른바 '간악한 사람'이란 김자점을 가리킨다.

104) 신종(神宗) : 재위 1067~1085. 북송(北宋)의 6대 황제이다. 영종(英宗)의 태자로 1067년 즉위한 후, 왕안석(王安石)의 신법(新法)을 시행하여 정치의 쇄신과 개혁을 추진하였다. 이로 인해 신법에 반대하는 사마광(司馬光)·정호(程顥)·정이(程頤) 등 구법당의 관료들은 정계에서 급속히 위축되었다.

105) 정호(程顥)와 정이(程頤) : 명도선생(明道先生) 정호(1032~1085)와 이천선생(伊川先生) 정이(1033~1108)는 형제간으로 이정자(二程子)라 일컬어졌다. 성리학을 창시한 북송오자(北宋五子)에 속하였으며『이정전서(二程全書)』등의 저술을 남겼다.

106) 송나라가……때 : 1127년 금나라에 의해 북송의 수도 개봉(開封)이 함락되고 휘종(徽宗)·흠종(欽宗), 두 황제가 포로로 잡혀 간 정강(靖康)의 변(變)으로 북송이 멸망하였다. 이에 같은 해 고종(高宗, 1107~1187)이 양자강을 건너 남하하여 임안(臨安)에 도읍하고 송 왕조를 재건하였는데, 이를 남송(南宋)이라고 부른다.

들어주고 계책을 내면 따라주니 죽어도 마음을 바꿀 수 없다.'[107] 하였는데, 임금이 참으로 신하를 믿고 등용한다면 신하로서 어찌 떠나고 싶어 할 사람이 있겠는가." 하였다.

또 말하기를, "송나라 고종(高宗)에게는 종택(宗澤)[108]·이강(李綱)[109]·한세충(韓世忠)[110]·악비(岳飛)[111] 같은 이들이 있었는데도 강남(江南)에 움츠린 채로 한 발자국도 나오지 못했으니, 그 일을 생각할 때마다 서글픈 마음에 탄식하지 않은 적이 없었다." 하였다.

왕이 장차 폐기되거나 잘못된 것들을 바로잡고 무너진 기강을 일으킴으로써, 세도(世道)를 만회하고 성지(聖志)를 도모하고자 하였으나 끝내 이루지 못하고 말았다. 아, 문왕(文王)과 같은 지극한 덕[112]으로 백 년을 살다 돌아가도 오히려 천하에 은택이 젖어들지 못했는데, 하물며 형세의 난이(難易)가 은·주 때와 비교하여 크게 차이 나는 지금에서이랴. 게다가 하늘에서 받은 수명마저 문왕의 절반에도 미치지 못하였으니, 아, 슬프다!

---

107) 한왕(漢王)은……없다 : 한왕은 한 고조 유방을 가리킨다. 한신이 항우의 회유를 거절하며, 자신이 항우의 진중에 있을 때는 집극랑이라는 하찮은 직책에 불과했으나 한왕은 입던 옷을 내어주고 같이 밥을 나눠먹었으며 자신을 대장군으로 써줬으니 그 은혜를 저버릴 수 없다고 했다는 일화가 있다.(『史記·淮陰侯列傳』)

108) 종택(宗澤) : 1060~1128. 송나라 의오(義烏) 사람으로 자는 여림(汝霖), 시호는 충간(忠簡)이다. 고종이 남경(南京)에서 즉위하자 수차 상소하여 북으로 황하를 건너 개봉으로 환도(還都)하고 금나라에게 빼앗긴 옛 땅을 회복하자는 요청을 건의하였으나 받아들여지지 않았다. 임종 때 '황하를 건너라[過河]'고 세 번 외치고 죽었다는 일화가 전한다.(『宋史·宗澤列傳』)

109) 이강(李綱) : 1083~1140. 금나라와의 화친을 반대한 송나라의 대표적 주전론자(主戰論者)이다. 고종 때 중망을 얻어 승상이 된 뒤 금나라와의 역전(力戰)을 주장하였으나, 승상이 된 지 70여 일 만에 황잠(黃潛) 등 화의론자들에게 밀려 파직되었다.(『宋史·李綱列傳』)

110) 한세충(韓世忠) : 1089~1151. 남송의 명장으로, 악비(岳飛)·유기(劉錡) 등과 함께 금(金)나라의 침입을 막고 송나라의 영토를 회복하려고 힘썼다. 악비가 진회(秦檜)의 모함으로 처형되자 관직에서 물러나 은둔하였다.

111) 악비(岳飛) : 1103~1141. 남송의 명장으로, 금나라의 군대를 여러 차례 격파해 고종으로부터 '정충악비(精忠岳飛)'라는 4글자를 하사받았다. 그 뒤 초토사(招討使)가 되어 금나라 군대를 대파한 뒤 황하를 건너 진격하려고 하였는데, 주화론을 주장하던 진회(秦檜)의 음모로 군사를 돌렸다가 체포되어 옥사(獄死)하였다.(『宋史·岳飛列傳』)

112) 문왕(文王)과……덕 : 문왕이 천하의 2/3를 차지하고도 은나라의 폭군 주(紂)를 내치지 않고 섬겼으므로 공자가 지덕(至德)이라 하였다.(『論語·泰伯』)

삼대 이후로는 오로지 공리(功利)만을 숭상했으므로 천리와 인륜에 부끄러운 점이 많았다. 그러나 왕은 의리를 바르게 하고 도를 밝혔을 뿐 이리저리 따지거나 견주는 일이 없었기 때문에 성지(聖志)가 안정되어 맑은 하늘의 밝은 해처럼 우뚝하였다. 할 수 없다고 말하지 않고 백성이 적다고 말하지 않으며 오직 그 마음을 다하고 그 일을 신중히 하였다.[113)]

왕이 말하기를, "지극한 아픔이 가슴에 있는데, 날은 이미 저물고 갈 길은 멀구나."[114)] 하였고, 또 탄식하며 말하기를, "옛말에, 한두 신하만 뜻을 같이 해도 도움이 되는 바가 없지 않다고 하였는데 지금은 너나없이 한데 모여 눈앞의 이익만을 꾀하고 있으니, 나와 함께 이 일을 할 사람이 과연 누구이겠는가." 하였다. 그러므로 간혹 형남(荊南)[115)]을 불러 유악(帷幄)[116)]에서 면대하는 일이 있었는데, 그 침착한 기략과 신묘한 지혜가 사람마다 헤아릴 수 없는 점이 있었다. 천리를 지키고 성학을 밝히며 왕법을 바로 세우고 대의를 펼쳐서 춘추대일통(春秋大一統)의 과업(課業)을 계승하고 하늘이 성인을 내신 뜻을 저버리지 않았던 것이야말로 어찌 천지에 세워놓아도 어긋남이 없고 귀신에게 질정하여도 의심할 것이 없는 일이 아니겠는가.

검소한 의복으로 백성을 편안케 했던 것[卑服康功][117)]은 문왕을 본받았고, 위무(威武)를 떨치며[發揚蹈厲][118)] 행여 일에 미치지 못할까 염려한 것은

---

113) 할 수 없다고……신중히 하였다 : 『서경(書經)』「주서(周書)·필명(畢命)」의, "할 수 없다고 말하지 말고 오직 그 마음을 다하며, 백성이 적다고 말하지 말고 오직 그 일을 신중히 한다.[罔曰弗克, 惟既厥心, 罔曰民寡, 惟愼厥事.]"는 말을 인용한 것이다.

114) 지극한……멀구나 : 1657년(효종8) 5월 5일에 영중추부사 이경여(李敬輿)가 올린 차자에 대해 효종이 내린 비답에 있는 구절이다.

115) 형남(荊南) : 형남기재(荊南杞材). 재능이 있는 인재를 말한 것이다. 양 무제(梁武帝)가 유역(庾域)의 재주를 감탄하여 했던 말이다.(『南史·庾域傳』)

116) 유악(帷幄) : 유(帷)와 악(幄)은 진영(陣營)에 쓰이는 휘장과 장막을 말하는데, 군사상 기밀을 논하는 곳을 가리킨다. 여기에서는 임금의 거소 또는 경연(經筵)을 의미한다.

117) 검소한……것[卑服康功] : 『서경(書經)』「무일(無逸)」에서, "문왕은 검소한 의복으로 백성을 편안케 하고 기르는 일에 힘썼다.[文王卑服, 卽康功田功.]"고 하였다. 문왕이 자봉(自奉)은 박하게 하면서 오직 백성을 편안히 하는 일에 전념하였다는 말이다.

118) 위무(威武)를 떨치며[發揚蹈厲] : 무왕(武王)의 악(樂)에 나온 춤으로서 처음 춤을 시작할 때 손·발을 세차게 놀리고 발로 땅을 밟는 기세가 사나운 모양을 가리킨다.

무왕을 본받았다. 신의(信義)가 환히 드러난 것은 한 소열(漢昭烈)[119]에 가까웠고, 화살대와 쇠기둥[120]처럼 장대한 포부를 품고 자나 깨나 훌륭한 인재를 불러들였으나 뜻만 지닌 채 펴보지 못했던 것은 애석하게도 송 효종(宋孝宗)[121]과 비슷하였는데, 이는 시세(時勢)가 그러하였기 때문이었다.

왕이 연경(燕京)에 머물렀을 때[122] 홀연 오색 빛이 방안에 가득하더니 신령스러운 거북이 나타났다. 옛날 우임금이 홍수를 다스리고 나자 하늘이 우(禹)임금에게 거북을 내렸다[123]고 하였으니, 왕이 뜻한바 대업을 이루었더라면 그 공이 우임금에 못지않았을 것이다. 하늘은 어찌하여 그 징조는 보여주었으면서 수명은 주지 아니하여 세상 만세토록 왕의 덕화를 받을 수 없게 한 것인가. 난(亂)은 다스릴 수 있고 변고는 바로잡을 수 있으며 양(陽)은 끝내 없어지지 않는다고 누가 말했던가? 『비풍(匪風)』과 『하천(下泉)』이 변풍(變風)의 끝에 자리한 뜻은 어디에 있겠는가?[124] 아마도 이는

이 춤은 무왕이 주(紂)를 정벌(征伐)할 때를 상징하여 만들어졌다.(『禮記·樂記 疏』)

119) 한 소열(漢昭烈) : 촉한(蜀漢)의 선주(先主) 유비의 묘호이다.

120) 화살대와 쇠기둥 : 송나라 효종이 금나라를 치려는 뜻을 다지기 위해, 전정(殿庭)에 목마(木馬)를 세워서 기사(騎射)를 익히고, 쇠기둥[鐵杖]으로 힘을 단련했다는 고사로, 우리나라 효종에게 많이 사용되었다.

121) 송 효종(宋孝宗) : 재위 1162~1189. 남송의 제2대 황제이다. 즉위 초 중원을 회복하고 송나라를 중흥하려는 포부를 피력하였다. 하지만 효종대의 정치는 태상황으로 건재한 고종의 견제를 받아서, 실제 정책은 금나라와 화의를 통해 내정을 안정시키는 데 매진하였다.

122) 연경(燕京)에 머물렀을 때 : 1644년 9월 소현세자 및 봉림대군[효종]이 청의 북경 입성 때 동행하여 70여 일을 머물렀던 때를 가리키는 것으로 추정된다.

123) 우(禹)임금이……내렸다 : 우임금이 물길을 다스릴 때에 낙수(洛水)에서 거북이가 나왔는데, 거북이의 등에 45개의 점이 있었다. 우임금이 이것을 보고 『낙서(洛書)』를 만들었다고 한다.

124) 비풍(匪風)과……있겠는가 : 「비풍」과 「하천」은 『시경』의 편명으로, 모두 주나라의 치세를 그리워하는 내용이다. 변풍(變風)은 왕의 교화와 어진 이의 덕을 찬양하는 정풍(正風)에 대가 되는 말로 왕도가 쇠하여 성현의 훌륭한 행적이 실현되지 않음을 노래하여 바른 법도를 회복하고자 하는 풍자적인 시를 가리킨다. 지문에서 송시열은 비풍과 하천을 변풍의 끝에 배치한 이유에 대해 천도는 순환하는 법이라 변란이 극에 도달하면 바로잡힌다는 뜻을 나타낸 것이라 보고 있다. 요컨대 이 구절에서 송시열은, 청나라가 중국을 지배하고 있는 상황은 변란의 극치이므로, 곧 바로잡힐 것이라는 견해를 피력하는 한편, 일찍 승하한 효종에 대한 애통한 마음을 나타내고

하늘도 기수의 굴신은 이길 수가 없어서 그리된 것이리라.

비록 그러하지만, 황극(皇極)의 올바름을 세우고 무너진 인륜을 밝힌 그 정대하고도 웅장한 규모는 하늘에 떠있는 태양과 별처럼 우리 성자(聖子, 현종)에게 남겨져 억만 년 동안 이어갈 끝없는 대업의 터전이 되었으니, 천지를 잘 다스려[地平天成][125] 만세토록 영원히 그 공덕에 힘입을 수 있게 된 것은 선왕의 시대와 같을 것이다. 아! 이것이 그나마 신자(臣子)들의 한없는 슬픔을 조금이나마 위로할 수 있으리라.[126]

지문을 지어 올린 후, 영돈령부사 이경석(李景奭)[127]이 아뢰기를, "지금처럼 갖가지 화가 있는 때에는 천지를 잘 다스려[地平天成] 마땅히 '말이 새 나갔을 때를 생각하라'는 옛 사람의 경계를 따라야 합니다.……" 하였다.[128] 호조판서 허적(許積)이 차자를 올려 아뢰었다.

"신이 지난번 지문을 보았는데, 그 뜻을 세운 것이 체계가 있어 감탄스러웠으나 그 말에 간혹 통쾌함이 부족하므로 유감스러웠습니다. 도감에 내려진 정본(淨本)을 보니 초본에 비해 삭제하고 고친 곳이 많아 원통한

있는 것이다.

125) 천지를 잘 다스려[地平天成] : 지평천성(地平天成)은 『서경(書經)』「우서(虞書)·대우모(大禹謨)」에 나오는 말로, 우임금이 천하의 산천을 다스리는 대공사를 마친 것을 묘사한 것이다. '수토가 잘 다스려지자 만물이 잘 양육되었다.'라는 뜻으로, 천지가 잘 다스려졌음을 가리킨다.

126) 여기까지가 『영릉지문(寧陵誌文)』의 내용이다.

127) 이경석(李景奭) : 1595~1671. 본관은 전주, 자 상보(尙輔), 호 백헌(白軒), 시호는 문충(文忠)이다. 김장생의 문인이다. 1618년(광해군10) 인목대비의 폐비 상소에 가담하지 않아 삭적되고 말았다. 인조반정 이후 출사하여, 이괄의 난 및 정묘·병자호란 때 지근에서 인조를 호종하였다. 1642년(인조20)에 선천부사 이계 사건과 1646년 사문사건(査問事件) 등 위기 때마다 재상으로서 책임을 지고 국왕과 조정의 위급을 구하였다. 당대에 이미 인조·효종·현종의 3대 50년 동안 시국의 안팎으로 얽힌 난국을 적절하게 주관한 명상(名相)으로 평가 받아 1668년(현종9)에는 궤장(几杖)을 하사받았으나, 그가 지은 「삼전도비문(三田渡碑文)」으로 말미암아 사후 송시열을 비롯한 노론세력의 정치적 공격을 받았다.

128) 영돈령부사……하였다 : 『현종개수실록(顯宗改修實錄)』 즉위년 9월 5일 기사에 따르면, 이때 이경석은 지문의 내용 중 특히 '비풍과 하천을 변풍의 끝에 자리한 뜻은 어디에 있는가.[匪風下泉之終於變風, 其意安在.]'라는 구절을 삭제하는 것이 좋겠다는 의견을 피력하였다.

심정을 더욱 견딜 수 없습니다. 아! 선왕이 재위한 11년 동안 일찍이 단 하루도 '평성(平城)의 곤욕'을 잊은 일이 없었는데, 대업을 이루지 못하고 중도에 승하하셨으니 이는 동쪽 땅 생명을 가진 자들에게 하늘과 땅에 사무치는 원통함입니다. 아! 뜻을 펴지 못한 채 부질없는 글만 후세에 남기는 것으로도 충신 지사가 피를 토하며 죽고 싶은 마음을 금할 수 없는데, 지금 그 글월까지 아울러 없애버린다면 어찌 원통하지 않겠습니까. 아! 선왕이 어찌 작고 약한 형세를 모르거나 무시하여 대의를 떨쳐 일으켜야 한다 했겠습니까. 지금 전하께서 숨겨둔 초고에 그 뜻이 보존되어 있음에도 그 문장을 쓰지 않으신다면, 누가 '전성(前聖)과 후성(後聖)이 그 법도는 하나'[129]라고 하겠습니까. 아! 선왕으로부터 골육과 같은 은혜를 받기로는 신과 같은 사람이 없었습니다. 생각이 유양지실(楡楊之失)[130]에 미치니 진실로 저도 모르게 비통함이 가슴 속에 차오릅니다. 엎드려 바라건대 성명께서는 깊이 유념해 주십시오."

좌참찬 송시열이 또한 차자를 올려 말하기를, "정자(程子)가 말하기를, '털끝 하나라도 같지 않으면 곧 다른 사람이다.' 하였습니다. 용모도 오히려 그러한데 하물며 덕업(德業)이겠습니까."[131] 하였다. 주상이 명하여 등사하지 말고 인쇄하지도 말아 근심의 여지를 남기지 말도록 하고, 지문은 초본을 사용하도록 하였다.

---

129) 전성(前聖)과……하나 : 『맹자(孟子)』「이루 하(離婁下)」에서 순(舜)임금과 문왕이 살던 지역이 서로 천여 리나 떨어져 있고 살던 시대가 천여 년이나 차이가 있어도 뜻을 얻어 중국에 시행한 것이 마치 부절(符節)을 합한 듯이 똑같음을 들어 "앞선 성인과 뒷 성인이 그 법도는 한 가지이다.[先聖後聖, 其揆一也.]"라고 한 구절을 인용한 것이다.

130) 유양지실(楡楊之失) : 진나라의 몽염(蒙恬)이 느릅나무[楡]를 심어 요새를 만들고 흉노를 방어한 곳이 산해관(山海關)이라는 고사와 옛사람 중에 느릅나무와 버드나무[楊]를 서산(西山)에 심어서 오랑캐[胡]를 방어하였다는 고사 등으로 미루어 보아, 느릅나무와 버드나무를 청나라에 맞서 북벌을 추진한 효종에 비유하고 효종의 승하를 비통해 하는 구절로 추정되지만 정확한 내용은 미상이다.

131) 정자(程子)가……덕업(德業)이겠습니까 : 송시열은 '비풍과 하천을 변풍의 끝에 자리한 뜻은 어디에 있는가.[匪風下泉之終於變風, 其意安在.]'라는 구절을 삭제하는 것이 좋겠다고 한 이경석의 의견에 이와 같이 대답하며 이미 쓴 내용은 절대로 삭제할 수 없다고 주장하였다.(『顯宗改修實錄』 卽位年 9月 5日)

공(公, 송시열)의 자는 영보(英甫)이고, 호는 우재(尤齋)이며 은진(恩津) 사람이다.[132] 병자년(1636, 인조14) 어가를 수행하여 남한산성에 들어갈 때, 스스로 단도와 노끈을 가지고 따랐는데, 이는 위험에 처했을 때 목숨을 바칠 도구로 삼고자 함이었다. 강화가 이루어진 후 마침내 회천(懷川)의 집으로 돌아가 다시 나오지 않았다.

효종[孝廟]이 일찍이 완남군(完南君) 이후원(李厚源)[133]에게 인재를 물었는데, 후원이 공에게 감반(甘盤)의 구은(舊恩)[134]이 있음을 아뢰자 이에 주상이 기대하며 여러 차례 부르기를 그치지 않았다. 정유년(1657, 효종8)에 공이 천여 자의 봉사를 올려, 마음을 바르게 하고[正心] 자신의 사욕을 극복하며[克己] 백성을 기르고[養民] 병력을 양성하는 일[養兵]의 요체를 누누이 언급하였다.

이때 주상은 복수(復讐)에 대한 뜻을 굳건히 하고 있었으나 조정의 신하 중에는 이 일을 담당할 사람이 없었다. 공은 주상이 큰일에 뜻을 두어 큰 정치를 펼칠 자질이 있다는 것을 깊이 이해하고, 이에 세도(世道)를 자임하며 지극한 말로 힘써 진언하였다. 주상이 크게 기뻐하여 밀찰(密札)을 내려 공을 불렀는데, 무술년(1658, 효종9)에는 참판으로 나갔고, 기해년(1659, 효종10)에는 판서로 승진하였다. 그리고 마침내 독대하여 은밀히 논의하였고, 손수 쓴 편지로 뜻을 전하였는데 모두 존주양이(尊周攘夷)[135]와 복수설치(復讐雪恥)의 계책이었다.

---

132) 이 문장 이하로는 『형감』의 편집자 이정인(李鼎寅)의 말로 추정된다.

133) 이후원(李厚源) : 1598~1660. 본관 전주(全州), 자 사진(士晋)·사심(士深), 호 우재(迂齋)이다. 광평대군(廣平大君)의 7세손으로, 김장생의 문인이다. 김집·조속(趙涑)·송준길 등과 교류하였다. 1623년(인조1) 인조반정 후 정사공신(靖社功臣) 3등으로 완남군(完南君)에 봉해졌다. 1657년 우의정 때 송시열을 이조판서, 송준길을 병조판서에 임명하는 등 서인 산림과 밀접한 관계를 유지하였다.

134) 감반(甘盤)의 구은(舊恩) : 왕위에 오르기 전에 스승과 제자로 지내던 때의 친밀한 관계를 말한다. 감반은 은(殷)나라의 현신으로 고종의 잠저 시절 사부로 있다가 고종이 즉위한 뒤 재상으로 등용되었다. 송시열이 잠저 시절 효종의 사부였으므로 이 고사가 인용된 것이다.

135) 존주양이(尊周攘夷) : 주나라를 존숭하고 이적을 물리친다는 말로, 여기서는 정통의 명나라를 존숭하고 오랑캐인 청나라를 배척한 것을 뜻한다.

수개월 후 임금이 승하[宮車晏駕]136)하여 마침내 일이 흐지부지 되었다. 공이 고향으로 돌아와 지은 시에 이르기를, "평생의 장한 뜻 철갑으로 옷을 삼고, 금빛 창 움켜잡고 해를 향해 휘두르려 했네.137) 홀연 승하하시어 천상으로 떠나시니, 남겨진 편지에 눈물 흘리며 고향으로 돌아왔네." 하였다.

공이 속리산 화양동에 물러나 있었는데, 매번 효종께서 승하하신 날이면 깊은 산골짜기로 들어가 통곡하며 슬픔을 표하였다. 평생의 언론은 반드시 대의를 위주로 하였는데, 일찍이 말하기를, "우리나라가 비록 나라는 작고 힘은 약하나 미혹되지는 않았다. 효종께서 뜻하신 일은 오직 주자의 이른바, '통분을 참고 원한을 품으니, 절박하여 그만둘 수가 없다.[忍痛含冤, 迫不得已.]'에 해당하니, 이 여덟 자를 가슴에 품어야 할 것이다." 하였다.

세상을 떠날 때 문인 권상하(權尙夏)138) 등에게 유지를 남겼는데, 초나라 사람이 소왕(昭王)을 제사지낸 일139)을 본받아 사당을 -사당의 명칭은 '만동(萬

---

136) 임금이 승하[宮車晏駕] : 궁거(宮車)는 제왕이나 후비가 타는 수레로, '궁거를 편안히 탔다.[晏駕]'는 것은 임금이 죽었음을 뜻한다. 『사기(史記)』「범저전(范雎傳)」에 "宮車一日晏駕, 是事之不可知者."라는 데서 유래하였다.

137) 금빛……했지 : 춘추시대 초 평왕(楚平王)의 아들 노 양공(魯陽公)이 한(韓)나라와 싸우는데 날이 저물자 창을 잡아 휘두르니 해가 삼사(三舍 90리)를 돌아갔다는 말이 있다.(『淮南子·覽冥訓』)

138) 권상하(權尙夏) : 1641~1721. 본관은 안동, 자 치도(致道), 호 수암(遂菴)·한수재(寒水齋), 시호는 문순(文純)이다. 송준길·송시열의 문인이다. 1660년(현종1)에 진사가 되고, 성균관에 들어가 수학 중, 1668년에 스승 송시열이 좌의정 허적(許積)과의 불화로 우의정을 사직하자 유임시키라고 상소하였다. 1689년 기사환국으로 송시열이 제주에 위리안치 되고 이어 정읍에서 사약을 받게 되자, 유배지에 달려가 스승의 임종을 지키고 의복과 서적 등 유품을 가지고 돌아왔다. 송시열의 유언에 따라 괴산 화양동(華陽洞)에 만동묘(萬東廟)와 대보단(大報壇)을 세워 명나라 신종(神宗)과 의종(毅宗)을 제향하였다.

139) 초나라……일 : 당 헌종(唐憲宗) 14년(819)에 한유(韓愈)가 지은 『양주의성현역기(襄州宜城縣驛記)』에는 "동북(東北)에 우물이 있는데, 세상에서는 소왕정(昭王井)이라 하고, 이 우물 동북쪽으로 수십 보 밖에 소왕묘(昭汪廟)가 있다. 지금은 다만 초가(草家) 한 칸만이 있을 뿐이나, 해마다 10월이 되면 백성들이 모여 제사지낸다."라는 구절이 있다. 여기에서 소왕(昭王)은 주나라 강왕(康王)의 아들이다. 그가 남방(南方)을 순행하여 한수(漢水)에 이르렀을 때 형(荊)나라 사람이 아교로 만든 배를 주어 소왕을 건너게 하였는데 아교가 풀어져 배가 파선되었고 소왕은 익사한 일이 있다. 한유의 시에서 양주 의성현 백성들이 소왕을 제사지낸다 하였는데 양주는 옛 초나라 땅이었

東)'140)이다.- 화양동 암벽 아래 -재상 민정중(閔鼎重)141)이 연경에 사신 갔다가142) '예가 아니면 행하지 말라[非禮勿動]'는 네 글자의 숭정(崇禎)143) 어필(御筆)을 얻어오자 현종이 명하여 바위 석벽에 새기게 하였다.- 건립하여 신종(神宗)144)·의종(毅宗)145) 두 황제를 제사지내라는 것이었다.

으므로, 송시열이 '초나라 사람들이 소왕을 제사지냈다'고 한 것이다.

140) 만동(萬東) : 만절필동(萬折必東). '황하는 아무리 굽이가 많아도 반드시 동쪽으로 흐른다.'라는 뜻이다. 중화(中華)의 계승자로서 조선의 정체성을 강조하는 의미를 담고 있다.

141) 민정중(閔鼎重) : 1628~1692. 본관은 여흥(驪興), 자 대수(大受), 호 노봉(老峯), 시호는 문충(文忠)이다. 인현왕후의 숙부이자 송시열의 문인이다. 현종대에 이조·호조·공조의 판서를 역임하였다. 1689년(숙종15) 기사환국으로 관직을 삭탈당하고 유배되어 그곳에서 죽었으나, 1694년(숙종20) 갑술환국으로 다시 관작이 회복되었다. 현종의 묘정(廟庭)과 양주 석실서원(石室書院) 등에 제향되었다.

142) 연경에……갔다가 : 『현종실록』 11년 윤2월 8일 기사에는 동지사 민정중이 연경으로부터 돌아와 청국의 사정을 아뢰었다는 내용은 보이나 의종의 어필을 얻어 왔다는 내용은 없다. 이와 관련한 내용은 『송자대전(宋子大全)』 「연보(年譜)」 6의 갑인년(1674, 현종15) 기록에 보인다.

143) 숭정(崇禎) : 명나라 마지막 황제 의종의 연호이다.

144) 신종(神宗) : 재위 1572~1620. 명나라 제14대 황제로 임진왜란 때 출병하여 멸망 지경에 처했던 조선을 구원하여 다시 일으켜 세워준 재조지은(再造之恩)이 있다고 하여 화양동 만동묘를 세우고 의종(毅宗)과 함께 제향되었다. 그리고 창덕궁 금원(禁苑)에 대보단(大報壇)을 세워 제향하였다.

145) 의종(毅宗) : 재위 1628~1644. 명나라 마지막 황제로서, 1644년 이자성(李自成)의 반란에 북경이 함락되자 자살하였다.

만동묘에 관한 사실

萬東廟事實[146)]

신종(神宗)황제에게 올리는 제문(祭文)은 다음과 같다.

“아, 성스러운 황제께서는 덕이 하늘과 같아
지극한 교화와 깊은 자애가 만국에 두루 미쳤습니다.
돌아보건대 우리 동방이 가장 은택을 입었으니
돌보아 주신 은혜는 실로 내복(內服)[147)]과 같았습니다.
임진년[148)]에 섬 오랑캐가 어지러이 쳐들어와
삼경(三京)[149)]이 함락되고 나라의 운명은 실낱같았습니다.
황제께서 노하시어 장수에게 동방으로 출정하라 명하시고
군량의 수송과 군대의 징발에 천하의 힘을 쏟았습니다.
황제의 위엄 미치는 곳마다 요괴의 기운도 따라 없어져
민생이 다시 안정되고 종사에 다시 향사하였습니다.
무릇 우리 삼한 땅은 풀 한 포기 나무 한 그루도
황제의 은혜 아닌 것이 없으니 참으로 망극하옵니다.

---

146) 『寒水齋集·淸州華陽洞萬東祠神宗皇帝位祭文』을 교본으로 하였다. 민정중은 연경에 가 얻어온 의종의 ‘비례부동(非禮不動)’ 어필을 송시열에게 주었고, 송시열은 이를 화양동 석벽에 새긴 뒤, 1674년(현종15) 3월 무렵 ‘중화(中華)의 빛나는 문화’를 뜻하는 환장암(煥章庵)을 건립하여 어필 원본을 보관하였다. 이어 송시열은 임란 때 원군을 보내준 신종과 명나라 마지막 황제인 의종의 제사를 받드는 사당을 세우고자 하였으나 뜻을 이루지 못하고 기사환국 때 사사되었다. 이후 스승인 송시열의 유지를 받든 권상하가 1703년(숙종29) 충북 괴산군 화양동에 만동묘를 창건하고 명나라 두 황제의 신위를 봉안하였다. 이 제문은 권상하가 1703년 만동묘를 창건하고 신종과 의종의 신위를 봉안한 뒤, 1704년(숙종30) 1월 7일에 신종의 신위에 올린 것이다.

147) 내복(內服) : 황제가 다스리는 직할령으로서 기복(畿服)과 같은 말이다.

148) 임진년 : 현규(玄虯)는 임진년으로서, 여기에서는 구체적으로 1592년 임진년의 왜란을 가리킨다. 임(壬)은 고갑자로 현익(玄黓)이고 진(辰)은 띠로 용(龍)을 의미한다. 규(虯)는 규룡이다.

149) 삼경(三京) : 남경(南京)·중경(中京)·서경(西京), 즉 한양·개경·평양을 말한다.

상전벽해(桑田碧海)되듯 수없이 변하여 천지가 무너졌고
사해가 오랑캐[腥塵][150]로 뒤덮여 구묘(九廟)[151]가 가시밭이 되었습니다.
60년이 지나도록[152] 향화가 오랫동안 끊겼으니
한(漢) 나라를 그리워하는 유민들[153]은 원통함이 점점 더해갑니다.
생각건대 옛날 파촉 사람들은 소열(昭烈) 황제[154]를 제사하였고
초 땅에도 사사로이 제를 올려 또한 띳집이 있었습니다.[155]
지금 이 사당의 제전(祭典)은 옛 의리를 본받은 것으로
신손(神孫)[156]을 배향하여 엄연히 한 소목(昭穆)[157]을 이루었습니다.
길한 날 좋은 때에 엄숙히 예를 갖추어
제수를 올리오니 제찬은 향기롭고 술은 정갈합니다.
하늘에 계신 영령께서는 멀리 있어도 막힘이 없으리니
바라건대 강림하시어 우리 정성 싫어 말고 흠향하소서."

---

150) 성진[腥塵] : 누린내 나고 더럽다는 말로 청나라를 오랑캐로 지칭한 말이다.

151) 구묘(九廟) : 천자의 종묘를 가리킨다. 『예기(禮記)』「왕제(王制)」편에 따르면 천자의 종묘는 태조묘와 3소3목의 6묘를 합하여 기본 7묘로 구성되어 있는데, 여기에 불천위 세실(世室)인 이조(二祧)를 합하면 최종 9묘로서 완성된 형태를 보이게 된다. 여기에서 '구묘가 가시밭이 되었다.'고 한 것은 명나라의 멸망을 가리킨다.

152) 60년이 지나도록 : 권상하가 이 제문을 지은 1704년(숙종30)은 1644년 의종이 만세산에서 자결하고 명나라가 멸망한 지 60년이 되는 해였다.

153) 한(漢)나라를 그리워하는 유민들 : '한나라를 그리워한다'는 말은 A.D. 8년 왕망(王莽)이 한나라를 찬탈하자, 그 유민들이 한나라를 다시 회복할 것을 염원하였음을 이른다. 이 글에서는 청나라의 멸망과 명나라의 회복을 바라는 조선의 입장을 '한나라를 그리워하는 유민들'에 비유하였다.

154) 소열(昭烈) 황제 : 촉한의 황제 유비. 소열은 유비의 묘호이다.

155) 초나라도……있었습니다 : 당나라 한유(韓愈)가 지은 '양주 의성현 백성들이 소왕(昭王)을 제사지낸다.'는 구절을 인용한 것이다. 양주는 옛 초나라 땅으로서, 주나라 소왕이 남방(南方)을 순행하다 이곳 한수(漢水)에서 죽었다. 이에 양주의 백성들이 허름한 띳집이나마 지어 죽은 소왕을 제사지냈다고 한다.

156) 신손(神孫) : 명나라 마지막 황제 의종(毅宗, 재위 1627~1644)을 가리킨다. 의종은 1644년 이자성(李自成)의 반란으로 북경이 함락되자 자살하였고, 이로써 명나라는 멸망하였다. 조부(祖父)인 신종과 함께 만동묘에 제향되었다.

157) 소목(昭穆) : 일반적으로 소목은 세대를 구분하는 종법의 원리를 가리키나, 여기에서는 신종과 의종이 소목의 질서 아래 함께 제향 되었음을 의미한다.

신(臣) 권상하(權尙夏) 지음.

생각건대 이 사당을 세운 일은 천고에 보기 드문 일이었다.[158] 사당을 세울 때 의론이 두 갈래로 나뉘었다. 첫 번째 의견은 다음과 같다.

"우리 신종 황제에게는 감읍하고 우리 의종 황제는 애달프니, 형인(荊人)이 소왕(昭王)을 제사지낸 뜻[159]으로써 사당을 세우고 제를 올려야 한다. 이렇게 하면 망극한 은혜에 보답할 수 있고 끝없는 애통함을 펼 수 있으니 이 일은 결코 그만둘 수 없다."

두 번째 의견은 다음과 같다.

"예에 이르기를, '공덕(功德)이 있는 이에게 제사 지낸다.' 하였으나, 이는 군주의 일이지 필부가 의논할 수 있는 일이 아니다. 그리고 형인(荊人)이 사당을 세웠다는 옛 풍속에 대해 주자는 일찍이 말씀하신 일이 없다. 지금 외번(外藩)의 일개 배신(陪臣)으로서 한쪽 귀퉁이 땅에 황제의 사당을 세우는 것은 무릇 배신의 몸으로 천자를 제사지내는 것으로, 이는 곧 대부의 몸으로 천지를 제사지내는 것과 같은 것이다."[160]

이렇게 주장하는 사람들은 갑신년(1704, 숙종30) 비망기 중에 "화양동의 일을 반복해서 생각해보아도 끝내 불편한 점이 있다."[161]는 전교를 인용하

---

158) 생각건대……일이었다 : 이 문장 이하로는 『형감(衡鑑)』의 편집자 이정인의 말로 추정된다.

159) 형인(荊人)이……뜻 : 형(荊)은 초나라의 별칭이다. 여기에서는 옛 초나라 땅인 양주 의성현의 백성들이 주나라 소왕을 제사지낸 고사를 인용하여, 제후국인 조선이 황제국인 명나라의 신종과 의종의 제사를 지내는 일이 정당한 일임을 주장하고 있다.(『昌黎集·襄州宜城縣驛記』)

160) 대부의……것이다 : 『예기(禮記)』에 의하면 유교 의례에서 광활한 천지에 대한 제사는 천자만이 드릴 수 있고, 제후는 자신이 다스리는 특정 지역 산천의 제사만을 주관할 수 있다. 제후가 천자의 제사 대상인 하늘을 제사하거나, 대부나 사(士)가 위계를 뛰어넘어 천자나 제후의 제사를 지내는 행위는 곧 음사(淫祀)로 규정되었다.

161) 화양동의……있다 : 숙종 30년(1704) 4월 10일, 창덕궁 금원(禁苑)에 대보단(大報壇)을 설치하는 일을 두고 숙종은 "저번 유소에 화양동에 관한 말이 있었는데, 반복하여 생각해도 끝내 불편한 점이 있으니, 또한 해조에서 상량하기에 달려 있다.[頃者儒疏中華陽洞之說, 反復思惟, 終涉不便, 亦在該曹之商量也.]"라는 비망기를 내렸다.(『肅宗實錄』 30年 4月 10日)

여 자신들의 주장을 뒷받침하는 단안으로 삼았다.

아! 지금 세도(世道)가 갈기갈기 찢기고 당언(黨言)이 치성한 날에 한 마디라도 언급하여 바로잡으려 하면 곧 갈등이 생긴다. 지금은 이 두 설을 모두 보존하여 훗날 공평한 마음을 가진 군자를 기다려 정하고자 한다.

윤길보 묘갈명 병서

尹吉甫墓碣銘 并序[162]

숭정(崇禎) 기유년(1669, 현종10) 4월 18일에 미촌 선생(美村先生) 파평(坡平) 윤공(尹公) 휘(諱) 선거(宣擧) 자(字) 길보(吉甫)[163]가 이산(尼山)[164]의 집에서 졸하였다. 원근의 선비들이 모두 눈물을 흘리며 조문하였고, 찾아와 곡하면서 제물을 올리거나 부의를 하는 이들이 길에 끊이지 않았다. 그 행실을 숭앙하였던 진신(搢紳)들도 탄식해 마지않았고, 성상은 연신(筵臣)의 말을 바로 받아들여 벼슬을 추증하고 상례에 쓸 물품을 내렸다. 장례 때는 뒤따라 배웅하는 이가 거의 수백 명이었으며, 장례를 마친 뒤에는 그가 살던 고을과 지나갔던 곳마다 모두 사당을 세워 제사 지내려

---

162) 『宋子大全·尹吉甫墓碣銘并序』를 교본으로 하였다. 송시열이 지은 윤선거의 묘갈명은 노론과 소론이 분기한 회니시비의 주요 원인 중 하나였다. 1669년(현종10) 윤선거의 사후, 아들 윤증은 스승이자 부친의 벗이었던 송시열에게 묘갈명을 지어달라고 부탁하였다. 송시열은 이를 허락하였으나 정작 윤선거의 일생을 평가하는 중요한 부분에서는 대부분 박세채(朴世采)가 지은 행장의 내용을 인용하는 것으로 대신하여 윤선거의 생전 행적에 대해 갖고 있던 불만을 간접적으로 드러냈다. 송시열의 이러한 태도를 두고 소론측에서는 윤증이 송시열에게 부친의 묘갈명을 청하면서 함께 보냈던 「기유의서(己酉擬書)」 때문에 송시열이 윤선거에게 원한을 품고 묘갈명을 부정적으로 지었다고 보았다. 「기유의서」는 윤선거가 죽기 직전에 송시열에게 보내려 썼던 편지로, 여기에는 송시열의 정치 행태를 비판하는 내용이 다수 담겨 있었다. 송시열로부터 묘갈명을 전해 받은 윤증은 이후 송시열에게 여러 차례 편지를 보내 내용을 수정해 줄 것을 요청하였는데 송시열이 이에 소극적으로 임하자 이 문제는 결국 노소(老少) 간의 갈등으로 불거지게 되었다. 『형감』에 실린 윤선거의 묘갈명은 윤증의 요청으로 한 차례 수정을 거친 재본이다. 이는 본문 곳곳에 초본과 비교하는 세주가 달려있는 것으로도 알 수 있다.

163) 미촌……길보(吉甫) : 윤선거(尹宣擧, 1610~1669)를 가리킨다. 본관은 파평(坡平), 호는 미촌(美村)·노서(魯西)·산천재(山泉齋)이고 길보(吉甫)는 자이다. 성혼의 외손이자 윤황(尹煌)의 아들이며 윤증(尹拯)의 부친이다. 병자호란 이후 강화도에서 살아남은 것을 자책하여 출사하지 않고, 학문에만 정진하였다. 벗이었던 송시열과 윤휴가 주자의 경전 해석을 두고 학문적으로 대립하자, 이를 중재하다가 결국 송시열과 대립하게 되었다.

164) 이산(尼山) : 지금의 충남 논산시 노성(魯城)이다. 윤선거·윤증 가문이 세거(世居)하였던 곳이다.

하니, 군자들이 말하기를, "성덕(盛德)이 사람을 감복시키는 것이 이와 같구나!" 하였다.

공은 팔송(八松, 윤황의 호)공 휘(諱) 황(煌)의 막내아들로, 어머니 성씨(成氏)는 우계(牛溪)[165] 선생 문간공(文簡公) 휘 혼(渾)의 딸이다. 공은 선대의 빛나는 덕을 이어받아 만력(萬曆) 경술년(1610, 광해군2) 5월 28일에 태어났다. 숭정(崇禎) 계유년(1633, 인조11)에 생원(生員)·진사(進士) 두 시험에 합격한 후 성균관에 출입하였는데 의론이 항상 동배(同輩)보다 뛰어나, 일찍이 유생들을 이끌고 상소하여 추숭(追崇)이 예가 아님을 논했다.[166]

병자년(1636, 인조14)에 오랑캐 후금(後金)이 스스로 황제라 참칭하며 두 사신을 보내왔을 때 공이 또 앞장서서 논하고 두 차례 상소를 올려 오랑캐 사신의 목을 베어 대의를 밝힐 것을 청하였다. 겨울에 오랑캐가 크게 쳐들어오자, 공은 모부인을 모시고 강화도로 들어갔고 팔송 공은 남한산성에서 호종하였다. 공이 동지들과 강을 건너 샛길로 남한산성에 들어가려 꾀하고 또 일을 맡은 사람들이 눈앞의 안일만을 도모하는 잘못을 논하려 하였으나, 이미 이를 행할 수 없게 되자 자청하여 성의 수비를 나누어 맡았다. -초본에는 이 밑에 "다음 해인 정축년(1637, 인조15) 정월에 성이 함락되었다.[明年丁丑正月城陷]"라는 8자가 있다.-

난이 그치자 팔송공이 영동현(永同縣)에 정배되었는데, 일찍이 척화(斥和)를 주장[167]하였기 때문이었다. 다음해 풀려나와 금산(錦山)으로 옮겨

---

165) 우계(牛溪) : 성혼(成渾, 1535~1598)의 호이다. 본관은 창녕(昌寧), 자 호원(浩原), 호는 묵암(默庵), 시호는 문간(文簡)이다. 성수침(成守琛)의 아들이자 이이(李珥)의 친우이다. 사후 기축옥사와 관련하여 삭탈관직 되었다가 1633년에 다시 복관사제(復官賜祭)되었다. 1681년(숙종7)에 문묘에 배향되었다가 1689년 기사환국으로 출향(黜享)되었고, 1694년 갑술환국으로 재차 배향되었다.

166) 추숭(追崇)이……논했다 : 인조가 자신의 생부인 정원군(定元君)을 원종(元宗)으로 추존(追尊)한 뒤 종묘에 부묘(祔廟)하려 하였는데, 이때 생원이었던 윤선거는 소두(疏頭)가 되어 성균관 유생들과 함께 상소를 올려 이에 반대하였다.(『仁祖實錄』 12年 8月 15日)

167) 일찍이……주장 : 병자년(1636, 인조14) 8월 20일, 윤황은 대사간으로서 차자를 올려, '강화도로 피난하겠다는 생각을 버리고, 평양에 진주하여 친정(親征)할 계책을 세울 것'을 주장하였다.(『仁祖實錄』 14年 8月 20日)

살았는데 공이 줄곧 따라 모셨으며, 이때부터 과거 보는 일을 포기하고 성리서에 전념하였다. 팔송 공이 세상을 뜨자 공은 형제들과 함께 이산(尼山)에서 상을 치르며 그 정(情)과 예(禮)를 다하였다. 복을 마치고는 다시 금산으로 돌아가 시남(市南) 유계(兪棨)[168] 공과 집을 지어 '산천(山泉)'이라는 편액을 걸고, 함께 토론하기를 밤낮으로 게을리 하지 않았다. 또 신재(愼齋) 김 선생(金先生)[169]의 문하에 출입하며 강습하고 질의하다가 드디어 스승과 제자의 의리를 정하였다.

무자년(1648, 인조26)에 어머니의 상을 당하였다. 효종대왕(孝宗大王) 신묘년(1651, 효종2)에 전설사(典設司) 별검(別檢)·왕자사부(王子師傅)에 연이어 제수되었으나 나아가지 않았다. 이듬해 조정의 신하들이 잇달아 천거하여 마침내 시강원 자의(侍講院諮議)로 불렀으나 상소하여 사양하였다. 그때 공은 이미 이산으로 돌아와서 공문(公門) 고족(高族)들과 함께 규약(規約)을 크게 정하고 몸소 솔선수범하였으며, 또 고을 사람들과 향음주례(鄕飮酒禮)[170]와 향사례(鄕射禮)[171] 그리고 향약(鄕約)[172]·사창(社倉)[173]

168) 유계(兪棨) : 1607~1664. 본관은 기계(杞溪). 자는 무중(武仲), 호는 시남(市南). 김장생(金長生)의 문하에서 성리학을 수학하였다. 예학과 사학에 정통하였으며, 송시열(宋時烈)·송준길(宋浚吉)·윤선거(尹宣擧)·이유태(李惟泰) 등과 더불어 충청도 유림의 오현(五賢)으로 일컬어졌다.

169) 신재(愼齋) 김 선생(金先生) : 신독재(愼獨齋) 김집(金集, 1574~1656)을 가리킨다. 김집의 본관은 광산(光山), 자 사강(士剛)이며, 신독재(愼獨齋)는 호이다. 사계(沙溪) 김장생(金長生)의 아들로 예학에 조예가 깊었다.

170) 향음주례(鄕飮酒禮) : 향촌의 선비·유생들이 향교·서원 등에 모여 학덕과 연륜이 높은 이를 주빈으로 모시고 술을 마시며 잔치를 하는 향촌의례의 하나이다.

171) 향사례(鄕射禮) : 주(周)나라 시대 향대부(鄕大夫)가 3년마다 어질고 재능 있는 사람을 왕에게 천거할 때, 그 선택을 위해 행하는 활 쏘는 의식이다. 『주례』「지관(地官)」향대부조(鄕大夫條)에는 당시 지방단위인 향(鄕)·주(州)·당(黨)·족(族)·여(閭)·비(比) 가운데 주에서 행하는 의례인 향사례가 자세히 규정되어 있다. 향대부가 국가의 법을 정월에 사도(司徒)로부터 가르침을 받아 그것을 주장(州長)에게 전수하면, 주장은 정월 중의 길일을 택하여 향사례를 행한다고 하며, '사(射)'의 의미는 "그 뜻을 바르게 한다(定其志)"는 것이라 하였다. 우리나라의 경우, 고려 말 성리학이 전래됨에 따라 향음주례와 더불어 향사례에 대한 지식도 이미 알려진 듯하나, 그 의례가 잘 반영된 것으로는 『국조오례의(國朝五禮儀)』 가운데 향사의를 들 수 있다. 향사의는 오례 중 군례(軍禮) 의식으로서 "매년 3월 3일(가을에는 9월 9일)에 개성부 및 여러 도·주·부·군·현에서 그 예를 행한다."고 하였다. 또한, 향음주례가 나이가 많고 덕과 재주가

등 고법(古法)을 실시하니174) 노소(老少)가 믿고 따랐다. 형조 좌랑(刑曹佐郞)에 올려 제수하고 재차 사헌부 지평(司憲府持平)으로 불렀으나 공은 '죽을죄를 지은 신하[死罪臣]'로 자처하며175) 근교에 이르러 '강화도의 일[江都事]'176)을 힘써 아뢰어 사양하니 체차되었다. 장령(掌令)·진선(進善)에 올려 제수하자 또 상소하여 사양하니, 주상이 비답하기를, "그대가 변함없이 뜻을 지키는 것이 가상하다. 사양하지 말고 올라오라." 하였으나 다시 상소하여 힘껏 사양하였다.

있는 자를 앞세우는 반면, 향사례에서는 효제충신(孝悌忠信)하며 예법을 좋아해 어지럽히지 않는 자를 앞세운다고 하였다.

172) 향약(鄕約) : 송나라 때 남전에 살던 여대림(呂大臨) 형제들이 향촌의 덕화(德化)와 상호 부조를 위해 만든 자치 규약이다. 조선에서는 덕업상권(德業相勸)·과실상규(過失相規)·예속상교(禮俗相交)·환난상휼(患難相恤) 등 향약의 4개 조항을 민정(民情)과 풍속(風俗)에 맞게 고쳐 실시하였다.

173) 사창(社倉) : 기근이 들었을 때 빈민을 구제하기 위해 촌락에 설치한 일종의 곡물 대여 기관이다. 춘궁기(春窮期)에 곡물을 빌려주고 가을에 원곡을 일정한 이식과 함께 거두어들였다. 조선시대의 사창은 중국 송나라의 주자가 제안한 사창법을 참고하였다. 그의 사창법은 관이 아닌 민간이 주도한 것으로 의창에서 대부분 곡식을 그대로 원곡만을 받는 것과는 달리 가을에 곡식 1석당 이자 2두를 가산해 환납하게 했다. 향약이 실시된 16세기 이후에는 향약의 4덕목 가운데 특히 환난상휼을 강조하면서 향촌에서 소농민에 대한 부호들의 불법적인 침탈을 억압하고 사창을 통해 구휼책을 실시하려고 했다. 이것은 사창을 향약과 연결시켜 향촌 통제의 방편으로 삼으려 한 것으로 일종의 자치적 향촌 진대제로서 향민의 기근을 막아 향촌 공동체를 안정시키려는 데 목적을 두고 있는 것이다.

174) 고을……실시하니 : 윤선거가 앞장서서 향약, 사창의 실시를 주창하자 이덕규(李德揆)·이백규(李百揆) 등 이산의 사족들이 동조하여 뜻을 함께 하였다고 한다.(『明齋遺稿·祭洞丈李公德揆文』)

175) 공은……자처하며 : 윤선거가 자처했다는 '죽을죄를 지은 신하[死罪臣]'라는 표현은 숙종대 회니시비에서 주요 논점 중 하나가 되었다. 노론측에서는 병자호란 당시 윤선거가 강화도에서 죽지 못한 것을 표현한 것으로 보는 데 반해 소론측에서는 효종이 부르는 명에 응하지 않고 끝내 출사하지 않은 것을 표현한 것이라고 주장하였다.

176) 강화도의 일[江都事] : 병자호란 당시 윤선거는 가족·친구들과 함께 강화도에 피신하였다. 청나라 군대에 의해 성이 함락되자 부인과 친구들은 모두 죽었는데 홀로 부친을 만나기 위해 남한산성으로 가는 진원군(珍原君)을 수행하여 강화도를 빠져나왔다. 이후 윤선거는 주변의 추천과 조정의 거듭되는 부름에도 불구하고 강화도에서의 행적을 들어서 관직을 사양하였다. 후세에 이것을 두고 논란이 일어났는데, 노론측에서는 윤선거가 스스로의 행적이 떳떳하지 못하다고 생각했기 때문이라고 그 '사적(私的) 치욕'이라는 측면을 부각시킨 반면, 소론측에서는 호란으로 인한 국가적 치욕에 대한 반성에서 나온 것이라고 하여 그 공적 의미를 강조하였다.

이때부터 끊임없이 소명(召命)을 받았으므로 마침내 대궐에 나아가 진정하였다. 주상이 즉시 입대할 것을 명하자 감당하지 못할 일이라며 다시 사양하니, 주상이 너그러운 비답을 내리고 재촉하여 불렀다. 이때 권시(權諰)[177] 공과 송준길(宋浚吉) 공이 이미 조정에 들어와 있었는데, 송공은 공에게 이르기를, "만약 명을 받들지 않으려면 속히 떠나, 공연히 성상의 뜻만 수고롭게 하지 마시오." 하였다. 이때 권공이 상소하여 공에게 선비 복장으로 들어와 뵙게 할 것을 청하자 주상이 윤허하였다. 공은 상소문을 남겨 둔 채 곧바로 돌아왔다. -초본(初本)에는 "조정에 들어와 있었다." 아래에, "권공이 상소하여 공에게 선비 복장으로 들어와 뵙게 할 것을 청하자 상이 윤허하였다. 다시 면직을 청하였는데, 송공이 공에게 이르기를, '만약 명을 받들지 않으려면 속히 떠나, 공연히 성상의 뜻을 수고롭게 하지 마시오.' 하였다. 공이 마침내 소를 남겨 둔 채 곧바로 돌아왔다."로 되어 있다.- 잇달아 장령(掌令)·진선(進善)으로 불렀으나 모두 사양하여 체차되었다.

기해년(1659, 효종10) 5월 효종대왕이 승하하고, 금상(今上, 현종)이 특별히 유시하여 즉시 들어오라 불렀는데 올라오는 길에 집의(執義)에 제수되었으나 곧 사양하여 체차되었다. 또 장악원 정(掌樂院正)을 제수하고 음식을 하사하며 입대하게 하였으나 병으로 사양하였다. 어의(御醫)를 보내 병을 살피게 하니, 대궐에 나아가 사은하고 근교로 나가 머물렀다. 또 사업(司業)[178]·상의원 정(尙衣院正)을 제수하고 입대할 것을 다시 명하였으나, 이때 인산(因山)이 막 끝났으므로 소명을 사양하고 남쪽으로 돌아갔다. 이로부터 여러 번 집의에 제수하는 명이 내리고 또 원자강학관(元子講學官)으로 불렀으며 관찰사를 시켜 안부를 묻고 곤궁함을 보살펴 주었다. 또 재이(災異)가 있을 때면 불러 재변을 그치게 할 대책을 묻고자 하였다. 양조(兩朝)[179]의 은례가 갈수록 융숭하였지만 공은 하사한 음식과 서책만

---

177) 권시(權諰) : 1604~1672. 본관은 안동, 자 사성(思誠), 호 탄옹(炭翁)이다. 윤선거의 아들인 윤증은 권시의 사위였고, 송시열의 딸은 권시의 며느리였으므로 권시는 윤선거·송시열과 모두 사돈 관계를 맺고 있었다.

178) 사업(司業) : 성균관의 정4품(正四品) 관직이다.

179) 양조(兩朝) : 효종조와 현종조를 가리킨다.

받았을 뿐이었다. 이윽고 공이 세상을 떠나자 주상은 끝내 만나 보지 못한 것을 탄식하며 애석해하였다.

공의 학문 연원과 거취의 시종(始終)은 사람들이 다 보아서 알고 있지만 그 조예의 깊이와 의리의 정밀함은 본디 사람마다 알 수 있는 것이 아니었다. 그러나 내가 외람되게도 공과 종유한 40여 년 동안 함께 학문을 강마하고 서로의 잘못을 일깨우는 데 있어 다하지 않음이 없었다. 또 간간이 서로 헐뜯기도 하고 농지거리도 하였으니 공을 상세히 알고 또 공에게 깊이 감복한 사람으로는 나만한 사람이 없을 것이다. -초본에는 "사람마다 알 수 있는 것이 아니다." 아래에 "더구나 나는 공에 비하면 고니와 땅벌레처럼 현격한 차이가 있으니, 내 비록 공과 오랫동안 종유하고 공에게 깊이 감복하였어도 그 학문의 깊은 경지를 엿보기에는 부족하다."고 되어 있다.-

생각건대 -초본에는 "우(又)" 자로 되어 있다.- 늙고 병들어 죽을 때가 되고 보니 공의 덕을 형용하는 글을 짓는 일이 더욱 아득하여 무슨 말을 어떻게 써야할지 모르겠다. 가만히 살펴보니 여러 현인들이 지은 글월이 많고도 훌륭하지만, 그중에서도 현석(玄石) 박화숙(朴和叔)[180]이 쓴 행장만이 모두 관통하고 두루 포함하였으니, 이에 의거하여 말을 하면 참람하고 경솔한 허물은 거의 면할 수 있을 것이다.

화숙이 쓴 행장에 이르기를,

"처음에 우계 선생이 부친인 청송(聽松)[181] 공에게서 정암(靜菴) 조 문정공(趙文正公)[182]의 학문을 이어받고 이어 율곡(栗谷) 이 문성공(李文成公)[183]

---

180) 박화숙(朴和叔) : 박세채(朴世采, 1631~1695)의 자이다. 호는 현석, 시호는 문순(文純)이다. 신흠(申欽)의 외손이며 박세당(朴世堂)과는 당내간의 친족이고, 송시열의 손자 순석(淳錫)은 그의 사위가 된다. 기해년(1659, 효종10) 예송이 일어나자 송시열·송준길(宋浚吉)의 기년설(朞年說)을 지지하며 서인 측의 이론가로서 활약하였다. 1683년 '황극탕평(皇極蕩平)'을 주장하여 거듭되는 환국으로 인한 파행적 정국을 수습하려고 했으나, 1684년 회니(懷尼) 시비의 분쟁 속에서 노론과 소론이 대립하자 소론의 입장을 지지하였다. 박세채는 윤선거 사후 윤증의 부탁을 받고 그 행장을 지었는데, 송시열이 묘갈명을 지으면서 이를 인용하여 윤선거에 대한 불만을 드러냈다.

181) 청송(聽松) : 성수침(成守琛, 1493~1564)의 호이다. 본관은 창녕, 자는 중옥(仲玉), 시호는 문정(文貞)이며, 아들은 성혼(成渾)이다. 아우 성수종(成守琮)과 함께 조광조의 문하에서 공부하였는데, 기묘사화 이후 세상에 뜻을 끊고 은둔하였다.

과 함께 더욱 갈고 닦았으니, 그 문로의 올바름과 실천의 독실함은 우리 동방의 유자들 중에 누구도 앞설 이가 없을 것이다. 팔송 공이 일찍이 그 문하에 드나들어 뒤에 강직하게 대의를 바로잡을 수 있었으며, 선생도 이미 그 대체를 들어서 알고 있었다. 신재(愼齋) 선생이 사계(沙溪) 문원공(文元公)[184]의 가학(家學)을 이어받아 율곡의 적통을 계승하였는데, 이에 선생은 어진 아버지와 스승이 있는 것을 기뻐하여 논의의 실마리를 고찰하여 합치고 학문을 갈고 닦는 데 정진하였으며 기질을 변화시키고 학덕을 쌓아갔다. 선생의 박문약례(博文約禮)[185]를 습득하는 과정은 대개 파산(坡山)[186]의 법문(法門)에서 연원하였는데, 차례를 따져 올라가면 그 뿌리가 고정(考亭)[187]에게 닿는 것이었다." 하였다.

또 이르기를, "선생은 덕성이 어질고 너그러웠으며, 도량은 크고 깊었고, 규모가 근엄하고 용모가 의젓하여 털끝만큼도 태만한 기색이 없었으니, 바라보면 문득 높고 높은 태산과 같은 기상을 느낄 수 있었다. 비록

---

182) 정암(靜菴) 조 문정공(趙文正公) : 조광조(趙光祖, 1482~1519)를 가리킨다. 본관은 한양, 자(字)는 효직(孝直)이며 정암은 호이고 문정(文正)은 시호이다. 1515년(중종10) 문과에 급제한 후 중종의 두터운 신임 아래 벼슬이 대사헌에 이르렀다. 기묘사화로 사사(賜死) 되었다. 이 글에서 박세채는 윤선거의 학맥을 조광조－성수침－성혼－윤황－윤선거로 계보화 하고 있다.

183) 율곡(栗谷) 이 문성공(李文成公) : 이이(李珥, 1536~1584)를 가리킨다. 본관은 덕수(德水), 자는 숙헌(叔獻)이며, 율곡은 호, 문성(文成)은 시호이다. 서인세력은 이이와 성혼을 양현(兩賢)으로 존숭하는 가운데, 이이·성혼－김장생－김집으로 이어지는 서인 학문의 정통성을 계보화 하였다. 그리고 이이·성혼의 문묘 종사를 주장, 국가 차원에서 자파의 도통(道統)을 정립하려는 노력을 기울여 나갔다.

184) 사계(沙溪) 문원공(文元公) : 김장생(金長生, 1548~1631)을 가리킨다. 자는 희원(希元), 호는 사계, 시호는 문원(文元)이다. 조선후기 예학(禮學)의 대표적 인물로, 이이(李珥)와 송익필(宋翼弼)의 문하에서 학문을 배웠다. 인목대비 폐모 논의가 일어나고 북인이 득세하자 연산으로 낙향하여 예학 연구와 후진 양성에 힘썼다.

185) 박문약례(博文約禮) : 학문으로 식견을 넓히고 예법으로 몸을 단속함을 가리킨다.

186) 파산(坡山) : 경기도 파주(坡州)로 성수침, 성혼이 살던 곳이다. 여기에서는 성수침·성혼 부자를 가리킨다.

187) 고정(考亭) : 주희(朱熹, 1130~1200)의 호이다. 주희는 송대 신유학(新儒學)의 집대성자로, 그의 학문을 주자학(朱子學)이라고도 부른다. 주자학은 고려 말에 수용되어 조선의 건국이념이 되었으며, 조선이 멸망할 때까지 주류 양반 사대부의 핵심 학문으로 군림하였다.

의리가 무궁하고 곡절(曲折)이 만 갈래로 나뉘어도 한결같이 성현의 유훈을 기준으로 찾아내고 고증하면서 터득하지 못하면 분발하여 잠자는 것도 잊었다.

평상시 새벽이면 일어나 세수하고 머리를 빗은 다음 정좌하여 글을 읽었는데 조금도 자세를 흩트리지 않았다. 그 마음가짐은 충신(忠信)을 주로 하고 경외(敬畏)를 요지로 하여 근엄하기가 마치 상제(上帝)가 임한 듯하였고, 삼가기는 항상 두려운 일이 있는 듯하였다. 한가로이 홀로 있을 때에도 성찰과 극기를 더욱 정밀하게 하여 옥루(屋漏)[188]에 부끄러움이 없었고, 잠깐 일을 처리할 때에도 위의와 행동이 절로 공경스럽고 근엄하여 걸음걸이 하나도 법도에 어그러짐이 없었다.

용감하게 덕에 나아가면서도 미치지 못할 듯이 서둘렀고 부지런히 도를 구하면서도 하지 못할 듯이 불안해하며, 지행(知行)이 서로 따르고 표리(表裏)가 일치되도록 마음을 쓰지 않음이 없었다. 어버이를 섬기고 형을 받드는 예에 반드시 그 정성을 다하니 안으로는 온화하고 유순함이 쌓이고 밖으로는 휘황한 광채가 드러났다. 형제들은 그 행실을 믿었고 종척(宗戚)은 그 덕을 따랐으며, 벗들은 그 의리에 감복하고 향당은 그 인(仁)에 감화되어 풍도를 우러러 흥기한 사방의 선비들이 셀 수 없이 많았다.

병자년(1636, 인조14)·정축년(1637, 인조15)의 화를 당한 뒤로 마침내 세도(世道)에 대한 뜻을 끊고, 효종대왕의 각별한 지우(知遇)를 입어 부름을 받아도 나아가지 않고 붙잡아도 머물지 않았다. 위로는 지금의 임금으로부터 아래로는 조정의 신료 및 평소 공을 안다고 알려졌던 친우들까지 모두 공이 잠시 뜻을 굽히기를 바라지 않는 이가 없었으나 선생은 한번 정한 뜻을 확고히 지키며 끝내 변함이 없었다. 세상을 피해 홀로 서서

---

188) 옥루(屋漏) : 방의 서북 모퉁이로서 집 안에서 가장 깊숙하고 어두운 곳을 이른다. 『시경(詩經)』「대아(大雅)·억(抑)」에, "옥루에 있을 때에도 부끄러움이 없었네[尙不愧于屋漏]"라 하였는데, 이는 타인이 보지 않는 곳에서도 경(敬)을 지켜 스스로 부끄러움이 없게 하는 것을 말한 것으로, 이로부터 '신독(愼獨)' 공부가 강조되었다.

떳떳한 원칙을 지키고 대의를 담당하며 평생토록 원망과 후회가 없었던 사람이 바로 선생이었다.

그러나 나라를 걱정하는 정성은 감히 조금도 늦추지 못하였고 간혹 강론하는 내용이 대체에 관계된 것이면 제공(諸公)에게 거듭 반복하며 그치지 않았다. -초본에는 이 다음에 '만약 나라의 형세가 성대하지 못하거나 올바르지 못한 이가 요직에 올라 정치를 좌우한다는 말을 들으면 늘 근심하며 크게 탄식하였다. 일찍이 말하기를, 「오늘의 급선무는 반드시 사사로운 뜻을 배격함으로써 무너진 기강을 진작시키고, 실속 없는 겉치레를 없앰으로써 실공(實功)을 이루며, 사치스러운 풍습을 금지하여 쇠잔한 백성을 되살리고, 구장(舊章)[189]을 밝혀 폐단을 개혁하는 것인데, 그 요체는 모두 한 사람[190]에게 달려 있다.」 하였다.'는 내용의 57자가 더 있다.- 그 탁월한 자질과 독실한 공부, 말을 남겨 가르침을 펴기로는 근래에 찾아보아도 짝할 이가 드물다." 하였다.

아, 이는 화숙(和叔)이 진심으로 좋아하고 진실로 감복하여 한 말이니, 누구도 화숙이 자기가 좋아하는 사람에게 아첨하였다고 여기지는 않을 것이다. 또 공의 종형인 용서(龍西) 윤백분(尹伯奮)[191]이 쓴 묘표(墓表)는 글은 비록 간략하여도 뜻은 더욱 성대하니, 공의 일생을 더할 수 없이 자세하고 심도 깊게 서술하였으므로 다시 덧붙일 것이 없다.

공이 『주역(周易)』을 읽고 -초본에는 이 아래에 "스스로 말하기를[自謂]"이라는 두 자가 더 있다.- 후천설(後天說)[192]에 깊이 공감하였으며, 「첩천도(疊天圖)」[193]

---

189) 구장(舊章) : 옛 제도와 문물을 말한다.

190) 한 사람 : 여기에서는 군주를 가리킨다.

191) 용서(龍西) 윤백분(尹伯奮) : 윤원거(尹元擧, 1601~1672)를 가리킨다. 자는 백분(伯奮)이고, 호 용서이다. 김장생의 문하에서 성리학과 예학을 공부하였다. 병자호란으로 아버지 윤전(尹烇)이 순절한 후, 일절 국사를 논하지 않고 이산(尼山)에 은거하여 학문에 몰두하였다. 문거(文擧)·선거(宣擧)·순거(舜擧) 등의 종형제와 학문을 연마하고 후생을 가르치는 것으로 즐거움을 삼았다. 연산의 구산서원(龜山書院)에 제향되었으며, 시문집 『용서집(龍西集)』이 전한다.

192) 후천설(後天說) : 선천(先天)과 후천(後天)이라는 용어는 『주역(周易)』 「문언전(文言傳)」에 나오는 말인데, 일반적으로 만물이 생성되기 전의 세계를 선천, 생성된 이후 분화 발전하는 것을 후천으로 본다. 일반적으로는 복희팔괘(伏羲八卦)를 선천으로, 문왕팔괘(文王八卦)를 후천으로 보는데, 이것을 체용(體用) 관계로 설명하기도 한다.

를 만들었고, 또 시남(市南)과 함께 『가례원류(家禮源流)』[194]를 저술하였으며, 문집 15권이 집에 간직되어 있다.

부인이 공보다 먼저 세상을 떠났으므로, 공을 경기 교하현(交河縣)에 부장(祔葬)하였다. 내 일찍이 부인의 행적[195]에 대해 -초본에는 "저(著)"가 "지(誌)"로 되어 있다.- 부친 되는 이장백(李長白) 공의 묘석에 기록한 일이 있다. -초본에는 "부친 되는 이장백 공의 묘석에[于其考李公長白之墓石]"라는 10자가 없다.- 맏아들 윤증(尹拯)[196]이 공의 훌륭한 점을 이어받아 조정에서 징사(徵士)[197]로 대우하고 있으며, 차남 윤추(尹推)[198]는 일찍이 교관(教官)을 지냈고, 딸은 사인(士人) 박세후(朴世垕)[199]의 아내가 되었다. 서출 아들로 윤벌(尹撥)·윤졸(尹拙)·윤읍(尹挹)이 있다.

송대 성리학에서는 선천설을 천리로 절대화하였는데, 윤선거는 선천설보다 후천설에 관심을 가진 것이 주목된다.

193) 첩천도(疊天圖) : 「선후천팔괘첩원도(先後天八卦疊圓圖)」의 별칭으로, 『한국문집총간』 120집에 수록된 『노서유고(魯西遺稿)·후천도설(後天圖說)』 중의 하나이다.

194) 가례원류(家禮源流) : 유계(兪棨)가 『가례』에 관한 여러 글을 분류, 정리한 책이다. 이를 통해 유계는 가례의 연원과 그 발달을 비교, 고찰하여 가례의 본질과 그 전개과정을 이해하는 데 참고가 되기를 기대하였다. 원래 이 책은 유계가 단독으로 엮은 것이 아니라 윤선거와 같이 엮은 것이고, 윤선거의 아들이자 유계의 문인이기도 한 윤증도 이후 많은 증보를 하였다. 그러나 1711년(숙종37) 용담현령(龍潭縣令)으로 있던 유계의 손자 상기(相基)가 이 책을 간행하며 유계가 단독 저자임을 주장한 것을 계기로 이 문제는 노론과 소론 간 주요 분쟁 요인 중 하나가 되었다.

195) 부인의 행적 : 윤선거(尹宣擧)의 아내 이씨는 병자호란 당시 강화도로 피신해 있다가 갑곶의 수비가 무너졌다는 소식을 듣고 목을 매어 자결하였다.

196) 윤증(尹拯) : 1629~1714. 본관은 파평(坡平), 자 자인(子仁), 호 명재(明齋)이다. 성혼의 외증손이자 윤선거의 아들이다. 송시열의 문인이었지만 그들 간에 벌어진 정치사상적 대립은 이후 노소 분당(老少分黨)을 초래하였다. 저서로 『명재유고(明齋遺稿)』를 남겼다.

197) 징사(徵士) : 학덕이 높아 조정의 부름을 받은 선비를 가리킨다.

198) 윤추(尹推) : 1632~1707. 본관은 파평, 자 자서(子恕), 호 농은(農隱)이다. 윤증의 동생으로, 숙종대 송시열을 비롯한 노론이 윤선거·윤증에 대한 정치적 공격을 본격화하자 이에 대항하여 부친과 형을 변론하는 글인 『청송재변록(青松齋辨錄)』을 남겼다.

199) 박세후(朴世垕) : 1627~1650. 박세당의 셋째 형으로, 박세채와는 동고조 8촌 사이이며 윤선거의 사위이다. 그가 요절한 후 박세당의 아들 박태보가 양자로 들어가 윤선거의 외손자가 되어, 1687년 송시열의 윤선거 공격에 맞서는 상소를 주도하였다.

명(銘)은 다음과 같다.
"세상을 떠나 은둔해 있으며 후회하지 않는 것
여기에 깊은 뜻 담겨 있으니
성인이 말씀하길
'성인이라야 능히 할 수 있다.'[200] 했지.
성인이 말씀하신 것은
중용을 따라야 한다는 것
그래서 능한 이가 드문지 오래이니
그 공부는 어떻게 할 것인가?
지(知)와 인(仁)과 용(勇)
이를 일러 삼덕(三德)이라 하였으니
이를 말미암지 않고서
어찌 들어갈 수 있으리오.
박학(博學) 심문(審問) 신사(愼思) 명변(明辨)
이를 일러 지(知)라 하고
독실하게 행하며 그만두지 않는 것
그것이 인(仁)이요 용(勇)이라네.
이에 종사하면
치우치지 않고 기울지도 않는 법
공이 여기에 뜻을 두었으나
하늘이 그 수명을 막았으니
사문의 기상이 꺾이고
사림은 눈물을 흘렸네.
옛날 이 문순이
청송을 기리며 쓴 명(銘)에서

200) 성인이라야……있다 : 공자(孔子)가 "군자는 중용을 따라 행하여, 세상을 피해 은둔하여 인정을 받지 못하더라도 후회하지 않으니, 오직 성인만이 할 수 있는 일이다.[君子依乎中庸, 遯世不見知而不悔, 唯聖者能之.]"라고 한 것을 말한다.(『中庸 第11章』)

기(夔)와 설(卨), 장저(長沮)와 걸닉(桀溺)의
같고 다른 점을 평하였는데[201)]
공은 가학에 충실하였으니
어찌 흠모하고 숭앙하지 않으리오.
금세에 어느 누가
공을 기리어 세상에 드러냈던가?
진실한 현석이
더할 수 없이 형용했기에 -초본에는 '형용했기에[摹狀]'가 '드러내 칭송했기에[揄揚]'로 되어 있다.-
나는 따로 짓지 않고 그대로 전하여
이 묘갈명에 싣노라."

201) 이 문순이……평하였는데 : 퇴계 이황(李滉)이 지은 청송(聽松) 성수침(成守琛)의 묘갈명에 "기와 설은 조정에서 뜻을 펼치고 장저와 걸닉은 은거했으나, 선비는 제각각 뜻이 있는 법, 누가 낫고 누가 못하고가 어디 있으랴[夔契揚庭, 沮溺隱淪, 士各有志, 誰屈誰伸]."라고 한 것을 말한다.(『退溪集·聽松成先生墓碣銘』) 기와 설은 요순 때의 대신이고, 장저와 걸닉은 춘추시대의 은사이다. '계(契)'과 '설(卨)'은 같은 글자로 혼용되었다.

윤길보 선거 에게 올린 제문

祭尹吉甫 宣擧 文[202]

숭정(崇禎) 기유년(1669, 현종10) 8월 1일에 우인(友人) 송시열은 미촌(美村) 윤형(尹兄, 윤선거)의 영구가 경기(京畿) 교하(交河)로 향한다는 소식을 듣고 병든 몸을 이끌고 배를 타고 내려와 전송하고 곡하며 고합니다.

"거센 물결 치달아 흘러도
지주(砥柱)[203]처럼 버티고 서 기울지 않았으며
천지가 어둠으로 덮였어도
별 하나 외로이 빛났지요.
이 사람이 없었다면
세상의 법도가 어찌 되었겠습니까?
아! 형의 연원은
세상에 견줄 이가 없으니
팔송(八松, 윤황의 호)의 절의와
파옹(坡翁, 성혼)[204]의 도학(道學)입니다.
일찍이 태학에 다닐 때는
사우(士友)들이 모두 흠모하였고,
의론을 창도하여 정도(正道)를 굳게 지키니[205]
더불어 견줄 이가 없었습니다.

---

202) 『宋子大全·祭尹吉甫文』을 교본으로 하였다.

203) 지주(砥柱) : 황하(黃河)의 거센 물살 가운데 우뚝이 서 있는 바위산으로, 혼탁한 세속에 휩쓸리지 않고 꿋꿋하게 자신의 절조를 지키는 군자에 비유된다.

204) 파옹(坡翁) : 성혼(成渾, 1535~1598)을 가리킨다. 여기에서는 성혼이 파주에서 거주하였으므로 파옹(坡翁)이라 하였다.

205) 의론을……지키니 : 윤선거가 성균관에 있을 때 원종 추숭 반대 상소와 청나라 사신을 배척하라는 상소를 주도한 일을 가리킨다.

중간에 대란을 만나서는
구차히 살고자 하지 않았으나,
문산(文山)이 창졸간에
독약을 마셨으나 죽지 못한 것과 같았으며206)
또 아버지가 살아 계시니
감히 마음대로 할 수 없었던 것입니다.207)
이 뒤로는 자취를 감추고
오로지 학문에만 전념하였으니
이 한 가지 일은
또한 스스로 결정하였지요,
하곡(霞谷)208)에서는 책상을 펼쳐
땅에 떨어진 도의 실마리를 찾았으며
서산(西山)에서는 나물밥을 먹으며209)
공부가 더욱 깊어졌습니다.

---

206) 문산(文山)이……같았으며 : 문산은 남송 말엽의 충신 문천상(文天祥)의 호이다. 문천상이 원나라 군대의 공격을 받아 도망치다가 왕유청(王惟淸)에게 사로잡히자, 뇌자(腦子), 즉 독약을 먹었으나 죽지 않았다. 여기서는 윤선거가 강화도에서 죽지 않고 살아남았던 것을 문천상이 죽지 않은 일에 비유하였다.

207) 아버지가……것입니다 : 『논어(論語)』「학이(學而)」에 "아버지가 살아계실 때에는 자식의 뜻을 관찰하고 아버지가 돌아갔을 때에는 자식의 행동을 관찰한다.[父在觀其志 父沒觀其行]"라고 한 구절을 인용한 것이다. 주자는 이에 대한 해설에서, "아버지가 살아계시면 아들이 무슨 일이든 자기 마음대로 할 수 없으므로, (아들의 행동이 아니라) 뜻을 보고 (그 효를) 알 수 있다. 아버지가 돌아가신 후에는 (아들이 자기 뜻대로 행할 수 있으니), 그 행동을 볼 수 있다. 따라서 그 행동을 관찰하여 그 사람의 선과 악을 알 수 있다.[父在, 子不得自專, 而志則可知. 父沒然後, 其行可見, 故觀此, 足以知其人之善惡.]"라고 하였다. 강화도가 청군에 함락되었을 당시 윤선거의 부친 윤황이 남한산성에 있었으므로 윤선거가 강화도에서 죽지 못하였다고 변명한 것이다. 실제로 윤선거는 강화도 함락 이후 남한산성으로 파견된 사신 이세완과 함께 강화도를 빠져나왔다.

208) 하곡(霞谷) : 흔히 신선이 사는 곳을 가리키는데, 여기서는 윤선도가 은둔한 곳을 비유하는 용어로 사용되었다.

209) 서산(西山)에서는……먹으며 : 서산은 백이(伯夷)·숙제(叔齊)가 숨어 고사리를 캐먹고 살았던 수양산(首陽山)을 가리킨다. 여기서는 윤선거의 은둔을 비유하는 구절로 사용되었다.

드디어 신로(愼老, 김집)를 추종하여
그 연원을 거슬러 올라가
일에 나아가 질문하고
하나하나 세밀하게 밝혔습니다.
신로가 세상을 떠나신 후
본보기가 공에게 있게 되니
한 지방의 선비들이
신로를 섬기듯 공을 섬겼습니다.
어진 이들이 돌아와 의지하고
불초한 자들은 두려워하였으니
비록 세상 밖으로 나온 것은 아니었으나
그 공로와 유익함을 어찌 헤아릴 수 있겠습니까?
높은 명성이 임금에게까지 전해져[210)]
소명(召命)이 잇달아 이르렀으나
관명(官名)을 쓰지 않고
그대로 진사라 칭하였으니[211)]
이는 겸양하기 때문인 듯했지만
생각한 바가 있어서였습니다.
연잎으로 지은 옷에 혜초로 만든 띠[212)]
깨끗하여 한 점의 티도 없었습니다.
양조(兩朝)[213)]를 거치며

---

210) 높은……전해져 : 『시경』「학명(鶴鳴)」의 "학이 구고에서 울면 소리가 하늘에까지 들린다.[鶴鳴于九皐, 聲聞于天.]"는 구절을 인용한 것이다. 여기서는 은거하는 군자의 재덕이 절로 드러나 그 명성이 멀리 임금에게까지 알려지는 것을 비유하였다.

211) 소명(召命)이……칭하였습니다 : 효종은 윤선거에게 자의(咨議)·지평(持平)·장령(掌令)·사업(司業) 등의 벼슬을 제수하여 불렀으나, 윤선거는 '강화도의 일'을 자책하여 나아가지 않았으며, 관함(官啣)을 쓰지 않고 진사(進士)로 자처하였다.

212) 연잎으로……띠 : 신선의 옷을 가리킨다. 여기서는 세상을 피해 사는 은사 윤선거의 고고한 모습을 형용하기 위해 쓰였다.

213) 양조(兩朝) : 효종조와 현종조를 가리킨다.

하나의 절의로 일관하니
이욕을 탐하는 자 청렴해지고 나약한 자 분기하여
쇄락하고 맑은 기풍을 이룩하였습니다.
이미 세상을 달리하였으나
이 어찌 싫어서 버린 것이겠으며,
천지의 운화(運化)와 하나가 되었으니
어찌 길고 짧음을 따지겠습니까?
인간 세상 굽어보면
모기처럼 요란한데
나같이 무상한 사람을
비루하다 여기지 않았습니다.
산촌이나 강가 주막에서,
글방과 사찰에서
함께 노닐며 학문을 닦을 때
우리 둘 다 돌아가기를 잊었고
서신 주고받기를
사흘이 멀다 했지요.
나의 편협하고 막힌 성품을
실로 형이 경계해 주었으며
거칠고 사나운 마음을
형이 고쳐 주었습니다.
논의할 때
따르기만 하는 내 모습이 부끄러워
긴 말이든 짧은 말이든
마음 속 생각 다 말하려 노력했지요.
서로 어긋난 것이 난만(爛漫)하여
그 얼마인지 모르겠으나
서로 의지해 나가면

허물과 후회가 거의 없으리라 여겼는데
이제 그 계획 영원히 어그러졌으니
누가 나를 기꺼이 가르쳐 주겠습니까?
자제를 선으로 잘 인도하여
능히 전형(典刑)을 이어받았으니
바라건대 서로 의지하여
노년을 마치고자 합니다.
형은 밝게 살펴서
어둠을 헤쳐 나가도록 도와주소서.
오호라! 형께서는
저의 이 슬픈 정성을 흠향하소서."

윤길보 선거 에게 올린 두 번째 제문
再祭文[214]

숭정(崇禎) 경술년(1670, 현종11) 4월 정해 삭(丁亥朔) 14일에 은진(恩津) 송시열은 병들어 깊은 산골에 있으면서 삼가 건포와 과일로 제수를 보내 망우(亡友) 미촌(美村) 윤형(尹兄, 윤선거)의 영연(靈筵)에 고합니다.

"세월이 빠르게 흘러 일주기가 벌써 다가오는데 목소리와 모습이 더욱 멀어져서 사우(士友)들이 기댈 곳이 없습니다. 어리석은 나는 가장 큰 도움을 받았는데 이제 이렇게 나이가 들어 끌어주고 도와주는 사람을 영영 잃었으니, 긴 세월 외로이 살아갈 동안 다시 누구를 본보기로 삼아야 합니까? 조용히 생각하니 오장이 끊어지고 녹는 듯합니다.

옛날 탄형(炭兄)[215]의 편지에 형을 일러 '아첨을 유도한다.' 하였는데, 어제는 서로 울면서 말하기를,

'이는 마음에서 우러러 나온 말이었소. 옛날 그는 자신의 잘못을 경계하여 바로잡기를 다하지 않으면 그만두지 않았는데 지금 세상에서는 그 모습을 다시 볼 수가 없구려.' 하였으니, 이제는 형에 대한 의심이 마침내 서로 믿는 데에 이른 것입니다.

아, 형의 충신(忠信)함이야 어찌 지금에만 없는 것이겠습니까. 하물며 내가 형을 지란(芝蘭)을 대하듯[216] 한 것이 처음 만났을 때부터였으니,

---

214) 『宋子大全·祭尹吉甫文[再祭文]』을 교본으로 하였다. 이 글은 송시열이 윤선거의 일주기 제사 때 다시 지어 올린 제문이다. 송시열은 앞서 윤증이 윤선거의 장례를 치르며 윤휴(尹鑴)의 제문을 받아들인 것에 대해 강한 불만을 품고 있었다. 이에 송시열은 윤선거의 일주기를 맞아, 훗날 "윤선거 생전에 묻지 못했던 것을 제문으로 물었다."고 스스로 토로했을 만큼, 윤선거와의 사이에 잠재되어 있던 갈등을 뚜렷이 드러내고 있다.

215) 탄형(炭兄) : 권시(權諰, 1604~1672)를 가리킨다. 본관은 안동, 자는 사성(思誠), 호는 탄옹(炭翁)이다. 윤선거의 아들인 윤증은 권시의 사위였고, 송시열의 딸은 권시의 며느리였으므로 권시는 윤선거·송시열과 모두 사돈 관계를 맺고 있었다.

216) 지란(芝蘭)을 대하듯 : 지초와 난초의 향기에 젖듯이 어진 벗의 고결한 인품에 감화됨을 말한다.

내가 편협하고 꽉 막혀 때때로 불평하는 마음을 가지기도 했으나 기구한 형세에도 끝내 어긋난 것은 없었습니다. 다만 여강(驪江)[217]에 대한 말에서는 조금 합치하지 않음이 있었으니 형이 만약 해남(海南)[218]에 대해서도 용서한다면 나의 의혹은 한마디 말로 곧 풀릴 것입니다.[219]

이런 말을 다시 의논할 길 없으니 슬픔이 가슴에 맺혀 심히 병이 되었습니다. 오직 이 진실한 정성을 살펴 알아주시기 바라며 제문 지어 제를 올리니 늙은 이 몸, 눈물이 줄줄 흐릅니다."

---

217) 여강(驪江) : 여강에 살던 윤휴(尹鑴, 1617~1680)를 비하해서 지칭하는 용어이다. 윤휴의 본관은 남원(南原), 자 희중(希仲), 호 백호(白湖)이다. 현종·숙종 연간에 북인계(北人系) 남인으로 활동하면서 현종대 예송(禮訟) 이래 주요 현안을 둘러싸고 서인과 대립·갈등하였다. 학문적으로 주자의 경전 해석을 비판하고 『논어』, 『맹자』, 『중용』, 『대학』, 『효경』 등에 대해 독자적인 해석을 내놓아 주자의 장구(章句)와 주(註)를 수정하였다. 이는 당시 송시열을 중심으로 주자학을 절대적으로 맹신하던 주류학계에 큰 파문을 일으켜 송시열에 의해 사문난적(斯文亂賊)으로 몰렸고, 결국 1680년(숙종6) 경신환국으로 사사되었다.

218) 해남(海南) : 해남에 살던 윤선도(尹善道, 1587~1671)를 비하해서 지칭하는 용어이다. 윤선도의 본관은 해남(海南), 자 약이(約而), 호 고산(孤山)·해옹(海翁)이다. 1616년(광해군8) 성균관 유생으로서 이이첨(李爾瞻)·박승종(朴承宗)·유희분(柳希奮) 등을 격렬하게 규탄하는 「병진소(丙辰疏)」를 올렸다. 이로 인해 이이첨 일파의 모함을 받아 함경도 경원(慶源)으로 유배됐다. 인조반정으로 유배가 풀려 1628년(인조6) 과거에 합격하여 봉림대군과 인평대군의 스승이 됐다. 1657년(효종8) 다시 벼슬길에 올라 동부승지에 이르렀으나 송시열과 맞서다 쫓겨났다. 1659년 효종이 죽자 예론문제(禮論問題)로 서인과 맞서다가 삼수에 유배됐다.

219) 형이……것입니다 : 1687년(숙종13) 3월에 나양좌가 올린 상소에 따르면, 송시열은 "윤휴가 주장하는 예설은 실로 나를 죽이려는 것이고, 윤선도도 그의 사주를 받은 것이다."라고 생각하였다 한다. 이 제문에서 송시열은 생전의 윤선거가 윤휴는 옹호하고 윤선도는 공격하였던 것을 두고, 윤휴와 윤선도를 달리 볼 수 없으므로 윤휴를 용서할 바에는 윤선도도 용서하라는 말로 강한 비판의 뜻을 우회적으로 드러내고 있다.(『宋子大全·年譜5』)

송자신 석곡 상민에게 올린 다섯 번째 제문
祭宋子愼文 石谷 尙敏 第五文[220]

숭정(崇禎) 기사년(1689, 숙종15) 5월 병신 삭(丙申朔) 4일에 영주루인(瀛州纍人)[221]은 손자 송주석(宋疇錫)[222]을 시켜 술과 포를 제물로 올리며 석곡(石谷) 자신(子愼)[223]의 묘에 다음과 같이 고합니다.

“옛날 무오년(1678, 숙종4) 5월, 내가 봉산(蓬山)[224]에 위리안치 되어 있을 때 효종께서 승하하신 날이 되었는데, 자신(子愼)이 옆에서 부축하며 그만 멈추게 하고 말하기를, ‘이처럼 지나치게 애통해하시면 목숨이 상하지 않겠습니까?’ 하여 내가 자신으로 인해 그쳤다. 그런데 오늘날의 애통함은 그때보다도 더하니, 어찌하여 주 선생(朱先生)이 말한 ‘홍경(鴻慶)에서의 감회로 두 뺨에 눈물이 흐른다’[225]와 같은 상황에 이르렀는가?

---

220) 『宋子大全·祭宋子愼文[五祭文]』을 교본으로 하였다.

221) 영주루인(瀛州纍人) : ‘영주(瀛州)’는 바다 한 가운데 신선(神仙)이 산다는 삼신산(三神山)의 하나이고, ‘누인(纍人)’은 귀양살이를 하는 죄인을 말한다. 이때 송시열은 기사환국으로 제주도에 유배되어 있었으므로, 제주도에 유배된 죄인이라는 뜻으로 영주루인(瀛州纍人)이라 자칭하였다.

222) 송주석(宋疇錫) : 1650~1692. 본관은 은진(恩津), 자 서구(敍九), 호 봉곡(鳳谷)이다. 봉사(奉事) 갑조(甲祚)의 증손, 시영(時瑩)의 손자, 기태(基泰)의 아들이다. 기태가 송시열에게 입양하였기 때문에 그의 손자가 되었고, 송시열의 유소(遺疏)를 직접 받았다. 1683년(숙종9)에 송시열이 박세채(朴世采)·이단하(李端夏) 등과 문답한 시사(時事)를 정리하여 『향동문답(香洞問答)』을 완성하였고, 송시열 사후에는 당쟁과 관련된 여러 사안을 노론의 시각으로 정리한 『구화사적(構禍事蹟)』(본서 수록)을 남겼다.

223) 석곡(石谷) 자신(子愼) : 송상민(宋尙敏, 1626~1679)을 가리킨다. 본관은 은진, 자 자신(子愼), 호 석곡(石谷)이다. 송시열·송준길의 문인으로, 1674년 복제 문제로 송시열이 덕원으로 유배되자 그의 억울함을 호소하는 소를 올렸다. 이로 인하여 당시 영의정이던 허적의 탄핵을 받고 옥사하였다. 이듬해인 1680년(숙종6) 경신환국으로 서인들이 집권하자 공조좌랑에 추증되었다.

224) 봉산(蓬山) : 경상도 장기(長鬐)의 별칭이다. 1674년 효종비의 상으로 인한 제2차 예송에서 서인이 패하자 송시열은 예를 그르친 죄로 파직, 삭출되었다. 이어 1675년(숙종1) 정월 함경도 덕원으로 유배되었다가 6월 봉산으로 이배(移配)되었다.

225) 홍경에서의……흐른다 : 홍경(鴻慶)은 남송 때 멀리 원묘(原廟)를 바라보며 제사를

아! 자신(子愼)이 죽지 않고 살아서 함께 얼마간의 책이라도 강론할 수 있다면 이 늙은이에게 일분(一分) 반분(半分)만큼이라도 진전이 있었을 뿐만 아니라 자신의 총명함과 독실함으로 보아도 그 발전의 정도를 어찌 헤아릴 수 있겠는가? 아마 대유(大儒)라 해도 괜찮았을 것이다. 그런데 어찌하여 내 말을 듣지 않고 봉산에서 옷자락을 떨치며 떠나 끝내는 부당한 형벌 아래 죽어 단지 절의를 지킨 한 사람의 선비에 그쳤단 말인가?

그러나 공자가 광(匡) 땅에서 횡액을 당했을 때의 일에 대해 안자와 문답을 하였던[孔顔畏匡][226] 이후로 스승을 위해 죽겠다는 말을 누가 할 수 있겠는가? 진실로 이 말을 실천하였던 사람은 오직 자신(子愼) 한 사람 뿐이다. 게다가 그는 성인이 예를 제정한 본뜻을 밝히고 털끝까지 낱낱이 파헤치기를 손바닥을 가리키듯 하였다. 그리하여 허목(許穆)[227]이 장구를 쪼개고 경전을 왜곡하여 함부로 문장을 가지고 농간하였던 심술을

지내던 궁전이다. 주자가 만년에 그 궁관(宮官)에 제수되어 "옛 서울의 원묘는 연진에 막혔는데 백발로 사관이 되니 감회가 새롭다.[舊京原廟隔煙塵, 白髮祠官感慨新.]"는 시를 지어 친구에게 보내면서 눈물이 흐른다고 하였다.(『朱子大全箚疑』)

226) 공자(孔子)가……하였던[孔顔畏匡] : 공자가 광(匡) 땅에서 횡액을 당했을 때 안연(顔淵)이 찾아 헤매다가 뒤쳐졌었는데, 공자가 "나는 그대가 죽은 줄 알았다."라고 하니, 안연이 "부자(夫子)가 계신데 제가 어찌 죽을 수 있겠습니까?"라고 하였다. 여기에는 스승이 불행을 당하면 목숨을 바친다는 뜻이 함축되어 있다.(『論語·先進』)

227) 허목(許穆) : 1595~1682. 본관은 양천(陽川), 자 문보(文甫)·화보(和甫), 호 미수(眉叟)이다. 1615년(광해군7) 정언눌(鄭彦訥)에게 글을 배우고, 문위(文緯)를 사사하였다. 또한 그의 소개로 정구(鄭逑)를 찾아가 스승으로 섬겼다. 1626년 인조의 생모 계운궁구씨(啓運宮具氏)의 복상(服喪)문제와 관련해 박지계(朴知誡)가 원종의 추숭론(追崇論)을 제창하자, 임금의 뜻에 영합해 예를 혼란시킨다고 유벌(儒罰)을 가하였다. 1660년(현종1) 효종에 대한 조대비(趙大妃, 인조의 계비)의 복상기간이 잘못되었으므로 바로잡아야 한다고 상소해 정계에 큰 파문을 던졌다. 1674년 효종 비 인선왕후(仁宣王后)가 죽자 조대비의 복제문제가 다시 제기되었다. 조정에서는 대공복(大功服)으로 9개월을 정했으나 도신징(都愼徵)의 상소로 다시 기해복제가 거론되었다. 이로써 남인이 집권하면서 대사헌에 임명되었다. 이어 이조판서를 거쳐 우의정에 승진되어 유일(遺逸)로서 삼공(三公)에 올랐다. 그 해 덕원(德源)에 유배 중이던 송시열에 대한 처벌문제를 놓고 영의정 허적의 의견에 맞서 가혹하게 처벌할 것을 주장하였다. 이로 인해 남인은 송시열의 처벌에 온건론을 주장하던 탁남(濁南)과 청남(淸南)으로 갈라졌고, 그는 청남의 영수가 되었다. 1679년 강화도에서 투서(投書)의 역변(逆變)이 일어나자 상경해 허적의 전횡을 맹렬히 비난하는 소를 올렸다. 이듬해 경신환국으로 남인이 실각하고 서인이 집권하자 관작을 삭탈당하고 낙향하였다.

타파하였으니[228] 그 경전을 존숭하고 도를 보위한 공로는 진실로 작지 않다. 윤휴가 주자를 공격하여 흉악함을 극에 달하도록 쌓아올린 정상[229]을 배척하여 국가의 형세에 그 재앙이 미치지 못하도록 막고자 하였으니 진실로 초야의 외로운 신하가 의(義)를 이루고 충(忠)을 바친 정성이 해와 별처럼 빛났다 할 것이다.

경신년(1680, 숙종6) 여름, 윤휴 등의 역모죄가 훤히 드러나 모두 복주되었고, 성상이 그대의 학문과 절의를 살펴 관직을 추증하셨으며 아들에게는 벼슬을 내리셨다. 당시의 의론은 사헌부의 관직을 추증하고자 하였으나 어떤 사람[230]이 저지하자 식자들이 안타까워하였다. 성상이 이미 양현(兩賢)을 문묘에 승사(陞祀)하라 명하셨고,[231] 또 옛날 태학생 중에 도가 있는 자를 성균관의 옆에서 제사 지내라 명하였다. 후자의 일은 비록 행해지지

---

228) 허목이……타파하였으니 : 예송에서 허목은, 사종설(四種說)에서 체이부정(體而不正)의 서자(庶子)는 첩자(妾子)만을 가리킨다고 하여 서자첩자설(庶子妾子說)을 주장하고, 따라서 효종은 체이부정에 해당되지 않는다고 하였다. 그는 효종이 본래는 차자(次子)였지만 종통을 계승한 이상 장자(長子)가 되어 정체전중(正體傳重)에 해당하므로, 『의례(儀禮)』「자최장(齊衰章)·모위장자조(母爲長子條)」에 의하여 자의대비는 효종에게 자최삼년복을 입어야 한다고 주장하였다. 이에 송시열 측은 참최복은 두 번 입지 않는다는 불이참설(不二斬說)과 체이부정의 서자는 중자(衆子)라는 서자중자설(庶子衆子說)로써 허목의 주장에 반론을 제기하고, 서자를 '첩자(妾子)'로 한정한 허목의 주장은 고증으로 삼을 만한 근거가 없는 주장이라고 비판하였다. 송시열 측은 정체(正體)인 소현세자가 성년이 되어서 죽었으므로 차자인 효종은 체이부정에 해당하며, 따라서 자의대비는 효종에게 기년복을 입어야 한다고 주장하였다.

229) 윤휴가……정상 : 윤휴는 학문적으로 주자의 경전 해석을 비판하고 『논어』, 『맹자』, 『중용』, 『대학』, 『효경』 등에 대해 독자적인 해석을 내놓아 주자의 장구(章句)와 주(註)를 수정하였다. 이는 당시 송시열을 중심으로 주자학을 절대적으로 맹신하던 주류 학계에 큰 파문을 일으켰고, 송시열은 윤휴를 사문난적(斯文亂賊)으로 비난하였다.

230) 어떤 사람 : 윤증의 일파를 가리키는 것으로 보인다.

231) 양현(兩賢)을……명하셨고 : 양현은 이이와 성혼을 가리킨다. 1635년(인조13) 5월 11일에 성균관 유생 송시형(宋時瑩) 등 270여 명이 이이와 성혼을 문묘에 종사하자는 내용의 상소를 올린 이래 집권 서인 세력은 꾸준히 문묘 종사를 주장, 국가 차원에서 자파의 도통(道統)을 정립하려는 노력을 기울였으나 남인의 반발과 국왕의 암묵적 반대로 실현되지 못하고 있었다. 이후 이이와 성혼은 1680년(숙종6) 경신환국(庚申換局)으로 서인이 남인을 몰아내고 집권한 후 문묘에 배향되었다가 1689년(숙종15) 기사환국(己巳換局)으로 서인이 힘을 잃으면서 문묘에서 축출되었고, 다시 1694년(숙종20) 갑술환국(甲戌換局)으로 서인이 남인을 축출한 이후 재차 문묘에 배향되었다.

않았으나 당시에는 그대가 마땅히 포함되어야 한다고들 하였으니, 그대가 사문(斯文)에 공이 있음이 어떠한가?

도원(道源)[232]을 비롯한 사람들은 그대를 평양(平陽) 박팽년 선생의 사당에 배향하고자 하였는데 이윤(尼尹, 윤선거)[233]의 아들이 부정한 말을 지어내어 이 일을 막았다.[234] 이는 대개 그가 역적 윤휴의 연원이기 때문이거니와 또한 일찍이 그대가 그 아버지 윤선거의 '강화도 일[江都事]'을 말한 것에 대해 노여워했기 때문이다.[235] 또 그의 아버지가 몸을 욕되게 하였으므로 절의의 선비를 원수처럼 보았으니, 권순장(權順長)[236]·김익겸(金益兼)[237] 두 분과 돌아가신 내 아버님이 모두 비방과 무고를 입었다.[238]

---

232) 도원(道源) : 송규렴(宋奎濂, 1630~1709)의 자이다. 송규렴의 본관은 은진(恩津), 호 제월당(霽月堂)이다. 송준길(宋浚吉)의 문인으로, 송시열·송준길과 함께 삼송(三宋)으로 일컬어졌다.

233) 이윤(尼尹) : 이산(尼山)에 사는 윤선거를 가리킨다. 문맥에 따라 그의 아들 윤증을 지칭하기도 한다.

234) 도원을……막았다 : 경신년(1680, 숙종6) 연간에 송규렴이 창론하여 회덕(懷德) 출신인 박팽년(朴彭年, 1417~1456)의 사당을 세우고 여기에 송상민을 배향하고자 하였는데, 당시 회덕현감이었던 윤선거의 둘째 아들 윤추(尹推, 1632~1707)가 이를 저지하여 논의가 결국 중지된 일이 있었다. 윤증과 윤추는 송상민의 억울한 죽음을 측은하게 여겨 관직을 추증하는 것까지는 괜찮으나 그를 성인취의(成仁就義)한 사람으로 추숭하여 사당을 세우고 제사를 지내는 일은 실정에 지나친 처사라고 보았다. 이에 대해 송시열은 절의의 선비를 드러내어 표창하면 아버지인 윤선거의 실행(失行)이 더욱 부각되므로 이들이 송상민의 추존을 온갖 방법으로 막고 배척한 것이라 보았다.(『明齋遺稿·答朴和叔癸亥正月二十九日』)

235) 그대가……때문이다 : 송시열은 윤선거의 행장을 본 송상민이 "강도(江都)의 일을 뺀 것이 유감스럽다."고 하자, 이로부터 윤증이 송상민에게 악감정을 품었다고 보았다.(『宋子大全·答朴和叔乙丑十月五日』)

236) 권순장(權順長) : 1607~1637. 본관 안동(安東), 자 효원(孝元). 1636년(인조14) 병자호란 때 강화도로 피난하여 윤선거 등 뜻을 함께하는 친우들과 죽음으로 성을 지킬 것을 맹세하였다. 이듬해 정월 성이 함락되자 상신 김상용(金尙容) 등과 함께 화약고에 불을 질러 분사하였다. 강화도의 충렬사(忠烈祠)에 향사되었으며, 시호는 충렬(忠烈)이다.

237) 김익겸(金益兼) : 1615~1637. 본관 광산(光山), 자 여남(汝南). 김장생의 손자이자 김익희(金益熙)의 아우이다. 병자호란이 일어나자 강화도로 가서 섬을 사수하며 항전을 계속하다 강화유도대장(江華留都大將) 김상용(金尙容)과 함께 자폭하였다. 뒤에 영의정으로 추증되고 광원부원군(光源府院君)에 추봉되었다. 강화도 충렬사에 제향되었으며, 시호는 충정(忠正)이다.

238) 권순장……입었다 : 1681년(숙종7) 『현종실록』을 개수할 때 윤증이 사국(史局)에 편지

사정이 이러하니 그가 자신(子愼)의 제향을 막은 일은 응당 괴이한 일이 아니며, 그대에게는 또한 영광스러운 일이 되는 것이다.

오늘날 윤휴의 남은 도당들이 돼지나 여우가 날뛰듯 하나같이 윤휴 때의 옛 행적을 그대로 되풀이하고 있다. 문곡(文谷)과 같이 충정(忠正)한 사람도 절해고도에서 죽임을 당하기에 이르렀고,[239] 율곡의 도덕과 학문은 계개(繼開)[240]의 공로가 우뚝함에도 우계와 함께 문묘에서 출향되었다.[241] 바로 이때 그대에게도 추증한 관직을 환수하라는 명이 내렸고, 사당을 세워 제사를 지내는 예가 미리 금해졌으며 송후석(宋後錫)[242]의 관직도 몰수되었다. 이 일들은 모두 윤선거에게서 그 조짐이 나타나서 마침내 지금 사람들[243]에 의해 이루어졌다. 나 같이 아둔한 사람도 처음부터 정확하게 이 점을 간파하여 미리 말하였었다. 비록 그러하나 자신(子愼)의 몸은 지금 율곡·우계 양현(兩賢)과 함께 영욕을 겪고 있는 것이니, 범방(范滂)의 어머니의 이른바 '죽는다한들 또 무슨 유감이 있겠느냐?'

를 보내 병자호란 당시 강도사(江都事)의 시말을 논하면서 "권순장과 김익겸이 남문에 없었다면 반드시 죽어야 할 이유가 없었을 것이다."라고 하였다. 이 내용이 1685년(숙종11)에 드러나 여론이 비등하였는데, 송시열을 비롯한 노론측은 윤증이 부친을 비호하려다가 도리어 죽음으로 절의를 지킨 신하들을 모욕했다고 비판하였다. 한편 기사환국 당시 송시열은 "광해군[昏朝]대 간악한 신하[孽臣]의 아들"이라는 비방을 받았는데, 이는 1617년(광해군9) 폐모소(廢母疏)에 송시열의 아버지 송갑조(宋甲祚, 1574~1628)의 이름이 들어 있었던 사실을 지적하여 폄하한 것이다. 이에 대해 송시열 측은 "폐모소에 있는 이름은 다른 사람이 쓴 것이요, 인목대비의 서궁(西宮)에 혼자 가서 숙배하였다."라고 주장하였다.

239) 문곡과……이르렀고 : 문곡(文谷)은 김수항(金壽恒, 1629~1689)의 호이다. 김수항의 본관은 안동, 자 구지(久之)이다. 1680년(숙종6) 경신환국이 일어나 남인들이 실각하자 영의정이 되어 남인의 죄를 다스리는 한편, 송시열·박세채(朴世采) 등을 불러들였다. 1689년(숙종15) 기사환국이 일어나 남인이 재집권하자, 탄핵되어 진도(珍島)로 유배된 뒤 사사(賜死)되었다.

240) 계개(繼開) : 계왕성개래학(繼往聖開來學). 과거의 성현의 학문을 잇고 앞으로 올 후학의 길을 열어 준다는 뜻이다.

241) 율곡의……출향되었다 : 이이와 성혼은 경신환국 직후인 1681년(숙종7)에 문묘에 배향되었다가 1689년 남인이 집권한 기사환국으로 출향(黜享)되었고, 1694년 서인이 재집권한 갑술환국으로 재차 배향되었다.

242) 송후석(宋後錫) : 송상민의 아들이다.

243) 지금 사람들 : 기사환국 이후 집권한 남인을 가리킨다.

라는 말은[244] 바로 자신을 위해 준비된 말이라 할 것이다.

저 윤선거라는 사람은 역적 윤휴를 높이고 숭상하였으므로 그 공로에 대해 보답을 받아 그를 칭송하는 소리가 울려 퍼지고 그의 자손은 영달하였으며, 종족은 한 자리에 모여 술을 마시며 서로 축하하고 있다. 비록 온 세상이 부러워하고 있으나 식자(識者)라면 누군들 비웃으며 한심해 하지 않겠는가? 아! 영령(英靈)이 있다면 이를 영화롭게 여기겠는가, 수치스럽게 여기겠는가? 그대는 일찍이 윤선거의 가법(家法)과 행실을 칭송하면서도 그의 의론이 항상 이해관계에 매어 있음을 심히 의심스럽게 여겼었다. 무릇 그가 역적 윤휴와 당을 이루어 윤휴를 부호하였던 것도 여기에서 나왔으니, 지금 그 이익을 누리고 있는 것이다.

주 선생이 일찍이 『맹자(孟子)』「호변장(好辯章)」을 논하여 말하기를, '학문하는 사람이 시비의 근원에 있어 털끝만큼이라도 어긋남이 있으면 그 폐해가 생민(生民)에게 흐르고 재앙이 후세에 미치게 된다. 그러므로 맹자께서 사설(邪說)을 분변하신 것이 이처럼 엄중하였던 것이다.'[245] 하였다.

아! 지금 세도(世道)는 어떠하며 나라는 어떠한가? 내가 미력한 힘으로 스스로를 헤아리지 못하고 그 만분의 일이라도 구하고자 하였다가 이로 인해 비난과 원망이 세상에 넘치고 화단(禍端)이 잇따르게 되었다. 지금 다시 바다 한 가운데에서 외로이 갇힌 몸이 되었고 나를 죽이려는 의론은 급하게 밀려들고 있다. 목숨이 경각에 달려 있으니 장차 자신(子愼)과 함께 지하에서 노닐다가 운곡(雲谷)[246]과 고정(考亭)[247]에서 주자께 가르침

---

244) 범방(范滂)의……말은 : 범방은 후한(後漢) 말엽의 사람으로, 당화(黨禍)에 연루되어 죽었다. 범방이 죽음의 길로 떠나면서 모친에게 마지막 인사를 드리자, 모친이 "네가 이제 이응(李膺), 두밀(杜密)과 더불어 이름을 나란히 할 수 있게 되었으니, 죽는다 한들 또 무슨 여한이 있겠느냐.[汝今得與李杜齊名, 死亦何恨.]"라고 위로하며 격려하였다는 고사가 있다.(『後漢書·黨錮列傳·范滂』)

245) 주자……것이다 : 『맹자』「등문공장구(滕文公章句)·호변장(好辯章)」에서 주자는 윤씨(尹氏)의 말을 빌려 이와 같은 내용의 주석을 달고, 정도(正道)를 해치는 부정한 학설을 제창하는 무리를 난신적자(亂臣賊子)로 규정, 비판하였다.

246) 운곡(雲谷) : 지금의 복건성(福建省) 건양현(建陽縣) 무이산(武夷山)으로서, 주자가 강

을 청하며 『대전(大全)』·『어류(語類)』의 의심스러운 뜻을 여쭙게 된다면 어찌 즐겁지 않겠는가.

아! 그대는 일찍이 『대전』 중에서도 진식(陳寔)·순숙(荀淑)의 설(說)[248]을 읽기 좋아했었는데, 그 설의 결론에서 말하기를, '「사설(邪說)이 멋대로 유행함이 홍수와 맹수의 해보다 더 심하다.」고 한 맹자의 말씀이 어찌 나를 속였겠는가? 근년에 독서를 하면서 다만 이러한 뜻을 분명하게 깨달아 언제나 마음속에서 떠나지 않아서 스스로 저버릴 수가 없었다. 비록 이 때문에 사람들로부터 미움을 받아 끝내는 죽음에 이를 것을 알지만 진실로 기꺼이 감내할 것이며 스스로 후회하지 않을 것이다.' 하였다. 나는 결코 스스로 물러섬 없이 이 뜻을 따르겠지만 다른 사람에게 이 말을 하기는 어렵고, 오직 자신(子愼)만이 이 말을 들을 만하므로, 지금 아울러 말을 하는 것이다. 아! 들을 수 있다면 나를 가엽게 여기리니, 그렇지 않겠는가? 아! 눈물이 흐른다."

학(講學)하던 곳이다.

247) 고정(考亭) : 주자가 살았던 곳으로서, 복건성 건양현 서남쪽에 있다.

248) 진식(陳寔)·순숙(荀淑)의 설(說) : 후한 말의 명사(名士) 진식이 그의 아들 기(紀)와 심(諶)을 대동하고 순숙을 방문하였는데, 이때 팔룡(八龍)이라 불리는 순숙의 여덟 아들도 함께 어울렸다. 이때 천문을 관장하는 태사(太史)가 5백 리 거리에 덕성(德星)이 모였다고 천자에게 아뢰었다. 이로 인해 영천(潁川)에 있는 진씨의 정자를 취성정(聚星亭)이라 불렀는데, 그 위치가 바로 주자가 살던 고정에 있었다. 주자가 그 정자를 수리하고 당시의 상황을 그린 병풍을 만들어 거기에 서문과 함께 찬(贊)을 지어 붙였다.(『朱子大全·聚星亭畫屛贊』) 그런데 그 찬의 내용 중에 순숙의 손자인 순욱(荀彧)이 조조(曹操)에게 투탁한 것과 진식의 손자인 진군(陳羣)이 위(魏)나라의 사공(司空)이 된 것을 가지고 명사의 후손들이 실절(失節)한 것을 개탄하여 "욱(彧)은 조조에게 붙고 군(羣)도 한나라를 잊었네. 가문의 명예 지키기 어렵나니 예나 지금이나 한결같이 탄식하네.[彧乃附曹, 羣亦忘漢, 嗣守之難, 古今共歎.]"라고 언급하였다. 여기에서 송시열은 주자가 개탄한 말이 윤선거에게도 그대로 적용된다고 보고 있다. 즉 윤선거는 '팔거(八擧)'라 불리운 윤황의 여덟 아들 중 한 사람임에도 불구하고, 강도(江都)에서 훼절하고 역적 윤휴를 부호(扶護)함으로써 후한의 명문가 진식과 순숙의 자손들처럼 가문의 명예를 계승하지 못하였다고 비난하고 있는 것이다.

초려 이유태 에게 올린 제문

祭草廬 李惟泰 文249)

숭정(崇禎) 병인년(1686, 숙종12) 6월 계축 삭(癸丑朔) 20일에 은진(恩津) 송시열(宋時烈)은 삼가 일가의 아랫사람이 되는 송상엄(宋相淹)을 보내 변변찮은 제물이나마 간략히 갖추어 초려(草廬) 이공(李公, 이유태)의 무덤에 제(祭)를 올립니다.

아! 나와 공이 함께 노선생(老先生, 김장생)을 사계(沙溪) 가에서 섬길 때에 정이 형제와 같아 서로 가까이 지냈고 학문을 닦고 서로의 잘못을 일깨우는 데에는 둘 다 허물이 없었습니다. 노선생이 후학을 버리고 돌아가심에 그대로 문경 선생(文敬先生, 김집) 섬기기를 노선생을 섬기듯 하였는데 정의(情義)의 도타움은 오랠수록 변함이 없었으니, 비록 부자 사이에서 하기 어려운 말이라도 또한 다하지 않음이 없었습니다.

어찌 생각이나 했겠습니까? 세도(世道)가 크게 어그러지고 흉도들이 화(禍)를 선동하여, 공과 이 몸이 각각 귀양을 떠나250) 동쪽과 서쪽에서 서로 바라만 보게 되었으니, 그립고 쓸쓸함이 어찌 끝이 있었겠습니까? 중천에 뜬 해와 달이 우리가 있는 두 곳을 비춤에 마음의 동요 없이 서로 권면할 것을 생각하였습니다. 아, 탄식할 일입니다. 갑인년(1674, 현종15)과 을묘년(1675, 숙종1) 이후의 일은251) 차치하고 다시 말하지

249) 『宋子大全·祭李草廬文』을 교본으로 하였다.

250) 세도(世道)가……떠나 : 현종대 예론의 시비는 숙종대에도 여전히 계속되었다. 숙종 즉위 직후 진주의 유생 곽세건(郭世健)이 송시열을 공격함으로써 예론의 시비가 재연되었다. 급기야 송시열은 1674년(숙종 즉위년) 12월에 파직, 삭탈관작, 문외출송을 거쳐 함경도 덕원에 유배되었고, 1675년(숙종1) 6월에 다시 덕원으로부터 경상도 장기(長鬐)로 이배(移配)되었다. 이유태 또한 1674년 갑인예송 때 복제를 잘못 의정(議定)하였다는 남인들의 탄핵을 받고 이듬해 평안도 영변에 유배되었다.

251) 갑인년과……일은 : 갑인년과 을묘년은 현종이 승하한 1674년과 1675년을 말한다. 1660년(현종1) 복제시비 때 이유태는 송시열의 기년설(朞年說)을 옹호하였다. 1674년(현종15)의 갑인예송 때에도 이유태는 복제를 잘못 정했다는 남인의 탄핵을 받아 유배되었지만, 이후 남인 오시수(吳始壽)가 '이유태는 의례(議禮)의 잘못을 깨달았다'

않겠습니다. 아, 어찌 감히 의심하겠습니까? 내 마음은 근심으로 가득 차 탄식할 뿐입니다.

아, 서로 떨어져 있은 지 몇 년 만에 그대로 영원히 이별하게 되었습니다. 갑인년(1674, 현종15) 가을 국상(國喪)[252]에 함께 달려갔을 때 봉은사(奉恩寺)에서 서로 베개를 나란히 하고 누워 수많은 얘기들을 다 토로하였는데, 그 후로는 다시는 그러하지 못했습니다. 지난번에 검동(黔洞)에서의 약속을 따라 3일간 등대(等待)했는데 끝내 기대와 소망을 저버렸으니, 지금까지도 품은 한이 마음속에 남아 있습니다.

갑자년(1684, 숙종10) 가을에 공의 병세가 위독하다는 소식을 듣고 급히 편지로 안부를 물었으나, 이미 답장을 받을 수 없었습니다. 흉음을 듣고는 어찌 기어서라도 가서 곡하고자 하지 않았겠습니까? 들으니, 그곳의 논의가 매우 험악하여 주장을 선명하게 하는 데 힘쓴다 하므로 두려워서 감히 가지 못했던 것입니다. 아, 이 어찌 당초 생각이나 한 일이겠습니까?

아! 오늘날 세도(世道)의 변화는 전날에 비하여 더욱 말하기 어려운 것이 있습니다.[253] 그리하여 흑수(黑水)[254]의 여파가 점점 불어나고 자라서 젖어드는 말들이 위로 연원(淵源)에까지 미치고 있으니,[255] 공께서

고 사면을 청하여 1679년 석방되었다. 이 과정에서 송시열은 이유태가 예설을 고쳐서 처벌을 면하려 한다고 의심하였고, 양자 간의 갈등이 표면화되었다. 더하여 송시열을 비롯한 노론측은 양자 간 논란이 격화된 데에는 윤증의 농간이 개입되어 있다고 생각하였으며, 반대로 윤증을 비롯한 소론측은 의도적으로 말을 지어내어 이유태를 공격한 송시열의 본원(本源)과 심술(心術)이 문제라고 보았다.

252) 국상(國喪) : 현종의 승하를 말한다.

253) 오늘날……있습니다 : 1680년(숙종6) 경신환국으로 윤휴가 죽임을 당하고 남인이 숙청된 이후 정국은 노론과 소론의 분립이 본격화되었다. 1682년 남인 허새(許璽)의 모역사건 당시 송시열은 정탐과 기찰, 그리고 고변 등의 파행적인 방법을 동원하여 남인을 뿌리째 제거하려고 시도한 김석주(金錫胄)·김익훈(金益勳) 등 훈척세력을 두둔하여 서인 내 소장파로부터 비난을 받았다. 여기에 송시열 학문의 본원(本源)과 심술(心術)을 비판한 윤증의 「신유의서(辛酉擬書)」가 누설된 사건으로 인해, 급기야 이유태가 세상을 떠난 1684년에 이르면 송시열과 윤증, 노론과 소론의 갈등이 조정에서 본격적으로 정치 문제화되기에 이르렀다.

254) 흑수(黑水) : 여강(驪江)에서 살았던 윤휴를 비하하여 지칭한 용어이다. 여(驪)는 '검다'는 뜻을, 강(江)은 '물'이라는 뜻을 따서 '흑수'라 하였다.

이 사실을 아신다면 또한 반드시 어둡고 어두운 가운데서 탄식하실 것입니다. 지난번에는 스스로를 헤아리지 않고 망령되이 논변(論辨)을 벌였는데,[256] 사람들의 분노가 불과 같고 고함치는 소리는 하늘까지 닿아 장차 이 몸을 어디에 두어야 할지 모르겠습니다. 그러나 얼마 남지 않은 날을 아껴서 끝내 한 마디 말도 없이 죽는다면, 이는 사문(師門)을 저버리는 것이 되어 그 죄가 더욱 클 것입니다. 잘 모르겠습니다만 공의 뜻도 그러하겠지요?

아! 이 세상에 홀로 서서 온갖 비난을 다 받고 위축될 대로 위축되어 마음먹은 대로 할 수 있는 일이 없으니 사는 것이 또한 뭐가 즐겁겠습니까? 산이 감싸고 물이 흐르는 언덕에 길게 누우면 모든 일은 망양(亡羊)[257]이 될 터이니, 혼(魂)은 응당 만족히 여길 것입니다. 이에 한잔 술을 올리오니 공은 살펴 흠향하소서. 아! 애통합니다.

---

255) 흑수(黑水)의……있으니 : 서인이 분열되어 노론과 소론의 대립이 격화되자 송시열이 소론을 남인 윤휴를 비호하는 세력으로 몰아가기 위해 나온 표현이다.

256) 지난번에는……벌였는데 : 1683년(숙종9), 서인이 노론과 소론으로 분열될 무렵, 송시열은 주나라로부터 이어지는 중화(中華)의 계승자로서 조선의 정통성을 천명하기 위한 의도 아래 종묘제도의 개혁을 추진하여 효종의 신주를 불천위 세실로 옮길 것과 태조의 시호를 새롭게 추상(追上)할 것을 제안하였다. 경신환국으로 서인이 집권한 상태였으므로 효종을 세실로 옮기는 것은 별다른 논란이 없었으나 태조 시호 추상에 대해서는 박세채가 반대하였다. 남인들은 송시열이 효종의 정통성을 부정하였다는 비난을 무마하기 위해 효종 세실론을 주장한 것으로 간주하였다.

257) 망양(亡羊) : 도망한 양을 찾는데 갈림길이 많아 마침내 잃어버리고 탄식하였다는 말로, 원래는 학문의 길이 여러 갈래여서 진리를 깨닫기 어려움을 비유한 말이다. 여기에서는 까마득히 모든 일을 잊는다는 뜻으로 전용(轉用)하였다.(『莊子·駢拇』)

사계 선생의 묘에 고한 글
告沙溪先生墓文[258]

숭정(崇禎) 62년 기사년(1689, 숙종15) 2월 11일에 문인 송시열은 조정에 죄를 얻어 멀리 탐라(耽羅)로 귀양 가는 길에[259] 문원공(文元公) 사계(沙溪) 김선생(金先生)[260]의 묘가 있는 이곳 고정(高井)[261]을 지나게 되었습니다. 그러나 일찍이 가르침을 받을 때에, "이천(伊川)이 귀양을 가면서 숙모에게 뵙기를 청한 일을 두고 주자(朱子)가 불만스러워 했다."[262] 하셨기에 감히 묘에 올라가 참배하지 못하고 송강(松江)의 후손 정천(鄭洊)으로 하여금 글을 가지고 가서 고하게 합니다.

"생각건대 뭇 성인(聖人)을 모아 크게 이루신 분은 공자이고 뭇 현인을 모아 크게 이루신 분은 주자입니다. 전후의 성현이 그 법도는 비록 같으나, 박문(博文)·약례(約禮) 이 두 가지가 지극하고 공부(功夫)와 역행(力行)이 함께 이루어져 요(堯)·순(舜)·우(禹) 이후로 크게 이루어진 도(道)에 한

258) 『宋子大全·告沙溪先生墓文』을 교본으로 하였다.

259) 조정에……길에 : 1689년(숙종15)은 숙종이 서인을 내치고 남인을 다시 등용한 이른바 기사환국(己巳換局)이 있었던 해이다. 기사환국은 희빈 장씨(嬉嬪張氏)의 소생을 원자(元子)로 정호(定號)하는 문제를 계기로 촉발되었는데, 이로 인해 송시열은 제주에 위리안치 되었고, 이어 정읍에서 사사되었다.

260) 문원공(文元公) 사계(沙溪) 김선생(金先生) : 김장생(金長生, 1548~1631)을 가리킨다. 자는 희원(希元), 호 사계(沙溪), 시호는 문원(文元)이다. 조선후기 예학(禮學)의 대표적 인물로, 이이와 송익필의 문하에서 학문을 배웠다. 인목대비 폐모 논의가 일어나고 북인이 득세하자 연산으로 낙향하여 예학 연구와 후진 양성에 힘썼다. 송시열은 김장생의 문인으로서, 이이에서 김장생으로 이어지는 서인학파의 정통적 위상을 강조하였다.

261) 고정(高井) : 지금의 충남 논산시 연산면 고정리로서, 김장생의 생가와 묘소가 있는 곳이다.

262) 이천(伊川)이……했다 : 정이(程頤)가 철종(哲宗) 때 당론으로 인하여 부주(涪州)로 귀양 갈 때 바로 떠나지 않고 숙모를 찾아 뵙기를 청한 일이 있었다. 이에 대해 주자는 『주자대전(朱子大全)』 「답요자회서(答廖子晦書)」에서, "동파(東坡)는 체포되었을 때 얼굴이 흙빛으로 변하였고, 이천은 적소(謫所)로 떠날 때 숙모에게 고하였고, 요옹(了翁)은 유배의 명을 받고 바로 떠났다."는 말로 우회적인 비판을 한 바 있다.

가지도 부합하지 않은 것 없이 전일하기로는 주자만한 분이 없습니다. 그러므로 율곡 선생의 학문은 오로지 주자에서 나와, 일찍이 말씀하시기를, '내가 다행히 주자의 뒤에 태어나 학문이 거의 어긋나지 않을 수 있게 되었다.' 하였는데, 바로 그 계통을 우리 선생께서 이으셨습니다.

전에 강론하셨을 때를 보면 비록 주자(周子)[263]·정자(程子)[264]·장자(張子)[265]의 말이라도 서로 같거나 다른 점이 있으면 취사(取捨)하지 않음이 없으셨습니다. 그리고 항상 말씀하시기를, '주자가 아니었다면 공자의 도는 밝아지지 못했을 것이고, 공자의 도가 밝아지지 못했다면 도가 후세에 전해지지 못했을 것이다.' 하셨습니다. 저는 그 말씀이 귀에 익고 가슴에 새겨져 비록 성인이 다시 나온다 해도 이 말을 바꾸지는 못할 것이라고 생각했습니다.

그런데 불행히도 패려한 기운으로 뭉친 윤휴(尹鑴)[266]란 자가 감히 주자를 공척하는 데 온 힘을 다하였습니다. 제가 스스로를 헤아리지 못하고 있는 힘껏 그 자를 배척하였다가 미움을 사서 일찍이 거제도로 귀양을 가기도 했습니다.[267] 이보다 앞서 윤선거(尹宣擧)는 우계(牛溪)의

---

263) 주자(周子) : 주돈이(周敦頤, 1017~1073)를 높여 이르는 말이다. 본명은 돈실(敦實), 자는 무숙(茂叔), 호 염계(濂溪), 시호 원공(元公)이다. 『태극도설(太極圖說)』과 『통서(通書)』를 지어 성리학의 우주론과 인성론의 기초를 닦았다.

264) 정자(程子) : 명도(明道) 정호(程顥, 1032~1085)와 이천(伊川) 정이(程頤, 1033~1107) 형제를 높여 부르는 말이다. 맥락에 따라서는 주자학에 보다 직접적인 영향을 미친 정이만을 지칭하기도 한다.

265) 장자(張子) : 장재(張載, 1020~1077)를 높여 이르는 말이다. 자는 자후(子厚), 호 횡거(橫渠), 시호 헌공(獻公)이다. 송대 이학(理學)을 창시한 북송오자(北宋五子) 중 한 사람이다.

266) 윤휴(尹鑴) : 1617~1680. 본관은 남원(南原), 자 희중(希仲), 호 백호(白湖)이다. 현종·숙종 연간에 북인계(北人系) 남인으로 활동하면서 현종대 예송(禮訟) 이래 주요 현안을 둘러싸고 서인과 대립·갈등하였다. 학문적으로 주자의 경전 해석을 비판하고 『논어』, 『맹자』, 『중용』, 『대학』, 『효경』 등에 대해 독자적인 해석을 내놓아 주자의 장구(章句)와 주(註)를 수정하였다. 이는 당시 송시열을 중심으로 주자학을 절대적으로 맹신하던 주류 학계에 큰 파문을 일으켜 송시열에 의해 사문난적(斯文亂賊)으로 몰렸고, 결국 1680년(숙종6) 경신환국으로 사사되었다.

267) 그 자를……했습니다 : 갑인년(1674, 현종15) 효종비 인선대비의 상으로 인한 제2차 예송에서 서인이 패하자 송시열은 예를 그르친 죄로 파직, 삭출되었다. 이어 을묘년(1675, 숙종1) 정월 함경도 덕원으로 유배되었다가 뒤에 장기·거제 등지로 이배되었

외손으로서 또한 사숙(私淑)한 사람인데도 윤휴와 당을 이루어 사문(斯文)을 해치는 데 힘썼습니다.[268] 이에 제가 또한 '난신적자(亂臣賊子)는 먼저 그 당여(黨與)를 다스려야 한다.'고 한 『춘추(春秋)』의 필법(筆法)에 따라 선거를 아울러 공격하였습니다. 그랬더니 그 아들인 윤증(尹拯)이 스스로 반성하여 허물을 덮을 도리는 생각하지 않고 도리어 저를 원수 대하듯 하며 저를 공격하고 윤휴를 추앙하였습니다.[269] 그리하여 윤휴의 세력을 남몰래 치성(熾盛)하게 만들어 나라가 장차 망할 지경이 되었는데, 또 감히 율곡을 헐뜯고 비방하는 말까지 하였습니다.[270]

이에 제가 경악을 금치 못하여 공격하는 말이 좀 지나칠 때도 있었는데 이로써 저를 원망하고 비방하는 말이 바다가 넘치고 강물이 가득하듯 합니다. 그가 함께 당을 이루고 동조하는 자들에는 또한 옛날에 율곡을 공격하던 이들의 자손이 많습니다. 지금 조정에 일이 있어서[271] 제가

다. 유배 기간 중에도 남인들의 가중 처벌 주장이 일어나, 한때 생명의 위협을 받기도 하였다. 1680년 경신환국으로 서인들이 집권하자, 유배에서 풀려나 중앙 정계에 복귀하였다.

268) 윤선거(尹宣擧)는……힘썼습니다 : 송시열을 비롯한 서인 세력은 이이와 성혼을 양현(兩賢)으로 존숭하는 가운데, 이이·성혼－김장생－김집으로 이어지는 서인 학문의 정통성을 계보화 하였다. 이에 송시열은 자신과 윤휴가 주자의 경전 해석을 두고 학문적으로 대립하였을 때, 성혼의 외손이자 김장생·김집의 문인인 윤선거가 자신의 입장에 동조하지 않고 오히려 자신과 윤휴와의 사이를 중재하려 했던 것에 분노하였다. 이에 회니시비가 본격화된 1684년(숙종10) 이후 송시열 측에서는 윤선거에 대해 '윤휴의 당이 되어 사문에 해를 끼쳤다'고 규정하고 정치적 공격을 강화해 나갔다.

269) 윤증(尹拯)이……추앙하였습니다 : 1684년(숙종10) 송시열 학문의 본원(本源)과 심술(心術)을 비판한 윤증의 「신유의서(辛酉擬書)」가 세상에 드러나면서 송시열과 윤증, 노론과 소론의 갈등이 조정에서 본격적으로 정치 문제화되기 시작했다. 송시열은 자신에 대해 '의리쌍행(義利雙行), 왕패병용(王覇竝用)'이라고 공격한 윤증이 한편에서는 윤휴의 제문을 받아들이고 그의 죽음을 억울하게 생각하는 등 남몰래 윤휴를 추장해 왔다고 생각하였다.

270) 율곡을……하였습니다 : 1681년(숙종7) 윤증이 사국(史局)에 보낸 편지에서, "이이는 입산했던 과실을 면할 수 없으나 선친은 처음부터 죽어야 할 이유가 없었다."라고 하며, 강화도에서 윤선거의 처신이 도리에 어긋난 것이 아니라고 주장한 일을 가리킨다. 윤증의 편지에 대해 송시열을 비롯한 노론측은 부친을 비호하려다가 도리어 죽음으로써 절개를 지킨 신하들은 물론 선현인 이이까지도 모욕했다고 비판하였다.

271) 지금……있어서 : 숙종이 서인을 내치고 남인을 다시 등용한 기사환국의 정국을

마침내 이 귀양길을 떠나게 되고 이에 윤증이 날뛰고 있습니다만, 저는 진실로 우리 도가 저로 말미암아 다 망하지 않을 수만 있다면 수만 번 죽는다 해도 여한이 없을 것입니다.

그러나 문득 생각건대, 제가 선생의 가르침을 받은 은혜에도 불구하고 힘써 실천하지 못하여 아직 기질을 변화시키지 못한 탓에, 이것이 저도 모르게 혈기의 사심에서 나왔고 의리의 올바름에서 나온 것이 아닐 수도 있겠다 싶습니다. 진실로 그러하다면 남해의 귀신이 벌을 내려 죽일 뿐만 아니라, 선생께 죄를 지음도 심할 것입니다. 우선 이 뜻으로써 선생의 존령(尊靈)께 고하여 조문석사(朝聞夕死)[272]의 바탕으로 삼고자 하오니, 원컨대 선생께서는 굽어 살펴주소서. 흠향하소서."

가리킨다. 송시열은 자신이 유배되고 노론세력이 축출된 정국이 춘추대의와 주자학에 반대하는 남인과 소론의 반격 때문이라 여겼다.

272) 조문석사(朝聞夕死) : 도(道)를 알면 곧 죽어도 유감이 없다는 뜻이다. 『논어』「이인(里仁)」에 나오는 "아침에 도를 들으면 저녁에 죽어도 좋다.[朝聞道, 夕死可矣.]"는 말을 요약한 것이다.

잡록

雜錄

우암집(尤庵集)에서 발췌하였다.[273]

(1)[274] 박화숙(朴和叔, 박세채의 자)이 정묘년(1687, 숙종13) 10월 27일에 나에게 편지를 보내, 미촌(美村, 윤선거의 호)이 윤휴(尹鑴)를 애석해하고 비호한다고 하였다.[275]

(2) 윤선거(尹宣擧)의 연보(年譜)에 이르기를, "희중(希仲, 윤휴의 자)은 마음가짐과 행동거지가 옛사람에게 얽매이지 않았으며, 책을 읽고 뜻을 강론할 때 훈고(訓詁)에 구애되지 않았다."[276] 하였는데, 저 윤휴가 의리를 해쳐 지극히 흉악한 지경에 이른 것은 그 근원이 실로 여기에서 나온 것인데, 윤선거가 이것을 가지고 윤휴가 남보다 월등히 뛰어났다고 하였다. 그 실제 소견이 과연 이와 같았다면 이는 일찍이 우계(牛溪, 성혼의

---

273) 『宋子大全·雜錄』『燕居雜錄』『偶記』『瑣錄』『雜著』를 교본으로 하였다. 아래의 내용은 『송자대전(宋子大全)』의 여러 잡록 가운데 송시열이 윤선거·윤증 부자의 행적을 비판한 내용만을 발췌하여 모은 것이다. 송시열은 기사환국으로 자신이 유배되고 노론세력이 축출된 정국이 춘추대의와 주자학에 반대하는 남인과 소론의 반격 때문이라 여겼다. 이에 글의 대부분은 강화도에서 절의를 지키지 못한 윤선거가 사문난적 윤휴와 친분을 맺은 것을 관련지어 공박하고, 아울러 이들을 비호하는 윤증 등의 소론세력을 존주(尊周)와 도학(道學)의 정통에서 벗어난 적당(賊黨)이라 규정하는 가운데 이들을 배척하는 내용이 주를 이루고 있다.

274) 저본에 수록된 「잡록(雜錄)」에서 문단이 바뀌는 부분에 번호를 부여하여 구분하였다.

275) 박화숙(朴和叔)이……하였다 : 『송자대전』 「여박화숙(與朴和叔)」에 따르면, 정묘년(1687, 숙종13) 10월 박세채가 송시열에게 편지를 보내 "윤선거가 평소 윤휴를 애석해하고 비호해 주었다 하여 윤휴의 학문을 추존하였다고 속단해서는 안 된다."고 하였다. 이에 대해 송시열은 "윤선거가 윤휴를 애석해하며 비호하였다면, 이는 용서할 수 없을 뿐만 아니라 적당(賊黨) 중에서도 더욱 심한 적당"이라고 답하며 윤선거에 대한 강경한 입장을 고수하였다.

276) 희중은……않았다 : 『노서유고별집(魯西遺稿別集)』 「일기삼조(日記三條壬辰八月)」에 이 내용이 보인다. 원문은 "希仲妙年自悟, 有志於道, 立心制行, 不泥古人, 讀書講學, 不拘註說."이다.

호)의 한마디 말이나 글도 듣지 못한 것이요, 그 실제 마음은 이와 같지 않았는데 억지로 이렇게 말하여 공자와 주자의 도를 어지럽혔다면 그 심술의 불측함은 오히려 윤휴보다 더한 것이다.

그 아래에 "그것을 드러내어 윤휴의 병폐로 여겼다."는 말로 자신의 잘못을 덮어 버리고 다른 사람을 속이는 바탕으로 삼았으나, 사람들은 더욱 그 속셈을 알게 되었다. 이제 시배(時輩)들이 이미 윤선거·윤증 부자를 기리고 또 윤휴의 어짊을 칭송하고 있으니, 윤증이 비록 시배들과 함께 일을 공모하지는 않았다 해도 그가 윤휴와 한통속임은 장님도 알 수 있다.[277] 이것이 이른바 '스스로 도리에 어그러진 말들을 날조했다는 것은 저절로 바꿀 수 없는 공론이 되었다.'[278]는 것이다. 현석(玄石, 박세채의 호)은 이 일을 어떻게 생각할지 알 수 없다.

(3) 숭정(崇禎) 경신년(1680, 숙종6) 여름에 내가 바닷가 유배지에서 돌아왔는데[279] 돌아오는 길에 윤휴가 복주(伏誅)되었다는 소식을 듣고, 손자인 송주석(宋疇錫)에게 말하기를, "후일의 사화(士禍)가 반드시 지난날보다 심할 것이다." 했더니, 주석이, "무슨 말씀이십니까?" 하기에 내가, "훗날 윤휴의 죄를 신원할 때 그 사화가 어떠하겠느냐?" 하니, 주석이, "어찌 윤휴의 죄를 다시 신원할 날이 오겠습니까?" 하였다. 내가, "윤휴를 신원할 자는 반드시 이윤(尼尹, 윤증)일 것이다." 하니, 주석이, "어찌 그럴

277) 윤증이……있다 : 1684년(숙종10) 송시열 학문의 본원(本源)과 심술(心術)을 비판한 윤증의 「신유의서(辛酉擬書)」가 드러나면서 송시열과 윤증, 노론과 소론의 갈등이 조정에서 본격적으로 정치 문제화되기 시작했다. 송시열은 자신에 대해 '의리쌍행(義利雙行), 왕패병용(王覇竝用)'이라고 공격한 윤증이 한편에서는 윤휴의 제문을 받아들이고 그의 죽음을 억울하게 생각하는 등 남몰래 윤휴를 추장해 왔다고 생각하였다.

278) 스스로……되었다 : 주자가 신종(神宗) 연간 신법파에 대해 한 말이라고 한다.(『宋子大全·答金起之』)

279) 내가……돌아왔는데 : 1674년(현종15) 효종비 인선대비의 상으로 인한 제2차 예송에서 서인이 패하자 송시열은 예를 그르친 죄로 파직, 삭출되었다. 이어 1675년(숙종1) 정월 함경도 덕원으로 유배되었다가 뒤에 장기·거제 등지로 이배되었다. 유배 기간 중에도 남인들의 가중 처벌 주장이 일어나, 한때 생명에 위협을 받기도 하였다. 1680년 경신환국으로 서인들이 집권하자, 유배에서 풀려나 중앙 정계에 복귀하였다.

리가 있겠습니까?" 하였다. 내가, "윤휴를 신원하는 일에 윤증 자신이 반드시 직접 나서지는 않는다 하더라도 뒤에서 주동하는 장본인이 될 것이다." 하였더니, 주석은 "이는 너무 지나친 염려이신 듯합니다." 하였다.

옥천서원(沃川書院)에 이르렀을 때 다시 김만준(金萬埈)[280]에게 이 이야기를 했더니, 김만준이 처음에는 또한 묵묵히 생각에 잠겼다가 잠시 후 다음과 같이 말하였다.

"저 역시 일찍이 그의 의심스러운 점을 보았습니다. 윤휴가 한창 기세를 떨칠 때 제가 중형(仲兄)과 함께 윤증의 집 앞을 지나다 들어가 그를 만나려 했더니, 중형이 '윤휴의 당은 가증스러운 자들이니 들어가 본들 무엇 하겠느냐?' 하였으나 제가 고집하여 들어가게 되었습니다. 이윽고 들어가 시사를 이야기할 때는 주고받은 말이 서로 일치하였는데 윤휴의 이름을 입에 올리자 묵묵히 대답을 하지 않았습니다. 두 번째 거론해도 대답이 없고 세 번째 거론해도 역시 대답이 없자, 중형이 화를 내며 일어나 나와서는 저를 돌아보고 질책하기를, '네 어찌 들어가자고 권하여 나에게 이렇듯 좋지 못한 광경을 보게 하느냐?' 하였습니다. 이 일로 미루어 보면 선생님의 의견은 거의 사실로 드러날 듯합니다." 하였다.

오늘날 윤휴의 여당(餘黨)으로서 나의 죄를 논하는 자들이 다시 윤휴의 말을 빌려 윤씨 부자를 성대하게 칭송한 연후에 윤휴의 죄명을 씻어 주고 그 관작을 회복시켰다. 또 그 아들인 윤의제(尹義濟)[281]의 관작을 회복해 주었고 둘째 아들에게는 벼슬을 주었으며, 윤증을 자주 대사헌의 자리에 의망한다고 한다.

대개 갑인년(1674, 현종15)의 화[282]는 실로 윤휴가 주도하였고 그 남은

280) 김만준(金萬埈) : 본관은 광산(光山), 김장생의 봉사손(奉祀孫)이다. 광흥창 주부(廣興倉主簿) 등을 역임하였다.

281) 윤의제(尹義濟) : 1640~1680. 본관은 남원, 자 정백(正伯)이다. 1680년(숙종6) 경신환국으로 아버지 윤휴가 사사(賜死)되었을 때 그 또한 극변(極邊)에 유배되어 병사하였다. 기사환국 이후 1691년(숙종21)에 신원(伸寃)되었다.

282) 갑인년의 화 : 1674년(현종15)에 발생한 예송으로 서인이 축출된 사건이다. 당시 효종비 인선왕후가 죽자 대왕대비 조씨의 상복을 두고 논쟁이 벌어졌는데, 서인은 대공복을, 남인은 기년복을 주장하였다. 현종이 남인의 주장을 받아들인 가운데

무리가 이를 이어받아 오늘의 화를 이루었다. 윤증은 바로 그 남은 무리 가운데서 우두머리가 되는 자로, 내 말이 오늘날 우연히 들어맞았는데 이는 실로 알기 어려운 일이 아니었다. 윤증의 아버지 윤선거는 평소 진심을 다해 윤휴를 두둔하였고, 윤휴가 자신의 외조부인 우계를 모욕하여도 더욱 윤휴를 높이고 믿어 죽을 때까지도 깨우치지 못하였다.[283] 또 그 아들은 윤휴의 죄를 신원하고자 장차 못할 짓이 없을 것이다. 대체로 전후의 화가 모두 윤휴로부터 말미암았으므로, 그 내용을 합쳐 하나의 책으로 만들고 『갑기록(甲己錄)』[284]이라 이름 하였다.

(4) ◯ 윤증이 제 아버지의 허물을 깨끗이 벗기고자 율곡(栗谷)을 모욕하고[285] 나를 헐뜯어 무고함으로써 남인(南人)들에게 아첨하였다. 지금 끝내 그 뜻하였던 소원을 이루었으나 그 화가 우계에게까지 미쳤으니,[286] 누가 천도(天道)는 무지하다 하겠는가? 그 아버지에게 이 사실을 알게

서인 세력이 위축되었다. 현종대 예론의 시비는 숙종대에도 여전히 계속되었다. 숙종 즉위 직후 진주의 유생 곽세건(郭世健)이 송시열을 공격함으로써 예론의 시비가 재연되었다. 급기야 송시열은 1674년 12월에 파직, 삭탈관작, 문외출송을 거쳐 함경도 덕원에 유배되었다.

283) 윤선거는……못하였다 : 윤휴가 퇴계와 율곡에 대해서는 별호를 칭하면서 우계 성혼에 대해서는 호원이라고 그 자를 칭하여 격하하였음에도 불구하고 윤선거가 이에 아랑곳하지 않고 윤휴와 친밀한 관계를 계속 이어갔음을 비판한 말이다.

284) 갑기록(甲己錄) : 갑인년(1674, 현종15)부터 기사년(1689, 숙종15)까지 조정에서 있었던 중요한 사건을 추려서 그 과정과 처리 결과를 기록한 것으로, 예론의 시비를 특히 중요하게 다루었다. 송시열의 5대손인 송환기(宋煥箕, 1728~1807)가 쓴 송강석의 행장에 따르면, 송시열이 죽기 전 송강석에게 『갑기록』을 은밀히 맡기며 "세도에 크게 관계되는 책이니 잘 보관하되 남에게 함부로 보이지 말라."고 당부하였다고 한다.(『性潭集·族祖雲谷先生行狀』)

285) 윤증이……모욕하고 : 1681년(숙종7) 윤증이 사국(史局)에 보낸 편지에서, "이이(李珥)는 입산했던 과실을 면할 수 없으나 선친은 처음부터 죽어야 할 이유가 없었다."라고 하며, 이이와 비교해보아도 윤선거의 처신은 도리에 어긋난 것이 아니라고 주장한 일을 가리킨다. 윤증의 이 발언에 대해 송시열을 비롯한 노론측은 부친을 비호하려다가 선현인 이이까지 모욕했다고 비판하였다.

286) 화가……미쳤으니 : 성혼이 문묘(文廟)에서 출향(黜享)된 일을 가리킨다. 성혼은 1680년(숙종6) 경신환국으로 서인이 남인을 몰아내고 집권한 후 문묘에 배향되었다가 1689년 기사환국 이후 문묘에서 축출되었다.

하면 그가 기꺼이 '나에게는 어질고 효성스러운 아들이 있다.'라고 말하겠는가? 아니면 상심하고 애통해 하겠는가? 그 아버지의 평소 마음가짐으로 미루어 보건대, 틀림없이 증을 두고 아비의 뜻을 잘 이어받은 효자라고 할 것이다.

(5) ○ 내가 숭정 을미년(1655, 효종6) 상을 당했을 때[287] 중문(仲文)[288]이 부제학으로 와 조문을 하면서 주상의 뜻을 전했다. 정유년(1657, 효종8)에 상을 마치고 항상 흥농서당(興農書堂)에 거처했는데, 당시 황진(黃璡)·정보연(鄭普衍)·김만준(金萬埈)·한여옥(韓如玉) 등이 서로 번갈아가며 와서 머무르고 있었다. 이때 주상께서 손수 쓴 편지로 무사히 탈상(脫喪)한 것을 위로하고 극진히 생각한다는 뜻을 보이셨으며, 수의(首醫) 유희성(柳希聖)을 보내 상을 마치고 난 나의 맥을 진찰하게 하셨고, 또 곧이어 밀지(密旨)를 내리셨다.

정유년(1657, 효종8)부터 무술년(1658, 효종9) 여름까지 생각해주시는 뜻이 융숭하기 이를 데 없어 더욱 감당하기 어려웠는데, 끝내 가마를 타고 조정에 들어오라는 명이 내리니 감히 그 명을 따르지 않을 수 없었다. 7월에 진위(振威)에 이르러 주상께 병환이 있다는 소리를 비밀리에 들었고, 희도원(希道院)에 이르자 경기 감사 이함경(李咸卿)[289]이 은밀히 편지를 보내 주상의 병환이 위중하다는 것을 알리며, 서둘러 올라오라는 전교를 전하였다. 이는 주상이 어의가 진료할 때 입시했던 승지 김좌명(金佐明)[290]

287) 내가……때 : 1655년(효종6) 3월 9일에 송시열은 모친인 선산 곽씨(善山郭氏)의 상사를 당했다.(『宋子大全·年譜』)

288) 중문(仲文) : 김익희(金益熙, 1610~1656)를 가리킨다. 본관은 광산, 자 중문(仲文), 호 창주(滄洲)이다. 김장생의 손자이자, 강화도에서 권순장과 함께 죽은 김익겸의 형이다. 척화론자로서 병자호란 때 인조를 남한산성에서 시위하였다.

289) 이함경(李咸卿) : 함경은 이일상(李一相, 1612~1666)의 자이다. 본관은 연안(延安), 호 청호(青湖)이다. 이정귀(李廷龜)의 손자이자 이명한(李明漢)의 아들이다. 1636년(인조14) 병자호란을 전후로 척화신으로서 화의를 반대하다가 탄핵을 받고 영암으로 유배되었다. 효종의 즉위 후 요직을 거치며 총애를 받았고, 1654년(효종5) 정조겸 진하부사(正朝兼進賀副使)로 청나라에 갔다가 이듬해 귀국, 청나라의 실정을 보고함으로써 효종의 북벌을 도왔다.

을 통해 경기 감사에게 은밀히 전하신 것이다.

이윽고 신문(新門) 밖에 있는 첨정(僉正) 벼슬을 하는 숙부 댁에 이르렀는데, 상이 또 김 승지를 보내어 병 때문에 즉시 접견하지 못한다는 뜻을 전하였다. 며칠 후 승지를 시켜 들어오라고 하였는데, 때마침 인평대군(麟坪大君)[291]의 상(喪)이 난 터라 내가 들어가자 주상이 눈물을 흘리시며 말씀하기를, "나와 인평은 지난날 경에게 함께 수학하였으므로, 조만간 경과 상봉하게 되면 옛날처럼 함께 강학을 하자고 말하곤 했소. 그런데 갑작스레 인평이 죽어서 나 홀로 경을 만나게 될 줄 어찌 생각이나 했겠소?" 하며 눈물을 비 오듯이 흘리셨다. 다음으로 이 미천한 신하의 거상(居喪)과 탈상(脫喪)에 관한 일을 언급하셨고, 그 다음으로 주상의 몸에 병이 생기게 된 곡절을 말씀하셨다.

그때 승지가 오랫동안 문답을 하면 성후(聖候)가 더욱 상할까 염려된다고 말하였다. 이에 신이 물러가기를 청하였더니 주상께서 전교하시기를, "나는 병 때문에 경연에 나가 강학을 할 수 없으나, 세자는 모름지기 매일 서연(書筵)을 열 것이니, 번거롭겠지만 가르침을 주시오." 하였다. 그 후로 주상의 병환이 오래도록 차도가 없어, 가을에서 겨울을 지나는 동안 때때로 인견하셨으나 조용히 일을 도모할 수는 없었다. 그러다가 다음해 기해년(1659, 효종10) 봄에 주상의 병환이 조금 차도가 있어 독대(獨對)를 하기도 하고 밀찰(密札)을 내리기도 하며 바야흐로 계책을 세우기 시작하던 터에 주상께서 승하하셨다.

애초 상복을 제정할 때부터 윤휴는 이미 사화(士禍)를 꾸미고 있었으나[292] 실행하지 못하였는데, 이는 실로 현종(顯宗)과 인선대비(仁宣大妃)[293]

---

290) 김좌명(金佐明) : 1616~1671. 본관은 청풍(淸風), 자 일정(一正), 호 귀계(歸溪)이다. 김육(金堉)의 아들이자 현종 비 명성왕후(明聖王后)의 큰아버지이다. 아우 우명(佑明)이 척족으로 권력을 잡았을 때에도 당쟁에 휘말리지 않아 명망을 얻었다. 청릉부원군(淸陵府院君)에 추봉되고, 현종의 묘정(廟庭)에 배향되었다.

291) 인평대군(麟坪大君) : 1622~1658. 인조의 3남이며 효종의 동생으로 병자호란 때 부왕(父王)을 남한산성에 호종하고, 네 차례에 걸쳐 사은사(謝恩使)가 되어 청나라에 다녀왔다.

292) 애초……하였으나 : 기해년(1659, 현종 즉위년) 효종의 상(喪)에서 조대비가 입을

께서 어질고 슬기로웠기 때문이었다. 그러다가 인선대비께서 승하하시자 윤휴가 영남 사람 곽세건(郭世楗)에게 상소를 올리도록 사주하여 대신이 귀양을 가기에 이르렀다.[294] 그러나 현종께서는 매양 천신(賤臣)에 대해 두둔하고 보호하는 말씀이 있으셨고, 심지어는, "송 정승이 사종설(四種說)을 말하긴 했으나, 이는 예문(禮文)의 뜻을 일반적으로 논한 것이었고, 그 말을 적용하지도 않았다."[295]라고까지 말씀하셨다.

이때 또한 민신(閔愼)의 집안에서 변례(變禮)한 일[296]이 있었는데, 대개

상복에 대해 송시열은 기년복을, 윤휴는 참최 3년복을 각각 주장하였다. 이때 윤휴는 효종에 대해 왕실의 종통을 계승한 적자(嫡子)로 인정하여 조대비가 3년복을 입어야 한다고 주장하는 한편 기년설에 대해서는 '군주를 낮추고 종통을 둘로 만들었다.[卑主貳宗]'라고 비판하였다. 이를 두고 송시열은 윤휴가 자신의 주장을 효종의 정통성을 부정하는 것으로 몰아 서인을 일망타진하려는 계책을 꾸민다고 생각하였다.

293) 인선대비(仁宣大妃) : 1618~1674. 효종의 비이다. 1631년(인조7) 봉림대군과 가례를 올려 풍안부부인에 초봉되고, 병자호란 후 봉림대군과 함께 선양에서 8년간의 볼모생활을 하고 돌아와 세자빈이 되었다. 1649년 효종이 즉위하자 왕비에 진봉되었다.

294) 윤휴가……이르렀다 : 1674년(숙종 즉위년) 9월에 진주유생 곽세건(郭世健)이 송시열의 예론을 강력하게 비판하는 상소를 올림으로써 예론의 시비가 재연되었다. 8월 현종이 승하한 후 9월에 지문 찬진의 명을 받은 송시열은 도성으로 들어오던 중 서빙고에 머물면서 예론의 수말을 갖추어 진달하려고 했는데, 이 상소로 말미암아 포기하고 바로 만의(萬義)로 돌아갔다. 급기야 송시열은 숙종 즉위년 12월에 파직, 삭탈관작, 문외출송을 거쳐 함경도 덕원에 유배되었고, 1675년(숙종1) 6월에 다시 덕원으로부터 경상도 장기(長鬐)로 이배(移配)되었다. 곽세건은 이후 윤휴의 천거로 형조좌랑·공조정랑을 지냈다.

295) 송 정승이……않았다 : 송시열은 효종에 대해 『의례(儀禮)』 가공언(賈恭彦)의 소에 나오는 사종설(四種說) 중 하나인 체이부정(體而不正)에 해당하므로 자의대비는 효종에게 기년복을 입어야 한다고 주장하였다. 송시열의 주장은 정체(正體)인 소현세자의 상에 인조가 이미 장자의 복을 입었기 때문에 효종이 대통을 계승한 것과는 별도로 대비는 둘째 아들[庶子]을 위한 복을 입어야 한다는 것이었는데, 이를 두고 윤휴를 비롯한 남인들은 '군주를 낮추고 종통을 둘로 만드는[卑主貳宗]' 의론이라고 비판하였다. 여기에서 송시열은 자신이 주장한 체이부정설이 효종의 정통성을 부정하려는 것이 아님을 현종이 알았기 때문에 위와 같이 자신을 비호하는 말을 한 것이라 보았다.

296) 민신(閔愼)의 집안에서 변례(變禮)한 일 : 민신 대복 사건은 1671년(현종12) 민신이 그의 조부 민업(閔業)의 상에 아버지 민세익(閔世益)을 대신하여 참최삼년복을 입은 것을 말한다. 민업이 죽었을 때 예법상 아들 민세익은 참최삼년복을 입어야 하고, 손자 민신은 자최기년복을 입어야 한다. 그런데 민세익에게 정신질환이 있어 손자인 민신이 아버지를 대신하여 조부를 위해 참최삼년복을 입은 것이다. 이는 '아버지가

아들이 폐질(廢疾) 때문에 상주 노릇을 할 수 없으면 그 손자가 상주 노릇을 대신한다는 것이었다. 나는 이것이 비록 주자의 설이기는 하나 워낙 막대한 변례이니 모름지기 예조에 알려 조정의 처분을 듣는 것이 옳다고 하였다.[297] 그런데 윤휴가 또 민신의 집에서 변례한 일이 나로부터 비롯되었다고 하면서 자기 주장을 굽히지 않았다.[298] 마침내 이 일이 조정의 의논에 부쳐지고 현석이 대죄하기에 이르렀는데,[299] 현종이 하교하시기를, "송상(宋相)은 민신으로 하여금 조정에 아뢰도록 하였으니, 잘못이 없다." 하였다. 당시 내가 전후로 화를 모면한 것은 현종의 지극한 덕 때문이었다.

갑인년(1674, 현종15)·을묘년(1675, 숙종1)에 이르러 복창군 정(福昌君楨)과 복선군 남(福善君柟)이 안에서 주동하고 윤휴 등이 밖에서 일을 꾸며 드디어 화단(禍端)을 만들었다.[300] 내가 일찍이 윤휴를 이단으로 공척하며

살아 있는데도 아들이 승중(承重)을 할 수 있는가?라는 예론상의 문제를 야기하였으므로, 민신은 송시열·박세채 등에게 자문을 구했는데, 송시열·박세채는 손자가 아버지를 대신하여 조부에게 참최복을 입을 수 있다고 답하고, 더불어 방제(旁題)와 체천(遞遷)의 절목은 함부로 처리하기 어려우니 예조에 문의하라고 권하였다.

297) 나는……하였다 : 송나라 광종(光宗)이 정신병으로 상주노릇을 하지 못하자 영종(寧宗)이 제위에 올라 대신 집상(執喪)을 하였는데 형태상 민신 집안의 경우와 유사했기 때문에 송시열과 박세채는 주자의 「상복차자(喪服箚子)」를 근거로 민신이 아버지를 대신하여 집상할 수 있다는 대복론(代服論)을 주장하였다.

298) 윤휴가……않았다 : 윤휴는 주자의 「상복차자」가 천자와 제후에게만 해당되는 것이지 일반 사서인(士庶人)은 거기에 해당되지 않는다고 하여 대복불가론(代服不可論)을 주장하고, 송시열·박세채의 대복론(代服論)이 천자·제후의 상복을 사서(士庶)에게 동일하게 적용한 주장임을 비판하였다.

299) 현석은……하였는데 : 박세채가 민신 대복론에 대한 책임을 지고 1년 가까이 형조에서 대죄(待罪)한 일을 가리킨다.(『顯宗實錄』 14年 9月 9日 및 『厚齋集·文純公南溪先生行狀』)

300) 복창군……만들었다 : 1674년 갑인예송에서 남인이 승리하여 집권하고, 서인이 내쫓긴 일을 가리킨다. 송시열은 이것을 복창군 형제와 윤휴가 꾸민 음모의 산물로 보았다. 이후 인평대군의 아들인 복창군(福昌君) 이정(李楨, 1641~1680), 복선군(福善君) 이남(李柟, 1647~1680), 복평군(福平君) 이연(李㮒, 1648~1682) 형제는 삼복(三福)으로 지칭되었는데 종친으로서 남인들과 연합하여 세력을 형성하였다. 이때 명성대비의 부친인 김우명이 상소하여 복창군 형제가 궁중의 나인들과 사통하였다고 고발하여, 금부에서 조사하게 하였다.(『肅宗實錄』 1年 3月 12日) 이 사건은 나인들만 처벌을 받고 묻혔으나 1680년 경신환국으로 서인이 집권하자 허적의 서자 견(堅)이 복창군 삼형제와 역모를 도모했다는 정원로(鄭元老)의 고변이 나와 복창군 3형제 및 허적·윤

이윤(尼尹)까지 아울러 공격하였기 때문에[301] 윤휴가 기필코 나를 죽이려고 한 지가 몇 해 되었는데, 여기에 은밀히 동조해 온 자가 이윤이었다. 그가 은밀히 도와준 실상은 윤휴가 윤선거를 위해 쓴 제문에 명백히 나타나 있다.[302]

내가 처음에는 북로(北路)에 유배되었다가 북쪽에서 남쪽으로 옮겨졌고, 남쪽에서 또 다시 외딴 섬으로 이배되었다.[303] 그 후 윤휴가 또 채범하(蔡範夏)·이지린(李之麟) 등을 사주하여 나란히 상소를 하게 했는데, 모두 말하기를, "송아무개[宋某]가 바다 건너에 있는 도적들을 불러 모았는데 날짜를 정해 궁궐을 침범하려 한다." 하였다. 대신 허적(許積) 이하 관등이 높은 외관(外官)들까지 일제히 탑전에 들어가 빨리 주살하라고 청하였는데, 다행히 성상께서 내가 죄가 없음을 아시고 또 윤휴 등의 간악한 정상을 간파하여, 허적 등이 종일 힘껏 다투어도 끝내 들어주지 않았다.

경신년(1680, 숙종6)부터 오늘날까지 9년 사이에 윤휴의 여당들이 밤낮으로 일을 꾸며 오늘이 있게 되었지만, 천신(賤臣)은 매양 생각하기에 -빠짐[缺]- 비록 백 명의 윤휴가 있더라도 변함없이 기필코 보호할 것이다.

(6)[304] 석호(石湖)[305]의 어짊은 따를 수가 없다. 사람들은 석호가 길보(吉

휴 등이 사사되고 남인 정권은 몰락하였다.

301) 내가……때문에 : 송시열은 윤휴가 요·순·공·맹의 도통을 이은 주자를 공격하였으므로 사문난적이며, 그러한 윤휴를 애석해하며 아낀 윤선거[尼尹]는 적당 중에 적당이므로 용서할 수 없다고 하였다.(『宋子大全·與朴和叔』)

302) 그가……있다 : 윤휴가 윤선거에 대한 제문에서, "그대는 나더러 망령되이 세상의 재앙에 걸려들었다고 말했네.[子謂我妄攖世禍]"라고 쓴 구절을 두고 송시열은 생전에 윤선거가 윤휴에게 자신을 '세화(世禍)'라고 말한 것이라고 비난하였다.

303) 내가……이배되었다 : 1674년 효종비의 초상으로 인한 제2차 예송에서 서인이 패하자 송시열은 예를 그르친 죄로 파직, 삭출되었다. 이어 1675년(숙종1) 정월 함경도 덕원으로 유배되었다가 뒤에 경상도 장기(長鬐)·거제 등지로 이배되었다. 유배 기간 중에도 남인들의 가중 처벌 주장이 일어나, 한때 생명에 위협을 받기도 하였다. 1680년 경신환국으로 서인들이 집권하자, 유배에서 풀려나 중앙 정계에 복귀하였다.

304) 여기에서부터는 『宋子大全·燕居雜錄』을 교본으로 하였다.

305) 석호(石湖) : 윤문거(尹文擧, 1606~1672)의 호이다. 본관은 파평(坡平), 자 여망(汝望)이다. 윤황의 아들이자 윤선거의 형이다. 김집의 문인으로 송시열·송준길 등과 교유하

甫, 윤선거의 자)에게 형이 되기 어렵다고 하지만, 실상 석호에게는 길보와 서로 반대되는 면모가 있으니, 이유(李㮨)와의 혼담을 물리친 것과 같은 일이 그것이다. 이유가 일찍이 석호에게 혼인하기를 청하였는데, 석호가 그 일을 나에게 묻기에 내가 답서(答書)에서, "어떤 사람은 그를 안자(顔子)와 증자(曾子)에 비유하고, 어떤 사람은 그를 도척(盜跖)과 장교(莊蹻)[306]에 비유하니, 오직 형이 헤아려 처리하는 데에 달렸을 뿐입니다."[307] 하였다. 이에 석호가 이유와의 혼인을 거절하였는데, 길보는 바로 그와 혼인을 정하였다. 지금 그의 아들 윤추(尹推)[308]가 곧 이유의 사위이다. 이유에 대해 이야기하자면 길다. 길보의 이 혼인 역시 윤휴를 독실하게 믿어 주저하지 않았던 것이니, 대개 이유를 안자·증자와 같다고 한 것은 윤휴의 말이다. 아, 석호 같이 어진 사람을 오늘날 어디에서 얻을 것인가? 길보의 두 중씨(仲氏)인 동토공(童土公)[309]과 홍산공(鴻山公)[310]이 일찍이 나에게 말하기를 "길보에게 여(驪)와 벗하지 말라고 늘 경계하지만 길보가 듣지 않는다." 하였다. 여는 곧 윤휴이다.

(7) ○ 송나라의 제현(諸賢) 가운데 이단에 빠진 사람이 매우 많았는데 주자가 유독 소식(蘇軾)·육구연(陸九淵)을 배척하는 데 있는 힘을 다한

였으며, 조익(趙翼)·김상헌 등에게도 배웠다.

306) 도척(盜跖)과 장교(莊蹻) : 도척은 춘추시대의 유명한 도둑이고, 장교는 전국시대 초나라의 도둑이다. 사마천이 「백이열전(伯夷列傳)」에서 안연(顔淵)과 같은 선인은 요절하고 도척과 같은 악인이 장수를 누리는 현실에 대해 탄식하며 천도(天道)가 무상하여 믿을 수 없다고 하였을 만큼 많은 악행을 저질렀다.(『史記·伯夷列傳』)

307) 어떤……뿐입니다 : 이유(李㮨)는 기해년 예송에서 송시열의 예설을 논척하여 서로 대립한 인물이다. 송시열 측에서는 이유를 간사한 사람이며, 넉넉한 재물로써 윤휴와 결합하여 그의 당이 되었다고 비난하였다. 여기에서 이유를 안자와 증자에 비교하는 어떤 사람은 윤휴를 말하고 도척·장교에 비유하는 어떤 사람은 송시열 자신을 비롯한 노론을 말한다.(『肅宗實錄』 1年 閏5月 13日)

308) 윤추(尹推) : 1632~1707. 본관은 파평(坡平), 자 자서(子恕), 호 농은(農隱)이다. 윤증의 동생이다.

309) 동토공(童土公) : 윤선거의 둘째 형 윤순거(尹舜擧, 1596~1668)를 말한다. 동토는 윤순거의 호이다.

310) 홍산공(鴻山公) : 홍산현감을 지낸 윤선거의 셋째 형 윤상거(尹商擧)를 말한다.

것은,[311] 소식의 문장과 의론이 세상을 뒤덮었고 육구연의 존심(存心)·위기(爲己)의 공력이 진실하였기 때문이다. 일찍이 주자는 소식이 절의를 지킨 것을 두고 칭찬하였으며 또 그를 어진 사람이라고 하였다. 육구연에 대해서도 매번 그가 절실한 곳에 힘쓴다고 말하였고, 심지어 문인(門人)들로 하여금 육구연의 강론을 듣게 하여 강론을 들은 자가 눈물을 흘리는 일까지 있었다.[312]

소식과 육구연이 이와 같은 지위와 기세로 이단의 설을 장황하게 늘어놓아 세상에서 농간을 부리자, 온 세상이 여기에 휩쓸려 그 폐해가 끝이 없었다. 그러므로 주자가 극력 배척하여 당시의 세상을 깨우치지 않을 수 없었던 것이다. 그러나 부 정공(富鄭公)[313]·장 위공(張魏公)[314] 같은 이에게는 대략만 언급하였을 뿐 일찍이 심히 배척하지는 않았으니, 이는 그들의 세력이 세상을 미혹시키고 백성을 속이기에는 부족했기 때문이었다.

지금 대윤(大尹, 윤선거)은 우계의 외손이자 팔송(八松, 윤황의 호)의 아들로서 가법(家法)이 근엄하고 몸단속이 엄격하였는데, 또한 간혹 가다 크게 놀랍기도 하고 조금은 해괴한 일들로 사람들의 이목을 끌었다.

---

311) 주자가……것은 : 소식(蘇軾, 1036~1101)은 당송팔대가의 한 사람으로서 말년에 불교에 침잠하였다. 주자는 소식을 배척하여, "소동파의 글은 도학(道學)을 말하는 데는 대본(大本)을 미혹되게 하고, 사실(事實)을 논하는 데는 권모술수를 숭상하니, 이것은 천리를 해치고 인심을 어지럽히며, 도술(道術)을 방해하고 풍교(風敎)를 망친다."라고 하였다.(『朱子大全·答汪尙書』) 한편 육구연(陸九淵, 1139~92)의 학문은 존덕성(尊德性), 심즉리(心卽理)를 주 내용으로 하였으며 이는 훗날 명대 왕양명(王陽明)에게 계승되어 양명학(陽明學)으로 발전되었다. 그러나 그의 학문은 동시대의 주자로부터 "육씨의 종지는 본래 선학(禪學)으로부터 나왔다."는 비판을 받았다.

312) 심지어……있었다 : 주자가 남강태수(南康太守)로 있을 적에 육구연이 그를 방문하자 주자가 백록동서원에 함께 가서 원생들에게 유익한 강론을 해 달라고 부탁하였다. 그러자 육구연이 『논어(論語)』「이인편(里仁篇)」의 "군자는 의에 밝고 소인은 이에 밝다.[君子喩於義 小人喩於利]"에 대해 강론하였는데, 원생 중에 감동하여 눈물을 흘리는 이까지 있었다.(『宋史·陸九淵列傳』)

313) 부 정공(富鄭公) : 북송 인종·신종 대에 활약한 명신 부필(富弼, 1004~1083)로, 정공(鄭公)은 그의 봉호인 정국공(鄭國公)의 약칭이다.

314) 장 위공(張魏公) : 남송의 재상인 장준(張浚, 1094~1164)으로, 위공(魏公)은 그의 봉호인 위국공(魏國公)의 약칭이다. 아들은 남헌(南軒) 장식(張栻)이다.

–동토(童土)의 가죽신을 물리친 일 같은 것은 크게 놀라운 일이고, 팔송의 지문(誌文)에 조경(趙絅)의 글을 쓴 것이나 우계의 비석에 새길 전자(篆字)를 허목(許穆)에게 부탁한 일 같은 것은 조금 해괴한 일이다.[315] 허목에게 전자를 써 달라고 청하였지만 물의(物議)가 일어 쓰지 못하였다.– 이 때문에 온 세상이 그를 존경하고 믿어서, 그의 마음이 곧 윤휴의 마음이요, 그의 도가 곧 윤휴의 도인 것을 알지 못하였다. 내가 미력이나마 그 폐단을 없애고자 더욱 부지런히 힘을 쓰고 있으나 효험은 점점 미미해지니, 이는 바로 그 지위와 기세 때문이다.

유원성(劉元城)[316]이 일찍이 말하기를, "왕안석(王安石)[317]의 가풍은 하나같이 온공(溫公)[318]과 꼭 같았다. 때문에 여러 사람이 그를 힘을 다해 공격해도 신종(神宗)은 그의 행실에 결코 의심할 것이 없다고 생각하였으므로, 사람들이 그를 헐뜯으면 헐뜯을수록 그 말들을 더욱 믿지 않았다." 하였다. 오늘날 윤선거의 일 역시 이와 같다.

또 윤선거는 반평생을 과거 공부만 하다가 뒤늦게 유문(儒門)에 종사하기는 하였으나, 마치 깊은 물에 돌을 던지는 것과 같이 학문의 깊은 경지에는 이르지 못하였다. 그래서 윤휴에게 속임을 당하면서도 종신토록 깨닫지 못하고 세도(世道)에 화를 끼쳤다. 지금 그의 행장(行狀)에 학문을 논한 부분은 모두 그의 아들이 나중에 유문(儒門)의 말로 아름답게 꾸민 것인데, 현석이 또 거기에 속아 행장을 쓰면서 그 말을 그대로 가져다 썼다. 진실로 행장에 쓰인 말과 같다면 그 폐단이 어찌 이 지경에 이르렀겠는가?

---

315) 팔송의……일이다 : 송시열은 조경(趙絅, 1586~1669)과 허목을 모두 윤휴의 당여로 보았으므로, 이른바 적당(賊黨)과 친밀한 교류를 이어간 윤선거의 행동을 이해하기 어려운 해괴한 처사라 한 것이다.

316) 유원성(劉元城) : 송나라 원성(元城) 출신으로, 전상호(殿上虎)라는 별명을 얻었던 직신(直臣) 유안세(劉安世, 1048~1125)를 말한다. 사마광(司馬光)의 제자로서 벼슬이 간의대부(諫議大夫)에 이르렀으며 논사(論事)에 강직하기로 유명하였다.

317) 왕안석(王安石) : 1021~1086. 북송 신종 때 재상이 되자 신법(新法)을 제창하여 부국강병을 꾀하였으나, 구양수 등 구법당(舊法黨)의 반대로 실패하였다. 문장에도 뛰어나 당송 팔대가(唐宋八大家)의 한 사람으로 꼽힌다.

318) 온공(溫公) : 북송의 정치가 사마광(司馬光, 1019~1086)의 봉호 온국공(溫國公)의 약칭이다. 사마광은 왕안석의 신법 시행에 극력 반대하였고 재상이 된 후 신법을 철폐하였다.

세도(世道)가 쇠미해지고 인심이 타락하자 사람들은 양주(楊朱)·묵적(墨翟)이 의(義)와 인(仁)을 배운 것을 보고는 그들이 장차 아비를 모르고 임금을 모르는 지경에 이를 것[319]은 알지 못하였고, 왕안석의 실행(實行)이 사람들보다 뛰어난 것을 보고는 -주자 또한 왕안석이 스스로를 다스리는 것은 동파(東坡) 소식(蘇軾)보다 낫다고 말하였다.- 그가 장차 현인을 해치고 나라를 병들게 할 것은 알지 못하였다. 윤선거의 가행(家行)과 대대로 쌓아온 덕을 볼 때 누구도 그가 사문(斯文)에 큰 재앙을 일으킬 줄은 알지 못하였다. 그리하여 문묘에서 양현(兩賢)을 출향하기에 이르렀는데도[320] 사람들은 사리분별 없이 떠들썩하게 그를 존봉하기에 여념이 없으니 뒷날을 생각하면 이 얼마나 슬픈 일인가? 정자(程子)가 "뜻을 독실히 하고 힘써 행하면서도 도를 알지 못하는 사람이 있다." 하였고, 옛 사람이 말하기를 "효자(孝慈)하고 충신(忠信)하면서도 가문을 무너뜨리고 나라를 망하게 하는 사람이 있다." 하였으니, 이것은 윤선거를 두고 한 말이다.

내가 길보의 '강화도의 일[江都事]'에 대해 모두 용서했던 것은, 그가 오랑캐의 사신을 배척하는 소를 올려 오랑캐 사신이 도망쳤던 일[321]로 인해 우리 조정이 천하 후세에 할 말이 있게 되었기 때문이었다. 난이 지난 후에는 그에 대해 차마 들을 수 없는 비방이 나돌아 '사기그릇을 깨뜨렸다.'[322]는 말까지 있었다. 이에 내가 곽선산(郭善山)에게 말하기를,

---

319) 양주(楊朱)·묵적(墨翟)이……이를 것 : 양주는 의(義)를 강조하여 자신의 지조를 지켜야 한다는 위아설(爲我說)을 주장하였고, 묵적은 인(仁)을 강조하여 모든 사람을 똑같이 사랑하여야 한다는 겸애설(兼愛說)을 주장하였다. 이에 대해 맹자는 "양씨는 나만을 위하니 이것은 임금이 없는 것이며, 묵씨는 모두를 사랑하니 이것은 아버지가 없는 것이다. 아버지가 없고 임금이 없는 것은 금수이다.[楊氏爲我, 是無君也, 墨氏兼愛, 是無父也. 無父無君, 是禽獸也.]" 하였다.(『孟子·滕文公 下』)

320) 문묘에서……이르렀는데도 : 이이와 성혼은 경신환국 직후인 1681년(숙종7)에 문묘에 배향되었다가 1689년(숙종15) 남인이 집권한 기사환국으로 출향(黜享)되었고, 1694년 서인이 재집권한 갑술환국으로 재차 배향되었다.

321) 그가……일 : 병자년(1636, 인조14) 후금이 스스로 황제라 칭하며 두 사신을 보내왔을 때 윤선거가 소두(疏頭)로서 두 차례의 상소를 올려 '오랑캐 사신의 목을 베어 대의를 밝힐 것'을 청하였던 일을 말한다.

322) 사기그릇을 깨뜨렸다 : 병자호란 당시 청군(淸軍)이 강화도를 함락했을 때 윤선거가 자기 부인을 다그쳐서 자결하게 하였는데, 그때 마침 그 부인이 임신하여 만삭이

“이처럼 사실에 가깝지 않은 말을 믿어서는 안 된다. 다만 주자의 매계관시(梅溪館詩)[323]로 풍자한다면 그도 할 말이 없을 것이다.” 하였다.

강화도에서의 일이 있은 후에 그는 부끄럽고 자책하는 마음을 가지고 매양 스스로를 ‘죽을죄를 지은 사람’이라 일컬었고, 또 신재(愼齋, 김집) 선생에게 학문을 닦으며 과거를 폐하고 벼슬하지 않았다. 이러한 것은 취할 만한 점이었으므로 신재 선생이 그를 받아들였고, 문하의 사람들도 그를 벗으로 삼았다.

그러나 그가 죽은 후에 그의 자제와 문생이 드러낸 실상은 우리들이 알고 있던 내용과는 크게 어긋나는 것이었다. 즉 그가 강화도에서 실절(失節)한 일을 두고 충분히 도리를 지켰다 하였고[324] 당시에 죽음으로써 의리를 지킨 사람들을 배척하며 반드시 죽을 필요가 없었는데도 죽었다고 하였다.[325] 또한 일찍이 효종[聖祖]의 뜻과 일을 논하며, 효종이 즐기고 놀면서 게으름을 피우고 오만했다[般樂怠傲]고 말하기에 이르렀으며,[326]

되었으므로 사기그릇을 깨뜨려서 그 사금파리로 죽은 부인의 배를 가르고 그 아이를 꺼냈다는 소문이 있었다.

323) 주자(朱子)의 매계관시(梅溪館詩) : 송 고종(宋高宗) 때 호전(胡銓)이, 금나라와의 화친을 주장하는 진회(秦檜) 등의 머리를 베고 송나라 누대(累代)의 치욕을 씻자는 봉사(封事)를 올리고 귀양 갔다가 10년 만에 풀려나 돌아오는 길에 매계관의 미인 여천(黎倩)을 건드렸는데, 그 이튿날 주인이 이를 추잡하게 여기어 밥 대신 여물을 주었다. 그 뒤에 주자가 그곳을 지나다가 “수치를 모르고서 콩깍지를 먹고는 뻔뻔스레 다시 와서 호탕하게 노누나. 맑은 물에 옷소매 빨지를 마오. 옷소매에 묻은 때 맑은 물 더럽힐까 두렵네.[甘心莝荳不知羞, 靦面重來躡儁遊. 莫向清流浣衣袂, 却恐衣袂涴清流.]”라는 시를 지어 비난하였다. 여기에서 송시열은 호전의 실행(失行)에 비유하여 윤선거에 대한 소문이 사실일 가능성을 암시하고자 하였다.(『朱子大全·宿梅溪胡氏客館觀壁間題詩自警』)

324) 충분히……하였고 : 강화도에서의 윤선거의 행적을 두고 소론측은, 윤선거는 당시에 직사(職事)가 없었으므로 선비의 분수 상 반드시 죽어야 할 의리는 없었다고 주장하였다. 이에 반해 노론은, 윤선거는 전후로 자처(自處)한 것이 보통 직사 있는 사람보다도 더한 점이 있었으며, 성첩(城堞)을 지키기로 한 뒤에는 선비일지라도 대오를 지키다가 죽어야 할 의리가 있는데 구차하게 삶을 연명했다고 주장하였다.

325) 죽음으로써……하였다 : 1681년(숙종7) 『현종실록』을 개수할 때 윤증이 사국(史局)에 편지를 보내 병자호란 당시 강도사(江都事)의 시말을 논하면서 “권순장과 김익겸이 남문에 없었다면 반드시 죽어야 할 이유가 없었을 것이다.”라고 하였다. 이 내용이 1685년(숙종11)에 드러나 여론이 비등하였는데, 송시열을 비롯한 노론측은 윤증이 부친을 비호하려다가 도리어 죽음으로 절의를 지킨 신하들을 모욕했다고 비판하였다.

매양 오랑캐의 형세를 과장하며 복수를 도모할 수 없다고도 하였다.

혹자가 "내 힘의 강하고 약한 것을 알고 적세(賊勢)의 깊고 얕은 것을 살펴서 천천히 일어나 복수를 도모해야 한다."는 주자의 말을 이야기하면 곧 "구천(句踐)은 속임수를 썼다." 하고, 혹자가 "불행히 일에 차질이 생기더라도 생사를 가리지 않고 따르겠다." 는 주자의 말을 얘기하면 곧 "경연광(景延廣)은 미쳤다."고 말하여,[327] 한결같이 이업(李鄴)이 송나라 사람을 속이고 위협한 것처럼[328] 하였다. 이는 대개가 그의 아들이 기록한 데서 나온 것이다.

[329]강화도에서 오랑캐에게 포로가 되었을 때에 이름을 고쳐 선복(宣卜)이라고 한 것은, 오랑캐가 혹 자기가 상소하였을 때[330]의 성명을 기억하여

---

326) 효종이……이르렀으며 : 1658년(효종9) 봄, 윤선거가 송시열에게 보낸 편지에 나온 말이다. 이 편지에서 윤선거는 "군정(軍政)을 보수하지 않고 적폐를 제거하지 못한 것이 율곡 이이 때보다도 더 심하다."라며 실효성 있는 정책을 촉구하였다. 아울러 윤선거는 『맹자』「공손추(公孫丑)」에 나오는 "今國家閒暇, 及是時, 般樂怠敖, 是自求禍也." 라는 구절을 인용하며, "'날은 저물었는데 갈 길은 멀다.'[日暮途遠]는 효종의 비답과 '무슨 일이든 못하겠느냐.'[何事不做]는 교시가 다만 장주(章奏)에 대한 형식적인 답변으로 전락해 버린 채 지금 한가로운 틈을 타 즐기고 놀면서 게으름을 피우고 오만하니 어찌 맹자가 경계한 것이 아니겠는가."라고 개탄하였다.(『魯西遺稿·答宋英甫』) 이 편지의 맥락상 '반락태오(盤樂怠傲)'는 효종을 가리키는 것으로도, 혹은 명분만 요란할 뿐 북벌을 위한 부국강병의 정책을 실제로 추진하지 않는 조정의 지지부진한 정국을 가리키는 것으로도 모두 해석이 가능하다. 여기에서 송시열은 윤선거가 '반락태오'라는 말로 효종을 능멸하였다고 주장하며 윤선거를 공격하는 빌미로 삼고 있다.

327) 구천은……말하여 : 윤선거가 1669년 송시열에게 보내려 썼던 「기유의서(己酉擬書)」에서 한 말이다. 즉 '춘추 때의 월왕(越王) 구천(句踐, ?~B.C. 465)은 적을 속이는 계책으로 오(吳)나라에 복수하였으므로 간사하다는 비판을 면할 수 없고, 오대(五代) 때의 경연광(景延廣, 892~947)은 국력을 헤아리지 않고 함부로 오랑캐[契丹]에 도전하였으므로 미쳤다는 비난을 면할 수 없다'는 내용으로, 윤선거는 무모하게 복수의 말만 앞세우면서 실공(實功)을 뒤로 해서는 안 된다는 경계의 의미로 이 말을 하였다. 뒤에 이 구절을 가지고 노론 쪽에서는 '구천을 효종에, 경연광을 송시열에 비긴 것'이라고 해석하여 윤선거를 공박하는 구실로 삼았다.(『魯西遺稿·擬答宋英甫己酉』)

328) 이업(李鄴)이……것처럼 : 이업은 송 휘종(宋徽宗) 때 급사(給事)로서 금나라에 사신으로 갔다가 돌아와 말하기를 "금나라 사람은 말을 타는 데는 용과 같고 걷는 데는 호랑이와 같으며, 물을 건너는 데는 물개와 같고 성에 올라가는 데는 원숭이와 같다."라고 하며 금의 형세를 장황하고 과장되게 보고하였다.

329) 여기에서부터는 『宋子大全·瑣錄』을 교본으로 하였다.

330) 자기가……때 : 1636년(인조14)에 후금이 스스로 황제라 참칭하며 두 사신을 보내왔

잡을까 두려워했기 때문이다. 이 일은 근래 조정[公家]의 문서에서 나왔는데, 추하기 그지없는 일이라 사람들로 하여금 지난날 그와 상종했던 것을 후회하게 만들었다. 그렇지만 이것은 추해도 자기가 추한 것이니 다른 사람이 간섭하여 무엇을 할 수 있겠는가? 절의를 지키다 죽은 선비를 배척하고 효종의 뜻과 일을 논한 것은 중국이 이적(夷狄)이 되는 것을 달갑게 여기는 것이요, 인류가 금수가 되는 것을 달갑게 여기는 것이니, 이치에 어그러지고 덕화(德化)를 해침이 또한 심한 것이다.

그 화(禍)가 마침내는 효종을 세실(世室)로 하자는 논의를 의도적으로 배척하기에 이르러, 처음 이 일을 주청한 사람의 죄를 무겁게 논의했는데,331) 윤선거 부자는 임금을 도운 공을 중하게 입었으니, 아, 하늘의 이치가 어찌 이럴 수가 있단 말인가. 효종의 뜻과 일을 지금 우리가 감히 공공연하게 드러내어 말하지 못하는 것은 두려운 점332)이 있어서 그런 것인데, 저들이 감히 기탄없이 방자하게 효종을 논의하는 것은 또한 믿는 데가 있어서 그러한 것이다. 오직 의로운 임금이 중국에서 태어나 천하를 바로 잡으면 효종의 덕업은 자연히 우주에서 빛날 것이니, 이것만을 기다릴 뿐이다.

(8) ○ 윤선거는 오늘날의 이업(李鄴)이다.333) 그는 항상 효종의 뜻과

을 때 성균관 유생이었던 윤선거는 소두(疏頭)로서 두 차례 상소를 올려 오랑캐 사신의 목을 베어 대의를 밝힐 것을 청하였다.

331) 그 화가……논의했는데 : 송시열은 효종의 북벌론을 춘추대의(春秋大義)의 실현으로 규정하고, 1683년(숙종9) 2월에 그 신위를 4대가 지나도 영녕전(永寧殿)에 조천(祧遷)하지 않는 세실로 삼아 후세의 본보기로 삼자는 의론을 주창하였다. 송시열은 세상을 떠나기 전 숙종대 출사한 가장 큰 목적이 바로 여기에 있었으며, 이 일을 계기로 윤휴의 무리들이 자신을 공격하였다고 말할 정도로, 효종 세실 논의를 숙종대 자신의 정치론 가운데 핵심 주장으로 인식하고 있었다.(『宋子大全·告皇考睡翁先生皇妣貞敬夫人郭氏墓文』)

332) 두려운 점 : 효종이 북벌을 추진했던 일을 청나라가 알게 될 경우, 다시 국가적 위기가 초래될 수 있음을 가리킨다.

333) 윤선거는 오늘날의 이업(李鄴)이다 : 송 휘종 때 급사(給事) 이업이 금나라에 사신으로 갔다가 돌아와서 말하기를, "금나라 사람은 말을 타는 데는 용과 같고, 걷는 데는 호랑이와 같으며, 물을 건너는 데는 물개와 같고, 성에 올라가는 데는 원숭이와

일을 비웃으며, 즐겁게 놀고 게으르며 오만하다고까지 말하였다. 아, 효종께서는 재위 10년 동안에 근심 걱정으로 괴로워하며 임금 노릇 하기를 기쁘게 여기지 않았고, 상방(尙方)[334]의 길쌈까지 파하기에 이르렀으며, 그 후에는 복수설치(復讐雪恥)의 뜻이 실로 청천백일과 같아서 털끝만큼도 의심할 것이 없었는데, 그의 말이 이와 같으니 그 뜻을 알기가 어렵다. 오늘날 저 무리들이 또 내[賤臣]가 효종의 세실을 청한 것을 죄로 삼아 죽이기를 청하니, 그 근원은 실로 윤선거에게서 비롯된 것이다. 저들이 이미 양현을 문묘에서 출향(黜享)하였으므로, 또 장차 효종의 세실을 파하라고 청할 기세이니, 통곡할 만한 일이다. 윤선거의 죄가 여기에서 더욱 피할 데가 없게 되었다.

(9) ◯ 자신(子愼, 송상민의 자)이 일찍이, "선생께서 체이부정(體而不正)[335]이니, 단궁이 문복을 입었다[檀弓免]느니, 자유가 마최복을 입었다[子游衰]느니 하는 설(說)[336]을 말하여 윤휴로 하여금 이를 구실 삼아 큰

갈다."라고 하였다. 그가 오랑캐의 형세를 너무 과장해서 말했다고 하여 그가 한 말을 사여급사(四如給事)라 하였다.(『星湖僿說·四如給事』)

334) 상방(尙方) : 상의원(尙衣院)의 별칭으로, 임금의 의복을 진공(進供)하고 궁중의 재물과 어보(御寶) 등을 관리하던 관청이다.

335) 체이부정(體而不正) : 가공언(賈公彦)이 『의례주소(儀禮注疏)』에서 주장한 "승중(承重)했더라도 삼년복을 입을 수 없는 네 가지 경우[四種說]" 중 하나인 '서자(庶子) 승중'을 가리킨다. 송시열은 정체(正體)인 소현세자가 성년이 되어서 죽었으므로 차자인 효종은 체이부정에 해당하며, 따라서 자의대비는 효종에게 기년복을 입어야 한다고 주장하였다. 이에 대해 허목은 체이부정의 서자는 첩자(妾子)만을 가리킨다고 하여 서자첩자설(庶子妾子說)을 주장하고, 효종이 본래 차자(次子)였지만 종통을 계승한 이상 장자(長子)가 되어 정체전중(正體傳重)에 해당하므로, 『의례』「자최장(齊衰章)·모위장자조(母爲長子條)」에 의하여 자의대비는 효종에게 자최삼년복을 입어야 한다고 주장하였다.

336) 단궁이……설 : 단궁문(檀弓免)의 단궁은 춘추시대 노나라의 예를 잘 안 사람을 말하고 문(免)이란 곧 오세(五世)의 친족에게 입는 복제(服制)이다. 당시 공의중자(公儀仲子)라는 사람이 일찍이 맏아들이 죽자 적손(嫡孫)을 승중(承重)으로 삼지 않고 둘째 아들을 후사로 삼았기 때문에 단궁이 공의중자의 초상에 가서 그에게 입지 않아야 할 문복을 입어 그것이 예에 어긋났음을 조롱했던 데서 온 말이다. 또 자유(子游)는 공자의 제자인데 사구(司寇) 혜자(惠子)가 일찍이 적자(適子)를 버리고 서자(庶子)를 후사로 삼자 자유가 혜자의 초상에 가서 그에게 입을 수 없는 중복(重服)인 마최(麻衰)

화를 이루게 한 것이니 그런 말을 하지 말았어야 했습니다."337)

하기에, 내가 말하기를, "이 또한 내가 주자를 독실하게 믿기 때문이다. 주자의 봉사(封事)에서 말하기를, '초야(草野)에 참람한 난이 있으면 의(義)에 따라 일어날 것이요, 이적이 밖에서 쳐들어오면 그 죄를 묻는 군사를 일으킬 것이다.'338) 하였다. 말이 위태롭기로 따진다면 주자의 이 말이야말로 어찌 내가 말한 것의 배만 위태롭다 하겠는가? 또 정자(程子)는 근엄하고 신중하기 짝이 없는 분이었음에도 불구하고 그 상소에서 말하기를, '선황(先皇)의 유체(遺體)를 천근이나 되는 큰 돌 아래에서 부서지게 한다.'는 말을 하였다. 만일 소인(小人)으로 하여금 이 말을 문제 삼게 한다면, 어찌 우리 임금에게 무례하다고 하며 매가 참새를 쫓듯 맹렬히 주벌해야 한다는 말을 하지 않았겠는가?" 하였다.

자신(子愼)이 말하기를, "송나라는 건국하여 인후(仁厚)해진 것은, 임금을 높이고 신하를 억제하는 진(秦)나라 폐단을 무너뜨려 변화시켰기 때문입니다. 송 인종이 일찍이 왕소(王素)의 직언을 가상히 여겨 말하기를, '경(卿)은 왕단(王旦)의 아들이고 짐(朕)은 진종(眞宗)의 아들이다.'339) 하였으니,

---

를 입어 그의 무례함을 조롱했다는 고사를 말한다. 예송 당시 윤휴·허목 등 남인들은 송시열이 이 고사를 인용하여 효종의 왕위 계승을 폄하하였다고 주장하였다.

337) 윤휴로……말았어야 했습니다 : 윤휴는 제후는 일국의 종자(宗子)이므로, 효종에 대해 왕실의 종통을 계승한 적자로 인정해야 할 뿐만 아니라 "무왕의 어머니[文母]는 무왕에게 신하가 된다는 설"에 따라 대비는 마땅히 신하가 임금이 상을 당했을 때 입는 3년복을 입어야 한다고 했다. 더불어 효종을 '체이부정(體而不正)'에 해당한다고 보아 기년복을 주장한 송시열에 대해서는 '군주를 낮추고 종통을 둘로 만들었다[卑主貳宗]'고 비판하였다. 이를 두고 송시열측은 윤휴가 송시열에게 효종의 정통성을 부정하는 죄를 씌워 서인을 일망타진하려는 계책을 부리는 것이라고 비난하였다. 1687년(숙종13) 3월에 나양좌가 올린 상소에 따르면 송시열이 "윤휴가 주장하는 예설은 실로 나를 죽이려는 것이고, 윤선도도 그의 사주를 받은 것"으로 인식하고 있었음을 볼 수 있다.

338) 초야(草野)에……것이다 : 주자가 송 광종(宋光宗)에게 올리려고 쓴 갑인의상봉사(甲寅擬上封事) 중에 있는 말이다.(『朱子大全·甲寅擬上封事』)

339) 경(卿)은……아들이다 : 왕단(王旦)은 송 진종(眞宗)의 명신(名臣)으로 18년 동안이나 재상의 자리에 있으며 위국공(魏國公)에 봉해졌으며, 그 아들 왕소(王素) 또한 인종(仁宗) 때의 직신(直臣)으로 명성을 얻었고 벼슬은 공부상서(工部尙書)에 이르렀다. 인종의 이 말은 인종 자신과 왕소의 관계가 선대(先代)이래 정리가 두터운 사이로서 다른 사람에 비할 바가 아님을 표현한 말이다.(『宋史·王素列傳』) 저본에는 왕단의

군신간의 기상이 이와 같았습니다. 또 여이간(呂夷簡)은 관작(官爵)을 매우 좋아하는 사람이었지만 임금의 명을 받은 중관(中官)에게 사사롭게 부탁하여 석개(石介)의 관(棺)을 열지 못하게 하였으니,[340] 그 관대한 정법(政法)의 규모가 어떠합니까? 우리나라는 본래 한쪽에 치우친 나라로서 규모와 법도가 협소하고 각박한데, 윤휴의 간사함은 또 남곤(南袞)·심정(沈貞)보다 배나 더하여[341] 항상 이단을 배척한 사람에게 보복하고자 하니, 오늘의 화를 어찌 면할 수 있겠습니까? 선생께서 그를 배척한 것도 또한 너무 심하셨습니다." 하였다.

내가 말하기를, "그대의 말이 옳다. 하지만 그대는 송조(宋朝)의 아름다운 것만 알고 우리 효종의 성스러운 것은 모르고 있다. 동춘(同春)과 백강(白江)이 모두 적손(嫡孫)을 후사로 세우자고 주장하였으므로,[342] 사람들은 효종이 즉위하면 두 집안은 멸문의 화를 당할 것이라고 하였다. 때문에 신군필(申君弼)[343]은 집을 옮겨 동춘을 피하기까지 했다. 그러나 효종이 즉위하여

'단(旦)'이 '조(朝)'로 되어 있는데, 이는 조선 태조의 휘(諱)가 단(旦)이었으므로 『형감』의 편자가 피휘(避諱)한 것이다.

340) 여이간(呂夷簡)은……하였으니 : 북송 때 태자 중윤(太子中允)을 지낸 석개(石介)는 매우 강직한 사람으로 추밀사(樞密使) 하송(夏竦) 등을 매우 배척하여 사이가 좋지 않았다. 석개가 죽은 뒤에 공온직(孔溫直)의 모반 사건이 일어나 그의 집을 수색한 결과 석개의 편지가 발견되었다. 그러자 하송이 "석개는 참으로 죽은 것이 아니라, 거란으로 도망갔을 것이니 관을 열어 보아야 한다."고 하였다. 그러나 여이간은 석개가 죽은 것은 분명한데 공연히 남의 묘를 파헤치는 것은 좋지 않은 일이라고 하여 묘를 파지 못하게 하였다. 석개는 생전에 하송은 물론 여이간까지 대간(大奸)이라 지칭하며 배척하였는데 여이간은 자신과 정치적으로 대립하였던 인물에게도 관대한 도량을 베풀었다는 이 고사를 인용하여 송상민은 윤휴는 자신을 배척한 송시열에게 끝까지 보복하였음을 비판하고 있다.

341) 윤휴의……더하여 : 남곤(南袞, 1471~1527)과 심정(沈貞, 1471~1531)은 1519년(중종14) 기묘사화를 일으켜 조광조·김정 등 신진 사류를 숙청한 인물들이다. 여기에서는 윤휴를 남곤, 심정에 비유함으로써 그가 사화(士禍)를 꾸며 사류들을 축출하고 세도에 해를 끼칠 인물이라 규정하고 있다.

342) 동춘과……주장하였으므로 : 동춘은 송준길(宋浚吉, 1606~1672)의 호이고, 백강(白江)은 이경여(李敬輿, 1585~1657)의 호이다. 1645년(인조23) 소현세자의 급서 후, 인조가 차남인 봉림대군을 세자로 세우자, 송준길·이경여가 적손(嫡孫), 즉 소현세자의 장남을 후사로 세워야 한다고 주장한 일을 말한다.

343) 신군필(申君弼) : 군필은 신익륭(申益隆, ?~1657)의 자이다. 병자호란 때 빈궁(嬪宮)·왕자들을 모시고 강화로 피난 갔다가 인조의 항복 후 벼슬을 버리고 30년 동안 유랑하다

서는 두 신하가 의리와 정도를 굳게 지키는 어진 사람임을 알고는 믿고 등용하여 예우하면서 심지어 백강을 대인 선생(大人先生)이라고 일컫기까지 하였으니,[344] 그 성대한 덕과 기상이 어떠한가? 지금의 주상은 효종의 손자이니, 윤휴의 간사함이 아니었다면 반드시 이 지경에 이르지는 않았을 것이다." 하였다.

이어서 내가 묻기를, "그대는 윤휴가 이와 같은 줄을 알면서도 윤휴와 당을 이룬 미촌(美村)을 책망하지 않는 것은 무슨 까닭인가?" 하니, 그는, "우공(虞公)에게는 간(諫)할 수 없음을 알기 때문입니다.[345] 그 문하에 한형(韓泂)이라는 자가 있는데, 인상이 흉악하고 모질어 좋지 않은 사람이 틀림없기에 소생이 그를 멀리하라고 극진히 청하였으나 끝내 듣지 않았는데, 하물며 윤휴와 절교하기를 바라겠습니까? 대개 그의 뜻을 보면, 여러 선생들이 윤휴를 잘 알지 못하여 배척한다고 생각하는 듯합니다. 대저 이 어른은 가법(家法)의 올바름과 행실의 고결함으로는 지금 세상에 비교할 이가 없는데, 의론은 항상 이해(利害)에 얽매어 있으니 참으로 알 수 없는 일입니다." 하였다.

이에 내가 말하기를, "그런 가법과 행실을 가지고도 학술이 잘못된 길로 들어갔기 때문에 세도(世道)에 큰 해를 끼친 것이다. 주자가 육상산(陸象山)을 한사코 배척한 것[346]은 바로 이 때문이니, 너무도 애석한 일이다."

회덕(懷德)에서 객사하였다.(『碩齋稿·贈吏曹判書申公諡狀』)

344) 효종이……하였으니 : 효종은 북벌에 대한 의지를 과시하고 그 실천을 독려하기 위해 1658년 2월에 자신의 승통(承統)을 반대했던 송준길에게 초구(貂裘)를 하사하여 각별한 총애의 뜻을 보였다. 또한 이경여는 1645년(인조23) 봉림대군을 후사로 삼은 인조의 처분에 반대함은 물론 1646년 소현세자빈 민회빈 강씨(愍懷嬪姜氏)의 사사(賜死)에도 반대하다가 진도에 유배되고, 다시 삼수에 위리안치 되었던 경력이 있음에도 불구하고 효종대에 영중추부사, 영의정 등을 역임하고 사은사로 청나라에 다녀오는 등 효종의 변함없는 은혜를 입었다.

345) 우공(虞公)은……때문입니다 : 충고하여도 듣지 않을 것을 알았다는 뜻이다. 우공은 춘추시대 우(虞)나라의 임금이다. 우공 당시 진(晉)나라가 우나라에 와서 괵(虢)나라를 치겠으니 길을 빌려 달라고 청한 일이 있었다. 우나라의 현신(賢臣) 백리해(百里奚)는 길을 빌려 주지 말라고 간하려 하였으나 우공이 간언을 받아들이지 않을 것을 알고, 그대로 진(秦)나라로 떠나 버렸다.

346) 주자가……배척한 것 : 육상산(陸象山)은 육구연(陸九淵, 1139~1192)을 가리킨다. 자는

하였다.

(10) ○ 자신(子愼)은 진정한 학자이다. 만일 그가 죽지 않았다면 그 진취를 헤아릴 수 없었을 것인데, 다만 하나의 절의를 위해 죽었으니[347] 몹시 애석하다. 그러나 공자(孔子)와 안자(顔子)가 광(匡) 땅을 지날 때의 문답[348]을 가지고 말한다면 이는 실로 대륜(大倫)에 관계되는 것이다. 천 년 이래에 정도를 실천한 사람은 자신뿐이다. 윤증은 그 아비가 의리를 잃은 까닭에 자신(子愼)을 매우 혹독하게 배척하였고, 마침내 오늘날에는 그에 대한 포장(褒奬)까지 추탈하여 제 말이 크게 행해졌으니 어찌 마음에 크게 기쁘지 않겠는가? 윤증이 이미 권효원(權孝元)·김여남(金汝南)을 배척하고[349] 또 자신을 배척하였다.[350] 그러나 우리나라는 본래 예의가 밝으니

자정(子靜), 호 상산이다. 강서(江西) 무주(撫州) 금계(金溪) 사람으로 그의 학문은 존덕성(尊德性), 심즉리(心卽理)를 주 내용으로 하였으며 이는 훗날 명대 왕양명(王陽明)에게 계승되어 양명학으로 발전되었다. 그러나 동시대의 주자로부터는 "육씨의 종지는 본래 선학(禪學)으로부터 나왔다."는 비판을 받았다.

347) 다만……죽었으니 : 송상민이 스승인 송시열에 대한 의리를 지키다 죽임을 당했음을 말한다. 1675년(숙종1) 갑인예송으로 송시열이 유배되자 송상민은 1679년 3월 12일에 스승을 변호하기 위하여 예론의 시말과 윤휴 및 허목을 비판하는 소를 숙종에게 바쳤다. 이 일로 송상민은 물론 연루자들이 모두 국문을 받고 장살되거나 유배되었다. 노론에서는 이 사건을 송상민의 호를 따서 '석곡옥(石谷獄)'이라고 불렀다.

348) 공자(孔子)와……문답(問答) : 공자가 광(匡) 땅에서 횡액을 당했을 때 안연(顔淵)이 찾아 헤매다가 뒤쳐졌었는데, 공자가 "나는 그대가 죽은 줄 알았다."라고 하니, 안연이 "부자(夫子)가 계신데 제가 어찌 죽을 수 있겠습니까?"라고 하였다. 여기에는 스승이 불행을 당하면 목숨을 바친다는 뜻이 함축되어 있다.(『論語·先進』)

349) 윤증이……배척하고 : 효원은 권순장(權順長)의 자이고, 여남은 김익겸(金益兼)의 자이다. 1681년(숙종7) 『현종실록』을 개수할 때 윤증이 사국(史局)에 편지를 보내 병자호란 당시 강도사(江都事)의 시말을 논하면서 "권순장과 김익겸이 남문에 없었다면 반드시 죽어야 할 이유가 없었을 것이다."라고 하였다. 이 내용이 1685년(숙종11)에 드러나 여론이 비등하였는데, 송시열을 비롯한 노론측은 윤증이 부친을 비호하려다가 도리어 죽음으로 절의를 지킨 신하들을 모욕했다고 비판하였다.

350) 자신(子愼)을 배척하였다 : 경신년(1680, 숙종6) 연간에 송규렴이 창론하여 회덕(懷德) 출신인 박팽년의 사당을 세우고 여기에 송상민을 배향하고자 하였는데, 당시 회덕 현감이었던 윤선거의 둘째 아들 윤추(尹推, 1632~1707)가 이를 저지하여 논의가 결국 중지된 일이 있었다. 윤증과 윤추는 송상민의 억울한 죽음을 측은하게 여겨 관직을 추증하는 것까지는 괜찮으나 그를 성인취의(成仁就義)한 사람으로 추숭하여 사당을 세우고 제사를 지내는 일은 실정에 지나친 처사라고 보았다. 이에 대해 송시열은

윤증이 어떻게 사람마다 모두 배척할 수 있겠는가?

윤증이 내게 보낸 편지에서 내 아우 수보(秀甫)[351]를 매우 신랄하게 공격하였다. 그래서 내가 답서에서 대략 말하길, "존선공(尊先公)의 강도(江都)의 일은 창주(滄洲) 김중문(金仲文)[352]이 말한 것이지 내 아우가 지어낸 말이 아니다." 하였다. 이것은 내 아우를 재앙에서 구하고자 한 것이었으나, 그 후 생각하니 또한 말하지 않은 것이 더욱 나았을 뻔했다. 사실 아우 성보(誠甫)[353]가 길보에 대해 그 좋지 못한 점을 항상 말했었다.

경신년(1680, 숙종6) 겨울에 내가 서산(西山)의 선묘(先墓) 아래 있었는데, 서울의 젊은 사람들이 와서 모였다. 그중의 한 후생(後生)이 말하기를, "윤추(尹推)가 회덕 현감에서 체직되어 돌아와 말하기를, '송 아무개[宋某]가 나를 시켜 사람을 죽이게 하려는데, 사람을 죽이는 일은 내가 배우지 않았으므로 벼슬을 그만두고 돌아왔다.' 했다 합니다.[354] 이 말이 어찌하여

절의의 선비를 드러내어 표창하면 아버지인 윤선거의 실행(失行)이 더욱 부각되므로 이들이 송상민의 추존을 온갖 방법으로 막고 배척한 것이라 보았다.(『明齋遺稿·答朴和叔癸亥正月二十九日』 및 『衡鑑·尼書辨』)

351) 수보(秀甫) : 송시열의 막내 동생 송시걸(宋時杰, 1620~1697)의 자이다.

352) 김중문(金仲文) : 중문은 김익희(金益熙)의 자이다. 평소 송시열은 이른바 '강도사(江都事)'의 대부분을 김익희에게서 들었다고 주장하였고, 송시열의 측근들을 중심으로 해서는 김익희가 윤선거를 '잔인한 사람[忍人]'이라 하였는데, 이는 곧 윤선거가 그의 부인 이씨를 압박하여 자결하게 한 것을 가리킨 말이라는 소문이 돌았다. 이에 대해 소론측은, 김익희는 윤선거를 추천하는 상소를 올릴 만큼 윤선거와의 관계가 친밀하였으므로 김익희가 그러한 말을 했을 리 없고, 따라서 윤선거와 관련한 추문의 진원지는 모두 송시열 및 그 측근이 틀림없고, 그들이 윤선거를 모함하며 근거 없는 말들을 날조한 책임을 모두 김익희에게 돌린 것이라고 보았다.(『宋子大全·答尹拯甲子七月二日』 및 『肅宗實錄』 42年 3月 3日)

353) 성보(誠甫) : 송시열의 아우 송시도(宋時燾, 1613~1689)의 자이다. 1674년 형 시열이 덕원에 유배되자 벼슬을 그만두고 따라가 시중을 들면서, 이때부터 그가 죽을 때까지 당시 치열하였던 당쟁의 전말, 이에 대한 조정의 처리 과정, 형 시열이 여러 차례 유배된 배경 등을 일기형식으로 저술하였다. 그 뒤 1689년 다시 송시열이 제주도에 유배되었을 때 따라갔다가 그곳에서 풍토병으로 죽었다. 저서로는 『세한재유고(歲寒齋遺稿)』가 있다.

354) 윤추(尹推)가……합니다 : 송시열 집안의 서얼인 송규동(宋奎東)이 내시(內侍) 서후행(徐後行)의 종과 공모하여 송시열의 편지를 위작(僞作)하여 영암(靈岩)군수 신유(申鍒)에게 청탁한 일이 있었는데, 이 일이 발각되자 송시열이 소장(訴狀)을 내어 관에서 다스려 줄 것을 청하였다. 사건을 처리하는 과정에서 송규동이 어보(御寶)를 위조하고

나온 것입니까?" 하였다.

내가 웃으며 미처 말을 하기도 전에 아우 수보가 갑자기 말하기를, "윤추가 그렇게 말하였다면 나는 응당 '아내를 죽이는 일은 배우지 못하였다'고 말하겠다."[355] 하였다. 이에 내가 아우를 꾸짖었으나, 이미 말이 입 밖에 나와 버려 어쩔 수 없었다. 지금 대신(臺臣)이 앞장서서 말하기를 "살육을 일삼았다. ……" 하니, 오늘날의 일이 윤증과 함께 모의한 것에서 나왔음은 의심할 여지가 없었다.

여러 해 전 우리 가문의 서얼 송규동(宋奎東)이 내시 서후행(徐後行)의 종과 공모하여 내 편지를 위조해서 영암(靈巖) 군수에게 보냈는데, 그 군수는 집의(執義) 신명규(申命圭)의 아들[356]이었다. 일이 내시와 신씨 집에 관계되기에 예측하기 어려운 재앙이 생길까 염려하였다. 그리하여 편지의 글씨를 쓴 자를 잡고자 관에다 소장(訴狀)을 내어서 심문해 줄 것을 청하니, 송규동이 허위로 임경업(林慶業)의 조카 아무개를 끌어들였으므로 그를 잡아왔다.

그때 윤추가 현관(縣官)으로서 왔기에 만나보았는데, 손자 송주석도 그 자리에 있었다. 윤추가 송규동의 일을 꺼내어 말하기를, "규동은 사사로운 편지만 위조한 것이 아니라 어보(御寶)도 위조하여 관교(官敎)[357]를

관교(官敎)를 판 일이 함께 발각되어 송규동은 사형수로서 관에 갇히게 되었는데, 당시 현관(縣官)이었던 윤추(尹推)가 돌연 벼슬을 그만두고 돌아간 일이 있었다. 이 일을 두고 송시열 측에서는 윤추가 "우옹(尤翁)이 나로 하여금 사람을 죽이게 하였으나, 사람을 죽이는 일은 내가 배우지 못하였기 때문에 그만두고 돌아간다."고 말하였다는 소문이 돌았다. 이에 대해 윤추는 벼슬을 그만둔 것은 병 때문이었으며 자신은 그러한 말을 한 일이 없다고 부인하였으나, 이를 믿지 않았던 송시열 측에서는 이 일을 계기로 윤씨 일가에 대한 정치적 공세를 한층 강화해 나갔다.(『宋子大全·答尹拯甲子七月二十四日』 및 『明齋遺稿 別卷·答懷川』)

355) 나는……말하겠다 : 당시 노론측에서는 김익희가 윤선거를 '잔인한 사람[忍人]'이라 하였는데, 이는 곧 윤선거가 그의 부인 이씨를 다그쳐서 자결하게 한 것을 가리킨 말이라는 소문이 돌았다. 이와 함께 소위 '사기그릇을 깨뜨렸다는 설[破磁之說]'도 함께 돌았는데, 이는 윤선거가 임신한 부인을 압박하여 자결하게 만들며 사기그릇을 깨뜨린 조각으로 부인의 배를 가르고 아이를 꺼냈다는 내용이었다. 여기에서 송시걸은 이러한 소문을 인용하여 윤선거를 비방하는 말을 한 것이다.

356) 그……아들 : 신유(申鍒, 1642~1702)를 가리킨다. 신유의 본관은 평산(平山), 자 유중(柔中)이다. 1680년(숙종6) 영암군수가 되었다.

만들어 팔았습니다. 관교를 쓴 사람은 송평창(宋平昌)의 손자입니다." 하였다. 이에 내가 크게 놀라며 "성주(城主)는 어디에서 이 말을 들었는가?" 하니, 윤추가 송광두(宋光枓)에게서 들었다고 하였다.

그 사체(事體)로 말하면 송평창의 손자도 장차 함께 죽게 될 터였다. 이에 송평창의 손자가 먼저 사실을 자백하여 죄를 면하려는 계책으로 드디어 관가에 가서 스스로 해명하였다. 그리하여 송규동이 관가에 갇히게 되었는데, 윤추가 돌연 벼슬을 버리고 갔다. 그러니 이 일이 나와 무슨 관계가 있기에 "나를 시켜 사람을 죽이게 했다."고 말하는가? 그 교활하고 참담한 정상이 이 지경에 이르렀으니 너무도 괴롭다.

임경업의 조카가 잡혀 와 스스로 그 일을 해명하고, 또 그의 숙부 임경업[358]의 재산이 적몰되어 관에 몰수된 것을 말하면서, "우리 숙부가 역옥(逆獄)에 죽은 것이 아니니 적몰하는 것은 근거가 없습니다. 원컨대 충훈부(忠勳府)의 아는 사람에게 말하여 재산을 도로 내어주게 해 주십시오.……" 하였다.

그래서 내가 대답하기를, "그대 숙부의 절의가 마음에 가상하기에 일찍이 충훈부의 사람을 만나 그 일에 대해 말해 보았더니, 그쪽에서 대답하기를 '임 아무개가 중원(中原)으로 도망해 들어갈 때 충훈부의 은화(銀貨)를 빌려갔기 때문에 그 가산(家產)으로 대신 상환하게 하였다.' 하였다. 그러하니 지금에 와서 그 가산을 재산을 도로 돌려받기는 어려울 것 같다."

---

357) 관교(官敎) : 임금이 문·무 1품에서 4품까지의 관리에게 내리는 사령(辭令), 즉 교지(敎旨)를 말한다.

358) 임경업(林慶業) : 1594~1646. 본관은 평택(平澤), 자 영백(英伯), 호 고송(孤松), 시호 충민(忠愍)이다. 어려서부터 무예에 뛰어났으며 1618년(광해군10) 무과에 급제하였다. 이괄의 난을 진압하면서 무관으로 두각을 나타냈다. 청북방어사로 백마산성과 의주성을 수축했으며, 철저한 친명배청(親明排淸)의 입장을 견지하였다. 1642년 명나라 군과 내통하여 군사기밀을 알려준 행적이 발각되어 심양으로 압송되던 중 심기원(沈器遠)의 도움으로 금교역(金郊驛)에서 탈출했다. 이후 명나라에 망명하여 청나라와 싸우다 1645년 생포되어 북경으로 압송되었다. 이때 국내에서 좌의정 심기원의 모반에 임경업 연루설이 나돌자 조선 조정은 그를 송환하여 친국(親鞫)하였고, 결국 임경업은 장살되었다. 1697년(숙종23) 복관(復官), 충주 충렬사(忠烈祠) 등에 배향되었다.

하였다.

윤추도 그때 나와 그 사람이 주고받은 말을 옆에서 들었다. 그런데 지금 대계(臺啓)에서는 내가 관부(官府)에 의지하여 남의 재산을 빼앗는다고 하니, 이는 아마도 임경업 조카의 일을 가지고 내가 충훈부를 빙자하여 임경업의 재산을 돌려받아 스스로 취하였다고 윤추가 말한 것 같다. 윤추가 없는 사실을 날조하는 것이 이 지경에 이르렀으니 두렵기 그지없다.

(11)[359] 일찍이 역적 윤휴의 차자를 보니, "자식은 어머니를 신하로 삼지 못한다는 말을 주창한 것이 곧 송 아무개의 죄다." 하였는데, 이 차자를 기록해 놓은 곳이 있는지 모르겠다. 주자가 『논어(論語)』의 난신십인(亂臣十人)에 대한 주(註)에서 먼저 마융(馬融)의 설을 기재하고, 뒤에 유시독(劉侍讀)[360]의 "자식은 어머니를 신하로 삼지 못한다."는 설을 취하여 마융의 설을 논파하였는데,[361] 윤휴가 이 설을 주장하였으니[362] 이는 나만 죄 준 것이 아니라 주자의 설까지 배척한 것이다. 그의 평생 논의가 모두 이러한데 윤선거는 한사코 그와 당을 이루어 동조하면서 늘 말하기를 "아무개는 윤휴의 왼쪽 발에도 미치지 못하면서 망령되이 그를 논한다."

---

359) 여기에서부터는 『宋子大全·偶記』를 교본으로 하였다.

360) 유시독(劉侍讀) : 송 영종(宋寧宗) 때 한림 시독학사(翰林侍讀學士)를 지낸 유창(劉敞)을 가리킨다.

361) 주자가……논파하였는데 : 『서경』「태서 중(泰誓中)」에 "나에게는 난신(亂臣) 10인이 있어 마음과 덕을 같이하였다.[予有亂臣十人, 同心同德.]"라는 구절이 있는데, 여기에서 난신십인(亂臣十人)이란 주나라 무왕(武王)의 신하 10인으로서, 난(亂)은 치(治)의 뜻이다. 『논어』「태백(泰伯)」에도 이 구절을 인용하였는데, 주자는 이에 대한 주(註)에서 마융(馬融)과 유창(劉敞)의 학설을 함께 소개하였다. 이에 따르면 마융은 난신 중 한 사람을 무왕의 어머니인 문모[太姒]로 보았고, 유창은 아들이 그 어머니를 신하로 삼을 리가 없으니, 무왕의 비인 읍강(邑姜)일 것이라고 하였다. 이 두 사람의 설을 두고 주자는 "자식이 어머니를 신하로 삼는 의리는 없으니, 이른바 부인이라 함은 읍강이다. 마융이 문모라 한 것은 잘못된 것이다.[子無臣母之義, 則所謂婦人者, 邑姜而已. 馬融以爲文母, 非也.]"라고 하여 마융의 학설에 반대하고 유창의 학설이 옳다고 보았다.

362) 윤휴가……주장하였으니 : 윤휴는 "무왕의 어머니[文母]는 무왕에게 신하가 된다."는 마융의 학설에 따라 자의대비는 효종에 대해 마땅히 신하가 임금이 상을 당했을 때 입는 참최 3년복을 입어야 한다고 주장했다.

하여, 윤휴의 뜻을 더욱 교만하게 하고 기세를 더욱 등등하게 만들어 못하는 짓이 없는 지경에 이르게 하였다. 따라서 나는 윤선거의 죄는 윤휴와 함께 다스려야 하며 그 벌을 감해 주어서는 안 된다고 생각한다.

김두명(金斗明)[363]과 나양좌(羅良佐)[364]의 상소에서 모두 말하기를, "윤선거가 윤휴와 이미 절교하였기 때문에 윤휴가 원한을 품었다." 하였는데,[365] 아, 어찌 차마 이런 말로 성명(聖明)을 속이는가? 윤선거에 대한 윤휴의 제문[366]과 이영홍(李永鴻)이 윤증을 대신해 쓴 윤휴에 대한 제문[367]을 한 번이라도 보면 알 수 있다. 현석(玄石)이 비록 윤선거를 감싸주었지만 그러면서도 윤선거가 윤휴를 아끼고 비호한 실상은 숨기지 않았으니,[368] 그 마음은 공평하다. 그러나 윤선거가 윤휴를 위했던 진심어린 정성이 단지 아끼고 비호하는 정도에만 그치지 않았던 것은 현석도 반드시 안다고

---

363) 김두명(金斗明) : 1644~1706. 본관은 청풍(淸風), 자 자앙(子昻), 호 만향(晩香)이다. 윤증의 문인이다.

364) 나양좌(羅良佐) : 1638~1710. 본관은 안정(安定), 자 현도(顯道), 호 명촌(明村)이다. 나만갑(羅萬甲)의 손자이자 김창흡의 외삼촌이다. 윤선거의 문인으로 1687년(숙종13) 스승 윤선거의 억울한 누명을 벗기려고 상소했다가 영변에 유배되었다.

365) 김두명과……하였는데 : 윤선거의 문인인 김두명과 나양좌가 올린 상소는 각각 『숙종실록』 10년 5월 11일 및 13년 3월 17일에 그 내용이 수록되어 있다.

366) 윤선거에……제문 : 윤휴가 쓴 윤선거의 제문에서, "그대는 나더러 망령되이 세상의 재앙에 걸려들었다고 말했네.[子謂我妄攖世禍]"라는 구절을 두고 송시열은 생전에 윤선거가 윤휴에게 자신을 '세화(世禍)'로 일컬었음을 반증하는 표현이라고 비난하였다.

367) 이영홍이……제문 : 노·소론의 대립이 격화되는 와중에 윤증이 남인(南人) 이영홍(李永鴻)을 시켜 윤휴의 제문을 지었고, 그 구절 중에, "당쟁의 화가 갑자기 일어나 수명을 연장하지 못하였다.[黨禍忽作, 命不少延.]"라는 내용이 있다는 소문이 돌았다. 이를 두고 윤증 측에서는 모두 이영홍이 날조한 거짓이라고 주장하였으나, 송시열 측에서는 이영홍이 윤증의 이름을 가탁하여 윤휴의 제문을 지은 것이 사실이라 해도 그 내용은 윤휴의 죽음을 억울하게 생각하는 윤증의 의중이 반영된 것으로 간주하였다.

368) 현석(玄石)이……않았으니 : 『송자대전』 「여박화숙(與朴和叔)」에 따르면, 1687년(숙종13) 10월에 박세채가 송시열에게 편지를 보내 "윤선거가 평소 윤휴를 애석해하고 비호해 주었다 하여 윤휴의 학문을 추존하였다고 속단해서는 안 된다."고 하였다. 이에 대해 송시열은 "윤선거가 윤휴를 애석해하며 비호하였다면, 이는 용서할 수 없을 뿐만 아니라 적당(賊黨) 중에서도 더욱 심한 적당"이라고 답하며 윤선거에 대한 강경한 입장을 고수하였다.

할 수는 없다.

(12) ◯ 길보가 처음에는 윤휴를 남곤·심정과 같은 사람이라고 하였다. 그런데 유윤보(兪胤甫)[369]가 나에게 말하기를, "후에는 그 말이 변하여 '윤휴를 남곤·심정의 효시(嚆矢)가 되는 사람'[370]이라고 하였습니다." 하였다.

(13) ◯ 정관재(靜觀齋) 이유능(李幼能)[371]은 처음에 윤휴와 사이가 좋았는데, 하루는 여러 형제와 의논하여 말하기를, "이 사람은 믿기가 어려우니 오늘 그에게 다짐을 받아 두지 않으면 후에 반드시 말을 번복할 것이다." 하였다. 그리고는 마침내 종족이 다 모인 자리에 윤휴를 불러서 묻기를, "그대는 양현(兩賢)의 종사(從祀)[372]에 대하여 어떻게 생각하는가?" 하자, 윤휴가 합당하다고 대답하였다. 이에 모두 말하기를, "그대의 뜻이 이렇다는 것을 잘 알았네." 하였다.

윤휴가 돌아간 뒤에 그의 처형 권준(權儁)[373]이 왔다. 이유능이 말하기를,

---

369) 유윤보(兪胤甫) : 유명윤(兪命胤, 1629~1669)을 가리킨다. 본관은 기계(杞溪), 자 윤보(胤甫)이다. 유계(兪棨)의 아들이다.

370) 후에는……사람 : 윤선거가 처음에는 윤휴를 남곤·심정과 같은 사람으로 규정했는데 후에는 그 말이 변하여 남곤·심정과 같은 사람이 될 수도 있다고 했다는 것이다. 효시는 모든 일의 시작, 시초를 말하는 것이므로, 윤휴에 대한 부정적 평가가 상대적으로 완화된 표현이라고 볼 수 있다.

371) 이유능(李幼能) : 이단상(李端相, 1628~1669)을 가리킨다. 본관은 연안, 자 유능(幼能), 호 정관재(靜觀齋)이다. 송시열·송준길과 긴밀히 교유하였으며, 그의 문하에서 아들인 이희조(李喜朝)를 비롯하여 김창협(金昌協)·김창흡(金昌翕)·임영(林泳)·윤지선(尹趾善) 등의 학자가 배출되었다.

372) 양현(兩賢)의 종사(從祀) : 이이와 성혼의 문묘 종사 문제를 가리킨다. 1635년(인조13) 5월 11일에 성균관 유생 송시형(宋時瑩) 등 270여 명이 이이와 성혼을 문묘에 종사하자는 내용의 상소를 올린 이래 집권 서인 세력은 꾸준히 이 두 사람의 문묘 종사를 주장, 국가 차원에서 자파의 도통(道統)을 정립하려는 노력을 기울였으나 남인의 반발과 국왕의 암묵적 반대로 실현되지 못하고 있었다. 이후 이이와 성혼은 1680년(숙종6) 경신환국으로 서인이 남인을 몰아내고 집권한 후 비로소 문묘에 배향되게 되었다.

373) 권준(權儁) : 1610~?. 본관은 안동, 자 수부(秀夫), 호 월천(月川)이다. 권첩(權帖)의 아들로서, 윤선거의 매부(妹夫)이자 윤휴의 처형이다.

"희중(希仲)이 양현의 종사에 대하여 합당하다는 말을 하고 갔다." 하니 권준이 의아해하며 말하기를, "진실로 그렇게 말했습니까? 어제 그가 희성(希聖)[374]과 말하는 것을 내가 직접 들었는데, 불가하다고 했습니다." 하였다. 이에 이유능이 크게 놀라서 곧 윤휴를 불러 힐문하니 윤휴는 낯빛이 흙빛이 되어 돌아갔다.[375] 내가 길보에게 이 일에 대해 어떻게 생각하느냐고 묻자, 그가 대답하기를, "희중의 본색이 그러한데 이유능이 물은 것이 잘못이네." 하였다. 이에 내가, 그 전후로 말을 번복한 것에 대해서는 어떻게 생각하냐고 묻자 그가 대답하기를, "이는 희중의 소탈한 점이네." 하였다.

(14) ○ 곧음으로 원망을 갚는 일은 공정하고 욕심이 없는 사람이라야 가능한 것이니, 어찌 모든 사람에게 바랄 수 있겠는가? 오늘날 윤증이 나를 원망하는 것은 마땅하다.[376] 그러나 내가 잘못한 것만을 들어 지적하더라도 어찌 부족할 것을 걱정하겠는가? 그런데도 반드시 부정한 계략으로 나를 모략하려 하는가? 그러나 그의 부정한 계략은 일찍이 탄로 나지 않은 적이 없었으니, 주교(周敎)의 혼인을 훼방한 것,[377] 옥당(玉堂)의 말을

---

374) 희성(希聖) : 심광수(沈光洙, 1598~1662)의 자이다. 본관은 청송, 호 노연(魯淵)이다. 현종대 서인과 남인의 대립 속에서 남인의 정치적 입장을 견지하며 서인과 대립하였다. 이이·성혼의 문묘 종사에 반대하였고, 예송에서는 효종에 대한 자의대비의 3년복을 주장하였다. 1676년(숙종2) 윤휴의 건의로 이조참판이 추증되었다.

375) 이에 이유능이……돌아갔다 : 동일한 기사가 남인 측의 당론서인 『동소만록』에도 실려 있으나, 저자인 남하정(南夏正)은 그 내용에 대해 다음과 같이 강한 의구심을 피력하였다. "윤휴가 이처럼 아주 쉽게 진술을 주고받으며 부르면 오고 갔다고 하는데, 이렇게 어린 아이도 하지 않는 짓을 했다면 이는 회천이 장차 윤휴를 허벅지와 손바닥 사이에 올려두고 마음대로 조종했다는 것이다.……이 같은 설로 자신을 속이고 남을 속이려 했지만 누가 믿어주겠는가."

376) 윤증이……마땅하다 : 윤증이 송시열에게 아버지 윤선거의 묘갈명을 부탁하였으나 송시열이 이를 무성의하게 처리하자 사제 간의 대립이 격화되었을 뿐만 아니라, 이 일을 계기로 하여 윤선거에 대한 노론측의 비난이 격화되었다. 그 내용은 '실신망의(失身忘義)', '망의욕신(忘義辱身)', '강도부로(江都俘虜)' 등이었는데, 송시열은 자신이 윤선거에 대한 세간의 비난을 촉발시킨 장본인이니만큼 아들인 윤증이 자신에 대해 유감을 품은 것이 일면 이해되는 일이라고 한 것이다.

377) 주교(周敎)의……것 : 송시열이 자신의 외손인 윤주교(尹周敎)를 이성(異姓) 9촌 숙질

조작하여 치도(致道, 권상하의 자)와 나의 사이를 이간질한 것,[378] 나의 선군자(先君子)를 흉소(凶疏)에 참여했다는 말로 무함한 것[379] 등이 그것이다. 이 밖에도 중상모략이 반드시 여기에 그치지 않았을 터인데 알 수 있는 방법이 없다. 그러나 그것을 알아내고자 한다면 나의 도량이 너무도 좁고 또 불인(不仁)에 가까운 것이 된다.

나양좌(羅良佐)가 재상 진회(秦檜)에 관한 설로 문곡(文谷)을 음해하였는데,[380] 그는 반드시 승산이 있을 것이라 생각하였지만 실은 참으로 어린아이 장난 같은 짓이었다. 윤증과 나양좌의 일은 대개 윤휴에게서 나온 것이다. 윤휴가 이환(李煥)과 함께 밤에 익명서를 게시하고 비밀리 소를 올려 그 익명서에 적힌 사람을 모조리 제거하기를 청하였다.[381] 지금의 일도 그때의 남은 음모에서 나온 것이니, 윤증과 나양좌가 어찌 죄를

간이 되는 재종손녀와 결혼시킨 일을 두고 소론의 비난을 받은 일을 말한다. 이에 대해 송시열은 "주자는 아들 숙(塾)의 딸을 자신의 사위 황직경(黃直卿)의 아들 노(輅)에게 시집보냈다. 이는 동기간의 아주 가까운 남매끼리도 서로 혼인을 한 것인데, 더구나 소원한 친척이야 말해 무엇하겠는가. 나는 응당 주자를 따를 것"이라고 주장하며 혼인을 성사시켰다.(『宋子大全·語錄·崔愼錄』)

378) 옥당(玉堂)의……것 : 권상하의 아버지 권격(權格)이 홍문관 벼슬을 구하는 편지를 송시열이 지니고 있다가 남에게 보여주었는데, 이 말을 들은 권상하가 송시열에게 찾아가 사실을 확인하자 송시열이 마지못해 꺼내 보여주었고, 이에 권상하가 "우리 아버지의 필적인지 분명히 알 수는 없으나, 어찌됐든 좋지 않은 편지를 오랜 세월이 지난 뒤에 남에게 내보이시다니 마음이 매우 편치 못합니다."라며 송시열에게 불만을 토로하였다는 일을 가리킨다. 송시열은 이 일을 윤증이 날조하여 퍼뜨린 일이라 믿었다.(『宋子大全·與權致道己巳』)

379) 나의……것 : 기사환국 당시 송시열은 "광해군[昏朝]대 간악한 신하[孽臣]의 아들"이라는 비방을 받았는데, 이는 1617년(광해군9) 폐모소(廢母疏)에 송시열의 아버지 송갑조(宋甲祚, 1574~1628)의 이름이 들어 있었던 사실을 지적하여 폄하한 것이다. 이에 대해 송시열 측은 "폐모소에 있는 이름은 다른 사람이 쓴 것이요, 인목 대비의 서궁(西宮)에 혼자 가서 숙배하였다."라고 반박하였다.

380) 나양좌(羅良佐)가……음해하였는데 : 송시열은 나양좌가 자신과 김수항의 관계를 이간질하기 위하여, 문곡(文谷) 김수항을 남송의 간신 진회에 비유한 편지를 자신이 쓴 것처럼 위조했다고 주장하였다.(『宋子大全·與權致道己巳』)

381) 윤휴가……청하였다 : 1679년(숙종5) 한편의 사류들이 역모를 꾸미고 있다는 내용과 그 명단이 적힌 익명서가 성문에 걸린 일이 있었다. 이 일을 두고 노론측에서는 윤휴가 그의 문객 이환(李煥)을 시켜 한 일로 이를 빌미 삼아 익명서 속 서인들을 모두 죽이려 음모를 꾸몄다고 주장하였다.

면하겠는가? 이것은 또한 길보의 죄이기도 하다.

(15) ○ 윤증 부자를 칭송하는 것과 윤휴의 죄를 벗기려는 것은 한 가지 일이니, 이는 주자가 말한 '저절로 바꿀 수 없는 공론'이라는 것이다. 이러한데도 오히려 "일찍이 둘이 이미 절교하였으므로 윤휴가 원한을 품었다." 말할 수 있겠는가? 내가 보기에 아교와 옻칠은 뗄 수 있어도 윤선거와 윤휴는 끝내 뗄 수 없는 사이이다.

아! 오늘의 일은 한심하다고 할 만하다. 윤선거의 아들이 감히 율곡을 모욕하는 말을 하였으니[382] 놀라운 일이기는 하나 이 일은 그 유래가 있으니 깊이 책망할 것도 없다. 병자년(1636, 인조14)·정축년(1637, 인조15) 이후로 동방의 신민들이 의(義)를 잃고 부끄러움을 잊었으며, 금주(錦州)·개주(蓋州)의 전투[383]에 이르러서는 천지간에 감히 설 수 없게 되었다. 다행히 열성조(列聖朝)가 배양한 공으로 전후에 걸쳐 절의를 위해 죽은 선비가 적지 않았는데, 삼학사(三學士)[384] 같은 이들은 이름이 천하에 알려지고 광채가 후세에까지 빛났다.

내가 일찍이 영상 남구만(南九萬)[385]의 말에 따라서 『삼학사전(三學士傳)』

382) 윤선거의……하였으니 : 1681년 윤증이 사국(史局)에 보낸 편지에서, "이이는 입산했던 과실을 면할 수 없으나 선친은 처음부터 죽어야 할 이유가 없었다."라고 하며 강화도에서 윤선거의 처신이 도리에 어긋난 것이 아니라고 주장한 일을 가리킨다. 윤증의 편지에 대해 송시열을 비롯한 노론측은 부친을 비호하려다가 선현인 이이까지 모욕했다고 비판하였다.

383) 금주(錦州)·개주(蓋州)의 전투 : 금주의 전투는 1640년(인조18) 청나라가 명나라 금주를 공격할 때 청나라의 요청에 의해 영병장(領兵將) 유림(柳琳)을 금주위로 파송한 일을 말한다. 개주의 전투는 같은 해에 이완(李浣), 임경업이 청나라의 요청에 의해 전함(戰艦)을 거느리고 대릉하(大凌河)·석성도(石城島)·등주(登州) 등지를 거쳐서 개주(蓋州)에 이르러 명군(明軍)과 대전(對戰)했던 일을 말한다.

384) 삼학사(三學士) : 병자호란 때 항복을 반대하던 홍익한(洪翼漢), 오달제(吳達濟), 윤집(尹集)을 말한다. 청나라에 대해 끝까지 주전론(主戰論)을 펴다가 인조가 삼전도(三田渡)에서 항복한 뒤 척화신(斥和臣)으로 지목되어 심양에 잡혀가 죽임을 당하였다.

385) 남구만(南九萬) : 1629~1711. 본관은 의령(宜寧), 자 운로(雲路), 호 약천(藥泉)·미재(美齋)이다. 개국공신 재(在)의 후손으로, 할아버지는 식(烒), 아버지는 현령 일성(一星)이다. 송준길의 문하에서 수학하였다. 1687년(숙종13)에 영의정에 올라 1688년 동평군 이항을 탄핵한 박세채를 두둔하였다가 경흥에 위리안치되었다. 1694년 갑술환국으

을 지어,[386] 대의를 밝히고 하늘의 이치를 세운 아름다움을 극진히 말하였다. 적신(賊臣) 허적이 탑전에서 아뢰기를, "삼학사는 명예를 위하여 죽은 것이지, 진실로 절의를 위해 죽은 것이 아닙니다." 하였다.[387] 적신의 말은 으레 그러한 것이니 책망해 무엇하리오? 그런데 지금 윤선거의 아들이 적신의 말을 그대로 따라 오랑캐에게 죽지 않은 것을 도리에 마땅하다고 하고 죽은 이에게는 죽어야 할 의리가 없었다고 하니,[388] 그 이치에 어그러지고 덕화를 해치는 것이 극에 달하였다. 그런데도 지금 온 세상이 그를 높이면서 그를 공격하는 사람을 도리어 원수로 여기고 있다.

내가 일찍이 효종께 명을 받았는데 이때 말씀하시기를, "나는 천리를 밝히고 인심을 바로잡는 것을 급선무로 여기는데 능히 나를 도와주는 자가 없었다. 경과 더불어 합심하여 바로잡고 싶다." 하였다. 효종께서 말씀하신 그날의 방략을 마음과 뼈에 새기었으니, 지금 어찌 이 부정한 말을 결사코 배척하지 않을 수 있겠는가?

그러나 부정한 말은 사실 역적 윤휴가 주자를 모욕하고 헐뜯은 데서 연유하였고[389] 그 말이 횡행하여 이 지경에 이른 것이다. 주자는 정강(靖

로 영의정에 다시 기용되어 숙종의 탕평책을 앞장서서 적극 추진하였다.

386) 영상……지어 : 송시열은 1671년(현종12) 7월『삼학사전(三學士傳)』을 지을 때 그 내용을 홍익한, 오달제, 윤집의 행장에 의거하여 작성하였다고 하였다. 그 중에서도 오달제는 당시 청주목사였던 남구만의 고모부였으므로 남구만의 각별한 부탁이 있었고, 오달제에 대한 기술 또한 남구만의 아버지 남일성이 찬(撰)해 놓은 사실들에 크게 힘입었음을 밝히고 있다.(『宋子大全·三學士傳』)

387) 허적이……하였다 : 1668년(현종9) 현종이 대신들을 인견한 자리에서 삼학사에 관해 묻자, 좌의정 허적이 호란 당시 제기된 척화론을 현실을 무시한 채 명분만을 앞세운 사람들이 명예를 구하기 위해 내세웠던 허망한 주장이라 논하며, 삼학사에 대해 '분위기에 휩쓸려 과격한 논의에 힘썼다'고 평하였다.(『顯宗實錄』 9年 7月 27日 및 『顯宗改修實錄』 9年 7月 27日) 따라서 허적이 삼학사에 대해 '진실로 절의를 위해 죽은 것은 아니다'고 말했다는 송시열의 말은 허적의 말을 과장하여 전한 것이다.

388) 오랑캐에게……하니 : 강화도에서의 윤선거의 행적을 두고 윤증을 비롯한 소론은, 윤선거는 당시에 직사(職事)가 없었으므로 선비의 분수 상 반드시 죽어야 할 의리는 없었다고 주장하였다. 또한 "권순장과 김익겸이 남문에 없었다면 반드시 죽어야 할 이유가 없었을 것이다."라고도 하였다.

389) 역적……연유하였고 : 윤휴는 학문적으로 주자의 경전 해석을 비판하고『논어』,

康)[390] 이후에 태어나 절의를 부식(扶植)하는 일에 급급하였다. 그리하여 의로운 승려[義僧] 진보(眞寶)는 비록 이적의 가르침을 좇았지만 오랑캐를 따르지 않고 몸을 깨끗이 하여 죽었으므로[391] 표장하였고, 위사(衛士) 당기(唐琦)는 천한 군졸이었지만 기왓장으로 항복한 태수를 치고 죽었으므로[392] 표장하였으며, 수많은 처녀가 몸을 더럽히지 않고 죽었으므로 또한 표장하였다. 무릇 사람이 미천할수록 의리를 지키지 못할까 더욱 두려운 법인데, 오늘날의 일은 일체 반대로 되고 있으니, 무슨 까닭인가? 이 어찌 역적 윤휴가 남긴 재앙이 아니겠는가? 나는 진실로 그 만분의 일도 구제하지 못하고 몸이 어육(魚肉)이 될 것을 알지만, 진실로 하늘이 내려 준 천성을 차마 저버리지 못하고, 또 성조(聖祖)의 가르침을 차마 뒤로 하지 못하겠다. 너희들은 다시는 명철보신(明哲保身)[393]을 말하지 말라. 나는 몸을 보전하는 것이 천성을 보전하는 것만 못하다고 생각한다.

(16) ○ 윤선거를 논하는 데는 두 가지 일이 있는데 '강화도의 일[江都事]'과 윤휴를 존숭한 일[394]이 그것이다. 병자년(1636, 인조14) 오랑캐가 황제라

『맹자』, 『중용』, 『대학』, 『효경』등에 대해 독자적인 해석을 내놓으며 주자의 장구(章句)와 주(註)를 수정하였다. 송시열은 이것을 거론하며 윤휴를 사문난적(斯文亂賊)이라고 비난하였다.

390) 정강(靖康) : 북송 흠종(欽宗)의 연호이다. 여기에서는 송나라 흠종(欽宗) 정강 2년(1127), 금나라 군대가 남하하여 송나라의 수도인 변경(汴京)이 함락되고 휘종(徽宗)·철종(哲宗) 두 황제가 포로로 잡혀 마침내 북송이 멸망하게 된 '정강(靖康)의 화(禍)'를 가리킨다.

391) 의승(義僧)……죽었으므로 : 진보(眞寶)는 대주(代州) 사람으로 오대산 승려였는데 1127년 정강의 화가 일어났을 때 승도를 모아 관군을 도왔다. 끝내는 금군의 적장에게 생포되었으나 조금도 비굴한 빛을 보이지 않은 채 죽임을 당하였다.(『宋史·忠義傳』)

392) 위사(衛士)……죽었으므로 : 위사 당기(唐琦)가 원수(元帥)인 이업(李鄴)이 금나라에 항복하자 분함을 참지 못해 기왓장으로 그를 저격하였으나 뜻을 이루지 못하고 죽임을 당한 일을 말한다.(『宋史·忠義傳』)

393) 명철보신(明哲保身) : 선악을 분명히 알고 시비를 잘 분별하여 위험을 멀리하고 안전을 택함으로써 자기 자신을 보호한다는 뜻으로 『시경』「대아(大雅)·증민(蒸民)」에 보인다. 그러나 여기에서는 무사안일로 자신만의 안전을 도모하는 행위를 지칭하는 용어로 쓰였다.

394) 윤휴를 존숭한 일 : 송시열을 비롯한 서인 세력은 이이와 성혼을 양현(兩賢)으로 존숭하는 가운데, 이이·성혼－김장생－김집으로 이어지는 서인 학문의 정통성을

참칭하며 사신을 보내왔을 때, 윤선거가 유생들을 거느리고 상소하여 그들의 목을 베기를 청하니, 오랑캐 사신이 두려워하며 도망친 일이 있었다. 조정에서는 이 일을 명나라에 상주하고 군문(軍門)에 격문(檄文)을 전하여 우리의 의로운 함성이 천하를 진동하게 하였으니, 그의 공이 크다.

또 강화도의 일이 있은 후에 스스로 '죽을죄를 지은 신하[死罪臣]'라 칭하며[395] 과거를 폐하고 벼슬을 하지 않았으니, 이는 '수오(羞惡)의 마음은 사람마다 모두 가지고 있으니 진실로 이를 확충하면 족히 사해(四海)를 보전할 수 있다.'[396]는 맹자의 말에 해당된다. 충정(忠貞) 이후원(李厚源)[397] 공이 병란 후에 말하기를, "허물은 고칠 수 있는 것이 있고 고치지 못할 것이 있는데, 부인(婦人)이 한 번 절개를 잃은 행동을 한 것도 고칠 수 있다고 생각하는가?" 하였다. 내가 말하기를, "예양(豫讓)의 일[398]에 대해

계보화 하였다. 이에 송시열은 자신과 윤휴가 주자의 경전 해석을 두고 학문적으로 대립하였을 때, 성혼의 외손이자 김장생·김집의 문인인 윤선거가 자신의 입장에 동조하지 않고 오히려 자신과 윤휴와의 사이를 중재하려 했던 것에 분노하였다. 이에 회니시비가 본격화된 1684년(숙종10) 이후 송시열 측에서는 윤선거에 대해 '윤휴의 당이 되어 사문에 해를 끼쳤다'고 규정하고 정치적 공격을 강화해 나갔다.

395) 스스로……칭하며 : 윤선거가 자처했다는 '죽을죄를 지은 신하[死罪臣]'라는 표현은 숙종대 회니시비에서 주요 논점 중 하나가 되었다. 노론측에서는 병자호란 당시 윤선거가 강화도에서 죽지 못한 것을 표현한 것으로 보는 데 반해 소론측에서는 효종이 부르는 명에 응하지 않고 끝내 출사하지 않은 것을 표현한 것이라고 주장하였다.

396) 수오(羞惡)의……있다 : 수오지심(羞惡之心)은 자기의 불선(不善)을 부끄러워하고 남의 불선을 미워하는 마음으로 사단의 의(義)에 해당한다.(『孟子·公孫丑』)

397) 이후원(李厚源) : 1598~1660. 본관은 전주, 자 사진(士晋)·사심(士深), 호 우재(迂齋), 시호는 충정(忠貞)이다. 김장생의 문인으로, 1623년(인조1) 인조반정 후 정사공신(靖社功臣) 3등으로 완남군(完南君)에 봉해졌다. 1657년(효종8) 우의정으로 재직하며 송시열을 이조판서, 송준길을 병조판서에 천거하는 등 서인 산림과 밀접한 관계를 유지하였다.

398) 예양(豫讓)의 일 : 예양은 전국시대 진(晉)나라 사람으로, 자신이 모시던 지백(智伯)을 조양자(趙襄子)가 죽이자, 그 원수를 갚기 위해 목숨을 버렸던 자객이다. 예양이 위장을 하려고 몸에 옻칠을 하여 문둥이처럼 꾸미고 달군 숯을 삼켜 벙어리가 된 것을 친구가 알아보고서 말하기를, "자네의 뛰어난 재주를 가지고 차라리 조양자의 신하가 되면 복수를 쉽게 할 수 있지 않겠는가. 어찌하여 이렇게까지 고생을 하는가?" 하니, 예양이 말하기를, "그렇게 할 수 없다. 이미 몸을 바쳐 신하가 되어 놓고 다시 그를 죽이려 한다면, 이는 두 마음을 품는 것이다. 내가 이렇게 하는 까닭은

어찌 생각하는가?" 하니, 그가 대답하기를 "그것은 역빙(歷聘)[399]의 여습(餘習)이다." 하였다.

나는 대꾸할 말이 없었으나 속으로 가만히 생각하기를, "공자는 관중(管仲)의 공을 크다고 하며 인(仁)이라고 칭찬하였다.[400] 윤선거가 병자년(1636, 인조14)에 상소한 공을 기록하지 않을 수 없고, 또 스스로 폐인으로 처신한 도리는 남보다 뛰어난 점이 있으며, 유문(儒門)에 종사하였으니 그 뜻을 높일 만하다." 하였다.

그런데 그가 죽은 후 그의 아들이 강화도의 일을 도리에 합당했다고 하며 말하기를, "죽을 죄[死罪]라고 일컬은 것은 강화도의 일 때문이 아니라 임금의 소명(召命)을 받고도 나가지 않았기 때문에 스스로 죄로 여겨 말한 것이 이와 같았을 뿐이다." 하였다. 나는 처음에 그 말을 듣고 매우 해괴하게 여기고 혹시 자기 아버지가 본래 가졌던 진실한 마음을 잊은 건 아닌가 생각하였는데, 윤선거가 말년에 올린 소장을 보니,[401] 과연

장차 천하와 후세에 신하가 되어 두 마음을 품는 자를 부끄럽게 만들기 위해서이다." 하였다.(『史記·刺客列傳·豫讓』)

399) 역빙(歷聘) : 자신을 알아주거나 뜻을 실현할 수 있는 곳을 찾아 이 나라 저 나라로 유랑하는 것을 말한다.

400) 공자는……칭찬하였다 : 자로(子路)와 자공(子貢)이 관중이 지조를 지키지 않아 어질지 않다고 주장하자, 공자는 "환공이 제후들을 규합하되 무력을 쓰지 않은 것은 관중의 힘이었다. 누가 그의 어짊만 하겠는가.[桓公九合諸侯, 不以兵車, 管仲之力也. 如其仁, 如其仁.]"라고 하며 관중의 인(仁)을 칭찬하였다. 또 "관중이 환공을 도와 제후의 패자가 되어 한번 천하를 바로잡아 백성들이 지금까지 그 혜택을 받으니, 관중이 없었다면 우리는 머리를 풀고 좌임을 하였을 것이다.[管仲相桓公霸諸侯, 一匡天下, 民到于今受其賜, 微管仲, 吾其被髮左衽矣.]"라고 하여 그의 공적을 인정하였다.(『論語·憲問』)

401) 윤선거가……보니 : 윤선거가 1657년(효종8) 10월 18일에 올린 상소에 대한 효종의 비답에서, '죽을죄라 자처하는 윤선거의 태도가 너무 지나치다'는 내용이 있었는데, 이에 대해 윤선거가 같은 해 11월에 올린 상소 중에는, "신이 매번 소를 올려 죽을죄를 받겠다고 청한 것은 다른 이유가 아닙니다. 단지 신이 명을 어겼기 때문이지 그 뜻을 고상히 하려는 자들이 징소에 응하지 않는 것과 같은 데에 비할 바가 아닙니다."라는 내용이 있었다. 또한 1658년에 올린 윤선거의 상소에서도 "오늘날 신은 한낱 변변치 못한 자로서, 미치광이처럼 경솔하고 고집스러운 병에 갇혀 있으면서, 감히 거침없이 마음 내키는 대로 행동하여, 군부 앞에서까지 거드름을 피우며 거만하니, 필부로서 무례한 죄는 만 번 죽어 마땅합니다."라는 구절이 있었다. 송시열이 보았다는 윤선거의 상소문은 이 소장들을 가리키는 것으로 보인다. 이를 통해 송시열은

그 아들의 말과 같았다. 나는 망연자실하여 먼저의 소견이 잘못된 것을 알고 매우 후회하였다.

또 윤선거가 강화도에서 죽지 않은 것을 두고 도리에 합당하다고 말했을 뿐만 아니라 도리어 의리를 지키다 죽은 사람에 대해 죽어야 할 만한 의리가 없었다고 하였다. 그리하여 마침내 해와 달 보다 밝은 삼학사의 큰 절의까지 아울러 비웃고 배척받게 하여 역적 허적의 음험한 발언[402]에 동조하였으니, 세도(世道)에 해를 끼친 것이 어떠한가? 이 일 이후로 나는 윤선거의 강화도 일에 대해 반드시 죄를 물어야 하고 용서해서는 안 된다고 생각했다.

윤휴를 높인 일에 대해서는 내가 성심을 다하여 그 함닉(陷溺)된 마음을 구하려고 하였으나, 끝내 돌이키지 않고 도리어 나를 그르다 하였으니 탄식을 금할 수 있겠는가? 심지어 내가 윤휴를 육상산(陸象山)[403]에 비교한 것을 두고 그르다 하였는데, 내가 윤휴를 상산에 비교한 것은 오히려 너무 관대했던 것으로, 이는 바로 주자가 말한 바, '사람 죽인 도적을 잡아 놓고 혁대(革帶) 고리 하나를 훔친 죄로 논한다.'는 것과 같은 것이다. 만약 상산이 공자를 공격하고 모욕하기를 윤휴가 주자에게 하듯이 하였다면, 주자는 양주(楊朱)·묵적(墨翟)[404]보다도 더 심하게 엄한 말로 상산을

'사죄신(死罪臣)'이라는 윤선거의 자칭이 강화도에서의 일 때문이 아니라 단지 효종의 소명에 응하지 않고 끝내 출사하지 않은 것을 표현한 말에 불과하다는 것을 비로소 알게 되었다고 하였다.(『魯西遺稿·辭進善疏 再疏十一月』『歸鄕後待罪疏』)

402) 역적……발언 : 1668년(현종9) 허적이 삼학사를 두고 "분위기에 휩쓸려 과격한 논의에 힘썼다."고 평한 발언을 가리킨다.(『顯宗實錄』 9年 7月 27日 및 『顯宗改修實錄』 9年 7月 27日)

403) 육상산(陸象山) : 육구연(陸九淵, 1139~1192)을 가리킨다. 자는 자정(子靜), 호 상산이다. 강서(江西) 무주(撫州) 금계(金溪) 사람으로 그의 학문은 존덕성(尊德性), 심즉리(心卽理)를 주 내용으로 하였으며 이는 훗날 명대 왕양명에게 계승되어 양명학(陽明學)으로 발전되었다. 그러나 동시대의 주자로부터는 "육씨의 종지는 본래 선학(禪學)으로부터 나왔다."는 비판을 받았다. 여기에서 송시열은 육구연을 주자학에 대립되는 대표적 이단(異端)이라 규정하고, 재차 윤휴를 육구연에 비유하여 윤휴를 이단이라 공격한 것이다.

404) 양주(楊朱)·묵적(墨翟) : 양주의 위아설(爲我說)과 묵적의 겸애설(兼愛說)은 맹자에 의해 이단으로 규정된 대표적 학문 사조들이다.(『孟子·滕文公 下』)

물리쳤을 것이고, 감히 서로 왕복하며 함께 학문을 연마하지도 않았을 것이다.

수년 전 치도(致道, 권상하의 자)가 나에게 말하기를, "나양좌의 편지를 보니, 어르신께서 윤선거를 공격하는 것은 없는 허물을 꾸며 불화를 만드는 것이라고 합니다." 하였다.

나는 그 말을 듣고 웃으면서 시를 지어 말하기를,

"세 분의 성인[405] 이어 음사(淫事)를 내칠 이 그 누구랴,

장륙(藏六)[406]처럼 숨은 내게 외려 불화를 꾸민다 하네.

여수(驪水)는 아득하여 물결이 드넓은데,

석담(石潭)은 적막하여 우물 길 막혔구나."[407] 하였다.

위의 여수(驪水) 한 구절에 대해서는 혹 그렇지 않다는 사람도 있는데, 이영홍(李永鴻)이 내놓은 윤휴에 대한 제문[408]을 보면 알 수 있다. -이영홍은 이 제문을 윤증이 지었다고 하였다. 이영홍의 주장은 비록 남의 이름을 빌려 자기의 위세를 더한 것이나, 윤증이 그렇게 가탁한 바가 된 것은 무슨 까닭인가?-

윤휴는 정관재(靜觀齋) 이단상(李端相) 공 등 제공(諸公)이 모인 곳에서는 우계와 율곡을 종사할 만하다고 말하고, 승지 심광수(沈光洙)에게는 종사할

405) 세……성인 : 『맹자』 「등문공(滕文公)」에 "내가 또한 인심(人心)을 바르게 하여 간사한 말을 없애며, 비뚤어진 행실을 막으며, 음란한 말[淫辭]을 몰아내어 세 성인, 즉 우(禹)·주공(周公)·공자(孔子)를 계승하고자 한다."라고 한 구절을 인용한 것이다.

406) 장륙(藏六) : 거북이가 위험한 때를 만나면 머리와 꼬리 및 네 발을 갑(甲) 속에 감춰 넣어서 위험을 모면하는 것을 이르는데, 흔히 사람이 재능을 드러내지 않거나 혹은 깊이 은거하여 재앙을 면하는 것을 비유하는 용어이다.

407) 여수(驪水)는……막혔구나 : 여수는 바로 여강(驪江)에서 살았던 윤휴를 가리키고, 석담(石潭)은 해주(海州) 석담에서 살았던 이이(李珥)를 가리킨다. 이 구절은 이이의 정학(正學)은 적막하게 묻혀 가고, 윤휴의 사설(邪說)만이 온 세상에 널리 퍼져 기세를 떨치고 있다는 뜻을 담고 있다.

408) 이영홍(李永鴻)이……제문(祭文) : 노·소론의 대립이 격화되는 와중에 윤증이 남인(南人) 이영홍(李永鴻)을 시켜 윤휴의 제문을 지었고, 그 구절 중에, "당쟁의 화가 갑자기 일어나 수명을 연장하지 못하였다.[黨禍忽作, 命不少延.]"라는 내용이 있다는 소문이 돌았다. 이를 두고 윤증 측에서는 모두 이영홍이 날조한 거짓이라고 주장하였으나, 송시열 측에서는 이영홍이 윤증의 이름을 가탁하여 윤휴의 제문을 지은 것이 사실이라 해도 그 내용은 윤휴의 죽음을 억울하게 생각하는 윤증의 의중이 반영된 것으로 간주하였다.

수 없다고 말하였다. 이에 정관재는 윤휴의 번복하는 정상에 대해 직접 대면하여 따지기까지 하였는데, 윤선거는 시종일관 윤휴의 식견이 탁월하다고 하였다. 내가 이를 매우 해괴하게 여겨 일찍이 윤선거를 만나 면대하여 질의하기를, "길보 자네와 벗이 되려 하면 반드시 우계를 공격해야만 되겠네 그려."[409] 하였다. 이에 윤선거가 낯빛을 붉히며, 각자 자기의 뜻이 있는 법이라고 하기에, 내가 말하기를, "그 뜻이 무엇인지 감히 묻겠네." 하니, 윤선거가 불쾌한 안색으로 말하기를, 왜 이리 각박하게 다그치느냐고 하였다. -송자신(宋子愼)이 일찍이 말하기를, "감사(監司) 심택(沈澤)[410]이 호남을 안찰(按察)할 때 윤선거 어르신께 편지로 문안하였는데, 어르신이 받지 않으며 말하기를, '일찍이 우계에게 악언(惡言)을 한 자이다.' 하였다 하니, 그 의리가 엄하였습니다. 그러나 윤휴에게는 내내 온화하고 조금도 싫어함이 없었으니 이 또한 알 수 없는 일입니다. 대저 어르신의 고매한 행실과 올바른 가법이 세상에 비교할 데가 없는데, 그 의론은 매양 이해(利害)에 얽매어 있으니 심히 의심스럽습니다." 하였다.-

윤휴는 일찍이 책자 하나를 저술하여 선정(先正)의 학문에 대해 득실을 논하였는데, 퇴계와 율곡에게는 별호(別號)를 칭하고 우계에게는 호원(浩原, 성혼의 자)이라 칭하거나 혹은 원(原)이라고만 칭하였다. 내가 이 일을 들어 윤선거에게 차별함이 너무 크지 않느냐고 묻자, 그가 대답하기를, "그의 소견이 이와 같으니 어찌하겠는가? 자사(子思) 역시 공자를 자(字)로 칭하였으니, 자를 칭하는 것이 반드시 폄하하는 뜻이 된다고 할 수는 없네." 하기에, 내가 말하기를, "자네는 그에게 미혹됨이 심하다." 하였다. 이는 또한 그가 자기 자신을 속이는 일도 꺼리지 않은 것이라

409) 길보……그려 : 윤휴가 윤선거의 외조부인 우계 성혼의 문묘 종사를 반대하였음에도 불구하고 윤선거가 이에 아랑곳하지 않고 윤휴와 친밀한 관계를 계속 이어간다고 생각한 송시열이 윤선거의 행동을 비꼬아 말한 것이다.

410) 심택(沈澤) : 1591~1656. 본관은 청송(靑松), 자 시보(施甫), 호 취죽(翠竹)이다. 1650년(효종1) 의주부윤·전라감사로 치적을 올려 민심을 얻고, 1652년(효종3) 전주부윤을 겸하였다. 1656년(효종7) 평안도 감사로서 관내를 순시하던 중 곽산(郭山)에서 병사하였다.

하겠다.

(17) ○ 듣건대, 윤진(尹搢)[411]이 내 외손(外孫) 권이정(權以鋌)[412]에게 말하기를, "너의 외조부가 일찍이 윤휴를 적휴(賊鑴)라고 하였는데, 지금은 너의 외조부가 오히려 역적[賊]이라는 글자를 뒤집어썼다." 하였다고 한다. 이는 평소 적휴라는 말에 깊이 분노하는 마음을 가지고 있다가 때를 만나자 제 숙부를 위해서 보복한 것이다. 그러나 그 또한 주자를 공격하는 윤휴의 당이었으므로 주자의 말을 믿을 것이 없다 하여 이 말을 한 것이다.

주자는 말하기를, "맹자가 한사코 양주·묵적을 불공대천(不共戴天)의 원수처럼 공격한 것은 무슨 까닭인가?……만일 적(賊)을 잡아야 하고 죽여야 한다고 말하면 이는 주인 편[主人邊] 사람이고, 적을 잡을 수도 있고 용서할 수도 있다고 말한다면 이는 적 편[賊邊] 사람이다."[413] 하였다. 그런데 윤휴는 이미 요·순·공·맹의 도통을 이은 주자를 공격하였으니, 이야말로 사도(斯道)의 난적(亂賊)이다. 그러므로 내가 주자가 말한 "적양(賊楊)·적묵(賊墨)"의 적(賊) 자를 써서 윤휴를 적이라고 한 것이다. 내가 아무리 망령되다 할지라도 어찌 배운 데 없이, 윤선거와 같은 명가(名家)가 일세(一世)를 거느리고 존숭하는 윤휴를 감히 적이라고 부르겠는가?

오늘에 이르러 시배(時輩)들이 나를 적(賊)이라고 하는 것도 근거가 없지는 않다. 송나라 한탁주(韓侂胄)·경당(京鏜)·호굉(胡紘)이 권력을 잡았을 때 주자를 역괴(逆魁)라고 하여 죽이기를 청하는 소장을 급히 올렸고, 마침내 서산(西山) 채원정(蔡元定)을 먼저 유배 보내 죽게 하였다.[414] 장차

411) 윤진(尹搢) : 1631~1698. 본관은 파평, 호 덕포(德浦)이다. 윤선거의 형인 윤순거(尹舜擧, 1596~1668)의 아들이다.

412) 권이정(權以鋌) : 송시열의 사위 권유(權惟)의 아들이다. 권유는 권시(權諰)의 아들로서, 윤증의 처남이자 송시열의 사위였으므로, 권이정은 송시열에게는 외손이 되고 윤증에게는 처조카가 된다.

413) 만일……사람이다 : 『주자어류(朱子語類)』「맹자(孟子) 55조(條)」에 나오는 말로, 원문은 "若說道賊當捉當誅, 這便是主人邊人, 若說道賊也可捉可恕, 這只喚做賊邊人."이다.

414) 송나라……하였다 : 송 영종(宋寧宗) 때 한탁주(韓侂胄)와 그의 당류인 경당(京鏜)·호굉(胡紘)이 집권하면서 주자 및 그 문인들을 위학(僞學)이라 규정하여 몰아낸 일이

그 화가 주자에게도 미치려 할 때, 주자가 갑자기 죽었기 때문에 다행히 참화를 면하였다. 그러나 장례를 위해 모인 문인들을 다스리기 위해, "역도(逆徒)들이 그 스승을 장사 지내는 일을 일체 엄금해야 한다." 하였으니, 그 화가 이에 이르러 극에 달하였다.

지금 주자를 공격한 윤휴가 진유(眞儒)가 되고 그와 당을 이루어 동조한 윤선거가 다음이 되어, 그들을 칭송하는 것이 융숭하고 흡족하니, 내 어찌 적(賊)이 되지 않을 수 있겠는가? 윤진이 때를 만나 방자하게 말하며 스스로 시원하게 여기겠지만 내가 보기에는 그것이 윤선거가 윤휴와 당을 이루어 동조한 것을 더욱 반증하여 도저히 해명할 수 없게 만들었고, 또 그들이 오늘날의 민종도(閔宗道)[415]·민암(閔黯)[416]·이현기(李玄紀)[417]의 무리와 일을 동모(同謀)한 심적(心跡)을 드러낸 것이다.

한탁주가 당시 학궁(學宮)을 폐하여 승방(僧坊)으로 만들었을 때 선성(宣聖)의 소상(塑像)에서 허리와 등이 떨어져 나갔고,[418] 주자를 역괴라느니,

---

있었는데, 이를 '경원당금(慶元黨禁)'이라 한다. 한탁주는 주자의 관직을 삭탈하고 그 문인들의 등용을 금지하였다. 이때 한탁주의 권세에 영합한 심계조(沈繼祖)가 호굉의 사주를 받아, 주자에 대한 십죄(十罪)를 열거하고 그를 참수해야 한다는 소장을 올렸다. 이 과정에서 주자의 제자 채원정(蔡元定)이 함께 모함을 받고 도주(道州)로 유배되었다가 죽었다.(『宋史·寧宗本紀·胡紘列傳』, 『道學列傳·朱熹』, 『姦臣列傳·韓侂胄』)

415) 민종도(閔宗道) : 1633~?. 본관은 여흥(驪興), 자 여증(汝曾)이다. 민암(閔黯)의 조카이다. 서인들에 의해 장희재와 결탁하여 인현왕후(仁顯王后)의 폐위를 조장한 인물로 지적되었다.

416) 민암(閔黯) : 1636~1694. 본관은 여흥, 자 장유(長孺), 호 차호(叉湖)이다. 병조판서·우의정 등을 역임하였다. 1689년(숙종15) 기사환국 당시 김수항·송시열을 탄핵하여 그들의 처형을 주장하였다. 1694년 인현왕후를 복위시키려 한다는 고변(告變)을 이용하여 옥사를 일으키려 했지만 숙종은 남인을 쫓아내고 서인을 등용하는 갑술환국을 단행하였다. 이로 인해 유배되었다가 사사되었다.

417) 이현기(李玄紀) : 1647~1714. 본관은 전주, 자 원방(元方), 호 졸재(拙齋)이다. 수광(睟光)의 증손으로 대사성 등을 역임하였다. 1694년 갑술환국에 연루되어 유배되었다.

418) 학궁(學宮)을……나갔고 : 주자가 반자선(潘子善)에게 답한 편지에서 "근래에 새 학교[新學]를 고쳐서 다시 승방을 만들었는데 공자의 소상이 훼손되어 허리와 등이 떨어져 나갔으니 너무나 가슴 아픕니다. 성현께서도 이러한 재앙을 피하지 못했는데 하물며 우리 같은 사람이야 말해 무엇 하겠습니까.[近日改移新學, 復爲僧坊, 塑象摧毁, 要膂斷折, 令人痛心. 彼聖賢者, 尤不免遭此厄會, 况如吾輩, 何足道哉.]"라고 한 구절을 인용한 것이다.(『朱子大全·答潘子善』)

베어야 한다느니 하는 말이 낭자하였다. 이는 주자가 공자와 똑같은 취급을 받은 것이니, 이것이 주자에게 욕이 되겠는가? 영광이 되겠는가? 그러므로 주자가 일찍이 시에서 이르기를, "늘그막의 영광은 간당으로 지목된 것이라네[老年光華奸黨籍]." 하였다.

윤휴는 공자를 휘(諱)할 것이 없다 하였고,[419] 윤선거의 당은 또 공자를 헐뜯고 모욕하는 말을 시제(試題)로 삼아 대성전 아래서 선비를 시험하였으며,[420] 양현(兩賢)은 실로 공자를 배운 대현(大賢)인데도 새끼줄로 그 위판(位版)을 매어 내쳤으니,[421] 내가 이때 죽었으면 비록 적(賊) 자를 뒤집어쓰더라도 스스로 영광으로 여겼을 것이다. 윤진이 내 마음을 알지 못하고 이것으로 욕을 하니, 실로 걸(桀)이나 도척(盜跖)의 소견이라 하겠다. 비록 그러나 내가 우계 선생과 재앙을 함께 당하니 나를 적이라고 하면 우계 선생 또한 적당(賊黨)이다. 윤진은 어찌하여 즐겨 듣고 기쁘게 말을 하는가? 이는 윤진이 윤선거를 비호하려다 우계를 잊어버린 것이라 하겠다.

(18) ○ 윤선거가 선복(宣卜)[422]으로 이름을 고치고 오랑캐의 문서[虜札]를 받아 왕래[423]한 뒤로는, 스스로 다시는 성덕(盛德)과 관련한 일을 할

---

419) 윤휴는……하였고 : 『숙종실록』 1년 윤5월 26일 기사에 따르면 윤휴는 경서를 읽을 때 공자의 이름을 휘(諱)하지 말고 공구(孔丘)라 부르자고 주장하였다.

420) 윤선거의……시험하였으며 : 1688년(숙종14)에 대사성 박태손(朴泰遜)이 『장자(莊子)』의 어부(漁夫)에 나오는 내용을 취하여 '행단의 어부가 공자에게 대답하다.[杏壇漁夫答孔子]'란 제목으로 성균관의 유생들을 시험보인 일이다. 대체로 어부편의 내용은 공자를 조롱한 것들이며, 또한 『장자』에서 시제를 내는 것은 당시로서는 상상하기 어려운 일이기도 하였다.(『燃藜室記述·肅宗朝故事本末』)

421) 양현(兩賢)은……내쳤으니 : 이이와 성혼이 문묘에서 출향(黜享)된 일을 가리킨다. 이이와 성혼은 1680년(숙종6) 경신환국으로 서인이 남인을 몰아내고 집권한 후 문묘에 배향되었다가 1689년 기사환국으로 서인이 힘을 잃으면서 문묘에서 축출되었다.

422) 선복(宣卜) : 윤선거가 강화도를 탈출할 때 썼다는 이름으로 송시열이 윤선거를 폄하하는 뜻으로 사용하였다.

423) 오랑캐의……왕래 : 『형감』 「검재쇄록(儉齋瑣錄)」에 수록된 박세채의 말에 따르면, 강화도가 함락된 뒤 그곳에서 빠져나오려면 오랑캐의 전령이 되어야만 가능하였으므로 윤선거 또한 진원군의 노비라고 속이고 오랑캐에게 전령으로서 점검을 받은 뒤 강화도에서 나올 수 있었다고 하였다. 여기에서 오랑캐의 쪽지[虜札]를 받아

수 없다고 여기고, 다른 사람이 의(義)를 위해 살신성인(殺身成仁)한 일을 들으면 매우 언짢아했다. 그리하여 심지어 효종이 대의(大義)를 펴려던 일에 대해서까지 반드시 비웃음 섞인 말로 말하기를, "구천(句踐)은 속임수를 썼다.", "경연광(景延廣)은 미쳤다."424) 하였다. 또 오랑캐의 세력을 장황하고 과장되게 말하여, 천하에 그들을 당할 자는 없으며 금나라나 원나라도 비할 바가 아니라고 하였다. 또한 우리 효종에 대해 즐기고 놀면서 게으름을 피우고 오만했다[般樂怠傲]고 평하기에 이르렀다.425)

아! 효종은 10년 동안 북쪽에 있으며 갖은 고난을 두루 겪었고, 임금의 자리에 오른 뒤에도 항상 통분해하며 근심걱정이 떠나지 않았다. 안으로는 후궁을 두지 않았고 밖으로는 유람하는 일이 없었으며, 능행(陵幸) 때조차도 기어이 포(砲)를 쏘는 일을 시험해 본 뒤에 돌아왔고, 앞에 있는 일반 사령(使令)들까지도 반드시 활과 총을 익히게 하였다. 주량이 매우 컸는데도 전혀 술을 가까이 하지 않고 오직 노심초사 하였으니, 실로 임금 노릇 하기를 즐겁게 여기지 않았는데 어찌 감히 이런 말로 평한단 말인가?

윤선거는 효종이 한결같이 송 고종(宋高宗)426)과 같기를 바랐던 것인데

왕래하였다 함은 이러한 상황을 가리키는 말로 보인다.

424) 구천은……미쳤다 : 윤선거는 1669년 송시열에게 보내려 썼던 「기유의서(己酉擬書)」에서 한 말이다. 즉 '춘추 때의 월왕(越王) 구천(句踐, ?~B.C. 465)은 적을 속이는 계책으로 오(吳)나라를 쳐부수어 복수하였으므로 간사하다는 비판을 면할 수 없고, 오대(五代) 때의 경연광(景延廣, 892~947)은 국력을 헤아리지 않고 함부로 오랑캐[契丹]에 도전하였으므로 미쳤다는 비난을 면할 수 없다'는 내용으로, 윤선거는 무모하게 복수의 말만 앞세우면서 실공(實功)을 뒤로 해서는 안 된다는 경계의 의미로 이 말을 하였다. 뒤에 이 구절을 가지고 노론 쪽에서는 '구천을 효종에, 경연광을 송시열에 비긴 것'이라고 해석하여 윤선거 공박하는 구실로 삼았다.(『魯西遺稿·擬答宋英甫己酉』)

425) 우리……이르렀다 : 1658년(효종9) 봄, 윤선거가 송시열에게 보낸 편지에 나온 말이다.(『魯西遺稿·答宋英甫』) 이 편지의 맥락상 '반락태오(盤樂怠傲)'는 효종을 가리키는 것으로도, 혹은 명분만 요란할 뿐 부국강병의 정책을 실제로 추진하지 않는 조정의 지지부진한 정국을 가리키는 것으로도 모두 해석이 가능하다. 여기에서 송시열은 윤선거가 '반락태오'라는 말로 효종을 능멸하였다고 주장하며 윤선거를 공격하는 빌미로 삼고 있다.

426) 송 고종(宋高宗) : 북송 휘종(徽宗)의 아홉 번째 아들이자, 북송의 마지막 왕인 흠종(欽宗)의 동생이다. 1127년 정강(靖康)의 변(變)으로 휘종과 흠종이 북으로 끌려가 금나라의 포로가 되자, 지금의 항주(杭州)인 임안(臨按)에 서울을 정하고 남송(南宋)을 세웠다. 고종은 즉위한 뒤 금에 대한 원한을 갚고 중원을 되찾기보다는 현상을 유지하기에

우리 효종의 의리를 밝히는 마음이 청천백일과 같았으므로 그가 그것을 몹시 싫어하여 감히 사실과 다른 말로 효종을 무함했으니 그 죄가 하늘을 찌르고 있다고 할 것이다. 지금 역적 윤휴의 여당(餘黨)들이 효종을 세실로 해야 한다는 의론에 화를 내며 그 일을 건의한 구신(舊臣)을 죽이려 하고,[427] 또 선복을 높이는 일이라면 하지 않는 짓이 없다. 아! 어찌 차마 말을 하리오. 어찌 차마 말을 하리오.

(19) ◯ 길보의 일을 논함에 문적(文籍)이 없으면 믿기 어렵지 않겠는가? 다행히 서찰에 보이는 내용에 자못 증거로 삼을 만한 것이 있었는데, 길보가 죽은 뒤 그 아들의 청을 따라 모두 다 찾아서 돌려주었다.

(20) ◯[428] 주자가 말하기를, "구천의 그 같은 계획은 옳았다." 하였다. 그런데 길보는 우리 효종을 평하여 말하기를, "구천은 속임수를 썼다." 하였으니, 어찌 이리도 주자와 상반되는가? 윤휴의 도당이 아니라면 감히 이러한 논의는 할 수 없을 것이다.

(21) ◯ 주자는 송나라 고종 건염(建炎) 4년(1130)에 태어났는데, 고종을 세실로 정하자고 청하였다. 내[賤臣]가 효종을 세실로 하자고 청한 것은 바로 주자의 뜻과 같은 것이다. 그런데 이 무리들이 효종은 세실로 삼기에는 부족하다고 여겨서, '미리[預]'라는 한 글자[429]를 구실 삼아 이를 천신의

급급하였다. 그리하여 주전파(主戰派)인 악비를 죽이고 주화파(主和派)인 진회를 재상으로 삼아 금나라와 강화(講和)하였다.

427) 효종을……하고 : 송시열은 효종의 북벌론을 춘추대의(春秋大義)의 실현으로 규정하고, 1683년(숙종9) 2월에 그 신위를 4대가 지나도 영녕전(永寧殿)에 조천(祧遷)하지 않는 세실로 삼아 후세의 본보기로 삼자는 의론을 주창하였다. 송시열은 세상을 떠나기 전 숙종대 출사한 가장 큰 목적이 바로 여기에 있었으며, 이 일을 계기로 윤휴의 무리들이 자신을 공격하였다고 말할 정도로, 효종 세실 논의를 숙종대 자신의 정치론 가운데 핵심 주장으로 인식하고 있었다.(『宋子大全·告皇考睡翁先生皇妣貞敬夫人郭氏墓文』)

428) 여기에서부터는 『宋子大全·看書雜錄』을 교본으로 하였다.

429) 미리[預]라는 한 글자 : 효종이 아직 친진(親盡)되지 않은 상황에서, 송시열이 효종을

죄로 삼았다. 윤선거는 일찍이 효종을 폄하해 말하면서, "경연광은 미쳤다."라거나 "구천은 속임수를 썼다." 하였으며, 심지어는 감히 효종에게 "즐기고 놀면서 게으름을 피우고 오만했다."는 말까지 하였다. 지금 사람들도 실로 윤선거와 마음이 상통하므로 감히 효종에 대해 이와 같이 평하고 있다. 그러나 이러한 의론을 제일 먼저 시작한 죄를 논한다면 윤선거가 마땅히 그 죄를 받아야 할 것이다. 아! 지금 효종의 세실을 청한 것이 그르다고 하는 자 중에 그 누가 『사략(史略)』 둘째 권을 읽지 않았겠는가?

한 경제(漢景帝) 원년(B.C.157)에 신도가(申屠嘉)가 건의하여 문제(文帝)를 세실로 하기를 청했는데,[430] 이는 문제의 덕이 마땅히 세실로 삼을 만해서였다. 그러나 천하 후세에 문제의 세실을 미리 청한 것을 죄로 여겼다는 말은 듣지 못하였다. -허목이 일찍이 탑전에서 효종의 정치가 어지러웠다고 말하고, 또 어떤 사람에게 편지로 나에 대한 일을 논하여 말하기를, "부허(浮虛)한 임금을 지나치게 높이 숭상한다." 하였다 한다. 윤선거가 허목을 특별히 존모하여 일찍이 그에게 우계의 묘비에 새길 전자(篆字)를 써 달라고 청하였으나 사론(士論)이 허락하지 않았으므로 쓰지 못하였다. 그러나 그 서로 통하는 기맥(氣脈)이 원래부터 이와 같았다. 오늘날의 무리들이 탑전에서 허목과 윤선거를 높이기에 여념이 없으니, 이는 참으로 바꿀 수 없는 공론이라 할 것이다.-

(22)[431] 숭정 기사년(1689, 숙종15) 4월 6일, 우연히 윤보(尹譜)에 실린 편지[432]를 보았다. 윤휴는 주자를 공격하고 배척하는 일을 자기의 큰

백세불천의 세실(世室)로 정하자는 의론을 미리 꺼냈던 것을 가리킨다. 송시열은 『사략(史略)』 둘째 권에 기록된 주자의 예를 들어, 주자가 고종(高宗)의 세대에 태어났고 이후 출신(出身)하여 고종을 섬기기까지 했는데도 고종이 붕(崩)한 뒤에 곧 세실로 삼기를 건의했다고 주장하고 자신과 주자의 뜻이 다르지 않다고 변론하였다.

430) 한 경제(漢景帝)……청했는데 : 신도가는 한 고조(高祖)를 도와 한나라를 세운 개국공신으로 문제(文帝) 때 승상이 되어 고안후(故安侯)에 봉해졌다. 그의 건의로 경제(景帝) 때 문제의 묘에는 태종이라는 존호가 올려졌으며, 원제(元帝) 때에 이르러 세실로 정해졌다.(『漢書·韋玄成傳』)

431) 여기에서부터는 『宋子大全·雜著』를 교본으로 하였다.

432) 윤보(尹譜)에 실린 편지 : 윤보는 윤선거의 연보(年譜)이며, 편지는 이 연보 안에 들어 있는 「기유의서(己酉擬書)」를 말한다. 「기유의서」는 1669년(현종10) 윤선거가

사업으로 삼았으니, 실로 사문(斯文)의 난적(亂賊)이다.[433] 그런데도 이윤(尼尹, 윤선거)은 사력을 다해 그와 당을 이루어 동조함으로써 윤휴의 형세를 더욱 치성하고 뜻을 더욱 교만하게 만들어 그 화가 나라에까지 거의 미치게 되었다. 『춘추(春秋)』의 필법에, 난신적자(亂臣賊子)는 그 당여(黨與)를 먼저 다스린다고 하였으니 이 어찌 밝은 대의(大義)가 아니겠는가?

그의 아들 윤증이 아버지의 뜻을 그대로 이으니 당류(黨類)가 더욱 무성해져, 비록 그 만의 하나라도 제거하려 하나 근원이 깊고 견고한데다 기세가 등등한 것이 윤휴 때와 비할 바가 아니다. 그리고 드디어는 남몰래 함정을 파고 영루(營壘)를 이어 재앙의 조짐이 이전보다 배가 되었다. 대개 재앙을 양성하는 것이 오래될수록 재앙의 정도도 훨씬 참혹해지는 법이니, 이른바 '샘의 근원보다 하류의 물이 더 광대하고 나무의 뿌리보다 가지가 더 무성하다.'는 말을 어찌 믿지 못하겠는가? 그런데 예전에는 그 무리가 윤휴와 당을 이루고 비호한 실상을 속일 수 있다고 여겼으나, 지금은 시배(時輩)들이 윤선거 부자와 윤휴를 합하여 한 몸으로 만들어 그 실상이 드러나는 것을 회피할 수 없게 하였으니, 이것이 이른바 자연히 이루어져 바꿀 수 없는 공론이라는 것이다. 오늘날의 기세를 가만히 살피건대, 대체로 주자의 도를 세상에서 소멸시키려는 것이다. 이제 나는 죽을 것이니, 죽어서 보지 않는 것이 구차하게 살아서 이 모든 것을 눈으로 보는 것보다 어찌 낫지 않으랴?

죽기 직전에 송시열에게 보내려 했던 편지로, 여기에는 송시열의 정치 행태를 비판하는 내용이 다수 담겨 있었다. 이 편지에서 윤선거는 "윤휴나 허목도 어디까지나 사류(士類)에 속하는 신분이니, 비록 그들에게 과오가 있다 하더라도 참적독물(讒賊毒物)로만 단정하지 말고 너그럽게 대해야 한다."고 주장하였다.

433) 윤휴는……난적(亂賊)이다 : 윤휴는 "천하의 허다한 의리를 어찌 주자만 홀로 알고 나는 모르겠는가.[天下許多義理, 豈朱子獨知而余不知耶.]"라는 학문적 태도를 견지하며 종래 주자의 장구(章句)와 주(註)를 대폭 비판, 수정하는 가운데 『논어』, 『맹자』, 『중용』, 『대학』, 『효경』 등에 대한 독자적인 해석을 내놓았다. 이로 인해 윤휴는 송시열에 의해 사문난적으로 몰리는 계기가 되었다.(『我我錄·龍門問答』)

정읍에서 운명할 때의 기록

井邑易簀時所記

수암(遂菴) 권상하(權尙夏) 기록[434]

기사년(1689, 숙종15) 6월 8일 묘시(卯時)에 내가 군평(君平) 김만준(金萬埈)[435]과 함께 들어가니, 선생께서 숨이 곧 끊어지려 하여 잠시도 더 지탱하지 못할 듯했다. 이때 선생께서 눈을 뜨고 나를 보더니, 손을 잡고 하교하기를,

"내가 일찍이 '아침에 도를 들으면 저녁에 죽어도 좋다.'[436]는 말씀처럼 되기를 바랐는데, 올해로 80세가 넘었으나 끝내 들은 것이 없이 죽게 되니 이것이 한스럽네. 이런 때에는 사는 것이 죽는 것만 못하니, 나는 웃으며 지하에 들어갈 것이네. 이 뒤의 일은 오직 치도(致道)[437] -수암(遂菴)의

---

434) 『寒水齋集·楚山語錄』 및 『宋子大全 續拾遺附錄·楚山日記(門人閔鎭綱錄)』을 교본으로 하였다. 초산(楚山)은 정읍(井邑)의 옛 지명이다. 이 글은 1689년(숙종15) 송시열이 제주에 위리안치 되었다가 국문을 받기 위해 다시 상경(上京)하던 도중 정읍에서 사사(賜死)의 명을 받고 문인 및 자제들에게 후사(後事)를 부탁한 내용과 아울러 송시열이 죽음을 맞이하는 순간을 기록한 것이다. 후사를 부탁한 부분은 송시열의 유지를 받든 권상하가 「초산어록」으로 남겼고, 송시열이 죽음을 맞이하는 순간은 민진강이 정읍 아전 이후진의 구술과 기록에 바탕하여 「초산일기」로 작성하였다. 민진강의 「초산일기」에 따르면 도사 권처경(權處經)이 송시열을 나포하여 올 때 갖가지로 침해하여 괴롭혔다는 소문을 들은 정읍현감 권익흥(權益興)이 색리(色吏)를 별도로 정하여 송시열의 시중을 들게 하였는데, 그가 바로 이후진이었다고 한다. 정읍에 도착하여 송시열이 머무른 곳도 이후진의 집이었고, 옆에서 시종 부축하여 간호한 이도 이후진이었으므로, 왕명을 받을 때의 일을 명백히 알 뿐만 아니라 그가 기록해 둔 것도 꽤 있어, 이에 힘입어 「초산일기」를 쓸 수 있었다고 하였다. 두 교본은 저본과 판본이 같지 않아 문자의 출입이 상당 부분 발견되나 그 내용은 대동소이함을 볼 수 있다.

435) 군평(君平) 김만준(金萬埈) : 군평은 그의 자이며, 본관은 광산(光山)이다. 김장생의 봉사손(奉祀孫)이다. 광흥창 주부(廣興倉主簿) 등을 역임하였다.

436) 아침에……좋다 : 도(道)를 알면 곧 죽어도 유감이 없다는 뜻으로 진리를 추구하는 절실한 마음을 표현한 말이다.(『論語·里仁』)

437) 치도(致道) : 권상하(權尙夏, 1641~1721)의 자이다. 호는 수암(遂菴)·한수재(寒水齋)이며, 송준길·송시열의 문인이다. 1689년 기사환국으로 송시열이 제주에 위리안치 되고 이어 정읍에서 사약을 받게 되자, 정읍으로 달려가 스승의 임종을 지키고

자이다.- 만 믿겠네." 하였다.

내가 후사(後事)[438]에 어떠한 예(禮)를 써야 하겠느냐고 묻자 선생께서 답하시기를, "『상례비요(喪禮備要)』[439]를 따르게. 그러나 대략은 『가례(家禮)』를 위주로 하되 미비한 점이 있으면 『상례비요』를 참고하여 따르는 것이 좋겠네." 하였다.

또 묻기를 "지금은 평상시와 다르니 선생께 공복(公服)을 써야 하지 않겠습니까?" 하자, 선생이 머리를 흔들며 이르기를, "나는 평소 조정에 들어갈 일이 있어도 매번 다른 사람의 공복을 빌려 입었지, 내 것을 만들어 입은 적이 없었네." 하시기에 묻기를, "그렇다면 응당 심의(深衣)[440]를 써야 할 것이고, 그 다음은 무슨 옷을 써야겠습니까?" 하니, 답하기를, "주자가 벼슬을 그만두고 한가히 지내실 때 상의(上衣)와 하상(下裳)의 옷을 입었으므로, 나도 일찍이 이 제도를 따라 만들어 두었네. 우리 집안사람에게 물어서 찾아 쓰도록 하게." 하였다.

또 묻기를 그 다음에는 무슨 옷을 써야겠느냐고 하자, 답하기를 "난삼(襴衫)[441]은 명나라 태조가 평소 숭상하여 쓰던 것이니, 이것을 쓰는 것이 좋겠네." 하였다.

또 이르기를, "학문은 응당 주자를 주로 삼아야 하고, 사업은 효종께서 하고자 한 뜻을 주로 삼아야 하네. 우리나라는 강토가 작고 힘이 약하여 비록 뜻을 이루기는 어려우나, 항상 '통분을 참고 원한을 품어서 절박하게

의복과 서적 등 유품을 가지고 돌아왔다.

438) 후사(後事) : 여기에서는 송시열이 죽은 뒤 상례(喪禮) 등의 일을 이른다.

439) 상례비요(喪禮備要) : 신의경(申義慶)이 『주자가례(朱子家禮)』의 원문을 위주로 하고 고금의 제가예설(諸家禮說)을 참고하여 시용(時用)에 편리하도록 서술한 책이다. 김장생의 교정을 거치고 김집이 다시 수정, 증보하여 1권 1책의 목판본으로 1648년(인조26)에 간행하였다.

440) 심의(深衣) : 선비들의 평상복으로, 머리의 복건과 함께 착용하였다. 흰 비단으로 소매를 넓게 하여 옷깃, 소매 끝, 옷단에 검정색 선을 둘렀다. 주자가 『가례(家禮)』에서 이 옷을 언급한 이래로 조선시대 유학자 간에 이를 숭상하여 착용하게 되었으며, 그 제도에 대한 변증(辨證)이 이어져 왔다.

441) 난삼(襴衫) : 조선시대 유생, 생원, 진사 등이 입던 예복이다. 녹색이나 검은빛의 단령(團領)에 각기 같은 빛의 선을 둘렀다.

마지못한 심정으로 산다[忍痛含冤 迫不得已]'[442]는 여덟 자를 가슴에 새기고 뜻을 같이하는 사람끼리 이를 전수(傳守)하여 잃지 않아야 할 것이네." 하였다.

또 이르기를, "주자의 학문은 치지(致知)·존양(存養)·실천(實踐)·확충(擴充) -역행(力行)과 치국평천하(治國平天下)가 그 안에 들어 있다.- 이고, 그 시종을 관통하는 것은 경(敬)이네. 이는 면재(勉齋)[443]가 지은 주자의 행장(行狀)에 자세하네." 하였다.

또 이르기를, "천지가 만물을 내고 성인이 만사에 응하는 방법은 직(直)일 뿐이네. 공자 이래로 서로 전해 온 것이 오직 이 '직(直)' 자 하나였네." 하였다.

선생이 이르기를, "기묘년의 명현(名賢)들이 어찌하여 정릉(貞陵)의 복위를 청하지 않고 소릉(昭陵)을 먼저 복위시켰는가?[444] 내가 조정에 있으면서 한 일 가운데 이 정릉을 복위시킨 한 가지 일만은 후세에 내세울 만하다." 하고는, 이어 권이진(權以鎭)을 가리키며 말하기를, "이 아이의 말을 들어보니, 그 꿈의 징조[445]가 -권이진의 아버지 권유(權惟)가 꿈에서 징조를 본 일은

---

442) 통분을……산다 : 주자의 「여진시랑서(與陳侍郎書)」라는 글에 나오는 말이다. 주자는 송나라가 금나라의 침략을 받아 양자강 이남으로 쫓겨 가게 된 것에 대해 "애통함을 품은 채 절박하게 마지못한 심정으로 산다.[忍痛含冤, 迫不得已.]"라고 하였다.(『晦庵集·與陳侍郎書』)

443) 면재(勉齋) : 황간(黃榦, 1152~1221)의 호이다. 그는 주자의 제자이자 사위로서, 주자의 사후 심상(心喪) 3년을 입었고, 주자의 행장을 지었다.

444) 기묘년의……복위시켰는가 : 정릉은 태조의 계비인 신덕왕후(愼德王后)의 능호이고, 소릉은 단종의 모후인 현덕왕후(顯德王后)의 능호이다. 정릉은 1409년(태종9)에 왕비의 제례를 폐하였다가 1669년(현종10) 정월에 송시열의 발의로 종묘(宗廟)에 승부(陞祔)하였고, 순원현경(順元顯卿)의 휘호(徽號)를 추상(追上)하였다. 소릉은 1457년(세조3)에 단종이 노산군(魯山君)으로 강등되자, 모친인 현덕왕후도 폐위되어 평민의 예로 개장되었다가, 1471년(성종2)에 남효온(南孝溫)이 추복(追復)을 건의한 것을 필두로 한 사림세력의 끈질긴 주장에 의해 1513년(중종8) 복위되었다.

445) 그 꿈의 징조 : 권이진은 송시열의 외손이다. 그의 아버지이자 송시열의 사위인 권유(權惟)가 정릉참봉(貞陵參奉)이 되어 입직하던 날 밤 꿈에 어떤 부인이 적의(翟衣)를 입고 정자각에 앉아 권유를 급히 불러 이르기를 "3백 년 동안 폐해졌던 나의 지위를 회덕(懷德)의 대유(大儒)가 회복시켜 주었는데, 나는 그분의 장래에 있을 화를 구해 줄 수 없으니, 어찌 한스럽지 않은가." 했다는 사실을 가리킨다.(『寒水齋集·黃江問答』)

『강상문답(江上問答)』에 보인다.- 참으로 기이하다.” 하시므로, 내가 말하기를 “그 꿈의 징조에 대해서는 이미 들어 알고 있습니다.” 하였다.

선생이 이르기를, “태조(太祖)에게 추시(追諡)하는 일은 평상시와 같았더라면 내 어찌 이 일을 반드시 우선으로 삼았겠는가. 다만 오늘날 존주(尊周)의 의리가 어둡고 막혀서 거의 아는 사람이 없게 되었으므로 내가 여기에 간절했던 것이다. 그런데 화숙(和叔) 박세채(朴世采)의 뜻은 나와 같지 않았다.[446] 이 친구는 참으로 쉽게 얻을 수 없는 사람인데, 우연히 이 일에는 이러하였다.” 하였다.

선생께서 군평(君平)의 손을 잡고 이르기를 “너의 집의 화를 어찌 차마 말하겠는가.” 하니, 군평이 말하기를 “증조(曾祖)의 문집(文集) 판자(板子)의 일에 대해 평소 선생께서 늘 염려하셨는데, 지금 이미 서원(書院)에 보내두었습니다.” 하자, 선생이 알았다고 하였다. 선생이 또 이르기를 “『가례집람(家禮輯覽)』[447] 서문 가운데 고쳐야 할 두 글자는 고쳐서 간행하였는가?” 하니, 군평이 고쳐서 간행하였다고 하였다. 그러나 말이 미처 끝나기도 전에 서리(書吏)와 나장(羅將) 무리가 들어왔으므로 우선 물러 나왔다.

○ 같은 날 진시(辰時)에 금부도사 박이인(朴履寅)이 후명(後命)[448]을 받들고 도착하였다. 이에 자제와 문인들이 감히 가까이 가지 못하고 오직 본읍 아전 이후진(李厚眞)만이 옆에서 지키고 있었다. 선생이 후진의 팔에

---

446) 화숙(和叔)……않았다 : 1683년(숙종9) 송시열은 태조의 묘호를 가상할 것을 요청하였다. 태조대왕은 창업 수통한 임금인데 그 휘호가 도리어 후사(後嗣)한 왕보다도 못하므로 도리상 미안할 뿐 아니라, 태조의 위화도 회군(威化島回軍)은 실로 존주대의(尊周大義)에서 나온 것으로 길이 천하 후세에 전할 만한 것이고 더구나 지금같이 춘추대의가 막혀 버린 때 이를 표장(表章)해서 대법(大法)을 보존해야 한다고 주장한 것이다. 태조가 위화도 회군으로 밝힌 대의(大義)를 기려서 ‘소의정륜(昭義正倫)’이라는 시호를 올리자고 주장한 송시열의 주장에 대해 박세채가 끈질기게 반대하였고, 갈등 끝에 추시 문제는 ‘정의광덕(正義光德)’의 시호를 추상하는 것으로 마무리 되었다.(『肅宗實錄』 9年 6月 12日 및 『南溪集·請太廟位版改正太字疏』)

447) 가례집람(家禮輯覽) : 김장생(金長生, 1548~1631)이 『가례』에 관한 여러 학자들의 학설을 모아 엮은 책으로, 김집의 교정을 거쳐서 1685년(숙종11)에 간행되었으며, 10권 6책으로 목판본이다. 상세한 도설(圖說)을 실어 상고하기에 편리하도록 했다.

448) 후명(後命) : 유배 간 죄인에게 사약을 내려 죽음을 명하는 일이다.

기대어 누워 있었는데 병세가 깊어 이미 어찌할 수가 없었다. 숨이 가물가물 끊어질 듯했는데, 선생이 홀연 눈을 뜨고 바라보며 묻기를 "지금 몇 시쯤 되었느냐?" 하니, 후진이, "이른 조반을 먹을 때입니다."라고 대답하자, 또 "언제쯤 약(藥)을 내린다고 하더냐?" 물었고, 후진이 미처 대답하기도 전에 다시 말씀하기를 "나의 병이 이와 같으니 미처 약을 받기도 전에 죽을까 염려된다." 하였는데, 속히 약을 들이라고 재촉하는 듯하였다.

선생이 눈을 감고 한동안 있다가 다시 눈을 뜨고 말씀하시기를, "내 명이 다해 가는데 약이 왜 이리 늦게 오는가?" 하였다. 이에 후진이 두 공생(貢生)[449]에게 대신 부축하도록 하고 방을 나와 우물가에 가 보니, 서리와 나장이 한창 소주에 세 종류의 약을 혼합하여 달이고 있었는데, 졸아서 매우 걸쭉한 상태였다. 이후진이 말하기를, "대감의 병환이 지금 매우 위중하여 냉수 한 수저도 반드시 두 차례로 나누어 드시는 형편이니, 결코 이런 약을 올릴 수는 없다." 하니 서리배들이 서로 쳐다보며 그 말이 옳다 하고, 다시 세 종류의 약을 가져다가 엷게 타서 미음처럼 묽게 하였다. 이때 공생이 후진을 불러 대감이 들어오란다고 하자, 후진이 즉시 들어가 전처럼 부축해 드렸다.

선생이 다시 눈을 뜨고 아이들은 어디에 있느냐고 묻자, 이후진이 대답하기를, "도사(都事)가 엄하게 단속하여 감히 들어오지 못하고 있습니다." 하였다. 그러자 선생이 몸을 돌려 가볍게 웃으며 말하기를, "어찌 이리도 심하게 하는가." 하였다. 이윽고 나장이 들어와 도사가 도착했다 하고 이어 후진에게 나가라고 하였다. 그러자 후진이 말하기를, "내가 나가면 대감이 부축 받을 데가 없는데 어찌해야 되겠습니까?" 하였다. 이때 도사가 들어와 대청 앞에 서 있다가 이 말을 듣고 말하기를, "그렇다면 우선 물러가지 않는 것이 좋겠다." 하였다.

좌수(座首) 임한일(任漢一)도 전날 밤부터 지키고 있다가 함께 들어와

---

449) 공생(貢生) : 교생(校生)으로 지방 향교나 서원(書院)에 다니는 생도를 말한다. 원래 상민(常民)으로 향교에서 오래 공부하여 유생(儒生)의 대우를 받는 이를 일컫는 용어였으나 점차 향교의 심부름꾼을 지칭하는 용어로 사용되었다.

도사에게 말하기를, "어찌 이러한 때 대감의 자제들이 들어와 영결하는 것을 끝내 막으시는 것입니까?" 하자, 도사가 서산(瑞山),[450] 금산(錦山),[451] 용담(龍潭)[452]만을 들어오게 하고 그 밖의 사람들은 모두 들어오지 못하게 하였다. 서산 송시걸이 도사에게 말하기를, "국법에 따르면 응당 현일(弦日)에는 형(刑)을 집행할 수 없습니다.[453] 오늘은 현일인데 억지로 사약을 마시게 할 것입니까?" 하자, 선생이 이 말을 듣고 눈살을 찌푸리며 말하기를, "내 병이 이렇게 위급한데, 오늘 밤 숨이 끊어지지 않는다고 어찌 보장하겠느냐. 지체할 수 없는 일이다." 하였다.

이때 선생은 숨이 매우 가빠서 자제가 들어와 영결할 때 특별히 다른 말씀이 없으셨다. 조금 있다가 다시 모두 쫓겨 나갔고 다시는 선생의 옆에 머무르지 못했다. 이어 이후진에게 선생을 안고 대청으로 나오도록 하였는데 숨이 다시 가빠져 명이 경각에 달려 있었다. 서리가 들어와 고하기를, "주상께서 약을 내리셨는데 지금 막 약을 가지고 왔습니다." 하니, 선생이 처음에는 알아듣지 못하였다. 후진이 서리에게 말하기를, "대감의 병환이 위중해서 알아듣지 못하시니, 앞으로 와서 큰 소리로 말씀드리는 것이 좋겠습니다." 하자, 서리가 조금 앞으로 나와 큰 소리로 다시 고하니 선생이 곧 몸을 일으켜 앉고서 상의를 가져오라고 명하시고는 그대로 눈을 감고 조금 기대어 계셨다. 공생이 밖에서 직령의(直領衣)를 가져다 고하고 드리니, 선생이 팔을 들며 입히라고 명하였다. 이후진이 지금의 기력으로는 옷을 입으시기 어렵다고 말씀드리자 선생이 손으로

---

450) 서산(瑞山) : 송시열의 막내동생이자 전 서산군수 송시걸(宋時杰, 1620~1697)을 말한다.

451) 금산(錦山) : 전 금산군수(錦山郡守) 송기태(宋基泰, 1629~1711)를 말한다. 송시형(宋時瑩)의 아들로 송시열에게 입양되었다.

452) 용담(龍潭) : 용담현령(龍潭縣令)을 지낸 송주석(宋疇錫, 1650~1692)을 말한다. 송기태의 아들이자 송시열의 손자로서, 송시열의 유소(遺疏)를 직접 받았으며 「구화사적(構禍事蹟)」과 함께 「향동문답(香洞問答)」을 남겨 송시열과 노론의 당론을 대변하였다.

453) 현일(弦日)에는……없습니다 : 반달이 뜨는 날로, 상현일(上弦日)은 7·8일이고 하현일(下弦日)은 22·23일이다. 속기(俗忌)에 해당하며 형벌을 집행할 때나 의술을 행할 때 이날을 꺼렸다.

옷자락을 잡아 가슴 위에 올려놓았다. 후진이 비로소 그 뜻을 깨달아 옷을 펴서 몸 위에 얹어 드리고, 선생을 와석(臥席)과 함께 안아서 서쪽 기둥이 있는 곳으로 나왔는데, 대청의 동쪽 편이었다.

이때 도사가 공생에게 전지(傳旨)를 읽게 하였는데, 선생이 옷으로 무릎을 가리고 눈을 감고 앉아 마치 몸을 구부리려는 듯하였다. 전지를 5, 6줄 정도 읽었을 때에 선생이 갑자기 눈을 뜨고 경청하는 듯한 자세를 취하였고, 잠시 후에 또 그렇게 하였다. 이에 서리가 전지를 가져다 손으로 가리키며 끊을 곳을 보여주자 공생이 5, 6줄을 건너뛰고 빠르게 읽었다. 읽기를 마치자, 선생은 다시 손으로 옷자락을 여미고 잠시 몸을 굽혔다.

의관(醫官)이 약 세 보시기를 가지고 왔는데 7, 8홉을 쓸 수 있는 분량이어서, 그 그릇에 담으니 거의 7홉 가까이 되었다. 선생이 약 드시기를 마치자 곧 방 안으로 모셨다. 다시 이후진에게 기대어 눈을 감고 누우셨는데 얼굴에 마치 술에 취한 듯한 훈기(暈氣)가 있었다. 이후진이 서리에게 베개 위에 누이기를 청하니 도사가 그렇게 하도록 허락하였다. 이에 후진이 바로 베개에 머리를 뉘였는데 선생이 입을 벌려 몇 차례 숨을 내쉬고는 그대로 운명하시어 다시는 몸과 손을 움직이지 않으셨다. 심약(審藥)[454]이 들어와 진맥하고 사망을 확인한 다음 도사가 밖으로 나갔다. 이상의 일들은 이후진이 전한 내용이다. -이후진은 정읍(井邑)의 늙은 아전이다. 선생의 일을 알게 되어, 정읍의 현감이 색리(色吏)를 별도로 정하여[455] 그로 하여금 선생을 간호하게 하였다. 서리와 나장이 명하여 나가게 하니 후진이 임기응변으로 말하기를, "나는 이곳에 사는 백성이고 이 집의 주인입니다. 이곳 현감이 나에게 대감의 병환을 간호하게 하였으므로 감히 나갈 수 없습니다." 하자, 서리들이 그를 그대로 머무르게 하고 나가라는 말을 하지 않았다고 한다.-

454) 심약(審藥) : 동반(東班) 종9품 외관직(外官職)으로서, 궁중에 바치는 약재(藥材)를 조사하기 위하여 각도에 파견하던 잡직(雜職)이다.

455) 선생의……정하여 : 도사 권처경(權處經)이 송시열을 나포하여 올 때 갖가지로 침해하여 괴롭혔다는 소문을 들은 정읍 현감 권익흥(權益興)이 색리(色吏)를 별도로 정하여 송시열의 시중을 들게 하였는데, 그가 바로 이후진이었다.(『宋子大全·楚山日記』)

향동문답

香洞問答

우암(尤庵) 선생의 손자 송주석(宋疇錫)이 기록하였다.[456]

계해년(1683, 숙종9) 11월 6일 지(砥) 대감 -상서(尙書)[457] 이단하(李端夏)[458]로서 지평(砥平, 경기도 양평)에 산다.- 이 현(玄) 영감 -현석(玄石)-[459] 과 더불어 말고삐를 나란히 하고 고양(高陽) 향동(香洞)[460]에 있는 노인[461]을 찾아뵙

---

456) 『鳳谷集·香洞問答』 및 『肅宗實錄』 9年 11月 10日 기사를 교본으로 하였다. 「향동문답」은 1683년(숙종9) 서인이 노론과 소론으로 분열될 무렵, 송시열이 박세채·이단하 등과 문답한 것을 그의 손자인 송주석이 기록한 것이다. 1680년 경신환국으로 남인들을 몰아내고 서인이 집권한 후에도 김석주·김익훈 등 훈척 세력은 정탐과 기찰, 그리고 고변 등의 파행적인 방법을 동원하여 남인을 뿌리째 제거하려고 시도하였다. 이에 대해 삼사에 포진한 젊은 관료들이 이들을 비판하여 노론과 소론이라는 명목이 처음 등장하였다. 이때 당시 정계의 원로로서 중망을 모았던 송시열이 김익훈 등 훈척을 지지하여 정치적 갈등이 격화되었다. 이에 송시열은 효종을 불천위 세실(世實)로 할 것과 태조의 시호를 새롭게 추상(追上)하자고 제안하는 등 정치 쟁점을 존주대의(尊周大義)의 의리명분론으로 전환하여 세도를 만회하려 노력하였다. 이에 대해 박세채는 송시열이 제안한 태조 추시에 반대하고, 황극탕평을 주장하여 소모적인 정치적 갈등을 봉합하고 실질적인 제도 개혁에 정치력을 집중할 것을 제안하였다. 송시열이 이러한 박세채와의 견해 차이를 해소하기 위해 제안하여 가진 만남이 향동에서의 모임이며, 이 모임에서의 문답 내용을 기록한 것이 바로 이 「향동문답」이다. 그렇지만 이 모임에서도 송시열과 박세채의 이견은 끝내 해소되지 못하였는데, 이후 노론측에서 박세채가 송시열을 지지한 증거로서 이 문답을 활용하려 한 까닭에 소론의 분노를 샀다. 노론측에서는 「후동문답(後洞問答)」, 「황강문답(黃江問答)」 등 문답체의 여러 가지 자료를 남겨서 자파의 당론을 전개하는 수단으로 삼았는데, 「향동문답」은 그 가운데 대표적인 자료로 볼 수 있다.

457) 상서(尙書) : 조선시대 판서를 지칭하는 용어이다. 1683년(숙종9) 이단하는 종2품 대사헌을 역임하였으므로 이렇게 부른 것이다.

458) 이단하(李端夏) : 1625~1689. 본관은 덕수(德水), 자 계주(季周), 호 외재(畏齋)·송간(松磵)이며, 이식(李植)의 아들이다. 숙종이 즉위한 뒤 제2차 복상문제로 숙청당한 의례제신(議禮諸臣) 처벌의 부당성을 상소하다가 삭직되었으나 1680년(숙종6) 경신환국으로 사면되었다.

459) 현석(玄石) : 박세채(朴世采, 1631~1695)의 호이다. 1674년 숙종이 즉위하고 남인이 집권하자 박세채는 관직을 삭탈당하고 양근(楊根)·지평(砥平)·원주·금곡(金谷) 등지로 전전하며 유배생활을 하였다. 숙종 초기 귀양에서 돌아와서는 송시열과 정치적 입장을 같이하였으나, 노·소 분열 이후에는 윤증을 두둔하고, 소론계 학자들과 학문적으로 교류하였다.

고 서로 토론하면서 요사이 세상에 떠도는 말이 어지럽고 떠들썩한 것을 함께 탄식하였다.462)

노인이 말하기를,

"옛날에 명도(明道)와 이천(伊川)은 바로 동기(同氣)간이고463) 지기(知己)였지만 논의가 늘 같지는 않았는데, 또한 이것 때문에 도와 덕을 함께하는 것을 해치지 않았다. 오늘날 우리들의 논의가 비록 합치되지 않는 점이 있더라도 어찌 이것 때문에 서로 함께하는 인정과 의리에 조금이라도 방해되는 점이 있겠는가? 따라서 이러한 논의는 서로 강론하여 시비를 밝게 가리는 데에 해가 되지 않는다." 하고, 이어서 세 가지 정국 현안에 대해서 언급하였다. -묘호(廟號),464) 대계(臺啓)465), 재생(裁省)466)의 일이 그것이다.-

---

460) 향동(香洞) : 현재의 경기도 고양시 덕양구 화전동 관할 지역이다. 송시열은 1683년(숙종9) 10월 화양(華陽) 서재(書齋)에 머물다가 숙종의 건강이 좋지 못하다는 소식을 듣고 서울로 갔는데, 숙종의 건강이 회복되었다는 소식을 듣고 같은 해 11월에 이곳 향동에서 이단하, 박세채 등과 만나기로 약속하였다고 한다.

461) 노인 : 송시열을 가리킨다.

462) 요사이……탄식하였다 : 1683년(숙종9)은 후세에 서인이 노론과 소론으로 분열된 해로 기록되었다. 경신환국 이후 척신이었던 김석주(金錫胄)와 김익훈(金益勳)이 중심이 되어 남인을 뿌리째 소탕하기 위해 기찰(譏察)과 고변(告變)이라는 파행적인 정치를 자행하자 조지겸(趙持謙)·한태동(韓泰東)·오도일(吳道一)·박태유(朴泰維)·유득일(兪得一) 등 삼사(三司)에 포진하고 있던 소장 관인들이 이들을 비판하면서 노론과 소론이라는 명목이 처음 등장하였다. 이에 김석주가 숙종에게 건의하여 같은 해 윤6월 조지겸 등을 처벌하였는데, 이에 대한 찬반을 두고 정국이 매우 어수선한 시기였다. 여기서 이단하와 박세채가 탄식한 것은 바로 이러한 정국 동향을 두고 말한 것이었다.

463) 명도(明道)와……동기(同氣)간이고 : 명도 선생 정호(程顥, 1032~1085)와 이천 선생(伊川先生) 정이(程頤, 1033~1108)는 형제간으로 이정자(二程子)라 일컬어졌다. 성리학을 창시한 북송오자(北宋五子)에 속하였으며 『이정전서(二程全書)』등의 저술을 남겼다.

464) 묘호(廟號) : 태조에게 시호를 추상하는 문제를 가리킨다. 이는 송시열이 이 해 2월 제기한 것으로서, 태조 이성계가 위화도 회군으로 밝힌 대의(大義)를 기려서 '소의정륜(昭義正倫)'이라는 시호를 올리자고 주장하였다. 이에 대해서는 박세채가 끈질기게 반대하여 두 사람이 불화하는 원인이 되었다. 태조 추시(追諡) 문제는 4월 '정의광덕(正義光德)'으로 추상하는 것으로 마무리 되었다. 이후 송시열은 박세채와의 이견을 해소하기 위해 바로 향동 모임을 제안한 것이었다.

465) 대계(臺啓) : 대간(臺諫), 즉 사헌부와 사간원 관원의 계사(啓辭)를 가리킨다. 이때 젊은 대간들이 훈척의 전횡을 공격하여 조정이 소란스러웠다. 그런데 송시열이 훈척의 잘못을 분명하게 지적하지 않고, 태조 시호 추상 등과 같은 문제를 제기하여

노인이 말하기를,

"묘의(廟議)[467]는 서로 논의가 달라서 결정하기 어려우나 각자 소견이 있다 하더라도 그 논의에서 지지하기 어려운 점이 있다. 매번 회군(回軍)[468]한 일이 순연(純然)한 천리에서 나온 것이 아니라고 말하는데, 이것은 그렇지 않은 점이 있다. 한나라 고조(高祖)는 의제(義帝)를 위하여 발상(發喪)한 뒤에 곧 미녀와 보화를 거두어 팽성(彭城)에 모아 두었으니, 호소(縞素)의 거사[469] 또한 순연한 천리에서 나온 것이 아니었다. 그러나 단지 그 명분과 의리의 올바름 때문에 주자가 『강목(綱目)』[470]에 특별히 써서 인정한 것이다. 설령 성조(聖祖)의 일이 순수하게 천리에서 나온 것이 아니라고 하더라도 그 의지한 바가 매우 올바른 것이라면 아마도 뒤에 있었던 일 때문에 그 대의를 덮어버릴 수는 없을 것이다." 하였다.

현 영감이 말하기를, "비록 그렇다고는 하나, 회군한 뒤의 일에 끝내 인심에 흡족하지 못한 것이 있었으니, 아마도 포양(褒揚)할 필요까지는

정치 쟁점을 치환하려 하자 젊은 대간들의 공격이 송시열에게로 향하고 있었다.

466) 재생(裁省) : 공물 재생을 가리킨다. 인조반정 이후 공납 제도의 폐단을 시정하기 위해 불필요한 공물을 없애야 한다는 공안(貢案) 개정론과 대동법 주장이 동시에 제기되었는데, 재생은 공안 개정론을 주장할 때 등장하는 말이다. 송시열이 대동법에 반대한 것은 아니지만 그가 주로 주장한 것은 공안 개정론이었으며, 박세채는 대동법을 확대 시행할 것을 주장하여 서로 입장에 차이가 있었다.

467) 묘의(廟議) : 묘호에 관한 논의. 여기서는 태조 이성계의 시호를 추가하는 논의를 가리킨다.

468) 회군(回軍) : 위화도(威化島) 회군을 가리킨다. 1388년(창왕1)에 요동정벌군의 장수였던 이성계(李成桂)와 조민수(曺敏修)가 압록강의 위화도에서 군사를 돌려 정변(政變)을 일으키고 권력을 장악한 사건이다.

469) 호소(縞素)의 거사 : 호소는 흰 명주를 가리키는데, 상복을 의미한다. 한 고조 유방이 파촉(巴蜀)에서 나와 낙양(洛陽)의 신성(新城)에 이르렀을 때, 삼로(三老)인 동공(董公)이란 사람이 길을 막고서 "항우를 토죄(討罪)하는 것을 명분으로 내세워서 의제(義帝)를 위해 발상(發喪)한 다음 군사를 일으키면, 인의(仁義)의 군대가 되어 승리할 수 있을 것이다."라고 권하였다. 이에 유방은 의제(義帝)를 위하여 친히 상사(喪事)를 발표하고 삼군(三軍)에게 상복을 입혀 애도의 뜻을 표하므로, 온 천하의 인심이 다 그에게 돌아가 승리하였다고 한다.(『史記·高祖本紀』)

470) 강목(綱目) : 주자가 편찬한 『자치통감강목(資治通鑑綱目)』을 가리킨다. 주자는 사마광이 지은 『자치통감』을 『춘추』의 체재에 따라 사실(史實)에 대하여 큰 제목으로 강(綱)을 따로 세우고 사실의 기사는 목(目)으로 구별하여 편찬하였다.

없을 것 같습니다. 저는 이 의논에서 끝내 제 생각이 잘못되었음을 깨닫지 못하겠습니다. 그리고 박태유(朴泰維)의 일[471]에 이르러서는 실로 제가 아는 바가 아니니, 이로써 저까지 아울러 의심한다면 어찌 지나치지 않겠습니까?" 하자, 노인이 말하기를, "사람마다 각자 소견이 있으니, 어찌 억지로 같게 만들 필요가 있겠는가? 하지만 오직 재생(裁省)하는 한 가지 일만은 효종 이래로 강구하여 시행하려 하였으나 하지 못하였는데, 지금 다행히도 실마리를 찾을 가망이 있었으나, 일이 마침내 막히어 시행되지 못하였으니, 몹시 한탄스럽다. 옛 말에 이르기를, '열 사람이 곡(哭)하는 것이 한 사람이 곡하는 것에 비교하여 어떠하며, 백 사람이 곡하는 것이 열 사람이 곡하는 것에 비교하여 어떠한가?' 하였다. 도하(都下)가 비록 근본이 되는 곳이라고는 하지만, 그 방해받는 자는 시정(市井)의 잘 먹고 잘 입는 무리에 불과하다. 이 일이 만약 이루어진다면 국가에 힘이 되고 어려운 백성들이 은혜를 받는 것이 적지 아니하여 이익은 크고 해로움은 적은데 끝내 이루어지지 못하게 되었으니, 어찌 한탄하지 않을 수 있겠는가?" 하였다.

현 영감이 말하기를, "당초에 제 뜻은 단지 도하의 인심을 진정시키고자 하는 것이었으니, 잠깐 뒷날을 기다려 의논해도 해롭지 않을 것입니다." 하자, 노인이 말하였다. "이 일 또한 여러 말을 할 필요가 없다. 오직 지난날 대관이 한 일에 대해서는 내 뜻에 끝내 승복할 수 없는 점이 있다. 그 계사(啓辭)에, '허새(許璽)[472]와 허영(許瑛)[473]이 비록 이미 흉사를

471) 박태유의 일 : 박태유(朴泰維, 1648~1696)의 자는 사안(士安), 호 백석(白石)이며, 박세채와 동고조 8촌 사이인 박세당의 아들이다. 여기서 말하는 '박태유의 일'이란 박태유가 정언(正言)으로서 상소하여 송시열을 공격한 일을 가리킨다.(『肅宗實錄』 9年 6月 2日) 이 상소문에는 원래 송시열이 태조의 휘호를 청한 일의 잘못을 논하고, 온 세상이 구차하게 송시열에게 부합하려 한다고 비판하는 내용이 있었는데, 이것을 말리는 사람이 있어서 깎아버리고 올렸다. 그러나 그 상소문 내용이 세상에 알려져 송시열 역시 알게 되었다고 한다.

472) 허새(許璽) : ?~1682. 아버지는 무옥(誣獄)에 희생당한 유생 대(垈)이다. 1680년(숙종6) 경신환국 이후 서인이 집권한 뒤 남인의 잔여세력을 완전히 숙청하기 위하여 서인의 김석주·김익훈 등이 전 병사 김환(金煥) 등을 시켜 무고하게 하였다. 즉 남인 유생이던 허새 등이 주상이 무도하고 조정이 문란하므로 300명의 병사가 궁궐을 침범하여

모의하다가 복법(伏法)되었다고 하지만, 인정(人情)이 이미 의혹을 두고 있습니다.……' 하였으니, 곧 그 뜻은 허새의 옥사를 믿기 어렵다고 여기는 것이다. 또 부제학 조지겸(趙持謙)474)은 분명하게 말하기를, '역적은 한 사람인데, 고발한 사람은 넷이니, 이것이 의심스럽습니다.……' 하였다. 그 뜻이 이미 이와 같다면 진실로 마땅히 명백하게 말하여 곧바로 배척하기를 마치 충정공(忠定公) 권벌(權橃)이 신윤무(辛允武)와 박영문(朴永文)의 일을 논한 것처럼 하여,475) 성상(聖上)으로 하여금 그 뜻을 환히 아시게 하고, 그 억울하게 무고당한 것을 통쾌하게 변정(辨正)한 뒤에야 임금을 섬기는 것이 충직하여 대간의 체통을 얻었다고 말할 수 있을 것이다. 만약 그 뜻이 그렇지 않다고 한다면 그 계사의 표현이 그와 같아서는 안 될 것이고, 또한 반드시 광남(光南)476)을 무고(誣告)의 율로 몰아넣어서

복평군을 추대하고 대왕대비를 수렴청정(垂簾聽政)하게 하려고 모의한다는 무고였다. 이에 국청(鞫廳)을 설치하여 관련된 남인들을 모두 처단하게 되었는데, 이 무옥의 주동자로 몰려 처형당하였다. 1689년 기사환국 이후 신원(伸寃)되었다.

473) 허영(許瑛) : 허새의 서종제(庶從弟)이다.

474) 조지겸(趙持謙) : 1639~1685. 본관은 풍양(豊壤), 자 광보(光甫), 호 우재(迂齋)이다. 할아버지는 좌의정 익(翼)이고, 아버지는 이조판서 복양(復陽)이다. 승지로 있을 때 왕명으로 송시열을 찾아가 김익훈이 남인 허새·허영(許瑛)을 이용, 반역을 꾀하게 한 사실을 알렸으나, 송시열이 그 뒤 김석주 등의 말을 듣고 김익훈을 비호하게 되자 송시열까지 의심을 하게 되었다. 이 일로 한태동·유득일·박태유 등과 함께 소론으로 좌정하게 된다. 아버지 복양이 어려서부터 윤순거 형제와 교우했고, 특히 윤선거와는 친분이 두터워 윤선거의 상에 복(服)을 입었던 사이여서 윤선거의 아들 윤증과 우의가 두터웠다.

475) 충정공(忠定公)……하여 : 신윤무(辛允武, ?~1513)·박영문(朴永文, ?~1513)은 모두 1506년 중종반정에 가담하여 그 공으로 정국공신(靖國功臣) 1등에 책록된 공신들이었다. 그러나 대간의 계속적인 탄핵을 받아 파직되자 1513년(중종8) 무인들을 규합하여 성종의 열세 째 아들 영산군(寧山君)을 추대하고 반란을 모의하던 중 의정부의 노비인 정막개(鄭莫介)의 고변으로 발각되어 처형되었다. 한편 이 고변으로 정막개는 면천(免賤)됨은 물론 절충장군(折衝將軍) 상호군(上護軍)이 되어 일약 당상관에 올랐는데, 당시 사헌부 지평으로 재임하던 권벌(權橃, 1478~1548)이 정막개가 신윤무·박영문의 역모를 알고도 즉시 보고하지 않은 정황이 있는데도 과람(過濫)한 훈공이 더해졌다며 그의 당상관 품계를 삭탈하도록 청하였다. 권벌은 이 일로 인해 강직한 신하로 이름을 떨치게 되었다.

476) 광남(光南) : 김익훈(金益勳, 1619~1689)의 호이다. 본관은 광산(光山), 자 무숙(懋叔)이다. 김장생의 손자이며 숙종비 인경왕후의 작은 아버지이다. 1680년(숙종6) 김석주(金錫胄)가 경신환국을 일으켜 조정에서 남인들을 숙청하는 데 적극 참여하여 그 공으로

헤아릴 수 없는 지경에 빠뜨려서는 안 되는 것이다.

그런데 당시 대관이 반드시 이러한 입장을 취하려 하였기 때문에 나는 끝내 감히 그때 대간의 계사를 대공지정(大公至正)한 것으로 여기지 아니하였던 것이다. 그렇기는 하지만 나는 이에 대해서 대관을 용서하고자 하는 점이 있다. 혼조(昏朝)[477] 때의 일은 족히 말할 것이 없으나, 계해년(1623, 인조1) 반정 뒤에도 또한 일종의 논의가 있어 역적을 비호한 자도 또한 역적이라 하였다. 지금 대관이 허새의 옥사에 대해서 끝내 명백하게 말하지 아니한 것은 아마도 이것을 두려워하여 감히 하지 못한 것이니, 이 또한 한탄스러운 일이다."

현 영감이 말하기를, "지금 만약 호역(護逆)의 죄를 지난날 대관에게 더한다면, 그것이 사체에 어떠하겠습니까?" 하니, 노인이 말하기를, "존형(尊兄)은 어찌 다른 사람의 말을 이해하지 못하는가?" 하였다.

이에 지 대감이 말하기를, "영감은 장석(丈席)[478]의 말을 잘못 들었습니다. 장석의 이 말은 실로 대관을 진심으로 용서하려 한 것입니다. 대개 대관이 비록 충언을 하고자 하였으나 이 말을 두려워하여 감히 하지 못하였다고 말한 것입니다." 하고, 이어서 누누이 변론하여 말하니 현 영감이 비로소 "그렇다."고 하였다.

노인이 곁에서 모시고 있는 자에게 지난날 대간의 계사 가운데서 "허새·허영이 비록 복법(伏法)되었다 하더라도……" 하는 한 조목을 써내어 오게 하고 말하기를, "글을 볼 때는 반드시 먼저 글의 맥락을 보고 난 뒤에 글의 뜻을 보아야 하는 것이니, 이 글의 맥락은 분명 허새와 허영의 옥사를 의혹스럽게 여긴 것이다. 글의 맥락이 이미 이와 같은데도 '내

보사공신(保社功臣) 2등과 광남군(光南君)에 봉해졌으며 이후 숙종의 깊은 신임에 힘입어 어영대장 등의 요직을 두루 역임하였다. 이 시기 김익훈은 김석주 등과 함께 대표적인 훈척세력으로서 송시열과의 협력 관계를 바탕으로 하여 병권을 장악하고 정국을 주도하였다.

477) 혼조(昏朝) : 광해군 시기를 가리킨다. 인조반정 이후 사용된 표현이다.

478) 장석(丈席) : 학덕(學德)이 높은 사람을 이른다. 이단하는 송시열의 제자였으므로 송시열을 이렇게 부른 것이다.

뜻은 그렇지 아니하다.' 하거나 또 '나는 일찍이 문자를 잘못 쓴 적이 없다.'고 한다면, 어떤 사람인들 신복(信服)하겠는가?" 하자. 현 영감이 말하기를, "장석의 소견이 이와 같다 하더라도 제 소견으로는 그 이른바 의혹이란 것은 허새 등이 끌어들인 여러 사람들이 모두 정황이 없다는 것을 지적하여 말한 것입니다. 허새의 옥사를 의혹스럽게 여겼다고는 보지 못하겠습니다." 하니, 지 대감이 말하기를, "자세히 살펴보면 장석의 말씀이 그럴듯합니다." 하였다.

현 영감이 말하기를, "지난날 시정(市井)의 말과 의논이 모두 광남이 역옥을 빚어내었다고 하였으니, 이것은 한때의 공론입니다. 또 화약 등의 일 또한 눈으로 본 사람이 있었습니다. 또 역적은 한 사람이었는데, 고발한 사람은 네 사람이었던 것 또한 의혹이 없을 수 없었기 때문에 대간이 이에 의거하여 말을 다하다 보니, 스스로 과격한 것을 깨닫지 못한 것입니다. 그리고 '명백하게 말하여 곧바로 배척했어야 한다.'고 지적한 것에 대해서는 이미 의거할 문적(文籍)이 없어서 이와 같이 말한 것인데, 만약 문책하는 일이 있게 된다면 또한 몹시 난처한 일입니다. 이것은 형세가 그러했기 때문이니, 또한 대간의 체통에 무슨 해가 되겠습니까?" 하였다.

노인이 말하기를, "대계(臺啓)에서 이른바 "종당(宗黨)이 터전을 잡고 앉아 세력을 형성하고 위엄을 세웠다.[宗黨盤居, 勢成威立.]"[479]고 한 말들은 신하된 자의 극죄(極罪)이다. 광남을 배척하고자 하면서 아울러 김씨 일문(一門)을 완전히 소탕하려 하니, 이것이 무슨 도리인가? 이러한 일들은 사람을 지극히 불편하게 만드는 것이다." 하니, 현 영감이 이것은 과격한 말이었다고 하였다.

노인이 말하기를, "들으니, 학사(學士) 오도일(吳道一)[480]이 황의주(黃義州)의 일[481]을 제기하였는데 언사가 지극히 패만(悖慢)했다고 하였다.

---

479) 종당(宗黨)이……세웠다[宗黨盤居, 勢成威立.] : 이것은 한태동 상소에 나오는 말인데 김익훈을 비롯하여 김장생 후손이 조정에 진출한 양상을 표현한 것이다.(『肅宗實錄補闕正誤』 10年 3月 27日)

480) 오도일(吳道一) : 1645~1703. 본관은 해주(海州), 자 관지(貫之), 호 서파(西坡)이다. 1687년(숙종13) 승지가 되어 나양좌 등을 옹호하다가 파직되었다.

황공의 일은 비록 삼학사(三學士)[482]와는 차이가 있다고는 하나, 그 일은 존주(尊周) 의식에서 나왔고 마침내 참혹한 화를 당했으므로, 오늘날에 이르러서도 사람들이 지극히 슬퍼하고 애통해 하고 있다. 그런데 이 사람에 대해서 도리어 패만한 말을 더하였으니, 어찌 몹시 온당치 못한 일이 아니겠는가?" 하니, 현 영감이 말하기를, "저는 들은 적이 없는데, 과연 그런 일이 있었다면 잘못된 것입니다." 하였다.

다음 날, 노인이 지 대감과 함께 현 영감의 숙소에 가서 현 영감을 만났다. 박태은(朴泰殷)[483] 형제와 송주석이 모두 한 쪽 구석에서 자리를 함께 하며 모시고 있었다.

노인이 송주석에게 말하기를, "너와 조능(祖能)이 -박태은의 자(字)- 모두 자리에 있으니, 모름지기 각각 너희들의 뜻을 말하거라." 하자, 송주석이 대답하기를, "요사이 중간에 말들이 어지럽게 있었지만 저는 하나도 곧이 듣지 않고 '조능(祖能)이 어찌 우리 집안의 어른께 이와 같은 말을 했겠는가?' 라고 생각하였습니다. 조능의 마음인들 또한 어찌 우리와 다르겠습니까?" 하니, 조능이 말하기를, "저는 일찍이 정능(鄭棱)[484] -정인홍의 손자이다.- 이란 자가 있는 줄을 몰랐는데, 제가 정능에 대한 말을 하였다고 하니 너무도 괴이합니다." 하였다.

노인이 조능에게 말하기를, "내가 평생 주자(朱子)를 배우기를 원하였지만, 한 가지 일도 비슷한 것이 없다. 그래도 다만 농담 한 가지는 배웠으니,

---

481) 황의주(黃義州)의 일 : 황의주는 의주부윤을 역임한 황일호(黃一皓, 1588~1641)를 가리킨다. 본관은 창원(昌原), 자 익취(翼就), 호 지소(芝所)이다. 병자호란이 일어나자 인조를 호종하여 남한산성에 들어가 독전어사(督戰御史)로 전공을 세웠고, 척화를 적극 주장하였다. 1638년(인조16) 의주 부윤으로 있으며 명나라를 도와 청나라를 치고자 최효일(崔孝一) 등과 모의하다가 그 사실이 발각되어 1641년 청나라 병사에게 피살되었다. 좌찬성에 추증되었으며, 시호는 충렬(忠烈)이다.

482) 삼학사(三學士) : 병자호란 때 항복을 반대하던 홍익한, 오달제, 윤집을 말한다. 청나라에 대해 끝까지 주전론(主戰論)을 펴다가 인조가 삼전도에서 항복한 뒤 척화신으로 심양에 잡혀가 죽임을 당하였다. 이 시기 반청 척화 의리의 상징이었다.

483) 박태은(朴泰殷) : 1650~1696. 본관은 반남(潘南), 자 조능(祖能), 호 극재(克齋)이다. 조부는 홍문관 교리 박의(朴漪)이고, 부친은 박세채이다. 관직은 판관(判官)을 지냈다.

484) 정능(鄭棱) : 정인홍(鄭仁弘)의 손자로, 정인홍의 악행을 도왔다는 비판을 받았다.

그대는 모름지기 내가 왕방(王雱)이라고 농담한 것[485]에 대하여 노여워하지 말게나."라고 하니, 현 영감이 말하기를, "이 아이는 늘 장석의 보살핌과 사랑을 믿고서 스스로 '생각한 것이 있으면 숨기지 말아야 한다.'고 생각하고 말한 것이 여기에까지 이른 것입니다." 하였다.

이것이 그 날 서로 주고받은 말의 대략인데, 그 사이에 있었던 말들이 와전된 것이 많았다. 그리하여 의논을 좋아하는 자들이 이것들을 부풀려서 다시 갈등을 일으킬까 두려워 이와 같이 간략하게 적어 둔다.

---

485) 왕방이라고……것 : 왕방(王雱, 1044~1076)은 송나라 왕안석의 아들이다. 왕안석의 신법(新法)에 조력하였으며, "한기(韓琦)와 부필(富弼)을 저자에서 효수(梟首)해야만 법이 시행될 것이다."라는 말까지 하여, 도학자들로부터 증오를 받았다. 송시열이 박세채와 함께 태조 추시 문제를 논하다가 의견이 맞지 않았는데, 박세채의 아들 박태은이 옆에 있다가 태조를 깎고 배척한 중국 사람의 글을 송시열에게 보인 일이 있었다. 이에 송시열이 돌아와서 말하기를, "불행하게도 오늘에 와서 다시 왕방을 보게 되었다."고 하였던 일을 가리킨다.(『宋子大全·年譜8』)

후동문답[486]
後洞問答

(1)[487] 손님이 주인에게 물었다.

“이산(尼山)[488]의 윤씨 일은 위로 조정의 신하로부터 아래로 선비에 이르기까지 각각 시비를 세워 부추기고 억누르는 것이 현격한 차이를 보이는데 금일 나양좌(羅良佐)의 상소가 나온 후로[489] 논의가 더욱 과격해져 온 세상이 거센 파도에 휩쓸린 듯하다. 어떻게 하면 그 실상을 알 수 있겠는가?”

주인이 말하였다. “이는 정하기 어렵지 않는 의논인데, 세상에는 그 본말을 상세히 아는 사람이 없다. 공격하는 자가 그 근원을 논파(論破)하지 못하고 주장이 모호하므로, 구원하는 사람이 할 말이 있게 되어 시끄럽게

---

486) 장서각 소장 『江上問答·後洞問答』(청구기호 K2-159, 등록번호 41006576v1)을 교본으로 하였다. 「후동문답」은 노론과 소론 사이의 있었던 회니시비(懷尼是非)의 원인과 전말(顚末)을 노론의 시각으로 정리한 글이다. 객(客)과 주인(主人)을 설정하여 소론의 입장을 대변하는 객과 노론의 입장을 대변하는 주인이 문답하는 형식으로 되어 있으며, 마지막에는 객이 주인에게 설복(說服) 당하는 것으로 맺음하고 있다. 윤증의 동생 윤추는 『농은유고 별집(農隱遺稿別集)』「청송재변록(靑松齋辨錄)·후동문답변(後洞問答辨)」에서, 「후동문답」의 저자는 충청도 회덕읍(懷德邑) 후동(後洞)에 사는 송규창(宋奎昌)으로 알려져 있으나 사실은 송시열이 자작한 후 이를 송규창에게 보낸 것이라고 주장하였는데, 그 이유로 윤추는 이 문답의 많은 내용이 송시열이 이단상의 아들 이희조와 문답한 「희조문답(喜朝問答)」에 이미 보이고 있음을 들고 있다. 또 윤추에 따르면 당시 송규창은 안면에 종기가 심한 상태라 송시열이 보내온 글을 읽지도 못했을 뿐만 아니라, 그 아들에게 말하기를, “나는 장차 죽을 것인데 무슨 마음으로 이 글을 보겠는가. 또 내가 지은 것이 아닌데도 내 글이라 말하니 어찌 답답하지 않겠느냐.[我方將死, 何心看此乎? 且非我之作而謂我之文, 豈非可悶乎.]” 하고, 며칠 후 죽었다고 한다.

487) 손님의 질문을 기준으로 일련번호를 부여하였다.

488) 이산(尼山) : 충남 논산시 노성(魯城)이다. 윤선거·윤증 가문이 세거(世居)하였던 곳이다.

489) 나양좌(羅良佐)의……후로 : 나양좌(1638~1710)는 윤선거의 문인으로 1687년(숙종13) 3월 송시열에게 배척받은 스승의 억울함을 항변하는 상소를 올렸다가 영변에 유배되었다.

다투며 변론하였다. 이러한 일이 끝이 없어 사(邪)와 정(正)이 서로 섞이고 의리가 점차 어두워져 세도에 해를 끼침이 이루 말할 수 없으니, 내 마땅히 그대를 위해 일의 시종(始終)을 거슬러 올라가 말해 보겠다.

윤선거는 팔송(八松) 윤황(尹煌)의 아들이다. 팔송은 정묘년(1627, 인조5)부터 존주(尊周)의 의리[490]를 힘써 주장하였고, 선거 또한 일찍이 부형(父兄)의 가르침을 이어 척화의 의논을 주도하였다. 병자년(1636, 인조14) 봄 오랑캐가 황제라 참칭하고 사신을 보내어 우리에게 성세를 자랑하니, 선거가 의기를 일으켜 많은 선비들을 고무하고 직접 상소를 지어 오랑캐 사신의 목을 베라고 청하였다.[491] 그 소에 말하기를, '차라리 의를 지키다 죽을지언정 의를 저버리고 살 수는 없습니다.' 하였다. 오랑캐 사신이 이 말을 듣고 두려워 달아났으니, 그때의 언론은 실로 사람으로 하여금 공경하는 마음을 불러일으켰다.

호란이 일어났을 때에는 강화도에 들어가 분사(分司)[492]에 글을 올려 눈앞의 안일만을 도모하는 작태를 책망하여 말하기를, '지금은 와신상담을 해야지 술잔을 들 때가 아닙니다.' 하였다. 또한 강을 건너 전진하여 근왕(勤王)을 위한 거사를 행하자고 청하였으나 분사에서 들어주지 않으므로, 마침내 사우(士友)들과 약속하기를, 의로운 군사가 되어 성문을 나누어 지키자고 하였다. 권순장(權順長)과 김익겸(金益兼)은 남문을 맡고, 선거는 동문을 맡아 서로를 격려하며 죽음으로써 지킬 계책을 세웠다.

이에 사우들은 죽음으로써 함께 하자는 말을 깊이 믿었을 뿐만 아니라 사람들 모두 생각하기를, '이 사람은 의로운 선비이다. 그 자처하는 바가 이처럼 당당하니 사람들을 책려하듯 자기에게도 그러할 것이 틀림없으며,

---

490) 존주(尊周)의 의리 : 존주양이(尊周攘夷), 즉 주나라를 존숭하고 이적을 물리침을 가리킨다. 여기에서는 정통의 명나라를 존숭하고 이적인 청나라를 배척하는 것을 뜻한다.

491) 선거가……청하였다 : 1636년(인조14) 후금(後金)이 스스로 황제라 칭하며 사신을 보내왔을 때 성균관 유생이었던 윤선거가 소두(疏頭)로서 두 차례의 상소를 올려 '오랑캐 사신의 목을 베어 대의를 밝힐 것'을 청하였던 일을 말한다.

492) 분사(分司) : 중앙 관청의 일을 나누어 맡은 관청이다. 병자호란을 당하자 봉림대군이 강화도로 들어가 분사를 관장하였다.

나라를 위해 죽겠다는 말도 분명 의심할 것이 없다.' 하였다. 이윽고 성이 함락되자 적병이 난입하였는데, 오랑캐 장수가 사족 부녀자들을 핍박하여 앞에다 세워두고 몇 사람을 베어 죽이며 말하기를, "무릎을 꿇고 투항하면 살 것이요, 그렇지 않으면 모두 이와 같이 될 것이다." 하였다. 이에 성에 가득한 충렬(忠烈)의 선비들이 분개하여 자결하지 않는 사람이 없었고, 권순장과 김익겸 등은 선거와 죽음을 걸고 약속한 사람들이었으므로 평소의 뜻을 저버리지 않고 지키던 성첩(城堞)에서 죽었다. 이돈오(李敦五) 또한 함께 약속했던 사람으로서 지키고 있던 곳에서 목을 매어 죽었고, 선거의 처도 선거와의 약속으로 인해 그의 눈앞에서 자결하였다. 그러나 유독 앞장서서 의기를 부르짖었던 선거는 죽음을 결단하지 못하여 죽지 않았을 뿐만 아니라 오랑캐의 말에 굴복하여 그들 앞에서 무릎을 꿇었다. 이어 진원군(珍原君)이 사명(使命)을 받들고 가는 행렬에 붙어 이름을 선복이라 고치고 노복이 되어 탈출하여 돌아왔다.

그 낭패하고 구차스러운 형상은 부끄러워하기에 충분하였으니, 이는 남의 말을 기다리지 않아도 그 또한 씻기 어려운 허물임을 알고 있었다. 그래서 난이 평정된 후, 전리(田里)로 물러가 부끄럽고 괴로운 마음으로 스스로를 폐고(廢錮)하고 과거에 나아가지 않았으며, 아내가 자기로 말미암아 죽었다 생각하고 다시 부인을 맞아들이지 않았다. 이어 돌아가신 문경공(文敬公, 김집의 시호) 문하에 나아가 가르침을 받고 강학(講學)하였다.

문경공은 생각하기를, '「사람이 자기를 깨끗이 하여 찾아오면 그 찾아옴을 인정할 뿐이요, 물러간 뒤에 잘못하는 것을 인정하는 것은 아니다.」[493] 하였으니, 이는 성인의 가르침이다. 강화도에서 있었던 선거의 일은 비록 심히 의리에 어긋나지만, 그가 이미 자신의 잘못을 알고 뉘우치며 허물을

493) 사람이……아니다 : 『논어』 「술이(述而)」에 "사람이 자기를 깨끗이 하여 찾아오면 그 깨끗이 한 것을 인정할 뿐이요 지난날의 잘잘못을 추궁할 수는 없는 것이다. 그 찾아옴을 인정할 뿐이요 물러간 뒤에 잘못하는 것을 인정하는 것은 아니니, 어찌 심하게 할 것이 있겠는가.[人潔己以進, 與其潔也, 不保其往也. 與其進也, 不與其退也, 唯何甚.]"라고 한 공자의 말을 인용한 것이다.

고치고자 하니 어찌 스스로를 새롭게 할 길을 열어주지 않을 수 있는가.' 하였다. 완남(完南) 이후원(李厚源)이 말하길, '허물 중에는 고칠 수 없는 허물이 있으니, 윤선거의 이 허물은 뉘우치고 자책한다고는 하나 어찌 고칠 수 있는 허물이겠는가. 공자의 가르침에도 작은 허물은 용서하라 하셨지만 큰 허물을 용서하라는 말씀은 없으셨다. 작은 허물은 일에 있어 해악을 끼치지 않을 수도 있으나 큰 허물은 세교(世敎)에 관계되므로 가벼이 용서할 수 없다.' 하였다.

그러나 문경공이 차마 끝내 사절하여 물리치지 못하시고 거두어 가르쳤으니, 당시의 현인들 또한 그가 잘못을 깨달았으니 선하다 생각하고 함께 어울려 교류하였다. 이에 윤선거의 명성이 자자해져 주상의 부르심을 여러 차례 받았으나 선거는 감히 받아들일 수 없다면서, '의리에 대처한 것이 형편없었다[處義無狀]'고 스스로 진달하고는 '죽을죄를 지은 신하[死罪臣]'라 자칭하며 통렬히 자책하는 뜻을 보였다. 이에 군신 상하가 모두 그의 말을 믿어 옛 허물을 다시 마음속에 담아두지 않고 그의 새로워진 면모를 아름답게 여겼다.

그 후 윤휴가 주자를 모욕하고 업신여겨 외람되이 『중용장구(中庸章句)』의 내용을 고치고 자기의 소견으로 별도의 새로운 견해를 세웠다.494) 대로(大老)495)가 경악하여 그를 이단(異端)으로 배척하니 선거가 윤휴의 이 일은 새로운 것을 좋아하고 기이한 것을 숭상한 데 불과하니 갑작스레 이러한 얘기를 내세워 싸움거리를 만들면 안 된다고 하였다. 그가 윤휴에

---

494) 윤휴가……세웠다 : 윤휴의 『중용』 관련 저술로는 「공자달도달덕구경지도(孔子達道達德九經之圖)」·「중용지도(中庸之圖)」와 「중용장구차제(中庸章句次第)」·「분장대지(分章大旨)」·「중용주자장구보록(中庸朱子章句補錄)」 등이 전해진다. 이를 통해서 윤휴는 주자의 『중용장구』의 4대절 33장 체재를 따르지 않고 10장 28절 체재를 주장하였다. 한편 윤휴는 『중용』뿐만 아니라 『논어』, 『맹자』, 『대학』, 『효경』 등에 대해 종래 주자의 경전 해석을 비판하고 주자의 장구(章句)와 주(註)를 수정, 독자적인 해석을 내놓았다. 송시열은 이것을 계기로 윤휴를 사문난적(斯文亂賊)이라고 비난하였다.

495) 대로(大老) : 존경 받는 어진 노인이라는 뜻으로 이 글에서는 송시열을 지칭하는 용어로 사용되었다.

대해 함께 배척하지 않았을 뿐만 아니라 윤휴를 힘써 구하려 하자, 대로가 말하기를, '주자의 가르침은 하늘 한 가운데 떠 있는 태양과 같으니 여기에 감히 이의를 제기하는 자가 있으면 이는 곧 사문(斯文)의 난적(亂賊)이다.' 하였다. 선비가 되어 엄히 배척할 생각은 하지 않고 도리어 그 사람을 곡진히 비호한다면 그 사람의 학술은 이미 알 수 있다. 하물며 선거는 문간공(文簡公, 성혼의 시호)의 외손으로서 세상에 명성을 얻고 있었는데, 이러한 사람이 만약 잘못된 길로 들어가 휴와 함께 당을 이룬다면 세도에 해가 됨이 이루 말할 수 없겠기에 진심으로 충고도 하고 책망도 해 보았으나 선거는 끝내 듣지 않았다.

일찍이 현인들과 함께 산사(山寺)에 모였을 때[496] 대로가 또 이전의 말을 거듭하여 휴를 엄히 배척하지 못한다고 책망하니 선거가 비로소 말하기를, '만약 음(陰)과 양(陽), 흑(黑)과 백(白)으로 말한다면 휴는 음이요 흑이니 내 마땅히 그와 절교하고 함께 벗하지 않겠다.' 하였다. 이에 대로가 말하기를, '이로써 그대에 대한 의혹이 시원하게 풀렸다.' 하였다. 그런데 얼마 지나지 않아 선거가 전에 했던 말을 또 번복하여 말하기를, '흑과 백, 음과 양으로 말했던 것은 다만 그의 논의에 대해서 말한 것이고, 이 사람의 인품에 대한 판단은 또 별개의 일이다.' 하였다. 이미 '음'이라 말하고 '흑'이라 말하며, 또 '내 마땅히 절교하고 함께 벗하지 않겠다.' 하였으면 그 결심에 다른 여지가 없어야 하거늘 어찌 다시 인품과 논의를 나누어, 맺고 끊음이 분명치 못한 말을 하는가. 하물며 말이란 것은 마음이 드러나는 것인데, 인품은 양이고 백인데 논의는 음이고 흑이라는 말은 예부터 지금까지 들어본 일이 없다. 이것이 과연 말이 되는가?

어떤 사람은 말하기를, '선거가 대로의 말을 들은 이후로 윤휴에게 가는 발걸음이 뜸해지자 윤휴가 크게 분노하여 강화도의 일을 거론하며 말하기를, 「내가 그와 교류한 것이 치욕스럽다. 이제 그가 나를 배반하고자 하니 내게는 시원한 일이다.」 하였다. 이에 선거가 자신의 일이 드러날까

496) 산사(山寺)에……때 : 1665년(현종6) 동학사(東鶴寺)에서의 모임을 말한다.

두려워하여 크게 겁을 먹고는 다시 그와 친하게 지내며, 마침내 인품과 논의를 나누는 이 말을 한 것이다.' 하였다. 그 전후의 말이 변화무쌍하여 믿기 어려운 것을 보면 이는 실로 진실에 가까운 말이다.

기해년(1659, 현종 즉위년), 경자년(1660, 현종1) 예론(禮論)이 일어났을 때 윤휴 또한 3년복을 입어야 한다는 의론을 주장하였고, '종통을 둘로 만들고 군주를 낮추었다[貳宗卑主]'는 논의를 앞장서서 제기하였다.[497] 윤선도(尹善道)가 그 주장을 그대로 따라 상소하였는데 이 말에 내포된 참혹함은 역모를 고변하는 글과 다름이 없었다.[498] 이에 온 세상이 다 휴가 근본이요 선도가 지엽이라 하고, 선도의 말이 곧 휴의 뜻이라 하였다. 선거는 본래 휴에 대한 정이 두터웠으므로, 휴의 위험한 마음이 훤히 드러나 가릴 수 없음을 보고도 그가 사림에게 화를 전가하는 말을 하려 한 것은 아니라고 하며 항상 비호하였다. 당시의 사류들이 또한 선거가 휴의 입장을 치우치게 비호한다고 의심하자, 선거는 본디 세상 물정에 익숙하고 오로지 자신과 명예를 보전하는 것을 위주로 하는 사람이었으므로, 마음으로는 휴를 버리지 않았으면서도 한 쪽 편 논의[499]가 자기와 휴를 한통속으로 단정할까 봐 사람들과 논의할 때 겉으로는 휴를 배척하는 말을 하였다. 이는 진실로 기만적인 방식이라 할 만하니, 그 거짓됨을 어찌 알 수 있었겠는가. 이것이 대로가 그의 가식적인 말에 속아 생전에 그를 인정한 까닭이다.

---

497) 기해년……제기하였다 : 1659년 효종의 상(喪)에서 자의대비(慈懿大妃) 조씨가 입을 상복 기간에 대하여 송시열은 1년설, 윤휴는 3년설로 그 견해를 달리하였다. 이때 윤휴는 효종에 대해 왕실의 종통을 계승한 적자로 인정하여 3년복을 입어야 한다고 주장하며, 기년복을 주장한 송시열의 주장이 '군주를 낮추고 종통을 둘로 만들었다.[卑主貳宗]'고 비판하였다. 이를 두고 송시열은 윤휴가 자신을 효종의 정통성을 부정하는 것으로 몰아서 서인 전체를 일망타진하려는 계책을 세운 것이라 비난하였다.

498) 윤선도가……없었다 : 1687년(숙종13) 3월에 나양좌가 올린 상소에 따르면, 송시열은 '군주를 낮추고 종통을 둘로 만들었다.'고 한 윤휴의 주장이 자기를 죽이려는 음모였고, '서자가 승중하더라도 3년복을 입어야 한다.'고 한 윤선도의 상소 또한 그러한 윤휴의 사주를 받은 것이라고 인식하고 있었다.

499) 한 쪽 편 논의 : 저본의 "일번(一番)"은 흔히 학파나 당파, 정치적 견해가 다른 상대편에 대한 지칭으로 쓰인다. 여기서는 서인을 가리키는 것으로 보인다.

그의 아들 윤증이 아버지의 묘문(墓文)을 대로에게 청하면서, 자기 아버지가 기유년(1669, 현종10)에 대로에게 보내려 했던 편지[500]를 가지고 와 보였다. 그 편지는 처음부터 끝까지 모두 휴를 옹호하는 말이자, 대로가 여러 사람의 지혜를 한데 모아 함께 일하려[聚精會神] 하지 않는다고 책망하는 내용으로서, 예전에 윤휴를 공격하여 배척하였다고 말한 것과는 판이하게 다른 말이어서 윤선거가 줏대 없이 이리저리 흔들린 흔적이 드러난 것이었다. 또 선거의 장례식 때 휴가 아들을 보내 부의하고 제문을 지어 올렸는데, 그 제문에 이르기를, '그대는 내가 망령되이 세상의 화에 얽혀들고 있다 했고, 나는 그대가 스스로의 주관을 지키지 못한다고 말했지요.' 하였다. '스스로의 주관을 지키지 못한다.'고 한 것은 선거가 본래 자기를 비난할 뜻이 없었는데 대로의 선동을 받아서 자신의 주관을 지키지 못했다는 것이다. '망령되이 세상의 화에 얽혀들고 있다.'고 한 것은 대로에게 화를 일으킬 마음이 있는데 휴가 멋모르고 얽혀 들어갔다는 것이다. 그 말뜻을 보면 선거는 단지 휴에게 화를 일으킬 마음이 있다고 말하지 않았을 뿐만 아니라 도리어 대로에게 화를 일으킬 마음이 있었다고 여긴 것이니, 아! 이것이 무슨 말인가. 선거가 평소 휴를 옹호하는 마음을 가지고 있었다 해도 대로에게 독을 품고 남몰래 음해하는 것이 이처럼 심할 줄 어찌 알았겠는가.

윤휴가 종통을 둘로 만들고 군주를 낮추었다[貳宗卑主]는 말을 했으니, '화심(禍心)' 두 글자는 의당 돌아갈 데가 있었고 선류(善類)는 매우 위축되었다. 비록 대로를 원수로 보는 자로 하여금 말을 하게 해도 감히 이러한 말들을 더하지 못할 것인데 선거의 말이 이러한 지경에 이르렀으니 그 마음 둔 곳을 진실로 헤아릴 수 없다. 또 듣기에 선거가 일찍이 예론에 대해 이쪽저쪽 사람들과 말을 하였는데, 대로와 친한 이에게는 '기년복이

---

500) 기유년에……편지 : 「기유의서(己酉擬書)」를 말한다. 「기유의서」는 1669년(현종10) 윤선거가 죽기 직전에 송시열에게 보내려 했던 편지로, 여기에는 송시열의 정치 행태를 비판하는 내용이 다수 담겨 있었다. 이 편지에서 윤선거는 "윤휴나 허목도 어디까지나 사류(士類)에 속하는 신분이니, 비록 그들에게 과오가 있다 하더라도 참적독물(讒賊毒物)로만 단정하지 말고 너그럽게 대해야 한다."고 주장하였다.

옳다.' 하고 휴와 친한 이에게는 '삼년복이 옳다.' 하였다고 한다. 그의 이러한 행동을 책망하는 사람이 있으면, '변화하는 상황에 대처하는 도리가 어찌 그렇지 않을 수 있겠는가.' 하였다. 두 얼굴로 이야기하는 것은 천한 하인도 부끄러워하는 짓인데 명색이 유자로 자처하는 사람이 차마 이럴 수가 있는가? 또 사람에 따라서 말을 달리 하니 그 사람의 마음가짐이 어떠한가?

대로가 이 몇 가지 일을 가지고 선거의 평생 언행이 모두 가식이었다고 생각하여 비문에 그를 찬양하는 말을 쓰지 않았고, 연제(練祭) 때에는 제문을 지어 책망하였다.[501] 증이 이 일로 말미암아 원한을 품어 삼십 년 간 스승으로 섬겼던 의리를 배반하고, 치우치고 도리에 어긋난 말로 심히 무함하고 모욕하였다. 세상 사람들이 선거의 실상을 자세히 알지 못하고 앞 다투어 생각하기를, 대로가 일찍이 선거와 더불어 덕(德)을 같이 하는 사이였는데 선거가 죽은 후 단서도 없이 배척하고 비난하니 그 아들이 원망을 품게 된 것은 도리상 당연하다고 하면서 공(公)과 사(私), 시(是)와 비(非)를 다시 살펴 분별하지 않으니, 온 세상이 휩쓸려 들어가 마침내 당론을 이루게 되었다.

아! 이 어찌 대로를 아는 자라 하겠는가. 대로가 평소 선거에게 정성을 다하여 시종일관 충고하고 권면했던 일이 한두 번이 아니었다. 만일 선거 생전에 그의 이러한 마음을 알았다면 반드시 반복하여 깨우치고 잘못을 그치게 했을 텐데, 그 생전에 가리고 숨겼던 것이 그가 죽은 후에야 비로소 드러났다. 죽은 이를 구천에서 일으키기 어려워 경계하고 인도할 방법이 없으므로 부득불 탄식하고 애석해하는 뜻을 대략 제문에

---

501) 연제(練祭)……책망하였다 : 연제 때 지은 제문이란 1670년(현종11) 4월 14일에 송시열이 윤선거의 일주기 제사 때 지은 제문을 말한다. 송시열은 윤선거의 일주기를 맞아 쓴 이 제문에서, 훗날 "윤선거 생전에 묻지 못했던 것을 제문으로 물었다."고 스스로 토로했을 만큼, 윤휴를 옹호하였던 윤선거에 대한 의혹을 뚜렷이 드러내었다. 이 제문에서 송시열은 생전의 윤선거가 윤휴는 옹호하면서 윤선도는 비판하였던 것을 두고, 윤휴와 윤선도를 달리 볼 수 없으므로 윤휴를 용서할 바에는 차라리 윤선도도 용서하라는 말로 강한 비판의 뜻을 나타냈다.(『宋子大全·祭尹吉甫文[再祭文]』) 본서의 앞부분에 수록되어 있다.

썼으니 이는 붕우 간에 책선(責善)하는 의리는 삶과 죽음으로 달라지지 않기 때문이다. 그러나 윤휴와 당을 이룬 종적이 이처럼 뚜렷이 드러났다 해도 이 때문에 난 후 그가 뜻을 굳게 세운 것까지 함께 가릴 수는 없었다. 그래서 강화도의 일을 말하는 사람이 있으면 반드시 뉘우치고 자책한 일을 가지고 선거를 구해주었고, 목천(木川) 사람이 선거를 오랑캐의 포로[俘虜]라 배척[502]하였을 때에는 그 사람을 호향(互鄕)[503]으로 지목하기에 이르렀으니 대로가 선거를 저버린 일이 무엇인가? 대로가 상소에서 '교분은 일찍이 변한 적이 없습니다."[504] 한 것은 이를 말함이었다.

윤증이 사국(史局)에 보낸 편지[505]에서는 자기 아버지가 강화도에서 죽지 않은 일이 도리에 충분히 합당했다 하면서 도리어 권순장·김익겸 두 공의 당당한 절의를 일러 '반드시 죽을 의리는 없었다.'고 하였다.[506]

---

502) 목천(木川)……배척 : 목천에서 윤선거를 이산서원(尼山書院)에 배향(配享)하는 일을 두고 이에 반대하는 통문(通文)이 있었던 일을 말한다. 그 내용 가운데 "강도(江都)의 부로(俘虜)를 어찌 함께 배향하여 제사할 수 있겠는가."라는 말이 있었다. 목천은 현재의 천안시 목천면이다.

503) 호향(互鄕) : 춘추시대 노나라의 고을 이름인데, 여기에서는 『논어』「술이」의 "호향은 풍속이 좋지 못하여 그곳 사람들과는 상대하기 어렵다."는 말을 목천 고을에 비유한 것이다.

504) 교분은……없습니다 : 주자가 평생 동안 육상산을 배척하였으나 서로간의 교의(交義)는 끊지 않았던 것처럼 자신과 윤선거도 소견이 달랐지만 그 교의는 변한 적이 없다고 한 구절을 가리킨다.[朱子之一生所觝排者陸氏……而交義不替……臣於宣擧, 雖所見背馳, 而交義則未嘗替].(『宋子大全·論大義仍陳尹拯事疏』 및 『肅宗實錄』 13年 2月 4日)

505) 윤증이……편지 : 1681년(숙종7) 『현종실록』을 개수할 때 완녕군(完寧君) 이사명(李師命)이 사국의 글을 가지고 윤증에게 알리기를, "일기 가운데 윤선거에 대해 논한 곳이 두 곳이었는데, 한 번은 칭찬하고[褒] 한 번은 비판하였다[貶]"고 말하면서 강도의 일에 대한 시말을 물었다. 이때 실록청 총재였던 김수항, 판서 이단하도 각각 나양좌와 박세채를 통해 윤증에게 질의하였다. 이에 윤증이 이사명, 김수항, 이단하에게 답하는 편지를 써서, "이이는 입산했던 과실을 면할 수 없으나 선친은 처음부터 죽어야 할 이유가 없었다."고 하며 강화도에서 윤선거의 처사가 도리에 어긋난 것이 아니었음을 주장하였다. 윤증의 편지에 대해 노론측은 윤증이 부친인 윤선거를 비호하고자 도리어 죽어서 절개를 지킨 신하들은 물론 한때 선현인 이이까지도 모욕했다고 비판하였다. 이에 대해 소론측은 정작 윤증이 편지를 보낸 1681년(숙종7)에는 문제 삼지 않다가 송시열과 윤증의 갈등이 심화된 1685년이 되어서야 윤증을 공격하는 근거가 되었다는 점을 문제 삼았다.

506) 권순장……하였다 : 윤증은 사국(史局)에 보낸 편지에서 병자호란 당시 강도사(江都事)의 시말을 논하며 "권순장과 김익겸이 남문에 없었다면 반드시 죽어야 할 이유가

또 말하기를, '아버지가 스스로 「구차하게 모면했다」면서 통렬히 자책한 것은 곧 효종대왕을 위해 「거 땅에서 있었던 일을 잊지 말자[毋忘在莒]」[507]는 뜻으로 말한 것이다.' 하였다. 종신토록 벼슬하지 않은 것은 실로 분수를 지키면서 역량을 헤아려 보고 입조(入朝)하겠다는 의미였지 강화도의 일을 가지고 말한 뜻은 아니라 하였다. '죽을죄'라 한 것은 다만 소명(召命)을 어긴 것을 큰 죄라 한 것일 뿐이라고 했으며, 노복이 되어 구차하게 모면한 일은 감히 공자가 미복(微服)한 일[508]에 비견하며 불가할 것이 없다고 하였다. 또 율곡이 입산한 일을 끌어다가 감히 자기 아버지와 비교하여 말하기를, '율곡은 진실로 입산한 잘못을 모면하지 못하였지만 선인(先人)이 죽지 않은 것은 처음부터 죽을만한 의리가 없었기 때문이다.' 하면서 도리어 그 아비를 율곡의 위에 두어 일세를 속이고 과장되게 자랑하였다.

윤증이 선거에 대해 '부자가 서로 자기를 알아주는 사람[知己]이 되었다.' 하였으니 이는 그 아버지의 뜻을 아들이 마땅히 안다는 것이다. 그러므로 '죽지 않은 것이 도리에 충분히 합당하다.' 한 것은 그 아버지가 본디 자신이 죽지 않은 것을 도리에 당연하다고 생각하였으며, 사우들과 죽음으로 약속한 것은 본래의 뜻이 아니라는 것이다. 또 '자책한 것과 벼슬하지 않은 것은 강화도의 일 때문에 그러한 것이 아니다.' 하였으니, 이는 그 아버지가 본래 강화도의 일에 대해 뉘우치거나 자책하는 마음이 없었고 스스로를 폐고할 뜻도 없었다는 것이다. 또 말하기를, '죽을죄라 칭한 것은 다만 명을 어겼기 때문이다.' 하였으니, '다만'이라는 글자만 보아도 그 아버지에게 털끝만큼도 자신의 죄라 생각하는 뜻이 없었음을 알 수

없었을 것이다."라고 하였다. 이 내용이 1685년(숙종11)에 드러나 여론이 비등하였는데, 송시열을 비롯한 노론측은 윤증이 부친을 비호하려다가 도리어 죽음으로 절의를 지킨 신하들을 모욕했다고 비판하였다.

507) 거……말자[毋妄在莒] : 춘추시대 제(齊)나라 소백(小白)이 포숙아(鮑叔牙)와 함께 거(莒) 땅으로 망명했다가 귀국해서 환공(桓公)으로 즉위하였는데, 이때 포숙아가 축배를 들며 "거 땅에서 있었던 일을 잊지 말라."고 당부했던 고사를 말한다.

508) 공자가……일 : 공자가 송(宋)나라를 지날 때 송나라의 사마(司馬) 환퇴(桓魋)가 공자 일행을 포위하여 공자를 살해하려 하자 공자가 미복을 입고 빠져 나간 일을 말한다.

있다. 더욱이 노복이 되어 구차히 모면한 일을 공자가 미복한 일에 견주고, 죽지 않은 일을 도리어 율곡이 입산한 일 위에 두었으니 그 마음은 단지 죽지 않은 일을 부끄럽게 여기지 않았을 뿐만이 아니었다.

그러한즉 병란 후 벼슬하지 않은 일과 사람들에게 한 자책의 말은 모두 가식이요, 신재(愼齋, 김집) 선생과 여러 현인들이 받아들이고 양조(兩朝, 효종·현종)에서 예우한 성대한 뜻은 모두 헛된 것이 되고 말았다. 이로써 논한다면 선거는 과연 어떠한 사람이 되는가? 윤증의 편지가 나온 이후 예전에 윤선거를 인정하고 받아들인 사람들이 깜짝 놀라 의아해 하며 모두 말하기를 '자식이 되어 그 아비를 이와 같이 무함하니, 이는 허물을 잘 고친다 하여 우리가 선거를 받아들인 것이 잘못이었다고 하는 것이다.' 하였다. 일이 이렇게 된 후로 대로가 어찌 마음에 의심이 없을 수 있으며, 다시 무슨 말로 선거가 허물을 고쳤다고 애써 칭찬하며 준엄한 사론을 억누른단 말인가.

그러나 이 한 가지 일로 인해 조정의 의론이 어지러워지고 난망(亂亡)의 조짐이 있게 되자 윤가(尹哥)와 관련된 얘기는 절대 입 밖에 내지 않았고 사람들이 비난하는 것을 보면 일체 엄금하였으며, 소동파의 '만일 청산을 대하여 세상일을 말한다면, 의당 큰 술잔으로 그대에게 벌주를 먹이리라[若對靑山談世事, 要須擧白便浮君]'509)라는 시구를 손수 써서 경계하였으니, 이는 조금이라도 조정(調停)할 가망이 있을까 기대했기 때문이다.

어느 시대인들 식견이 없겠는가마는, 의리가 어두워져 막히고 소문이 퍼져나가 논의가 편파적으로 치우치고, 이해의 소재에 따라 모두 얼굴을 바꾸어 자신들의 말에 근거가 없다는 것을 분명히 알면서도 서로 가려주고 숨겨주었다. 권순장·김익겸 같은 분의 큰 절의도 은폐하여 드러나지 못하게 하고 문성공(文成公, 이이의 시호)의 올바른 학문이 훼손되었는데

509) 만일……먹이리라 : 소식(蘇軾)의 증손신로(贈孫莘老) 시에 "아, 나와 자네는 오랫동안 무리를 떠났기에, 아무 일도 듣지 않아 귀와 맘이 다 식었으니, 만일 청산을 대하여 세상일을 말하거든, 의당 큰 술잔으로 자네에게 벌주를 먹이리라.[嗟予與子久離羣, 耳冷心灰百不聞, 若對靑山談世事, 當須擧白便浮君.]"라는 구절을 인용한 것이다.

도, 절의를 배척하고 정학(正學)을 업신여기는 것이 심히 해괴하고 도리에 어그러졌다는 것을 아는 사람은 하나도 없었다. 그리하여 '변형(變形)'이라는 말을 만들어내어 윤증의 말을 비호하고[510] 심지어는 삼학사(三學士)에게까지 조롱하고 비웃는 말을 하는 사람도 있었다.[511] 이대로 나아가면 절의는 점차 희미해지고 인심은 차츰 타락해져 삼강(三綱)이 사라지고 구법(九法)[512]이 무너져, 중국은 중국이 될 수 없고 인류는 인류가 될 수 없어서 금수가 인간을 핍박하는 우환이 있게 될 것이다. 조정할 방도는 이미 기대하기 어렵고 세도(世道)에 끼칠 해악은 장차 이루 말할 수 없게 될 것이니, 세상을 근심하였던 대로가 어찌 다시 옛 친구의 사사로운 정에 연연하여 그들을 물리치는 말에 소홀하겠는가. 이것이 대로가 상소에서 대략 운운하였던 까닭이다.

아! 예부터 사설(邪說)이 정론(正論)을 해치고 소인이 군자를 해치는 일이 한두 번이 아니었고, 공자·맹자 같은 성인이나 정자·주자 같은 현인도 욕보임을 면치 못하였다. 그러나 절의를 세운 사람을 침해하는 논의가 있었다는 말은 들어보지 못하였다. 정개청의 절의를 배척하는 논의[排節義之論][513] 또한 절의를 곧바로 배척한 것은 아니었다. 그 뜻은

510) 변형(變形)했다는……비호하고 : 여기에서 변형이란 몸의 형태를 바꾸었다는 말로, 율곡 이이가 입산하여 머리를 깎았다는 주장을 말한다. 윤증의 말을 비호했다는 것은 소론 세력이 이 주장을 통해 이이는 입산했던 과실을 면할 수 없다고 한 윤증의 말을 지원했다는 것이다.

511) 삼학사(三學士)에게까지……있었다 : 1668년(현종9) 좌의정 허적이 척화신(斥和臣)으로 심양에 잡혀가 죽임을 당하였던 삼학사에 대해 '분위기에 휩쓸려 과격한 논의'를 주장하였다고 평한 일이 있었다. 송시열은, 윤선거가 강화도에서 죽지 않은 것을 두고 도리에 합당하다 하고 권순장·김익겸 등 의리를 지키다 죽은 사람에 대해 도리어 죽어야 할 만한 의리가 없었다고 한 윤증의 주장은 곧 허적의 주장에 동조한 것이요, 삼학사를 조롱한 것이라고 주장하였다.

512) 구법(九法) : 구법은 『서경』 「홍범(洪範)」의 '구주(九疇)'를 가리킨다. 이는 천하를 다스리는 아홉 가지 대법(大法)으로, 곧 오행(五行)·오사(五事)·팔정(八政)·오기(五紀)·황극(皇極)·삼덕(三德)·계의(稽疑)·서징(庶徵)·오복(五福)이다.

513) 정개청의……논의 : 정개청이 지은 「동한절의진송청담설(東漢節義晉宋淸談說)」을 말하는데, 『우득록(愚得錄)』에는 「동한진송소상부동설(東漢晉宋所尙不同說)」이란 이름으로 실려 있다. 대략의 내용은 동한 이래 소위 알맹이 없는 허명의 절의를 비판한 글이었는데, 기축옥사 때에 정철의 당여인 정암수(丁巖壽) 등이 이를 '배절의

대략 '당고(黨錮)의 화를 당한 선비들이 과격한 의론으로 화를 불러들여 동경(東京)의 화를 촉발하였으니, 이는 절의가 너무 지나쳤던 것이다.'[514] 한 것이었다. 그런데도 선조(宣祖)는 오히려 그 말에 폐단이 있을까 우려하여 '절의를 배격하였다'는 명목으로 학궁에 방문(榜文)을 붙여 보였는데, 하물며 윤증은 권순장·김익겸을 가리켜 반드시 죽지 않아도 됐는데 죽었다고 한단 말인가? 양주(楊朱)·묵적(墨翟)은 인의(仁義)를 배웠으면서도 과오를 저질렀으니, 한 사람의 잘못된 소견이 처음에는 반드시 세상에 해를 끼치는 것은 아니라 해도 그 말류의 폐단이 아비도 모르고 임금도 모르는 지경에 이르게 되어 온 세상이 여기에 휩쓸리게 될 것이므로 맹자가 세도를 깊이 우려하여 있는 힘을 다하여 배척하였다.[515]

지금 윤선거의 일은 처음에는 다만 그의 지조가 견고하지 못하고 소견이 어두울 뿐이어서 큰 해가 없을 것 같았으나 이로 말미암은 여파와 폐해는 성현에 대해 경외할 줄 모르고 절의를 점차 배척하기에 이르렀다. 그러한 즉 선거의 말이나 일 하나하나에서는 대략 볼 만한 것이 있다 해도 그의 자그마한 절조 때문에 기울어가는 세교(世敎)를 구하지 않을 수는 없었다. 하물며 선거는 악인과 당을 이룬 형적이 이미 자기가 쓴 편지에 나타났고

론(排節義論)'으로 지목하여 정개청을 옥사에 연루시켜 죽음에 이르게 하였다.

514) 당고(黨錮)의……것이다 : 동경(東京)은 동한(東漢)의 수도 낙양(洛陽)으로서 서한(西漢)의 수도 장안(長安)에서 보면 동쪽에 위치하였으므로 별칭으로 쓰인다. 동한 말엽에 환관(宦官)들이 정권을 장악하였으므로, 환제(桓帝) 때에 진번(陳蕃)·이응(李膺) 등이 이를 미워하여 공박했는데, 환관들은 도리어 당인(黨人)이라고 지목하여 종신토록 금고(禁錮)하였다. 이를 당고(黨錮)의 변이라 한다. 이후 영제(靈帝) 때 또다시 진번 등이 환관들을 제거하려다가 일이 사전에 누설되어 환관 조절(曹節)이 두무(竇武)·진번·이응 등 1백여 인을 죽이고 전국 학자 6~7백 인을 연좌시켜 처벌하였다.(『後漢書·黨錮列傳』) 이에 대해 정개청은 후한(後漢) 광무제(光武帝)가 기절(氣節)을 숭상하여 조정의 풍조(風潮)를 이루게 되자 태학생과 사인(士人)들이 청의(淸議)를 조성하여 외척·환관과 격렬한 충동을 일으켰다고 기술하였다.

515) 양주(楊朱)·묵적(墨翟)이……배척하였다 : 양주는 의(義)를 강조하여 자신의 지조를 지켜야 한다는 위아설(爲我說)을 주장하였고, 묵적은 인(仁)을 강조하여 모든 사람을 똑같이 사랑하여야 한다는 겸애설(兼愛說)을 주장하였다. 이에 대해 맹자는 "양씨는 나만을 위하니 이것은 임금이 없는 것이며, 묵씨는 모두를 사랑하니 이것은 아버지가 없는 것이다. 아버지가 없고 임금이 없는 것은 금수이다.[楊氏爲我, 是無君也, 墨氏兼愛, 是無父也. 無父無君, 是禽獸也.]"라고 하며 배척하였다.(『孟子·滕文公下』)

구차하게 삶을 도모한 본심이 아들의 증언에서 저절로 드러났으니 그 해악은 세도를 어지럽히는데 그치지 않는다. 지금 조정이 분열되어 나라의 형세가 위태로운데, 주자가 말하기를, '사설(邪說)이 정론(正論)을 해치면 사람마다 모두 이를 공격할 수 있다.' 하였으니 어찌 반드시 대로의 말을 기다리겠는가.

애석하다! 세상에서 윤선거를 논하는 사람들이 바로 그 실상에 근거하여 배척하지 못한 것은 일찍부터 강학(講學)으로 유명하였고, 유일(遺逸)이라는 칭호가 있었기 때문이었다. 큰 명망으로 인해 명확한 말로 배척하지 못하고, 혹은 '유현(儒賢)'이라 하고 혹은 '절의(節義)'라 하며 애매모호한 말로 반은 칭송하고 반은 낮춘다. 이미 '유현'이라 했는데 어찌 악인과 당을 이루었다고 지목하며, 이미 '절의'라 했는데 또 어찌 구차히 모면했다고 배척하겠는가. 실제 형적이 아직 드러나기 전에는 함부로 가벼이 배척하기 어려웠지만 그의 본심이 이미 드러난 후에도 바로 말하지 못한단 말인가? 이렇기 때문에 그를 옹호하는 무리들이 그의 도덕을 추존하여 멀리는 주자의 도통에 잇고, 그의 절의를 칭찬하여 청음(淸陰, 김상헌의 호)과 같은 반열에 두었다. 한마디라도 그를 비판하면 바로 유현을 무함하고 절의를 배척한다고 논죄하며 떼 지어 일어나 떠들어대니 이것은 모두 우리 당이 자초한 일이었다."

(2) 손님이 말하였다.

"나양좌 등이 말하길, '관직이 없는 선비와 관직이 있는 사람은 그 의리에 차이가 있으므로 진실로 반드시 죽어야 할 의리는 없었다.' 하였는데, 이 말과 같으면 선거가 비록 죽음을 결단하지는 못했으나 또한 어찌 의리를 저버렸다고 단정할 수 있는가?" 하였다.

주인이 말하였다.

"사람이 삶을 버리는 것은 의리를 굽힐 수 없기 때문이다. 의리를 굽힐 수 없는 것에 어찌 관직이 없고 있고를 나누겠는가? 옛날 왕기(汪踦)가 동자(童子)로서 나라를 위해 죽었는데 공자는 그가 사직을 보위한 것을 아름답게 여겼고,[516] 주자는 승려들이 나라를 위해 죽자[517] 모두 기록으로 남겨 후세를 권면하였다. 저 동자와 승려들을 선비와 비교해 보면 그들이 어찌 미천할 뿐이겠는가. 그런데도 성현은 오히려 그들의 절의를 인정하였으니, 진실로 죽을만한 의리가 없는데도 헛되이 죽어 용기를 상하게 했다면 공자와 주자가 어찌 그들을 칭송하였겠는가?

하물며 윤선거는 이름은 비록 선비였으나 평범한 벼슬아치들에 비해 책임이 더욱 무거웠다. 오랑캐 사신이 왔을 때 상소하여 그 목을 벨 것을 청하였으니 의리로 자임한 것이 어떠했는가? 그 상소에서 '차라리 의리를 지키다 죽을지언정 의롭지 못하게 살 수는 없습니다.'라고 말하였으니 의리로 주상을 권면한 것이 어떠했는가? 또 강화도에 들어가서 분사(分司)에 글을 올려 눈앞의 안일만을 도모한다고 꾸짖었으니 의리로 사람들을 책망한 것이 어떠했는가? 앞장서서 사람들을 인솔하여 성첩(城堞)을 나누어 지키며 목숨을 걸고 지키자고 약속하였으니 나라에 대한 의리를 생각한 것이 어떠했는가? 이러한 일들은 모두 국사를 담당한 신하들이 해내지 못했던 것을 선거가 홀로 주도한 것이니 그 자임한 바와 사람들의 기대가 과연 관직에 있는 자보다 아래에 있었는가? 그러나 삶과 죽음의 경계에서 웅어(熊魚)를 결정하지 못하여[518] 평생의 의기(義氣)

---

516) 옛날……여겼고 : 춘추시대 노(魯) 나라의 동자(童子)인 왕기(汪踦)가 국난(國亂)에 나서서 싸우다가 죽었는데 뒤에 사람들이 공자에게 "그에게 상례(殤禮, 미성년자의 죽음에 대한 상례(喪禮))를 적용하지 않은 것이 어떠하냐?"고 묻자 "미성년자라 할지라도 국가를 위하여 죽었으니 상례(殤禮)를 적용하지 않는 것이 좋다."고 답하였다.(『禮記·檀弓下』)

517) 승려들이……죽자 : 북송의 의승(義僧) 진보(眞寶)는 대주(代州) 사람으로 오대산 승려였는데 1127년 정강(靖康)의 화(禍)가 일어났을 때 승도를 모아 관군을 돕다가 금군의 적장에게 생포되어 죽임을 당하였다.

518) 웅어(熊魚)를……못하여 : 삶보다 의리를 선택하는 것이 어려움을 비유한 말이다. 『맹자』「고자 상(告子上)」에 "생선도 내가 먹고 싶어 하는 바이며, 곰발바닥도 내가 먹고 싶어 하는 것이지만 이 두 가지를 겸하여 얻을 수 없다면 생선을 버리고 곰발바닥을 취하겠다. 삶도 내가 원하는 바이며 의리도 내가 원하는 것이지만, 이 두 가지를 겸하여 얻을 수 없다면 삶을 버리고 의리를 취하겠다.[魚我所欲也, 熊掌亦我所欲也, 二者不可得兼, 舍魚而取熊掌者也. 生亦我所欲也, 義亦我所欲也, 二者不可得兼, 舍生而取義者也.]" 하였다.

가 모두 사라지고 말았다. 그런데도 '나는 유자(儒者)이니 진실로 죽을만한 의리가 없었다.' 하면서, 차마 배신하지 못할 약속을 배신하고 차마 굽히지 못할 의리를 굽힌 채 수치를 무릅쓰고 모욕을 참으며 돌아왔으니 이것이 의리를 저버린 것이 아니란 말인가?

단지 병화(兵禍)를 피해 달아난 일반 백성에게는 죽음을 무릅쓴 절의를 다하라고 책려할 수는 없다 하더라도, 윤선거처럼 자임하기를 무겁게 한 사람도 또한 죽을만한 의리가 없는가? 하물며 권순장·김익겸 두 공은 실로 마땅히 죽어야 할 곳에서 죽었고, 선거는 그들과 한 몸이었던 사람으로서 그 탁월한 절의를 따르지 못하였으니 마땅히 부끄러워하며 승복하기에 겨를이 없어야 하거늘, 어찌 감히 자신의 허물을 가리고자 도리어 두 공에 대해 반드시 죽어야 할 의리가 없었다고 말하는가? 지금 윤증이 자기 아버지가 죽지 않은 일을 두고 도리에 충분히 합당하다 하는데, 그렇다면 권·김, 두 공이 목숨을 바친 일은 저절로 도리에 충분히 합당치 못한 일이 되고 만다. 말에 근거 없음이 하나같이 이 지경에 이르렀는데도 옹호하기에 급급한 자들은 오히려 그 잘못을 모르고 있으니, 알 수 없지만 저들은 '이 말은 족히 백세 후에도 의혹이 없을 것이다.'라고 진심으로 생각하는 것인가? 참으로 애석하다.

또 나양좌의 상소에서 이르기를, '맹자가, 「얼핏 보면 죽을 만하고, 자세히 보면 죽지 말아야 할 경우에 죽으면 용기를 상한다[可以死, 可以無死, 死傷勇]」519)라고 말했습니다.' 하였으니, 이는 권·김 두 현인이 목숨을 바친 일을 두고 용기를 상했다고 한 것이다. 또 이르기를, '사람은 진실로 한번 죽을 뿐이나 죽는 것이 혹 태산보다 무거울 수도 있습니다.' 하였으니, 이는 윤선거가 구차하게 삶을 도모한 일을 태산보다 무겁다고 한 것이다.

---

519) 얼핏……상한다 : 『맹자』 「이루 하(離婁下)」에, "얼핏 보면 취할 만하고, 자세히 보면 취하지 말아야 할 경우에 그를 취하면 청렴을 상한다. 얼핏 보면 줄 만하고 자세히 보면 주지 말아야 할 경우에 주면 은혜를 상하며, 얼핏 보면 죽을 만하고, 자세히 보면 죽지 말아야 할 경우에 죽으면 용기를 상한다.[可以取, 可以無取, 取, 傷廉. 可以與, 可以無與, 與, 傷惠, 可以死, 可以無死, 死, 傷勇.]" 하였다. 여기에서 "용기를 상한다.[傷勇]"는 것은 무모하게 용기를 부렸다는 뜻이다.

아! 그가 아무리 자기 스승을 변론하는데 급급했다 해도 어찌 감히 성현의 말을 남용하여 도리에 어긋난 괴이한 말을 만들어 내고 의리를 왜곡하여 군부를 기만한단 말인가.

권·김, 두 분이 마땅히 죽어야 할 곳에서 죽어 그 순수한 충정이 태양을 꿰뚫었거늘 누가 감히 이를 일러 무모하게 용기를 부렸다[傷勇] 하겠는가. 윤선거의 학문은 강화도에서 구차하게 삶을 도모한 후에 이루어진 것으로, 그가 구차하게 삶을 탐하였던 허물은 세상 사람들이 모두 알고 있었다. 하물며 어진 스승의 문하에서 허물을 씻어내고 뭇 현인들의 격려를 받아서, 살아서는 학문으로 이름이 나고 죽어서는 서원에 제향되었으니, 그 명성의 진실과 거짓을 우선 차치하고 논하지 않는다면 그것이 선거에게는 다행이요 윤증의 무리에게는 영광스럽기가 어느 정도인가? 윤증의 도리로는 마땅히 자족하기에 겨를이 없었어야 하거늘, 지금 그렇게 하지 않고 오히려 당여를 부르고 동류를 끌어들여 어지러운 말로 허물을 미화함으로써 자기 아버지의 강화도 일까지 깨끗이 떨쳐내려 하고 있다. 이로 인해 사람들의 마음은 분노로 들끓었으며 여러 의견이 켜켜이 쏟아져 나와 예전의 사특함과 새로운 악이 모두 남김없이 드러나게 되었다. 윤증의 불효가 진실로 크다 하겠거니와 그 무리가 도모하는 것 또한 덕으로써 사랑하는 것이 아니다."

(3) 손님이 말하였다.

"나양좌는, '남한산성이나 강화도나 마찬가지이다. 지금 사대부 중에 성이 포위되고 나라가 패망한 후의 삶을 살아가지 않는 이가 누가 있으며, 뜻을 지켜 절의에 죽은 사람이 몇이나 되는가?'[520] 하였다. 그 뜻에 은연중 가리키는 사람이 있으니[521] 이에 대해서는 어떻게 논파할 것인가?"

---

520) 남한산성이나……되는가 : 나양좌의 이 말은 『정재집(定齋集)』「위나현도량좌상변노서선생소(爲羅顯道良佐上辨魯西先生疏)」에서 볼 수 있다. 이 상소는 『숙종실록』 13년 3월 17일 기사 및 『숙종실록보궐정오(肅宗實錄補闕正誤)』 13년 3월 19일 기사에도 실려 있다.

521) 은연중……있으니 : 당시 남한산성에 있던 송시열은 물론 김상헌·정온 같은 충렬지

주인이 말하였다.

"당시 남한산성의 일은 지금 신하된 자가 감히 분명하게 말할 수 없는 것이 있으니, 주자가 정강(靖康)의 화(禍)[522]에 대해 말을 은미하게 했던 뜻을 보면 알 수 있다. 그러나 당시 성은 온전하게 보전되었고 포로로 잡혀 협박당한 일도 없었으니 강화도의 상황과는 저절로 구별되는 점이 있다. 강화도의 경우 병사가 패하여 성이 함락되고 종묘사직이 무너졌으며 사대부와 사족 부녀자들이 모두 욕보임을 당했다. 이것은 바로 종묘사직이 망하여 갈 곳이 없게 되었다는 것이니 다시 무엇을 바라서 구차하게 살고자 하는 마음을 먹겠는가? 그러므로 강화도에서는 충신열사들이 거의 다 목숨을 끊었으나 남한산성에서는 청음(淸陰)·동계(桐溪) 같은 충렬의 선비들도 다만 화의가 이루어졌음을 애통해하며 충분(忠憤)을 이기지 못하고 칼로 찌르거나 곡기를 끊었으되 끝내 목숨을 바친 일은 없었으니,[523] 이 어찌 몸에 더러운 욕을 당하지 않았기 때문이 아니겠는가. 그러나 청음·동계는 죽고자 했으나 죽지 못했던 것이니, 어찌 윤선거에게 본디 죽고자 하는 마음이 없었던 것과 같겠는가. 하물며 대로는 당시 관료들을 따라 성에 들어가기는 하였으나 대가(大駕)가 성을 나갈 때 몇몇 신하들 외에는 모두 주상의 명을 따라 산성에 남아 있다 곧 도성으로 돌아왔으니, 이것과 오랑캐 앞에 무릎을 꿇고 노복이 되어 구차히 죽음을 모면한 것을 과연 한가지로 말할 수 있겠는가.

대로가 중년에 이르러 한번 출사한 것은 대개 이유가 있었다. 효종이 큰일을 할 뜻을 품고 큰일을 할 기틀을 잡아서 천하에 대의를 밝히고자 하셨는데, 오직 대로의 절의와 도덕만이 함께 일을 도모할 수 있다 여기시

사도 결국 죽지 않고 살아 돌아왔음을 가리킨다.

522) 정강(靖康)의 화(禍) : 정강은 송나라 흠종(欽宗)의 연호이다. 북송(北宋) 정강 2년에 금나라 군대가 남하하여 송나라 수도 변경(汴京)을 함락하고 휘종(徽宗)·흠종(欽宗) 두 황제와 황족 등 3천명을 포로로 잡아간 사건으로, 이로써 북송이 멸망하였다.

523) 남한산성에서는……없었으니 : 청음은 김상헌(金尙憲, 1570~1652)의 호이고, 동계는 정온(鄭蘊, 1569~1641)의 호이다. 병자호란 때 인조가 항복을 위해 성을 나가기로 결정하자 김상헌은 단식을 하는 한편으로 목을 매어 죽으려 하였고, 정온은 칼로 배를 찔러 자결하려 하였으나, 둘 다 나만갑에게 발견되어 죽지 못했다.

고 여러 차례 명지(明旨)를 내려 책면(責勉)해 마지않았다. 특별히 초구(貂裘)를 내려 그 뜻을 보이시니[524] 이는 실로 대로가 정성을 바칠 때가 온 것이라, 이에 결단을 내리고 조정으로 달려가 일세(一世)를 담당하였다. 군신의 도가 합하여 장차 큰일을 하려는데 불행히도 중도에 궁검(弓劍)이 갑작스레 떨어져[525] 다시 초복(初服)을 찾아 입고[526] 평소의 뜻을 굳건히 지켰으니, 그 출처의 올바름은 고인(古人)에게 비교해도 부끄러울 것이 없었다. 저들이 비록 암암리에 침해하여 배척하고자 하나 그리 될 수 있겠는가."

(4) 손님이 말하였다.

"진실로 주인의 말과 같다면 윤선거에게는 취할만한 일이 없거늘 대로는 어찌하여 그의 절의를 칭찬하며 절의를 위해 목숨을 바친 사람들과 함께 인정한 것인가? 또 그가 살았을 때는 이처럼 칭송하다가 죽은 후에는 또 이처럼 배척하니, 이는 나양좌가 말한 것처럼 '앞과 뒤가 서로 어긋난다.'는 것이다. 이에 대해서는 또 어떻게 변명할 것인가?"

주인이 말하였다.

"과연 이러한 일이 있었으니, 나양좌의 주장이나 사람들의 의혹이 오로지 이 점에 있다. 청컨대 내 그대를 위해 중복의 혐의를 무릅쓰고 남김없이 모두 말하여 대로의 마음을 밝혀도 되겠는가? 병자년(1636, 인조14), 정축

---

524) 특별히……보이시니 : 초구는 담비 털로 만든 덧저고리로, 군주의 하사품으로 애용되었던 물품이다. 효종은 북벌에 대한 의지를 과시하고 그 실천을 독려하기 위해 송시열·송준길 등에게 이를 하사하였는데, 송준길은 1658년 2월에, 송시열은 같은 해 12월에 각각 하사받았다.

525) 궁검(弓劍)이……떨어져 : 효종의 승하를 가리킨다. 옛날 황제(黃帝)가 형산(荊山) 아래서 동정(銅鼎)을 다 주조하자 하늘에서 용이 수염을 드리우고 내려와 그를 모시고 올라갔는데, 이때에 황제를 따라간 신하들과 후궁들이 70여 명이었다. 이에 나머지 사람들이 용의 수염을 잡으니 수염이 뽑히면서 황제의 활과 검이 함께 땅에 떨어졌는데 신민(臣民)들이 그 궁검을 안고 호곡(號哭)했다는 데서 유래한 말로 이후 임금의 죽음을 뜻하는 고사로 쓰였다.(『史記·封禪書』)

526) 다시……입고 : 초복은 '처음에 입던 의복'이라는 뜻으로, 『초사(楚辭)』「이소경(離騷經)」의 "물러나 장차 다시 나의 초복을 손보리라[退將復修吾初服]"에서 유래한 말인데 일반적으로 벼슬을 그만두고 초야로 돌아간다는 뜻으로 쓰인다.

년(1637) 이후로 의리가 흔적도 없이 사라지고 이욕은 하늘을 삼켰다. 그런데 윤선거는 구차하게 살아남은 것을 크게 수치스러운 일로 여겨 종신토록 세상에 나오지 않고 일신의 영달을 구하지 않았으니, 그의 뜻은 절의를 부식(扶植)하기에 충분한 것처럼 보이는 점이 있었다. 그래서 대로는 생각하기를 윤선거의 이러한 뜻이, 염치를 잊고 부끄러워할 줄 모르는 것과 비교해 본다면, '몸을 깨끗이 하여 더럽히지 않았다'[527]고 할 만하며 '별 하나 외로이 빛났다'[528]고 할 수 있다 했고, 또 '처음에는 의리를 취한 선비들과 같지 않았으나 끝에는 절의를 위해 목숨을 바친 이들과 같게 되었다.'[529]했던 것이다. 어찌 그 아들이 증명했듯이 그에게 뉘우침도 자책도 없음을 알면서도 오히려 이러한 문자를 썼겠는가.

이미 '같지 않다'고 말하였으니 상반된 뜻이 자연히 그 가운데 있는 것이다. 전에는 속임을 당하여 칭송했다가 후에는 이를 깨닫고 배척하였으니, 그 칭송과 배척이 모두 공적인 마음에서 나왔는데 어찌 도리를 훼손했다고 하는가? 사람을 논하는 방도는 각각 그 사람이 행하는 바를 따라 앞뒤의 행동이 어긋남이 없으면 그를 논하는 사람도 마땅히 앞뒤로 한결같을 것이지만, 만약 앞에서 속임을 당하였다가 뒤에 와 비로소 깨닫게 되었다면 어찌 일찍이 칭찬하고 인정했다 하여 그 잘못을 배척하지 않을 수 있겠는가.

나양좌의 상소에서 말하기를, '가리고 숨겨온 허물이 예전에는 드러나지 않았다가 이제야 비로소 알게 된 것이 있는 것도 아닙니다.'[530] 하였으니,

---

527) 몸을……않았다 : 이 표현은 『송자대전』「삼학사전」에 나오는데, 이후 송시열은 그 뜻에 대해 "美村平生以江都不死事, 自訟不出, 此爲美村最高處. 所謂潔身不汚者, 指此也." 라고 설명하였다.(『宋子大全·答李季周壬子十一月』)

528) 별……빛났다 : 이 표현은 송시열이 윤선거에게 올린 제문에 나오는데, 원문은 "거센 물결 치달아 흘러도 지주처럼 버티고 서 기울지 않았으며 천지가 어둠으로 덮였어도 별 하나 외로이 빛났지요.[衆流奔趨, 砥柱不傾, 兩儀昏濛, 一星孤明.]"이다.(『宋子大全·祭尹吉甫文』)

529) 처음에는……되었다 : 1671년(현종12)에 작성한 「삼학사전」에 나오는 표현으로, 원문은 "如潔身不汚以守其志者, 如尹公宣擧諸賢, 事雖不同, 而同歸於一致"이다.(『宋子大全·三學士傳』)

530) 가리고……아닙니다 : 나양좌의 이 말은 『정재집(定齋集)』「위나현도량좌상변노서

어찌하여 그리 스스로를 헤아리지 못하고 말하는가. 옛날 사우 사이에 스스로 뉘우치고 자책하는 말을 하며 본심을 숨기고 있다가 오늘에 이르러 모두 탄로 났으면 이는 숨겨왔던 사실을 지금에야 비로소 알게 된 것이 아니겠는가? 속임을 당했을 때에는 억측이 불가했다 해도 이미 알게 된 후에도 오히려 우물쭈물하며 명확한 말로 배척하지 말아야 한단 말인가.

주자의 말에 비추어 보아도, 일찍이 주자가 소동파를 '인인(仁人)'이라 칭하고 또한 '아름답고 빼어나며 송백(松柏)처럼 뒤에 시드는 성품은 백세(百世) 후에도 알 수 있을 것이다.'[531] 하였다. 그러나 그가 세도에 해가 되는 점[532]에 대해서는 '왕안석보다 심하다.'고 말하기까지 하였으며, 또 상서(尙書) 왕응진(汪應辰)이 시관(試官)이 되어 소동파의 글을 인용한 선비를 발탁한 것[533]을 책망하였다. 동파와 주자 사이의 거리는 백여 년이라는 시간차가 있으므로 시(是)와 비(非), 사(邪)와 정(正)이 모두 드러나 동파가 숨긴 일을 이후 주자가 비로소 알게 되는 일이 없었다. 그런데도 주자가 동파에 대해 칭찬하기도 하고 배척하기도 한 것을 두고 앞뒤의 말이 다르다고 혐의 삼지 않았으니, 대로가 선거에 대해 한 것은 바로 주자 문하의 성법(成法)이다. 나양좌가 말하길, '전에 이와 같이 인정하고 받아들인 것과 오늘날 세도에 해를 끼친다며 배척하는 것은 진실로 한

선생소(爲羅顯道良佐上辨魯西先生疏)」에서 볼 수 있다. 이 상소는 『숙종실록』 13년 3월 17일 기사 및 『숙종실록보궐정오(肅宗實錄補闕正誤)』 13년 3월 19일 기사에도 실려 있다.

531) 아름답고……것이다 : 이 말은 주자가, 진광택(陳光澤)의 집에 보관되어 있는 동파(東坡)의 그림을 보고 쓴 발문(跋文)에서 한 것으로, 원문은 "동파 노인의 아름답고 빼어나서 뒤에 시드는 지조와 견고하고 확고하여 변하지 않는 자태는 죽군과 석우가 거의 비슷한바, 백대의 세월이 흐른 뒤에도 이 그림을 보는 자는 상상할 수 있을 것이다.[東坡老人英秀後凋之操, 堅確不移之姿, 竹君石友, 庶幾似之, 百世之下, 觀此畫者, 尙可想見也.]"이다.

532) 그가……점 : 동파(東坡) 소식(蘇軾, 1036~1101)은 당송팔대가의 한 사람으로서 말년에 불교에 침잠하였다. 주자는 소식을 배척하여, "소동파의 글은 도학(道學)을 말하는 데는 대본(大本)을 미혹되게 하고 사실(事實)을 논하는 데는 권모술수를 숭상하니, 이것은 천리를 해치고 인심을 어지럽히며, 도술(道術)을 방해하고 풍교(風敎)를 망친다."라고 하였다.(『朱子大全·答汪尙書』)

533) 상서(尙書)……발탁한 것 : 상서 왕응진이 손복(孫復)과 석개(石介)를 비난한 소식의 글을 인용한 사람을 급제시킨 일을 말한다.(『朱子大全·與汪尙書』)

사람의 말 같지 않습니다.' 하였으니 그 말이 얼마나 무엄한가. 윤선거에 대한 대로의 포폄이 전후가 같지 않다고 하여 한 사람의 말 같지 않다고 하는 것은 곧 주자의 말을 업신여기는 것이다. 저들의 근본이 본래 주자를 모욕하고 업신여긴 윤휴로부터 나왔기 때문에 그 논설이 매번 주자와 어그러지는 것인가. 아! 두렵다."

(5) 손님이 말하였다.

"대로가 과연 윤휴를 엄히 배척하지 않은 일을 가지고 윤선거를 공척했다면, 대로 자신은 어찌하여 휴를 진선(進善)에 의망[534]하였는가?"

주인이 말하였다.

"이 일은 사정을 잘 모르는 사람이 말하면 진실로 의심이 없을 수 없다. 그러나 이는 군자의 마음이 아님이 없으니, 어째서 그러한가? 대로가 비록 윤휴를 심히 미워하였으나 그의 재능을 애석해 했고, 또 행여 허물을 고칠까 하는 바람이 없지 않아, 일찍이 말하기를, '주자가 육상산(陸象山)을 이미 이단이라 배척하였으면서도 오히려 문도들에게 그의 강론을 듣게 하였으니,[535] 내가 윤휴를 대하는 것도 이와 같다.' 하였다. 대로가 전조(銓曹)를 맡았을 때 선거가 편지를 보내 윤휴의 재주와 학문, 실행(實行)을 극구 칭찬하며 그를 천거해 등용하지 않는다고 책망하였고, 당시 대신이 그 자리를 양보할 뜻을 가지기에 이르렀으니, 한 시대가 휩쓸려 들어갔음을 알 수 있다.

대로가 생각하기를 '공명(孔明)이 이미 헛된 명성임을 알면서도 허정(許

534) 휴를……의망 : 실록에는 송시열이 이조판서로 있던 1658년(효종9) 11월에 윤휴가 세자시강원(世子侍講院)의 정4품 관직인 진선(進善)에 임명된 것으로 되어 있다.(『孝宗實錄』 9年 11月 19日). 한편 『백호집(白湖集)』 부록(附錄) 「연보(年譜)」에는 윤휴가 모친상을 마친 후 이조판서 송준길이 의망하여 진선에 임명된 것으로 되어 있다.

535) 주자가……하였으니 : 주자가 남강태수(南康太守)로 있을 적에 육구연이 그를 방문하자 주희가 백록동서원에 함께 가서 원생들에게 유익한 강론을 해 달라고 부탁하였다. 그러자 육구연이 『논어』 「이인편(里仁篇)」의 "군자는 의에 밝고 소인은 이에 밝다.[君子喩於義, 小人喩於利.]"에 대해 강론하였는데, 원생 중에 감동하여 눈물을 흘리는 이까지 있었다.(『宋史·陸九淵列傳』)

靖)을 등용하였으니[536] 물망이 있는 사람은 인심을 수습하는 방도가 되는지라 시험 삼아 등용해보지 않을 수 없다.' 하였으니, 결국 중의(衆意)를 거슬리지 못하고 의망한 것이었다. 이는 강극(剛克)[537]에 흠이 될지는 몰라도 또한 공평한 뜻에서 나온 것이었다. 그 후 대로가 휴의 뜻을 상세히 알아보고자 그의 집에 친히 찾아가 타이르고 책망하기를 반복하였는데 휴는 거만하게 스스로를 옳다 하며 말하기를, '자사(子思)의 뜻[538]을 주자만 알고 나는 알 수 없단 말입니까?' 하였다. 그러자 옆에 있던 사람이 말하기를, '후세에는 아무개[539]의 주장이 옳은 것이 될 지도 모릅니다.' 하였다. 대로가 이 말을 듣고 끝내 깨우쳐 인도할 수 없음을 알고 마침내 휴와의 교류를 끊으리라 결심하고 돌아왔다. 만약 대로가 윤휴를 의망한 일이 절교한 후에 있었다면 사람들의 의심이 진실로 합당하지만, 아직 절교를 결심하기 전 중의에 떠밀려 우선 등용할 만한가를 시험해본 것에 무슨 불가함이 있겠는가?"

(6) 손님이 말하였다.

"나양좌의 상소에, '「주자를 비방하고 업신여기므로 몸을 잊고 윤휴를 배척하였다.」[540]고 한 것은 이미 그 실정을 벗어난 것입니다.' 하였고, 또 말하기를, '대로가 이처럼 불평을 쌓아왔던 것은 한 가지 일, 한 가지 조항에 그치는 것이 아니었는데, 오늘의 일은 다만 윤증과 왕복한 편지에서 격화되어 추악한 비방이 위로 윤증의 아버지에게까지 미친 것입니다.……'

---

536) 공명이……등용하였으니 : 허정(許靖)은 촉중(蜀中)의 명사(名士)였는데 유비(劉備)가 촉중을 평정한 뒤에 허정을 유명무실한 사람이라고 쓰지 않으니, 제갈량이 말하기를, "아무리 실상이 없더라도 이름 있는 사람이니, 그를 써서 인심을 수습하소서." 하였다.(『三國志·蜀書·法正』)

537) 강극(剛克) : 홍범구주의 여섯째 조목인 삼덕(三德)의 하나로, 강하고 단호하게 다스린다는 뜻이다.(『書經·洪範·仲虺之誥』)

538) 자사(子思)의 뜻 : 『중용』을 가리킨다. 자사는 공자(孔子)의 손자로서 『중용』을 지었다.

539) 아무개 : 윤휴를 가리킨다.

540) 주자를……배척하였다 : 이 말은 『송자대전』「논대의잉진윤증사소(論大義仍陳尹拯事疏)」의 "臣不自量度, 始則忘身而斥鑴矣."를 인용한 것이다.

하였다. 이 말의 뜻을 보면 대로가 윤휴를 배척한 것이 주자를 비방하고 업신여겼기 때문이 아니라 실은 예론 때문이고, 윤선거를 배척한 것 또한 그가 윤휴와 당을 이루었기 때문이 아니라 윤증이 자기를 비난한 것에 분노하였기 때문이라는 것이다. 그러한즉 이 두 가지 일은 모두 사사로운 원한에서 나온 것인데, 이 말에 대해서는 어떻게 생각하는가?"

주인이 말하였다.

"윤휴가 『중용』의 주(註)를 고치자 대로가 있는 힘껏 배척하였으니 이는 온 나라가 알고 있는 일이다. 나양좌가 전후의 사실을 어지럽히고자 하나 어느 누가 믿겠는가? 굳이 다른 일을 끌어다 인용할 것도 없이 그의 상소에서 말한 내용을 가지고 이야기해보겠다. 그 상소에서 말하기를, '대로가 일찍이 휴를 이단이라 배척하자 선거가 「그대가 윤휴를 두려워함이 어찌 이리 지나친가?」 하였습니다.' 하였고, 상소 끝부분에서 말하기를, '이는 황산(黃山)에서 함께 배를 탔을 때 -계사년(1653, 효종4)- 의 말입니다.' 하였다. 만약 대로가 휴를 엄히 배척한 일이 없었다면 선거가 어찌 대로에게 휴를 두려워한다는 말을 했겠는가. 예송은 실로 기해년(1659, 효종10) 후의 일이고 이단으로 배척한 것은 계사년의 일이니, 대로가 윤휴를 배척한 것이 과연 예송 때문이라 할 수 있겠으며, 이 어찌 한때의 사사로운 원한 때문이겠는가. 휴의 예론이 진실로 선거의 말처럼 본래 화를 일으키려는 마음이 없었다면 그만이지만 화를 양성하려는 그 마음은 끝내 가릴 수 없는 것이 있어 자기와 다른 의견을 가진 사람을 노여워하여 위험한 말을 만들어내고[541] 암암리에 자기 당 사람들을 사주하여 사류를 일망타진하고자 하였으니 그는 과연 어떤 사람인가? 그의 계교(計巧)를 이루게 하면 이는 단지 대로가 화를 입는 데 그치지 않고 실로 나라를

541) 자기와……만들어내고 : 1659년(현종 즉위년) 효종의 상(喪) 때 자의대비가 입을 상복에 대해 송시열은 기년복을, 윤휴는 참최 3년복을 각각 주장하였다. 이때 윤휴는 효종에 대해 왕실의 종통을 계승한 적자(嫡子)로 인정하여 조대비가 3년복을 입어야 한다고 주장하는 한편 기년설에 대해서는 '군주를 낮추고 종통을 둘로 만들었다.[卑主貳宗]'고 비판하였다. 이를 두고 송시열은 윤휴가 자신의 주장을 효종의 정통성을 부정하는 것으로 몰아 서인을 일망타진하려는 계책을 꾸민다고 주장하였다.

망하게 할 역적이 될 것이니 어찌 내 몸에 해가 될까 꺼려해서 분명하게 배척하지 않겠는가.

시험 삼아 갑인년(1674, 현종15) 이후의 일[542]을 보아도 그에게 화를 일으킬 마음이 없었다는 말을 믿을 수 있겠는가? 믿을 수 없겠는가? 그 화가 과연 대로 일신에만 미친 재앙이었는가? 아니면 국가의 재앙이었는가? 이와 같은데도 함께 윤휴를 배척하지 않고 도리어 높이고 칭송하였으므로 마침내 휴가 악행을 제멋대로 행하여 마침내 선류가 재앙에 걸려들고 종사는 거의 망할 지경에 이르렀다. 이로써 말한다면 대로가 휴를 배척함이 예송에서 연유했다 해도 불가할 것이 없지만 하물며 본디 예송에서 시작된 것도 아닐뿐더러 예송의 단서가 대로에게 배척당한 것에 앙심을 품고 은밀히 해치려는 뜻에서 연유한 것이 아니라고 반드시 확신할 수는 없음에랴!

이는 대로가 선거를 배척한 것이 윤증과 편지를 주고받기 전에 있었다는 점에서 더욱 분명해진다. '먼저 당여를 다스려야 한다[先治黨與]'는 이야기는 선거가 살아 있을 때 나온 이야기였고, '선대의 학문이 의심스럽다[先學可疑]'는 가르침은 윤증이 대로에게 수업 받을 때 나온 이야기였다. 또 비문에 담은 뜻과 연제(練祭) 때의 제문은 모두 윤증이 배반하기 이전의 일로서 비웃고 배척하는 뜻 아닌 것이 없었으니, 과연 대로가 윤증이 자기를 비판하는 것에 분노하여 윤휴와 당을 이루었다고 선거를 공척했다 할 수 있겠는가?

또 나양좌의 상소에서 말하기를, '대로가 윤휴와 절교하지 않은 일을 두고 선거의 병통으로 여겼습니다.'[543]하였는데, 그들이 스승을 위해

---

542) 갑인년……일 : 갑인년(1674, 현종15)에 발생한 예송으로 서인이 축출된 사건을 가리킨다. 당시 효종비 인선왕후가 죽자 대왕대비 조씨의 상복을 두고 논쟁이 벌어졌는데, 서인은 대공복을, 남인은 기년복을 주장하였다. 현종이 남인의 주장을 받아들인 가운데 서인 세력이 위축되었다. 현종대 예론의 시비는 숙종대에도 여전히 계속되었다. 숙종 즉위 직후 진주유생 곽세건이 송시열을 공격함으로써 예론의 시비가 재연되었고, 송시열은 숙종 즉위년 12월에 파직, 삭탈관작, 문외출송을 거쳐 함경도 덕원(德源)에 유배되었다.

543) 대로가……여겼습니다 : 나양좌의 이 말은 『정재집(定齋集)』 「위나현도량좌상변노

하는 말이 이처럼 경솔하긴 해도, 대로가 일찍이 윤휴와 절교하지 않은 일 때문에 윤선거를 배척했다는 것은 이 구절에 근거해보아도 알 수 있다. 그런데도 도리어 말하기를, '대로가 윤증에게 분노하기 전에는 일찍이 윤휴와 당을 이루었다고 배척한 일이 없었다.' 하니 과연 말이 되는가? 한 줄의 문자 사이도 오히려 앞뒤를 살피지 못하니, 소인의 마음으로 군자의 일을 헤아림에 어찌 도리에 어긋나는 말이 없겠는가. 또 증의 편지 중에 이른바 '문하(門下)는 진실로 선인(先人)에게 해가 될 만한 일을 폭로하지 않음이 없었다.'[544] 한 것은 비록 증이 노여움으로 인해 모욕하는 말을 한 것이긴 하나, 대로가 선거를 배척한 것이 본디 증에게 노여워하여 시작한 것이 아님을 이에 근거해보아도 알 수 있다.

그러나 윤증의 말 중에 자기 아버지의 본심을 말한 것이 있다. 선거가 세상에서 의심을 받은 까닭은 의리를 저버린 일[背義]와 악인과 당을 이룬 일[黨惡]이 두 가지 때문이고, 세상에서 중망을 얻은 까닭은 과오를 뉘우친 일[悔過], 윤휴와 절교한 일[絶鑴] 두 가지 때문이었다. 의리를 저버린 것을 보았을 때 사람들은 진실로 그를 의심하였으나 허물을 뉘우치자 어질게 여겼고, 처음 윤휴와 당을 이루었을 때 사람들이 또한 의심하였으나 이후 절교하자 그를 받아들였다. 선거가 선거가 된 까닭이 어찌 전의 허물을 뉘우치고 악인인 휴와 절교했기 때문이 아니겠는가?

그런데 윤증이 아버지의 「기유의서(己酉擬書)」를 내보이며 윤선거가

서선생소(爲羅顯道良佐上辨魯西先生疏)」, 『숙종실록』 13년 3월 17일 기사와 『숙종실록보궐정오』 13년 3월 19일 기사에서 볼 수 있다. 원 글은 "계사년에서 경자년까지는 송시열이 윤선거에 대해서 인정과 의리가 두터운 것이 하루 같았습니다. 경자년 이후 비록 윤휴와 끊는 것이 엄하지 못한 것을 윤선거의 병통으로 생각하였지만 또한 일찍이 윤휴의 당이라고 배척한 일은 없었습니다.[自癸巳至庚子, 時烈之於宣擧, 情義之厚, 如一日也. 庚子以後, 雖以不嚴於絶鑴爲宣擧之病, 亦未嘗有黨鑴之斥.]"이다. 나양좌 주장의 요점은 예송 때까지는 송시열이 윤선거에 대한 후의(厚誼)로 일관했고, 양자 간 윤휴에 대한 배척 여부는 하등 문제가 되지 않았다는 점을 강조한 것인데, 「후동문답」에서는 이러한 맥락은 상관하지 않고 송시열이 윤휴를 엄히 배척하지 않은 윤선거를 비판하였다는 점만을 부각시키고 있다.

544) 진실로……없었다 : 윤증의 이 말은 『명재유고(明齋遺稿)』 「답회천(答懷川甲子五月十六日)」에 보인다.

윤휴를 천거한 일을 자랑하고, 「연보(年譜)」에 적어서 휴를 도운 마음을 밝힘에 따라, 악인과 당을 이룬 자취가 드러나서 휴와 절교했다는 말은 헛된 것이 되었다. 또 사국(史局)에 보낸 편지에는 그 아버지가 강화도에서 죽지 않은 일이 도리 상 충분히 합당했다고 힘써 주장하였으니 이는 선거에게 원래부터 뉘우치거나 자책하는 뜻이 없었다는 말이므로 의리를 저버린 마음이 탄로 났고 허물을 뉘우친 말은 거짓이 되었다. 이로써 논하자면 선거는 평생토록 내내 의리를 저버린 사람이었고 악인과 당여를 이룬 무리였으니, 대로가 선거에게 무엇을 취하여 분명하게 배척하지 않을 것인가. 그러므로 오늘날 대로의 말은 실로 그 아들이 아버지의 가식을 증명한 말로 인해 나온 것이니 어찌 증의 말을 노여워하여 헐뜯고 비방하는 말이 선거에게 미친 것이겠는가?"

(7) 손님이 말하였다.

"사국에 보낸 편지 한 통의 내용이 어찌 윤선거의 본 뜻과 같겠는가. 윤증이 불초(不肖)하여 아버지의 과오를 가리고자 허황된 말을 만들어 낸 것이다."

주인이 말하였다.

"정말로 그대의 말과 같다면 윤증은 그야말로 형편없는 죄인이니, 어찌 하루인들 천지간에 용납될 수 있겠는가. 다른 사람의 선한 점도 오히려 숨겨서는 안 되거늘 하물며 감히 자기 아버지를 무함한단 말인가? 설사 아버지가 의리를 저버린 것이 부끄러운 것인 줄 모르고 악인과 당을 이룬 것이 잘못인 줄 모른다 해도 자식 된 도리로는 어버이를 위하여 그 사실을 숨기는 것이 마땅하거늘, 하물며 아버지는 실로 허물을 뉘우친 마음이 있고 윤휴와 절교한 일이 있는데도 증은 그 자식이 되어 아버지가 말하지 않은 것을 말하였으니 사람의 자식으로서 어찌 차마 할 짓인가. 증에게 그 아버지를 무함한다 하면 실로 인정(人情) 밖의 일이요, 증에게 그 아버지의 본뜻을 몰라 이런 망령되고 그릇된 말을 한다 하면 증이 어린아이가 아니고 그 자처하는 바가 어떠하건대 온 세상이 아는 일을 저 혼자만 모른단 말인가?

내 생각으로는 이는 윤증이 무함한 말이 아니라 윤선거의 본의이다. 듣자하니 신재(愼齋)의 손자가 종친 되는 사람에게 말하기를,

'선거가 처음 소명(召命)을 받은 날 사직 상소를 지으면서, 산림에 은거하는 사람은 작록(爵祿)을 중히 여기지 않는다는 것만으로 말을 만들어 신재에게 질의하자, 신재가 말하기를, 「그대가 강화도에서 낭패 본 일을 사람들이 모두 알고 있으니 이 일에 대해 모두 진술하여 잘못을 인정하고 사직하는 것이 마땅하지 이처럼 스스로를 높이는 말을 해서는 안 된다.」 하였다. 이에 선거가 명을 받들고 물러나와 마침내 의리에 대처한 것이 형편없었다고 아뢰었다.' 한다.

그러한즉 선거가 자기의 허물을 인정하였던 것은 본시 자기의 뜻이 아니었다. 군부(君父) 앞에 자신의 생각을 아뢰고 사우 간에 질의하면서 또한 이렇게 스스로를 옳다 하고 높게 여기는 말을 하였는데, 하물며 사적인 공간에서 부자지간에 뉘우치고 자책하는 말을 하려 했겠는가? 이렇게 볼 때 선거가 평상시 밖에다 대고 논의할 때와 편안히 집에서 거처하며 사사롭게 얘기할 때가 판이하게 달랐음에 틀림없다. 그래서 윤증이 집에서 이러한 얘기를 익숙하게 듣고, 생각하기를,

'우리 아버지가 죽지 않은 것은 진실로 도리에 충분히 합당했고, 벼슬하지 않은 것은 뉘우치거나 자책하였기 때문이 아니며, 윤휴의 일은 본디 소인이 아닌데 대로가 배척한 것이 실로 너무 지나쳤다.'

여겼다. 그리하여 마침내 자기 아버지의 본 뜻을 밝혀 금석(金石)에 새기고 죽백(竹帛)에 써서 전하고자[545] 「기유의서」로 대로를 압박하여 비문에 아버지를 칭송하는 말을 쓰게 하고, 또 사국에 편지를 써서 집필자로 하여금 후세에 과장하도록 만들었다. 윤증이 비록 불초하다 하나 어찌 아버지를 무함하는 말을 했겠는가.

옛날에 주자가 일찍이 진식(陳寔), 순숙(荀淑)을 칭송하며, '도가 넓고

545) 금석(金石)에……전하고자 : 묘갈명과 행장 등의 윤선거 묘도문자를 가리킨다.

마음이 화평하다[道廣心平]', '마음의 맑기가 가을 달, 차가운 강물과 같다[秋月寒江]' 등의 말로 인정하였는데,546) 그 손자인 진군(陳群)과 순욱(荀彧)이 난적(亂賊)에게 붙자 근원을 거슬러 올라가 진식과 순숙의 죄를 추궁하여 말하기를, '이는 틀림없이 부형, 사우 사이에 적당히 비호해 주고 겉만 꾸미는 논의들이 있었기 때문이다.', '사설(邪說)이 멋대로 유행하는 것이 홍수와 맹수의 피해보다 더 심하다.' 하였다.547) 진군·순욱이 난적에 붙은 일은 진식과 순숙이 죽은 후의 일이니 손자의 불의(不義)는 조부의 가르침이 아니었다 할 만한데 주자는 오히려 그 부형, 사우 간에 일찍이 겉만 그럴듯하게 꾸미는 논의가 있어 이 지경에 이르렀다고 의심하였다. 하물며 그 아버지의 본의를 아들이 이처럼 분명히 말하였는데도 말하기를, '이는 그 아버지의 본의가 아니다.' 하면, 이는 곧 윤증이 빈말을 했다는 것인데, 가능한 일인가? 설사 선거는 본디 이와 같지 않은데 증이 망령되이 그릇된 말을 한 것이라 하더라도, 주자에게 이를 논하게 한다면 반드시 진식, 순숙의 죄를 추궁했던 것으로써 논단할 것이다. 하물며 선거는 본디 내실은 없이 겉만 그럴듯하게 꾸미는 사람인데다 증이 하는 말은 모두 그 아버지에게 들은 것임에랴! 부자(父子)의 사실이 본디 모두 이와 같거늘 지금 논자들 중 선거를 칭송하고자 하는 이들은 말하기를, '증이

546) 주자가……인정하였는데 : 후한 말의 명사 진식이 그의 아들 기(紀)와 심(諶)을 대동하고 순숙을 방문하였는데, 이때 팔룡(八龍)이라 불리는 순숙의 여덟 아들도 함께 어울렸다. 이때 천문을 관장하는 태사(太史)가 5백 리 거리에 덕성(德星)이 모였다고 천자에게 아뢰었다. 이로 인해 영천(潁川)에 있는 진씨의 정자를 취성정(聚星亭)이라 불렀는데, 그 위치가 바로 주희가 살던 고정(考亭)에 있었다. 주희가 그 정자를 수리하고 당시의 상황을 그린 병풍을 만들어 거기에 서문과 함께 칭송하는 찬(贊)을 지어 붙였다.(『朱子大全·聚星亭畫屛贊』)

547) 진식과……하였다 : 주자는 「취성정화병찬(聚星亭畫屛贊)」에서 진식과 순숙의 어짐을 칭찬하며 순욱이 조조에 붙은 것이나 진군이 한나라의 덕을 잊은 것을 논하면서도 그것을 순욱과 진군이 부조의 뜻을 제대로 잇지 못한 데 돌려 버렸을 뿐 진식과 순숙의 유폐로 여기는 말은 하지 않았다. 그런데 유자징(劉子澄)에게 보낸 편지에서 동한(東漢) 때의 명절(名節)을 논한 데에서는, "당시의 부형 사우들 사이에서는 일종의 의론이 있어서 그릇된 것은 적당히 꾸며대어 어물어물 덮어둔 듯하다.……이런 까닭으로 사설(邪說)이 온 세상을 뒤덮는 것이 홍수나 맹수의 폐해보다 심하다고 한 것이니, 맹자가 어찌 나를 속이겠는가."라고 비판하였다.(『宋子大全·朱子言論同異攷』)

한 말은 그 아버지의 본의가 아니다.' 하고, 증을 구하고자 하나 할 말이 없는 이들은 말하기를, '효자의 마음은 극진하지 않음이 없는 것이다.' 한다. 거짓으로 잘못을 꾸미도록 주선하여 옷깃을 잡으면 팔꿈치가 드러나는데도 청의(淸議)라 자칭하니 한번 웃음거리도 되지 못한다.

또 한 가지 말할 것이 있다. 만약 윤선거를 추존하고자 하는 이들이 주장하듯 지금의 말들이 모두 선거의 본의가 아니고 다 불초한 윤증이 거짓으로 꾸며낸 것이라 한다면, 마땅히 증에게 글을 보내어 분명한 말로 배척하고 소장(疏章)을 올려 증이 아비를 무함한 죄를 낱낱이 밝혀냄으로써 온 세상에 조금의 의혹도 남기지 않고 풀어야 선거를 비호하는 도리가 될 것이다. 그런데 지금은 그렇게 하지 않고 부자를 함께 보존하고 온전하게 하려 하여, 윤증을 태산북두(泰山北斗)처럼 추앙하여 영수(領袖)로 삼고, 또 선거를 허물없는 경지에 세우고자 하여 사람들로 하여금 감히 논의조차 못하게 하니, 비록 장의(張儀)와 소진(蘇秦)이 앞에서 분변하고 맹분(孟賁)과 하육(夏育)이 뒤에서 협박할지라도[548] 또한 불가능한 일이다."

(8) 손님이 말하였다.

"선거의 일은 이미 그 본말을 알았거니와 윤증이 스승을 배반한 일은 그 시비가 어떠한가? 어떤 이는 말하기를, '아버지와 스승은 그 경중이 자별하니, 아들에게 아버지를 이처럼 배척하면 사제지간의 의리 또한 보전하기 어려운 것이다.' 한다. 이러한 뜻을 논파할 말이 있는가?"

주인이 말하였다.

"사람은 세 분의 은혜로 살아가는 것이니, 섬기기를 똑같이 해야 한다. 아버지는 낳아 주셨고, 스승은 가르쳐 주셨으니 아버지와 스승을 두 가지로 논해서는 안 된다.[549] 그러나 아버지에게 문제 삼을 만한 허물이

---

548) 장의(張儀)와……협박할지라도 : 장의와 소진은 전국시대의 유세가(遊說家)들이며 맹분과 하육은 전국시대의 용사(勇士)들이다.

549) 사람은……안 된다 : 『국어(國語)』「진어(晉語)」의 "사람은 세 분 덕분에 살아가는

없는데도 스승이 상정(常情)에 벗어난 말로 배척한다면, 사제 간의 의리가 아무리 무거워도 부자간의 정으로 보아 또한 가만히 있을 수 없으므로 마땅히 정성을 다하여 깨우쳐 드리되 그래도 어찌할 방도가 없게 된 후에는 마치 곤궁한 사람이 돌아갈 곳이 없듯 애통해해야 한다. 비록 사람들이 묻더라도 성내고 분노하는 말을 감히 한 마디도 덧붙여서는 안 되며, 다만 원통한 일을 아뢰어 스승이 깨우치기를 기다릴 뿐이다. 그런데 지금 윤증은 그렇게 하지 않고 자기 때문에 그의 아버지가 대로에게 의심을 받게 해 놓고는, 대로가 그를 의심하고 비판하자 다시 강하게 압박하여 아버지의 명예를 구하고자 하였다.[550] 그러다가 그의 뜻에 맞지 않자 도리어 창을 거꾸로 잡고 대로를 공격하였는데, 친한 이들에게 편지를 보내 능멸하며 짓밟고 꾸짖어 모욕하는 것이 끝이 없었다. 혹 '기관(機關)'[551]이라 하고 혹 '권모술수[權數]'라고 하며, '의와 이를 함께 행하고 왕도와 패도를 아울러 쓴다[義理雙行 王覇竝用]'라고도 하고, '본원의 경지를 의심하지 않을 수 없다[本源之地, 不能無疑]' 하기도 하였다.[552] 오직 마음에 통쾌한 바를 따라 조금도 꺼리거나 삼가는 말이 없었으니, 이는 실로 예로부터 스승과 제자 사이에 없었던 변고였다.

게다가 윤증은 '기관'을 동춘(同春, 송준길의 호)이 말한 것이라 하고 '권수'를 초려(草廬, 이유태의 호)가 말한 것이라 하였다. 그러나 동춘은 일찍이 '높은 산처럼 우러른다[高山仰止]' 네 글자로 대로를 추앙하며 흠모하는 뜻을 보였고,[553] 또 임종하는 날에는 대로에게 손자를 부탁하였으니

것이니, 섬기기를 똑같이 해야 한다. 어버이는 낳아 주셨고, 스승은 가르쳐 주셨고, 임금은 먹여 주셨기 때문이다.[民生於三, 事之如一. 父生之, 師敎之, 君食之.]"라는 말을 인용한 것이다.

550) 강하게……하였다 : 윤증이 송시열이 지은 윤선거의 묘갈명을 수정해달라고 부탁한 일을 가리킨다.

551) 기관(機關) : 계략을 꾸미는 속마음을 가리키는 말로, 권모술수를 부린다는 뜻이다.

552) 혹……하였다 : 이 표현들은 1681년(숙종7)에 윤증이 「신유의서(辛酉擬書)」를 쓰며 평소 송시열에게 가졌던 의구심을 자신의 생질이자 송시열의 외손인 권이정(權以鋌)에게 말했던 내용이다. 권이정이 이 말을 그대로 송시열에게 전하면서 송시열과 윤증 간의 갈등이 걷잡을 수 없이 격화되었다.

553) 동춘은……보였고 : 송준길이 병중에서 손자 병원(炳遠)에게 명하여 '고산앙지(高山

기관을 일삼는 사람을 산처럼 우러르고 손자를 부탁한단 말인가? 초려는 비록 을묘년(1675, 숙종1) 이후로 소원함이 없지 않았으나[554] 을묘년 이전에는 대로를 믿고 그 말 한마디 행동 하나도 밝게 드러내어 심복하지 않음이 없었으니 권모술수의 설이 그에게서 나온 것이 아님은 자명하다. 윤증이 구천에 있는 사람[555]을 들어 자기 말을 증명하고자 하니, 그 마음은 구천 아래에서는 반드시 변명할 단서가 없으리라 여긴 것이겠으나 차마 이런 말을 했을 때에는 반드시 이마에 땀이 났을 것이다.

게다가 윤증이 이 두 가지 말을 두고 일찍이 들은 것이라 하였는데, 이는 그가 대로를 스승으로 섬겼을 때였다. 스승이란 도가 보존되는 자리인데 대로가 이와 같다는 것을 알면서도 오히려 머리를 숙여 섬기면서 그 사람을 존경하고 그 도를 배운 것은 어째서인가? 또 아버지의 묘문을 청하여 죽은 이를 빛내려는 일이 얼마나 중요한 일인가. 응당 전혀 허물없는 사람을 구하여 후대에 전할 미더운 글을 만들었어야 하는데, 증이 정말 이러한 일들로 대로를 의심하였다면 어찌하여 대로에게 자기 아버지를 칭송하는 글을 청하였는가?

윤증이 비록 어리석고 아둔하나 또한 이러한 뜻을 알고 있었을 것이다. 그가 비문을 청하였을 때에는 분명 대로를 의심하는 마음이 없었다가 비문의 내용이 만족스럽지 못하자 노여워하며 대로를 무함하고자 하였다. 그러나 사람들이 사사로운 원한으로 노여워한다고 의심할까봐 선배의 말을 날조하여 끌어들이고 전혀 그럴듯하지 않은 말들을 주워 모아 공론으

仰止)' 4자를 써서 벽에 걸게 하고 말하기를, "우암(尤菴)이 이를 감당할 수 있다"하고, 또 '일조청빙(一條淸氷)' 4자를 써서 걸게 하고 말하기를, "이는 선배(先輩)들이 하서(河西)·율곡(栗谷)을 흠모하고 숭상한 말인데 지금 세상에는 이와 같은 사람을 보지 못하였다" 하였다.(『宋子大全·年譜崇禎45年壬子』)

554) 초려는……않았으나 : 1660년(현종1) 복제시비 때 이유태는 송시열의 기년설(朞年說)을 옹호하였다. 1674년(현종15)의 갑인예송 때에도 이유태는 복제를 잘못 정했다는 남인의 탄핵을 받아 유배되었지만, 이후 남인 오시수가 '이유태는 의례(議禮)의 잘못을 깨달았다'고 사면을 청하여 1679년 석방되었다. 이 과정에서 송시열은 이유태가 예설을 고쳐서 처벌을 면하려 한다고 의심하였고, 양자 간의 갈등이 표면화되었다.

555) 구천에……사람 : 송준길과 이유태를 가리킨다.

로 만들려 하며 말하기를, '불평하는 것은 사정(私情)이나 학문을 하는 것은 공심(公心)이다.' 하였다. 그 마음의 소재는 길 가는 사람들도 알고 있으나 세상 사람들은 오히려 밝게 변별하지 못하고 있으니 하늘이 그 넋을 빼앗아 그러한 것인가? 그 무고하여 욕보인 말을 지금 일일이 논파하고자 하나 근년에 최신(崔慎)이 올린 상소 중에 이미 변론한 내용이 있으니[556] 굳이 쓸데없이 반복해 말하지 않겠다.

내가 생각하기에 대로의 학문은 그 자체로 지극히 정대하여 지금과 후대에 떳떳하므로 이 모기떼 같은 것들이 털끝만큼도 가리지 못할 것이므로, 더불어 논쟁하는 것은 실로 수고롭고 수치스러우니 시끄럽게 떠들 일이 아니다. 다만 가소로운 것은 윤증의 아비를 배척하지 않았던 예전에는 대로가 어찌 정대한 사람이 되며, 증의 아비를 칭송하지 않게 된 후로는 대로가 어찌 도리어 의심할 만한 사람이 되는가? 대로의 학문이 과연 한 인물을 칭송하느냐 칭송하지 않느냐로 그 바름과 바르지 않음이 정해지는 것인가? 만약 대로가 마음으로는 윤선거의 잘못을 알면서도 오히려 윤증의 눈치를 보면서 거짓으로 기리고 지나치게 칭찬하면 이야말로 이른바 '기관'이자 '권수'인 것이니, 왕도와 패도를 병용하고 의(義)와 이(利)를 함께 행한다는 모욕을 윤증에게서 받지 않았다 해도 어찌 후세의 군자에게 의심을 받지 않겠는가. 지금 바르고 곧게 나아가는 이에게 도리어 이러한 말을 더하니 또한 방자하지 아니한가.

근세에 한훤당(寒暄堂)이 출처의 의리를 두고 점필재(佔畢齋)를 의심하며 시(詩)를 지어 풍자하였는데[557] 그 마음은 본디 올바른 데에서 나와 또한

556) 최신(崔慎)이……있으니 : 1684년(숙종10) 4월에 사옹원 직장 최신이 윤증의 「신유의서」를 보고 송시열을 옹호하며 윤증을 비판하는 상소를 올렸는데, 이로 인해 회니시비(懷尼是非)가 조정으로까지 비화되었다. 최신(1642~1708)의 본관은 회령(會寧), 자 자경(子敬), 호 학암(鶴菴)으로 송시열의 문인이다.

557) 한훤당(寒暄堂)이……풍자하였는데 : 점필재 김종직이 이조참판이 되어도 바른 일을 건의함이 없자 제자인 김굉필이 이를 풍자하는 시를 지었는데, 그 시는 다음과 같다. "도는 겨울에 갖옷을 입고 여름에 시원한 것을 마시는 데 있거늘 비를 걷고 홍수를 멈추게 하는 일 어찌 다 잘할 수 있으리오. 난초도 속세에 심으면 결국은 변하나니 뉘라서 소는 밭 갈고 말은 타고 다니는 짐승임을 믿어주리까.[道在冬裘夏飮

윤증이 제멋대로 무함하고 욕보이는 말을 한 것과는 같지 않았는데도 이정(李楨)[558]은 오히려 후세에 전할 수 없다고 하였다. 하물며 윤증은 사적인 원한 때문에 일생토록 섬긴 스승을 비난하고 헐뜯었으니 어찌 아버지와 스승은 경중(輕重)이 다르다는 말로 용서할 수 있겠는가. 도리에 어긋나고 인륜을 어지럽힌 것이 이러한 지경에 이르렀는데도 스스로만 옳다 여기며 몽매한 후학들을 꾀어 불러들이고, 일세를 격동시켜 대로와 함께 승부를 다투는 계책으로 삼아 점차 집안싸움으로 번져갔는데도 월나라 사람인양 마음에 거리낌이 없었고,[559] 나라가 장차 무너지려 하는데 이를 개의치 않았으며, 임금의 잠자리가 불안한데도 도리어 소홀하였다. 이는 왕법(王法)상 실로 용서하기 어려운 사람이라, 스승을 배신한 죄는 오히려 대수롭지 않은 일이 되었으니 어찌 분통하지 않겠는가."

손님이 이 말을 듣고 환하게 깨달았다 하며 물러가니, 주인이 마침내 지금까지의 내용을 정리해서 말로 만들었다.

태사공(太史公)은 말한다.[560]

"천하에 참된 시비가 없어 온 지가 오래되었다. 옳은 것을 옳다 하고 그른 것을 그르다 하여 각각 그 참됨을 얻은 연후라야 이를 일러 참된 시비라 할 것이다. 근세의 회니시비(懷尼是非)[561]에서 사람들은 그 참된

氷, 霽行潦止豈全能. 蘭加從俗終當變, 誰信牛耕馬可乘.]"(南孝溫『師友名行錄』)

558) 이정(李楨) : 1512~1571. 본관은 동성(東城), 자는 강이(剛而), 호는 구암(龜巖)이다. 이조 참의, 경주 부윤, 순천 부사 등을 역임하였다. 저서로 『구암집(龜巖集)』이 있다.

559) 월나라……없었으며 : 월인은 나와 전혀 상관없는 사람을 의미하는데, 이는 『맹자』 「고자 하(告子下)」에, "월나라 사람이 활을 당겨 사람을 쏘아 죽이려 할 때 옆 사람과 담소하며 그러지 말라고 말리는 것은 그와 소원하기 때문이고, 나의 형이 활을 당겨 사람을 쏘아 죽이려 할 때 눈물을 흘리며 그러지 말라고 말리는 것은 친하기 때문이다."라고 한 데서 나온 말이다. 이 글에서는 자신과 관련된 일 이외에는 어떻게 되든지 알 바가 아니라는 식의 무관심한 태도를 지적한 말로 쓰였다.

560) 태사공(太史公)이 말하였다 : 이 문장 이하로는 『형감』의 편집자 이정인의 평(評)으로 추정된다.

561) 회니시비(懷尼是非) : 회덕(懷德)의 송시열과 이성(尼城)의 윤선거·윤증 사이에 벌어졌던 사상적·정치적 대립을 가리킨다. 서인내 노론과 소론이 분기하는 계기로 작용하였다.

시(是)와 참된 비(非)를 얻지 못하여, 회덕의 송시열을 옹호하는 이는 이산의 윤증을 그르다 하고 이산의 윤증을 옹호하는 이는 회덕의 송시열을 그르다 하면서 그 참된 시비를 알지 못한 채 자기 주장만 내세우고 있다.

지금 「후동문답(後洞問答)」을 보니 처음부터 끝까지 모두 논파하고 옳고 그름을 통렬히 변별하여, 지각이 부족한 어린아이에게 보고 듣게 하더라도 스스로 환히 깨달아 알 수 있게 하였으니 이것이 이른바 천하의 참된 시비라는 것이다. 그 사이에 어찌 조금의 의혹이라도 있겠는가.

그래서 우리 숙종 임금이 말년에 하교하시기를, '신유년의 의서(擬書)와 묘문(墓文)을 들이게 하여 살펴본 후 시비가 크게 정해졌다.'[562] 하였고, 또 경종이 대리청정을 사양하며 올린 상소에 대한 비답에서도 말하기를, '근래의 일은 시비가 정해졌고 의리가 정대하니, 너는 나의 뜻을 따라서 혹시라도 동요되는 일이 없도록 하라.'[563] 하였다. 크도다, 성인의 참됨이여! 이른바 백세 후에도 의혹이 없을 것이란 이런 것이다.

기유년(1669, 현종10) 대윤(大尹)의 편지[564]는 이미 말할 것도 없거니와 신유년(1681, 숙종7) 소윤(小尹)[565]의 편지도 사람들의 이목을 크게 놀라게 했으니, 아버지처럼 섬기던 처지에 이러한 큰 변괴를 일으킬 줄 누가 알았겠는가. 만약 이 문답 한 편을 잘 살펴보면 그 참된 시비를 밝게 통찰할 수 있을 것이다!"

---

562) 의서(擬書)와……정해졌다 : 이 말은 『숙종실록』 42년 7월 22일 기사의 내용이다. 이보다 앞서 신유년의 의서와 송시열이 지은 윤선거의 묘문을 함께 들이라는 하교는 42년 7월 2일 기사에 보인다.

563) 근래의……하라 : 이 말은 『숙종실록』 43년 7월 27일 기사의 내용이다.

564) 기유년……편지 : 여기에서 대윤(大尹)은 윤선거를 지칭하는 말이고, 편지는 「기유의서」를 가리킨다.

565) 신유년……편지 : 여기에서 소윤(小尹)은 윤증을 지칭하는 말이고, 편지는 「신유의서」를 가리킨다.

광탄문답

廣灘問答

지사(知事) 경능(景能) 김만증(金萬增) 기록[566]

계유년(1693, 숙종19) 2월, 내가 한림(翰林) 벼슬을 지낸 선조(先祖)의 묘에 제사를 지낼 차례가 되어 장단(長湍)으로 가게 되었는데, 가는 길에 한양에 들렀다. 기사년(1689, 숙종15)[567] 이후 초행이었다. 백첨(伯瞻) 박태두(朴泰斗)[568]가 내가 온다는 말을 듣고 바로 찾아와 만났는데, 회포를 푼 지 오래되었음을 자세히 얘기하고 이어 말하기를,

"형님께서는 어찌하여 광탄(廣灘)의 숙부[569]와 소식을 끊었습니까? 숙부가 늘 말하기를, '경능이 하는 짓은 너무도 무정하다. 요 몇 년간 올라올 일이 없었다 해도 편지마저 갑자기 끊어버린 것은 무슨 이유인가?……' 하였습니다." 하기에,

내가 말하기를, "화숙(和叔, 박세채의 자)이 윤증과 당을 이루어 그를

566) 「광탄문답」은 김만증(金萬增, 1635~1720)이 지었다. 자는 경능(景能), 호는 둔촌(遯村)으로, 김장생의 증손이자 송시열의 문인이다. 「광탄문답」은 1680년(숙종6) 경신환국 이래 1689년 기사환국에 이르기까지 노론과 소론의 분열이 표면화되었던 정국의 동향을 노론의 시각으로 논변한 글이다. 특히 1684년 회니(懷尼)시비의 분쟁 속에서 소론 편으로 기울었던 박세채에 대해 직·간접적인 비판을 가하고 있으며, 글의 형식 또한 김만증이 박세채와 문답하는 가운데 논변을 통해 박세채를 설복시키는 방식으로 구성되어 있다.

567) 기사년 : 1689년(숙종15) 숙종이 서인을 내치고 남인을 다시 등용한 기사환국을 가리킨다. 기사환국은 희빈 장씨(嬉嬪張氏)의 소생을 원자(元子)로 정호(定號)하는 문제를 계기로 촉발되었는데, 이로 인해 송시열은 제주에 위리안치 되었고, 이어 정읍에서 사사(賜死)되었다.

568) 박태두(朴泰斗) : 본관은 반남(潘南), 자 백첨(伯瞻)이다. 조부는 금양위(禁陽尉) 박미(朴瀰)이고, 부친은 첨정(僉正) 박세교(朴世橋)이며, 외조모는 선조(宣祖)의 딸 정안옹주(貞安翁主)이다. 어려서부터 학문에 뜻이 있었고, 종숙부 박세채도 이를 격려하였다. 1675년(숙종1) 송시열이 유배되자, 사학(四學) 유생으로서 그를 변무(辨誣)하는 연명 상소를 올렸다가 정거(停擧) 처벌을 받았다.

569) 광탄(廣灘)의 숙부 : 박세채를 이른다. 1687년(숙종13)에 박세채가 양주(楊州)에서 파주(坡州) 광탄 만성정(晩醒亭)으로 이거하여 살고 있었으므로 이렇게 부른 것이다. (『厚齋集·文純公南溪先生行狀』)

비호하고 우리 스승을 진심으로 생각하지 않았으니, 실로 그를 만나고 싶지 않았습니다. 그런데 지금 들으니 우리 스승이 돌아가신 후 상복을 입었다 하고,570) 또 윤증에게 쓴 편지 내용도 예전과 비교하여 차이가 있다 하기에, 지금 장단으로 가는 길에 들러 볼까 합니다." 하니, 백첨이 말하기를, "그렇게 하신다면 광탄의 숙부가 틀림없이 기뻐하며 속마음을 털어 놓을 것입니다." 하였다.

내가 한양에서 며칠 머무른 후 장단으로 올라가는 길에 저녁 무렵 광탄으로 갔다. 화숙이 기쁘게 맞이하여 나를 머무르게 하고 넷가 서재에서 함께 묵었다. 그때 화숙의 문도(門徒) 너덧 명이 왔는데 화숙이 모두 물리쳐 그 자제들과 함께 거처하도록 하였다. 그리고 나하고 둘이서만 베개를 나란히 하고 등잔의 심지를 돋우며 세상의 화변(禍變)에 대해 많은 말을 나누었다.

내가 말하기를, "오늘날 사문(師門)의 화와 나라의 변고가 이 지경에 이른 것은 내 생각에 모두 태형(台兄)이 일에 잘 대처하지 못했기 때문입니다." 하자, 화숙이 말하기를, "사람이 일에 대처함에 어찌 모두 좋을 수 있겠는가만, 그래도 허물을 오로지 나에게만 돌리니 형의 이러한 뜻은 무엇입니까?" 하였다. 내가 말하기를,

"먼저 나라의 일을 말해보겠습니다. 지난번에 태형이 이조참의(吏曹參議)로 한양에 들어왔을 때 자인(子仁) 윤증 또한 소명을 받고 올라와 과천에서 머물렀는데 태형이 그를 찾아가 조정에 들어오라고 권유하였으나 그가 끝내 듣지 않았다고 합니다.571) 이러한 일이 정말 있었습니까?" 하자,

570) 우리……하고 : 기사환국(1689, 숙종15)으로 송시열이 정읍에서 사사된 후, 박세채가 3월복을 입고 심상(心喪) 3년을 치렀다.(『衡鑑·己巳黨禍』)

571) 태형이……합니다 : 1683년(숙종9)에 숙종이 사관(史官)을 보내 계속 소명(召命)을 내리자, 윤증은 계속 집에만 머무르며 왕명을 저버리기 어렵다 하여 그해 5월 상경하여 과천(果川) 나양좌의 집에 머물며 대죄하였다. 이때 박세채가 찾아와 함께 국사에 참여할 것을 설득하자 윤증이 입조(入朝)의 선행 조건으로서 세 가지 문제를 해결할 것을 제시하였다. 즉 송시열의 세도(世道)를 변화시켜야 하고, 서인과 남인의 원한 관계를 풀어야 하며, 세 외척의 정치 개입을 배제하고 문호를 닫게 해야 한다는 것이었다. 그러나 이에 대해 박세채가 해결하기 어렵다는 입장을

화숙이 그렇다고 하였다.

내가 말하기를, "태형이 입시(入侍)를 권유하자 그가 말하기를, '우암이 자기의 비위를 맞추게 하여 아첨하는 풍조가 크게 행하여지고 있는데, 그대는 이를 제거할 수 있는가? 세 척리(戚里) –청성(淸城),[572] 광성(光城),[573] 여양(驪陽)[574]– 와는 함께 일할 수 없는데 그대는 이를 물리칠 수 있는가?[575] 추가로 녹훈한 공신[576]은 삭제하지 않을 수 없는데 그대는 이를 삭제할 수 있는가? 이 세 가지 일 중 한 가지 일이라도 행해지지 않으면 나는 결코 입조(立朝)할 수 없다.' 하였다는 데, 정말 이러한 말을 한 일이 있습니

표명하여 결국 윤증은 입조하지 않고 이산으로 돌아갔다.(『明齋年譜』)

572) 청성(淸城) : 청성부원군 김석주(金錫胄, 1634~1684)를 이른다. 김석주는 명성대비의 사촌으로 경신환국(1680, 숙종6)을 주도하였으며, 이어 허적의 아들 허견(許堅)이 모역한다고 고변(告變)하여 남인 세력을 완전히 몰아냈다. 그 공으로 보사공신(保社功臣) 1등에 봉해졌다.

573) 광성(光城) : 광성부원군 김만기(金萬基, 1633~1687)이다. 김장생의 증손이자 숙종비 인경왕후(仁敬王后)의 아버지로서 경신환국 때 훈련대장으로 공을 세워 보사공신 1등에 봉해졌다.

574) 여양(驪陽) : 여양부원군 민유중(閔維重, 1630~1687)이다. 1680년(숙종6) 경신환국으로 남인이 실각하자, 병조판서 등을 역임하며 서인 정권을 주도하였다. 그리고 이듬해 3월 그의 딸이 숙종의 계비가 되자 국구(國舅)가 되었다.

575) 세……있는가 : 윤증이 소명을 받고 1683년 5월 과천(果川)에 머물렀을 때 박세채에게 조정에 나아가기 위한 3가지의 선결 조건을 말하였는데, 그 중 하나가 외척 세 가문에 대한 견제와 배제였다. 이때 거론된 외척은 현종의 장인인 청풍 김씨(淸風金氏) 가문, 숙종의 장인인 광산 김씨(光山金氏)와 여흥 민씨(驪興閔氏) 가문이었다.(『宋子大全 附錄·年譜8』 및 『明齋年譜』) 1682년(숙종8) 남인 허새의 모역사건 당시 정탐과 기찰, 그리고 고변 등의 파행적인 방법을 동원하여 남인을 뿌리째 제거하려고 시도한 김석주·김익훈 등 훈척세력은 서인 내 소장세력으로부터 거센 비난을 받았는데, 윤증 또한 이들과 정치적 입장을 같이 하였다.

576) 추가로……공신 : 보사공신은 허견의 역모를 고변하거나 그 옥사를 다스린 사람들에게 내린 공신호이다. 1680년(숙종6) 5월 18일에 김만기, 김석주를 1등 공신으로, 이입신(李立身)을 2등 공신으로, 남두북(南斗北), 정원로(鄭元老), 박빈(朴斌)을 3등 공신으로 정하였는데, 그해 11월 22일에 이사명(李師命), 김익훈(金益勳), 조태상(趙泰相), 신범화(申範華)를 2등 공신으로, 이광한(李光漢), 이원성(李元成)을 3등 공신으로 추록하였다. 이와 관련하여 조지겸을 비롯한 대간들은 김익훈이 사람들을 협박하여 남을 무고하였다며 죄주기를 청하였다. 그러나 송시열과 김수항, 김석주 등 대신(大臣)들이 옹호하고 숙종이 윤허하지 않아 결국 이사명·김익훈·조태상·신범화·이원성 등 6인의 공신 추록이 확정되었는데, 이 사건은 서인이 소론과 노론으로 분열되는 하나의 원인이 되었다.(『燃藜室記述·肅宗朝故事本末』)

까?" 하자, 화숙이 말하기를, "당시 너무 많은 말들을 나누어서 지금 기억하기는 어려우나 그러한 말이 있었던 것도 같습니다." 하기에,

내가 "중정(仲淨)[577]이 또 말하기를 '당시 자인(子仁)이 우암(尤菴)의 세도는 변하기 어렵다고 큰 소리로 말했다'고 합니다. 과연 그런 일이 있었다면, 우리 스승이 평생 동안 견지한 것은 『춘추(春秋)』였고, 그 『춘추』의 의리로 세도를 부식하였는데, 그는 무엇을 미워하여 이와 같이 말한 것입니까?" 하자, 화숙이 말하기를, "형의 말은 번번이 이처럼 너무 심합니다." 하고, 이어 묻기를, "세 가지 일에 대해 형은 어찌하여 허물을 나에게로 돌리는 것입니까?" 하였다.

내가 말하기를, "우암은 친한 사람이라 하더라도 그 사람의 옳지 못한 점을 보면 반드시 엄하게 배척하기에 주저함이 없어서 조금도 봐주는 일이 없었는데, 아첨하는 풍조가 크게 떨쳐진다 말하였다니 어찌 실정과 어긋나지 않겠습니까. 세 척리는 모두 사류(士類)에 속하는 사람들이고, 청성·광성은 종사(宗社)에 크게 공을 세워 특별히 문제 삼을 만한 과실이 없는데 윤증이 물리치고자 하는 것은 도대체 무슨 뜻입니까?[578] 태형

577) 중정(仲淨) : 박사(朴泒, 1629~1692)의 자이다. 금계군(錦溪君) 박동량(朴東亮)의 서자로 윤증·박태보와 친하게 교류하였다.(『西溪集·中部參奉朴君墓表』)

578) 청성·광성은……뜻입니까 : 1683년(숙종9)은 후세에 서인이 노론과 소론으로 분열된 해로 기록되었다. 경신환국 이후 척신이었던 김석주와 김익훈이 중심이 되어 남인을 뿌리째 소탕하기 위해 기찰(譏察)과 고변(告變)이라는 파행적인 정치를 자행하자 조지겸·한태동·오도일·박태유·유득일 등 삼사(三司)에 포진하고 있던 소장 관인들이 이들을 비판하면서 노론과 소론이라는 명목이 처음 등장하였다. 이에 김석주가 숙종에게 건의하여 같은 해 윤6월 조지겸 등을 처벌하였는데, 이에 대한 찬반을 두고 정국이 매우 어수선한 시기였다. 이러한 상황에서 송시열을 비롯한 노론은 훈척들에 대해, 숙종을 오도(誤導)하고 역모를 꾸민 남인들을 제거하였으므로 사직을 보위한 훈업(勳業)을 이루었다고 칭송하였다. 또한 훈척들에 대한 소론의 공격에 대해서는 종사를 보전한 훈척들의 큰 공로는 보지 못한 채 기찰이라는 작은 흠절만 문제 삼는다고 비판하였다. 경신환국 이후 허새 모역 사건에 이르기까지 훈척세력을 옹호한 송시열에 대한 서인 소장파의 실망과 의구심은 이후 서인 내 노론과 소론의 분립이 본격화되는 하나의 계기가 되고 있었다. 여기에 송시열 학문의 본원(本源)과 심술(心術)을 비판한 윤증의 「신유의서(辛酉擬書)」가 드러나며, 1684년(숙종10)에 이르면 송시열과 윤증, 노론과 소론의 갈등이 조정에서 본격적으로 정치 문제화되기에 이르렀다.

또한 일찍이 추가로 녹훈한 공신을 삭제하자고 주장하였다 하니[579] 실로 이해할 수가 없습니다." 하자, 화숙이 말하기를, "우리는 일을 할 때 매양 고인(古人)을 따라 하고자 합니다. 기묘년의 현인들이 정국공신(靖國功臣) 4등을 삭제하였으므로[580] 나도 이에 의거하여 논의한 것입니다." 하기에, 내가 말하기를, "이번 공신의 추록에 대해 나도 과실이 없다고 생각하는 것은 아니지만 이를 삭제하는 것은 더더욱 부당하다고 생각합니다." 하자 화숙이 무슨 뜻이냐고 물었다.

이에 내가 말하기를, "정국공신 4등은 비록 삭거하더라도 본훈(本勳)에는 조금도 손상이 없었지만 이번의 추가 녹훈은 본훈의 반쪽에 해당하니 이를 삭거한다면 어찌 본훈의 의의(意義)가 크게 손상되지 않겠습니까?" 하자, 화숙이 나의 말을 듣고 말없이 꽤 오랫동안 생각에 잠겼다가 말하기를, "본훈의 반쪽에 해당한다는 형의 말은 내가 미처 생각하지 못한 부분입니다. 형의 말이 과연 맞습니다." 하기에, 내가 말하기를, "군소배들이 태형과 자인의 논의를 가져다가 효시로 삼아 올바른 사람을 도륙하여 결국 나랏일을 이 지경에 이르게 하였습니다. 그러므로 내가 태형에게 허물을 돌리는 것은 과한 처사가 아닙니다." 하였다.

화숙이 "이 문제는 우선 놓아두고, 다시 사문(師門)의 일에 대해 말하는 것이 어떨까요?" 하기에, 내가 말하기를, "계축년(1673, 현종14) 봄에 내가 조읍포(助邑浦)[581]에서 배를 타고 배천(白川) 금곡(金谷)에 있는 태형의 거처를 방문한 일을 잊지 않으셨지요?" 하자 화숙이 잊지 않았다고 말하였다. 내가 말하기를, "태형과 밤에 이야기를 나눌 때 나에게 미촌(美村)의 행장을 내어 보여주셨는데,[582] 그 일을 태형은 기억하십니까?" 하자 화숙이 상세

579) 태형……하니 : 『숙종실록』 9년 6월 8일 기사에 박세채가 김익훈의 처벌을 주장하는 상소가 보인다.

580) 기묘년의……삭제하였으므로 : 정국공신(靖國功臣)은 1506년 연산군을 폐위하고 중종을 옹립한 반정을 주도한 공으로 내린 공신호로서 4등급으로 나누어 총 117명이 녹훈되었다. 1519년 조광조 등 사림세력은 정국공신의 녹훈(錄勳)이 과람(過濫)하다 하며 삭훈(削勳)을 주청, 결국 공신의 4분의 3에 해당하는 76명이 훈적에서 삭제되었다.(『中宗實錄』 14年 10月 25日)

581) 조읍포(助邑浦) : 황해도 배천군(白川郡) 강음현(江陰縣)에 있는 포구이다.

히 기억한다고 말하였다. 내가 말하였다.

"당시 내가 태형이 지은 행장을 자세히 살펴본 후 끝 부분의 총론 부분을 가리키며 말하기를, '이와 같이 거짓된 말로 과연 후세를 신복(信服)시킬 수 있겠습니까?' 하자 태형이 답하기를, '내가 어려서부터 윤선거 어른의 사람됨에 감복하였기 때문에 이와 같이 지은 것입니다. 충청도의 어른583)은 틀림없이 그렇게 생각하지 않으실 테지만 나는 반드시 이와 같이 표현하는 것이 맞다고 생각하였습니다.' 하였습니다. 내가 또 「기유의서(己酉擬書)」에서 한 곳을 집어 말하기를, '이 편지는 애초 회천(懷川)에게 전해지지 않았던 것인데 지금 이 행장에서는 마치 아주 중요한 일인 것처럼 되어 있으니 어째서입니까?' 하자,

태형이 또 말하기를,

'자인(子仁)이 말하기를, 「나의 선인(先人)이 세상에 나오지 않았으나 만약 세상에 나와 도를 행하였다면 이 글에서 논한 것을 통해서 그 규모를 볼 수 있을 것이다.」 하면서, 반드시 이 편지의 내용을 행장에 싣고자 했기 때문입니다.' 하였습니다."

이어 내가 말하기를, "오늘날의 일에 대해 내가 태형에게 허물을 돌리는 까닭이 이것입니다. '군주를 낮추고 종통을 둘로 만들었다[卑主貳宗]' 네 글자는 사화(士禍)의 뿌리인데, 「기유의서」에서 '여러 사람의 지혜를 한데 모아 정사에 힘쓴다[聚精會神]'고 말한 것을 보면584) 그 까닭을 알 수 있습니

---

582) 나에게……보여주셨는데 : 미촌은 윤선거의 호이다. 윤증은 부친 윤선거가 별세한 뒤 부친의 유고와 연보, 유사 등을 수습하여 행장의 찬술을 박세채에게 부탁하였다. 박세채는 행장을 1673년(현종14)에 완성하였는데, 그가 김만증에게 보여주었다는 미촌의 행장은 이를 가리킨다.

583) 충청도의 어른 : 송시열을 가리킨다.

584) 군주를……보면 : 1660년(현종1) 4월 18일에 윤선도가 상소를 올려 효종에 대한 자의대비(慈懿大妃)의 복제를 자최삼년복(齊衰三年服)으로 주장하는 한편 송시열의 예설을 "군부를 낮춘다.[貶薄君父]"고 비판하였다. 송시열은 윤선도의 상소를 윤휴의 사주를 받아 서인 전체를 일망타진하려는 음모로 간주하였고, 이후 서인들은 예론을 둘러싼 종통 시비에서 이론의 여지를 없애기 위해 윤선도를 극형에 처하고자 하였다. 그런데 1669년(현종10) 윤선거는 그의 「기유의서」에서, 윤휴나 허목 등 남인들도 사류(士類)이니 비록 과오가 있다 해도 참적독물(讒賊毒物)로만 단정하지 말고 '취정회신(聚精會神)'의 자세로 너그럽게 포용해야 한다고 주장하였다. 여기에서 김만증은

다." 하자, 화숙이 아무 말도 못하고 있다가 잠시 후 말하기를, "사람이 일에 대처할 때 어찌 하나하나 모두 잘 할 수 있겠습니까. 그러나 이 일이 이렇게까지 될 줄은 실로 생각지도 못했습니다. 형이 나에게 허물을 돌리는 것이 비록 완전히 터무니없는 것은 아니라 해도 나로서는 어찌 매우 원통한 일이 아니겠습니까? ……" 하고 끝마쳤다.

남인세력을 포용하고자 오히려 송시열을 비판하고 배척한 윤선거의 정치적 태도가 '사화(士禍)'를 초래한 하나의 원인이 되었다고 주장하고 있다.

기사년의 당화
己巳黨禍[585]

숙종 초 희빈(嬉嬪)[586]이 주상의 총애를 독차지 하고, 역적 종친[逆宗] 동평군(東平君) 이항(李杭)[587]이 희빈과 한편이 되자, 홍문관 저작(著作) 송상기(宋相琦)가 궁궐을 엄격하게 단속할 것을 청하였다.[588] 조사석(趙師錫)[589]이 이항과 매우 친밀하였는데, 의정(議政) 후보를 뽑을 때 주상이 네 차례의 천염(薦剡)[590]을 모두 물리치고 조사석을 정승에 임명하자,[591]

---

585) 「기사당화(己巳黨禍)」는 1689년(숙종15) 숙종이 서인을 축출하고 남인을 재등용한 이른바 기사환국(己巳換局) 당시의 정치적 갈등에 관한 기록이다. 기사환국은 집권노론 세력의 대대적인 몰락을 가져와 노론의 종장(宗匠)이었던 송시열이 사사(賜死)되고, 이이명(李頤命)·김만중(金萬重)·김수흥(金壽興)·김수항(金壽恒) 등이 복주(伏誅)되거나 유배되었다. '기사당화'라는 제목 자체가 이미 '남인들에 의해 화를 입었다'는 노론의 당파적 입장을 드러내고 있는 만큼 이 자료는 기사환국을 철저하게 노론의 당론으로 재해석하고 있다. 즉 당화의 시작은 원자(元子) 정호(定號) 문제를 둘러싸고 촉발되었지만 이는 표면적인 이유일 뿐 당화의 보다 근본적인 원인은 춘추대의와 주자학을 수호하려는 노론에 대해 이른바 '반주자(反朱子)'의 입장을 견지하는 소론·남인 난적(亂賊)들의 정치적 반격이자 보복이었다는 주장이 그것이다.

586) 희빈(嬉嬪) : 1659~1701. 본관은 인동(仁同)이며, 본명은 장옥정(張玉貞)으로 전해진다. 1680년(숙종6) 무렵부터 숙종의 총애를 받았고, 1688년 낳은 왕자 윤(昀, 뒷날의 경종)이 이듬해 음력 1월 원자로 책봉되면서 희빈이 되었다. 기사환국으로 서인이 몰락하면서 폐서인된 인현왕후(仁顯王后, 1667~1701) 민씨 대신 왕비로 책봉되었으나 1694년(숙종20) 갑술환국으로 다시 희빈으로 강등되었다. 1701년 인현왕후를 저주해 죽게 했다는 혐의를 받아 사사되었다.

587) 동평군(東平君) 이항(李杭) : 1660~1701. 인조의 손자로 숭선군(崇善君) 징(徵, 1639~1690)의 장남이다. 희빈 장씨의 조력자 역할을 하며 서인 노론과 대립하였다. 『숙종실록』 13년 9월 11일 기사에 따르면 "당시 귀인(貴人) 장씨가 후궁 중에 가장 총애를 받았고, 이항이 장씨와 결탁하여 수시로 궁궐을 드나들면서 장씨와 함께 조대비에게 아첨하였다."고 하였다. 1701년(숙종27) 신사(辛巳)의 옥이 일어나자 유배되었다가 사사되었다.

588) 홍문관……청하였다 : 『승정원일기』 숙종 14년 7월 14일 기사에 따르면, 이때 송상기는 홍문관 수찬이었으므로 저작이라고 한 것은 잘못이다. 송상기는 송시열의 문인으로, 이때 희빈 장씨의 어머니가 가마를 탄 채 대궐에 출입하므로 가마를 불태울 것을 청했다가 파직되었다.

589) 조사석(趙師錫) : 1632~1693. 본관은 양주(楊州), 자 공거(公擧), 호 만회(晩悔)이다. 인조의 계비(繼妃) 장렬 왕후(莊烈王后, 1624~1688)의 재종제(再從弟)이다.

이수언(李秀彦)[592]이 논척하는 소를 올려 주상의 뜻을 거슬렀다. 송상기는 이항을 특별히 제거(提擧)에 임명한 것[593]을 논척하였는데, 주상이 노하여 다른 일로 구실을 만들어 바로 파직하였다. 이윽고 조사석이 정승이 되자[594] 그 무리가 화응(和應)하여 김수항(金壽恒)[595] 이하 여러 사람들을 쫓아냈다.

무진년(1688, 숙종14) 희빈에게서 원자가 탄생하여 책립(冊立)하려 하자 김수항 등이 입시하였는데[596] 주상이 말하기를, "국본(國本)[597]이 아직

---

590) 천염(薦剡) : 인재를 천거하는 공첩(公牒)이다.

591) 주상이……임명하자 : 1687년(숙종13) 정승을 임명할 때 숙종이 노론이 천거한 사람들을 모두 물리치고 조사석을 우의정에 임명한 일을 말한다.(『肅宗實錄』 13年 5月 1日』)

592) 이수언(李秀彦) : 1636~1697. 본관은 한산(韓山), 자 미숙(美叔), 호 농계(聾溪)이다. 송시열의 문인으로, 1687년(숙종13) 나양좌 등을 비롯한 소론세력이 윤선거를 옹호하며 송시열을 비난하자 스승을 변호하는 상소를 올렸다. 1689년 기사환국 때 초산(楚山)에 유배되었다가 1694년 갑술환국으로 풀려나 형조판서에 올랐다.

593) 이항을……임명한 것 : 1687년(숙종13) 6월에 숙종은 민유중이 수의(首擬)되었는데도 특지를 내려 이항을 혜민서 제조(惠民署提擧)에 임명하였다. 혜민서 제조에 종친을 임명한 전례가 없었다는 이유로 이조에서 반대했지만, 숙종은 이를 무시하였다. 반대가 거세지자 이항은 직책을 고사했는데, 4개월 만에 특제(特除)되어 출사하였다. 1688년(숙종14) 7월에 이조판서 박세채가 이항의 출사를 재론하였고, 이에 진노한 숙종이 박세채를 옹호했던 영의정 남구만과 우의정 여성제를 원찬(遠竄)시켰다. 조정의 논란이 가열되자 이항은 여러 차례 사직을 청하였고 숙종은 11월에 이를 허락하였다. 서인이 혜민서 제조 임명에 반대하였던 것은 종친이라는 사실보다는 후궁 장씨와의 관계 때문이었다고 볼 수 있다. 이항은 장씨와 긴밀한 관계를 유지하는 가운데 궁중 출입이 잦았고 숙종의 은총도 남달랐으므로, 서인은 그의 제조 임명에 극렬하게 반대하였던 것이다.

594) 조사석이……되자 : 1687년(숙종13) 5월에 숙종은 공석이었던 우의정에 이조판서 조사석을 임명하였다. 노론에서는 희빈 장씨의 어머니가 조사석 처가의 비(婢)로서 장씨 가에 출가한 후에도 종종 조사석의 집에 왕래했다는 소문이 퍼져 있었다. 1687년 조사석이 우의정에 발탁되었을 때 노론측에서는 조사석이 후궁 장씨의 청탁으로 우의정에 특제되었다는 소문이 돌았고, 김만중(金萬重)이 그 해 12월에 이를 공식적으로 거론하기도 하였다. 그러나 노론의 이러한 주장과는 달리 소론이나 남인 측에서는 이를 모함이라고 일축하였다.

595) 김수항(金壽恒) : 1629~1689. 본관은 안동(安東), 자 구지(久之), 호 문곡(文谷)이다. 1680년(숙종6) 경신환국으로 남인이 실각하자 영의정이 되어 남인의 죄를 다스리는 한편 송시열·박세채 등을 불러들였다. 1689년(숙종15) 기사환국이 일어나 남인이 재집권하자, 탄핵받고 유배된 뒤 사사되었다.

596) 김수항 등이 입시하였는데 : 1689년(숙종15) 1월 10일에 숙종은 시임·원임대신, 육조,

정해지지 않았으니, 지금의 가장 큰 대계(大計)는 다른 것에 있지 않다. 감히 다른 의견을 가진 자가 있다면 관직을 내놓고 물러가라." 하였다. 여러 신하들이 무슨 말인지를 몰라 당황하였는데 주상의 전교가 재차 내려졌다.

김수항이 말하기를,[598] "드디어 왕자가 탄생하여 신민이 모두 기뻐하고 있습니다. 장차 정궁(正宮)[599]에게 후사를 보는 경사가 없다면 국본이 어디로 돌아가겠습니까. 왕자가 탄생한 지 겨우 수개월 만에 갑자기 위호(位號)를 정하는 것[600]은 복(福)을 소중히 하는 일이 아닙니다." 하자,

주상이 말하기를, "종사의 대계는 말을 많이 하는 데 있지 않다. 원자의 명호(名號)를 정하는 일을 분부대로 거행하라." 하였다. 이때 유위한(柳緯漢)이라는 자가 김수항을 배척하는 소를 올리자[601] 수항이 소를 올리고

판윤, 삼사 장관의 소집을 명하여 장씨 소생 왕자의 명호(名號)를 정하도록 명하였다. 이날의 『승정원일기』에 따르면 회의에 참석한 인사는 영의정 김수흥, 이조판서 남용익, 호조판서 유상운, 병조판서 윤지완 등 모두 9명으로 당시 영돈령부사 김수항의 참석은 확인되지 않는다. 이로 볼 때 이 기사의 김수항은 당시 영의정 김수흥의 오기(誤記)로 보인다.(『肅宗實錄』 15年 1月 10日 및 『承政院日記』 肅宗 15年 1月 10日)

597) 국본(國本) : 나라의 근본이라는 뜻으로, 왕위를 계승할 원자나 세자를 가리키는 용어이다.

598) 김수항이 말하기를 : 앞서 언급한 것과 같이 이 날 김수항은 참석하지 않았다. 이 아래의 말은 특정인의 발언이라기보다는 당시 참석한 여러 신하들의 말을 요약한 것으로 보인다.

599) 정궁(正宮) : 인현왕후를 가리킨다. 여양부원군(驪陽府院君) 민유중(閔維重)의 딸로, 1681년(숙종7) 계비(繼妃)가 되었으나 1689년 폐위되었다가 1694년 갑술환국으로 다시 복위되었다.

600) 위호(位號)를 정하는 것 : 여기에서 위호를 정한다 함은 왕자의 명호(名號)를 정하는 일을 말한다. 이때 명호는 원자로서의 명호를 의미하며, 왕위 계승을 내정하는 것이다. 따라서 후궁의 소생이라 하더라도 일단 원자로서의 명호를 정하면 차후 왕비가 대군을 낳더라도 일단 명호가 정해진 왕자의 왕위계승권은 여전히 유효할 수 있었다.

601) 유위한(柳緯漢)이라는……올리자 : 1688년(숙종15) 1월 14일에 유학(幼學) 유위한이 왕자의 원자 정호를 지지하는 상소를 올렸다. 나아가 유위한은 그 소에서 원자를 빨리 세자로 책봉하고, 또 원찬(遠竄) 중인 권해(權瑎), 이옥(李沃), 정유악(鄭維岳), 심단(沈檀) 등의 남인에게 관용을 베풀어 달라는 말을 덧붙였다. 이에 영의정 김수흥이 다음 날로 사직을 청하자 숙종이 만류하였다. 그러나 숙종은 유위한의 상소가 올라온 다음날인 1월 15일 장씨 소생의 왕자를 원자로 봉하고 종묘사직에 고하였으며, 장씨를 희빈에 봉하였다.(『肅宗實錄』 15年 1月 15日)

대죄하였다. 주상이 비답을 내리기를, "보잘것없고 하찮은 무리들이 감히 재앙을 전가하려는 계책을 만들어 내고 있으니 유위한을 유배에 처하라." 하였다.

당시 봉조하(奉朝賀) 송시열[602]이 선류(善類)가 죄를 받을까 우려하였다. 이에 상소하여 소론 무리의 정상(情狀)을 논하고,[603] 송나라 철종(哲宗)이 열 살까지 번왕(藩王)으로 있었던 일[604]을 끌어다 아뢰었다. 주상이 진노하여 전교하기를, "송시열은 산림의 영수로서 감히 마음에 불만을 품고 그 비유를 듦에 방자함이 극에 달하였다." 하였다. 승지 이현기(李玄紀)[605]와 윤빈(尹彬)[606], 홍문관의 남치훈(南致薰)[607]과 이익수(李益壽)[608]를 인견하여 거듭 하문한 끝에 하교하기를, "송시열과 윤증(尹拯)이 하나의 사사로운 일[609]을 가지고 분열함이 날로 심해지고 있는데, 이 상소를 보아도 알 수 있다." 하였다. 이현기가 말하기를,

---

602) 봉조하(奉朝賀) 송시열 : 당시 송시열은 경신환국 후 판중추부사로 있다가 1683년(숙종9) 3월에 치사하여 봉조하가 되어 있었다.

603) 소론(少論)의……논하고 : 당시 송시열의 상소문은 두 본이었다. 한 본에서는 1687년 자신을 비판하는 상소문을 올린 나양좌·성지선·박태보 등을 비난하는 내용이고, 또 다른 본에서는 장희빈 아들의 원자 정호를 비판하였는데, 이 구절은 송시열 상소의 앞부분에서 소론 당인을 비난한 내용을 지칭한 것이다.(『肅宗實錄』 15年 2月 1日)

604) 송나라……일 : 송나라 신종은 아우인 가왕(嘉王)·기왕(岐王) 등 강성한 종친이 존재하고 있었음에도 불구하고 아들인 철종(哲宗)을 열 살까지 번왕(藩王)의 지위에 봉하였다가 자신이 병든 후 비로소 태자로 책봉하였다. 송시열은 송 철종의 고사를 들어 왕자의 정호(定號)가 너무 성급한 조처였다고 비판하였다.

605) 이현기(李玄紀) : 1647~1714. 본관은 전주, 자 원방(元方), 호 졸재(拙齋)로서, 이수광(李睟光)의 증손이다. 1694년 갑술환국이 일어나자 유배되었다.

606) 윤빈(尹彬) : 1630~1693. 본관은 남원(南原), 자 자문(子文)이다. 1689년 기사환국 때 봉조하 송시열을 두둔하다가 숙종의 진노를 사서 국문을 받고 해남에 유배되었다.

607) 남치훈(南致薰) : 1645~1716. 본관은 의령(宜寧), 자 훈연(熏然), 호 지산(芝山)이다. 기사환국 때 원자 정호 문제로 송시열과 대립하였다.

608) 이익수(李益壽) : 1653~1708. 본관은 전주, 자 구이(久而), 호 백묵당(白默堂)이다. 1687년(숙종13) 나양좌가 스승 윤선거의 누명을 벗기려 상소했다가 궁지에 몰리자, 그를 변호했다가 삭직 당하였다. 1689년 희빈 장씨의 어머니가 가마를 타고 궁문을 나가는 것을 막다가 파직되기도 하였다.

609) 하나의……일 : 윤선거 묘갈명을 두고 송시열과 윤증이 갈등한 일을 가리킨다.

"신이 송시열과 윤증 사이의 일을 들은 바는 없으나, 다만 상소 가운데 '처신을 잘못하고 의리(義理)를 잊었다[失身忘義]' 하는 말을 보니 이는 잘못이라고 생각합니다. 윤선거(尹宣擧)의 '강화도 일[江都事]'은, 그에게는 원래 죽어야할만한 의리[610]가 없었으나 그의 처가 죽었으므로[611] 정축년(1637, 인조15) 이후 문을 닫아걸고 책을 읽으며 세상일에 간여하지 않았으니 그가 뜻을 굳게 세운 것을 볼 수 있습니다. 이 어찌 처신을 잘못하여 의리를 저버린 사람이라 하겠습니까?" 하였고, 남치훈이 말하기를, "이 일은 신이 개탄했던 일입니다. 이는 하찮고 사사로운 일에 불과하거늘 어찌 외람되게 소를 올려 번거롭게 할 일이겠습니까?" 하였다.

주상이 말하기를, "지난 4, 5년 동안 이 일로 인하여 커다란 평지풍파가 일어났다. 송시열의 문도들이 이 일을 빙자하여 분란을 일으킨 폐단이 어찌 없겠는가?" 하였다.

이현기가 말하기를, "윤증의 일은, 비록 임금과 스승, 아비가 일체[君師父一體]라 하나 이미 문자로 그 아비를 모욕한 일[612]이 있었으니, 자식된 자로서 어찌 태연할 수 있겠습니까?" 하였고,

남치훈이 말하기를, "윤증은 유일(遺逸)의 지위를 박탈당한[613] 뒤에도

---

610) 죽어야 할 의리 : 윤선거의 강화도 일을 두고 소론측은, 윤선거는 당시에 직사(職事)가 없었으므로 선비의 분수 상 반드시 죽어야 할 의리는 없었다고 주장하였다. 이에 반해 노론은, 윤선거는 전후로 자처(自處)한 것이 보통 직사 있는 사람보다도 더한 점이 있었으며, 성첩을 지키기로 한 뒤에는 선비일지라도 대오를 지키다가 죽어야 할 의리가 있는데 구차하게 삶을 연명했다고 주장하였다.

611) 처가 죽었으므로 : 윤선거의 아내 이씨는 병자호란 당시 강화도로 피신해 있다가 갑곶의 수비가 무너졌다는 소식을 듣고 목을 매어 자결하였다.

612) 문자로……모욕한 일 : 1684년 이후 노론측에서 윤선거를 비난하는 상소문이 쇄도하여 점차 윤선거에 대한 인신 공격이 강화된 일을 가리킨다. 즉 윤선거에 대해 '실신망의(失身忘義)', '망의욕신(忘義辱身)'이라 하고 '강도부로(江都俘虜)'라 칭하는가 하면 '윤휴의 당이 되어 사문에 해를 끼쳤다'고 말한 것 등이 소론측에서 문제 삼는 구절이다.

613) 유일(遺逸)의……박탈당한 : 산림의 명망 있는 학자로서 천거된 자를 유일이라 한다. 윤증의 「신유의서(辛酉擬書)」가 세상에 드러나 노론과 소론의 갈등이 조정에서 정치 문제화되기 시작했던 갑자년(1684, 숙종10), 당시 김수항과 민정중 두 정승은 경연에서 송시열을 비호하고 윤증을 비판하며 윤증을 유신(儒臣)으로 대우하지 말 것을 주청하여 숙종의 승낙을 받았다.(『肅宗實錄』 10년 5월 13일 및 『老峰集·筵中說

변명하는 일이 없었는데 송시열은 매번 이 일을 가지고 여러 차례에 걸쳐 번거롭게 상소하였습니다. 그런데도 윤증은 문도들에게 입을 다물고 말을 하지 말라 했다고 합니다." 하였다.

주상이 말하기를, "작은 일도 오히려 이러하니 큰일을 알 수 있다.614) 우선 가벼운 형벌을 시행하여 송시열의 관작을 삭탈하고 문외출송(門外黜送)615) 하라." 하였다.

당시 소론의 무리가 이 일로 인해 윤휴(尹鑴)와 허적(許積)의 당을 불러들였고,616) 민암(閔黯),617) 민종도(閔宗道),618) 이의징(李義徵)619)의 무리가 장희재(張希載),620) 동평군 항과 은밀히 결탁하여 조정의 분위기가 크게

話』) 이후 『숙종실록』 15년 2월 1일 기사에서, "윤증을 유현(儒賢)으로 대우하지 말라는 일을 일찍이 하교하였는데, 이제 다시 환수하여 유일로 대우함이 가하다."라는 내용이 있는 것으로 보아, 윤증이 유일로 칭해졌다가 철회한 일이 있음을 알 수 있다.

614) 작은……있다 : 여기에서 '큰 일'이란 왕자의 정호 문제를 말한다. 숙종은 정호(定號)가 시기상조라고 주장하는 송시열을 그대로 두면 그의 문도들이 뒤를 이어 계속 정호에 이의를 제기할 것이고, 그렇게 되면 정호 문제가 번복되거나 적어도 조정에서 소요가 일어날 것으로 보았다.

615) 문외출송(門外黜送) : 죄인의 벼슬과 품계를 빼앗고, 한양 밖으로 추방하던 형벌이다.

616) 당시……들였고 : 노론측에서는 기사환국이 소론과 남인이 공모하여 일어난 일이라고 주장하였는데, 이 구절은 바로 이러한 노론측의 핵심 당론을 표현한 것이다.

617) 민암(閔黯) : 1636~1694. 본관은 여흥(驪興), 자 장유(長孺), 호 차호(叉湖)이다. 1689년(숙종15) 기사환국 당시 김수항·송시열을 탄핵하여 그들의 처형을 주장하였다. 1694년 인현왕후를 복위시키려 한다는 고변(告變)을 이용하여 옥사를 일으키려 했지만 갑술환국으로 유배된 후 곧 사사되었다.

618) 민종도(閔宗道) : 1633~1693. 본관은 여흥(驪興), 자 여증(汝曾)이며, 민암(閔黯)의 조카이다. 서인들에 의해 장희재와 결탁하여 인현왕후의 폐위를 조장한 인물로 지목되었다.

619) 이의징(李義徵) : ?~1695. 본관은 전주이다. 1679년(숙종5) 음보(蔭補)로 진안(鎭安)현감이 되고 치적을 쌓아 2년 뒤 암행어사 오도일의 추천으로 왕으로부터 상작(賞爵)을 받았다. 1694년 갑술환국으로 절도(絶島)에 위리안치(圍籬安置)되었다가 이듬해 사사(賜死)되었다.

620) 장희재(張希載) : ?~1701. 본관은 인동(仁同)이다. 역관 현(炫)의 종질이며, 희빈 장씨의 오빠이다. 희빈이 숙종의 총애를 받게 되자 그 덕으로 금군별장이 되었으며, 이어 1692년(숙종18)에 총융사가 되었다. 1694년에 인현왕후가 복위한 뒤로 이를 시기하는 희빈과 함께 인현왕후를 해하려는 음모를 꾸미다가 발각되어 사형을 받게 되었으나, 후환이 세자에게 미칠 것을 염려한 남구만 등 소론의 주장으로 사형은 면하고 제주도에 유배되었다. 1701년 인현왕후가 죽은 뒤 희빈 장씨가 앞서 인현왕후를

변하였다.

대사간 이항(李沆), 정언 목임일(睦林一)621)이 아뢰어 말하기를, "문외출송 된 죄인 송시열은 그 형적을 산림(山林)에 가탁하고 널리 당여를 심어 자기와 다른 사람은 죽여 없애지 않으면 반드시 유배 보내거나 금고(禁錮)하였습니다. 그 평생의 행적을 살펴보면 죄악을 다 쓰기 어렵습니다. 왕자의 명호를 정하는 일을 두고 방자한 상소를 올렸으니 왕법에 비추어 용서하기 어렵습니다. 청컨대 극변(極邊)에 안치(安置)하십시오." 하자, 먼 변방에 유배하라고 비답하였다.

장령 이윤수(李允修)622)와 지평 이제민(李濟民)이 아뢰기를,

"송시열은 본래 광해조[昏朝] 때 간악한 신하[孽臣]의 아들623)로서 산림의 명성에 가탁하였는데, 평생에 걸쳐 지은 죄악은 일일이 열거하기도 어렵습니다. 기해년(1659, 현종 즉위년) 대상(大喪)을 당한 초에 '장자·서자의 의론[長庶之論]'624)을 주창하였는데, 그 마음 씀이 너무도 패악하여 종묘·사

저주한 사실이 발각되어 장희재를 극형에 처할 것을 요구하는 상소가 있자, 왕은 처음에는 거절하였으나 마침내 제주도 유배지에서 잡아올려 사형에 처하고, 희빈은 자결하게 하였다.

621) 목임일(睦林一) : 1646~?. 본관은 사천(泗川), 자 사백(士伯), 호 청헌(靑軒)이다. 좌의정 내선(來善)의 아들로, 1701년 인현왕후 사후 희빈 장씨를 중궁으로 올리자고 상소를 올렸다가 유배되었다.

622) 이윤수(李允修) : 1653~1693. 본관은 광주(廣州), 자 면숙(勉叔)이다. 이덕형(李德馨)의 증손으로, 1689년(숙종15) 송시열을 귀양 보낼 것을 주장하였다.

623) 광해조[昏朝……아들 : 송시열을 이와 같이 규정한 것은 광해군 때 폐모소(廢母疏)에 송시열의 부친인 송갑조의 이름이 들어 있었던 사실을 지적하여 폄하한 것이다. 1617년(광해군9) 신방진사(新榜進士) 정옹(鄭滃) 등이 주동한 상소에서 송갑조의 이름이 17번째에 들어 있었는데, 박태보가 이 상소를 얻어 기록하여 세상에 퍼뜨려서 "송갑조의 이름이 흉악한 상소에 들어있으니 그 역시 흉인이다."라고 하였다. 이에 대해 노론측에서는, "폐모소에 있는 이름은 다른 사람이 쓴 것이요, 인목대비의 서궁(西宮)에 혼자 가서 숙배하였다."라고 주장하였다.

624) 장자·서자의 의론[長庶之論] : 1659년(현종 즉위년) 효종의 국상에서 대왕대비[인조 계비 장열왕후]의 복제(服制)를 둘러싸고 송시열은 기년복(期年服, 1년복)을, 윤휴는 참최(斬衰) 3년복을 주장하였다. 송시열은 소현세자의 상례에서 인조가 이미 장자의 복을 입었기 때문에 효종이 비록 대통을 계승했지만 실제로는 둘째 아들로 간주하였다. 그 근거가 되는 예설로서, 『의례(儀禮)』 가공언(賈恭彦)의 소에 나오는 사종설(四種說) 가운데 '체이부정설(體而不正說)'과 『예기(禮記)』의 "아버지는 서자를 위하여 삼년복을 입지 않는다."는 구절을 근거로 들었다. 송시열의 주장에 대해 윤휴 등 남인들은

직에 죄를 짓고도 목숨을 보존하였으니 이미 형벌의 마땅함을 잃었고, 오늘에 이르러서는 국본을 동요시켰으니 그 마음이 있는 곳을 확연히 알 수 있습니다. 청컨대 천극(荐棘)[625]의 형벌을 시행하여 신인(神人)의 분한 마음을 풀어주십시오." 하니, 송시열을 제주에 위리안치 하라고 명하였다.

주상이 말하기를, "지난번 조정의 의론이 분열된 것은 윤증이 개인적으로 보낸 편지가 실록청에서 나왔기 때문[626]이다. 이로 인해 4, 5년 동안 서로 공격하였는데 송시열을 위해 말하는 자들은 모두 구차하여, 윤증의 무리들이 꾸미지 않고 솔직하게 말하는 것만 못하였다. 일찍이 을축년(1685, 숙종11) 연간에 이진안(李震顔)이라는 자가 윤증을 공격하는 상소를 올렸다.[627] 그 당시 승지 한구(韓構)와 윤이도(尹以道)가 봉입하며 몇 마디 아뢰기에[628] 내용을 살펴보니 중상 모함하는 말이 아닌 것이 없어서

'군주를 낮추고 종통을 둘로 만들었다.[卑主貳宗]'라고 비판하였다.

625) 천극(荐棘) : 유배된 죄인에게 가해지는 형벌로서 곧 배소(配所)의 주위에 가시 울타리를 설치하여 외부와 격리하는 것이다.

626) 윤증의……나왔기 때문 : 1681년(숙종7)에 완녕군(完寧君) 이사명(李師命)이 춘추관의 글을 가지고 윤증에게, "일기 가운데 윤선거에 대해 논한 곳이 두 곳이었는데, 한 번은 칭찬하고 한 번은 비판하였다."라고 하면서 강화도의 일에 대한 시말(始末)을 물었다. 이때 실록청 총재(總裁) 김수항과 판서 이단하도 각각 나양좌와 박세채를 통해 윤증에게 질의하였다. 이에 윤증이 이사명·김수항·이단하에게 답장을 보내 병자호란 당시 강도사(江都事)의 시말을 논하며 당시 윤선거의 처신이 도리에 어긋난 것이 아니라고 하였는데, 그 내용 중에 "권순장과 김익겸이 남문에 없었다면 반드시 죽어야 할 이유가 없었을 것이다.", "이이는 입산했던 과실을 면할 수 없으나 선친은 처음부터 죽어야 할 이유가 없었다."라는 말들이 있었다. 이 내용이 1685년(숙종11)에 드러나 여론이 비등하였는데, 윤증의 이 편지를 두고 노론측은 부친을 비호하려다가 도리어 죽음으로써 절개를 지킨 신하들은 물론 선현(先賢)인 이이까지도 모욕했다고 비판하였다. 반면 소론측은 정작 윤증이 편지를 보낸 신유년(1681) 당시에는 문제 삼지 않다가 송시열과 윤증의 갈등이 심화된 1685년(숙종11)에서야 문제 삼았다는 점을 지적하여 그들의 비판이 노론의 당파적 입장에서 나온 것이라고 주장하였다.

627) 이진안(李震顔)이라는……올렸다 : 1685년(숙종11) 2월 4일에 보은유학(報恩幼學) 이진안이 상소를 올려, 윤증이 말한 '율곡은 진실로 입산한 잘못이 있지만 선인[윤선거]은 애초에 죽어야 할 의리가 없었다'는 내용이 선현을 무함한 것이라고 배척한 일을 말한다.

628) 한구와 윤이도가……아뢰기에 : 이진안이 윤증을 배척하는 상소를 올렸을 때 이 상소를 봉입(捧入)했던 승지는 윤이도와 한구였다. 이들은 이진안의 상소를 봉입하며

이진안에게 과거의 응시를 정지[停擧]시키는 벌을 내렸다. 그때 영돈령부사(領敦寧府事) 김수항이 입시했다가 진안을 백방으로 신구(伸救)하여 끝내 그 시비를 뒤집어서,629) 결국 지금의 큰 풍파가 일어나게 되었다. 대신의 책임은 오직 조정을 진정시키는 데 있는 것인데 도리어 풍파를 일으켜 분란을 조장하였으니 대신의 조제(調劑)하는 도리는 과연 어디에 있단 말인가? 김수항을 파직하라." 하였다.

참찬(參贊) 유하익(兪夏益)630)이 윤휴의 신원을 청하였다.

지사(知事) 유명천(柳命天)631)이 말하기를, "윤휴가 주장한 '종통을 마땅히 효종에게 돌려야 한다는 설[宗統當歸孝宗之說]'632)로 인해 송시열이 뼈에 사무치는 원한을 품고633) 윤휴를 반드시 모함해 죽이고자 하였습니다.

아뢰기를, "보은 유학 이진안이 상소를 올려 윤증이 율곡의 입산을 거론하며 선현을 무함하였다고 배척하였습니다. 이는 이진안이 윤증의 말을 꼬투리 잡아 선현을 무함하였다는 죄를 억지로 가한 것이나 이미 유소(儒疏)라고 칭하였으므로 물리치기 어려워 올립니다."라고 하였다.

629) 영돈령부사……뒤집어서 : 당시 김수항은 영의정이었으므로 '영돈령부사'는 잘못이다. 김수항은 윤증이 한 말은 비록 '무욕(誣辱)'이라고 규정할 수는 없더라도 일이 선현에 관계되니, 잘못이 적지 않다고 하면서 이진안에게 내린 정거(停擧)의 처벌은 지나치다고 말하여 숙종으로 하여금 이진안에 대한 정거의 형벌을 철회하게 만들었다.(『肅宗實錄』 11年 2月 6日)

630) 유하익(兪夏益) : 1631~1699. 본관은 기계(杞溪), 자 사겸(士謙), 호 백인당(百忍堂)이다. 1680년(숙종6) 경신환국으로 문외출송(門外黜送) 당하였다. 1689년 기사환국 후 대사헌, 한성부 판윤 등을 역임하였다가 1694년 갑술환국 때 삭출되었다.

631) 유명천(柳命天) : 1633~1705. 본관은 진주(晋州), 자 사원(士元), 호 퇴당(退堂)이다. 1680년 이조참판으로 재임 중 경신환국으로 남인이 대거 실각할 때 유배되었다가 1689년 기사환국으로 중용되었다.

632) 종통을……설[宗統當歸孝宗之說] : 송시열은 효종에 대해 『의례(儀禮)』 가공언(賈公彦)의 소에 나오는 사종설(四種說) 중 하나인 체이부정(體而不正)에 해당하므로 자의대비는 효종에게 기년복을 입어야 한다고 주장하였다. 송시열의 주장은 정체(正體)인 소현세자의 상에 인조가 이미 장자의 복을 입었기 때문에 효종이 대통을 계승한 것과는 별도로 대비는 둘째 아들[庶子]을 위한 복을 입어야 한다는 것이었는데, 이를 두고 윤휴를 비롯한 남인들은 '군주를 낮추고 종통을 둘로 만드는[卑主貳宗]' 의론이라고 비판하였다.

633) 뼈에……품고 : 윤휴가 예송에서 송시열의 예설을 '군주를 낮추고 종통을 둘로 한다'고 비난한 것을 두고 서인은 윤휴가 송시열에 대해 효종의 정통성을 부정하는 것으로 몰고 가 서인을 일망타진하려는 음험한 계책을 부리는 것이라 비난하였다. 1687년 3월에 나양좌가 올린 상소에 따르면 송시열은 "윤휴가 주장하는 예설(禮說)은

지금은 윤증과 송시열이 서로 공격하는데, 송시열은 윤증이 윤휴의 죽음을 억울하게 생각한다 여기고[634] 그에 대한 노여움이 더욱 심해졌습니다. ……" 하니, 주상이 비답하기를, "후에 논의하여 처리함이 마땅하다." 하였다.

대사헌 목창명(睦昌明) 등이 송시열의 죄에 대해 극언하기를, "송시열은 자기와 다른 자는 배격하고 아부하는 자는 장려하여 발탁하였습니다. 과장되게 칭찬하여 천거한 자로는 모두 이유태(李惟泰)와 이상(李翔)[635]의 부류였고, 끌어다가 등용한 자로는 모두 김익훈(金益勳)과 이사명(李師命)[636]의 무리였습니다. 자신을 주자(朱子)에 비견하는 것은, 왕망(王莽)이 매양 스스로를 주공(周公)에 비견하고,[637] 가사도(賈似道)가 사안(謝安)을 흠모하는 것[638]과 다름이 없었습니다. 김익훈의 무리를 풀어 밀고(密告)의 문을 열어 진신(搢紳)을 도륙하니[639] 조지겸(趙持謙)과 한태동(韓泰東) 등이

실로 나를 죽이려는 것이고, 윤선도도 그의 사주를 받은 것"으로 인식하고 있었다.

634) 송시열이……여기고 : 1684년(숙종10) 7월 22일 윤증이 송시열에게 답한 편지[答懷川書]에서 윤휴에 대해 이르기를, "그 사람이 죄를 받아 죽은 후이니, 다시 논할 일이 무엇이 있겠습니까.[況其人罪死之後, 尤有何更論之事乎.]"라고 하였다. 이에 대해 송시열 측은 윤증이 흉적 윤휴에게 '죄를 받아 죽었다'고 한 것은 윤휴를 통렬하게 배척할 뜻이 없음을 반증하는 것이라며 비난하였다. 더 나아가 한때 윤증이 윤휴의 제문을 지었고, 그 구절 중에, "당쟁의 화가 갑자기 일어나 수명을 연장하지 못하였다.[黨禍忽作, 命不少延.]"라는 내용이 있다는 뜬소문이 돌았다. 이를 두고 송시열 측은 윤증이 윤휴의 죽음을 억울한 것으로 생각하고 있다고 공격하였다.

635) 이상(李翔) : 1620~1690. 본관은 우봉(牛峯), 자 운거(雲擧)·숙우(叔羽), 호 타우(打愚)이다. 송시열을 통해 김집의 학통을 이어받았다.

636) 이사명(李師命) : 1647~1689. 본관은 전주, 자 백길(伯吉), 호 포암(蒲菴)이다. 1680년(숙종6) 경신환국에서 세운 공으로 보사공신(保社功臣) 2등에 녹훈되고, 완녕군(完寧君)에 봉해졌다.

637) 왕망이……비견하고 : 주공이 어린 조카인 성왕(成王)을 위하여 섭정을 했듯이, 왕망 또한 처음에는 어린 평제(平帝)를 옹립하여 보정자(輔政者)로 자임하였다. 한 평제(漢平帝) 원년 왕망은 주공(周公)과 같은 덕을 소유했다고 하여 안한공(安漢公)이라는 호를 하사받기도 하였으나 끝내는 한나라를 찬탈하고 신(新)나라를 세웠다.

638) 가사도가……것 : 가사도(賈似道, 1213~1275)는 남송(南宋)대 임금을 속이고 정권을 농락한 간신으로 손꼽히는 사람인데, 항상 자신을 동진(東晉)의 명재상인 사안(謝安)에 비유하였다.

639) 김익훈의……도륙하니 : 1682년(숙종8) 남인 허새의 모역사건 당시 김익훈이 정탐과 기찰, 그리고 고변 등의 부정한 방법을 동원하여 남인을 뿌리째 제거하려고 시도한

그 무고죄를 다스리고자 하였는데[640] 도리어 '역적을 비호하면 그 또한 역적[護逆亦逆]'이라는 말로 두 사람의 죄목을 만들었습니다. 신 등이 옛 역사를 두루 살펴보아도 송시열과 같은 악행을 저지르고도 복주되지 않은 사람은 없었습니다. 청컨대 송시열에게 극형을 내리소서." 하였다.

이만원(李萬元)이 말하기를, "홍치상(洪致祥)이 주상을 무고(誣告)하여 무도(無道)하고 망측한 일을 사방에 퍼뜨렸습니다."[641] 하였다. 목창명이 말하기를, "송시열은 효종의 죄인입니다." 하자, 주상이 말하기를, "여러 신하들은 각자 마음속에 품은 생각을 말하라." 하니, 응교(應校) 이식(李湜) 등이 송시열의 죄를 날조하기에 힘을 다하여 못하는 짓이 없었다.

이에 중전이 안국동 사저(私邸)로 물러났고, 장씨가 왕비가 되었으며 그 오빠 장희재는 총융사(總戎使)가 되고 그 부모에게는 전례(前例)에 따라 봉작이 내려졌다. 남인은 처음 집권하자 권력을 잃을까 걱정하여 힘써 간쟁하지 않았고,[642] 오두인(吳斗寅)[643]·박태보(朴泰輔)[644]가 극력으로 간

일을 가리킨다. 1680년(숙종6) 경신환국 이후 김익훈은 김석주와 함께 남인 세력을 완전히 숙청하기 위하여 전 병사 김환 등을 시켜 무고하게 하였는데, 그 내용은 남인인 허새와 그의 서종제(庶從弟) 허영이 문란한 조정을 바로잡고자 300명의 병사로 궁궐을 침범하여 복평군을 추대하고 대왕대비를 수렴청정 하게 하려 모의했다는 것이다. 송시열은 경신환국에 대해 숙종을 오도(誤導)하고 역모를 꾸민 남인들을 제거한 사건이라 인식하고 있었다. 따라서 그 과정에서 벌어진 기찰(譏察)과 같은 부도덕한 방법은 작은 흠절(欠節)에 불과하고 경신환국을 주도한 김익훈, 김석주 등 훈척의 충성은 종사를 보전한 훈업(勳業)이라 주장하였다. 경신환국에 대한 이러한 인식으로 인해 송시열은 조지겸, 한태동 등 소론들로부터 훈척에 영합하였다는 비판을 받았으며, 남인들로부터는 훈척과 통모하여 경신환국을 일으킨 주동자라는 의심을 받았다.

640) 조지겸과……하였는데 : 1682년(숙종8) 김익훈·김석주 등이 남인 허새·허영을 이용, 남인 역모설을 조작하자, 조지겸 등이 그 흉계를 폭로하고 김익훈 등을 처벌하라고 주장하였다. 당시 김익훈이 위태롭게 되자 김석주 등의 훈척은 그를 보호하여 살리려는 논의를 펴고, 송시열 역시 이들의 논의를 지지하였다. 반면 조지겸·한태동 등은 김익훈 등의 처벌을 주장하였고, 윤증은 산림으로서 이들에게 힘을 실어주었다. 훈척의 처벌을 둘러싼 이 논란은 노·소론 분열의 원인 중 하나가 되었다.

641) 홍치상이……퍼뜨렸습니다 : 1687년(숙종13) 홍치상(洪致祥, ?~1689)은 조사석이 우의정에 임명되자 '후궁 장씨의 모친이 과거 조사석의 여종이었기 때문에 이 연줄로 정승이 되었다'라고 주장하였다. 그는 이 일로 1689년(숙종15) 사형 당하였다.

642) 남인은……않았고 : 이는 후일 남인이 서인으로부터 '명의죄인(名義罪人)', 즉 신하로서 중전의 폐위를 죽음으로써 막지 않은 것은 불충(不忠)이라는 공격을 받는 빌미가

쟁하다 장살되었다.

양사(兩司)에서 김수항을 외딴 섬에 안치할 것을 청하자, 진도(珍島)에 유배하였다. 민암 등이 또 재상 십여 인을 이끌고 나와 수항을 극형에 처할 것을 청하자 이에 수항을 사사(賜死)하였다. 또 주상이 "송시열과 홍치상을 아뢴대로 처리하라." 하였고, 또 말하기를, "송시열은 도사(都事)를 보내 잡아오고, 홍치상은 국문한 후 다시 처치하라." 하였다.

판의금(判義禁) 민암이 말하기를,

"송시열의 죄는 남김없이 환하게 드러나 국문(鞫問)하지 않아도 됩니다. 또한 조종조(祖宗朝)가 인후(仁厚)함으로 나라를 세운 이래 대신을 국문한 일은 일찍이 없었습니다. 주상께서 대신에게 묻고 처분하심이 마땅할 듯합니다." 하였다.

주상이 대신들의 뜻을 묻자, 권대운(權大運)[645]이 말하기를,

"지금 송시열의 국문을 청한다는 것은 진실로 이해하기 어렵습니다. 송시열의 죄가 비록 흉역(凶逆)이지만 나이가 팔십이 넘었으니 굳이 국문할 필요가 없습니다. 주상께서 참작하여 처분하심이 마땅할 듯합니다." 하였고,

유명천이 말하기를, "근래 유소(儒疏)라 칭하며 죄인의 수괴를 신구하니 너무도 놀랍습니다.[646] 신이 듣기에 송시열이 서울로 올라오는 길에 그를 맞이하는 사람들이 넘쳐나 끊이지 않았다고 하니 그 기세를 떨치는

되었다.

643) 오두인(吳斗寅) : 1624~1689. 본관은 해주(海州), 자 원징(元徵), 호 양곡(陽谷)이다. 1689년(숙종15) 인현왕후가 폐위될 때 소두(疏頭)로서 이를 반대하는 연명상소에 앞장섰다가 장살되었다.

644) 박태보(朴泰輔) : 1654~1689. 본관은 반남(潘南), 자 사원(士元), 호 정재(定齋)이다. 박세당의 아들이자 윤황의 외증손이다. 지평·정언 등을 역임하였다. 인현왕후의 폐위를 강력히 반대하다가 죽임을 당했다.

645) 권대운(權大運) : 1612~1699. 본관은 안동, 자 시회(時會), 호 석담(石潭)이다. 1689년(숙종15) 기사환국 때 송시열의 사사를 주도하였으나, 1694년 갑술환국으로 삭탈관작되어 절도에 유배되었다.

646) 근래……놀랍습니다 : 송시열 문인들이 상소하여 송시열을 구원한 일을 가리킨다. (『肅宗實錄』 15年 5月 30日)

모습이 두려워할 만 합니다." 하였으며,

목창명이 말하기를, "신이 전임 대각(臺閣)으로서 국문을 청하였는데 지금 이미 그 죄악이 밝게 드러났으니 국문할 필요가 없습니다. 바로 처분을 내리는 것이 합당할 듯합니다." 하였다.

주상이 말하기를, "대신의 뜻이 이와 같으니 참작하여 사사(賜死)하라." 하였다. 이어 이사명과 김익훈도 차례로 사사되었다.

송시열은 정읍(井邑)에 이르러 화를 당하였는데, 부음(訃音)이 서울과 지방에 알려지자 선비들 및 그 문인들이 외남산(外南山) 아래에 모여서 곡하였다. 집의(執義) 이기주(李箕疇)647)가 문인으로서 처음에는 그를 구원하는 상소를 올리고 마지막에는 초상을 관장하였다. 진사 송징은(宋徵殷)648)은 갑자년(1684, 숙종10) 윤증을 위해 직접 통문을 쓴 사람이었는데, 그도 와서 곡을 하고 돌아갔다.

갑술년(1694, 숙종20) 주상이 크게 뉘우치고649) 흉당[남인]을 모두 축출하고, 중전을 복위시켰으며 송시열과 김수항을 신원하고 그 외 억울하게 죽은 자들도 차례로 그 억울함을 씻어주었다.

이보다 앞서 무진년(1688, 숙종14) 연간에 송이석(宋彛錫)650)이 이산(泥山)에 갔을 때, 마침 윤증과 그 문중 사람들이 모여 연회를 열고 있었다. 이윽고 윤증이, "김익훈의 목숨이 여기에서 끝날 것이다." 하고, 또 말하기를, "송시열이 어찌 면할 수 있을 것인가." 하였는데, 이때 윤씨 한 사람이 팔꿈치로 윤증을 제지하며 작은 소리로 손님이 와 있다고 말하자, 윤증이

---

647) 이기주(李箕疇) : 이기홍(李箕洪, 1641~1708)의 초명이다. 본관은 전주, 자 여구(汝九), 호 직재(直齋)이다. 송시열의 문인으로 스승이 제주로 유배가게 되자 동문 40여 인과 함께 이를 변론하다가 죄를 얻어 회령(會寧)에 유배되었다.

648) 송징은(宋徵殷) : 1652~1720. 본관은 여산(礪山), 자 질부(質夫), 호 약헌(約軒)이다. 박세채의 문인이며, 이조참의·대사성 등을 역임하였다.

649) 갑술년……뉘우치고 : 갑술환국(1694, 숙종20)을 가리킨다. 남인이 김춘택·한중혁 등 인현왕후 복위를 도모하던 서인을 축출하려다가 실권(失權)하고 서인이 재집권하였다.

650) 송이석(宋彛錫) : 1641~1694. 본관은 은진, 자 군서(君叙)이다. 송시열의 재종손(再從孫)이다.

돌아보며 말하기를, "남인[南徒]이 크게 위세를 떨치니 우암 어른이 사화를 면치 못할 듯하다." 하였다.

이후 김만준(金萬埈)[651]이 송시열에게 가서 고하기를, "윤증이 소생의 집안과 선생의 집안을 모조리 죽이려 합니다." 하자 송시열이 꾸짖어 그치게 하였다.

당시 박태회(朴泰晦)[652]가 말하기를,

"이원정(李元禎)[653]의 아들 담명(聃命)[654]이 기사년(1689, 숙종15) 초에 대간(臺諫)이 되어 와서 말하기를, '김수항은 우리의 원수이니 죽이지 않을 수 없다. 그러나 송시열은 김석주(金錫胄)가 경신년의 옥사[庚申獄][655]를 일으켰을 때 거제에 있었으니,[656] 어찌 김수항·김석주 등과 서로 통모하였겠는가. 또한 저들이 송시열을 유종(儒宗)으로 칭하고 있는데, 지금 형률을 가하면 반드시 사화(士禍)라고 할 것이니 이 또한 고민거리다.' 하자, 남인 한 사람이 '함께 통모하지 않은 것을 어찌 알겠는가?' 하니, 이담명이 말하기를, '통모하였는지의 여부를 어떻게 알아낼 것인가?' 하자, 그 사람이 말하기를, '권기(權愭)[657]로 하여금 윤증에게 물어 보게 하면

---

651) 김만준(金萬埈) : 본관은 광산(光山)이고, 김장생의 봉사손(奉祀孫)이다. 광흥 주부(廣興主簿) 등을 역임하였다.

652) 박태회(朴泰晦) : 본관은 반남(潘南)이며, 박세채의 아들이다.

653) 이원정(李元禎) : 1622~1680. 본관은 광주(廣州), 자 사징(士徵), 호 귀암(歸巖)이다. 도장(道長)의 아들이다. 1680년(숙종6) 경신환국으로 유배 도중에 불려와 장살 당하였다.

654) 이담명(李聃命) : 1646~1701. 본관은 광주, 자 이로(耳老), 호 정재(靜齋)이다. 원정의 아들이며 허목의 문인이다. 부제학·이조참판 등을 역임하였다.

655) 경신년의 옥사[庚申獄] : 경신환국을 가리킨다. 1680년(숙종6) 김석주가 정원로(鄭元老)를 시켜 허적의 서자 견(堅)이 인평대군(麟坪大君)의 세 아들 복창군(福昌君)·복선군(福善君)·복평군(福平君)과 역적 모의를 도모했다고 무고하여 발생한 옥사였다. 이로써 남인이 몰락하고 서인이 정국을 주도하였다.

656) 거제에 있었으니 : 1674년(현종15) 효종비 인선대비의 상으로 인한 제2차 예송에서 서인이 패하자 송시열은 예를 그르친 죄로 파직, 삭출되었다. 이어 1675년(숙종1) 정월 함경도 덕원으로 유배되었다가 뒤에 장기·거제 등지로 이배되었다. 유배 기간 중에도 남인들의 가중 처벌 주장이 일어나, 한때 생명의 위협을 받기도 하였다. 1680년 경신환국으로 서인들이 집권하자, 유배에서 풀려나 중앙 정계에 복귀하였다.

657) 권기(權愭) : 권시(權諰, 1604~1672)의 아들이다. 윤증이 권시의 사위였으므로, 윤증과 권기는 처남 매부 간이 된다.

반드시 숨기지 않고 말해줄 것이다.' 하였다. 이에 권기를 시켜 윤증에게 물어보니, 윤증이 말하기를, '당시 김석주와 두 차례 편지를 주고받았다.'고 하였다. 이에 남인이 마침내 이 두 차례 주고받은 편지를 가지고 송시열이 김석주와 통모하였음이 틀림없다 여기고 기사년의 화란을 만들어낸 것이라고 한다." 하였다.

이에 앞서 송시열이 거제도에 유배가 있을 때 손톱에 종기가 생겨[爪病] 윤이건(尹以健)[658]·정유악(鄭維岳)[659]을 시켜 -아직 배반하지 않았을 때였다.- 처방을 구하게 하였는데, 정유악이 김석주에게 가서 의논하자 김석주가 약 30첩을 지어주었다. 이 약을 황윤(黃玧)[660]의 집으로 보내 윤이건으로 하여금 거제로 보내게 하였는데, 송시열이 이 약을 복용하고 효과를 보았다. 이에 감사하는 편지를 써서 윤이건에게 주어 김석주에게 전달하게 하니, 김석주가 사례 편지를 받고 크게 기뻐하였다고 한다. 당시 김석주가 큰 일을 실행에 옮기려 했으나 -경신년의 일[庚申事][661]을 말한다.- 사림이 좋게 생각하지 않을 것을 두려워하여 마침내 편지를 써서 밀랍으로 만든 초 30쌍과 함께 거제도로 보내어 이르기를, "대감이 유배 중에 매일 밤 책을 본다고 들었는데, 생선 기름을 쓰시다가 눈병이라도 날까 염려되어 이를 대신할 밀랍 초를 보내 드립니다." 하였다. 이에 송시열 또한 답서를 보냈는데, 이것이 이른바 두 차례에 걸쳐 왕복한 편지였다.

애초 박세채는 노론이 척신과 한 편이 되어 감히 척신을 어찌하지 못한다고 의심하여 노론과 화합하려 하지 않았다. 그러나 갑자년(1684, 숙종10) 이후 자기에게 붙어 있던 소론들이 장희재와 서로 연결되는

658) 윤이건(尹以健) : 1640~1694. 본관은 남원, 자 체원(體元), 호 일소재(一笑齋)이다. 병자호란 때 삼학사의 한 사람인 윤집의 조카이며 송시열의 문인이다. 1689년 기사환국으로 김해에 유배되었다가 1694년 풀려나 귀경 중 청주성 밖에서 죽었다.

659) 정유악(鄭維岳) : 1632~?. 본관은 온양(溫陽), 자 길보(吉甫), 호 구계(癯溪)이다. 1680년(숙종6) 경신환국으로 인해 유배되었다가 다시 복귀하였으나 1694년 갑술환국으로 다시 진도에 안치되었다.

660) 황윤(黃玧) : 1623~1688. 본관은 창원(昌原), 자 집중(執中)이다. 황신(黃愼)의 손자로, 승지 등을 역임하였다.

661) 경신사(庚申事) : 경신환국(1680, 숙종6)을 가리킨다.

것을 보고는 마침내 크게 깨닫고 생각하기를, "내가 우암(尤菴)과 뜻이 맞지 않는다고 여기게 된 것은 본디 자인(子仁, 윤증의 자)이 그르쳤기 때문이다." 하며 윤증에 대해 매우 불쾌해 하였다. 또 윤증은, "갑자년(1684, 숙종10) 이후로 우암은 사실상 고립되어 그를 따를 사람이 없을 것이다."[662] 여겼는데, 기사년(1690, 숙종15) 송시열이 쫓겨갈 때 성문 밖 사자(士子)들이 모두 구원하는 상소를 올리고, 뒤를 따르는 자가 무려 수백 명인데다가 윤증과 친하게 지내던 이들까지 모두 앞 다투어 달려갔다는 소리를 듣고 크게 의심하며 말하기를, "인심이 치우쳐 향하는 것이 어찌 이와 같단 말인가?" 하였다.

송시열이 세상을 떠난 뒤 박세채가 상복을 입었는데 윤증이 화를 내며 말하기를, "인심이 치우친 것은 모두 화숙(和叔, 박세채의 자)이 이끈 것이다." 하고, 박세채에게 편지를 보내 질책하기를, "이미 스승도 아니고 벗도 아닌데 어찌하여 상복을 입는가." 하니 박세채가 답하기를, "율곡이 퇴계에 대해 3개월 복을 입었으니, 나도 이를 따를 뿐이다." 하였다.

박세채가 또한 윤증이 남인의 추대를 받으며 송시열을 배척하는 것을 보고 드디어는 윤증을 형편없는 사람으로 여기게 되었다. 또 당시 남인들이 박세채를 유배 보내려 하면서 정유악을 시켜 윤증의 의사를 묻게 하였는데 윤증이 대답하기를, "조정의 일에 내 어찌 간여하겠는가?" 하였다. 박세채가 이 말을 듣고 크게 노하였고, 또 그 심술을 통탄해 했다. 이에 박세채는 다시 송시열에게 돌아오게 되었다.

송시열이 일찍이 말하기를, "사람들이 비록 화숙을 이처럼 공격하지만 화숙은 끝내 나를 해칠 사람이 아니다. 견해가 서로 달라 가끔 나를 의심하긴 했지만 그의 심술이 부정하여 그런 것은 아니다. 정말로 두려워 할만한 자는 윤증이다." 하였는데, 그 말이 부절이 합하듯 꼭 들어맞았다.

당시 윤증과 함께 어울리는 무리들이 노래를 지어 부르기를, "명재(明齋)

---

662) 갑자년……것이다 : 갑자년은 송시열 학문의 본원(本源)과 심술(心術)을 비판한 윤증의 「신유의서」가 세상에 드러나면서 송시열과 윤증, 노론과 소론의 갈등이 조정에서 본격적으로 정치 문제화되기 시작한 해이다.

는 어두운 집[暗齋]이고, 행교(行敎)는 가르치지 못한다[不敎].” 하였다. 명재는 윤증의 호이고, 행교[663]는 윤증의 아들인데, 아버지가 스승을 배반하는데 힘을 많이 보탰다고 한다.

663) 윤행교(尹行敎) : 1661~1725. 본관은 파평(坡平), 자 장문(長文)이다. 대사간 황(煌)의 증손으로, 선거(宣擧)의 손자, 증(拯)의 아들이다. 사헌부 집의·충청도 관찰사 등을 역임하였다. 유계(兪棨)와 윤선거가 공동으로 지은 『가례원류(家禮源流)』를 유계의 후손들이 단독으로 간행하자 상소해 논란을 벌이기도 했다.

제 2 책

화를 얽어 만든 일의 발자취

構禍事蹟[1)]

교리(校理) 송주석(宋疇錫) 기록

윤휴(尹鑴)[2)]라는 자는 간신(奸臣) 효전(孝全)의 아들이다. -효전은 광해조 때 임해군(臨海君)을 무고하여 죽였다.[3)] 임해군은 광해의 동모형(同母兄)이다. 효전이 녹훈되고 대원군(帶原君)에 봉해졌는데, 인조반정으로 삭훈(削勳)되고 관직이 박탈되었다.- 말을 교묘하게 잘 꾸몄으며 민첩하고 교활하여, 20세부터 스스로 '도를 안다' 말하니 온 세상이 바람에 휩쓸리듯 따랐다. 사계(沙溪)[4)] 문하의

---

1) 『鳳谷集·構禍事蹟』 및 『稗林·構禍事蹟』을 교본으로 하였다. 「구화사적」은 송시열의 손자 송주석이 노론의 시각에서 윤선거 부자와 윤휴의 관계, 송시열이 윤선거·윤증과 반목하게 된 전후의 사실, 김장생 문도와 성혼 문도와의 불화 등을 자세히 기록한 글이다. 『형감(衡鑑)』에 수록된 「구화사적」은 『형감』의 편자인 완산(完山) 이정인(李鼎寅)의 편집본이다. 『봉곡집·구화사적』과 비교할 때, 이정인은 「구화사적」의 서두 부분에 해당하는 "己卯錄補, 有構禍事蹟,……孝廟昇遐, 時事大變, 士流無所恃矣."을 생략하였다. 생략된 부분의 내용은 대략 다음과 같다. "병자호란 당시 김상헌·정온이 죽음으로써 저항하였으나 결국 죽지 못하고 이후 은둔하여 대의를 부식(扶植)하였다. 그러나 이도장(李道長), 유석(柳碩) 등이 이들에게 '더러운 임금은 섬기지 않는다.[不事汚君]'라는 오명을 씌우는 간악한 음모를 꾀하였고, 이어 윤휴 무리가 발호하여 이이·성혼의 문묘 종사를 반대하고 주자를 이단으로 공척함으로써 사기(士氣)가 막히고 대의가 드러나지 못하게 되었다. 이에 효종이 밀지를 내려 송시열을 불러들였으나 얼마 후 효종이 승하함으로써 시사(時事)가 크게 변하였고 사류는 더 이상 믿고 의지할 곳이 없게 되었다."

2) 윤휴(尹鑴) : 1617~1680. 본관은 남원, 자 희중(希仲), 호 백호(白湖)이다. 현종·숙종 연간에 북인계 남인으로 활동하면서 현종대 예송 이래 주요 현안을 둘러싸고 서인과 대립·갈등하였다. 학문적으로 주자의 경전 해석을 비판하고 『논어』, 『맹자』, 『중용』, 『대학』, 『효경』 등에 대해 독자적인 해석을 내놓아 주자의 장구(章句)와 주(註)를 수정하였다. 이것을 구실로 송시열에 의해 사문난적으로 몰렸고, 결국 1680년(숙종6) 경신환국으로 사사되었다.

3) 효전은……죽였다 : 임해군은 선조의 첫째 왕자 이진(李珒)인데, 광해군이 즉위한 해인 1608년 2월 장령 윤양(尹讓)과 헌납 윤효전(尹孝全) 등이 임해군이 다른 뜻을 품고 사사로이 군기(軍器)를 저장하고 결사대를 기르고 있다고 고변한 사건을 말한다.(『燃藜室記述·廢主光海君故事本末·臨海君之獄』)

4) 사계(沙溪) : 김장생(金長生, 1548~1631)의 호이다. 자는 희원(希元)이며, 시호 문원(文元)이다. 이이(李珥)와 송익필(宋翼弼)의 문하에서 학문을 배웠다. 인목대비 폐모

사람들 가운데에도 친구가 많아서 사이가 좋았는데, 집의(執義) 윤선거(尹宣擧)[5]는 더더욱 독실하게 믿고 존숭하였다.

윤휴는 저술을 자신의 임무로 여기고 잡저(雜著) 한 편을 지어 사람들에게 보여주었는데, 퇴계(退溪)·율곡(栗谷) 등 여러 선생들의 학설을 자못 공격하는 내용이었다. 그러나 퇴계·율곡 두 선생에게는 여전히 별호(別號)를 칭하였으나 우계에게는 바로 그 자(字)를 썼고, 때때로 자도 온전히 쓰지 않고 다만 맨 아래 한 자만 부르기도 하였다. 왕부(王父)[6]가 경계하여 타이르기를,

"그대는 저술하기에 너무 이르다. 또 퇴계와 율곡의 의론을 경솔하게 공격해서는 안 되고, 또 여러 선현(先賢)들을 평가하는 것은 더더욱 옳지 않다. 게다가 우계(牛溪, 성혼의 호)에 대해서는 능멸함이 어찌 그리 심한가?" 하자, 윤휴가 도리어 발끈하여 말하기를,

"비록 퇴계·율곡이라 해도 소견이 이미 다른데 어찌 구차하게 영합하겠는가? 또 우계를 어찌 유현(儒賢)이라 하겠는가? 학문이 높지 않고 또 기축옥사(己丑獄事) 때 정철(鄭澈)[7]과 힘을 합해 죄 없는 이들을 많이 죽였으

논의가 일어나고 북인이 득세하자 연산으로 낙향하여 예학 연구와 후진 양성에 힘썼다. 송시열은 김장생의 문인으로서, 이이에서 김장생으로 이어지는 서인학파의 정통적 위상을 강조하였다.

5) 윤선거(尹宣擧) : 1610~1669. 본관은 파평(坡平), 자 길보(吉甫), 호 미촌(美村)·노서(魯西)이다. 성혼의 외손이자 윤황의 아들이며 윤증의 부친이다. 병자호란 이후 강화도에서 살아남은 것을 자책하여 출사하지 않고, 학문에만 정진하였다. 송시열과 윤휴가 주자의 경전 해석을 두고 학문적으로 대립하자, 이를 중재하다가 결국 송시열과 대립하게 되었다. 저본에서는 윤선거를 지칭하는 용어로 여기에서 윤 집의라 한 것 외에는 이하 모두 윤장(尹丈) 혹은 윤(尹)으로 쓰고 있다. 이하 번역에서는 모두 윤선거로 통일한다. 그리고 이 글에서는 윤선거 외에도 사람에 따라 이름 뒤에 어른[丈]이라 존칭하는 경우가 다수 보이는데, 이 또한 번역에는 반영하지 않고 이름만 표기하기로 한다.

6) 왕부(王父) : 송시열(宋時烈, 1607~1689)을 가리킨다. 송주석에게 할아버지가 되므로 왕부라 칭하였다.

7) 정철(鄭澈) : 1536~1593. 본관은 연일(延日), 자 계함(季涵), 호 송강(松江), 시호 문청(文淸)이다. 1589년 우의정으로 발탁되어 정여립(鄭汝立)의 모반사건을 다스리게 되자 서인의 영수로서 철저하게 동인 세력을 추방했고, 다음해 좌의정에 올랐다. 1591년 건저문제(建儲問題)를 제기하여 광해군의 세자 책봉을 건의했다가 선조의 노여움을 사게 되었다. 당시 선조는 인빈 김씨 소생인 신성군(信城君)을 세자로 책봉하려고

니,[8] 지금 내가 그 사람을 자로 칭하는 것도 과하다." 하였다.

왕부가 말하기를, "정인홍(鄭仁弘)[9]은 양홍주(梁弘澍)로 인해 우계를 원수처럼 미워하여[10] 심지어는 평수길(平秀吉)[11]에 비유하기까지 하였다. 그대가 지금 이 주장을 그대로 따르고 있으니, 어째서인가?" 하자, -양홍주는 정인홍의 처남인데 인홍이 원수처럼 미워하자 우계의 문하로 가서 의탁하였다. 인홍은 양홍주가 우계에게 자신의 악행을 말했으리라 생각하고, 우계를 미워하여 못하는 짓이 없었다.- "정인홍은 말년에 잘못된 길로 들어 죄인이 되었지만, 초년에는 남명(南冥)의 고제(高弟)였다."[12] 하였다.

했기 때문이다. 이 일 때문에 정철은 파직되어 진주로 유배되었다가, 이어 강계(江界)로 이배(移配)되었다. 1592년 임진왜란이 일어나자 선조의 부름을 받고 선조를 의주(義州)까지 호종하였으며, 다음 해 사은사(謝恩使)로 명나라에 다녀왔다. 얼마 후 동인들의 모함으로 사직하고 강화(江華)의 송정촌(松亭村)에 우거(寓居)하면서 만년을 보냈다.

8) 기축옥사(己丑獄事)……죽였으니 : 기축옥사는 1589년(선조22)에 일어난 정여립의 옥사를 말한다. 2년여에 걸친 옥사의 처리 과정에서 약 1천여 명의 동인(東人)들이 화를 입었다. 정인홍을 비롯한 북인은 최영경(崔永慶)·이발(李潑) 등 대다수 동인 인사의 억울한 죽음은 성혼이 정철을 사주하여 일어난 일이라 비판하고 성혼을 간당(奸黨)으로 규정하였다. 윤휴의 이 발언도 이와 같은 맥락에서 나온 것이라 할 수 있다.

9) 정인홍(鄭仁弘) : 1535~1623. 본관은 서산(瑞山), 자 덕원(德遠), 호 내암(來庵)이다. 조식(曺植)의 수제자로서 최영경·오건(吳健)·김우옹(金宇顒)·곽재우(郭再祐) 등과 함께 경상우도의 남명학파(南冥學派)를 대표하였다. 1589년 정여립 옥사를 계기로 동인이 남북으로 분립될 때 북인에 가담하여 영수가 되었다. 북인이 선조 말년에 소북·대북으로 분열되자, 이산해·이이첨과 대북을 영도하였다. 선조의 계비 인목대비에게서 영창대군(永昌大君)이 출생하자 적통을 주장하여 영창대군을 옹립하려는 소북에 대항하여 광해군을 적극 지지하였다.

10) 정인홍은……미워하여 : 양홍주는 정인홍의 처남으로서, 1603년(선조36) 장문의 상소를 올려 성혼을 비판한 정인홍을 탄핵하였다. 『우계집(牛溪集)』 「잡록(雜錄)」에 따르면, 최영경과 정인홍은 1577년(선조10) 이전에는 성혼을 멀리하지 않았는데, 양홍주가 중간에서 말을 잘못 전하여 비로소 의심하고 비방하는 단서가 생겼고, 그리하여 1583년 이후에는 마침내 사이가 틀어져 멀어졌다고 하였다.

11) 평수길(平秀吉) : 임진왜란을 일으킨 일본의 관백(關白) 풍신수길(豊臣秀吉)을 이른다.

12) 정인홍은……고제(高弟)였다 : 정인홍은 남명 조식의 수제자로서 광해군 즉위 후 대북(大北)의 영수가 되어 1613년(광해군5) 계축옥사가 일어나자 영창대군을 지원하는 세력을 완전히 제거하라고 주장했으나 영창대군의 축출에는 찬성하지 않았다. 1618년 폐모론(廢母論)이 논란을 일으키는 가운데 영의정에 임명되었다가 이듬해

왕부는 마음으로 근심하며 생각하기를,

"지금 이 사람은 실로 영재(英才)이나, 자처하는 것이 너무 높아, 겸손한 마음으로 학문에 힘써 고인(古人)의 실심(實心)과 정맥(正脈)을 구하려 하지 않는다. 또한 거칠고 패악스럽기가 이와 같아 학문을 함께 할 수 없으니 너무도 실망스럽다." 하였다.

이윽고 그가 또 퇴계·율곡에서 거슬러 올라가 주자를 공척하는 데 거리낌이 없자, 조부께서 경악을 금치 못하고 생각하기를, "이 사람은 실로 사문의 난적이다. 장차 성(性)·명(命)·도덕(道德), 백성과 국가에 큰 해를 끼칠 것이다." 하고는 있는 힘껏 꾸짖고 깨우쳤는데, 그는 무시하고 흘려듣기를 눈에 뵈는 것도 귀에 들리는 것도 없는 듯하였다. 그가 큰 소리로 꺾어버리며 말하기를, "의리는 천하의 공물(公物)인데, 그대는 주자만 의리를 알고 나는 모른다고 생각하는가?" 하였다. 주자를 언급하면서도 주자를 높이고 공경하는 뜻이 전혀 없어서, 주자가 기록한 저술과 문자를 정자가 지은 것이라고 지목한 일도 있었다. 이때부터 왕부가 다시는 그와 더불어 강론하지 않고 만나도 다만 데면데면 하자, 그도 소원하게 대하였고 때로는 피하기도 하였다.

그러나 한때의 추세가 그를 대유(大儒)라 칭하면서, 위로는 대신, 명사(名士)로부터 아래로는 유생에 이르기까지 성대하게 존숭하여 마지않았다. 동춘(同春, 송준길의 호) 선생이 일찍이 왕부에게 편지를 보내어 말하기를, "우리 부자가 희(希)를 높이지 않고 원(元)을 공격하지 않아서 고을의 청론(淸論)으로부터 비난을 받았다." 하였다. 이것은 황세정(黃世楨)[13] -윤휴와는 이종(姨從)간이다.- 을 가리켜 말한 것이다. '희'는 윤휴의 자인 희중(希仲)

사임했다. 1623년 인조반정으로 정권이 서인에게로 넘어간 후 광해군 정권의 책임을 지고 처형되었다.

13) 황세정(黃世楨) : 1622~1705. 본관은 회덕(懷德), 자 주경(周卿), 호는 제곡(霽谷)이다. 송시열·송준길의 문인으로서, 예송 전에는 윤휴를 공격하였다 하여 동학(同學) 격인 송시열의 문인 정보연(鄭普衍, 1637~1660)을 역공격하였을 정도로 윤휴를 옹호하는 입장이었으나, 1661년(현종2) 송시열의 입장으로 돌아 윤휴와 절교하였다. 이후 1674년(현종15) 예송(禮訟) 때는 송시열을 옹호하고 윤휴 일파의 죄상을 규탄하다가 진도(珍島)로 유배되었다.(『宋子大全隨箚』·『白湖集·年譜』 및 『肅宗實錄』 1年 1月 18日)

이요, 원(元)은 평창 군수(平昌郡守) 송국귀(宋國龜)[14]의 자 사원(士元)이다. 그러나 사람들은 다만 들리는 명성을 따라서 그러했던 것이라면 윤선거의 경우는 그의 학문의 본원(本源)과 행동거지를 추장(推奬)하여 존숭한 것이었다.

윤선거가 말하기를, "젊은 나이에 스스로 깨달아 학문에 뜻을 두었고, 그 마음가짐과 절제된 행실은 고인(古人)에게 얽매이지 않았으며, 글을 읽고 뜻을 강론할 때는 주설(註說)[15]에 구애받지 않았으니, 그의 언론과 식견은 실로 남보다 뛰어난 점이 있다." 하였다. -"젊은 나이에" 이하는 윤선거의 『연보(年譜)』에 있는 말로, 『연보』는 그의 아들 윤증이 찬술한 것이다. 지금 들으니 윤증이 『연보』를 개찬하였다는 데 이것은 그 거짓과 위선을 드러내기에 충분하다.- 이 말의 뜻은 고인(古人)의 자취와 훈고(訓詁)를 공부하지 않고도 남보다 뛰어났다는 것으로, 날 때부터 아는 사람[生而知之][16]이라는 것이다. 그러나 이러한 말은 윤휴가 법문(法門)에 죄를 얻어 결국 흉패한 악인이 된 까닭이 바로 여기에 있다는 것을 알지 못한 것이다.

윤선거가 말한대로, "젊은 나이에 스스로 깨달았다."면, 이는 도에 있어 이미 의심스러운 것이 없다는 것인데 어찌 학문에 종사하며 여기에 뜻을 둔단 말인가? 이것이 바로 주자가 배척한 '상달을 우선하고 하학을 뒤로 한다[先上達而後下學]'[17]는 것이니, 그의 말은 주자의 가르침에 어긋날 뿐만 아니라 실로 공자의 '아래로부터 배워서 위에 통달한다.[下學而上達]'[18]는

---

14) 송국귀(宋國龜) : 본관은 은진, 자 사원(士元)이다. 판관(判官) 송희건(宋希建)의 아들로서, 김장생·김집의 문인이고, 관직은 군수를 지냈다.

15) 주설(註說) : 여기에서는 특히 주자의 주해(註解)를 가리킨다.

16) 날……사람 : 태어나면서부터 배우지 않고도 이치를 아는 매우 뛰어난 자질을 말한다. 『중용장구(中庸章句)』 제20장(章)에 "어떤 이는 태어나면서부터 저절로 알고, 어떤 이는 배워서 알고, 어떤 이는 많은 노력을 한 뒤에야 안다.[或生而知之, 或學而知之, 或困而知之.]"라는 말을 인용한 것이다.

17) 상달을……한다 : 주자는 일상에서의 부단한 학습을 통해야만 학문의 궁극적 경지에 이를 수 있음을 주장하였다. 따라서 하학(下學)'을 통한 수양을 거치지 않고 곧장 상달천리(上達天理)하고자 하는 '선상달이후하학(先上達而後下學)'의 학문방법론에 대해 비판적이었다.(『朱子語類·論語』)

18) 공자의……한다 : 일상의 구체적인 일들에서부터 배우며 오묘한 천리(天理)에 통달

순서에도 어긋나는 것이다. 또 "고인(古人)에게 얽매이지 않았다."고 한 것은 더욱 도리에 어긋난다. 요(堯)·순(舜)·주공(周公)·공자(孔子)·안자(顏子)·맹자(孟子)·주자(周子)·정자(程子)·장자(張子)·주자(朱子)는 본받을만한 고인이 아니란 말인가? 지금 이들을 무시하며 그 자취에 얽매이지 않는다 하니 이른바 "스스로 깨달았다"는 것은 무슨 도를 말함이고, "남보다 뛰어났다"는 것은 무슨 일을 말함인가?

『시경(詩經)』에서 말하기를, "옛날부터 선인들이 해오던 일[自古在昔, 先民有作]"이라고 하였는데 주자가 민마보(閔馬父)의 말을 인용하여 이를 극찬하였다.[19] 공자가 말하기를, "나는 옛것을 좋아하여 민첩하게 구하는 사람[我好古, 敏而求之者]"[20]이라 했고, 또 말하기를, "옛것을 믿고 좋아하기를 그윽이 우리 노팽에 견주노라[信而好古, 竊比於我老彭]"[21] 하였으며, 원우(元祐)의 현인들[22]이 정자를 천거하며 말하기를, "옛것을 좋아하고 힘써 행한다[好古力行]"[23] 하였다. 지금 윤선거가 윤휴를 칭송하는 말은 공자, 정자, 주자의

하는 것으로, 『논어』「헌문(憲問)」에 "아래로 인간의 일을 배우면서 위로 천리를 통달한다."라고 한 것을 가리킨다.

19) 옛날부터……극찬하였다 : 『시경』「상송(商頌)·나(那)」에 "옛날부터 선인들이 해오던 일, 아침저녁 온화하고 공손하게 공경하며 일을 한다.[自古在昔, 先民有作, 溫恭朝夕, 執事有恪.]" 하였는데, 주자는 이 시를 풀이하며 춘추시대 노나라의 대부 민마보(閔馬父)의 말을 인용하였는데, 그 내용은 다음과 같다. "옛 성인들은 이 공경하는 도를 자신이 처음으로 했다고 하지 않고 '자고(自古)'니 '재석(在昔)'이니 '선민(先民)'이라고 하여 반드시 옛날에 근본 하였다고 했으니, 이는 감히 자기 마음대로 하지 못하는 것이라고 한 것이다."(『國語·魯語』)

20) 나는……사람 : 원문은 다음과 같다. "나는 나면서 아는 사람이 아니라 옛것을 좋아해서 민첩하게 구하는 사람이다.[子曰, 我非生而知之者, 好古, 敏而求之者也.]"(『論語·述而』)

21) 옛……견주노라 : 노팽(老彭)은 은나라 때의 어진 대부이며, 이 구절의 원문은 다음과 같다. "전술하되 창작은 아니하며, 옛 것을 믿고 좋아하기를 그윽이 우리 노팽에 견주노라.[述而不作, 信而好古, 竊比於我老彭.]"(『論語·述而』)

22) 원우(元祐)의 현인들 : 원우는 송나라 철종의 연호이며, 여기서 말하는 현인들은 사마광(司馬光)·여문저(呂文著)·문언박(文彦博)·소식(蘇軾)·황정견(黃庭堅) 등을 가리킨다.(『宋史·徽宗本紀』)

23) 옛것을……행한다[好古力行] : 『봉곡집(鳳谷集)』「구화사적(構禍事蹟)」에는 이 뒤에 다음의 구절이 더 있다. "주자가 문인들을 가르쳐 말하기를, '부열이 말하기를, 「옛 가르침을 배워야 얻음이 있을 것이니, 옛일을 본받지 않고서 장구하게 다스리는 것은 제가 들은 바가 아닙니다.」 하였다. 성현의 말씀은 도리에서 나와 모두 이 안에 있으니 반드시 이를 배운 후에야 성취함이 있을 것이다.' 하였다.[朱子誨門人曰,

말과는 어찌 이리도 어긋나는가.

또 윤휴가 주설(註說)에 얽매이지 않았다고 한 것이 어찌 정현(鄭玄)[24]과 가공언(賈公彦)[25] 등을 가리켜 말한 것이겠는가? 바로 주자의 주설을 가리켜 말한 것이다. 그래서 일찍이 경연에서 주자 주설을 강독하지 말라고 청한 것이다.[26] 왕부가 송규정(宋奎禎)[27]을 통해 윤휴가 읽었다는 경서를 빌려 보았는데 종이 윗부분 여백에 모두 자신의 주장에 의거하여 비평하고 주자의 본주는 고쳐 놓았다. 왕부가 두려움과 놀라움을 이기지 못하고 그날로 바로 돌려주었다. 윤휴는 주자의 주설에 구애받지 않았을 뿐만 아니라 도리어 헐뜯고 배척하였다. 그가 경전을 왜곡하고 현인을 비방한 것이 이렇게 심하였는데, 어찌 "남보다 뛰어나다."고 말하는가.

윤선거가 이와 같이 존숭하였으므로 당시의 동배(同輩)들이 윤휴를 독실하게 믿어 흠모하지 않음이 없었고, 그 또한 더욱 거만해져 사람들이

傅說云, 學于古訓, 乃有獲, 事不師古, 以克永世, 非說攸聞. 蓋聖賢說出道理, 都在這裏, 必學乎此而後, 可以有得.」"

24) 정현(鄭玄) : 127~200. 후한(後漢) 말기의 대표적 유학자. 제자들에게는 물론 일반인들에게서도 훈고학·경학의 시조로 깊은 존경을 받았다. 경학의 금문(今文)과 고문(古文) 외에 천문(天文)·역수(曆數)에 이르기까지 광범한 지식욕의 소유자였다. 『주역』, 『상서(尙書)』, 『모시(毛詩)』, 『주례』, 『의례(儀禮)』, 『예기』, 『논어』, 『효경』 등의 경서를 주석하였고, 『의례』·『논어』의 정본(定本)을 만들었다.

25) 가공언(賈公彦) : 당(唐)나라의 학자. 고종 연간(650~665) 태학박사·홍문관학사를 지냈다. 그가 편찬한 『주례소(周禮疏)』(50권)와 『의례소(儀禮疏)』(50권)는 십삼경주소(十三經注疏)에 들어갔다. 그 중에서도 『주례소』는 주자가 "오경소(五經疏) 중 가장 좋은 것"이라고 평가하였다.

26) 경연에서……것이다 : 숙종 원년 정월 윤휴는 주강(晝講)에 입시하여 『논어』의 주석을 읽을 필요가 없다고 주장하였는데, 이때 『논어』의 주석이란 당연히 주자의 집주(集註)를 의미하는 것이었다. 이에 대해 김석주가 반대하자, 윤휴는 다시 주석은 과거를 준비하는 유생들이나 보는 것이라고 말하며 주자주의 가치를 폄하하였다.(『肅宗實錄』 1年 1月 18日) 뒤이어 3월에는 윤휴가 언해(諺解)를 보지 말 것을 청하자 숙종이 이를 따른 일이 있었는데, 이는 이이(李珥)의 언해를 토대로 편찬되었던 관찬 언해를 따르지 말고 자신의 독자적인 경학설(經學說)에 의거할 것을 주장한 것이었다.(『肅宗實錄』 1년 3월 18일) 또 윤5월에는 경서를 읽을 때 공자의 이름을 휘(諱)하지 말 것을 청하였는데, 윤휴의 이 같은 언동에 대하여 김만중이 비판을 제기하다 숙종의 진노를 사게 되어 결국 파직되기도 하였다.(『肅宗實錄』 1年 閏5月 26日)

27) 송규정(宋奎禎) : 본관은 은진, 자 백흥(伯興)이다. 생원 국시(國蓍)의 아들로 현감을 지냈다. 황세정과 함께 일찍부터 윤휴를 추종하여 송시열의 비판을 받았다.

감히 논의에 올릴 수도 없었다. 윤선거의 『연보』는 윤휴가 이미 패한[28] 후에 만들어졌는데도 그 칭송하는 말이 이와 같았으니 그가 패하기 전에는 높이고 칭찬하는 말이 응당 어떠했겠는가.

이양이(李養而)[29]가 일찍이 윤휴에게 편지를 보내 옳지 못한 행동을 한다고 책망하자, 그 답서에 말하기를, "융성한 것을 따르기도 하고 더러운 것을 따르기도 하며, 사물을 따라 응하는 것이다." 하니, 이는 곧 윤휴가 성인(聖人)으로 자처한 것이다. 이는 실로 윤선거 무리의 존숭이 너무 지나쳐 그 마음을 교만하게 만든 것이다. 왕부가 윤선거와 만나면 극언으로 이를 책망하였는데, 이때마다 윤선거는 성을 내며 단호하게 말하기를, "이는 희중의 고명함이 지나친 것에 불과하니 무슨 해가 되겠는가. 또 의리는 천하의 공물인데 희중만 홀로 논하여 말할 수 없단 말인가?" 하였다.

왕부가 말하기를,

"주자 이전에는 성인의 도가 천하에 밝지 않았는데, 이는 대개 경서(經書)의 의리가 어둡게 막혀서 그러했던 것이다. 주자 이후로는 하나의 이치도 밝혀지지 않음이 없고 한 자의 글자도 의심스러움이 없게 된 것이 마치 하늘 한 가운데 해가 떠있는 것과 같아 맹인도 볼 수 있다. 후학된 자들은 응당 공경하고 지키며 생각을 신중히 할 뿐, 어찌 감히 망령되이 비난하고 배척하겠는가. 또 윤휴는 주자의 의론을 공척하는 데 그치지 않고 아울러 주자의 행사(行事)까지 공격하여, 우리 후학된 자들이 한심해 마지않았거늘 그대는 어찌하여 그와 당을 이루고 동조하여 기꺼이 주자에게 반역하는 사람의 졸개가 되려 하는가?" 하니, 윤선거가 말하기를, "이는 희중의 소탈한 점이다. 그러나 그가 남보다 뛰어난 점은 지금 사람으로서 감히 알 수 있는 것이 아니다." 하였다.

왕부가 말하기를, "그의 정미한 의리가 신의 경지에 들었다니 우리로서

---

28) 윤휴가……패한 : 경신환국(1680, 숙종6)으로 윤휴가 사약을 받고 죽은 일을 가리킨다.

29) 이양이(李養而) : 양이는 이지렴(李之濂, 1628~1691)의 자이다. 본관은 함평(咸平), 호 치암(恥庵)이다. 송준길의 문인이고, 군수를 지냈다.

는 감히 알 수 없으나, 그가 윤계(尹棨)의 아들 윤이흠(尹以欽)을 위해 복상(服喪)한 일[30]도 알기 어려운 일인가?" 하였다.

윤선거가 곧 목소리를 낮추어 말하기를, "『시경』에서 말하기를 '중구지설(中冓之說)은 상세히 알 수 없다.'[31] 하였으니, 이는 충후(忠厚)한 뜻이다. 하물며 이 일은 남양공(南陽公) 집안[32]의 일이니, 직접 본 것도 아니면서 이 일을 말한다면 어찌 장후(長厚)한 도리라 하겠는가?" 하였다.

왕부가 두려워하며 말하였다.

"이러한 변고가 신백(信伯) 윤계(尹棨) 같은 충후한 가문에서 나왔으니 세도(世道)의 불행이 심하다. 명백하게 밝혀지지 않았다면 말을 해서는 안 되니, 이는 공의 말이 온당하다. 그러나 무신년(1668, 현종9)에 체원(體元) 윤이건(尹以健) 형제[33]를 만나 실상을 알게 되었는데 그 변고가 너무도 난잡하고 어지러웠다.

체원 형제가 이어서 말하기를,

---

30) 윤이흠(尹以欽)을……일 : 윤이흠이 새어머니와의 추문으로 인해 그 집안에서 단죄되었는데, 윤휴가 그를 위해 붕우복(朋友服)을 입어야 한다며 3개월 동안 마포대(麻布帶)를 착용한 일을 가리킨다.(『宋子大全·與李季羽己巳正月三日』) 한편 김상헌이 지은 윤계의 묘갈명(墓碣銘)에 따르면 윤계는 첫번째 부인인 부사(府使) 정세미(鄭世美)의 딸과의 사이에서 윤이흠과 윤이명(尹以明) 두 아들을 두었다.

31) 중구지설(中冓之說)은……없다 : 중구지설은 근친상간(近親相姦)을 가리키는 말로, 중구는 내실(內室)을 말한다. 『시경』「장유자(牆有茨)」에 "담장에 납가새여, 제거할 수가 없도다. 중구의 말이여! 상세히 말할 수 없도다. 상세히 말할진대, 말이 길어지도다.[牆有茨, 不可襄也. 中冓之言, 不可詳也. 所可詳也, 言之長也.]"라고 하였다. 이에 대해 주희는 구설(舊說)을 인용하여, 위(衛)나라 혜공(惠公)이 어려서 즉위하자 그의 서형(庶兄) 공자 완(公子頑)이 적모(嫡母)인 선강(宣姜)과 간통한 일을 두고 시인이 풍자한 것이라 풀이하였다.

32) 남양공(南陽公) 집안 : 남양공은 윤이흠의 아버지 윤계(尹棨, 1583~1636)를 가리킨다. 윤계의 본관은 남원, 자 신백(信伯), 호 신곡(薪谷)이다. 정묘호란 때 상소하여 척화를 주장하였고, 1636년 남양부사(南陽府使)가 되었는데 이해 겨울에 병자호란이 일어나자 근왕병(勤王兵)을 모집하여 남한산성으로 들어가려 하였다. 그는 이 과정에서 청나라 병사에게 잡혔으나 굴하지 않고 대항하다가 몸에 난도질을 당하여 죽었다. 삼학사(三學士)의 한 사람으로 심양에 끌려가 순절한 윤집(尹集)은 그의 아우이다.

33) 체원(體元)……형제 : 윤유(尹柔)의 아들이자 송시열의 문인인 윤이건(尹以健), 윤이성(尹以性) 형제를 말한다. 체원은 윤이건의 자다. 윤유는 윤계(尹棨)와 형제간이므로, 윤이건에게 윤계는 백부가 되고 윤이흠은 친사촌이 된다.

'우리 조모와 선인(先人)[34]은 그 일이 점차 사그라져 다시는 일어나지 않기를 너무도 바랐습니다. 그러나 그 남녀의 행동이 방자하여 거리낌이 없게 되자 조모께서 선인으로 하여금 그들을 주살하게 하였습니다. 그러므로 그 사람의 처가 지금 그 신주를 가지고 깊은 산속에 들어가 거처하면서도 감히 선인에게 원망하는 마음을 품지 않았습니다.' 하였다."

왕부가 슬픈 마음으로 가슴 아파하며 말하기를, "하늘이 충효의 가문에 복을 내리지 않으심이 어찌 이 지경에 이르렀단 말인가." 하고, 이어 말하기를, "윤휴가 이미 주자를 배척하기에 못하는 짓이 없는데, 심지어 이러한 사람에 대해 복상(服喪)까지 하였으니 그의 패악이 심하다. 윤이흠의 악행은 곧 윤휴의 악행이다." 하였다. 그러나 이는 동학사(東鶴寺)에서 한 말을 번복한 후[35]에 있었으므로 다시 윤선거를 힐난하지 않았다.

당시 체원은 윤휴가 시마복(緦麻服)[36]을 입었다는 말을 처음으로 듣고 분개하여 말하기를, "듣자하니 윤휴가 그 사람에게[37] 보은(報恩)에서 남녀가 함께 거처하도록 해 준 것이 매우 오래되었다 하는데, 어찌 몰랐을 리가 있겠습니까. 알고도 복상했으니, 그 악함이 같은 것입니다." 하였다.

그 후 윤휴가 자기 집에서 선조(先祖)에게 제사를 지내면서 동종(同宗)이라 하여 체원 형제를 청하였는데 형제가 모두 가지 않았고, 또 그 일을

---

34) 선인(先人) : 돌아가신 자기 아버지를 일컫는 말로, 여기에서는 윤이건의 아버지 윤유(尹柔)를 가리킨다.

35) 동학사(東鶴寺)에서……후 : 1665년(현종6) 동학사에서 『사계유고(沙溪遺稿)』를 교정하기 위하여 송시열, 이유태, 윤선거 등이 모였다. 이때 송시열은 윤선거에게 윤휴에 대한 태도를 분명히 할 것을 누차 강요하여, 드디어 윤선거로부터 윤휴와 절교하겠다는 결심을 받아 낸다. 하지만 윤선거가 곧바로 편지를 보내어 부정하는 등 굴곡이 있었다.

36) 시마복(緦麻服) : 상례(喪禮)의 오복(五服) 제도 가운데 하나인 시마(緦麻)에는 3개월간 상복을 입는데, 이때의 상복을 시마복이라 한다.

37) 윤휴가……사람에게 : 윤계의 셋째 부인은 현감 김덕민(金德民)의 딸이었는데, 바로 이 김덕민의 딸이 윤이흠과 함께 집안에서 단죄된 사람이었다. 김덕민은 또 윤휴의 외조부이기도 하였으므로, 윤계는 곧 윤휴의 이모부이며, 윤계의 아들 윤이흠과 윤휴는 이종사촌 사이가 된다. 또 『송자대전』「여이계우(與李季羽己巳正月三日)」에 따르면 윤휴가 윤이흠의 학문을 높이 평가하였다는 내용이 있는데, 이런 여러 가지 상황을 종합하여 볼 때 윤휴와 윤이흠의 친분관계가 남달랐던 것으로 추정된다.

계속해서 거론하자, 휴가 도리어 말하기를, "윤유(尹柔)는 죄를 성토하지 않았는데 체원 형제가 이렇게 하는 것은 곧 그들이 윤이흠을 시기하는 것이다." 하였다. 이로부터 체원 형제가 윤휴의 무리로부터 미움을 받는 것이 극에 달하였다.

옛날에 왕부가 당숙인 문도공(聞道公) 송기후(宋基厚)[38]의 집에 갔을 때 책상 위에 책이 놓여 있었는데, 그 모양이 매우 광채 나고 선명하기에 물어보니, 말하기를, "이 책은 희중이 『중용(中庸)』을 주해한 것입니다. 주경(周卿) 황세정(黃世楨), 백흥(伯興) 송규정(宋奎禎)의 무리가 책을 보내오며 말하기를, '희중의 이 주해는 주자의 옛 주해보다 나으니 그대 또한 베껴서 보면 좋을 것이다.' 하였습니다." 하기에, 왕부가 시험 삼아 보니, 정말로 주자의 옛 주해를 모두 고쳐 자신의 새로운 주장으로 바꾸어 놓았다. 『중용』의 수장(首章)을 문단마다 분할하여 허다한 강(綱)과 절(節)을 만들어서 마치 『대학(大學)』의 경(經) 1장처럼 하였고, 그 아래 32장은 수장에 분속시켜 『대학』의 전(傳) 10장처럼 해 놓았다.[39] 왕부가 잠깐 훑어보고는 너무도 경악하여 책을 땅에 팽개치며 말하기를, "윤휴가 무엇이기에 감히 이처럼 방자한가? 그대는 정말 이 내용을 베껴서 보려 하는가?" 하였다. 당숙이 말하기를, "그렇다면 이산(尼山)[40]의 윤선거는 우계(牛溪)의 외손으로서 어찌하여 윤휴를 존숭한단 말입니까? 그가 존숭하는 정도는 우리와는 비교도 안 됩니다." 하자,

왕부가 말하기를, "우계의 친아들이 정인홍에게 얼마나 아부했는가.[41]

---

38) 송기후(宋基厚) : 1621~1674. 본관은 은진, 자 성백(誠伯), 호 문도재(聞道齋)이다. 송시열의 당질로 송시열·송준길의 문인이다. 여기에서 당숙이라 한 것은 저자인 송주석의 당숙임을 말한다.

39) 『중용』의……놓았다 : 윤휴는 『중용장구(中庸章句)』의 내용을 고치고 자기의 소견으로 별도의 새로운 견해를 세웠다. 그는 주자 『중용장구』의 4대절 33장 체재를 따르지 않고 10장 28절 체재를 주장하였다. 윤휴의 『중용』 관련 저술로는 「공자달도달덕구경지도(孔子達道達德九經之圖)」·「중용지도(中庸之圖)」와 「중용장구차제(中庸章句次第)」·「분장대지(分章大旨)」·「중용주자장구보록(中庸朱子章句補錄)」 등이 전해진다.

40) 이산(尼山) : 충남 논산시 노성(魯城)이다. 윤선거·윤증 가문이 세거(世居)하였던 곳이다.

41) 우계의……아부하였는가 : 기축옥사 후 정인홍이 정철을 간흉(奸凶)으로, 성혼을

-이 말은 왕부가 일찍이 했던 말인데, 좋지 못한 말이었다고 후회하였다.- 그런즉 그 외손이 윤휴에게 붙은 것이 어찌 괴이한 일이겠는가." 하였다.

왕부가 이때부터 근심이 깊어져 윤선거를 심히 배척하면서도, 스스로 말하기를, "한 잔의 물로 한 수레에 가득 실은 땔나무의 불을 끄는 것과 같다." 하였다. 왕부가 일찍이 동춘에게 이를 말하니, 동춘이 말하기를, "나는 역량이 부족하지만 마침 세상에 딱 맞는 사람이 있다." 하였는데, 이는 왕부를 가리켜 말한 것이다. 왕부가 농담 삼아 말하기를, "형은 진실로 주자가 말한 '편리한 고지를 먼저 차지했다[占便宜]'는 것과 같다." 하였다. 그러나 저들은 왕부가 공척한다는 말을 듣고는 비웃으면서 자기들의 주장이 하등 문제가 될 것이 없다고 생각하였다.

무술년(1658, 효종9)이 되자 윤선거가 왕부에게 편지를 보내 말하기를, "희중이 이미 상(喪)[42]을 마쳤는데, 어찌하여 상에게 그것을 알리지 않는가?" 하였다. 왕부가 동춘에게 이 일을 의논하자 동춘이 말하기를, "일찍이 그대가 그를 이단으로 배척하였으나, 오늘날 중론이 이와 같으니 우리 힘으로 막을 수 있겠는가?" 하였다. 동춘이 즉시 지평(持平) 김우석(金禹錫)[43]에게 말하여 체직을 청하게 하였는데, 그 자리에 윤휴를 의망하고자 해서였다. 왕부는, 윤선거가 윤휴를 진정한 유자라 생각하는데 그를 시강(侍講)의 관직에 두지 않으면 윤선거가 불만스러워 할 것이 틀림없다 생각하고, 마침내 진선(進善)에 제수하였다.[44] 그러자 윤선거가 편지를

간당(奸黨)으로 규정하고 공격하자, 성혼의 아들 성문준(成文濬)이 정인홍 등 북인들과 화해를 모색하였었는데 이로써 정인홍의 원망이 정철에게 집중되게 된 일을 가리킨다. 이에 김장생은 성문준에게 편지를 보내어, 정인홍에 대한 그의 처신이 분명하지 못함을 책망하였다.(『宋子大全隨箚』 및 『宋子大全·答尹汝望吉甫』 『成滄浪公墓碣銘』)

42) 상(喪) : 윤휴의 모친상을 가리킨다.(『白湖集·年譜』)

43) 김우석(金禹錫) : 1625~1691. 본관은 상산(商山), 자 하경(夏卿), 호 귀래당(歸來堂)이다. 1651년 문과에 급제하여 형조판서를 지냈다.

44) 진선(進善)에 제수하였다 : 실록에는 송시열이 이조판서로 있던 1658년(효종9) 11월에 윤휴가 세자시강원(世子侍講院) 진선(進善)에 임명된 것으로 되어 있다.(『孝宗實錄』 9年 11月 19日). 한편 『백호집』「부록·연보」에는 윤휴가 모친상을 마친 후 이조판서 송준길이 의망하여 진선에 임명된 것으로 되어 있다.

보내와 노기등등하게 말하기를, "내가 이전 편지에서 말한 것이 어찌 그에게 관직을 제수하려는 것이었겠는가." 하였다. 그의 뜻은 왕부로 하여금 주상에게 아뢰게 하여 윤휴를 빈사(賓師)[45]의 자리에 두고자 함이었는데, 왕부가 그 뜻을 깨닫지 못하여 이러한 원성을 받은 것이다. -당시 윤선거의 편지를 조복형(趙復亨)이 옆에서 보고 대경실색하여 그 내용을 적어가지고 돌아갔다.-

당시 진선을 제수하였을 때 정승 우재(迂齋) 이후원(李厚源)[46] 공이 왕부를 꾸짖으며 말하기를, "그대는 일찍이 윤휴를 이단이라고 했으면서 지금 이단으로 하여금 서연(書筵)에서 강론하게 하려는가?" 하니, 왕부가 말하기를, "주자는 육씨(陸氏)를 이단으로 배척하면서도 오히려 문인에게 육씨의 강론을 듣게 하였다.[47] 진실로 취할 만한 점이 있으면 취하는 것도 한 방도가 될 수 있다." 하였다.

우재가 책망하여 말하기를, "그대는 뭇 사람들의 논의에 몰려서 어쩔 수 없이 그를 취했으면서 지금 주자의 말로 미화하니, 이것이 과연 실정(實情)에 맞는 말인가?" 하니, 왕부가 자신의 허물로 받아들이며 말하기를, "뭇 사람들의 논의를 따른다면 어찌 진선에 그쳤겠는가. 내 고집이 아니었다면 진선에 그치기도 어려웠을 것이다." 하였다. 우재가 말하기를, "뭇 사람들의 논의를 따른다면 그를 빈사(賓師)의 지위로 대하는 것에만 그쳤겠는가. 아마도 주상에게 친림하도록 하여 그를 보게 하려 했을 것이다." 하였다.

---

45) 빈사(賓師) : 관직에 있지 않으면서 임금에게서 빈객과 스승의 예우를 받으며 자문에 응하거나 학문을 강하는 사람을 이른다.

46) 이후원(李厚源) : 1598~1660. 본관은 전주, 자 사진(士晋)·사심(士深), 호 우재(迂齋)이다. 김장생의 문인으로 1657년 우의정 때 송시열을 이조판서, 송준길을 병조판서에 천거하는 등 서인 산림과 밀접한 관계를 유지하였다.

47) 주자는……하였다 : 주자가 남강태수(南康太守)로 있을 적에 육구연이 그를 방문하자 주희가 백록동서원에 함께 가서 원생들에게 유익한 강론을 해 달라고 부탁하였다. 그러자 육구연이 『논어』 「이인(里仁)」의 "군자는 의에 밝고 소인은 이에 밝다.[君子喩於義, 小人喩於利.]"에 대해 강론하였는데, 원생 중에 감동하여 눈물을 흘리는 이까지 있었다.(『宋史·陸九淵列傳』)

며칠 후, 왕부가 비로소 윤휴를 찾아가 만났는데, 그가 어떠한가를 살피고 만약 그에게 생각을 돌릴 기미가 있으면 만에 하나라도 타일러 보고자 해서였다. 이윽고 도착해보니 김극형(金克亨)[48]이 이미 자리해 있었다. 왕부가 시험 삼아 묻기를, "지금도 주자를 공척하는가?" 하자, 윤휴가 성을 내며 말하기를, "본래의 소견을 어찌 그대 때문에 조금이라도 고치겠는가." 하였다. 왕부가 찾아온 것을 후회하고, 물러나며 말하기를, "지금부터 다시는 어떤 기대도 하지 않을 것이다." 하였다.

이듬해 기해년(1659, 효종10) 5월 효종대왕이 승하하시자 윤강(尹絳)[49], 참의 윤집(尹鏶)[50]이 예조에 있으면서 대왕대비의 복제(服制)를 물었다. 왕부와 동춘이 함께 대답하기를, "대행대왕이 비록 대통을 이었으나 사실 차적자(次嫡子)이니 기년복(朞年服)이 마땅하다."[51] 하였다.

다음날 영의정 양파(陽坡) 정태화(鄭太和)[52] 공이 작은 집에 자리하고 왕부를 불러서, 소매 속 조그만 종이를 꺼내 보여주며 말하기를, "이 종이는 연양(延陽)[53]이 보내 준 것으로 윤휴의 주장이다." 하였는데, 그

---

48) 김극형(金克亨) : 1605~1663. 본관은 청풍, 자 태숙(泰叔), 호 사천(沙川)·운촌(雲村)이다. 이조판서 김인백(金仁伯)의 아들이며, 박지계(朴知誡)의 문인이다.

49) 윤강(尹絳) : 1597~1667. 본관은 파평, 자 자준(子駿), 호 무곡(無谷)이다. 1659년 효종의 상을 당하였을 때 예조판서로서 빈전도감(殯殿都監)의 제조(提調)를 겸하여 힘껏 주선한 공으로 숭정대부·판의금부사에 오르고 이조판서가 되어 기로소(耆老所)에 들어갔다.

50) 윤집(尹鏶) : 1601~1669. 본관은 파평, 자 순보(純甫), 호 성계(星溪)·몽계(夢溪)이다. 현종이 즉위하자 예조참의가 되었고, 이조참판 등을 역임하였다.

51) 대행대왕이……마땅하다 : 송시열은 효종에 대해 『의례(儀禮)』 가공언(賈恭彦)의 소에 나오는 사종설(四種說) 중 하나인 체이부정(體而不正)에 해당하므로 자의대비는 효종에게 기년복을 입어야 한다고 주장하였다. 송시열의 주장은 정체(正體)인 소현세자의 상에 인조가 이미 장자의 복을 입었기 때문에 효종이 대통을 계승한 것과는 별도로 대비는 둘째 아들[庶子]을 위한 복을 입어야 한다는 것이었다. 이에 대해 허목과 윤휴 등은 효종이 인조의 차남이지만 대통을 이었으니 장남의 상복을 입어야 한다고 보아 3년복을 주장하였다.

52) 정태화(鄭太和) : 1602~1673. 본관은 동래(東萊), 자 유춘(囿春), 호 양파(陽坡)이다. 1659년 영의정이 되어, 효종의 승하 후 원상으로서 국정을 처리하였다.

53) 연양(延陽) : 이시백(李時白, 1581~1660)이다. 효종 때 상신(相臣)으로 연양부원군(延陽府院君)에 진봉(進封)되었다. 본관은 연안(延安), 자 돈시(敦詩), 호 조암(釣巖)이다. 아버지는 연평부원군 이귀(李貴)로 함께 인조반정 공신이 되었다. 성혼·김장생의

내용은, "예에 첫째 아들이 죽으면 둘째 아들을 세워 맏아들[長子]이라고 이름 한다 했으니, 지금 대비는 맏아들을 위한 3년복을 입는 것이 마땅하다는 것이다." 하였다.

왕부가 말하기를, "예의 주해에 이러한 주장이 있긴 하나, 일거에 이 설을 정론(定論)으로 하기는 어렵다. 이른바 첫째 아들이 죽었다 함은 어려서 죽어 장자(長子)가 되지 못하였으므로 둘째 아들을 세워 장자로 삼았다는 것이다. 또 그 아래에 '서자(庶子)'라는 문구가 있는데, 말하기를, '적처의 두 번째 소생도 서자라고 한다. 서(庶)는 중(衆)자의 뜻이다.' 하였다. 다시 또 그 아래에 사종설(四種說)[54]이 있는데, 효종은 이 사종의 하나에 해당하니 삼년복이 될 수 없다." 하였다.

정 정승이 "나는 예문에 어둡다. 이른바 '사종'이란 무엇인가?" 하니, 왕부가 말하기를, "'정이지만 체가 아닌 경우[正而不體]'가 첫 번째로, 적손(嫡孫)이 승중(承重)한 것이다. 적손이므로 정(正)이라 하고 부자간의 승계가 아니므로 불체(不體)라 하였으니, 부자는 일체(一體)이기 때문이다. '체이지만 정이 아닌 경우[體而不正]'가 두 번째로, 서자(庶子)의 승중을 말한다. 부자간의 승계이므로 체(體)라 하고 서자이므로 부정(不正)이라 한다. '정이고 체이지만 전중하지 못한 경우[正體而不得傳重]'가 세 번째로, 적자가 미처 승중하기 전에 죽은 것을 말한다. '전중하였으나 정이 아니고 체가 아니다[傳重而非正體]'가 네 번째로, 서손(庶孫)의 승중을 말하는데 부자가 아니고 또 적손도 아니다." 하였다.

정 정승이 하인을 소리쳐 물리치고, 손을 저어 왕부의 말을 끊고 말하기를, "다시는 이런 말을 하지 말라. 예문이 이와 같다 해도, 지금 감히 대행대왕을 서자라 하는 것인가?" 하였다. 왕부가 말하기를, "서(庶)는 측서(側庶)의 서가 아니다. 예문에서 중(衆)자로 해석한 것이 분명한데,

---

문인이다.

54) 사종설(四種說) : 아들이나 손자가 승중(承重)했더라도 아버지가 참최를 입지 못하는 네 가지 예외 규정을 말한다. 『의례』「상복(喪服) 참최(斬衰)」의 "아버지가 장자를 위하여 참최 삼년(斬衰三年)을 입는다."라는 구절에 대해 가공언이 『의례주소(儀禮注疏)』에서 그 예외가 되는 네 가지 사례를 설명한 것이다.

의심할 것이 무엇이겠는가.[55] 또 고인(古人)은 '무왕은 천자가 되어 서자(庶子)였지만 적자의 지위를 빼앗았다[武王聖庶奪嫡]'[56] 하였다." 하니, 정 정승이 말하기를, "소현(昭顯)에게 자손이 있는데,[57] 지금 감히 '정이지만 체가 아니다'라고 주장하는 것인가?" 하였다.

왕부가 말하기를, "정승 백강(白江) 이경여(李敬輿)[58] 공이 이 설을 명확하게 주장하여 당시 먼 곳에 유배되었는데, 대행대왕께서 즉위하자마자 바로 사면하시어 재상의 지위에 두고 신임하셨다. 이는 그가 죽음을 무릅쓰고 바른 말을 한 것을 가상하게 여겨 큰일을 맡길 만하다 여겼기 때문이다. 대행대왕의 성대한 덕으로 말미암아 사람마다 모두 올바른 의리를 알고 있으니, 지금 어찌 지나친 근심을 하겠는가." 하였다.

정 정승이 목소리를 낮추어 말하기를, "오늘 이후로 만약 소인이 이 설을 가지고 인심을 동요하는 일이 생긴다면 반드시 큰 재앙이 생길 것이니, 그 때가 되면 나라가 응당 어찌되겠는가. 여하튼 이 종이가 윤휴에게서 나왔으니 그가 주장을 그치지 않을 것이 틀림없고, 공의 소견은

---

55) 서(庶)는……무엇이겠는가 : 송시열은 『의례』 가공언의 소에 나오는 사종설(四種說) 중 하나인 체이부정(體而不正)을 효종에게 적용시켰는데, 이는 '왕위를 계승했지만 적자가 아닌 경우', 즉 서자(庶子)의 승중을 가리킨다. 송시열을 비롯한 서인들의 예론은 대체로 종통(宗統)과 복제를 분리하여 생각하는 것이었다. 제왕가에서는 장자를 버리고 서자(庶子)[중자(衆子)]로써 대통을 계승하게 하더라도 형제의 서열은 신중히 한다든가, 또 즉위한 이를 정통으로 삼더라도 모두 삼년복을 입는 것은 아니라는 등의 주장이 이를 말하는 것이다. 이렇듯 복제와 종통을 별개의 것으로 보는 인식이 바로 남인들의 집중적인 비판을 받은 부분이었다. 서인은 자신들의 예론이 사종설(四種說) 중 하나인 체이부정(體而不正)을 들어 자의대비의 복제를 기년복으로 정했다 하더라도 효종의 종통을 부정한 것은 아니라는 입장을 견지하였으나, 왕실 종통 문제에 약점을 제기할 수 있다는 서인 예론의 성격상 향후 정치적 수세에서 벗어날 수 없었다.

56) 무왕은……빼앗았다 : 제왕의 덕을 갖춘 서자 무왕이 장자인 백읍고(伯邑考)를 대신하여 왕위에 오른 것을 가리킨다. 서자(庶子)라도 천자나 제후와 같은 통치자의 지위에 오르면 적통이 그에게 돌아간다는 뜻이다.(『漢書·梅福傳』)

57) 소현(昭顯)에게……있는데 : 1차 예송 당시 소현세자의 셋째 아들 경안군(慶安君) 회(檜)가 생존해 있었다.

58) 이경여(李敬輿) : 1585~1657. 본관은 전주, 자 직부(直夫), 호 백강(白江)·봉암(鳳巖)이다. 반청 친명의 태도를 보여 여러 차례 청나라에 억류된 적이 있고, 강빈 사사에 반대하다가 귀양을 가기도 하였다. 인조대 정승이 되고 효종대 영의정을 역임하였다.

또 이와 같으니 장차 어찌 대처해야 하겠는가?" 하였다.

왕부가 말하기를, "명나라 제도는 장자(長子)·중자(衆子)를 가리지 않고 모두 기년복을 입는다. 비록 고례(古禮)의 뜻은 아니지만 주(周)를 따르는 의리는 또한 한 가지이다. 이로써 결정하면 일이 분명해질 것이다." 하였다.

정 정승이 "명나라 제도는 출전이 어디인가?" 하니, 왕부가 말하기를, "명나라 제도는 『상례비요(喪禮備要)』[59]에 보인다." 하였다. 정 정승이 바로 하인을 불러 『상례비요』를 가지고 오게 하자 왕부가 그 부분을 가리켜 보여주니, 정 정승이 기뻐하며 "이렇게 명확한 근거를 얻었으니 걱정할 것이 없다." 하고, 이 내용을 바로 연양(延陽)에게 알렸다.

윤휴가 다시 이전의 주장을 고쳐 말하기를, "지금 대비의 상복은 참최(斬衰) 3년이 마땅하다. 천자, 제후의 상에는 비록 내종(內宗)의 부녀(婦女)라 해도 참최복을 입지 않음이 없다."[60] 하니, 왕부가 말하기를, "내종의 부녀는 신하와 같으므로 사사롭게는 친척이라 해도 감히 임금을 친척으로 대하지 못하고 신하들과 같이 참최복을 입는 것이다. 그런데 지금 대비가 도리어 대행대왕의 신하가 되어 참최복을 입어야 한단 말인가? 이는 복제를 그르치는 것에 그치지 않으니, 이를 인륜에 비추어 보면 또 어떠한가." 하였다. 그 후 윤선거가 상경하여 큰 소리로 윤휴의 의론이 옳다 하고 왕부와 동춘의 의론을 그르다 하였다.

이듬해인 경자년(1660, 현종1) 효종의 소상(小祥)이 되자 윤휴가 독포(禿浦)[61]로 나아가 윤선도(尹善道)[62]에게 말하기를, "이번에 대비의 복제가

---

59) 상례비요(喪禮備要) : 『가례』를 위주로 하고 그 밖의 고금 제가(諸家)의 예설(禮說)을 참고로 하여 초상(初喪)에서 장제(葬祭)까지의 의식을 기록한 상례의 지침서이다. 신의경(申義慶)이 지은 것을 친구인 김장생이 교정하여 증보하였고, 다시 김집이 교정하여 1648년에 간행하였다.

60) 지금……없다 : 윤휴는 "무왕의 어머니[文母]는 무왕에게 신하가 된다"는 마융의 학설에 따라 자의대비는 효종에 대해 마땅히 신하가 임금이 상을 당했을 때 입는 참최 3년복을 입어야 한다고 주장하였다. 이에 대해 송시열은 주자가 『논어』의 난신십인(亂臣十人)에 대한 주(註)에서 유시독(劉侍讀)의 "자식은 어머니를 신하로 삼지 못한다."는 설을 취하여 마융의 설을 논파하였다고 보고, 윤휴의 '신모설(臣母說)'이 주자의 설에 정면으로 어긋난다고 비판하였다.(『宋子大全·偶記』)

61) 독포(禿浦) : 지금의 강동구 암사동 광나루 동쪽 한강이 꺾이는 강변을 일컫는 말로,

잘못 정해진 것은 다만 복제 문제만이 아니라 실로 종통(宗統)에 대한 우려가 있는 것인데, 공은 어찌하여 통렬히 배척하지 않는가?" 하였다. 또한 허목(許穆)[63]에게 상소하여 이 문제를 논하게 하였는데, 그 대략의 뜻은 첫째 아들이 죽어 둘째 아들을 세워도 장자(長子)라 이름 한다는 것이었다.[64] 주상이 예관에게 명하여 신하들에게 의견을 모으게 하니, 윤휴가 예문은 논하지 않고 몇 마디 공허한 말을 바쳤는데, 그 뜻이 매우 위험하여[65] 사람으로 하여금 소름이 끼치게 하였고, 윤선도의 상소는 윤휴의 주장을 위주로 하여[66] 지극히 장황하게 말하였으니, 실로 일종의

속칭 미음이라고 하였다.

62) 윤선도(尹善道) : 1587~1671. 본관은 해남(海南), 자 약이(約而), 호 고산(孤山)이다. 1659년(효종10) 남인의 거두로서 효종의 장지문제와 자의대비(慈懿大妃)의 상복(喪服)문제를 둘러싸고 송시열과 대립하다가 삼수(三水)에 유배되었다.

63) 허목(許穆) : 1595~1682. 본관은 양천(陽川), 자 문보(文甫)·화보(和甫), 호 미수(眉叟)이다. 1660년(현종1) 경연(經筵)에 출입했고, 다시 장령이 되어 자의대비의 상복 기간을 3년상으로 할 것을 주장하여 송시열과 맞서다가 삼척부사로 좌천되었다.

64) 허목에게……것이었다 : 예송에서 허목은, 사종설(四種說)에서 체이부정(體而不正)의 서자(庶子)는 첩자(妾子)만을 가리킨다고 하여 서자첩자설(庶子妾子說)을 주장하고, 따라서 효종은 체이부정에 해당되지 않는다고 하였다. 그는 효종이 본래는 차자(次子)였지만 종통을 계승한 이상 장자(長子)가 되어 정체전중(正體傳重)에 해당하므로, 『의례』「자최장(齊衰章) 모위장자조(母爲長子條)」에 의하여 자의대비는 효종에게 자최삼년복을 입어야 한다고 주장하였다.

65) 그 뜻이……위험하여 : 윤휴는 제후는 일국의 종자(宗子)이므로, 효종에 대해 왕실의 종통을 계승한 적자(嫡子)로 인정해야 할 뿐만 아니라 "무왕의 어머니[文母]는 무왕에게 신하가 된다는 설"에 따라 대비는 마땅히 신하가 임금의 상을 당했을 때 입는 3년복을 입어야 한다고 했다. 더불어 효종을 '체이부정(體而不正)'에 해당한다고 보아 기년복을 주장한 송시열에 대해서는 '군주를 낮추고 종통을 둘로 만들었다.[卑主貳宗]'고 비판하였다. 이를 두고 송시열측은 윤휴가 송시열에게 효종의 정통성을 부정하는 죄를 씌워 서인을 일망타진하려는 계책을 부리는 것이라고 비난하였다. 1687년(숙종13) 3월 나양좌가 올린 상소에 따르면 송시열이 "윤휴가 주장하는 예설은 실로 나를 죽이려는 것이고, 윤선도도 그의 사주를 받은 것"으로 인식하고 있었음을 볼 수 있다.

66) 윤선도의……하여 : 1660년(현종1) 4월 18일에 윤선도가 상소를 올려 효종에 대한 자의대비의 복제는 자최삼년복(齊衰三年服)이 마땅하다고 주장하였다. 그는 그 근거로서 적통을 이어받은 아들은 할아버지와 체(體)가 된다는 점과 아버지가 적자의 상에 참최삼년복(斬衰三年服)을 입는 것은 자식을 위해서가 아니라 조종(祖宗)의 적통을 이어받아서라는 점을 들고, 이로써 송시열의 예설을 "군부를 낮춘다.[貶薄君父]" 고 비판하였다. 4월 24일에 상소를 불태우라는 명이 내렸고, 30일에 함경도

고변서였다.

당시 주상이 예관을 보내 왕부의 의견을 물으니, 왕부가 말하였다. "허목의 상소는 실로 『의례(儀禮)』의 소설(疏說)에서 나온 내용으로서, 면재(勉齋) 황간(黃榦)[67]이 『통해속편(通解續編)』에 이 내용을 수록하였다. 그러나 황간은 그 아래에 다시 『의례』 소설의 '적처 소생의 둘째 아들도 서자라 하니, 이는 장자와 확연하게 구별되기 때문이다.'라는 내용을 실었고, 또 그 아래에 사종설(四種說)을 실었는데, 이는 허목이 인용한 『의례』 소설의 내용과는 모순이 되는데도[68] 주자나 면재가 그 모순되는 뜻을 논증하지 않았으니, 이것이 심히 의심스러운 점이다. 그러나 정자·주자가 실천한 내용으로 말하자면 명확하게 증명할 만한 것이 있다. 명도의 형 두 명이 일찍 사망하여 명도가 장자가 되었고, 주자 또한 그러하였으니, 이것이 바로 허목이 상소에서 인용한, '첫째 아들이 죽으면 둘째 아들을 세워 장자라고 칭한다.'는 것이다. 만약 그렇다면 첫째 아들이 성인이 되어 죽어서, 그 아버지가 장자를 위한 복을 입었을 경우 두 번째로 세워진 장자는 응당 서자(庶子)가 승중한 것이 된다.[69] 이렇게 보면 『의례』 소설의 위·아래 문장의 뜻이 상호 분명해져 모순이 없게 된다.[70] 그

삼수군(三水郡)에 안치하라는 처분이 내렸다.

67) 황간(黃榦) : 1152~1221. 주자의 고제(高弟)이며 셋째 사위로, 자 직경(直卿), 호는 면재이다. 그는 주희가 『의례경전통해(儀禮經傳通解)』를 완성하지 못하고 죽자, 양복(楊復)과 함께 누락된 상례(喪禮)와 제례(祭禮) 부분을 보충하여 『의례경전통해속(儀禮經傳通解續)』을 편찬하였다.

68) 허목이……되는데도 : 허목이 자신의 3년설에 근거로 삼은 '첫째 아들이 죽으면 둘째 아들을 세워 장자를 삼는다'는 내용이, '적처 소생의 둘째 아들도 서자'라 하고, 이는 곧 사종설의 체이부정에 해당하므로 삼년복을 입지 않는다고 한 밑의 내용과 모순이 된다는 말이다.

69) 첫째……된다 : 송시열은 첫째 아들이 성인이 되어 죽었으면, 이미 그 아버지가 장자를 위한 복을 입었을 것이므로 두 번째로 세워진 장자는 응당 서자(庶子) 승중[體而不正]이 되어 다시 3년복을 입을 수 없다고 주장하였다. 단 첫째 아들이 성인이 되지 못하고 죽었거나 혹 성인이 되었지만 폐질이 있어 후사를 두지 못하고 죽어서 '정이고 체이나 전중을 하지 못했을 경우[正體而不得傳重]'에 해당한다면, 아버지가 첫째 아들을 3년복을 입지 않았으므로 장자가 된 서자를 위해 3년복을 입을 수 있다고 보았다.

70) 된다 : 『봉곡집(鳳谷集)』 「구화사적(構禍事蹟)」에는 이 뒤에 작은 글씨로 다음의 문장

아래에 있는 사종설의 네 경우 중 이른바 '체(體)이나 정(正)이 아니다'는 효종에게 해당된다. 어찌하여 체(體)라 하는가? 부자일체(父子一體)이기 때문이다. 어찌하여 정(正)이 아니라 하는가? 서(庶)를 말함이다. 비록 적처 소생이지만 둘째 아들이므로 첫째 아들[71]과 구별하여 서라 하는 것이니, 서는 천한 호칭이 아니다."

윤휴의 무리가 이 내용을 지적하여 주상을 격노하게 하였다. 그러나 고인(古人)이 "무왕은 천자가 되어 서자였지만 적자의 지위를 빼앗았다.[聖庶奪嫡]" 하였다. 무왕은 태사(太姒)의 소생인데도 오히려 서라 하였으니 서가 어찌 천칭이겠는가. 단궁(檀弓)이 단문(袒免)한 것[檀弓免]과 자유(子游)가 마최(麻衰)를 입은[子游衰] 뜻[72]은 문정공(文貞公) 이경여(李敬輿)가 효종대왕이 즉위한 날에 탑전에서 충분히 쟁론하였다.[73] 이경여는 만약 손자를

이 더 있다. "명도의 형 천석과 응창이 어려서 죽었으므로 명도가 태중의 장자가 되었는데, 명도가 장자가 된 이 이야기는 태중의 행장에 실려 있다. 주자의 형 두 명도 어려서 죽었으므로 주자가 위재의 장자가 되었는데, 주자가 장자가 된 사연은 『가례』의 부주에 보인다.[明道兄天錫, 應昌幼亡, 故明道爲太中長子, 明道爲長子之說, 載於太中行狀矣. 朱子兄二人亦幼亡, 故朱子爲韋齋長子, 朱子之爲長子, 見於家禮附註.]"

71) 첫째 아들 : 이 부분은 원문에 "장자(長子)"라고 되어 있다. 이 글에서 장자는 '첫째 아들'과 '맏아들'이라는 뜻으로 쓰이고 있는데, 이 경우 '맏아들'은 단순히 첫째 아들이라는 의미가 아니라 성인이 되어 승중했음을 의미하는 용어이다. 여기에서는 문맥상 첫째 아들로 해석하였다.

72) 단궁(檀弓)이……뜻 : 단궁문(檀弓免)의 단궁은 춘추시대 노나라의 예를 잘 안 사람을 말하고 문(免)이란 곧 오세(五世)의 친족에게 입는 복제(服制)이다. 당시 공의중자(公儀仲子)라는 사람이 일찍이 맏아들이 죽자 적손(嫡孫)을 승중(承重)으로 삼지 않고 둘째 아들을 후사로 삼았기 때문에 단궁이 공의중자의 초상에 가서 그에게 입지 않아야 할 문복을 입어 그것이 예에 어긋났음을 조롱했던 데서 온 말이다. 또 자유(子游)는 공자의 제자인데 사구(司寇) 혜자(惠子)가 일찍이 적자(適子)를 버리고 서자(庶子)를 후사로 삼자 자유가 혜자의 초상에 가서 그에게 입을 수 없는 중복(重服)인 마최(麻衰)를 입어 그의 무례함을 조롱했다는 고사를 말한다. 예송 당시 윤휴·허목 등 남인들은 송시열이 이 고사를 인용하여 효종의 왕위 계승을 폄하하였다고 주장하였다.

73) 문정공(文貞公)……쟁론하였다 : 이경여는 1645년(인조23) 봉림대군을 후사로 삼은 인조의 처분에 반대함은 물론 1646년 민회빈 강씨(愍懷嬪姜氏, 소현세자빈)의 사사(賜死)에도 반대하다가 진도에 유배되고, 다시 삼수에 위리안치 되었다. 노론은 이경여가 후사 문제로 인조에게 이렇게 핍박받았지만 효종대에 영의정까지 현달한 것을 두고 효종이 이경여의 입장을 정당하다고 인정한 것이라고 해석하였다.

세우지 않는다면 인심이 어지러워질 것이라 하였는데, 인조가 그를 처벌할 때 다름 아닌 인심이 어지러워진다는 그의 말을 죄안으로 삼았으니, 이는 그 말이 인심을 동요하게 할까 우려한 것이다. 동춘 또한 상소하여 손자를 세운다고 전교하라 청하였는데[74] 인조가 진노하여 그 소를 물리쳤다. 그러자 사람들이 이 정승과 동춘의 앞날에 반드시 멸족의 화가 있을 것이라 말하였고 오랜 친구들 가운데는 피하거나 절교하는 사람도 있었다.

효종대왕이 즉위하자 가장 먼저 동춘을 간관(諫官)으로 발탁하였다. 다음으로는 백강을 사면하고 이윽고 그를 수상의 지위에 앉혀 특별한 신임을 더하며 대인 선생(大人先生)이라 일컫기에 이르렀으니, 효종의 성덕(盛德)과 지인(至仁)은 모든 왕 위에 있다고 할 만하다. 그러나 왕부는 일찍이 스스로 헌의(獻議)한 것이 너무도 지리하고 명료하지 못했다고 후회하였다. 백강의 주장이 상경(常經)을 지키자는 의론이라면 인조의 대처는 권도(權道)에 통달한 대용(大用)이었으니, 이 둘은 아울러 행하여도 서로 어그러지지 않는다. 백강은 처음에 죄를 얻었으나 사론이 흠모하지 않음이 없었는데, 어찌 간사한 사람이 왕부가 범연하게 인용하여 의리를 논한 설을 기화로 삼아 사류를 일망타진하려 할 줄 생각이나 했겠는가. 문왕의 적통이 이미 무왕에게로 옮겨졌으니 백읍고(伯邑考)에게 비록 자손이 있어도 만약 왕위를 엿보는 마음이 있다면 대역(大逆)이다. 도리의 올바름이 이와 같거늘 이러한 얘기로 듣는 사람을 현혹시키려 하니 또한 위태롭지 아니한가!

지금의 전하[75]가 탄생한 후 허목이 상소하여 일찍 세자의 지위를 정하자고 하며 말하기를, “국본(國本)[76]이 아직 정해지지 않았으니, 이는 나라를 위태롭게 하는 길입니다.” 하였다. 이 말은 위험한 주장을 펼쳐 왕부에게 화를 전가하고자 한 것이다. 양파 정 정승이 현종에게 진언하기를, “원자가

74) 동춘……청하였는데 : 소현세자의 급서 후 인조가 차남인 봉림대군을 세자로 세우자, 송준길이 적손(嫡孫)인 소현세자의 장남을 후사로 세워야 한다고 주장한 일을 말한다.

75) 지금의 전하 : 숙종을 가리킨다.

76) 국본(國本) : 나라의 근본이라는 뜻으로, 왕위를 계승할 세자를 가리키는 용어이다.

탄생한 날이 곧 국본이 정해진 날입니다. 이미 종묘에 고하고 온 세상에 반포하였는데, 국본이 아직 정해지지 않았다 말하니 신은 이해할 수 없습니다.” 하자, 허목이 궁색해져 그 계책이 이루어지지 못했다.

이로부터 윤휴가 전후를 격동하여 반드시 그 계책을 이루고자 하였다.[77] 이에 조경(趙絅)의 상소[78]와 김수홍(金壽弘)[79]의 편지[80]가 있었고, 영남의 유세철(柳世哲)이 상소[81]하였을 때는 윤휴가 그의 서형(庶兄)을 영남에 보내 유세(遊說)하고 조종하였다. 또 이무(李袤)[82]를 데려다가 그로 하여금 ‘완을 태자로 세운 설[立浣之說]’[83]을 인용하여 고변하게 하려 하였다. 송곡(松谷) 조복양(趙復陽)[84] 공이 그 모의를 알아채고 먼저 그 말을 퍼뜨렸으므로 이무가 곧 달아나버렸다.

계축년(1673, 현종14)에 종실(宗室) 이익수(李翼秀)가 영릉(寧陵)의 석물(石

---

77) 윤휴가……하였다 : 현종에 의해서 기년으로 복제가 결정된 이후에도 여전히 적통의 문제를 주장하고, 그것을 공박하는 일이 많았다는 것을 말한다.

78) 조경(趙絅)의 상소 : 조경(1586~1669)의 본관은 한양(漢陽), 자 일장(日章), 호 용주(龍洲)·주봉(柱峯)이다. 1660년(현종1) 기년복으로 결정이 이루어진 후, 1661년 4월에 조경이 종통과 적통을 엄중히 하라고 상소한 일을 가리킨다.

79) 김수홍(金壽弘) : 1601~1681. 본관은 안동이다. 할아버지는 우의정 김상용이며, 아버지는 호조정랑 김광환(金光煥)이다. 두 차례의 예송에서 송시열의 주장에 반대하고, 남인이 주장하는 복제에 동조하여 논란을 일으켰다.

80) 김수홍(金壽弘)의 편지 : 1674년(현종15) 자의대비의 복상문제가 대두되자 김수홍은 송시열에게 편지를 보내어 기년제를 주장한 송시열의 잘못을 꾸짖었는데, 이후 기해예송에서 결국 기년복이 채택됨에 따라 사설(邪說)을 제창하여 망령되이 조정의 대례를 논의했다는 죄를 받고 사판에서 삭제되었다.(『白湖全書·行狀』)

81) 유세철(柳世哲)이 상소 : 1666년(현종7) 영남유생 유세철 등 1천4백여 인이 연명 상소를 올렸는데, 이때 『상복고증(喪服考證)』이라는 책을 함께 지어 올려 서인측의 기년설(朞年說)을 반박하였다.(『顯宗實錄』 7年 3月 23日)

82) 이무(李袤) : 이산해의 손자이자 이경전(李慶全)의 아들이다. 1660년(현종1) 대사간이 되어 서인의 예설을 논박하였다.

83) 그로……하였다 : 입완지설(立浣之說)은 형이자 태자(太子)였던 백로(伯魯)를 제치고 왕위에 올랐던 조양자(趙襄子)가 백로의 손자인 완(浣)에게 적통을 돌려주었다는 고사이다.(『史記·趙世家』) 송시열은, 윤휴가 이무를 사주하여 서인이 효종에게 종통을 돌리지 않은 본의는 소현세자의 자손에게 정통이 있다 생각하는 것이라 무함하여 장차 고변(告變)하려는 흉계였다고 보았다.

84) 조복양(趙復陽) : 1609~1671. 본관은 풍양(豐壤), 자 중초(仲初), 호 송곡(松谷)이다. 조익(趙翼)의 아들이며, 김상헌의 문인이다.

物)에 균열이 생겼다고 상소하여, 마침내 천봉(遷奉)하기에 이르렀다.[85] 이는 윤휴가 윤 생원(生員)이라 자칭하고 어두운 밤을 틈타 정(楨), 남(柟)[86]의 집에 드나들며 은밀히 모의하여 정, 남을 시켜 익수에게 상소하도록 한 것이었다. 효종의 대상(大喪) 때 재궁(梓宮)의 폭이 좁아 갑작스레 개조하는 바람에 넓은 통판을 구하지 못하고 연판(連板)으로 대신하였다. 연판을 사용하자는 계책은 양파 정 정승에게서 나왔는데, 윤휴는 왕부에게서 나왔다고 말하며 먼저 윤선도로 하여금 상소하여 말하게 하니, 그 말이 너무도 패악스럽고 거짓되었다. 대개 계축년(1673, 현종14) 영릉을 천장할 때 재궁에 연판을 댄 곳에 균열이 생겼음이 틀림없다 말하고 이를 빌미삼아 사화(士禍)를 일으키고자 한 것이었는데, 다행스럽게도 재궁에는 걱정할 만한 균열이 없었으므로 그 계책을 이루지 못하였다.

갑인년(1674, 현종15) 인선왕후(仁宣王后)의 상이 나서 예송이 다시 일어나자,[87] 주상이 대신과 예관에게 모여서 의논하게 하였다. 당시 영의정이었던 퇴우(退憂) 김수흥(金壽興)[88] 공이 사종설을 아뢰자 현종이 크게 노하

---

85) 종실……이르렀다 : 영릉(寧陵)은 효종의 능이다. 영릉은 본래 현재의 경기도 동구릉(東九陵) 자리에 있었는데, 능을 축조한 이듬해부터 여러 가지 문제점이 발견되어 누차 보수를 하였으나 근본적인 해결책이 되지 못했다. 그러다가 1673년(현종14) 5월 종실인 영림부령(靈林副令) 이익수(李翼秀)가 석물(石物)에 틈이 생겨서 빗물이 스며들 염려가 있고 봉분의 제도도 매우 소루하다고 상소한 것을 계기로 대대적인 봉심(奉審)을 거쳐 능을 옮기는 쪽으로 결정을 내리게 되었다. 이에 9월에 양주(楊州)에 있던 구릉(舊陵)을 열고 10월에 여주(驪州) 홍제동(弘濟洞)으로 천장하였다. 이 과정에서 송시열은 소를 올려 구릉(舊陵)이 음양의 기운이 순조롭고 상서로운 곳이니 능을 옮기지 말고 개봉(改封)하기를 청함으로써 현종으로부터 질책을 받았다.(『顯宗實錄』 14年 6月 20日·『燃藜室記述·顯宗朝故事本末·寧陵遷奉時事』·『國朝寶鑑』 顯宗 14年 10月)

86) 정(楨), 남(柟) : 인평대군의 아들인 복창군(福昌君) 이정(李楨)과 복선군(福善君) 이남(李柟)을 가리킨다. 1680년(숙종6) 경신환국 때 허견 등이 복창군을 추대하여 역모를 꾀한다는 혐의를 받고 형제가 모두 역모죄로 사사되었다.

87) 갑인년……일어나자 : 1674년(현종15) 효종비 인선왕후가 승하하자 자의대비의 복제를 두고 2차 예송이 벌어졌는데, 이때 서인은 대공복(大功服)을, 남인은 기년복(朞年服)을 주장하였다. 현종이 남인의 주장을 받아들이면서 서인 세력이 위축되었다.

88) 김수흥(金壽興) : 1626~1690. 본관은 안동, 자 기지(起之), 호 퇴우당(退憂堂)·동곽산인(東郭散人)이다. 김상헌의 손자이고, 숙종대 영의정을 지낸 김수항(金壽恒)의 형이다. 현종·숙종대 영의정을 지냈고, 1689년 기사환국으로 장기에 유배되어 이듬해 배소에

여 김공을 유배하였다.[89] 이전에는 현종이 동춘을 신임하여 사종설, 무왕이 천자가 되어 서자였지만 적통을 빼앗았다는 설[聖庶奪嫡], 단궁(檀弓)이 단문(袒免)한 것[檀弓免]과 자유(子游)가 마최(麻衰)를 입은[子游衰] 설 등에 대해 모두 깊이 믿어 의심하지 않았다. 그러나 갑인년(1674, 현종15)은 동춘이 이미 세상을 떠난 후였고, 또 그가 세상을 떠날 당시에는 적신(賊臣) 허적(許積)을 논했던 일 때문에 현종의 예우가 끝까지 이어지지 못하였다.[90]

김 정승이 유배된 지 오래지 않아 현종이 승하하자, 정·남이 밤낮으로 대궐에 들어가 예론을 일으키는 데 앞장서서 큰 화를 만들었다. 이는 모두 윤휴가 정·남에게 대궐에 거처하며 이리저리 틈을 엿보아 농단하게 한 것이다. 현종이 정과 남을 매우 사랑하였기 때문에 그들이 주상과 함께 거처하는 것을 명성대비가 허락하였으니, 대비의 은의도 지극하였다 할 것인데, 정·남 등은 대비를 꺼리고 미워하였다. 왕부가 가장 먼저 덕원(德源)에 유배되었고,[91] 이어 사람들이 차례대로 죄를 받았다.

유필명(柳弼明)이라는 자는 인사(人事)를 살피지 못하는 자였다. 그가 왕부를 위해 상소를 올리고자 사람들에게 글을 청하였는데, 응하는 사람이 없었다. 그런데 갑자기 전혀 모르는 사람이 그에게 상소의 초안을 주었는데,

---

서 죽었다.

89) 퇴우(退憂)……유배하였다 : 1674년(현종15) 7월 15일에 인선왕후(仁宣王后)의 초상에 자의대비가 기년복을 입는 것으로 결정한 후 현종은 그날로 대공복을 주장한 책임을 물어 예조판서 조형(趙珩), 예조참판 김익경(金益炅), 예조참의 홍주국(洪柱國), 예조정랑 임이도(任以道)를 하옥하고 다음 날 영의정 김수흥(金壽興)을 춘천(春川)으로 귀양 보냈다.(『顯宗實錄』 15年 7月 15日·16日)

90) 적신(賊臣)……못하였다 : 『현종실록』 13년 4월 17일에 호군(護軍) 송준길이 상소하여, 전년 12월에 영의정 허적을 비판하다가 파직된 헌납 윤경교(尹敬敎)를 신구(伸救)하여 허적을 논척하는 한편 허적을 감싸는 현종을 비판하였다. 주상의 예우가 전만 못하였다는 것은 현종이 평소 송준길을 깍듯하게 예우하였는데, 이때 송준길의 상소 내용을 못마땅하게 여겨 비답을 내리지 않은 것을 이른다.(『顯宗實錄』 12年 12月 5日·13年 4月 17日)

91) 왕부가……유배되었고 : 숙종 즉위 직후 진주 유생 곽세건이 송시열을 공격함으로써 예론의 시비가 재연되었고, 송시열은 숙종 즉위년 12월에 파직, 삭탈관작, 문외출송을 거쳐 함경도 덕원(德源)에 유배되었다.

여기에 태갑(太甲)·태정(太丁)의 설[92]이 있었다. 마침내 신문을 받게 되자 유필명이 그 사람의 성명을 모르므로 최신(崔愼)을 무함하여 끌어들였다.[93] 최신은 형을 받고 거의 죽을 지경에 이르렀지만, 끝내 불복하여 마침내 사천(泗川)에 유배되었고 유필명도 정선(旌善)에 유배되었다. 그리고 윤휴가 대사헌이 되어 왕부를 멀고 험악한 지역으로 유배지를 옮길 것을 청하니, 의금부가 처음에는 웅천(熊川)으로 정하였다가 곧 장기(長鬐)로 이배하여 위리안치 시켰으니, 이때가 을묘년(1675, 숙종1) 여름이었다.

윤휴가 왕부에게 원한을 쌓아온 지 매우 오래되었으므로 이를 빌미로 반드시 앙갚음 하고자 하였다. 당시 허목과 윤휴가 함께 나라를 좌지우지하며 불온한 무리를 등용하여 자신들의 심복으로 삼았고, 그 세력이 확장된 후에는 이이첨(李爾瞻), 정인홍(鄭仁弘)의 흉모(凶謀)를 만들어 내어 명성대비에게까지 미치려 하였다.[94] 이는 대개 주상의 진실한 효심이 하늘에서 나온 줄 모르고 흉모를 만들어 낸 것이었다. 이에 윤휴가 불손한 말을 감히 명성대비에게 더하고 홍우원(洪宇遠)[95] 등의 무리가 계속 그 뒤를 잇자,[96] 문곡(文谷) 김수항(金壽恒)이 너무도 근심하고 통분하여 마침

---

92) 태갑(太甲)·태정(太丁)의 설 : 1675년(숙종1) 5월에 청주의 선비 유필명(柳弼明)이 송시열 등이 주장한 대공설(大功說)을 지지하여 소(疏)를 올렸다. 이 상소에서 그는 은(殷)·주(周)의 세계 종통도(世系宗統圖)를 붙여 태갑·태정의 설을 주장하였는데, 이 주장은 곧 은나라 태자였던 태정(太丁)의 아들 태갑(太甲)이 결국 왕위에 올랐던 것처럼 소현세자의 아들이 왕통을 이어야 한다는 논리로 비약될 수 있는 위험성이 내포되어 있었다. 실제 상소 후 윤휴가 그를 패역(悖逆)으로 고변(告變)함으로써, 임금이 의금부에 명하여 유필명을 역률(逆律)로 고문하도록 하였다.(『燃藜室記述·肅宗朝故事本末』)

93) 최신(崔愼)을……끌어들였다 : 최신은 송시열의 문인으로, 1675년 동문인 유필명의 소문(疏文)을 지었다는 무고를 받고 귀양 갔다가 사면되었다.

94) 이이첨(李爾瞻)……하였다 : 당시 윤휴·홍우원 등은 명성대비가 정치에 관여하는 것을 제재하도록 숙종에게 요청하였는데, 송주석은 이를 광해군 때 정인홍·이이첨 등이 득세하여 인목왕후(仁穆王后) 김씨의 대비(大妃)의 호를 삭거(削去)하고 서궁(西宮)에 유폐(幽閉)한 일에 빗대어 비판하고 있다.

95) 홍우원(洪宇遠) : 1605~1687. 본관은 남양(南陽), 자 군징(君徵), 호 남파(南坡)이다. 현종대에는 윤선도의 석방을 주장하였다가 파직되었고, 숙종대 남인이 집권하자 이조판서 등을 역임하다가 1680년 경신환국 이후 허적의 역모사건에 연루되어 명천으로 유배되었다.

96) 윤휴가……잇자 : 윤휴는 경연에서 숙종에게 대비를 잘 단속할 것을 청하였다. 이때

내 간언하였다가 유배되니,[97] 조정에는 다시 거리낄 것이 없었다. 윤휴 등이 또한 인경왕후(仁敬王后)[98]를 꺼려하여 친잠(親蠶)[99]의 논의를 주창하였다. 친잠은 반드시 비빈(妃嬪)을 갖추어야 했으므로, 오정창(吳挺昌)[100]의 여식을 빈으로 삼고 이어 인경왕후를 제거하고자 한 것이었다.[101] -이 사실은 경신년(1680, 숙종6) 봄 역모의 공초(逆招)에서 나온 것이다.-

이때 정(楨), 남(柟), 연(㮒)이 대궐에 들어와 거처하며 궁인과 음행(淫行)을 자행하자,[102] 명성대비가 경악을 금치 못하고 어찌할 바를 몰랐는데

윤휴는 단속한다는 뜻의 '관속(管束)'이라는 표현을 썼는데, 문제가 생길 것을 우려한 승지 이하진(李夏鎭)이 조금 순화된 표현인 '조관(照管)'으로 고쳐 기록하였다고 하였다.(『肅宗實錄』 1年 4月 25日) 또 홍우원은 가인괘(家人卦)를 빌려 '여자는 집안에서 정위(正位)해야 한다.'고 논했으며, 이수경(李壽慶)은 '임금과 자전이 궁을 달리하여 거처하라'는 상소를 올렸고, 조사기(趙嗣基)는 명종대 문정왕후의 수렴청정을 거론하며 명성왕후를 비난하였다.(『肅宗實錄』 1年 4月 1日·1年 閏5月 24日)

97) 문곡(文谷)……유배되니 : 1675년(숙종1) 김수항은 박헌(朴瀗) 등 남인들이 명성왕후를 핍박하는 상소를 올리자 장문의 차자를 올려서 그들을 비판하였다.(『肅宗實錄』 1年 7月 12日) 이 때문에 김수항은 7월 16일 원주에 부처(付處)되었고, 18일 영암군에 유배되었다.(『肅宗實錄』 1年 7月 16日·18日)

98) 인경왕후(仁敬王后) : 1661~1680. 본관은 광산(光山)으로, 김장생의 4대손인 광성부원군(光城府院君) 김만기(金萬基)의 딸이다. 1671년(현종12) 세자빈으로 책봉되었고, 1674년 숙종이 즉위하자 왕비가 되었다. 1680년 10월에 천연두의 증세가 보였는데, 발병 8일 만에 경덕궁(慶德宮)에서 죽었다.

99) 친잠(親蠶) : 왕비가 직접 누에를 치고 고치를 거두던 일련의 의식을 말한다. 백성에게 양잠의 중요성을 인식시키고 널리 장려하고자 하는 것으로 의식을 갖춘 친잠례(親蠶禮)와 수견례(收繭禮)로 나눌 수 있다. 왕비는 세자빈, 봉작을 받은 내외명부(內外命婦)들을 거느리고 실시하였는데, 이와 같은 친잠의식이 끝나면 만조백관은 왕비의 친잠에 하례를 드렸다.

100) 오정창(吳挺昌) : 1634~1680. 본관은 동복(同福), 자 계문(季文)이다. 복창군·복선군의 외숙이다. 숙종 초년, 현종에 대한 자의대비의 상복 논의 등에서 윤휴의 예론을 따랐다. 1678년경부터 남인의 논의가 준격한 청남(淸南)과 온건한 탁남(濁南)으로 나누어지자 탁남에 가담하여 송시열의 처벌 등에 온건론을 주장하였다.

101) 윤휴……것이었다 : 노론측에서는 윤휴 등이 인경왕후를 흔들고 그로 인해 그의 아버지인 김만기를 제거하기 위해 복창군·복선군의 외숙인 오정창의 딸을 숙종의 빈어(嬪御)로 들일 목적으로 친잠을 행하자고 건의한 것으로 보고 있다.(『宋子大全·光城府院君金公神道碑銘』)

102) 정(楨)……자행하자 : 인평대군의 아들인 복창군 이정, 복선군 이남(李柟), 복평군 이연(李㮒) 형제는 삼복(三福)으로 지칭되었는데 종친으로서 남인들과 연합하여 권세가 있었다. 이때 명성대비의 부친인 김우명이 상소하여 복창군 형제가 궁중의 나인들과 사통하였다고 고발하여, 금부에서 조사하게 하였다.(『肅宗實錄』 1年 3月

국구(國舅) 청풍부원군(淸風府院君) 김우명(金佑明)이 상소하여 이 문제를 거론하자[103] 주상이 원찬(遠竄)을 명하였고 궁인 또한 먼 곳에 유배하였다. 윤휴, 허목이 청풍부원군에게 반좌율(反坐律)을 적용할 것을 청하여[104] 일의 기미가 바야흐로 위태로웠다. 이에 명성왕후가 발을 드리우고 주상과 자리를 같이 한 후 허적을 들어오게 하였다. 대비가 통곡하며 구구절절이 곡절을 말하고[105] 또한 "주상이 아직 어리니 오로지 경의 보호만 믿는다. ……" 하였다. 이로써 청풍부원군은 반좌율(反坐律)을 면할 수 있었고, 여러 왕손들도 얼마 후 윤휴, 허목의 말에 따라 풀려나 돌아왔다.

당시 윤휴 등이 대비를 배척한 말은 이루 다 말할 수 없지만, 그런데도 대비가 발을 드리우고 통곡한 후에 나서서 죄를 인정하는 이가 한 사람도 없었으니, 이것을 참을 수 있다면 무엇인들 참지 못하겠는가? 문곡 등 여러 사람이 쫓겨난 후 흉도들의 역모가 비로소 어지러이 드러났는데, 청성(淸城)·광성(光城)[106] 등 몇몇 사람을 흉도들이 두려워하여 기필코

12日) 이 사건은 나인들만 처벌을 받고 묻혔으나 이후 경신환국에 이르러 허견에 의해 추대되었다는 역모 혐의를 받고 남인 정권과 함께 몰락하였다.

103) 국구(國舅)……거론하자 : 1675년(숙종1)에 청풍부원군(淸風府院君) 김우명이 상소하여 복창군 이정·복선군 이남·복평군 이연, 즉 이른바 삼복 형제의 비리를 들추고 이들이 궁녀와 간통하였다고 논핵하였다. 이때의 차자에서 김우명은 복창군의 죄상을 논함과 동시에 자전과 임금 사이를 이간하는 무리가 있다는 말을 비치고 임금이 효성으로 자전의 뜻을 받들 것을 강조하였다.(『肅宗實錄』 1年 3月 12日) 이 사건은 예송 때 송시열 일파에 대항하여 공동보조를 취했던 김우명 등 척신 세력과 남인이 갈등하여 적대 세력으로 전화되는 계기가 되었다. 이후 척신 세력은 송시열 일파와 결탁하여 남인을 축출하는 경신환국을 주도하였다.

104) 반좌율(反坐律)을……청하여 : 반좌는 무고(誣告) 또는 위증(僞證)으로 남을 죄에 빠뜨린 자에게 그 죄와 같은 형벌로 처벌하는 것을 말한다. 여기에서는 청풍부원군 김우명이 궁녀에게 무고한 자백을 받아 왕손을 죽이려 한다고 주장한 남인의 정치적 공세로 인해 김우명이 오히려 반좌율을 받을 위기에 처했음을 가리킨다.

105) 대비가……말하고 : 복창군 이정과 복평군 이연이 궁궐에 출입하며 나인(內人)과 간통하여 자식까지 낳게 되자, 청풍부원군 김우명이 차자를 올려 처벌하기를 청하였으나 숙종이 복창군과 복평군을 풀어 주었다. 당시 영의정 허적은 복창군 형제의 혐의가 애매하고 청풍부원군이 무함한다고 아뢰었고, 이에 김우명이 의금부에서 대죄(待罪)하게 되었는데, 이 문제를 논의하기 위해서 숙종이 대신들을 인견(引見)할 때 대비가 문을 사이에 두고 참석하여 그간의 사정을 대신들에게 설명하였다.(『肅宗實錄』 1年 3月 12日·13日·14日)

106) 청성(淸城)·광성(光城) : 청성은 명성대비의 조카 김석주를, 광성은 인경왕후의 아버

제거하고자 하였다. 윤휴가 이환(李煥)으로 하여금 익명서를 작성하여 아무개 아무개가 역모를 꾀한다고 나열하고 밤에 이를 성문에 걸게 하였다.[107] 주상이 서둘러 죄인을 잡아들이라 명하자 윤휴가 억울하다고 상소하며 말하기를, "이환은 그날 밤 신의 집에서 묵었습니다." 하였다. 그는 또 밀소(密疏)를 올려 익명서에 나온 사람들을 모두 죽이라고 청하였으나 주상이 그 소에 답을 내리지 않았다.

석곡(石谷) 송자신(宋子愼)[108]이 회덕(懷德)에서 장기(長鬐)로 내려와 왕부와 함께 『주자대전(朱子大全)』을 읽고 있었는데, 홀연 하직 인사를 하고 돌아가려 하였다. 왕부가 그에게 상소할 뜻이 있음을 알고 힘껏 만류하자 그가 말하기를, "제가 동춘 선생을 위해 그 지극한 원통함을 풀어드리고자 합니다." 하였다. 왕부가 지극하게 타일러 깨우치려 하였지만, 끝내 듣지 않고 걸어서 서쪽으로 돌아가 회덕에 도착한 후 상소를 준비해 대궐에 나아가 상소를 올렸다.[109] 윤휴 등이 그를 역률(逆律)로 다스려 국청을

지 김만기를 가리킨다.

107) 윤휴가……걸게 하였다 : 1679년(숙종5) 여름에 윤휴가 이환(李煥)을 사주하여 익명의 흉서를 파자(把子) 앞 다리에 걸게 하고, 잇달아 비밀 차자(箚子)를 올려 흉서에 이름이 들어 있는 자를 국문할 것을 청했다는 일을 말한다. 익명서 안에는 이익상(李翊相)을 비롯하여 민정중(閔鼎重), 김익훈, 이선(李選), 신완(申琓), 이행익(李行益), 권도경(權道經), 이익형(李益亨), 구일(具鎰) 등의 이름이 거론되어 있었다. 윤휴는 같은 날 비밀 차자를 올려 흉서에 이름이 거론된 자들에게 군대를 거느리지 못하게 할 것을 청하였다.(『肅宗實錄』 5年 3月 12日·15日, 4月 8日·9日·29日, 6年 5月 14日·15日) 한편 윤휴와 그의 후손들은 이 일은 오히려 이환이 윤휴에게 원한을 품고 모함한 것이라고 주장하였다.(『白湖全書·辭職疏』 및 『白湖全書·擊錚原情書』)

108) 석곡(石谷) 송자신(宋子愼) : 자신은 송상민(宋尙敏, 1626~1679)의 자이고, 석곡은 그의 호이다. 본관은 은진이며, 아버지는 송시흥(宋時興)이다. 송시열·송준길의 문인이다. 1660년(현종1) 사마시에 합격하고 곧 송시열이 있는 회덕으로 내려가 학문 연구에 몰두하였다. 1674년 복제 문제로 송시열이 덕원으로 유배되자 1679년에 그의 억울함을 호소하는 소를 올렸다. 이에 당시 영의정이던 허적의 탄핵을 받고 궁궐 앞에서 장살되었다. 이듬해인 1680년 경신환국으로 공조좌랑에 추증되었다.

109) 대궐에……올렸다 : 1675년(숙종1) 갑인예송으로 송시열이 유배되자 1679년 3월 12일 송상민은 스승을 변호하기 위하여 예론의 시말과 윤휴 및 허목을 비판하는 책을 만들어서 숙종에게 바쳤다. 이 일로 숙종의 노여움을 사서 송상민은 물론 연루자들이 모두 국문을 받고 장사(杖死)되거나 유배되었다. 노론에서는 이 사건을 석곡옥(石谷獄)이라고 불렀다.(『宋子大全 隨箚』)

설치하고 엄히 신문(訊問)하여 결국 죽게 하였다. 이때 함께 연루되어 장형을 받으며 신문을 당한 이는 교리(校理) 조근(趙根)과 세마(洗馬) 이담(李橝), 임실(任實) 현감 신계징(申啓澄), 유생 구시경(具時經)과 박세징(朴世徵)이다.

그때 마침 이유정(李有湞)이 흉서(凶書)를 올린 변고(變故)[110]가 있었는데, 그 갈피를 잡지 못하던 터에 윤휴 등이 왕부가 관여하여 알고 있었을 것이라 지목하여 왕부를 다시 장기로부터 거제(巨濟)로 이배하고 통영(統營)[111]으로 하여금 사람이 왕래하지 못하도록 막게 하였다. 또한 채범하(蔡範夏), 이지린(李之麟) 등으로 하여금 고변하게 하여 말하기를, "아무개가 바다 건너 도적들을 불러들여 날을 정해 대궐을 침범하려 합니다." 하였다. 허적이 경재(卿宰)들을 거느리고 왕부를 극형에 처하라고 급박하게 청하였는데, 당시 대간 중에 앞장서서 주장한 사람은 이무(李袤)[112]의 아들인 이인빈(李寅賓)[113]이었다. 종일토록 힘써 간쟁하였으나 주상이 끝내 듣지 않았다. 다음 해인 경신년(1680, 숙종6) 허적의 아들 허견(許堅)과 오정창(吳挺昌), 이태서(李台瑞) 등이 정, 남과 함께 역모를 꾀하다 발각되어 복주되자[114] 왕부 또한 사면되어 돌아왔다. 윤휴, 허적이 차례로 복주되었고,

---

110) 이유정(李有湞)이……변고(變故) : 1679년(숙종5) 3월 12일에 좌의정 권대운(權大運), 병조판서 김석주 등이 청대(請對)하여 이유정이 작성한 흉서(兇書)를 바쳤는데, 내용에 "종통이 순서를 잃었으므로 왕손을 추대해야 한다.[宗統失序, 推戴王孫.]"는 내용이 있었다. 이는 종통의 차서가 잘못되었으니, 소현세자의 손자인 임창군(臨昌君) 이혼(李焜)을 옹립하는 반정(反正)을 꾀하자는 것이었다. 이에 윤휴가 15일에 비밀 차자를 올려 관련자를 국문할 것과 궁성의 호위를 강화할 것을 청하였고, 허적은 이유정(李有湞)의 배후가 송시열이라고 주장하였다. 결국 이유정의 투서는 스승인 송시열의 예론(禮論)이 빌미가 되었다 하여 송시열은 다시 거제로 유배되었다.(『燃藜室記述·肅宗朝故事本末·李有湞投書之變』 및 『肅宗實錄』 5年 4月 26日·5月 2日)

111) 통영(統營) : 삼도 수군통제사(三道水軍統制使)의 군영(軍營)을 이른다. 1593년(선조26) 한산도(閑山島)에 처음 만들어졌으며, 1895년(고종32)에 폐지되었다.

112) 이무(李袤) : 1600~1684. 본관은 한산(韓山), 자 연지(延之), 호 과암(果菴)이다. 내자시정 이지번(李之蕃)의 증손으로, 할아버지는 이산해이고, 아버지는 한평군(韓平君) 이경전(李慶全)이다. 인조, 효종 연간 삼사의 요직을 두루 역임하였다.

113) 이인빈(李寅賓) : 1625~1695. 본관은 한산, 자 은경(殷卿), 호 설루(雪樓)이다. 아버지는 판서 이무이며, 어머니는 유희발(柳希發)의 딸이다. 1679년 정언으로서 이유정의 옥사를 빌미로 송시열의 처벌을 주장하였다.

그들의 여당도 이 일로 죄를 받았다.

이 해 9월, 왕부가 소명(召命)을 받고 스스로 종적(蹤跡)이 편치 않다 생각하였는데 마침 왕모(王母)의 개장(改葬) 때문에 경기 지역에 갈 일이 있었다. 이미 경기에 간 이상 들어가 사은하지 않을 수 없었으므로, 이천(伊川) 정이(程頤)가 촉(蜀)으로부터 돌아와 서감(西監)에 임명한다는 명(命)을 받았던 일[115]에 의거하여 들어가 사은하고 곧 개장하는 곳으로 왔다. 개장일에 인경왕후의 부음을 듣고 즉시 들어가 성복(成服)한 후 바로 서교(西郊)로 나왔다. 명성대비가 손수 편지를 써서 정자(正字) 김석연(金錫衍)을 시켜 나와 전하게 하였는데,[116] 말뜻이 간절하여 감히 받들지 않을 수 없어 마침내 들어가 사은하였다. 주상 또한 여러 차례 사대(賜對)하려 하고 예우가 지극하였으므로 차마 다시 하직을 고하지 못하다가 인경왕후의 발인을 지내고 서교에서 돌아가는데, 주상이 사관(史官)을 보내 과천(果川)에서 따라잡아 만류하기를 심히 간절히 하였으나 감히 머무르지 못하였다.

이윽고 돌아오니 학사(學士) 덕함(德涵) 임영(林泳)[117]이 편지를 보내와 말하기를, "근자에 외방의 의론을 들으니, '박현석(朴玄石)[118], 윤명재(尹明

114) 경신년……복주되자 : 1680년(숙종6)에 당시 집권 세력이던 남인 일파가 대거 실각하고 서인 정권이 들어선 경신환국을 가리킨다.

115) 이천(伊川)……일 : 서감은 관명으로 서경 국자감(西京國子監) 교수의 약칭이다. 이천 정이가 부주(涪州)로 귀양 갔다가 풀려 돌아오자, 철종이 서감에 임명하였는데 이천이 끝내 사양하지 않고 취임하자 문인 윤돈(尹焞)이 의심하니, 정자가 말하기를, "상께서 막 취임하신 뒤 맨 먼저 받은 큰 은혜이니, 이렇게 하지 않으면 무엇으로 덕의(德義)를 우러러 받들겠는가. 그러나 내가 벼슬할 수 없는 것은 이미 분명하니, 한 달 치 봉급을 받은 뒤에는 내가 원하는 대로 할 뿐이다." 하였다.(『宋名臣言行錄·程頤』 및 『二程全書·伊川年譜』)

116) 명성대비가……하였는데 : 김석연(金錫衍, 1648~1723)은 김우명의 아들이자 명성대비의 동생으로, 숙종에게는 외숙이 된다. 이때 명성대비의 언문(諺文) 편지에는, 천재(天災)가 거듭 내리고 국사가 위난(危難)하니, 돌아와서 성궁(聖躬)을 도와 국가를 진정하게 하라는 내용이 담겨 있었다.(『宋子大全·年譜』)

117) 임영(林泳) : 1649~1696. 자는 덕함(德涵), 호 창계(滄溪)이다. 이단상과 박세채의 문인이다. 1681년(숙종7) 5월에 교리 임영이 심수량(沈壽亮)·오도일 등과 함께 훈공 추록 등에 대해 차자를 올렸는데, 그 가운데 궁위(宮闈)가 엄중하지 못한 단서가 있었고, 훈신이 정권을 잡는 조짐이 있다고 논척하였다.

齋, 윤증의 호)를 일대의 영수(領袖)로 삼아 선생님을 공격한다. ……' 하니, 인심이 부박하기가 어찌 이러한 지경에 이르렀단 말입니까?" 하였다.

왕부가 사례하는 편지에서 말하기를, "내가 두 사람에 대해서 적수로 거론된다면 나에게는 영광이지만 그 두 사람에게는 또한 욕이 되지 않겠는가. 저들이 나를 이긴다 해도 그 승리가 그들의 무공(武功)이 되지는 않을 것이다." 하였다. 그 답서의 대강의 뜻이 이와 같았다. 얼마 지나지 않아 윤증이 편지를 보내왔는데 왕부가 답서를 보내며 임덕함의 말을 거론하고, 그 아래에 덕함에게 답한 말을 이어 쓴 다음 또 말하기를, "이와 같은 이야기는 대개 선장(先丈) 문하 사람들의 주장이 지나치게 준엄하기 때문에 옆에서 보는 자들이 이처럼 운운하여 나온 것이다." 하였다. 윤증이 곧 답장을 보내 말하기를, "이른바 선인 문하에서 지나치게 준엄한 논의를 주장하는 사람들이 누구입니까?" 하니, 왕부가 답하기를, "듣자하니 전 옥천(沃川) 수령 윤항(尹抗)[119]이 옥천 수령으로 있을 때, 어떤 사람이 내가[120] 흉모를 꾸민다고 밀고하니 장차 감영에 고변하고자 하여 그의 아버지에게 돌아가 의논하고 감영에 나아가 이 일을 고하였으나 당시 감사가 물리쳐서 뜻을 이루지 못하고 돌아왔다고 한다." 하였다. 왕부가 편지에서 언급한 이러한 논의는 준엄하다 하지 않을 수 없는 것이었으니, 이로부터 왕래하는 말이 점차 아름답지 못하게 되었다.

윤선거가 기유년(1669, 현종10)에 세상을 떠나자 윤증이 상(喪)을 치른 후 왕부에게 선인의 행장을 가지고 와 보였는데, 그 행장은 현석이 지은

---

118) 박현석(朴玄石) : 현석은 박세채(朴世采, 1631~1695)의 호이다. 본관은 반남, 자 화숙(和叔), 호 남계(南溪)이다. 시호는 문순(文純)이다. 형조판서 동량(東亮)의 손자, 홍문관 교리 의(漪)의 아들, 어머니는 신흠(申欽)의 딸이다. 『사변록(思辨錄)』을 저술한 박세당(朴世堂)과 박태유(朴泰維)·박태보(朴泰輔) 등은 당내간의 친족이다. 또한 송시열의 손자 순석(淳錫)은 그의 사위이다. 김상헌·김집의 문인으로서 우의정·좌의정 등을 역임하였다. 1683년 황극탕평론(皇極蕩平論)을 발표해 거듭되는 환국으로 인한 파행적 정국을 수습하려고 했으나, 1684년 회니(懷尼)의 분쟁을 계기로 노론과 소론이 대립하자 윤증을 두둔하며 소론 편에 섰다. 1694년 갑술옥사 이후 남구만(南九萬)·윤지완(尹趾完) 등과 더불어 탕평론을 실행하려 했다.

119) 윤항(尹抗) : 윤선거의 종형 윤홍거(尹鴻擧)의 아들이다.

120) 내가 : 송시열 자신을 가리킨다.

것이었다. 그 행장을 가지고 묘갈문을 청하자 왕부가 사양하고자 하였으나 우선 받아 두고는 서둘러 현석에게 편지를 보내 의논하기를, "윤선거가 윤휴의 사설(邪說)에 당을 이루어 동조하였으므로, 내가 이 묘갈문을 짓고 싶지 않은데 어찌해야 하겠는가?" 하였다. 현석이 답서를 보내 많은 말들을 하였는데, 대개는 양자 사이를 조정하고자 하는 내용이었다. 왕부가 마지못해 응하였으나 윤선거를 찬양하는 말은 전적으로 현석의 말로 대신하였다. 윤증이 글을 보고 크게 불쾌해 하며 지적하여 고쳐줄 것을 청한 것이 많았는데, 왕부가 따르기도 하고 거절하기도 하였다.

윤증이 또 자기 아버지의 사당을 세우는 일에 대해 물어오자, 왕부가 답하기를, "일찍이 청음(淸陰, 김상헌의 호)이 이산현[尼縣]에 오랫동안 거주하였으니, 청음과 팔송(八松, 윤황의 호)을 함께 향사하고, 여기에 존대인(尊大人)을 배향하면 좋을 듯하다. 또 조정에서 사당을 마음대로 세우는 일을 허가하지 않고 있으니, 반드시 먼저 유생이 상소하여 아뢰고 조정의 허락을 받은 후에 짓는 것이 합당할 것이다." 하였다.

저들이 모두 듣지 않고 갑작스레 사당을 짓기 시작하였는데, 그 위판(位版)을 봉안할 때 참판 송규렴(宋奎濂)[121]을 비롯한 여러 사람들이 주창하기를, "석호(石湖)[122]가 그 동생보다 나으니, 그 아우를 홀로 향사(享祀)하는 것은 공론에 맞지 않는다." 하고 마침내 이산의 서원에 통문을 내니, 여러 윤씨들이 타당하다 하기도 하고 의아해 하기도 하였으나 결국 부득이하게 석호를 함께 배향하였다. 그런데 옥천 선비 김엽(金爗)이 상소하여 이산 서원을 배척하여 말하기를, "제 스승인 윤원거(尹元擧)[123]는 서원에 들어가 향사(享祀)됨이 마땅한데도 참여하지 못하였으니 매우 공정하지

---

121) 송규렴(宋奎濂) : 1630~1709. 자는 도원(道源), 호 제월당(霽月堂)이다. 송준길의 문인으로, 송시열·송준길과 함께 삼송(三宋)으로 일컬어졌다.

122) 석호(石湖) : 윤문거(尹文擧, 1606~1672)의 호이다. 본관은 파평, 자 여망(汝望)이다. 윤황의 아들이자 윤선거의 형이다. 김집의 문인으로 송시열·송준길 등과 교유하였으며, 조익·김상헌 등에게도 배웠다.

123) 윤원거(尹元擧) : 1601~1672. 본관은 파평, 자 백분(伯奮), 호 용서(龍西)이다. 시강원필선 윤전(尹烇)의 아들이며, 윤문거·선거 등과 종형제간이다.

못합니다." 하였다. 윤증은 이미 왕부가 자기 아버지에 대해 쓴 글로 인해 불쾌했던데다가 또 서원에 두 사람을 향사하는 일이 있게 되자 왕부가 이 모두에 관여하여 알고 있었음이 틀림없다 의심하고 자못 불평하는 마음을 가졌다.

마지막으로 목천(木川) 사람이 이산에서 서원을 세우며 보낸 통문에 비웃는 말을 쓴 일[124]이 있었다. 또 초려(草廬) 이유태(李惟泰)[125] 공이 유수방(柳壽芳)이 윤선거를 헐뜯고 비방하는 말을 하는 것을 들었다고 하였는데, 이는 초려가 왕부와 함께 봉은사(奉恩寺)에서 묵었을 때 한 말이었다. 그 후 왕부가 타우(打愚)[126]를 여관에서 만났는데, 타우가 말하기를, "목천 사람이 나에게 서원의 원장을 맡아달라고 매우 간절하게 청하기에 받아들였다." 하였다. 왕부가 말하기를, "들으니 목천 사람이 미촌(美村, 윤선거의 호)을 비웃고 배척하여 심지어 운운하였다고[127] 하던데 그대가 목천 사람들을 교화시킬 수 있겠는가?" 하였다. 이에 타우가 바로 문인을 시켜 이산 서원에 그 곡절을 물으니,[128] 이산에서 답하기를, "현자를 존숭하고 도를 지키려는 현인들의 마음에 깊이 감동하였습니다. 그러나

124) 목천(木川)……일 : 1674년(숙종 즉위년) 이산(尼山)의 서원에서 윤선거를 배향하기 위하여 각 고을에 협조 통문을 보내자, 이를 받은 목천의 유생이 향사에 반대하여 이른바 "강도(江都)에서 오랑캐에게 포로가 된 사람을 서원에 향사하는 것은 합당하지 않다.[江都俘虜, 不合享祀.]"는 내용으로 답변한 사건을 말한다.

125) 초려(草廬) 이유태(李惟泰) : 1607~1684. 본관은 경주, 자 태지(泰之), 호 초려이다. 처음에는 민재문(閔在汶)에게 배우다가 김장생·김집 부자를 사사하고, 그 문하의 송시열·송준길(宋浚吉)·윤선거·유계(兪棨)와 더불어 호서산림 5현(五賢)의 한 사람으로 손꼽혔다. 공조참의·동부승지 등을 역임하였다. 1660년(현종1) 복제시비 때 송시열의 기년설(朞年說)을 옹호하였다. 1674년의 갑인예송 때 복제를 잘못 정했다는 윤휴 등의 탄핵을 받아 유배되었지만 남인인 오시수가 '이유태는 의례(議禮)의 잘못을 깨달았다'고 고하여 1679년 석방되었다. 이 때문에 송시열과 그 계통 사람들의 미움을 받아 유현(儒賢)으로서의 지위를 상실한 채 불만 끝에 죽었다.

126) 타우(打愚) : 이상(李翔, 1620~1690)의 호이다. 본관은 우봉(牛峰), 자 운거(雲擧)로 이조참판·대사헌 등을 역임하였다. 송시열을 통하여 김집의 학통을 이어받았다.

127) 심지어 운운하였다고 : "강화도에서 오랑캐에게 포로가 되었던 사람을 어찌 향사할 수 있겠는가.[江都俘虜, 豈合享祀.]"라는 8글자를 가리킨다.

128) 곡절을 물으니 : 당시 이상(李翔)은 윤선거를 비웃은 자를 적발하여 벌주려 하였는데, 반드시 필적을 살핀 뒤에 그 사람을 찾을 수 있었기 때문에 이산에 통문하여 그 통문을 찾아서 돌려달라고 하였다 한다.(『衡鑑·木川事』)

그 일은 오래되었으니 그냥 두는 것이 어떻겠습니까?" 하였다. 이에 근거하면 목천 사람이 운운했다는 말을 이산 서원 또한 이미 들어 알고 있었으나, 윤증은 목천 사람이 이러한 말을 한 게 아니라 왕부가 한 것이라고 의심하고 있었다. 왕부가 이 말을 듣고 웃었다.

그 후 외제(外弟) 권이정(權以鋌)[129]이 윤증을 만나고 와 들은 바를 전하였는데, 윤증은 그의 고모부였다. 그가 말하기를, "고모부가 조부님을 배척하는 것은 다시 말할 나위가 없습니다."[130] 하니, 왕부가 말하기를, "무슨 일인가? 한번 말해 보라." 하자, 이정이 말하기를, "이미 다시 말할 나위가 없다 했으니 어찌 감히 말을 꺼내겠습니까." 하였다. 그 며칠 전에 윤증이 질문을 담은 편지를 보내와 책상 옆에 놓아두었는데 왕부가 이정에게 그 편지를 보여주며 말하기를, "정말 네 말과 같다면 이 편지는 어째서 이와 같은 것인가?" 하였다. 그 편지에서는 왕부를 선생이라 칭하고 스스로를 문인(門人)이라 하였다. 이정이 크게 놀라 말하기를, "이 편지와 저에게 한 말이 크게 상반되니, 고모부의 일은 심히 의심스럽습니다." 하였다.

왕부는 윤증이 자기를 좋아하지 않는다는 것은 알고 있었으나 또한 그 원망과 비방이 이 정도일 줄은 생각하지 못하였다. 이에 왕부가 "실로 스스로 반성하고 성찰할 점이다."라고 하였다. 오래지 않아 아우 송순석(宋淳錫)이 현석에게 얻은 윤증의 편지를 적어 왔는데,[131] 대략 왕부가 의(義)와 이(利)를 병행하고 왕도(王道)와 패도(覇道)를 병용하니, 정심성의(正心誠意)

---

129) 외제(外弟) 권이정(權以鋌) : 윤증의 처남이자 송시열의 사위인 권유(權惟)의 아들이다. 따라서 권이정은 윤증에게는 처조카가 되며 송시열에게는 외손이 된다. 앞에서 외제(外弟)라 한 것은 권이정이 이 글의 저자인 송주석에게 외사촌 동생이 되기 때문이다.

130) 고모부가……없습니다 : 이때 윤증은 권이정에게 송시열 학문의 본원(本源)과 심술(心術)을 '의리쌍행(義利雙行), 왕패병용(王覇竝用)'이라고 비판한 「신유의서(辛酉擬書)」의 내용을 대략 말해주었다고 한다.(『南溪集·復請追還職名兼請罪黜疏』 및 『肅宗實錄補闕正誤』 43年 9月 2日)

131) 아우……왔는데 : 송순석은 송시열의 손자이자 박세채의 사위이다. 본문은 송순석이 장인인 박세채에게 윤증의 「신유의서」를 얻었다고 하였으나, 박세채의 말에 따르면 송순석이 박세채의 집에서 우연히 이 편지를 발견하고 이를 몰래 베껴 송시열에게 전달한 것이라 한다.(『明齋遺稿·答朴和叔』)

의 학문을 하지 않는다는 내용이었다. 왕부가 스스로 생각하기를, "마음이 발하는 바가 모두 인욕에서 나온 것이 많은데, 어찌 의라 하고 왕도라 하는가? 그의 말이 너무도 관대하지 않은가?" 하였다.

이윽고 최신(崔愼)이 상소하여[132] 윤증 부자를 심히 공격했다는 말을 듣고 왕부가 당황스러움과 놀라움을 이기지 못하여 바로 편지를 써서 윤증에게 사과하였다. 대개 최신의 말이 노여워 할 가치도 없는 것이라 하고, 또 윤증이 편지에서 자신을 과분하게 인정해 주었음을 사례한 것이었다. 그렇지만 윤증이 보낸 답서를 보면 자못 성난 기운이 있었고, 일거에 해치우려는 기상이 있었다. 자기 아버지에 대한 비방이 모두 왕부에게서 나왔다고 말하며 "몹시 사무친다." 하였고, 또 자기 아버지를 배척하는 말이 내 종대부(從大父)인 서산(瑞山)[133]으로부터 나온 것이 많다고 하며, 다그치고 보복할 뜻을 드러냈다. 왕부가 근심과 두려움을 이기지 못하고 대략 답하기를, "선장(先丈)의 강화도 일은 창주(滄洲) 김익희(金益熙) 공에게 들었다."[134] 하였으니, 이는 종대부를 위해서였다. 그 후 윤증으로부터 몇 통의 편지를 더 받았는데 점점 갈등이 깊어지고 고집하는 것이 심해졌으니, 이는 자기 도당의 성세를 믿었기 때문이었다. 왕부는 그런 말을 한 것을 매우 후회하면서 해명하며 스스로 부끄러워하였으나 이미

---

132) 최신(崔愼)이 상소하여 : 1684년(숙종10) 4월 29일에 사옹원 직장 최신이 상소를 올려 윤증이 송시열을 비방한다고 아뢰었다. 최신은 송시열의 문인으로, 숙종대 소론 공격에 앞장섰다. 이 최신의 상소로 인해 회니시비가 조정에서 본격적으로 논의되기에 이르렀다.

133) 종대부(從大父)인 서산(瑞山) : 송시열의 막내 동생이자 전 서산 군수 송시걸(宋時杰, 1620~1697)을 가리킨다.

134) 선장(先丈)의……들었다 : 당시 송시열은 이른바 '강도사(江都事)'의 대부분을 김익희에게서 들었다고 주장하였고, 송시열의 측근들을 중심으로 해서는, 평소 김익희가 윤선거를 '잔인한 사람[忍人]'이라 하곤 하였는데, 이는 곧 윤선거가 그의 부인 이씨를 압박하여 자결하게 한 것을 가리킨 말이라는 소문이 돌았다. 이에 대해 소론측은, 김익희는 윤선거를 추천하는 상소를 올릴 만큼 윤선거와의 관계가 친밀하였으므로 그가 그러한 말을 했을 리 없고, 따라서 윤선거와 관련한 추문의 진원지는 모두 송시열 및 그 측근이 틀림없으며, 그들이 윤선거를 모함하며 근거 없는 말들을 날조한 책임을 모두 김익희에게 돌린 것이라고 보았다.(『宋子大全·答尹拯甲子七月二日』 및 『肅宗實錄』 42年 3月 3日)

어쩔 수가 없었다. 그 후 문곡(文谷, 김수항의 호)과 노봉(老峰, 민정중의 호) 두 정승이 함께 탑전에 들어와 주상에게 아뢰기를, "윤증의 행동이 매우 도리에 어긋나니 이후로는 유신(儒臣)으로 대우해서는 안 될 것입니다."[135] 하니 주상이 윤허하였다.

그 후 윤증이 사람을 시켜 실록청에 보낸 편지[136]가 참판 이선(李選)[137]의 집에서 나왔는데, 도리에 어긋나고 교화를 해친 것이 이루 말할 수 없었다. 자기 아버지가 강화도에서 죽지 않은 일을 충분히 도리에 합당했다[138] 하였고, 또 "탈출하여 남한산성에 있는 아버지를 뵌 후에 죽으려 하였다." 말하였으며 끝내 죽지 못한 것을 두고는 하늘의 탓으로 돌렸다. 또 권순장(權順長)[139]과 김익겸(金益兼)[140]의 죽음을 두고 말하기를 "반드시 죽어야 할 의리는 없었다."[141]라 하여 이들이 무모한 용기를 부린 것처럼 말하였

---

135) 윤증의……것입니다 : 김수항과 민정중이 경연에서 아뢴 이 말들은 『숙종실록』 10년 5월 13일 기사 및 『노봉집(老峰集)』「연중설화(筵中說話)」에 실려 있다.

136) 윤증이……편지 : 1681년(숙종7) 『현종실록』을 개수할 때 윤증이 이사명, 김수항, 이단하에게 편지를 보내 병자호란 때 강화도에서 있었던 일의 시말을 논하면서 "율곡은 참으로 입산한 잘못이 있었지만 선인은 죽어야 할 이유가 없었으며, 권순장과 김익겸이 남문에 없었다면 역시 죽어야 할 이유가 없었을 것이다."라고 말하였는데, 이 내용이 1685년에 이르러 밝혀져 논란이 되었다. 윤증의 이 편지에 대해 노론은 윤증이 윤선거를 비호하고자 도리어 죽어서 절개를 지킨 신하들은 물론 선현인 이이까지도 모욕했다고 비판하였다. 이에 대해 소론측은 정작 윤증이 편지를 보낸 신유년(1681, 숙종7)에는 문제 삼지 않다가 송시열과 윤증의 갈등이 심화된 1685년이 되어서야 윤증을 공격하는 근거가 되었다는 점을 문제 삼았다.

137) 이선(李選) : 1632~1692. 본관은 전주, 자 택지(擇之), 호 지호(芝湖), 시호는 정간(正簡)이다. 아버지는 우의정 후원(厚源)이며, 송시열의 문인이다.

138) 아버지가……합당했다 : 강화도에서의 윤선거의 행적을 두고 윤증을 필두로 한 소론은, 윤선거는 당시에 직사(職事)가 없었으므로 선비의 분수 상 반드시 죽어야 할 의리는 없었다고 주장하였다. 이에 반해 노론은, 윤선거는 전후로 자처(自處)한 것이 보통 직사 있는 사람보다도 더한 점이 있었으며, 성첩을 지키기로 한 뒤에는 선비일지라도 대오를 지키다가 죽어야 할 의리가 있는데 구차하게 삶을 연명했다고 주장하였다.

139) 권순장(權順長) : 1607~1637. 본관은 안동(安東), 자 효원(孝元)이다. 병자호란(1636)이 일어나자 동지들과 단합하여 의병을 일으키고 순사(殉死)할 것을 맹세하였다. 이듬해 정월 성이 함락되자 화약고에 불을 질러 분사하였다.

140) 김익겸(金益兼) : 1615~1637. 본관은 광산(光山), 자 여남(汝南)이다. 김장생의 손자이자 김익희(金益熙)의 아우이다. 병자호란 때 성이 함락되자 강화유도대장(江華留都大將) 김상용과 함께 자폭하였다.

다. 또 율곡(栗谷)을 끌어들여, 율곡은 오히려 진실로 입산했던 과오를 면할 수 없으나 자기 부친은 처음부터 죽어야 할 만한 의리가 없었다고 하였으니, 그 편지를 본 사람이라면 누구인들 의심과 노여움을 품지 않겠는가. 이에 김성대(金盛大)[142] 등이 통문을 내어 그 패악함을 배척하였고, 옥천(沃川) 생원 이경화(李景華) 등도 통문을 내어 배척하였다.

그 대략의 뜻은 "윤선거는 더럽고 냄새나는 사람이거늘 어찌 감히 율곡 같은 큰 현인에게 견주고 그 득실을 비교한단 말인가?" 였다. 강화도에서 죽지 않았으면서 남한산성에서 죽고자 하였다 하니 이 무슨 뜻인가? 하늘이 인간에게 인의(仁義)를 부여하였으므로, 공자가 말하기를, '목숨을 바쳐 인을 이룬다[殺身成仁]' 하였고, 맹자가 말하기를, '목숨을 버리고 의를 취한다[捨生取義]' 한 것이다.[143] 하늘이 과연 인간이 인(仁)을 이루고 의(義)를 취하는 것을 바라지 않겠는가? 그가 스스로 죽지 못한 것을 하늘의 탓으로 돌리니 윤증의 하늘이 되면 또한 괴롭지 않겠는가?

김성대, 이경화의 통문은 지극히 통쾌한 것이었으나 온 세상의 노여움이 심하여 사관(四館)에서 김성대를 정거(停擧)하였다. 윤증의 족속으로 승정원에 있는 이가 조정에서 이경화 등을 신문(刑訊)하자고 주장하였으니 무엇이 이보다 더 한심하겠는가? 옛날에 박사(博士) 한인(韓戭)이 율곡을 옹호한 유생들을 정거하였는데, 선조대왕이 그에게 장형을 가한 뒤 유배하였다.[144] 지금의 의론은 성조(聖祖)의 뜻과 어찌 이리도 어긋난단 말인가.

---

141) 반드시……없었다 : 윤증은 사국(史局)에 보낸 편지에서 병자호란 당시 강도사(江都事)의 시말을 논하며 "권순장과 김익겸이 남문에 없었다면 반드시 죽어야 할 이유가 없었을 것이다."라고 하였다. 이 내용이 1685년(숙종11)에 드러나 여론이 비등하였는데, 송시열을 비롯한 노론측은 윤증이 부친을 비호하려다가 도리어 죽음으로 절의를 지킨 신하들을 모욕했다고 비판하였다.

142) 김성대(金盛大) : 1684년(숙종10) 12월에 남학(南學)의 장의(掌議)로서 사학(四學) 통문(通文)을 주도한 사람이다.

143) 공자가……것이다 : 『논어』「위령공(衛靈公)」에 "지사와 인인은 살기 위하여 인을 해치지 않고, 목숨을 바쳐 인을 이룬다.[志士仁人, 無求生以害仁, 有殺身以成仁.]" 하였고, 『맹자』「고자 상(告子上)」에 "사는 것도 내가 바라는 것이고 의로운 것도 내가 바라는 것이지만 이 둘을 다 가질 수 없다면 사는 것을 버리고 의를 취하겠다.[生亦我所欲也, 義亦我所欲也, 二者不可得兼, 舍生而取義者也.]"라고 하였다.

문곡(文谷)이 사관의 소행을 아름답지 못하다 여기고 상차(上箚)하여 논하자 불온한 무리가 떼 지어 일어나 공격하여 대신이 그 자리에 편안히 있지 못하고 물러나겠다고 청하게 하였으니, 윤증의 기세가 하늘을 뒤덮었다 할 만하였다.

당시 율곡이 삭발을 했다는 설[145)]을 만들어 윤증의 주장을 거드는 자들이 있자 왕부가 너무도 놀랍고 분통하여 소를 올려 그것이 무함(誣陷)임을 밝히니, 주상이 특명으로 그러한 주장을 한 사람[146)]을 멀리 유배하였다. 율곡이 삭발했다는 주장은 계곡(谿谷) 장유(張維)의 『만필(漫筆)』에 근거한 것인데, 이는 계곡이 지사(知事) 조위한(趙緯韓)의 말을 듣고 그 무함 받은 것을 해명한 것이었다.[147)] 조 지사는 사계(沙溪)에게 들었다 하였는데 이는 매우 놀랍고도 의심스러운 말이다. 설사 율곡이 진짜 삭발한 사실이 있다 해도 어진 이를 위해서는 숨길 의리가 있는 법인데[148)] 하물며 결코 이러한 사실이 없음에랴! 이는 근자에 사계 선생의 서자

---

144) 박사(博士)……유배하였다 : 1583년(선조16) 성균관 박사(博士) 한인(韓戭)이 '계미삼찬(癸未三竄)' 당시 율곡을 옹호한 태학 유생 70여 인을 정거(停擧)한 일을 말한다. 한인은 이이를 탄핵하다 유배를 당한 송응개(宋應漑)의 생질(甥姪)이었는데, 이 일로 인해 사사로이 원한을 갚으려 하였다는 죄목으로 국문(鞫問)을 받았다.

145) 율곡이……설 : 이이가 소년 시절에 어머니 사임당 신씨의 죽음을 겪고서 인생의 무상함을 느낀 나머지 금강산에 들어가 불경을 공부한 일이 있었는데, 그 당시에 이이가 머리를 깎았는지의 여부에 대해 조정에서까지 논쟁거리가 되었다.

146) 그러한……사람 : 홍수주(洪受疇, 1642~1704)를 가리킨다. 1684년(숙종10) 장령으로 재직 당시 장유와 김장생의 말을 인용하여 이이가 실제 머리를 깎은 일이 있다고 주장하였다. 이 일로 말미암아 파직되어 유배되었다.(『宋子大全·年譜』)

147) 계곡이……것이었다 : 계곡(谿谷) 장유(張維)의 이 글은 『계곡만필(谿谷漫筆)』「세전율곡체발자망야(世傳栗谷剃髮者妄也)」를 가리킨다. 이 글에는 조위한(趙緯韓)의 말을 인용하여, 김장생이 자신의 스승인 이이가 입산(入山)했을 때 머리를 깎은 일이 있었던 듯하다고 말한 사실이 기록되어 있는데, 장유는 조위한의 주장을 반박하고 이이의 삭발이 사실이 아님을 변론하기 위해 이 글을 썼다.

148) 어진……법인데 : 제 양공(齊襄公)이 9대 선조의 원수를 갚기 위해 기(紀)나라를 멸망시켰을 때, 『춘추』에서는 양공의 복수를 어질게 여겨 그의 이름을 기록하지 않고 그저 "기후가 영원히 그 나라를 떠났다.[紀侯大去其國]"라고만 하였다. 이것이 이른바 "『춘추』에서는 어진 이를 위해서 피휘를 해 준다.[春秋爲賢者諱]"는 것이다.(『公羊傳·莊公 4年』) 여기에서는 율곡에게 삭발한 일이 있다 해도 후학들은 그 사실을 함부로 거론해서는 안 된다는 뜻으로 『춘추』의 이 말을 인용하였다.

김규(金槼)가 윤증에게 붙어 율곡을 무함하는 설을 만들어낸 것이었다.

왕부가 일찍이 규를 보고 꾸짖자 그가 말하기를,

"제가 어렸을 때 선인을 옆에서 모시고 있었는데, 한 번은 조 지사가 찾아와 묻기를, '사람들이 말하길 율곡이 삭발했었다는 데 정말입니까?' 하니, -삭발했다는 주장은 김시양(金時讓)의 『하담록(荷潭錄)』에 보이는데 그 무함한 것이 심하였다.- 선인이 답하기를, '내가 일찍이 율곡 선생에게 묻기를, 「사람들이 혹 선생께서 몸의 형태를 바꾼 일이 있다 말한다는데, 어찌하여 이러한 말들이 있게 된 것입니까?」 하자, 율곡이 말씀하시길, 「내가 마음으로 푹 빠졌던 것은 삭발보다 더한 것이니, 삭발의 여부가 무슨 질문거리가 되겠는가?」 하였다.' 하였습니다. 선인의 답변이 이와 같았으므로 제가 망령되이 율곡은 삭발했다고 생각하였고 조 지사의 소견도 그러하였습니다." 하였다.

왕부가 그를 책망하여 말하기를, "선인의 이 말이 과연 율곡이 삭발했다는 증거가 되는가? 나와 동춘이 김시양의 주장을 들어 선생께 여쭙기를, '바깥사람들이 어찌하여 이러한 말을 하는 것입니까?' 하자 선생이 답하였다.

'일찍이 이러한 내용으로 율곡에게 여쭈었더니 답하시기를, 「마음이 이미 푹 빠졌었으니, 비록 삭발하지 않았어도 더 나을게 무엇이 있겠는가?」 하였다.' 내가 생각하기에 선생이 조 지사에게 말한 내용도 이와 같은데 불과하여 삭발하지 않았다는 것을 알 수 있는데 그대는 어찌하여 삭발했다고 억측하는가? 계곡이 이 설을 기록한 것은 장차 이를 논파하려던 것인데 그대는 오히려 증거로 삼고자 하니 이는 다만 율곡을 무함하는 일일 뿐 아니라 노선생(老先生, 김장생)까지 무함하는 것이다." 하였다. 김규가 죄를 자복하며 "소인이 정말로 망발을 하였습니다." 하였다. 규는 노선생의 친아들인데도 윤증에게 붙고자 이렇듯 망극한 주장을 하였으니 그 밖의 것이야 또 무슨 말을 하겠는가.

윤선거가 죽지 못한 것이 춘추대의(春秋大義)를 잊고 '절박하게 마지못한 심정으로 산다[迫不得已]'[149]는 주자의 가르침을 저버린 행동이라는 것을 온 세상이 다 알고 있었다. 이것이 윤증이 자기 아버지가 죽지 않은 일이 충분히 도리에 합당했고, 권순장·김익겸이 반드시 죽을 의리는 없었다고 한 까닭이다. 또한 수사(洙泗)·낙건(洛建)[150]의 정맥(正脈)을 버리고, 이단의 학설을 존숭하여 주자는 본받기에 부족하다 하기에 이른 것은 윤선거가 역적 윤휴와 당을 이루어 동조하였기 때문이다. 세도(世道)가 이러한 지경에 이르렀는데도 현석 박세채는 오히려 익숙한 견문에 안주하여 이를 잘못됐다 여기지 않고 도리어 힘을 보태기도 하니,

왕부가 말하기를, "주자가 일찍이 말하기를, '동래(東萊)같은 현인도 오히려 은밀히 도우면서 배척하는 말을 하지 않으니, 아무개[151]가 또한 어찌 화를 피해야 한다는 말에 마음이 편하겠으며, 지극한 말로 남김없이 논하여 일세의 어두움을 깨우치지 않을 수 있겠는가? 환히 깨우치고 못하고는 형세이니, 형세에 대해 내가 어찌할 방도는 없지만 나의 도리로는 수수방관할 수만은 없을 것 같다. 만약 세상에 그 책임을 진 자가 있다면 내가 무엇 때문에 이처럼 떠들면서 세상의 서슬 푸른 칼날을 범하겠는가.'[152] 하였다. 오늘날 나의 뜻 또한 그러하다." 하였다.

그리하여 마침내 한 통의 소를 올려 대략 도학이 무너지고 절의가 쇠망한 폐단이 모두 역적 윤휴에게서 근원하여 윤선거에게서 이루어졌는데 주상께서 성학을 밝히고 교화의 근원을 도탑게 한다면 세도에 다행일 것[153]이라 진달하니 성상이 가납하는 뜻을 보이셨다. 나양좌(羅良佐)[154],

---

149) 절박하게……산다[迫不得已] : 주희의 「여진시랑서(與陳侍郎書)」라는 글에 나오는 말이다. 주희는 송나라가 금나라의 침략을 받아 양자강 이남으로 쫓겨 가게 된 것에 대해 "애통함을 품은 채 절박하게 마지못한 심정으로 산다.[忍痛含寃, 迫不得已.]"라고 하였다.(『晦庵集·與陳侍郎書』)

150) 수사(洙泗)·낙건(洛建) : 수사는 공자의 고향인 산동성 옛 노나라에 있는 강 이름으로 유학의 발원지를 뜻한다. 낙건은 곧 정주학(程朱學)을 말하는데, 정자는 낙양(洛陽)에서 살고 주자는 복건(福建)에서 살며 강학하였으므로 이렇게 지칭한 것이다.

151) 아무개 : 주자 자신을 가리킨다.

152) 동래(東萊)……범하겠는가 : 주희가 동래 여조겸(呂祖謙, 1137~1181)에게 보낸 편지를 축약한 것이다. 원문에 비해 글자의 출입이 상당하다.(『朱子大全·答伯恭闢蘇書』)

153) 도학이……것 : 송시열의 이 상소는 『송자대전』「논대의잉진윤증사소(論大義仍陳尹拯事疏丁卯正月二十八日)」 및 『숙종실록』 13년 2월 4일 기사에 보인다.

성지선(成至善), 조득중(趙得重)이 상소하여 추악한 비방을 더하였는데[155] 이들이 윤선거를 위해 변명한 내용들은 모두 그 의리에 어긋나고 이치에 어두운 실적(實蹟)을 입증한 바가 되어, 진실로 이른바 저절로 바꿀 수 없는 공론이 되었다. 주상이 특별히 나양좌를 유배하자 원망을 품은 이들이 일제히 일어나 시끄럽게 들끓었으며, 멀리 추악한 무리를 불러들이고 가까이는 뜻을 같이 하는 자들을 끌어 모아 왕부를 제거하고 자기들의 사사로운 마음을 시원하게 이루고자 있는 힘을 다하지 않음이 없었다. 그리하여 왕부가 우계(牛溪)를 무함했다는 또 다른 주장을 매우 급하게 내세우며 선동하였다.

나양좌의 상소 후 동보(同甫) 이희조(李喜朝)[156]가 왕부에게 편지를 보내 성지선(成至善)[157]이 그 상소에 참여한 이유를 묻자 왕부가 대답하였다.

"사계 선생이 젊었을 때 율곡과 우계에 대해 차이를 두고 보는 뜻이 없지 않았는데, 이는 한 때의 소견이었을 뿐 만년에는 그렇지 않았다. 그런데 성혼의 문하[坡門]에서는 이 사실을 알지 못하고 선사(先師)에게 불평하는 마음을 품었다. 또 사계 선생이 일찍이 말하기를, '옛날에 국세(國勢)가 위급하였을 때 조정에서는, 천장(天將)의 말을 따라 왜(倭)를 봉(封)하도록 주청하자는 우계의 의론[158]을 채택하여 나라의 재앙을 누그러뜨리고

---

154) 나양좌(羅良佐) : 1638~1710. 본관은 안정(安定), 자 현도(顯道), 호 명촌(明村)이다. 할아버지 만갑(萬甲), 아버지는 목사(牧使) 성두(星斗)이며, 김창흡의 외삼촌이고, 윤선거의 문인이다. 과거에 뜻을 두지 않고 오직 학문과 수양에만 전념하였다. 1687년(숙종 13) 스승 윤선거의 억울한 누명을 벗기려고 상소했다가 영변에 유배되었으나 이듬해에 풀려났다. 저서로는 『명촌잡록(明村雜錄)』이 있다.

155) 나양좌(羅良佐)……더하였는데 : 1687년(숙종13) 2월에 송시열이 상소하여 윤증에 대해 언급하면서 그 부친 윤선거가 주자의 학설에 이견(異見)을 내세운 윤휴를 옹호했던 일을 아뢰었는데, 나양좌가 이를 반박하기 위해 성지선(成至善), 조득중(趙得重)과 함께 상소하여 스승의 억울함을 하소연하고 송시열이 윤증을 미워하여 그 부친의 일까지 소급하여 헐뜯는 것이라고 아뢰었다. 이 상소가 논란이 되어 나양좌는 영변에 유배되었고 성지선과 조득중은 사판(仕版)에서 이름이 삭제되었다.(『肅宗實錄』 13年 2月 4日·3月 17日)

156) 동보(同甫) 이희조(李喜朝) : 1655~1724. 본관은 연안(延安), 호 지촌(芝村), 자 동보이다. 단상(端相)의 아들이며, 송시열의 문인이다. 이조참판·대사헌 등을 역임하였다.

157) 성지선(成至善) : 1636~1693. 본관은 창녕(昌寧), 자 여중(汝中), 호 제안재(制安齋)이다. 성혼의 현손으로, 윤선거와 윤증에게 수학하였다.

자 하였다. 그 의론은 정승 서애(西厓) 류성룡에게서 시작되었는데, 일이 지난 후에는 곧 우계의 탓으로 돌렸으니 그 바르지 못함이 심하였다. 우계는 학문이 순수하고 독실하였으나, 이 일은 반드시 권도를 쓰되 중도를 얻는 일[權而得中]에 능해야 가능한 일이었고, 권도는 성인이 아니면 쓸 수 없는 것이니, 우계의 의론이 지극히 정미(精微)한 이치에 비추어 털끝만큼도 미심쩍은 바가 없었다 할 수 있겠는가?' 하였다.

이는 곧 선사(先師)가 주장한, 정밀(情密)하게 의(義)를 연구하여 신묘(神妙)한 경지에 도달한다는 것이니, 바로 공자가 문왕을 '지덕(至德)'이라 칭했는데도 주자가 오히려 문왕은 태백(泰伯)의 높은 경지에는 미치지 못하니, 이는 천하의 삼분의 이를 소유하였기 때문[159]이라 하였던 것과 같다. 주자는, 후세 사람들이 문왕에 대해 잘 알지 못하면서 망령되이 입에 올려, 문왕이 나라의 땅을 외람되게 소유하고 마치 노나라 3가(家)[160] 처럼 하였다고 할까 우려하여 부득이하게 이러한 말을 함으로써 후세에 교훈을 남긴 것이니, 어찌 주자가 문왕의 마음을 폄하하여 그런 것이겠는가? 우계의 일은 비록 권도(權道)를 써서 중도(中道)를 얻는 일이라 할 수 있으나, 혹여 후세에서 잘 알지도 못하면서 입에 올려 공리(功利)를

---

158) 천장(天將)의……의론 : 임진왜란 때 명나라 장수 참장(叅將) 호택(胡澤) 등이 전쟁을 서둘러 끝내고자 일본과의 화의(和議)를 주장하면서 이를 따르지 않는 조선 정부를 위협하자, 성혼은 우선 호택의 계책을 따르는 것이 좋다고 말하였다. 이 일로 인해 그는 선조의 진노를 사, 화의를 주장했다는 질책을 받았다. 이에 성혼은 대죄(待罪)하다가 벼슬을 그만두고 향리로 돌아갔다.(『宣祖實錄』 27年 5月 26日·28年 1月 12日·29年 4月 4日) 한편 성혼에 대한 선조의 질책에도 불구하고 주청사(奏請使) 허욱(許頊)이 봉왜(封倭)를 청하는 주문(奏文)을 가지고 참장(叅將) 호택(胡澤)을 따라 중국에 갔다는 기사가 『宣祖修正實錄』 27年 8月 1日에 보인다.

159) 주자가……때문 : 주자는 "뜻을 논한다면 문왕이 진실로 무왕(武王)보다 고매하고, 태백이 대처한 바는 또한 문왕보다 고매하였다. 일을 논한다면 태백, 왕계(王季), 문왕, 무왕이 모두 성인으로서 부득이한 상황에 처하였으나, 태백만이 그 마음을 온전히 하여 안팎으로 유감이 없었다."라고 하였다.(『朱子大全·答楊志仁』) 주자는 문왕이 태백에 못 미친다고 보는 이유에 대해 "만약 문왕이 아득히 천하에 마음이 없어 몸을 낮추어 끝내 신하의 도리를 지켰다면 3분의 2도 소유하지 않았을 것이다."라고 덧붙였다.(『朱子大全·答陳安卿』)

160) 노나라 3가(家) : 춘추시대 노나라의 세 공족, 곧 맹손씨(孟孫氏)·숙손씨(叔孫氏)·계손씨(季孫氏)를 말한다. 환공(桓公)의 자손들로 국정을 농단하였다.

획책하는 소재로 삼는다면 그 해가 적지 않을 것이므로 선사가 부득이하게 이러한 말을 한 것이니,[161] 이 어찌 우계의 말을 폄하한 것이겠는가.”

그러나 이는 학문이 정밀하고 인(仁)을 행함에 익숙하지 않으면 알 수 없으므로, 성혼 문하의 사람들이 사계에게 유감을 품지 않을 수 없었으니, 이를 두고 일찍이 왕부가 웃었다. 그래서 동보에게 답한 편지에서도 그 문제를 지목하여 대략 거론한 것이다. 사계가 율곡과 우계에 대해 차등을 두어 보았던 것은 젊었을 때의 일이고, 우계가 명나라에 주본(奏本)을 올리는 일에 대해 논의한 것은 중년의 일이며, 만년에 이르러서는 우계에 대해 지극히 존숭하였으니, 이는 계해년(1623, 인조1) 『소학속편(小學續編)』을 경연에서 진강하도록 청한 일[162]을 보면 알 수 있다. 애석하다! 성혼 문하에서는 이 사실을 모르고 늘 불평하는 마음을 품고 있다가 윤선거와 성지선이 우계가 율곡보다 낫다는 주장을 기술하여 『율곡별집(栗谷別集)』에 붙이기에 이르렀으니,[163] 이는 바로 주자가 부조(父祖)의 나이나 비교하려 하고, 어린아이가 기와집을 세우는 것과 같다고 비웃은 것과 같은 일이다.

왕부는, 윤씨 부자가 선정(先正)에 대해 거리낌이 없는 것이 또한 윤휴에게 물들어서 그러한 것이라고 여겼다. 그러나 휴의 흉패함이 환히 드러나 이미 형벌을 받은 후에는 깊이 미워하며 통렬히 끊을 법 한데도 구차하게 우물쭈물하며 도리어 휴를 배척하는 논의를 배척하였다. 오늘날에 이르러서는 시배(時輩)들이 윤휴를 신원하기 위한 핑계거리가 되었고, 윤증 가문

---

161) 선사가……것이니 : 송시열은, 김장생이 성혼을 높이는 마음이 지극하였으면서도 성혼의 경권론(經權論)에 대해 말하였던 것은 『춘추』의 복수(復讎) 의리를 조금이나마 보존하기 위한 것이었다고 보았다.(『宋子大全·辨訾毁牛溪之謗仍白先誣疏』)

162) 소학속편(小學續編)을……일 : 성혼의 문인 한교(韓嶠, 1556~1627)가 주자의 글과 말을 입교(立敎), 명륜(明倫), 경신(敬身)의 유별로 모아 만든 두 권의 편서(編書)이다. 김장생은 한교가 이 책을 만들 때 스승인 성혼에게 질의하여 주자의 언행 중에 가장 긴요한 것들을 뽑아내어 편집하였으므로, 이이가 편정(編定)한 『소학』과 함께 경연에서 진강할 것을 주청하였다.(『沙溪全書·辭執義仍陳十三事疏』)

163) 윤선거와……이르렀으니 : 윤선거와 성지선이 근엄한 것은 율곡이 우계에게 미치지 못한다는 등의 몇 가지 조항을 기록하였는데, 이것을 박세채가 『율곡별집』을 편집하면서 함께 수록하였다고 한다.(『宋子大全隨箚』)

은 유독 시배들에게 칭송되며 등용되고 있으니, 그가 윤휴의 당여라는 것을 사양하고자 하나 가능하겠는가?

이영홍(李永鴻)이라는 자가 문정공(文貞公) 이경여(李敬輿)의 손자 이익명(李益命)과 함께 뱃놀이를 하다가 윤증이 지었다는 윤휴의 제문164)을 외우면서 자랑거리로 삼자 익명이 돌아와 자기 형 이사명(李師命)에게 얘기하였다. 문곡이 이를 듣고 말하기를, "일찍이 윤증이 자기 아들을 윤휴의 장례식에 보냈다고 들었는데 지금 제문의 내용이 또한 이와 같으니, 그 죄는 장차 윤휴와 같게 될 것이다." 하였다. 이영홍이 이를 듣고 크게 두려워하여 도리어 그러한 말을 한 일이 없다고 발뺌하다가 이익명 형제와 오랫동안 서로 비난하였는데, 증거가 명백해서 더 이상 숨길 수 없다는 것을 알게 되자 실토하기를, "이것은 제가 모두 거짓으로 만들어낸 것으로, 사실 윤증이 지은 것이 아닙니다." 하였다. 이에 이영홍의 부형(父兄)이 영홍에게 매를 때려 이사명 형제에게 사과하였다. 영홍은 선대로부터 성혼·이이 두 선생을 배척해 온 집안의 사람으로, 애초에는 윤증 가문과 좋은 사이가 아니었는데, 똑같이 역적 윤휴를 조술(祖述)한 후부터 서로 흠모하고 좋아하며 추어주는 것이 이러한 지경까지 이르렀으니, 이것이 이른바 호·월이 한 집안이 되었다[胡越一家]165)는 것이다.

완녕(完寧) 이사명(李師命)166)이 충청감사로 있을 때 윤휴의 남은 도당들이 윤증을 의지하여 제멋대로 하는 것을 통렬히 미워하였는데, 이것이 말에 여러 차례 드러났다. 지금 또 윤증이 지은 윤휴의 제문이 발각된

---

164) 윤증이……제문 : 노·소론의 대립이 격화되는 와중에 윤증이 윤휴의 제문을 지었고, 그 구절 중에, "당쟁의 화가 갑자기 일어나 수명을 연장하지 못하였다.[黨禍忽作, 命不少延.]"라는 내용이 있다는 소문이 돌았다. 이는 결국 모두 이영홍이 날조한 거짓으로 판명되었으나, 송시열 측에서는 그 내용에 윤휴의 죽음을 억울하게 생각하는 윤증의 의중이 반영된 것으로 간주하였다.

165) 호·월이……되었다 : 북쪽의 호(胡)나라와 남쪽의 월(越)나라처럼 이영홍의 집안과 윤증의 집안은 서로 적대적이었는데 윤휴를 매개로 하여 양쪽 집안이 우호적이고 친밀한 관계가 되었다고 보고 한 말이다.

166) 이사명(李師命) : 1647~1689. 본관은 전주, 자 백길(伯吉), 호 포암(蒲菴)이다. 1680년(숙종6) 경신환국에서 세운 공으로 보사공신(保社功臣) 2등에 녹훈, 완녕군(完寧君)에 봉해졌다.

일로 말미암아 저들 무리로부터 특별히 미움을 받게 되었으니 그가 화를 입은 근원이 실로 여기에 있었다.

대개 윤휴의 흉악한 음모는 거짓으로 꾸민 익명서와 밀소를 올려 모두 죽이라고 청한 일에서 드러났으니 나머지 일은 미루어 짐작할 수 있는데, 나양좌가 이 일을 그대로 전해 받아 답습하였다. 지난번에 나양좌가 윤증을 위해, 왕부가 문곡을 배척하여 진회(秦檜)와 같다고 한 편지를 날조하여[167] 왕부와 문곡 사이를 이간질하였다. 문곡이 이것을 엄히 배척하자 양좌가 심히 궁색해져 이를 권상하[168]의 탓으로 돌렸는데 권상하가 불복하여 피차간에 설왕설래하는 과정에서 나양좌의 음모가 실패하였다는 것이 여지없이 드러났다.

성혼 문하의 사람들은 모두 파산서원(坡山書院)[169]을 관리하고 있었으나, 자운서원(紫雲書院)[170]은 일을 보는 인원이 적어, 다만 한양의 유생이 가서 석채례(釋菜禮)[171]를 행할 뿐이었다. 파주(坡州)는 조면주(曺冕周) 한 사람이 주관하고 있을 뿐이었는데, 신완(申琓)[172]의 부친이 파주목사가 되었을 때 면주를 따라 자운서원에 가보았더니 황폐해져 잡초만 무성하였다.

---

167) 왕부가……날조하여 : 송시열은 나양좌가 자신과 김수항의 관계를 이간질하기 위해, 문곡(文谷) 김수항을 남송(南宋)의 간신 진회(秦檜)에 비유한 편지를 자신이 쓴 것처럼 위조했다고 주장하였다.(『宋子大全·與權致道己巳』)

168) 권상하(權尙夏) : 1641~1721. 본관은 안동, 자 치도(致道), 호 수암(遂菴)·한수재(寒水齋), 시호는 문순(文純)이다. 송준길·송시열의 문인이다.

169) 파산서원(坡山書院) : 1568년(선조1)에 이이 등 파주 지역 유생들이 세우고 1650년(효종1)에 사액된 서원으로, 성수침(成守琛)과 성혼 부자를 함께 배향하였다.

170) 자운서원(紫雲書院) : 경기도 파주에 있는 율곡의 위패를 모신 서원으로, 뒤에 김장생과 박세채를 추가로 배향(配享)하였다.

171) 석채례(釋菜禮) : 매년 2월과 8월의 첫번째 정일(丁日)에 성균관 및 각 지방의 향교·서원에서 공자 및 동서무(東西廡)에 배향된 선현들에게 올리는 제향을 말한다.

172) 신완(申琓) : 1646~1707. 본관은 평산(平山), 자 공헌(公獻), 호 경암(絅庵)이다. 신경진(申景禛)의 증손으로, 할아버지는 신준(申埈)이고, 아버지는 목사 신여식(申汝拭)이며, 어머니는 공조판서 이기조(李基祚)의 딸이다. 박세채의 문인이다. 숙종대 소론으로 활동하였으며, 1694년 갑술환국 이후 숙종의 탕평책에 적극 부응하여 영의정까지 현달하였다.

왕부가 이 소식을 듣고 가슴 아파하며 시를 지어[173] 이르기를, "탄식하노니 노 애공 십사 년 봄에, 황황한 공자께서 기린 보고 눈물지었지.[174][歎息哀公十四春, 遑遑尼父泣麐身]" 하였다. "황황한 공자"는 진퇴양난에 처했던 율곡을 비유한 것이다.[175] 또 시에서 말하기를, "여수는 아득하여 물결이 드넓은데[驪水蒼茫源派闊]" 하였는데, 이는 윤휴의 여당이 온 세상에 가득하여 윤휴의 일을 그대로 따라 하고 있음을 말한 것이다. 또 이르기를, "석담은 적막하여 우물 길 막혔구나[石潭寥落井塗堙]" 한 것은 율곡 서원에는 받들어 지키는 사람이 없음을 말한 것이다.

이 시는 갑인년(1674, 숙종1)에 지어서 청풍부원군 김우명(金佑明), 김수증(金壽增)[176]과 치도(致道) 권상하(權尙夏)에게 보여주었는데 윤휴의 당이 보고 가만히 두었다가 무진년(1688, 숙종14)에 와 비로소 내놓으며 말하기를, "올해가 주상의 재위한 지 14년 째 되는 해인데, 이 시는 주상을 애공에게 비유한 것이니, 이것이 부도(不道)한 것이 아니면 무엇이란 말인가." 하였다. 장차 이를 빌미로 옥사를 일으키려 하였는데,[177] 이 시를 어느 해에 지었다는 것을 증명하는 사람이 있었으므로 옥사는 이루어지지 못하였다고 한다.

---

173) 시를 지어 : 이 시는 『송자대전』 「차고운시곡운황강구화(次古韻示谷雲黃江求和)」의 일부이다.

174) 노 애공……눈물지었지 : 노나라에서 기린이 잡혔는데 사람들이 무슨 짐승인지 몰라 불길하게 여겼으나 공자는 기린임을 알아보고 기린이 때 아닌 출현으로 곤욕 당하는 것을 자신에 비하며 안타까워했다.(『春秋·哀公14年』)

175) 진퇴양난에……것이다 : 황황(遑遑)은 도를 행하기 위해 노심초사(勞心焦思)하며 천하를 주류(周流)하는 모습을 가리키고, 발치(跋疐)는 진퇴양난을 뜻한다. 이 시에서 송시열은 생전에 수많은 정치적 공격으로 진퇴양난에 빠졌던 율곡 이이를 천하를 위해 노심초사하는 공자에, 또 때를 만나지 못해 곤욕을 당하는 기린에 비유하고 있다.

176) 김수증(金壽增) : 1624~1701. 본관은 안동, 자 연지(延之), 호 곡운(谷雲)이다. 상헌(尙憲)의 손자이다.

177) 이를……하였는데 : 송시열은 69세 되던 해인 1675년(숙종1)에 석담서원(石潭書院)이 황폐해진 것을 슬퍼하며 이 시를 지었는데, 14년 뒤인 1688년에 들어와 정치적 반대세력이 이 시를 문제 삼아, "금년이 금상(今上)의 즉위 14년이니 미약하고 쇠퇴한 세상의 임금인 노나라 애공(哀公)을 금상에 비유한 것이라 비난하고 옥사를 일으키려 하였다."고 한다.(『宋子大全·年譜戊辰』)

윤증이 또 하나의 설을 조작하여 치도 부자와 왕부 3인을 무함하기를 다음과 같이 하였다고 한다.

"왕부가 한양에 있을 때 권 아무개[178]가 편지로 홍문관 벼슬을 구하였는데, 근년에 왕부가 그 편지를 남에게 보여주자 그 사람이 치도에게 그 말을 전하였다. 치도가 왕부를 찾아와 편지를 보여달라 하자 왕부가 그런 일이 없었다고 하니, 치도가 돌아와 그 사람을 보고 '어찌하여 전에 빈말을 하였는가?' 하자, 그 사람이 왕부에게 다시 와서 보여달라 청하여 보고난 후 돌아가 치도에게 말하였다. 치도가 재차 찾아와 보여달라 하며 그 사람을 증거로 들자, 왕부가 부득이하게 치도에게 보여주었다. 그러자 치도가 말하기를, '제 부친의 필적이 분명한지는 잘 모르겠습니다만, 어찌됐든 이렇게 좋지 않은 편지를 남에게 내보이시다니 마음이 몹시 불편합니다. 저는 이만 물러가겠습니다.' 하며 절교를 고하고 돌아갔다고 하니, 치도가 의리에 대처함이 나[179]보다 낫다."

이러한 이야기들이 전혀 근거 없이 날조되어 듣는 사람들을 현혹시켰으니 간교하고 참혹하다 할 만하며, 실로 남곤(南袞)·심정(沈貞)이 조충전각(雕蟲篆刻)한 음모[180]와 같은 것이었다. 작년 말 왕부가 만의(萬義)[181]로부터 돌아왔는데, 한 명가(名家)의 자제가 갑자기 와서 급히 고하기를, "윤증과 김규(金槼)가 간악한 계책으로 아무개의 가문과 선생님을 얽어매려 하니 어찌 이러한 일이 있을 수 있습니까." 하였다.[182] 왕부가 깊이 묻지 않았으

---

178) 권 아무개 : 권상하의 아버지 권격(權格)을 이른다.

179) 나 : 윤증을 가리킨다.

180) 남곤(南袞)·심정(沈貞)이……음모 : 원래 조충전각이란 벌레 모양이나 새기고 전서를 조각한다는 뜻으로, 전하여 마치 벌레 모양이나 전서를 조각하듯이 미사여구(美辭麗句)로 문장을 꾸미는 잔단 기예(技藝)를 가리키는 용어인데, 여기에서는 남곤, 심정이 홍경주 및 그의 딸 희빈(熙嬪)을 시켜 '주초위왕(走肖爲王)' 네 자를 나뭇잎에 써서 산벌레가 갉아 먹게 하여 마치 참문(讖文)의 흔적인양 만들어 임금에게 보이고, 이로써 1519년(중종14) 기묘사화(己卯士禍)의 단초를 마련하였다는 일을 가리킨다.

181) 만의(萬義) : 경기도 수원 무봉산(舞鳳山)에 있는 만의사(萬義寺)를 가리킨다. 송시열은 서울에 올라오거나 고향으로 갈 때 주로 이곳을 이용하였다.

182) 명가(名家)의……하였다 : 『송자대전』「여권치도(與權致道)」에는 이와 비슷한 내용을 볼 수 있는데, 여기에서는 위의 "某家與長者"가 "先殺金門, 次及先生家."라고 구체적으

나 오래지 않아 난리가 일어나 과연 그 말과 같이 되었다. 때문에 당시 왕부를 죄줄 때 탑전에서 아뢴 얘기는 태반이 윤증 부자를 높이는 일이었으니 이것을 어찌 숨길 수 있겠는가?

옛날에 우계 등 여러 현인들은 이산해(李山海) 한 명에게 일망타진 되었는데,[183] 오늘날에는 산해가 몇 명인가? 그러나 산해 당시의 간악한 음모는 오늘날처럼 심하지는 않았다. 장차 사람들이 그 화에서 헤어나지 못할 터이니 어찌 할 것인가? 그 시원으로 거슬러 올라가보면 실로 역적 윤휴가 근원으로서, 그가 자행하였던 익명서·밀소 등의 수단이 오늘날 다시 행해지고 있는데, 지금 윤씨 가문이 이와 일체가 되었으니 너무도 애석하다.

그러나 왕부는 이러한 상황에서도 오히려 주자의 말을 외워 이르기를, "사설(邪說)이 멋대로 유행함이 홍수와 맹수의 해보다 더 심하다고 한 맹자의 말씀이 어찌 나를 속인 것이겠는가? 근년에 독서를 하며 다만 이러한 생각이 분명해지는 것을 깨달아 언제나 마음속에서 떠나지 않아서 스스로 저버릴 수가 없었다. 비록 이 때문에 사람들로부터 미움을 받아 끝내는 죽음에 이를 것을 알지만 진실로 기꺼이 감내할 것이며 스스로 후회하지 않을 것이다."[184] 하였다.

왕부의 마음은 비록 이와 같아도 우리 자손·문인이 마음에 품은 아픔과 절박함, 원망과 미움은 응당 어떠하겠는가. 그 큰 줄거리를 대략 적어 뜻을 같이 하는 이들에게 보이고자 할 뿐이다.

로 명시되어 있다. 전체 내용은 다음과 같다. "저번에 어떤 명문가의 자제가 깜짝 놀라 눈을 휘둥그레 뜨고 들어와 말하기를, '윤증과 김규가 흉악한 계책으로, 먼저 김씨 가문을 몰살시킨 다음 선생님의 집안에 해를 끼치려 하고 있습니다.'라고 하였는데, 내가 김규 때문에 감히 깊이 묻지 못하였다. 수십 일이 지나자 난리가 일어났으니 일체가 모두 증명되었다.[日者, 有名門子弟愕眙而入曰, '拯也槼也, 以凶計將先殺金門, 次及先生家.' 而余以槼故不敢深問. 居數十日而亂作, 一切皆驗焉.]"

183) 옛날에……되었는데 : 1591년(선조24)에 정철이 이산해의 계략에 빠져 혼자 세자책봉 문제를 건의하였다가 선조(宣祖)의 노여움을 사서 유배되고, 이를 계기로 서인측 인사들이 대거 파직되거나 유배된 일을 가리킨다.

184) 사설(邪說)이……것이다 : 송시열이 외웠다는 주자의 이 말은, 주자가 유자징(劉子澄)에게 보낸 편지에서 순욱(荀彧)·진군(陳羣) 등 실절(失節)한 동한(東漢)의 인사들을 비판한 후, 그 결론으로 삼은 말이다.(『宋子大全·朱子言論同異攷』)

우재 선생에게 드리는 편지의 별지[185)]

與尤齋先生別紙

초려(草廬) 병진년(1676, 숙종2) 4월

형의 손자와 문하가 이 늙은이를 꾸짖어 못하는 말이 없는데, 모두 '어른[186)]의 말에 근거한 말'이라고 한다 합니다. 중간에서 전하는 말을 어찌 모두 믿겠습니까만, "아버지가 원수에게 보복하면 그 아들은 협박한다."[187)]는 말은 일리가 있는 말입니다. "아경(亞卿)이 어찌 사람마다 얻을 수 있는 것이겠는가?"라는 말씀은 참으로 절실하고 지극한 말입니다. "옛 친구는 큰 사고가 없다면 버리지 않는다."는 말에 이르러서는 사람을 대하는 것이 너무 야박한 듯합니다. 또 "안면을 바꾸어 면하기를 꾀한다."는 말은, 서로 의심함이 어찌 이 지경에 이르렀단 말입니까?[188)]

---

185) 『草廬集·與尤菴書別紙 丙辰四月 在謫所時』 및 『肅宗實錄補闕正誤』 10年 4月 24日 기사를 교본으로 하였다. 내용은 판본마다 차이가 많은데, 그 중에서도 『형감』의 이 底本이 초고본에 가장 가까운 것으로 추정된다.

186) 어른 : 송시열을 가리킨다.

187) 아버지가……협박한다 : 이 말은 소식(蘇軾)이 이사(李斯)에게 순경(荀卿)이 끼친 영향을 두고 "아비가 사람을 죽여 복수하면 그 아들은 반드시 강도짓을 하는 법이다.[其父殺人報仇, 其子必且行劫.]"라고 비판한 말을 인용한 것이다.(『蘇軾集·荀卿論』) 여기에서는 송시열이 이유태를 공격하였으므로 그 문인과 자제들이 자신을 공격하는 것은 당연한 일이라는 뜻이다.

188) 아경(亞卿)이……말입니까 : 『초려집(草廬集)』 「연보」에 의하면, 이유태는 1673년(현종14) 12월 전에 올린 상소에 대하여 온화한 비답을 받고, 이어 특별히 가자되어 가선대부 이조참판에 제수되었다. 그런데 이 일이 있기 직전인 1673년 10월에 김우명이 현종을 인견하는 자리에서 민례(閔禮)가 잘못되었다고 송시열을 극력 비판하였는데, 송시열은 당시 이유태가 민례에 대하여 이전의 견해를 바꿈으로써 그것이 빌미가 되어 김우명이 극력 비판하게 된 것이라고 생각하였다. 민신의 변례 이후 송시열의 의심과 노여움은 더욱 심해져 사람들에게 말하기를, "이유태의 승자(陞資)는 민신 변례에 대해 주장을 달리했기 때문이다. 아경(亞卿)의 지위가 사람마다 모두 얻을 수 있는 것인가?" 하였고, 자제들이 송시열에게 이유태와의 절교를 청하자 "옛 친구는 큰 변고가 아니면 교의(交誼)를 저버릴 수 없다." 하였다고 한다. 또한 송시열 문하의 사람들 또한 이유태에 대해 "벗을 팔아 관작을 구하였다.", "안면을 바꾸고 화를 변하기를 도모하였다."하는 등 그에 대한 비방을 멈추지 않았다고 한다.

여산(礪山) 남씨(南氏)의 말은 내가 직접 들은 것이므로, 초오(草塢)에서 함께 잘 때 대략 언급하였던 것입니다.[189] 단지 들은 내용을 전하였을 뿐 다른 뜻은 없었는데, 형의 손자에게 노여움을 사서 손자가 저에 대해서 "벗을 팔아 관직을 얻었다."는 말을 하며 도처에서 제 이름을 부르며 욕을 하니, 이 늙은이가 너무도 피곤하나 진실로 감내하고 있습니다. 그러나 형의 집안의 기세도 이미 오만함이 지극하니, 신명(神明)이 시기할까 두렵습니다. 형은 지나치게 엄격하여 때때로 영기(英氣)가 발동하면 사물을 해침을 면치 못합니다. 학문을 가지고 다른 사람을 업신여기니, 이 어찌 성덕(聖德)의 일이겠습니까? 동춘당(同春堂, 송준길의 호)은 평생토록 그 괴로움을 견디지 못하였으니, 어찌하다 "오늘날 늙어서도 죽지 못하고 또 이러한 일을 당한단 말인가? 이 때문에 죽고 싶다."까지 말하기에 이르렀습니까?

일찍이 선조(先朝) 때 소를 올렸다가 오랜 시간이 지난 후 비답을 받았는데 성지(聖旨)가 매우 정성스럽고 절실하였습니다.[190] 수 대감[受台][191]이 내가 민례(閔禮)[192]에 다른 의견을 냈기 때문에 온비(溫批)를 받았다 여기기

---

189) 여산(礪山)……것입니다 : 여산은 전라북도 익산의 옛 지명으로, 그곳에 소유하고 있던 남유창(南有昌)의 전답(田畓)을 송시열의 손자가 헐값으로 강매(强賣)하게 하여 빼앗은 일이 사람들의 입에 오르내렸다. 1672년(현종13) 9월에 『가례집람(家禮輯覽)』을 교정하기 위해 공주 유성현 초오(草塢)에서 이유태와 송시열이 만났을 때, 이유태는 남유창의 사촌인 남유성(南有星)으로부터 들은 이야기를 말하며 송시열에게 자제들의 단속을 당부하였다. 이후로 송시열의 손자들이 이유태를 비난하기 시작하였고, 특히 1676년(숙종2)부터는 이유태가 예설을 바꾸어 화를 모면하려 한다는 정치적 공격이 격화되었다.(『草廬集·與尤菴書別紙 丙辰四月 在謫所時』 및 『草廬集·年譜壬子』)

190) 선조(先朝)……절실하였습니다 : 1673년(현종14) 이유태가 상소를 올려 온비(溫批)를 받고, 이어 특별히 가자되어 가선대부 이조참판에 제수된 일을 말한다.(『草廬集·年譜』)

191) 수 대감[受台] : 민정중(閔鼎重, 1628~1692)의 자 대수(大受)를 지칭한 용어이다. 민정중의 본관은 여흥(驪興), 호는 노봉(老峯)으로, 송시열의 문인이다.

192) 민례(閔禮) : 민신(閔愼) 대복(代服) 사건을 말한다. 1671년(현종12) 민신이 그의 조부 민업(閔業)의 상에 아버지 민세익(閔世益)을 대신하여 참최삼년복을 입은 것을 말한다. 민업이 죽었을 때 예법상 아들 민세익은 참최삼년복을 입어야 하고, 손자 민신은 자최기년복을 입어야 한다. 그런데 민세익에게 정신질환이 있어 손자인 민신이 아버지를 대신하여 조부를 위해 참최삼년복을 입은 것이다. 이는 '아버지가 살아 있는데도 아들이 승중(承重)을 할 수 있는가?'의 예론상의 문제를 야기하는 것이었으므로 민신은 송시열·박세채 등에게 자문을 구했는데, 송시열·박세채는 손자가

에 마음속으로 남몰래 웃었는데, 우연히 지 대감[持台][193]에게 글을 보내면서 제 생각을 대략 언급했습니다. 그런데 형이 이 이야기를 듣고 성을 내며 꾸짖으므로[194] 해명하고자 하였으나 다시 허다한 갈등이 생길까 두려워 부득이하게 마음을 억눌렀던 것입니다.

민가(閔家)의 체천(遞遷)에 대해서는 형도 또한 이르기를, "2대(代)가 광중에 걸리는 경우도 있었는데, 1대만 그래도 사당이 비게 될 것이니, 이런 까닭에 나도 체천에 대해 의심한다.……" 하였습니다. 그런데 지금 와서 무슨 까닭으로 허물을 저에게 돌립니까? 집의(執義) 윤증과 참봉(參奉) 및 여러 사람이 낙점을 받자[195] 모두 민례(閔禮)에 다른 의견을 낸 까닭에 주상의 마음에 맞아서 그런 것이라 하며, 실정 밖의 말을 억지로 남에게 씌우고 각박하게 대하니 사람이 어찌 견디겠습니까?

"늙으면 가업을 전하지만 사판(祠板)을 체천(遞遷)하는 것은 행하기 어렵다."는 설은 제 말이 아니라 주자의 말입니다. 그러나 이것은 우연히 자인(子仁, 윤증의 자)과 집 안에서 나눈 개인적인 대화가 그대에게 알려진 것일 뿐, 어찌 구중(九重)의 깊은 곳과 통하여 성상의 온화한 비답을 받아낼 수 있었겠습니까? 일찍이 생각지도 못한 일입니다. 상복을 대신하여

아버지를 대신하여 조부에게 참최복을 입을 수 있다고 답하고, 더불어 방제(旁題)와 체천(遞遷)의 절목은 함부로 처리하기 어려우니 예조에 문의하라고 권하였다.

193) 지 대감[持台] : 여양부원군(驪陽府院君) 민유중(閔維重, 1630~1687)의 자 지숙(持叔)을 지칭한 용어이다.

194) 형이……꾸짖으므로 : 체천(遞遷)은 친진(親盡)한 신주를 사당에서 옮겨 내오는 것을 말한다. 민신처럼 아버지가 살아 있는데도 사정상 아버지를 대신하여 조부의 상례를 집행할 경우, 필연적으로 사당에서 신주를 체천할 때 친진(親盡)의 기준을 아버지와 아들 중 누구로 할 것인가 하는 문제가 제기되게 된다. 이유태는 민신의 대복(代服)은 합당하나 신주의 체천은 폐부(廢父)의 혐의가 있기 때문에 인정과 사세상 행하기 어렵다는 절충적 입장을 취하였고, 자신의 주장이 주자 및 송시열의 설과 다르지 않다고 주장하였다. 그러나 대복(代服)은 물론 원칙적으로 집상(執喪)한 아들을 기준으로 친진의 대수를 헤아려 체천할 것을 주장하였던 송시열은, 이유태가 자신과 같은 예설을 일관성 있게 주장했다면 민신의 대복이 문제시되던 정국에서 이유태가 온비(溫批)를 받고 승자(陞資)했을 리 없다고 보고 이유태를 비난하였다.

195) 집의(執義)……받자 : 『초려집』「여우암서(與尤菴書別紙 丙辰四月 在謫所時)」에 따르면 윤 집의는 윤증, 참봉은 윤이성(尹以性)을 말하고, 여러 사람은 문학(文學)에 낙점된 조근(趙根)이 대표적으로 거론되고 있다.

입는다[代喪]는 절목에 대해, 내가 일찍이 『사상례(士喪禮)』의 정현(鄭玄) 주(注)를 상고해보니, "80세가 되면 자최(齊衰)·참최(斬衰)의 일을 실행하기 어려우니, 이와 같을 때는 아들이 아버지를 대신하여 종자(宗子)가 된다." 하였으니 그 증거가 꽤 명백합니다. 주자가 "사판의 체천은 시행하기 어렵다." 한 주장에 대해 나는, 체천할 이치는 있으나 인정(人情)과 사세(事勢)를 참작하면 시행하기 어렵다고 한 말이라 생각하였습니다. 그래서 늘 사람들에게 입이 아프도록 설명하였는데, 간혹 이해하는 이가 있기도 했습니다.

온전함을 구하다 오히려 비방을 받으니[196] 참으로 우스운 일입니다. 오늘날의 화는 제 탓입니다만 제 뜻이 관작(官爵)에 있었다는 말은 논쟁거리도 아닐뿐더러 복제 같은 것은 다만 공허한 핑계일 뿐입니다. 옛날 두 스승[197]의 문도가 각기 문호(門戶)를 나누어, 내가 금기를 범하는 망령된 말을 했다고 청풍부원군(淸風府院君)의 귀에 들어가도록 하였는데, 모두 이것이 큰 화근이 되었다고 말하고 있습니다.

오늘날 성상의 하교에서 이른바 "절치(切齒)"[198]라 한 것은 참승(驂乘)에서 비롯되지 않은 것이 없습니다.[199] 그러나 형이 여주에서 올린 상소[驪章][200]와 죽산에서 돌아간 일[竹行][201]이 또 어찌 장자후(章子厚)[202]가 한

---

196) 온전함을……받으니 : 비방을 면하려다가 오히려 비방을 받는 것을 말한다. 『맹자』 「이루 상(離婁上)」에 "예상치 못한 칭찬도 있고, 완전함을 구하려다가 받는 비방도 있다.[有不虞之譽, 有求全之毁.]"라는 말을 인용한 것이다.

197) 두 스승 : 김장생과 김집을 이른다.

198) 절치(切齒) : 갑인예송 이후 남인이 집권하여 송시열을 멀리 귀양보낼 때 숙종이 한 말이라고 한다.

199) 참승(驂乘)에서……없습니다 : 참승은 임금 곁에서 모시고 수레를 타는 것을 말한다. 옛날 수레 타는 법은 어자(御者)는 수레의 가운데에, 임금은 왼쪽에, 호위하는 사람은 오른쪽에 타서 수레가 기울지 않게 하였다. 그 오른편에 타는 것을 참승이라고 하는데, 임금이 친애하는 신하를 태웠다. 『사기(史記)』 「곽광전(霍光傳)」에 따르면, 한 선제(漢宣帝) 때 대장군(大將軍) 곽광(霍光)이 참승했을 때 임금이 곽광을 몹시 두려워하여 불안해 했는데, 이후 곽광이 몰락하자 시속(時俗)에서 전하기를, '임금을 두렵게 할 만한 위엄을 지닌 자는 살려 두지 않는 법이니, 곽씨의 화는 참승한 데에서 비롯되었다.'고 하였다. 여기에서는 송시열의 권위와 위엄이 현종을 두렵게 할 정도였으므로 결국 화를 입게 되었다고 한 것이다.

일과 같겠습니까? 모두 명(命)이 있는 것이니, 지금은 다만 스스로를 다스리며 삼가 명을 기다리는 것이 합당할 뿐인데 무슨 이유로 서로 의심하고 노여워하며 헐뜯고 비방한단 말입니까? 그 생각 없음이 심합니다.

동춘의 손자가 나를 일러 집안 대대로의 원수라고 한다 하니, 너무도 괴이한 일이고, 김익견(金益㷜)의 경우는 더더욱 말할 수도 없습니다.[203] 기성(杞城) 사람[204]이 형이 유배되어 있는 곳으로 찾아뵈었을 때 익견의 무리가 '초려의 당[草黨]'이라 배척하여 멋쩍게 물러났다 하니, 초려에게도 또한 당이 있단 말입니까? 형이 어떤 사람에게 말하기를, "만천(曼倩) 신만(申曼)[205]이 '아무개[206]는 형편없다' 하기에 나는 지나치다고 생각했었

---

200) 여주에서 올린 상소[驪章] : 1673년(현종14) 10월에 송시열이 영릉(寧陵)을 천봉(遷奉)한 일을 논하여 여주에서 올린 상소를 말한다. 본래 효종의 능침은 건원릉의 서쪽에 있었는데 석물에 틈이 생겨 1673년에 여주 영릉(英陵) 동쪽으로 옮겼다. 송시열은 9월 3일 옛 능침을 살펴보고, 10월 7일 여주의 새 능침에 현궁(玄宮)이 안치되는 것을 보고 나서 화양동으로 돌아왔는데, 이때 천릉이 경솔한 일이었다는 내용으로 상소하였다. 이 상소는 송시열에 대한 현종의 노여움이 표면화되는 계기가 되었다.(『顯宗實錄』 14年 10月 12日 및 『宋子大全·年譜5』)

201) 죽산(竹山)으로 간 일[竹行] : 1674년(현종15) 2월에 인선왕후(仁宣王后)의 상을 당하자 송시열이 국상(國喪)에 곡림(哭臨)하기 위해 길을 떠났다가 3월 4일 죽산에 이르러 상소하여 병을 핑계대고 가지 않고 돌아온 일을 말한다. 예조가 자의전(慈懿殿)의 복제를 처음에는 장자부(長子婦)를 위한 기년복(朞年服)으로 했다가 다시 중자부(衆子婦)를 위한 대공복(大功服)으로 최종 획정하였는데, 주상이 이를 힐책하여 문죄하기에 이르자, 송시열이 도성에 들어가지 않고 소를 올린 후 화양동으로 돌아온 것이다.(『宋子大全·年譜6』)

202) 장자후(章子厚) : 자후는 송나라 장돈(章惇, 1035~1106)의 자이다. 폐지된 왕안석(王安石)의 신법(新法)을 다시 시행하면서 이에 반대하는 사마광, 문언박(文彦博), 여공저(呂公著), 범순인(范純仁) 등 원우제현(元祐諸賢)이라 불리는 사람들을 배척하였다.(『宋史·章惇列傳』)

203) 김익견(金益㷜)의……없습니다 : 김익견은 사계 김장생의 서손(庶孫)이다. 평소 이유태가 김익견의 사람됨에 대해 좋지 않게 생각하였으므로 익견이 원망을 품어 왔고, 또 이유태가 익견의 아버지가 부형(父兄)을 잘 섬기지 못했다는 말을 했다고 송시열로부터 전해들은 후로는 이유태를 백세의 원수로 여기게 되었다고 한다.(『草廬集·與尤菴書別紙 丙辰四月 在謫所時』)

204) 기성(杞城) : 기계(杞溪) 유씨(兪氏)를 가리키는 듯하나, 구체적으로 누구를 가리키는지는 미상이다.

205) 신만(申曼) : 1620~1669. 자는 만천(曼倩), 호 주촌(舟村)이며, 영의정 신흠(申欽)의 증손이다. 병자호란이 굴욕적인 화의로 끝나자 회덕의 송시열을 찾아가 학업을 닦았고 그를 도와 효종의 북벌 계획에 대한 의견을 내놓았으나 효종이 죽어 계획이 와해되자

는데, 지금 보니 과연 그렇다." 했다는 등 근거 없는 번다한 말들이 향리에 자자한데, 이는 그렇다 쳐도 한자구(韓子耉)의 아들[207]은 어찌하여 나에게 화를 내는 것입니까?

내가 이곳에 있으므로[208] 노여워하는 소리들을 거의 듣지 못하여 자못 마음이 편안하니, 행여 살아서 고향에 돌아갈까 아침저녁으로 두려워할 뿐입니다. 동춘당이 일찍이 우리 두 사람은 모두 기관(機關)인데 형이 더욱 심하다고 했고,[209] 또 이보다 더 심한 말도 있었으나, 나는 동춘당의 이 말이 한 때의 격한 감정에서 나온 것이라 생각하고 웃어 넘겼습니다. 그런데 내가 다시 이 말을 하게 되니, 동춘당의 옛 일을 면치 못하게 되었습니다. 바라건대 형은 한 번 웃고 이 종이를 태워 버리십시오.

형이 진천(鎭川)에 있을 때 가끔 내게 편지를 보내어 말하기를, "그대는 귀에 거슬리는 얘기를 듣기 싫어한다." 하였는데, 이것은 실정 밖의 말로서, 내가 과연 그렇다면 하늘이 나를 버릴 것입니다. 그렇지만 형이 이 말로 나를 경계하였으니, 기꺼이 형을 위해 말하는 것입니다. 또한 우리들은 장차 죽을 터이니 지금 말하지 않으면 아마 말할 시간이 없을 것이므로, 시험 삼아 한번 말씀드려 이로써 영결하고자 합니다.

낙향했다.

206) 아무개 : 이유태를 가리킨다.

207) 한자구(韓子耉)의 아들 : 자구는 김장생의 문인 한수원(韓壽遠, 1602~1669)의 자이다. 여기에서 한수원의 아들은 한성익(韓聖翼, 1624~1673)을 가리키는 것으로 보인다. 한성익은 명재의 동생 윤추와 사돈 간으로 윤자교(尹自敎)의 장인이다.

208) 내가……있으므로 : 이유태는 이 편지를 쓴 1676년(숙종2) 당시 송시열의 예론을 추종하였다는 대간의 탄핵을 받고 영변에 유배되어 있었다.

209) 동춘당이……했고 : 기관(機關)은 권모술수와 같은 말이다. "모두 기관"이라는 말은 송준길이 송시열을 두고 권모술수를 일삼는다고 비판한 말을 가리키는데, 이에 대해서는 송시열과 이유태 쪽의 주장이 다르다. 이유태는 송준길이 특히 송시열을 지목하여 말한 것이라고 한 반면 송시열 쪽에서는 이를 송준길의 농담이라고 하였다. 즉 1669년(현종10) 동춘당 송준길과 민정중의 손자가 같은 해 사마시에 합격한 것을 축하하는 잔치 석상에서 송시열이 귀향하려는 것을 눈치챈 송준길이 언제 떠날 것인지를 물었는데, 송시열이 날짜를 미리 정하면 주상부터 관학(館學) 유생들까지 모두 만류하고 나설 것을 염려하여 날짜를 정하지 않고 기회를 보아 떠나기로 했다고 하자 이렇게 농담을 했다는 것이다.(『宋子大全隨箚』 및 『素谷遺稿·黃江問答辨』)

또 보냄

又

병진년(1676, 숙종2) 9월[210]

우매한 자질과 기민하지 못한 재주로써, 제 속되고 거친 말이 옆에서 참견하기에 부족함을 헤아리지 않고 망령되이 복제(服制)의 예에 대해 논하였으니, 사람들의 기세가 등등하여 그 칼날에 맞설 수 없다는 것을 알지 못하였습니다. 또 친구간이라도 자주 충고하면 사이가 벌어진다는 경계를 스스로 어기는 것을 면치 못하여 이미 어린아이에게 이름을 불리는 욕을 당하고 끝내는 장자(長者)의 의심을 받기에 이르렀습니다.[211]

예설(禮說)을 의심하는 것은 어쩔 수 없다고 해도, 충고는 매우 어리석은 것이었습니다. 구하지도 못한 채 죽을 지경에 이르렀고 스스로 취한 험난함이 이와 같다는 것을 알았으며 또한 인심을 보았습니다. 그러나 저의 주장은 경자년(1660, 현종1)에 '올라서 적자(嫡子)가 되었다.' 하였고, 갑인년(1674, 현종15)에도 '적자이다.'라고 하여 전후가 다르지 않았습니다. 만의(萬義)로 사람을 보냈을 때 자필로 8, 90자를 덧붙여 넣었으며,[212] 강교의소(江郊擬疏)에서도 "적통(嫡統)이 어디로 돌아가겠는가?"라고 하였

---

210) 『草廬集·與宋英甫書丙辰九月』 및 『肅宗實錄補闕正誤』 10年 4月 24日 기사를 교본으로 하였다.

211) 친구간이라도……이르렀습니다 : 1672년(현종13) 9월 『가례집람(家禮輯覽)』을 교정하기 위해 공주 유성현 초오(草塢)에서 이유태와 송시열이 만났을 때, 이유태는 송시열의 손자가 세력을 이용하여 남의 토지를 헐값으로 강매(强賣)하게 한 일을 전하며 자제들의 단속을 당부하였다. 이로 인해 송시열의 자손들이 이유태를 비난하기 시작하였고, 1676년(숙종2)부터는 이유태가 예설을 바꾸어 화를 모면하려 한다는 정치적 공격이 격화되었다.(『草廬集·與尤菴書別紙 丙辰四月 在謫所時』 및 『草廬集·年譜壬子』)

212) 만의(萬義)로……넣었으며 : 1674년(현종15) 7월에 도신징(都愼徵)의 상소가 올라간 후 이유태는 비암사에서 대명(待命)하고 있던 중 8월에 복제설을 지었는데, 이것이 『초려집』 「갑인설(甲寅說)」이다. 그런데 이유태는 자신의 예설이 혹여 송시열과 다른 점이 있으면 이후 쟁변의 단서가 될 수 있다고 여겨 비암사의 스님을 통해 당시 만의(萬義)에 머무르고 있던 송시열에게 예설을 보냈고, 여기에 송시열이 8, 90자를 첨입(添入)하여 일부를 수정하여 돌려주었다.

으니,[213] 그대와 나의 주장이 피차 비슷하였는데, 중간에 무슨 다른 의도가 있었겠습니까?

사람을 시켜 할아비를 무함하는 소장(訴狀)을 올리게 하여 여러 해 동안 형(刑)을 받게 하였고, 그 매부의 죄를 빌미로 고향을 떠나 멀리 가기를 권하여 이로써 싼 값으로 좋은 전지(田地)를 사들이고도 거리낌이 없었습니다. 그래서 사람들의 말이 자자하여, 그 소문을 초오(草塢)에서 함께 잘 때 언급한 것뿐인데, 손자를 시켜 욕을 하니 이 무슨 도리입니까? 은(銀)이 몇 냥쭝[兩]이고 전지가 얼마인지 은폐할 수 없음에도, 그 사람을 만나면 자기를 따른다고 하여 후하게 대우하지만, 그 친족이 원망하면 항상 위협하고 겁박하는 말을 하면서 연이어 병사(兵使)와 영장(營將)이 곤장을 때리니, 이것이 장자(長者)가 자제를 가르치는 도리입니까? 어리석은 손자가 품에 안겨 장자를 믿고 이 늙은이를 이름으로 부르는데도 금하지 않고, 손자가 절교하라 청하면 "옛 친구는 큰 변고가 없으면 버리지 않는다."고 말하여 그 교만함이 이미 지극하니, 신명(神明)이 시기(猜忌)한다 해도 마땅합니다.

경자년(1660, 현종1)에서 갑인년(1674, 현종15)까지의 시간이 15년이고, 갑인년에서 병진년(1676, 숙종2)까지의 시간이 3년입니다. 저의 주장이 예(禮)의 본의(本意)에 맞지 않거나 혹 그 사이에 다른 의도가 있는 것 같으면, 어찌하여 사람을 시켜 왕래하던 때에는 한 마디 말도 하지 않다가 지금에야 비로소 말을 꺼낸단 말입니까? 어찌하여 일 만들기를 좋아하는 자로 하여금 한두 구절을 집어내어 그 머리와 꼬리를 떼어 버리고 안팎으로

---

213) 강교의소(江郊擬疏)에서도……하였으니 : 1674년(현종15) 8월에 현종이 승하한 후 9월에 지문 찬진의 명을 받은 송시열이 도성으로 들어오던 중 서빙고에 머물면서 예론의 수말을 갖추어 진달하려고 소를 지었는데, 송시열의 예론을 비판한 진주유생 곽세건의 상소가 올라오자 도성으로 들어가지 못한 채 다시 만의로 돌아오게 되었다. 자연히 지었던 상소도 올리지 못했는데, 바로 이 상소를 '강교의소'라고 한다. 이 상소에서 송시열은 성서탈적(聖庶奪嫡)의 설을 인용하여 적통이 효종에게 있으므로 장자인 소현은 절통(絶統)된 것이라고 하였다. 다만 이 의소(擬疏)가 실려 있는 『송자대전』「의소(擬疏)甲寅十二月」에는 '統已絶於昭顯', '嫡統何歸'라고 한 곳은 없고, '嫡統在此'라고만 되어 있다.

퍼뜨리게 한단 말입니까? 진실로 의심스럽습니다. 서울과 지방의 사우들이 편지를 보내와 묻는 일이 많아서 때때로 답장을 보내는 것을 면할 수 없으니 이 또한 고통스러운 일입니다.214)

또 들으니, 이하경(李廈卿)이 전한 말로 인해 집사(執事)께서 더더욱 의심하고 노여워하게 되었다고215) 하는데, 당황스럽습니다. 이번 귀양길을 출발하였을 때 이하경을 여관에서 만난 일이 있었습니다.216) 며칠 동안 말을 나누던 즈음 선왕이 천신(賤臣)이 올린 소에 온화한 비답을 내리신 일과, 집사가 여주에서 올린 상소[驪章]217)와 죽산에서 돌아간 일[竹行]218)을 전후하여 천심(天心)을 격노하게 하였던 일에 우연히 말이

---

214) 서울과……일입니다 : 이유태가 예설을 고쳐서 화를 면하려 한다는 소문이 파다하게 퍼지자 많은 이들이 이유태에게 "예설을 고쳐 윤휴의 예론에 합하기를 구한 일이 있는가?"라는 질문을 담아 서찰을 보내와 이유태가 곤혹스러워 했던 일을 말한다.(『明齋遺稿 別卷·與懷川 草廬禮說事 往復』 및 『草廬集·答尹子仁書』)

215) 이하경(李廈卿)이……되었다고 : 이하경은 사은당(四隱堂) 이담(李橝)의 자이다. 이담은 약포(藥圃) 이해수(李海壽)의 증손이자 송시열의 문인이다. 그는 송경에서 이유태를 만나고 돌아온 후 이유태의 예설이 변한 것 같다는 말을 송시열에게 처음으로 전하였는데, 결과적으로 그의 말은 이유태와 송시열의 갈등을 표면화시키는 계기가 되었다.(『宋子大全·答尹拯丙辰十二月二十日』)

216) 이번……있었습니다 : 이유태가 영변(寧邊)으로 유배 가던 것을 말한다. 이유태는 1675년(숙종1) 5월에 양사의 탄핵을 받아 영변 유배의 명이 떨어졌고, 윤5월 1일에 배소로 출발하였다. 가는 도중 윤5월 9일에 송경(松京)에 도착하여 병으로 이틀을 머물렀는데 이때 이하경(李廈卿)을 만났다.(『草廬集·年譜乙卯』)

217) 여주에서 올린 상소[驪章] : 1673년(현종14) 10월에 송시열이 영릉(寧陵)을 천봉(遷奉)한 일을 논하여 여주에서 올린 상소를 말한다. 본래 효종의 능침은 건원릉의 서쪽에 있었는데 석물에 틈이 생겨 1673년에 여주 영릉(英陵) 동쪽으로 옮겼다. 송시열은 9월 3일 옛 능침을 살펴보고, 10월 7일 여주의 새 능침에 현궁(玄宮)이 안치되는 것을 보고 나서 화양동으로 돌아왔는데, 이때 천릉이 경솔한 일이었다는 내용으로 상소하였다. 이 상소는 송시열에 대한 현종의 노여움이 표면화되는 계기가 되었다.(『顯宗實錄』 14年 10月 12日 및 『宋子大全·年譜5』)

218) 죽산(竹山)으로 간 일[竹行] : 1674년(현종15) 2월에 인선왕후(仁宣王后)의 상을 당하자 송시열이 국상(國喪)에 곡림(哭臨)하기 위해 길을 떠났다가 3월 4일 죽산(竹山)에 이르러 상소하여 병을 핑계대고 가지 않고 돌아온 일을 말한다. 예조가 자의전(慈懿殿)의 복제를 처음에는 장자부(長子婦)를 위한 기년복(朞年服)으로 했다가 다시 중자부(衆子婦)를 위한 대공복(大功服)으로 최종 확정하였는데, 주상이 이를 힐책하여 문죄하기에 이르자, 송시열이 도성에 들어가지 않고 소를 올린 후 화양동으로 돌아온 것이다.(『宋子大全·年譜6』)

미쳤습니다. 이는 단지 주상의 노여움이 집사에게 치우쳐 있다는 것을 말한 것일 뿐, 바르지 못한 방법으로 은총을 도모할 뜻은 없었습니다. 헤어질 때 제가 또 말하기를,

"듣기에 어느 재상이 주창하기를, '3년의 복제를 시행하지 않는다면 이는 적자(嫡子)가 없는 것이다. 훗날 대왕대비가 승하하신 뒤에는 누구에게 적손부(嫡孫婦)의 복을 입게 하겠는가?' 하였다 하니, 그 말이 지극히 음험하고 편파적이다. 예(禮)에, 서자(庶子)를 세워 후사로 삼는다 하였고, 경전(經傳)과 사서(史書)에 서자를 세워 태자(太子)로 삼았다고 한 말을 이루 다 기록할 수 없으니, 태자는 곧 적자를 이름이 아닌가? 이런 까닭에 정자(程子)가 팽중승(彭中丞)을 대신하여 올린 차자에서 이르기를, '폐하는 인종(仁宗)의 적자입니다.'[219] 하였던 것이다." 하였습니다. 이것은 그 재상의 말을 설명하여 말한 것일 뿐, 다른 뜻은 없었습니다.

그런데 이하경이 무슨 말을 하였기에 또 이렇게 시끄러운 것입니까? 만약 제가 말한 적자의 설에 다른 의도가 있다고 한다면, 만의로 왕복한 서찰이 이미 이와 같고 강교의소(江郊擬疏)에서 주장한 내용이 또 저와 같아서 피차의 논의가 조금도 다름이 없는데, 무슨 다른 의도가 있단 말입니까?

---

219) 폐하(陛下)는……적자(嫡子)입니다 : 송 영종(宋英宗)은 태조(太祖)의 증손으로서 제종숙(再從叔)되는 인종의 태자로 봉하여 즉위하였다. 정이(程頤)는 팽사영(彭思永)을 대신하여 지은 상소에서, 영종이 방지(傍支)로 입승(入承)하였으나 황위를 이은 이상 인종의 적자가 되었으므로 정통에 전념할 것을 주장하였다.(『二程文集·代彭中丞論濮王稱典親疏』) 이 사례를 효종에게 그대로 적용할 때 송시열과 이유태 예론의 미묘한 차이가 드러난다. 즉 송시열은 효종이 적통을 계승했음을 인정하였음에도 불구하고 그에게 적자(嫡子)라는 용어를 사용하지 않았던 반면 이유태는 「갑인설(甲寅說)」에서 "서자를 세웠다고 한 것은 아직 승중하기 전을 근거로 한 말이다. 이미 승중했다면 바로 적자이다. 때문에 정자가 방지(旁支)로서 대통(大統)을 이은 사람을 적자라고 부른 것이다."라고 하여 적통을 계승했으면 적자라고 해야 한다고 주장하였다. 이른바 "서자라고 칭하는 것이 적통에 미쳐서는 안 된다.[不可稱庶及嫡統]"는 그의 주장은 이후 송시열로부터 남인들의 예론과 다를 바 없다는 비판을 받게 되었다.

지평을 사양하는 미촌 윤선거의 상소

美村辭持平疏[220)]

을미년(1655, 효종6) 11월

"……지난 날 강화도의 일[221)]에 대해 신은 더 이상 말하고 싶지 않습니다만 신의 비통함은 실로 여기에 있습니다. 신의 중부(仲父) 윤전(尹烇)[222)]은 궁관(宮官)으로서[223)] 목숨을 바쳤는데 신은 더불어 안고 죽지 못하였고, 사우(士友) 권순장(權順長)·김익겸(金益兼) 등이 모두 그 뜻을 저버리지 않았는데, 신은 그들과 더불어 같은 날 죽지 못하였습니다. 처(妻)는 자결하였는데,[224)] 자식은 버려둔 채 신만 홀로 노복이 되어[225)] 구차하게 살아남았습니다. 신의 이러한 허물에 대해 온 세상이 욕하며 비웃을 뿐만이 아닙니다. 옛일에 비추어보아도 또한 지사(志士)와 어진 이들이 일찍이 치욕스럽게 여겨 꺼려하고 상심하며 개탄한 일이었습니다.……"

---

220) 『魯西遺稿·辭持平江外陳情疏[再疏]』를 교본으로 하였다.

221) 강화도의 일 : 병자호란 당시 윤선거는 가족·친구들과 함께 강화도에 피신하였다. 청나라 군대에 의해 성이 함락되자 부인과 친구들은 모두 죽었는데 자신은 남한산성으로 가는 진원군(珍原君)을 수행하여 강화도를 빠져나왔다. 이후 윤선거는 주변의 추천과 조정의 거듭되는 부름에도 불구하고 강화도에서의 행적을 들어서 관직을 사양하였다.

222) 윤전(尹烇) : 1575~1636. 본관은 파평, 자 회숙(晦叔), 호 후촌(後村)이다. 윤황의 아우이고, 성혼의 문인이다. 1636년 병자호란 때 필선으로 빈궁(嬪宮)을 배종(陪從)해 강화에 들어갔다가 성이 함락되자 식음을 폐하고, 송시영(宋時榮)·이시직(李時稷) 등과 함께 자결하기로 결의, 두 번이나 목을 매었으나 구출되자 다시 패도(佩刀)로 자인(自刃)하려다가 미처 절명하기 전에 적병을 크게 꾸짖고 피살되었다.

223) 궁관(宮官)으로서 : 병자호란으로 강화도로 들어갈 당시 윤전의 벼슬이 세자시강원(世子侍講院)의 필선(弼善)이었으므로 궁관이라고 한 것이다.

224) 처(妻)는 자결하였는데 : 윤선거의 아내 이씨는 병자호란 당시 강화도로 피신해 있다가 갑곶의 수비가 무너졌다는 소식을 듣고 목을 매어 자결하였다.

225) 노복이 되어 : 『형감』「검재쇄록(儉齋瑣錄)」에 수록된 박세채의 말에 따르면, 강화도가 함락된 뒤 그곳에서 빠져나오려면 오랑캐의 전령이 되어야만 가능하였으므로 윤선거 또한 진원군의 노비라고 속이고 오랑캐에게 전령으로서 점검을 받은 뒤 강화도에서 나올 수 있었다고 하였다.

미촌 윤선거의 기유의서

美村己酉擬書[226)]

"……오늘날 급선무라 할 양현(兩賢)의 문묘종사[227)] 논의가 결정되면 이단(異端)이 일어날 수 없고 선비들의 습속이 선정(先正)을 모욕하도록 타락하지 않을 것이며, 인재도 재능에 따라서 등용될 수 있고, 당색에 치우친 논의도 점차 사라질 것입니다. 예송에 대한 금지령[228)]이 해제되면 우리의 도(道)는 자연히 공(公)으로 돌아갈 것이고, 의심을 받던 자도 화평과 너그러움 속에 의심에서 벗어날 것이며, 이론(異論)을 세우던 자들은 그들의 변론으로 인해 해를 입지 않을 것이고, 당색을 표방하는 일이 즉시 제거될 수 있을 것입니다. 오직 양 극단의 논의를 녹여서 보합한 후에야 서로 화합하고 공경하며[同寅協恭] 여러 사람의 지혜가 한데 모여[聚精會神][229)] 조정이 바로 잡히고 여러 업적이 빛날 것입니다."

---

226) 『魯西遺稿·擬答宋英甫己酉』를 교본으로 하였다. 이 편지가 노·소론 분립의 중요한 계기로 작용하였던 「기유의서(己酉擬書)」이다. 「기유의서」는 1669년(현종10) 윤선거가 죽기 직전에 송시열에게 보내려 했던 편지로, 여기에는 송시열의 정치 행태를 비판하는 내용이 다수 담겨 있다. 윤선거의 사후 아들 윤증은 송시열에게 부친의 묘갈명을 청하면서 관련 자료와 함께 이 「기유의서」도 보냈다. 소론 측에서는 이 편지가, 송시열이 윤선거에게 원한을 품고 묘갈명을 부정적으로 지은 주요한 원인이 되었다고 보았다.

227) 양현(兩賢)의 문묘종사 : 이이와 성혼의 문묘 종사 문제를 가리킨다. 1635년(인조13) 5월 11일에 성균관 유생 송시형(宋時瑩) 등 270여 명이 이이와 성혼을 문묘에 종사하자는 내용의 상소를 올린 이래 집권 서인 세력은 꾸준히 이 두 사람의 문묘 종사를 주장, 국가 차원에서 자파의 도통을 정립하려는 노력을 기울였으나 남인의 반발과 국왕의 암묵적 반대로 실현되지 못하고 있었다. 이후 이이와 성혼은 1680년(숙종6) 경신환국(庚申換局)으로 서인이 남인을 몰아내고 집권한 후 비로소 문묘에 배향되게 되었다.

228) 예송에 대한 금지령 : 1666년(현종7) 영남유생 유세철 등 1천4백여 인이 연명 상소를 올려 서인의 예론을 비판하자 이에 대한 관학 유생과 호서·호남유생들의 반박 상소 등이 이어져 정국은 팽팽한 긴장 상태가 되었다. 이에 현종은 『오례의(五禮儀)』에 따라 기년복을 입는 것이 타당하다고 한 뒤, 복제 논쟁 자체를 금지하였다.(『顯宗實錄』 7年 3月 25日)

229) 서로……모여 : 동인협공(同寅協恭)은 『서경』 「고요모(皐陶謨)」에서 조정 신하들이

또 말하였다.

"해윤(海尹)[230] -선도(善道)- 은 본디 탐욕스럽고 음흉한 인물이니, 비록 시기하는 사람은 아니라 해도 실로 등용할 수 없습니다.[231] 그 나머지 조경(趙絅)과 홍우원(洪宇遠) 등 여러 사람은 비록 논의에 근거가 없고 마음 씀이 편파적이라 해도 처벌이 이미 지나쳤고 폐고된 지도 오래되었으니 진실로 깨끗이 사면하여 서용하는 것이 좋을 것입니다.[232] 이는 율곡이 다시 조정에 들어와 계미년에 축출된 삼사의 사람들을 도로 등용하자고[233] 한 뜻입니다. 하물며 윤휴와 허목 두 사람은 과오가 있다 해도[234] 어찌

함께 경건하고 공손한 자세로 화합함을 뜻하는 말로, 그 주에 "군신은 마땅히 조심하고 두려워함을 함께 하고, 공경함을 합쳐야 한다.[君臣當同其寅畏, 協其恭敬.]"라고 하였다. 취정회신(聚精會神)은 여러 사람의 지혜를 한데 모아 정사에 힘쓴다는 의미이다. 두 용어 모두 성스러운 임금과 지혜로운 신하가 서로 의기투합하여 국정에 힘쓰는 모습을 형용하고 있다.

230) 해윤(海尹) : 윤선도(尹善道, 1587~1671)를 가리킨다. 본관이 해남(海南)인 데서 나온 말이다. 자는 약이(約而), 호 고산(孤山)이다.

231) 등용할 수 없습니다 : 1660년(현종1) 4월 18일에 윤선도가 상소를 올려 효종에 대한 자의대비(慈懿大妃)의 복제를 자최 삼년복(齊衰三年服)으로 주장하는 한편 송시열의 예설을 "군부를 낮춘다.[貶薄君父]"고 비판하였다. 송시열은 윤선도의 상소를 윤휴의 사주를 받아 서인 전체를 일망타진하려는 음모로 간주하였고, 이후 서인들은 예론을 둘러싼 종통 시비에서 이론의 여지를 없애기 위해 윤선도를 극형에 처하고자 하였다. 「기유의서」에서 윤선거 또한 윤선도에 대해 대략 부정적으로 인식하고 있음을 볼 수 있다. 그러나 교본인 『魯西遺稿·擬答宋英甫己酉』에서는 이 뒤를 이어 바로 '윤선도가 탐음하고 행동과 시기하는 마음을 고친다면 재주에 맞게 등용해야 하며, 서인과 다른 3년복을 주장하였다고 해서 영영 배척해서는 안 된다.[雖海尹, 若改其貪淫之行, 娼嫉之心, 則亦當隨才收用, 不可以三年異論, 而永斥之也.]'고 주장하고 있다.

232) 처벌이……것입니다 : 윤선도가 서인의 공격을 받고 삼수에 유배된 후 권시(權諰), 조경(趙絅), 홍우원(洪宇遠) 등 남인들이 윤선도를 구하고 서인 예론의 오류를 논변하다 지속적으로 처벌되었다. 이들에 대한 서인정권의 처분은 단호하여, 남인의 예론을 옹호하거나 윤선도를 두둔하는 관료와 유생은 가차 없이 조정에서 추방하여 폐고시키거나 정거(停擧) 처분하여 출사(出仕)의 기회를 박탈하였다. 윤선거는 이와 같은 서인의 단호한 대처가 당론의 편파성과 당쟁을 더욱 격화시키고 있다는 문제의식 아래 두 당파의 양 극단을 지양하고 능력 있는 인사들을 고르게 등용할 것을 주장하고 있다.

233) 율곡이……등용하자고 : 계미년(癸未年) 삼사(三司)란 1583년(선조16) 6월에 병조판서였던 이이의 실책을 탄핵하다가 귀양 간 도승지(都承旨) 박근원(朴謹元), 대사간 송응개(宋應漑), 전한(典翰) 허봉(許篈)을 말한다. 이이가 9월에 다시 이조판서가 되어 세 사람을 다시 임용하자고 임금에게 주청하였다.(『栗谷全書·年譜下癸未』)

끝내 참소를 일삼으며 악독한 짓을 행하는 도적으로 단정 짓고 용납하지 않을 수 있겠습니까.

오늘날 예송 때문에 시기하고 의심한 흔적을 깨끗이 씻어버리기를 먼저 이 두 사람에게서 시작하여, 사사로움도 없고 인색하지도 않은 자신의 마음을 보여준다면 안으로는 나의 아량을 넓힐 수 있고 밖으로는 사람들의 마음을 승복시킬 수 있을 것입니다. ……"

234) 과오가……해도 : 예송 과정에서 윤휴·허목 등 남인들이 송시열을 비롯한 서인에 대해 효종의 왕위 계승을 폄하하고 그 정통성을 부정하였다고 공격하였던 것을 이른다.

윤휴가 지은 미촌 윤선거 제문
鑴祭美村文

그대는 나에게 망령되이 세상의 화에 얽혀든다 했고,[235] 나는 그대에게 스스로의 주관을 지키지 못한다고 하였습니다.

235) 그대는……했고 : 이 구절을 두고 송시열은, 윤선거가 윤휴에게 자신을 '세상의 화[世禍]'라고 지칭하였다고 해석하였다.

미촌 윤선거 연보 중의 말
美村年譜中語[236)]

희중(希仲, 윤휴의 자)은 젊은 나이에 스스로 깨달아 학문에 뜻을 두었고, 그 마음가짐과 절제된 행실은 옛사람에 얽매이지 않았으며, 글을 읽고 뜻을 강론할 때는 주소(註疏)에 구애받지 않았으니, 그의 언론과 식견은 실로 남보다 뛰어난 점이 있었다.

공은, "장점과 단점을 서로 보완한다면 반드시 세속의 선비가 아니게 될 것이다."라며 그를 깊이 인정하였다. 그러나 일찍이 그의 재주를 걱정하고 그 병통을 경계하지 않음이 없었는데, 여러 차례 경계하였음에도 희중이 따르지 않아 끝내 패망하기에 이르렀다.

---

236) 『魯西遺稿·年譜庚子七月 復尹鑴書』를 교본으로 하였다. 약간의 문자 출입이 있으나 내용은 대동소이하다. 「연보」의 이 구절들을 두고 송시열은 「연보」가 윤휴의 패퇴 이후에 작성되었음에도 불구하고, 역적 윤휴를 높이 평가하고 그와 당을 이룬 윤선거의 자취가 분명하게 드러나 있다고 비판하였다. 나아가 연보의 이 말들이, 생전에 윤휴와 절교했다는 윤선거의 말이 거짓임을 드러내는 증거라고 주장하였다.

이산의 윤증이 사국에 보낸 편지
尼山抵史局書[237)]

선인(先人)이 강화도에서 당한 일에 다른 곡절은 없습니다. 성이 함락되던 날 선비(先妣)께서 자결하자 선인은 미복(微服) 차림으로, 사명(使命)을 받들고 남한산성으로 가는 진원군(珍原君)의 행차를 따라 강을 건넜던 것입니다.[238)] 그때 성 안에 있던 사람들은 이미 적의 칼날을 모면하였으니, 미복 차림으로 난을 피한 것이 진실로 불가할 것은 없습니다. -당시 권순장(權順長)·김익겸(金益兼) 두 공은 남문에 배속되어 있었기 때문에 선원(仙源) 김상용(金尙容)과 함께 분사(焚死)하였던 것[239)]입니다. 그렇지 않았다면 또한 반드시 죽어야만 하는 의리는 없었습니다.[240)]- 하물며 선인은 늙은 아비를 만나 뵙고 남한산성에서

---

237) 『明齋遺稿·答羅顯道辛酉 夏』를 교본으로 하였다. 이 편지가 쓰이게 된 사정은 다음과 같다. 1681년(숙종7) 『현종실록』을 개수할 때 완녕군(完寧君) 이사명이 사국의 글을 가지고 윤증에게 알리기를, "일기 가운데 윤선거에 대해 논한 곳이 두 곳이었는데, 한 번은 칭찬하고[褒] 한 번은 비판하였다[貶]"고 말하면서 강화도 일에 대한 시말을 물었다. 이때 실록청 총재였던 김수항, 판서 이단하도 각각 나양좌와 박세채를 통해 윤증에게 질의하였다. 이에 윤증이 이사명, 김수항, 이단하에게 답하는 편지를 써서, 강화도에서 윤선거의 처사가 도리에 어긋난 것이 아니었음을 주장하였다. 윤증의 이 편지에 대해 노론측은 윤증이 부친인 윤선거를 비호하고자 도리어 죽어서 절개를 지킨 신하들을 모욕했다고 비판하였다. 이에 대해 소론측은 정작 윤증이 편지를 보낸 1681년(숙종7)에는 문제 삼지 않다가 송시열과 윤증의 갈등이 심화된 1685년이 되어서야 윤증을 공격하는 근거가 되었다는 점을 문제 삼았다.

238) 선인은……것입니다 : 진원군은 이세완(李世完, 1603~1655)의 봉호이다. 당시 적이 항복을 요구하며 남한산성에 사신을 보내도록 겁박하자 강화도에서 분사(分司)를 관장하던 봉림대군이 진원군에게 남한산성으로 들어가서 강화도의 상황을 전하게 하였다.(『明齋遺稿·宗室珍原君神道碑銘』) 한편 『형감』「검재쇄록」에 수록된 박세채의 말에 따르면, 강화도가 함락된 뒤 그곳에서 빠져나오려면 오랑캐의 전령이 되어야만 가능하였으므로 윤선거 또한 진원군의 노비라고 속이고 오랑캐에게 전령으로서 점검을 받은 뒤 강화도에서 나올 수 있었다고 하였다.

239) 권순장……것 : 권순장, 김익겸은 윤선거의 친우로서, 1636년 병자호란 때 강화도로 피난하여 윤선거와 함께 죽음으로 성을 지킬 것을 맹세하였다. 이듬해 정월 성이 함락되자 모두 강화유도대장(江華留都大將) 김상용과 함께 화약고에 불을 질러 분사하였다.

240) 반드시……없었습니다 : 윤증은 사국(史局)에 보낸 편지에서 병자호란 당시 강도사

함께 죽고자 했을 뿐인데, 무슨 문제가 있겠습니까. 선인이 끝내 죽지 못했던 것은 하늘이 내린 운명이었으니, 비록 의리에 충분히 합당한 행동이었다 해도 조금도 의심스러울 것이 없습니다.

다만 선인이 자신에 대해 스스로 언급하여 말한 까닭에 '구차하게 모면하였다'고 말하여 통렬히 자책하신 것이며,241) 또 효종대왕께 올리는 말씀이었던 까닭에, '거(莒) 땅에서 있었던 일을 잊어서는 안 된다.[無忘在莒]'는 옛사람의 뜻을 본받아 말한 것입니다.242) 선인께서 평생토록 출사하지 않은 것은 실로 분수를 지키면서 "역량을 헤아려 보고 입조(入朝)하겠다."는 뜻이었지 반드시 모두 강화도의 일 한 가지만으로 주된 이유를 삼은 것은 아닙니다. 이른바 "헤아린다"는 뜻에는 때를 헤아리고, 나를 헤아리며, 타인을 헤아린다는 의미가 그 안에 있지 않은 것이 없었습니다. 선인께서는 평생토록 이런 은미한 뜻을 한 번도 남에게 보인 적이 없었으므로 아무도 알 수가 없었습니다. 비록 동춘당(同春堂) 송준길(宋浚吉)과 송곡(松谷) 조복양(趙復陽)처럼 선인과 잘 아는 사람조차도 선인의 심사(心事)를 말할 때 모두 남김없이 말하지는 못한 점이 있었습니다. 선인께서 스스로 '죽을죄를 지은 신하[死罪臣]'라고 하신 것은243) 다른 뜻이 아니라 다만

(江都事)의 시말을 논하며 "권순장과 김익겸이 남문에 없었다면 반드시 죽어야 할 이유가 없었을 것이다."라고 하여 부친인 윤선거를 간접적으로 비호하였다. 이에 대해 노론은, 윤선거는 평소 의리로 자처(自處)한 것이 보통이 아니었으며, 성첩을 지키기로 한 뒤에는 선비일지라도 대오를 지키다가 죽어야 할 의리가 있는데 구차하게 삶을 연명했다고 비판하였다.

241) 다만……것이며 : 이 말은 윤선거가 효종의 소명(召命)에 따라 여러 차례 올린 상소에서 강화도의 일에 대하여 통절하게 자책하면서 절대 출사할 수 없다고 한 것을 말한다. 즉 자신의 문제이기 때문에 훨씬 더 과도하게 자책한 것이라는 뜻이다.

242) 효종대왕께……것입니다 : 거(莒) 땅에 있었을 때의 일을 잊어서는 안 된다는 것은 어려움에 처해 있었을 때의 고초를 잊지 말라는 뜻이다. 춘추시대 제(齊)나라 소백(小白)이 포숙아(鮑叔牙)와 함께 거 땅으로 망명했다가 귀국해서 환공(桓公)으로 즉위하였는데, 이때 포숙아가 축배를 들며 "거 땅에서 있었던 일을 잊지 말라.[毋忘在莒]"고 당부했던 고사를 인용한 것이다.(『史記·齊太公世家』) 여기에서 효종대왕께 올리는 말이었기 때문에 그 뜻을 본받았다는 것은 자신이 겪은 강화도의 일을 오랑캐에게 당한 치욕을 잊지 않는 경계의 의미로 받아들여 달라는 의미이다.

243) 스스로……것은 : 윤선거가 자처했다는 '죽을죄를 지은 신하[死罪臣]'라는 표현은 숙종대 회니시비에서 주요 논점 중 하나가 되었다. 노론측에서는 병자호란 당시

출사하라는 소명(召命)을 받들지 못하여 이를 큰 죄로 삼은 것일 뿐입니다. 이는 선인이 정유년(1657, 효종8)과 무술년(1658, 효종9)에 올린 두 상소에서 남김없이 말하였습니다.[244)]

윤선거가 강화도에서 죽지 못한 것을 표현한 것으로 보는데 반해 소론 측에서는 효종이 부르는 명에 응하지 않고 끝내 출사하지 않은 것을 표현한 것이라고 주장하였다.

244) 선인이……말씀하셨습니다 : 1657년(효종8) 10월 18일에 윤선거가 올린 상소에 대한 효종의 비답에서, '죽을죄라 자처하는 윤선거의 태도가 너무 지나치다'는 내용이 있었는데, 이에 대해 윤선거가 같은 해 11월에 올린 상소 중에는, "신이 매번 소를 올려 죽을죄를 받겠다고 청한 것은 다른 이유가 아닙니다. 단지 신이 명을 어겼기 때문이지 그 뜻을 고상히 하려는 자들이 징소에 응하지 않는 것과 같은 데에 비할 바가 아닙니다."라는 내용이 있었다. 또한 1658년에 올린 윤선거의 상소에서도 "오늘날 신은 한낱 변변치 못한 자로서, 미치광이처럼 경솔하고 고집스러운 병에 갇혀 있으면서, 감히 거침없이 마음 내키는 대로 행동하여, 군부 앞에서까지 거드름을 피우며 거만하니, 필부로서 무례한 죄는 만 번 죽어 마땅합니다."라는 구절이 있었다. (『魯西遺稿·辭進善疏再疏』 및 『魯西遺稿·歸鄕後待罪疏』) 원래 송시열을 비롯한 노론측에서는 '사죄신(死罪臣)'이라는 윤선거의 자칭이 강화도에서의 잘못을 지칭하는 것으로 이해했었는데, 윤증이 실록청에 보낸 편지를 보고서야 윤선거가 효종의 소명에 응하지 않고 끝내 출사하지 않은 것을 표현한 말이라는 것을 알게 되었다고 하였다.

또 백길 이사명에게 보낸 편지

又送李伯吉書[245]

갑자년(1684, 숙종10). 백길은 완녕(完寧) 이사명의 자다

오늘날 강도의 일로 선인을 헐뜯으려고 하는 자는, 율곡(栗谷)이 "망령된 것으로 슬픔을 이기려 했다.[以妄塞悲]"라고 말한 상소를 가리켜 "스스로 그 잘못을 모두 인정한 것이다."라고 말하는 것과 무엇이 다르겠습니까?[246] 율곡은 오히려 진실로 입산(入山)한 잘못을 면하지 못하였지만, 선인이 죽지 않은 것은 애초부터 죽어야 할 만한 의리가 없었기 때문입니다. 효종대왕의 비답에, "진동(陳東)이 결국 윤곡(尹穀)을 죽음에 이르게 했다는 말은 들어 보지 못했다."[247]고 한 것은 성인(聖人)의 정미(精微)한

245) 『明齋遺稿·答羅顯道辛酉 夏』를 교본으로 하였다. 저본과 비교할 때 약간의 문자 출입이 있으나 내용은 같다. 1681년(숙종7) 『현종실록』을 개수할 때 이사명이 윤증에게 강화도 일에 대한 시말을 물었다. 이때 실록청 총재였던 김수항, 판서 이단하도 각각 나양좌와 박세채를 통해 윤증에게 질의하였다. 이에 윤증이 이사명, 김수항, 이단하에게 답하는 편지를 썼는데, 이 글은 그 편지의 일부이다. 교본에서 나양좌에게 답하는 편지로 되어 있는 것은, 윤증이 김수항과 이사명의 매부인 나양좌에게 부탁하여 이 두 사람에게 편지를 보였기 때문이다.

246) 율곡(栗谷)이……다르겠습니까 : 율곡 이이는 일찍 어머니를 여의고 19세에 금강산에 들어가서 불교를 공부하다가 20세에 다시 내려와 유학에 정진하였다. 1568년(선조1) 홍문관 교리에 제수되었을 때 사직 상소를 올려 "제가 일찍 자모(慈母)를 여의고는 망녕된 것으로 슬픔을 잊고자 불교에 빠지고 말았습니다. 그 때문에 본심이 어두워져 드디어 깊은 산으로 달려가서 거의 1년이 되도록 선문(禪門)에 종사하였습니다."라고 자책하였는데, 이후 이이의 문묘 종사가 논의될 때 관학유생(館學儒生) 채진후(蔡振後) 등이 이를 반대하면서 "이이의 출처는 그가 스스로 다 말한 바 있습니다."라고 했던 것을 가리킨 말이다.(『栗谷全書·辭副校理疏』, 『宣祖修正實錄』 1年 5月 1日, 『仁祖實錄』 13年 5月 11日) 여기에서는 이이가 스스로 인혐(引嫌)한 말일 뿐인데 반대파들이 이 말을 기정사실화하여 처신에 큰 결점이 있었던 것으로 부각시켰음을 비판하고 있다.

247) 진동이……못했다 : 진동(陳東)은 송나라 사람으로 강력한 척화론자였다. 흠종(欽宗) 때 금나라의 침략에 대항하여 척화론을 주창한 이강(李綱)이 파직 당하자 유생 수만 명을 이끌고 글을 올려 복직하게 하였으며, 고종 때 이강이 조정에서 떠나게 되자 또 글을 올려 유임(留任)시키기를 청하였다.(『宋史·陳東列傳』) 윤곡(尹穀) 역시 송나라 사람으로, 원나라의 침입 때 담주(潭州)를 지키다가 성이 함락되자 온 가족을 이끌고

의리를 밝힌 말씀이니, 진정 백세후에도 의혹이 없을 것입니다.

분신자살하였다.(『宋史·尹穀列傳』) 병자호란 전 앞장서서 척화론을 주창했던 윤선거는 강화도의 일 이후 자신이 관로(官路)에 나갈 수 없는 이유를 들면서 “처음에는 망령되이 진동처럼 척화를 주장하는 상소를 올렸으나, 끝내는 외적의 침입에 목숨을 바쳤던 윤곡의 죄인이 되었습니다.”라고 하였다. 그러자 효종은 진동 때문에 윤곡이 순절하였다는 이야기는 듣지 못했다는 비답을 내려서, 진동과 윤곡 모두 각각의 의리를 지킨 것이므로 윤선거가 순절하지 않은 것은 더 이상 문제가 되지 않는다는 뜻을 보였다.(『魯西遺稿·辭進善疏』) 그런데 효종의 이 비답 내용은 『효종실록』 8년 10월 18일 기사에는 보이지 않고, 『명재유고』 「답회천(答懷川甲子)」등 소론 측 자료에서 주로 언급되고 있다.

이산의 윤증이 현석 박세채에게 준 편지
尼山與朴玄石書[248)]

지난번 현도(顯道, 나양좌의 호)가 그대에게 받은 소지(小紙)와 가르침의 말들을 전해 주었는데 그 내용이 매우 자세하니 지극히 감사합니다. 즉시 답장을 하고 아울러 의심나는 부분을 여쭈려 하였습니다. 그런데 문득 떠오르는 생각에, 함장(函丈)[249)]이 서행(西行)[250)]하는 데 이런 말이 새로 나오면 서울이 분분해질 것이 충분히 예상되었습니다. 이런 말들이 또다시 사람들 입에 시끄럽게 오르내리면 일에 도움이 되지 않을 뿐더러 구설수만 키우는 꼴이 될 것이니, 차라리 아무런 변론도 하지 말라는 경계를 조용히 지키며 조금 안정되기를 기다리는 것이 낫겠다 싶었습니다. 이 때문에 현도에게도 상세하게 답장을 하지 못했습니다.

그런데 어제 보내주신 가르침은 굽어 살펴주는 마음이 간절하고, 또 잘 대처할 방도를 일러 주셔서 더더욱 조심스럽고 두려웠습니다. 그러나

---

248) 『明齋遺稿·答朴和叔 兼示羅顯道』를 교본으로 하였다. 이 편지는 1682년(숙종8) 박세채의 「答尹子仁別紙」(『南溪集』)에 대해 윤증이 그 해 12월에 작성한 답장이다. 1681년에 윤증이 송시열에게 보내려 썼던 「신유의서(辛酉擬書)」가 드러나 여론이 분분하던 상황에서 박세채는 앞서의 편지와 나양좌를 통한 전언(傳言)을 통해 윤증에게 상황에 대처할 방도를 충고하였다. 그 내용은 윤증이 송시열에 대해 먼저 절교를 선언했다는 소문이 파다하고 또 윤증의 「신유의서」 내용이 이미 도하에 널리 퍼져 있는 상황에서 윤증이 비록 송시열의 학술과 언행의 폐단에 대해 공론으로 이야기한다고 하지만 사람들이 윤증의 진심을 믿지 않을 것이므로 윤증이 먼저 송시열에게 해명하고 사과하는 것이 좋겠다는 것이었다. 이 글은 박세채의 편지에 대한 윤증의 답변으로서, 묘갈명과 목천(木川)의 일로 인해 송시열에 대한 의구심을 거둘 수 없으며 이로 말미암아 스승에 대한 정(情)과 의(義)가 예전 같을 수는 없다는 입장을 표명하고 있다.

249) 함장(函丈) : 옛날에 스승의 자리와 제자의 자리에 일장(一丈)의 사이를 둔 데서 나온 말로, 스승의 경칭(敬稱)으로 쓰인다. 이 글에서는 송시열을 지칭하는 용어로 사용되었다.

250) 서행(西行) : 송시열이 조정의 부름을 받아 서울로 올라오는 것을 말한다. 송시열은 1681년(숙종7) 11월 화양동으로 돌아온 후 누차의 소명에도 응하지 않고 있었는데, 이듬해인 1682년 9월 17일 판교(板橋)를 떠나 11월 22일 여주에 이르렀고, 1683년 1월 서울로 올라온 것을 말한다.(『宋子大全·年譜』)

감히 곧장 답서를 올리지 못했던 것은 편지를 가지고 온 인편이 너무 바빴을 뿐만 아니라, 또한 제가 지키고 있는, 아무런 변론도 하지 말라는 경계를 갑자기 깨뜨릴 수 없었기 때문입니다. 그후 며칠간을 곰곰이 생각해 보니, 오늘날 제가 마음을 열고 뜻을 쏟아 의심나는 것을 질정하고 의혹을 변론할 때 의지할 곳은 오직 고명(高明, 박세채)뿐입니다. 이 일은 비단 제 한 몸의 화복(禍福)에 그치는 일이 아니라 또한 장차 선인에게 누가 됨을 면치 못할 것이라는 가르침을 받고 보니, 벙어리처럼 가만히 있으면서 고명에게 속 시원히 털어놓고 의리에 맞게 대처하는 방도를 다시 묻지 않는다면, 이야말로 미혹됨이 심하다고 할 것입니다. 이제 비로소 척연(惕然)히 깨달아 감히 전후의 곡절을 다음과 같이 상세히 말씀드리되 털끝만큼도 감추지 않고 고명의 가르침을 듣고자 합니다. 이런 저의 뜻을 깊이 헤아려주시기 바랍니다.

올해[251] 1월 보름쯤에 권생(權生)[252]이 찾아와 하룻밤을 묵고 갔습니다. 당시는 목천(木川)의 일[253]을 처음 알게 되었을 때라, 제가 그와 더불어 이야기를 하며 말하기를,

"목천의 일이 여차여차한데 이 말은 필시 함장의 문하에서 나온 것이 틀림없다. 그런데도 함장은 그 이야기를 들은 곳을 밝히려 하지 않으시며 문득 스스로 감당하겠다 하시므로 감히 다시 묻지 못하였다. 또 나에게 허황(許璜)이라는 사람에게 직접 물어보라고 하셨는데,[254] 함장이 하시는

251) 올해 : 임술년(1682, 숙종8)이다.

252) 권생(權生) : 권이정(權以鋌)을 가리킨다. 권이정은 탄옹 권시의 손자이자 권유의 아들이다. 권유는 송시열의 사위이며, 권유의 여동생은 윤증의 부인이다. 따라서 권이정은 송시열의 외손이자 윤증에게는 처남의 아들, 다시 말해 생질이 된다.

253) 목천(木川)의 일 : 목천의 일이란, 1674년(숙종 즉위년) 이산(尼山)의 서원에 윤선거를 배향하기 위하여 각 고을에 통문을 보내자, 이를 받은 목천 유생이 향사에 반대하여 이른바 "강화도에서 오랑캐에게 포로가 되었던 사람을 서원에 향사하는 것은 합당하지 않다.[江都俘虜, 不合享祀.]"는 내용으로 답변한 사건을 말한다. 그런데 이 사건은 발생 당시에는 문제가 되지 않았다가 송시열이 자신의 제자인 이상(李翔)에게 이 문제를 제기하면서 드러났는데, 이때가 대략 사건이 발생한 후 8년이 경과한 1681년 경이다.

254) 나에게……하셨는데 : 윤증이 목천의 일을 말한 사람이 누구냐고 송시열에게 묻자

말씀을 이해할 수 없어 오랫동안 답서(答書)를 올릴 수 없었다." 하였으며, 또, "의리쌍행(義利雙行)과 왕패병용(王覇竝用)은 『대학』의 성의(誠意)·정심(正心)과는 같지 않으니, 동춘(同春)이 이른바 '모두 기관이다[都是機關]'[255] 라고 한 말과 초려(草廬)가 '모조리 권모술수만 쓴다.[全用權數]' 한 것이 아마도 함장의 실제 병통인 듯하다.[256] 내가 함장께 의심나는 바를 한번 질정하려 한 지 오래되었으나, 이미 인정과 의리가 막혀서 감히 말씀드릴 수가 없었으므로 항상 가슴이 답답하였는데, 이제 이 목천의 일로 거듭 죄를 짓게 되었으니 아마 이 이후로는 끝내 말씀드리지 못할 것 같다……" 하였습니다.

권생이 함장에게 가서 말씀드린 것은 바로 이런 내용입니다. 지난번에 권생을 불러서 물어보니, 이미 이런 말을 들은 이상 함장께 감히 고하지 않을 수 없었다고 합니다. -올 7월에 비로소 아뢰었다고 합니다.- 그런데 함장께서 갑자기 말씀하시기를, "만약 선인의 일을 가지고 나와 절교한다면 그럴 수 있겠으나,[257] 초려의 말을 믿고 나에게 노여워하는 것이라면

송시열이 허황(許璜)에게 물어보라고 하였다. 윤증은 허황이라는 사람이 누군지 알 수 없어 허구의 인물이라고 단정하고, 이것을 송시열이 자신을 속인 것이라고 의심하였다. 이에 대해 권상하는 "허황이라는 자를 내가 사문(師門)에서 직접 본 것이 10여 차례도 넘는다."고 말하여 윤증 측의 주장을 일축하였다.(『寒水齋集·答定性 丙申年 閏月』)

255) 모두 기관이다[都是機關] : 기관은 권모술수와 같은 말이다. "모두 기관"이라는 말은 송준길이 송시열을 두고 권모술수를 일삼는다고 비판한 말을 가리키는데, 이에 대해서는 송시열과 이유태 쪽의 주장이 다르다. 이유태는 송준길이 특히 송시열을 지목하여 말한 것이라고 한 반면 송시열 쪽에서는 이를 송준길의 농담이라고 하였다. 즉 1669년(현종10) 동춘당 송준길과 민정중의 손자가 같은 해 사마시에 합격한 것을 축하하는 잔치 석상에서 송시열이 귀향하려는 것을 눈치 챈 송준길이 언제 떠날 것인지를 물었는데, 송시열이 날짜를 미리 정하면 주상부터 관학(館學) 유생들까지 모두 만류하고 나설 것을 염려하여 날짜를 정하지 않고 기회를 보아 떠나기로 했다고 하자 이렇게 농담을 했다는 것이다.(『宋子大全隨箚』 및 『素谷遺稿·黃江問答辨』)

256) 의리쌍행(義利雙行)과……듯하다 : 이때 윤증은 권이정(權以鋌)에게 송시열 학문의 본원(本源)과 심술(心術)을 '의리쌍행(義利雙行), 왕패병용(王覇竝用)'이라고 비판한 「신유의서(辛酉擬書)」의 내용을 대략 말해주면서, '기관(機關)'·'권수(權數)' 등의 말을 덧붙여 자신의 심정을 토로하였던 것으로 보인다.

257) 선인의……있겠으나 : 윤증이 송시열에게 아버지 윤선거의 묘갈명을 부탁하였으나 송시열이 이를 무성의하게 처리하자 사제 간의 대립이 격화되었을 뿐만 아니라,

불가하다.……" 하셨다고 합니다. 이는 제가 답서를 올리지도 못하고 또 감히 의심나는 점을 여쭙지도 못하는 상황을 두고 절교했다고 여기신 것입니다.

오늘날 이른바 절교하였다는 말과 제가 초려와 투합하였다는 말은 아마도 이 때문에 나온 것 같은데, 제가 초려와 따로 투합할 일이 무엇이 있겠습니까. 당초부터 저는 두 집안이 모두 잘못하였다[258]고 생각하였을 뿐입니다. 그리고 지난해 함장이 바닷가 유배지에서 돌아오셨을 때[259] 소제(蘇堤)로 찾아가 문안하였으며, 그때 마침 초려도 막 공주로 돌아오셨기에 돌아오는 길에 들러 문안하였을 뿐입니다. 또 금년 여름 초려가 금산(錦山)에서 돌아올 때[260] 이곳에 들러 서원을 방문하고 돌아가셨다 하기에 교하에서 돌아오는 길[261]에 들러서 묵었을 뿐인데, 어찌 초려와 투합하여 함장을 공격하는 있었겠습니까. 두 가지 일[262]에 대한 곡절은

이 일을 계기로 하여 윤선거에 대한 세간의 비난이 표면화되었다. 송시열은 자신이 윤선거에 대한 세간의 비난을 촉발시킨 장본인이니만큼 아들인 윤증이 자신에 대해 유감을 품은 것이 일면 이해되는 일이라고 본 것이다.

258) 두……잘못하였다 : 이는 송시열과 이유태 양쪽 집안의 자제들이 서로 비난한 것을 말한다. 당시 남유창이라는 사람의 전답을 송시열의 손자가 헐값으로 강매(強賣)하게 하여 빼앗은 일이 사람들의 입에 오르내렸는데, 1672년(현종13) 9월에 『가례집람(家禮輯覽)』을 교정하기 위해 공주 유성현 초오(草塢)에서 이유태와 송시열이 만났을 때, 이유태가 송시열에게 이 이야기를 전하며 자제들의 단속을 당부하였다. 이 일을 계기로 송시열의 손자들이 이유태를 비난하기 시작하였고, 특히 1676년(숙종2)부터는 이유태가 예설을 바꾸어 화를 모면하려 한다는 정치적 공격이 본격화 되어 양쪽 집안·문인들 간의 갈등이 격화되었다.(『草廬集·與尤菴書別紙 丙辰四月 在謫所時』, 『草廬集·年譜壬子』, 『衡鑑·與尤齋先生別紙』)

259) 바닷가……때 : 1674년 효종비의 상으로 인한 2차 예송에서 서인이 패하자 송시열은 예를 그르친 죄로 파직, 삭출되었다. 이어 1675년(숙종1) 정월 함경도 덕원으로 유배되었다가 이후 거제도로 이배되었는데, 1680년 경신환국으로 서인들이 집권하자, 유배에서 풀려나 중앙 정계에 복귀하였다. 바닷가 유배지에서 돌아왔다는 말은 거제도 유배지로부터 돌아왔다는 말이다.

260) 금산(錦山)에서 돌아올 때 : 이유태는 3월에 분황례(焚黃禮)를 하러 금산으로 가는 길에 송시열과 중도에 만나기로 하였으나 성사되지 않았으며, 4월 분황례를 마치고 금산에서 돌아오는 길에 연산(連山)에 들러 사계와 신독재의 묘에 배알하고, 돈암서원(遯巖書院)에 들러 참배하였다.(『草廬集·年譜』)

261) 교하에서……길 : 윤증은 1682년(숙종8) 4월에 교산에 성묘하고 5월 개성의 감로사(甘露寺)에서 박세채를 만나 3일 동안 강론하고 돌아왔다.

이와 같은데 지나지 않을 뿐입니다.

묘갈명에 대해 칭송함이 충분하지 않아 유감스럽다고 한 것은 당초 함장이 하신 말씀입니다. 저에게 이러한 마음이 없었다는 것은 고명이 잘 알고 계시는 대로입니다. 주자가 여동래(呂東萊)의 일을 말한 것[263] 또한 함장이 중간에 한 말씀입니다. 고명께서는 함장이 도리(道理)의 설을 지어낸다는 것을 이미 알고 있으니[264] 제가 다시 무슨 말을 하겠습니까. 위험한 말과 불미스런 이야기들을 가지고 선인에 대해 이러한 말들이 있었다 하는데, 저는 도무지 기억해 낼 수 없으니 하물며 입 밖으로 내겠습니까. 누구에게 그런 말을 했다는 것인지 모르겠으니, 너무도 괴이한 일입니다.

보내주신 가르침에서, 편지를 써서 사죄하라 하셨는데 저로서는 이해하기 어려워 감히 마음속에 품은 생각을 모두 털어놓으려 합니다. 함장이 선인에 대해 묘갈명의 일이 있었던 이후로 좋지 않게 한 말이나 일이 한두 가지가 아니었는데, 목천의 일에서 그 극에 달하였습니다. 자식

---

262) 두 가지 일 : 윤증이 송시열과 절교한 것과 윤증이 이유태와 투합하여 송시열을 공격했다는 것을 이른다.

263) 주자가……것 : 여동래는 여조겸(呂祖謙, 1137~1181)을 말한다. 이 내용은 『갑을록(甲乙錄)』 「명촌여명재서(明村與明齋書)」 및 『송자대전』 「답윤증(答尹拯 甲寅十月二十六日)」에서 추정해 볼 수 있다. 먼저 『갑을록』에는 박세채가 윤증에게 송시열의 동향을 전하는 말에, "송시열이 말하기를, '주자가 백공(伯恭)의 허물을 자약(子約)에게 말하였듯이 나는 윤선거의 의심스러운 점을 붕우들과 더불어 강론하였는데, 윤증이 크게 놀라서 절교를 선언했다.……'고 한다.[朱子以伯恭之過, 言于子約, 吾以美村之可疑處, 與朋友講說, 某也 大以爲駭爲如此之擧云云.]"라는 내용이 있다. 백공(伯恭)은 여조겸의 자이고, 자약(子約)은 그의 동생 여조검(呂祖儉, ?~1196)의 자로서 이 일은 『주자대전·답여자약(答呂子約)』에 보인다. 위에서 '주자가 여동래의 일을 말한 것'은, 여조겸이 죽은 후 주자가 공(公)적인 마음으로 여조검에게 여조겸의 허물을 지적하였던 것처럼, 윤선거의 허물을 논한 것 또한 이러한 공적인 마음에서 벗어나지 않은 것인데 윤증이 사정에 치우쳐 올바르게 대처하지 못하고 있다는 송시열의 입장을 드러내는 고사로 인용되고 있다. 또한 『송자대전』 「답윤증(答尹拯)」에서도 송시열은, 자식으로서의 도리만을 생각하는 협소함에서 벗어나 공평하게 듣고 더불어 보는 것이 여조검과 같은 처지의 윤증이 힘써야 할 일이라고 그에게 권고하고 있다.

264) 고명께서는……있으니 : 박세채가 윤증에게, 송시열이 도리를 앞세워 스승인 자신에 대한 윤증의 처사를 비판하고 있으니 속히 송시열에게 해명하고 묵묵히 대처하라고 충고한 말을 받아서 한 말이다.(『甲乙錄·明村與明齋書』)

된 마음으로 어찌 평소처럼 편안할 수 있겠습니까. 이 때문에 함장에 대한 저의 정(情)이 이전과 달라지지 않을 수 없었던 것입니다. 제가 함장에 대해 실로 그 본원(本源)에 대한 의심이 없을 수 없었으므로 함장의 말과 행동에 대해 전날 논했던 것과 같은 것이 있었는데 감히 질정하지 못하였습니다. 옛 사람이 말한 스승과 제자 사이에 이와 같은 의리는 없었으니, 이로 말미암아 함장에 대한 의리 역시 이전과 달라지지 않을 수 없었습니다. 정으로 보나 의리로 보나 모두 예전과 같지 않고 저 스스로 무엇이 잘못인지를 모르겠는데 사과하고자 한들 무슨 말을 하겠습니까.

만약 이런 뜻으로 제 잘못을 시인하고 절교한 일이 없다는 말로 해명한다 해도, 권생이 함장에게 전달한 내용도 다만 이러한 뜻이었는데 함장께서는 권생의 말을 듣고 제가 절교한 것이라 이미 받아들이셨으니, 어찌 환하게 의심이 풀리겠습니까. 평소에 드리던 문후(問候)의 예(禮)야 예전같이 자주는 아니라 해도 완전히 폐할 수는 없을 것입니다. 나를 알아주고 나를 죄주는 것이 다만 여기에 있을 뿐입니다.……

삼주 김창협이 외삼촌 나양좌에게 드리는 편지
三洲與其仲舅書[265)]

유봉(酉峰, 윤증의 호)이 우옹(尤翁, 송시열)[266)]과 사이가 어긋난 것은 실로 묘문(墓文)에서 비롯되었습니다. 묘문을 부탁할 때에는 마땅히 현명한 사람에게 맡겨야 하며 그렇지 않은 사람에게 부탁해서는 안 됩니다. 유봉이 우옹을 스승으로 섬긴 지 여러 해였으니 우옹의 언행 중에 드러나지 않았거나 사소한 부분까지 모르는 것이 없었을 텐데도 묘문을 부탁하였으니 이는 진정 우옹을 군자로 여긴 것입니다. 그리고 묘문이 완성되었을 때에도 유봉은 중요한 내용을 현석(玄石)에게서 빌려온 것을 꺼려하고 굳이 우옹 스스로 정론(定論)해 주기를 바랐으니,[267)] 이는 우옹의 말이 끝까지 전해질 것을 믿어 현석보다 더 중요하게 여겼기 때문입니다.

그런데 우옹에 대해 유봉은 어떠했습니까? 자기가 바라는 대로 우옹이

---

265) 『農巖集·上仲舅乙酉』를 교본으로 하였다. 김창협(金昌協, 1651~1708)의 본관은 안동, 자 중화(仲和), 호 농암(農巖)·삼주(三洲)이다. 김수항의 아들이자 송시열의 문인이다. 김창협의 어머니 안정 나씨(安定羅氏)는 윤선거의 문인 나양좌와 남매간이었으므로, 나양좌는 김창협에게 외삼촌이 된다. 이 편지는 1705년(숙종31)에 작성되었다. 앞서 나양좌가 김창협과 서신을 주고받는 가운데, 송시열이 김창협의 아버지 김수항을 비판하는 말을 많이 했고 김수항 또한 송시열을 진심으로 따른 일이 없었다고 하였는데, 이에 대해 김창협이 이는 두 집안의 우의에 흠집을 내려 하는 공정하지 못한 논의라고 반박하는 편지를 보냈다. 위의 글은 김창협의 편지 중 일부를 발췌한 것으로, 송시열에 대한 자신의 변함없는 존경의 마음과 송시열에 대한 평가가 무상(無常)한 소론의 견해를 대비시켜 후자를 비판하고 있다.

266) 우옹(尤翁) : 송시열에 대한 경칭이다.

267) 중요한……바랐으니 : 송시열이 지은 윤선거의 묘갈명은 노론과 소론이 분기한 회니시비의 주요 원인 중 하나였다. 1669년(현종10) 윤선거의 사후, 아들 윤증은 스승이자 부친의 벗이었던 송시열에게 묘갈명을 지어달라고 부탁하였다. 송시열은 이를 허락하였으나 정작 그 내용에서 윤선거의 일생을 평가하는 결정적 부분을 박세채가 지은 행장의 내용을 인용하는 것으로 대신하여 윤선거의 생전 행적에 대해 갖고 있던 불만을 간접적으로 드러냈다. 송시열로부터 묘갈명을 전해 받은 윤증은 이후 송시열에게 여러 차례 편지를 보내 내용을 수정해 줄 것을 요청하였는데 송시열은 이에 소극적으로 임하였고, 이 문제는 결국 노·소(老少) 간 논란거리가 되었다.

따라주지 않자 서로 간에 커다란 틈이 벌어졌고, 그 후로 본원(本源)과 심술(心術)에 관한 말들이 나와 우옹은 마침내 형편없는 소인이 되고 말았습니다. 만약 유봉의 바람대로 한결같이 따라주었다면 우옹은 예전과 다름없이 현인군자였을 것이고 유봉은 부지런히 심복하고 정성을 다하였을 것이며 우옹에 대한 외삼촌의 존경과 극진한 예 또한 변함없이 예전과 같았을 것입니다.

우옹이 군자가 되고 소인이 되고는 마땅히 바꿀 수 없는 대체(大體)가 있는 것입니다. 만약 그 본원과 심술이 진실로 소인이라면 묘문을 아무리 좋게 짓는다 해도 어찌 일거에 변하여 군자가 될 수 있겠습니까. 불교의 교리에, 사람이 비록 하늘을 찌르는 죄를 지었다 해도 아미타불이라 한번만 외우면 악업을 제거할 수 있고 지옥에도 떨어지지 않는다고 하는데, 저는 일찍이 웃으며 그 말이 이치에 맞지 않는다고 생각했습니다. 그런데 지금 이 일이 비슷하지 않습니까? 애석하게도 우옹은 수많은 죄과를 짊어지고도, 세 치 붓으로 나무아미타불 한마디를 외쳐 이산(尼山)에게 구원받지 못하고,[268] 스스로 아비지옥에 떨어져 도산검수(刀山劍樹)[269]의 고통을 받은 것입니다. 이런 말은 농담에 가깝지만 일은 서로 비슷한 점이 있으므로 한바탕 웃음거리로 말해 본 것인데 혹시 불손하다 하여 죄를 주실지 모르겠습니다.……

268) 우옹은……못하고 : 송시열이 묘갈명을 쓰며 윤선거에 대해 아낌없이 칭송하여 윤증을 비롯한 소론의 비위를 맞추어 주었다면, 염불 한 번에 모든 죄악이 사라진다는 불교 교리처럼 송시열에게 온갖 허물을 뒤집어씌우는 소론의 부당한 공격도 없었을 것이고 이로써 송시열이 소인으로 치부되는 일도 없었을 것이라는 말이다.

269) 도산검수(刀山劍樹) : 칼로 산을 만들고, 무성한 숲처럼 칼을 거꾸로 세워 그 위를 건너가게 하는 불교의 지옥을 말한다.

집의 윤공 행장 중 강화도의 일

執義尹公狀文中江都事[270]

현석(玄石) 지음

그해 겨울 오랑캐가 크게 쳐들어오니 주상이 원임대신(原任大臣)에게 명하여 종묘사직과 제궁(諸宮) 이하를 모시고 먼저 강화도로 들어가 보호하게 하였다. 팔송공(八松公, 윤황의 호)은 주상의 수레를 호종해야 했으므로 선생 형제에게 모부인을 모시고 강화도로 들어가게 했다.

이윽고 들어가 보니 분사(分司)[271]는 강화도가 천혜의 요새임을 믿고 끝내 방어할 대비를 갖추지 않았다. 마침 검찰부사(檢察副使) 이민구(李敏求)로 하여금 육지로 나가 일을 도모하게 해 보자고 의논을 내는 사람이 있었는데, 선생은 권순장(權順長)·김익겸(金益兼) 두 공[272]과 다투어 일어나 강을 건너 샛길을 통해 행재소에 도달할 수 있기를 바랐다.

또한 안일을 탐하는 분사의 잘못을 따지기를, "조정 신하의 대오가 편성되고 임금께서 산성을 순시하시니 지금은 와신상담을 해야 할 때이지 술을 마실 때가 아닙니다." 하니, 이 내용을 들은 자들의 의기가 솟구쳐 올랐다. 그러나 얼마 되지 않아 의론이 끝내 잠잠해지자 선생은 곧바로 성문을 나누어 지킬 것을 청하여, 동문(東門)에 소속되었다. 이듬해 정월에 성이 함락되자 백형(伯兄) 고산공(高山公)[273]은 모부인을 모시고 곧장 강가

---

270) 『魯西遺稿 附錄下·成均生員贈通政大夫吏曹參議魯西先生尹公行狀』을 교본으로 하였다. 윤증은 부친 윤선거가 별세한 뒤 행장의 찬술을 박세채에게 부탁하였고, 박세채는 윤선거의 행장을 1673년(현종14)에 완성하였다. 이 글은 박세채가 지은 윤선거 행장 중 일부로, 윤선거의 강화도 행적을 발췌한 것이다.

271) 분사(分司) : 중앙 관청의 일을 나누어 맡은 관청을 말한다. 병자호란을 당하자 봉림대군이 강화도로 들어가 분사를 관장하였다.

272) 권순장……공 : 권순장·김익겸은 윤선거의 친우로서, 1636년 병자호란 때 강화도로 피난하여 윤선거와 함께 죽음으로 성을 지킬 것을 맹세하였다. 이듬해 정월 성이 함락되자 모두 김상용과 함께 화약고에 불을 질러 분사하였다.

273) 고산공(高山公) : 윤황의 맏아들이자 윤선거의 맏형인 윤훈거(尹勳擧)를 이른다.

로 달려가 화를 면하였다. 선생은 이 사실을 알지 못하고 탄식하기를, "나라는 망하려 하고 부모님은 살아 계신지 돌아가셨는지 알 수 없으니, 차라리 남한산성으로 가 아버지 계신 곳에서 따라 죽는 게 낫지 않겠는가?" 하니, 중부인 필선공(弼善公)[274]도 그렇게 하도록 하였다.

당시 효종대왕은 대군으로서 오랑캐 진영 안에 있었는데 종실 진원군(珍原君) 이세완(李世完)에게 사신으로서 명을 받들고 행재소로 가게 하였다.[275] 선생은 미복(微服) 차림으로 따랐는데, 마침 남한산성을 나오는 임금의 수레를 만나 산성 남쪽에서 팔송공을 뵐 수 있었다. 조정에서는 척화를 주장했던 신하들에게 죄를 돌려 팔송공을 영동현(永同縣)에 귀양 보냈다.[276]

---

274) 필선공(弼善公) : 윤전(尹烇, 1575~1636)을 이른다. 필선으로 재직하면서 병자호란 당시 강화도에서 적병에게 피살되었다.

275) 효종은……하였다 : 당시 적이 항복을 요구하며 남한산성에 사신을 보내도록 겁박하자 강화도에서 분사(分司)를 관장하던 봉림대군이 진원군에게 명하여 남한산성으로 들어가 강화도의 상황을 전하게 하였다.(『明齋遺稿·宗室珍原君神道碑銘』)

276) 척화를……보냈다 : 1636년(인조14) 8월 20일에 윤황은 대사간으로서 차자를 올려, '강화도로 피난하겠다는 생각을 버리고, 평양에 진주하여 친정(親征)할 계책을 세울 것'을 주장하였다.(『仁祖實錄』 14年 8月 20日) 이에 윤황 또한 병자호란 후 척화신(斥和臣)으로서 탄핵을 받고 영동군에 유배되었다.

윤선거가 지평을 사직하는 상소
尹辭持平疏[277]

“다만 생각건대 신[278]이 지은 죄상을 지금까지 상소 가운데 이미 갖추어 아뢰었으나 성명(聖明, 효종)께서 버려진 사람으로 여겨서 배척하여 물리치지 않으신 것은 대분(戴盆)[279]의 아래를 충분히 살피지 못하신 점이 있는 것 같습니다. 신은 청컨대 죽음을 무릅쓰고 다시 아룁니다.

신은 지난날 강화도의 일[280]에 대해서 더 이상 말하고 싶지 않습니다만 신의 깊은 아픔은 실로 여기에 있습니다. 신의 중부(仲父) 윤전(尹烇)[281]은

---

277) 『魯西遺稿·辭持平 江外陳情疏[再疏]』를 교본으로 하였다. 이 상소문은 1655년(효종6) 10월에 윤선거가 사헌부 지평에 임명되자 올린 것이다.

278) 신 : 윤선거(尹宣擧, 1610~1669)를 가리킨다. 1636년(인조14) 청나라의 사신이 입국하자 성균관의 유생들을 규합, 사신의 목을 베어 대의를 밝힐 것을 주청하였다. 그 해 12월 병자호란이 일어나자 가족과 함께 강화도로 피신하였다. 이듬해 강화도가 함락되자 처 이씨가 자결하였으나 평민의 복장으로 탈출하였다. 1651년(효종2) 이래 사헌부지평·장령 등이 제수되었으나, 강화도에서 대의를 지켜 죽지 못한 것을 자책하고 끝내 취임하지 않았다. 김집의 문하에 출입하면서 성리학과 예학(禮學)에 정통하였다. 송시열이 경전주해(經傳註解) 문제로 윤휴와 사이가 나빠지자, 평소 윤휴와 친교가 깊었고 그의 재질을 아끼는 마음에서 변호하는 태도를 취하다가, 교분이 두터웠던 송시열로부터 배척을 당하게 되었다. 이것이 뒤에 노·소론 분열의 한 계기가 되었다. 『가례원류(家禮源流)』를 유계(兪棨)와 함께 저술하였으며, 『후천도설(後天圖說)』 및 이에 관하여 유계와 논변한 편지를 비롯한 많은 저술을 남겼다. 영의정에 추증되었으며, 시호는 문경(文敬)이다.

279) 대분(戴盆) : 동이를 머리에 이면 하늘의 해를 볼 수 없는 것처럼, 흔히 신하가 임금의 밝은 빛을 받지 못한 채 깜깜한 어둠 속에 놓여 억울하거나 혹은 곤란하게 되었다는 뜻으로 쓰는 표현이다. 사마천(司馬遷)이 임안(任安)에게 보낸 글에 “동이를 머리에 이고서 어떻게 하늘을 바라볼 수나 있겠는가.[戴盆何以望天]”라는 말이 나오는 데에서 유래한 것이다.(『文選·報任少卿書』)

280) 강화도의 일 : 병자호란 당시 윤선거가 가족·친구들과 함께 강화도로 피난하였다가 청나라 군대가 강화도를 함락하자 부인과 친구들이 모두 죽었는데 홀로 탈출한 것을 말하는 것으로서, 이것에 대해 노론에서는 절개를 잃었다고 비난하였지만, 소론에서는 당시에 윤선거가 죽을 의리는 없었다고 주장하여 후대 회니시비의 핵심 쟁점이 되었다.

281) 윤전(尹烇) : 1575~1636. 본관은 파평, 자 회숙(晦叔), 호 후촌(後村)이다. 황(煌)의 아우, 성혼의 문인이다. 1613년(광해군5) 유생 이위경(李偉卿)이 이이첨의 사주를 받아

궁관(宮官)으로서[282] 목숨을 버렸는데 신은 함께 서로 껴안고 죽지 못하였습니다. 사우(士友) 권순장(權順長)·김익겸(金益兼) 등은 모두 그 뜻을 저버리지 않았는데, 신은 그들과 함께 같은 날 죽지 못하였습니다. 처(妻)는 자결하였는데 자식을 버려둔 채 신만 홀로 종이 되어 구차하게 모면하였습니다. 신의 이와 같은 허물은 온 세상의 비웃음거리가 될 뿐이 아닙니다. 예로부터 찾아봐도 또한 지사(志士)와 어진 이들이 일찍이 치욕스럽게 여겨 꺼려하고 개탄하며 상심했던 일이었습니다. 신도 마음속으로 크게 한스럽게 여겨, 몸은 이미 망쳤고 이름도 이미 욕되었다고 생각하고 죽을 때까지 스스로 폐고되는 것을 달갑게 여겨 천지사이에 웅크리고 향리(鄕里)에 엎드린 지 지금까지 수십 년이 되었지만 일찍이 하루도 그 애통함을 잊은 적이 없었습니다.

사람들이 단지 폐고하여 숨어 지내는 것을 보고 혹 지키고자 하는 일이 있어서 그런가 하고 의심하여 명실(名實)을 살피지 않고 명목을 함부로 갖다 붙여서 위로는 성명의 귀를 현혹하고, 아래로는 세상의 선비들에게 부끄러운 바가 되었으니 신은 더욱 통한스럽게 여깁니다. 스스로 생각건대, 비록 과오가 없는 사람일지라도 오히려 헛된 이름을 도둑질하는 것을 부끄럽게 여기는데, 신과 같이 욕된 사람은 여러 사람들에게 다 같이 버림받았으며, 또한 잘못을 씻을 만한 실재 행실도 없습니다. 삿갓을 쓰고 베옷을 입고서도 오히려 평상시 사람들과 같이 할 수 없는데 어찌 감히 조관(朝冠)을 쓰고 띠를 두르고 대낮에 얼굴을 숙이고 스스로 벼슬아치의 반열에 낄 수 있겠습니까? 하물며 예로써 우대하고 징사(徵士)[283]의 직함을 내려주시니 이것이 얼마나 성대한 조치이며, 얼마나

폐모소(廢母疏)를 올렸을 때, 엄성(嚴惺) 등과 함께 이위경의 상소를 정지시키려다가 도리어 파면되었다. 인조반정(1623)으로 경기도도사로 복직되었다. 병자호란(1636) 때 필선으로 빈궁(嬪宮)을 배종(陪從)해 강화에 들어갔다가 성이 함락되자 식음을 폐하고, 송시영(宋時榮)·이시직(李時稷) 등과 함께 자결하기로 맹세했으나 죽지 못한 채 구출되었다가 적병에 의해 피살되었다.

282) 궁관(宮官)으로서 : 병자호란으로 강화도로 들어갈 당시 윤전의 벼슬이 세자시강원(世子侍講院)의 필선(弼善)이었으므로 궁관이라고 한 것이다.

283) 징사(徵士) : 왕이 부르는 선비를 가리킨다.

특별한 대우[異數]입니까? 그런데도 태연히 스스로 감당하면서 거리낌이 없을 수 있겠습니까? 비록 이로 말미암아 명을 어긴 죄를 얻어 만 번 죽을지라도 결코 염치를 무릅쓰고 관직을 받아서 구차하게 자리를 채울 수는 없습니다. 그렇기 때문에 신이 감히 임금의 문으로 들어가 은명(恩命)을 받을 수 없는 것은 일부러 교만한 태도를 짓기 위함이 아니라 실로 부득이함에서 나온 것입니다."

연보[284] 중 '죽을죄를 지은 신하' 한 단락
年譜死罪臣一段

효종이 답하기를, "그대가 지조를 지키며 변치 않으려고 하는 점을 가상하게 여기지만, 도리어 그것이 너무 지나치지 않나 의혹스러운 것은 무엇인가? 진동(陳東)[285] 때문에 마침내 윤곡(尹穀)[286]이 죽었다는 말은 듣지 못하였다. 두 사람이 죽은 일은 같지 않은데, 어찌 이것으로 갑자기 죽을죄라고 하는가? 이것이 내가 이해할 수 없는 것이다." 하였다. 윤선거가 상소하였다.[287]

"신이 매번 소를 올려 죽을죄를 받겠다고 청한 것은 다른 이유가 아닙니다. 단지 신이 임금의 명을 어겼기 때문입니다. 임금의 명을 어긴 것도 그 뜻을 고상히 하려는 자들이 징소에 응하지 않는 것과 같은 데에 비할 바가 아니며, 또한 벼슬을 하여 관직이 있는 자들이 예를 갖추어 극진히 사양하는 것과 같이 하는 것도 아닙니다. 신의 마음은 실로 가슴 속으로

---

284) 연보 : 윤선거 연보를 가리킨다. 『魯西遺稿·魯西先生年譜』에 보인다. 문제의 '죽을죄를 지은 죄인[死罪臣]'이라는 표현은 연보의 1655년 10월 기사에 있다. '죽을죄를 지은 죄인'은 숙종대 회니시비에서 주요 논점 중 하나가 되었다. 노론측에서는 병자호란 당시 윤선거가 강화도에서 죽지 못한 것을 표현한 것으로 보는 데 반해 소론 측에서는 효종이 부르는 명령을 어기고 출사하지 않은 것을 표현한 것이라고 주장하여 서로 대립하였다.

285) 진동(陳東) : 1086~1127. 자는 소양(少陽)이다. 송나라 흠종(欽宗)이 즉위하자, 태학생으로서 대궐로 나가 상서하여, 송나라가 금나라의 침략으로 남쪽으로 쫓겨나게 된 책임을 물어 채경(蔡京)을 비롯한 양사성(梁師成)·이언(李彦)·왕보(王黼)·동관(童貫)·주면(朱勔) 등을 육적(六賊)으로 규정하고 이들을 주륙(誅戮)하여 천하에 알리라고 주청했다. 고종(高宗)이 즉위하자 황잠선(黃潛善)·왕백언(汪伯彦)을 파직하라고 주청했지만 받아들여지지 않았다. 그때 구양철(歐陽澈)도 상서하자 황잠선이 이를 황제에게 아뢰니 고종이 격노하여 둘 다 참수하도록 했다. 처형에 임해 당당하게 대처하자 모두 눈물을 흘리며 애통해했다.

286) 윤곡(尹穀) : ?~1276. 자는 경수(耕叟), 호 무실(務實)이다. 남송 말기 원나라 군대에 포위되자 땔나무를 문 앞에 가득 쌓고 불을 질러 온 가족과 함께 분사(焚死)하였다.(『宋史·忠義列傳 尹穀』)

287) 윤선거가 상소하였다 : 『孝宗實錄』 8年 12月 19日에 있는 전 진선 윤선거가 올린 상소이다.

길이 슬퍼하고 깊이 아파하면서, 부끄러워 세상에 자립할 수 없는 점이 있습니다. 그래서 종신토록 감히 관복을 입고 은명(恩命)에 절하고서 신하의 직분에 이바지할 수가 없습니다. 신의 이 죄는 죽어도 용서받지 못할 것이라고 스스로 생각합니다. 그런데 지금 성상의 비답[聖批]을 받고 보니, '내가 이해할 수 없다.'고 하교하셨습니다. 이는 아뢰는 자가 신이 명을 어긴 실상을 드러내 그 마땅히 죽어야 하는 죄를 밝히지 않았기 때문일 것입니다. 신은 명을 어긴 본심을 자세히 진달하여 조정이 내리는 사생(死生)의 명을 듣기를 청합니다.

신이 상소에서 인용한 진동과 윤곡의 일은 감히 옛 사람에 자신을 견주려는 것이 아닙니다. 단지 만난 바가 마침 그들과 같았기 때문일 뿐입니다. 이른바 '선비가 나라를 위해 반드시 죽어야 할 도리는 없다.'고 말한 것은 평상시라면 따라야할 도리이지만, 이미 위태로운 성(城)에 있으면서 위험과 치욕을 같이 당한다면 난에 임해 구차하게 모면하는 것이 유독 마음에 부끄럽지 않겠습니까? 가령 진동이 윤곡의 처지를 당했더라면 반드시 죽었지 차마 구차하게 살지 않았을 것이 분명합니다. 신이 상심하고 아픈 것도 실로 여기에 있어서, 끝내 이미 지나간 일이라고 스스로를 위로할 수가 없습니다. 지금 신의 본심을 논하는 자들은 혹 친구들과 일을 함께 하고서 친구들은 죽었는데 신은 죽지 않았고, 혹 처와 죽음을 약속하고서 처는 죽었는데 신은 죽지 않았으니, 이 허물을 끌어다가 벼슬하는 데 뜻이 없는 것이라고도 운운합니다만, 이 또한 신의 실상 아닌 것이 없습니다. 그러나 신이 이렇게 하는 것은 친구를 위한 것도 아니고 처를 위한 것도 아닙니다. 단지 신의 몸이 구차하게 사는 것이 한스러워서일 뿐이니 이른바 신을 안다는 사람도 오히려 극진히 아뢰지 못한 점이 있습니다. 하물며 구중궁궐 안에서 소원하고 천한 신의 실정을 어떻게 굽어 살피실 수 있겠습니까?

강화도의 일을 생각할 때마다 참으로 잊을 수 없는 것이 있으니, 조정에서 신을 대우하는 방법은, 부끄러움을 아는 마음을 허락하고 애통함을 참는 뜻을 가련하게 여겨 하찮은 필부가 본분을 지키는 뜻을 변하지 않게 하는 것이 또한 옳지 않겠습니까? 만약 평소에 변하지 못할 것을 억지로 변하게 하고 잊을 수 없는 것을 잊게 한다면 다른 사람들로부터 비웃음과 비난을 받을 것입니다. 만약 의관을 갖추어 벼슬길에 나아가게 된다면 부끄러움을 안고 있는 하나의 음관(蔭官)이 되는 데 불과할 뿐이니, 조정에 무슨 소용이 있겠습니까? 신이 바야흐로 명을 어긴 것으로 죽을죄를 청했는데 감히 이런 말을 입 밖에 내는 것은, 명을 어긴 신의 본심이 여기에 있는 것이지 다른 데 있는 것이 아니기 때문입니다."

답하기를, "그대가 이른바 죽을죄라는 것은 절의를 굳게 지켜 세속에서 빼어난 행실이 아닌 것이 없으니, 이것이 내가 간절하게 잊지 못하고 반드시 부르고자 하는 이유이다.……" 하였다.

○ 무술년(1658, 효종9) 정월 윤선거의 상소에 답하기를,

"내가 한번 보고자 하는 것은 이익과 작록(爵祿)으로 유혹하려는 것이 아니라 너에게 죽을죄가 없다는 뜻을 말하고자 한 것이다.……" 하였다.[288)]

○[289)] "또한 신이 죽을죄를 지었다고 말한 것에 대해서 세 번이나 성교(聖敎)를 받았는데, '나로서는 이해가 가지 않는다.', '지조를 굳게 지킨 것이 아닌 것이 없다.', '만나보고서 이야기하고 싶다.'는 등이 그것이었습니다. 천신(賤臣)에게 일러 주시는 성상의 말씀이 이와 같이 정중함에도, 신이 고집을 버리지 않고 굳이 번거롭게 하는 것은 감히 일부러 주상의 밝은 뜻을 어기면서까지 고집스럽고 괴벽스럽게 행동하는 것을 좋아해서가 아닙니다. 신이 지금까지 저지른 범행이 실로 죽고도 남음이 있기 때문입니다.

무릇 명령을 내려도 따르지 않고, 관직을 제수하여도 사은(謝恩)하지 않으며, 불러도 나아가지 않는 것과 하명을 기다리지도 않은 채 지레 돌아가는 행위를 고금의 선비들이 간혹 행하기는 하였으나, 이를 스스로도

288) 내가……하였다 : 이 비답은 『魯西遺稿·詣闕下疏[三疏]』에 보인다.
289) 이 부분은 『孝宗實錄』 9年 3月 3日 및 『魯西遺稿·歸鄕後待罪疏』에서 보인다.

꺼리지 않고 남들도 비난하지 않으며 또 역대 임금이 죄로 삼지 않았던 것은, 그것이 의리에 맞고 도리를 따르는 경우였기 때문입니다.

오늘날 신은 한낱 변변치 못한 자로서, 미치광이처럼 경솔하고 고집스러운 병에 갇혀 있으면서, 감히 거침없이 마음 내키는 대로 행동하여, 군부 앞에서까지 거드름을 피우며 거만하니, 필부로서 무례한 죄는 만 번 죽어 마땅합니다. 비록 성상께서 불쌍히 여겨서 신을 용서해 주시더라도 신이 어찌 감히 갑자기 은총을 탐내어 아무렇지도 않은 듯이 스스로 죄 없는 사람인 척할 수 있겠습니까? ……"

이산 윤증이 판서 김만중[290]에게 보낸 편지[291]

尼山與金判書萬重書

윤증(尹拯) 등이 머리 숙여 두 번 절하고 말합니다.

"세월이 멈추지 않고 흘러 선부인(先夫人)의 장례[襄奉]가 어느덧 지났습니다. 삼가 생각건대, 효자께서는 가 닿을 수 없을 정도로 머나먼 바닷가에 갇혀 있어 미칠 수 없어 분상(奔喪)하지 못하셨으니,[292] 하늘까지 닿는 원통한 심정을 어찌 감내하십니까? 아! 사람이 태어나 누군들 부모가 없겠습니까만, 어찌 우리 집안 같은 경우가 있겠습니까! 불초한 저희는 엄친(嚴親)께서 모친의 자애로움을 겸하여 길러 주셨고, 상을 당한 그대 집안은 어머님께서 의방(義方)[293]의 교훈을 아울러 가르치셨습니다.

그대[294]는 평소에 잠시도 슬하를 떠나지 않았으리라는 것을 알 수가 있으니, 이는 불초한 저희의 사정을 통해서 그대의 사정을 짐작할 수 있기 때문입니다. 그런데 장례를 치를 때 이처럼 멀리 떨어져 계셨으니, 매번 그대가 홀로 울부짖으며 애통해하셨을 모습을 생각할 때마다 마치 저 자신이 당한 일인 듯 슬퍼하며 상심하였습니다.

어제 조문 편지를 지어 연산(連山)의 제형(諸兄)을 통해 전하여 올렸는데, 성균관[上庠][295]에 다니는 그대 아드님[296]께서 받지 않고 돌려보냈습니다.

---

290) 김만중(金萬重) : 1637~1692. 본관은 광산, 자 중숙(金重叔), 호 서포(西浦)이다. 장생의 증손, 강화도에서 순절한 김익겸의 아들이다. 대제학·병조판서 등을 역임하였다. 시호는 문효(文孝)이다.

291) 이 부분은 『明齋遺稿·與金重叔萬重庚午二月』에 보인다. 윤증이 1690년(숙종16) 2월 김만중에게 보낸 편지이다.

292) 효자께서는……못하셨으니 : 1689년(숙종15)에 기사환국이 일어나 남인(南人)이 정권을 잡고 서인(西人)이 실각하게 되자 김만중도 남해(南海)로 유배되었다. 그 해 12월에 모친 해평 윤씨(海平尹氏)의 상을 당하였으나, 유배지에 갇혀 있는 처지였으므로 장례에 참석하지 못하였다.

293) 의방(義方) : 집안에서 덕의에 알맞은 교훈으로 가르치는 일이다.

294) 그대 : 저본의 '哀'는 상을 당한 사람을 지칭하는 말인데, 여기서는 편의상 '그대'로 표기하고자 한다.

아! 불초한 제가 지난번의 일[297] 이후로 어찌 다급한 심정을 존형제[尊昆季][298]에게 한번 토로하고자 하지 않았겠습니까? 다만 정세가 막혀 끝내 말하지 못하였는데, 백씨(伯氏)인 광성(光城)[299]께서 갑자기 고인(古人)이 되셨습니다. 아드님이 이미 저의 본심을 모르니, 받지 않은 것도 당연합니다. 감히 이번 기회에 제 생각을 한 번 털어 놓고자 합니다.

아! 우리 선인(先人, 윤선거)께서는 선존장(先尊丈, 김익겸)에 대해 평생 동안 같은 날에 죽지 못함을 한스러워하시면서 돌아가실 때까지 그 의로움을 칭송하였습니다. 그 일에 대해서 임금[天聽]께 여러 차례 아뢰었을 뿐만 아니라, 사사로운 편지를 통해 드러내신 뜻도 간곡할 뿐만이 아니었으니, 불초한 제가 비록 지극히 모자라지만 어찌 감히 그 사이에 조금이라도 다른 뜻이 있겠습니까? 다만 선인께서 뜻밖에 비방을 받은 일이 저의 마음에는 비통하였으므로 선인께서 죽지 않은 의리를 대략 털어놓고자 했습니다. 그래서 망령되게 말하기를, '두 분은 죽을 곳을 얻어 그 뜻을 이루었으나, 선인은 우연히 죽음을 모면하신 것이다. 죽은 것은 참으로

---

295) 성균관[上庠] : 상서(上庠)는 성균관의 이칭(異稱)이면서 성균관에 입학할 자격을 지닌 생원(生員)이나 진사(進士)를 가리키기도 하다.

296) 아드님 : 김만중의 아들 김진화(金鎭華)를 가리킨다. 충주 목사 등을 역임하였다.

297) 지난번의 일 : 1680년경 『현종실록』을 개수할 때에 윤증이 이단하(李端夏)에게 편지를 보내 병자호란 때 강화도에서 있었던 일의 시말을 논하면서 "율곡은 참으로 입산한 잘못이 있었지만 선인은 죽어야 할 이유가 없었으며, 권순장과 김익겸이 남문에 없었다면 역시 죽어야 할 이유가 없었을 것이다."라고 말하였는데, 이 내용이 1685년에 이르러 밝혀져 여론이 비등했던 일을 가리킨다.

298) 존형제[尊昆季] : 김만중과 그 형 김만기를 가리킨다.

299) 광성(光城) : 김만기(1633~1687)의 봉호이다. 본관은 광산, 자 영숙(永淑), 호 서석(瑞石)·정관재(靜觀齋)이다. 증조부는 장생, 아버지는 익겸이고, 인경왕후의 부친이다. 숙부 익희에게 수학하고, 송시열의 문인이 되었다. 병조판서 등을 역임하였다. 1659년 효종이 죽자 자의대비(慈懿大妃)의 복상(服喪) 문제로 논란이 일어났을 때 기년설(朞年說)을 주장했으며, 3년설을 제기한 남인 윤선도를 공격했다. 1671년(현종 12) 딸이 세자빈이 되었다. 1674년 숙종이 즉위하자 왕의 장인으로서 영돈령부사에 승진하고 광성부원군(光城府院君)에 봉해졌다. 또한 총융사를 겸하여 병권을 장악했고, 김수항의 천거로 대제학이 되었다. 1680년 경신환국 때 훈련대장으로 끝까지 남인과 맞섰으며, 허적의 서자 견(堅)과 종실인 복창군·복선군·복평군 등의 역모를 막은 공으로 보사공신 1등이 되었다. 1689년 기사환국으로 남인이 정권을 잡자 관작이 추탈되었다가, 뒤에 복직되었다.

인(仁)을 이룬 것이지만, 산 것도 의리에 해가 되지 않는다.' 하였습니다. 이른바 '그렇지 않았다면 반드시 죽어야 할 의리가 없었다.' 말한 것은 불초한 저의 본의(本意)가 망령되게도 선인께서는 반드시 죽어야 할 의리가 없으셨다는 것입니다. 그러나 사람들이 간혹 한 사람은 살고 다른 한 사람은 죽은 것으로써 그 의도가 다르다고 의심하였으므로 또한 망령되이 말하기를, '두 분께서도 선인과 같이 우연히 그 자리에 계시지 않았다면, 그 의리도 혹여 선인과 차이가 없었을 것이다.' 한 것이지 어찌 감히 두 분에 대해 반드시 죽어야 할 의리가 없었다고 여긴 것이겠습니까? '그렇지 않았다면[不然]'이라고 말한 두 글자를 보면 알 수 있을 것입니다.

불초하고 변변치 못한 제가 만약 마음속에 조금이라도 다른 뜻을 품고 있다면 죽는 날에 또한 지하에서 선인을 뵐 수 없을 것입니다. 다만 글을 지을 때에 신중히 살피지 못하여, 글의 어구(語句)에 삼가는 뜻이 전혀 없습니다. 또 함부로 억견(臆見)을 가지고 전현(前賢)들께서 의리에 대처한 도를 미루어 경솔하게 말하여 일을 그르친 것이 이 지경에 이르렀으니, 이는 실로 불초한 제가 만 번 죽더라도 속죄하기 어려울 것입니다. 밤낮으로 자책하더라도 돌이킬 수 없는 일이니, 애타는 이 마음은 귀신에게라도 질정(質正)할 수 있습니다. 또한 일찍이 이러한 뜻을 권계상(權季常)-시경(是經)-300) 영감[令公]에게도 아뢰었으니, 오늘에 이르러 감히 꾸미려는 것이 아닙니다.

본래 심정의 곡절은 여기에 다 말씀드렸습니다. 비록 거절을 당했지만 끝내 스스로 그만둘 수 없어 감히 다시 연산 시골의 제현들을 통해 멀리 있는 저의 진심을 펼쳤는데, 그대의 뜻은 어떠신지 모르겠습니다. 아! 선인께서 죽지 못한 것을 허물 삼아 종신토록 벼슬하지 않은 것은 바로 그 당시에 뜻을 함께 하고 일을 같이 했던 마음인 것입니다. 두 분께서

300) 권계상(權季常) : 계상은 권시경(權是經, 1625~1708)의 자이다. 본관은 안동, 시호 정간(靖簡)이다. 병자호란 당시 강화에서 김익겸과 함께 자결한 권순장의 아들이다. 병자호란 때 권순장이 김익겸·윤선거와 함께 죽기로 약속하였으나 윤선거는 이를 이행하지 않아 김익겸의 자손들은 윤증과 절교를 하였지만 그는 오히려 윤증을 비호하였다.

이미 앞에서 순절하시고, 선인 또한 그 뒤에 다시 의리를 다하셨으니, 지조와 의리가 분명하여 이승과 저승이 하나가 되었습니다. 불초한 제가 망령되이 생각건대, 이는 참으로 천하의 큰 신의(信義)입니다.

선대의 돈독한 우의가 이미 이러하다면 어찌 자손들이 대대로 강명(講明)해야 할 바가 아니겠습니까! 평상시에 또한 출처의 길을 달리하여, 한쪽은 조정에 나가고 한쪽은 초야에 은둔하여 그 형적이 달랐기 때문에 감히 스스로 소식을 통하지 못했지만, 비통함을 참고 원한을 머금은 평생의 심사는 피차간에 서로 마음이 통하여 차이가 없을 것이라고 생각합니다. 그런데 결국 불초한 저의 망령된 행동으로 인해 어긋난 것이 이 지경에 이른 것은 불초한 저의 죄가 아닌 것이 없으니 무슨 말을 하겠습니까? 애초부터 이번 조문편지를 통해서 번거롭게 할 의도는 없었지만 속마음을 펴지 못해 일찍이 답답하던 차에 거듭 아드님의 거절을 받고나니 한 번 토로하지 않을 수 없어 상중에 있는 그대의 귀를 더럽히게 되었으니 더욱 송구스럽습니다.

또 상중의 김군 수보 진귀[301]에게 보낸 편지[302]
又與金哀君守甫 鎭龜 書

……삼가 듣건대 광성대부인(光城大夫人)[303]께서 갑작스럽게 세상을 떠나셨다고 합니다. 생각건대 근심이 병이 되어 여기에 이르렀을 것이나 부음을 받고 깜짝 놀라 마지않았습니다. 외딴 섬 가운데에서 갑작스럽게 흉한 부음을 들었을 것이니, 그 하늘과 땅에 다다르는 아픔은 다른 사람들조차도 슬프고 참혹하게 만들어 차마 상상할 수 없을 정도입니다. 상중의 판서공 앞으로 조문 편지를 써서 다행히 왕래하는 편을 통해서 전달하여 올렸는데, 잘 전해졌는지요?[304]

아! 선인께서 김익겸과 권순장, 두 분에 대해서 평생토록 함께 죽지 못한 것이 한이 되어서 사직 상소에서 임금[天聽]께 누차 아뢰었을 뿐만 아니라 사사로운 편지를 통해 드러내신 뜻도 반복해서 간곡할 뿐만이 아니었습니다. 만약 불초한 저에게 조금이라도 다른 뜻이 있었다면 죽는 날 어찌 선인을 지하에서 뵐 수 있겠습니까?

다만 당초 선인께서 비방을 받은 일이 비통하여 선인이 의리에 처한 도리를 분변하기 위해 말하기를, “두 분은 죽을 곳을 얻어 그 뜻을 이루었으나, 선인은 우연히 죽음을 모면하신 것이다. 죽은 것은 참으로 인(仁)을 이룬 것이지만, 산 것도 의리에 해가 되지 않는다.” 하였습니다만, 표현이

---

301) 김진귀(金鎭龜) : 1651~1704. 본관은 광산(光山), 자 수보(守甫), 호 만구와(晩求窩)이다. 반(槃)의 증손, 할아버지는 익겸, 아버지는 만기이며, 인경왕후(仁敬王后)의 오빠이다. 좌참찬·판의금부사 등을 역임하였다. 1689년(숙종15) 기사환국에 의하여 남인정권이 들어서자 김석주와 함께 가혹한 수법으로 남인을 숙청하였다는 탄핵을 받고 제주도에 위리안치되었다. 1694년 갑술환국으로 서인이 집권하게 되자 풀려나 등용되었다.

302) 또 상중의……편지 : 이 자료는 윤증이 김진귀에게 보낸 편지인데, 『명재유고』에는 보이지 않는다.

303) 광성대부인 : 광성부원군 김만기의 어머니 해평 윤씨(海平尹氏)를 가리킨다.

304) 상중의……전해졌는지요? : 여기의 판서공은 김만중을 가리키고, 조문 편지란 윤증이 김만중에게 보낸 바로 앞 자료로 보인다.

제 뜻을 충분히 밝히지 못하였고, 말을 삼가지 못하여 실정과 다른 무한한 말이 있었던 것은 불초한 저의 죄가 아님이 없으니 오히려 무슨 말을 하겠습니까?

광성 형제분들 앞에 매번 이 심정을 토로하려 했지만 정세(情勢)가 막혀 끝내 감히 마음을 드러내지 못하였는데, 백씨인 광성께서 이미 고인(古人)이 되셨습니다. 지금 조문 편지에서 감히 외람되게 이러한 뜻을 언급하지 못한다면 구구한 속마음을 언제 토로할 수 있겠습니까? 단지 스스로 애만 태울 뿐이었을 것입니다.……

나양좌의 사사로운 기록

羅良佐私記[305)]

기유년(1669, 현종10) 윤선거 선생의 장례 때 윤의제(尹義濟)[306)]가 조문[致奠]하기 위해서 왔는데, 송자문(宋子文)[307)]이 먼저 그 제문(祭文)을 보고 말하기를, "제문에 원망하는 말이 많고, 또한 무함하는 말이 있어서 받지 않는 것이 마땅합니다." 하였습니다.

그러자 명재(明齋, 윤증의 호)가 말하기를, "제문에 비록 원망하는 말이 있지만 선생께서 평일에 오히려 말하기를, '개과천선한다면 다시 교유하는 의리가 없을 수 없다.' 하였다. 지금 비록 허물을 고친 일은 없으나 죽음을 애도하는 뜻을 갖고 왔으니 이 또한 선을 행하는 단서인데 어찌 받지 못할 의리가 있겠는가?" 하였습니다.

송자문이 다시 또한 불가하다고 말하고, 또 말하기를, "비록 이해(利害)로써 말하더라도, 이 제문을 받은 뒤에 반드시 좋지 못한 일이 있을 것이니 그때는 반드시 제 말이 생각날 것입니다." 하였습니다. 지금 대감[308)]의 말씀을 들으니, 송자문이 오늘의 일을 미리 알고 있었다고 할 만 합니다. 제문을 받은 일은 과연 오늘의 실수이지만 그 잘못은 자제와 문생에게 있고, 황천[泉下]에 계신 분[309)]은 알 수 없는 일이니 이것으로써 절교하지 않은 증거[310)]로 삼는다면 실로 온당치 못한 것입니다.

---

305) 나양좌의 사사로운 기록 : 이 자료는 『명촌잡록』에 보이는데, 1673년(현종13) 나양좌가 윤증과 함께 송시열을 찾아가서 윤선거 묘갈명을 부탁할 당시 나양좌와 송시열 사이에 오고 간 대화의 일부이다. 이 자료 전체는 나양좌가 송시열에게 한 말이다.

306) 윤의제(尹義濟) : 1640~1680. 본관은 남원, 자 정백(正伯)이다. 희손(喜孫)의 증손이고, 할아버지는 대사헌 효전(孝全), 아버지는 우찬성 휴(鑴)이다. 헌납·충청도 관찰사 등을 역임하였다. 1680년 경신환국으로 윤휴는 사사되었고, 그는 극변(極邊)에 유배되어 병사하였다.

307) 송자문(宋子文) : 자문은 송두장(宋斗章, 1634~1671)의 자이다. 윤증·박세채와 함께 분암(墳庵)에서 윤선거에게 수학하였다.

308) 대감 : 송시열을 가리킨다.

309) 황천[泉下]에 계신 분 : 윤선거를 가리킨다.

310) 절교하지 않은 증거 : 윤선거가 윤휴와 절교하지 않음을 가리킨다. 회니시비의 주요한 갈등 원인 가운데 하나로 「기유의서(己酉擬書)」가 거론되는데, 여기서 윤선거는 송시열에게 윤휴·허목 등의 등용을 촉구하였다. 반면 송시열은 윤선거와 윤휴의 교유를 못마땅하게 여겼고, 끊임없이 관계 단절을 촉구하였다.

나양좌의 상소 가운데 말

羅良佐疏中語[311)]

이른바 "윤휴(尹鑴)[312)]의 제사[奠酹]를 받았다."는 것은 윤선거와 윤휴가 비록 이미 서로 절교했지만 깊이 원수진 일이 있었던 것은 아니었습니다. 때문에 윤선거가 평상시에 비록 윤휴와 더불어 안부를 통하지 않았지만, 큰 누이의 상사(喪事)를 당했을 때 윤휴의 위문을 받고서는 보답하여 사례했었습니다. 고(故) 권준(權儁)[313)]은 곧 윤선거의 매부(妹夫)이자 윤휴의 처형(妻兄)이었기 때문에, 권준이 죽었을 때 윤휴에게 편지를 보내 서로 조문했던 것입니다. 윤휴가 윤선거의 상사를 당해 제문을 지어 조문한 것은 또한 예전의 정의(情意)로 한 것이었으니, 반드시 물리치고 받지 말아야 할 의리가 있었던 것은 아니므로, "아주 심하게 끊지 않았다."고 말할 수는 있습니다만, 이를 가지고 절교하지 않은 것으로 의심할 수는 없는 일입니다.

---

311) 나양좌의 상소 가운데 말 : 이 자료는 1687년(숙종13) 3월 17일에 나양좌를 소두로 하여 올린 장문의 상소 가운데 일부이다. 이 상소문은 송시열 등의 윤선거·윤증 비판에 대한 가장 포괄적인 반박문인데, 본 자료는 윤휴의 제문을 받은 일과 관련된 부분만 짧게 인용하였다.

312) 윤휴(尹鑴) : 1617~1680. 본관은 남원, 자 희중(希仲), 호 백호(白湖)이다. 대사헌 효전(孝全)의 아들이다. 현종·숙종 연간에 조정에서 활동한 북인계(北人系) 남인에 속하는 관인(官人) 학자이다. 윤휴가 『중용』에 대한 주자의 주석(註釋)을 '변개(變改)'하였다고 하여 송시열로부터 사문난적으로 몰린 것은 잘 알려진 사실인데, 이때 윤선거는 윤휴를 변론하였다. 또한 기해·경자년 예송에서 윤휴의 3년설과 송시열의 기년설이 대립할 때, 윤선거 역시 윤휴의 예설을 비판하였지만 그 논점은 송시열과 달랐으며, 더구나 그것을 빌미로 윤휴를 처벌하는 것에 대해 반대하였다. 이와 같이 윤휴를 두고 송시열과 윤선거가 대립한 것은 사상과 예설의 차이는 물론이고, 당시의 정국 운영에 대해서도 분명한 입장 차이를 드러낸 것이었다. 그러한 사상적 차이가 서인이 노·소론으로 분열되는 중요한 배경이었다. 윤선거와 송시열의 대립이 단순한 감정 대립 차원이 아니라 사상과 정책의 대립이었다는 것을 이 자료들은 보여준다.

313) 권준(權儁) : 1610~?. 본관은 안동, 자 수부(秀夫), 호 월천(月川)이다, 권첩(權帖)의 아들, 윤휴의 처형이다.

어떤 사람의 질문에 대답함

對或問

어떤 사람이 묻기를, "윤선거의 강화도의 일은 큰 절의를 훼손한 것이다. 뒷날 잘못을 뉘우친 사실이 있었지만 어찌 돌아볼만하겠습니까? 우옹(尤翁, 송시열)이 당초에 허여한 것은 잘못인 듯합니다." 하였다.

내가 말하였다. "이는 그렇지 않은 것이 있다. 정자(程子)가 말하기를, '천하에 허물을 고칠 수 없는 사람은 없다.' 하였고, 『서경(書經)』에 이르기를, '실수로 저지른 죄는 크더라도 용서해 준다.'[314] 하였다. 사람들이 허물을 고치는 것을 허여하지 않는다면 이는 사람들이 스스로 그 마음을 새롭게 하는 것을 저지하는 것이고, 사람들이 선한 길로 향하려는 것을 막는 것이다. 공산불요(公山弗擾)의 죄악이 크고 극악했지만 부자(夫子)가 오히려 허물을 고치기 바라서 그가 부르자 따라 나아가기까지 하였다.[315] 하물며 윤선거가 구차스럽게 모면한 것은 단지 목숨을 버리는 용기가 없어서 일어난 일에 불과하지 않은가! 뒤에 스스로 폐고되기를 마음속으로 맹세하고 끝내 출사하지 않았으니 이는 진실로 허물을 잘 보완한 것이라 할 수 있다. 지금 만약 강화도의 실수를 가지고 그 나아진 점을 인정하지 않는다면 어찌 성인이 실수로 저지른 죄는 크더라도 용서해 주는 뜻이라고 하겠는가?

또한 우옹이 윤선거에 대해서 그 죽지 못한 것을 허여한 것이 아니라

---

314) 실수로……용서해 준다 : 『서경』 「대우모(大禹謨)」에 "실수로 저지른 죄는 크더라도 용서해 주고, 고의로 지은 죄는 작은 죄도 철저하게 처벌한다.[宥過無大, 刑故無小.]"라는 말이 있다.

315) 공산불요(公山弗擾)의……하였다 : 『논어』 「양화(陽貨)」에서 노(魯)나라 계씨(季氏)의 가신(家臣)인 공산불요가 일찍이 공자를 불렀을 때 공자가 가려고 하자, 자로(子路)가 좋아하지 않았다. 그 이유는 공산불요가 비읍(費邑)을 점거하여 반란을 일으킨 죄를 저질렀기 때문이었다. 이에 자로가 "가실 곳이 없으면 그뿐이지, 하필 공산씨(公山氏)에게 가신단 말입니까?"라고 묻자, 공자가 "나를 부르는 자가 어찌 까닭 없이 부르겠느냐? 만일 나를 써주는 자만 있다면 나는 동주(東周)를 일으킬 것이다."고 하였다.

단지 그 허물만을 허여하였으므로 사람들은 장차 난리에 직면해서 구차하게 모면하는 것이 부끄러운 일임을 알 것이니, 맹부자(孟夫子)가 말한 '생선을 버리고 곰발바닥을 택한다.'[316]는 의리가 분명한 것이다. 그 처음에 허여한 것이 어찌 잘못이겠는가? 하지만 그 자식이 아비의 본심을 밝히는데 이르러 잘못을 뉘우친 사실이 없음을 드러내자 비로소 평일 번지르르하게 꾸미는 것에 속은 것을 알았다.

또한 저들이 말하는 '완전한 도리'라고 하는 것도 사람들이 장차 난리에 직면하여 구차하게 모면하는 것을 바꿀 수 없는 의리라고 하는 것이니, 그 인심을 타락하게 하고 세도에 화를 끼치는 것이 과연 어떠하겠는가? 그래서 마침내 배척하는 것을 그만둘 수 없었던 것이다."

◯ 어떤 사람이 묻기를,

"윤증의 무리들이 입만 열면 반드시 '이미 윤휴와 절교하였다.' 했는데도, 우옹(尤翁)이 '절교하지 않은 것이 틀림없다.'고 의문을 제기하면서 배척한 것은 어째서 입니까?" 하였다. 내가 말하였다.

"기유년(1669, 현종10) 편지[317]는 윤선거가 죽을 무렵 쓴 것인데, 그 내용 중 하나는 '온 정신을 모아서 집중해야 한다.'는 것이며, 또 하나는 '먼저 두 사람에게서 시작해야 한다.'는 것이었다. 이것은 우옹이 윤휴·허목의 무리들과 함께 온 정신을 모아서 집중해야 한다는 것이고, 또한

---

316) 생선을……택한다 : 맹자가 말하기를, "생선도 내가 원하는 것이고 곰발바닥도 내가 원하는 것이지만, 이 두 가지를 한꺼번에 얻을 수 없을 경우, 나는 생선을 버리고 곰발바닥을 취하겠다. 삶도 내가 원하는 바이고 의(義)도 내가 원하는 바이지만, 이 두 가지를 한꺼번에 얻을 수 없을 경우, 나는 삶을 버리고 의를 취하겠다."고 하였다.(『孟子·告子上』)

317) 기유년(1669, 현종10) 편지 : 「기유의서」를 가리킨다. 의서란 편지를 써두었지만 여러 가지 사정으로 보내지는 않은 편지를 말한다. 「기유의서」는 1669년 윤선거가 죽기 직전에 송시열에게 보내는 편지를 써 뒀는데, 정세가 바뀌어 결국 보내지 않았다. 여기에는 송시열의 정치 행태를 통렬하게 비판하는 내용이 들어 있었다. 윤선거가 죽은 후 그 아들 윤증은 송시열에게 윤선거의 묘갈명을 청하면서 관련 자료와 함께 이 편지도 보냈다. 소론 측에서는 이것이 송시열이 윤선거에게 원한을 품고 묘갈명을 부정적으로 지은 한 원인이 된 것으로 보고 있다.

조정에서 등용할 때 반드시 윤휴와 허목부터 먼저 해야 한다는 것이었다. 과연 이미 그 사람들과 절교하였다면 붕우 간에 온 정신을 모아서 집중하게 만들려 하고, 조정에서 등용하게 하려 한 것은 어째서인가? 붕우 간에 온 정신을 모아서 집중하게 만들려 하고, 조정에서 등용하고자 했으면서 이미 그 사람들과 절교했다고 말한다면 어느 누가 그것을 믿겠는가?

또한 이미 큰 누이의 상사(喪事)에서 그의 문상을 받고 사례하였으며, 그의 처형이 죽자 편지를 보내서 위문해 놓고 오히려 윤휴와 더불어 안부를 주고받지 않았다고 말하는 것이 과연 말이 되는가? 그 아비가 살아서는 이미 그 사람과 절교하였는데, 그 아비가 죽자 도리어 조문을 받았으니, 윤증이 비록 불초하다고 하지만 어찌 차마 이같은 짓을 할 수 있는가! 이는 그 아비가 일찍이 절교하지 않았기 때문에 그 자식이 감히 거절하지 못한 것이 명백한 것이다. 하물며 그 연보 가운데 윤휴를 찬미한 말은 경신년(1680, 숙종6) 윤휴가 형벌을 받아 죽은 뒤에 나왔으니, 그 절교하지 않은 사정을 가릴 수 없을 것이다. 이런 말이 여기서[318] 나왔다면 앞서 언급한 저러한 말들은 혹 유혹하여 무고한 것이라고 하겠지만, 이는 모두 윤씨 부자와 그 문도가 한 말에 근거한 것이니, 의리를 배반하고 편당하여 나쁜 짓을 저질렀다는 명목은 저 무리들이 입증하여 완성하지 않은 것이 없다. 이와 같이 하고서 사람들이 감히 의논하지 못하게 하려는 것은 어려운 일이다."

318) 여기서 : 윤선거·윤증을 비난하는 측, 즉 노론을 가리킨다.

어떤 사람에게 보낸 편지
示或人書[319]

세상에서 우옹(尤翁)을 멋대로 무함하는 자는 진실로 말할 것도 없지만, 그 마음씀씀이와 지론(持論)이 이와 같이 심하지 않은 자도 또한 자못 그윽이 의심하면서 말하기를,

"우옹이 윤휴와 절교한 것은 경전을 훼손한 날에 있지 않고 예송(禮訟)을 일으켰을 때 있었다. 당시 윤휴의 죄와 당여를 주륙하는 법을 덮어버리고, 반드시 경전을 훼손했다는 것으로 말을 만들었으니, 이는 한 사람의 사사로운 원한에서 나온 것이지 천리의 올바름이 아니다." 하였다. 이는 바로 소인의 마음으로써 군자의 마음을 헤아린 것이다.[320] 자네가 이에 대해서 변론할 줄 모르니, 또한 이치에 밝지 못하다는 것을 알 수 있다.

자네가 장차 이 일에 대해서 밑바닥까지 내려가서 그 이면[裡面]을 보고 앉아서 생각하면 곧 우옹이 마음을 둔 곳을 알 수 있을 것이다. 자네에게 평생 뜻을 같이하는 친구의 도리를 서로 허여한 자가 있는데 하루아침에 윤휴처럼 망령된 행동을 하는 자가 있다면 곧바로 서로 다른 입장을 내세워 절교할 수 있겠는가? 아니면 장차 경계하고 질책하여 허물을 고치기를 바랐는데 끝내 듣지 않다가, 혹 별도의 한 가지 일로 인하여

---

319) 어떤 사람에게 보낸 편지 : 이 자료는 한원진(韓元震, 1682~1751)이 그의 조카 강규환(姜奎煥, 1697~1731)에게 1715년(숙종41) 2월에 보낸 편지로서 『남당집(南塘集)·여강생규환 을미 이월(與姜甥奎煥乙未二月)』과 거의 같다. 한원진의 본관은 청주(淸州), 자 덕소(德昭), 호 남당(南塘)이다. 권상하 문인으로 강문팔학사(江門八學士) 중 한 사람이다. 호락논쟁(湖洛論爭)에서 호론(湖論)인 인물성이론(人物性異論)을 주장한 대표적 인물이다. 강규환의 본관은 진주, 자 장문(長文), 호 존재(存齋)·비수재(賁需齋)이다. 한원진·권상하의 문인이다.

320) 소인의……것이요 : 자신의 비열한 마음을 가지고 훌륭한 덕을 가진 사람의 흉금을 멋대로 추측한다는 뜻이다. 『춘추좌씨전(春秋左氏傳)』 소공(昭公) 28년(B.C. 514) 조에 "소인의 배로 군자의 마음을 헤아리려 하니 배가 부르실 듯합니다.[願以小人之腹, 爲君子之心, 屬厭而已.]"라고 하였다. 여기에서 유래하여 뒤에는 위와 같은 의미로 변하였다.

그 속마음을 보고 다시는 착한 사람이 될 가망이 없다는 것을 안 뒤에야 바야흐로 절교하겠는가? 친구에게 큰 잘못이 있으면 진실로 서로 절교해야 할 의리가 있지만, 또한 그 사이에서 충후(忠厚)하고 불쌍하게 여기는 뜻을 보존해야 할 것이다. 저 발끈 성을 내면서 하루가 다하기를 기다리지 않는 자는 소장부가 될 것이니 군자가 어찌 그렇게 하겠는가!

우옹이 윤휴에 대해서 일찍이 서로 도의(道義)로써 맺기를 허여하였으니 의(義)는 진실로 무겁지 않은 적이 없었지만 정(情) 또한 두텁지 않은 적이 없었다. 윤휴가 처음 주석을 고쳤을 때,[321] 경계하고 질책하면서 친구로서의 도리를 다하기를 기다리지 않고 문득 절교[割席]하였다면 어찌 군자로서 박덕(薄德)하다고 하지 않겠는가! 때문에 경전을 훼손하는 망령된 행동을 배척한 것이 비록 엄했지만 백이(伯夷)라고 칭찬하고[322] 강관(講官)에 발탁하였으니,[323] 친구로서의 정이 아직 완전히 끊어진 것은 아니었다. 어찌 이른바 '왕께서 행여 고칠까 기다린다.'[324]는 것이 아니겠는가?

만일 윤휴가 곧 뉘우치고 깨달아서 망령된 행동을 고쳤다면 우옹이 대우하는 것이 또한 어찌 다만 한 가지 착한 점만을 칭찬하고 관직 하나만

---

321) 윤휴가 처음 주석을 고쳤을 때 : 『형감』 「이윤시말(尼尹始末)」에 따르면 윤휴가 『중용』을 주석을 고쳤을 때를 가리킨다. 이에 송시열이 사문난적으로 배척하였다고 한다. 윤휴의 『중용』 관련 저술로는 「공자달도달덕구경지도(孔子達道達德九經之圖)」·「중용지도(中庸之圖)」와 「중용장구차제(中庸章句次第)」·「분장대지(分章大旨)」·「중용주자장구보록(中庸朱子章句補錄)」 등이 전해진다. 이를 통해서 윤휴는 주자의 『중용장구』의 4대절 33장 체재를 따르지 않고 10장 28절 체재를 주장하였다.

322) 백이(伯夷)라고 칭찬하고 : 1656년(효종7)에 윤휴가 자의(諮議)에 임명되었는데 고신(告身)을 돌려 바치자 송시열은 윤휴를 '오늘날의 백이'라고 칭찬하였다. 백이는 주(周)나라 고죽군(孤竹君)의 맏아들로서, 동생 숙제(叔齊)와 함께 무왕(武王)이 은(殷)나라를 치려는 것을 말리다가 듣지 않자 주의 곡식 먹는 것을 부끄럽게 여겨 수양산(首陽山)에 들어가 고사리를 캐어 먹으면서 살다가 굶어 죽었다.

323) 강관(講官)에 발탁하였으니 : 당시 송시열은 여러 사람들의 논의에 쫓겨서 윤휴를 진선(進善)에 의망(擬望)하였다. 이에 이후원(李厚源)은 송시열을 책망하며 윤휴를 이단이라 해 놓고, 이번에 진선에 의망했으니, 이것은 세자로 하여금 이단을 배우게 하려는 것이라고 비난하였다.

324) 왕께서 행여 고칠까 기다린다 : 『맹자』 「공손추 하(公孫丑下)」에서 맹자가 제(齊)나라를 떠날 적에 사흘 밤을 묵은 뒤에 출발하면서 "왕께서 행여 고치실까 내가 날마다 바란다.[王庶幾改之, 予日望之.]"라며 기대하는 마음을 버리지 않았던 고사를 인용한 것이다.

제수했겠는가? 예송이 일어나자 윤휴가 '군주를 낮추고 종통을 둘로 만들었다.'325)는 말을 지어내어 멋대로 참소하는 역적이 되었으니, 윤휴가 흉특한 마음을 품은 올빼미와 같이 흉악한 사람이라는 것이 여지없이 드러나서 다시는 지난날의 망령된 행동을 고칠 가망이 없게 되었다.

윤휴가 이때부터 비로소 성문(聖門)의 이단으로 판정되었으므로, 아직 끊어지지 않았던 교분[交誼]을 다시는 온전하게 회복할 수 없었다. 이것이 우옹이 윤휴와 절교한 것이 경전을 훼손한 날에 있지 않고 예송이 일어난 다음에 있었던 이유이다. 윤휴가 악함을 저지른 것은 비록 예송에서 드러났지만 그 나쁜 마음의 근본은 예전 경전을 훼손한 것에 있었던 것이다.

예론이 어그러진 것은 그 화가 한때에 그치지만 경전을 훼손하여 무고하는 것은 그 피해가 만세에 미치니 그 죄의 경중이 또한 차이가 있었다. 악함이 드러나기 전에 교분을 끊지 못한 것은 군자의 잘못이지만 이 또한 마땅하지 않은가? 악해진 뒤에도 감싸고 보호하는 것이 변치 않았으니 당인(黨人)의 자취를 어찌 숨길 수 있겠는가?

참소하는 역적이 당을 만들어 재판관[士師]에게 죄를 얻은 것과 이단을 옳다고 허여하여 성문(聖門)에 죄를 얻는 것은 당여 가운데에도 또한 그 죄의 경중이 있는 것이다. 우옹이 윤휴의 죄와 당여를 주륙하는 법을 덮어버린 이유는 경전을 훼손한 것이 위중하다고 여겼기 때문임이 틀림없다. 윤휴를 간흉으로 처단할 때 예론이 근거가 될 수 있지만, 윤휴가 지은 범죄를 헤아려보면 경전을 훼손한 것이 컸다. 그래서 간사한 것을 밝히고 악을 끊어버린 것은 비록 예송에서 있었지만, 그 죄와 당여를 주륙하는 법을 덮어버리고 반드시 경전을 훼손한 것에 근거한 것이다. 이는 만물을 살리는 어짊은 항상 악함을 끊어버리는 가운데 실행된다는

---

325) 군주를 낮추고 종통을 둘로 만들었다 : 비주이종(卑主貳宗). 윤휴는 효종이 왕위를 계승하였으므로 장남으로 간주하고 효종에게 종통이 있다고 하면서 참최(斬衰) 3년복을 입어야 한다고 주장하였다. 이러한 입장에서 볼 때 소현세자를 장자로 보아 이미 3년복을 입었다고 하며, 효종을 차자(次子)로 간주하여 기년복을 주장한 송시열의 예설은 군주를 낮추고 종통을 둘로 만드는 불충에 해당되었다.

것이니, 말하는 것을 밝게 알면 법을 적용하는 사이에 착오가 없을 것이다. 만약 의리가 정밀하고 인에 익숙하지 못한 자라면 누가 여기에 함께 할 수 있겠는가? 그러므로 이는 지혜로운 자가 말할 수 있는 것이지 속인은 말하기 어렵다. 이른바 "군자가 하는 일을 중인(衆人)들은 진실로 알 수 없다."[326]는 것이 이것이다. 자네가 또한 이것을 깨닫는다면, 감식하는 안목을 갖추었다고 인정할 수 있을 것이다.

---

326) 군자가……없다 : 『孟子·告子 上』에 보인다.

분변하는 설

辨說

심하도다! 윤증의 무리들은 다른 사람을 교묘히 무고하고도 아무 생각이 없구나! 안목을 갖춘 자들은 저 의식의 심층을 간파할 수 있을 것이다. 우옹(尤翁)이 윤휴를 장려하고 허여했으며, 등용한 것은 그럴만한 이유가 있기 때문이다. 주자(朱子)가 소동파(蘇東坡)[327]에 대해서 칭찬할 때, 한 번은 "어진 사람이다." 하였고, 또 한 번은 "영특하고 뛰어나 뒤늦게 시드는[328] 자질이 있고 확고하여 바꾸지 않는 지조가 있다." 하였지만, 그가 세도에 해를 끼치는 점을 논할 때는 왕안석(王安石)[329]보다 심하다고 했다.

또한 상서(尙書) 왕응신(汪應辰)[330]이 과거시험을 주관하면서 소씨의 말을 인용한 선비를 발탁한 것을 질책하였다.[331] 왕응신에 대해 논하면서 이미 "도와 덕이 온전히 갖추어졌다." 하였으면서도, 또한 "변변치 않은 왕상(汪相)이여." 하였으니, 이는 성인이 싫어하면서도 그의 장점을 인정한 것[332]이다. 윤휴가 고신(告身)을 도로 바치고, 작록을 사양하였으니, 화심

---

327) 소동파(蘇東坡) : 동파는 송나라 소식(蘇軾, 1036~1101)의 호이고, 자는 자첨(子瞻)이다. 당송팔대가의 한 사람으로서 중서사인(中書舍人)·한림학사겸시독(翰林學士兼侍讀) 등을 역임하였다. 구법당(舊法黨)에 속하여 왕안석의 신법(新法)에 반대하였다.

328) 뒤늦게 시드는 : 『논어』 「자한(子罕)」에서 "날씨가 추워진 다음에야 송백이 뒤늦게시든다는 것을 알 수가 있다.[歲寒然後知松柏之後凋也]"고 하였다.

329) 왕안석(王安石) : 1021~1086. 자는 개보(介甫), 호 반산(半山)이다. 북송(北宋)때 신법(新法)을 추진하였다. 사마광이 이끄는 구법당의 공세로 좌천되었다가 강녕(江寧)에 은거, 학술 연구에 몰두하였다.

330) 왕응신(汪應辰) : 1118~1176. 자는 성석(聖錫), 호 옥산(玉山), 시호 문정(文定)이다. 송나라 때 문인으로서 이부상서(吏部尙書) 등을 역임하였다. 여본중(呂本中)·장구성(張九成)·호안국(胡安國)·여조겸(呂祖謙)·장식(張栻) 등과 교유했다. 조정에서 여러 번 폐해를 개혁하다가 모함을 받아 단명전학사(端明殿學士)로 평강지부(平江知府)가 되어 내쫓겼다.

331) 왕응신이……질책하였다 : 송나라 때 이부상서 왕응신이 지공거(知貢擧)가 되어 소씨(蘇氏)의 시를 쓴 선비 두 사람을 선발하자, 주자가 심하게 배척하였다.

332) 싫어하면서도……인정하는 것 : 『대학장구(大學章句)』 전8장에 "좋아하면서도 그의 잘못된 점을 알아차리고, 싫어하면서도 그의 장점을 인정하는 자세를 취하는 사람은

(禍心)이 드러나기 전에는 그 지조가 가상하였기 때문에 백이(伯夷)라고 칭찬한 것이었다. 요(堯)임금은 백곤(伯鯀[333])이 "명령을 거부하고 족류를 무너지게" 한 것을 알고 있었지만 사악(四岳[334])이 모두 그를 천거하자 치수(治水)의 임무를 맡겨서 시험해 보았다. 제갈공명은 허정(許靖[335])이 함부로 헛된 명성을 얻은 자임을 알고 있었지만 특별히 촉(蜀) 땅의 인망이 있는 사람들이 추천하자 등용하였으니, 이러한 사례들은 성현이 자기 뜻대로 등용하지 않고 인심을 따른다는 것이다.

윤휴는 기해년(1659, 효종10) 이전에는 헛된 명예가 높아서, 상신(相臣) 가운데 그를 추천하고 자기 자리를 양보하려는 사람이 있을 정도였다. 윤선거 또한 우옹에게 편지를 보내어 윤휴의 재주와 학식을 높이 칭찬하면서 또한 그를 천거하여 등용하지 않는 것을 질책하였으니, 한 시대가 휩쓸려 들어가고 있었다는 것을 알 수 있다.

우옹과 동춘당(同春堂, 송준길의 호) 두 선생이 인사권을 맡고 있었을 때, 여러 사람들이 윤휴에게 기대를 걸고 있었으므로 등용하지 않을 수 없다고 여겼다. 이것이 윤휴를 강관(講官)으로 발탁하고 헌직(憲職)에 제수한 이유였다.[336] 그 뒤 우옹이 윤휴의 의도를 자세히 알아보고자 직접 그의 집에 가서 거듭 타이르며 경계하고 질책하였지만 윤휴는 거만하게 자신이 옳다고 하면서, "자사(子思)의 뜻을 주자만 홀로 알고 나는 알 수 없단 말인가?" 하였다. 그때 곁에 있던 한 사람이 말하기를, "후세에

이 세상에 드물다.[故好而知其惡, 惡而知其美者, 天下鮮矣.]"라고 하였다.

333) 백곤(伯鯀) : 숭백(崇伯)에 봉해진 우(禹)의 부친 곤(鯀)이다. 요(堯)임금이 홍수를 다스릴 인재를 구했을 때, 뭇 신하들이 곤을 추천하였으므로 요임금이 마지못해 그에게 일을 맡겼는데, 9년 동안이나 홍수를 다스리지 못한 채 결국은 순(舜)에 의해 우산(羽山)에서 복주(伏誅)를 당하였다.(『史記·夏本紀 註』)

334) 사악(四岳) : 사방의 제후를 관장하던 요임금 때의 대신(大臣) 희중(羲仲)·희숙(羲叔)·화중(和仲)·화숙(和叔)을 가리킨다.

335) 허정(許靖) : ?~222. 삼국시대 촉한의 정치가로서 자는 문휴(文休)이다. 허소(許劭)와 함께 인물비평으로 이름이 알려졌다.

336) 강관으로……헌직(憲職)에 제수하였다 : 윤휴는 1656년(효종7) 송시열 추천으로 세자시강원 자의에 제수되었고, 1658년 송준길이 의망하여 시강원 진선에 제수되었다. 1659년에는 송시열이 의망하여 사헌부 지평에 제수된 적이 있다.

이르게 되면 또한 모설(某說)[337]이 옳다고 할지 모른다." 하였다. 우옹이 이 말을 듣고 윤휴를 끝내 깨우쳐 이끌지 못할 것을 알고 마침내 절교할 뜻을 결심하고 돌아왔다. 만약 장려하고 등용한 것이 그 뒤에 있었다면 사람들이 의심하는 것은 진실로 당연한 것이었다. 아직 끊어버리기 전에는 그 재주를 아끼고 잘못을 고치기를 바랐으므로, 또한 여러 사람의 논의에 몰려서 일단 괜찮은지를 시험해 보았으니, 어찌 군자가 후대함에 실수한 것이 아니겠는가?

또한 만약 우옹이 윤휴에 대해서 기해년(1659, 효종10) 이전에 장려하고 등용한 것을 잘못이라고 한다면 윤선거 또한 일찍이 편지를 보내 강력히 청하였으니, 이것을 가지고 우옹을 헐뜯는 것은 불가할 것이다. 또한 만약 경자년(1660, 현종1) 이후에 절교한 것이 틀렸다고 한다면 윤증의 무리가 또한 "경자년 예송 이후 우옹이 그와 절교했고 미촌(美村, 윤선거의 호) 또한 절교했다." 하였으니, 이것을 가지고 우옹을 허물할 수 없다. 특히 예송 이후 윤휴의 원한[怨毒]이 오로지 우옹에게 있었다. 우옹이 깊이 미워하여 통렬히 절교한 자는 윤휴 같은 자가 없었는데, 이산(尼山, 윤증)[338]이 그 틈을 엿보고 이것으로 시비 거리로 삼아서, 드디어 지난날 윤휴를 장려하고 등용한 것을 가지고 오늘날 윤휴를 버리고 절교한 것이 사사로운 감정을 푼 증거라고 하였으니 사람을 무함하는 것이 또한 교묘하지 않은가? 비록 그렇다 하더라도 만약 윤증의 말과 같다면 우옹의 잘못은 윤휴를 장려하고 등용한 것에 있지 않고 오로지 윤휴를 버리고 절교한 것에 있는 것이다.

윤휴가 만약 군자라서 사람들이 버리고 절교해서는 안 되는데도 우옹이 버리고 절교했다면 윤증의 무리가 비록 사사로운 감정으로 몰아가도 진실로 또한 말이 된다. 그렇지만 윤휴가 절교할만하고, 윤증의 무리가 그것을 감히 감추지 못하였다면 절교할만해서 절교한 것이니, 어찌 그

---

337) 모설(某說) : 여기서는 윤휴의 학설을 가리킨다.

338) 이산(尼山) : 충남 논산시 노성(魯城)이다. 윤선거·윤증 가문이 세거(世居)하였던 곳이다. 여기서는 윤증을 가리킨다.

마음에 사사로운 감정이 있는지 없는지를 논하겠는가? 대현(大賢)의 광명정직한 거조를 사리에 어둡고 협잡하는 죄목으로 돌리는 것은 비록 다른 사람을 무고한 것이 교묘하지만 그 마음 씀씀이의 음험함이 그 속내를 드러낸 것이다.

경자년 이후 윤휴의 화심(禍心)이 남김없이 드러났고, 우옹이 가장 첨예하게 공격받고 있었으므로 공의(公議)에 있어서 절교하지 않을 수 없게 되자, 사사로운 의리에 있어서는 절교를 기약하지 않았는데도 저절로 끊어졌다. 장차 사사로운 감정이라는 혐의를 피하고자 입을 닫고 말하지 않아서, 윤선거처럼 원악(元惡)으로 하여금 국가를 무너뜨리고 어지럽히도록 맡겨둔 뒤에야 절교할 수 있다는 것인가? 똑같이 윤휴와 절교하지 않을 수 없었는데, 다른 사람들이 절교한 것은 사사로운 감정에서 나온 것으로 돌리고, 자신은 절교하였다고 말하고도 끊지 않고 죽을 때까지 부호(扶護)한 것은 과연 무슨 의도인가?

윤선거의 의서(擬書)[339]에서 이미 윤휴의 '그르친 잘못'을 용서해야 한다[340]고 했는데 '그르쳤다'고 칭한 것은 작은 허물과 미미한 과오에 불과할 뿐이니, 옛 친구의 작은 허물과 미미한 과오 때문에 서로 절교할 수 없는 것은 분명하였다. 하물며 나라에서 등용하게 하고, 친구와 함께 협력하여 임금을 섬기게 하고자 하였으니,[341] '참적(譖賊) 독석(毒螫)과 같은 사람'[342]이라고 의심하는 말을 듣겠는가?

---

339) 윤선거의 의서(擬書) : 「기유의서」를 가리킨다.(『魯西遺稿·擬答宋英甫己酉』)

340) 윤선거의……용서해야 한다 : 「기유의서」에서 윤선거는 윤휴와 허목, 두 사람의 경우 비록 잘못은 있지만 끝내 악독한 참적(讒賊)은 아니므로, 예송에서 '그르친 잘못'을 용서하고 너그럽게 대해야 한다고 했다. 여기의 '詿誤之失'은 윤선거의 표현을 그대로 인용한 것이다.

341) 친구와……하였으니 : 동인협공(同寅協恭). 『서경』 「고요모(皐陶謨)」에서 "다 같이 경건하고 함께 공손하여 마음을 합하십시오.[同寅協恭, 和衷哉.]"라고 하였다. 뒤에는 동료 관원들이 공경히 임금을 섬기면서 다 함께 훌륭한 정사를 이루기 위해 협력한다는 뜻으로 쓰이게 되었다.

342) 참적(譖賊) 독석(毒螫)과 같은 사람 : 여기의 '讒賊毒螫之物'이라는 표현 역시 윤선거가 「기유의서」에서 사용한 것인데, 송시열이 윤휴를 배척하는 것이 지나치다고 주장하면서 나온 표현이다.

윤선거가 죽기 전에 쓴 한통의 편지가 이와 같이 간절하니, 비록 윤휴와 절교했다고 말하더라도 어떤 사람들이 따라서 믿겠는가? 우옹이 윤휴를 죄주기를 반드시 경전을 훼손한 것으로 한 것은 윤휴의 흉악하고 패악스러운 행동이 비록 예송에서 드러났지만 그 두뇌와 근저는 실제로 경전을 훼손한 데에 있었기 때문이다.

또한 그 폐해가 흘러 장차 천하후세로 하여금 주자가 있는 줄 모르게 할 것이니, 그것이 인심을 미혹하고 나라에 화를 끼치는 것은 한 때의 예를 무너뜨리는 것에 비할 것이 아니므로 발본색원하고 죄를 밝혀 토벌할 때 경전을 훼손한 것으로써 우선하지 않겠는가? 이러한 의리는 매우 알기 쉬운 일인데, 윤증이 이것을 가지고 '사사로움 감정을 품었다.'고 단정하는 증거로 삼았단 말인가?

이른바 '미촌을 비난할 때 그 말을 세 번 바꾸었다.'[343]는 말 같은 것은 참으로 가소로운 일이니, 여기에 대해서는 반박하는 충분한 논의가 있다. 지금 반복하지 않겠지만, '강화도에서 오랑캐에게 포로가 되었다.[江都俘虜]' 네 글자는 본래 목천(木川) 사람이 이미 보고 들은 것에서 나온 것이고, 직접 들은 사람이 증거를 댄 것이 명백한데도 반드시 우옹이 지어낸 것으로 돌렸으니 그 마음씀씀이를 차마 제대로 볼 수 없다.

지금까지 소장(疏章)과 편지에서 변론한 것이 자세하니, 또한 시끄럽게 할 필요는 없지만, 그 끝맺는 말에서 "분노한 것은 미촌에게 있는데, 나는 찾아서 말하고 싶지 않다."[344] 하였다. 그 '찾아서 말하고 싶지 않다.'는 것이 어찌 애석해 하는 데에서 나와서 그러한 것이겠는가? 그 폭로되어 드러난 것을 들어서 그런 것이다. 의도를 갖고 포장하여 표현을 조절한

343) 미촌(美村)을……세 번 바꾸었다 : 송시열이 윤선거를 비난한 말이 세 번 바뀌었다는 것이다. 첫 번째는 '윤휴와 절교한 것이 엄하지 않았다'는 것이고, 두 번째는 '강화도에서 오랑캐의 포로가 되었다'는 것이며, 마지막으로 다시 윤휴를 가지고 말하면서, '주자를 배반하였다'고 한 것이 그것이다. 이것은 윤선거의 조카 윤진(尹搢, 1631~1698)의 주장이다.(『德浦遺稿·立說』 및 『甲乙錄·德浦立說』)

344) 분노한 것은……않다 : 이것은 윤진(尹搢)이 지은 『德浦遺稿·立說』의 맨 끝에 있는 말이다.

것이 마치 말하지 않는 가운데 깊이 허물하고 숨기는 것이 있는 듯 하였다. 이것이 어찌 군자가 정직하게 한 말이란 말인가? 진실로 모두 윤증의 속이고 꾸짖는 마음에서 나온 것이라고 말할 수 있다.

이산 윤증이 신유년에 쓴 보내지 않은 편지[345)]
尼山辛酉擬書

삼가 지금까지 받은 하교에서 늘 세도(世道)를 근심하셨는데, 그 근심의 요체는 언론의 억양(抑揚)과 여탈(與奪)을 중요하게 여긴 것입니다만, 마음속으로 생각해 보면 실로 의심이 없을 수 없습니다. 듣건대, 주자(朱子)의 가르침에 이르기를,

"모름지기 먼저 자신에게 좋아야 당류(黨類)에게도 좋은 일이며 또한 나아가 천하 국가에도 좋은 일이 될 수 있다. 이른바 좋다고 하는 것은 모두 충실하고 크며 또 오래 지속되는 것이다. 만약 나 자신으로부터 미루어 나가지 않으면 미봉(彌縫)하고 엄폐하여 비록 한때에는 구차하게 영합할 수 있더라도 이른바 좋다고 했던 것이 뒷날에는 모두 좋지 못한 병통의 근원이 될 것이다.……"[346)] 하였습니다.

진실로 이와 같다면, 세도를 맡는 것을 어찌 쉽게 말할 수 있겠습니까? 만일 먼저 자신을 좋아지게 하지 못하고 단지 겉으로만 미봉하고 엄폐하려고 생각한다면 내 자신이 처한 상황에 따라서 암암리에 자신을 표준으로 삼아서 함께 좋지 않은 데로 돌아갈 것입니다. 하물며 또 언론으로 억양하고 여탈하여 몰고 가면 어떻게 되겠습니까? 그렇다면 세도를 맡는다는

---

345) 이 부분은 『明齋遺稿·擬與懷川書』에서 보인다. 윤증이 신유년(1681, 숙종7)에 송시열에게 쓴 보내지 않은 편지이다. 의서(擬書)란 편지를 써두었지만 여러 가지 사정으로 보내지는 않은 편지를 말한다. 송시열과 윤증 가문 사이에는 두 통의 유명한 의서가 있는데, 앞서 나온 윤선거의 「기유의서」와 윤증의 「신유의서」가 그것이다. 윤증이 「신유의서」를 지은 이유는 흔히 알려져 있듯이 윤선거 묘갈명을 둘러싼 갈등 때문만은 아니었다. 오히려 경신환국(1680) 이후 서인 내부에서 조성된 대남인 강경 기류를 의식하고 나왔다고 보는 것이 보다 사실에 가까워보인다. 서인 내부에서 윤휴를 사사하고 난 이후에도 남인을 도태시키려는 시도가 멈추지 않는 것을 보고 윤증은 부친 윤선거가 「기유의서」에서 표방한 대남인 포용책의 연장선상에서 송시열에게 이의를 제기하기 위해 이 편지를 지은 것이었다. 어쨌든 「기유의서」와 「신유의서」 두 편지는 윤선거·윤증 부자가 송시열을 비판하는 결정적 내용을 담은 편지가 되었다.

346) 모름지기……될 것이다 : 『朱子大全·答陳同甫癸丑九月二十四日』에서 인용한 것이다.

것이 바로 세도를 해치게 될 뿐입니다.

제가 외람되게 선생님의 문하에 드나든 것이 오래되었기에 선생님께서 마음속에 간직한 것과 말씀에서 드러난 것을 엿볼 수 있었는데, 혹 주부자(朱夫子)가 경계한, 왕도(王道)와 패도(霸道)를 아울러 쓰고 의리와 이익 둘 다 행하는 것[347]을 면하지 못하시는 듯 하였습니다. 처음에는 제 마음이 잘못된 것이라고 여기지 않은 적이 없어서 제 소견이 참람하고 망령되었다고 생각하였습니다. 하지만 근년 이래로 마음속에서 의심하는 것이 날로 더욱 심해져서 비록 억지로 의심하지 않으려 해도 끝내 의심하지 않을 수 없게 되었습니다. 삼가 스스로 생각하기를, "내가 문하에서 배운 것이 회옹(晦翁, 주자의 호)의 글인데 무슨 까닭으로 회옹의 글과 서로 같지 않은 듯할까?" 여겼습니다. 만약 마음속에 의심이 쌓여 있으면서도 선생님께 죄를 얻는 것을 두려워하여 우러러 질정하지 못한다면 이것은 선생님을 영원히 버리는 것이고, 결국 회옹마저도 저버리는 것입니다. 이에 감히 한번 제 마음속에 있는 생각을 털어 놓고자 하니 그 주제넘고 망령된 죄를 용서하시고 진심에서 우러나오는 정성스러움을 살펴주신다면 참으로 다행이겠습니다.

제가 이런 근심을 품고 지낸 지 오래 되었습니다. 하지만 지난번 선생님께서 어려움에 처해 있었을 때[348]에는 혹 말이 누설되어서 참소(讒訴)하는 역적의 구실이 될까 염려하여 잠자코 발설하지 않다가 지금에 이르게 되었습니다. 게으르고 성의가 없었던 것이 오히려 스스로 송구스럽지만 또한 제 소견이 잘못된 것인지 염려되어 두고두고 생각하느라 이처럼 지연되었습니다. 삼가 너그러이 용서하여 주시기 바랍니다. 이른바 '왕도와 패도를 아울러 쓰고, 의리와 이익 둘 다 행하는 것'이 무엇이겠습니까? 우선 겉으로 드러난 한두 가지 일로 그것을 밝히고, 그 마음속에 간직한

---

347) 왕도와……행하는 것 : 주자가 진량(陳亮)과 논쟁하면서 나온 말이다. 진량이 이학(理學)의 공리공담을 비판하고 사공(事功)을 중시하는 것에 대해 주희는 '왕패병용(王覇竝用) 의리쌍행(義利雙行)'이라고 비판하였다.(『朱子全書·與陳同甫』)

348) 지난번……있었을 때 : 송시열은 1674년(숙종 즉위년) 예를 그르친 죄로 삭출된 뒤 이듬해 초에 덕원으로 유배되었다가 장기(長鬐)·거제 등지로 이배되었다.

것에 대해서는 뒤에 논하려고 하는데, 괜찮겠습니까?

삼가 살펴보건대 선생님의 도학(道學)은 한결같이 회옹을 종주로 삼고 사업은 오로지 대의(大義)를 실현하는 것에 있으므로, 처음에는 본디 순수하게 한결같이 천리대로 하기로 스스로 기약하였는데, 어찌 패도와 이익을 말할 수 있겠습니까? 오직 회옹의 도(道)로 자임하고 대의의 이름으로 자처하기 때문에, 주장이 높지 않을 수 없었습니다.[349] 주장이 너무 지나치기 때문에 마음을 비우고 이로운 말을 받아들일 수 없었고, 자부하는 것이 너무 높기 때문에 사람들이 의문을 제기하며 따지고 비판할 수가 없었습니다.

이에 선생님과 입장을 같이 하는 자들과는 친해지지만 옳지 않다고 비판하는 자들은 소원해졌으며, 선생님의 잘못을 바로잡으려는 자는 멀리하게 되고, 순종하는 자들은 재앙이 없었습니다. 큰 명성이 세상을 압도하였지만 참된 덕(德)은 오래 지속되지 못하는 까닭입니다. 이것은 처신[行己]에서 드러난 문제점입니다.

일찍이 받은 스승님의 가르침 가운데, "퇴도(退陶, 이황)의 학문은 한결같이 회옹을 본받았으나, 강의(剛毅)하고 준절한 측면은 끝내 부족한 듯하다." 하였습니다. 퇴계에 대해서는 이러한 단점을 지적하면서도 자처하시는 것은 굳세고 준엄한 쪽에만 치우치는 것을 깨닫지 못하십니다. 스스로 능히 용감할 수 있는 사람이 굳센 것인데 남을 사납게 꾸짖는 것을 굳세다 하고, 천리가 인욕을 이기는 것이 굳센 것인데 이제 남을 힘으로 복종시키는 것을 굳세다고 하니, 이는 진정으로 굳센 것이 아닙니다.

이 때문에 교제하는 과정에서 나타난 것을 보면, 사욕을 극복하고 몸소 실행하기 위해 실제로 힘쓰는 일은 드물고, 책망하며 풍자하고 깎아내려 억양(抑揚)·여탈(與奪)하는 뜻이 입만 열면 함부로 기세를 부립니

---

349) 저본에는 "主張不得不高"로 되어 있으나, 『明齋遺稿·擬與懷川書』에는 "主張不得以不過, 自引不得以不高."로 되어 있다. 이어지는 문장을 보면 저본의 이 부분이 필사상의 오류임을 알 수 있다. 『명재유고』에 따르면 이 부분은 '주장이 지나치지 않을 수 없고, 자부하는 것이 너무 높지 않을 수 없었습니다.'라고 번역할 수 있다.

다. 통절하고 심각하게 남을 공격하고 남을 이기려는 말이 어두(語頭)에서 끊어지지 않으며, 따르는지 어기는지를 먹줄로 재듯하여 한 마디 말이라도 다르거나 한 가지 일이라도 차이가 나면 나누고 또 나누며, 쪼개고 또 쪼개서 평생 동안 쌓아온 정의(情義)를 내팽겨 치듯이 버리기까지 하므로, 은혜를 베푸는 것이 인색하기로는 신불해(申不害)·한비자(韓非子)[350]와 같으니, 이것이 바로 다른 사람을 대할 때 나타난 문제점입니다.

오직 이렇기 때문에 선생님의 문하에 출입하는 사람들이 뜻을 받들어 억지로 끌어다 붙이는 것으로 어진 이를 존경하는 것으로 여기고, 험악하고 각박하게 무함하고 헐뜯는 것으로 악한 자를 미워하는 것이라고 합니다. 높은 사람들은 그 명성을 흠모하고 낮은 사람들은 이익을 탐내어, 한결같이 학문을 이야기하면서도 그 성(性)·정(情)·신(身)·심(心)과 일상에서의 인륜에 대해서는 모두 무시해 버립니다.

이 때문에 선생님께서 조정에 있을 때에는, 뜻이 같고 다른 것으로 친소(親疎)가 나뉘고, 좋아하고 미워하는 것에 따라 피차(彼此)로 갈라지며, 선배와 후배가 서로 다투고 가는 곳마다 편을 가르니, 사대부의 풍습이 무너져 단지 사의(私意)가 횡류(橫流)하는 것에 그치지 않습니다.

선생님께서 초야에 있을 때에는 문인들이 서로 세력으로 선동하고 서로 위세로 협박하며, 말을 주워 모아 아첨하고 남을 헐뜯어 출세하니, 향당(鄕黨)의 풍속이 무너지는 것이 영천태수(穎川太守)가 백성들을 구거(鉤距)로 다스리던 때와 같아졌습니다.[351]

---

350) 신불해(申不害)·한비자(韓非子) : 신불해(?~B.C.337)는 법가(法家) 사상가로서 한(韓)나라의 소후(昭侯)를 섬겨 재상으로 15년간 재직하면서 내치(內治)와 외교를 가다듬어 나라를 태평하게 다스렸다. 한비자(B.C.280~B.C.233)는 한(韓)나라의 공자(公子)로서 신불해와 같이 법치주의에 입각한 부국강병책을 여러 차례 한왕에게 건의하였다. 하지만 한왕은 이를 받아들이지 않았고 결국 진나라에 의해 멸망당하였다.

351) 영천태수(穎川太守)가……같아졌습니다 : 영천태수는 한나라 선제(宣帝) 때 조광한(趙廣漢)이다. 구거(鉤距)는 미늘이 있는 낚시로, 이 낚시는 삼키기는 쉬우나 뱉기는 어렵다. 즉 남을 얽어 넣어 빠져나가지 못하게 하고 일의 은밀한 정형(情形)을 탐지하여 백성을 다스리는 것을 비유한 표현이다. 조광한이 영천을 다스릴 때 이에 능하였다고 한다.(『漢書·趙廣漢傳』)

심지어 고을에서 수령들이 선물을 보내 문안하는 것이 예법에 어긋나고 사림(士林)이 떠받드는 것이 실정을 넘어서서, 사람들이 그 위세를 두려워하지만 그 덕을 생각하지 않으니, 선생님 문하가 완연히 하나의 부귀한 집안처럼 변하였지만 선비의 기상은 다시 찾아 볼 수 없게 되었습니다.

끝내 평생의 친구 중에 한 사람도 처음부터 끝까지 우정을 보전하는 자가 없고, 6, 70년 동안 형제처럼 화목하게 서로 도와 학문과 덕을 닦던 곳이 하루아침에 변하여 하찮은 일로 다투는 마당[352]이 되었습니다. 장차 후세에 웃음거리가 됨을 면하지 못할 것이니, 또한 한 집안 안에서 싸우는 변고와 다름없게 되었습니다. 그림자가 이러하므로 그 형상을 알 만하니 이것은 바로 선생님 문하에서 경험으로 증명된 문제점입니다.

선생님의 문장과 언론은 한결같이 회옹을 근본으로 삼지 않는 것이 없어서 만약 회옹의 말이 없으면 그 설을 믿지 못합니다. 그러나 그 실상을 냉정하게 살피면 혹 단지 그 명목만 있고 그 의의가 서로 꼭 비슷하지 않은 것이 있으며, 혹 먼저 자기 뜻을 세우고서 회옹의 말을 끌어대어 중요하다고 강조한 것도 있습니다. 심한 경우에는 거의 천자를 끼고 제후를 호령하듯 하는 것도 있어서 사람들이 모두 겉으로 항거하여 말하지 못하면서도 속으로는 복종하지 않습니다. 바로 문장에 나타난 문제점이 이러합니다.

선생님께서 평생 동안 수립한 것은 실로 대의를 앞장서서 밝히는 것인데, 이는 언어로 판가름 날 수 있는 것이 아니고 또한 임금의 동의를 받았다고 해서 반드시 이룰 수 있는 것도 아닙니다. 효종[孝廟] 초에 청대(請對)한 것[353]과 같은 일은 모두 군부(君父)의 동의를 끌어내어 그것에 의거하여

---

352) 하찮은 일로 다투는 마당 : 방휼만촉지장(蚌鷸蠻觸之場). 방휼은 『전국책(戰國策)』에 나오는 말로, 큰 조개가 입을 벌리고 있을 때, 지나가던 황새가 쪼아 먹으려다가, 입이 닫히는 바람에 도리어 주둥이를 물리어 서로 마주 버티다가 어부에게 모두 잡혔다는 고사에서 나온 말로서, 서로 버티고 다투다가 제3자에게 이익을 빼앗김을 말한다. 만촉은 『장자(莊子)』에 나오는 말로, 달팽이의 왼쪽 뿔에 있는 나라가 만(蠻)이고 오른쪽 뿔에 있는 나라가 촉(觸)인데 서로 땅을 차지하려 다투었다.

353) 효종 초……청대한 일 : 1649년 5월에 인조가 승하하고 효종이 즉위하자 송시열을 사헌부 장령에 제수하였다. 이에 송시열이 사은숙배하면서 효종에게 청대를 요청한

출처의 명분으로 삼았으나, 지극한 정성으로 이를 실행하려는 뜻은 매우 부족하였습니다.

처음에는 인심을 깨우치고 보고 듣는 사람들을 놀라게 하는 효과가 있었으나 차츰 시간이 지나도 실속 있게 이어지지 못하였습니다. 그래서 이른바 "안에서 정치를 잘하여 바깥의 오랑캐를 물리친다. 즉 나라를 편안하게 하고 군사를 강하게 하여 원수를 갚고 치욕을 씻기를 도모한다."는 것은 지금 뛰어나게 볼 만한 실제적인 일은 없었고, 볼 수 있는 것이라고는 단지 녹봉과 지위만 융숭하고 무거워졌으며 명성이 널리 흘러넘치는데 그칠 뿐입니다. 사업에서 나타난 선생님의 문제점이 또한 이와 같습니다.

이처럼 겉으로 나타난 문제점을 살펴보면 속에 간직한 한두 가지 문제점도 엿보아 말씀드릴 수 있습니다. 제 생각에 조금의 기질도 능히 변화시키지 못하신 것입니다. '기질을 바꾸지 못하였다'고 한 것은 무엇을 말한 것이겠습니까?[354] 율곡(栗谷)선생이 말하기를, "기질을 교정(矯正)하는 법은 극기(克己)에 있다." 하셨으니, 사욕을 극복하지 못했다면 기질을 교정할 방법이 없습니다. 주자가 말하기를, "극복해야 할 사욕이 세 가지가 있는데, 성질이 치우친 것이 하나이고, 이목구비의 욕망이 둘이고, 다른 사람과 나 사이에 시기하거나 이기려 하는 사욕이 세 번째이다." 하였습니다. 율곡이 말하기를, "사욕 가운데 극복하기 어려운 것은 오직 분노와 욕망이다." 하였습니다. 사씨(謝氏)[355]가 말하기를, "강(剛)과 욕(欲)은 정반대이다. 사물을 이기는 것을 강(剛)이라 하니 때문에 항상 만물의 위에 펼쳐져 있다. 사물에 의해 가려져 있는 것을 욕이라고 하니 때문에 항상 만물의

일을 말한다. 이때 송시열은 효종을 만나서 자신의 생각을 말하고 효종의 지지를 받고자 하였다고 한다.(『宋子大全·年譜1』)

354) 기질을……것이겠습니까? : 底本에는 없다. 『明齋遺稿·擬與懷川書』에 근거하여 보충·번역하였다.

355) 사씨(謝氏) : 사양좌(謝良佐, 1050~1103)를 말한다. 자는 현도(顯道)이며, 시호는 문숙(文肅)이다. 이정(二程)의 문하에서 배웠고, 유초(游酢)·여대림(呂大臨)·양시(楊時) 등과 함께 '정문사선생(程門四先生)'으로 일컬어졌다. 상채학파(上蔡學派)의 비조이며 상채선생(上蔡先生)으로 불렸다.

아래에 숨어 있다." 하였습니다. 분노하고, 시기하거나 이기려는 것은 강(剛)한 것 같지만 강(剛)이 아닌 것은 다름이 아니라 이것은 모두 인욕이기 때문입니다.

제가 선생님의 기질을 엿보면 강한 덕[剛德]은 많지만 위에서 논한 것과 같이 그 쓰임이 천리에 순수하지 못한 점이 있기 때문에 도리어 이러한 덕을 병들게 하였으니, 참으로 이른바 기질을 극복하기 어렵다는 것입니다. 자기의 사욕을 극복할 수 없기 때문에 그 기질의 병을 바로잡아서 그 덕을 보전할 방법이 없었던 것입니다. 선생님의 겉으로 드러난 문제점은 이러한 병폐로 인해서 생겨나지 않은 것이 없습니다.

'학문을 성실하게 하지 않으신다.'는 것은 무엇을 말하는 것일까요? 공자가 말하기를, "충(忠)과 신(信)을 위주로 삼는다." 하였는데, 주자가 해석하기를, "사람이 충과 신을 위주로 삼지 않으면 일이 모두 실(實)이 없어서 악을 행하기는 쉬우나 선(善)을 행하기는 어렵기 때문에 배우는 자는 반드시 바른 것을 위주로 삼아야 한다." 하였습니다. 율곡선생이 이것을 풀어서 말하기를, "인간이 실심(實心)이 없으면 천리(天理)에 어그러진다. 한 마음이 성실하지 않으면 만사가 모두 거짓이 되고 한 마음이 성실하다면 만사가 모두 진실이 된다. 그러므로 주자(周子)가 말하기를, '성(誠)은 성인의 근본이다.' 하였다." 하였습니다. 이제 선생님께서 기질의 병이 저와 같은데 바로잡지 못하시니 실심(實心)으로 학문을 하지 못한 것을 바로 여기서 알 수 있습니다.

의(義)라는 것은 천리이고, 이(利)라는 것은 인욕이며, 천리에 순수한 것이 왕도이고, 인욕이 뒤섞인 것이 패술(霸術)입니다. 선생님께서 마음속에 간직하신 것과 겉으로 나타난 것이 위에서 말씀드린 것과 같이 순수하게 한결같이 천리에서 나왔다고 할 수 없으니, 어찌 의리와 이익, 둘 다 행하고 왕도와 패술을 같이 쓰지 않을 수 있겠습니까?

아! 우리 선생님의 총명하고 강의(剛毅)한 자질과 온전히 확실하고 치밀하게 살피는 학문으로써 평생 동안 수립한 업적이 뛰어났지만, 그 하나의 성실한 자세를 세우지 못하고 그 하나의 사욕을 극복하지 못한 것으로 말미암아서 결국 그 득실의 결과가 이렇게 되기에 이르렀으니, 이것이 어찌 문인과 후생들이 의지할 곳을 잃어버린 것에 그칠 뿐이겠습니까! 삼가 생각하건대 총명한 선생님께서 스스로 반성해 보신다면 또한 장차 학문에서 초심을 저버렸다고 탄식하실 것입니다.

이로 말미암아서 『인경(麟經)』[356]의 대의(大義)와 회옹의 법문(法門)이저 진신(搢紳)[357]·장보(章甫)[358]의 종장(宗匠)[359]이라는 기대와 더불어 모두 선생님의 한 몸에 모여 있는데, 장차 참으로 천하 후세에 당당하게 내세울 만한 실질이 없게 되었으니 이것이 어찌 지극히 슬프고 통탄스러운 일이 아니겠습니까? 지금 만약 목숨을 걸고 최후의 결단을 내려 보고자 하신다면 소자가 삼가 한 말씀 올리고자 합니다.

위(衛)나라 무공(武公)이 95세에도 오히려 나라에 잠계(箴戒)를 내려 경계하였고,[360] 증자(曾子)는 임종에 이르자 대자리를 바꾸게 하여 바른 것을 얻어서 죽고자 하였으며,[361] 한나라 무제(武帝)는 68세의 나이에 결단하여 윤대(輪臺)의 조서를 내렸습니다.[362] 그러자 기왕의 허물은 스스로의 변화와 함께 사라지고 만사의 선정(善政)은 역사책에 밝게 빛나고 있습니다.[363]

---

356) 인경(麟經) : 『춘추』의 다른 명칭이다. 공자가 은공(隱公) 원년부터 쓰기 시작하여 애공(哀公) 14년 봄 '남쪽에서 기린을 잡았다.[南狩獲麟]'로 마무리해서 인경이라 한다.

357) 진신(搢紳) : 홀(笏)을 큰 띠에 꽂음. 선비나 사대부를 가리킨다.

358) 장보(章甫) : 장보관(章甫冠). 은나라 때 관 이름으로서 공자가 쓴 후로 유자(儒者)의 관이 되었다. 「조굴원부(弔屈原賦)」에 의하면, "장보가 발밑에 깔려 신발로 신으니, 이 세태가 점점 오래지 못할 것이로다.[章甫薦履, 漸不可久兮.]"라고 하였다.

359) 종장(宗匠) : 학문과 기예가 뛰어나 스승으로 추앙받는 사람을 가리킨다.

360) 위(衛)나라 무공……경계하였고 : 춘추시대 위나라 무공(武公)은 95세가 넘어서도 오히려 「억(抑)」이라는 시를 지어 스스로를 경계하였다고 한다.(『詩經·大雅』)

361) 증자(曾子)는……죽고자 하였으며 : 증자가 임종할 때 일찍이 노나라의 권력자인 계손(季孫)에게 받은 대자리에 누워 있었는데 자신은 대부가 아니기 때문에 이를 깔 수 없다 하고 다른 자리로 바꾸게 한 다음 운명한 고사에서 유래하였다.(『禮記·檀弓上·曾子易簀』)

362) 한나라 무제가……내렸습니다 : 윤대는 무제 때 이광리(李廣利)에게 멸망당한 서역(西域)의 나라이다. 무제가 일생 동안 서역을 개척하느라 국력을 탕진하였는데, 만년에 이르러서 이를 깊이 뉘우치고 윤대국 땅을 포기한다고 공표하여 신민들에게 용서를 비는 조처를 취했던 것을 말한다.(『漢書·西域傳』)

363) 기왕의 허물은……빛나고 있습니다 : 이것은 호인(胡寅, 1098~1156)이 한나라 무제를

진실로 선생님께서는 본래 기질이 강하고 오랫동안 학문을 쌓아오셨으니, 하루아침에 분발하여 더러운 것을 씻어버리고 음침한 마음을 제거하여 한 번 성실한 자세가 세워진다면 온갖 뜻이 다 바르게 될 것입니다. 그러면 충심으로부터 겉으로 드러난 것들이 작은 것부터 큰 것에 이르기까지 천리에 부합되지 않는 것이 없게 될 것입니다. 그리하여 이전의 전통을 후세에 이어주고자 한, 스스로 기약한 처음의 의도를 이루는 것이 참으로 문지도리를 돌리는 것처럼 쉬워질 것입니다. 선생님께서는 어떻게 생각하시는지 모르겠습니다.

이런 말을 아침에 하면 저녁때 이미 사방에서 욕하는 말이 제 몸에 집중된다는 것을 진실로 잘 알면서도 사우(師友)의 의리에 비추어 끝내 감히 묵묵히 있을 수 없어서 감히 마음을 다하여 한번 토로하였으니, 이 또한 선생님께서 가르쳐주신 말에 감화된 결과입니다.

지난날 선인(先人)께서 일찍이 제게 말씀하시길, "우옹의 특출한 점은 미치기 어려우니 너는 그 특출한 점을 배워야 할 것이다. 그러나 그 병통을 알아두지 않을 수 없다." 하였습니다.

또 말씀하시기를, "우옹은 글을 받아들이는 도량이 넓지 못하니 너는 주자의 글을 가지고 사안에 따라서 서로 바로잡되 마치 고인(古人)이 시『삼백편(三百篇)』[364]을 가지고 간한 것[365]과 같이 해야 할 것이다." 하였습니다. 선인은 선생님에 대해서 진실로 지극한 정성을 가지고 피차(彼此)와 물아(物我)를 구분하지 않았고 또한 허물이 없게 만들고자 하여

평해서 한 말이다.(『易經蒙引·豫卦·上六』) 호인의 자는 명중(明仲), 호 치당(致堂). 호안국(胡安國)의 조카이다.

364) 삼백편(三百篇) : 『시경』의 다른 명칭이다. 3천여 편의 시를 공자가 311편으로 정리했다. 그중 제목만 있고 내용은 없는 6편을 제외하면 실제로 305편이므로, 이를 줄여서 삼백편이라고 한 것이다.

365) 고인(古人)이……간한 것 : 고인은 왕식(王式)을 가리킨다. 왕식은 전한(前漢)때 사람으로 자는 옹사(翁思)이다. 명제(明帝)가 죽고 창읍왕(昌邑王) 유하(劉賀)가 자리를 이었는데, 곧 황음(荒淫)으로 폐위되자 창읍왕의 신하로서 간언을 하지 않은 사람들은 모두 하옥되어 죽임을 당했다. 그는 『시삼백』을 조석으로 강의하여 비록 간언을 하지는 않았지만 죽음은 면했다. 나중에 박사(博士)로 불렸는데, 강공(江公)에게 치욕을 당하자 병으로 사직하고 귀향했다.

선생님께서 아무리 듣기를 싫어하여도 그치지 않았던 것입니다. 또한 회옹의 일이 아니면 받아들이려고 하지 않기 때문에 반드시 회옹의 고사를 찾아서 열어주고 보태주는 자료로 삼았으며, 이 때문에 저를 가르쳐서 경계한 것도 또한 이러한 뜻이었습니다.

지금 이처럼 이 한 몸을 돌보지 않고 말을 다하는 것은 비단 선생님을 저버릴 수 없어서일 뿐만 아니라 또한 끝내 선인이 품고 있던 평상시의 지성을 따르고자 해서입니다. 삼가 마음을 두고 밝게 살펴주시기 바랍니다. 만약 이처럼 미약한 정성이나마 헤아려 주셔서 답장을 내려주신다면 비록 잘못 생각한 것이 있더라도 바로잡을 희망이 있을 것입니다.

지난번 초려(草廬)의 일[366]을 논하면서 선생님의 동생[367]이 제가 초려의 일을 선생님의 잘못이라고 탓하고 있다고 하면서 선생님께 답서를 쓰지 말라고 권하였다고 하였습니다. 지금 실정 바깥의 것으로 이와 같이 배척을 당하니 구구한 제 심정은 '문 닫고 사절하여 남을 보지 않은 채로 죽고 싶다.' 하신 우계(牛溪, 성혼의 호) 선생의 뜻으로 제 처신의 원칙을 삼고 싶을 뿐입니다. 편지에 남김없이 제 속마음을 다 쓰다 보니 저도 모르는 사이에 이런 말씀까지 드리게 되어 더욱 황송스럽습니다.

---

366) 초려(草廬)의 일 : 초려 이유태의 예설에 대한 논란을 말한다. 관련 내용은 아래 「초려예설사(草廬禮說事)」에 자세하다.

367) 동생 : 송시열의 막내동생 송시걸(宋時杰)을 가리킨다. 자는 수보(秀甫)이다. 1672년(현종13) 순창군수에 임명되었고, 1680년(숙종6) 장악원 주부(掌樂院主簿)가 된 뒤 군자감판관, 한성부서윤, 고양·서산군수 등을 역임하였다.

간특함을 분변하는 설
辨奸說

윤증이 스승을 배반한 일에 대해서 해명하는 두 가지 설이 있다. 하나는 우옹(尤翁)의 본원(本源)과 심술(心術)이 바르지 못한 것을 간파하고 끊었다는 것이며, 하나는 우옹이 그 아비를 꾸짖고 욕하는 것에 대해서 바로잡지 않을 수 없었다는 것이다. 묘문(墓文)의 일[368]로 스승을 배반하였다는 것에 대해서는 윤증과 그 무리들이 평소 머뭇거리지 않고 곧장 해명에 나서는 일이다. 그러나 그 설이 사악하고 논리가 빈약한 것을 입증할 수 있으니, 윤증의 「신유의서(辛酉擬書)」가 그 증거이다. 왜냐하면 의서 한 편에서 우옹의 죄과를 나열한 것이 다시는 여지가 없을 정도여서, 오직 한 마디 말, 한 가지 일이라도 혹 변변치 못한 소인으로 돌아가는 것을 모면할까 두려워하였으니, 사제 간의 의리는 이미 이 편지에서 끊어지고 말았다.

그 무리들은 오히려 이 편지가 지성(至誠)으로 규간(規諫)하려는 데에서 나온 것이라고 말하지만 진실로 병풍(病風)[369]이 들어 상심한 것이라고 할만하다. 설사 이 편지가 규간에서 나왔다하더라도 편지를 다 쓴 다음에

---

368) 묘문(墓文)의 일 : 윤선거 묘갈명을 둘러싸고 윤증과 송시열 사이에 전개된 갈등을 가리킨다. 1669년(현종10) 윤선거가 죽자 윤증은 박세채에게 행장을 부탁하여 받은 다음, 송시열에게 묘갈명을 부탁하였다. 이때 윤증은 박세채의 행장과 함께 윤선거가 지은 「기유의서」 등을 모두 송시열에게 보내 주었다. 이러한 기록을 보고 윤선거가 윤휴와 절교하지 않은 것을 파악한 송시열은 묘갈명에서 그에 대한 불만을 드러냈다. 예를 들면 윤선거에 대한 평가를 행장에 있는 박세채의 평가를 인용하는 것으로 대신한 것이 그것이다. 이에 대해 윤증은 송시열과 윤선거의 몇 십 년에 걸친 우정에 비추어 송시열 자신이 직접 평가하지 않고 후배인 박세채의 평가를 인용한 것은 윤선거뿐만 아니라 송시열에게도 떳떳하지 못한 일이니 본인의 의견을 있는 그대로 써 줄 것을 요구하였지만 송시열은 윤증의 이러한 요구를 거절하였다. 송시열이 윤선거 묘갈명을 작성해 준 것은 1673년(현종14)이었는데, 이로 인해 송시열과 윤증 사이에 1679년(숙종5)까지 여러 차례에 걸쳐서 편지가 오고 간 이후 1681년에 윤증의 「신유의서」가 작성되었다.

369) 병풍(病風) : 풍사(風邪)에 감촉되어 생긴 병이다.

보내지 않았으니 이것은 그 규간이 무익하다는 것을 안 것이다. 그 규간이 무익하다는 것을 알면서도 개과천선을 바랬으니, 우옹은 변변치 못한 소인이 되어 더욱 벗어날 수 없게 되었다.

이미 자기 스승을 변변치 못한 소인으로 규정하고도 '함장(函丈)'이라고 하고, '문인'이라고 말한 것은 모두 거짓이니, 그 마음은 이미 관계를 끊은 것이었다. 천고에 어찌 몸소 어떤 사람을 스승으로 섬기면서 그 스승을 변변치 못한 소인이라고 규정하는 자가 있겠는가? 장황한 한 편의 편지는 허튼 말을 날조하여 그 기질과 학문의 근원을 따지고, 그 언동(言動)과 사위(事爲)를 두루 나열하면서 마침내 간흉(奸凶)과 악역(惡逆)에 비겼다. 그러나 보내지도 못하였고, 또한 태워버리지도 못하여, 은밀한 곳에서 서로 전하며 그 무리들이 입으로 떠드는 자료로 삼았다. 그들이 말하기를, "우리는 스승을 배반할 마음이 없다." 했지만 비록 5척동자라도 반드시 속지 않을 것이다. 그렇다면 윤증이 스승을 배반한 것은 갑자년(1684, 숙종10)[370]에 있었던 것이 아니라 신유년(1681, 숙종7) 이전에 있었던 일인 것이다.

의서에서 말하기를, "제가 이런 근심을 품고 지낸 지 오래 되었습니다. 하지만 지난번 선생님께서 어려움에 처해 있었을 때에는 혹 말이 누설되어서 참소(讒訴)하는 도적의 구실이 될까 염려하여 잠자코 발설하지 않았습니다." 했으니, 의서는 비록 신유년에 완성되었지만 의서 가운데 진술한 뜻은 우옹이 을묘년(1675, 숙종1) 재앙[371] 속에 있었을 때부터였다.

그가 이른바 '우옹이 그 아비를 욕하였다.'고 한 것은 '목천의 일'[372]과 '잔인한 사람',[373] '윤휴에게 중독되었다.'는 말에 불과하였는데, 목천의

370) 갑자년(1684, 숙종10) : 이 해 송시열 문인 최신(崔愼)의 상소로 송시열과 윤증 사이의 대립이 조정에서 처음으로 정치 문제가 된 해이다.

371) 을묘년(1675, 숙종1) 재앙 : 덕원(德源)으로 유배되었던 일이다. 송시열은 갑인년 예송으로 삭출된 뒤 을묘년 초에 덕원으로 유배되었다.

372) 목천의 일 : 윤선거를 이산서원(尼山書院)에 배향하는 것을 반대하는 통문(通文)이 있었던 일을 말한다. 그 내용 가운데 "강화도에서 오랑캐에게 포로가 되었던 사람을 어찌 함께 배향하여 제사할 수 있겠는가."라는 말이 있었는데, 윤증은 그 말의 출처를 송시열이라고 의심하였다. 목천은 현재의 천안시 목천면이다.

일은 신유년에 있었고, '잔인한 사람'이라는 말은 갑인년(1674, 숙종 즉위년)에 있었으며, '윤휴에게 중독되었다.'는 말은 정묘년(1687, 숙종13)에 있었다. 윤증이 스승을 배반한 것이 과연 아비를 위해서 그런 것인가? 세 가지 설이 있기 전에 이미 의서가 있었는데, 의서 한 편에서 스승을 배반한 자취가 탄로나서 환하게 드러났으므로 아비를 위해 스승을 배반했다는 것은 말이 되지 않는다.

만약 본원과 심술이라는 말로 스승을 배반한 단안(斷案)으로 삼는다면 이 또한 그렇지 않은 점이 있다. 우옹이 우옹 됨은 지금까지 한 사람일 뿐이다. 묘문을 부탁한 것은 갑인년이었고, 묘문을 고쳐주기를 청한 것은 무오년(1678, 숙종4)의 일이니, 윤증이 우옹에 대해서 무오년 이전에는 대현(大賢)·군자로 알고 대현·군자로 대접한 것이다. 그런데 묘문이 완성되자 바라는 바에 흡족하지 않았고, 고쳐줄 것을 청하였지만 원하는 바를 들어주지 않자 마침내 신유년에 편지를 써서 우옹의 죄를 나열한 것이 낭자하였다. 그러니 그가 비록 말하기를, "사사로운 감정이 아니라 단지 본원이 바르지 못한 것을 보았기 때문이다." 하더라도 어느 누가 이를 믿겠는가? 하물며 그 헐뜯고 비방한 것은 모두 갑인년[374] 이전의 일을 가리키는 것이었다.

갑인년 이전에는 실로 변변치 못한 소인인 줄 모르다가 이후에 거슬러 올라가 생각해보고 뒤에 따라서 논하기를 곧 변변치 못한 소인임을 알았다고 하니 어떻게 이전에는 어둡다가 이후에는 밝아졌다는 것인가? 환하게 좋아하다가 악함을 보았다는 것인데, 또한 어찌 그런 일이 묘문의 일이 있은 뒤에야 때마침 일어났는가? 윤증이 비록 입이 3척인 자[375]이지만

373) 잔인한 사람 : 이것은 병자호란 당시 강화도에서 윤선거의 처가 자결한 것을 두고 나온 말이다. 송시열은 이 말을 김익희에게서 들었다고 하였는데, 윤증이 김익희의 후손에게 확인해 보니 김익희는 그런 말을 한 적이 없었다고 하였다. 송시열이 전한 말은 '윤선거가 그 처를 핍박하여 죽게 하였으니 잔인한 사람이다'는 것이다.

374) 갑인년 : 송시열은 1674년 갑인예송(甲寅禮訟) 때 복제를 잘못 정했다는 남인 윤휴 등의 탄핵을 받았고, 이듬해 영변에 유배되었다.

375) 입이 3척인 자 : 저본의 원문은 '喙長三尺'이다. 당대(唐代)의 문신 육여경(陸餘慶)이 일에 대한 논변은 잘하면서도 판결은 잘못하였으므로, 사람들이 그를 조롱하여

그 사사로움을 끼고 감정을 멋대로 부린 자취는 가리고 숨길 수 없었다.

“일을 말하는 데는 부리가 석 자나 기다란데, 일을 판결하는 데는 손이 닷 근이나 무겁다.[說事則喙長三尺, 判事則手重五斤.]”라고 했다 한다. 부리가 길다는 것은 논변을 잘하거나 말이 많다는 것을 가리킨다.

초려 이유태의 예설에 관한 일
草廬禮說事

최석문(崔錫文)[376]이 상소하였다.

"신의 스승[377]이 병진년(1676, 숙종2) 봄에 장기(長鬐)에 귀양 중인 송시열을 찾아가 문안하였더니, 송시열이 묻기를, '그대는 초려(草廬, 이유태의 호)의 예설[378]을 보았는가?' 하였습니다. '보지 못하였습니다.' 대답하자, 송시열이 말하기를, '이 또한 한번 볼만한 문자이다. 그 대의는 「서자(庶子)라고 칭하는 것이 적통에 미쳐서는 안된다」 말한 한 구절인데, 대략 그들이[379] 말하는 것과 같다.' 하고, 또 말하기를, '소배(小輩)들은 모두 화를 면하고자 이 설을 지었다고 말하는데, 나는 한번 웃을 거리밖에 안 된다고 생각한다. 그대가 한번 보는 게 좋겠다.'[380] 하였습니다. 송주석

376) 최석문(崔錫文) : 본관은 전주이며, 윤증의 문인이다. 1706년(숙종32) 비변사에서 인물을 추천받을 때, 대사간 이언경(李彦經)이 학술로 최석문을 천거하였다. 1716년 스승인 윤증이 「신유의서」를 통해 송시열을 비판한 이유에 관해 언급하며 윤증을 옹호하는 상소문을 올렸고, 이에 대항하여 노론측에서 판중추부사 이여(李畬), 관학유생 이시정(李蓍定)이 유생 1백인과 합계하여 올린 상소 등이 있다. 최석문 상소는 『초려연보(草廬年譜)』, 『숙종실록』 42년 3월 3일, 『승정원일기』 숙종 42년 3월 3일에 실려 있다.

377) 신의 스승 : 윤증을 가리킨다.

378) 초려(草廬)의 예설 : 1660년(현종1) 이유태는 복제시비 때 송시열의 기년설(朞年說)을 옹호하였다. 1674년의 갑인예송 때 복제를 잘못 정했다는 남인 윤휴 등의 탄핵을 받아 유배되었지만 남인인 오시수가 '이유태는 의례(議禮)의 잘못을 깨달았다'고 고하여 1679년 석방되었다. 이 때문에 송시열과 그 계통 사람들의 미움을 받아 유현(儒賢)으로서의 지위를 상실한 채 불만 끝에 죽었다.

379) 그들이 : 여기서는 남인을 가리킨다. 효종이 죽자 인조의 계비 자의대비 조씨의 상복을 둘러싸고 기해예송이 일어났는데, 남인들은 효종을 '서자(庶子)'라고 할 수 없으며, 그가 비록 인조의 차남이지만 인조를 이어서 왕위를 계승하였으므로 '적통(嫡統)'이라고 주장하였다. 이에 대해 송시열 등 서인은 효종이 차남이므로 아무리 대통을 이었더라도 장남 대우를 할 수 없다는 입장이다. 따라서 송시열이 보았다는 이유태 예설에서 '서자라고 칭할 수 없다'거나 '적통'을 거론한 대목이 있다면 이것은 남인들의 주장과 같아지게 된다. 그러나 현재 남아 있는 이유태 문집에서는 이 예설을 찾아볼 수 없다.

380) 소배들은……좋겠다 : 갑인예송으로 남인이 집권하여 송시열이 장기에 유배되어 있었는데, 윤증이 찾아가서 만났다. 이때 송시열은 이유태가 예설을 고쳐서 처벌을

(宋疇錫)을 시켜 찾아내게 하였으나 찾을 수 없자 말하기를, '송상민(宋尙敏)이 초려의 조카에게서 얻어 보고 크게 놀라서 와서 보였다.' 하고, 윤증에게 돌아가는 길에 송상민을 만나서 송상민에게서 얻어 보라고 하여, 얻어 보았으나 달리 이전의 견해를 바꾼 말[變說]이 있는 것을 보지 못하였습니다. 신의 스승이 드디어 송시열에게 편지로 회답하였습니다.

'초려 어른의 예설은 이전의 견해를 바꾼 것이 아닙니다. 그들이 서자(庶子)를 가지고 죄목을 삼았기 때문에 특별히 해명하여 말하기를, 「나 역시 첩자(妾子)로서의 서(庶)를 말한 것이 아니다. 단지 중자(衆子)로서의 서자가 적자가 되었다고 말했을 뿐이다.」 하였습니다. 대체로 자신의 입장을 해명하는 데 주안점이 있었을 뿐, 그 이전의 견해를 바꾼 것이 아닙니다. 얻어 본 이유태의 글이 이와 같으니 마음속으로 선생님의 말씀에 의심이 듭니다.' 하였습니다.

그 뒤에 이유태가 신의 스승에게 편지를 보냈는데, 대략 말하기를,

'갑인년 비암(碑巖)[381]에 있을 때에 한두 명의 사우(士友)가 말하기를, 「조만간에 유생(儒生)의 상소가 있을 것 같은데, 어리둥절하여 그 내용을 모른다면 부끄러운 일이 될 것이다.」 하므로, 약간의 글을 지어서 보여주었다. 그러고 나서 생각하니, 산속에는 서책이 없으므로 단지 일찍이 들은 것만을 외워서 말하였는데, 만약 우옹과 다르면 다투는 단서가 생길까 염려되었다. 그래서 곧 그 지은 글을 스님에게 맡겨서 만의(萬義)[382]에 보냈더니, 우옹이 8, 90자를 더 써 넣어서 돌려보냈다. 무슨 까닭으로

면하려 한다고 의심하고 이를 윤증에게 확인하게 하였다. 그것을 확인한 결과 윤증은 남인들이 칭찬한 이유태의 새로운 예설이 송시열과의 논의 결과 나온 것이라는 입장이었는데, 노론 당인들은 이것을 윤증의 농간으로 간주하였다.

381) 비암(碑巖) : 충청도 전의(全義)의 비암사(碑巖寺)이다. 비암사(飛庵寺)로 쓰기도 한다. 이유태는 1674년(현종15) 7월에 도신징(都愼徵)의 상소가 올라간 후 전의 비암사에서 대명(待命)하였고, 8월에 복제설을 지었다고 한다.

382) 만의(萬義) : 경기도 수원 무봉산(舞鳳山)에 있는 만의사(萬義寺)이다. 송시열은 서울에 올라오거나 고향으로 갈 때 자주 이곳을 이용하였다. 『동소만록(桐巢漫錄)』에 따르면 송시열이 사람들을 사주하여 이 절에 불을 질러 폐사시키고 부인의 묘소로 사용했다고 한다.

특별히 사람을 보내 왕복할 적에는 다른 말이 없다가 이제야 비로소 말을 내는가?'

하였습니다. 그 편지의 말이 매우 많고 지극히 격렬하여 심지어는 '나[383]는 그[384]가 평상심을 잃어 죽을 날이 곧 닥칠까 우려된다. ……'까지 하였습니다. 이유태가 이어서 처음에 왕복했던 편지 원본을 보냈는데, 곧 송시열이 손수 고쳐 쓴 것이었습니다. 이것이 또한 송시열이 이른바 '예설을 고쳤다.'고 한 것이고, '별본(別本)'이 아니었습니다. 신의 스승이 한탄스러움을 금치 못하여 말하기를,

'이것이 과연 송상민의 집에서 본 예설이고, 과연 이미 왕복한 편지라면, 이것을 가지고 그[385]를 공격하는 것은 그 말이 매우 듣기 어려워서 아마도 사람들이 귀를 막으려고 할 것이다.' 하였습니다.

그래서 신의 스승이 마침내 송시열에게 편지를 써서 대략 말하기를, '마음속의 의심스러운 것이 있어 아뢰지 않을 수 없습니다. 처음에 선생님께서 송주석에게 예설을 찾아오도록 하였으나 가져오지 못하자, 저에게 돌아가는 길에 찾아보라고 하셨는데, 그것이 바로 송상민에게서 얻은 예설입니다. 그런데 송생(宋生, 송상민)에게서 얻은 예설은 곧 갑인년(1674, 숙종 즉위년) 가을에 선생님과 이유태 사이에 오고간 예설이었습니다. ……' 하였습니다.

송시열의 답서에도 '참으로 왕복한 일이 있다.' 하였습니다. 그가 근거 없는 말을 어지럽게 만들어내서 남을 망측한 죄로 떨어뜨린 형적이 드러나서 여러 사람의 눈을 가리기 어려우니, 이것이 신의 스승이 그 본원을 의심하게 된 첫 번째 일입니다."

○ 이시정(李蓍定)[386]이 상소하였다.

---

383) 나 : 이유태를 가리킨다.
384) 그 : 송시열을 가리킨다.
385) 그 : 이유태를 가리킨다.
386) 이시정(李蓍定) : 1673~?. 본관은 전주, 자 중통(仲通)이다. 1699년(숙종25) 식년시 생원에 급제하고, 숭릉참봉(崇陵參奉)·교하현감(交河縣監) 등을 역임하였다. 숙종대 여러

“갑인년 가을에 송아무개[387]가 예(禮)를 의논한 일 때문에 경기[畿甸]에서 대죄(待罪)하고 있었는데, 이유태가 예설을 지어 송아무개에게 보내었습니다. 그 예설에는 간혹 말할 필요가 없는데도 말한 것이 있고 또한 이렇게도 저렇게도 볼 수 있는 것도 있었으나 그 대체는 해로운 것이 없었기 때문에, 송아무개가 자구(字句)를 조금 고쳐서 돌려보냈습니다. 이유태가 귀양 간 뒤에 이전의 견해를 갑자기 바꾸어 예설을 고쳐지었다는 말이 세간에 성행하자 송아무개가 비록 그 말을 믿지 않았지만 사람들의 말이 이러한 것을 의아하게 여겼는데, 마침 윤증이 귀양살이하는 곳에 뵈러 와서 이유태에 대한 말이 나오자, 송아무개 역시 그 소문을 말하고 그 예설의 초본을 찾아보게 하였습니다. 송아무개의 뜻은 그 전해온 말의 허실(虛實)을 밝히려는 것이었을 뿐이었습니다. 윤증이 돌아가서 이유태에게 편지로 물었더니, 이유태가 편지를 써서 극구 스스로 변명하면서 송아무개를 원망하고 욕하였습니다.

윤증이 드디어 송아무개에게 다시 회답하여 말하기를, ‘전날의 이른바 예설에 대해서 유생 이옹(李顒)[388] –초려의 아들– 의 말을 들으니, 「일찍이 선생님과 편지로 의견을 주고받았다.」 하였습니다.’ 하고, 또한 ‘예설을 바꾼 것은 없었습니다.’ 하였습니다. 송아무개가 답장하기를, ‘이 형(兄, 이유태)의 말을 듣건대, 「내가[389] 예를 논한 것이 잘못되었다면 죽어야 한다.……」하였으나, 내 생각으로는, 이것은 반드시 「당초에 예를 논할 때에 모두 말하여 꺼리지 않았으므로 그 형세가 마땅히 죽어야 할 것이다.」 한 것인데, 전하는 사람이 말을 잘못 옮긴 것이라고 여겼다. 그 뒤에 또 듣건대, 「이 형이 새로운 설을 지었는데 이전의 견해와 갑자기 달라졌다.」 하였다. 이윽고 이하경(李厦卿)[390]이 와서 말하기를, 「전에 초려 어른을

차례 송시열을 옹호하는 상소의 소두가 되었다. 이 상소는 『숙종실록』 42년 윤3월 15일 및 『屛溪集·代舘學儒生李著定等辨尤菴遂菴兩先生被誣疏丙申』에 보인다.

387) 송아무개 : 송시열을 가리킨다.

388) 이옹(李顒) : 1633~?. 본관은 경주(慶州). 자 백첨(伯瞻)이다. 이유태의 아들이다. 생원으로서 성균관에서 수학하였고, 별좌(別坐)를 지냈다.

389) 내가 : 송시열을 가리킨다.

송경(松京, 개경)의 길에서 뵈었는데 그 논설이 이상했다.」하였으므로, 비록 믿지 않았으나 또한 의심이 없을 수도 없었다. 그래서 자인(子仁, 윤증의 자)이 나를 보러 왔기에 그 초설(初說)을 살펴보라고 하였는데, 윤증의 회답[回示]을 받고서 또한 전날에 서로 믿었던 것이 틀리지 않다고 스스로 믿게 되었다. 갑인년(1674, 숙종 즉위년) 가을에 왕복한 편지가 진실로 있는데, 간간이 내 생각대로 고친 곳이 있었다. 원설(原說)에서 말할 필요가 없는 것을 말한 것이 있으나 그 전편(全篇)이 그 자체로 좋아서 해로움이 없을 듯하였다.……' 하였습니다.

이것으로 보건대 그때 전해진 말이 세상 사람의 이목에 전파되어 몹시 자자하였을 것이니 송아무개가 듣고서 의심하여 윤증에게 운운한 것은 진실로 이상한 일이 아닙니다. 마침내 오시수(吳始壽)[391]의 무리가 과연 이유태는 처음의 견해를 바꾸고 송아무개에게 글을 보내어 서로 끊었다고 하면서 석방을 청하여 사유(赦宥)받았으니, 오시수의 무리가 그 신설(新說)을 보지 않았다면 어떻게 건의하여 풀려나게 하였겠습니까? 그렇다면 이유태가 어떻게 사림의 의심을 면할 수 있겠으며, 견해를 바꾸었다는 말이 송아무개에서 처음 나온 것이 아니라는 것도 또한 분명하지 않습니까?

지금 최석문 무리의 상소 가운데 송주석으로 하여금 찾게 하였으나 얻지 못했다는 말은, 마치 송아무개가 예전에 없는 신설을 일부러 있다고 말하여 이유태를 함정에 빠뜨린 것처럼 말한 것입니다. 이 어찌 무망(誣罔)함이 심한 것이 아니겠습니까!

송아무개의 글 가운데 이른바 '회답을 받았다.' '스스로 믿었다.' '틀리지 않았다.' 등의 말을 보면 송아무개와 윤증이 서로 대면했을 때 신설을

390) 이하경(李厦卿) : 하경은 이담(李橝)의 자이다. 호는 사은당(四隱堂)으로 송시열의 문인이었다. 1679년(숙종5) 송시열의 예설(禮說)을 옹호한 송상민(宋尙敏)의 옥사에 연루되어 유배되었다가 이듬해 경신환국 때 풀려났다.

391) 오시수(吳始壽) : 1632~1681. 본관은 동복(同福), 자 덕이(德而), 호 수촌(水村)이다. 이조판서·우의정 등을 역임하였다. 1680년 경신환국 때 김석주 등에게 탄핵을 받아 유배되었다가 사사되었다.

보지 못하였고, 단지 이유태가 초설을 고치지 않은 것을 믿은 것이 더욱 명백합니다. 송아무개가 신설을 보지도 못했는데 윤증에게 찾아오게 했다는 것인데, 어찌 이런 이치가 있겠습니까? 또한 송아무개가 이유태에 대해서는 다른 사람의 말을 믿지 않고 끝까지 아끼고 보호하려는 뜻이 여기에 이를 정도였으니, 옛 친구의 뜻을 잃지 않았다고 말할 수 있는데, 어찌 함정에 빠트릴 뜻이 있었겠습니까?"

목천의 일[392]

木川事

최석문이 상소하였다.[393]

“신유년(1681, 숙종7) 송시열이 서울에서 고향으로 돌아가는데 이상(李翔)[394]이 길에서 나와서 뵈었습니다. 송시열이 말하기를, ‘그대는 어찌하여 호향(互鄕)[395] 사람들과 함께 일을 하는가?’ 하였습니다. 이때 이상은 목천서원(木川書院)의 원장(院長)이었기 때문입니다. 이상이 놀라서 ‘무슨 말씀이십니까?’ 물으니, 송시열이 말하기를,

‘지난해 노서(魯西, 윤선거의 호)를 서원에 향사(享祀)하려 할 때에 목천 유생(儒生)들이 통문(通文)에서 「강화도에서 오랑캐의 포로가 되었던 사람을 어찌 함께 배향하여 제사할 수 있겠는가?」 하였다. 사습(士習)이 매우 통탄스러우니, 이 무리들과 함께 일을 해서는 안 된다.’ 하였습니다. 이상이 ‘소문에 어두워서 듣지 못하였습니다.’ 하자 송시열이 말하기를, ‘당시 이러한 말이 성행하여 고을에서 듣지 않은 사람이 없었다.’ 하여, 이상이 ‘만약 그렇다면 어찌하여 듣지 못했겠습니까? 실로 귀머거리와 같습니다.’ 하였습니다. 이상이 집으로 돌아오자 즉시 서원의 유생을 불러서 물었더니, 유생이 또한 ‘전에 그런 일이 없었습니다.’ 하므로, 이상이 말하기를, ‘만약 대로(大老)가 들은 것이 없었다면 어찌 그런 말을 했겠는가?’ 하고는,

---

392) 목천(木川)의 일 : 목천에서 윤선거를 이산서원(尼山書院)에 배향하는 것을 반대하는 통문(通文)이 나왔는데, 그 가운데 “강화도에서 오랑캐의 포로가 되었던 사람을 어찌 함께 배향하여 제사할 수 있겠는가.”라는 말이 있어, 그 말의 출처를 두고 송시열과 윤증 사이에 논란이 있었다. 목천은 현재의 천안시 목천면이다.

393) 최석문이 상소하였다 : 이 상소는 『숙종실록』 42년 3월 3일에 보인다.

394) 이상(李翔) : 1620~1690. 본관은 우봉(牛峯), 자 운거(雲擧)·숙우(叔羽), 호 타우(打愚)이다. 아버지는 유겸(有謙)이다. 송시열을 통하여 김집의 학통을 이어받았다.

395) 호향(互鄕) : 습속이 나쁜 지역. 『논어』 「술이(述而)」에 ‘호향 사람들은 같이 말하기 어렵다.[互鄕, 難與言]’는 구절이 있는데, 이에 대한 주자 주에서 ‘호향은 고을 이름인데, 그 사람들이 불선(不善)에 익숙해져서 선(善)을 말하기 어렵다.’고 하였다.

이어서 그 허실(虛實)을 살피게 하였는데 원래 그런 일이 없었습니다. 그래서 송시열에게 질문하는 사람들이 많았는데 그 대답이 각각 달랐습니다. 이상의 질문에 대해서는 '유수방(柳壽芳)[396]에게서 나왔다.' 하고, 신의 스승에게 보낸 편지에서는 '허황(許璜)에게 물으면 알 수 있을 것이다.' 하였습니다. 유수방과 이상은 사이가 나빠서 만나서 물어볼 수 없었고, 허황은 경향(京鄕)에 없는 사람이어서 끝내 찾을 수 없었습니다.[397] 이것이 사림(士林)들이 송시열을 깊이 의심하는 이유였으니, 신의 스승은 '어찌 스스로 지어내고 스스로 퍼트릴 수 있을까?' 생각하였습니다. 문하의 불령스러운 자가 말한 것에 불과하겠지만 또한 송시열이 기쁘게 듣고 말을 전한 것은 면할 수 없습니다.

처음에 송시열이 이상에게 말할 때 겉으로는 윤선거를 존경하는 뜻에서 나온 것처럼 하였지만, 스스로 터무니없는 나쁜 말을 퍼뜨려 윤선거를 꾸짖는 흠집을 만들어내서 어지럽게 분변하고 따질 적에 한바탕 치욕을 당하게 하려는 것이었습니다. 그러니 말의 출처가 어디서 나왔는지를 물론하고 그 의도가 매우 아름답지 못합니다.

그 뒤에 옥천(沃川)의 통문[398]이 송시열의 문하에서 나왔는데, 윤선거를 더럽게 욕한 것이 목천 유생의 말보다 심하였으니 이른바 존경하는 뜻이 과연 어디에 있습니까? 당초에 목천 유생의 일을 앞장서서 말한 마음의 형적이 여기에서 더욱 환히 드러났습니다. 이 또한 신의 스승이 그 본원을

---

396) 유수방(柳壽芳) : 1646~?. 본관은 진주(晉州), 자 중화(仲華)이다. 1673년(현종14)에 문과에 급제하였다.

397) 허황은……없었습니다 : 윤증은 목천의 일을 말한 사람이 누구냐고 송시열에게 물으니 송시열이 허황에게 물어보라고 하였다. 윤증은 허황이라는 사람이 누군지 알 수 없어 허구의 인물이라고 단정하고, 이것을 송시열이 자신을 속인 것이라고 의심하였다. 이에 대해 권상하는 "허황이란 자는 내가 사문(師門)에서 직접 본 것이 10여 차례도 넘는다."고 말하여 윤증의 주장을 일축하였다.

398) 옥천(沃川)의 통문 : 윤증이 실록청에 보낸 편지를 반박한 통문이다. 여기서 윤증이 강화도에서의 윤선거의 처신을 변명하기 위해서 율곡을 끌어다 댄 것을 비난하면서 다시 한번 윤선거가 오랑캐의 포로가 된 것과 율곡과는 관계가 없음을 분명히 하였다. 그리고 이를 윤선거를 대현(大賢)·진유(眞儒)에 견주어 은연중에 허물을 가리려는 계책이라고 비난하였다.

의심하게 된 두 번째 일입니다. 그 큰 것이 이와 같으니 소소한 언행 가운데 의심스러운 것이 한두 가지가 아닙니다. ……"

◯ 이시정이 상소하였다.[399]

"이른바 목천의 일에도 다 곡절이 있습니다. 선비 허황은 곧 승지 신(臣) 허윤(許玧)[400]의 당제(堂弟)[401]로서 양성(陽城, 경기도 안성)에서 거처하면서 지금까지 살아왔는데, 최석문 등이 '경향(京鄕)에 없는 사람이어서 끝내 찾을 수 없었습니다.' 하였습니다. 그래서 그 아들 허괵(許漍) 등이 올라와서 상소하였는데, 승정원[喉院]에서 저지당하였으나 이미 베껴서 중외(中外)에 전파되었습니다. 그 상소에서 대략 다음과 같이 말하였습니다.

'신의 아비 허황이 온양(溫陽)에서 살 때에 일이 있어 목천에 갔다가 선비 윤채(尹寀)의 집에 들렀습니다. 서로 이야기를 나누고 있는데, 이산서원(尼山書院)의 원유(院儒)가 통문한 것이 마침 도착하여 보니, 바로 이산서원에 고(故) 집의(執義) 윤선거를 배향하는 일이었고, 나열된 여러 고을 가운데 목천 아래에 「강화도에서 오랑캐의 포로가 되었던 사람을 어떻게 함께 배향할 수 있겠는가?[江都俘虜, 豈合享祀]」 하는, 여덟 글자가 있었습니다. 신의 아비가 집으로 돌아온 뒤에 동네에 사는 선비 조문주(趙文宙)와 한상겸(韓尙謙)이 이 일을 언급하는 것을 보고 답하기를, 「그대들이 과연 얻어 보았는가? 우리들도 또한 들었다.」 하였는데, 그 뒤 호중(湖中)의 사인들이 전해 듣지 않은 자가 없었습니다. 신유년 봄 선정(先正, 송시열)이 수원(水原) 만의(萬義) 지역에 와서 머무를 때에 신의 아비가 듣고 즉시 가서 뵈었는데, 우연히 통문의 내용 가운데 목천 아래에 있던 여덟 글자를

399) 이 상소는 『숙종실록』 42년 윤3월 15일 및 『屛溪集·代舘學儒生李著定等辨尤菴遂菴兩先生被誣疏丙申』에 보인다.

400) 허윤(許玧) : 1645~1729. 본관은 양천(陽川), 자 윤옥(允玉), 호 계주(桂洲)이다. 좌의정 침(琛)의 후손, 욱(昱)의 증손이다. 할아버지는 신(紳)이고, 아버지는 동지중추부사 설(卨)이다. 병조좌랑·예조판서 등을 역임하였다.

401) 당제(堂弟) : 종제(從弟). 사촌 또는 육촌 동생을 가리킨다.

언급하였더니, 선정이 말하기를, 「과연 그대의 말과 같다면 목천의 풍습은 참으로 한심스럽다.」 하였습니다. 선정이 돌아갈 때는 신의 아비가 따라갔는데, 일행이 덕평(德坪)에 도착하니, 이상(李翔)도 전의(全義)에서 와서 선정을 맞이하자, 선정이 이상에게 말하기를, 「목천 사람들이 욕하는 것을 들으니 그 선비들의 풍습이 악하다고 할 수 있다. 공이 원장으로서 능히 교화시킬 수 있겠는가?」 하면서 신의 아비에게 들은 것을 이상에게 말해 주었습니다. 이때 신의 아비가 함께 앉아서 들었기 때문에 이와같이 상세히 기록합니다.……'

당시 이상이 서원의 유생으로 하여금 적발하여 벌주려 하니 많은 사람들이 유수방을 의심하였지만 목천에서 깊이 숨기고 감추어서 확인하기 어려웠습니다. 반드시 필적을 살핀 뒤에 그 사람을 찾을 수 있었기 때문에 이산(尼山)에 통문하여 그 통문을 찾아서 돌려달라고 하였더니, 이산의 유생이 답하기를, '여러분께서 어진 이들 존경하는 논의는 이루다 흠앙하지 못할 정도입니다. 다만 이미 지난 일이니 시끄러운 단서를 다시 일으킬 필요가 없습니다.' 하였습니다.

목천 유생들이 재차 통문하자 또 대답하기를, '원래 그런 것을 기록한 일이 없습니다.' 하였습니다. 이는 앞뒤로 답한 말이 서로 맞지 않는데, 그 의도는 숨기려는 것이었습니다. 이후로 윤증은 목천사람들에게 화내지 않고 그 노여움을 선정이 말을 전한 것으로 옮겼습니다. 여러 차례 편지를 보내 그 말의 출처를 선정에게 따져 묻자 선정이 부득이 허황을 거론하여 증거로 삼았습니다. 허괵 등이 상소를 올려 '그 아비와 윤증이 어려서부터 서로 친하였다.' 하였는데, 윤증이 허황에게 한 번도 묻지 않고 억지로 선정이 스스로 지어내어 스스로 전파한 것으로 돌린 것은 도대체 무슨 마음입니까? 지금 현존하는 사람을 곧 '없다.' 하였으니 이는 임금[天聽]을 기만하는 것이며, 이런 일을 이와 같이 거리낌 없이 하였으니 그 나머지 터무니없는 거짓말로 현혹하는 일이 어디든 이르지 않겠습니까?

유수방 일의 경우, 유수방이 이유태와 더불어 윤선거를 서원에 배향하는 일에 대해 논의할 때 불만스러운 뜻이 있었습니다. 그래서 이유태가 봉은사(奉恩寺)에 머물고 있을 때 송아무개에게 유수방의 불만을 거론한 것 같습니다. 유수방의 말은 즉 사사로이 서로 배향할지의 가부를 논한 것이었고, 을묘년(1675, 숙종1) 이전의 일[402]이었습니다. 허황이 전한 것은 통문의 기록에 대한 일이었고, 신유년(1681)에 있었습니다. 일의 단서가 이미 다르니 연대도 어긋나는데, 최석문 등은 말하기를, '이상이 묻자 말하기를, 「유수방에게서 나왔다.」 하였고, 윤증에게 답하는 편지에서는 허황이라고 했다.' 하여 억지로 답한 것이 각기 다르다고 하며 끝내 터무니없는 나쁜 말로 돌아가게 했으니 이미 매우 무함하고 패악하였습니다.

또한 '옥천의 통문은 송아무개 문하에서 나왔는데, 윤선거를 욕보인 것이 목천 유생보다 심하였으니 존경하는 뜻이 과연 어디에 있는가?' 하였는데, 이 또한 분변해야 할 것이 있습니다. 윤증이 어떤 사람에게 보낸 편지에서 그 아비가 강화도에서 당한 일에 대해서 '죽어야 할 의리가 없다.' 하고, 도리어 선정신(先正臣) 이이(李珥)를 배척하여 '참으로 입산(入山)했던 잘못이 있다.' 하였습니다. 옥천 유생들이 통문을 돌려 통렬하게 분변한 것은 실로 선정을 위하는 뜻에서 나온 것이었으므로 목천 유생이 단서도 없이 배척한 것과는 차이가 있을 뿐만이 아니었습니다. 송아무개가 목천 유생은 배척하였지만, 옥천 유생은 배척하지 않은 것에는 각각 서로 다른 뜻이 있었던 것입니다. 그렇다면 당초에 옥천 유생이 통문을 돌리게 한 것은 누구의 잘못입니까? 진실로 우스운 일이어서 분변할 가치도 없습니다."

402) 을묘년(1675, 숙종1) 이전의 일 : 윤선거의 향사가 논의된 것은 한 해 전인 1674년(숙종 즉위년) 겨울이었다.

'잔인한 사람'이라는 말에 관한 사안
忍人說事

최석문이 상소하였다.403)

"송시열이 잔인한 사람[忍人]이라는 말을 만들어낸 것은, 신의 스승의 어머니 증(贈) 정경부인(貞敬夫人) 이씨가 명백히 순절(殉節)한 것을 윤선거가 핍박하여 죽인 것으로 돌리려 한 것으로, 스스로 '고(故) 판서(判書) 김익희(金益熙)404)에게서 들었다.' 말하였습니다. 김익희와 윤선거는 서로 가장 깊이 아는 사이여서 김익희가 윤선거를 천거하는 글[剡章]을 올렸으니, 어찌 그가 잔인한 사람이라는 것을 마음속으로 알면서도 군부(君父)에게 천거하는 사람이 있겠습니까?

신의 스승이 이것을 애통하고 절박하게 생각하여 송아무개405)에게 물었는데 송아무개가 처음에는 '김 상서(金尙書)가 「잔인한 사람」이라고 말하였을 뿐만이 아니다.' 답하였으나, 그 후 왕복하다가 말이 궁하게 된 뒤에는 '그대는 그것을 물가에서 물어보라.' 하였습니다. 김익희의 조카인 고 참판 이선(李選)이 송아무개에게 편지를 보내어 그 외삼촌이 '처음부터 이런 말을 한 적이 없다.' 했으니, 김익희에게서 나왔다고 한 것은 참으로 황당한 말로 속인 것이었습니다. 이로써 근거 없는 말을 퍼뜨려서 사사로운 분노를 풀려고 했다는 것은 가릴 수 없이 분명해졌습니다."

403) 최석문이 상소하였다 : 이 상소는 『숙종실록』 42년 3월 3일에 보인다.

404) 김익희(金益熙) : 1610~1656. 본관은 광산(光山), 자 중문(仲文), 호 창주(滄洲)이다. 할아버지는 장생, 아버지는 반(槃)이다. 대사헌·대제학 등을 역임하였다. 1636년 병자호란이 일어나자 척화론자로서 청나라와의 화평을 반대하며, 왕을 남한산성에 모시고 가서 독전어사(督戰御使)가 되었다. 1653년 부제학으로서 오랫동안 버려두었던 노산군(魯山君)의 묘소에 제사 드릴 것을 청하여 시행하게 하였다.

405) 송아무개 : 송시열을 가리킨다.

◯ 이시정이 상소하였다.[406)]

"윤증이 송아무개에게 다그쳐 물으니, 송아무개가 답장을 보내 말하기를, '그대는 어찌 차마 이런 말을 제기하는 것인가? 당시에 김 상서가 매번 피눈물을 흘리면서 한 말은 「잔인한 사람」이라고 한 것뿐만이 아니었네. 그 누이 -권순장(權順長)의 부인[407)]- 가 편안히 죽지 못한 것을 선장(先丈)이 창도(倡道)한 데에서 나왔다고 생각했기 때문에 말을 절제할 줄 몰라서였던 것이네. 내가 사람들에게 이 일에 대해서 말할 때 어떻게 말했는지 기억나지 않네.……' 하였습니다.

윤증은 김익희가 일찍이 그 아비를 천거하였고, 또한 때때로 서로 문안한 것을 가지고 이 말이 없었다는 증거로 삼았는데, 송아무개는 윤증이 다그쳐 물어서 대답한 것이 무함을 받자 또한 부득이 답하기를, '김 상서의 견해가 앞뒤로 달라진 것은 어리석은 내가 감히 알 수 없는 일이니, 물가에 가서 물어보는 것이 좋겠네. 어찌 또한 오하의 아몽[吳下阿蒙][408)]이라는 뜻이 아니겠는가?……' 하였습니다.

김익희가 윤선거를 조정에 천거하고 서로 문안한 것은 윤선거가 스스로 폐고한 의리[409)]를 취한 것이니, '전날의 윤선거가 아니다.' 생각한 것입니다. 이것이 실로 송아무개가 '병자년 이후 윤선거의 뜻을 논한 것이다.' 한 말의 실체입니다. '물가'라고 말한 것은 좌씨(左氏)의 말을 인용한 것[410)]

406) 이 상소는『屛溪集·代舘學儒生李著定等辨尤菴遂菴兩先生被誣疏丙申』에 보인다.

407) 권순장(權順長)의 부인 : 권순장의 부인은 완산 이씨(完山李氏) 이구원(李久源)의 딸이다. 따라서 김익희의 누이가 될 수 없으므로 저본의 세주는 오류이다. 권순장의 부인은 남편이 순절했다는 소식을 듣고 목을 매어 자결하였고, 권순장의 동생 권순열(權順悅)과 권순경(權順慶)도 적과 싸우다가 모두 죽었다.

408) 오하아몽(吳下阿蒙) : 진취함이 없는 사람을 뜻한다. 중국 삼국시대 오나라 여몽(呂蒙)이 글공부를 하여 뛰어난 식견을 보이자 노숙(魯肅)이 다음과 같이 말하였다. "나는 현제(賢弟)가 무사(武事)만 아는 줄로 생각했는데, 지금 와서 보건대 학식이 깊고 넓으니 과거에 보던 오하의 아몽이 아니다.[吾謂大弟但有武略耳, 至于今者, 學識英博, 非復吳下阿蒙.]"라고 칭찬하였다.(『三國志·吳書·呂蒙傳 裴注』)

409) 스스로 폐고한 의리 : 윤선거가 1637년(인조15) 강화도에서 살아 돌아 온 뒤 벼슬길에 나가지 않은 의리를 가리킨다. 이 의리에 대한 해석의 차이가 노·소론으로 분열하는 빌미가 되었다.

410) 좌씨의 말을 인용한 것 :『좌전』 희공(僖公) 4년에 제나라 환공(桓公)이 초나라를

으로서, '김익희가 앞서 「잔인한 사람」이라고 하였다가, 뒤에 조정에 추천한 것은 내가 알 수 있는 일이 아니고, 김익희는 이미 죽어서 달리 물어볼 곳이 없다.'는 뜻입니다. 문세와 어맥이 저절로 돌아가는 바가 있는데 그 무리들은 장차 윤증의 어미가 물가에서 죽었기 때문에[411] '물가'라는 말에 핍박하는 뜻이 있다고 여겨 원한과 분노가 그치지 않으니 이 또한 가소롭지 않습니까?

최석문 등이 '고 참판 이선이 그 외삼촌인 김익희에게 물어보니 「이런 말을 한 적이 없다.」 하였다.' 하였는데, 이는 더욱 허황된 것이니, 과연 누가 듣고 누가 전달한 것입니까? 김익희의 아들 김만증(金萬增)[412]이 정묘년(1687, 숙종13)에 또한 한성보(韓聖輔)의 상소[413]에 참여하였는데, 상소 가운데 '그 처를 핍박하여 죽였다.'는 말과 '잔인한 사람……'이라는 말이 자연스럽게 그 가운데 있었으니, 이선이 그 뒤에 편지로 질문한 여부는 논의할 필요가 없습니다. 가령 이선이 진정 이러한 말을 했다고 하더라도 이선 또한 후생인데 김익희가 정축년(1637, 인조15) 간에 한 말이 있었는지 없었는지 어찌 상세히 알 수 있었겠습니까?

선정신 김아무개[414]가 윤선거에게 편지를 보내 말하기를,

'사직 상소 가운데 강화도의 일은 반드시 사실에 근거하여 명백히

정벌하여 죄를 묻기를 "소왕(昭王)이 남방을 순수(巡狩)하다가 돌아오지 않았으니 과인은 이것을 묻는다."라고 하자, "소왕이 돌아오지 않은 것을 그대는 물가에 물어보라.[問諸水濱]"고 대답하였다.

411) 윤증의……때문에 : '물가'에 대해서는 노론측에서도 여러 가지로 해석하고 있다. 어떤 사람은 김익희의 호인 '창주(滄洲)'에서 찾기도 하고, 또 어떤 사람은 윤증의 어미가 죽은 강화도를 의미한다고 보기도 한다.

412) 김만증(金萬增) : 1635~1720. 본관은 광산(光山), 자 경능(景能), 호 돈촌(遯村)이다. 아버지는 판서 익희이고, 장생의 증손이며, 송시열의 문인이다. 임피현령(臨陂縣令) 등을 역임하였다. 김석주와 김만기의 신임을 받아 자문을 많이 받았다.

413) 한성보(韓聖輔)의 상소 : 『숙종실록』 13년 4월 14일 전 부사 한성보 등이 송시열을 두둔하며 올린 상소를 가리킨다.

414) 김아무개 : 김집(金集, 1574~1656)을 가리킨다. 본관은 광산(光山), 자 사강(士剛), 호 신독재(愼獨齋)이다. 장생의 아들이다. 이조판서·좌참찬 등을 역임하였다. 부친과 함께 예학의 기본체계를 완비하였으며, 송시열에게 학문을 전하여 기호학파(畿湖學派) 형성에 중요한 역할을 하였다. 저서로 『신독재유고(愼獨齋遺稿)』 등이 있다.

말해야 할 것이네. 사람들이 그대를 헐뜯어 비난하는 것은 비단 여러 친구들과 함께 죽지 아니한 것뿐만 아니라 「처를 인도하여 먼저 죽게 하고도 자신은 구차하게 살아남았다.」는 것에 있네. 지금 만약 상소문에서 단지 위의 한 구절만 거론하고, 아래 구절을 말하지 않으면, 사람들이 반드시 앞선 실수를 가려서 덮으려 한다고 여길 것이니 삼가지 않을 수 없네.' 하였습니다.

박세채가 고(故) 이단하(李端夏)[415]에게 편지를 보내 말하기를, '「먼저 처를 죽게 하고 자신만 혼자 죽지 않았다.」는 말은 곧 호란 초기에 유행한 말로서, 세상에 넘쳐나서 나 또한 익히 들었다.……' 하였습니다. 두 선정(先正)의 말을 통해서 볼 때 당초 소문이 널리 퍼져 있었다는 것을 알 수 있습니다. 이것이 어찌 송아무개가 지어낸 것이겠습니까? 윤증이 당시 유행한 말이 이와 같았다는 것을 알지 못한 것이 아닌데 유독 송아무개를 다그쳐 추궁한 것은 곧 김익희가 죽은 뒤라서 소문의 근원을 찾기 어려웠기 때문에 송아무개를 위협하여 멋대로 사사로운 분노를 풀려고 한 것입니다."

---

415) 이단하(李端夏) : 1625~1689. 본관은 덕수(德水), 자 계주(季周), 호 외재(畏齋)·송간(松磵)이다. 판서 식(植)의 아들이다. 예조판서·우의정·좌의정 등을 역임하였다. 숙종이 즉위한 뒤, 서인으로서 제2차 복상문제로 숙청당한 의례제신(議禮諸臣) 처벌의 부당성을 상소하다가 파직되어 이듬해 삭직 당했다. 1680년(숙종6) 경신환국으로 풀려났다. 1684년 「사창절목(社倉節目)」과 『선묘보감(宣廟寶鑑)』을 지어 올렸다.

제3책

강가에서의 문답

江上問答[1)]

수암(遂菴) 문인 진사 한석조(韓錫祚)[2)]가 사문(師門)에서 들었던 것을 기록함. 자 영숙(永叔)

(1)[3)] 아무개가 이산(尼山)[4)]의 일에 관한 시말을 물었다. 선생[5)]이 다음과 같이 말하였다.

"이는 이산의 일이 아니라 국가의 일이다. 청컨대 그 시초부터 파헤쳐 말하겠다. 인평대군(麟坪大君)[6)]의 아들인 복창군 형제들[諸福][7)]은 –정(楨)[8)]·

---

1) 강상문답(江上問答) : 숙종대 권상하가 제자들과 당론에 대해 문답한 것을 제자 한홍조(韓弘祚)가 기록한 책이다. 일명 '황강문답(黃江問答)'이라고도 한다. 강상문답과 후동문답(後洞問答)으로 나누어져 있으며 그 뒤에 여러 가지의 서간이 있다. 강상문답은 한홍조가 질문하고 권상하가 대답한 것으로 구성되어 있는데, 노·소 분당의 시말과 이유태에 관한 것, 기해예송(己亥禮訟)에 관한 것, 김익훈에 관한 것, 정몽주에 대한 이이의 평과 송시열이 신도비에서 평한 내용이 다른 것에 대한 질문, 이황과 이이의 윤임(尹任)에 대한 평이 다른 점에 대한 질문 등에 관하여 답한 글이 차례로 실려 있다. 해당 기사는『한수재집(寒水齋集)·황강문답』및『송자대전·기술잡록(記述雜錄)』에서 보이는데, 완전히 일치하지 않고 다소간의 출입이 있다.

2) 한석조(韓錫祚) :『한수재집·황강문답』에는 한홍조(韓弘祚)로 되어 있다. 여기에 보이는 한석조의 자는 한홍조와 같으므로 동일 인물로 생각된다.

3) (1) : 저본에서 질문이 있는 곳에 번역자가 임의로 일련번호를 부여하였다.

4) 이산(尼山) : 충남 논산시 노성(魯城)으로, 윤선거·윤증 가문이 세거(世居)하였던 곳이다. 여기서는 윤증을 가리킨다.

5) 선생 : 권상하(1641~1721)을 가리킨다. 본관은 안동, 자 치도(致道), 호 수암(遂菴)·한수재(寒水齋)이다. 송시열의 문인으로, 이단하·박세채·김창협 등과 교유하였다. 1689년(숙종15) 기사환국으로 송시열이 사사(賜死)된 뒤 만동묘(萬東廟)와 대보단(大報壇)을 세워 유지(遺志)를 받들었다.

6) 인평대군(麟坪大君) : 1622~1658. 인조의 셋째 아들, 효종의 아우이다. 병자호란 후 청나라의 압박이 날로 심해지자 부왕 인조를 도와 외교 사명을 받들고 청나라에 가서 공을 세웠다.

7) 복창군 형제들[諸福] : 인평대군의 세 아들인 복창군(福昌君) 이정(李楨, 1641~1680), 복선군(福善君) 이남(李柟, 1647~1680), 복평군(福平君) 이연(李㮒, 1648~1682)을 가리킨다. 삼복(三福)이라고도 불리웠다.

8) 이정(李楨) : 1641~1680. 인평대군의 맏아들. 복창군에 봉해졌다. 1680년 경신환국 때 허견(許堅) 등의 추대를 받아 역모를 한다는 무고를 받고, 복선군·복평군의

남(柟)[9]- 평소 교만하고 흉포하였다. 금상(今上) -숙종- 은 초년에 자주 몸이 편찮았는데, 복창군 형제들이 속으로 불측한 마음을 품고 바라서는 안 되는 자리를 넘보고 있었다. 다만 이때는 서인(西人)이 권력을 잡고 있어서 계책을 이루기 어려웠다. 드디어 여러 남인들에게 투합하여 윤휴와 허목을 우두머리로 삼고 서인을 배척할 계책을 세웠지만 기회를 얻지 못하였다. 이에 서로 모여 은밀히 모의하기를, '송아무개[10]야말로 서인의 영수(領袖)이니 만약 송아무개를 배척하면 서인들이 반드시 모두 일어나 송아무개를 부호(扶護)할 것이다. 이때 부호하는 사람마다 차례로 물리쳐 제거하면 서인을 모두 내쫓을 수 있다. 그런데 송아무개를 내쫓을 죄안(罪案)은 어떤 일에 근거해야 하는가?' 하였다.

또 모의하기를, '기해년 예론[11]이 끝내 인정에 거슬렸으니, 이것으로써 죄안을 삼는다면 송아무개를 내쫓는 일은 손바닥 뒤집듯 쉬울 것이다.' 하고, 몰래 안팎을 이간하여 갑인년(1674, 현종15)의 화[12]를 부추겼다. 당시 허적(許積)[13]이 영의정이었는데, 복창군 형제들이 은밀히 허적의 첩자 허견(許堅)[14]을 보고 말하기를, '금상이 만약 불행하게 되면 너는

두 아우와 함께 삼복이 역모죄로 사사되었다. 이로써 남인이 몰락하고 서인이 정국을 주도할 수 있었다.

9) 이남(李柟) : 1647~1680. 인평대군의 아들로, 복선군이다.

10) 송아무개 : 송시열을 가리킨다.

11) 기해년 예론 : 기해년(1659, 현종 즉위년) 효종이 죽자 인조 계비(繼妃) 자의대비의 상복을 두고 벌어진 예송에서 서인이 주장한 예론을 가리킨다. 효종이 인조의 둘째 아들이므로 조씨가 기년복을 입어야 한다고 주장하였는데, 이에 대해 남인은 종통을 계승한 적자로 인정하여 3년복을 입어야 한다고 주장하며 맞섰다.

12) 갑인년(1674, 현종15)의 화 : 갑인년에 발생한 예송으로 서인이 축출된 사건이다. 당시 효종비 인선왕후가 죽자 대왕대비 조씨의 상복을 두고 논쟁이 벌어졌는데, 서인은 대공복을, 남인은 기년복을 주장하였다. 현종이 남인의 주장을 받아들여 송시열 등 서인을 처벌하였다.

13) 허적(許積) : 1610~1680. 본관은 양천(陽川), 자 여차(汝車), 호 묵재(默齋)·휴옹(休翁)이다. 영의정 등을 역임하였다. 숙종대 초반 송시열의 처벌 문제를 둘러싸고 청남(淸南)·탁남(濁南)으로 분열되자, 탁남의 영수가 되어 서로 갈등하였다. 1680년(숙종6) 서자 견(堅)의 모역사건에 휘말려 사사되었다가 1689년 신원되었다.

14) 허견(許堅) : ?~1680. 허적의 서자(庶子)이다. 인평대군의 아들인 복창군 형제와 왕래하다가 김석주 등으로부터 고변 당하여 경신환국의 빌미를 제공하였다.

우리를 후계자로 삼게 하라. 그러면 내가 너를 병조판서로 삼겠다.' 하니, 허견이 크게 기뻐하며 드디어 하늘에 제사지내어 맹세하였다. 이때 청성(淸城)[15]이 홀로 병조[西銓]를 관장하고 있었는데, 은밀히 그 기미를 알아차리고 마침내 자세히 살펴서 경신년(1680, 숙종6)의 옥사[16]를 이루었다. 남인들은 이 옥사가 오로지 복창군 형제들과 허견이 바라지 못할 자리를 엿보아 일어난 것이므로 이들 당사자들만 처벌하면 충분하다고 여겼다. 그리고 이들도 시해를 범한 역적과는 다르다고 보았다. -주상이 불행해지기를 기다렸다가 그 후사가 되기를 도모했기 때문이라고 한다.- 심지어 흑수배(黑水輩)[17]는 -윤휴가 거처한 곳이 여강(驪江)이었기 때문이라고 한다.- '사화(士禍)를 당했다.'고 말하면서 청성을 마치 남곤(南袞)[18]·심정(沈貞)[19] 보듯 하였다. 이것이 남인들이 경신년의 옥사를 원통하게 여기는 이유였다.

저 윤증은 권시(權諰)[20]의 사위였고, 윤증의 아우 추(推)는 이유(李瀏)의 사위[21]였다. 권시와 이유는 남인의 거두(巨頭)이며, 권시의 아들 기(愭)와

---

15) 청성(淸城) : 김석주(金錫胄, 1634~1684)의 봉호이다. 본관은 청풍, 자 사백(斯百), 호 식암(息庵)이다. 육(堉)의 손자, 좌명(佐明)의 아들이다. 이조판서·우의정 등을 역임하였다. 현종대이래 숙종대에 이르기까지 정국변동의 중심에 자리하면서 권력을 장악하였다. 경신환국을 처리한 공으로 보사공신(保社功臣) 1등으로 청성부원군(淸城府院君)에 봉해졌다.

16) 경신년(1680, 숙종6)의 옥사 : 경신환국을 가리킨다. 1680년(숙종6) 김석주가 정원로(鄭元老)를 시켜 허적의 서자 견(堅)이 인평대군의 세 아들 복창군·복선군·복평군과 역모를 도모했다고 무고하여 발생한 옥사였다. 이로써 남인을 몰아내고 서인이 정국을 주도하였다.

17) 흑수배(黑水輩) : 여강(驪江)에 살았던 윤휴를 따르는 일파를 가리킨다. 검다는 뜻의 여(驪)에서 나온 비하하는 말이다.

18) 남곤(南袞) : 1471~1527. 본관은 의령(宜寧), 자 사화(士華), 호 지정(止亭)·지족당(知足堂)이다. 영의정 등을 역임하였다. 1519년(중종14) 심정 등과 함께 기묘사화를 일으켜 조광조 등 사림파를 숙청하였다.

19) 심정(沈貞) : 1471~1531. 본관은 풍산(豊山), 자 정지(貞之), 호 소요정(逍遙亭)이다. 좌의정 등을 역임하였다.

20) 권시(權諰) : 1604~1672. 본관은 안동, 자 사성(思誠), 호 탄옹(炭翁)이다. 대사헌 등을 역임하였다. 1660년(현종1) 예송 당시 송시열과 송준길에 대립하여 윤선도를 지지하는 상소를 올렸다가 파직되어 낙향하였다. 저서로는 『탄옹집(炭翁集)』이 있다.

21) 추(推)는 이유(李瀏)의 사위 : 윤추(尹推, 1632~1707)의 본관은 파평, 자 자서(子恕), 호 농은(農隱)이다. 조부는 윤황이며, 부친은 윤선거이다. 윤증의 아우이다. 숙종대 송시열과 노론이 윤선거·윤증을 공격하는 것을 보고 변론하는 글을 짓기도 하였다. 『농은유고

이유의 아들 삼달(三達)은 또한 남인 중에서도 가장 걸출한 자들이었다. 그러므로 윤증과 윤추는 권기·이삼달과 서로 어울릴 때가 많았다. 대체로 사람들이 가까이 지내면서 서로 진심을 토로하는 경우는 처남 매부 보다 긴밀한 사이가 없다. 경신년의 옥사에 대해서 들은 것도 권기와 이삼달의 말이 아닌 것이 없었는데, 윤증은 본래 허약한 사람인지라 마침내 그 말에 넘어가서 청성이 훗날 큰 화의 수괴가 될 것이라고 생각하였다. 윤증은 또 생각하기를, '우암이 거제(巨濟)에서 돌아와 만약 청성에 대해서 듣게 되면 필시 청성과 다를 것이다.' 하였다. 우암이 올라와 옥사를 듣고는 말하기를, '청성은 사직을 보호한 공로가 없지 않다.' 하였다. 이에 윤증이 넋을 잃고 크게 놀라 말하기를, '이 어른의 소견이 어찌 이와 같을까? 만약 이 어른을 따르면 끝내 함정에 빠져 반드시 점필재(佔畢齋)[22] 문하의 한훤당(寒暄堂)[23]처럼 될 것이다.'[24] 하였다. 비로소 서로 대립할 생각을 갖게 되었지만 후원을 얻지 못하고 있다가 급기야 현석(玄石, 박세채의 자)을 얻은 후에 비로소 배반의 자취가 생겨났다.

그가 현석을 얻는데도 곡절이 있었다. 과거에 노봉(老峯)[25]이 일찍이

별집(農隱遺稿別集)』「청송재변록(靑松齋辨錄)」 참조. 윤추는 2명의 부인을 두었는데, 첫째 부인 풍양 조씨(豐陽趙氏)는 군수 조진양(趙進陽)의 딸이자 조익(趙翼)의 손녀였다. 둘째 부인 전의 이씨(全義李氏)는 선비 이유의 딸인데 모두 숙인(淑人)이다.

22) 점필재(佔畢齋) : 김종직(金宗直, 1431~1492)의 호이다. 본관은 선산(善山), 자 효관(孝盥)·계온(季昷)이다. 홍문관제학·공조참판 등을 역임하였다. 정몽주와 길재의 학통을 계승하여 김굉필-조광조로 이어지는 도학 정통의 중추적 역할을 하였다. 조의제문(弔義帝文)을 지었는데 훗날 제자 김일손(金馹孫)에 의해 사초에 수록되었다가 무오사화(戊午士禍, 1498)의 단서가 되었다. 이로 인해 부관참시(剖棺斬屍)를 당하였다.

23) 한훤당(寒暄堂) : 김굉필(金宏弼, 1454~1504)의 호이다. 본관은 서흥(瑞興), 자 대유(大猷), 호 사옹(簑翁)이다. 김종직(金宗直)의 문인으로, 1498년(연산군4) 무오사화(戊午士禍) 때 유배되었다. 평안도 희천에서 조광조에게 학문을 전수하였다. 1504년 갑자사화 때 죽임을 당했다.

24) 점필재……될 것이다 : 김굉필이 김종직의 제자였기 때문에 무오사화에서 유배당하고, 갑자사화에서 죽임을 당한 일처럼, 윤증도 송시열 때문에 죽임을 당할 수 있다고 생각했다는 것이다.

25) 노봉(老峯) : 민정중(閔鼎重, 1628~1692)의 호이다. 본관은 여흥(驪興), 자 대수(大受)이다. 할아버지 경주부윤 기(機), 아버지 강원도관찰사 광훈(光勳), 어머니는 판서 이광정(李光庭)의 딸이다. 송시열의 문인이고 숙종 계비 인현왕후의 큰아버지이다.

말하기를, '내가 정권을 잡게 되면 반드시 정암(靜菴)[26]과 율곡이 시행하지 못한 사업을 이룩할 것이다.' 하였는데, 경신년 이후 문곡(文谷)[27]이 영의정이 되고, 노봉이 좌의정이 되고, 청성이 우의정이 되었다. 노봉은 평소 청성을 달갑게 여기지 않았고, 또한 외척과 함께 일하는 것을 싫어할 즈음에 마침 청성이 사신이 되어 청나라[彼國]로 떠나자, 노봉은 드디어 자신의 뜻을 펼치려고 문곡에게 말하였다. 문곡이 머리를 저으며 말하기를,

'지금 큰 옥사를 막 겪은 상황인데다가 주상은 어리고 국가는 불안하여 백성들이 잘 따르지 않는 때이니 오직 차분히 진정시켜 국맥을 유지해야 할 것입니다. 분란을 일으켜 전복되게 해서는 안 됩니다.' 하였으므로, 노봉이 손을 쓰지 못하였다. 이에 사류가 말하기를, '노봉이 지난날 한 말은 모두가 실속 없는 허세에 불과하다. 지금 정권을 잡았는데도 어찌하여 한 가지 일도 하지 않는가?' 하면서, 공격하고 꾸짖는 말이 쇄도하였다. 노봉이 몹시 민망해하면서 말하기를, '내가 하는 일을 저지하는 자는 문곡이다. 산림 출신 사람이 조정에 있으면 어찌 이와 같겠는가!' 하고, 드디어 문곡을 탄핵하여 제거하려고 우암을 불러오고자 하여, 즉시 주상에게 아뢰고, 승지를 보내 우암을 불렀지만 우암은 오지 않았다. 또 현석을 부르자, 현석이 말하기를, '내가 비록 들어가고 싶지만 산림의 사람이라서 주인이 없으면 일을 할 수 없다.' 하니, 노봉이 말하기를, '내가 주인이 되겠다.' 하였다. 현석이 말하기를, '어찌 산야(山野)의 사람이 척리(戚里)에 의지하여 국사를 담당할 수 있겠는가?' 하니, 노봉이 더욱 민망해하면서 말하기를, '우암으로 하여금 여기에 있게 하면 들어오겠는가?' 하자, 현석이

---

26) 정암(靜菴) : 조광조(趙光祖, 1482~1519)의 호이다. 본관은 한양(漢陽), 자 효직(孝直)이다. 대사헌을 역임하였다. 김굉필에게 수학하고, 김종직의 뒤를 이어 사림파의 영수가 되었다. 사림 중심의 도학정치를 펼치다가 기묘사화 때 죽임을 당했다.

27) 문곡(文谷) : 김수항(金壽恒, 1629~1689)의 호이다. 본관은 안동, 자 구지(久之)이다. 극효(克孝)의 증손, 상관(尙寬)의 손자, 광찬(光燦)의 아들이다. 좌의정·영의정 등을 역임하였다. 1680년(숙종6) 경신환국이 일어나 남인들이 실각하자 영의정이 되어 남인의 죄를 다스리는 한편, 송시열·박세채 등을 불러들였다. 1689년 기사환국이 일어나 남인이 재집권하자, 탄핵을 받고 유배된 뒤 사사되었다.

말하기를, '그렇다면 다행이겠다.' 하였다. 노봉이 주상에게 아뢰어 승지를 보내고, 또한 우암에게 편지를 보내 말하기를, '조정에 있고 싶지 않더라도 잠시 상경하여 현석을 들어오게 하는 것이 어떠하겠습니까?' 하니, 우암이 말하기를, '내 비록 직책을 맡는 것을 꺼려하지만, 나를 화숙(和叔, 박세채의 자)의 주인으로 삼는다면 내가 어찌 나가지 않겠는가? 또 내가 태조(太朝)의 휘호(徽號)를 주청할 일[28]이 있는데, 이 일을 청한 뒤에 머물면서 화숙의 후원이 되겠다.' 하고, 드디어 여주(驪州)에서 부름에 응하여 경강(京江)에 이르러 현석을 맞아 함께 조정에 들어가자고 권유하였다. 현석이 즐거운 마음으로 받아들이고, 드디어 서울에 들어와 날마다 우암에게서 떠나지 않으며 제자의 예(禮)를 행하는 것이 몹시 공손하였다.

현석이 말하기를, '윤자인(尹子仁, 윤증의 자)을 불러서 들어오게 해야 합니다.' 하니, 우암이 말하기를, '자인이 오려고 하겠는가?' 하였다. 현석이 말하기를. '선생께서 소자와 함께 여기에 있는데, 그가 어찌 오지 않겠습니까?' 하니, 우암이 말하기를, '그렇다면 한번 불러 보라.' 하였다. 현석이 즉시 주상에게 아뢰고 윤증을 불렀다. 윤증이 함께 유숙하면서 현석에게 말하기를, '추가로 녹훈(錄勳)한 것을 삭제한 후에야 일을 할 수 있을 텐데, 형이 할 수 있겠습니까?' 하니, 현석이 '할 수 없습니다.' 하였다. 윤증이 말하기를, '외척의 무리를 물리친 후에야 일을 할 수 있는데, 형이 할 수 있겠습니까?' 하니, 현석이 '할 수 없습니다.' 하였다. 윤증이 말하기를, '지금 송시열의 행태는 자신과 다른 사람을 배척하고, 자신에게 순종하는 자는 비호합니다. 이러한 풍토를 제거한 후에야 일을 할 수 있는데, 형이 할 수 있겠습니까?' 하니, 현석이 '할 수 없습니다.' 하였다. 추가로 녹훈되었다고 한 것은 김익훈(金益勳)[29]·이사명(李師命)[30]의 무리

28) 태조(太朝)의 휘호(徽號)를 주청할 일 : 송시열은 태조의 시호가 여러 선왕이 여덟 글자인데 비해 적다는 점을 지적하면서 '소의정륜(昭義正倫)' 네 글자를 추가할 것을 아뢰면서 그 근거로 위화도 회군의 공업을 내세웠다.

29) 김익훈(金益勳) : 1619~1689. 본관은 광산, 자 무숙(懋叔), 호 광남(光南)이다. 장생의 손자, 참판 반(槃)의 아들이다. 1680년(숙종6) 김석주가 경신환국을 일으켜 조정에서 남인들을 숙청하는데 적극 참여했으며, 그 공으로 보사공신 2등과 광남군(光南君)에

를 가리킨 것이고,[31] 외척은 청성·광성(光城)[32]·노봉을 가리킨 것이며, '시태(時態)'는 우암을 가리킨 것이었다. 윤증이 말하기를, '이 세 가지를 제거하지 않으면 내가 들어갈 길은 없다.' 하고, 사흘 동안 머물면서 권기와 이삼달에게서 들은 말을 다 말해준 뒤 이르기를, '만약 우암을 따르면 장차 큰 화가 이를 것이다.' 하였다.

현석이 드디어 크게 현혹되어 풀이 죽어 돌아오자, 우암은 이미 윤증의 말에 넘어간 것을 알았다. 현석은 우암에게 고하지 않고 바로 어전[榻前]에 들어가 마침내 우암이 건의한 휘호(徽號)의 의논을 극력 반대하고[33] 파산(坡山, 경기도 파주)으로 돌아갔다. 우암은 일의 기미가 어그러지는 것을 보고 고양(高陽)에서 금강산으로 들어갔다가 화양동(華陽洞)으로 돌아왔다. 이로부터 서울의 연소배가 현석을 따르게 되었는데, 현석과 윤증의

봉해졌다. 김석주와 함께 훈척으로서, 송시열 등과의 협력을 바탕으로 병권을 장악하고 기찰과 고변을 주도하였다. 1689년 어영대장 재직 중 기사환국으로 남인이 재집권하자 공신 칭호를 빼앗기고 유배되었으며, 무고한 사람들을 많이 죽였다는 죄명으로 고문을 받고 죽었다. 성품과 행실이 방자하며 부정 축재를 많이 한다는 비난을 받았다. 특히 1682년 허새 모역사건 당시의 떳떳하지 못한 행동은 서인 소장파의 반감을 부채질하였다. 그 결과 노론과 소론이 갈리는 한 계기가 되었다.

30) 이사명(李師命) : 1647~1689. 본관은 전주, 자 백길(伯吉), 호 포암(蒲菴)이다. 세종의 아들 밀성군(密城君)의 6대손, 영의정 경여(敬輿)의 손자, 대사헌 민적(敏迪)의 아들, 좌의정 이명(頤命)의 형이다. 형조·병조판서 등을 역임하였다. 1680년(숙종6) 경신환국에서 세운 공으로 보사공신 2등에 녹훈, 완녕군(完寧君)에 봉해졌다.

31) 추가로……것이고 : 경신환국에서 허견과 복창군 형제를 제거한 공로로 김만기와 김석주 등을 보사공신으로 책봉하였다. 그런데 김석주가 이사명과 김익훈 등을 추가로 녹훈하자고 주장하여 서인 소장파의 반발에도 불구하고 이를 강행하였다. 이에 대한 찬반으로 서인이 노론과 소론으로 분열되었다.

32) 광성(光城) : 김만기(金萬基, 1633~1687)의 봉호이다. 본관은 광산, 자 영숙(永淑), 호 서석(瑞石) 또는 정관재(靜觀齋)이다. 형조참판 장생의 증손으로, 할아버지는 참판 반이고, 아버지는 생원 익겸이며, 어머니는 해평 윤씨(海平尹氏)로 참판 지(墀)의 딸이다. 숙종의 첫째 왕비 인경왕후의 아버지이고, 송시열의 문인이다. 숙종이 즉위하자 국구(國舅)로서 영돈령부사(領敦寧府事)에 승진되고 광성부원군에 봉해졌다. 총융사(摠戎使)를 겸관해 병권을 장악했고 김수항의 천거로 대제학이 되었다.

33) 휘호(徽號)의 의논을 극력 반대하고 : 박세채는 이미 태조 당대 '계운신무(啓運神武)'의 호를 올렸으며, 돌아가신 후에는 '지인계운성문신무(至仁啓運聖文神武)' 시호를 더 올린 사실을 들어 반대하였다. 더욱이 위화도 회군의 일은 임금이 되기 이전의 일로 간주하여 이를 근거로 시호를 올려야 한다는 송시열의 견해에 반대하였다. 이 일로 양자 간에 여러 번 의견을 교환했지만 박세채가 끝내 의견을 굽히지 않았다.

사이가 매우 좋았으므로 윤증의 무리가 점차 성대해졌다. 이에 그 아비의 묘문(墓文) 일과 이른바 목천(木川)의 일을 가지고 마침내 우암을 배반하였다. 그 실상은 윤증이 본래 서인이었지만 그 마음속에는 남인의 생각으로 가득 찼기 때문에 화를 두려워하는 마음이 저변에 깔려 있었다. 묘문의 일은 다만 우암과 대립하기 위한 제목일 뿐이었다. 이 일의 곡절은 그 맥락이 매우 미세하여 잘 알고 있는 사람이 드물다."

선생이 다음과 같이 말하였다.

"내가 현석이 윤증과 서로 뜻이 달라진 내력을 말하겠다. 현석이 우암의 태조 휘호에 관한 의논에 이의(異議)를 제기한 이후, 또 「향동문답(香洞問答)」[34]을 얻어 보고는 더욱 마음이 편치 못하였다. 그러다가 옥천 유생이 상소하여 말하기를, '박아무개는 본조(本朝)의 신하로서 어찌 감히 휘호의 논의에 이의를 제기한단 말입니까?……' 하였는데, 어떤 사람이 현석에게 말하기를, '저 상소는 옥천 유생 본인의 의사가 아니라, 곧 송주석이 은밀히 옥천 유생을 사주하여 영감을 죽이려는 것입니다.' 하므로, 현석이 크게 놀라고 의심하여 오랫동안 입을 열지 않았다.

그 뒤 내가 서구(敍九) -송주석의 자- 와 함께 우암을 모시고 앉아 있었는데, 갑자기 어떤 사람이 편지 한 통을 바치기에 살펴보니, 곧 현석의 편지였다. 그 편지에서 말하기를, '어떤 사람의 말이 이러저러한데 진실로 그렇습니까? 이 말을 듣고 즉시 이 편지를 작성하였으나 누차 올리려 하다가도 다시 그만두었다가 이제야 올립니다.……' 하였는데, 그 날짜를 따져 보니 정월에 써 놓은 편지를 6월에야 비로소 보낸 것이었다. 우암이 크게 놀랐고, 서구 역시 얼굴빛이 변하여 '그게 무슨 말입니까?' 하자, 우암이 나를 돌아보고 말하기를, '이는 반드시 중간에서 이간하는 말일 것이다. 어떻게 답장을 써야 화숙 의론의 미혹됨을 풀 수 있을까?' 하기에, 내가 말하기를,

'송강(松江)[35]이 율곡(栗谷)을 의심하여 「우리 무리가 뜻하지 않게 숙헌(叔

---

34) 향동문답(香洞問答) : 1683년(숙종9) 서인이 노론과 소론으로 분열될 무렵, 송시열이 박세채·이단하 등과 문답한 것을 그의 손자인 송주석이 기록한 것이다. 본서 수록.

獻, 이이의 자)의 손에 모두 죽게 되었다.」 하자, 율곡이 말하기를, 「그렇다면 그대는 사화(士禍)로 인해 죽는 것에 불과하지만, 나는 또 사림에 화를 끼친 소인이 되는 것을 면치 못할 것이니, 그대는 모름지기 염려하지 말라.」 하였으니, 이런 사례를 증거로 들어서 현석에게 회답하면 좋을 듯합니다.' 하자, 우암이 이에 그 말로 답장을 썼는데, 그 하단에 또 말하기를,

'내가 전에 화숙과 함께 선조(先朝, 인조) 때 금주위(錦州衛)에 조병(助兵)[36] 한 일에 대해서 의논한 적이 있는데, 휘호를 두고 다투던 것이 어찌 이와 다르겠는가?' 하였다. 현석은 이 답장을 보고 마침내 깊이 느껴 깨닫고 우암의 말을 경청하여, 점차 소배들이 장희재(張希載)[37] 등과 결탁하는 것을 미워하게 되었다. 또 이때 최신(崔慎)[38]이 상소하여 현석을 배척하려 하였는데, 문곡과 노봉이 저지하려 했지만 그렇게 하지 못하였다. 송인일(宋仁一)[39] –송은석(宋殷錫)의 자– 이 마침 서울에 있다가 곧장

35) 송강(松江) : 정철(鄭澈, 1536~1593)의 호이다. 본관은 연일(延日), 자 계함(季涵)이다. 유침(惟沈)의 아들로서 이이·성혼·송익필 등과 교유하였다. 우의정·좌의정 등을 역임하였다. 1589년(선조22) 정여립 사건을 기화로 동인을 제압하였다. 1591년 광해군을 세자로 책봉하려다가 파직 당하였다.

36) 금주위(錦州衛)에 조병(助兵) : 1640년(인조18) 청나라가 명나라를 공격하기 위하여 조선에 지원군을 요청하였고, 이에 조정에서는 영병장(領兵將) 유림(柳琳)을 금주위로 파송하였다. 이때 조선군 포사(砲士) 이사룡(李士龍) 등이 공포(空砲)로 응전하다가 청나라 군대에 발각되어 피살되었다.

37) 장희재(張希載) : ?~1701. 본관은 인동(仁同). 역관 현(炫)의 종질이며, 희빈 장씨(禧嬪張氏)의 오빠이다. 희빈이 숙종의 총애를 받게 되자 그 덕으로 금군별장이 되었으며, 이어 1692년(숙종18) 총융사가 되었다. 1694년에 인현왕후가 복위한 뒤로 희빈과 함께 인현왕후를 해하려는 음모를 꾸미다가 발각되어 사형을 받게 되었으나, 후환이 세자에게 미칠 것을 염려한 남구만 등 소론의 주장으로 사형은 면하고 제주도에 유배되었다. 1701년 인현왕후가 죽은 뒤 희빈 장씨가 앞서 인현왕후를 저주한 사실이 발각되어 장희재를 극형에 처할 것을 요구하는 상소가 있자, 왕은 처음에는 거절하였으나 마침내 제주도 유배지에서 잡아올려 사형에 처하고, 희빈은 자결하게 하였다.

38) 최신(崔慎) : 1642~1708. 본관은 회령(會寧), 자 자경(子敬), 호 학암(鶴菴)이다. 송시열의 문인이다. 1675년(숙종1) 스승이 예송으로 화를 입자 상소를 올리려 하다가 중지했는데, 동문인 유필명의 소문(疏文)을 지었다는 무고를 받고 귀양갔다가 사면되었다.

39) 송인일(宋仁一) : 인일은 송은석(宋殷錫, 1645~1702)의 자이다. 송시열의 손자이다. 제원찰방(濟原察訪)과 진안현감(鎭安縣監)을 지냈다. 기사년에 분란이 일어나자 고향으로 돌아가 두문불출하였다.

편지를 써서 그 사실을 우암에게 고하자, 우암이 즉시 편지를 써서 최신을 꾸짖어 말하기를,

‘현석은 바로 나와 도의(道義)로 사귄 사람이다. 네가 나를 사문(師門)이라 칭하면서 감히 내가 도의로 사귄 사람을 배척해서야 되겠는가? 만일 이렇게 하면 다시는 나를 보지 못할 것이다.’ 하였다.

드디어 그 편지를 봉하지 않은 채 송인일에게 보내어, 이를 보게 하고 최신에게 전하도록 하였다. 송인일이 이 편지를 보고 있을 때, 동보(同甫, 이희조의 자)[40] -지촌(芝村)- 가 그 곁에 앉아서 보고 이를 가져다 현석에게 보여주자, 현석이 크게 기뻐하였으며, 그의 자손들도 모두 감격하여 말하기를, ‘우암의 본뜻은 실로 이와 같은데, 지난날 망령되이 헐뜯었으니, 이는 우리들의 죄이다.’ 하였다. 이후로는 현석의 집안은 예전처럼 우암을 대하였다. 현석은 비록 윤증에게 유혹을 받았지만 갑자년(1684, 숙종10) 이후로, 자기에게 붙던 젊은 무리[少類]들이 점점 장희재 등과 서로 연결되어 가는 것을 보고는 드디어 크게 깨닫고, ‘나와 우암이 서로 신뢰하지 못한 것은 본래 자인(子仁, 윤증의 자) 때문에 잘못된 것이다.’ 생각하고, 이때부터 윤증을 대단히 불쾌하게 여겼다.

또한 윤증 스스로 생각하기를, ‘갑자년 이후로는 우암이 실로 고립되어 붙는 사람이 없다.’ 여겼는데, 기사년에 우암이 귀양길을 떠날 때 경외(京外)의 선비들이 모두 우암을 구호하는 소(疏)를 올리고 또 귀양길을 따르는 자들이 무려 수백 명이나 되었으며, 그와 더불어 서로 좋아했던 사람들도 또한 모두 우암에게 앞 다투어 달려갔다는 말을 듣고 윤증이 크게 의심하여 말하기를, ‘인심이 치우쳐 향하는 것이 어찌 이와 같단 말인가?’ 하였다. 우암의 상(喪)을 당하자 현석이 우암을 위해 상복을 입었다는 말을 듣고 마침내 크게 화를 내며 말하기를, ‘인심이 치우쳐 향하는 것이 모두가 화숙이 유인한 바이다.’ 하고, 즉시 편지를 보내 현석을 꾸짖기를, ‘이미 스승도 아니요, 또 친구도 아닌데 어째서 상복을 입었는가?’ 하자, 현석이

---

40) 동보(同甫) : 이희조(李喜朝, 1655~1724)의 자이다. 본관은 연안(延安), 호 지촌(芝村)이다. 단상(端相)의 아들이며, 송시열의 문인이다. 이조참판·대사헌 등을 역임하였다.

답하기를, '율곡이 퇴계를 위해 3달 동안 상복을 입었으므로, 나 또한 이를 본받아 입은 것입니다.'하니, 윤증이 또한 현석이 우암을 퇴계에 비유한 것을 의심하여 편지를 보내 묻기를, '형은 율곡이 아니고 송시열도 퇴계가 아닌데, 어찌하여 꼭 상복을 입는단 말인가?' 하므로, 현석이 더욱 좋아하지 않았다. 또 윤증이 남인에게 추대되어 이처럼 더욱 우암을 배척하는 것을 보고는 드디어 윤증을 변변치 못한 사람으로 간주하였다. 또 그때에 여러 남인들이 현석을 귀양 보내려고 정유악(鄭維岳)[41]을 시켜 윤증에게 가서 그 가부(可否)를 묻도록 하였는데, 윤증이 대답하기를, '조정의 일을 내가 어찌 의논하겠는가?' 하였다. 현석은 그 말을 듣고 크게 노하여 다시 그 심술을 통탄해 하였다. 이것이 곧 현석이 윤증과 갈라져서 다시 돌아온 곡절이다.

우암이 일찍이 말하기를, '사람들이 화숙을 이처럼 공격하지만 화숙은 끝내 나를 배척할 사람이 아니다. 다만 소견이 혹 엇갈린 곳이 있기 때문에 때로 나를 의심한 일이 있을 뿐이지 그의 심술이 굽어서 그런 것은 아니다. 다만 두려운 것은 윤증이다.' 하였다.

내가 말하기를, '현석은 본래 가깝지도 않고 멀지도 않은 사람이지만 자인은 실로 선생의 자제와 같은데, 선생께 비록 일이 생겨도 자인이 어찌 감히 배반하겠습니까?' 하자, 우암이 말하기를, '그대가 자인에 대해서 알고 있는 것은 나만 같지 못하다.' 하였다. 그 뒤 우암의 말이 부절(符節)이 합치듯 맞아 떨어졌으니, 우암은 성인이라고 할 만하다."

(2) ○ 영숙이 최신이 지은 우암의 제문(祭文)에 대해서 묻기를, "사람들이 '윤증이 우리 선생을 죽였는데, 그 자취는 비록 은미하지만 그 사실은 매우 뚜렷하다.' 합니다. 이것은 무슨 말입니까?" 하였다. 선생이 다음과

41) 정유악(鄭維岳) : 1632~?. 본관은 온양(溫陽), 자 길보(吉甫), 호 구계癯溪)이다. 뇌경(雷卿)의 아들이다. 경기도 관찰사·형조판서 등을 역임하였다. 1680년(숙종6) 경신환국으로 인해 유배되었다가 다시 복귀하였으나 1694년 갑술옥사로 다시 진도에 안치되었다.

같이 말하였다.

"최신의 말은 비록 어떤 일을 가리키는지는 모르겠지만, 다만 내가 들은 바로는 말할 만한 것이 있다. 송이석(宋彝錫)[42] –우암의 계자(繼子) 도정(都正) 송기태(宋基泰)[43] 형의 아들이다.– 의 생질(甥姪)은 곧 윤충교(尹忠教)[44]의 처질(妻姪)이다. 송이석의 생질이 자기 고모를 찾아뵙기 위해 이산(尼山)[45]에 갔는데 그 때가 무진년(1688, 숙종14)이었다. 마침 윤증의 여러 종친들이 모여서 술을 마시고 있었는데, 송이석의 생질 역시 참석하여 앉아 있었다. 이윽고 윤증이 '김익훈의 목숨이 여기에 그치고 말았도다.' 하였다. 또한, '송아무개가 어찌 면할 수 있을 것인가?' 하였는데, 이때 윤씨 한 사람이 팔꿈치로 윤증을 제지하며 작은 소리로 '여기 손님이 앉아 있다는 것을 모르십니까?' 하자, 주위를 둘러보고 말하기를, '남인 무리가 크게 위세를 떨치니 우암 어른이 사화(士禍, 기사환국)를 면치 못할 것 같아서 염려스럽다.' 하였다. 송이석의 생질이 즉시 돌아와 우암에게 고하자, 우암이 말하기를, '믿을 수 없는 망언을 다시는 하지 말라!' 하였다. 그 뒤 김군평(金君平) –만준(萬埈)[46]– 이 또 이산에서 이맛살을 찌푸리고 와서 우암에게 고하기를, '듣건대, 윤증이 소생의 집안과 선생의 집안사람들을 모조리 죽이려 하고 있답니다.' 하자, 우암이 또 그를 질책하며 저지하였다. 이것이 내가 들은 한 가지 단서이다. 또 박태회(朴泰晦)[47]에게서 들은 것이 있는데, 그 말에 따르면,

---

42) 송이석(宋彝錫) : 1641~1694. 본관은 은진, 자 군서(君叙)이다. 방조(邦祚)의 증손자, 시형(時瑩)의 손자, 기선(基善)의 아들이며, 윤충교(尹忠教)의 조카이다. 송방조와 송갑조[시열의 부친]가 형제간이므로 송시열에게는 재종손(再從孫)이 된다. 비안현감(比安縣監) 등을 역임하였다.

43) 송기태(宋基泰) : 1629~1711. 송시형(宋時瑩)의 아들인데 송시열의 양자가 되었다.

44) 윤충교(尹忠教) : 1664~?. 윤증의 둘째 아들이다. 큰아들은 군수(郡守) 윤행교(尹行教)이다.

45) 이산(尼山) : 충남 논산시 노성(魯城)이다. 윤선거·윤증 가문이 세거(世居)하였던 곳이다. 여기서는 윤증을 가리킨다.

46) 김만준(金萬埈) : ?~1700. 본관은 광산(光山), 장생의 봉사손(奉祀孫)이며, 익희(益熙)의 아들이다. 광흥주부(廣興主簿)·순창군수(淳昌郡守) 등을 역임하였다.

47) 박태회(朴泰晦) : 본관은 반남(潘南)이며, 세채의 아들이다.

'이원정(李元禎)[48]의 아들 이담명(李聃命)[49]이 기사년(1689, 숙종15) 초에 대사간에 임명을 받고 올라와서 그의 무리들에게 말하기를, 「김수항(金壽恒)은 우리들의 원수이니 죽이지 않을 수 없다. 하지만 송아무개의 경우 김석주가 경신년의 화란[50]을 일으켰을 때 마침 거제도에 있었으니, 그가 어떻게 김수항·김석주 등과 모의할 수 있었겠는가? 또한, 서인 무리가 송아무개를 유종(儒宗)으로 여기고 있는데, 지금 만일 형률을 더한다면 반드시 사화라 이를 것이니, 이것이 또한 고민거리이다. 차라리 그대로 두는 것만 같지 못하다.」 하였다. 한 남인이 말하기를, 「함께 모의했는지 아닌지 여부를 어찌 안단 말인가?」 하니, 이담명이 말하기를 「그렇다면 어떻게 그 사실을 탐지할 수 있는가?」 하자, 한 남인이 말하기를, 「만일 권기(權愭)를 시켜 윤증에게 물어본다면 윤증이 반드시 숨기지 않을 것이다.」 하므로, 과연 권기를 시켜서 윤증에게 물으니, 윤증이 말하기를, 「자세히 알지는 못하지만 다만 그때 김석주와 두 차례 편지 왕래가 있었다.」 하였다. 남인들이 마침내 이 두 차례의 편지가 틀림없이 모의였을 것이라고 하면서 곧장 기사년의 화란을 일으켰다.' 하였다. 이것이 박태회가 나에게 전해 준 말인데, 다만 박태회가 본래 믿을 만한 위인이 아니므로 이것이 의심스럽다. 그러나 그가 말한 두 차례의 편지도 또한 단서가 되는데, 박태회가 알 수 있는 일이 아닌데도 이렇게 말했다면 믿을 만한 듯 싶다."

영숙이 묻기를, "어째서 단서라고 하십니까?" 하자 선생이 다음과 같이 말하였다.

---

48) 이원정(李元禎) : 1622~1680. 본관은 광주(廣州), 자 사징(士徵), 호 귀암(歸巖)이다. 도장(道長)의 아들이다. 도승지·대사성 등을 역임하였다. 1680년(숙종6) 경신환국으로 유배 도중에 불려와 장살 당하였다.

49) 이담명(李聃命) : 1646~1701. 본관은 광주, 자 이로(耳老), 호 정재(靜齋)이다. 원정의 아들이며, 허목의 문인이다. 부제학·이조참판 등을 역임하였다.

50) 경신년의 화란 : 경신환국을 가리킨다. 1680년(숙종6) 김석주가 정원로(鄭元老)를 시켜 허적의 서자 견이 인평대군의 세 아들 복창군·복선군·복평군과 역적 모의를 도모했다고 무고하여 발생한 옥사였다. 이로써 남인이 몰락하고 서인이 정국을 주도할 수 있었다.

“우암이 거제도에 있을 때 조병(爪病)[51]이 생기자, 증세를 기록하여 윤체원(尹體元) –이건(以健)[52]– 을 보내 그로 하여금 의원에게 문의하여 약을 지어 보내도록 하였다. 윤체원이 정유악(鄭維岳)에게 처방을 묻자, –우암을 배반하기 전이다.– 정유악이 말하기를, ‘이는 위중한 병이니 혼자서 판단할 수 없다.’ 하고, 청성(淸城)에게 가서 의논하자, 청성이 약 30첩(貼)을 지어 편지까지 동봉한 다음 황윤(黃玧)[53]의 집으로 보내어, 황윤으로 하여금 윤체원에게 전해서 우암에게 보내도록 하였다. 우암이 그 약을 먹고서 효험을 보았다. 이에 감사의 편지를 써서 다시 윤체원에게 보내어 청성에게 전하도록 하였는데, 청성은 사례의 편지를 받고 크게 기뻐하였다고 한다. 또한 청성이 큰일 –경신사(庚申事, 경신환국)– 을 단행하고자 했으나 사림들이 불쾌하게 여길 것을 우려하였다. 마침내 편지를 쓰고 밀납으로 만든 초 30쌍(雙)을 동봉하여 우암에게 보내면서 말하기를,

‘대감께서는 유배지에서 밤마다 책을 보신다고 들었는데, 생선 기름을 쓰시다가 혹 안질(眼疾)이 생길까 염려되어 감히 밀랍으로 만든 초로 생선 기름을 대신하게 해드릴까 합니다.……’ 하였다.

우암이 또 사례하는 편지를 써서 보냈다. 이것이 이른바 두 차례의 편지 왕래로, 이는 다른 사람들은 알 수 있는 것이 아니니, 박태회가 반드시 들은 데가 있었던 것이다.

나는 당초에 윤증을 매우 유순한 사람으로 여겼으나, 뒤에 자기 아버지의 「기유의서(己酉擬書)」를 가장(家狀)의 연보(年譜)에 실어 놓고, 우암에게 바친 일을 가지고 보면[54] 그는 매우 어리석은 사람이다. 또한 그 뒤에도

---

51) 조병(爪病) : 손톱 사이에 나는 종양이다.

52) 윤이건(尹以健) : 1640~1694. 본관은 남원, 자 체원(體元), 호 일소재(一笑齋)이다. 병자호란 때 삼학사의 한 사람인 윤집의 조카이며, 송시열의 문인이다. 송시열의 증손 일원(一源)의 장인이다. 공조좌랑·진산군수 등을 역임하였다. 1689년 기사환국이 일어나 남인이 득세하면서 그는 김해로 유배되었다가 1694년에 풀려나 귀경 중 청주성 밖에서 죽었다

53) 황윤(黃玧) : 1623~1688. 본관은 창원(昌原), 자 집중(執中)이다. 호조판서 신(愼)의 손자이다. 승지 등을 역임하였다.

54) 자기……보면 : 「기유의서」는 1669년 윤선거가 송시열에게 보내려고 썼다가 보내지

이와 유사한 일들을 듣고 보니,[55] 참으로 간사한 소인의 정상(情狀)이었다. 사람을 쉽게 알 수 없는 것이 이와 같다."

(3) ◯ 영숙이 묻기를, "이윤(尼尹, 윤증)의 편지에 '동춘(同春)이 「모두 기관(機關)」[56]이라고 하였다.' 한 것도 단서가 되는 사연이 있습니까?" 하였다. 선생이 다음과 같이 말하였다.

"이는 가소로운 일이다. 옛날 기유년(1669, 현종10)에 동춘의 손자 송병원(宋炳遠)과 노봉(老峯)의 아들 민진장(閔鎭長)[57]이 같은 해 사마시(司馬試)에 합격하였다. 노봉이 동춘에게 말하기를, '선생 댁에서 축하 잔치를 베풀기 쉽지 않을 것 같으니 원컨대 선생이 새로 과거에 합격한 사람[新恩]을 데리고 저희 집에 오셔서 한바탕 즐겁게 지내는 것이 어떻겠습니까?' 하자, 동춘이 허락하였다. 노봉이 또 우암을 초대하였는데, 이때 우암이 관직을 갖고 서울에 있었으나 산림(山林)으로 돌아가려고 하였다. 그러나 떠날 기일을 미리 정해두면 위로는 주상으로부터 아래로 삼사(三司) 및 관학(館學)에 이르기까지 반드시 모두 만류하여 그 일이 몹시 불편할 것 같으므로 날짜를 미리 정하지 않고 기회를 보아 수레를 재촉하여 떠나려고 계획하고 있었다. 동춘이 은밀히 그 뜻을 알고 잔치 자리에서 술이 무르익은 뒤에 농담으로 우암에게 말하기를, '어느 날 행장을 재촉하겠는가?' 하자, 우암이 말하기를, '내가 어찌 행장을 재촉할 일이 있겠는가?'

않은 편지이다. 송시열의 정치 행태에 대한 치명적인 비판을 담은 편지로서 본서에 수록되어 있다. 윤증은 부친인 윤선거가 세상을 떠난 뒤, 송시열에게 윤선거의 묘갈명을 부탁하면서 집안에서 작성한 연보와 함께 이 편지를 송시열에게 보냈다.

55) 그……보니 : 1681년 윤증이 「신유의서」를 써두었는데, 박세채의 만류로 보내지 않은 일을 가리킨다. 「신유의서」는 「기유의서」를 이어서 송시열 학문의 본원을 비판한 편지이다. 역시 본서에 수록되어 있다.

56) 기관(機關) : 심중의 계략, 책략을 꾸미는 속마음을 말한다. 권모술수를 부린다는 뜻이다. 저본의 '都是機關'이라는 표현은 『明齋遺稿·答朴和叔 兼示羅顯道』에 보인다.

57) 민진장(閔鎭長) : 1649~1700. 본관은 여흥(驪興), 자 치구(稚久)이다. 아버지는 좌의정 정중(鼎重), 어머니는 송준길의 딸이다. 송시열의 문인으로 할아버지 광훈(光勳)과 아버지에 이어 3대가 계속 장원하였으므로 세상에서는 삼세문장(三世文壯)이라 일컬었다. 대사헌·호조판서 등을 역임하였다.

하였다. 이에 동춘이 웃으면서 말하기를 '모두 기관(機關)이로다.' 하니, 우암 역시 웃어 넘겼다. 이것은 잔치 자리에서 있었던 하나의 장난이었는데, 윤증이 이 말을 끌어다가 우암을 공격하는 효시(嚆矢)로 삼았으니, 이 어찌 너무도 가소로운 일이 아니겠는가!"

(4) ◯ 영숙이 묻기를, "초려(草廬)의 갑인년(1674, 숙종 즉위년) 이후의 일에 대해 사람들이 많이 의심하니, 상세한 내용을 듣고 싶습니다." 하니, 선생이 다음과 같이 말하였다.

"비록 과연 어떻게 된 것인지는 알지 못하겠으나, 다만 들은 대로 말해주어도 괜찮겠지? 갑인년에 영릉(寧陵)[58]을 옮겨 모신 후 우암이 초려와 함께 화양동(華陽洞)에서 『사계집(沙溪集)』을 편찬하고자 여강(驪江)에서 함께 배를 타고 충주에 이르러 내렸다. 우암이 도중에서 초려에게 말하기를, '형은 어찌하여 자제를 선도하지 못하고 남의 말을 듣게 하는가?' 하니, 초려가 크게 노하여 돌아서서 우암에게 말하기를 '형의 손자는 어떠한가?' 하였다. -도정(都正) 송기태(宋基泰)의 부인은 덕흥대원군(德興大院君)[59]의 증손녀이다. 대원군의 손자며느리가 딸인 도정부인에게 말하기를, "우리 집이 비록 부유하지만 이는 모두 대원군의 제전(祭田)이므로 나눌 수 없어서, 내가 딸을 도와줄 수 없다." 하면서 은(銀) 2백 냥을 주었는데, 부인이 받아서 간직해 두었다. 부인이 죽은 후 자손도 또한 그대로 보관하고 있었다. 당시 여산(礪山)에 사는 송가(宋哥)가 예전부터 서로 친근하여 근래까지 우암의 집과 왕래하였다. 어느날 송가가 도정의 여러 아들들에게 말하기를, "내가 가지고 있는 전답을 팔려고 하는데 구입할 사람이 있을지 모르겠다." 하자, 도정의 맏아들 송인일이 그 문안(文案)이 거짓이 아님을 보고 드디어 물려받은 은을 주고 사들였다. 그 뒤 송가의 여러 족속들이 "도정의 자식이 송가를 꾀어서 여러 족속의 전지를 모두 사들였다." 하여, 마침내 비방하는 말이 생기게

58) 영릉(寧陵) : 경기도 여주군(驪州郡)에 소재한 효종과 비 인선왕후의 능이다.

59) 덕흥대원군(德興大院君) : 1530~1559. 선조(宣祖)의 부친이다. 중종의 일곱째 아들로서, 명종이 후사 없이 죽자 자신의 셋째 아들 하성군(河城君) 균(鈞)이 즉위하였다. 1569년(선조2) 왕의 생부로 대원군에 추존되었다.

되었다. 이것이 "형의 손자는 어떠한가?" 하는 말이 나온 사연이다.-

우암이 마침내 더 이상 말하지 않았다. 그 뒤 우암이 나에게 말하기를, '나는 친구의 도리로서 그 자제들이 남들로부터 비난받는다는 말을 듣고, 이에 서로 고하여 선도하게 하려 하였으니, 그의 도리로서는 오직 마땅히 놀라운 마음으로 듣고 달게 받아들이며, 「과연 그런 일이 있다면 의당 경계시켜야 하겠다.……」 했어야 할 것이다. 그리고 나서 조용히 나에게 말하기를, 「형의 손자 역시 이와 같이 다른 사람의 비난하는 말이 있으니 또한 경계시켜야 할 것이다.」 했다면 어찌 상선(相善)하는 방법이 되지 않았겠는가? 그런데 지금 그는 내 말을 듣고 화를 내면서 마치 서로 대드는 듯한 태도를 보였으니, 어디에 상선의 도리가 있다는 것인가?……' 하였다. 이로부터 송인일의 형제와 초려의 여러 아들들이 서로 불편한 속내를 갖게 되었다.

또 계축년(1673, 현종14)에 우암은 만의(萬義)에 있고 초려는 궁촌(宮村)[60]에 있었다. 하루는 초려가 편지 한 통을 우암에게 보내 말하기를, '서울 사람들이 매번 찾아와 기해년의 예설에 대해 묻는데 이에 일일이 응대할 겨를이 없었다. 이에 이 글을 지어 찾아오는 사람들에게 보이고자 하니, 검토하고 고쳐서 보내 주기 바란다.' 하였다. 이에 우암이 그 글을 보고, 글자와 말에 문제가 있는 곳을 손수 수정하였다. 그 하단에 '탕(湯)임금과 무왕(武王)은 제후로서 천자가 되었는데, 천자로 대접해야 하는가? 제후로 대접해야 하는가?……' 하였다.

우암이 이에 답서에서 말하기를, '오늘날 세상에 살면서 떠들썩하게 변명하기보다는 차라리 묵묵히 있는 것이 낫지 않겠습니까?' 하고, 그 설을 돌려보냈다. 갑인년(1674, 숙종 즉위년)이 되어 우암은 장기(長鬐)로 귀양 가고 초려는 영변(寧邊)으로 귀양 갔다. 이때 김지(金漬)가 이순악(李舜岳)의 집에 갔는데 이옹(李顒)의 아들 -김지는 이순악의 사위였고, 이순악과 이옹은 석호(石湖) 윤문거(尹文擧)[61]의 사위였다.- 도 와서 자리를 같이 하였다.

---

60) 궁촌(宮村) : 경기도 광주(廣州) 소재. 송시열이 자주 머물렀던 지역이다.

61) 윤문거(尹文擧) : 1606~1672. 본관은 파평, 자 여망(汝望), 호 석호(石湖)이다. 아버지는

잠시 뒤 이하진(李夏鎭)62) -이순악의 매부- 도 들어왔는데, 김지와 이옹의 아들이 자리를 피해 안으로 들어가서 들으니, 이하진이 이순악에게 말하기를, '요즘 보니 이유태는 아주 좋은 사람이다.' 하였다. 이순악이 무슨 말이냐고 묻자, 이하진이 말하기를, '그의 새로운 예설을 보지 않았는가? 그 예설을 보니 이전의 견해를 완전히 바꾸었다. 군자의 도란 허물을 고치는 것을 귀하게 여기는데 지금 이유태가 능히 이렇게 하니, 바야흐로 내가 주상에게 아뢰어 석방시켜 등용하도록 하겠다.' 하였다. 이른바 '새로운 예설'이란 곧 우암에게 보내온 예설이고, 이른바 '이전의 견해를 완전히 바꾸었다.'고 하는 것은 '탕임금과 무왕이라고 ……' 한 한 조목이었다. 김지가 그 말을 듣고 바로 장기로 가서 우암에게 고하니, 우암은 초려의 이전 예설이 양쪽으로 해석할 수 있는 가능성이 있다는 것을 기억하지 못하고 별도의 새로운 예설이 있는지 의심하였는데, 이즈음에 윤증이 마침 장기로 왔다.

우암이 말하기를, '요즘 들으니 초려가 예설을 냈다고 하는데 들어본 적이 있는가?' 하니, 윤증이 '듣지 못했습니다.' 하였다. 윤증이 우암과 이별하고 돌아올 때 서구(敍九, 송주석의 자)에게 '초려의 예설이 여기에 있습니까?' 묻자, 서구가 이전의 예설을 말하는 것이라고 생각하고 '송자신(宋子愼, 송상민의 자)이 가져갔습니다.' 하였다. 윤증이 송자신을 찾아가 그 예설을 가져다 보고 편지를 써서 초려를 책망하였다.

이에 초려가 우암이 수정한 예설을 보내면서 말하기를, '이것은 나 혼자 지은 것이 아니고 우암과 함께 상의하여 한 것이다. 이 공(公)은 평소에 이처럼 음험하여 지금 모르는 척 하면서, 내가 비방 받을 거리를 만들었다.' 하였다. 윤증이 그 예설을 가져다가 수정한 곳을 보니 과연

대사간 황이며, 어머니는 성혼의 딸이다. 순거(舜擧)의 아우이고, 선거의 형이다. 김집의 문인으로 송시열·송준길 등과 교유하였으며, 조익·김상헌 등에게도 배웠다.

62) 이하진(李夏鎭) : 1628~1682. 본관은 여주(驪州), 자 하경(夏卿), 호 매산(梅山)·육우당(六寓堂)이다. 지평 지안(志安)의 아들, 실학자 익(瀷)의 부친이다. 도승지·대사헌 등을 역임하였고, 숙종대 서인 노론과 대립하며 허목·윤휴 등과 함께 청남계(淸南系)로 활동하였다.

우암의 필적이었다. 윤증 또한 비로소 우암이 과연 초려가 말한 것과 같다고 의심하였다. 또한 초려가 유배지에서 말하기를, '내가 한 마디 말이라도 하면 우암공은 목숨을 보전하지 못할 것이다.' 하였는데, 초려의 생질 김아무개가 듣고 윤의제(尹義濟) -윤휴의 아들- 에게 말하자, 윤의제가 다시 권유(權惟) -권시(權諰)의 셋째 아들이며 우암의 사위이다.- 에게 말하였다.

권유가 이내 가서 우암에게 알리니, 우암 집안의 자제들이 매우 노하여 초려에게 말하였다. 초려 또한 이 말을 듣고 권유를 질책하여 말하기를, '그대가 과연 우암에게 실상이 없는 말을 하였는가?' 하자, 권유가 '말한 적이 없습니다.' 하였다. 우암이 이 말을 듣고 또 권유를 질책하여 말하기를, '그대는 이전에 어찌하여 거짓말을 어른의 말씀이라고 하였는가?' 하니, 권유가 대답하기를, '초려 어른의 말씀인 것은 틀림없지만, 다만 초려 어른께서 그 말이 밖으로 나간 것을 몹시 민망히 여겼기 때문에 소자는 스스로 굽히지 않을 수 없었습니다.' 하였다.

또 초려가 귀양 갈 때에 이담(李橝)[63]이 거리에 나가 전별하였는데, 초려가 앞뒤로 일관성이 없는 망언을 하였다. 그러자 이담이 마침내 이 말을 서울에 전하여 낭자하게 퍼지자 모두 비웃으면서 말하기를, '이 늙은이가 전에는 어찌 그리 준엄하다가 뒤에는 어찌 그리도 겁을 내는가.' 하였다. 초려가 그 말을 듣고 드디어 우암에게 편지를 보내 말하기를, '듣건대 형의 문도들이 크게 나를 공격하며 조롱한다고 하는데, 어찌 금하지 않습니까?' 하였다. 이에 우암이 그 사람됨이 비루하다 여겨 다만 답하기를, '우리들이 어찌 이 지경에 이르렀는가? 그저 입을 다물고 있어야 할 것이다. 세상에 떠드는 말은 웃어넘기는 것이 좋다.' 하였는데, 초려는 끝내 우암이 자신을 공격한다고 여겼다.

또한 이숙(李䎘)[64]이 장기로 가서 우암을 보고 말하기를, '일전에 초려의

---

63) 이담(李橝) : 자는 하경(厦卿)이며, 호 사은당(四隱堂)이다. 송시열의 문인이었다. 1679년(숙종5) 송시열의 예설(禮說)을 옹호한 송상민(宋尙敏)의 옥사에 연루되어 유배되었다가 이듬해 경신환국 때 풀려났다.

64) 이숙(李䎘) : 1625~1690. 본관은 우봉(牛峯), 자 중우(仲羽), 호 일휴정(逸休亭)이며, 시호 충헌(忠獻)이다. 1655년(효종6) 문과에 급제, 한림(翰林)을 거쳐 우의정을 역임하였다.

편지를 보니, 「우암의 무리들이 인조(仁祖)의 계통마저 끊으려 한다.」 하였으니, 매우 놀랍습니다.' 하였다. 그때 송자신이 말하기를, '복제(服制)에서 장자(長子)에 대해 3년으로 하는 것은 적자와 적자가 계승하여 3대를 이은 뒤에야 가하다.' 하였는데, 이는 본래 송자신이 상복의 제도를 통론(統論)한 말이었다. 그런데 초려는 곧 이 말을 견강부회하여 생각하기를, '인조 역시 지손(支孫)으로 들어와 대통을 이었기 때문에 우암이 이와 같이 말한 것이다.' 하여, 이로 인해 계통마저 끊으려 한다는 말이 나왔다.

장성(長城) 부사로 재직하던 송시도(宋時燾)65)가 듣고 크게 노하여 말하기를, '이는 남인도 하지 않은 말인데 초려가 말하였으니, 이는 우리 집안에 멸족의 화가 일어나게 하려는 것이다.' 하였는데, 초려가 그 말을 듣고 또 편지를 보내 극구 해명하였다. 얼마 뒤에 초려가 석방되어 돌아오다가 도중에서 상소하기를, '신의 소견은 이전과 다름이 없으니 석방의 은혜를 받을 수 없습니다.' 하였는데, 광성(光城)이 승지에게 말하여 그 상소를 되돌려 주게 하였다.

그 뒤 경신년(1680, 숙종6)에 조정[朝著]에 다시 청하자 주상이 하교하기를, '예제를 논하다 죄를 받은 신하는 가볍게 석방할 수 없다. 여러 신하들 가운데 감히 말하는 자는 형률로써 논할 것이다.' 하였다. 이 때문에 우암이 풀려날 가망이 없었다. 초려가 다시 상소하기를, '효종을 적자(嫡子)로 간주하는 것은 신의 견해일 뿐 아니라 송아무개의 견해 역시 신과 다름이 없습니다.' 하였다. 주상이 말하기를, '그렇다면 송아무개 또한 죄가 없다.' 하고, 드디어 우암을 석방하여 청풍(淸風)에 부처(付處)하였다. 우암이 아뢰기를, '신의 죄는 그대로인데 주상께서 다른 사람의 말을 잘못 들으시고 속여서 석방의 은혜를 얻었으니, 의리상 편안치 못합니다.' 하고, 그대로 장기에 머물며 올라오려 하지 않았다. 이에 의금부 도사[金吾

65) 송시도(宋時燾) : 1613~1689. 본관은 은진(恩津), 자 성보(誠甫), 호 세한재(歲寒齋)이다. 아버지는 갑조(甲祚), 송시열의 아우이다. 1659년(효종10) 향천(鄕薦)으로 내시교관(內侍敎官)에 제수되고, 1672년 장성부사로 재직시에는 필암서원(筆巖書院) 등을 세워 문풍을 진작시켰다. 1674년 송시열이 덕원에 유배되자 벼슬을 그만두고 따라가 시중을 들었다.

郞가 말하기를, '주상께서 이미 중도부처 하였으니 마음대로 머물러 있을 수 없다.' 하므로, 우암이 부득이 길을 떠났는데, 조령(鳥嶺)에 이르기 전에 또 방면(放免)되어 화양(華陽)으로 돌아갔다. 우암이 끝내 초려의 일을 말하여 공격하지 않았던 것은, 이 일이 자신에게 관계되며 미촌(美村, 윤선거의 호)의 일처럼 세도(世道)와 사문(斯文)에 관계되는 일이 아니라고 생각하였기 때문이었다."

(5) ○ 영숙이 광남(光南, 김익훈의 봉호)의 일에 대해서 묻자 선생이 다음과 같이 말하였다.

"이 일의 전말은 세상 사람들이 알기 어렵다. 내가 지금 그대에게 말해 줄 것이니 그대는 후인에게 전하라. 신유년(1681, 숙종7) 감시(監試) 때에 시권이 없는 빈 봉투가 있으므로 시관이 보니 고변(告變)하는 글이었는데, 고발된 사람은 남인[午人][66]의 대가(大家) 열세 집이었다. 어떤 시관이 말하기를, '익명서를 열어보는 것은 형률에 저촉되니, 이는 불태워 버려야 합니다.' 하자, 또 다른 시관이 -즉 이사명(李師命)이다.- 말하기를, '불태워 버리는 것은 평범한 일일 경우입니다. 이 글이 만일 허튼 것이 아니라면 국가는 어찌되겠습니까?' 하고, 곧 굳게 봉하여 은밀히 주상에게 올렸다. 주상이 즉시 청성을 불러 맡겨 그로 하여금 은밀히 살피게 하였다. 그런데 고변서에 나온 사람들이 사방에 흩어져 있어서 청성이 은밀히 위임받았지만 살필 방도가 없었다. 이때 김환(金煥)이라는 자가 있었는데, 그는 본래 서인 업무(業武)[67]였지만 남인이 집권하였을 때 벼슬을 얻은 자였다. 청성이 몰래 김환을 불러 말하기를, '나라에 큰 변이 있는데 알아낼 방도가 없으니, 네가 잘 살펴서 고하라.' 하였더니, 김환이 그럴 수 없다고 사양하였다. 청성이 위협하며 말하기를, '명령을 따르지 않으면 너를 베어 죽이겠다.' 하자, 김환이 말하기를, '마땅히 지시를 따라야겠습니다만, 단 비밀리에

66) 남인[午人] : 간지(干支)의 방위로 오(午)는 남쪽에 해당하므로 남인을 '오인'으로 지칭하였다.

67) 업무(業武) : 무관(武官) 집안의 서자(庶子)이다.

살피는 방법은 무엇입니까?' 하였다. 청성이 말하기를,

'지금 허새(許璽)와 허영(許瑛)[68]이 용산(龍山)에 있으니, 네가 피접(避接)[69]을 핑계로 그 이웃집에 살면서 깊이 교제한 뒤, 매우 친숙해진 뒤에 함께 바둑[博局]을 두다가 승패가 날 무렵에 네가 「남의 나라를 빼앗은 것도 마땅히 이러하리라.」 말하면, 넌지시 그의 기색을 살펴볼 수 있을 것이다. 만약에 그가 괴이하게 여기는 기색이 없거든, 밤에 같이 자면서 은밀히 역모를 같이 하자고 의논해 보면 그의 진위를 알 수 있을 것이다.' 하였다.

김환이 대답하기를, '그가 반역의 의도가 없고 도리어 나에게 반역한다고 하면 어떻게 합니까?' 묻자, 청성이 말하기를, '이는 모두가 내 손에 달렸으니 염려하지 말라.' 하며, 마침내 김환에게 교제할 밑천으로 은전을 주었다. 김환이 그 말대로 하였더니, 허새와 허영이 과연 호응하므로 김환이 청성에게 보고하였다. 청성이 또 유명견(柳命堅)[70]을 살피게 하였으나 유명견의 경우 김환이 친하게 지낼 수 없어서, 단지 유명견의 인척인 전익대(全翊戴)[71]와 교분을 맺고 유명견의 동정을 살폈다. 그의 동정을

68) 허새(許璽)와 허영(許瑛) : 1680년(숙종6) 경신환국 이후 김석주·김익훈 등은 남인 세력을 완전히 숙청하기 위하여 전 병사 김환 등을 시켜 무고하게 하였다. 이때 그 빌미를 제공했던 남인 유생이 바로 허새(?~1682)와 그의 서종제(庶從弟) 허영 등이었다. 즉 이들은 주상이 무도하여 조정이 문란하다고 하면서 300명의 병사로 궁궐을 침범하여 복평군을 추대하고 대왕대비를 수렴청정하게 하려고 모의했다는 것이다. 이에 국청(鞫廳)을 설치하여 관련된 남인들을 모두 처단하게 되었는데, 이때 이들도 주동자로 몰려 처형당하였다. 1689년 기사환국 이후 신원(伸寃)되었다.

69) 피접(避接) : 사람이 병이 들어 약을 써도 효험이 없거나 병의 원인이 분명하지 않을 때, 살던 집을 피하여 다른 곳으로 옮겨 요양하던 풍습이다.

70) 유명견(柳命堅) : 1628~?. 본관은 진주, 자 백고(伯固), 호 모산(茅山)이다. 영(穎)의 아들이다. 1682년(숙종8) 김석주·김익훈의 무고를 받아 투옥되었으나, 혐의가 없음이 밝혀져 석방되었다. 1689년 기사환국으로 남인이 다시 집권하게 되자 부제학 등을 역임하다가 1701년 장희재의 무리로 몰려 유배되었다.

71) 전익대(全翊戴) : ?~1683. 남인 유명견의 척족으로 훈국초관(訓局哨官)을 지냈다. 1682년(숙종8) 남인의 일망타진을 꾀하는 김석주·김익훈의 사주를 받은 김환으로부터 유명견·허새·허영 등의 남인이 모반을 도모하고 있다고 허위 고변할 것을 위협받았으나 거부하다가 투옥되었다. 그 뒤 옥중에서 김익훈의 계속적인 협박을 받아 마침내 반역음모를 허위 고발, 옥사가 크게 벌어졌으나 결국 무고임이 밝혀져 이듬해 주살되었다. 이 사건을 계기로 김익훈의 처벌문제를 둘러싸고 서인이 노론과

미처 자세히 알지 못하던 즈음에 청성이 부득이한 일로 청나라에 가게 되자 김환의 일을 광남에게 맡겼다. 광남이 김환에게 급히 유명견의 소식을 염탐하게 하자 김환이 전익대에게 매번 물었는데, 전익대가 수상한 일 -갑옷과 활을 만드는 일이다.- 에 대해서만 알려줄 뿐 실제로 확실한 정보는 없었다.

또한 고변한 내용 중에 이덕주(李德周)[72]가 바로 괴수라는 말이 있었기 때문에 은밀히 살피게 하였는데, 탐지한 것을 보고하기 전에 갑자기 물의(物議)가 일어나서, '김환이 거짓으로 정탐하는 체하고는 실제로는 자신이 반역을 도모한다.'는 말이 안팎으로 떠들썩하였다. 광남이 즉시 김환을 불러 그 말을 전하고 급히 고변하게 하였는데, 김환이 크게 두려워하였다. 이에 호송 군졸[軍牢][73]을 청하면서 말하기를, '원컨대 전익대를 잡아서 같이 고변하고자 합니다.' 하자, 광남이 즉시 군뢰 한 쌍을 내주었다. 김환이 해질 무렵 전익대의 집으로 가서 급히 전익대를 불러내어 군뢰를 시켜 붙잡아서 집에 돌아와 내실에 가두어 놓고 위협하기를, '너와 내가 같이 고변해야 큰 화를 면할 수 있다.' 하였지만, 전익대가 말하기를, '유명견은 본래 반역을 도모한 일이 없는데 내가 어찌 무고할 수 있겠는가?' 하고, 완강히 거절하고 듣지 않았다. 이에 김환이 곧 광남에게 말하여 의금부에 가두었다.

또한 광남에게 말하기를, '제가 들어가서 고변할 것인데, 국청을 설치한 뒤에 전익대를 불러서 그 일을 물어야 하니, 잡아서 단단히 가둬두고 기다리십시오.' 하니, 광남이 드디어 전익대를 가두어 두었다. 이에 김환이 고변을 하니 즉시 국청이 설치되어 허새와 허영을 잡아들였는데, 이들은 장(杖)을 한 번 치지도 않았는데 모두 자복하였다. 김환은 훈신이 되어

소론으로 분열되어 갈등이 더욱 치열해졌다.

72) 이덕주(李德周) : 1617~1682. 본관은 전주이다. 유정(惟貞)의 증손으로, 할아버지는 준(準)이고, 아버지는 방익(邦益)이다. 1675년(숙종1) 지평이 되고, 1678년 한산군수가 되고 이어서 충청도·강원도관찰사를 역임하였다. 1682년 허새의 역모사건에 연루되어 신문 도중에 죽었다.

73) 군뢰(軍牢) : 죄인을 호송하는 병졸을 가리킨다.

중계(中堦)에 올라앉았다. 김환은 전익대가 사실이 아닌 일을 어지럽게 말하면 자기 일에 방해될까 두려워하여 끝내 전익대를 데리러 오지 않았다. 광남이 데려 가려고 기다리다가 끝내 소식이 없자 매우 민망하고 난처하여 스스로 국청에 나아가서 그 사실을 고하였다. 이때 문곡(文谷)이 위관(委官)이 되어 말하기를, '국청을 여는 일은 주상의 하교나 죄인의 공초에서 나온 말이 아니면 감히 거론할 수 없다.' 하므로, 광남이 더욱 민망하여 어쩔 줄을 몰랐다.

이때 청성이 이미 돌아와 함께 위관이 되었는데, 광남에게 말하기를, '아방(兒房)[74]에 가서 은밀히 아뢰면 일을 국청에 내릴 것이니 그런 뒤에 조처할 수 있을 것이다." 하자, 광남이 말하기를, "나는 글을 못하는데, 어찌 계사를 쓰겠는가?" 하였다. 청성이 즉시 편지 겉봉을 가져다가 대략 계사(啓辭)의 초안을 잡아주며 아뢰게 하니, 일이 마침내 국청에 내려졌다. 즉시 전익대를 불러 문초하였는데, 전익대가 김환이 이미 훈신이 되어 자리에 올라앉아 있는 것을 보고서, "나도 만약 고변한다면 역시 저와 같이 될 것이다." 여겨, 이내 유명견이 반란을 모의하였다고 고하였다. 즉시 유명견을 잡아와 전익대와 대질했으나 끝내 아무런 혐의가 없자 마침내 전익대를 참하였다. 이것이 광남의 일의 시말이었다.

처음에 고시관이 시권(試卷)을 비밀리에 올린 것과 주상이 은밀히 그 일을 청성에게 부탁한 사실, 청성이 광남에게 비밀리에 위임한 일 등은 모두 매우 비밀스럽게 이루어졌기 때문에 당시 소배(少輩)들 가운데 아는 자가 없었다. 단지 광남이 김환에게 자금을 주어 허새와 허영을 유인하게 하고는 끝내 역모로 몰아 죽게 했다는 말만을 듣고는 마침내 광남을 크게 옳지 못하다고 여기면서 말하기를, '김익훈이 다른 사람을 반역으로 유도한 것은 그 마음씨가 자신이 직접 반역을 꾀한 것보다 심하다.……' 하며, 장차 처벌하려는 움직임이 있었다.

이때 우암이 여강(驪江)에 있었는데, 주상이 승지를 보내 함께 오도록

74) 아방(兒房) : 궁궐 안 장신(將臣)이 기숙하는 곳이다.

하였다. 그리하여 승지 조지겸(趙持謙)[75]이 여러 날 동안 머물러 모시면서 광남이 역모를 유도한 그 형편없는 마음씨를 자세히 말하였다. 우암이 이 말을 듣고는 역시 형편없는 짓이라고 하면서 비록 죽는다 해도 애석할 것이 없다고 하였다. 그러자 소배들이 드디어 크게 기뻐하면서 '어른의 소견도 또한 우리들과 같다.' 하였다. 우암이 입경하자, 문곡·노봉·청성이 그 사건의 본말을 다 알리고, 또 광성의 일가족이 찾아와 그 곡절을 호소하였다. 이에 우암이 비로소 사건의 전말을 알고 말하기를, '일이 과연 이와 같다면 김익훈은 죄가 없다.' 하였다. 이에 소배들이 크게 분개하면서 말하기를, '어른도 사사로움에 치우쳐서 그 처음 가졌던 견해를 바꾸었다.' 하였다. 이렇게 해서 조지겸과 한태동(韓泰東)[76]의 무리가 마침내 송시열과 맞서게 되었는데, 그들을 따르는 무리가 수없이 많았다."

(6) ◯ 영숙이 묻기를, "효종[孝廟] 때에 군신이 복수를 도모했던 일에 대하여 사람들이 지금까지 오활하다고 하는데, 그 당시 과연 어떠하였습니까?" 하였다.

선생이 다음과 같이 말하였다.

"나는 크게 오활하지 않기가 효종과 우암만한 이가 없다고 본다. 효종께

---

75) 조지겸(趙持謙) : 1639~1685. 본관은 풍양(豊壤), 자 광보(光甫), 호 우재(迂齋)이다. 할아버지는 좌의정 익(翼)이고, 아버지는 이조판서 복양(復陽)이다. 승지로 있을 때 왕의 명으로 송시열을 찾아가 김익훈이 남인 허새·허영을 이용, 반역을 꾀하게 한 사실을 알리고 일단 송시열의 동의를 구하였으나, 송시열이 그 뒤 김석주 등의 말을 듣고 김익훈을 비호하게 되자 송시열까지 의심을 하게 되었다. 이 사건을 둘러싸고 올린 여러 소에서 박세채·박태손(朴泰孫) 등을 비호하여 자신의 입장을 견지하였다. 아버지 복양이 어려서부터 윤순거 형제와 교우했고, 특히 윤선거와는 친분이 두터워 윤선거의 상에 복(服)을 입었던 사이여서 윤선거의 아들 증(拯)과 우의가 두터웠다. 이러한 연유로 소론의 거두 중 일인이 되었다. 박세채·윤증을 지지하던 한태동·박태보·오도일·최석정·박태손 등이 소론이 되었다.

76) 한태동(韓泰東) : 1646~1687. 본관은 청주, 자 노첨(魯瞻), 호 시와(是窩)이다. 1682년(숙종8) 장령·집의를 거쳐, 교리가 되었는데, 이때 김익훈·김석주 등이 남인 역모설을 조작하자, 같은 서인으로서 조지겸 등 소장파와 함께 그 흉계를 폭로하고 처형을 주장하였다가 이듬해 파직되었다. 이를 계기로 서인은 김익훈 등을 옹호하는 노장파 중심의 노론과 그의 처벌을 주장하는 소장파 중심의 소론으로 갈라졌다.

서 청나라에 들어갔을 때 저들이 남쪽에서 싸울 때나 북쪽에서 싸울 때나 모두 수행하였기 때문에, 오랑캐의 무기와 전술 그리고 장수들의 능력 여부를 모두 익숙히 알고 있었다. 오직 용골대(龍骨大)와 마부대(馬夫大),[77] 팔왕(八王)[78]과 구왕(九王)[79] 이 네 오랑캐만이 당해 낼 수 없는 영웅이었는데, 효종이 그곳에 있을 당시 용골대·마부대, 팔왕은 이미 모두 죽었고, 구왕만이 남아 있었다. 효종께서 즉위한 지 10년이 다 지났지만 오히려 감히 그 북벌의 계획을 시행하지 못한 것은 대적하기 어려운 구왕을 꺼려해서였다.

그런데 병신년(1656, 효종7)에 구왕 역시 죽었기 때문에 효종은 두려울 것이 없다고 여겨서 드디어 무술년(1658)에 우암과 더불어 부지런히 힘써 경영했는데, 1년도 못 되어 갑자기 승하하고 말았다. 하늘이여, 통탄스럽도다! 효종의 생각은, 숫자가 부족하여 맞서 싸울 수 없으니 멀리 원정을 갈 수 없다고 보고, 오직 군사를 기르고 재물을 비축하여 관문(關門)을 닫고 약조를 파기하려 하였다. 만약 이것도 불가능하면 안으로는 내정(內政)을 닦으며 외적을 물리칠 계책을 세우고 밖으로는 기미(羈縻)의 형세를 유지하면서 저들의 틈을 기다렸다가 맞받아 공격하려 하였다. 이것이 효종의 뜻이니 어찌 오활하다고 할 수 있겠는가!"

(7) ○ 영숙이 강빈(姜嬪)의 일[80]에 대해서 물었다. 선생이 다음과 같이

77) 용골대(龍骨大)와 마부대(馬夫大) : 청나라 장군. 병자호란 당시 10만 대군을 거느리고 조선을 침탈하였다.

78) 팔왕(八王) : 청나라 태조의 둘째 아들 예친왕(禮親王) 대선(代善, 1583~1648)의 별칭이다. 병자호란 당시 좌익군(左翼軍) 3만을 이끌고 입성하여 서울과 삼남 지방의 연결을 차단하는 임무를 맡았다.

79) 구왕(九王) : 청나라 태조의 14번째 아들 예친왕(睿親王) 도르곤(多爾袞)의 별칭이다. 구영개(九英介, 1612~1650)라고도 했다. 태종(太宗)의 뒤를 이어 어린 나이로 즉위한 조카 순치제(順治帝)를 보좌하여 국정을 맡아 다스렸다.

80) 강빈(姜嬪)의 일 : 1646년(인조24) 소현세자의 빈 강씨(姜氏)가 사사된 사건이다. 1645년 소현세자가 갑작스럽게 죽은 뒤 강빈의 소생인 원손(元孫)이 폐위되고 봉림대군이 세자로 책봉되자, 강빈의 입지는 약화되었다. 여기에 강빈과 반목하고 있던 소의(昭儀) 조씨(趙氏)의 무고로 궁중에서 일어난 인조 저주사건과 왕의 음식에 독약이

말하였다.

"이는 궁중[宮禁]에 관계된 일이니 어찌 자세히 알겠는가? 다만 우암이 효종과 독대(獨對)할 때 조용히 이 일을 아뢰자, 답하기를, '이는 우리 집안일이니 내가 잘 안다. 경은 모름지기 내 말을 믿어야 할 것이다.' 하였다. 이에 우암이 다시 말하지 않고 단지 '김홍욱(金弘郁)[81]의 자손을 금고(禁錮)하지 마십시오.' 아뢰었는데, 효종이 답하기를, '그 말을 따르겠다.' 하였다. 처음에 인조[仁廟]가 강빈을 처벌할 때 그 죄목을 밝히지 못하였다.

이때 조경(趙絅)[82]이 강빈을 구원하는 소[83]를 올렸는데, 그 가운데 아뢰기를, '신하가 난역(亂逆)을 일으킬 수 없는데, 난역을 일으켰다면 주벌(誅罰)해야 할 것이지만, 이 일은 애매합니다.……' 하였다. 인조는 비록 조경을 쫓아냈지만, 드디어 그 상소문 중에서 '난역을 일으키려 한다.[有將]'는 두 글자를 취하여 강빈의 죄목을 삼았다. 우암이 일찍이 이 일을 가지고 조경을 배척하였는데, 조경의 일은 오히려 미미한 말단에 불과하였다. 윤휴와 홍우원(洪宇遠)[84]은 이이첨(李爾瞻)[85]의 무리이다. 그

들어갔다는 사건의 배후자로 몰려 1646년 3월 사사되었다.

81) 김홍욱(金弘郁) : 1602~1654. 본관은 경주, 자 문숙(文叔), 호 학주(鶴洲)이다. 이조좌랑·황해도 관찰사 등을 역임하였다. 1654년 황해도 관찰사 재임시 천재로 효종이 구언(求言)하자 8년 전 사사된 강빈의 억울함을 풀어줄 것을 상소했다. 당시 이 사건은 종통(宗統)에 관한 문제로 효종의 왕위 보전과도 관련되는 것이기 때문에 누구도 감히 말하지 못했다. 이로 인해 하옥되었다가 장살되었다.

82) 조경(趙絅) : 1586~1669. 본관은 한양(漢陽), 자 일장(日章), 호 용주(龍洲)이다. 예조·이조판서 등을 역임하였다. 강빈 사사 당시 대사헌이었던 조경은 봉사(封事)를 올려 사사에 반대하였다.

83) 강빈을 구원하는 소 : 1646년(인조24) 2월에 대사헌 조경이 아산에 있다가 강씨를 사사하라고 명한 것을 듣고 상소를 올렸다.

84) 홍우원(洪宇遠) : 1605~1687. 본관은 남양(南陽), 자 군징(君徵), 호 남파(南坡)이다. 형조판서 가신(可臣)의 손자이다. 공조참판·이조판서 등을 역임하였다. 인조대 소현세자비 강씨를 옹호하다 장살(杖殺) 당한 김홍욱의 신원(伸寃)을 주장하다 파직되었다. 현종대에는 예송으로 유배된 윤선도의 석방을 주장하다 파직 당하였다. 1680년 경신환국 당시 허적의 역모사건에 연루되어 유배되었다.

85) 이이첨(李爾瞻) : 1560~1623. 본관은 광주(廣州), 자 득여(得輿), 호 관송(觀松)·쌍리(雙里)이다. 대북(大北)의 영수로서 정인홍 등과 광해군대 정국을 주도하면서 영창대군의 죽음과 폐모 논의 등에 깊숙이 간여하였다. 인조반정 당시 사로잡혀 주살되었다.

당시 조관(照管)[86]이란 말의 맥락에 대해서 세상 사람들은 한갓 윤휴에게서 나온 줄만 알고 홍우원에게서 나온 줄은 모르는데, 이에 대해서 말해 주겠다.

갑인년(1674, 현종15) 이후로 복창군 형제들이 청풍부원군(淸風府院君) 김우명(金佑明)[87] 및 여러 남인들과 날이 갈수록 깊이 사귀면서 남몰래 궁녀를 간음하기까지 이르렀으니 장차 이롭지 못하게 될 조짐이 있었다. 명성왕후(明聖王后)[88]가 이 사실을 비록 알았지만 청풍부원군이 호응하지 않았기 때문에 어찌할 수 없었다. 이때 허정(許珽)이란 자가 있었는데, 이 사람은 인조의 잠저(潛邸) 때 친구였던 허계(許啓)의 아들로서 장안(長安)의 대협객이었다.

하루는 느닷없이 청풍부원군의 집에 찾아와 말하기를, '나는 겉은 남인이지만 속은 서인이고, 공은 겉은 서인이지만 속은 남인이다. 오늘날 내가 공과 더불어 편론(偏論)[89]을 해보려 하는데 괜찮겠는가?' 하였다. 이에 청풍부원군이 '무슨 말이냐?' 묻자, 허정이 말하기를,

'인조께서 우리 아버지와 각별한 관계였으므로, 인조의 자손과 우리 아버지의 자손은 대를 이어 교류하였다. 그런데 지금 대를 이어 교류한 우리 집안의 자손이 이처럼 외롭고 약하여 위태롭기가 아침저녁을 보전하지 못할 것 같으니, 내가 이 때문에 걱정이 되어 잠을 제대로 이루지 못한다.' 하면서 눈물을 줄줄 흘렸다.

청풍부원군이 그 말을 듣고 홀연히 생각하기를, '주상(主上, 숙종)이

---

86) 조관(照管) : 감시하여 단속한다는 뜻이다. 1674년 갑인예송으로 남인이 득세한 뒤, 명성왕후 김씨가 언문 하교로 조정의 일에 간섭한 일이 있었다. 이에 윤휴가 대비를 '조관(照管)'해야 한다고 말하여 서인의 반발을 받았다.

87) 김우명(金佑明) : 1619~1675. 본관은 청풍, 자 이정(以定)이다. 육(堉)의 아들이며, 현종의 장인으로서 청풍부원군에 봉해졌다. 민신(閔愼)의 아픈 아버지를 대신해서 상복을 입는[代父服喪] 문제로 같은 서인인 송시열과 대립하여 남인인 허적에 동조하였다. 숙종대 남인 윤휴·허목 등과 갈등하여 사직하고 은거하였다.

88) 명성왕후(明聖王后) : 1642~1683. 현종의 비이며, 숙종의 모친이다. 청풍부원군 김우명의 딸로서, 김석주와 사촌간이다.

89) 편론(偏論) : 남이나 다른 당을 논하여 비난하는 것을 가리킨다.

어리고 몸이 약한 데다 질병이 많고 또 형제와 친자식도 없으며 보호해 줄 만한 오래된 대신도 없는데, 저 복창군 형제들과 남인들이 나날이 서로 결탁하고 있다.' 하면서, 마침내 크게 깨달은 바가 있었다. 이에 즉시 입궐하여 정(楨)과 남(柟)이 궁중과 교통(交通)한 정상을 아뢴 다음, 이어 정과 남을 가두고 궁인에게 형장을 가하자 궁인이 마침내 각각 자백하였다. 이때 여러 남인들은 청풍부원군이 궁녀를 거짓 자백하게 하여 왕손을 죽이려 한다고 운운하면서 도리어 청풍부원군에게 반좌(反坐)[90]의 형률을 적용하려는 논의가 있었다. 영의정 허적이 들어가 복창군 형제들의 원통함과 청풍부원군의 무함을 고하였다.

이때 명성왕후가 장막 뒤에 있다가 대성통곡하면서 허적을 질책하며 말하기를, '네가 여러 조정을 섬겨온 구신(舊臣)으로서 은혜를 입은 것이 얼마나 큰데, 보답할 것은 생각하지도 않고 감히 내가 목격한 일을 애매하다고 하는가?' 하니, 허적이 황공하여 몸 둘 바를 몰라 하다가 바로 복창군 형제들을 처벌할 것을 청하고 나왔다. 이튿날 윤휴와 홍우원이 아뢰기를, '자전(慈殿)을 관속(管束)하여 정사에 참여하지 못하게 해야 합니다.' 하였는데, 관속이란 두 글자가 매우 흉참하였으므로 세간에 나온 문자는 동정을 살피고 단속함[照管動靜]으로 고쳤다. 이것이야말로 이이첨의 무리의 심술이 아니겠는가? 적신(賊臣) 조사기(趙嗣基)[91]는 심지어 문정왕후(文定王后)[92]에 비교하기까지 하였는데,[93] 만약 이들 무리가 득세하는 기간이 더 길어졌더라면 대비를 유폐하는 일을 자행하지 않았을지 어찌 알겠는

90) 반좌(反坐) : 거짓으로 죄를 씌운 자에게 그 씌운 죄에 해당하는 벌을 주다.

91) 조사기(趙嗣基) : 1617~1694. 본관은 한양, 자 경지(敬止)이다. 덕원(德源)의 증손이다. 1678년(숙종4) 송시열을 공격한 일로 인하여 1680년 유배되었다. 1694년 선후(先后)를 무욕(誣辱)한 죄는 도저히 용서할 수 없다 하여 12차례에 걸쳐 엄하게 신문하였는데도 불복하여 참형에 처해지고 가산은 적몰되었다.

92) 문정왕후(文定王后) : 1501~1565. 중종의 계비(繼妃)이자 명종의 어머니이다. 본관은 파평(坡平)이며, 윤지임의 딸이다. 명종 즉위 후 수렴청정을 하면서 남동생 윤원형이 권력을 쥐고 윤임 일파를 몰아내는 을사사화를 일으켰다.

93) 조사기(趙嗣基)는……하였는데 : 『숙종실록』 15년 윤3월 27일에 따르면 호군(護軍) 조사기가 문정왕후를 거론하면서 명성왕후의 성심(聖心)을 깨우치게 하지 않으면 안 된다고 상소하였다.

가?”

(8) ○ 영숙이 물었다.

“율곡은 일찍이 포은(圃隱)[94]이 충신은 될지언정 유자(儒者)의 기상은 없다고 하였습니다. 우암은 신도비(神道碑)를 지으면서 말하기를, ‘우왕(禑王)과 창왕(昌王) 때의 사실이 많이 의심스럽다. 어떤 사람이 퇴계에게 물으니, 퇴계가 말하기를, 「허물 가운데 허물이 없음을 구해야 하고 허물이 없는 가운데 허물이 있음을 구해서는 안 된다.」 하였는데, 이것이 참으로 지론이다.……’ 하였습니다. 원컨대 그 곡절을 듣고 싶습니다.”

선생이 다음과 같이 말하였다.

“당시 포은과 우리 태조는 각각 서로 다른 당으로 나뉘었다. 포은 편에서는 포은을 영수로 삼고 태조의 당을 소인이라 하고, 태조 편에서는 태조를 영수로 삼고 포은의 당을 소인이라고 하였다. 태조의 당이 점차 성대해져 포은이 태조에 대해 어찌 하지 못하자, 태조의 우익인 정도전(鄭道傳)[95]의 무리를 제거하고 싶은 생각이 있었지만 이 또한 그렇게 할 수 없었다. 신우(辛禑)가 죽자 조정의 신하들이 목은(牧隱)[96]에게 후계자를 세울 것을 의논하였는데, 목은이 말하기를, ‘마땅히 앞선 왕의 아들을 세워야 한다.’ 하였으므로, 이에 우왕의 아들 창(昌)을 세웠다. 목은은 우왕과 창왕이 신씨(辛氏)가 아니라고 생각하였기 때문이었다.

그 뒤에 권근(權近)[97]이 사신이 되어 중국에 갔을 때 명나라 태조가

---

94) 포은(圃隱) : 정몽주(鄭夢周, 1337~1392)의 호이다. 본관은 영일(迎日), 자 달가(達可)이다. 고려말 신진사대부로서 정도전과 함께 문벌귀족의 적폐(積弊)를 일소하려 했다. 조선 개창에 반대하다가 선죽교(善竹橋)에서 이방원의 문객 조영규(趙英珪) 등에 의해 죽임을 당하였다.

95) 정도전(鄭道傳) : 1342~1398. 본관은 봉화(奉化), 자 종지(宗之), 호 삼봉(三峰)이다. 이성계와 함께 정몽주 등을 제거하고 왕조 개창에 성공하여 1등 공신이 되었다. 그런데 요동 정벌 문제로 이방원 등과 갈등하다가 제거되었다.

96) 목은(牧隱) : 이색(李穡, 1328~1396)의 호이다. 본관은 한산(韓山), 자 영숙(穎叔), 호 목은(牧隱)이다. 포은 정몽주, 야은(冶隱) 길재(吉再)와 함께 삼은(三隱)의 한 사람이다. 아버지는 찬성사 이곡(李穀)이며 이제현(李齊賢)의 문인이다. 1392년 정몽주가 피살되자 이에 연루되어 장흥 등지로 유배되었다.

고려 조정이 혼란하여 왕씨(王氏)가 신씨로 바뀌었다는 것을 듣고, 권근을 보고 그 사실을 따져 묻고 책망하는 조서까지 내렸다. 권근이 그 조서를 받아서 본국으로 돌아왔지만 감히 내보이지 못하였다. 이때 창왕도 명나라가 자기를 의심한다는 말을 듣고는 마침내 원한과 울분을 품고, 최영(崔瑩)과 함께 상국(上國)을 침범하고자 태조로 하여금 요동(遼東)을 공격하게 하였다. 태조가 요동에 이르기 전에 돌이켜 생각하기를, '고려는 본래 왕씨의 나라이지 신창(辛昌)의 나라가 아니다.' 여겨서 드디어 '왕씨를 세워야 한다.'고 선언하고 회군(回軍)하여 돌아왔다. 즉시 최영을 죽이고 이어서 신창을 폐위한 다음 공양왕(恭讓王)을 맞아 옹립하고 드디어 녹훈(錄勳)하였는데, 포은도 그 녹훈에 참여하였다. 포은이 이미 신창을 왕씨로 여겨 몸소 그를 섬겼는데, 어찌하여 왕창을 받들지 않고 폐립(廢立)의 공훈에 참여하였단 말인가? 포은이 만약 태조의 말을 옳다고 여기고 창을 신창으로 보았다면, 어찌하며 애당초 그를 임금으로 세워 섬겼단 말인가?"

영숙이 묻기를, "퇴계가 일찍이 말하기를, '포은과 우·창과의 관계는 왕도(王導)[98]와 진(晉)나라 원제(元帝)[99]의 관계와 같으니, 원제가 비록 사마씨(司馬氏)는 아니지만[100] 사마씨의 종사는 오히려 그대로 유지된 것처럼, 우·창이 왕씨는 아니지만 왕씨의 종사는 오히려 유지될 수 있다고 생각하였다.' 하였습니다. 어찌 이것을 옳다고 하겠습니까?" 하였다.

선생이 다음과 같이 말하였다. "이는 목은이 이른바 앞선 왕의 아들을

97) 권근(權近) : 1352~1409. 본관은 안동, 자 가원(可遠)·사숙(思叔), 호 양촌(陽村)·소오자(小烏子)이다. 대사성·의정부 찬성사 등을 역임하였다. 정종때 사병(私兵)제도의 혁파를 단행하였으며, 각종 문교(文敎)정책을 시행하였다. 성리학을 국정교학으로 자리잡는 데 공헌하였다.

98) 왕도(王導) : 276~339. 5호 16국 시대 동진(東晉)의 승상(丞相). 자는 무홍(茂弘)이고, 시호는 문헌(文獻)이다. 서진(西晉) 말 원제(元帝, 사마예(司馬睿))가 낭야왕(琅邪王)이 되었을 때 그를 도와 동진 왕조를 건립하는 데 공을 세웠다.

99) 원제(元帝) : 276~322. 동진(東晉)의 초대 황제. 사마의(司馬懿)의 증손(曾孫)으로, 왕도(王導)의 힘을 빌어 지금의 남경을 근거로 하여 나라를 세웠다.

100) 비록 사마씨(司馬氏)는 아니지만 : 진나라의 성은 사마씨인데, 원제가 우금(牛金)의 아들, 즉 우씨라는 말이 있었다. 우금은 위나라 장군 조인(曹仁)의 부하대장이었다.

세워야 한다는 말과 서로 부합되는 것인데, 포은과는 약간의 차이가 있다. 포은의 뜻은 단연코 다른 것이 아니라 창을 신창으로 여기지 않았으며, 또 창을 폐위할 때 다툴 수 있다는 것을 몰랐던 것도 아니었다. 태조가 회군한 후에는 민심이 두려워하며 모두 태조의 위엄에 굴복하였다. 포은이 만약 한쪽 손의 외로운 손바닥으로 창의 폐위론에 항쟁하였다면 태조는 반드시 말하기를, '온 나라 사람이 모두 신창이라 하는데 그대만 유독 왕창이라 하는가? 신을 왕이라 하면 이는 왕씨를 무시하는 것이다.' 하였을 것이니, 그랬다면 포은은 스스로 변명할 여지없이, 순식간에 해를 당했을 것이다.

포은이 죽는 날이 곧 고려 왕조가 망하는 날이다. 포은은 틀림없이 이러한 일을 헤아리고 우선 녹훈에 참여하여 종사를 보호하다가 기회를 보아 태조의 당을 제거하려 한 것이다. 때마침 태조가 세자를 맞이하기 위해 황주(黃州)에 나갔다가 말에서 떨어져 다리를 다쳐 미처 들어오지 못하였다. 이에 포은이 이때를 틈타서 공양왕에게 아뢰어 정도전 등을 쫓아내고 이어 태조의 집안도 함께 제거하려 하였다. 태종(太宗)이 그 음모를 알아차리고 드디어 급히 평산(平山)으로 달려가 태조를 모시고 돌아와 공양왕에게 아뢰어 정도전 등을 석방하게 하였다. 포은은 일이 제대로 되지 못한 것을 알고 태조의 집에 가서 그 동태를 살피려다가 선죽교(善竹橋)의 변을 당한 것이다.

이것이 그 당시 일의 곡절이다. 율곡은 생각하기를, '망하지 않는 나라는 없지만, 몸은 절개를 잃어도 좋은 때는 없다. 포은의 죽음은 마땅히 창왕이 폐위될 때 있어야 했고, 공양왕을 옹립한 공훈에는 참여하지 말았어야 했다.' 여겼던 것이다. 그래서 그 충성스러움만을 허여하고 그 유자의 기상은 허여하지 않았던 것이다. 그러니 우암의 말이 참으로 적절하였다."

영숙이 말하기를, "맹자가 '8척을 펴기 위해 1척이라도 굽혀서는 안 된다.' 경계한 것은 진실로 만세의 법이라 하겠습니다." 하니, 선생이 "그렇다." 하였다.

(9) ◯ 영숙이 묻기를, "퇴계가 이미 떠나간 뒤에 다시 봉성군(鳳城君) 찬축(竄逐)의 계(啓)[101]에 참여한 것은 무엇 때문입니까?" 하자, 선생이 다음과 같이 말하였다.

"어찌 감히 알 수 있겠는가! 권석주(權石洲)[102]의 시에, '예로부터 무오·기묘년에 슬픈 일이 있었는데, 을사년간의 일[103]은 더욱 험난하도다. 두 학사(學士)는 천추에 이름을 남기고, 한 왕손[104]은 구천에서 원통해 하네. 시비는 계속되어 끝내 진정시키기 어렵고, 비방과 칭찬이 분분하여 논하기 쉽지 않네. 어찌 거센 바람이 음산한 구름 걷어버리고, 해와 달이 높이 떠서 천지를 밝게 할까.' 하였으니, 이른바 두 학사란 회재(晦齋)[105]와 퇴계였다. 지난해 문곡이 『석주집(石洲集)』[106]을 초(抄)할 때 문집 가운데 이 시를 실었는데, 우암이 그 위에 찌를 붙이며 말하기를, '이 시가 가리키는 것이 이러이러한 일[107]인데 공은 이를 아는가?' 묻자, 문곡이 크게 놀라

101) 봉성군(鳳城君) 찬축(竄逐)의 계(啓) : 1545년(명종 즉위년) 9월에 양사에서 봉성군 이완(李岏) 등을 치죄할 것을 아뢰었다. 봉성군은 중종의 여덟째 아들이며, 그 어머니는 홍경주(洪景舟)의 딸 희빈(熙嬪)이었다. 양사에서 봉성군이 여러 번 역적의 입에 오르내렸고, 지금 또 계림군(桂林君) 이유(李瑠)의 진술에서도 말이 나왔다고 하면서 처벌을 촉구하였다.

102) 권석주(權石洲) : 석주는 권필(權韠, 1569~1612)의 호이다. 본관은 안동, 자 여장(汝章)이다. 정철의 문인으로 당대 문단에서 이안눌(李安訥)과 함께 최고 시인으로 평가받았다.

103) 을사년 간의 일 : 을사사화(乙巳士禍, 1545)를 가리킨다. 윤임(尹任)이 봉성군 이완을 추대하여 대위(大位)를 엿본다고 무고하여 일어났다.

104) 한 왕손 : 인종(仁宗)을 가리킨다.

105) 회재(晦齋) : 이언적(李彦迪, 1491~1553)의 호이다. 본관은 여주, 자 복고(復古) 호 자계옹(紫溪翁), 시호 문원(文元)이다. 1514년(중종9) 문과에 급제하여 1530년 사간이 되었는데, 김안로(金安老)의 등용을 반대하다가 관직에서 쫓겨났다. 1537년 김안로 일당이 몰락하자 직제학이 되었고, 이조·예조·형조판서를 거쳐 1545년(명종 즉위년) 좌찬성이 되었다. 이때 윤원형(尹元衡) 등이 을사사화를 일으키자 추관(推官)에 임명되었으나 스스로 관직에서 물러났다. 1547년(명종2) 양재역 벽서사건(良才驛壁書事件)에 무고하게 연루되어 강계로 유배되었다.

106) 석주집(石洲集) : 권필의 시문집이다. 1631년(인조9) 이식(李植)이 문인 심기원(沈器遠)이 간직하고 있던 구본과 이안눌의 숙부 집에서 발견된 신본, 그리고 집에 보관되어 있던 난고(亂藁)를 추려 편집하였다. 그 밖의 잡문을 모은 것으로 1632년 그의 문하인 홍보(洪寶)가 본집과 함께 간행하였다. 따라서 이때 김수항이 편집한 것은 『석주집』이 아니다. 『한수재집』에는 '별집(別集)'으로 되어 있다.

즉시 그 시를 문집의 판본에서 뽑아버렸다고 한다." 하였다. 선생이 또 말하기를,

"사계가 율곡에게 묻기를, '회재와 퇴계, 두 선생은 모두 첩을 둔 일이 있었는데, 선생이 두 선생을 보는 것이 다른 것은 무엇 때문입니까?' 하자, 율곡이 말하기를, '퇴계는 학문을 하기 전의 일이었고, 회재는 그렇지 않기 때문에 달리 보지 않을 수 없다.' 하였다. 이 말이 『사계어록(沙溪語錄)』에 있다." 하였다.

(10) ○ 율곡이 말하기를,

"이문원(李文元, 이언적의 시호) 공은 다만 충효한 사람으로 고서(古書)를 많이 읽고, 저술을 잘하였다. 그러나 그가 집안에서 지낸 것을 보면, 바르지 못한 여색을 멀리하지 못했고, 조정에 나아가서는 도를 행할 책무를 수행하지 못하였다. 을사년 화란[108]을 당해서는 직언하여 절개를 지키지 못하고 누차 추관(推官)[109]이 되어 거짓 공훈에 참록(參錄)[110]되었다. 비록 죄를 얻었지만 부끄러워서 이마에 땀이 날 일이니 어찌 도학자로 추존할 수 있겠는가?" 하였다. 또 말하기를,

"사람을 볼 때 먼저 그 큰 절개를 취한 뒤에 세세한 행위를 논하는 것이 옳은 것이다. 충정공(忠定公) 권벌(權橃)[111]과 이언적, 두 공은 평일의 품행에서는 권벌이 이언적에 미치지 못했지만, 화란에 임하여 절개를

---

107) 이러이러한 일 : 송시열이 말하기를, "퇴계는 이미 나갔다가 다시 돌아와서 봉성군 처치에 관한 소에 참여하였으니, 이 시에서 말한 두 학사란 회재와 퇴계를 가리킨 것인데 그대는 이것을 아는가?"라고 하였다.(『燃藜室記述·乙巳士禍』)

108) 을사년 화란 : 을사사화를 가리킨다.

109) 추관(推官) : 추국(推鞫)할 때 신문(訊問)을 담당한 관원이다.

110) 참록(參錄) : 공신등록(功臣謄錄)·군공등록(軍功謄錄) 등 국가의 공식 문서에 이름이 올라가다. 을사사화 이후 정권을 장악한 소윤(小尹) 일파의 논공행상으로 보익공신(保翼功臣)과 이를 고친 위사공신(衛社功臣) 책봉이 있었는데, 이언적이 둘 다 3등 공신으로 녹훈된 일이 있다.

111) 권벌(權橃) : 1478~1548. 본관은 안동, 자 중허(仲虛), 호 충재(冲齋)·훤정(萱亭)·송정(松亭)이다. 중종 대에는 조광조·김정국(金正國) 등의 기호사림파가 중심이 되어 추진된 개혁 정치에 영남사림파의 한 사람으로 참여하였다.

지키는 일은 이언적이 권벌에게 양보해야 할 것이다. 어떤 사람이 이언적이 권벌보다 낫다고 하는데 나는 믿지 못하겠다." 하였다. -『경연일기』-

(11) ○ 영숙이 묻기를,

"율곡은 윤임(尹任)[112]이 무죄라 하고, 퇴계는 사직(社稷)에 죄가 없지 않다고 하였는데, 두 선생의 소견이 같지 않은 것은 무엇 때문입니까?" 하자, 선생이 다음과 같이 말하였다.

"그 당시의 사기(事機)[113]를 자세히 알 수는 없지만 율곡이 처음 삭훈(削勳)을 의논할 때[114] 기고봉(奇高峯)[115]이 따르지 않았다. 삼사(三司)가 이에 고봉을 탄핵하려고 논의하자 고봉은 부제학에서 사직하고 고향으로 돌아가다가 도중에 등창이 나서 죽었다. 어떤 사람이 말하기를, '사문(斯文)의 불행은 명언(明彦, 기대승의 자)이 죽은 것이다.' 하였는데, 율곡은 말하기를, '사문의 다행은 명언이 죽은 것이다.' 하였다.

고봉은 바로 퇴계의 뛰어난 제자였다. 퇴계는 항상 산림에 있었고 고봉은 벼슬에 나아가 서울에 있었으니, 퇴계가 들은 것은 고봉 무리의 말이 아님이 없었다. 고봉이 이미 삭훈을 불가하다고 여겼으니, 퇴계가

---

112) 윤임(尹任) : 1487~1545. 본관은 파평, 자 임지(任之)이다. 아버지는 중종의 장인 파원부원군(坡原府院君) 윤여필(尹汝弼)이며, 장경왕후(章敬王后)의 오빠이다. 인종이 세자로 있을 때 중종의 계비 문정왕후가 경원대군(慶源大君, 명종)을 낳자, 김안로와 함께 세자를 보호해야 한다고 주장, 문정왕후와 알력이 생겼다. 대윤(大尹)의 거두로서 을사사화(1545) 당시 소윤의 윤원형 일파에 의해 귀양가다가 충주에 이르러 사사되었다. 후일 그에 대한 평가를 두고 이이는 죄가 없다 하였고, 이황은 사직에 대한 죄가 없지 않다고 하여 엇갈리고 있다.

113) 사기(事機) : 일의 가장 중요한 기틀을 가리킨다. 여기서는 당시 일의 사정 혹은 형세를 말한다.

114) 삭훈(削勳)을 의논할 때 : 을사사화를 일으켜 윤임 등 대윤 일파를 제거하고 녹훈된 위사공신(衛社功臣)을 깎아버려야 한다는 논의를 가리킨다. 당시 정순붕(鄭順朋)·이기(李芑)·임백령(林百齡)·허자(許磁)·홍언필(洪彦弼)·윤인경(尹人鏡) 등이 녹훈되었다가 1577년(선조10)에 삭훈되었다.

115) 기고봉(奇高峯) : 기대승(奇大升, 1527~1572)의 호이다. 본관은 행주(幸州), 자 명언(明彦), 호 존재(存齋)이다. 이황의 문인이다. 병조좌랑·이조정랑·대사성 등을 역임하였다. 이황과 8년에 걸쳐 사칠논변(四七論辨)을 벌였다. 이황의 이기이원론(理氣二元論)에 반대하며, 주정설(主情說)을 주장하였다.

윤임에 대해 사직에 죄가 없을 수 없다고 한 것은 괴이할 것이 없다. 윤임은 무신[武夫]으로서 임금의 측근[帷幄]에 있었기 때문에 퇴계가 '그는 본래 무지한 사람으로서 높은 자리에 있었으니 어찌 그 마음가짐이 단정한 선비와 같을 수 있었겠는가?' 여겼기에 의심하게 된 것이었다.

율곡은 '윤임이 비록 무인이기는 하나 드러난 죄가 없고 한때 제현(諸賢)들과 모두 좋은 관계를 맺고 있었다. 그런데 윤원형(尹元衡)[116]과 윤원로(尹元老)[117]는 본래 불측한 소인이었으므로, 을사년(1545) 인종(仁宗)의 죽음 또한 후세의 의혹이 없을 수 없었다. 때문에 단연코 윤임에게 죄가 있다면 제현도 죄가 있는 것이고, 제현에게 죄가 없다면 윤임도 죄가 없는 것이다. 이미 죄가 없다고 한다면 윤원형의 녹훈을 깎지 않고 어떻게 하겠는가?' 하였다. 이것이 율곡이 또한 삭훈을 주장하게 된 이유였는데, 후세 큰 공안(公案)이 되었다."

(12) ○ 선생은 다음과 같이 말하였다.

"심청양(沈靑陽) -심의겸(沈義謙)[118]- 의 일은 또 사람마다 알지 못하는 것이 있다. 선조[宣廟]가 처음 즉위할 때 나이가 16세였다. 청양이 인순왕후(仁順王后)[119]에게 아뢰기를, '성상께서 아직 어려 사려가 깊지 못하니,

---

116) 윤원형(尹元衡) : ?~1565. 본관은 파평, 자 언평(彦平)이다. 아버지는 판돈녕부사 지임(之任), 중종의 계비인 문정왕후의 동생이다. 1543년(중종38)에는 윤임 일파를 대윤, 윤원형 일파를 소윤이라 하여 외척간의 세력 다툼이 시작되었다. 을사사화를 통해 대윤 일파를 숙청하고 정권을 좌지우지 하다가 1565년(명종20) 문정왕후가 죽자 실각하고 은거하다가 죽었다.

117) 윤원로(尹元老) : ?~1547. 중종의 계비 문정왕후의 오빠이자, 원형의 형이다. 1544년 인종이 즉위함으로써 대윤의 세력이 확대되어 파직당하였으나, 이듬해 인종이 재위 8개월 만에 죽고 명종이 즉위한 뒤 군기시첨정(軍器寺僉正)으로 등용되었다. 1545년(명종 즉위년) 7월, 윤인경(尹仁鏡) 등의 탄핵으로 파직, 해남으로 유배되었다가 이듬해인 명종 1년에 석방, 귀환하였다. 돈녕부도정(敦寧府都正)에 기용되어 윤원형과 권세를 다투었으며, 공신에 참여되지 못함을 분히 여겨 자주 불평을 말하다가 윤원형의 족질이며 심복인 병조좌랑 윤춘년(尹春年)의 탄핵을 받아 파직, 유배되어 배소에서 사사되었다.

118) 심의겸(沈義謙) : 1535~1587. 본관은 청송(靑松), 자 방숙(方叔), 호 손암(巽庵)·간암(艮庵)·황재(黃齋)이다. 개성유수·예조참판 등을 역임하였다. 이조전랑 자리를 둘러싸고 김효원과 갈등을 벌이다가 동서분당을 초래하였다.

노리개[玩好]와 향락을 탐하는 것을 억제하여 종묘사직과 생민(生民)의 복이 되도록 해야 합니다.' 하자, 평소에 엄격하고 법도가 있던 왕후가 이에 더욱 금지시켰으므로 선조가 노리개 등의 일에 감히 손을 대지 못하였다. 어떤 때는 울면서 꾸짖어 말하기를, '나는 하성(河城)[120]의 녹을 먹던 때 오히려 부귀한 사람이었다. 무엇 때문에 이에 이르러 전사(田舍)[121]의 늙은이에게까지 제재를 받는단 말인가?' 하였으니, 이는 곧 청양을 가리킨 것이었다. 이로부터 선조가 청양을 몹시 미워하였는데, 한 무리의 동인(東人)들이 은밀히 주상의 뜻을 탐지하고 드디어 청양을 물리칠 계책을 모색하였다. 오직 송강(松江) 정철과 황강(黃岡) 김계휘(金繼輝)[122] 등 몇 사람만이 홀로 그 기미를 알았기 때문에 곧바로 동인을 소인이라고 공격하였다. 율곡마저도 그 일을 알지 못하고 단지 동인과 서인으로 분당(分黨)된 것만 보았기 때문에 모두 편벽된 의론이라고 하였으니, 애초부터 서인이 준엄하고 격렬했던 것은 아니었다."

영숙이 묻기를, "송강과 황강이 어찌하여 그 까닭을 율곡에게 말하지 않았습니까?" 하자, 선생이 말하기를,

"송강과 황강이 율곡에게 고할 줄 모른 것이 아니었으나, 단지 율곡이 본래 공리(功利)를 도모하지 않았기에 만약 그 말을 들으면 반드시 들어가 직간(直諫)하여 문제가 생길까 봐 끝내 고하지 않았던 것일 뿐이었다고 한다." 하였다.

---

119) 인순왕후(仁順王后) : 1532~1575. 명종의 비로, 본관은 청송이다. 영의정 심연원(沈連源)의 손녀, 청릉부원군(靑陵府院君) 강(鋼)의 딸, 심의겸의 누이동생이다. 1545년(명종 즉위년) 왕비로 책봉되었으며, 1551년 순회세자(順懷世子)를 낳았으나 14세로 일찍 죽었다. 선조가 즉위하자 잠시 수렴청정을 하였고, 1569년(선조2) 존호(尊號) 의성(懿聖)이 진상되었으며, 1575년 창경궁에서 44세를 일기로 죽었다.

120) 하성(河城) : 선조 잠저(潛邸) 때의 봉호이다.

121) 전사(田舍) : 관직을 그만두고 물러가 사는 고향집이나 지방의 전지(田地) 등을 관리하기 위한 곳을 가리킨다.

122) 김계휘(金繼輝) : 1526~1582. 본관은 광산(光山), 자 중회(重晦), 호 황강(黃岡)이다. 장생의 부친이다. 공조·형조참판 등을 역임하였다.

(13) ○ 선생이 다음과 같이 말하였다.

"일찍이 이산해(李山海)[123]와 송강이 세자를 세우기를 청한 곡절을 들었던가? 기축년(1589, 선조22) 역변(逆變)[124] 이후 우계(牛溪)·송강·사계(沙溪) 및 이희삼(李希三)[125]이 한자리에 모였는데, 이희삼은 스스로 서인과 남인 사이에서 중립된 논의를 자처하는 사람으로서 세 명의 현인과 서로 친한 사이였다. 송강이 말하기를, '정여립(鄭汝立)[126]의 당여들이 황해도와 김제(金堤)에서 많이 잡혔으니, 당시 정여립을 황해도사(黃海都事)와 김제현감에 의망한 자는 죄가 없을 수 없다.' 하였다.

사계가 말하기를, '정여립이 본래 세상을 속이고 이름을 도둑질하였으니, 당시 전조(銓曹)에서 의망한 것도 으레 있는 일이었다. 어찌 저 역적의 흉악함을 미리 알 수 있었겠는가? 반드시 처벌해야 할 의리는 없는 듯하다.' 하였다.

우계가 말하기를, '이것이 비록 그렇다고 하더라도, 정여립이 집에 있었는데도 오히려 황해도와 김제 사람으로 하여금 이와 같이 많이 향응하도록 하였는데, 만약 과연 도사가 되고 현감이 되어 그 세력을 도왔다면 종사의 환란이 또한 어떠하였겠는가? 당시 전관(銓官)은 분명 죄가 없지 않다.' 하였다. 이내 각각 헤어져 돌아갔는데, 이희삼이 곧바로 이산해의 집에 가서 그 말을 고하자, 이산해가 크게 놀라고 두려워하였다.

마침 구봉(龜峯)[127]이 이르자, 이산해가 구봉에게 고하기를, '어른께서

---

123) 이산해(李山海) : 1539~1609. 본관은 한산(韓山), 자 여수(汝受), 호 아계(鵝溪)·종남수옹(終南睡翁)이다. 좌의정·영의정 등을 역임하였다. 선조대 정철이 세자책봉 문제를 제기하자 정철 등 서인을 귀양 보냄으로써 동인의 집권기반을 다졌다. 임진왜란 때 왜적의 침략을 용인했다는 이유로 탄핵 당했다.

124) 기축년(1589, 선조22) 역변 : 기축옥사를 가리킨다. 정여립 옥사로 촉발된 동인과 서인간의 정쟁은 3년여에 걸쳐 전개되면서 1천여 명에 달하는 동인이 피해를 입었다. 여기서는 서인·노론의 입장을 반영하여 역변이라고 명명하였다.

125) 이희삼(李希三) : 이항복과 재종육촌간으로, 이몽규(李夢奎, 1510~1563)의 아들이다.

126) 정여립(鄭汝立) : 1546~1589. 본관은 동래(東萊), 자 인백(仁伯)이다. 수찬 등을 역임하였다. 1589년(선조22) 반란 혐의로 고발되어 관군에 쫓기다가 죽도에서 자살하였다. 이 사건 처리과정에서 기축옥사가 발생하여 다수의 동인이 죽임을 당하였다.

127) 구봉(龜峯) : 송익필(宋翼弼, 1534~1599)의 호이다. 본관은 여산(礪山), 자 운장(雲長)이

나를 죽이려 하니 나는 분명 죽을 것입니다.' 하였다. 이산해는 정여립을 의망할 당시 전장(銓長, 이조판서)이었고, 어른은 우계를 가리킨 것이다. 이로부터 이산해는 우계와 송강에게 앙심을 품고 항상 중상모략하려 하였다.

이산해가 영의정이 되고 서애(西涯)128)가 우의정이 되고 송강이 좌의정이 되었다. 이때 선조[宣廟]에게 적자[適嗣]는 없었지만 왕자가 많았다. 조정 신하들의 뜻은 항상 숙의(淑儀) 김씨 소생 광해군(光海君)129)에게 있었고, 주상의 뜻은 인빈(仁嬪) 김씨 소생 신성군(信城君)130)에게 있었다.

이산해가 류성룡에게 말하기를, '우리가 정승이 된 지 오래되었지만 건의한 일이 없으니 부끄러움을 어찌하겠는가? 지금 좌의정이 새롭게 정승 자리에 올랐으니, 필시 건의할 만한 급한 일이 있을 것이다. 원컨대, 우의정이 그에게 계책을 물어 함께 아뢰는 것이 어떠하겠는가?' 하니, 류정승이 드디어 송강을 만나서 이산해의 의도를 고하였다. 이에 송강이 말하기를, '지금 성상의 연세가 이미 많은데 후사를 세우지 못하였으니 세자를 세우는 한 가지 일이야말로 오늘날의 급선무인 듯한데. 어떨지 모르겠다.' 하였다. 류정승이 매우 옳다고 하였고, 이산해도 드디어 두 정승과 함께 들어가 계청(啓請) 하기로 약속하였다.

다. 이이·성혼 등과 교유하였다. 예학에 밝아 김장생에게 영향을 주었다. 기축옥사의 실질적 배후로 지목되어 동인의 공격 대상이 되었다.

128) 서애(西涯) : 류성룡(柳成龍, 1542~1607)의 호이다. 본관은 풍산(豊山), 자 이현(而見)이다. 이황의 문인이다. 좌의정·영의정 등을 역임하였다. 임진왜란 때 군무(軍務)를 총괄하여 국난을 극복하는데 기여하였다. 기축옥사로 초래된 정쟁과정에서 서인들의 주요한 공격 대상으로 상정되어 정철을 대신하여 참혹한 옥사를 주관한 혐의를 받았다.

129) 광해군(光海君) : 1575~1641. 선조의 둘째 아들, 어머니는 공빈 김씨(恭嬪金氏)이다. 비(妃)는 판윤 유자신(柳自新)의 딸이다. 1592년(선조25) 임진왜란이 일어나자 피난지 평양에서 서둘러 세자에 책봉되었다. 1608년 선조가 죽자 왕위에 오르고 이듬해 제15대 왕으로 책봉되었다.

130) 신성군(信城君) : 1579~1592. 선조(宣祖)의 넷째 아들, 어머니는 김한우(金漢佑)의 딸인 인빈 김씨(仁嬪金氏, 1555~1613)이다. 의안군(義安君) 이성(李珹, 1577~1588)에 이어 인빈 김씨의 둘째아들로 태어났다. 신립(申砬)의 딸 평산 신씨(平山申氏)와 결혼해 딸 하나를 두었다. 임진왜란 때 의주에서 병사하였다.

그런데 이틀 전에 이산해가 은밀히 인빈(仁嬪)의 남동생 김공량(金公諒)[131]을 불러 말하기를, '지금 새 정승이 광해군을 세워 세자로 삼을 것을 청하려 하는데, 인빈을 제거하지 않으면 불편하므로 인빈을 폐하려 한다는데 그대는 이런 말을 듣지 못했는가? 인빈이 해를 입으면 화가 반드시 그대에게도 미칠 것이다.' 하였다.

김공량이 크게 두려워하면서 즉시 들어가 인빈에게 고하였다. 인빈이 울면서 주상에게 호소하기를, '소인의 집에서 죽기를 원합니다.' 하자, 주상이 괴이하게 여겨 물으니, 인빈이 말하기를, '지금 들으니 새 정승이 광해군을 세워 세자를 삼으면서 소인을 죽이려 한다고 합니다.' 하니, 주상이 말하기를, '그대는 어디서 그런 말을 들었는가?' 하자, 인빈이 말하기를, '김공량이 그 사실을 자세히 말해주었습니다.' 하자, 주상이 말하기를, '김공량은 본래 직책이 없는 자인데, 어디서 그런 맹랑한 말을 들었는가? 그런 일이 있을 리 만무하다.' 하였다.

이튿날 이산해가 복통을 핑계로 오지 않자 송강이 혼자서 류정승과 함께 탑전(榻前)에 입시하였다. 송강이 먼저 세자를 세우는 일이 시급하지 않을 수 없다고 아뢰니, 주상이 이미 인빈의 말을 듣고 의심을 품고 있던 터라, 이를 듣고 크게 노하여 말하기를, '지금 내가 아직 건재한데 네가 세자 세울 것을 청하니, 무슨 짓을 하려는 것이냐?' 하며, 주상이 노발대발 하였다. 송강이 마침내 물러 나와 대죄하였는데, 류정승은 감히 한마디도 꺼내지 못하고 물러 나왔다. 이는 이산해가 송강을 제거하려는 교묘한 술책이었는데, 류정승은 실로 이산해의 계책을 알지 못하고 그에게 이용만 당했을 뿐이었다.

이때 한 무리의 서인들이 김공량의 일을 은밀히 알아채고 궁중을 선동한

---

131) 김공량(金公諒) : 선조의 후궁 인빈 김씨의 오빠이다. 1591년(선조24) 좌의정 정철이 세자를 책봉할 것을 주장하자, 영의정 이산해와 함께 정철의 주장이 인빈 김씨의 소생인 신성군을 해치려는 것이라고 인빈 김씨를 통하여 선조에게 고하게 하였다. 이것을 들은 선조는 크게 노하여 정철을 강계로 유배시켰다. 이로 인해 호조판서 윤두수(尹斗壽), 좌찬성 윤근수(尹根壽) 등 서인의 영수가 물러났고, 동인이 크게 세력을 떨치게 되었다.

행동을 문제 삼아서 양사(兩司)가 합계(合啓)하여 죽이기를 청하려 하였다. 이에 윤월정(尹月汀)[132]이 말하기를,

'양사가 김공량 때문에 합계하려 하다니, 어찌 그리도 약해졌는가? 내가 지금 서전(西銓, 병조)에 있으니, 김공량을 부하로 삼아서 죄를 얽어 죽여도 늦지 않다.' 하며, 즉시 김공량을 막하로 삼았다.

이산해가 그 의도를 알고 김공량에게 고하자, 김공량이 두려워하여 인빈에게 고하였다. 인빈이 즉시 주상에게 호소하였으나, 주상이 비록 노하였지만 달리 구제할 방법이 없었다. 이에 오음(梧陰)[133]의 손자 윤신지(尹新之)[134]를 부마(駙馬)로 정하여 인빈의 사위로 삼음으로써, 그 아우로 하여금 차마 김공량을 죽이지 못하게 하였다. 이것이 이산해가 농간을 부린 정태(情態)이고, 선조가 서인을 미워하게 된 곡절이다.

또한 이산해가 송강에게 원한을 품은 일이 또 한 가지 있다. 당시 연회가 있어 온 조정의 백관들이 모두 참석하였는데, 유독 이산해만 일이 있어 가지 못하였다. 이에 시(詩)를 지어 보내면서 연월 밑에 이름은 쓰지 않고 단지 '아옹(鵝翁)'이라고만 썼다. 송강이 이를 보고 말하기를, '이 대감이 오늘 참으로 자기 소리를 낸다.' 하였다. 이산해가 이 말을 듣고 크게 언짢아했다고 하니, 참으로 우스운 일이다.

광해군이 즉위하여 이산해를 크게 미워하자 이산해 또한 크게 두려워하여 곧 정인홍과 이이첨의 무리와 결탁하였다. 폐모(廢母)에 관한 모든 일은 실제로 이산해가 앞에서 음모하고, 정인홍과 이이첨이 뒤에서 그 가슴 속에 있던 생각을 실행한 것이었다."

---

132) 윤월정(尹月汀) : 월정은 윤근수(尹根壽, 1537~1616)의 호이다. 본관은 해평(海平), 자 자고(子固)이다. 영의정 두수(斗壽)의 동생이며, 이황의 문인이다. 형조·이조판서 등을 역임하였다. 1591년(선조24) 세자책봉 문제로 형 두수와 함께 삭탈관직 되었다.

133) 오음(梧陰) : 윤두수(尹斗壽, 1533~1601)의 호이다. 본관은 해평(海平), 자 자앙(子昂)이다. 근수의 형이다. 좌의정·영의정 등을 역임하였다. 선조대 세자 책봉 문제로 정철이 화를 당할 때 연루되어 유배되었다.

134) 윤신지(尹新之) : 1582~1657. 본관은 해평(海平), 자 중우(仲又), 호 연초재(燕超齋)이다. 15세에 선조의 딸 혜정옹주(惠貞翁主)의 부마가 되어 해숭위(海嵩尉)에 책봉되었다.

(14) ◯ 선생이 다음과 같이 말하였다.

"권이진(權以鎭)[135]의 부친 권유(權惟, 송시열의 사위)가 정릉참봉(貞陵參奉)이 되었을 때 입직(入直)하던 날 밤 꿈에, 부인 1명이 적의(翟衣)[136]를 입고 정자각(丁字閣)에 앉아 급히 권유를 불렀다. 권유가 급하게 들어가 보았더니, 부인이 말하기를, '3백 년 동안 폐기되었던 내 집을 오직 회덕(懷德)의 대유(大儒, 송시열)가 다시 새롭게 고쳐 주었는데, 나는 그에게 장차 다가올 화(禍)를 구제해 줄 수 없으니, 어찌 한스럽지 않겠는가?……' 하였다. 이것은 우암이 처음 정릉(貞陵)[137]을 복원시켜주기를 청하였을 때였다."[138]

(15) ◯ 영숙이 최명길(崔鳴吉)[139]의 일에 대해서 묻자, 선생이 말하기를,

"우암이 일찍이 말하기를, '병자년의 일은 그의 큰 죄가 될 수 없으나, 원종(元宗)을 추숭한 일[140]과 청음(淸陰)[141]을 비방한 일[142]은 미워할 만하

---

135) 권이진(權以鎭) : 1668~1734. 본관은 안동, 자 자정(子定), 호 유회당(有懷堂)·만수당(漫收堂)이다. 송시열의 외손으로, 윤증의 문인이다. 호조판서 등을 역임하였다.

136) 적의(翟衣) : 나라의 중요한 의식 때 왕비가 입던 예복으로, 붉은 비단에 청색의 꿩을 수놓아 만들었다.

137) 정릉(貞陵) : 신덕왕후(神德王后, ?~1396, 태조 계비) 능이다. 본관은 곡산(谷山 또는 信川)이고, 판삼사사(判三司使) 강윤성(康允成)의 딸이다. 이성계의 위화도 회군 후 조선이 개국되자 1392년 8월에 현비(顯妃)로 책봉되었다. 사후 존호와 능호를 각각 신덕(神德)과 정릉(貞陵)으로 정하였다. 그런데 1409년(태종9) 2월에 묘를 사을한(沙乙閑)곡에 이장했다가 다시 한강 남쪽 공현(鞏縣)의 뒤에 이장하여 왕비의 제례를 폐하고, 봄·가을 중월제(中月祭)로 격하시켰다. 그 뒤 정릉을 회복하자는 논의가 있었으나 실현되지 않다가 현종 때 송시열의 건의로 복원되었다.

138) 복원시켜주기를……일이었다 : 1669년(현종10)에 신덕왕후의 신주를 종묘에 모시고, 휘호(徽號)를 올리고 능을 예법에 맞게 복원하였다.

139) 최명길(崔鳴吉) : 1586~1647. 본관은 전주, 자 자겸(子謙), 호 지천(遲川)이다. 이항복 문하에서 이시백(李時白)·장유 등과 교유하였다. 좌의정·영의정 등을 역임하였다. 병자호란(1636, 인조14) 당시 화의론을 주장하다가 김상헌과 함께 심양에 잡혀가는 고초를 당하기도 했다. 저서로는 『지천집』 등이 있다.

140) 원종(元宗)을 추숭한 일 : 반정을 통해 왕위에 오른 인조는 아버지 정원군(定遠君)을 추숭함으로써 정통성을 확보하려 하였다. 10여년에 걸쳐 신하들의 반대에도 불구하고 추숭문제를 제기하여 1635년(인조13) 결국 명나라의 승인을 얻어낸다. 이에 정원군을 원종(元宗)으로 추존하고 그 묘를 장릉(章陵)으로 격상하여 김포 금정산으로 이장하였다. 어머니도 인헌왕후(仁獻王后)로 추봉되어 함께 모셔졌다.

다. 비록 그렇지만 영안위(永安尉)[143]를 구제한 한 가지 일[144]은 추숭을 도모한 죄를 속죄하기에 충분하고, 승려 독보(獨步)[145]를 보낸 한 가지 일도 또한 청음을 비방한 것을 속죄할 수 있다.' 하였다." 하였다. 영숙이 "추숭의 일은 무엇을 말합니까?" 묻자, 선생이 말하기를,

"이 일에 대하여 당시 사계(沙溪) 일파는 모두 불가하다고 여겼기 때문에 최정승이 명나라에 사신을 보낼 때 몰래 사신으로 하여금 은밀히 예부상서(禮部尙書)에게 아뢰어 그 허락을 받게 하였다. 그 뒤에 사사로이 밀계(密啓)하여 말하기를, '주상이 하교하기를, 「이와 같이 중대한 일은 명나라에 아뢰어 결정하지 않을 수 없다.」 하면 이의를 제기하는 여러 신하들도 어찌할 수 없을 것입니다.' 하였다. 이에 인조(仁祖)가 크게 기뻐하여 드디어 그 말대로 하여 원종을 추숭하였으나, 이는 사리에 어둡고 바르지 못한

---

141) 청음(淸陰) : 김상헌(金尙憲, 1570~1652)의 호이다. 본관은 안동, 자 숙도(叔度), 호 석실산인(石室山人)이다. 예조판서·좌의정 등을 역임하였다. 이정귀·김유·신익성·이경여·이경석·김집 등과 교유하였다. 인조대 청서파(淸西派)의 영수로서 활동하다가 병자호란 때 척화론(斥和論)을 주장하였다.

142) 청음(淸陰)을 비방한 일 : 1638년(인조16) 8월에 김상헌이 인조의 부름에도 조정에 나오지 않자 최명길이 "일이 급하게 된 뒤에 미쳐서는 조그마한 신의를 위해 죽지도 못하였으면서, 종묘사직을 받든 임금을 책망하려고 하여 발끈 성을 내고 성(城)을 나와 돌아보지 않고 갔다."고 비판하였다.(『仁祖實錄』 16年 8月 3日)

143) 영안위(永安尉) : 홍주원(洪柱元, 1601~1672)의 봉호이다. 선조(宣祖)의 부마(駙馬)이다. 1623년(인조1) 선조의 딸 정명공주(貞明公主)에게 장가들어 영안위에 봉하여졌다. 본관은 풍산(豊山), 자 건중(建中), 호 무하당(無何堂)이다. 부사직(副司直) 수(脩)의 증손으로, 할아버지는 대사헌 이상(履祥), 아버지는 예조참판 영(霙)이다. 어머니는 좌의정 이정귀(李廷龜)의 딸이다.

144) 영안위(永安尉)를 구제한 한 가지 일 : 1639년(인조17) 궁중에서 발생한 무고의 변을 가리킨다. 당시 인조가 병으로 위중하였는데, 임금은 이를 정명공주의 무고로 의심하였다. 이에 최명길이 옥사를 일으키면 반정(反正)의 의미가 없어진다고 하면서 만류하였다.

145) 독보(獨步) : 인조 때 승려(僧侶)로서 호는 여충(麗忠), 속명(俗名)은 중헐(中歇)이다. 묘향산에서 불도(佛道)를 닦다가 병자호란이 일어나자 명나라의 도독(都督) 심세괴(沈世魁)의 휘하에 들어갔다. 그가 죽은 뒤에는 좌도독(左都督) 홍승주(洪承疇) 밑에 있었다. 1639년 사신으로 명나라에 가서 청나라 군사에 의하여 한양이 함락되었음을 알렸다. 이때 명나라 황제로부터 여충이라는 호를 받았다. 홍승주가 청나라에 항복하여 이 사실이 발각되자, 임경업의 밑에서 명나라를 왕복하다가 명나라가 망한 후 임경업과 함께 청나라에 잡혀가서 옥살이를 하였다.

일로서 크게 소인의 행태를 보인 것이었다." 하였다.

영숙이 "영안위를 구제한 일은 무엇입니까?" 묻자, 선생이 운운하였다.
-그 일이 주상에 관계되는 일146)이었기 때문에 기록하지 않는다.-

영숙이 "독보의 일은 무엇을 말합니까?" 묻자, 선생이 말하기를, "최정승이 임경업(林慶業) 장군과 상의하여 독보를 명나라에 보냈다. 또 주문(奏文)을 지어 병자년의 만부득이했던 상황을 호소하고 본국의 군신(君臣)의 심적(心跡)을 극구 변명하자 황제가 비로소 우리나라가 죄가 없음을 알고, 또 도독(都督) 주종예(朱宗藝)로 하여금 답하게 하여 그 미덕을 찬미하였다. 그 대략은 다음과 같았다.

'귀국의 일단(一段)의 괴로운 사정은 하늘과 사람이 함께 아는 일이니, 먼 나라의 사정을 측은하게 여겨 간절히 위로하노라. 귀국은 대대로 곧게 따랐으니, 그 노고는 사라지지 않을 것이다. 잠시 시세(時勢)에 핍박되어 오랑캐에게 굴복 당했지만, 중국[中朝]의 문무(文武)가 바야흐로 이를 갈고 근심하고 있으니, 어찌 다시 과실을 책망하겠는가! 임시방편의 계책은 매우 옳지 못하였지만 안심하고 협력하여 상유(桑楡)의 공효(功效)147)를 이루리라.' 하였다. 또 이르기를,

'현왕(賢王)은 영웅스러운 자질로써 양구(陽九)148)의 기회를 만났는데, 문헌으로 이름난 나라149)가 마침내 개와 양150)에게 물리는 바가 되었다.

---

146) 주상에 관계되는 일 : 1639년(인조17) 인조가 병으로 위중하였을 때 정명공주의 무고 때문이라고 의심한 일을 가리킨다.

147) 상유(桑楡)의 공효(功效) : 흔히 초년의 실패를 노년에 만회한다는 뜻이다. 여기서는 청나라에 항복한 것을 만회하기 위해 노력하라는 의미로 사용되었다. 후한(後漢) 때 장수인 풍이(馮異)가 적미(赤眉)의 난을 토벌하기 위해 나섰다가 처음 싸움에서 대패하고, 얼마 뒤에 다시 군사를 정비하여 적미의 군대를 격파하였는데, 황제가 친히 글을 내려 위로하기를, "처음에는 회계(會稽)에서 깃을 접었으나 나중에는 민지(澠池)에서 떨쳐 비상하였으니, 참으로 '동우에 잃었다가 상유에 수습하였다.[失之東偶, 收之桑楡]'라고 할 만하다."라고 한 데서 나온 말로, 동우는 해가 뜨는 새벽을, 상유는 해가 지는 저녁을 뜻한다.(『後漢書·馮異列傳』)

148) 양구(陽九) : 『주역』에서 양(陽)의 수(數)는 구(九)이고 음(陰)의 수는 육(六)이므로, 양구는 단지 양을 뜻한다. 양은 군자를 음은 소인을 뜻하는데, 여기서 양구란 인조가 군주가 된 것을 가리킨다.

149) 문헌으로 이름난 나라 : 조선을 가리킨다.

호마(胡馬)가 창궐(猖獗)하여 속국(屬國)을 점점 침략해 들어가고 있는데도, 우리는 능히 군사를 정돈하여 정벌하지 못하였다. 이는 곧 귀번(貴藩)의 큰 액운(厄運)이다. 어찌 하겠는가? 어찌 하겠는가? 장래 함께 영토를 널리 개척하는 일을 은밀히 도모하기 바라노라. ……' 하였다.

이것은 최정승의 마음이 근본적으로 진회(秦檜)[151]가 평소에 오랑캐를 위하여 송나라를 꾀어 금나라와 화친하도록 했던 것과는 다르다는 것이다. 독보를 보낸 일이 오랑캐에게 발각되자 오랑캐가 우리나라를 질책하여 그 당시 독보를 파견한 신하를 붙잡아서 보내라고 하자 조정에서는 부득이 임장군을 잡아 보냈는데, 임장군이 평산(平山)에 이르러 망명하였다.[152] 일이 장차 헤아릴 수 없게 되자 최정승이 곧 스스로 감당하겠다고 하면서 말하기를, '독보를 보낸 일은 임아무개와 신이 실제로 그 계책을 주관하였으니 신이 당연히 가야 합니다.' 하였다. –최후량(崔後亮)[153]이 말하기를, "저와 아버지가 외당(外堂)[154]에 있었는데, 갑자기 1명의 헌걸찬 승려가 들어왔습니다. 아버지와 승려가 밀실로 들어가자, 저는 몰래 가서 엿들었는데, 그 승려가 눈을 부릅뜨고 아버지에게 말하기를, '대감과 저 오랑캐는 끝내 서로 친하단 말입니까? ……' 하였습니다. 이 사람이 바로 독보였는데, 임경업 장군의 첩문(牒文)[155]을 받고, 명나라에 가는

---

150) 개와 양 : 변방에 사는 이민족들에 대한 경멸의 뜻으로 쓰였다.

151) 진회(秦檜) : 1090~1155. 남송대 재상으로서 자는 회지(會之)이다. 1138년 이후 19년간 집정하면서 여러 차례 큰 옥사를 일으켜 악비와 같은 충신을 살해하고, 금나라와의 굴욕적인 협약을 맺었다. 이후 간신의 대명사가 되었다.

152) 임장군이……망명하였다 : 1639년(인조17) 청나라의 금주위(錦州衛) 공격이 본격화되면서 이듬해 4월 임경업은 주사상장(舟師上將)에 임명되어 전선(戰船) 120척에 수군 6천여 명을 거느리고 참전하였다. 이때 승려 독보를 보내 명나라에 참전 사실을 알렸으며, 힘껏 싸우지 않았다. 이에 청나라에서 강력하게 항의하였고, 1641년 1월에 귀국하였다. 이듬해 승려 독보를 보내 정황을 명나라에 알린 사실이 발각되어 청나라로 압송되던 중 황해도 금천군 금교역(金郊驛)에서 탈출하여 은신하였다. 1643년 5월에 상선(商船)을 타고 명나라로 망명했다.

153) 최후량(崔後亮) : 1616~1693. 본관은 전주, 자 한경(漢卿), 호 정수재(靜修齋)이다. 아버지는 이조판서 혜길(惠吉)이며, 영의정 명길(鳴吉)에게 입양되었다. 병자호란 직후 대신들의 아들이 심양(瀋陽)에 볼모로 갈 때 잡혀갔다가 1642년(인조20) 최명길이 명나라와 통교한 죄로 심양에 잡혀오자 세 차례나 청군(淸軍)을 찾아가 변호하였다. 그 뒤 1645년 최명길이 풀려나 함께 귀국하였다.

154) 외당(外堂) : 사랑(舍廊)을 가리킨다.

일을 모의했습니다.156)" 하였다.-

마침내 아들 최후량과 함께 스스로 청나라에 갔다. 그 행차가 생사에 관계되었기 때문에 최정승의 집에서는 초종(初終)157)의 모든 기구를 갖추고 떠났으며, 또한 여러 부서의 관리와 친구들이 전송하면서 은자(銀子) 수천 냥을 마련해 주었다. 이때 청음도 청나라로 잡혀가 최정승과 한 건물에 갇혔는데 벽 하나를 사이에 두고 있었다. 최후량이 은자를 써서 그 아비를 석방하려 하였으나 단지 청음이 혹시라도 그 일을 알까 염려되었다. 이에 최후량이 청음을 찾아가 묻기를, '산의생(散宜生)158)이 어떤 사람입니까?' 하였는데, 청음이 '옛날의 현인(賢人)이다.' 대답하였다. 최후량이 또 묻기를, '그렇다면 산의생이 한 일 가운데 부당한 것은 없습니까?' 묻자, 청음은 '그런 것 같다.' 대답하였다. 이에 최후량은 걱정할 것이 없다고 생각하고서 드디어 그 은자를 정명수(鄭命壽)159)에게 주어 그 화를 늦추게 하였다.

또한 최정승은 처음에 청음이 춘추의 의리를 진정으로 지키려 하지 않는다고 여겼고, 그가 명성을 낚으려는 마음이 있다고 의심하였다. 그런

---

155) 첩문(牒文) : 공문서의 일종으로, 하급 기관에서 상급 기관으로 보고하는 문서를 말한다.

156) 명나라에 가는 일을 모의했습니다 : 당시 최명길은 '종사를 위하여 뜻을 굽혀 청국과 강화하여 보존하기를 도모한 것'에 대해 갖추어 진술한 자문(咨文)을 명나라 도독(都督) 진홍범(陳洪範)에게 보내 황제에게 전달하려 했다. 이를 위해 믿을 만한 사자(使者)가 필요했고, 이때 선발된 자가 독보였다. 당시 독보는 중국에서 군문(軍門) 홍승주(洪承疇)의 막부에 머물다가 우리나라의 사정을 정탐하기 위하여 나온 자였다. 이를 평안병사(平安兵使) 임경업이 즉시 보고하였다. 이에 최명길은 기밀을 맡은 재신들과 의논하여 황제에게 아뢰는 글을 작성하여 독보에게 맡겨 수로를 통해 중국에 들여보냈다.(『燃藜室記述·仁祖朝故事本末·獨步』)

157) 초종(初終) : 초상이 난 뒤부터 졸곡(卒哭)까지 치르는 온갖 일이나 예식을 가리킨다.

158) 산의생(散宜生) : 주나라 때 사람. 문왕(文王)이 노인을 잘 대접한다는 말을 듣고 찾아가 그의 사우(四友)의 한 사람이 되었다. 여상(呂尙)에게 배우고 문왕을 도왔는데, 미녀와 보물을 주왕(紂王)에게 보내 유리옥(羑里獄)에 갇힌 문왕을 구하였다.

159) 정명수(鄭命壽) : ?~1653. 평안도 은산(殷山) 출신으로 1629년(인조7) 후금(後金) 정벌에 참여했다가 포로가 되었다. 이듬해 석방되었지만 만주어를 배우고 청나라에 우리나라 사정을 자세히 밀고해 황제의 신임을 얻었다. 1636년(인조14) 병자호란 때 용골대·마부대 등 청나라 장수의 역관으로서 침략의 앞잡이 노릇을 하였다. 그 뒤 청나라 세력을 믿고 조선 정부와 백성을 괴롭히고 갖은 행패를 부렸다.

데 포로로 함께 갇혀있으면서 생사가 갈리는 상황이 다가와도 흔들리지 않는 것을 보고, 마침내 그 의리를 믿고 그 마음에 복종하였다.

또한 청음도 처음에는 최정승이 진회와 다름이 없다고 여겼는데, 급기야 청나라에서 죽음으로써 자신을 지키며 오랑캐에게 굴하지 않는 것을 보고서야 그 본심이 또한 본래 오랑캐를 위한 것이 아님을 알았다. 이에 함께 벽을 사이에 두고 갇혀 있으면서 서로 시(詩)를 지어 화답하였다. 청음의 시에서 이르기를, '끝내 두 세대의 우호를 생각하니 문득 백년의 의심이 풀리네.' 하고, 최정승의 시에 이르기를, '그대의 마음 돌이 아니어서 끝내 굴리기 어려우나 나의 도는 고리와 같아 이르는 곳마다 자유롭네.' 하였다. 이것이 감정을 푼 한 가지 일이다.

그 뒤 최정승 집안 자손들은 청음이 자신의 선조에 대해서 서로 조금의 유감도 없으므로 친분이 매우 돈독하다고 생각하였다. 그렇지만 청음 집안 자손은 특별히 크게 좋게 여기지 않고 단지 서로의 안부나 끊지 않을 정도였다. 때문에 문곡이 청음의 연보를 작성할 때 이 일을 모두 빼 버렸는데, 우암이 이를 보고 문곡에게 편지를 보내 말하기를, '본말을 갖추어 기록하는 것이 연보의 체재이다. 하물며 유감을 해소한 일은 본래 선생의 성대함에 해가 되지 않을 것이니 싣지 않으면 안 될 듯 싶다.' 하였지만, 문곡은 끝내 달갑게 받아들이려 하지 않았다.

또 우암이 일찍이 말하기를, '지금 사람들은 최명길이 강화(講和)한 일은 책망하면서 후배들이 척화하지 않은 것은 감히 비난하지 못하니, 이는 참으로 가소롭다. 최명길이 강화를 주장한 것은 사세가 위급하여 어쩔 수 없었을 때였기에 오히려 용서할 수 있지만, 그 뒤 이른바 명류(名流)라고 하는 자들은 평안한 시대를 만나 척화의 계책을 낸 사람은 한 사람도 없고, 단지 추악한 오랑캐에게 무릎 굽히기를 달갑게 여기고 있으니 이런 자들은 죄를 받아야 할 것이다. 만약 위급한 때 강화를 주장한 자만 유독 죄가 있고 평안한 때 강화를 주장한 자는 죄가 없다면 어찌 말이 되겠는가? 그리고 또한 어떻게 최명길의 마음을 복종시킬 수 있겠는가?' 하였다."

(16) ○ 선생이 말하기를, "일찍이 우암이 『삼신전(三臣傳)』[160]을 고친 곡절에 대해서 들었던가?" 하므로, 내가 대답하기를, "듣지 못했습니다." 하자, 선생이 다음과 같이 말하였다.

"최정승의 아들 후량(後亮)이 『삼신전』을 보고 말하기를,

'우리 아버지가 병자년에 화의(和議)를 주장했던 일에 대해서 후인(後人)들의 논단(論斷)이 비록 지극히 망극(罔極)할지라도 내가 어찌 감히 미워하거나 원망하겠는가? 그러나 다만 당시 우리 아버지가 하지 않았던 일까지 우리 아버지의 일이라고 하니 실로 하늘이 무너지는 듯하다. 『삼신전』에서 「오달제(吳達濟)[161]와 윤집(尹集)[162], 두 신하를 오랑캐 땅에 보낼 즈음에 우리 아버지가 오달제와 윤집과 함께 양파(陽坡)에 갔는데, 아버지가 말하기를, 『그대들이 만일 나의 말대로만 한다면 살 수 있다.』 하자, 오달제와 윤집이 『무슨 말인가?』 물으니, 우리 아버지가 말하기를, 『그대들이 만약 지난번 척화를 주장한 신하들을 많이 끌어댄다면 저 오랑캐들이 모두 죽일 수는 없다고 여길 것이니 그대들은 목숨을 구할 수 있을 것이다.』 하자, 오달제와 윤집이 말하기를, 『그렇게 할 수 없다. 어찌 우리 두 사람이 목숨을 구하기 위해 다른 사람들을 불측(不測)한 지경에 모조리 빠뜨릴 수 있겠는가?……』」 하였는데, 이는 실제로 없던 일이다. 무엇으로써 그것을 밝힐 수 있는가 하면, 당시 백사(白沙)[163]의 서자(庶子) 이기남(李箕

---

160) 삼신전(三臣傳) : 병자호란 때 순절한 삼학사의 전(傳)이다. 삼신은 척화론을 주장하다가 심양에 잡혀가 죽임을 당한 오달제(吳達濟)·윤집(尹集)·홍익한(洪翼漢)을 가리킨다.(『宋子大全·三學士傳』)

161) 오달제(吳達濟) : 1609~1637. 본관은 해주(海州), 자 계휘(季輝), 호 추담(秋潭)이다. 희문(希文)의 손자이다. 청나라와의 화친에 반대하다가 삼학사로서 윤집·홍익한과 함께 죽임을 당하였다.

162) 윤집(尹集) : 1606~1637. 본관은 남원, 자 성백(成伯), 호 임계(林溪)·고산(高山)이다. 화친을 주장하는 최명길에 반대하였다. 삼학사로서 오달제·홍익한과 함께 죽임을 당하였다.

163) 백사(白沙) : 이항복(李恒福, 1556~1618)의 호이다. 본관은 경주, 자 자상(子常), 호 필운(弼雲)·동강(東岡)이다. 우의정·영의정 등을 역임하였다. 1590년(선조23) 정여립 옥사를 처리한 공로로 평난공신(平難功臣) 3등에 봉해졌다. 광해군대 폐모론에 반대하다가 유배되었다.

男)164)이 체찰사(體察使)의 막하(幕下)에서 그 일을 직접 보았기 때문이다. 그의 말에 따르면,

「내가 체찰사의 품명(稟命)을 가지고 어전(御前)에 있었을 때 최판서가 바야흐로 오달제와 윤집, 두 신하를 데리고 압송하여 함께 오랑캐 땅에 가려 하였는데, 주상이 말하기를, 『내가 식후(食後)에 마땅히 두 신하를 인견(引見)하고 보내야겠다.』 하자, 최판서가 말하기를, 『오랑캐가 매우 급하게 재촉하니 주상께서 만일 인견하시고 보내시겠다면 신이 마땅히 먼저 가서 그들의 말을 듣겠습니다.』 하므로, 주상이 『그렇게 하라.』 하셨기에 최판서가 드디어 아침 식사 전에 즉시 오랑캐 진영으로 갔고, 두 신하는 식후에 과연 주상이 인견하고서 다만 군관(軍官)을 시켜 압송하도록 했다.……」 하였다.

이로써 본다면 이른바, 우리 아버지가 오달제·윤집과 함께 양파에 갔다는 것은 어찌 잘못된 기록이 아니겠는가?' 하였다. 우암이 최후량의 이 말을 듣고 말하기를, '이것은 내가 직접 보고 기록한 것이 아니다. 대체로 삼신(三臣)의 본가(本家)에 기록된 것이 있었기 때문에 실은 것이다. 과연 사실이 아니라면 어찌 깎아 내지 않겠는가?' 하고는, 마침내 이기남을 만나 그 사실을 물어보니 그 대답이 한결같았다. 이에 드디어 양파에 관한 일단(一段)의 사실을 깎아 버렸다. 이때 우암은 여주(驪州)에 머물러 있었고, 최후량은 청풍부사(淸風府使)로 있었는데, 내가 청풍으로 편지를 보내 알렸더니, 최후량이 크게 기뻐하여 마침내 배를 타고 와서 우암을 만나보고 감사의 말을 그치지 않았다.

또 어떤 기사 일단을 고쳐 달라고 청하였는데, 이는 곧 최정승이 두 신하를 결박하여 오랑캐 진영에 이르자 오랑캐가 크게 기뻐하며 말하기를, '만약 네가 아니었더라면 어떻게 이 죄인을 잡을 수 있었겠는가?' 하면서

---

164) 이기남(李箕男) : 1598~1680. 본관은 경주, 자 정숙(靜叔)이다. 할아버지는 참찬 몽량(夢亮)이고, 아버지는 영의정 항복이다. 1630년(인조8) 진사가 되고, 어머니의 절행(節行)으로 정경세(鄭經世)가 경연(經筵)에서 천거하여 벼슬에 나갔다. 1631년에 북방 야인이 자주 침구하므로 자진 출전하여 공을 세웠고, 1636년 병자호란 때 남한산성에서 왕을 호종하였으며, 예조판서라 가칭하여 청나라 진지에 왕래하기도 하였다.

드디어 최정승에게 큰 상을 내려주자 최정승이 이를 받았다는 일이었다. 우암은 말하기를, '이 일도 양파의 일처럼 증거가 있다면 고칠 수 있다. 그렇지 않다면 감히 고칠 수 없다.' 하였다. 또 어떤 기사 일단을 고쳐 달라고 요청하였는데, 이는 곧 최정승이 오랑캐에게 붙잡혀 갈 때에 지은 절구시 한 수였는데, 이르기를, '내 비록 삼학사를 죽이지 않았지만 한 밤중에 생각하니 마음이 저절로 두렵구나. 천도는 제대로 순환하기에 백발의 머리로 오늘 또 서쪽으로 가는구나.' 하였다. 그러자 우암이 말하기를, '그렇다면 이것이 선상공(先相公)이 지은 것이 아니란 말인가?' 하자, 최후량이 말하기를, '이 시는 선인(先人)의 시입니다.' 하니, 우암이 말하기를, '그렇다면 감히 고칠 수 없다.' 하고, 끝내 그가 요청했던 이단(二段)의 사실은 고치지 않았다. 최후량은 비록 자기 요청을 다 이루지 못하였지만 말하기를, '저희 집안은 대감에게서 받은 것이 많습니다. 저희 집 자손들이 어찌 감히 문하(門下)를 원망하겠습니까?……' 하였는데, 그 뒤 그의 자손들은 끝내 저와 같이 되었으니 우습고도 우습도다."

(17) ○ 선생이 말하기를, "일찍이 우암과 동춘, 두 선생의 묘의(廟議)[165]에 대해서 들었는가?" 묻자, "듣지 못했습니다." 대답하자, 선생이 다음과 같이 말하였다.

"옛날에 위원성(韋元成)[166]이 이르기를. '묘제(廟制)는 2소(二昭)·2목(二穆)에 태조(太祖)와 문세실(文世室)·무세실(武世室)[167]을 합쳐 7묘(七廟)[168]가

---

165) 두 선생의 묘의(廟議) : 묘의는 1661년(현종2) 효종의 3년상을 치르고 나서 혼전(魂殿)에 모셔져 있는 신주를 종묘 정전에 부묘하려 하자, 12대 인종과 13대 명종이 친진(親進)에 이르렀다. 먼저 예조에서 인종을 조천함이 마땅할 듯하지만 5묘제를 고려한다면 인종의 동생인 명종 역시 조천에 해당한다고 아뢰었다. 현종이 판중추 송시열과 우참찬 송준길에게 의논하라고 하교했다. 송시열은 인종과 명종은 형제이지만 의리상 부자관계이므로 영녕전에 옮겨 봉안할 때 소(昭)와 목(穆)을 둘로 하자고 주장하였다. 반면 송준길은 형제를 1세로 쳤던 현행 규제를 그대로 준행할 것을 주장하였다.

166) 위원성(韋元成) : 한나라 원제(元帝)의 태부(太傅)를 역임하였다.

167) 문세실(文世室)·무세실(武世室) : 문세실은 주나라 문왕(文王)의 세실이고, 무세실은 무왕(武王)의 세실이다. 세실(世室)은 대대로 지내는 제향(祭享)의 위패를 모시는

되니, 『서경(書經)』에서 이른바 「7세(七世) 사당에서 덕의를 볼 수 있다.」[169] 한 것이 바로 이것이다.' 하였다. 유흠(劉歆)이 이르기를, '3소와 3목[170]에 태조를 합쳐 7묘가 되는데, 세실은 이 숫자에 들지 않으니, 오직 공덕이 있는 자는 대수(代數)에 상관없이 모두 세실이다.' 하였다. 그 뒤 주자는 유흠의 설이 옳다고 여겼다. 그래서 영종(寧宗)[171]에게 묘의(廟議)를 올리며 말하기를,

'우리 송나라는 백 년 동안 국가의 기반이 다져져서 태조에서 처음 시작되었으니 송나라의 희조(僖祖)[172]는 주나라의 후직(后稷)[173]입니다. 우리 태조와 태종에 이르러 비로소 천명을 받은 것은 또한 주나라의 문왕과 무왕이 비로소 천명을 받은 것과 같습니다. 그런데 주나라가 이미 후직으로 태조를 삼아 백세토록 불천(不遷)하였고 문왕과 무왕으로 세실을 삼았으니, 우리 송나라 역시 희조로 태조를 삼아 백세토록 불천하고 태조와 태종으로 세실을 삼아야 할 것입니다. ……' 하였다.

옛날에 우리나라 인종과 명종, 두 묘위(廟位)를 체천할 때[174] 우암이

종묘의 신실(神室)이다. 역사적으로 직계 조상을 처음으로 추존한 경우로 주나라 무왕이 천명을 받은 뒤 태왕과 왕계(王季, 문왕의 아버지), 문왕을 추왕(追王)하면서부터였다. 자손이 천자가 되었는데 지위가 낮은 선조가 존자(尊者)가 된 자손을 대할 수 없기 때문에 왕적(王迹)을 일으킨 선조를 추왕하였던 것이다.

168) 7묘(七廟) : 창업자인 후직(后稷)을 태조로, 문왕을 태종으로, 무왕을 세종으로 하여 불훼묘(不毁廟)로 하고, 나머지 현재 주왕(周王)부터 위로 올라가 사친묘(四親廟)를 이목이소(二穆二昭)의 형태로 두었다고 한다.

169) 7세……있다 : 『서경·상서(商書)·함유일덕(咸有一德)』에 보인다.

170) 3소와 3목 : 소목은 종묘(宗廟)에 신주(神主)를 모시는 차례로서, 천자는 태조의 신위를 중앙에 모시고, 왼편에 2세·4세·6세를 모시고 소[左]라 하고, 오른편에 3세·5세·7세를 모시고 목[右]이라 하였다. 천자는 3소·3목으로 칠묘가 되고, 제후는 2소·2목의 오묘(五廟)가 된다. 대부(大夫)는 1소·1목의 삼묘(三廟)가 된다.

171) 영종(寧宗) : 1168~1224. 남송(南宋) 제4대 황제이다. 황후 한(韓)씨의 인척인 한탁주(韓侂胄)가 권력을 잡고 금나라에 대한 대규모 북벌을 추진하였으나 실패하였다.

172) 희조(僖祖) : 송나라를 건국한 조광윤(趙光胤)의 고조(高祖)로 이름은 조(朓)이다. 뒤에 희조로 추존되었다.

173) 후직(后稷) : 주나라 시조로서 성은 희(姬)씨, 이름은 기(棄)이다. 농경의 신으로, 오곡의 생장을 주관하였다.

174) 인종과 명종, 두 묘위(廟位)를 체천할 때 : 관련 내용은 『현종개수실록』 2년 2월 25일에 자세하다.

또한 주자의 논을 위주로 다음과 같이 말하였다.

'우리 조선의 목조(穆祖)[175]는 또한 송나라 희조와 같고, 우리 조선의 태조와 태종은 또한 송나라의 태조와 태종과 같다. 그러므로 우리 조선의 목조는 마땅히 태조가 되어 백세토록 불천하고 태조와 태종은 세실을 삼아야 할 것이다. 또한 우리 조선의 영녕전(永寧殿)[176]은 옛 법이 아니다. 묘제로써 논하건대 세실을 두지 않고 태조만을 둔다면 조주(祧主)[177]는 모두 태조의 협실(夾室)[178]에 보관해야 할 것이다. 지금 강헌(康獻, 태조의 휘호)으로 세실을 삼지 않고 목조를 조주로 삼는다면 그 조주를 강헌의 협실로 내려 보관해야 할 것인데, 조상의 신주를 자손의 협실에 보관하는 것은 또한 편치 않지 않은가? 이것이 주자가 반드시 희조를 태조로 삼으려 했던 이유이니, 우리 조선도 이를 따라서 거행해야 할 것이다.'[179]

---

175) 목조(穆祖) : ?~1274. 태조 이성계의 고조부이다. 본관은 전주, 이름은 안사(安社)이다. 이자춘(李子春, 환조(桓祖))이 그의 손자이다. 고려 고종(高宗) 때 선주지사(宣州知事)로 임명되어 선정을 베풀었고, 이후 원나라 조정에서 간도(間島) 지역 다루가치[達魯花赤]가 되어 여진족을 제압하였다.

176) 영녕전(永寧殿) : 태조의 선대 4조 및 종묘의 정전(正殿)에 봉안되지 않은 역대 왕과 그 비(妃)의 신위(神位)를 모신 곳이다. 건립 계기는 1419년(세종1) 정종이 승하하면서 비롯되었다. 즉, 정종을 종묘에 부묘할 경우 6묘가 되므로 제후 5묘제에 위배되는 것이었다. 이에 송나라에서 태조의 추존 4대조를 별묘에 봉사한 예에 따라 조묘를 세우기로 하였고, 마침내 1421년 영녕전을 건립하여 목조의 신주를 제1실로 옮겼다. 이후 1608년(광해군 즉위년)에 중건되었고, 1667년(현종8)에 다시 중건되었으며, 1836년(헌종2)과 1870년에 각각 개수되었다. 태조 선대 4조(祖)인 목조·익조(翼祖)·도조(度祖)·환조(桓祖)를 비롯하여 정종·문종·단종·예종·인종·명종·경종 및 기타 추존된 왕과 왕비 등 32위의 위패를 16실에 봉안하고 있다.

177) 조주(祧主) : 체천된 신주를 가리킨다. 체천은 봉사손이 친진(親盡)한 5대조의 신주를 아직 제사 지내는 대(代)의 수가 다 되지 않은 최장방(最長房)의 집으로 옮기는 것이다. 최장방은 4대 이내의 자손 가운데 항렬이 가장 높은 사람을 가리킨다. 최장방이 죽으면 또 다음 최장방의 집으로 옮기는데, 고손 항렬이 다 죽어 다시 옮길 곳이 없으면 그 신주를 땅에 묻는다.

178) 협실(夾室) : 당(堂)의 가운데 실(室)을 사이에 둔 양 곁의 방을 말한다. 동쪽의 방을 동협실(東夾室), 서쪽의 방을 서협실(西夾室)이라 한다. 가묘(家廟)에서는 이곳에 조주(祧主)를 봉안한다. 고조(高祖) 이상 친진(親盡)하면 조(祧)라 하는데, 소(昭)의 조는 동협실에, 목(穆)의 조는 서협실에 봉안한다.

179) 이것이 주자가……할 것이다 : 송시열은 주자의 견해를 수용하여 목조가 태묘에서 윗자리를 차지하지 못하고 태조가 태묘의 제1실(室)에 거처하는 것에 반대하였다. 이는 마치 송나라 희조의 공업(功業)을 인정하지 않는 것과 같다고 보았다. 이에

동춘이 말하기를, '주자는 「체협의(締祫議)」에서 또한 「제후는 두 개의 종통이 없다.」고 하였는데,[180] 그렇다면 우리나라의 묘제는 2소와 2목 이외에 오직 태조가 있어 5묘가 될 뿐이다. 세실을 세우는 것은 부당하다. 기왕에 세실을 세우지 않고 태조 1묘만 세웠으니 또한 강헌을 태조로 삼고 목조는 체천하는 것이 마땅하다. 이것이 제후의 임금은 처음 봉해진 임금으로 시조를 삼는 예인 것이다.' 하였다.

이에 우암이 말하기를, '이 또한 하나만 알고 둘은 모르는 말이다. 주자가 「두 개의 종통이 없다.」고 말한 것은 경전에 보이지 않으니, 무슨 뜻으로 그렇게 말했는지는 모르겠다. 이른바 「처음 봉해진 임금을 시조로 삼는 것이 예」라고 한 것은 그렇지 않은 점이 있다. 주공(周公)으로 말하자면, 주공 이상은 모두 천자이므로 노(魯)나라가 제사할 수 없기 때문에 노나라에서 주공을 시조로 삼은 것은 이치로 보나 형세로 보아 당연한 것이다. 제(齊)나라에 봉해진 태공(太公)의 경우, 태공이 어찌 그 조상의 5묘를 세우지 않았겠는가? 기왕에 5묘를 세웠다면 또한 그중 가장 높은 이를 태묘(太廟)로 삼지 않았겠는가? ……' 하였으니, 두 선생의 의견이 끝내 합치되지 않았다. 우암이 동춘의 묘지에 이르기를, '구차하게 의견을 같이하지 않았으니 이것이 공의 고매한 점이다.' 하였는데, 바로 이것을 가리켜 말한 것이다. 이 의논은 실로 우리나라의 큰 거조이자 두 선생의 큰 주장이니, 후학들이 알아야 할 것이다."

(18) ○ 영숙이 백겸(伯謙) -신유(申愈)[181]의 자- 의 지난 일에 대한 전말을

목조를 태묘 제1실로 옮겨 받들어 시조로 삼고, 태조·태종 이래 세실의 예제는 주나라의 제도와 같이 하며, 또 태묘에 동서협실(東西夾室)을 만들어 익조 이하 조천된 신주를 봉안할 것을 주장하였다. 반면 송준길은 주자의 논의에 대해서 의심할 바가 있다고 하면서 아래와 같이 송시열과 다른 주장을 내놓았다.

180) 주자는……하였는데 : 『회암집(晦菴集)』 「체협의(締祫議)」에 "제후는 두 개의 종통이 있을 수 없고, 대부는 두 개의 사당이 있을 수 없다.[諸侯則無二宗, 大夫則無二廟.]"라는 말이 나온다. 체제는 천자가 그 시조의 묘에 올리는 제사이다. 태조의 선친을 태묘에서 제사하고 태조를 배향한다. 협제의 협(祫)은 합(合)의 뜻이니, 태조 이하 4묘(廟)의 신주를 한곳에 모셔 놓고 합제(合祭)하는 것이다.

물었다. 선생이 다음과 같이 말하였다.

"그 이야기가 매우 길지만 모두 말해 주겠다. 앞서 정승 백헌(伯軒) 이경석(李景奭)[182]이 『삼전비문(三田碑文)』을 지었는데, 그 비문에서 청나라 황제를 칭찬하는 말이 실로 인심에 부끄러운 것이 있었다. 그러나 그는 벼슬에 나아가서는 청렴하였고, 을유년(1645, 인조23)의 일[183]은 칭찬할 만하였기 때문에 한때 청음(淸陰) 같은 제현들과 모두 사이가 좋았다. 그 뒤 기유년(1669, 현종10)에 현종이 온천으로 거둥할 때 정승 백헌이 유도상(留都相)이 되었고, 동춘(同春) 또한 세자보양관(世子輔養官)으로 서울에 있었다. 이때 우암이 마침 피혐할 일이 있어 감히 행재(行在, 임시거처)에 나아가지 못하고 단지 전의(全義)에 나아가 머물러 있었다. 그러자 정승 백헌이 돌연 상소하기를, '원근의 여러 신하들 가운데 달려와 문안하는 자가 없습니다.' 하며, 신하들이 무례하다는 등의 말이 있었으므로, 우암이 듣고 즉시 대죄하는 상소를 올렸는데,[184] 그 끝에 이르기를, '손종신(孫從臣)……'[185] 하였다. 정승 백헌이 처음에는 종신(從臣)이 무슨 말인지 알지 못하였는데, 허적이 곧 마비(痲碑, 삼전도비)를 찬한 것으로 손적(孫覿)의 일에 비유한 것임을 알고 정승 백헌에게 알리니, 정승 백헌이

181) 신유(申愈) : 1673~1706. 본관은 평산(平山)이다. 신만(申曼, 1620~1669)의 손자이다. 권상하의 문하에서 공부하였다.

182) 이경석(李景奭) : 1595~1671. 본관은 전주, 자 상보(尙輔), 호 백헌(白軒)이다. 김장생의 문인이다. 좌의정·영의정 등을 역임하였다. 1636년 병자호란 때 인조를 호종하여 남한산성에 들어갔다. 산성을 나온 뒤 삼전도비문(三田渡碑文)을 지어 올렸다. 인조·효종·현종의 3대 50년에 걸쳐 명재상으로 칭송받았다.

183) 을유년(1645, 인조23)의 일 : 그 해에 이경석이 이조판서로서 송준길·송시열·권시·이유태 등을 발탁하여 등용하였다.

184) 대죄하는 상소를 올렸는데 : 1669년(현종10) 4월에 송시열이 이경석의 차자로 인해 행궁에 오지 않고 소를 올려 피혐하였다.

185) 손종신(孫從臣) : 송나라 흠종(欽宗)의 시종신(侍從臣) 손적(孫覿, 1081~1169)을 가리킨다. 자는 중익(仲益), 호 홍경거사(鴻慶居士)이다. 1109년 진사(進士)에 올라 한림학사(翰林學士)가 되었는데, 흠종이 금나라에 항복하는 표(表)를 작성했다. 당시 이경석의 논척을 받은 송시열이 죄를 청하는 소장을 올리면서, 금나라에 볼모로 잡혀 있던 손적이 금나라의 요구에 따라 제문(祭文)을 지어 찬양하는 내용을 써서 아첨하였던 고사를 인용함으로써 삼전도 비문을 지은 이경석을 배척하였다.

크게 노하여 우암의 상소문을 동춘에게 보여주자 동춘이 놀라며 탄식하였다고 한다.

그 뒤 판서 송규렴(宋奎濂)[186]이 우암에게 편지를 보내 묻자, 우암이 답하기를, '동춘 형도 놀라며 탄식함을 면치 못하는데 다른 사람이야 말해 무엇하겠는가?' 하였다고 한다. 급기야 지난해 이하성(李廈成)이 그 조부를 위해 자칭 변무소(辨誣疏)를 올리면서,[187] 동춘이 놀라며 탄식했다는 말을 인용하여 우암을 공격하는 자료로 삼았다. 그래서 문인들이 변무하자는 논의가 서울에서 일어났고, 정경유(鄭景由) –정찬휘(鄭纘輝)[188]의 자– 가 그 상소 초본을 내게 보내어 가부를 가리게 하였다.[189]

내가 이때 마침 병이 들어 손자 아이를 시켜 읽게 하고 들었다. 처음에는 누가 초안한 것인지 알지 못했는데, 그 문세를 듣고 나서야 백겸의 손에서 나왔다는 것을 알았다. 그 중간에 동춘의 일에 이르러 말하기를,

'온 세상이 모두 이경석을 받들어 순종하며 복종하는데 아무개[190]만 유독 배척하였으니 그 떠들썩한 것은 괴이한 일이 아닙니다. 송아무개[191]

---

186) 송규렴(宋奎濂) : 1630~1709. 본관은 은진(恩津), 자 도원(道源), 호 제월당(霽月堂)이다. 할아버지는 희원(希遠), 아버지는 이조판서 국전(國詮)이며, 송준길의 문인이다. 송시열·송준길 등과 동종(同宗)·동향(同鄕)으로 함께 삼송(三宋)으로 일컬어졌다. 예조참판·대사헌 등을 역임하였다. 1674년에 효종비 인선왕후(仁宣王后) 장씨의 복상문제에 대해 남인의 기년설(朞年說)이 채택되고 송시열·송준길 등이 귀양가자 이들의 신원(伸冤)을 주장했다가 파면 당하였다.

187) 이하성(李廈成)이……올리면서 : 1703년(숙종29) 5월에 현령 이하성이 조부 이경석이 관유(館儒) 홍계적(洪啓迪) 등에게 배척을 받았다 하여 상소하여 변명하면서 송시열을 논척하였다. 이하성은 조부가 삼전도 비문을 지은 것은 종사와 백성을 살리려는 인조의 명에 따른 것으로 어쩔 수 없는 상황이었다고 변론하면서, 아울러 송시열이 처음에는 자기 조부를 높이 받들다가 나중에 세력이 커지자 시기하고 미워하였다고 논척하였다.

188) 정찬휘(鄭纘輝) : 1652~1723. 본관은 영일(迎日), 자 경유(景由), 호 궁촌(窮村)이다. 몽주(夢周)의 11대손으로 송시열의 문인이다. 1681년(숙종7) 송시열의 천거로 공릉참봉(恭陵參奉)에 제수되고 이어 봉사·직장을 거쳐 주부가 되었다.

189) 정경유(鄭景由)……가리게 하였다 : 이하성이 상소를 올려 송시열을 논척하자 그 문인들이 이하성의 소장에 대한 반박 소장을 올렸다. 그 소장의 초안을 신유가 작성하였고 그의 장인 정찬휘가 그 초안을 권상하에게 보내 그 내용 검토를 의뢰하였다.(『寒水齋集·答鄭景由癸未』)

190) 아무개 : 송시열을 가리킨다.

가 놀랍게 여기고 한탄한 것이 아무개를 범한 것이 뭐가 있겠습니까?' 하였다.

'옛날에 명도(明道)와 이천(伊川)은 ……' 한 곳이 있었는데, 나 또한 처음에는 생각하기를, '「아무개를 범한 것이 뭐가 있겠습니까?」 한 말은 위의 「떠들썩한 것」이라는 말과 연결시켜 보아야 한다.' 여겼기 때문에, 내가 정경유에게 답하기를, '내가 한결같이 두 선생을 섬겼는데 이와 같이 폄하하는 논의는 감히 들을 수 없다.' 하였다. 그 뒤에 백겸의 말을 들으니, 본의가 '떠들썩한 것'이란 다만 온 세상 사람만을 말한 것이고, '아무개를 범한 것'이라고 한 것은 단지 '명도와 이천은 ……'이라는 말을 인용하기 위해 첫머리로 삼은 것이라고 하였다. 백겸의 본의가 과연 이와 같았다 할지라도 '아무개가 놀랍게 여기고 한탄한 것'이라고 한 말 위에 '차부(且夫)'·'지어(至於)' 등의 문자를 붙이지 않고 단지 바로 '떠들썩한 것'이라고 한 말 아래에 이어 놓아서, 사람들이 보고 내가 처음 생각한 것과 같이 보는 것이 괴이하지 않다.[192] 이것은 백겸이 글자를 상황에 맞게 제대로 쓰지 못하는 측면이다.

또 두 집안이 서로 시끄럽게 된 것에 대해 또한 할 말이 있다. 당시 나의 어리석은 손자가 그 소본의 이 대목을 베껴서 그 장인 송병익(宋炳翼, 송준길의 손자)에게 보냈더니, 송병익이 백순(伯純) –송일원(宋一源, 송시열의 증손)의 자– 에게 보였다. 백순은 처음부터 백겸이 이와 같지는 않을 것이라 생각하였는데, 회덕(懷德, 송씨의 세거지)의 박정채(朴廷采)와 송하적(宋夏績)[193]의 무리들이 그 말을 듣고서 마침내 펄쩍 뛰면서 백겸을 사문난적(斯

---

191) 송아무개 : 송준길을 가리킨다.

192) '차부(且夫)'·'지어(至於)' 등의……괴이하지 않다 : 권상하는 "온 세상이 모두 이경석을 받들어 순종하며 복종하는데 아무개[송시열]만 유독 배척하였으니 그 떠들썩한 것은 괴이한 일이 아닙니다. 송아무개[송준길]가 놀랍게 여기고 한탄한 것이 아무개를 범한 것이 뭐가 있겠습니까.[擧世承順服習, 而某獨斥之, 則無怪其譁然, 而宋某之駭歎, 干某何事哉.]"라는 것에 대해 오해의 여지를 없애기 위해서 '而' 자와 '宋' 자 사이에 '且夫'나 '至於'라는 글자를 끼워 넣었어야 한다고 본 것이다.

193) 송하적(宋夏績) : 자는 여성(汝成), 호 장청헌(藏淸軒)이다. 규정(奎禎)의 아들로 송준길의 문인이다.

文亂賊)이라고 비난하기까지 하고, 또 신세제(申世濟)[194]의 무함이 조상에까지 이르자 백겸으로서 어찌 통분스럽지 않겠는가? 송하적이란 자는 본래 백겸의 집안과 원한이 있었기 때문에 이를 기화로 그 사사로운 원한을 풀려고 하였으니, 그 마음씀씀이가 형편없다고 할 수 있다. 이로부터 백순 또한 격노하여 말하기를, '우암을 변무한 사람이 난적이 된다면 이는 우암을 난적이라고 하는 것이다.' 하니, 회덕의 무리가 그 말을 듣고 즉시 '백순도 또한 백겸과 함께 동춘을 무함한다.……' 하면서 백순까지 아울러 공격하였다. 이로 인하여 두 집안 자손들이 서로 대립하였다.

얼마 후에 회덕 사람 7, 8명이 연명하여 나에게 백겸을 벌줄 일에 대해서 묻기에, 내가 답하기를, '신아무개의 일은 실로 잘못이고 망령되지만, 어찌 아직 나오지도 않은 글을 가지고 징벌까지 할 이치가 있겠는가?' 하였다. 그 뒤 내가 화양동(華陽洞)에 가니 백순과 백겸도 함께 와서 모였다. 내가 그들을 위하여 '잘못이고 망령되다.[謬妄]'는 두 글자를 풀어 말하며 백겸을 책망하니, 백순이 말하기를, '이는 말이 끝나기 전에 승복할 일입니다.' 하였다. 이에 내가 백겸에게 이르기를, '그대가 이 일에 대해서 본래 또한 잘못이 없었던 것이 아니니, 지금 만약 한 번 사과한다면 허다한 분란이 모두 없던 일로 될 것이다. 어찌 이처럼 고집하는가?' 하니, 백겸이 말하기를, '저들이 소생을 무함할 뿐 아니라 선조까지 모욕하니, 비록 사과하고 싶어도 장차 어떻게 사과하겠습니까?' 하였다. 내가 말하기를, '그렇다면 사과하는 글을 대략 몇 구절 만들어 나에게 편지를 보내면 내가 회덕 사람들에게 보여 모두 없던 일로 하겠다.' 하니, 백겸이 말하기를, '이에 대해서는 가르침과 같이 하겠습니다.' 하였는데, 끝내 편지를 보내오지 않았다.

또 을유년(1705, 숙종31) 4월에 백겸이 여기에 왔을 때 9일 동안 상대하면서 사과할 것을 역설하자, 백겸이 또 말하기를, '돌아가면 가르침대로

---

194) 신세제(申世濟) : 1668~1703. 본관은 고령(高靈), 자 미숙(美淑), 호 송암(松巖)이다. 청주 출신으로 할아버지는 신득홍(申得洪), 아버지는 신혁(申奕)이다. 효행으로 1677년(숙종3)에 지평에 추증되었고, 1683년에 정려(旌閭)를 받았다.

하겠습니다.' 했지만, 또한 기꺼이 하려하지 않았다. 이것이 무슨 어려운 일이라고 이와 같이 고집하는가. 이것이 백겸의 병통인 것이다. 두 집안 자손에게 내가 항상 말하기를,

'두 선생[195]은 젊어서부터 사계(沙溪)의 문하에 함께 노닐며 도의의 교분을 맺었다. 그리고 동춘당이 임종할 때에는 고산앙지(高山仰止)와 일조청빙(一條淸氷)[196]이라는 말로 서로 인정하였고, 우암이 동춘당의 병환이 나았다는 말을 듣고 화양동에서 밤새도록 달려와 편지를 보여주었다. 동춘당이 우암의 손을 잡고 벽에 걸려 있는 「고산앙지」 네 글자를 가리키며 말하기를, 「이것이 내가 공을 생각하는 까닭이다.」 하였다. 또 말하기를, 「옛날 퇴계가 병이 들었는데 말하기를, 『사암(思菴, 박순의 호)을 보면 내 병이 나을 듯 싶다.』 하자, 문인들이 사암은 어떤 사람인지 물었다. 퇴계가 말하기를, 『사암은 한 조각 맑은 얼음 같은 사람이다.』 하였는데, 지금 내 병은 사암을 보더라도 낫지 않을 것이다.」 하니, 우암이 말하기를, 「일조청빙이 어찌 사암에게만 해당되겠는가? 형 자신의 몸 속에도 존재한다.」' 하였다.

세상 사람들도 또한 늘 사계 문하의 양송(兩宋)이라고 함께 일컬었는데, 지금 두 집안 자손이 서로 불화하는 것은 아름다운 일이 아니다. 그 폐단이 끝내 동춘당 자손이 우암을 헐뜯게 되고 우암 자손이 동춘당을

---

195) 두 선생 : 송시열과 송준길을 가리킨다.

196) 고산앙지(高山仰止)와 일조청빙(一條淸氷) : 송준길이 일찍이 병중에 있을 때 손자 송병원(宋炳遠)에게 명하여 '고산앙지(高山仰止)'와 '일조청빙(一條淸氷)'이란 글자를 써서 벽에 걸게 하였다. 1672년(현종13) 11월 26일에 송시열이 송준길의 병세가 위독하다는 소식을 듣고 문병하러 오자, 송준길이 '고산앙지'라는 글자를 가리켜 송시열에게 해당된다고 하였고, 송시열은 '일조청빙'이라는 글자를 가리켜 송준길에게 해당된다고 하여 서로 인정하며 치켜세웠는데, 그 뒤 12월 2일에 송준길이 졸하였다.(『宋子大全·年譜』 및 『祭同春堂文』) '고산앙지'는 『시경』 「소아(小雅) 거할(車舝)」에 "높은 산을 우러러보며 큰길을 따라가네.[高山仰止, 景行行止.]"라고 한 데서 온 말로, 송시열의 학문과 덕행이 높아 사람들의 추앙을 받을 만하다고 칭송한 것이다. '일조청빙'은 두보(杜甫)의 시에 "깊은 골짜기에서 나와 투명하게 빛나는 한 덩어리 얼음을, 한(漢)나라 영풍관과 노한관처럼 시원한 곳의 옥병에 넣어둔 것만 같네.[炯如一段淸氷出萬壑, 置在迎風露寒之玉壺.]"라고 한 데서 온 말로, 송준길의 강직하고 깨끗한 인품에 비유하여 칭송한 것이다.(『杜少陵詩集·入奏行贈西山檢察使竇侍御』)

헐뜯는 일까지 이르게 된 것이다. 삼분오열(三分五裂)된 때를 당하여 어찌 작고 사소한 일로 이처럼 아름답지 못한 모습을 보이는가? 어찌하여 빨리 서로 사과하여 구의(舊誼)를 되찾지 않는가 라고 말하면, 송치거(宋致擧) -송병익(宋炳翼)의 자- 는 말하기를, '송일원(宋一源)이 사과하면 내가 유감을 풀 것이지만 지금 송일원이 사과하지 않으니, 내가 차마 먼저 굽힐 수는 없다.' 하고, 송백순은 말하기를, '저들이 이미 내가 동춘당을 모욕했다고 하니 만약 먼저 사과하면 진실로 동춘당을 모욕한 사람이 된다. 이미 모욕한 일이 없는데 내가 먼저 사과할 의리가 없다.' 하였다. 이와 같이 서로 대치하다가 점차 격렬해져 내 말을 듣기를 진월(秦越) 같이[197] 여길 뿐만 아니라, 백순은 나를 책망하여 '어찌 사정(邪正)을 판단하지 못하느냐?' 하고, 치거(稚擧, 송병익의 자)[198]는 나를 책망하여 '어찌 백순과 백겸을 배척하여 끊어버리지 않느냐?' 한다. 이것이 무슨 의리이며 무슨 처사인가? 이것이 근래 일의 대강의 줄거리이다."

(19) ◯ 영숙이 규모를 크게 하고, 마음을 엄하게 다스리는 법에 대해서 묻자 선생이 말하기를,

"천지를 위해서 마음을 정립하고, 만세를 위해서 태평을 연다면[199] 이것이 어찌 이른바 규모를 크게 하는 것이 아니겠는가? 상제(上帝)가 너에게 임한 듯이 하여 방안 깊은 곳에서도 부끄러움이 없게 한다면[200]

---

197) 진월(秦越) 같이 : 진나라는 중국의 서북쪽에 있고 월나라는 동남쪽에 있어서 서로 멀리 떨어져 관계가 소원한 것처럼 관심 없이 냉담하게 대하는 것을 말한다.

198) 치거(稚擧) : 송준길의 손자 송병익(宋炳翼)의 자이다.

199) 천지를……연다면 : 『근사록(近思錄)』「위학(爲學)」에 장재(張載)가 이르기를, "천지를 위하여 마음을 정립하고 생민을 위하여 도를 정립하며, 옛 성인을 위하여 끊어진 학문을 잇고 만세를 위하여 태평 시대를 열어야 한다.[爲天地立心, 爲生民立道, 爲去聖繼絶學, 爲萬世開太平.]"라고 하였다.

200) 방안……한다면 : 옥루(屋漏)는 방의 서북쪽 모퉁이를 말한다. 대개 이곳은 방에서 가장 은밀한 곳으로서 신주(神主)를 안치하는 장소이다. 옥루에 부끄러움이 없다는 것은 방에 은밀히 혼자 있을 때에도 양심에 거리끼는 일이나 생각을 하지 않는다는 말이다. 『시경』「대아(大雅)·억(抑)」에 "네가 홀로 방안에 있을 때를 보아도, 오히려 옥루에 부끄럽지 않아야 한다.[詩云, 相在爾室, 尙不愧于屋漏.]"라고 하였다.

이것이 어찌 이른바 마음을 엄하게 다스리는 법이 아니겠는가?" 하였다.

영숙이 또 묻기를, "정자(程子)가 '도량은 배워서 가능하다.' 하였는데, 지금 사람들은 타고난 도량이 좁은데, 또한 배워서 넓힐 수 있습니까?" 하니, 선생이 말하였다.

"세상의 어떤 일도 배워서 능히 하지 못할 것이 없으니 사람의 도량도 더욱 배워서 넓힐 수 있다. 예컨대, 지금 사람들이 처음에는 과거를 보는데 골몰하여 다른 것을 돌아볼 겨를이 없을 때는 저들의 도량이 과거의 밖으로 나가지 못한다. 그렇지만 위기지학(爲己之學)이 있는데, 여기에 종사하게 되면 도량이 이미 과거의 밖으로 벗어나게 되니, 이것은 배워서 능히 할 수 있는 일이 아니겠는가? 또한 사람은 칭찬을 들으면 기뻐하고 비방을 들으면 노하는데, 이는 그 도량이 칭찬과 비방의 안에 국한되었기 때문이다. 하지만 칭찬과 비방이 본래 자신을 범할 수 없음을 알게 되면 비방해도 노하지 않고 칭찬해도 기뻐하지 않으니, 이는 그 도량이 비방과 칭찬 속에 국한되지 않기 때문이다. 이것으로 미루어 보건대 무한한 도량에 이르기까지 모두 그러하지 않은 것이 없으니 이는 내가 시험해 본 일이다."

영숙이 또 묻기를, "정자(程子)가 '한위공(韓魏公)[201]의 도량은 간기(間氣)[202]의 도량이다.' 하였는데, 이른바 간기란 무엇입니까?" 하니, 선생이 말하기를, "그대는 세상 사람들이 스스로 우암을 존경한다고 하면서도 우암을 흠잡는 것은 우암의 어떤 점을 지적하여 말한 것이라고 생각하는가?" 하였다. 영숙이 대답하기를, "너무 과격하고 너무 고집스러운 것을 가지고 말한다고 해도 괜찮지 않겠습니까?" 하자, 선생이 말하기를,

"그렇다. 우암의 바른 점은 배워서 바로하기가 어려우니, 마땅히 배워야 할 점은 세상 사람들이 이른바 너무 과격하고 너무 고집스럽다고 하는

201) 한위공(韓魏公) : 위는 한기(韓琦)의 봉호이다. 위국공(魏國公)에 봉해졌으므로 한위공이라 한다. 송나라 신종(神宗) 때 명신으로, 자는 치규(稚圭), 호 공수(贛叟), 시호는 충헌(忠獻)이다.(『宋史·韓琦列傳』)

202) 간기(間氣) : 여러 세대 만에 있는 기량을 가리킨다.

데에 있다. 다른 사람의 잘못을 보고도 바르게 말해 주려 하지 않는 것이 온 세상의 익숙한 풍습인데, 이는 다른 사람을 거스르는 것이 자신에게는 이익이 없기 때문이다. 그러나 우암은 그렇지 않다. 혹 약간이라도 심술에 잘못된 것을 보거나 속이려는 모습을 보고 의리를 해치는 것이 있으면, 비록 평소 대단히 존경하고 친밀하게 지내는 자라도 일찍이 조금도 부정을 그대로 두지 않았으니, 이윤(尼尹, 윤증)에 대한 일에서도 이를 볼 수 있다. 우암은 윤씨 집안에 대하여 팔송공(八松公, 윤황의 호) 때부터 교분이 두터울 뿐만이 아니었고, 또한 미촌(美村, 윤선거의 호) 등 여러 사람들과도 존경하는 벗으로 섬겼다. 윤증 또한 당대의 명망을 지닌 사람으로서 우암에게 복종하고 섬겼으니, 우암이 비록 윤증의 옳지 못한 곳을 보았더라도 일단 묵묵히 참고 헐뜯지 않았더라면 온 세상에서 당후(唐後)[203]사람들에게 달려가 복종하던 자들이 모두 우암을 섬겨서, 또한 훗날 큰 재앙의 조짐이 없었을 것이다. 이 어찌 좋은 일이 아니었겠는가?

우암이 이를 모르는 것은 아니었으나, 오직 효종으로부터 천리를 밝히고 인심을 바르게 하며, 사특한 설을 물리치고, 치우친 행동을 막는 중책을 받았다. 때문에 만약 조금이라도 천리에 관계되거나 사설(邪說)에 관련되는 일이 있어서 정도(正道)에 해로우면 화복과 이해를 일체 돌아보지 않고 반드시 눈을 크게 뜨고 용기를 내어 극언도 마다하지 않았다. 그래서 당시 당후의 일에 대하여 내가 서구(叙九, 송주석의 자)와 함께 너무 엄격하고 준절하여 뒷날 화를 초래할 것이라고 거듭 아뢰었다. 송회석(宋晦錫, 송시열의 손자)군은 혹 때로 울면서 간하기를, '어찌 자손을 생각하지 않고 이렇게까지 하십니까?' 하였으나, 우암은 단지 미소만 지으며, 천천히 말하기를, '후세에, 나로 말미암아 천리와 인심이 조금이나마 밝아졌으나 자손을 보호하지 못하는 것과, 진흙탕 같은 사악한 행동에 부화(附和)하여 자손을 보전하게 되는 것 가운데 어느 것이 낫다고 하겠는가.' 하였다.

203) 당후(唐後) : 윤증이 거주하고 있던 마을 이름으로서 여기서는 윤증 가문을 가리킨다.(『宋子大全隨箚』)

이것이 우암의 도량으로서 화복과 이해에 국한되지 않고 존경과 친밀에 국한되지 않은 것이니, 이것이 이른바 간기의 도량이며, 이것이 이른바 바로 배우기 어려운 점이다. 위공의 도량 또한 화복과 이해에 일체 국한되지 않았기 때문에 정자가 그렇게 말한 것이다."

영숙이 또 묻기를, "우암의 이 일에 대하여 선생은 스스로 어떻게 생각하십니까?" 하니, 선생이 말하기를, "배워야 할 줄은 절실하게 알아서 마음속에 간직하고 있으나 끝내 배우기 어렵다." 하였다. 영숙이 대답하기를, "그렇다면 우암의 위대한 곳을 후학이 끝내 배울 수 없습니까?" 하니, 선생이 말하기를, "어찌 그렇겠는가! 다만 내가 능히 못했을 뿐이다. 만약 우암을 배운다고 하면서 이러한 점을 배우지 못하면 이는 우암을 배운 것이 아니다." 하였다.

영숙이 묻기를, "원컨대 우암이 도에 나아간 경지를 듣고 싶습니다." 하자, 선생이 말하기를, "어찌 다 알 수 있으며 또 어찌 감히 경솔히 의논하겠는가! 그 세밀한 점은 비록 하나하나 알 수 없지만 모두 지극히 세밀하며, 활대(闊大)한 곳에 이르러서는 곳곳이 모두 그 활대의 극치를 이루었다." 하였다.

영숙이 또 묻기를, "명주실 같이 은미하고 쇠털 같이 섬세한 도학의 경지를 우암이 담당할 수 있습니까?" 하자, 선생이 말하기를, "이른바 명주실과 쇠털 같은 경지는 비록 주자와 더불어 결국 어떻게 될지 알 수 없으나, 높고 넓은 경지에 이르러서는 감히 그 누가 뛰어난지 알지 못하겠다." 하였다. 선생이 인하여 말하기를,

"내가 일찍이 노선생의 화상찬(畫像贊)을 지었는데, 그 가운데 '여러 유자들을 합쳐 대성(大成)하였다.' 하는 구절이 있었다. 김중화(金仲和)[204) —농암(農巖, 김창협)의 자— 가 이 구절을 보고 말하기를, '대성이라는 두 글자는, 본래 백이(伯夷)의 청(淸)과 유하혜(柳下惠)의 화(和)가 모두 한 쪽에 치우쳐

---

204) 김중화(金仲和) : 중화는 김창협(金昌協, 1651~1708)의 자이다. 본관은 안동, 호 농암(農巖)·삼주(三洲)이다. 상헌(尙憲)의 증손자이고, 영의정 창집(昌集)의 아우이며, 아버지는 수항(壽恒)이다.

기 때문에 오직 부자(夫子)만이 합쳐서 대성했다고 하는 뜻이다. 부자의 제목을 우암에게 쓴다면 너무 편치 못하지 않은가?' 하였다. 이 말이 어떠한가?" 하였다.

영숙이 답하기를, "그러한지 알지 못하겠습니다. 주자가 일찍이 공자를 일컬을 때, '여러 성인을 합쳐 대성하였다.' 하였고, 주자 문하가 주자를 일컬을 때, '여러 성현을 합쳐 대성하였다.' 하였습니다. 그 뜻은 이제(二帝) 삼왕(三王)의 시서예악(詩書禮樂)이 공자의 절충으로 말미암아 대성하였음을 이름이며, 주자(周子)·정자(程子)·장자(張子)·소옹(邵雍)의 학설이 또한 주자의 절충을 말미암아 대성하였음을 이름입니다. 이것으로 말하면 여러 유자를 합쳐 대성하였다는 것이야말로 노선생의 제목으로 편치 못한 점이 없습니다." 하였다.

선생이 말하기를, "진정으로 그렇다. 내 뜻도 본래 이와 같았기 때문에 감히 그 구절을 고치지 않았다." 하였다.

(20) ○ 영숙이 묻기를, "삼주(三洲, 김창협의 호) –즉 김창협이다.– 가 우암을 얼마나 잘 알고 있습니까?"라고 묻자, 선생이 말하기를, "일찍이 그와 더불어 조용히 강론하지 않아서 비록 어떠한지 정확히 알 수 없지만 우암을 위한 제문에, '구오효의 효사처럼 만난 것이 좋았는데 함께 대인(大人)이 되었다.'[205]는 말로 보면 우암의 큰 경지를 다 알았다고 할 수 있다. 그러나 은밀한 곳에서는 혹 자세히 알지 못하는 것이 있기 때문에, 앞서 여상(驪相) –수곡(睡谷)[206]– 이 나에게 말하기를, '급히 중화(仲和, 김창협의 자)를 만나서 강론을 한 곳으로 돌아가게 하지 않을 수 없다.' 한 것이다.

205) 구오효(九五爻)의……되었다 : 『주역』「건괘(乾卦) 구오(九五)」에 "나는 용이 하늘에 있으니 대인을 만나 봄이 이롭다." 하였는데, 이는 성인의 덕을 지닌 사람이 성인의 지위에 있으면서 큰 덕을 지닌 아랫사람을 만나 보는 것이 이롭다는 뜻이다. 곧 송시열과 효종이 서로 만난 것이 이로웠다는 뜻으로 한 말이다.

206) 수곡(睡谷) : 이여(李畬, 1645~1718)의 호이다. 본관은 덕수(德水), 자 치보(治甫), 호 포음(浦陰)이다. 송시열의 문인으로, 좌의정·영의정 등을 역임하였다. 1689년(숙종15) 기사환국으로 송시열과 함께 면직되었다가, 1694년 갑술환국 이후인 1701년 의금부판사로서 신사옥사(辛巳獄事)를 처결하였다.

그 뒤 여상이 또한 나에게 말하기를, '근래에 중화의 견해가 우암과 다른 곳을 살펴보니 이전과 매우 다르므로 강론을 한 곳으로 돌아가게 할 필요가 없어졌다.' 하였을 뿐이다." 하였다.

영숙이 또 묻기를, "그렇다면 삼주 어른이 왜 지금까지 우암의 행장을 쓰지 않았습니까?" 하자, 선생이 말하기를, "서구(敘九, 송주석의 자)가 살아 있을 때 지문(誌文)은 여상(驪相)에게, 묘표(墓表)는 나에게, 행장은 중화에게 부탁하였는데, 서구가 갑자기 세상을 떠났다. 그 뒤에 여러 사람들이 서구의 부탁을 어길 수 없었기 때문에 중화로 하여금 그 행장을 쓰게 하였는데 중화가 감당할 수 없다고 사양하였고, 또 가장(家狀)이 아직 나오지 않았기 때문에 또한 억지로 그로 하여금 찬술하라고 할 수도 없었다." 하였다.

영숙이 또 묻기를, "가장이 어찌하여 지금까지 나오지 않습니까?" 하자, 선생이 말하기를, "여기에는 곡절이 있다. 서구가 가장을 편찬하였는데 거의 절반 이상을 써놓고 죽었기 때문에 내가 백순(伯純, 송일원의 자)으로 하여금 속히 원고를 마치게 하여 행장을 받으려 하자, 백순이 문장력이 부족하다고 사양하며 신백겸(申伯謙, 신유의 자)과 함께 쓰게 해줄 것을 청하였다. 내가 말하기를, '그렇다면 서로 의논해서 하는 것이 좋을 듯 싶다.' 하였는데, 그 뒤에 보니, 전부 백겸에게 맡겨 놓았다. 또한 그가 지은 것이 가장의 체제에 크게 위배되어 고쳐서 부합되게 할 곳이 많았기 때문에 내가 이런 뜻으로 백겸에게 말하자 백겸 역시 그렇다고 인정하고 '마땅히 고쳐서 보내 주겠다.'고 했지만, 백겸이 갑자기 불행하게 되어 아직까지 보내오지 못한 것이다." 하였다.

선생이 또 말하기를, "내가 백겸에게 말하기를, '글이 비록 그대의 손에서 나왔지만 마땅히 본가의 자손 이름으로 대술(代述)해야 할 것이다.' 하자, 백겸이 말하기를, '마땅히 백순의 이름으로 고쳐 쓰겠다.' 하였는데, 그 뒤에 또한 소식이 없었다." 하였다.

(21) ○ 선생이 말하기를,

"윤증에게 또한 한 가지 간특한 일이 있다. 예전에 팔송이 송수옹(宋睡翁)[207]의 만사(挽詞)에서 이르기를, '2백 인 가운데 유독 한 사람뿐이었다.' 하였는데, 우암이 수옹을 변무하는 상소[208]에서 그 말을 인용하여 말하기를, '전 대사간 신 윤황 또한 이와 같이 말하였다.'[209] 하였다. 윤증이 그 상소를 보고 손톱으로 서너 차례 획을 그으며 말하기를, '이는 간행된 문자가 아닌데 어찌 증거가 될 수 있겠는가?' 하였으니, 그 마음씀씀이의 어두컴컴함이 모두 이와 같았다." 하였다.

영숙이 말하기를, "그렇다면 박태보(朴泰輔)[210]가 이른바 '이름이 흉소에 있으니 이 또한 상소에 참여한 것이다.'[211] 한 것은 잘못인데, 이것도 박태보가 만든 말이 아니군요." 하였다. 선생이 말하기를, "이 또한 모두 윤증에게서 나온 것이다." 하였다.

(22) ○ 선생이 다음과 같이 말하였다.

"한 가지 가소로운 일이 있었다. 을축년(1685, 숙종11) 내가 동춘당을 추모하기 위해 회덕에 가서 머물러 있을 때 사부(師傅) 곽시징(郭始徵)[212]

---

207) 송수옹(宋睡翁) : 수옹은 송갑조(宋甲祚, 1574~1628)의 호이다. 본관은 은진(恩津), 자 원유(元裕)이다. 시열의 부친으로, 경기전 참봉·사옹원 봉사 등을 역임하였다.

208) 우암이 수옹을 변무하는 상소 : 1689년(숙종15) 2월에 송시열이 올린 상소에서, 이영구(李榮久)가 같이 합격한 사람들을 창도(倡導)하여 상소를 올려, 스스로 서궁(西宮, 인목대비)에 사은(謝恩)하지 않을 뜻을 말하자, 송갑조만 홀로 서궁에 나아가 사은하기를 의식과 같이 했다고 변무하였다.

209) 윤황 또한 이와 같이 말하였다 : 1689년(숙종15) 2월에 송시열이 올린 상소에 따르면 윤황이 송갑조의 만사(輓詞)에 송갑조만 홀로 서궁에 나아가 사은했다는 사실을 직서(直書)했다고 하였다.

210) 박태보(朴泰輔) : 1654~1689. 본관은 반남(潘南), 자 사원(士元), 호 정재(定齋)이다. 세당의 아들, 윤황의 외증손이다. 지평·정언 등을 역임하였다. 인현왕후의 폐위를 강력히 반대하다가 죽임을 당했다.

211) 박태보가……참여한 것이다 : 『동소만록』에 따르면 박태보는 1617년(광해군9) 정옹(鄭滃) 등이 올린 상소에 송갑조가 참여했다고 믿고, 그 상소를 세상에 퍼뜨렸다. 그 상소는 새로 과거에 급제한 사람들이 인목대비에게 사은숙배를 올리는 것을 정지해 달라는 것이었다. 박태보는 "송갑조의 이름이 흉악한 상소에 들어있으니 그 역시 흉인이다." 하였다. 이에 송시열이 원한을 품고, 박태보가 죽자 1689년(숙종15)에 문인을 시켜 송갑조를 욕한 박태보의 문자를 모두 삭제하라 했다고 한다.

212) 곽시징(郭始徵) : 1644~1713. 본관은 청주, 자 경숙(敬叔)·지숙(智叔), 호 경한재(景寒齋)

또한 같은 곳에 왔는데, 곽시징이 나에게 말하기를, '선생은 반드시 형의 말을 들을 것인데, 어찌 둘 사이를 보합(保合)할 것을 생각하지 않습니까?' 하였다.

내가 말하기를, '형이 만약 이산으로 하여금 「윤휴소인」이라는 네 글자를 말하게 한다면 내가 둘 사이를 화합하게 하겠다. 만약 그렇게 못한다면 비록 사계가 다시 살아난다 해도 선생의 머리털 하나도 되돌릴 수 없을 것이다.' 하였다.

곽시징이 말하기를, '내가 그로 하여금 이 네 글자를 말하게 하면 어찌 됩니까?' 하자, 내가 말하기를, '이와 같이 한다면 크게 좋은 일이다.' 하였다. 곽시징이 곧 그 뜻을 윤증에게 써서 보냈다. 윤증이 답하여 말하기를, '치도(致道, 권상하의 자)는 내가 윤씨(尹氏, 윤휴)를 편드는 사람이라고 생각하는구나! 가소롭도다. ……' 하였다. 곽시징은 그러한 답장을 가지고 보합하려 하다니 매우 가소롭도다."

(23) ○ 선생이 다음과 같이 말하였다.

"지금 세상에 이른바 중론(中論)이라고 하는 것에 대해서 나는 그 심사를 알지 못하겠다. 이른바 중론이란, 만약 노배(老輩)를 만나면 '나는 편벽된 논의를 하지 않는다.' 하고, 소배(少輩)를 만나면 이마를 맞대고 한데 뒤엉켜 한 편이 된다. 비유컨대 벽을 뚫고 담을 넘는 도적[213]이 만약 어떤 사람을 만나면 '나는 도적질을 하려는 것이 아니다.' 하고는, 그 부류를 만나면 더불어 모의하여 벽을 뚫고 담을 넘어서 이르지 않는 곳이 없으니 이보다 더 부끄러운 일이 있겠는가?

이다. 송준길·송시열의 문인이다. 송시열의 천거로 참봉이 되었으나, 기사환국이 일어나자 벼슬을 그만두었다. 송시열이 제주도에 안치(安置)되자 여러 문인들과 함께 그 원통함을 상소하였고, 스승이 사사된 뒤 학문에만 전념하였다. 1703년 목릉참봉(穆陵參奉)에 임명되고, 이어 왕자사부(王子師傅)로 연잉군(延礽君, 영조)을 가르친 일이 있어서 '사부(師傅)'로 호칭하였다.

213) 벽을 뚫고 담을 넘는 도적 : 소인의 행태를 말한다. 공자가 "얼굴빛은 근엄하면서 마음이 유약한 것을 소인에게 비유하면 벽을 뚫고 담을 넘는 도적과 같을 것이다.[色厲而內荏, 譬諸小人, 其猶穿窬之盜也與.]"라고 하였다.(『論語·陽貨』)

또한 이른바 당론이라는 것은 서인과 남인이 처음 나눠질 때 옳고 그름이 서로 간극이 있었지만 너와 나의 구별은 없었다. 진실로 율곡처럼 한 쪽 편에 치우지지 않고 양쪽 사이를 화합하고 조화롭게 한 자는 대군자의 공평한 마음을 지닌 것이다. 윤증의 경우 우암에 대해 실제로 견해가 다른 점이 있지만 단지 우암이 훌륭한 명성을 지닌 사람이라는 점 때문만으로도 그가 이미 십여 년간 스승으로 섬겼다면 하루아침에 배신해서는 안 되는 것이다. 하물며 도덕이 성대하고 높은 우암을 그 끝을 알 수 없을 정도로 업신여기고 짓밟으며 깔보고 욕할 수 있는가. 이는 진실로 천지간에 큰 변고이다. 만약 털끝만큼이라도 공변된 마음이 있다면 어찌 옳고 그름을 분별하기 어렵고 사특하고 올바름을 구분하기 어렵단 말인가? 그런데도 세상의 태반이 더럽혀졌으니 진실로 슬픈 일이다.

이미 과거를 보아 몸을 일으켜서 청자(靑紫)[214]를 쫓아다니면서, 고관[美官]이 되려고만 했던 자들이야 진실로 거론할 가치도 없다. 그렇지만 스스로 학문을 하여 이치를 궁구한다고 하는 자들까지 오히려 관(冠)과 신을 거꾸로 썼으니[215] 이른바 이치를 궁구했다는 것이 무슨 이치인지 알지 못하겠다. 심지어 천리와 성명(性命)에 대한 학설을 들었다고 말하기까지 하니 더욱 웃음이 나오는 것을 참을 수 없다."

(24) ○ 영숙이 "현석(玄石)은 어떤 사람입니까?" 묻자, 선생이 다음과 같이 말하였다.

"어찌 가볍게 인품에 대해서 논의할 수 있겠는가? 현석은 크게 총명하며 더욱 동방의 사적(事績)과 역대의 일에 대해서 전거를 찾아서 상세히 갖추었으니, 진실로 쉽게 얻을 수 없다. 다만 도의 큰 원천에 대해서는 문제의식이 부족한 듯하고 역학(易學)에 대해서도 또한 그 속을 깊이

---

214) 청자(靑紫) : 한대(漢代)에 구경(九卿)은 푸른 인끈을, 공후(公侯)는 자주색 인끈을 썼기 때문에 나온 말로서, 공경(公卿)의 지위를 이른다.

215) 관(冠)과 신을 거꾸로 썼으니 : 관을 신고 신발을 머리에 얹는다는 말로 위아래가 바뀌었다는 뜻이다. 도리에 어긋난 상태를 가리킨다.

탐구하지 않았다. 일찍이 송서구와 함께 주상을 모시고 경연에 참석하였는데 송서구가 아뢰기를, '『주역』을 강론하지 않을 수 없습니다. 『주역』을 강론하려면 『역학계몽(易學啓蒙)』[216]을 먼저 하지 않을 수 없습니다.' 하였다.

현석이 나아가 말하기를, '『주역』은 정치를 하는데 절실하지 않은 듯하니 『강목』 등의 책을 강론하는 것만 같지 못합니다.' 하였다. 우암이 이를 듣고 탄식하여 말하기를, '역서가 생소한 것은 오직 주상만이 아니라 옥당(玉堂)의 여러 신하들 또한 어둡다. 지금 만약 주상으로 하여금 강론을 개설하게 하고 여러 신하들로 하여금 또한 그것에 대비해서 강습하게 한다면 정치에 도움이 되는 바가 어찌 작다고 하겠는가? 화숙이 가로막은 것에 무슨 의도가 있겠는가만, 어찌 그가 스스로 알지 못하기 때문에 주상도 알지 못하게 하려고 한 것이었겠는가? 한탄스럽고 애석하도다.' 하였다.

그 뿐만이 아니었다. 이른바 사단칠정(四端七情)의 설에 대해 일찍이 율곡의 견해를 주장하다가 만년에 이르러 퇴계의 설을 주장하는 데로 돌아갔으니 괴이하고 괴이하였다."

선생이 다음과 같이 말하였다.

"이지육(李志陸)의 조카가 바야흐로 현석에게서 수학하였는데, 현석이 이지육의 조카에게 말하기를, '그대는 윤자인(尹子仁)이 어떤 사람이라고 생각하는가?' 하자, 이지육의 조카가 말하기를, '오늘날의 유종(儒宗)입니다. 비록 우암과 함께 사사로운 다툼이 있지만 다른 사람이 그를 존모하는 것이 어찌 달라지겠습니까?' 하자, 현석이 말하기를,

'유자(儒者)가 배우는 것은 바로 오륜에 있으니, 스승 또한 오륜 가운데 있지 않는가? 천고이래의 오륜이 있는데 지금 윤자인이 이를 훼손하였다. 유종이라고 칭해지는 사람이 비록 도움은 주지 못할망정 어찌 차마 훼손한단 말인가? 평소 윤자인과 서로 친한 자는 비록 하루아침에 갑자기 끊을

216) 역학계몽(易學啓蒙) : 남송 때 주자가 1186년에 완성한 『주역』의 해설서이다. 역의 도식과 점서에 관한 수리적 해설에 중점을 두었으며, 「본도서(本圖書)」·「원괘화(原卦畫)」·「명시책(明蓍策)」·「고변점(考變占)」으로 구성되었다.

수 없지만 평일 서로 친하지 않은 자라면 나는 그가 존모할 만한 사람인지 알지 못하겠다.' 하였다.

이에 이지육의 조카가 크게 깨닫고 다시는 존모하지 않았다고 한다. 이것으로 현석의 윤증에 대한 태도를 족히 볼 수 있다.

또한 갑술년(1694, 숙종20) 뒤에 남구만(南九萬)[217]이 영의정이 되어 서울에 올라왔는데, 정승 이여(李畬)에게 말하기를,

'나는 평소 자인의 잘못을 알고 있었다. 그런데 과거에 민정중과 김수항 -노봉과 문곡- 두 재상이 경연에서 말할 때 내가 말하지 않았던 것은 자인을 편든 것이 아니라 두 정승이 자인의 잘못을 여지없이 말하였기 때문이었다. 지금 자인이 이조판서가 되고자 하였으나 또한 의망하지 않았다.……' 하였다.

그 뒤에 남구만이 또 현석을 보고 말하기를, '대감은 어찌하여 탑전에서 자인을 이조판서에 임명하라고 아뢰지 않습니까?' 하자, 대답하기를, '대감도 하지 못하는 것을 나로 하여금 하게 하십니까?' 하니, 남구만이 말하기를, '대감의 말에 무게가 있으니 주상을 움직일 수 있기 때문입니다.' 하자, 현석이 말하기를,

'사람을 등용하는 도리는 그 재주를 시험해본 뒤에 바야흐로 진퇴를 결정합니다. 지금 자인은 한 자리의 관직도 시험해 본적이 없으니 어찌 갑자기 올릴 수 있겠습니까? 나도 또한 등용된 적이 없는 사람으로서 바야흐로 큰 자리에 있는데, 어찌 스스로 잘못을 다시 다른 사람에게 저지를 수 있겠습니까?' 하였다. 남구만이 탄식하며 떠났다고 한다. 이 또한 현석의 윤증에 대한 태도를 잘 보여준다."

---

217) 남구만(南九萬) : 1629~1711. 본관은 의령(宜寧), 자 운로(雲路), 호 약천(藥泉)·미재(美齋)이다. 개국공신 재(在)의 후손으로, 할아버지는 식(烒), 아버지는 현령 일성(一星)이다. 송준길의 문하에서 수학하였다. 1694년 갑술환국으로 영의정에 기용되고, 1696년 영중추부사가 되었다. 1701년 희빈 장씨의 처벌에 대해 중형을 주장하는 김춘택·한중혁(韓重爀) 등 노론의 주장에 맞서 가벼운 형벌을 주장하다가 숙종이 희빈 장씨의 사사를 결정하자 사직, 낙향했다. 그 뒤 부처(付處)·파직 등 파란을 겪다가 다시 서용되었으나, 1707년 관직에서 물러나 봉조하(奉朝賀)가 되었다가 기로소에 들어갔다.

(25) ◯ 선생이 말하였다.

“지난 계해년(1683, 숙종9) 내가 우암을 모시고 있을 때 여러 손님들이 많이 와서 현석을 꾸짖고 공격하였는데, 우암이 대답하지 않았다. 이내 벽 위에 동파(東坡)의 시 가운데, ‘만일 청산을 대하여 세상일을 말하거든, 의당 큰 술잔으로 자네에게 벌주를 먹이리라.’[218] 한 구절을 쓰셨다. 손님들이 물러가자 우암이 일러 말하기를, ‘사람들이 비록 화숙(和叔)을 공격하기를 이와 같이 하지만 화숙은 끝내 나를 붙잡아 갈 사람이 아니다.……’ 하였다.”

(26) ◯ 옛날에 한훤당(寒暄堂)은 점필재(佔畢齋)의 문인이었지만 항상 점필재에 대해서 불만을 품고 있었던 것은 비록 김종직이 홀로 올곧은 것에 감복하였지만 세태에서 벗어나지 못한 점이 있었기 때문이었다. 점필재가 이조참판으로서 서울에 올라와서 인사[政目]에 간여하였는데 사람들이 불만스러워 하였다. 이에 한훤당이 시 한 수를 지어 점필재에게 올렸는데, 그 시의 내용은 다음과 같다.

“겨울에는 갖옷 입고 여름에 얼음물 마시는 것이 도이지만 날이 개면 행하고 장마 들면 그침을 어찌 내가 능히 하리오. 난초도 세속을 따라서 끝내는 변하게 될 것이니 누가 소는 밭을 갈고 말은 탈 수 있다는 것을 믿으리오.”

점필재가 이를 보고는 기뻐하지 않으면서 그 운에 맞추어 이르기를,

“분수 밖의 벼슬이 경대부[219]에 이르렀으나 군주를 바로 잡고 세상 구제함을 내가 어찌 하리오. 마침내 후배에게 옹졸하다고 조롱 받았지만 세력과 이익의 용렬함은 따를 수 없는 것이네.” 하였다.

---

218) 만일 청산을……먹이리라 : 소식(蘇軾)의 증손신로(贈孫莘老) 시에 이르기를, “아! 나와 자네는 오랫동안 무리를 떠났기에, 아무 일도 듣지 않아 귀와 맘이 다 식었으니, 만일 청산을 대하여 세상일을 말하거든, 의당 큰 술잔으로 자네에게 벌주를 먹이리.[嗟予與子久離羣, 耳冷心灰百不聞, 若對青山談世事, 當須舉白便浮君.]”라고 하였다.

219) 경대부 : 벌빙(伐氷). 『대학』에 ‘얼음을 뜨는 집[伐氷之家]’이란 말에서 유래하였다. 경대부들은 장례나 제사 때에 얼음을 저장해 두고 사용하였다고 한다.

아! 이와 같이 한 번 주고받은 시를 통해서 묵묵히 그 스승과 제자 사이를 헤아려 볼 수 있다. 이처럼 한훤당은 점필재와 달랐지만 사화에서 함께 피해를 입은데 이르렀다. 그 뒤에 사림의 선배들이 비로소 한훤당의 심사를 믿었고, 또한 점필재가 성실하여 다른 마음이 없는 것에 감복하였다.

근래 윤증은 아버지처럼 우옹을 섬긴 지 50여 년이 되었지만, 우옹이 지은 그 아비의 묘문에서 과분하게 찬미하지 않자 드러내 놓고 우옹을 배척한 것이 거의 골수에 사무친 원수와 같아서 더욱 여지없이 그 본원을 공격하였다. 기사년 초에 이르러 윤증이 대사헌[憲長]이 되었는데 우옹은 탐라에 귀양가다가 또한 도중에 붙잡혀 오고, 또 후명(後命)[220]을 받았으니, 한 사람은 살고 한 사람은 죽어서 현저하게 영욕을 달리 하였다. 아! 스승과 제자 사이는 같은데 한훤당은 처음에는 다른 듯하였지만 그 화를 함께 받았고, 윤증은 처음에도 크게 달랐고 그 화를 같이 하지도 않았으니, 양자가 크게 달랐다고 할 수 있다.

(27) ○ 우암이 정읍(井邑)에 도착하여 화를 당한 날은 기사년(1689, 숙종15) 6월 8일이었다. 부음(訃音)이 서울과 지방에 이르자 선비들과 우암의 여러 문인들이 함께 외남산(外南山) 아래 모여서 곡(哭)을 하였다. 내 선인(先人)은 몇 몇 사우(師友)들과 함께 외남산의 위패가 설치된 곳에서 곡을 하였는데, 집의(執義) 이기주(李箕疇)[221]가 우암 문인으로서 처음으로 구원하는 상소를 올렸고 끝까지 초상을 주관하였다. 그가 동문의 여러 사우들에게 말하기를, "선생의 성덕이 오늘날 더욱 커 보인다." 하였다. 진사 송징은(宋徵殷)[222] –뒷날 문과에 급제하여 벼슬이 참판에 이르렀다.– 은

220) 후명(後命) : 귀양살이를 하는 죄인에게 사약을 내리는 일이다.

221) 이기주(李箕疇) : 기주는 이기홍(李箕洪, 1641~1708)의 초명이다. 본관은 전주, 자 여구(汝九), 호 직재(直齋)이며, 송시열의 문인이다. 스승이 제주로 유배가게 되자, 동문 40여 인과 함께 이를 변론하다가 죄를 얻어 회령(會寧)에 유배되었다.

222) 진사 송징은(宋徵殷) : 저본에는 이 옆에 "뒷날 문과에 급제하여 벼슬이 참판에 이르렀다."[後文科, 官參判.]가 더 있다. 송징은(1652~1720)의 본관은 여산(礪山), 자 질부(質夫),

갑자년(1684)에 윤증을 위해 손수 통문을 쓴 자였는데, 이윽고 와서 곡을 하고 갔다. 이때 비로소 거취의 성향은 속일 수 없음을 알았으니 우리 선생의 성덕이 더욱 크게 드러난 것을 볼 수 있다고들 하였다. 또한 좌중에 소배(少輩)들이 있었는데 모두 말하기를, "이것은 사화이니 어찌 그렇게 하지 않겠는가?……" 하였다.

(28) ○ 율곡과 우계를 문묘에서 출향(黜享)하라는 상소를 기사년(1689, 숙종15) 초에 남인[南徒]들이 앞장서서 내놓았다. 당시 삼척(三陟)의 심제현(沈齊賢)이 그 상소에 맞서 두 현인의 연원을 통렬히 아룀으로써 남인들의 무고를 배척하였으나[223] 끝내 뜻을 얻지 못하였다. 주상이 마침내 남인들의 무고를 받아들여 시행하자 남인들이 곧 전국의 감영에 전달하여 감사들을 모이게 하고 그들로 하여금 각 읍에 아무날 두 현인을 문묘에서 출향토록 분부하게 하였다.

그날 서울의 성균관에서 동시에 출향하였는데, 출향할 즈음에 조지서(造紙署)에서 크고 작은 지물(紙物)이 거센 바람에 떠올라 산과 들에 두루 가득 차고 하늘을 뒤덮어 해를 가리게 되었다. 하루 온 종일 하늘과 해를 가리고 덮자 식자(識者)들이 해석하여 말하기를,

"종이는 문방구이고, 두 현인의 문장은 서책에 우뚝하였는데 서책이 바로 종이이다. 그날 크고 작은 종이가 거센 바람에 날려 산과 들을 가득 덮고 하늘과 해를 가린 것은 그것이 서로 호응하는 것이다." 하였다. 비록 확실히 그럴만하다고 해도 대저 기이한 일이라고 할 수 있다.

(29) ○ 정재(定齋, 박태보의 호) 사원(士元, 박태보의 자) 박태보(朴泰輔)는 이윤(尼尹)의 생질로서 우암을 공격하며 배척하여 이르지 않는 곳이 없었다. 자신의 집에서 나눈 말이나, 편지, 그리고 조정에 올린 상소와 차자(箚子)의 문자 등에는 사람들의 귀와 눈을 크게 놀라게 할 만한 내용이 많이

호 약헌(約軒)이다. 박세채의 문인으로, 이조참의·대사성 등을 역임하였다.

223) 심제현(沈齊賢)이……배척하였으나 : 『숙종실록』 15년 3월 17일 기사 참조.

들어 있었다.

기사년(1689, 숙종15)에 이르러 인현왕후(仁顯王后)가 폐위되어 쫓겨날 때 정재가 전직 응교로서 직접 상소문을 쓰고 친히 상소를 베껴서 상서(尙書) 오두인(吳斗寅)[224]을 소두(疏頭)로 삼고, 시랑 이세화(李世華)[225] 등 80명이 연명하여 상소를 올렸다. 주상이 진노하여 그날 밤 즉시 친국(親鞫)하였는데 형장(刑杖)이 낭자하였다. 심지어 압슬(壓膝)과 화형까지 당하여, 참혹하고 혹독해서 차마 감당하기 어려웠지만 공사(供辭)가 정직하고 상대하여 하는 말이 공손하였다.

초경(初更)[226]에서 파루(罷漏)[227]에 이르도록 혹독한 형장과 엄한 형벌이 가해져 사람들이 두려워했지만 그는 정신을 잃지 않았을 뿐만 아니라 앉아서 목숨이 경각에 달렸는데도 당당한 대의리를 높이 받들 수 있었다. 그 정성스러운 충절은 단종(端宗)의 여섯 신하에게 부끄럽지 않았다.

우암은 지난날 정재의 언설과 편지, 상소에 대해서 그렇지 않다고 여겨 맞서 올린 상소가 있으므로, 정재를 공격한 자취가 자못 남아 있었다. 우암이 탐라의 유배지에 있으면서 정재가 죽었다는 보고를 듣고 급히 지난해 정재를 배척하였던 상소를 가져가다 불 태워서 후세에 전하지 못하게 하였다. 아! 우암의 천성은 본래 절의를 숭상하였으므로 정재가 화를 당하는 날에 지난날의 미움을 간직하지 않고 흠모와 감탄을 더하였으니 우암의 심사는 여기에 이르러 더욱 잘 알 수 있다.

---

224) 오두인(吳斗寅) : 1624~1689. 본관은 해주(海州), 자 원징(元徵), 호 양곡(陽谷)이다. 1689년(숙종15) 형조판서로 재직 중에 기사환국으로 서인이 실각하였다. 이해 사직(司直)을 지내고, 5월에 인현왕후가 폐위되자 이세화·박태보와 함께 이에 반대하는 소를 올려 국문을 받고, 유배 도중 죽었다. 그 해에 복관되었다.

225) 이세화(李世華) : 1630~1701. 본관은 부평(富平), 자 군실(君實), 호 쌍백당(雙栢堂)·칠정(七井)이다. 예조·이조판서 등을 역임하였다. 1689년 인현왕후 폐비설을 듣고 오두인 등과 앞장서서 반대 상소를 올렸다.

226) 초경(初更) : 오후7시에서 9시 사이를 가리킨다.

227) 파루(罷漏) : 도성내의 통행금지 해제를 알리기 위하여 종각(鐘閣)의 종을 치던 제도이다. 새벽 4시경인 오경삼점(五更三點)에 종을 33번 쳐서 파루를 알리면 도성의 8문이 열리고 통행금지가 해제되었다.

(30) ○ 성균관 재임(齋任)은 반드시 진사로 임명하였는데, 진사가 된 뒤 여러 차례 과거를 보아야 재임이 되었다. 이는 3백년 이래 오래된 규례이므로 그 법을 만든 것 또한 우연이 아니었다. 예전에 감사 홍득우(洪得禹)[228]는 유명한 조부의 손자이자, 유명한 아버지의 아들이었고, 인물이 잘생기고 지위와 명망, 글재주가 동료 가운데 특출 났다. 어느날 그가 우암이 앉아 있는 곳으로 나아갔는데, 진신(搢紳)·장보(章甫)들이 모두 모여 있었다.

홍공이 먼저 하직하고 나가자 우암이 말하기를, "홍진사와 같은 사람이 아직도 성균관 재임이 되지 못하다니 이상한 일이다." 하자, 좌중의 어떤 사람이 대답하기를, "진실로 말씀하신대로 이지만 홍득우는 진사가 되고 나서 아직 과거 응시를 여러 차례 하지 못하였기 때문에 그러한 것입니다." 하였다. 우암이 말하기를, "이러한 사람에게 어찌 응시 회수 채우기를 기다리겠는가?" 하였다. 홍득우가 당시 제일인이라고 여겼기 때문이었다. 불과 수개월 뒤 성균관 재임에 임명되었다고 한다. 이 일은 도정(都正) 이광조(李光朝)가 직접 선고(先考) 판서공[229]에게서 듣고서 나와 대면하여 말했기 때문에 알게 되었다.

익평위(益平尉) 홍득기(洪得箕)[230]는 효종의 부마였다. 동춘당이 서울 동쪽 어의동(於義洞, 종로구 효제동)에 살았는데, 익평위가 매일 아침마다

---

228) 홍득우(洪得禹) : 1641~1700. 본관은 남양(南陽), 자 숙범(叔範), 호 수졸재(守拙齋)이다. 할아버지는 관찰사 명구(命耉), 아버지는 우의정 중보(重普)이며, 송준길·송시열의 문인이다. 강원도 관찰사 등을 역임하였다. 1676년(숙종2) 스승 송준길이 예송문제로 관작을 추탈 당하자, 그 부당함을 상소하였다가 무안에 유배되기도 했다.

229) 판서공 : 이익상(李翊相, 1625~1691)을 가리킨다. 이광조는 그의 큰 아들이다. 이익상의 본관은 연안(延安), 자 필경(弼卿), 호 매간(梅磵)이다. 할아버지는 좌의정 정귀(廷龜)이고, 아버지는 형조참판 소한(昭漢)이며, 어머니는 이상의(李尙毅)의 딸이다. 1679년(숙종5) 도승지로 재임하면서 송시열의 예론을 비판하는 곽세건을 공격하였다. 이듬해 대사헌이 되어 윤휴·허목을 면박하는 등의 정치활동을 하다가 강릉부사로 좌천되었다.

230) 홍득기(洪得箕) : 1635~1673. 본관은 남양(南陽), 자 자범(子範), 호 월호(月湖)이다. 할아버지는 관찰사 명구(命耉)이고, 아버지는 우의정 중보(重普)이다. 1649년(인조27) 당시 세자이던 효종의 둘째딸 숙안군주(淑安郡主)와 혼인하여 익평부위(益平副尉)에 봉해졌다. 같은 해 인조가 죽고 효종이 즉위하자 익평위에 봉해졌다.

초립과 청포를 입고 어린 아이를 데리고 노새를 타고 배우러 왔다. 마침 3월 초하룻날을 맞이하여 약간의 두견화전(杜鵑花煎)[231]을 내어 왔는데 새로운 맛이었다. 동춘당이 말하기를, "이 화전은 누구 집에서 가져온 것인가? 다시 장만해 낼 수 있는가?" 하자, 문하의 선비들이 모두 말하기를, "익평위로 하여금 마련해 오게 할 수 있습니다." 하자, 동춘당이 말하기를, "모레가 답청일(踏靑日)[232]이다. 좋은 날 헛되이 보내서는 안 될 것이다." 하였다. 그 뜻을 익평위에게 말하자 익평위가 공경스럽게 승낙하였다. 3일이 지난 뒤 문인들이 모두 모였고, 동춘당이 우암을 맞이하였는데, 우암 역시 도착하였다. 이윽고 익평궁에서 성대하게 음식을 차려왔는데 화전뿐만 아니라 좋은 안주와 좋은 술이 풍성하고 성대하였다. 양쪽 문하의 제자들이 도열하여 두 선생을 모시고 하루 종일 단란한 시간을 보냈다. 두 선생은 이기(理氣)문제로 논란을 벌인 것이 종횡으로 끝이 없었다. 다음날 곁에서 모신 여러 사람들이 모두 평생의 장관이었다고 했다.

(31) ○ 정묘년(1687, 숙종13) 우암이 이윤 부자의 일로써 상소를 올려 지금까지 일들을 대략 아뢰었다. 이에 나양좌가 대윤(大尹)의 문생이라고 칭하면서 그 무리들과 더불어 상소하여 스스로를 변명하였다. 그래서 한성보(韓聖輔)[233]의 무리가 또한 우암의 문하로서 대응하는 상소를 올려 엄하게 분변하였다. 이것이 바로 세상에서 말하는 회니간 싸움의 끝나는 조리였다.

우암이 문하에서 변고가 생긴 것을 통탄하고 세도가 분열됨을 슬퍼하여

---

231) 두견화전(杜鵑花煎) : 진달래꽃전을 가리킨다. 찹쌀가루에 진달래 꽃잎을 붙여 기름에 지진 떡이다.

232) 답청일(踏靑日) : 중국의 풍속에 3월 3일을 답청일이라 하는데, 이날에는 모든 남녀가 산과 들에 나가서 푸른 새싹을 밟는 풍속이 있다.

233) 한성보(韓聖輔) : 1620~1697. 본관은 청주, 자 여석(汝碩), 호 이은정(理隱亭)이다. 송시열의 문인으로서 음직으로 군수를 지냈다. 1688년(숙종14)에 소(疏)를 올려 나양좌의 무함을 변론하였고, 계자(系子) 한배하(韓配夏)와 아우 한배주(韓配周)가 송시열을 비방하자 이를 꾸짖기도 하였다.

밤마다 울면서 잠을 이루지 못하였다. 이판서[234]가 즉시 일어나 앉아 받들어 묻기를, "윤증이 비록 선생과의 관계를 끊었지만 선생이 어찌하여 지나치게 스스로 걱정하며 한탄하여 건강을 상하지 말라는 경계를 범하십니까?" 하자, 대답하기를, "윤증이 나와 절교한 것은 작은 일에 불과하지만 이 일단의 일로 인해 점점 커져 장차 천리가 피로 물드는 화를 면치 못할 것이다. 이것이 어찌 작은 근심이겠는가?" 하였다.

이대감이 말하기를, "선생께서 지나치게 염려 하십시다. 저 윤증은 인륜을 무너뜨린 한 인간에 불과할 뿐이니 온 세상이 장차 배척하여 사류와 함께하지 못할 것입니다. 무슨 사화가 있겠습니까?" 하자, 우암이 말하기를, "나는 비록 볼 수 없지만 대감은 그것을 보게 될 것이다." 하였다. 이후로 처벌하여 쫓아내는 일이 계속 일어나고 살육도 또한 낭자하였다.

---

234) 이판서 : 이수언(李秀彦, 1636~1697)이다. 본관은 한산(韓山), 자 미숙(美叔), 호 농계(聾溪)·취몽헌(醉夢軒)이다. 관찰사 동직(東稷)의 아들이며, 이색의 후손이다. 1689년 기사환국 때 초산(楚山)에 유배되었다가 1694년 갑술환국으로 풀려나와 형조판서에 올랐다.

삼관기[235]

三官記

도암(陶菴)[236]이 저술하였다.

윤증이 은밀히 현석(玄石)에게 편지[237]를 보내 우옹(尤翁)을 비난하였는데, 그 가운데 "의(義)와 이(利)를 같이 행하였다."거나 "왕도(王道)와 패도(霸道)를 아울러 썼다."고 하는 말이 있었으므로, 현석이 벼룻집에 감추어 두고 오랫동안 누설하지 않았다. 우옹의 손자 순석(淳錫)은 현석의 사위였는데, 이 편지를 보고 발설하여 진신 사이에 퍼져 시끄럽게 되었다.

문인 최신(崔愼)이 상소를 올려[238] 그 일을 아뢰니 노성한 여러 공들이

---

235) 삼관기(三官記) : 이재(李縡, 1680~1746)가 지은 잡록집이다. 귀·눈·마음을 통하여 얻은 사실을 적어놓은 글이라는 뜻이다. 상권에 이관(耳官), 하권에 목관(目官)과 심관(心官)이 수록되어 있다. 이관과 목관은 선조나 앞 시대의 역사, 그리고 자신과 동시대의 인물이나 사건 등에 대하여 전해들은 이야기를 기록하였다. 할아버지·아버지 및 친인척의 영예, 인현왕후에 관한 일, 송시열과 관련된 사건, 김만중의 효성 및 『구운몽(九雲夢)』에 대한 언급, 병자호란 당시의 상황, 이밖에 김상헌·민정중·김창흡 등 노론계 인사들의 정치적 활동과 당쟁에 얽힌 내용이다. 심관은 주로 본인과 관련된 내용, 그리고 자신의 주변에서 일어난 사건, 인물 등 각종 견문을 수록하였다. 본문에서는 최신(崔愼)의 상소로 촉발된 송시열과 윤증의 갈등 및 노소분기 계기를 설명하고 있다.

236) 도암(陶菴) : 이재의 호이다. 본관은 우봉(牛峰), 자 희경(熙卿), 호 도암·한천(寒泉)이다. 유겸(有謙)의 증손으로, 아버지는 진사 만창(晩昌), 어머니는 민유중의 딸이다. 김창협의 문인이고, 노론의 준론을 대표하는 인물로 영조대 탕평정치를 비판하였다. 1727년 정미환국 이후 용인의 한천(寒泉)에 거주하면서 후진육성에 힘썼다. 호락논쟁(湖洛論爭)에서는 이간(李柬)의 학설을 계승해 한원진 등의 심성설을 반박하는 낙론의 입장에 섰다.

237) 편지 : 이른바 「신유의서(辛酉擬書)」의 내용이 세상에 퍼지고 난 뒤에 윤증이 박세채에게 그간의 경과를 해명하기 위해 보낸 편지를 가리킨다.(『明齋遺稿·答朴和叔兼示羅顯道』) 송시열이 윤선거의 묘갈명을 수정해 달라는 윤증의 요청을 거부하였을 뿐만 아니라 자기 부친인 윤선거를 모욕하자 윤증은 송시열의 학문과 행태를 비판하는 편지를 썼는데, 박세채의 만류로 보내지 못하였다. 그것이 바로 「신유의서」이다. 그런데 송시열 손자가 이를 빼내서 송시열에게 보여서 송시열과 윤증의 관계가 악화되었다. 그렇지만 이 편지 자체는 윤증이 송시열을 비난한 것이 아니라 그 내용이 누설되어 소란이 일어나자 박세채에게 해명할 목적으로 보낸 것이다.

238) 최신(崔愼)이 상소를 올려 : 1684년(숙종10) 4월 29일 사옹원 직장 최신이 상소를

모두 크게 놀라서 말하기를, "이는 윤기(倫紀)의 변고이다." 하였다. 노봉(老峯)이 당시 좌의정이었는데, 영의정 문곡공(文谷公)과 함께 입대하여 윤증이 스승을 배반한 죄를 논척하면서 다시는 유현으로 대우하지 말 것을 청하였다.

내가 듣기에 노봉이 사사롭게 사람들에게 말하기를, "우리들은 윤증을 동료로 보기 때문에 말하기 쉽지만, 만약 우리들이 죽은 뒤에 저 무리들이 더욱 장대해지면 온 세상 사람들이 유현으로 존숭하여 다시는 감히 한 마디 말도 하지 못할 것이다. 따라서 지금 말하지 않는다면 세도(世道)의 근심을 장차 이루다 말할 수 없을 것이다." 하며, 힘써 문곡을 도와 발론하였으니, 선배들이 깊이 생각하고 멀리 고려함이 이와 같았다.

○ 우암의 지론(持論)이 엄정하여 세속에서 기뻐하지 않은 자들이 많았지만, 참으로 이른바 "노하기는 했지만 감히 말하지 못하는 상황"이었다. 신익상(申翼相)[239]이 사관(史官)으로 오랫동안 재직하였는데, 그가 쓴 사초(史草)에 이르기를, "송시열이 산림에 있으면서 멀리서 조정의 권력을 잡았다." 하였다. 실록을 편찬할 때 그 말이 크게 퍼져 우암을 미워하는 자들은 이를 직필(直筆)이라고 지목하였다. 이로 말미암아 신익상의 명망이 자기들 동료 사이에 매우 성대해져, 한 무리의 소배들의 논의가 하나같이 상투적인 형식을 갖추어 송시열을 겉으로는 존경하는 척하면서 속으로는 배척한 것이 오래되었다.

올려 윤증이 송시열을 비방한다고 아뢰었다. 최신(1642~1708)의 본관은 회령(會寧), 자 자경(子敬), 호 학암(鶴菴)이다. 송시열의 문인으로, 숙종대 노론의 정치적 입장을 견지하다가 많은 고초를 겪었고 만년에 광주(廣州)에 은거하였다. 최신의 이 상소를 계기로 송시열과 윤증 사이의 갈등, 즉 회니시비가 조정에서 본격적으로 논의되기에 이르렀다.

239) 신익상(申翼相) : 1634~1697. 본관은 고령(高靈), 자 숙필(叔弼), 호 성재(醒齋)이다. 할아버지는 승지 응구(應榘)이고, 아버지는 정언 양(瀁)이다. 대사간 재임 때는 윤휴의 처자를 연좌하고 적몰하는 것에 반대하였다. 1689년 기사환국이 일어나고 인현왕후가 폐위되자 그 부당함을 논하고 은거하였다. 1694년 갑술환국 때 다시 기용되어 공조판서를 거쳐, 이듬해 우의정이 되어 소론 탕평파 진영에서 활동하였다.

김익훈(金益勳)의 일[240]이 발생하자 소배들은 송시열이 자기들을 지지하기를 바랐지만, 송시열이 조정에 나아가서는 노성(老成)한 이들과 논의를 같이 하면서, 다만 경연 중에 이르기를, "김익훈은 선사(先師, 김장생)의 손자이므로 신이 제대로 교도(教導)하지 못하여 바야흐로 죽을 죄에 빠지게 되었으니 이는 신의 죄입니다." 하였다. 송시열이 자신의 허물이라고 말한 것 이외에는 다른 말이 없었으므로, 소배들이 이로 인해 드러내놓고 더욱 꾸짖어 비난하기를 거리낌없이 하였다.

우리 선조 타우공(打愚公)[241]은 사람됨이 소박하고 정직하여 세상 물정에 어두워, 오로지 대로(大老, 송시열)를 독실하게 믿고 반드시 더불어 거취와 언론을 같이 하려 하였으므로 시론(時論)이 비웃었다.

현석이 항상 자신의 문호를 넓히고자 대부분의 논의에서 우암을 반대하는 일에 힘쓰려고 하여 마치 대적하듯 하였는데, 이는 세속의 물정을 잘 알았기 때문에 그런 것이었다. 그래서 윤증의 편지가 나오자[242] 현석은 그 잘못을 명백히 배척하지 않고 단지 윤증으로 하여금 우옹에게 굽히고 사과하게 하여, 마치 둘 사이를 조정하는 것처럼 하였지만 실제로는 윤증이 세력을 형성하는 것을 도왔다.

조정에서 윤증을 유일(遺逸)로 대우하던 조치를 없애버린 후[243] 세속에서 평소에 우옹을 좋아하지 않은 자, 허물 있는 집안의 자손 등 일찍이

---

240) 김익훈(金益勳)의 일 : 경신환국(1680, 숙종6) 이후 김익훈과 김석주는 정탐정치를 펼쳐 1682년 허새의 모역사건을 적발하였고, 그 공으로 광남군(光南君)에 봉해졌다. 이때 서인 안에서 그를 두둔하는 대신들과 배척하는 청년 정객들 사이에 갈등이 고조되어 노론과 소론으로 분열되는 계기가 되었다.

241) 타우공(打愚公) : 이상(李翔, 1620~1690)의 호이다. 본관은 우봉(牛峯), 자 운거(雲擧)·숙우(叔羽)이다. 아버지는 유겸(有謙)이다. 이 자료의 저자 이재의 할아버지인 이숙(李翻)의 형이다. 송시열을 통하여 김집의 학통을 이어받았다. 1658년(효종9) 박세채·윤증과 함께 유일(遺逸)로 천거되어 자의에 임명된 뒤 장령·집의 등을 역임하였다. 현종 말년 예송에서 허적을 탄핵하다가 실세하였다. 숙종연간에 노론의 편에 서서 남인의 등용을 주장하는 소론의 주장을 반대하였다. 기사환국으로 서인이 실세한 뒤 송사에 휘말려 1690년 옥사하였다.

242) 윤증의 편지가 나오자 : 여기의 편지는 「신유의서」를 가리킨다.

243) 조정에서……없애버린 후 : 1684년(숙종10) 최신의 상소를 계기로 김수항이 건의하여 윤증을 유현(儒賢)으로 대우하던 조치를 없앴다.

죄를 받은 자 및 스스로 이른바 청의(淸議)를 자칭하는 한 무리의 소배들이 모두 힘을 합쳐서 우옹에게 등을 돌렸다. 처음에는 현석을 추대하여 종주로 삼다가 마침내 윤증의 당여가 되었다.

타우공은 여러 문인들 가운데 가장 먼저 장문의 편지를 보내 윤증과 절교하였는데, 그 표현이 지극히 준엄하여 윤증의 당여들이 더욱 심하게 미워하였으므로, 얼마 뒤 다른 일로 사실을 날조하여 공격하여 재앙을 받은 것이 가장 혹독하였다.244) 전후에 더럽게 욕한 것은 모두 현석의 지친으로부터 나왔으므로,245) 세상 사람들은 그 원통한 것을 알지 못하였는데, 오직 우암만이 끝까지 다른 뜻이 없음을 보증하였다고 한다.

내가 일찍이 한수재(寒水齋)에서 수암(遂菴, 권상하의 호)을 뵙고 차분하게 윤증의 일에 대해 언급하였다. 내가 묻기를, "스승을 배반하기에 앞서 이미 안색이나 말에서 드러난 기미가 있었습니까?" 하니, 수옹이 다음과 같이 말하였다.

"갑인년(1674, 현종15) 이전 수년간에 우리들과 함께 말을 나누다가 문득, '남인들이 항상 화심(禍心)을 품고 있어서 조만간에 반드시 한번 일을 내고 말 것이니, 선생은 형세상 큰 화를 면키 어려울 것이며 문인자제들도 함께 피해를 입을 것이다. 그것은 틀림없이 무익한 일이니, 일찌감치 스스로 갈라서는 것만 같지 못하다.' 하였다.

세간에서는 묘문이 자기 뜻과 같지 않아서 스승을 배반하는 단서가 되었다고 하는데 그는 이것으로써 스스로를 감추려 하였고, 세상 또한

---

244) 얼마 뒤……혹독하였다 : 이상이 천안에 사는 자신의 친척인 유두성(柳斗星)이라는 사람을 '계모를 간음하였다'고 무고하여 옥사가 일어났는데, 노·소론 사이에 견해를 달리하여 서로 대립하다가 기사환국 이후 남인들이 집권하여 '이상이 사람들을 유인하고 협박하여 옥사를 완성'한 것을 밝혀내자, 이상이 자복하지 않고 옥중에서 문초받다가 죽은 일을 가리킨다.(『燃藜室記述·李翔瘐死』)

245) 전후에……나왔으므로 : 현석의 지친이란 박세채의 친족인 박태만(朴泰萬, 1642~1689)을 가리킨다. 유두성 옥사는 익명의 투서로부터 발단이 되었는데, '남녀간의 가정사'라는 사건의 성격상 명백한 물증이 없어 사건 수사가 지연되었고, 충청감사가 수사를 기피하여 교체되기도 하였다. 이에 수찬 박태만이 상소하여 유두성이 계모를 간음하였다는 것은 무고(誣告)이며, '이상(李翔)이 이 옥사를 꾸며 만든 것'이라고 탄핵하였다.(『肅宗實錄』 14年 11月 21日)

그 술책 가운데 떨어지게 되었다. 내 기억으로는 일찍이 어느날 선생을 모시고 앉아 있는데, 서울에서 때 마침 친구의 편지가 도착하였다. 그 편지에서는, '현석이 선생과 다른 의견을 세우는 데 힘써서 스스로 문호를 넓히려고 하는데 그 기세가 이미 10에 8, 9 정도가 이루어졌다.'고 많은 말을 하였다. 선생이 웃으며 말하기를, '화숙이 비록 문호를 세우더라도 반드시 나를 해치지는 않을 것이다. 두려운 자는 오직 윤증이니 윤증은 반드시 나를 죽일 것이다.' 하였다. 내가 청하여 말하기를, '자인(子仁)이 비록 묘문 때문에 형적에 불안한 점이야 있겠지만 어찌 선생을 해칠 이치가 있겠습니까?' 하자, 선생이 웃으며 말하기를, '그대와 자인은 친하지 않는가?' 하기에 그렇다고 하니, 또 웃으며 말하기를, '비록 친하여 서로 안다고 하지만 반드시 내가 깊이 아는 것만 같지 못할 것이다. 그대가 스스로 보건데 나와 그대 가운데 누가 더 친한가?' 하였다. 지금에 와서 생각하니 선생은 진정한 성인이었다."

○ 기천(沂川) 상국(相國) 홍명하(洪命夏)[246]가 묘당(廟堂)에 있으면서 사림의 주인이 되었다. 우암이 그와 더불어 친밀함이 두터워서 도성에 들어가면 곧 그의 집을 방문하였다. 정승 홍명하가 세상을 떠난 뒤 그 아들 원보(遠普)가 부여의 수령으로 있을 때 우암이 그곳을 지나다가 읍촌에서 휴식을 취하였는데 상국의 부인이 관아에 있다는 소식을 듣고 옛 교분을 생각하여 문후를 아뢰었다.

부인이 식사를 준비하여 기다리다가, 수령이 나와서 접대하였는데, 인사들이 가득 자리에 앉았고, 문인들도 또한 모시는 자가 많았으며, 윤증은 윗자리에 앉아 있었다. 이윽고 식사가 나오자 우암의 안색이 변하였는데, 그것은 이때가 늦은 봄이었는데, 삶은 복어[河豚]가 밥상에

---

246) 홍명하(洪命夏) : 1607~1667. 본관은 남양(南陽), 자 대이(大而), 호 기천(沂川)이다. 할아버지는 이조판서 성민(聖民), 아버지는 병조참의 서익(瑞翼)이다. 1663년(현종4) 우의정이 되고, 1665년 좌의정을 거쳐 영의정이 되었다. 효종대 신임이 두터워 효종을 도와 북벌계획을 적극 추진하였고, 박세채와 윤증 등 명신들을 조정에 천거하였다.

올랐기 때문이었다. 우암이 하돈을 가리켜 말하기를, "이 늙은이가 본래 이 고기를 참 좋아하는데 산속에 있다 보니 먹은 지가 오래되었다." 하자, 윤증이 말하기를, "이 고기는 맛은 참 좋지만 가끔 그 해(害)를 만나 몸을 상하는 경우가 있으니, 신중하게 살피시기 바랍니다." 하였다.

수령이 말하기를, "우리 집에서는 예로부터 이 고기를 먹는데 익숙하기 때문에 비복(婢僕)들도 이 고기를 삶아 요리하는 데에 숙달되어서 만에 하나 실수가 없습니다. 더구나 우리 어머니께서 친히 살피셨는데, 어찌 의심하겠습니까?" 하였다.

우암이 말하기를, "대부인께서 옛날 빈객을 위해 이처럼 성대하게 음식을 차려서 친히 맛을 보기까지 하였으니, 어찌 감히 의심하여 먹지 않을 수 있겠는가?" 하자, 윤증이 또 말하기를, "의심스러운 점이 있어서가 아니라, 이것이 본래 위험한 것이기에 구복(口腹)을 채우기 위해서 질병에 대한 경계를 잊어서야 되겠습니까?" 하였다.

우암이 바야흐로 밥상을 받고 가까이하여 젓가락으로 짚으려다가 곧 그만두고 말하기를, "일리 있는 말이니 감히 듣지 않을 수 없다." 하였다. 고을 수령이 물러나서 자제들에게 말하기를, "제자가 스승을 위해서 염려하는 것이 이토록 간절하였고, 선생 또한 반찬을 대하여 맛을 잊고 스스로 굽히기를 꺼리지 않았으니, 사제 간에 양쪽이 모두 다 옳은 도리를 다한 것이어서 사람들이 탄복할 만한 일이다." 하였다.

얼마 지나지 않아 윤증이 현석에게 보낸 편지가 세상에 널리 전파되었는데, 그 연월을 자세히 따져 보니 하돈을 먹지 말라고 간한 사실이 윤증이 현석에게 편지를 보낸 뒤에 있었다. 홍공이 또 뒤에 그 일을 추억하며 말하기를, "인심은 과연 헤아리기가 어렵다." 하였다. 홍공의 손자 치관(致寬)이 익릉랑(翼陵郎)[247]이 되어 나를 위해 이렇게 일러 주었다.

수암이 또 말하였다.

---

247) 익릉랑(翼陵郎) : 익릉은 숙종 비 인경왕후(仁敬王后)의 능이다. 인경왕후는 김장생의 4대손 김만기의 딸이다. 1671년(현종12)에 숙종의 세자빈에 책봉되고, 1674년 숙종의 즉위와 함께 왕비에 진봉되었다. 1680년 20세에 천연두에 걸려 세상을 떠났다.

“이징명(李徵明)[248]이 충주목사로 있을 때 서로 자주 만나서 말을 나누었는데, 말이 시사에 미칠 때마다 말하기를, ‘지금 소배들이 은밀히 왕과 가까운 종친 가운데 총애 받는 자와 결탁하고 남인과 함께 세력을 이루었다. 남인은 후궁 장씨를 통해서 무인[武弁]들과 사사롭게 길을 열어 다시 그 세력 확대를 도모하여 거의 10의 8, 9를 이루었다.’ 하였으니, 이때가 정묘(1687, 숙종13)·무진년(1688)간이었다. 이공이 노·소 가운데 한편에 치우치지 않는다고 자처했고, 또한 그 사람됨이 스스럼없이 마음을 터놓고 말하는 성격이라 들어서 아는 것이 있으면 곧 이를 숨기지 않았기 때문에 이와 같이 말한 것이다.”

수암이 또 말하기를,

“현석이 조정에 나아가서 비로소 이 일의 기미를 알고 조정에 들어온 일을 후회하였다. 또한 이항(李杭)이 바로 조사석(趙師錫)[249]의 종매(從妹)의 아들이었기에 더욱 놀랐다. 그래서 상소하여 이 일을 논하였다가,[250]

---

248) 이징명(李徵明) : 1648~1699. 본관은 전의(全義), 자 백상(伯祥)이다. 중기(重基)의 증손, 할아버지는 행건(行健), 아버지는 황해도 관찰사 만웅(萬雄)이다. 송시열의 문인으로 1674년(현종15) 갑인예송 당시 송시열을 죽이라는 탄핵이 올라왔을 때 직접 유생들을 모아 항의하는 소를 올렸다. 1686년(숙종12) 부교리로 재직하면서 희빈 장씨의 어머니를 비롯한 외척들의 궁궐 출입을 논척하고, 희빈 장씨를 쫓아낼 것을 주장하다가 파직되었다. 1694년 갑술옥사가 일어나자 귀양에서 풀려 돌아왔다. 이후 이조참의·대사간 등을 역임하였다.

249) 조사석(趙師錫) : 1632~1693. 본관은 양주(楊州), 자 공거(公擧), 호 만회(晩悔)·만휴(晩休)·향산(香山)·나계(蘿溪)이다. 아버지는 형조판서 조계원(趙啓遠)이며, 어머니는 영의정 신흠(申欽)의 딸이다. 조태구(趙泰耉)의 아버지이다. 1688년 좌의정이 되었는데, 이때 인조의 손자인 동평군(東平君) 항(杭)의 횡포를 논하다가 처벌된 박세채와 남구만 등을 변호하여 왕의 노여움을 사게 되자 사직하였다. 1691년 전 해에 왕세자책봉하례에 참석하지 않은 죄로 유배되어 배소에서 죽었다. 죽은 뒤인 1694년 갑술환국으로 복관되었다.

250) 상소하여……논하였다가 : 1688년(숙종14) 7월에 이조판서 박세채가 차자를 올려 혜민서 제조(惠民署提調) 이항의 파직을 주청하였다. 즉 종척의 정치 간여를 반대하는 취지에서 변척한 것이었다. 노론측에서는 이항이 벼슬에 오르기까지 조사석의 도움이 컸다고 보았다. 이항은 조사석의 종매의 아들이었다. 또한 조사석이 희빈 장씨의 후원을 받았다고 보았는데, 이는 희빈 장씨의 어미와의 관계에서 비롯되었다. 그녀는 조사석의 처갓집 종으로 젊어서 서로 사통하였고, 결혼해서도 조사석의 집에 오갔다고 한다.

임금의 뜻을 거슬러서 물러났으니, 그의 의도는 여러 소론과 함께 하려 하지 않았던 것이다." 하였다.

검재쇄록[251)]

儉齋瑣錄

대제학 김유[252)]가 저술하였다[金大提學楺所著]

선생의 죽은 아비 사천(沙川)[253)]선생이 윤휴의 재주를 기이하게 여겨서 허여하여 친구가 되었다. 또한 그 아비의 무덤이 우리 집안 선산에서 한 등성이를 두고 떨어져 있었기 때문에 선군자(先君子)[254)]가 물러나 묘 아래에 거처하고 있을 때, 윤휴가 봄가을로 묘에서 제사를 지내고 곧 와서 방문하곤 하였다. 갑인년(1674, 현종15)에 시사가 크게 변하여,[255)]

---

251) 이 부분은 『儉齋集·丁戊瑣錄』에서 보인다. 김징과 윤휴 사이의 대담을 통해 송시열에 대한 사사로운 감정을 여과 없이 보여주고 있다. 『검재집』에는 권30~32에 걸쳐 잡저(雜著)에 쇄록들이 실려 있다. 권30에서는 丙丁[丙辰丁巳]·戊己[戊午己未]·庚辛[庚申辛酉]瑣錄, 권31에는 정무쇄록, 권32에는 己庚[己丑庚寅]·乙丙[乙未丙申]·戊戌瑣錄이다.

252) 김유(金楺) : 1653~1719. 본관은 청풍, 자 사직(士直), 호 검재(儉齋)이다. 할아버지는 극형(克亨), 아버지는 관찰사 징(澄)이다. 학문에 조예가 깊어 박세채가 그의 후계자로 지목하였으며, 송시열도 그의 재주를 중히 여겼다. 1674년(현종15) 자의대비의 복상문제를 둘러싸고 제2차 예송이 벌어져, 송시열·박세채 등이 화를 입게 되자 과거를 포기하고 은거하였다. 숙종대 황해도관찰사를 거쳐 이조참판 겸 양관(兩館) 대제학을 역임하였다. 저서로 『소학집주(小學集註)』·『증보주자외기(增補朱子外記)』·『존주록(尊周錄)』·『검재집(儉齋集)』 등이 있다.

253) 사천(沙川) : 김극형(金克亨, 1605~1663)의 호이다. 본관은 청풍, 자 태숙(泰叔), 호 운촌(雲村)이다. 이조판서 김인백(金仁伯)의 아들이며, 박지계(朴知誡)의 문인이다. 송시열과 성선체용설(性善體用說)에 대해 편지로 논쟁을 벌이기도 하였다.

254) 선군자(先君子) : 김유의 부친 김징(金澄, 1623~1676)을 가리킨다. 자는 원회(元會), 호 감지당(坎止堂)이다. 계(繼)의 증손, 할아버지는 인백(仁伯), 아버지는 공조정랑 극형(克亨), 어머니는 정호(鄭頀)의 딸이다. 어릴 때 이식(李植)에게 글을 배웠고, 그 뒤 송준길의 문인이 되었다. 1667년(현종8) 정월에 사간원 헌납으로서 장령 신명규(申命圭) 등 6명과 함께 영의정 정태화와 좌의정 홍명하(洪命夏)의 죄를 논핵하였다가 유배되었다. 1670년 헌납 김석주와 대사간 김우형(金宇亨)의 탄핵을 받고 유배되었다.

255) 갑인년에……변하여 : 갑인예송을 가리킨다. 1673년(현종15) 효종비 인선왕후가 죽자 자의대비의 복상 기간이 다시 문제가 되었다. 서인은 1차 예송 때의 주장과 같이 '효종비를 둘째 며느리로 다루어 대공 9월'을 주장하고, 남인은 '맏며느리로 예우하여 기년'을 주장하였다. 당시 김석주 등 서인의 일부가 남인을 거들어 기년설에 찬성함으로써 복제는 기년상으로 정해졌다. 그 결과 송시열 등이 유배되고 서인은 권력에서 밀려났다.

드디어 윤휴가 뜻을 얻게 되었다.

을묘년(1675) 봄에 윤휴가 휴가를 청하여 성묘하고 또한 선군자를 방문하였다. 당시 우암 어른에게 재앙의 징조가 매우 급박하였는데, 윤휴가 의기양양해서 우암 어른의 죄를 낱낱이 헤아리며, 심술(心術)로부터 행사에 이르기까지 헐뜯고 꾸짖으며 말하기를,

"영보(英甫, 송시열의 자)의 학문은 모두 거짓되었다. 겉으로는 비록 자신의 능력을 믿고 자랑하지만 홀로 거처할 때는 멋대로 하여 스스로 단속하지 못하였다. 주현(州縣)에서 향유(餉遺)[256]가 그의 집으로 폭주하였기 때문에 지금 큰 부자가 되었으니, 어찌 이와 같은 유자(儒者)가 있겠는가? 위세와 권위를 끼고서 세력이 성대하며 근원이 깊고 공고해서 백년이 지나도 뽑아버리기 어려웠던 세력이었지만, 주상이 영명하여 하루아침에 제거하였으니 어린 나이의 사업이 진(晉)나라 도공(悼公)[257]에 비견할 수 있었다. 그렇지만 집권한 사람들[時人]이 만약 영보를 죽이려고 한다면 내가 힘껏 구원할 것이다." 하였다.

또 선군자가 말하기를, "공의 말은 모두 쌓인 감정에서 나온 것이고, 들은 것은 모두 헐뜯고 비방하는 것에서 나온 것이어서 하나도 그럴듯한 것이 없는데, 이를 믿고 전하였으니, 이는 우암 어른의 명성을 손상시키는 데에는 부족하지만 공의 흠이 되기에는 충분하다. 또한 공의 말과 같다면 우암 어른은 형편없는 소인이니 죽여도 애석할 것이 없는데 구원하겠다고 말하는 것은 무엇 때문인가?" 하였다.

윤휴가 말하기를, "쌓인 감정이라고 하는 것은 내 말을 이해하지 못하는 말이다. 영보의 죄는 진실로 크지만 병자년(1636, 인조14) 이후 대의를 앞장서서 밝혀서 우리나라의 아녀자들까지도 모두 황명(皇明)의 존귀함과 북쪽 오랑캐에게 당한 치욕을 알게 한 것은 영보의 공이다. 단지 이 한 가지만으로도 또한 죽음을 용서하기에 충분하다." 하였다. 윤휴가

256) 향유(餉遺) : 식량 따위의 선물을 보내는 것이다.

257) 도공(悼公) : 재위 B.C.573~B.C.558. 춘추시대 진(晉)나라의 정사가 어지러운 시점에서 왕위를 계승하여 신하 노릇하지 않은 자 7명을 축출하여 패업(覇業)을 회복하였다.

돌아가고 나서 선군자가 우리 불초(不肖) 등을 돌아보고 일러 말하기를, "윤휴의 말과 행동을 보면 미치광이[風子] 같은 점이 있으니 뒤에 우암을 죽이자고 주장하는 자는 반드시 이 사람일 것이다. 그가 어찌 대의가 귀한 줄 알겠는가?" 하였으니, 과연 그러하였다.

○[258] 노·소론이 표방한 것은 처음에는 매우 작았지만 그 끝은 마침내 커져서 오늘날에는 하늘을 삼키고 대지를 무너뜨릴 정도가 되었으니 탄식을 이길 수 있겠는가? 경신년(1680, 숙종6) 경화(更化)[259] 초에 이원정(李元禎)[260]이 이조판서였는데 특명으로 처벌받고 교체되자, 판서 박사행(朴士行)[261]이 승지로서 경연 중에 눈물을 흘리며 힘써 간쟁하기까지 하여 이것 때문에 사론(士論)에서 무시당하고, 후에 판서 김진귀(金鎭龜)[262]의 탄핵을 받았다.[263] 당시 여러 박씨들이 왕성하게 진출하여 높은 벼슬자리에 포진해 있으면서 불평하는 마음을 많이 품고 있었고, 사류 가운데 이미 이러저러한 말들이 있었지만 아직 드러내지 못하고 있었다. 그 뒤 참판 임영(林泳)이 옥당(玉堂)에 있으면서 상소하여 훈신을 배척하였

---

258) 이 부분은 『儉齋集·乙丙瑣錄』에서 보인다. 노·소분기의 주요 원인중 하나였던 김익훈 등 훈척세력에 대한 시각 차이를 구체적인 사례를 통해서 제시하고 있다.

259) 경신년(1680, 숙종6) 경화(更化) : 경신환국을 가리킨다. 갑인예송으로 집권했던 남인을 쫓아내고 서인이 다시 집권한 사건이다.

260) 이원정(李元禎) : 1622~1680. 본관은 광주(廣州), 자 사징(士徵), 호 귀암(歸巖)이다. 아버지는 도장(道長), 어머니는 김시양(金時讓)의 딸이다. 정구(鄭逑)의 문인이다. 1680년(숙종6) 이조판서로 재직하였는데 경신환국으로 인해 허적과 윤휴 등과 함께 복주되었다.

261) 박사행(朴士行) : 사행은 박태상(朴泰相, 1636~1696)의 자이다. 본관은 반남(潘南), 호 만휴당(萬休堂)·존성재(存誠齋)이다. 할아버지는 참판 정(炡), 아버지는 우승지 세견(世堅)이다. 박세당의 조카이고 박태보의 종형이다. 1680년 경신환국 당시 서인이 집권하면서 대사간을 거쳐 이듬해 다시 이조참의가 되었다.

262) 김진귀(金鎭龜) : 1651~1704. 본관은 광산, 자 수보(守甫), 호 만구와(晩求窩). 반(槃)의 증손, 할아버지는 익겸, 아버지는 광성부원군 만기, 인경왕후의 오빠이다. 1689년(숙종15) 기사환국으로 김석주와 함께 탄핵을 받고 유배되었다가 1694년 갑술환국으로 호조판서에 기용되었다. 이후 우참찬·좌참찬 등을 역임하였다.

263) 김진귀의 탄핵을 받았다 : 『숙종실록』 7년 3월 26일 기사에 의하면 이조참의 박태상이 남인을 비호하였으니 교체하라고 지평 김진귀가 아뢰었다.

고,[264] 현석 선생이 추록하는 것이 잘못되었다고 더욱 힘써 말했다.[265]

이때 광성은 원훈(元勳)이었는데, 김익훈 또한 추록에 참여하였다.[266] 소배(少輩)들이 마침내 훈신을 공격하면서 청론(淸論)이라고 칭하자 소배에 붙는 사람들이 날이 갈수록 늘어갔다. 임술년(1682, 숙종8) 가을 옥사[267]에 김익훈이 또한 아방(兒房)[268]에서 은밀히 계를 올린 일이 있었는데, 소배들이 드디어 준엄하게 처벌해야 한다는 논의[峻論]를 과격하게 제기하여 양사(兩司)에서 모두 김익훈 등의 죄를 청하자, 대신 김문곡(金文谷)은 힘을 다해 구원하였고, 민노봉(閔老峯)은 둘 사이에서 주저하며 망설였다.

---

264) 임영(林泳)이……배척하였고 : 임영(1649~1696)의 본관은 나주(羅州), 자 덕함(德涵), 호 창계(滄溪)이다. 이단상·박세채의 문인으로, 뒤에 송시열·송준길에게도 수학하였다. 1681년(숙종7) 5월에 교리 임영이 심수량(沈壽亮)·오도일 등과 함께 훈공 추록 등에 대해 차자를 올렸는데, 그 가운데 궁위(宮闈)가 엄중하지 못한 단서가 있었고, 훈신이 정권을 잡는 조짐이 있다고 논척하였다. 이때 훈신은 김석주와 김익훈을 가리킨다.

265) 현석 선생이……말했다 : 1683년(숙종9) 2월에 행 사직 박세채가 도성에 들어와 소를 올려 공신을 추록(追錄)한 일은 잘못이라고 지적하였다. 이것은 경신환국 이후 보사공신(保社功臣) 추록을 비판한 것이다. 1680년 4월에 김석주와 김익훈 등은 허적의 서자인 허견이 종실인 복창군·복선군·복평군과 함께 역모한다고 고발하였다. 이에 따라 남인 세력은 몰락하고 서인이 다시 집권하였다. 이처럼 경신환국 당시 세운 공으로 김만기·김석주에게 1등 공신을, 이입신(李立身)에게 2등 공신을, 남두북·정원로·박빈(朴斌)에게 3등 공신을 내렸다. 이 중 정원로는 역모와 관련 있다고 하여 복주(伏誅)되어 삭훈되었다. 그런데 김석주가 훈록된 공신 이외에도 공이 있는 자를 추록(追錄)할 것을 주장하여 왕의 허락을 받았다. 여러 대신들은 추록이 부당하다고 반대했으며, 사헌부 등에서도 이미 훈록이 정해진 뒤 다시 추록하는 것은 이제까지 없던 일이라고 주장하였다. 그러나 시임(時任)·원임(原任) 대신들이 불참한 가운데 영의정 김수항과 김석주만이 상의하여 자파 세력인 이사명·김익훈·조태상(趙泰相)·신범화(申範華)에게 2등 공신을, 이광한(李光漢)·이원성(李元成)에게 3등 공신을 내렸다. 1689년 기사환국으로 남인이 득세하자 경신옥을 무옥(誣獄)이라고 주장하여 공신을 다시 삭제했는데, 1694년 갑술환국으로 서인이 재집권하자 다시 훈명을 추록하였다.

266) 광성은……참여하였다 : 경신환국 이후 김만기는 보사공신 1등에 책록되었고, 김석주 등이 주장하여 김익훈 등을 추가로 녹훈하여 보사공신 2등과 광남군에 봉하였다.

267) 임술년(1682, 숙종8) 가을 옥사 : 임술년 고변으로 발생한 옥사를 가리킨다. 당시 김석주·김익훈이 김환을 사주하여 남인 허새·허영, 민암 등이 복평군을 임금으로 추대하려 했다고 고변하게 하여 남인들을 처벌한 사건이다. 이때 김환·전익대·김중하 세 사람이 연달아 고변하여 이를 '임술삼고변(壬戌三告變)'이라고 부른다.

268) 아방(兒房) : 대궐을 지키는 장신(將臣)들이 휴식을 취하거나 잠을 자는 방이다.

계해년(1683) 우재(尤齋, 송시열의 호)선생이 조정의 부름을 받고 서울로 올라와서 김익훈을 구원하는 상소를 올렸다.[269] 이에 소배들이 떠들썩하게 지껄이며 복종하지 않아서 차츰 우재를 침해하는 말들이 나왔지만 감히 드러내 놓고 배척하지는 못하였다. 갑자년(1684) 이산(尼山) 편지의 일이 드러나면서[270] 소론 한 무리가 따로 세력을 형성하여 노론과 소론 사이가 마침내 크게 무너졌다. 그렇지만 문곡과 노봉이 스승을 배반했다는 죄로써 이산을 유현으로 대접하지 말 것을 청하자, 소론 역시 대가(大家)에 이의를 제기하지는 않았으므로 아직은 감히 우재를 온전히 버리지는 못한 것이었다.[271]

기사년(1689, 숙종15) 천지가 뒤엎어질 때 소론의 처신이 크게 노론에 미치지 못하였고, 현석이 깊이 옳지 않다고 여겼다. 갑술년(1694) 경화(更化)[272]에 이르러 정승 남구만(南九萬)[273]이 권력을 잡았고, 정승 유상운(柳尙運)[274]이 이조판서가 되었으며, 박사행이 이조참판이 되었다. 이조참의를 임명하려는데 당시 노론은 중화(仲和) 김창협을, 소론은 노망(魯望) 서종태(徐宗泰)[275]를 각각 첫 번째로 의망하였는데, 박사행이 모두 취하지 않았다.

---

269) 김익훈을 구원하는 상소를 올렸다 : 1683년(숙종9) 2월에 송시열이 근래의 와언이 일어난 폐단을 논한다고 하면서 김익훈을 구호하였다.

270) 이산(尼山)……드러나면서 : 1684년 최신이 상소하여 윤증의 「신유의서」를 비난한 일을 말한다.

271) 소론……것이었다 : 1684년 최신의 상소 이후 윤증을 두고 노·소론 사이에 논란이 있었지만 김수항과 민유중에 대한 직접적인 비난은 없었다. 여기의 '대가'는 이들 가문을 가리킨다.

272) 갑술년(1694) 경화(更化) : 갑술환국을 가리킨다. 1694년(숙종20) 폐비 민씨 복위를 반대하던 남인이 화를 입어 실권(失權)하고 서인이 재집권하게 된 사건이다.

273) 남구만(南九萬) : 1629~1711. 1689년 기사환국으로 남인이 득세하자 강릉에 유배되었다. 1694년 갑술환국으로 다시 영의정에 올라 소론 탕평론을 주도하였다. 그는 갑술환국을 모의한 노론의 김춘택과 소론의 한중혁 등을 당색과 관계없이 처벌하자고 주장하고, 이어서 세자 시절 경종을 보호하기 위해 장희재 처벌에 신중한 입장을 취하다가 노론의 집중적인 공격을 받고 물러났다.

274) 유상운(柳尙運) : 1636~1707. 본관은 문화(文化), 자 유구(悠久), 호 약재(約齋)·누실(陋室)이다. 노·소론이 분기할 때 윤증·박세채 등과 함께 김석주의 전횡을 탄핵하였다. 1694년 장희재의 처형을 주장하는 노론에 반대하였다. 1696년 영의정에 올랐고, 1698년 최석정을 변호하다가 삭직되기도 했다. 1701년 희빈 장씨를 옹호하다가 남구만과 함께 파직되었다.

오도일(吳道一)[276]이 성주목사(星州牧使)로 재직하고 있었는데, 그를 끌어 들여 이조참의에 임명하였다. 오도일은 기사환국 이후 처신이 더욱 형편없었으나 당론에 대해서는 용감했기 때문이었다.[277] 그래서 인정이 많이 불쾌하게 여겼으며, 그 나머지 전주(銓注)를 처리한 것도 모두 한쪽으로 치우치는 잘못을 면치 못하였다. 나아가서 정승 남구만이 장희재(張希載)[278]를 힘써 구원하자 소론이 깊이 먼 앞날을 염려한 것이라고 인정하면서 기꺼이 몰려가서 달라붙었다. 노론이 명의(名義)를 잃은 것이라고 공격하였지만 기력이 매우 약하였다. 이에 현석이 좌의정으로서 부름에 응하여 올라와서 힘껏 명의(名義)를 주장하였고, 노론이 이에 의지하여 고립을 면하였다. 이로부터 소론과 노론이 일진일퇴하면서 갈등이 점점 격화되어 오늘날에 이르러 극심해졌다. 이후 정국이 어떻게 될지 알 수 없었다.

---

275) 서종태(徐宗泰) : 1652~1719. 본관은 대구, 자 노망(魯望), 호 만정(晩靜)·서곡(瑞谷)·송애(松厓)이다. 1689년 기사환국 당시 오두인·박태보 등과 소를 올리고 은거하였다. 1694년 갑술환국 이후 다시 관직에 나와 공조판서·대사헌을 거쳐 영의정이 되어 소론 탕평파를 주도하였다.

276) 오도일(吳道一) : 1645~1703. 본관은 해주(海州), 자 관지(貫之), 호 서파(西坡)이다. 선공감역(繕工監役) 희문(希文)의 증손, 할아버지는 영의정 윤겸(允謙), 아버지는 달천(達天)이다. 1694년 개성부유수를 거쳐 1696년 도승지·부제학·대사헌을 지냈다. 1700년 병조판서에 이르렀으나 1702년 민언량(閔彦良)의 옥사에 연루, 장성에 유배되어 죽었다.

277) 오도일은……때문이었다 : 오도일은 1689년 인현왕후가 폐위될 때 박태보 등이 주도한 폐위 반대 상소에 참여하지 않았다. 뿐만 아니라 청풍부사로 있으면서 이이와 성혼의 출향을 목격하고도 방관하였다는 비판을 받았다. 1694년 갑술환국 이후에는 노론 공격에 앞장서서 노론의 정치적 표적이 되었다. 그래서 그에 대한 졸기가 노론이 작성한 『숙종실록』과 소론이 작성한 『숙종실록보궐정오』에 상반되게 서술되었다.

278) 장희재(張希載) : ?~1701. 본관은 인동(仁同)이다. 역관 현(炫)의 종질이며, 희빈 장씨(禧嬪張氏)의 오빠이다. 희빈이 숙종의 총애를 받게 되자 그 덕으로 금군별장이 되었으며, 이어 1692년(숙종18)에 총융사가 되었다. 1694년에 인현왕후가 복위한 뒤로 희빈과 함께 인현왕후를 해치려는 음모를 꾸민다는 혐의를 받고 사형에 처하라는 주장이 빗발쳤으나, 후환이 세자에게 미칠 것을 염려한 남구만 등 소론의 주장으로 사형은 면하고 제주도에 유배되었다. 1701년 인현왕후가 죽은 뒤 희빈 장씨가 앞서 인현왕후를 저주한 사실이 발각되어 장희재를 극형에 처할 것을 요구하는 상소가 있자, 마침내 제주도 유배지에서 잡아올려 사형에 처하고, 희빈은 자결하게 하였다.

◯279) 을묘년(1675, 숙종1) 6월 내가 서강(西江)에서 양근(楊根)읍으로 가서 현석을 뵈었다. 선생 -박현석- 이 묻기를, "그대가 평소에 윤노서(尹魯西)의 일에 대해서 어떻게 생각하는가?" 하자 내가 대답하기를, "저는 후생이기에 실로 그 전말을 잘 알지 못합니다." 하였다. 선생이 말하기를, "바야흐로 노서 묘갈명의 일로써 우암과 자인의 사이가 장차 크게 벌어질 것이니 자못 우려할만하다." 하였다. 내가 말하기를, "원컨대 그 설을 듣고자 합니다." 하였다.

선생이 말하기를, "내가 노서의 행장을 지으면서 단지 자인의 초본에 의거하다보니 기리고 높인 것이 너무 지나쳐서 우암 어른이 매우 불편한 마음을 품게 되어 묘갈문 가운데 그러한 뜻을 드러냈다. 자인이 거듭 고쳐줄 것을 청하였지만 기꺼이 따르지 않자 자인이 나에게 편지를 보냈는데 우암에 대해 불손한 말이 많이 있었다. 어찌 스승과 제자 사이에 큰 변고가 아니겠는가?" 하였다.

내가 묻기를, "우암 어른이 노서 어른에게 불만스러워 했던 것은 무슨 일입니까?" 하자 선생이 말하기를, "노서가 윤희중(尹希仲)에 대해서 시비가 분명하지 않았는데, 지금에 이르러 희중이 크게 낭패하였으니 우암 어른의 견해가 옳다는 것이 증명된 것이다. 노서 어른이 만약 살아계셨다면 진실로 부끄러워 승복하기에 겨를이 없었을 것이니, 이것이 바로 우암 어른이 노서 어른을 의심하게 된 일이다. 자인이 노서연보를 작성하면서 평일 우암 어른께 보내려 한 편지를 모두 실었는데, 편지 가운데 우암 어른의 지론이 지나침을 경계하고 희중을 애석해 하는 말이 많이 있었다. 이 때문에 우암 어른의 의심이 더욱 깊어져서 강화도의 일과 함께 배척하게 되었던 것이다." 하였다.

내가 묻기를, "강화도의 일은 어떤 곡절이 있었습니까?" 하자, 선생이 다음과 같이 말하였다. "노서 어른이 젊은 나이에 과장(科場)에서 유명해서

---

279) 이 부분은 『儉齋集·己庚瑣錄』에 보인다. 김유가 묻고 박세채가 답변하는 형식으로 송시열과 윤증 사이에 있었던 갈등에 대해 설명하고 있는데, 송시열측 주장을 확대 부연한 측면이 많다.

조중초(趙仲初)[280]와 함께 이름을 나란히 하였다. 성균관에 거처하면서 또한 일찍이 상소하여 척화를 주장하였다. 강화도에 들어가서도 김익겸과 권순장 등 여러 어른과 함께 도당(都堂)에 상서(上書)하여 '지금은 와신상담해야지 술 마실 때가 아니다.'라는 말[281]을 하였다. 이내 자청(自請)하여 유병(儒兵)을 거느리고 성첩을 나누어 지켰는데, 성이 함락되자 권순장과 김익겸, 두 사람은 순절하였다. 노서 어른은 자결하려다가, 숙부 윤전(尹烇)[282]이 궁료로서 강화도에 있었으므로 가서 만나보고 함께 결별(訣別)하려 하였다. 그런데 윤전 어른이 말하기를, '나도 마땅히 죽을 것이지만 너는 백씨(伯氏)가 바야흐로 남한산성에 있는데 어찌 면결(面訣)[283]한 후에 함께 조용히 죽음을 맞이할 생각을 하지 않느냐?' 하였다. 당시 팔송(八松)[284]이 포위된 남한산성 가운데 있었으므로 노서 어른이 드디어 그 말을 따라서 남한산성에 가고자 하였지만 오랑캐 병사들이 이미 가득차서 도로가 막혔다. 강화도에 있던 사람들은 귀천을 물론하고 반드시 오랑캐의 전령을 받은 뒤에야 저지당하지 않고 나갈 수 있었다.

노서 어른이 일찍이 종실 진원군(珍原君) 이세완(李世完)[285]의 이웃에 살았기 때문에 진원군의 노비라고 속여서 칭하고 이름을 선복(宣福)이라고

---

280) 조중초(趙仲初) : 중초는 조복양(趙復陽, 1609~1671)의 자이다. 본관은 풍양(豐壤), 호 송곡(松谷)이다. 아버지는 좌의정 익(翼)이고, 김상헌의 문인이다. 이조판서·예조판서 등을 역임하였다.

281) '지금은……아니다'라는 말 : 김경징(金慶徵) 등이 강화도 방비에 소홀히 한 채 술에 취해 있자 이를 비난하여 올린 말이다. 즉 "옥지(玉趾, 임금)가 성을 순찰하고 유신(儒臣)이 성을 지키니 와신상담해야지 술 마실 때가 아니다."고 하였다.

282) 윤전(尹烇) : 1575~1636. 본관은 파평, 자 회숙(晦叔), 호 후촌(後村)이다. 황(煌)의 아우, 성혼의 문인이다. 병자호란 당시 강화도가 함락되자 자결하려 했지만 뜻을 이루지 못하였다. 이에 재차 시도하다가 마침내 적병에 의해 피살되었다.

283) 면결(面訣) : 마지막으로 얼굴을 보고 결별하다.

284) 팔송(八松) : 윤황(尹煌, 1571~1639)의 호이다. 본관은 파평, 자 덕요(德耀)이다. 전(烇)의 형이며, 윤선거의 부친이다. 정묘호란이 일어나자 주화(主和)를 반대해 이귀·최명길 등 주화론자의 유배를 청하였다. 병자호란이 일어나자 정묘호란 때와 같이 척화를 주장하다가 탄핵을 받았다.

285) 이세완(李世完) : 1603~1655. 본관은 전주, 자 자고(子固)이다. 아버지는 성종의 4대손 영천군 정(靈川君侹)이다. 부인은 한준겸(韓浚謙)의 딸로, 인조의 비 인열왕후(仁烈王后)의 이복동생이다.

고쳐서 오랑캐의 전령을 받았다. 전립(氈笠)을 쓰고 오랑캐 진영에서 점검을 받은 뒤 출발하여 팔송을 만나보게 되었는데, 그때는 이미 형세가 진정되어서 더 이상 죽을 일이 없었다.

평상시 교유하는 사람들이 모두 비난하여 사류(士類)에 끼지 못하였고, 유벌(儒罰)을 받기까지 하였다. 노서 어른이 낭패하여 고향으로 내려갔으나 고향의 친척들 또한 박대하지 않는 사람이 없었다. 노서 어른이 드디어 금산(錦山) 골짜기로 들어갔는데, 유무중(兪武仲)[286] 또한 그 지역에 거주하면서 바야흐로 성대한 명성이 있자 노서 어른이 궁벽한 산골에서 더욱 함께 친밀해져서, 아침저녁으로 교유하였다. 유무중이 신독재(愼獨齋)를 좇아서 배울 것을 권하고, 동료들에게 그 덕을 칭송하였다. 우암과 동춘당, 두 어른은 처음에는 석연치 않게 생각하였지만 뒤에 거듭 산사에서 만나 차츰 교유를 허여하였다. 또한 자인을 우암 어른에게 맡겨서 수학하도록 하였으므로, 그 뒤 우암 어른이 매우 힘써 격려하였으나, 우암 어른은 마음속에서 강화도의 일을 잊은 적이 없었고, 다만 자인 때문에 참았을 뿐이었다. 지금 만약 자인과 더불어 불화하게 되면 반드시 장차 그 가슴속의 불평을 모두 토로할 것이니, 어찌 우려할 만한 일이 아니겠는가?"

내가 말하기를, "그렇다면 노서는 죽어야 마땅한데 죽지 않았으니, 비록 뒷날 도학의 아름다움이 있지만 아마도 그 목숨을 훔친 치욕을 감추기에는 부족한 것 같습니다." 하자, 선생이 말하기를, "그대의 말이 맞지만 공과(功過)는 서로 비슷한 것 같다." 하였다.

286) 유무중(兪武仲) : 무중은 유계(兪棨, 1607~1664)의 자이다. 본관은 기계(杞溪), 호 시남(市南)이다. 김장생의 문인으로 송시열·송준길·윤선거·이유태 등과 더불어 충청도 유림의 오현(五賢)으로 일컬어졌다. 병자호란 당시 시강원 설서로서 척화를 주장하다가 유배되기도 했다. 1639년에 풀려나자 은거하여 학문에 전념하였다. 이때 『가례원류(家禮源流)』를 저작하였다. 효종이 죽고 복상 문제가 일어나자 기년설(朞年說)을 지지하며 남인을 논박하였다. 1663년(현종4) 대사헌·이조참판에 올랐으나 병으로 사직하였다.

남당잡지

南塘雜識[287]

(1)[288] 우리나라의 동서분당(東西分黨)은 심의겸(沈義謙)[289]과 김효원(金孝元)[290]의 다툼[291]에서 시작되었다. 당시 윤원형(尹元衡)의 죄악[292]은

287) 이 부분은 『南塘集·雜識·外篇 下』에 보인다. 동·서 분당으로부터 노·소 분기에 이르기까지의 정치사 흐름을 노론의 관점에서 정리하였다. 저자인 한원진(韓元震, 1682~1751)의 본관은 청주(淸州), 자 덕소(德昭), 호 남당(南塘)이다. 권상하의 문인으로 호락논쟁(湖洛論爭)에서 호론(湖論)인 인물성이론(人物性異論)을 주장한 인물이다. 송시열의 학통을 계승하여 정치적으로 소론·남인과 대립하면서 노론일당 전제(老論一黨專制)를 관철시키려 노력하였다.

288) 저본의 '○'을 기준으로 번역자가 임의로 일련번호를 부여하였다.

289) 심의겸(沈義謙) : 1535~1587. 본관은 청송(靑松), 자 방숙(方叔), 호 손암(巽菴)·간암(艮菴)·황재(黃齋)이다. 명종의 비인 인순왕후(仁順王后)의 동생이고, 이황의 문인이다. 1555년(명종10) 진사시에 합격하고, 1562년 별시문과에 을과로 급제하여 청요직에 임명되었다. 1572년 이조참의 등을 지내는 동안 척신 출신이지만 사림들 간에 명망이 높아 선배 사류들에게 촉망을 받았다. 이때 김종직(金宗直) 계통의 신진세력인 김효원(金孝元)이 이조정랑으로 천거되었는데, 김효원이 일찍이 명종 때 권신이던 윤원형의 집에 기거한 사실을 들어 권신에게 아부했다는 이유로 이를 반대하였다. 1574년 결국 김효원은 이조정랑에 발탁되었는데, 이번에는 1575년 그의 아우 충겸(忠謙)이 이조정랑에 추천되자, 김효원이 전랑(銓郞)의 직분이 척신의 사유물이 될 수 없다 하여 반대, 두 사람은 대립하기 시작하였다. 이에 구세력은 그를 중심으로 서인(西人), 신진세력은 김효원을 중심으로 동인(東人)이라 하여 사림이 분당하는 사태가 발생하였다. 1584년 이이가 죽자 이발(李潑)·백유양(白惟讓) 등이 일을 꾸며 동인과 합세하여 공박함으로써 파직 당하였다. 그러나 벼슬이 대사헌에 이르렀고, 청양군(靑陽君)에 봉해졌다.

290) 김효원(金孝元) : 1542~1590. 본관은 선산(善山), 자 인백(仁伯), 호 성암(省菴)이다. 조식·이황의 문인이다. 1564년(명종19) 진사가 되고, 1565년 알성문과에 장원으로 급제해 병조좌랑·정언·지평 등을 역임했다. 명종 말 문정왕후가 죽은 뒤 척신계(戚臣系)의 몰락과 더불어 새로이 등용되기 시작한 사림파의 대표적인 인물로, 1572년 이조전랑(吏曹銓郞)에 천거되었으나, 척신 윤원형의 문객이었다는 이유로 이조참의 심의겸이 반대하는 바람에 거부당했다. 그러나 1574년 조정기(趙廷機)의 추천으로 결국 이조전랑이 되었다. 1575년 심의겸의 동생 충겸이 이조전랑으로 추천되자, 전랑의 관직은 척신의 사유물이 될 수 없다는 이유로 이를 반대하고 이발을 추천했다. 이러한 일을 계기로 심의겸과의 반목이 심해지면서, 사림은 동인과 서인으로 나눠지게 되었다.

291) 심의겸(沈義謙)과 김효원(金孝元)의 다툼 : 1575년(선조8)에 김효원과 심의겸이 심충겸(沈忠謙, 1545~1594)의 이조전랑 임명을 둘러싸고 서로 대립한 일을 말한다. 이

하늘에 닿을 정도로 높았고, 또한 훈척 세력이 불같이 일어난다는 혐의가 있었다. 김효원이 유생으로서 윤원형의 사위를 따라서 놀다가 그 집에 출입하고, 그 집에서 기숙하면서 그것이 부끄러운 일임을 알지 못하였으니 그 사람됨이 변변치 못하다는 것은 다시 다른 일을 살펴보지 않아도 알 수 있었다. 그러므로 청양(靑陽)이 그의 청선(淸選)[293]을 막은 것은 지극히 공정한데에서 나온 것이고, 다른 협잡의 사사로움이 없다는 것을 알 수 있다. 그가 변변치 못한 것이 이와 같았는데도 따라다니며 부화뇌동하여 청론(淸論)을 주장한 자[294]를 도리어 배척하였으니 그들의 사람됨을 또한 알 수 있다. 그래서 그 당여가 남북으로 나뉘어져, 북인은 대비를 유폐시켰고[295] 남인은 국모를 어머니로 섬기지 않았으니[296] 명교(名敎)의 죄인에서 한 치도 벗어날 수 없었다.

노론과 소론이 분당한 것은 회덕과 이산의 다툼에서 유래하였다. 이산 부자의 죄는 또한 김효원이 사악한 사람에게 아부한 것과 같을 뿐만이 아니었다. 윤선거는 강화도에서 절의를 잃었고, 역적 윤휴에 아부하여 붙었으면서도 거짓을 꾸며 세상을 기만하였고, 임금을 무함하여 자신을 보호하였다. 아들 윤증은 문장의 실수로 아비의 숨겨진 악을 드러내었는

일로 동·서의 명칭이 처음 생겨나서, 조정의 벼슬아치들 가운데 김효원의 편을 드는 자는 동인, 심의겸의 편을 드는 사람은 서인이 되었다. 김효원의 집이 서울 동쪽 낙산(駱山) 밑 건천동(乾川洞)에 있다고 하여 동인이라고 불렸으며, 심의겸의 집이 서울 정릉방(貞陵坊)에 있었기 때문에 서인으로 불렸다.

292) 윤원형(尹元衡)의 죄악 : 윤원형(? ~1565)은 중종 계비 문정왕후의 동생이다. 명종이 즉위하면서 문정왕후의 수렴청정이 시작되자, 이를 계기로 이기(李芑)·정순붕(鄭順朋)·임백령(林百齡)·난정(蘭貞) 등과 함께 을사사화(乙巳士禍, 1545)와 양재역 벽서(良才驛壁書, 1546) 사건 등을 일으켜 정적들을 제거하고 폐행을 일삼았다.

293) 청선(淸選) : 청직(淸職)의 후보자로 뽑히는 일로 여기서는 이조전랑에 뽑히는 일을 가리킨다.

294) 청론(淸論)을 주장한 자 : 여기서는 서인을 가리킨다. 즉 한원진의 입장을 반영한 표현이다.

295) 북인은 대비를 유폐시켰고 : 광해군대 정인홍 등이 인목대비를 폐모시킨 일을 가리킨다.

296) 남인은 국모를 어머니로 섬기지 않았으니 : 숙종대 남인들이 인현왕후 폐위 당시 목숨을 걸고 간언하여 막지 않은 일을 가리킨다.

데, 화를 두려워하고 이로움을 꾀하였으며, 두 스승을 배신하는 패륜을 저질렀다.[297] 아비가 지은 죄는 네 가지이고, 아들이 지은 죄는 두 가지인데, 그 죄를 용인하여 보호할 수 없었으므로, 우옹이 그 사람을 배척하여 절교한 것은 귀신에게 질정하고 백세가 지나가도 옳은 일임을 알 수 있다.

저 부자의 죄악이 환하게 드러난 것이 이와 같은데, 이들을 좇아서 아부하는 자들이 도리어 세도를 맡은 대현을 해쳤으니 그들의 사람됨을 또한 알 수 있다. 그러므로 그 당여가 갑술년(1694, 숙종20)[298]과 신사년(1701)에 국모를 잊고 흉역을 비호하였고,[299] 신축년(1721, 경종1)과 임인년(1722)에는 선왕을 배반하고 국본을 원수로 여겼으니[300] 이 또한 명교의 죄인에서 한 치도 벗어날 수 없다. 근본과 연원이 있는 곳이 바르지 못하기 때문에 그 끝에 이르러 재앙이 산과 언덕을 넘을 정도가 된 것이니, 이것은 진실로 그 형세가 그러하였기 때문이었다.

(2) ○ 김효원이 윤원형의 집을 출입한 것과 윤선거가 강화도에서 절의를 잃은 것은 그 마음 씀씀이가 바르지 않고, 처신에서 오욕을 뒤집어썼으니 단지 이 한 가지 일만으로도 그 사람됨을 판단할 수 있다. 김효원이 명예와 행동을 갈고 닦은 것은 이전의 일을 덮으려는 것이고 즐겨 명류(名

297) 두……저질렀다 : 두 스승이란 송시열과 유계(兪棨)를 가리킨다. 1711년(숙종37)『가례원류』 시비로 윤증 가문과 유계 후손 사이에 갈등이 생기자 노론측에서는 윤증이 유계를 배반하였다고 공격하였다.

298) 갑술년 : 1694년(숙종20) 남인이 축출된 사건이다. 기사환국이후 실각했던 김춘택·한중혁 등이 폐비 복위를 도모하자 민암 등이 저지하려다가 숙종의 분노를 사서 축출되고 서인이 다시 집권하였다.

299) 갑술년(1694, 숙종20)……보호하였고 : 갑술년 이후 남구만 등 소론 탕평파가 세자[경종]를 보호하기 위해 장희재를 비호한 것과 1701년 인현왕후가 서거한 뒤 희빈 장씨의 사사(賜死)를 반대한 일 등을 지적한 것이다.

300) 신축년(1721, 경종1)……여겼으니 : 신축년 환국과 임인년의 옥사를 가리킨다. 노론은 경종 즉위 1년 만에 연잉군(延礽君, 영조)을 세제(世弟)로 책봉하는 일을 주도하고, 세제의 대리청정을 강행하려 하였다. 이에 맞서 소론은 대리청정 주장을 경종에 대한 불충(不忠)으로 탄핵하여 집권한 뒤, 임인년 옥사를 일으켜 노론 4대신, 즉 김창집(金昌集)·이이명(李頤命)·이건명(李健命)·조태채(趙泰采)를 주벌하였다.

流)를 끌어들인 것은 실제로는 스스로 그들에게 붙으려 한 것이다. 윤선거가 스스로 폐고되었다고 칭하였으니 그 세력도 마땅히 폐고되어야 했으나, 학문이라는 이름에 가탁하였지만 그 뜻은 용납되기를 구한 것이니, 그 일이 본래 성의(誠意)에서 나온 것이 아니었으므로 그 마음이 더욱 미워할 만하다. 만약 김효원이 세상에 처음 나오는 것을 막아버리듯이 윤선거가 강화도에서 나오는 것을 막아서 통하지 않게 하고 끊어버리고 교제하지 않았다면 그 재앙은 반드시 오늘날처럼 되지 않았을 것이다. 그러니 율옹(栗翁)이 김효원에 대해서나 우옹이 윤선거에 대해서 아마도 일찍 분변(分辨)하여 단죄하지 못한 잘못을 범한 것 같다.

(3) ○ 김안로(金安老)[301], 이이첨(李爾瞻)[302], 남구만은 동궁 보호를 외쳤고, 김효원과 조지겸(趙持謙)[303]의 무리는 훈척 배척을 외쳤다. 정여립(鄭汝立)[304], 정인홍(鄭仁弘)[305], 박세당(朴世堂)[306], 윤증 부자는 독서하고 몸소

301) 김안로(金安老) : 1481~1537. 본관은 연안(延安), 자 이숙(頤叔), 호 희락당(希樂堂)·용천(龍泉)·퇴재(退齋)이다. 1531년(중종26) 동궁[인종]의 보호를 구실로 실권을 장악하고 여러차례 옥사를 일으켰다. 1537년 문정왕후의 폐위를 도모하다가 사사되었다.

302) 이이첨(李爾瞻) : 1560~1623. 본관은 광주(廣州), 자 득여(得輿), 호 관송(觀松)·쌍리(雙里)이다. 대북(大北)의 영수로서 정인홍 등과 광해군대 정국을 주도하면서 영창대군의 죽음과 폐모 논의 등에 깊숙이 간여하였다. 인조반정 당시 사로잡혀 주살되었다.

303) 조지겸(趙持謙) : 1639~1685. 본관은 풍양(豊壤), 자 광보(光甫), 호 우재(迂齋)·구포(鳩浦)이다. 윤선거·윤증 부자와 교분이 깊었으며, 박세채·윤증을 지지하던 한태동·박태보·오도일·최석정·박태손 등과 소론으로 활동하였다.

304) 정여립(鄭汝立) : 1546~1589. 본관은 동래(東萊), 자 인백(仁伯)이다. 1589년(선조22) 반란 혐의로 고발되어 관군에 쫓기다가 죽도에서 자살하였다. 이 사건 처리과정에서 기축옥사(己丑獄事)가 발생하여 다수의 동인이 죽임을 당하였다.

305) 정인홍(鄭仁弘) : 1535~1623. 본관은 서산(瑞山), 자 덕원(德遠), 호 내암(來菴)이다. 조식의 문인으로 최영경(崔永慶)·오건(吳健)·김우옹(金宇顒)·곽재우(郭再祐) 등과 함께 남명학파(南冥學派)를 대표하였다. 당파가 동서로 양분되자 다른 남명학파와 함께 동인편에 서서 서인 정철(鄭澈)·윤두수(尹斗壽) 등을 탄핵하려다가 도리어 해직당하고 낙향하였다. 1589년 기축옥사를 계기로 동인이 남북으로 분립될 때 북인에 가담하여 영수(領首)가 되었다. 광해군대 대북정권을 이끌었으나 인조반정으로 참형되었다.

306) 박세당(朴世堂) : 1629~1703. 본관은 반남(潘南), 자 계긍(季肯), 호 잠수(潛叟)·서계초수(西溪樵叟)·서계이다. 윤증을 비롯하여 박세채, 처숙부 남이성(南二星), 처남 남구만, 최석정 등과 교유하였다. 『사변록(思辨錄)』을 통해 반주자적인 학문경향을 드러냈다.

실천할 것을 부르짖었다. 진실을 가장하고 공정함에 의탁하지 않았다면 인주를 현혹하고 온 세상을 협박할 수 없었을 것이다. 인주를 현혹하였기 때문에 세력과 이익을 가탁하여 그 뜻을 실행할 수 있었다. 온 세상을 협박하였기 때문에 당여를 심어서 형세를 펼칠 수 있었다. 그 국가에 흉악한 일을 저지르고 세상에 해로운 것이 한 사람 한 때에 그치지 않고 차츰 젖어들어 전해지고 익숙해져서 그 유파(流波)가 하늘을 덮어 피음사둔(詖淫邪遁)[307]의 해로움이 홍수와 맹수보다 심하다는 것을 진실로 속일 수 없게 되었다. 그러나 명성에 가탁한 것이 무거울수록 그 해됨이 더욱 심해졌고, 되돌려서 급히 재앙을 작게 만들려다가 도리어 토역을 더디게 하여 재앙을 크게 만든 것은 또한 이치상 형세가 그렇게 만든 것이었다. 이 윤증이 만든 재앙은 다른 몇 몇 간특한 자들에 비해 더욱 참혹한 것이었다. 세상에서 수신(修身)하면서 벗을 가려서 사귀고 조정에 나아가 어진 이를 천거하는 자는 살피지 않을 수 있겠는가?

(4) ○ 소인이 가탁한 명분이 비록 바르더라도, 일에 따라서 실재를 살펴보면 또한 그 실정을 숨길 수 없다. 인종(仁宗)이 동궁시절에 위로는 중종[中廟]이 자애로움으로 감싸주어서 근심이 없었고, 아래로는 나라 사람들이 모두 받들어 어진 곳으로 나아가는 길을 열어주었으니 진실로 훈척과 연결된 신하의 보호하는 힘을 기다릴 필요가 없었으나, 김안로가 이것을 명분으로 삼은 것은 지위를 견고하게 하고 권력을 오로지하려는 계책이었던 것이다.

광해군이 오랫동안 동궁으로 있었지만 나라 사람들이 모두 지위를 감당하지 못할 것을 알았으므로, 선조가 세자를 바꾸려고 한 것은 반드시 종사를 위한 대계가 아닌 것이 없었다. 그러나 저위(儲位)가 정해진지

307) 피음사둔(詖淫邪遁) : 맹자가 말을 안다는 것[知言]이 무엇인가에 대해 "한쪽으로 치우친 말[詖辭]에서 그 마음이 가려져 있음을 알며, 방탕한 말[淫辭]에서 그 마음이 빠져 있는 곳을 알며, 사악한 말[邪辭]에서 그 마음이 도와 멀리 떨어져 있음을 알며, 회피하는 말[遁辭]에서 그 논리가 궁한 것을 안다."고 하였다.(『孟子·公孫丑上』)

이미 오래되어 실제로 동요하기 어려웠으므로, 또한 보호를 기다릴 것도 없었는데, 이이첨이 이것을 명분으로 삼은 것은 이익을 도모하고 총애를 구하려는 계책이었다.

역적 장희재가 국모를 모해한 죄는 결코 용서할 수 없는 일이었으므로, 하찮은 역적 하나를 주살하는 것은 원래 저위(儲位)의 안위와는 관계없는 것인데, 보호의 책임이 어찌 역적을 놓아주는데 있겠는가? 그런데 남구만이 이것을 명분으로 삼은 것은 적에게 아첨하고 화를 전가할 계책이었던 것이다.[308]

명종 말에 권간을 물리쳐 쫓아내고 사류를 등용하여 진출시킨 것은 실로 청양이 힘이 되었으니, 청양은 본래 공격할 만한 사람이 아닌데, 김효원이 척리(戚里)라고 핑계대고 배척한 것은 그 뜻이 사사로운 틈을 만들고자 한 것이었다.

청성과 광성은 역적 허견을 토벌하고 간당을 축출하여 종사를 안정시키고 조정을 깨끗이 하였으며, 노봉과 여양은 명성과 덕망이 모두 훌륭하여 본래 사림의 추대를 받아서 나라의 주석(柱石)이 되고 조정의 모범이 되었다. 따라서 네 공은 모두 공격할 만한 사람이 아닌데, 조지겸이 훈척이라고 핑계대고 배척한 것은 그 뜻이 흉당에게 아첨하려 한 것이다. 정여립은 번복하였고,[309] 정인홍은 사납고 고약하였으며, 윤휴와 박세당은 성인을 모독하고 경전을 훼손하였다. 윤선거는 절의를 잃고 흉한 자들과 당여를 이루었고, 윤증은 아비의 결백을 입증하려고 스승을 배반하였는데, 이들은 모두 명예가 한창 번성할 때에 이미 이러한 일이 있었으니 그 독서하고 몸소 실천한다는 명분과 어긋난 것이 매우 심한 것이었다.

---

308) 남구만이……것이다 : 1694년(숙종20) 인현왕후가 복위되고 장씨가 희빈으로 강등되자 장희재가 서찰로 희빈 장씨와 내통하였고, 이로 인해 국문을 받게 되었다. 이에 남구만이 장희재를 죽이면 일이 장씨에게 연루되고 장씨가 위태로워지면 세자가 불안해진다고 하여 감형해줄 것을 청하였다.

309) 정여립은 번복하였고 : 정여립이 처음에는 율곡을 따르다가 그를 배신한 것을 가리킨다. 『동소만록』에서는 정여립이 율곡이 죽자 이발 형제에게 붙어서 율곡을 공격하였다고 비난하였다.

아! 사람들이 일찍 분변하지 못하여, 혹자는 도리어 그 세력이 형성되는 것을 도와서 마침내 간악한 흉당이 그 뜻을 멋대로 부려 끝없는 재앙을 낳게 하였으니 매우 한스러운 일이다.

(5) ○ 윤증이 만든 재앙이 다른 간특한 몇 사람에 비해서 더욱 참혹하다고 한 것을 만약 지나치다고 의심한다면 마지막으로 말하겠다. 기사년(1689, 숙종15) 우암의 재앙은 윤증이 실제로 종용한 것이고, 갑술년(1694) 역적을 비호한 자들은 모두 윤증의 당우(黨友)였으며, 임인년(1722, 경종2) 재앙을 꾸며낸 것도 모두 윤증의 도당과 문인제자들이었으니, 이전의 몇몇 간특한 사람들이 일으킨 재앙은 이것보다 심한 것이 없었다.

정여립과 정인홍이 한 번 패하여 그 재앙이 그친 것은 그 몸이 악역(惡逆)에 빠졌으므로 사람들이 모두 주벌(誅罰)하였기 때문이다. 윤증의 경우 윤휴의 심법을 전하였는데 윤휴와 같은 역명(逆名)이 없어서 거듭 반복하여 일어나 끝내 임인년의 재앙에 이르러 종사와 국가가 거의 망할 뻔하였다. 이것이 이른바 도리어 토역을 더디게 하여 재앙을 크게 만들었다는 것이다.

구암[310)]이 보고 들은 기록들

久菴聞見錄

병계가 기록하였다. 아래도 같다[屛溪所錄 下同]

(1)[311)] 신축년(1721, 경종1)과 임인년(1722) 일의 전말에 대해서 묻자 선생[312)]이 다음과 같이 말하였다.

"이는 하루아침의 일 때문이 아니니 그 처음부터 말해 주겠다. 당초 기해년(1659, 효종10) 간에 김우명(金佑明) 형제가 장례 치를 때 수도(隧道)를 사용한 일[313)]이 있어서 여양(驪陽, 민유중)으로부터 버림을 받았다.[314)] 민씨 형제가 예를 논하는 것을 좋아하여 사류로부터 추앙받았기 때문에

---

310) 구암(久菴) : 윤봉구(尹鳳九, 1683~1767)의 호이다. 본관은 파평, 자 서응(瑞膺), 호 병계(屛溪)이다. 권상하의 문인으로 한원진·이간·현상벽(玄尙壁)·채지홍(蔡之洪) 등과 더불어 강문팔학사(江門八學士)의 한 사람으로서 호락논쟁(湖洛論爭)의 중심인물로 꼽힌다. 1714년(숙종40) 진사가 되고 유일(遺逸)로 천거되어 1725년(영조1) 청도군수가 되었다. 이후 공조판서·대사헌 등을 역임하였다.

311) 저본의 '○'을 기준으로 번역자가 편의상 일련번호를 부여하였다. 이 자료는 윤봉구의 문집인 『병계집(屛溪集)』에 보이지 않는다.

312) 선생 : 윤봉구의 스승인 권상하(權尙夏)를 가리킨다.

313) 김우명(金佑明) 형제가……사용한 일 : 김우명(1619~1675)의 본관은 청풍, 자 이정(以定)이다. 육(堉)의 아들이자, 현종의 장인으로 청풍부원군(淸風府院君)에 봉해졌다. 민신(閔愼)의 아픈 아버지를 대신해서 상복을 입는[代父服喪] 문제로 같은 서인인 송시열과 대립하여 남인인 허적에 동조하였다. 숙종대 남인 윤휴·허목 등과 갈등하고 은거하였다. 수도(隧道)는 무덤으로 통하는 묘도(墓道)로써 신하들은 사용할 수 없는 예법이었다. 그런데 『동소만록』에 따르면 김육의 장례에 부원군 김우명이 수도를 분수에 맞지 않게 만들어 사용했고, 송시열이 매번 이 일을 가지고 위협하는 술수로 이용했다고 한다. 이에 부원군 형제는 이를 감당하기 어려워 송시열을 제거하려 도모했다는 것이다. 이 민씨 대복과 수도 문제는 청풍 김씨가 남인과 결탁하여 갑인예송 이후 같은 서인인 송시열 일파를 처벌한 배경으로서 거론된다. 그렇지만 숙종대 들어서 남인이 김우명의 딸인 명성왕후와 갈등하면서 청풍 김씨가 서인과 결탁하여 남인을 내친 것이 경신환국이었다. 표면적으로는 남인과 서인이 번갈아서 집권한 것처럼 보이지만 그 이면을 살펴보면 청풍 김씨로 대표되는 척족 세력의 선택이 결정적 역할을 하였음을 알 수 있다.

314) 여양(驪陽)으로부터 버림을 받았다 : 여양부원군(驪陽府院君) 민유중을 가리킨다. 1659년(효종10) 4월에 헌납 민유중이 전 참판 김좌명이 지낸 부모의 장사에 대해 명분에 어긋난 일이라 하여 개장할 것을 청하다.

한 시대 사류들이 많이 따랐다. 우암과 시남(市南) 등 여러 현인들 또한 대론(臺論)[315]에 우호적이어서 이로 인해 김씨 집안의 여러 사람들이 뼈에 사무치게 원통해 하였다.

숙종이 어린 나이에 왕위를 물려받기에 이르자 청풍부원군 김우명이 국구(國舅)로서 사류에 대해서 원한을 품고 먼저 우암을 제거하려 하였으나 그것을 실행할 사람을 얻지 못하자 한 무리의 남인을 불러서 일을 함께 하였다. 그런데 윤휴, 허적, 이정, 이남이 역모를 꾸미는 것이 낭자하자 청풍부원군이 크게 두려워하였다. 이에 입대(入對)하여 홍수(紅袖)의 일[316]에 대해 아뢰었다가 또 허적과 윤휴의 무리에게 배척당하였다. 이때 허적과 윤휴가 바로 김우명에게 반좌(反坐)[317]의 형률을 적용할 것을 청하자 근심과 울분이 쌓여 병이 나서 결국 일어나지 못하였다. 그를 이어서 청성(淸城, 김석주)이 은밀하게 사찰하여 경신년의 옥사를 이루었다.

신유년(1681, 숙종7)에 인경왕후(仁敬王后)[318]가 승하하자 김씨들이 논의하여 말하기를, '민씨 집안이 스스로 청류로 자임하면서 척속(戚屬)을 종처럼 보는데, 지금 만약 국구(國舅)가 된다면 그는 반드시 우리 집안을 다시는 업신여기지 못할 것이다.' 하였다. 이와 같은 논의가 궁궐 안으로 흘러들어가서 명성대비(明聖大妃)가 여양의 딸[319]을 받아들여 왕비로 삼았다.

희빈은 명성대비의 궁인이었는데, 숙종의 승은(承恩)을 입자 명성대비

---

315) 대론(臺論) : 사헌부와 사간원에서 제기하는 논의를 말한다. 여기서는 민유중이 김좌명을 탄핵한 논의를 가리킨다.

316) 홍수(紅袖)의 일 : 홍수는 궁녀를 말한다. 1675년(숙종1)에 복창군 이정(李楨)과 복평군 이연(李㮒)이 궁중에 출입하면서 궁녀 상업(常業), 귀례(貴禮) 등과 관계를 맺어오다가 이 일이 드러나 처벌받은 사건이다.

317) 반좌(反坐) : 사람을 무고(誣告)한 자는 무고를 입은 사람에게 과한 죄만큼 과죄(科罪)하는 것을 말한다.

318) 인경왕후(仁敬王后, 1661~1680) : 숙종의 정비(正妃)이다. 김장생의 4대손인 김만기의 딸이다.

319) 여양의 딸 : 숙종의 계비 인현왕후(仁顯王后, 1667~1701)이다. 아버지는 민유중이며, 어머니는 송준길의 딸이다.

가 이를 알고 노하여 쫓아냈다. 이때 장씨의 종적이 매우 불안하였는데, 승은을 입은 궁인은 여염집에 섞여서 있을 수 없었고, 감히 왕과 가까운 종친에도 머물 수 없었기 때문이었다. 동평군(東平君) 이항(李杭)[320]은 장열대비(莊烈大妃)의 친손자인데, 왕자 숭선군(崇善君) 이징(李徵)[321]의 아들이었다. 사사롭게 임금을 뵙는 일이 매우 빈번하였는데, 궁궐에 출입하면서 암암리에 장씨의 일을 알게 되자 드디어 그녀를 맞이하여 접대하면서 극진하게 받들어 모셨다. 명성대비가 승하하자 을축년(1685, 숙종11) 이후 이항과 장열궁(莊烈宮)에서 다시 장희빈을 궁중에 들이니 마침내 희빈이 숙종의 총애를 받아서, 이로 인해 기사년의 변고가 생겼다.

무진년(1688, 숙종14)에 경종이 탄생하자 숙종이 서둘러 세자로 책봉하려 하였다. 숙종이 장성한 나이였고 인현왕후가 병이 없어서 자손을 보는 경사가 실로 끝이 없을 것이었기 때문에 서인은 정론을 견지하면서 정궁(正宮)의 탄육(誕育)을 기대하였다. 호곡(壺谷) 남용익(南龍翼)[322]이 이조판서로서 등대(登對)하여 세자 책봉을 급하게 서두르는 것을 대놓고 배척하였는데, 갑자기 사신을 접대하는 일로 조정을 나아갔다가 돌아오는 길에 파직되었다. 노론의 여러 공들이 모두 벌떼처럼 일어나 구원하다가 혹 파직되고 혹 유배되어 기가 꺾이자, 남인 가운데 뜻을 잃은 자들과 소론 가운데 분수에 넘치는 것을 바라는 자들이 이를 계기로 하여 노론을 배척하여 함정에 빠트렸다. 우암은 당시 화양동에 있었는데 우려와 근심을 이길 수 없어서 상소하여 말하였다가 탐라에 유배되자, 마침내 인현왕후를 폐출하는 일이 벌어졌다."

(2) ○ 갑술년에 정국이 바뀌자 주상이 장희재가 언문 편지를 주고받은

---

320) 이항(李杭) : 1660~1701. 인조의 손자이며, 숭선군 이징과 영풍군부인(永豊君夫人) 신씨(申氏) 사이에서 태어난 장남으로서 동평군(東平君)에 봉해졌다.

321) 이징(李徵) : 1639~1690. 인조의 다섯째 아들이며, 어머니는 귀인(貴人) 조씨이다.

322) 남용익(南龍翼) : 1628~1692. 본관은 의령(宜寧), 자 운경(雲卿), 호 호곡(壺谷)이다. 복시(復始)의 증손이다. 1689년 숙종이 소의 장씨(昭儀張氏)가 낳은 왕자를 원자로 삼으려 하자 이를 반대하다가 유배되어 죽었다.

죄[323]를 국청(鞫廳)에 내렸다. 노론은 역모죄로 처벌하려 하였는데, 당시 정승 남구만, 유상운, 신익상 등이 "사태가 말하기 어려운 것이 있다." 하며, "끝까지 조사할 필요가 없다."고 힘써 주장하였다. 그것은 "만약 왕비의 폐위를 도모하고, 흉물을 묻어 저주한 일로 장희재와 업동(業同)[324]을 처벌하면 희빈 장씨도 반드시 죄를 면하기 어려울 것이니 그렇게 되면 경종 또한 반드시 불안한 마음이 들 것이라고 한다. 장래에 대한 깊은 우려를 염두에 두지 않을 수 없으니 이 일은 끝까지 조사할 필요가 없다."는 뜻이었다. 즉 이 비천한 무리들은 다른 날 총애를 굳히려는 계략을 위해 오늘 토역의 위중함을 생각하지 않았던 것이다.

또한 경종은 정당한 절차를 거쳐서 동궁의 지위에 올라서 이미 인현왕후의 아들이 되었으니 비록 장희재를 죄준다 하더라도 동궁에게 무슨 손해가 되는지 알지 못하겠다. 또한 희빈이 부왕에게 죄를 받아서 스스로 하늘과 끊어졌으니 경종이 비록 사사로운 정이 절박하다 하더라도 숙종의 처분에 대해서 또한 다시 어찌하겠는가? 이 무리들이 고의로 구차하고 어지러운 주장을 하여 장희재와 업동이 모두 사형을 면하고 제주도에 안치되었다.

신사년에 인현왕후가 승하하여 상복을 입을 날에 참판 이봉징(李鳳徵)[325]이 상소하여 말하기를, "성후께서 질병[326]이 있어서 결국 승하하고 말았습니다. ……" 하니, 사람들이 두려워서 어쩔 줄 몰랐다. 정언 정유점(鄭維漸)[327]이 이봉징의 죄를 청하자고 간통(簡通)[328]하니, 집의 이진수(李震

---

323) 장희재가 언문 편지를 주고받은 죄 : 1694년 인현왕후가 복위된 뒤 장희재가 희빈과 언문 편지를 주고받으며 중전을 모해한 혐의로 국문을 받게 되었다.

324) 업동(業同) : 장희재의 종이다. 1696년(숙종22) 강오장(姜五章)이 세자[경종]의 외가 묘소에 흉하고 더러운 물건을 묻은 일이 있다고 상소하였다. 그런데 이것은 업동의 소행으로 드러나 결국 장희재의 자작극임이 밝혀졌다.

325) 이봉징(李鳳徵) : 1640~1705. 본관은 연안(延安), 자 명서(鳴瑞), 호 은봉(隱峰)이다. 1694년 갑술환국으로 파직되었다가 복직되고, 1701년 부사직으로 희빈 장씨의 사사(賜死)를 반대하다가 유배되었다.

326) 성후께서 질병 : 『승정원일기』 숙종 26년 3월 26일 기사에 따르면 인현왕후는 양쪽다리에 통증이 있다고 하였다. 습열(濕熱)이 아래로 흘러 경락이 막혀 생긴 통풍증상이라고 했다. 최근 분석에 따르면 인현왕후가 앓은 통풍은 현대의학의 척추결핵에 해당하며, 이로 인해 사망했다고 한다.

壽)[329]와 헌납 권업(權𢢜)[330]이 처음에는 근실(勤實)이라 쓰고도 다음날 모두 대각(臺閣)에 나오지 않자 정유점이 독계(獨啓)하여 섬으로 유배 보낼 것을 청하니 주상이 즉시 윤허하였다. 당시 남인과 소론은 모두 장희빈의 복위를 기대하였으나 주상의 의도를 헤아릴 수 없었기 때문에 권업과 이진수 등 여러 사람들이 끝내 이 지경에 이른 것이었다.

(3) ○ 무고(巫蠱)의 옥사[331]가 일어났는데, 이는 모두 주상이 궁녀로부터 자복을 받은 것이어서 외부사람은 아는바가 없었다. 흉악한 여러 가지 정황이 자세히 밝혀지자 주상이 문서를 보내 국청을 열도록 하였다. 당시 정승 최석정(崔錫鼎)[332]이 또한 남구만과 유상운의 논의를 이어서 끝까지 조사할 수 없다는 설을 주장하니, 한 무리의 소론이 모두 부화뇌동하였지만 주상이 마침내 장희재를 사형에 처하고 희빈에게 사약을 내려 자진토록 하였다. 지평 이동언(李東彦)[333]이 가장 먼저 남구만과 유상운이 당초 토역을 엄히 하지 않은 죄를 논하고, 그 때문에 지금의 재앙이 발생하였으니 멀리 귀양 보내라고 청하자, 주상이 즉시 윤허하였다.

---

327) 정유점(鄭維漸) : 1655~1703. 본관은 하동(河東), 자 계홍(季鴻), 호 곡구(谷口)이다. 송시열의 문인이다.

328) 간통(簡通) : 사헌부나 사간원의 벼슬아치가 글로써 서로의 의견을 소통하여 상소하거나 발계(發啓)하는 일을 가리킨다.

329) 이진수(李震壽) : 1648~1716. 본관은 전주, 자 춘장(春長)이다. 1701년 집의로 희빈 장씨의 사사에 반대한 이봉징을 처벌하는 논의를 회피하다가 파직 당하였다.

330) 권업(權𢢜) : 1669~1738. 본관은 안동, 자 사긍(士兢), 호 기오헌(寄傲軒)이다. 대사헌·좌참찬 등을 역임하였다.

331) 무고(巫蠱)의 옥사 : 신사옥사(辛巳獄事)를 가리킨다. 1701년(숙종27) 인현왕후가 승하한 뒤, 희빈 장씨가 취선당(就善堂)에 신당(神堂)을 설치하고 왕후를 저주한 일이 발각되어 장씨는 사사되고 장희재도 처형되었다.

332) 최석정(崔錫鼎) : 1646~1715. 본관은 전주, 자 여시(汝時)·여화(汝和), 호 존와(存窩)·명곡(明谷)이다. 영의정 명길의 손자이고, 남구만·박세채의 문인이며 이경억(李慶億)의 사위이다. 노론과 소론의 갈등이 심화되자 윤선거를 옹호한 나양좌의 주장을 지지하였다. 1701년(숙종27) 무고의 변이 일어나자 영의정으로서 세자[경종] 보호를 위해서 희빈 장씨 사사에 반대하다가 파직당하였다.

333) 이동언(李東彦) : 1662~1708. 본관은 전주, 자 국미(國美), 호 삼복재(三復齋)이다. 지평·정언 등을 역임하였다.

애초에 국모를 폐위할 것을 모의하였으니 이것은 원래 대역(大逆)이었는데, 언문 편지에서 운운한 내용이 성교(聖敎)에서 나와서 그것이 밝게 드러났을 뿐만이 아니니, 신하된 자는 훗날의 이해를 고려하지 말고 단지 국가를 위해 토역하는 것이 당당한 정론이므로, 이러한 도리에 반대하는 자는 곧 역당(逆黨)이다.

무고의 옥사가 일어나자 국모를 모해한 재앙이 밝혀져 가릴 수 없었으니 이 토역의 논의 또한 어찌 밝고 명백하지 않겠는가? 저 부호하고 구원하려는 자가 역적이 아니라면 무엇인가? 숙종의 처분은 천고에 탁월하여 진실로 대성인의 조치였던 것이다. 저 소론은 말하기를, "한 무리의 노론이 처음부터 경종에 대해 불만스러운 뜻을 갖고 이전의 위호(位號)의 논의로부터 시작하여 갑술년, 신사년의 토역 논의에 이르기까지 모두 경종에게 불리하였다." 하는데, 이는 스스로 경종의 사인(私人)을 자처한 것이다. 그래서 이잠(李潛)[334]의 상소에, "오늘날 여러 신하들이 동궁에게 칼날을 들이대지 않은 자가 없다.……" 하는 말에 이르러 그 극에 달한 것이었다. 신축년에 이르러 그 손발이 모두 드러났고, 무신년 백건(白巾)의 변고[335]에 이르면 할 말이 없으니 얼마나 통탄할 일인가?

(4) ◯ 신사년(1701, 숙종27) 이래 경종의 병환이 위중하여 종국(宗國)의 근심이 이루다 말할 수 없었다. 정유년(1717) 숙종이 이 충문공(李忠文公)[336]과 독대하여 종묘사직의 대사로써 비밀리에 유시하였으나 충문공이 감히

---

334) 이잠(李潛) : 1660~1706. 본관은 여주(驪州), 자 중연(仲淵), 호 섬계(剡溪)·서산(西山)이다. 실학자 성호(星湖) 이익(李瀷)의 형이다. 1706년 김춘택 등이 세자를 위협하고 있다고 상소하였다가 장살되었다.

335) 무신년 백건(白巾)의 변고 : 1728년 이인좌(李麟佐)의 난을 가리킨다. 경종이 갑자기 서거하고 영조가 즉위하자 소론과 남인 가운데 준론(峻論)들이 모의하여 영조와 노론을 제거하고 밀풍군(密豊君) 탄(坦)을 왕으로 추대하기 위해 일으킨 반란이다.

336) 이 충문공(李忠文公) : 이이명(李頤命, 1658~1722)의 시호이다. 본관은 전주, 자 지인(智仁)·양숙(養叔), 호 소재(疎齋)이다. 세종의 아들 밀성군(密城君)의 6대손, 영의정 경여(敬輿)의 손자, 대사헌 민적(敏迪)의 아들, 병조판서 사명(師命)의 동생이다. 1717년(숙종43) 정유독대(丁酉獨對)를 통해 세자[경종]의 대리청정을 주청하였고, 1721년(경종1) 세제[영조]의 대리청정을 건의하다가 김창집 등과 함께 유배되어 사사되었다.

주상의 뜻을 받들 수 없다고 사양하면서 끝내 눈물을 흘리기까지 하였다. 숙종이 개탄해 마지않으면서, "두 왕자의 뒷날을 보호해줄 책임을 오로지 경에게 맡긴다. ……" 하였다. 예로부터 종묘사직은 후계자가 위태롭거나 의심을 받으면 온전히 보존되는 일이 드물었다. 숙종이 이를 깊이 걱정하고 멀리 염려하여 정승 이이명에게 부탁한 것이다.

충문공이 물러나와 은밀히 그 형의 아들 –이사명(李師命)[337]의 아들– 이희지(李喜之)[338]와 처조카인 김용택(金龍澤)[339]에게 말하여 이들로 하여금 사류(士類)와 더불어 보호할 여지를 마련하게 하였으니, 두 사람이 재주와 지혜가 있었기 때문이었다. 김용택과 이희지가 이로부터 비분강개하여 있는 힘껏 이천기(李天紀)[340], 심상길(沈尙吉), 정인중(鄭麟重) 등 여러 사람들과 마음을 다해 주선하였으니 그 유래는 이와 같은 것에 불과하였다.

(5) ○ 목호룡(睦虎龍)[341]은 장예원(掌禮院)[342] 서리(書吏)였는데, 고(故)

337) 이사명(李師命) : 1647~1689. 본관은 전주, 자 백길(伯吉), 호 포암(蒲菴)이다. 좌의정 이명의 형이다. 형조·병조판서 등을 역임하였다.

338) 이희지(李喜之) : 1681~1722. 본관은 전주, 자 사복(士復), 호 응재(凝齋)이다. 판서 사명의 아들, 이명의 조카이다. 1722년(경종2) 목호룡의 고변으로 이희지·이기지(李器之, 이이명 아들)·김성행(金省行, 김창업 손자) 등과 함께 투옥되었다가 죽었다.

339) 김용택(金龍澤) : 1680~1722. 본관은 광산, 자 덕우(德雨), 호 고송재(孤松齋)이다. 만중(萬重)의 손자이자, 이사명의 사위이다. 1722년 목호룡의 고변으로 이천기 등과 함께 국문을 받다 죽었다.

340) 이천기(李天紀) : ?~1722. 본관은 전주이다. 김춘택의 사위이다. 김용택 등과 함께 경종을 시해하려 한 음모가 밝혀져 역률(逆律)로 함께 처형되었다.

341) 목호룡(睦虎龍) : 1684~1724. 본관은 사천(泗川)이다. 참판 진공(進恭)의 후손이며, 남인(南人)의 서얼이다. 일찍이 종실인 청릉군(靑陵君)의 가동(家僮)으로 있으면서 풍수술(風水術)을 배워 지사(地師)가 되었다. 처음에는 노론인 김용택·이천기·이기지 등과 세제를 보호하는 편이었으나, 1721년(경종1) 김일경(金一鏡) 등의 상소로 김창집 등 노론 4대신이 실각하여 유배되고 소론정권이 들어서자, 다음 해인 1722년 소론에 가담하여 경종을 시해하려는 모의가 있었다는 이른바 삼급수설(三急手說)을 고변하였다. 이 고변으로 인하여 역모로 지목된 60여 명이 처벌되는 임인옥사가 일어나고, 건저(建儲) 4대신인 이이명·김창집·이건명·조태채 등이 사형되는 옥사가 있었다. 그는 고변의 공으로 부사공신(扶社功臣) 3등으로 동성군(東城君)에 봉해지고 동지중추부사(同知中樞府事)에 올랐다. 그 뒤 1724년 영조가 즉위하면서 노론의 상소로 임인옥사는 무고로 규정되어 김일경과 함께 붙잡혀 옥중에서 급사하였다.

342) 장예원(掌隷院) : 정3품 아문으로 노비에 관한 부적(符籍)과 소송사무를 관장하였다.

선인(先人) -윤명운(尹明運)[343]- 이 일찍이 사의(司議)[344]가 되었을 때 우리 집에 출입하여 나 또한 그를 보았다. 이 역적이 평소에 지술(地術)에 능하였는데, 지금의 주상[當宁]이 육상묘(毓祥廟)[345]의 상사를 당하여 장지(葬地)를 구할 때 은화를 바치고 신분을 바꾼 뒤 가장 은총을 많이 받았다. 이에 김일경(金一鏡)[346] 무리들이 돈을 주어 그 마음을 사고 이익으로 유혹하여 고변하는데 이르게 되었다.

(6) ◯ 경종의 질환은 깊고 오래되어 진실로 하루아침의 일이 아니었다. 갑진년(1724, 경종4)에 병세가 위독해졌는데 이광좌(李光佐)[347]가 약원 제조(提調)[348]로서 질환을 굳게 숨기고 또한 시약청을 설치하지 않아서 중외로 하여금 알지 못하게 하였다.[349] 유교(遺敎)가 나온 뒤에도 조태억(趙

343) 윤명운(尹明運) : 1642~1718. 본관은 파평, 자 여회(汝會)이다. 본 자료를 작성한 윤봉구의 아버지이다. 1689년(숙종15) 기사환국 때 스승 송시열을 변호하다가 유배되고, 1694년 갑술옥사 때 풀려나와 선릉참봉(宣陵參奉)에 임명되었다.

344) 사의(司議) : 장예원의 정5품 관직이다.

345) 육상묘(毓祥廟) : 영조의 어머니 숙빈 최씨(淑嬪崔氏)의 신위(神位)를 안치한 사당이다. 그 뒤 정궁(正宮) 출신이 아닌 임금의 생모(生母)의 신위를 안치하였다.

346) 김일경(金一鏡) : 1662~1724. 본관은 광산(光山), 자 인감(人鑑), 호 아계(丫溪)이다. 1720년 이조참판으로서 소론의 영수인 조태구(趙泰耉) 등과 함께 연잉군의 대리청정에 반대하였다. 1722년(경종2) 목호룡으로 하여금 백망(白望)·정인중(鄭麟重) 등과 모의해 경종의 시해와 이이명의 추대 음모에 가담했다고 고변하게 하였다. 이에 옥사가 일어나서 노론 4대신들은 사사되었다. 1724년 영조가 즉위하자 유배되었다가 청주유생 송재후(宋載厚)의 상소를 계기로 임인옥사가 무고(誣告)였다는 탄핵이 나오자 친국을 받고 처형당하였다.

347) 이광좌(李光佐) : 1674~1740. 본관은 경주, 자 상보(尙輔), 호 운곡(雲谷)이다. 1721년(경종1) 연잉군의 대리청정을 적극 반대하여 경종이 이를 취소하게 하는 등 경종 보호에 적극적으로 나섰다. 1723년 우의정에 오르고, 1725년(영조1)에는 영의정에 이르렀으나 노론의 등장으로 파직 당하였다가 1728년에 정미환국으로 소론정권이 다시 등장하자 영의정에 올랐다.

348) 제조(提調) : 경종이 승하할 당시 이광좌는 우의정으로서 약원 도제조(都提調)를 겸하고 있었다.

349) 이광좌(李光佐)가……하였다 : 병을 숨긴 일이란 경종의 질병을 숨긴 일을 가리킨다. 영조가 즉위한 뒤 민진원은 이광좌가 도제조로 있으면서 질병을 숨겨 심유현 등이 흉악한 말을 지어 내어 인심을 속여 현혹하게 만들고, 역적의 변란이 일어난 뒤에도 이를 밝히지 않았다고 비판하였다. 이에 이광좌는 임금의 병환이 매우 위중했지만 인심이 의혹하고 위태롭게 될까봐 염려하여 숨기고 감히 말하지 못했다고 하였다.

泰億)[350]이 교문을 지었는데, "한 밤중에 조서를 선포하였다."[351]는 말이 있었으니, 저 무리들은 끝까지 병을 감추려고 한 것이다. 세제(世弟)를 세우고 대리청정하는 일은 바야흐로 조안(詔案)[352]이 완성되었으므로, 갑진년에 질병을 감춘 것은 그 의도가 더욱 지극히 흉패하여 감히 말할 수 없는 지위에 있는 분에게 차마 할 수 없는 말을 더하려 한 것이다.[353] 그리하여 심유현(沈維賢)[354]과 이유익(李有翼)[355]이 근거 없는 말을 주장하며 부도한 짓을 멋대로 하였으니, 무신년의 변고는 오로지 질병을 숨긴 이 한 가지 일로부터 연유한 것이었다.[356]

(7) ○ 노론과 소론의 다툼은 한태동과 조지겸의 무리가 광남군(光南君) 김익훈을 반좌의 형률로 논하면서 일어났다. 만약 저 허새(許璽)와 허영(許瑛)이 과연 거듭되는 신문에도 불복했다면 옥사의 정황은 헛된 데로 돌아가서 발고한 김환(金煥)[357]을 반좌하지 않을 수 없을 것이고, 김환을 반좌했다

350) 조태억(趙泰億) : 1675~1728. 본관은 양주(楊州), 자 대년(大年), 호 겸재(謙齋)·태록당(胎祿堂)이다. 태구(泰耉)·태채(泰采)의 종제이며, 최석정의 문인이다. 1721년 조태구·최석항(崔錫恒)·이광좌 등과 함께 대리청정을 반대하여 철회시켰다. 영조 즉위 후 김일경 등에 대한 국청에서 위관(委官)을 맡기도 하였다.

351) 한 밤중에……선포하였다 : 『영조실록』 1년 6월 11일 기사에 따르면 해당 내용은 태학생(太學生) 정유(鄭楺) 등이 유봉휘·조태억 등을 비난하면서 올린 상소 가운데 실려 있다. 즉 조태억이 경종 사후에도 교문을 지어 바치면서 '한 밤중에 갑자기 안석에 기대어 계시면서 내린 명령을 받들었다.'고 하였다. 이로써 마치 건강했던 경종이 갑자기 죽은 것으로 미혹되게 만들었다는 것이다.

352) 조안(詔案) : 국왕의 조서(詔書)를 받들어 올려놓는 서안(書案)·책상을 가리킨다. 여기서는 조서를 가리킨다.

353) 감히……한 것이다 : 감히 말할 수 없는 지위에 있는 분은 영조를 가리킨다. 차마 할 수 없는 말이란 연잉군이 올린 게장과 곶감을 먹고 경종이 죽었다는 유언비어를 가리키는 듯하다.

354) 심유현(沈維賢) : ?~1728. 본관은 청송이다. 경종의 처남으로 단의왕후(端懿王后)의 남동생이다. 영조 즉위 후 이인좌의 난에 가담하여 모의를 주도하다가 사로잡혀 참형 당하였다.

355) 이유익(李有翼) : 1697~1728. 본관은 전주, 자 성려(聖勵)이다. 심유현과 함께 이인좌의 난에 가담하였다가 참형 당하였다.

356) 무신년의 변고는……것이었다 : 본래 경종에게 지병이 있음을 공표하지 않았기 때문에 연잉군이 올린 게장과 곶감을 먹고 죽었다는 유언비어가 나오게 되었다는 것이다.

면 그를 지시하여 교사한 광남 또한 죄를 논해야 했을 것이다. 그러나 지금 허새와 허영이 이미 역모죄로 사형 당하였고, 김환 또한 고변한 공로로 상을 받았으니 옥사의 정황이 헛된 것이 아니라는 것이 밝게 드러날 뿐만이 아니었다. 이미 허영을 죽였는데, 또 광남을 죽여서 마치 대응하듯 죽이는 것이 과연 무슨 법리인가? 이는 알기 어려운 일이 아니다. 다만 저 무리들이 청류라고 자처하면서 또한 스스로 이른바 격양(激揚)하는 논의라고 하니 비록 그것이 조급하고 망령되지만 갑자기 사당(邪黨)이라고 배척하는 것은 진실로 부당하다. 그런데 그 논의가 시행되지 못한 것에 분노하고, 또한 우암이 자신들을 따르지 않는 것을 불쾌하게 여겨 마침내 우암의 문하와 등지고 배반하여, 윤증이 문호를 나누자 그를 지극하게 추존하여 따로 세력을 형성하는 계책으로 삼기에 이르러서는 저 무리들의 죄가 이미 커진 것이다.

오도일의 무리가 은밀히 장씨의 일을 알고서 역적 이항에게 붙기에 이르러서는 그 정적이 미워할 만하다. 갑자년 이후에는 사정(邪正)이 확연히 판별되어 다시는 합쳐질 수 없게 되었다. 갑자년 이래 남구만이 뒷날 자신을 보존할 계책을 세우고 "깊이 장래를 염려한다."는 등의 말로써 여러 사람들의 귀를 어지럽히고 위아래를 현혹하여 모후의 원수를 생각하지 않고 감히 토역의 논의를 비난하였다.

서문중(徐文重)[358]의 무리가 장씨를 위해 절의를 세우고자 하여 돈녕부에서 한 번 회합한 것에 이르면 그 심장을 미워할 만하니, 소인의 정태가 진실로 비루하고 또한 교묘하였다.[359] 신사년에 이르러 성모가 승하[禮陟]

357) 김환(金煥) : 1682년(숙종8) 김중하(金重夏)와 김환 등이 복평군을 왕으로 추대하는 역적모의를 꾸민다고 남인을 무고하였다. 그 뒤에 무고가 밝혀져 1689년(숙종15) 기사환국 때 참형되었다.

358) 서문중(徐文重) : 1634~1709. 본관은 달성(達城), 자 도윤(道潤), 호 몽어정(夢漁亭)이다. 1694년(숙종20) 갑술환국 때 희빈 장씨와 남인에 대한 온건론을 폈다가 배척당하였다. 박세채의 천거로 중용되어 좌의정·영의정 등을 역임하였다.

359) 서문중……또한 교묘하였다 : 1694년 주상이 인현왕후의 복위를 계기로 장씨의 왕후의 옥새와 인수(印綬)를 거두도록 하교하였다. 이에 서문중이 박태상(朴泰尙) 등 여러 사람과 함께 대궐 밖 돈녕부에 모여 상소하여 간쟁하려 하였다. 그러나 송광연(宋

하게 되자 신민들이 모두 슬퍼하였고, 저 역적들의 정절(情節)이 이처럼 밝게 드러났으니 신하된 자로서 원통하고 통절하게 여기는 것이 마땅히 어떠해야 하겠는가? 그런데 오히려 감히 후일의 염려 때문에 목욕재계하고 토벌하는 일을 생각하지 않을 수 있겠는가?

최석정의 무리들이 속이고 기만하여 용서하고 보호하는 계략이 갈수록 심해져서 한결같이 혼미하고 어지러워졌다.[360] 병신년에 이르러 사문(斯文)이 크게 정해진 뒤[361] 윤증의 관작이 추탈되자 일종의 추악한 무리들이 더욱 원망을 품고 끝내 신축년과 임인년의 하늘을 뒤덮는 재앙을 만들었는데, 그런데도 자신들의 계략을 이루지 못하자 남인들 가운데 뜻을 이루지 못한 자들과 함께 무신년의 난을 빚어냈다. 역적을 보호하는 논의와 직접 범한 것[362]은 비록 약간 다른 것 같지만 그 심한 자는 역적이 되고 나머지는 모두 그쪽 편에 붙은 것이다. 애초 사류와 갈라서서 점차 변화하여 여기에 이렀으니 그 형세가 그만두려 해도 그럴 수 없었다. 인의(仁義)를 잘못 배워, 아비도 없고 임금도 없는 상태에 이르게 된 것이니, 그러하지 않겠는가?

(8) ○ 갑술년(1694, 숙종20) 현석의 일에 대해서 묻자 선생이 말하였다.

"현석이 갑자년(1684) 이후 소론 쪽 사람이 되었는데, 무진년(1688)

光淵)이 장씨를 위하여 절의(節義)를 세우는 처사에 반대하면서 비난하였고, 사람이 많아지자 서문중 등이 드디어 그만두고 돌아갔다.(『肅宗實錄』 20年 4月 12日)

360) 최석정의……어지러워졌다 : 신사년(1701, 숙종27) 장희빈에 의한 무고(巫蠱)의 변이 일어나자 최석정은 세자 보호를 위해서는 생모인 장희빈을 사사해서는 안 된다고 적극 반대하였다. 이러한 일련의 세자 보호 노력을 노론의 입장에서 부정적으로 서술한 표현이다.

361) 병신년에……정해진 뒤 : 병신처분(丙申處分)을 가리킨다. 1716년(숙종40)에 노론에서 윤선거의 문집에 효종을 비난한 부분이 있다고 하자 숙종이 직접 시비에 판정을 내려 노론이 옳고 소론이 틀렸다고 하여 윤선거 문집의 판을 헐어버리게 한 처분을 말한다. 이 결정으로 노론이 정국을 주도하게 되었다. 1718년에는 윤선거와 윤증의 관작이 추탈되었다.

362) 역적을……범한 것 : 역적은 장희빈을 가리키는데, 신사년 무고의 죄를 덮고 경종을 보호했던 소론의 논의를 말한다. 직접 범한 것은 무신란을 가리킨다.

이조판서로서 입조하여 소배들이 궁궐과 교통하고 거짓을 주장하는 것을 보고, 비로소 놀라고 두려워하여 점차 스스로 구하기 위해서 오도일을 이조참의에 의망하는 것을 막았다. 또한 수차(袖箚)로 이항의 일을 논하니,[363] 숙종이 '한 괴물을 불러왔다.'고 하교하자[364] 조정을 떠났다. 기사년(1689) 일을 보고는 점차 그 잘못을 깨닫고 우암이야말로 진정한 대현인이라고 지난 일을 돌이켜 생각하였다. 그래서 갑술년에 조정에 들어가서는 은혜를 온전히 하라는 남구만의 주장을 힘써 배척하였다.[365] 신완(申琓)[366]과 유득일(兪得一)[367] 등 여러 사람들은 애초 현석을 따라 소론이 된 사람들인데 여기에 이르러 또한 현석을 따라 노론이 되었다."

(9) ○ 묻기를, "조태구(趙泰耉)[368]·조태억(趙泰億)[369]은 모두 우암 문인의

363) 이항의 일을 논하니 : 1688년(숙종14) 7월에 이조판서 박세채가 차자를 올려 혜민서 제조 이항의 파직을 주청하였다.

364) 숙종이……하교하자 : 1688년 7월에 숙종이 박세채를 체임시키면서, "내가 변변치 못하여 한 괴물을 조정에 불러들였기 때문에 이런 지경에 이르게 되었다."고 하였다. 이때 '괴물'은 박세채를 지적한 것이었다.

365) 갑술년에……배척하였다 : 갑술환국(1694) 직후 남구만은 세자와의 관계를 고려하여 장희재를 살려주자는 논의를 주장하였다. 이를 '은혜를 온전히 하라'는 논의[全恩論]라고 부른다. 실록에 의하면 박세채 역시 이에 동조하였으므로, 이 기록은 노론측의 일방적인 주장에 불과하다.(『肅宗實錄』 20年 6月 21日)

366) 신완(申琓) : 1646~1707. 본관은 평산(平山), 자 공헌(公獻), 호 경암(絅菴)이다. 영의정 신경진(申景禛)의 증손으로, 박세채의 문인이다. 1700년(숙종26) 우의정으로서 희빈 장씨의 처벌 완화를 주청하였다. 1706년 유생 임부(林溥)로부터 1701년 세자에 대한 모해설이 있었을 때 추국(推鞫)에 참여하여 사건규명을 잘못하였다는 탄핵을 받고 파직 당하였다.

367) 유득일(兪得一) : 1650~1712. 본관은 창원(昌原), 자 영숙(寧叔), 호 귀와(歸窩)이다. 박세채의 문인이다. 1683년 김익훈이 모반설을 조작하여 남인을 제거하려 하자 그 간계를 폭로하고 처벌을 주장하다가 파직되었다.

368) 조태구(趙泰耉) : 1660~1723. 본관은 양주(楊州), 자 덕수(德叟), 호 소헌(素軒)·하곡(霞谷)이다. 존성(存性)의 증손으로, 할아버지는 형조판서 계원(啓遠), 아버지는 우의정 사석(師錫)이다. 태채(泰采)·태억(泰億)의 종형이다. 1721년 노론이 건저상소(建儲上疏)를 올려 연잉군이 세제로 책봉되자 반대하였고, 이후 세제의 대리청정이 결정되자 최석항·조태억 등과 함께 대리청정의 환수를 청하여 실현시켰다.

369) 조태억(趙泰億) : 1675~1728. 본관은 양주, 자 대년(大年), 호 겸재(謙齋)·태록당(胎祿堂)이다. 할아버지는 계원(啓遠), 아버지는 이조참의 가석(嘉錫)이다. 영조가 즉위하자 즉위의 반교문(頒敎文)을 작성하였고, 좌의정에 이르렀다. 소론내 완론(緩論)으로서

자손인데 무엇 때문에 그 논의가 낙동(駱洞) -이우당(二憂堂)370)- 과 같지 않습니까?" 하였다. 선생이 다음과 같이 말하였다.

"조사석(趙師錫)371)은 장열대비의 종형제로서 사특하여 세력을 믿고 억지를 부린다는 비방이 있었다. 정묘년(1687, 숙종13) 문곡(文谷)이 왕명을 받들어 복상(卜相)372)하였는데, 가복(加卜)373)하라는 명이 있었다. 처음에는 이숙(李䎘)374)을 가복하였고, 다시 여성제(呂聖齊)375)를 가복하였고, 세 번째로 남용익을 가복하였다.

주상이 또 가복하도록 하자 문곡이 청대하여 아뢰기를, '조정의 공의에 따르면 거의 다 천거하여 남은 사람이 없습니다.' 하였다. 주상이 말하기를, '조사석이 어찌 정승에 합당하지 않은가?' 하였다. 문곡이 말하기를, '신의 소견 및 조야의 명망이 이 몇 사람을 벗어나지 않으니, 신은 감히 제

영조 즉위 후 김일경 등을 국문할 때 책임관이 되었으나 위관(委官)의 직책을 매우 불안히 여겨 친국을 청하기도 하였다.

370) 이우당(二憂堂) : 조태채(趙泰采, 1660~1722)의 호이다. 본관은 양주, 자 유량(幼亮)이다. 존성(存性)의 증손으로, 할아버지는 형조판서 계원(啓遠)이고, 아버지는 괴산군수 희석(禧錫)이다. 태구의 종제, 태억의 종형이다. 1721년 신축환국으로 진도에 유배되고, 1722년 임인옥사로 적소에서 사사되었다. 숙종 말년부터 노론 청류로 자처였는데, 그가 낙동(駱洞)에 살았으므로 그와 교류하는 인물들을 낙당(駱黨)이라고 칭하였다.

371) 조사석(趙師錫) : 1632~1693. 본관은 양주, 자 공거(公擧), 호 만회(晩悔)·만휴(晩休)·향산(香山)·나계(蘿溪)이다. 형조판서 계원(啓遠)의 아들, 어머니는 영의정 신흠의 딸, 태구의 아버지이다. 1687년(숙종13) 우의정에 임명되자 홍치상(洪致祥)으로부터 '후궁 장씨의 모친이 조사석의 여종 출신이기 때문에 그 연줄로 정승이 되었다'는 무함을 받았다.

372) 복상(卜相) : 의정(議政)의 선발 방식이다. 매복(枚卜)이라고도 한다. 복상은 조선시대 의정급 관원의 선발 방식으로, 집정관(執政官)을 점쳐서 선발하는 방식에서 유래하였다. 시임(時任) 의정이 작성한 복상단자에 국왕이 낙점하는 방식으로 운영되었으나, 복상단자에 기록된 인물 이외의 후보자를 추가하여 낙점하는 가복(加卜)이 행해지기도 하였다. 의정의 선발은 복상 방식이 아닌 중비(中批)로 제수되는 경우도 있었다.

373) 가복(加卜) : 정승 임용 때 망단자(望單子, 3명의 후보 추천서) 중에 적임자가 없을 경우, 왕명으로 후보자를 다시 추가하던 제도이다.

374) 이숙(李䎘) : 1625~1688. 본관은 우봉(牛峯), 자 중우(仲羽), 호 일휴정(逸休亭)이다. 아우 이상(李翔)과 함께 송시열 문인이다. 우의정 등을 역임하였다.

375) 여성제(呂聖齊) : 1625~1691. 본관은 함양(咸陽), 자 희천(希天), 호 운포(雲浦)이다. 한준겸(韓浚謙)의 외손자이다. 좌의정·영의정 등을 역임하였다. 1689년(숙종15) 인현왕후 폐위에 반대하는 상소를 올렸다가 유배되었다.

뜻을 굽히고 주상의 뜻을 따를 수 없습니다.' 하였다. 주상이 특별히 명하여 조사석을 우의정에 임명하였다. 그 뒤 서포(西浦) 김만중(金萬重)376)이 대사헌으로 입대하여 사사로운 길을 통해서 정승이 된 것은 잘못이라고 조사석을 극론하였다. 이로 말미암아 조사석이 스스로 사류에게 용납되지 못할 것을 알고 소론이 되었다. 조태구는 조사석의 아들이고, 조태억은 조가석(趙嘉錫)377)의 아들이었는데, 그 또한 조태구의 논의를 따랐다."

선생이 다음과 같이 말하였다.

"그대는 또한 농암(農巖)이 쓴 '재앙의 단서[厲階]'라는 말을 아는가? 신축년(1661, 현종2) 숙종이 탄생했을 때 효종의 3년상이 아직 끝나지 않아서, 현종이 두 송 선생에 대해서 부끄럽게 여기지 않을 수 없었다.378) 매우 당황하여 어쩔 줄 모르고 있을 때 동춘당은 상소하여 축하하였는데, 우암은 죄를 받고 있던 중이라 정세가 불안하여 축하하는 반열을 따르지 못하였다. 주상은 이것 때문에 우암에 대해서 더욱 편치 않게 생각하였다. 마침 청풍부원군 김좌명이 휴가를 받아 회덕에 갔는데, -청풍부원군은 송국택(宋國澤)379)의 사위였으므로, 회덕은 처가의 고향이었다.- 회덕의 향대부가 몰려가 보려고 하였다. 우암이 무리들을 따라서 가는 것을 부끄럽게 여겨서 가서 보지 않았는데, 청풍부원군 또한 노하여 와서 찾아뵙지 않았다. 피차가 서로 만나보지 않고 길가에서 한마디를 대충 들었는데, 조정에 돌아와 주상에게 아뢰기를, '송아무개는 과연 기뻐하지 않는 뜻이

---

376) 김만중(金萬重) : 1637~1692. 본관은 광산, 자 중숙(重淑), 호 서포(西浦)이다. 장생의 증손, 만기(萬基)의 아우로 숙종비 인경왕후의 숙부이다. 1683년(숙종9) 대사헌이 되었는데 조지겸·오도일 등이 환수를 청하자 이를 비난하다가 체직되기도 했다. 1687년 장숙의(張淑儀) 일가의 행태를 비판하였다가 의금부에서 추국을 받고 유배되었다.

377) 조가석(趙嘉錫) : 1634~1681. 본관은 양주, 자 여길(汝吉), 호 태촌(苔村)이다. 아버지는 형조판서 계원, 어머니는 신흠의 딸이고, 조사석의 아우이다.

378) 현종이……없었다 : 효종의 상례가 채 끝나지도 않았는데, 후사가 생긴 일을 부끄럽게 생각하였다는 뜻이다.

379) 송국택(宋國澤) : 1597~1659. 본관은 은진(恩津), 자 택지(澤之), 호 사우당(四友堂)이다. 김장생의 문인으로 송준길과 교유하였다. 1636년 병자호란 때 강화도가 함락되자, 원손을 탈출시켜 그 공으로 통정대부에 올랐다.

있습니다.……' 하였다. 우암은 실제로 아무 말도 하지 않았고, 또한 어찌 감히 무슨 의도가 있었겠는가? 그렇지만 청풍부원군은 과연 정탐하려는 의도가 없지 않았으므로, 그 사이에 간혹 송시열을 좋아하지 않는 자와 오가는 말이 없지 않았을 것이다. 하물며 청풍부원군은 일찍이 사류에게서 배격을 당하여 평소 우암을 원망하고 있던 자가 아닌가? 이러한 이야기에 대해서는 아는 자가 없었다.

상서(尙書) 김좌명은 평소 정관재(靜觀齋) 이단상(李端相)[380] 공과 매우 친해서 서로 숨기는 말이 없었다. 정관재가 도성으로 들어왔을 때, 김상서가 나아가 보고 말하는 사이에 이 일을 언급하면서 혹 비속한 말로 우암을 기롱하고 꾸짖자, 정관재가 크게 놀라고 두려워하여 전말을 모두 편지에 써서 우암에게 급히 보내었다. 당시 우암은 황산 강가에 있었다. 그 뒤 우암이 정관재 비문 끝에 쓰기를, '위기의 급박한 순간에 천리를 마다 않고 단서를 지적하여 서로 알려주었다.' 한 것은 이 일이었다. 우암의 초상 뒤에 현석이 지촌(芝村) -정관재의 아들 이희조- 에게 말하기를, '아버지의 비문 가운데 단서를 지적하여 서로 알려주었다고 운운한 설에 대해서 그대는 아는가?' 하였다. 지촌이 '어찌 감히 알지 못하겠는가?' 하니 현석이 말하기를,

'선공이 현인을 아끼고 덕을 좋아하며 깊이 장래를 염려하는 아름다운 뜻이 있었지만, 우암이 특별히 자기에게 관계된 일이었기 때문에 단서만 말하고 자세한 내막을 말하지 않았는데, 어찌 끝내 밝히지 않을 수 있겠는가? 지금 아래에 그 전말을 대략 기록하여 뒷사람으로 하여금 밝게 알도록 하는 것이 마땅할 것 같다.' 하였다.

지촌은 그 말씀이 매우 타당하다고 생각하여 문장을 청하여 기록하려 하자 현석이 말하기를, '내가 써주어도 진실로 불가할 것이 없지만 중화(仲和)가 있으니 중화로 하여금 기록하게 하는 것이 좋겠다.' 하였다. 지촌이

---

380) 이단상(李端相) : 1628~1669. 정관재(靜觀齋)는 호이다. 본관은 연안(延安)이고, 자 유능(幼能), 호 서호(西湖)이다. 할아버지는 좌의정 정귀(廷龜)이고, 아버지는 대제학 명한(明漢)이며, 어머니는 금계군(錦溪君) 박동량(朴東亮)의 딸이다.

농암에게 고하자 농암 또한 그렇게 생각하여 대략 몇 행을 기록하고 쓰기를, '이 일은 끝내 후일 재앙의 단서가 되었다.……' 하였다. 지촌이 이를 그 아래쪽에 새겼다. 오도일이 이것을 보자마자 펄쩍 뛰어 일어나 우윤(右尹) 김석연(金錫衍)[381]에게 말하기를, '이른바 재앙의 단서라고 하는 것은 포사(褒姒)[382]에게나 쓰는 말인데, 김아무개가 감히 이 말을 써서 명성왕후에 빗대었으니 매우 통탄할 일이다. 그대는 상소하여 분명하게 배척해야 할 것이다.' 하였다. 우윤은 일찍이 성모의 수찰을 우암에게 전달한 자[383]로서 평소에 우암을 존경하였기 때문에 겁을 먹고 우물쭈물하면서 결단하지 못하였다.

오도일이 말하기를, '이 일은 선국구(先國舅)를 무고한 것일 뿐만 아니라 국모를 무욕한 것이니 실로 망극한 일이다. 그대의 집안에서 만약 상소하여 아뢰지 않는다면 내가 마땅히 상소하여 말할 것이니, 그러면 그대의 집안 또한 같은 죄에서 벗어나지 못할 것이다.' 하였다. 우윤이 크게 두려워하여 장차 상소하려 하였다.

해창위(海昌尉) 오태주(吳泰周)[384]는 명성왕후의 사위로서 성품이 단아하여 김씨들에게 중망을 받고 있었다. 여러 김씨들이 해창위에게 가서 의견을 구하자 해창위가 크게 놀라 말하기를,

'다른 사람이 쓴 문자를 찾아내서 죄안(罪案)을 만드는 것은 참람되고 사특한 소인들이나 하는 짓이다. 하물며 또한 문자를 가져다 쓰는 법도가 진실로 이와 같아서 본래 죄를 줄만한 단서는 없다. 그렇지만 또한 이

---

381) 김석연(金錫衍) : 1648~1723. 본관은 청풍(淸風), 자 여백(汝伯)이다. 아버지는 영돈령부사 우명(佑明)이며, 현종비 명성왕후의 동생이다.

382) 포사(褒姒) : 주나라 폭군 유왕(幽王)의 애첩으로, 나라를 망하게 하여 후대 지탄을 받았다.

383) 성모의 수찰을 우암에게 전달한 자 : 1680년(숙종6) 겨울에 명성왕후가 김석연을 시켜 송시열에게 언문으로 쓴 어찰을 전해 주었다. 그 내용은 천재(天災)가 거듭 내리고 국사가 위난(危難)하니, 돌아와서 성궁(聖躬)을 도와 국가를 진정하게 하라는 내용이 담겨 있었다.

384) 오태주(吳泰周) : 1668~1716. 본관은 해주(海州), 자 도장(道長), 호 취몽헌(醉夢軒)이다. 할아버지는 이조판서 상(翔), 아버지는 판서 두인(斗寅)이다. 1679년(숙종5) 현종의 딸 명안공주(明安公主)와 혼인하여 해창위(海昌尉)에 봉해졌다.

일은 비록 은미하지만 반드시 선현에게 재앙이 미칠 것이다. 그대 집안이 바야흐로 새롭게 사류와 화합하려고 하는데, 우리에게서 이렇게 사람들을 놀라게 하는 일이 생기는 것은 더욱 마땅치 않으니, 저들의 악독한 속셈을 결코 믿을 수 없다.' 하였다. 김석연이 크게 깨닫고 급히 그만두었다. 해창위가 이 일을 농암과 지촌에게 고하자, 크게 놀라서 급히 그 비를 뽑아서 그 문자를 지워버렸다. 농암이 이로부터 마음을 끊고 다른 사람의 비문을 짓지 않았다." -농암은 정관재의 사위이다.-

(10) ◯ 묻기를, "윤선거가 성조(聖祖)를 무욕한 일에 대하여 신구(申球)가 거론한 것은 그만 둘 수 없을 것 같은데,[385] 한수재 선생이 자못 어렵게 여기는 뜻을 가지고, 장암(丈巖)[386]에게 한번 편지를 보내 질책하기까지 한 것은 무엇 때문입니까?" 하자 선생이 말하기를,

"신구의 논의는 지나쳤다. 사문(斯文) 시비로 서로 싸우다가 마침내 문자 사이의 일을 가지고 악역의 죄과로 몰아갔으니[387] 진실로 어진 사람이 할 일이 아니었다. 또한 그 문자가 비록 이미 인쇄되어 간행되었지

---

385) 윤선거가……같은데 : 1694년 갑술환국 이래 숙종은 기본적으로 소론 탕평파를 지지하였으므로, 수세에 몰린 노론으로서는 윤선거 비판을 통해서 정국을 전환시킬 필요가 있었다. 이를 위해 노론 당인들은 송시열이 생전에 남긴 윤선거를 비판한 기록을 활용하였다. 이것은 송시열이 처음 제기하였다. 그는 윤선거가 '구천(句踐)은 속임수를 썼고 경연광(景延廣)은 미쳤다'고 한 말과 '놀며 즐기고 게으르다[盤樂怠傲]'고 한 것을 효종을 무함한 것으로 몰고 갔다.(『宋子大全·看書雜錄』) '句踐詐矣, 延廣狂矣.'는 이른바 「기유의서」에 나오는 말이고(『魯西遺稿·擬答宋英甫』), '盤樂怠傲'라는 말은 윤선거가 송시열에게 보낸 편지(『魯西遺稿·答宋英甫』)에 나오는 말이다. 이를 통해 국면을 전환시킨 것이 바로 1716년 병신처분이다. 이때 신구(申球)가 상소하여 이러한 표현이 효종을 무함한 것이라고 주장하자 숙종이 윤선거의 문집을 훼판하게 하고, 이어서 윤선거와 윤증의 관작을 삭탈하였다.

386) 장암(丈巖) : 정호(鄭澔, 1648~1736)의 호이다. 본관은 연일(延日), 자 중순(仲淳)이다. 철(澈)의 현손, 종명(宗溟)의 증손으로, 송시열의 문인이다. 1715년에 유계의 유저(遺著)인 『가례원류』의 발문을 썼는데, 윤증이 송시열을 배반했다는 내용이 문제되어 파직되었다.

387) 문자……몰아갔으니 : 윤선거의 편지에 나오는 내용을 문제 삼아서 그의 문집을 훼판한 것을 가리킨다. 이것은 노론 내에서 송시열과는 다른 견해가 있었다는 것을 의미하므로, 매우 중요한 자료이다.

만 그가 어찌 감히 주상을 무함할 뜻이 있었겠는가? 이것은 단지 표현상의 잘못일 뿐인데 스스로 이 지경에까지 이를 것을 알지 못한 것이니 불쌍하여 더 이상 거론할 가치도 없는 일이었다." 하였다.

(11) ○ 을사년(1665, 현종6) 5월 우옹이 온양에서 호가(扈駕)하여 수원에 이르러 상소를 올렸다. 상소문 내용은 대략 다음과 같다.

"나라에 원자(元子)가 태어난 경사가 있고부터 온 나라의 백성들이 기뻐서 칭송하지 않음이 없습니다. 비록 초야의 후미진 곳에 있더라도 상소하여 그 경하하는 심정을 모두 드러냈는데, 신이 그때 마침 죄를 짓고 있어서 황공하여 움츠리고 엎드려서 감히 여러 신하들과 함께 정성을 펴지 못한 것은 형세가 그러해서였습니다. 그런데 이로 인해 신하된 자로서 차마듣지 못할 말388)이 있을 줄은 생각지 못하였습니다. ……"

388) 신하된 자로서 차마듣지 못할 말 : 송시열이 효종 상중에 숙종이 탄생한 것을 비판하였다는 소문을 말한다.

이윤시말

伊尹始末[389)]

위와 같다

윤증은 이성(尼城) 유봉(酉峯) 사람으로 집의 윤선거의 아들이다. 어려서 시남(市南) 유계(兪棨) 공에게서 학문을 배웠고, 이윽고 우암 송 문정공을 따라서 아버지를 섬기듯 배운 지 40여 년이나 되었다. 젊어서부터 과거공부에 힘쓰지 않고도 삼정승의 지위에 올랐으나 죽을 때까지 벼슬에 나아가지 않았다. 절사(節士) 송상민(宋尙敏)[390)]이 일찍 말하기를, "윤증 부자 집안의 행실은 조심성이 있고 독실(篤實)했지만, 언론은 늘 이해(利害)를 따지는 것에 있었다." 하였다.

처음에 윤선거가 성균관 유생으로서 후금에서 황제를 참칭하며 보내온 사신을 베어버릴 것을 청하며[391)] 협박하여 달아나게 하자, 그 명성이 천하에 진동하였다. 그런데 오랑캐의 침략으로 강화도가 함락되기에 이르자 윤선거가 사우들과 함께 죽기로 약속하고, 마침내 그 처를 인도하여 먼저 죽게 하여, 사우와 처가 모두 죽었지만 윤선거는 끝내 죽지 않았다. 윤선거는 스스로 그릇된 사람이 되어 자립할 수 없음을 알고 문경공(文敬公) 신독재(愼獨齋) 김집(金集)에게 나아가 학문을 배우면서 자신을 천지간에 큰 죄인이라고 일컬었다. 그래서 당시의 여러 현인들이 지난 잘못을 잊고 스스로 새로워진 것을 취하여 마침내 함께 종유하였다. 문정공(文正公)

---

389) 이 자료는 『屛溪集·尼尹始末』에서 보인다. 윤휴와의 관계, 남인과의 야합을 이유로 윤선거·윤증 부자를 비난한 것은 송시열의 주장과 같은데, 여기에 『가례원류』에 대한 논란을 추가한 것이 차이점이다.

390) 송상민(宋尙敏) : 본관은 은진, 자 자신(子愼), 호 석곡(石谷)이다. 부호군(副護軍) 시흥(時興)의 아들로, 송시열의 문인이다. 1674년 갑인예송으로 송시열이 유배되자 억울함을 호소하는 소를 올렸다가 궁궐 앞에서 장살되었다. 이에 절사(節士)로 불렸다.

391) 윤선거가……청하며 : 1636년(인조14) 후금이 스스로 황제라 칭하면서 사신을 보내왔을 때 윤선거가 상소를 올려 오랑캐 사신을 목 베어 대의를 밝힐 것을 청한 일을 가리킨다.

송시열은 생각하기를, "죽어서 절개를 지키지 못했지만 스스로 폐고하였으니 마땅히 죽음으로 절개를 지켜야 할 때를 만나서 반드시 죽어야 할 의리가 여기서 더욱 드러났으므로, 그 죽지 못한 것도 또한 죽은 것과 함께 똑같이 절의(節義)를 숭상하는 데로 돌아갔다." 하였다. 이에 『삼학사전(三學士傳)』의 뒤에 나열하여 서술한 뒤, 그와의 관계가 더욱 깊어졌다.

역적 윤휴가 『중용』 주석을 고쳐 주자를 침해하여 업신여기고,[392] 문성공(文成公) 이이(李珥)와 문간공(文簡公) 성혼(成渾)을 무함하고 모욕하기를 거리낌 없이 하자 송 문정공이 사문난적으로 배척하였다. 윤선거는 문간공의 외손[宅相]인데도 윤휴를 힘껏 편들고 보호하자 문정공이 더욱 그 중독됨을 미워하였다. 그래서 장차 『춘추』에서 말하는 '먼저 그 당여를 다스려야 한다.'는 법을 윤선거에게 적용하려 하자 윤선거가 마침내 "저 사람은 음이고 소인이다." 하고, 윤휴와 절교하였다고 칭하였다. 윤선거가 세상을 떠난 뒤 윤휴의 당여가 장차 집권하려 하자, 윤증이 비로소 윤선거가 문정공에게 보내려다 만 편지를 꺼내어 연보에 싣고 문정공에게 묘갈명을 부탁하면서 보냈는데, 그 편지는 바로 윤휴를 칭찬하면서 등용하라고 권하는 내용이었다. 그래서 문정공은 윤선거가 윤휴와 절교했다는 사실에 대해서 크게 의심하였다.

그 뒤 윤휴의 당여가 복주되었으나 한 번 번복되어 사화(士禍)[393]가 다시 일어나서 문정공이 장차 고주(孤注)[394]가 되려하자, 윤증이 점필재(佔畢齋)의 재앙[395]이 일어나 화가 문인들에게 미칠 것을 깊이 두려워하여

---

392) 윤휴가……업신여기고 : 윤휴가 『중용』에 대한 주자의 주석(註釋)을 '변개(變改)'하였다고 송시열이 반발하자, 윤휴는 "경전(經傳) 문구의 뜻을 어찌 주자만이 홀로 알겠는가?"라고 하였다.

393) 사화(士禍) : 여기서는 기사환국을 가리킨다. 서인의 입장에서 남인의 정치공세로 간주하여 사화로 표현하였다.

394) 고주(孤注) : 노름꾼이 남은 밑천을 다 털어 최후의 승부를 거는 것이다. 여기서는 송시열의 죽음이 임박하였다는 의미로 쓰였다.

395) 점필재(佔畢齋)의 재앙 : 점필재 김종직의 「조의제문(弔義帝文)」으로 촉발된 무오사화(戊午士禍, 1498)를 가리킨다. 김종직은 이로 인해 부관참시(剖棺斬屍) 당하였다.

반드시 스스로 갈라서려고 하였다. 이에 전날의 섭섭한 일을 끄집어내어 여러 해 동안 헤아리며 기회를 엿보았는데, 조정의 논의가 어지럽게 나뉘지고 자신에게 동조하는 세력이 조금 늘어나자 곧 10여 년 전 묘문(墓文)에 꾸짖고 욕하는 말이 있다고 핑계대고 문정공 보기를 마치 원수처럼 하였다. 그러면서도 오히려 스승과 제자라는 명칭을 유지하고 우물쭈물 출몰하면서 혹 원망하고 혹은 애걸하다가 끝내 스승을 배반하고 절교하기에 이르렀다. 그 번쩍번쩍하며 농간을 부리는 의도와 행태는 사람들이 차마 제대로 볼 수 없을 정도였다.

그가 다른 사람에게 보내려 한 의서(擬書)는 3년 뒤에 비로소 송시열 문도에게서 나왔는데,[396] 문정공을 무함한 것이 망극하였다. 평생의 죄상을 몇 개의 문구로 단정하려고 수많은 단서를 살펴본 자가 무엇 때문에 40년간이나 스승을 아버지처럼 섬겼으며, 또한 무엇 때문에 그 아버지가 후세에 전한 문장에 의탁했으며, 또한 무엇 때문에 동정을 구걸하면서 "맺힌 의혹이 모두 풀어질 것"[397]이라고 하였는가? 이른바 "그가 소인이 된 것은 또한 본성에서 나온 것이 아니다."[398]고 한 것이 틀린 것인가? 윤증은 강화도에서 윤선거가 구차하게 살아난 것이 세상의 부끄러움이 될 것을 끝내 꺼려하여 오로지 이를 미화하려고 윤선거 상소에 있는 말을 끌어다가 윤선거가 벼슬살이 하지 않은 것은 강화도의 일 때문이 아니라고 하였고, 또한 강화도의 일에서 애초 죽을 의리가 없다고 하였다.

여기서는 송시열이 연루된 기사환국의 화가 서인 전체에 미칠 것을 두려워하여 윤증이 송시열을 배반한 것으로 보았다.

396) 그가……나왔는데 : 여기서 말하는 의서는 윤증이 송시열에게 보내려 한 「신유의서」임이 분명하다. 이것은 1681년에 작성되었으며, 그것이 조정에 알려진 것은 1684년 최신 상소에 의해서였다. 그러므로 여기의 문도는 송시열 제자 최신을 가리키는 것으로 볼 수 있으며, 底本의 "三十年"은 "三年"의 오류로 보인다.

397) 맺힌……풀어질 것 : 1684년(숙종10) 6월 25일 윤증이 송시열에게 보낸 편지에서 한 말이다.(『明齋遺稿·與懷川』)

398) 그가……아니다 : 송시열이 주자의 말을 인용하여 한 말이다.(『宋子大全·答金起之 乙丑 二月五日』) 여기서는 앞뒤 문맥을 고려할 때 애초 송시열이 윤증을 소인으로 간주하지 않았지만 윤선거 행적을 둘러싼 갈등과정에서 그러한 평가가 잘못되었음을 강조한 표현으로 보인다.

문정공은 이러한 논의가 횡행하면 강상윤리가 전도되고 세교(世敎)가 무너지게 될 것을 염려하였다. 또한 윤선거가 구차하게 살아난 것과 흉인과 무리지은 사실을 미워하고, 윤선거의 스스로 폐고하였다는 말과 윤휴와 절교했다는 말에 속은 것을 뉘우치며 힘껏 꾸짖어 배척하였다. 이에 윤증의 원독(怨毒)이 점점 깊어져서 마침내 기사년 사람들과 함께 서로 선동하여 문정공이 참화를 당하였다. 윤휴의 일을 신원하자 문정공은 화를 당하고 윤증은 곧 발탁되어 등용되었으니, 그 자취가 마치 진흙 속 짐승과 같지만 어찌 숨길 수 있겠는가?

시남공(市南公)이 일찍이 『가례원류(家禮源流)』[399]를 저술하였는데 죽음을 앞두고 윤증에게 수정을 부탁하였다. 애초 유공이 이 책을 저술하였는데, 윤선거가 참여하여 이 일을 도운 뒤 50년이 지나서 유공의 자손이 조정의 명령에 따라 간행하기를 청하였는데 윤증이 기꺼이 내주지 않았고, 그 아들 윤행교(尹行敎)는 말하기를, "이는 우리 집안의 책입니다." 하였다. 윤증이 또한, "부탁받은 일을 전부 기억하지는 못하겠다." 하였으니 다른 사람의 눈과 귀를 속이는 것이 심하였다. 또한 무슨 마음이란 말인가? 문순공(文純公) 한수재(寒水齋) 권상하가 "아버지처럼 섬긴 스승에 대하여 이와 같이 소진(蘇秦)과 장의(張儀)의 수단을 썼다." 한 것[400]은 이것을 말한 것이다.

옛날 정숙자(程叔子)가 '형서(邢恕)의 낭패'에 대해 논하면서 단정하여 말하기를, "의리가 이해(利害)를 이기지 못하였기 때문이다." 하였는데,[401]

---

399) 가례원류(家禮源流) : 원래 유계가 편찬하고 윤선거와 윤증 부자가 교감하였다. 그런데 유계와 윤선거가 죽고 난 이후 노·소론의 대립이 격화되는 가운데 1711년(숙종37)에 좌의정 이이명이 숙종에게 품신하여, 용담현령(龍潭縣令)으로 있던 유계의 손자 유상기(兪相基)가 유계의 독자적인 저술인 것처럼 간행하자, 그 저자가 누구냐를 두고 노·소론 사이에 다툼이 일어났다.

400) 권상하가……한 것 : 당시 『가례원류』의 서문은 권상하가 지었는데, 그 서문에서 윤증을 비난하며, '소진(蘇秦)·장의(張儀)의 수단[蘇張手段]'이란 말과 정자(程子) 문인으로 배사(背師)한 형서(邢恕)를 들어 말한 '형칠낭패(邢七狼狽)'라는 글귀가 있었다. 즉 윤증도 소진·장의와 같이 송시열과의 갈등과정에서 권모술수를 사용하였으며, 형서가 정자를 배신했듯이 윤증도 송시열을 배반하였다는 주장이다. '형칠'이라고 한 것은 형서의 자가 칠(七)이기 때문이다.

논자들이 윤증에 대해 이것을 고쳐서 논평한 것이 없으니, 송절사(宋節士)가 윤증을 잘 보았다고 할 수 있다.

401) 정숙자(程叔子)가……하였는데 : 숙자는 정이(程頤, 1033~1107)의 자이다. 호는 이천(伊川)이고, 이천백(伊川伯)에 봉해져서 이천선생이라고 높여 불렸다. 북송(北宋)대 유학자로, 형 정호(程顥)와 함께 주돈이(周敦頤)에게 배웠고, 형과 아울러 '이정자(二程子)'라 불리며 정주학(程朱學)의 창시자로 알려졌다. '이기이원론(理氣二元論)'의 철학을 수립하여 큰 업적을 남겼다. 형서는 정호(程顥)의 문인이었으나 스승을 저버리고 도리어 공격하였다. 어떤 사람이 정이에게 "형서가 오랫동안 선생을 시종하였으나 전혀 지식이 없으므로, 뒷날 매우 낭패하게 될 것입니다."고 하니, 정이가 "전혀 지식이 없는 것은 아니다. 의리의 마음이 이욕(利慾)의 마음을 이기지 못하여 이 지경에 이른 것이다."고 하였다.

우연히 기록하다

偶記[402]

위와 같다

생각건대 예전 신축년(1721, 경종1) 9월 내가[403] 장차 문성(文城)[404]에 부임하기 위해 조정의 관례에 따라서 종남산(終南山, 서울 남산) 아래에서 정승 조태채(趙泰采)를 찾아뵙고 절하며 출발을 고하였다. 그런데 공은 나를 처음 만났는데도 외면하지 않고 존엄한 지위가 손상되는 것도 꺼리지 않은 채 나를 끌어다가 머물게 하고 대화를 나누었다. 이때 달리 번거롭게 하는 손님이 없었으므로, 나를 위해 건저(建儲) 때의 일을 자못 자세히 말해 주었다. 공이 말하기를, "그날 마침 궁에서 잠시 나왔다가 이정소(李廷熽)[405]의 상소 때문에 명을 받들어 입궐하였는데, 금호문(金虎門, 창덕궁 서문) 안으로 한 발을 내딛으면서 이미 그 마음을 스스로 정하였다."[406] 하였다.

잠시 침묵하다가 말하기를, "숙종의 은혜에 보답하는 것이 바로 오늘의 일에 있으니, 이 몸의 생사는 다시 염려하지 않았다. 이윽고 김창집과

---

402) 이 부분은 『屛溪集·偶記』에서 보인다. 1721년(경종1) 왕세제 책봉을 둘러싼 노론4대신의 긴박했던 움직임을 조태채를 화자(話者)로 두고 상세히 설명하고 있다. 당대 노론의 움직임을 파악하는데 주요한 자료이다.

403) 내가 : 윤봉구(尹鳳九, 1683~1767)를 가리킨다.

404) 문성(文城) : 황해도 문화(文化)의 다른 이름이다. 윤봉구는 1721년(경종1) 8월 8일 문화 현감에 제수되었다.

405) 이정소(李廷熽) : 1674~1736. 본관은 전주, 자 여장(汝章), 호 춘파(春坡)이다. 1721년(경종1) 경종이 무자다병(無子多病)하므로 노론 4대신과 함께 후계자를 정할 것을 발의하여, 연잉군을 세제로 책봉하게 하였다. 그러나 소론의 유봉휘 등은 시기상조라고 항소(抗疏)하고, 그 뒤 김일경 등이 노론 4대신을 4흉(凶)으로 공격하여 신축년 환국과 임인년(1722) 옥사가 일어나 노론이 실각하자, 유배되었다. 1725년(영조1) 연잉군의 즉위로 풀려난 뒤 병조참판을 지냈다.

406) 그날 마침……정하였다 : 1721년 8월 정언(正言) 이정소가 연잉군을 세제로 정할 것을 청하자 조태채가 송나라 인종(仁宗)대 사례를 들어 세제책봉과 대리청정을 빨리 처분할 것을 촉구하였다.

이이명, 두 정승과 함께 여러 신하들이 입대하여 주상이 자전(慈殿)[407]에게 정해진 저위(儲位)를 써서 내려달라고 들어가 아뢰기를 청하고, 즉시 여러 신하들이 합문 밖으로 물러났는데, 그때 다시 초경을 알리는 북소리가 났다. 공손히 다시 들어오라는 명을 기다리고 있었는데, 밤이 이미 깊어 자정이 지났으므로 서로 돌아보고 기가 질려서 걱정이 이르지 않는 곳이 없었으니, 범진(范鎭)의 머리칼이 모두 백발로 변했다는 것[408]이 실로 이 광경이었을 것이다.

내가 두 상공(相公)에게 말하기를, '사직의 존망이 이 날에 달려 있습니다. 일이 여기에 이르렀으니, 만에 하나 이름을 적어 내린 것이 사람들의 바람에 벗어나면 장차 어찌하겠습니까?' 하자, 곁에 있던 재상 한 명이 말하기를, '만약 이미 이름을 적어서 내렸다면 명호가 이미 정해진 것이니 어찌하겠는가?' 하였다.

내가 말하기를, '어찌하여 이런 말을 하십니까? 건저는 국가의 대사이니 대신들은 마땅히 가부에 참여해야 할 것입니다. 비록 이미 이름을 적어 내렸어도 대신들이 전지(傳旨)를 받들지 않으면 명호가 정해졌다고 할 수 없습니다. 오늘 우리들이 마땅히 목숨을 걸고 저지해야 할 것이니, 이외에는 다른 방도가 없습니다.' 하였다.

김 정승이 말하기를, '대감의 말이 정당하니, 어찌 따르지 않겠습니까?' 하였고, 내가 다시 이 정승에게 물어보니, 이 정승 역시 말하기를, '두 공의 뜻이 이와 같으니 소생이 어찌 다르겠습니까?' 하였다. 내가 말하기를, '이는 소생으로부터 나왔으므로 일이 혹 불행해진다면 소생이 마땅히

---

407) 자전(慈殿) : 일반적으로 임금의 어머니를 지칭하는데, 여기서는 숙종의 마지막 왕비 인원왕후(仁元王后)를 가리킨다. 본관은 경주, 경은부원군(慶恩府院君) 김주신(金柱臣)의 딸이다. 인현왕후가 죽은 후 1702년(숙종28) 왕비에 책봉되었으며, 소생은 없다.

408) 범진(范鎭)의……변했다는 것 : 송나라 인종이 두 황자(皇子)를 잃자 범진(1008~1089)이 건저(建儲)를 소청(疏請)하면서 기다리던 것을 가리킨다. 당시 건저 후보는 송나라 5대 황제 복왕(濮王) 조윤양(趙允讓)의 아들 조종실(趙宗實)이었다. 인종이 후사가 없자 그를 궁에 데려와 키웠고, 1062년 황태자가 되었다. 1063년에 황제로 등극하여 영종(英宗)이 되었다.

앞장서서 다툴 것이니 두 상공께서는 이어서 다투기 바랍니다.' 하자 두 정승이 그러겠다고 말했다.

이윽고 파루(罷漏)가 지나 명이 내려져, 비로소 다시 입대하였더니 저위(儲位)를 써서 내려주었는데, 과연 사람들의 바람에서 벗어나지 않았다. 그에 앞서 운운한 것은 다행히 한가한 생각이 되고 말았으니 이 어찌 종묘사직과 신령이 조용히 도와 이루어진 것이 아니겠는가? 그렇지만 당시의 일을 어찌 말하겠는가? 이것을 보면 앞서 생각한 것도 또한 가능한 일이기는 하였지만, 지금 생각하면 아직도 두려움이 남아있다." 하였다.

나 윤봉구는 말이 끝나기도 전에 나도 모르게 벌떡 일어나 감복하였다고 말씀드리고 돌아왔다. 이어서 공이 이 논의를 주도한 것을 보면 진실로 옛 대신의 풍모가 있다고 생각하였다. 그가 말하기를, "대신이 전지를 받든 뒤에야 비로소 명호가 정해졌다고 할 수 있다." 하였다. 그렇지 않다면 대신들은 가부를 용인하기만 하였을 것이니, 이것이 무슨 역량이며, 어떻게 올바른 것을 밝힐 수 있겠는가? 그 식견이 활달하고 거리낌 없어서 변화하는 사태에 직면하여 상황에 얽매이지 않고 일을 헤아릴 수 있었던 것이다. 하물며 재앙이 일어난 날에는 태연히 웃으며 이야기를 나누었으며, 명을 받들 때는 매우 차분하였으니 어찌 명릉(明陵)409) 때부터 한번 죽어서 은혜를 갚겠다는 생각이 이미 평소에 정해져 있었기 때문에 일이 손끝에 이르렀는데도 두려워하지도 않고 굽히지도 않은 것이 아니겠는가? 아! 공의 이러한 논의가 시행되지 않았던 것은 진정으로 종사와 세도의 행운이었다. 공의 위대한 식견과 바른 견해가 끝내 없어져서 전해지지 않아서는 안 될 것이기에 이날 주고받은 말을 거슬러 올라가 기록하여, 보고자 하는 자는 보게 하고자 한다. 이때가 무신년(1728) 봄날이었다.

---

409) 명릉(明陵) : 숙종과 계비 인현왕후 및 인원왕후의 능이다. 여기서는 숙종을 가리킨다.

자질구레한 기록들

瑣記[410)]

위와 같다

지난 을유년(1705, 숙종31) 여름에 내가 이여오(李汝五)[411)] 대감 등 여러 사람들과 함께 도봉서원(道峯書院)[412)]에서 학업에 힘썼다. 마침 논의가 서인과 남인, 노론과 소론의 시비를 말하게 되었는데, 내가 말하기를, "오늘날 시비의 사특함과 올바름, 선과 악은 실로 음과 양, 흑과 백이 분명하게 구별되는 것과 같다. 세도의 책임을 맡은 자는 마땅히 밝게 분변하고 통렬히 분석하여 세상 사람들이 분명히 알게 함으로써 반드시 사특한 자는 올바른 데로 돌아오게 하고 악한 자는 선으로 교화시킨다면 선비의 취향을 하나로 만들어 세도를 맑게 할 수 있을 것이다." 하였다.

이여오 대감이 말하기를, "내가 비록 서인은 착한 사람이고 노론이 정론(正論)이라고 여기지만, 남인과 소론 또한 말하기를, '우리는 바르고 서인은 사특하며, 이것이 선하니 노론은 악하다.' 할 것이니, 후세에 진실로 옳고 그름을 어떻게 말할지 알 수 없지 않은가?" 하였다. 내가 말하기를, "그대의 말은 세속의 논의를 매우 옳게 여기지만, 서인과 남인, 노론과 소론이 진정으로 옳고 진정으로 틀렸음을 온전히 알지 못하기 때문에 이와 같은 화두를 꺼낸 것이다." 하였다.

---

410) 이 부분은『屏溪集·瑣記』에서 보인다. 영조 탕평정치에 대한 불만을 소론 탕평파의 중심이었던 조문명의 말을 인용하여 표출하고 있지만 결국 노론의 의리를 관철시키는 것을 탕평으로 간주하는 노론 준론의 관점을 드러내고 있다.

411) 이여오(李汝五) : 여오는 이병상(李秉常, 1676~1748)의 자이다. 이병태(李秉泰)의 족형(族兄)으로, 1721년(경종1) 부제학·대사헌·이조참판 등을 지내며 소론에 맞서다가 신임환국 때 파직되기도 하였다.

412) 도봉서원(道峰書院) : 1573년(선조6) 조광조의 학문과 덕행을 추모하기 위해 창건하여 위패를 봉안하였다. 창건 때 '도봉'이라는 사액(賜額)을 받았고, 1696년(숙종22)에는 송시열을 배향하였다. 1871년(고종8) 서원철폐령으로 헐리게 되었고 위패는 땅에 묻었다.

이여오 대감이 말하기를, "나 또한 알고 있는 것은 그대의 준론(峻論)과 같지 않은 것이 없는데, 남인과 소론의 말 또한 그대의 말과 같으니 어째서인가?" 하였다.

내가 말하기를, "알지 못하는 자가 말하는 것은 마치 까마귀의 암컷·수컷[413]처럼 비슷하지만, 진정으로 옳고 그른 것은 자연히 있다. 만약 위에 있는 자가 진정으로 옳은 것을 주장하면서 참으로 잘못된 것을 명확히 논파하여 배척한다면 자연스럽게 옳은 데로 한결같이 달려갈 것이다. 위에 있는 자가 명확히 분변하고 통렬하게 분석하여 제시하지 않는 것이 한스러울 뿐이다." 하였다.

뒷날 병오년(1726, 영조2) 가을에 내가 청도(淸道) 군수로 있다가 경연관으로 소명(召命)을 받아 장차 계상(溪上)으로 돌아가는 길에 달성(達城)을 지나갔다. 정승 유전보(兪展甫)[414]공이 방백(方伯)으로서 와서 만나 좋은 분위기 속에 대화하였는데, 나눈 말은 다음과 같다.

작년 대사간으로 재직했을 때 좌의정 조문명(趙文命)이 조정의 관례에 따라서 부임 인사를 하러 와서[415] 실컷 대화하였다. 그가 말하기를, "오늘날의 일이 개탄스럽다. 작년에 성상(聖上, 영조)이 즉위하자 남인과

---

413) 까마귀의 암컷·수컷 : 『시경』 「소아(小雅)·정월(正月)」에 "모두 자기들이 최고라고 하지만, 누가 까마귀의 암수를 알 수 있을까.[具曰予聖, 誰知烏之雌雄.]"라는 말이 나온다. 이는 까마귀는 서로 비슷해서 암수를 구분하기 어렵다고 하는데, 소인들이 득세하는 난세를 풍자한 말이다. 지금 시비를 벌이고 있는 자들의 진위와 선악이 분명하지 못해서 누가 더 나은지 분간할 수가 없다는 뜻이다.

414) 유전보(兪展甫) : 전보는 유척기(兪拓基, 1691~1767)의 자이다. 본관은 기계(杞溪), 호 지수재(知守齋)이다. 1739년 우의정에 올라, 신임환국 당시 사사된 김창집·이이명의 복관(復官)을 건의해 신원(伸寃)시켰다. 만년에 김상로(金尙魯)·홍계희(洪啓禧) 등이 영조와 사도세자 사이를 이간시키자 이를 깊이 우려했고, 이천보(李天輔)의 뒤를 이어 영의정이 되었다.

415) 조문명이……와서 : 조문명(趙文命, 1680~1732)의 본관은 풍양(豐壤), 자 숙장(叔章), 호 학암(鶴巖)이다. 현명의 형이다. 경종대 세제로 책봉된 연잉군 보호에 힘쓰면서 김일경과 대립하였다. 1727년(영조3) 정미환국으로 소론이 재진출하자 이조참의에 특별히 임명되었다. 그 해 딸이 효장세자(孝章世子)의 빈(嬪)이 되었다. 송인명(宋寅明)과 함께 영조대 탕평정국을 주도하였다. 1725년(영조1) 12월 7일에 조문명이 경주부윤(慶州府尹)에 부임하였다. 『병계집(屛溪集)』에는 이 부분에 "좌상 조문명이 이때 경주부윤이 되었다"는 세주가 있다.

소론이 모두 의구심을 품었다.416) 남인에 대해서는 내가 잘 알지 못하지만, 소론 명류(名流)는 모두 동료들이니 어찌 모르겠는가? 대단한 범죄도 없는 자들조차 행장을 꾸리고 두려워 떨지 않는 자가 없었다. 약간의 처분만 있으면 국면을 바꾸어 모두 장차 하나로 돌아갈 수 있는데, 성상께서는 큰 처분을 내리지도 않고 시비를 분별하지도 않았다. 오직 당색을 묻지 않고 똑같이 등용하고 육성하여 조금의 차이도 없이 대우하였지만, 누가 끝내 대대로 전해 내려오는 색목을 기꺼이 버리고, 구차하게 노론에 달려가 붙어 애걸하려고 하겠는가? 비록 남인은 스스로 남인으로서의 색목을 포기하지 않고 소론도 스스로 소론으로서의 색목을 유지하더라도, 청관(淸官)과 미작(美爵)을 스스로 할 수 있었다. 그래서 다시 색목에 변동이 없었으니, 색목을 없앨 수 있는 좋은 기회를 잃어버렸다고 할 수 있다. 개탄스럽고 개탄스럽도다." 하였다.

조문명은 본래 소론 색목을 가지고 있고 또한 소론의 동료들이 많았기 때문에 비록 소론으로 자처하였지만 그 심사는 스스로 노론과 다르지 않았으므로 그 말이 이와 같았다고 한다.

지금 조태구, 유봉휘(劉鳳輝),417) 이광좌, 조태억의 관작을 추탈하라는 합계가 다시 제출되었는데,418) 이것이 지금의 정세에 비추어 보아 어떨지

---

416) 남인과……품었다 : 영조는 연잉군으로 있을 때 노론의 지지를 받아 세제(世弟)가 되었다. 노론은 여기서 한 걸음 더 나가 경종의 질병을 이유로 대리청정을 추진하다가 1721년 실세하였고, 1722년 임인옥사로 정승 네 명이 사사되고 많은 사람들이 처벌받았다. 그런데 경종이 사거하고 영조가 즉위하였으니, 남인과 소론은 노론의 대대적인 복수가 있을 것이라고 의심한 것이다.

417) 유봉휘(劉鳳輝) : 1659~1727. 본관은 문화(文化), 자 계창(季昌), 호 만암(晩菴)이다. 아버지는 영의정 상운(尙運)이다. 1721년(경종1) 사직으로 있을 때 노론 4대신이 연잉군을 왕세제로 책봉하려 하자 강력히 반대하였고, 세제의 대리청정이 실현되자 극간하여 철회시켰다. 1725년(영조1) 좌의정에 올랐으나 노론의 공격을 받고 면직되었다. 그 뒤 이봉익(李鳳翼)·민진원 등의 논척을 받아 귀양가서 유배지에서 죽었다.

418) 지금……제출되었는데 : 1725년(영조1) 4월 26일 삼사에서 조태구 등의 관작을 추탈하라는 합계가 나와서 조태구는 관작이 추탈되었다가 1727년 정미환국으로 직첩을 회복하였다. 본문의 지금은 1746년으로 당시 삼사에서 합계하여 조태구·유봉휘·이광좌·조태억의 관작을 추탈하라고 다시 청하여, 조태구는 관작이 다시 추탈되었다. 이광좌와 조태억에 대해서는 1747년(영조23) 8월 16일 삼사에서 관작을 추탈하라고 청하였는데, 여기서 말하는 것은 이것을 가리키는 것 같다.

모르겠다. 남인과 소론 진신 가운데에도 이미 이를 청하는 상소가 있었고, 또한 남인과 소론도 연이어 합계에 참여한 사람이 있는 것 같은데, 주상이 아침에는 동쪽으로 가고 저녁에는 서쪽으로 간다고 질책하고 죄를 주었다. 주상의 의도는 대대로 지켜온 논의를 버리고 다른 사람에 의탁하여 붙은 것을 틀렸다고 본 것이다.

모든 논의에는 저절로 공과 사, 사특함과 올바름이 있고 당류에도 또한 군자와 소인이 있다. 세도가 청명해서 군자가 나아가고 공정한 논의가 이미 확립되었다면 마치 혁(革)괘 상구(上九)의 뜻[419]과 같이 군자는 큰 변화를 일으키고 소인은 그에 따라서 면목을 바꾸는 것이 마땅하다. 과연 성상의 하교와 같이 옳고 그름과 사특함과 올바름을 논하지 않고 각자 대대로 전해지는 논의를 지킨다면 어떻게 선비의 취향을 하나로 만들어 그 극(極)으로 모이게 할 이치가 있겠는가?

성상께서는 늘 20년간의 고심이 실로 탕평(蕩平)에 있다고 하교하시는데, 이 무리가 오늘날 한 일이 참으로 면목을 바꾼 것인지 모르겠다. 합계의 주장은 대략 토역론자들과 같은데, 또한 성상께서 이처럼 배척하였으니, 과연 각자 색목을 견지하게 하여 그 마음이 연나라와 월나라 사이만큼 동떨어져 있는데, 끝내 탕평을 이룰 수 있겠는가? 성상께서 비록 탕평에 대해 고심하였지만 진실로 진정한 탕평의 도리를 얻지 못한 것이니, 참으로 개탄스럽고 안타깝다.

정승 조문명의 말[420]을 가지고 보면, 위에 있는 자가 과연 능히 진정한 시비를 밝혀서, 곧은 자는 들어 쓰고, 굽은 자는 내쳐서 처치가 마땅함을 얻는다면 온 세상이 지향하는 것이 올바른 데로 돌아가서, 분분한 색목도 어렵지 않게 소멸될 것이니, 지난번 이여오 대감의 말은 진실로 모두 다 간파하지 못한 것이 있다. 삼가 듣기에, 아침에는 동쪽으로 갔다가

---

419) 혁(革)괘의 상구(上九)의 뜻 : 『주역』 혁괘(革卦)에는 상구(上九)가 아니라 상육(上六)이 있다. 상육(上六)은 "군자가 표범처럼 변하면, 소인은 얼굴을 바꾼다.[君子豹變, 小人革面.]"라고 하였다.

420) 조문명의 말 : 앞에 인용한 말을 가리킨다.

저녁에는 서쪽으로 간다는 하교[421]가 있었다고 하니, 나도 모르게 거듭 개탄스러워, 이에 지난날 사사롭게 주고받은 말을 기록하여 뒷날에 살펴볼 자료로 삼는다. 때는 정묘년(1747, 영조23) 겨울이다.

421) 아침에는……하교 : 정묘년 이전 이같은 하교는 『영조실록』이나 『승정원일기』에서 찾을 수 없다.

작은 기록들

小記[422]

위와 같다

정유년(1717, 숙종43) 봄에 황강(黃江)으로 스승 권상하를 가서 뵈었다.[423] 이때 우암과 동춘당, 두 선생을 문묘에 배향하는 일에 대해서 혹은 한 분만 배향하자고 주장하거나 혹은 두 분 모두 배향하자고 주장하여 논의가 지극히 한결같지 않았다.[424] 윤봉구가 묻기를, "지금 문묘 배향 논의가 이와 같이 시끄러운데 선생님의 생각은 어떠신가요?" 하자 대답하기를, "대현을 종사하는 것에 대해서는 저절로 논의가 정해질 것인데, 어찌 서둘 필요가 있겠느냐?" 하였다. 윤봉구가 말하기를, "우옹을 종사하는 것은 지금도 이미 너무 늦었습니다. 또 얼마나 기다려야 합니까?" 하자 대답하기를, "우옹은 대현이니 비록 천 백대가 지나더라도 반드시 종향(從享)하는 것이 합당하다는 것을 누군들 알지 못하겠는가? 세도가 비록 땅에 떨어지더라도 사론은 마땅히 존재할 것이니 어찌 종사할 날이 없겠는가? 어찌 이처럼 시끄럽게 떠들 필요가 있는가?" 하였다. 윤봉구가 또 말하기를, "동춘당을 병거하려는 뜻은 무엇입니까?" 하자, 선생이 아무

---

422) 이 부분은『屛溪集·小記』에서 보인다. 송시열과 송준길의 문묘배향을 둘러싼 노론내 갈등양상을 살펴볼 수 있다.

423) 정유년……뵈었다 : 윤봉구가 스승 권상하를 황강(黃江)으로 찾아가서 나눈 대화이다.

424) 우암과……한결같지 않았다 : 1717년(숙종43) 전라도 유생 정민하(鄭敏河) 등이 송시열과 송준길에 대한 문묘 종사를 청한 이래 1725년(영조1)을 전후한 시기와 1735년을 전후한 시기 지속적으로 제기되다가 1754년에 급증하여 마침내 1756년 송시열과 송준길의 종사가 실현되었다. 숙종대 양송의 문묘 종사 논의는 노론의 정치적 학문적 우위 속에서 그 정당성을 입증하기 위해 제기되었다. 하지만 특정 당파의 일방적 우위를 용인하지 않으려는 숙종의 의지로 인해 문묘종사가 결정되지 않았다. 영조가 즉위하면서 다시 문묘 종사 논의가 제기되었다가 1735년 홍봉한 등의 상소를 계기로 문묘 종사를 요청하는 상소들이 다시 제출되었다. 이후 1744년 7건, 1745년 6건, 1746년 6건, 1748년 7건에 이어서 1754년 24건으로 점차 문묘 종사 요청이 고조되어 마침내 1756년 40여 년간의 논란을 마치고 양송의 문묘 종사가 결정되었다.

말 없이 오랫동안 있다가 천천히 말하기를, "우리는 두 분을 하나 같이 스승으로 모셨으니 어찌 감히 더불어 논의할 것이 있겠는가?" 하였다.

돌아온 뒤 몇 개월이 지나 친구 이기보(李器甫)[425]가 와서 만났는데, 묻기를, "근래의 문묘 배향 논의에 대해서 그대는 사문(師門)에게 여쭙지 않았는가?" 하여, 내가 그날 받은 가르침을 대략 말해주고, "선생의 은미한 뜻을 볼 수 있었다. 그대들도 알고 있어야 한다." 하였다. 그 뒤 이기보가 반임(泮任)[426]이 되었을 때 문묘종사 논의가 있었기 때문에 내가 전해준 말을 가지고 선생에게 질문하였다. 선생이 답장을 써서 운운한 것이 바로 문집 가운데 무술년(1718) 이기보에게 답한 편지[427]이다. 편지 첫머리에 "보내준 편지는 잘 보았다. 서울에서의 논의는 단거와 병거에 대해서 완전히 같지는 않은 듯하였다.……" 하였는데, 살펴보면 알 수 있을 것이다.

---

425) 이기보(李器甫) : 기보는 이도원(李度遠, 1684~1742)의 자이다. 본관은 완산(完山)이다. 1726년(영조2) 정언으로서, 탕평의 도리에 관해 상소하였다.

426) 반임(泮任) : 성균관 유생을 대표하는 임원들이다. 성균관 유생의 임원에는 장의(掌議) 등이 있었는데 이들은 유생들의 투표에 의해 선출되며, 유생들의 의견을 수렴하고 생활 규칙을 정하는 등의 구실을 하였다.

427) 무술년……편지 : 『寒水齋集·答李器甫戊戌』에 보인다.

붕당의 전말
朋黨源委

선조 때에 동당(東黨)과 서당(西黨)으로, 또 나뉘어져 북당(北黨)이 되었고, 인조 때에 서인은 또한 노배(老輩)와 소배(少輩)로 나뉘는 조짐이 있다가, 숙종대 이르러 드디어 노론과 소론의 당을 이루었다.

◯ 손암(巽菴) 심의겸(沈義謙)은 명종의 국구(國舅) 심강(沈鋼)[428]의 아들이었다. 처음에 이량(李樑)[429]이 권력을 오로지하고 윤두수(尹斗壽)[430] 등을 해치려 하자 심의겸이 밀지를 받들어 이량을 탄핵하여 몰아냈으므로, 사림을 부호한 공이 있어 전배(前輩)들의 인정을 받게 되었다.

성암(省菴) 김효원(金孝元)은 남명(南溟) 조식(曺植)의 문인이었는데, 과거에 급제하기 전에 윤원형(尹元衡)의 사위 이조민(李肇敏)[431]과 서로 친하였다. 당시 심의겸이 전랑(銓郞)이었는데 공무로 인해 윤원형의 집에 갔다가 서실(書室)에 김효원의 침구가 있는 것을 보고 마음속으로 비루하게 여겼다. 김효원이 급제하자 당시 명망이 있어 젊은이들 한 무리가 즐겨 그를 종주로 받들었다. 심의겸은 김효원이 전랑으로 천거되는 것을 막았고, 김효원은 심의겸이 척속(戚屬)이라 하여 배척하였다. 심의겸은 서문[白門][432] 밖에 거주하였고, 김효원은 타락봉(駝駱峰)에 거주하여, 심의겸을

---

428) 심강(沈鋼) : 1514~1567. 본관은 청송, 자 백유(伯柔), 시호 익효(翼孝)이다. 명종의 장인으로 청릉부원군(青陵府院君)에 봉해졌다.

429) 이량(李樑) : 1519~1582. 본관은 전주, 자 공거(公擧). 효령대군(孝寧大君)의 5대손, 명종비 인순왕후(仁順王后)의 외숙이다. 당시 사람들은 그를 윤원형·심통원(沈通源)과 더불어 3흉(凶)이라 불렀다.

430) 윤두수(尹斗壽) : 1533~1601. 본관은 해평(海平), 자 자앙(子昻), 호 오음(梧陰)이다. 근수(根壽)의 형이다. 1563년(명종18) 이조정랑에 재임 중 이량(李樑)이 아들 정빈(廷賓)을 이조좌랑에 천거한 것을 박소립(朴素立)·기대승(奇大升) 등과 함께 반대하였다. 이에 이감(李戡)의 탄핵을 받아 삭직되었다.

431) 이조민(李肇敏) : 1541~?. 본관은 용인(龍仁), 호 육물(六勿)이다. 윤원형의 서녀(庶女)와 결혼하여 사위가 되었다.

432) 백문(白門) : 서쪽 혹은 서쪽 문을 가리킨다. 서쪽이 오행으로는 금(金)에 해당하고

편든 사람을 서인이라고 하고, 김효원을 편든 사람을 동인이라고 하였다.

송강(松江) 정철(鄭澈), 사암(思菴) 박순(朴淳), 황강(黃岡) 김계휘(金繼輝), 백담(柏潭) 구봉령(具鳳齡), 오음(梧陰) 윤두수(尹斗壽), 월정(月汀) 윤근수(尹根壽), 약포(藥圃) 이해수(李海壽), 청련(靑蓮) 이후백(李後白), 졸옹(拙翁) 홍성민(洪聖民), 백록(白麓) 신응시(辛應時), 서촌(西村) 장운익(張雲翼), 과재(果齋) 윤섬(尹暹), 서경(西坰) 유근(柳根), 지천(芝川) 황정욱(黃廷彧), 백사(白沙) 이항복(李恒福) 등이 바로 서인이었다.

초당(草堂) 허엽(許曄), 동강(東岡) 김우옹(金宇顒), 아계(鵝溪) 이산해(李山海), 소재(蘇齋) 노수신(盧守愼), 서애(西厓) 류성룡(柳成龍), 학봉(鶴峰) 김성일(金誠一), 동암(東岩) 이발(李潑), 파곡(坡谷) 이성중(李誠中), 단애(丹崖) 이경중(李敬中), 덕계(德溪) 오건(吳健), 오리(梧里) 이원익(李元翼), 한음(漢陰) 이덕형(李德馨), 약포(藥圃) 정탁(鄭琢), 북저(北渚) 김류(金瑬), 송와(松窩) 이기(李墍), 연암(淵庵) 우성전(禹性傳), 두암(斗巖) 김응남(金應南), 설사(雪蓑) 남이공(南以恭), 몽은(夢隱) 최철견(崔鐵堅), 청봉(晴峰) 윤승훈(尹承勳), 항재(恒齋) 정종영(鄭宗榮), 승지(承旨) 강서(姜緖), 수우(守愚) 최영경(崔永慶)과 홍여순(洪汝諄), 정인홍(鄭仁弘), 정여립(鄭汝立) 등이 바로 동인이었다.

율곡 이이가 둘 사이를 조제(調劑)하려고 노수신(盧守愼)[433]에게 말하여 경연에서 두 사람을 쫓아내라고 아뢰게 하니, 심의겸과 김효원이 지방관으로 나갔다.[434] 이에 허봉(許篈), 송응개(宋應漑), 박근원(朴謹元)이 율곡을 탄핵하였다.[435] 이때 우계가 상소하여 율곡을 구원하자, 주상이 좋은

색으로 흰색에 해당한다.

433) 노수신(盧守愼) : 1515~1590. 본관은 광주(光州), 자 과회(寡悔), 호 소재(蘇齋)·이재(伊齋)·암실(暗室)·여봉노인(茹峰老人)이다. 정여립 사건 때 예전 정여립을 천거했던 이유로 대간(臺諫)의 탄핵을 받고 파직되었다.

434) 심의겸과……나갔다. : 1575년(선조8) 심의겸은 개성부유수(開城府留守)로, 김효원은 부령부사(富寧府使)로 나갔다. 이이는 이를 통해서 동서 간의 갈등을 완화하려 하였다.

435) 허봉(許篈)……탄핵하였다 : 1583년(선조16) 동인의 허봉, 송응개, 박근원이 병조판서 이이를 탄핵하였다. 이들은 이이가 병권을 마음대로 하고 임금을 업신여기며 파당을 만들어 바른 사람을 배척하므로 왕안석과 같은 간신이라고 하였다. 이후 상호간의 비방이 오가다가 마침내 박근원은 평안도 강계로, 송응개와 허봉은 각각 함경도

말로 비답하고 송응개를 유배 보냈을 뿐이었다. 율곡이 죽자, 우계와 송강, 사암이 모두 조정을 떠나서, 서인이 동인에게 곤욕을 당하니, 조정의 모양이 더욱 무너지고 분열되었다. 이때 동인 가운데 음모를 꾸며 율곡을 공격하기를 그치지 않았던 자가 정여립과 최영경, 홍여순, 이발 등이었다. 기축년(1589, 선조22) 정여립은 역모에 걸려 죽고, 이발과 이길은 죄인의 공초에 연루되어 죽고, 정언신(鄭彦信)과 정언지(鄭彦智)는 귀양갔다 죽고, 김우옹은 유배되고, 최영경은 감옥에 갇혀 있다가 죽었다. 이때 송강이 위관(委官)이었다.

○ 신묘년(1591) 송강이 이산해에게 속임을 당해 경연에서 세자 책봉을 청하였다가 주상의 뜻을 거슬러 귀양 갔다.[436] 임진왜란 당시 서쪽으로 몽진했을 때 송강을 소환하고, 이산해는 나라를 그르쳤다고 하여 귀양 보내고, 류성룡은 왜적과 강화(講和)를 주장했다고 하여 파직시켰다.

○ 계사년(1593) 도성으로 돌아와 류성룡이 정승에 임명되자, 정경세(鄭經世)와 김우옹(金宇顒) 등이 정철이 무고하여 최영경을 죽인 죄를 논하여 관작을 추탈하였다.

○ 갑오년(1594) 우계가 화친의 일[437]로 주상의 뜻을 거슬러 물러나 돌아왔다. 정유년(1597) 정인홍이 박성(朴惺)[438]을 사주하여 상소로 성혼

회령과 갑산으로 귀양갔다. 이 사건을 계미삼찬(癸未三竄)이라고 하였다. 그 뒤 이이는 서인을 대부분 등용했고, 유배된 세 사람의 죄목을 풀어주지 않은 채, 다음 해 1월에 급서하였다. 이로써 동인과 서인의 대립은 더욱 격화되는 결과를 가져왔다.

436) 송강이……귀양 갔다 : 1591년 영의정 이산해와 류성룡 등이 정철과 함께 광해군을 세자로 책봉하라고 건의하기로 했는데, 두 사람은 참가하지 않고 정철이 홀로 말하였다가 이미 인빈 김씨 소생 신성군(信城君)을 마음에 두고 있던 선조의 노여움을 사서 유배 간 일을 말한 것이다.

437) 우계가 화친의 일 : 임진왜란 당시 명나라와 왜국이 강화(講和)을 도모하였는데, 여기에 찬성한 일을 가리킨다. 당시 성혼은 양국 간의 강화에 대해 반대할 이유가 없다고 보고 선조에게 아뢰었다가 선조의 큰 반발을 초래하였다.

438) 박성(朴惺) : 1549~1606. 본관은 밀양(密陽), 자 덕응(德凝), 호 대암(大菴)이다. 배신(裵

과 이이를 비난하게 하였는데, "간특한 괴수가 되어 최영경을 무고하여 죽였습니다.……" 하였다. 또 신축년(1601)에는 문경호(文景虎)[439]를 사주하여 상소로 성혼을 비난하게 하였는데, "최영경을 죽였고, 군주를 버리고 나라를 배반한 죄가 지극합니다.……" 하였다. 기자헌(奇自獻), 홍이상(洪履祥), 정광적(鄭光績), 권희(權憘), 이효원(李效元) 등이 아뢰어 성혼의 관작을 추탈하였다.

◯ 『청야만집(靑野謾集)』[440]에서 이르기를,

"이발이 처음 류성룡과 틈이 벌어졌을 때, 류성룡의 무리는 김성일, 이성중, 이덕형이 우익이 되고, 이발의 무리는 정여립, 최영경, 정인홍이 우익이 되었다. 정인홍과 류성룡이 원수가 되자 비로소 남인과 북인으로 나뉘게 되었다." 하였다.

◯ 『하담록(荷潭錄)』[441]에 다음의 내용이 있다.

"신묘년(1591, 선조24) 이산해가 주도하여 정철의 죄[442]를 논하였다. 김수(金粹)가 우성전에게 논의하였는데, 우성전이 반대하자 홍여순이 우성전을 탄핵하였다. 남북의 논의가 비로소 나뉘어졌으니 과격한 자는 북인으로 지목되었는데, 이산해와 이이첨이었다. 온건한 자는 남인으로 지목되

紳)에게 수학하고, 정구(鄭逑)를 사사하였다. 처음에는 정인홍과 교류해 사이가 좋았으나 정인홍이 대사헌이 되어 자기 마음대로 일을 처결하는 것을 보고 못마땅해 하였다. 최영경·김우옹·장현광·권호문(權好文) 등과 서로 내왕하며 학문을 연마하였다.

439) 문경호(文景虎) : ?~1620. 본관은 남평(南平), 호 역양(嶧陽)으로 정인홍의 문인이다. 1592년(선조25) 임진왜란 때 곽재우와 함께 의병으로 활동하였다. 1601년 생원으로서 소를 올려 처사 최영경이 죽은 일은 정철과 성혼이 주도하였다고 논척하였다.

440) 청야만집(靑野謾集) : 1739년(영조15) 편찬되었으며 고려말 이래 숙종대까지 공사기록을 역대 왕조의 편목에 따라 집성하였다. 편자는 이희겸(李喜謙, 1707~?)으로 본관은 함평(咸平)이다. 윤증의 아우 윤추의 손자인 윤동수(尹東洙)의 문인이다.

441) 하담록(荷潭錄) : 김시양(金時讓, 1581~1643)의 저서이다. 본관은 안동, 자 자중(子中), 호 하담이다. 임진왜란과 병자호란에 관한 일과 인물의 진퇴에 대한 것이 기록되었다.

442) 정철의 죄 : 1591년(선조24) 정철이 세자책봉 문제를 제기하여 이산해와 함께 광해군을 건의하기로 했다. 이로 인해 선조의 노여움을 받아 파직되었다.

었으니 류성룡과 우성전이었다.[443)]

임진년(1592) 이산해와 홍여순이 유배되고, 서애 역시 파직되었으며, 윤두수는 정승이 되었다. 계사년(1593) 류성룡이 다시 정승에 임명되었다. 갑오년(1594) 김우옹, 이기, 기자헌이 정철이 최영경을 죽인 죄를 논하자, 정엽(鄭曄), 신흠(申欽), 이시발(李時發) 등이 논의가 일치하지 않는다는 이유로 피혐하여 체차되었다.[444)] 당시 시론(時論)이 크게 변하여 김응남(金應南), 정탁(鄭琢)이 서로 이어서 정승이 되었다.

을미년(1595) 정탁이 이산해의 석방을 청하자 주상이 따랐다. 그런데 사헌부에서 정탁을 논계하여 정승에서 체차되었다. 사람들이 말하기를, '정탁이 이산해의 석방을 청하였기 때문이니, 이것은 서애의 뜻이다.' 하여, 남북 간에 미워함이 더욱 심해졌다. 이원익이 정승이 되자, 남이공과 김신국이 이경전(李慶全, 이산해의 아들)을 청직(淸職)에 추천하려고 했으나, 정경세가 고집하며 허락하지 않았다.

무술년(1598) 정응태(丁應泰)의 무고[445)]를 변론할 때 주상이 류성룡을 보내고자 하였으나 류성룡이 병을 핑계 대었다. 이이첨이 탄핵하려 했으나, 이헌국(李憲國)과 정홍익(鄭弘翼) 등이 따르지 않고 피혐하였다. 주상이 이헌국 등을 체직하고 이이첨이 옳다고 하자, 사헌부에서 논척하여 류성룡의 직책을 삭탈하였다.

기해년(1599) 남이공과 김신국 등이 홍여순을 탄핵하자 또한 대북과 소북으로 나뉘어졌다. 이산해의 논의를 주장하는 자는 대북이 되었고,

---

443) 우성전이……이었다 : 1591년 이산해가 정철과 그 당여를 공격하자 대사성 우성전이 다른 사람들에게까지 미쳐서는 안 된다고 생각하여 정철을 지원하였고, 홍여순은 우성전을 아울러 탄핵하였다. 이처럼 정철의 처벌을 둘러싸고 강경파가 북인이 되고, 온건파는 남인이 되었다.

444) 갑오년……체차되었다 : 1594년(선조27) 8월 6일에 대사헌 김우옹·장령 기자헌 등이 상소하여 정엽을 논척하면서 정철이 최영경을 죽인 죄를 물었고, 그 다음날 정언 이시발이 정철을 변론하는 정엽의 말을 지적하면서 인피하였다.

445) 정응태(丁應泰)의 무고 : 정유재란(丁酉再亂) 뒤에 명나라의 정응태가 조선이 왜국과 제휴하여 중국을 침범하려고 한다고 명나라 조정에 무고하였다. 이에 당황한 조정에서는 이항복을 변무사로 정하고, 승문원 교리로 있던 이정귀를 변무부사로서 선발하여 주문(奏文)을 작성하여 보냈다.

김신국과 남이공의 논의를 주장하는 자는 소북이 되었다. 채겸길(蔡謙吉)과 민몽룡(閔夢龍)[446]이 김신국과 남이공의 죄를 탄핵하였다.

경자년(1600) 이원익이 경연에서 류성룡의 일을 아뢰고, 또한 임국로(任國老)[447]를 등용해서는 안 된다고 말했는데, 임국로는 이산해의 당여였다. 최철견(崔鐵堅)이 이원익을 탄핵하여 체직시켰다. 이산해가 영의정이 되자, 홍여순과 권력을 다투어, 홍여순의 논의를 주장하는 자는 골북(骨北)이 되고, 이산해의 논의를 주장하는 자는 육북(肉北)이 되었다.

이이첨이 홍여순을 탄핵하자 주상이 둘 다 쫓아내고, 이산해, 이이첨, 홍여순, 이경전 등을 삭탈하니 서인들이 조정에 가득 찼다. 이산해와 이이첨이 마침내 두 마음을 먹고, 은밀히 광해군에 붙어서 정인홍을 끌어다가 출사시켜 산림(山林)을 바깥에서 후원하는 세력으로 만들었다.

신축년(1601) 정인홍과 문경호가 성혼이 최영경을 죽였다고 무고하였다.[448] 주상이 옳다고 하자 황신(黃愼)[449]이 다투어 변론하니, 이조의 관원을 모두 갈아버렸다.

임인년(1602) 유영경이 이조판서가 되었는데, 바로 소북의 영수였다.

---

446) 민몽룡(閔夢龍) : 1550~1618. 본관은 여흥, 자 치운(致雲), 호 운와(雲窩)이다. 정국공신 효증(孝曾)의 증손으로, 할아버지는 의(義)이고, 아버지는 상(祥)이다. 1599년 북인이 대북과 소북으로 나뉘자 대북의 편에 서 소북을 공격하였고, 소북의 남이공·김신국을 축출하는 데 공을 세웠다. 1601년 대북이 다시 골북(骨北)과 육북(肉北)으로 갈리자, 육북에 가담하였다.

447) 임국로(任國老) : 1537~1604. 본관은 풍천(豐川), 자 태경(鮐卿)·태수(鮐叟), 호 죽오(竹塢)·운강(雲江)이다. 임제(林悌)의 증손이다. 1589년 기축옥사로 인해 파직되었다가 1591년 다시 대사성으로 기용되었다. 이듬해 임진왜란 당시 조도검찰사(調度檢察使)·분호조참판을 지내면서 평안도에 머물렀으며, 1597년 정유재란 때 왕비를 호위하여 황해도에 피난하였다. 1599년 형조판서 등을 역임하였다.

448) 신축년……하였다 : 당시 이덕형이 체찰사가 되어 이귀(李貴)를 영남으로 보내 군무(軍務)를 감독케 하였는데, 이귀가 정인홍이 지방에 있으면서 세력을 부린다고 탄핵하였다. 이에 정인홍이 노하여 제자인 문경호 등으로 하여금 상소하여, 최영경을 무함하여 살해할 때에 성혼이 그 의론을 주장하였다고 논하게 하였다. 이귀는 성혼의 문인이었다.

449) 황신(黃愼) : 1560~1617. 본관은 창원, 자 사숙(思叔), 호 추포(秋浦)이다. 이이·성혼의 문인이다. 1601년 대사헌이 되었으나, 정인홍의 사주를 받은 문경호(文景虎)가 스승인 성혼을 비난하자 이를 변호하다가 파직되었다.

대간의 논의에 따라 성혼의 관작을 추탈하고, 정인홍을 발탁하여 대사헌으로 삼았다. 이윽고 유영경을 영의정에 임명하니, 드디어 소북이 조정의 권력을 잡았다.”

◯ 『일월록(日月錄)』에 다음의 내용이 있다.

“심의겸과 김효원 당시에는 동인과 서인만이 있을 뿐이었는데, 율곡과 사암(思菴, 박순의 호)이 죽자 서인이 동인으로부터 괴롭힘을 당하였다. 기축년의 변고로 동인들이 역모에 걸려 많이 죽었다. 임진왜란 당시 동인으로부터 곤궁을 당했던 서인들이 모두 의병을 일으켜 왜적을 토벌하다가 죽었는데, 고경명(高敬命), 김천일(金千鎰), 송상현(宋象賢), 조헌(趙憲) 등이 특별히 드러난 자들이었다. 그래서 동인들이 더욱 번성하여 서로 공격하였다.

기축년 이전에는 이산해가 이발의 논의를 주장하여 북인이 되고, 류성룡은 우성전의 논의를 주장하여 남인이 되자, 동인이란 명칭은 마침내 끊어졌다. 그 뒤 북인이 점차 성하더니 또한 스스로 당여를 나누어 이이첨, 정인홍, 허균, 이경전, 김대래(金大來), 기자헌, 홍여순이 대북이 되었다. 유영경, 김신국, 남이공, 유희분, 박승종이 소북이 되었다.

광해군 초에 유영경이 죽자 유희분이 권력을 농단하였기 때문에 소북 세력이 쇠퇴하지는 않았다. 그렇지만 대북이 가장 강력해지자, 소북은 각각 문호를 세우고 또 스스로 분열하여 이명(李溟), 정창연(鄭昌衍)이 정온을 구하여[450] 중북(中北)이 되고, 또한 청북(淸北), 탁북(濁北), 골북(骨北), 육북(肉北) 등의 명칭이 있었다. 이것은 선조가 만년에 조정의 선비들이 권력을 탐하는 것을 싫어하여 번갈아서 진퇴시켰기 때문이었다. 그렇지만 소인들이 뜻을 얻게 된 것은 신축년(1601)과 임인년(1602) 간에 비로소

450) 이명(李溟), 정창연(鄭昌衍)이 정온을 구하여 : 1614년(광해군6) 강화부사 정항(鄭沆)이 광해군의 뜻을 받들어 영창대군을 죽이자, 부사직 정온이 정항을 죽이고 영창을 대군의 예로써 장사지내야 한다고 주장하였다. 이에 광해군이 노하자 이들이 함께 상소하여 정온을 구하였다.

시작되었으니, 기자헌·정인홍 등 및 유영경이 권력을 잡자 이전보다 해가 심하였다. 유영경이 죽자 정인홍과 이이첨이 끝내 폐모(廢母)에까지 이르러 광해군도 또한 따라서 망하였다. 그래서 이른바 대북은 남은 자가 없었으며, 중북 이하 여러 당여는 혹 소북에 붙거나 혹 서인이나 남인에게 투신하여 지금 남아 있는 것은 삼색(三色)[451] 뿐이라고 한다."

◯ 『어우야담(於于野談)』[452]에 다음의 내용이 있다.

"아계 이산해가 우연히 남사고(南師古)[453]를 만나 기쁜 마음에 앉아서 말을 나누었다. 남사고가 서쪽으로 안현(鞍峴)을 가리키고, 동쪽으로 낙봉(駱峰)을 가리키며 말하기를,

'훗날 조정에 반드시 동서의 당이 있을 것인데, 낙(駱)이란 각마(各馬)니 그 끝에 가서는 각각 흩어질 것이다. 안(鞍)이란 변혁[革]한 뒤에 편안[安]하다는 것이다. 또 안현은 성 밖에 있으므로 그 당이 권력을 잃는 일이 많을 것이나, 반드시 시사(時事)가 변혁한 뒤에 흥할 것이지만 끝내 반드시 마멸(磨滅)되고 말 것이다.……' 하였다.

그 뒤에 서당(西黨)은 권력을 잃는 일이 많았는데, 심의겸의 무리가 공헌왕(恭憲王, 명종의 시호)이 왕위에 오름으로 인하여 흥하였고, 정철의 무리가 역적 정여립의 변으로 인하여 흥하였으며, 윤두수의 무리가 임진년에 파천하는 변을 만나 흥하였고, 또 몇 사람은 금상(今上, 광해군)의

451) 삼색(三色) : 서인, 남인, 소북을 가리킨다.

452) 어우야담(於于野談) : 유몽인(柳夢寅, 1559~1623)이 엮은 설화집이다. 권1은 인륜편으로 효열(孝烈)·충의·덕의(德義)·은둔·혼인·처첩·기상(氣相)·붕우·노비·배우(俳優)·창기(娼妓), 권2는 종교편으로 선도(仙道)·승려·서교(西敎)·무격(巫覡)·몽(夢)·영혼·귀신·속기(俗忌)·풍수·천명, 권3은 학예편으로 문예·식감(識鑑)·의식·교양·음악·사어(射御)·서화·의약·기예·점후(占候)·복서(卜筮)·박혁(博奕), 권4는 사회편으로 과거(科擧)·구관(求官)·부귀·치부·내구(耐久)·음덕·붕당·무망(誣罔)·고풍(古風)·외임(外任)·용력·처사(處事)·구변(口辯)·오기(傲忌)·교학(驕虐)·욕심·재앙·생활고·도적·해학, 권5는 만물편으로 천지·초목·인류·금수·인개(鱗介)·고물(古物)로 각각 분류·수록하였다. 책머리에 저자의 초상과 필적 및 서문과 연보를 실었다.

453) 남사고(南師古) : 1509~1571. 명종대 예언가로 불영사(佛影寺)를 찾아가다가 한 도승을 만나 비술(秘術)을 전수받아 진결(眞訣)을 받아 적고 도를 통했다. 말년에는 천문교수를 역임했다.

즉위 초년에 흥하였다. 동서(東西)가 나뉘어 남·북, 대·소, 골·육의 명칭이 나왔으니 그의 말이 모두 맞았다.”

○ 『속잡록(續雜錄)』에 이르기를,

“만력(萬歷) 임오년(1582) 사이에 불리어진 동요에 이르기를, ‘나라를 어지럽게 할 자는 동인이요, 나라를 망하게 할 자는 서인이다.’ 하였는데, 이는 다만 동이(東夷)와 서이(西夷)만 알고 근심하였다. 근래에 시사(時事)를 보니, 동인이 북인이 되어 나라를 어지럽게 하고, 서인은 정권을 잡아 나라를 욕되게 하였으니 동요의 말이 맞지 않는가?” 하였다.

○ 인조반정 뒤 김류(金瑬)가 조제책에 힘썼는데, 최명길(崔鳴吉)이 인사권을 쥐고 남이공을 대사헌에 임명하니, 옥당에서 적합하지 않다고 하였다.[454] 김류는 나이 어린 명류가 붕당을 이루었다고 여기고, 노서(老西)와 소서(少西)의 설을 경연에서 아뢰자 주상이 노하여 유백증(兪伯曾)[455], 박정(朴炡)[456], 나만갑(羅萬甲)[457]을 지방으로 내쫓았다. 계곡(谿谷) 장유(張

454) 김류(金瑬)가……하였다 : 1625년(인조3) 김류가 소북인 남이공을 대사헌에 임명되자 삼사의 언관들이 당색을 넘어 반발한 사건을 가리킨다.

455) 유백증(兪伯曾) : 1587~1646. 본관은 기계(杞溪), 자 자선(子先), 호 취헌(翠軒)이다. 할아버지는 우의정 유홍(兪泓)이고, 아버지는 좌찬성 유대일(兪大逸)이다. 1624년 사간으로 김신국(金藎國)·조성(趙誠) 등을 탄핵하고, 그 뒤 부응교로서 김류가 남이공을 대사헌으로 삼으려는 데 반대하다가 이천현감(伊川縣監)으로 좌천되었다. 1629년 박정·나만갑 등과 함께 김류에게 맞서다가 가평군수로 좌천되다. 이어 이조참의가 되었으나 김류·윤방(尹昉) 등 대신들의 무능과 안일을 비난하다가 수원부사로 또 다시 좌천되었다.

456) 박정(朴炡) : 1596~1632. 본관은 반남, 자 대관(大觀), 호 하곡(霞谷)이다 증 영의정 소(紹)의 증손으로, 아버지는 좌참찬 동선(東善)이다. 1625년 부응교 유백증, 홍문관 교리 나만갑 등과 함께 대사헌 남이공을 탄핵했다가 오히려 함평현감으로 좌천되었다.

457) 나만갑(羅萬甲) : 1592~1642. 본관은 안정(安定), 자 몽뢰(夢賚), 호 구포(鷗浦)이다. 정엽(鄭曄)의 문인이자 사위이다. 1625년 김류가 북인 남이공을 등용하자 이를 반대하다가 강동현감으로 좌천되었다. 그러나 이귀의 도움으로 강등된 관직을 되찾게 되었다. 1627년 정묘호란이 일어나자 종사관이 되어 왕을 따라 강화도에 가서 풍기를 바르게 하고 도민을 서로 경계하게 해 범죄를 엄하게 다스렸다. 이듬해 환도해 병조정랑·수찬·지평 등을 역임했다.

維)[458]가 삼학사(三學士)[459]를 구하려다가 그 역시 지방직에 보임되었다. 이것은 서인이 나뉘어 노론과 소론으로 분기되는 조짐이었다.

○『지천집(遲川集)』[460]에 이르기를,

"신축년(1601) 간에 윤서(尹西)·신서(申西)[461]라는 명목이 있었고, 인조반정 초에 청서(淸西)·공서(功西)라는 명목이 있었으며, 또 기사년(1629, 인조7) 간에 노서(老西)와 소서(少西)[462]의 명목이 있었는데, 소서는 박정·나만갑·유백증·권도(權濤)·정홍명(鄭弘溟)·강석기(姜碩期)의 무리들을 말한다." 하였다.

○『남계기문(南溪記聞)』[463]에 이르기를,

"우리나라 붕당의 화를 살펴보면, 을해년(1575, 선조8)부터 임술년(1622, 광해군14)까지 50년 동안은 동인의 시대였고, 계해년(1623, 인조1)부터 계축년(1673, 현종14)까지 50년 동안은 서인의 시대였다. 그 끝에서 화가 있었는데, 동인들은 무신년(1608, 선조41) 어느날 전양(全陽)[464] 유영경이 마음속으로 영창대군(永昌大君)을 주장하고, 이이첨은 동궁(東宮, 광해군)을 힘써 지지하다가, 하나는 집권하고, 다른 하나는 몰락하여 생겨났으니,

---

458) 장유(張維) : 1587~1638. 본관은 덕수(德水), 자 지국(持國), 호 계곡(谿谷)이다. 김상용의 사위이며, 효종비 인선왕후의 부친이다. 김장생의 문인으로 인조반정에 참여하여 2등 공신에 녹훈되었다.

459) 삼학사(三學士) : 여기서는 유백증·박정·나만갑을 가리킨다.

460) 지천집(遲川集) : 최명길(崔鳴吉, 1586~1647)의 문집이다. 이항복 문하에서 이시백(李時白)·장유 등과 교유하였다. 병자호란(1636, 인조14) 당시 화의론을 주장하였고, 그 뒤 김상헌과 함께 심양에 잡혀가는 고초를 당하기도 했다.

461) 윤서(尹西)·신서(申西) : 윤서는 윤방(尹昉)을, 신서는 신흠(申欽)을 추종하는 세력을 말한다.

462) 노서(老西)와 소서(少西) : 노서는 김유·김상용 등 노성한 자들이 주도하고, 소서는 박정·유백증 등 소장파를 중심으로 한 분파이다.

463) 남계기문(南溪記聞) : 박세채(朴世采, 1631~1695)의 저술이다. 박세당과 박태유·박태보 등은 당내간의 친족이다. 송시열의 손자 순석(淳錫)은 그의 사위이다.

464) 전양(全陽) : 유영경은 1604년(선조37) 호성공신(扈聖功臣) 2등으로 전양부원군(全陽府院君)에 봉해졌다.

화의 극단이 위에 있어 왕위가 바뀌었다. 서인은 기축년(1649) 초에 완남(完南) 이후원(李厚源)이 호서(湖西)의 논의를 힘껏 주장하고,[465] 김육(金堉)은 한서(漢西)의 논의를 마음 속으로 옹호했지만[466] 형세가 서로 상대가 되지 않다가 세월이 흘러 성대해졌기 때문에 화의 극단이 아래에 있어 정국이 바뀌었다." 하였다.

○ 갑인년(1674, 숙종 즉위년) 우암(尤菴) 송시열이 기해년 복제(服制)의 일로 유배되고, 윤휴와 허목 등이 나아가 등용되어 남인들이 조정에 가득 찼다. 경신년(1680, 숙종6) 역옥이 뒤집혀서 공신 칭호를 깎아버리자, 김익훈과 이사명이 형장을 맞아 죽고, 우암과 문곡 김수항은 사사되었는데, 권대운·목래선·김덕원이 삼정승이 되어 남당이 더욱 번성하였다. 갑술년(1694) 왕비가 복위되자 민암과 조사기(趙嗣基) 등이 주살되었으며, 우암의 관작이 회복되었다. 신사년(1701) 왕비가 승하하자 희빈이 사사되었으며, 심단·오시복·유명천 등이 유배되었다. 이로부터 남인이 모두 쫓겨나고 서인이 등용되자 마침내 노론(老論)과 소론(少論)의 당이 완성되었다.

○ 경신년(1680, 숙종6) 김석주가 녹훈되었고,[467] 김익훈과 이사명이 추록되었다.[468] 신유년(1681) 감시(監試)에서 빈 시권을 내어 고변하였는

465) 이후원(李厚源)이……지지하고 : 이후원(1598~1660)은 김장생의 문인으로, 김집·조속(趙涑)·송준길 등과 교류하였다. 인조반정 후 정사공신(靖社功臣) 3등으로 완남군(完南君)에 봉해졌다. 1657년(효종8) 우의정 때 송시열을 이조판서, 송준길을 병조판서에 임명하는 등 호서 산림의 등용에 적극적이었다.

466) 김육(金堉)은……옹호했지만 : 김육은 신면(申冕) 등과 함께 한양 근교에 거주하면서 서인내 산당(山黨)과 대립되는 한당(漢黨)을 주도하였다. 특히 효종대 대동법 시행과정에서 김육은 김집 등과 대립하였다.

467) 김석주가 녹훈되었고 : 1680년(숙종6) 경신환국의 공로를 인정받아 보사공신(保社功臣) 1등으로 청성부원군(淸城府院君)에 봉해졌다. 1689년 기사환국으로 공신호를 박탈당했다가 뒤에 복구되었다.

468) 김익훈과 이사명이 추록되었다 : 김익훈은 보사공신 2등과 광남군(光南君)에 봉해졌고, 이사명 역시 보사공신 2등으로 책록되고 완녕군(完寧君)에 봉해졌는데, 이것은

데, 고변당한 것은 남인 열세 집안이었다.[469] 김석주와 김환이 정탐하고, 임술년(1682) 김환이 고변하여 허새와 허영을 복주하였고, 김익훈은 아방(兒房)에서 은밀히 아뢰었다. 전익대(全翊戴)가 고변하여 유명견(柳命堅)을 잡아다가 국문하였으나 증거가 없자 마침내 전익대를 참수하였다.

○ 『황강문답(黃江問答)』에 이르기를,
"경신년 옥사에 대해서 흑수배(黑水輩)[470]는 '윤휴가 사화를 입었다.'고 하며 청성을 보기를 마치 남곤(南袞)·심정(沈貞)처럼 하였다. 윤증은 권시(權諰)의 사위로서, 청성을 재앙의 수괴로 간주하였다. 우암이 풀려나자 돌아와서 말하기를, '청성은 종사를 보위(保衛)한 공이 없지 않다.' 하자, 윤증이 크게 놀라며, 마침내 우암을 배반하였다. 당시 대간의 논의가 바야흐로 크게 일어나 김익훈에게 형률을 더할 것을 주장하자, 여러 명사들이 우암과 갈라서서 모두 이산에게 붙으니, 마침내 노론과 소론으로 나뉘게 되었다." 하였다.

○ 우의정 김석주가 경연에서 아뢰자[471] 주상이 하교하기를, "동서분당이 이미 고폐가 되었는데, 지금 가운데로부터 또 당이 나뉘었다." 하였다. 조지겸과 한태동이 모두 파직되고, 오도일과 박태유가 지방에 보임되었다. 현석 박세채가 상소하여 김석주를 논척하자 김석주 또한 변파하는 차자를 올려,[472] 피차의 갈등이 점점 격화되어 조정의 모양이 아름답지 못하였다.

추가로 녹훈한 것이었다.

469) 신유년……있었다 : 1681년(숙종7) 감시에서 제출된 시권에 전 참판 오시복 등이 당여를 이루었다는 것과 김석주·김만기 등을 비방하는 내용이 실려 있었다.

470) 흑수배(黑水輩) : 윤휴를 따르는 무리를 가리킨다. 흑수는 곧 윤휴가 살던 여강(驪江)을 가리킨다.

471) 우의정……아뢰자 : 1683년(숙종9) 윤6월에 김석주가 김익훈 등을 배척하는 조지겸 등에 대하여 처벌을 건의한 일을 가리킨다.

472) 박세채가……올렸으니 : 박세채가 조지겸과 오도일 등을 옹호하는 소본을 올리자, 1683년(숙종9) 7월에 김석주가 반대하는 차자를 올려 서로 대립하였다.

○ 무인년(1698, 숙종24) 장암(丈巖) 정호(鄭澔)가 상소하여 명재(明齋) 윤증을 논척하자 주상이 엄하게 비답하였다. 이로부터 송시열을 지지하는 상소는 받아들이지 않았고, 윤증을 편드는 상소는 허용되는 분위기였다. 기축년(1709) 윤증이 우의정이 되었다.

을미년(1715) 유규(柳奎)가 상소하여[473] 수암(遂菴) 권상하가 쓴 『가례원류』 서문[474]을 삭제하라고 청하였는데, 권상하가 상소하여 유규 상소를 배척하니, 주상이 엄하게 비답하였다. 권상하는 파직되었고, 정호는 멀리 귀양 갔으며, 대신 김창집과 이여(李畬)가 모두 도성 밖으로 나갔다.

병신년(1716) 명재가 지은 「신유의서」를 들이라고 명하여, 열람한 뒤 유신(儒臣) 권상하, 대신 김창집, 이여를 불러들이라는 명을 내렸다. 미촌과 명재에게 부여하였던 선정(先正)이라는 호칭을 제거하고, 추증한 시호와 서원 건립의 명을 환수하였다. 그리고 화양사(華陽祠)에 사제(賜祭)하였다.[475]

○ 경신년(1680, 숙종6) 이후 서인이 나뉘어져 노론과 소론이 되었다. 기사년 남당이 진출하였다가, 갑술년(1694) 남당이 축출되고 서인이 다시 진출하였으며, 소론이 정국을 주도하였다. 무인년(1698)에 이르러 주상이 차츰 노론을 등용하였고, 신사년(1701) 희빈이 사사되었는데, 이때부터 노론이 정국을 주도하였다. 신축(1721, 경종1)·임인년(1722) 이후에는 점차 충역(忠逆) 시비가 당화의 기준이 되었다.[476]

---

473) 유규(柳奎)가 상소하여 : 1715년(숙종41) 전라도 유생 유규 등이 상소하여 『가례원류』가 유계의 단독 저술이 아니라 윤선거와 윤증이 함께 편찬한 책이라고 주장하였다.

474) 권상하의 『가례원류』 서문 : 권상하는 서문에서 윤증의 죄를 성토하였는데, 심지어 "아버지처럼 섬긴 분에게 옛 소진(蘇秦)·장의(張儀)의 솜씨를 부렸다."고 하였다. 또 "형칠(邢七)이 낭패를 당한 것은 본래의 기량(技倆)이다."고 하였다. 정호도 발문(跋文)을 쓰면서 똑같이 윤증의 죄를 성토하였다.

475) 화양사(華陽祠)에 사제(賜祭)하였다 : 화양사는 화양서원을 가리킨다. 1716년 10월 14일에 숙종은 송시열과 송준길을 배향한 사액(賜額) 서원인 화양서원에 제사를 내려서, 윤증 대신 송시열을 지지하는 병신처분을 확인하였다. 화양서원은 충북 괴산군 청천면(靑川面) 화양리에 위치하였다. 송시열을 배향하였으며, 1696년(숙종22) 사액을 받았다.

◯ 임인년(1722, 경종2) 3월 목호룡의 무옥(誣獄)이 일어나서, 연명하여 차자를 올렸던 대신 이이명·김창집·이건명·조태채를 사사하였다.[477]

◯ 미촌과 명재의 시호와 관작이 회복되고, 우암(尤菴)을 배향한 사원(祠院)의 은액(恩額)[478]이 모두 철거되었다.

◯ 갑진년(1724, 영조 즉위년) 목호룡과 김일경이 복주되자, 4대신의 시호와 관작이 회복되자 서원을 세웠다. 우암 때문에 죄를 받은 사람들을 모두 용서하였으며, 우암을 배향하는 서원에 다시 은액(恩額)을 걸게 하였다.

◯ 무신년(1728) 역란이 평정된 후 김일경에게 소급하여 대역률을 적용하였다. 박필몽(朴弼夢)[479]과 심유현(沈維賢)[480] 등이 능지처참되었고, 이명의(李明誼)[481]와 유래(柳徠)[482]가 형장을 맞다가 죽었다.

---

476) 충역(忠逆)이……되었다 : 신임환국 당시 사사된 노론 4대신의 행동이 국왕에 대해 충인지 역인지를 둘러싼 갈등을 가리킨다. 당시 김창집·이이명·이건명·조태채 등이 경종에게 후사가 없고 병이 많으므로, 연잉군을 세제로 책봉하고 대리청정하기를 청하였다. 소론은 연잉군의 세제책봉은 수용하였지만 대리청정에는 반대하여, 이들 노론 4대신을 경종에 대한 불충으로 몰아서 제거하였다. 노론측에서는 이들이 영조에 대해 충성하였는데 억울하게 죽었다는 것을 강조하여 이것을 신임의리라고 칭하였다. 결국 신임의리가 충이면 이들을 제거한 소론은 역이 된다. 영조대 내내 이 문제를 둘러싼 갈등이 계속되어, 결국 사도세자의 죽음에까지 이르렀다.

477) 연명으로……사사하였다 : 이들이 연명하여 올린 연잉군의 대리청정을 청하는 차자가 경종에 대한 불충으로 간주되어 사사되었다.

478) 은액(恩額) : 임금이 사당·서원·누문(樓門) 등에 이름을 지어 줌으로써 특별한 은전(恩典)을 나타내는 일이다.

479) 박필몽(朴弼夢) : 1668~1728. 본관은 반남(潘南), 자 양경(良卿)이다. 1721년(경종1) 김일경·이명의(李明誼)·이진유(李眞儒) 등과 함께 상소해, 세제의 대리청정을 주장한 노론 4대신의 죄를 성토해 신임옥사를 일으켰다. 1724년 영조가 즉위한 뒤 갑산에 유배되었고, 1728년 무신난이 진압되고 나서 붙잡혀 능지처참되었다.

480) 심유현(沈維賢) : ?~1728. 본관은 청송이다. 경종의 첫 번째 왕비인 단의왕후(端懿王后)의 동생으로, 1728년(영조4)에 발생한 무신난 때 반란 세력을 대표하던 인물 중 한 명이다. 그는 담양부사(潭陽府使) 재직 당시에 박필현 등과 호남에서 난을 일으켰다가 체포되어 조사받던 중 물고(物故)되었다.

◯ 을해년(1755, 영조31)[483] 역적 윤지(尹志)[484]와 역적 남태징(南泰徵)[485]이 복주되고, 이사상(李師尙)[486]·윤취상(尹就商)[487]과 김일경 소하(疏下)의 여러 적들은 조태구·유봉휘와 함께 추가로 역률이 시행되었다. 이광좌·조태억·최석항(崔錫恒)[488] 등의 관작이 함께 추탈되었다.

◯ 정유년(1777, 정조1) 화양서원[華陽院][489]에서 제사를 지내고, 미촌과 명재의 관작을 추탈하였다가 얼마 뒤 환급하였다.[490]

---

481) 이명의(李明誼) : 1670~1728. 본관은 한산(韓山), 자 의백(宜伯)이다. 1721년 김일경 상소에 연명하여 신임환국을 주도하였다. 영조가 즉위하고 노론이 집권하자 귀양 갔고, 1728년(영조4) 무신난에 연루되어 고문을 당하다가 죽었다. 그 뒤 1755년에 역률(逆律)로 추시(追施)되었다.

482) 유래(柳徠) : 1687~1728. 본관은 진주, 자 자산(子山), 호 서림(西林)이다. 부친은 유명현(柳命賢)이고 처부는 목천민(睦天民)·권중경(權重經)이다. 1728년 무신난에 연루되어 장살(杖殺)되었다.

483) 을해년(1755, 영조31) : 나주괘서(羅州掛書)사건에서 촉발된 을해옥사가 발생한 해이다. 노론 4대신에 대한 충역시비가 확정된 가운데 여전히 이를 부정하던 소론 윤지(尹志)가 역모를 도모한 사건이다. 윤지는 노론을 제거할 목적으로 아들 광철(光哲)과 나주목사 이하징(李夏徵), 이효식(李孝植) 등과 모의하여 세를 규합하였고, 그러던 중 나라를 비방하는 글을 나주객사에 붙였다가 발각되어 참형을 당하였다. 이 사건으로 인해 다수의 소론 인사들이 화를 입었다.

484) 윤지(尹志) : 1688~1755. 본관은 함안(咸安), 자 사심(士心)이다. 윤취상(尹就商)의 아들이다. 1724년(영조 즉위년) 김일경 등의 옥사에 연좌되어 소론의 영수였던 아버지는 고문 끝에 죽고, 그는 이듬해 6월 제주도 대정현에 안치되었다. 1755년 1월 이른바 을해옥사로 일컬어지는 벽서사건에 연루되어 서울로 압송되고 친국 끝에 그해 2월 아들 광철(光哲) 그리고 이하징·박찬신(朴纘新) 등 관련자들과 함께 처형되었다.

485) 남태징(南泰徵) : ?~1728. 본관은 의령(宜寧)이다. 숙종대 무과에 급제하여 영조대 포도대장까지 지냈다. 1728년 무신난에 연루되어 참형을 당하였다.

486) 이사상(李師尙) : 1656~1725. 본관은 전주, 자 성망(聖望)이다. 1722년 임인옥사에서 노론 4대신을 처단하라고 강력하게 주장하였다. 영조 즉위 후 1725년 김일경과 함께 처형되었다.

487) 윤취상(尹就商) : ?~1725. 본관은 함안(咸安)이다. 숙종대 무과에 장원급제하여 훈련대장 등을 역임하였다. 1722년 형조판서가 되어 김일경 등과 함께 노론 축출에 앞장섰다가 1724년 영조 즉위 후 국문을 받고 복주되었다.

488) 최석항(崔錫恒) : 1654~1724. 본관은 전주, 자 여구(汝久), 호 손와(損窩)이다. 할아버지는 최명길이고, 아버지는 최후량이다. 최후원(崔後遠)에게 입양되었다. 영의정 최석정의 아우이다. 1721년 신임환국 당시 소론측에서 활동하였으며, 좌의정을 지냈다.

489) 화양서원[華陽院] : 충북 괴산군 청천면(靑川面) 화양리에 위치한 서원으로, 송시열을 배향하였다. 1696년(숙종22) 9월 사액을 받았다.

◯ 선조(宣祖)가 용만(龍灣, 의주)에 머물 때 다음과 같은 시를 썼다.
"조정의 신하들은 오늘날 이후에도 또다시 서니 동이니 할 것인가?"

숙종이 일찍이 다음의 시를 썼다.

"예부터 나라에 화를 끼친 것으로 당쟁보다 더 혹독한 것이 없었네. 동인과 서인이 조금 주의를 표방하다가, 노론과 소론으로 마구 갈라졌네. 공도는 수시로 다 없어지고, 날마다 사심에 얽매여 있네. 모름지기 본보기가 가까이 있는 것을 알아 끝까지 변치 말고 충성을 다해야 하리."

갑술년(1694, 숙종20) 좌의정 박세채의 의논을 써서, 「대고(大誥)」[491]에 의거하여 교문(敎文)을 지어서, 붕당을 타파한다는 뜻을 전국에 포고하였다.[492]

경종 초년 교리 조문명이 상소[493]하여 말하기를, "오늘날 국가가 병이 든 것은 붕당 때문이니, 어찌 이쪽 편은 모두 군자이고, 저쪽 편은 모두 소인이겠습니까." 하였다. 또 말하기를,

"붕당의 화는 현사(賢邪)가 전도되는 것에 있으니, 마치 한나라의 남과 북[494], 송나라의 원우(元祐)와 희풍(熙豊)[495]이 바로 그렇습니다. 그렇지만 오늘 우리의 당은 그렇지 않습니다. 음양과 흑백이 분명하게 구분되지 않아서, 한 당을 들어서 모두 쓰더라도 반드시 모두 현인(賢人)인 것은

---

490) 얼마 뒤 환급하였다 : 윤선거와 윤증의 관작이 다시 회복된 것은 1782년(정조6)이다.

491) 대고(大誥) : 『서경』 편명이다.

492) 갑술년……포고하였다 : 1694년(숙종20) 6월 21일에 박세채가 입시하여 국정 전반에 대해 건의하였다. 그 가운데 마지막 네 번째로 붕당의 화를 제거하기 위해 대고(大誥)의 글을 중외(中外)에 선유(宣諭)할 것을 촉구하였다. 동년 7월 19일에도 박세채가 입시하여 붕당을 경계하는 교서를 올렸고, 이튿날 박세채가 지은 교서를 중외에 반포하였다.

493) 조문명이 상소 : 1721년(경종1) 5월에 조문명이 정치의 해로움에 대한 상소를 올렸다.

494) 남과 북 : 후한(後漢) 환제(桓帝) 때 당파(黨派)를 가리킨다. 남부는 이응(李膺)·범방(范房) 등 명사(名士)들의 당이고, 북부는 조절(曹節)·왕보(王甫) 등 환관(宦官)을 가리킨다. 두 세력이 다투다가 결국 환관들에 의해 당고(黨錮)의 화(禍)가 일어났다.

495) 원우(元祐)와 희풍(熙豐) : 원우는 철종(哲宗) 때의 연호로 구법당(舊法黨)이 정권을 장악했던 때를 가리킨다. 희풍은 곧 신종(神宗) 때 희녕(熙寧)·원풍(元豐)의 연호를 가리키는 것으로, 희녕 때는 신법당(新法黨)이, 원풍 때는 대개 구법당이 정권을 장악하였다.

아니며, 한 당을 들어서 모두 버리더라도 반드시 모두 악인(惡人)인 것은 아닙니다. 부득이 하여 양쪽 사람을 섞어 등용하는 것은 범충선(范忠宣)의 조정(調停)하는 의논[496]처럼 또 구차함을 면치 못할 것이니, 결국 건극(建極)의 도(道)를 다하는 것만 못할 것입니다.……" 하였다.

○ 경신년(1740, 영조16) 무거운 짐을 벗어버린다는 교지[497]를 거둔 뒤 교문(教文)을 반포하였는데 대략 다음과 같다.

"암암리에 붕당을 짓지만 나라의 형세가 면면이 이어져 온 것은 기주(箕疇)[498]의 탕평을 실로 가슴에 품었기 때문이다. 조정 신하들은 나의 정성스러운 마음을 따르지 않고 만촉(蠻觸)[499]처럼 서로 엉클어져 싸울 뿐 나라의 흥망에는 관심이 없구나.[500] 홀로 사직을 걱정하며 잠을 이루지 못하고 근심하고 탄식하다가 짐을 벗어버리고 초심으로 돌아가 철석(鐵石) 같은 마음으로 멀리 바라보고 싶구나. 인자한 마음으로 크게 슬퍼하면서 부지런하고 성실하게 교유(教諭)하니, 사사로운 뜻을 누르고 받들어 주기를 이 자리에 있으면서 바라는 바이다. 조정 신하들이 서로 힘쓰며 모두 개혁을

---

496) 범충선(范忠宣)의 조정(調停)의 의논 : 충선은 송나라 범순인(范純仁, 1027~1102)의 시호이다. 당시 왕안석이 부국강병의 신법(新法)을 제창하면서 구법당과 대립하였다. 범순인이 구법당의 편에 서서 신법당과의 조정에 힘썼으나 신법당의 미움을 받고 배척당하였다.

497) 무거운 짐을 벗어버린다는 교지 : 무거운 짐의 실체는 1742년(영조18) 교관(教官) 민창수(閔昌洙)를 처결하는 동안 피력된 언설에서 구체적으로 살펴볼 수 있다. 당시 민창수는 신임옥사로 유배된 아버지 민진원의 신원을 호소하는 상소문을 올렸다. 이를 처결하는 과정에서 영조가 무거운 짐을 벗었다고 하교하였다. 이로써 보건대 1740년 무거운 짐을 벗었다는 교지는 경신처분(庚申處分)을 통해 노론 4대신의 죄를 신원해준 내용 속에 들어 있던 것으로 추정해 볼 수 있다. 이듬해 신유대훈(辛酉大訓)을 선포하여 마침내 신임옥사 때의 충역시비(忠逆是非)를 노론측 주장대로 판정하였다.

498) 기주(箕疇) : 기자(箕子)가 지었다고 하는 홍범구주(洪範九疇)를 가리킨다.

499) 만촉(蠻觸) : 와우(蝸牛) 즉 달팽이의 두 뿔에 만(蠻)과 촉(觸)이라는 나라가 각기 자리 잡고서 하루가 멀다 하고 피를 흘리며 서로 싸운다는 이야기가 『장자』「칙양(則陽)」에 나온다.

500) 흥망에는 관심이 없네 : 진척(秦瘠). 월(越)나라 사람이 진(秦)나라 사람의 살찌고 여윔[肥瘠]에 아무런 관심이 없었다고 한다. 이에 빗대어 나라의 안위(安危)에 대해 전혀 무관심함을 이른다.

말하여, 건극(建極)하여 벼리를 세워서 길이 자손들의 평안을 도모하라.[501]……"

대제학 오원(吳瑗)[502]이 지어 바쳤다.

병자년(1756, 영조32) 태학생의 상소에 따라 문정 송시열과 문정 송준길을 문묘에 종사하였다. 갑신년(1764) 특별히 하교하여 이르기를, "내가 문순공 박세채에게 세상에 드문 감명을 받은 것이 있어서 특별히 문묘에 종사하는 은전을 거행하노라." 하였다.

---

501) 길이……하라 : 연익(燕翼). 조상이 자손을 도와 편안하게 하는 것. 풍수(豊水) 하류에 주나라의 수도 호경(鎬京)이 있는데, 풍수가에 기초(芑草)가 무성한 것처럼 문왕(文王)·무왕(武王)에서 성왕(成王)에 이르기까지 서로 뜻을 이어받아 후손들을 위한 모유(謨猷)를 세워 도왔으므로[燕翼] 성대한 나라를 이루어 왔음을 찬미한 『시경』「문왕유성(文王有聲)」에 있는 시의 내용이다.

502) 오원(吳瑗) : 1700~1740. 본관은 해주(海州), 자 백옥(伯玉), 호 월곡(月谷)이다. 할아버지는 두인(斗寅)이고, 아버지는 진주(晋周)이며, 어머니는 김창협의 딸이다. 이재(李縡)의 처질로 그의 문하에서 수학하였다. 1729년(영조5) 정언으로 있으면서 탕평책을 적극 반대하다가 한때 삭직되었다. 1736년 민형수(閔亨洙)를 신구(伸救)하려다가 또 파직되었으나 곧 다시 기용되어 1739년 부제학이 되고, 승지·공조참판 등을 역임하였다.

윤증 편지에 대한 변론

尼書辨

이민보(李敏輔)[503] 백눌(伯訥)·상와(常窩)가 저술하다

(1)[504] 갑인년(1674, 현종15) 초려가 예설을 지어 우옹에게 보여주며 고쳐서 새롭게 해줄 것을 청하자, 우옹이 대략 고치고 윤문해서 돌려주었다. 그 한 단락에, "탕(湯)과 무(武)가 제후로서 천자가 되었는데, 천자가 되었다면 제후로 대우해야 하는가? 아니면 천자로 대우해야 하는가?"라는 구절이 있었다. 우옹이 처음에는 그 말에 은미한 뜻이 있다는 것을 제대로 살피지 못하였다. 우옹이 남쪽으로 귀양 가고, 초려가 서쪽으로 유배간 뒤 얼마 지나지 않아 이하진(李夏鎭)[505]이 이순악(李舜岳)[506]에게 말하기를, "최근 이유태를 보니 아주 좋은 사람이다." 하자 이순악이 말하기를, "어째서 그렇게 말하는가?" 물었다. 이하진이 말하기를, "그 새로운 예설을 보지 않았는가? 우리들이 이제는 그를 존경해야 할 것 같다." 하였다.

김지(金漬) 공이 장기(長鬐)로 달려가 들은 바를 모두 아뢰니, 우암이 탕과 무의 설을 기억하지 못하고 새로 쓴 것으로 의심하였다. 윤증이 마침 왔는데, 우옹이 말하기를, "초려가 새로운 예설을 지었다고 하는데 본 적이 있는가?" 묻자, 대답하기를, "없습니다." 하였다. 윤증이 나와서 학사(學士) 송주석(宋疇錫)에게 말하기를, "예설이 여기에 있는가?" 하였다. 송주석이 윤증이 찾는 것이 곧 갑인년의 예설이라고 생각하고, "송자신(宋子愼)이 가지고 갔습니다." 하였다. 윤증이 마침내 그 예설을 보고, 초려에게

---

503) 이민보(李敏輔) : 1717~1799. 본관은 연안, 자 백눌(伯訥), 호 풍서(豊墅)·상와(常窩)이다. 부제학 단상(端相)의 증손이며, 할아버지는 이조참판 희조(喜朝)이다.

504) 저본의 '○'을 기준으로 번역자가 편의상 일련번호를 부여하였다.

505) 이하진(李夏鎭) : 1628~1682. 본관은 여주, 자 하경(夏卿), 호 매산(梅山)·육우당(六寓堂)이다. 실학자 이익(李瀷)의 부친이다. 1680년 경신환국으로 운산에 귀양 가서 죽었다.

506) 이순악(李舜岳) : 1625~1701. 본관은 용인, 자 여순(汝詢), 호 죽유(竹牖)이다. 이하진의 처남이다. 윤문거의 문하에서 공부하였으며, 윤선거·유계 등과 교유하였다.

편지를 보내, 비방하는 말이 있었다는 것을 모두 보고하였다. 초려가 말하기를, "이는 이미 우옹이 보내와 함께 검토한 것이다." 하면서 우옹의 필적을 증거로 대자, 윤증이 이것을 가지고 두 사람을 이간질하는 자료로 삼았다.

초려가 윤증에게 편지를 보내 말하기를,

"문자가 처음 완성되었을 때 우옹에게 보여주었다. 그 뒤에 다시 본문을 살펴보니, 한 항목의 표현을 고친 곳이 있었는데, 이른바 한 항목을 고쳤다는 것이 종지(宗旨)를 바꾼 것이 아니라는 것을 어찌 알겠는가?" 하였다.

(2) ◯ 이때 학사 조근(趙根)과 동문 여러 사람들이 장차 사문(師門)을 변론하는 상소를 쓰기 위해 소격동(昭格洞) 집에 소청(疏廳)을 설치하려고 하였는데 그 집은 무인 양현망(楊顯望)에게서 빌렸다. 양현망의 집은 방이 많지 않아서 일단 아래 행랑[廊下]으로 옮겨 들어갔고, 조공은 사위 이지규(李志逵)와 함께 또한 사랑채에 거처하였다.

하루는 이적(李頔, 이유태의 아들)이 관서(關西)로부터 와서 조공을 만나 말하기를, "우리 어르신이 수년간 변방[塞外]에 계시면서 병은 깊어지고 끼니를 때우기 어려우니, 세상에 어찌 이처럼 억울한 일이 있겠습니까?" 하였다. 당시 양현망이 마침 곁에 있다가 그 얼굴을 익히 보았다.

며칠 뒤 양현망이 밖에서 돌아와 말하기를,

"지난번 이곳에 왔던 손님이[507] 오늘 오(吳, 오시수) 판서 집에 가서 소매에서 한 장의 편지를 꺼내 오 판서에게 주었다. 오 판서가 말하기를, '춘부장[春府]의 소견이 이와 같은데 애초 어찌 귀양 가는 처벌을 받았는가?' 하자, 손님이 말하기를, '이 때문에 원통함을 이기지 못하겠습니다.' 하니, 오 판서가 말하기를, '조만간에 내가 주상에게 아뢰겠다.' 하자, 조공이 이를 듣고 크게 놀랐다." 하였다.

우옹과 초려는 살면서 함께 일해 왔다. 이의석(李懿錫)[508]이 상소하여

---

507) 이곳에 왔던 손님 : 이유태의 아들 이적을 가리킨다.
508) 이의석(李懿錫) : 공주유생으로 이유태의 문인이다.

초려를 구원하였는데, 그 예설이 이미 우옹과 다르다고 하였다. 초려가 다른 사람에게 우옹이 예설을 그르친 것을 논하면서, 죽여야 한다고 배척하였고, 정승 이숙(李䎘)에게 편지를 보내서 말하기를, "우암의 무리들이 인조(仁祖)의 계통(系統)마저 끊어버리려고 한다."[509] 하였다. 또한 이하경(李厦卿)[510]과 더불어 대화할 때는 "앞뒤로 일관성이 없는 망언을 하였다."[511] 하였으니, 새로운 예설을 기다리지 않아도 지조는 이미 변한 것이다.

(3) ○ 사우(士友)들이 윤증에게 윤휴의 악이 이미 극도에 이르렀으니 마땅히 길보(吉甫)의 묘에 고하고 절교하기를 권하였다. 그래서 벼슬을 사양하는 상소에서 윤휴를 변척하여 길보의 심사를 밝히라고 하였으나 모두 듣기만 하고 분명한 태도를 보이지 않았다. 김만증(金萬增)[512]공 형제가 윤증의 집을 지나가다가 윤휴에 대해서 말하면서 세 번이나 물었지만 대답하지 않았다.

(4) ○ 길보가 사직 상소에서 처와 친구들과 함께 죽기를 약속한 일에 대해서 모두 말한 뒤에 이르기를, "신이 이렇게 하는 것은 벗을 위한 것도 아니고 처를 위한 것도 아닙니다. 단지 신의 몸이 구차하게 살아난

---

509) 인조(仁祖)의……한다 : 송시열이 기년복을 주장함으로써 효종을 차남으로 간주한 것을 우려한 표현이다.

510) 이하경(李厦卿) : 하경은 이담(李橝)의 자이다. 송시열의 문인이며, 약포(藥圃) 이해수(李海壽)의 증손이다. 1675년(숙종1) 1월 15일 부사과(副司果)로서 송시열을 구원하는 상소를 올린 일이 있고, 1679년 3월 12일에 송상민이 올린 책자의 작성에 참여한 일로 공초를 받기도 하였으며 결국 이 일로 장형을 받고 삼수(三水)에 유배되었다가 경신환국으로 풀려났다.

511) 앞뒤로……하였으니 : 본서 「강상문답」(4)에 실려 있다. 즉 초려가 귀양갈 때에 이담(李橝)이 거리에 나가 전별하였는데, "초려가 앞뒤로 일관성이 없는 망언을 하였다"고 이담이 전했다.

512) 김만증(金萬增) : 1635~1720. 본관은 광산, 자 경능(景能), 호 둔촌(遯村)이다. 아버지는 김익희이다. 송시열의 문하에서 수학하였다. 김석주와 김만기가 그를 신임하여 대소사를 자문하였다고 한다.

것이 한스럽기 때문입니다." 하였다. 그 마음속으로 꺼린 것은 바로 죽기로 약속했지만 죽지 못한 것에 있었는데, 혹 스스로의 죄를 사실상 인정하면 후세의 비난을 피할 수 없게 되는 것을 두려워하였다. 그래서 구차하게 살아난 것을 개탄스러운 일이라고 단지 일반적으로 말하여, 마치 당일 강화도에 있었던 사람들이 모두 그런 의도가 있었던 것처럼 보이게 하고, 은연중에 효종을 강왕(康王)에 비유하였으니[513] '두거(杜擧)'[514]라고 말한 것은 그 계책이 깊은 것이었다.

윤증이 현석에게 답한 편지에서 "정월 보름경……" 한 것이 있는데, 이것이 이른바 '기관(機關)'과 '권모술수(權謀術數)'라는 표현이 있는 편지[515]로서, 송순석(宋淳錫)[516]공이 베껴서 가져간 것이었다. 당시 윤증이 권생(權生, 권이정)[517]에게 말하기를, "내가 함장(函丈)의 심술(心術)을 폭로한다면, 나는 만 길 구렁텅이로 떨어질 것이다." 하므로, 권이정이 와서 그 사실을 우옹께 고하니, 우옹이 말하기를, "일전에 온 그의 편지는 평소와 조금도 다름이 없었는데, 어째서인가?" 하고, 곧 그 편지를 보여주자, 권이정이 크게 놀라 말하기를, "이 숙부의 언행이 어찌 이리 서로 어긋났습니까? 이 지경에 이르렀으니 어떻게 해볼 도리가 없군요." 하였다. 현석이 권이정

---

513) 효종을 강왕(康王)에 비유하였으니 : 강왕은 1127년 북송이 멸망하자 남송을 개창한 고종(高宗)이다. 여기서는 윤선거가 효종이 강왕과 같은 처지에 있다는 점을 상기시켰다고 본 것이다.

514) 두거(杜擧) : 임금의 잘못을 일깨우게 하는 술잔이라는 뜻이다. 춘추시대 진(晉)나라 대부 지도자(知悼子)가 죽어서 장사도 치르지 않았는데 평공(平公)이 술을 마시고 풍악을 울리자 두궤(杜蕢)가 잘못을 지적하였다. 이에 평공이 자책하면서 자신에게 벌주(罰酒)를 먹이라고 한 뒤, 자신이 죽더라도 이 술잔을 버리지 말고 후세의 경계로 삼으라고 명하였으므로 이를 두거라고 이름하였다.(『禮記·檀弓 下』) 노론측에서는 윤선거가 효종에게 잘못이 있다는 것을 보이기 위해 '두거'라는 말을 사용했다고 공격하였다.

515) 기관(機關)과 권모술수(權謀術數)……편지 : 윤증이 박세채와 나양좌에게 함께 보낸 편지이다.(『明齋遺稿·答朴和叔兼示羅顯道』) 이 자료의 아래 내용은 이 편지가 나온 내력을 밝힌 것이다.

516) 송순석(宋淳錫) : 송시열의 손자이자 박세채의 사위로서 장인 집에서 윤증의 편지를 몰래 베껴 송시열에게 전달하였다.

517) 권생(權生) : 송시열의 외손 권이정(權以鋌)으로, 아버지는 남인 권시(權諰)이고, 윤증의 처조카이다.

에게서 윤증이 우암을 비난한 말을 듣고 편지를 써서 묻자 윤증이 의(義)와 이(利)를 병행하고 왕도와 패도를 병용한다는 말 등을 부연하여 답하였다.

갑인년(1674) 초려가 우옹에게 말하기를, "길보서원[518]에 관한 일은 너무 급한 것 같다. 유수방(柳壽芳)[519]의 말을 듣지 못했는가? 길보는 스스로 미촌(美村)이라고 불렀는데, 죽은 뒤에는 노서(魯西)라고 칭하였다. 유수방이 말하기를, '노서는 달로(達魯)라고 부를 수 있는데, 달로는 고려시대 오랑캐의 관리로서 동방을 주관했던 자였다.' 하였다.[520] 세간의 논의가 이와 같으니 억지로 한다고 해서 되겠는가?" 하였다. 이것은 초려와 우옹이 봉은사(奉恩寺)에 머물렀을 때였다.

신유년(1681, 숙종7) 허황(許璜)이 우옹에게 말하기를, "작년에 윤채(尹寀)의 집을 지날 때 마침 이산(尼山)에서 통문이 왔는데 미촌의 배향에 관한 논의였습니다. 여러 읍에서 다른 말이 없었는데, 유독 목천에 이르니 어떤 사람이 편지를 보내 말하기를, '강화도에서 오랑캐에게 포로가 된 자는 배향에 적합하지 않다.' 하였습니다." 하였다.

우옹이 놀라서 타우(打愚)에게 말하기를, "목천의 사습(士習)이 악하다고 할 만하다. 그대가 원장이니 삼가서 나쁜 향인(鄕人)들과 상종해서는 안 될 것이다." 하였다. 타우가 조사하여 벌을 시행하려 하였다. 사람들이 이 일이 유수방에게서 나왔다고 많이 의심하면서도 진범을 잡을 수 없자, 반드시 필적을 살핀 뒤에 그 사람을 잡을 수 있다고 생각하였다. 그래서 이산에 통문을 찾아서 돌려달라고 했더니, 원유(院儒)가 답하기를, "여러 현인들이 도를 지키려는 마음에 깊이 감동하였습니다만, 그것은 오래전 일이니 다시 시끄러운 단서를 일으킬 필요가 없습니다." 하였다. 다시

---

518) 길보서원 : 목천서원(木川書院)을 가리킨다. 여기에 윤선거의 위패를 배향하는 문제로 갈등이 있었다.

519) 유수방(柳壽芳) : 1646~?. 본관은 진주, 자 중화(仲華)이다. 1673년(현종14)에 문과에 급제하였다. 윤선거 배향문제를 둘러싸고 목천 유생들 사이에 배향에 반대하는 통문(通文)이 돌았는데, 당시 송시열이 그 말을 유수방에게서 들었다고 하였다.

520) 노서는……하였다 : 윤선거를 고려시대 몽고족 지배자의 우두머리인 다루가치[達魯花赤]에 빗대서 말한 것이다.

찾아달라고 청하자, "애초에 통문을 현록(懸錄)한 일이 없습니다." 하였으니, 그 의도는 그 일을 숨기려는 것이었다. 윤증은 우옹이 그 말을 즐겁게 듣고 기쁘게 전한 것이라 생각하고, 언근을 다그쳐 묻다가 마침내 우옹이 지어낸 말이라고 여겼다.

병신년(1716) 그의 무리 최석문이 상소하여 허황이 경향 어디에도 없는 사람이라고 하자, 허황의 아들 허괵(許漍)이 상소하여 매우 자세히 변론하였다. 당시 허황은 아직도 살아서 양성(陽城)에 거주하고 있었다.

(5) ○ 윤휴가 형벌을 받아 죽은 뒤 윤증이 길보의 친한 벗이라고 생각하여 사람들을 대할 때 반드시 그 작호를 칭하였다. 타우가 그 잘못됨을 배척한 뒤에야 짐짓 죄를 짓고 죽은 사람이라고 칭하였지만 사람들이 혹 윤휴의 일을 말하면 곧 입을 다물고 대답하지 않았다.

(6) ○ 병자년(1636, 인조14) 뒤에 길보를 비방하는 논의가 세상에 퍼졌는데, 남인들이 더욱 심하였다. 길보의 부친 팔송공(八松公)이 남인의 미움을 받았기 때문이었다.[521] 또한 길보는 문간공(文簡公) 성혼의 외손이었는데, 겁이 많아서 처음부터 끝까지 윤휴에게 붙었다. 허목(許穆)[522], 홍우원(洪宇遠)[523], 조사기(趙嗣基)[524]를 보호한 것은 실로 이미 드러난 허물을 가리려고 한 것이고, 더욱 다가올 재앙의 함정을 면하려고 한 것이었다.

윤증은 겁이 많고 나약하기가 길보보다 10배나 되어서 갑인년(1674,

---

521) 팔송공(八松公)……때문이었다 : 『동소만록』에 따르면 병자호란 직전 윤황이 척화를 주장하면서 금나라 임금이 쳐들어오면 자식 8명을 거느리고 나가 오랑캐를 쳐서 물리치겠다고 호언하였다. 하지만 실제로는 남한산성과 강화도에서 아버지와 자식 9명에게는 큰 일이 없었으며, 충절과 뛰어난 절개가 있어서 사람들의 마음을 사로잡았다는 소식도 듣지 못하였다고 비난하였다.

522) 허목(許穆) : 1595~1682. 1660년 예송에서 자최삼년복을 주장하다가 삼척부사로 쫓겨났다. 윤선거는 허목의 예설이 고려할 가치가 있다고 인정하였다.

523) 홍우원(洪宇遠) : 1605~1687. 본관은 남양(南陽), 자 군징(君徵), 호 남파(南坡)이다. 윤선도의 석방을 주장하다가 파직되었다. 윤선거는 송시열에게 홍우원과 조사기에 대한 처벌이 지나치다고 주장하였다.

524) 조사기(趙嗣基) : 1617~1694. 현종대 기해년 예론의 잘못을 비판하다가 파직되었다.

현종15), 을묘년(1675, 숙종1) 사이에는 두려워 허둥대다가 기사년(1689), 경오년(1690)간에는 이익을 쫓아서 진실로 이르지 않은 곳이 없었다. 또한 반드시 윤휴를 부호하는 것으로 우암 문하에 이의를 제기하여 남인들에게 용납되고자 하고 화를 모면하는 자료로 삼았다. 처음에는 허물을 가려서 화를 면하려고 윤휴를 존숭함으로써 아첨하였고, 종국에는 감정을 풀려고 원망을 불러일으켜서 세력을 합하여 윤휴를 신원하였다. 이것은 그 정적(情跡)이 밝게 드러나서 많은 사람이 보았으므로 가릴 수가 없었다.

(7) ○ 이영홍(李永鴻)[525]이 어떤 사람인지는 잘 모르겠지만, 이익명(李益命)[526] 공과 함께 배를 탔을 때 윤증이 지은 윤휴 제문을 외우면서 자랑하는 자료로 삼았다. 그 가운데, "당쟁의 화가 하늘을 덮어 수명을 조금도 연장하지 못하였다." 구절이 있었다. 이공이 돌아와서 그 형 완녕(完寧)[527]에게 말하였는데, 문곡(文谷)이 이를 듣고 놀라서 말하기를, "일찍이 윤증이 아들을 윤휴의 장례에 보냈다고 들었는데, 지금 제문이 이와 같으니 그 죄가 윤휴와 같다." 하였다. 이영홍이 듣고 크게 두려워하여 드디어 앞의 말을 번복하고 감추어서, 이공 형제와 서로 다투다가 그 증거가 명백하여 가릴 수 없음을 알고 말하기를, "이는 내가 거짓으로 지어낸 것이다." 하였다. 이에 이영홍의 부형들이 이영홍에게 매를 때리고, 이공 형제에게 사과하였다. 그렇지만 윤씨 집안에서는 또한 이것을 우옹이 날조한 것이라고 하였다.[528]

---

525) 이영홍(李永鴻) : 남인출신 전 목사(牧使) 이희년(李喜年)의 아들이다. 윤휴가 죽은 뒤 이영홍이 윤증의 이름을 가탁하고 윤휴의 제문을 지어서 사람들에게 자랑하였다.

526) 이익명(李益命) : 이민적의 넷째 아들이다. 장남은 이사명, 차남은 이부명(李孚命), 3남은 이이명이다.

527) 완녕(完寧) : 이사명(李師命, 1647~1689)의 봉호이다. 1680년(숙종6) 경신환국으로 보사공신 2등으로 책록되고 완녕군에 봉해졌다.

528) 우옹이……하였다 : 당시 송시열은 이영홍이 윤증의 이름을 가탁하여 윤휴의 제문을 지은 것으로 보았고, 이는 윤증의 의중이 반영된 것으로 간주하였다. 윤증은 이같은 사실이 모두 날조된 것이라고 주장하였다.

(8) ◯ 갑자년(1684, 숙종10) 최신(崔愼)의 상소 뒤에 조정에서 윤증의 유명(儒名)을 삭제하였는데, 기사년(1689) 흉악한 무리들이 다시 고쳐서 의망하였다. 경오년(1690) 윤증이 대사헌에 임명되었을 때, 현석의 권유로 상소하여 말하기를, "아버지는 이미 윤휴와 절교하였고, 신 또한 그가 억울하게 죽었다고는 말하지 않았습니다." 하였다. 흉악한 무리들이 그가 번복한 것에 노하여, 주상에게 아뢰어 그 관직을 삭탈하였고, 윤휴의 아들 하제(夏濟)는 소장을 올렸는데, 평일 서로 화합했던 모습은 모두 없애버렸다.[529] 갑술년(1694) 윤증에게 연이어서 벼슬을 제수(除授)하였지만, 이에 대해서는 끝내 한 마디 말도 하지 않았다.

(9) ◯ 신유년(1681) 감시(監試)에서 봉투가 빈 시권이 나왔는데 바로 고변서였다. 고변된 사람들은 남인의 열세 대가(大家)였는데, 그 가운데 허새와 허영, 유명견은 서울에 있었다. 한 고관(考官)이 말하기를, "익명서가 나오면 처리하는 법률이 있으니, 이것은 마땅히 불태워야 한다." 하였고, 다른 고관은 말하기를, "이는 국가의 화복과 관계된 것이니 어찌 수사를 그만둘 수 있겠는가?" 하였다. 드디어 견고하게 봉하여 비밀리에 들이니 주상이 비밀리에 청성(淸城)에게 맡겨 기찰하게 하였는데, 고변당한 사람들이 서울과 지방에 흩어져 있어서 자세히 살필 수 없었다. 이때 김환(金煥)이라는 자가 있었는데, 서인 출신 업무(業武)로서 남인들에게서 관직을 얻었다.…… -위에서 보인다.-

이것은 본래 숙종이 청성에게 비밀리에 부탁하고, 청성이 또 광남(光南)에게 부탁한 일이었으며, 광남의 잘못은 단지 기밀 사안을 은밀하게 처리하지 못하여 먼저 누설되고 또한 조급하게 발설하여 실정을 탐색하지 못하였다는 점에 있었을 뿐이었다. 하지만 허새와 허영의 역모는 이마 낭자하여, 이덕주(李德周)[530] 무리의 경우 도리에 어긋난 일을 실제로

529) 하제(夏濟)는……없애버렸다 : 1690년(숙종16) 10월에 공조좌랑 윤하제(1645~?)가 자기 아버지 윤휴의 일을 호소하면서 윤증과 윤선거가 자신의 아버지인 윤휴를 배신하였다고 비난하였다.

모의하여 알지 못하는 사람이 없을 정도였으니, 광남이 기찰하고 김환이 상변(上變)한 것은 실로 허망한 것이 아니었다.

우옹이 여강에 있을 때 조지겸이 모시고 함께 오라는 명을 받들고 와서, 여러 날 머물며 광남의 죄상이 자못 근거가 있다고 말하였다. 그래서 우옹 역시 그렇게 여기니, 조지겸이 크게 기뻐하였다. 도성에 들어오자 문곡(文谷)과 노봉(老峰), 광성(光城)이 본말을 모두 고하니 우옹이 말하기를, "살펴보니 광남은 그 죄가 없다." 하였다.

이로부터 조지겸의 무리들이 떼 지어 일어나 광남의 죄를 논한 것이 더욱 과격하여 전익대와 함께 법에 따라 처리하려고 하였다. 허새와 허영의 대역죄에 대해서는 또한 모두 한결같이 씻어버리고 용서하려는 뜻이 없지 않았으니, 그 계략은 오로지 원훈(元勳) 제신을 배제하는 데 있었다. 그래서 이것을 핑계로 간계를 부려 모함하는 빌미로 삼았는데, 실제로는 후일의 보신을 위해 은혜를 온전히 베풀려는 의도였던 것이다. 윤증은 그 사이에서 또한 화심을 품고 은밀히 우옹의 동정을 살펴 비방을 선동하고, 배반하다가 패망한 자들을 불러 모아 그 무리의 소굴을 만들었다.

기사년의 화에 이르러 흉악한 무리들이 이것을 가지고 송시열의 죄를 날조하였으며, 조지겸을 크게 칭찬하면서 포증(褒贈)할 것을 건의하고, 그 처자식에게 쌀과 고기를 내려주도록 청하였다.

(10) ○ 박사원(朴士元)[531]은 길보의 외손으로서, 지론(持論)이 편벽되고 표독스러웠는데, 나양좌 상소 역시 그의 손에서 만들어졌다. 그가 광남의 일을 논하는 것이 더욱 준엄하여, 광남과 성은 다르지만 가까운 인척간이었는데도[532] 서로 교분을 맺지 않았다. 기사년(1689, 숙종15) 광남이 사로잡

530) 이덕주(李德周) : 1617~1682. 본관은 전주이며, 유정(惟貞)의 증손이다. 1682년 허새의 역모사건에 연루되어 신문 도중에 죽었다.

531) 박사원(朴士元) : 사원은 박태보(朴泰輔, 1654~1689)의 자이다. 아버지는 박세당(朴世堂)이다. 후에 박세당의 형인 박세후(朴世垕)에게 입양하였다. 박세후의 처가 윤선거의 딸이었므로 박태보는 윤선거의 외손이자 윤증의 생질이 된 셈이다. 또 박세채와는 같은 반남 박씨로서 족숙부라 호칭하였다.

혔을 때, 파주목사로 있던 박사원이 필마에 물 한 모금으로 가는 길에 맞이하였는데, 이는 모욕하는 뜻을 보이기 위해서였다. 또한 김서포의 유배지로 편지를 보내 지극하게 애도하며 위로하였다. 형벌을 받아서 죽게 되었을 때, 신음소리를 내면서 문득 말하기를, "저 늙은이가 붙잡혔으니 장차 무슨 짓을 할 것인가?" 하였는데, 이것은 우옹을 가리켜서 한 말이었다. 사람들이 말하기를, "사원(士元)은 식견이 꽉 막혀있고 보고 듣는 것이 습속에 익숙해져서 소배의 논의를 벗어나지 못하였지만, 그의 행동이 반드시 뒷날의 이익을 바라고 나온 것은 아니었다." 하였다. 그렇지만 그가 흉악한 무리들이 집권한 것을 보고, 화의 그물에 걸려 뜻밖의 재앙을 당하자,533) 비로소 그 당여들이 지난 날 한 일이 공정함에서 나온 것은 아니라는 것을 깨닫고, 스스로 그 사이에 참여한 것을 후회하였다.

경화(更化, 경신환국) 뒤에 노봉이 크게 정책을 펼치고자 하여, 힘써 우옹을 조정에 불러들이려 하였고, 또한 현석을 같이 불렀다. 현석이 이때 하루도 우옹의 곁을 떠나지 않고 자제의 예를 행하면서, 우옹에게 말하기를, "자인(子仁, 윤증의 자)을 불러와야 합니다.……" 하였다. -위에서 보인다.- 드디어 윤증이 현석에게 자신의 생각을 모두 토로하였는데, 곧 뒷날 화의 그물에 걸려드는 것을 두려워하는 내용이었다. 이에 현석이 크게 현혹되었는데, 우옹은 이미 윤증에게 중독된 것을 알았다. 그 뒤 현석이 일마다 우옹에 대해 다른 의견을 세웠다. 이로부터 소배들이 모두 현석을 따라 붙어서 그 무리가 더욱 늘어나자, 박태유(朴泰維)534)가 맨 먼저 우옹을 배척하였고, 윤증 또한 그 도당(徒黨)의 성대함을 믿었다. -이 한 조목에서 참판 신경(申暻)535)이 말한 것은 지웠다.-

---

532) 광남과……인척간이었는데도 : 박태보의 장모는 김익훈과 남매간이다.

533) 뜻밖의 재앙을 당하자 : 1689년(숙종15) 5월에 박태보가 인현왕후의 폐출에 반대하여 상소하였다가 고문을 받고 귀양을 가던 도중에 죽은 일을 가리킨다.

534) 박태유(朴泰維) : 1648~1686. 본관은 반남(潘南), 자 사안(士安), 호 백석(白石)이다. 박세당의 아들로, 박태보의 형이고 박세채의 종질이다. 1683년(숙종9) 송시열이 태조의 휘호를 추상하자고 주장하자 박세채가 이것을 반대하였는데, 박태유가 시골에 있으면서 맨 먼저 상소하여 송시열을 비판하였다.

535) 신경(申暻) : 1696~?. 본관은 평산(平山), 자 명윤(明允), 호 직암(直菴)이다. 할아버지는

(11) ○ 신유년(1681) 우옹이 조정에서 돌아온 뒤 창계(滄溪) 임영(林泳)[536]이 편지를 보내 말하기를, "근래 세상의 평론을 들으니 윤명재(尹明齋)와 박현석(朴玄石)을 일대 종장(宗匠)으로 삼아서 선생을 공격하여 배척한다고 합니다." 하자, 우옹이 사례하며 말하기를, "내가 두 사람에 대해서 적수로서 거론된다면 나에게는 영광이지만 저들에게는 욕되지 않겠는가? 저들이 비록 나를 이기더라도 승리가 무공(武功)이 되지는 않을 것일세." 하였다. 마침 윤증이 우옹에게 편지를 보내 임영의 말을 거론하면서 말하기를, "'그대 부친[先丈] 문하 제현들의 지론(持論)이 너무 준엄해서, 일 좋아하고 경박한 무리들로 하여금 그 권세에 의지하여 노래하듯 화답하게 하다 보니 이 지경에 이르렀다.'[537] 하셨는데, 저 윤증은 묻습니다. 제 부친 문하에서 준론(峻論)을 하는 사람이 누구입니까?" 하였다.

우옹이 대답하기를, "이 정승을 만나니, 그대 종형의 옥천의 일을 크게 말하였는데, 진실로 사람들의 혼신을 맑게 하는 말이었네."[538] 하였다.

길보의 종형 윤홍거(尹鴻擧)[539]의 두 아들, 윤항(尹抗)과 윤총(尹揔)이 윤휴와 부자(父子)처럼 친하게 지냈기 때문에 사람들이 항제(抗濟), 총제(揔濟)라고 하였는데, 윤휴 아들의 이름이 의제(義濟)였기 때문이다. 윤항이 옥천수령으로 있을 때 어떤 사람이 밀고하기를, "우옹이 역모를 꾸미고 있다." 하여, 그 아비와 상의하고 감영(監營)에 나아가 고변하였다. 그런데 당시 감사가 그만두라고 타일러서 이루지 못하고 돌아왔다. 이상진(李尙眞)[540]이 당시 호서(湖西)의 전장(田莊)에 있으면서 자세히 들었기 때문에

영의정 신완(申琓)이고, 어머니는 박세채의 딸이다. 이조참판 신방(申昉)의 아우이다.

536) 임영(林泳) : 1649~1696. 본관은 나주, 자 덕함(德涵), 호 창계(滄溪)이다. 이단상·박세채의 문인이다. 뒤에 송시열·송준길에게도 수학하였다.

537) 그대 부친[先丈]……이르렀다 : 이것은 송시열 편지를 인용한 부분이다.(『宋子大全·與尹拯辛酉七月三日』) 저본의 '선장(先丈)'은 윤선거를 가리킨다.

538) 이 정승을……말이었네 : 이것은 송시열이 윤증에게 보낸 답장에서 인용한 것이다. (『宋子大全·答尹拯』) '이 정승'은 아래의 이상진을 가리킨다.

539) 윤홍거(尹鴻擧) : 윤흡(尹熻, 1580~1633)의 아들 윤운거(尹雲擧)·윤홍거·윤명거(尹溟擧)·윤해거(尹海擧)·윤봉거(尹鳳擧) 가운데 한 사람이다.

540) 이상진(李尙眞) : 1614~1690. 본관은 전의(全義), 자 천득(天得), 호 만암(晩庵)이다. 1678년(숙종4) 이조판서·우의정을 역임하였다. 1680년 경신환국 이후 김익훈·이사명(李

우옹에게 말한 것이다. 이때는 이상진이 아직 윤증과 합치지 않았을 때였다. -이 또한 신경이 말한 것인데, 그 대략이고 삭제한 것이 있다.-

(12) ○ 경신년(1680, 숙종6) 이후 국사(國事)에 근심스러운 일이 많아서, 흉당(凶黨)이 은밀히 틈을 엿보고 있었는데, 이들이 다시 조정에 들어오는 날에는 반드시 훈척이 먼저 화를 당할 것이었다. 그 때문에 소배들이 청의(淸議)를 핑계대면서 훈척을 배척하고 흉당에 아부하여 뒷날을 위한 계책으로 삼았다. 선배들은 그 마음씀씀이가 바르지 못한 것을 미워하였지만, 소배들은 선배를 지목하여 훈척의 당이라고 하였다. 윤증은 본래 윤휴의 당이었고, 또한 화를 두려워하는 마음이 있어서 소배들에게 달려가 부합하니, 소배들이 크게 기뻐하여 마침내 합세하였지만, 이는 윤증을 위한 것이 아니었다. 우옹에 대해서는 흉당이 원수같이 미워하였지만 우옹에게 허물이 없자 또한 자신들의 주장을 돕지 않고 그 논의가 훈척을 편든다고 원망하여, 처음에는 광남의 일로 침해하여 꾸짖더니 뒤에는 윤증의 일을 가지고 방자하게 패악을 부렸다. 윤증은 기회를 틈타서 멋대로 흉측한 심보를 부렸고, 현석은 윤증에게 팔려서 도리어 소배의 영수가 되었다. -현석 이하는 신경의 말이므로 삭제하였다.-

(13) ○ 창주(滄洲, 김익희의 호)의 매서(妹婿)는 학사(學士) 장차주(張次周)[541]였는데, 길보의 처 이씨와 장씨의 부인이 함께 강화도에 거처하며 담장을 사이에 두고 이웃에 살았다. 성이 함락되는 날 길보가 황급히 와서 처에게 먼저 죽어서 오랑캐에게 더러운 욕을 당하지 말라고 권하였다. 장씨 부인 김숙인(金淑人)이 이를 듣고 감탄하여 말하기를, "윤 상사(尹上

師命) 등의 보사공신(保社功臣) 추록(追錄)에 대해 영의정 김수항과 의견이 맞지 않아 추록 심의에 불참하였다. 이후 조정에서 송시열과 윤증에 대한 논란이 일어나자 윤증을 옹호하였다.

541) 장차주(張次周) : 1606~1651. 본관은 인동(仁同), 자 문재(文哉)이다. 아버지는 상주목사 우한(遇漢)이다. 박장원(朴長遠)·조복양(趙復陽) 등과 교류하였다. 부인은 김익희의 누이동생이다.

舍)[542]는 오늘날 유명한 선비인데, 손수 그 처를 죽였으니 위기를 당해서 대처하는 의리에 반드시 유래가 있을 것이다.” 하고, 칼을 빼들어 자결하였다.

이윽고 후금 임금이 군사가 주둔하고 있는 지역의 행정력이 미치는 곳에서는 사람을 죽이거나 재물을 빼앗지 말라고 금령을 내렸기 때문에 주변에 이웃한 사대부들이 모두 죽음을 면하였다. 창주가 이 때문에 깊이 한스러워 하여 말하기를, “지난번 길보가 그 처의 죽음을 조금만 지체하였더라면 내 누이[543] 또한 짧은 목숨이나마 반드시 이어갈 수 있었을 것이다.” 하였다. 우옹이 윤증에게 답하기를, “김 상서가 매번 그 동기가 조용히 자진하지 못한 것을 상심하면서 말하기를, ‘당신의 선친이 인도하여 그렇게 된 것이다.’ 하였다.”[544] 한 것은 이것을 가리키는 것이다. 장씨 후손이 김숙인이 조용히 자진하는 의리를 얻지 못하였기 때문에 혹 그 절의가 인정받지 못할 것을 우려하여 윤씨 가문의 권유를 따라서 상소하여 아뢰었으니 진실로 가소롭도다.

(14) ◯ 경신년(1680)에 우옹 집안의 서자 송규동(宋奎東)이 내시(內侍) 서후행(徐後行)의 종과 공모하여 우옹의 편지를 위조해서 영암(靈巖) 군수에게 청탁하였는데, 해당 군수는 신유(申鍒)[545] 공이었다. 우옹은 그 일에 내시와 관부가 관련되어 있어서 뜻밖의 재앙이 생길까 염려하여 편지를 위조한 자를 붙잡으려고 관가(官家)에 소장(訴狀)을 내어 추문(推問)하니, 송규동이 거짓으로 임경업의 조카를 끌어대서 임아무개 역시 잡혀왔다.[546]

---

542) 상사(上舍) : 성균관의 유생으로서 생원(生員)·진사(進士) 시험에 합격한 사람을 말한다. 윤선거가 당시 성균관 유생이었으므로 윤 상사라고 하였다.

543) 내 누이 : 김숙인을 가리킨다.

544) 김상서가……하였다 : 『宋子大全·答尹拯甲子七月二日』에서 인용한 것이다.

545) 신유(申鍒) : 1642~1702. 본관은 평산(平山), 자 유중(柔中)이다. 1680년(숙종6) 영암군수가 되었다.

546) 임아무개 역시 잡혀 왔다 : 이때 임경업의 조카가 잡혀 와서 스스로 그 일을 밝히고 또 그의 숙부 임경업의 재산이 적몰(籍沒)되어 관가에 들어간 것을 말하면서 “우리

그 당시 윤추(尹推)가 현관(縣官)으로 있으면서[547] 와서 우옹에게 문안하고 말하기를, "송규동은 사서(私書)만 위조한 것이 아니라 어보(御寶)도 위조하여 관교(官敎)[548]를 팔았습니다." 하였는데, 관교를 쓴 사람은 바로 송평창(宋平昌)[549]의 손자였다. 우옹이 크게 놀라며 말하기를, "성주(城主)는 어디에서 이 말을 들었는가?" 하니, "송광두(宋光枓)[550]에게서 들었습니다." 하였다. 이 일이 발각되면 송평창의 손자도 또한 당연히 연좌될 것이기 때문에 사실을 자백하여 죄를 면하려는 계책을 세우고 마침내 관가에 가서 스스로 밝혔다. 이에 송규동이 관가에 갇히자, 얼마 안 있어 윤추가 홀연히 벼슬을 버리고 가면서 말하기를, "우옹이 나로 하여금 사람을 죽이게 하였다. 사람을 죽이는 일은 내가 배우지 못하였기 때문에 그날 즉시 돌아가기로 결단하였다." 하였다.[551] 우옹의 동생 송시걸(宋時杰) 공이 이 말을 듣고 갑자기 말하기를, "나는 마땅히 말하기를, '처를 죽이는 일을 나는 배우지 못하였다.' 해야겠다." 하자, 우옹이 질책하며 저지하였다.

(15) ○ 경신년(1680, 숙종6) 간에 송규렴(宋奎濂) 공이 창론(倡論)하여 박평양(朴平陽)[552]의 사당을 세우고 송자신(宋子愼)[553]을 배향하려 하자,

---

숙부가 역옥(逆獄)에 죽은 것이 아니므로 적몰하는 것은 근거가 없으니, 충훈부(忠勳府)의 아는 사람에게 말하여 재산을 도로 내주게 해 주십시오."라고 하였다.

547) 윤추(尹推)가 현관(縣官)으로 있으면서 : 1681년(숙종7) 회덕현감(懷德縣監)에 임명되었다.

548) 관교(官敎) : 왕이 직접 내리는 임명장을 가리킨다.

549) 송평창(宋平昌) : 송국구(宋國龜)를 가리킨다. 평창군수를 지낸 일이 있어 송평창이라고 하였다. 자는 사원(士元)이고, 은진인(恩津人)으로 판관 송희건(宋希建)의 아들이다.

550) 송광두(宋光枓) : 자는 계방(季方)이고, 은진인이다. 송준길의 재종질(再從姪)로 감역을 지냈다.

551) 우옹이……결단하였다 : 이는 송시열 측에서 나온 말이었다. 이에 대해 윤추는 벼슬을 그만둔 것은 병 때문이었으며 자신은 그러한 말을 한 일이 없다고 부인하였다. 그러나 이를 믿지 않았던 송시열 측에서는 이 일을 계기로 윤씨 일가에 대한 정치적 공세를 한층 강화해 나갔다.(『宋子大全·答尹拯甲子七月二十四日』 및 『明齋遺稿·答懷川』)

552) 박평양(朴平陽) : 박팽년(朴彭年, 1417~1456)이다. 사육신(死六臣)의 한 사람으로, 본관은 순천(順天), 자 인수(仁叟), 호 취금헌(醉琴軒)이다. 회덕(懷德) 출신으로 회덕의 정절서원(靖節書院)에 배향되었다.

553) 송자신(宋子愼) : 자신은 송상민(宋尙敏, 1626~1679)의 자이다. 호는 석곡(石谷)이고,

회현(懷縣) 여러 유생들이 사당의 터를 닦았다. 그런데 윤추가 당시 회현의 수령으로서, 여러 유생들에게 편지를 보내 논박하여 말하기를, "마치 은혜와 공로에 보답하는 것 같은 점이 있으니, 우옹의 부탁으로 사당을 세우자는 논의가 나왔기 때문이다." 하여, 그 논의가 결국 중지되었다. 이에 옥천 유생들이 회천에 통문하여 말하기를, "이 사당의 건립을 저지하면서, 도리어 흠이 있고 덕이 없는 자를 사당에서 제사 지내서야 되겠습니까?" 하였다. 우옹이 이를 듣고 편지를 보내 옥천 유생들을 질책하면서 급히 편지를 거둬들여 문자를 불태워 버리게 하였다.

송자신이 윤증의 집안에서 미움을 받은 것은 이유가 있었다. 송자신이 길보와 종유하면서 늘 그 말과 주장을 의심하였다. 항상 말하기를, "미촌의 가법(家法)이나 행동을 절제하는 것을 보면 지금 세상에 견줄 사람이 드물지만 그 주장은 항상 이해(利害)와 관련되어 있다." 하였다. 길보의 가장(家狀)이 완성되어 윤증이 송자신에게 보여주었는데, 송자신이 다 읽고 말하기를, "선생께서 강화도의 일 이후 자처하신 것은 실로 평생의 높은 의리였는데, 지금 가장에서 완전히 없애버려도 괜찮은가?" 하자, 윤증이 아무 말 없이 기뻐하지 않고 가버렸다. 옥천 유생들이 길보에게 불만이 있는 것도 또한 이유가 있었다. 옥천 유생들은 실로 중봉(重峯, 조헌의 호)의 영향을 받아서 자못 절의를 존중하고 숭상하였기 때문에 길보에 대해서 늘 경멸하는 마음이 있었다. 창주서원(滄州書院)[554]에 위판(位版)을 쓸 때, 길보의 필체를 사용하자 유생들이 힘써 배척하며 불가하다고 했는데, 우옹이 힘껏 타일러서 그쳤다.

송시열·송준길 문인이다. 1679년(숙종5) 송시열을 구원하려고 상소하였다가 허적의 탄핵을 받고 궁궐 앞에서 장살되었다. 이듬해인 1680년 경신환국으로 공조좌랑에 추증되었다. 대전의 정절서원에 배향되었다.

554) 창주서원(滄州書院) : 충청도 옥천군에 있던 서원으로, 표충사(表忠祠)라 하여 조헌을 배향하다가 1682년(숙종8) 창주서원이라는 사액을 받았고 김집, 송시열, 송준길, 곽은을 추가 배향하였다. 1864년(고종1) 흥선대원군의 서원 철폐령으로 훼철되어 지금은 묘정비만 남아 있다.

(16) ○ 김비(金棐, 김장생의 서자)가 와서 우옹에게 송 학사(宋學士, 송주석)가 관직에 나아가는 길을 윤증이 막았다[555]는 설을 말하였고, 또 우옹의 맏아들에게도 말하였다. 그 뒤에 곧 그 말을 바꾸어 말하기를, "관직에 나아가는 것을 막았다는 말은, 내가 윤씨 가문에서 나왔다고 하였지 윤증에게서 나왔다고 한 것은 아니다." 하였다. 우옹이 그의 말이 종잡을 수 없이 변하는 것을 꾸짖자, 김비가 한숨을 쉬며 말하기를,
"내가 이미 머리가 허연데 앞으로 얼마나 살겠습니까? 벼슬자리 하나 얻는 것이 나의 진정한 소원입니다. 나의 여러 적종(嫡宗)들은 도무지 벼슬시켜 줄 의사가 없으나, 윤경교(尹敬教)[556]씨는 나와 더불어 약속하였습니다." 하였다. 이어서 말하기를,
"윤씨 가문은 비단 오늘날 조정에 진출한 사람들뿐만 아니라, 그 집의 젊은이나 아이들 역시 글을 잘하여 과거에 급제할 사람이 많은데, 내가 어떻게 감히 저들에게 미움을 받을 수 있겠습니까? 나의 실정이 가련합니다." 하였다.

(17) ○ 현석(玄石)이 다스리는 사업을 논하면서 걸핏하면 기성(箕聖, 기자(箕子))의 황극(皇極) 설과 공자(孔子)의 주화(周和)[557]의 가르침을 인용하여 위에 고하고 아래를 타이를 때 모두 이 도를 사용하였다. 그래서 옳고 그름, 사특함과 올바름을 판별할 때 먼저 관용하고 용서하는 입장에 설 것을 요구하였는데, 그 주장의 근원을 따져보면 율옹(栗翁)이 동인과 서인을 조제(調劑)하려 한 계책을 따라 배운 것이었다. 경신년에 이미

555) 윤증이……막았다 : 소론계 당론서인 『갑을록(甲乙錄)』에 따르면 당시 과거에 급제한 송주석이 청직(淸職)에 의망(擬望)하기에 적합하지 않다는 말이 있었다. 즉 송후창(宋後昌)이 '한림(翰林)에 적합하지 않다'는 말을 이산(尼山)에서 들었다고 하자 송시열은 그 근원을 윤증으로 간주하였다.

556) 윤경교(尹敬教) : 1632~1691. 본관은 파평, 자 양일(養一), 호 장호(長湖)이다. 대사간 황(煌)의 증손, 할아버지는 훈거(勳擧), 아버지는 변(抃)이다. 윤선거에게 수학하였다.

557) 주화(周和) : 화는 관화(關和), 즉 주나라의 법을 말한다. 관화는 '공통적으로 쓰는 석(石)과 함께 쓰는 균[關石和鈞]'이라는 말에서 유래한 것으로, 모든 사물의 표준이 되는 법칙이나 규칙을 가리킨다.(『書經·五子之歌』)

이 설을 들어서 조처하였고, 나양좌가 상소가 나오자 비로소 "운운"하는 한 통의 편지가 있었다. 이 주장을 보면, 또한 율옹이 논한 동인과 서인에 모두 옳은 것과 그른 것이 있다는 뜻을 답습한 것이니, 스스로 그 자신을 노론과 소론의 지목 밖에 두려 한 것이었다.

(18) ◯ 현석은 윤증에게 유혹을 받아서 전배들이 척신에게 붙었다고 실제로 의심하여 그들과 함께 화합하려 하지 않았다. 갑자년(1684, 숙종10) 이후 소배들이 장희재(張希載)와 서로 얽히는 것을 보고 점차 미워하고 싫어하여 비로소 말하기를, "내가 우옹과 서로 마음이 맞지 않은 것은 본래 자인(子仁)이 그릇 인도해서이다." 하였다. 윤증은 현석의 주장이 자기와 다름이 없다고 생각하였고, 우옹의 생각이 현석에게 침투하지 못하는 것을 보고, 편지를 써서 반드시 우옹을 비난하려고 감춰둔 심정을 나열하였다. 현석이 답하여 말하기를, "심술이 은미하다는 논의는 과연 하루아침에 갑자기 쉽게 믿기 어렵습니다." 하였고, 또 말하기를, "다른 사람의 본원[558]을 공격하는 사람이 스스로 말하는 것은 또한 한결같이 천리를 따른 것이라 할 수 있겠습니까?" 하자 윤증이 겸손하게 사과하였지만, 이로부터 파산(坡山)과 이산(尼山)이 점차 갈라서기 시작하였다.

무진(1688)·기사년(1689) 간에 이르러 윤증이 문득 말하기를, "우옹이 고립되어 의지할 데가 없다." 하였다. 탐라에 유배되어 있는데, 엄하게 꾸짖는 명이 있자, 서울과 지방의 여러 사람들이 구원하는 상소를 올렸다. 서울로 올라오는 도중에 그를 맞이하고 환송하는 자가 무려 수 백인이나 되었으며, 윤증과 사이가 좋은 자들도 또한 앞을 다투어 달려오지 않는 자가 없었다. 송시열의 부고(訃告)가 서울에 이르자 노소 장보(章甫)가 공해(公廨) 한 곳에 위패를 설치하고, 문 밖에 나무를 심어서, '우암선생

558) 다른 사람의 본원 : 다른 사람은 송시열이고, '본원'은 윤증이 송시열의 학문을 비판하면서 사용한 말이다. 『신유의서』에 의하면, 윤선거는 송시열의 문제점이 '기질(氣質)'에서 나왔다고 보았는데, 윤증은 여기서 한 걸음 더 나가 그 학문의 '본원'을 의심하였다.

회곡소(會哭所)'라고 크게 써서 알리니, 조문하는 자가 도로에 끊이지 않았고, 십 여일이 지난 뒤 철거하였다. 당시 흉악한 무리들이 멋대로 기운을 부렸지만 또한 금지할 수 없었다.

윤증이 이에 의심하며 말하기를, "어찌하여 인심이 이처럼 기울었는가?" 하였다. 현석이 윤증에게 편지를 써서 말하기를, "세상의 변화가 일정하지 않고, 인심은 어그러져서 비록 초산(楚山)의 후명(後命)[559]이 있었지만 의론하는 자들의 견해가 서로 분분합니다. 그러나 제 경우는 스승과의 정의(情義)가 얕지 않은 데다 멀리서 부음을 들으니 참담한 심정이 더욱 절실하여 평소 의견이 달랐던 것을 더 이상 개의치 않으려 합니다." 하였다. 또한 예에 근거하여 상복을 입자 윤증이 크게 노하여, "여러 사람의 마음이 기울어진 것은 모두 화숙이 끌어들이는 것이다." 생각하였다.

당시 윤휴의 당여가 현석을 귀양 보내고자 하여 정유악(鄭維岳)으로 하여금 윤증에게 묻게 하였는데, 윤증이 말하기를, "조정의 일에 대해서 내가 어찌 감히 참여하여 논하겠는가?" 하였다. 현석이 이를 듣고 그 마음씀씀이가 바르지 못함을 애통하게 여겼다.

갑술년(1694, 숙종20) 박세채가 정승에 임명되어 조정에 나아가 제창하기를, "우옹이 대의에 따라 나왔다가 사화에 걸려 죽었으니, 사소한 시비는 오래되어 사라졌습니다."[560] 하였으니, 우옹을 공격하는 자는 소인이 되고 말 것이므로 드디어 다시 청하지 않았다. 주상이 윤증과 나양좌, 조득중(趙得重)[561] 무리를 부르자, 사방에서 비웃고 배척하였다. 윤증이

---

559) 초산(楚山)의 후명(後命) : 초산은 정읍(井邑)의 옛 이름이다. 후명은 귀양 간 죄인에게 다시 사약을 내리는 것을 말한다. 제주에 위리안치 되어 있던 송시열이 나국(拿鞫)의 명을 받고 상경하다가 사사의 후명을 받고 정읍에 이르러 죽은 것을 가리킨다.

560) 대의에 따라……사라졌다 : 박세채가 갑술환국 이후 송시열에 대해 취한 입장이다. 이에 대해 윤증은 현석이 이전의 견해를 바꾼 것으로 간주하였다. 즉 의리와 시비로 주장을 삼지 않고, 형세와 개인적인 뜻을 진퇴의 근거로 삼는 것으로 보았다.(『明齋遺稿·答羅顯道庚辰三月三日』) 그런데 마지막 구절인 "攻之者, 當作小人."은 여기에 보이지 않는다.

561) 조득중(趙得重) : 본관은 한양, 자 사위(士威), 호 수정재(守正齋)·용촌(龍村)이다. 윤선거 문인으로 1687년(숙종13) 나양좌·성지선(成至善) 등과 송시열을 논척하는 상소를 올렸다가 삭직되었다. 갑술환국(1694)으로 소론이 등용되자 세자익위사익찬(世子翊

또한 이르기를, "변고가 일어날 때마다 굴욕적으로 부름을 받으니 서글프다." 하였다. 현석이 그 괴로움을 이기지 못하고 해명하여 말하기를, "내가 차자를 지어 천거하지 않는 것은 회옹의 뜻이다." 하니, 식자들이 한스럽게 여겼다.

(19) ○ 나양좌가 길보가 노비의 옷을 입었던 일을 공성(孔聖)이 송나라를 지난 일에 비유하며 직접 이르기를, "적병(賊兵)을 피하려고 들어갔다가 적병이 닥치자 떠난 것은 사대부의 떳떳한 일인데 어찌 괴이하다고 할 수 있겠습니까?……" 하였으니, 거리낌 없이 말하는 것이 이와 같았다. 우옹이 화가 나서 성 아래에서 오랑캐에게 무릎 꿇은 일에 대해 창주의 말로 증거를 삼자, 윤증이 더욱 방자하게 원망하면서 욕하였다.

이선(李選)[562]공이 우옹에게 편지를 보내서 말하기를, "오랑캐에게 무릎을 꿇은 일은 제가 들은 것과 다릅니다." 하자, 우옹이 답하기를, "단지 창주의 말에 근거한 것이니, 내가 어찌 감히 옳다고 하겠는가?" 하였다. 윤증이 이 편지를 얻어 보고 이내 이르기를, "애초 이미 날조되었기 때문에 그 말이 궁색해진 것이다." 하였다. 내가 생각할 때 창주가 한 말은 본래 사실과 어긋나지 않으므로, 이공은 과연 잘못을 면하지 못하였다.

충정(忠貞)[563] 신공(申公)이 궁관으로서 강화도에 들어갔다가 성이 함락되어 오랑캐가 위협할 때 길보와 같은 곳에서 환난을 당하였다. 신공이 평소 기절과 의리가 있어서 끝내 무리를 따라 무릎을 꿇지 않으려 하니,

---

衛司翊贊)에 올랐다.

562) 이선(李選) : 1632~1692. 본관은 전주, 자 택지(擇之), 호 지호(芝湖)·소백산인(小白山人)이다. 아버지는 우의정 후원(厚源)이며, 어머니는 김반(金槃)의 딸이다. 김익희의 조카이자 송시열의 문인으로 기사환국 때 송시열의 당여로 지목되어 기장(機張)에 유배되었다가 그곳에서 죽었다.

563) 충정(忠貞) : 신상(申恦, 1598~1662)의 시호이다. 본관은 평산(平山), 자 효은(孝恩), 호 은휴와(恩休窩)이다. 1636년 정언으로 재직하다가 강화도 함락 당시 세자빈의 위급을 면하게 하였다. 당시 오랑캐가 세자빈과 신하들에게 절을 하도록 칼로 위협하였다. 이에 신상이 자결하려 하자 오랑캐가 저지하였고, 세자빈은 모욕을 모면할 수 있었다. 윤선거는 그를 '신효사(申孝思)'라고 불렀다.

오랑캐가 노하여 칼로 그 허벅지를 찔렀으나 오랑캐도 그 절의를 빼앗지는 못하였다. 그러나 그 일에 대해서 스스로 말하지 않았으므로, 자제들조차도 알지 못하였는데, 상례를 치른 뒤에 길보가 편지를 보내 조문하면서 당시 목격한 바를 모두 말해주었다. 그가 증언하여 전해주지 않았다면 아마도 이 사실은 끝내 사라져 버렸을 것인데, 그 집안에서 비로소 알게 되었다. 이로써 보건대 길보가 이미 신공과 함께 오랑캐의 위협을 받았으니, 만약 무릎을 꿇지 않았다면 홀로 오랑캐의 칼날을 피할 수 있었겠는가? 비록 말하기를, "오랑캐의 칼날이 모두에게 이르렀다." 하더라도, 길보가 스스로 말하지 않았다면, 세상이 알지 못했을 것이므로, 길보가 사람들로부터 비웃고 손가락질 받은 지 오래되었는데, 이와 같이 그 행적을 드러내기 좋은 증거를 사람들에게 보여줌으로써 씻기 어려운 허물을 어찌 가리려고 하지 않았겠는가? 이로써 길보가 오랑캐에게 무릎을 꿇은 것이 창주의 말과 같다는 것을 알 수 있다.

(20) ◯ 우옹이 일찍이 송규정(宋奎禎)[564]을 통해서 윤휴가 읽은 경서를 빌려 보았는데, 그 첫 머리에서 자기 설로 비판적으로 논하며 주자의 본주(本註)를 공격하였다. 이에 우옹이 크게 놀라 바로 돌려주었다. 뒤에 종질 장령 송기후(宋基厚)[565]의 집에 갔다가 책상 위에 일종의 책자(策子)가 있는데 그 모양이 매우 빛나고 신선하여 물으니, "희중이 주석한 『중용』입니다." 하였다. 주경(周卿)[566]과 백흥(伯興, 송규정의 자) 무리들이 송기후에게 이 책을 보내며 말하기를, "이 주석이 옛 주석보다 나으니, 그대 역시 기록해 두는 것이 좋겠다." 하였다. 우옹이 시험 삼아 가져다 보니 수장(首

564) 송규정(宋奎禎) : 본관은 은진, 자 백흥(伯興)이다. 생원 국시(國蓍)의 아들로 현감을 지냈다.

565) 송기후(宋基厚) : 1621~1674. 본관은 은진, 자 성백(誠伯), 호 문도재(聞道齋)이다. 아버지는 시염(時琰)이다. 송시열의 당질로 송시열·송준길의 문인이다.

566) 주경(周卿) : 황세정(黃世楨, 1622~1705)의 자이다. 본관은 회덕(懷德), 호 제곡(霽谷)이다. 어려서 송준길에게서 글을 배웠고, 최명길에게 강목(綱目)을 배웠다. 이후 동춘당의 큰 아들 송광식(宋光栻)과 함께 김집과 송시열에게서도 수학하였다.

章)을 문단마다 분할하여 허다한 강(綱)과 절(節)을 만들어서, 마치 『대학』 경(經) 1장처럼[567] 만들었다. 그리고 32장을 수장에 나누어 속하게 하여 마치 『대학』의 전(傳)처럼 만들어서, 옛 주석은 모두 삭제하고 새로운 설로 바꾸었다.[568]

우옹이 잠시 보다가 바로 땅에 던지며 말하기를, "윤휴가 어떤 사람이라고 감히 이와 같이 하는가. 너희들 또한 어찌 감히 이것을 쌓아 두고 있는가?" 하였다. 송공이 말하기를, "미촌 윤장(尹丈)은 우계 성혼의 외손인데도 윤휴를 존경하고 숭상하는 것이 우리 무리와 비할 바가 아닌 것은 왜 그렇습니까?" 하자 말하기를, "우계의 친아들도 또한 정인홍에게 붙었는데, 외손이 윤휴를 존경하는 것이 어찌 괴이하겠는가?" 하였다.

(21) ◯ 신독재(愼獨齋)의 여러 손자들 집안에 전해 내려오는 말이 있었다. 길보가 사직 상소를 올렸을 때 애초 관례에 따라서 사직(辭職)하고 떠날 계획이었는데, 신독재가 반드시 강화도에서 낭패당한 일을 허물로 삼아야 한다고 충고하자, 길보가 드디어 대략 거론하였지만 명확하게 말하지는 않았다. 또한 사우들과 함께 죽기로 약속해놓고 죽지 않은 일절(一節)과 처를 먼저 죽게 한 일절은 거론하지 않으려 하였는데, 신독재가 거듭 질책하고 재촉한 뒤에서야 비로소 상세히 말하였다. 신독재 손자 김만리(金萬里), 김만성(金萬城)이 이것을 우옹에게 고하였다.

567) 『대학』 경(經) 1장처럼 : 윤휴가 『대학』 해석과 관련하여 작성한 글은 「고본대학별록(古本大學別錄)」, 「대학전편대지안설(大學全篇大旨按說)」, 「대학후설(大學後說)」 세 편이다. 이를 통해서 윤휴는 주자의 『대학장구』의 경(經) 1장 전(傳)10장 체재를 따르지 않고, 고본 『대학』에는 착간(錯簡)이나 궐문(闕文)이 없고 그 차서(次序) 그대로 온전한 체재를 갖추고 있다고 파악하여 고본 『대학』체재를 인정하고, 4분절하여 경1장 전3장 체재를 주장하였다.

568) 32장을 마치……바꾸었다 : 윤휴의 『중용』 관련 저술로는 「공자달도달덕구경지도(孔子達道達德九經之圖)」·「중용지도(中庸之圖)」와 「중용장구차제(中庸章句次第)」·「분장대지(分章大旨)」·「중용주자장구보록(中庸朱子章句補錄)」 등이 전해진다. 이를 통해서 윤휴는 주자의 『중용장구』의 4대절 33장 체재를 따르지 않고 10장 28절 체재를 주장하였다.

(22) ○ 기사년에 화(禍)가 일어나자 현석이 윤증에게 편지를 보내어 말하기를, "오늘날 우옹 어른이 다시 죄의 괴수가 되었으니 시의(時議)는 아마도 반드시 뜻을 달리하는 자를 찾아 도움을 받고자 할 것인데, 많은 사람들이 고명(高明, 윤증)에 대해 깊이 우려하고 있다."[569] 하였다. 또 말하기를, "여(驪, 윤휴)를 신원(伸冤)할 적에는 반드시 형의 집안을 끌어다가 증거 삼으려 할 것이다." 하였다. 이때 송이석(宋彛錫)[570]의 생질이 이산에 갔는데, 그는 윤충교(尹忠敎)의 처질이었으므로 고모를 찾아뵙기 위해서였다. 윤증과 여러 종친들이 마침 모임이 있었다.……- 위에서 보인다. -여러 흉도들이 듣고 크게 의심하면서 말하기를, "송과 김은 평소에 서로 용납하지 못할 사이였지만, 여기에 두 통의 편지가 있으니, (이것을 계기로 논의한 것이) 우리에게 화를 끼친 옥사가 아니면 무슨 일이겠는가?"[571] 하고, 드디어 커다란 화를 이루고서, 윤증을 끌어다가 윤휴를 신원하고 대사헌에 임명하였다. 그 베풀고 화응하는 것이 모두 이와 같이 밝게 드러났으니 현석의 편지는 과연 믿을 만하다.-

(23) ○ 사계의 서자 김개(金槩)와 김비(金棐) 등이 평소 무뢰하여 문중에서 용납을 받지 못하였다. 윤증이 이들을 꾀어서 끌어들여 심복으로 삼아서 우옹의 말과 행동거지를 살피게 하였다. 작은 일, 하찮은 것에 이르기까지 조금이라도 말할 만한 것이 있으면 김개가 반드시 늘려서 과장하고 확대하자, 윤증이 손뼉 치며 맥락이라고 칭찬하고 암암리에 당여들에게 전하여, 날조한 것을 모아 정리하여 나양좌의 『잡록』이 완성되었으니, 그 방략(方略)은 윤증 자신이 설계한 것이었다.

나양좌의 흉악하고 교활한 것은 이루다 말할 수 없는데, 진실로 한

---

569) 오늘날……있다 : 이 부분은 『南溪集·答尹子仁己巳二月二十一日』에 보인다.

570) 송이석(宋彛錫) : 1641~1694. 자는 군서(君叙)이다. 증조는 송방조(宋邦祚)이며, 할아버지는 송시형(宋時瑩), 아버지는 송기선(宋基善)이다. 송방조와 송시열의 부친 송갑조가 형제간이므로 송시열에게는 재종손(再從孫)이 된다. 비안현감(比安縣監)을 지냈다.

571) 송과 김은……무슨 일이겠는가? : 갑인예송 이후 장기(長鬐)에 유배된 송시열과 김석주 사이에 편지가 오고 간 일을 말한다. 세주의 '위'는 『강상문답』(2)를 가리킨다. 여기서는 이에 이어서 남인들의 말을 만들어 넣었다.

가지 일을 가지고 그것을 말하겠다. 그는 갑자년(1684)간에 문곡이 윤증에 대해 매우 엄격하게 대처하는 것을 보고, 비루한 말과 추악한 설을 우옹에 핑계대고 문곡에게 가하였다. 심지어 우옹이 남쪽 풍속에 따라서 정승으로 만들었다는 편지를 베끼기도 하였다.[572] 기사년 이후 거듭 농암 형제에게 편지를 보내 비방하고 협박하기를 지극하게 하지 않은 것이 없었다.

(24) ○ 듣건대 나양좌는 『잡록』이 완성되기 전에 죽었는데, 윤증이 이어서 저술하여, 추악하게 욕한 것이 아주 심한 곳은 윤증이 보태어 쓴 것이 가장 많았다. 나양좌의 아들 연(演)이 "아버지의 글씨가 아니다." 하면서 상소하여 스스로 해명하려 하기까지 하였으니, 추가하여 쓴 것이 매우 많다는 것을 알 수 있다. 기사년 흉악한 무리들이 화를 일으키자 윤증이 기회를 틈타 그 손을 빌었기 때문에 경신년 이후 윤증과 원한을 맺은 자는 끝내 죽임을 당하였다.

우옹, 문곡, 광남은 진실로 논할 것도 없고, 타우(打愚) 이상(李翔)이 왕도와 패도를 언급한 편지를 접한 뒤에 편지를 보내 윤증을 질책한 것도[573] 윤증이 꺼리고 감추려는 것을 절실하게 맞추었다. 완령(完寧)[574] 이사명(李師命)이 호남의 감영에 있으면서 거듭 윤증에게 미움받는 일이 있었는데, 이영홍(李永鴻)이 암송한 윤휴 제문[575]이나 선복(宣卜)의 이름이 나오는 장계(狀啓) 등은 모두 그에 의해 발설되었으므로, 윤증이 절치부심한 이유는 실로 여기에 있었다.

---

572) 심지어……하였다 : 저본은 "甚至摸得尤翁南俗作相之書"이다. 그 정확한 의미는 미상이다.

573) 타우(打愚)……질책한 것도 : 윤증의 「신유의서」에 보이는 "王覇竝用, 義利雙行."에 대해서 이상이 비판한 편지를 가리킨다.(『打愚遺稿·答尹子仁甲子』)

574) 완령(完寧) : 이사명의 봉호이다. 경신환국에 가담하여, 남인을 몰아내는 데 공을 세워 보사공신 2등으로 책록되고 완령군에 봉해졌다.

575) 이영홍(李永鴻)이 암송한 윤휴 제문 : 이영홍이 윤증의 이름을 가탁하고 윤휴의 제문을 지어서 사람들에게 자랑하였다. 김수항 등은 그 배후에 윤증이 있다고 의심하였다. 앞선 기사에 보인다.

(25) ◯ 나양좌가 상소하기 며칠 전에 문곡이 공회(公會)에서 외재(畏齋, 이단하의 호)를 만났다. 문곡이 근래 우옹에게서 어떤 편지가 있었는지 묻자 외재가 말하기를, "지난 편지에서 제향(祭享)을 재감(裁減)하는 일을 논하였는데,[576] 이는 이미 보내어 살펴본 것이고, 이외에 다른 편지는 없었습니다. 그런데 편지가 있는지 없는지를 무슨 이유로 묻습니까?" 하였다. 문곡이 웃으면서 대답하지 않자 외재가 두, 세 번 강박하니, 문곡이 이윽고 말하였다.

"나양좌가 일전에 와서 묘문에서 미촌을 도탑게 했는지 여부를 내게 묻기에 대답하기를, '그 아들이 옳지 못한 점은 말하지 않을 수 없지만, 미촌에 대해서는 어찌 그 아들 때문에 존경하고 숭상하지 않겠는가?' 하였다. 나양좌가 말하기를, '그렇다면 마땅히 회천에게 미움을 받을 것이다. 근래 듣건대 회천이 우상(右相)에게 편지를 보내 비난하고 배척한 말이 여차여차 하다고 한다.' 하고는, 곧 편지의 글을 외우기에 내가 그런 일을 어디서 들었냐고 물으니, '정승 권상하에게서 들었는데, 권상하는 직접 그 편지를 본 사람에게 들었다고 하였다.' 하였다."

권상하가 새롭게 양근(陽根) 수령에 임명되어 외재에게 사례하러 왔는데, 외재가 김수항에게 들은 일을 묻자 권상하가 크게 놀라서 말하기를, "지난번 어떤 집안의 장례식에서 발인(發引)을 위해 모였을 때 나양좌와 만나서, 스스로 이 일을 말하였기 때문에 들은 것일 뿐인데, 지금 도리어 나에게 돌린단 말인가?" 하였다. 이에 나양좌에게 가서 힐문하자 나양좌의 조카 김창집 공이 마침 자리에 앉아 있었는데, 나양좌가 말이 궁해서 제대로 대답하지 못하였다. 권상하가 김공을 돌아보며 말하기를, "공이 이미 참여하여 들었으니, 내가 원래 이 말을 하지 않은 것을 알았을 것이다. 돌아가서 대정(大庭)[577]께 말씀드리는 것이 좋을 것이다." 하였다.

---

576) 제향(祭享)을……논하였는데 : 1686년(숙종12) 11월에 우의정 이단하가 흉작으로 백성의 기근·각종 제향의 절감을 상소를 올렸다. 사전에 편지를 보내 이 사안에 대해 논의한 것으로 보인다.

577) 대정(大庭) : 남의 아버지를 높여 부르는 말로, 여기서는 김창집의 부친 김수항을 가리킨다.

【衡鑑】

校勘·標點

第一冊

『己亥幄對記』【尤菴先生所記】[1]

完山 李鼎寅

己亥三月十一日, 召對于熙政堂.

上曰 : "諸臣皆出, 獨吏判留身." 諸臣旣皆趨出, 上又令中官洞開諸門戶, 曰 : "汝等皆屛退遠處." 然後上曰 : "每欲與卿從容說話, 而等待屢月, 終無其便. 故今日則予遂決意爲此擧措. 予亦氣幸蘇快, 庶幾罄吾所懷矣. 予所欲言者, 今日大事也. 今日虜有必亡之勢. 蓋前汗時兄弟甚繁, 今則漸漸銷耗, 孤單甚矣. 前汗時人才甚多, 今則皆是庸惡者, 前汗時專尙武事, 今則武事漸廢, 頗效中國之事. 此正卿前日所誦朱子謂[2]'虜[3]得中原人, 敎以中國制度, 虜漸衰'者也. 今汗雖曰英雄, 荒于酒色已甚, 勢必不久. 虜中事, 予已料之熟矣. 群臣皆欲予勿治兵, 而予固不聽者, 天時人事, 不知何日是好機會來時.故欲得精砲十萬, 愛恤如子, 皆爲敢死之卒然後, 俟其有釁, 出其不意, 直抵關外, 則中原義士豪傑, 豈無響應者乎? 蓋直抵關外, 有不難者, 虜不事武備, 遼·瀋千里, 無操弓騎馬者, 似當如入無人之境矣.且以天意言之, 我國歲幣, 虜皆置之遼·瀋, 天意似欲還爲我用矣. 且我國被虜人,

---

1) 『宋子大全拾遺·幄對說話』 및 『顯宗改修實錄』 卽位年 9月 5日 기사를 교본(校本)으로 하였다.

2) 卿前日所誦朱子謂 : 底本에는 "前日卿所謂"로 되어 있다. 『宋子大全拾遺·幄對說話』 및 『顯宗改修實錄』 卽位年 9月 5日 기사에 근거하여 수정하였다.

3) 虜 : 底本에는 뒤에 "中"이 더 있다. 『宋子大全拾遺·幄對說話』 및 『顯宗改修實錄』 卽位年 9月 5日 기사에 근거하여 삭제하였다.

不知其幾何, 亦豈無內應者乎? 今日事, 惟患其不爲[4]而已, 不患其難成也."

對曰 : "聖意及此, 非但我東, 實天下萬世之幸. 然諸葛亮尙不能有成, 乃曰 : '難平者事.' 萬一蹉跌, 有覆亡之禍, 則奈何?" 上笑曰 : "是卿[5]試我之言也. 以大志擧大事者, 豈可保其萬全? 予非以予才,[6] 能辦此事. 只以天理人心之所不可已者, 豈可以才不逮而自畫不爲哉? 況志苟大定, 則誠自篤 ; 誠自篤, 則才亦可進, 故常自激仰爾. 且天意有在, 予以爲似無覆亡之患也. 天之賦與於予, 不甚昏庸, 且使予早罹患難, 增益不能, 且使予早習弓馬戰陣之事, 且使予入彼中, 熟知其形勢及山川道里, 且使予久處彼中, 無有畏慴之心. 予之愚心自謂天意於予, 不至邈然也.然群臣無與議此者, 而予年漸高, 居常忽忽, 不知生之爲樂也. 自卿上來, 漸有好意思, 然卿亦孤單, 甚可慮也. 卿不爲黨論, 是彼此皆不助之道也. 然予與卿志同意合, 常與骨肉兄弟, 則自有同聲相應之人矣. 予以十年爲期, 十年則予年五十一矣. 十年內不成, 則志氣甚衰, 無復可望矣.吾亦許卿退歸矣, 此時卿亦退去可也.世子甚賢, 雖父子間, 豈不相知? 性質溫良仁孝, 且有堅固之心, 正是守文之良主.渠生長深宮之中, 且不知兵家事, 似不可强以所難者責之. 且未經痘疫, 故予保之若嬰兒, 且疾病頻數, 尙無嗣息, 極以爲念. 且念渠年少, 血氣未定, 恐不能保嗇, 以致不宜於子, 又妨於學問. 故予近日, 則造一室于彼,【因指敬義閣.】將使渠在彼讀書, 且擇謹愼老宦, 與之臥起. 予則在此, 父子相守, 使渠時時入內矣.父子間事, 難與人言, 而卿則有同骨肉, 故無隱至此矣. 大槪今日事, 於吾身不能爲, 則將不能爲矣. 世子之令德, 足以安保國家, 如此至難且危者, 雖不可期, 而國家則亦無所憂矣. 且予入內之日, 則非但血氣傷損, 志氣亦惰, 處事不當. 且見古人壽夭, 多係於此,

---

4) 爲 : 底本에는 앞에 "能"이 더 있다.『宋子大全拾遺·幄對說話』및『顯宗改修實錄』卽位年 9月 5日 기사에 근거하여 삭제하였다.

5) 是卿 : 底本에는 "卿是"로 되어 있다.『宋子大全拾遺·幄對說話』및『顯宗改修實錄』卽位年 9月 5日 기사에 근거하여 수정하였다.

6) 予非以予才 : 底本에는 뒤에 "及卿"이 있다.『宋子大全拾遺·幄對說話』및『顯宗改修實錄』卽位年 9月 5日 기사에 근거하여 삭제하였다.

誠如『無逸』之戒. 故予絶戒酒色, 不以近身, 以是予每覺志氣常淸, 身亦完健, 豈不可保十年耶? 天假之十年, 則成敗間, 當一擧矣. 卿宜與同志密議之. 以予所見, 則宋某【同春】亦似無擔當意思, 如何?"

對曰 : "非無此志, 只其人氣弱故如是矣." 上曰[7] : "李某【惟泰】如何?" 對曰 : "李某【惟泰】常言, '主上堅定大志, 則凡事必須牢實爲之. 且如民人死, 只令姑葬于家後, 以待大事成然後, 使之改葬. 推類以及他事, 使民費財物疲精力之路, 一切杜塞, 專以此事爲務, 可也.'云矣." 上喜聞曰 : "其言如是, 則眞可用者也. 予意許積則剛勇, 可任以事, 而但聞其人沈[8]於酒色, 殊無行檢, 甚可惜也. 予嘗以爲與我共此者, 其死虜家子弟也, 其餘則難矣. 予嘗於萬壽殿經營時, 托於相址, 而往坐一處, 對若干臣, 微說此事以試之, 皆邈然無以爲意者, 何痛如之? 諸臣惟目前富貴是圖, 恐爲此事而國亡家覆. 故言及此事, 莫不懍然寒心, 予只有慨歎而已. 渠輩皆爲子孫計, 而不肯助我, 我亦他無所爲者, 故亦爲諸女生計. 若大計已定, 則諸宮家雖已造成, 毁之切無所難矣."

對曰 : "自昔帝王, 必先修己刑家然後, 乃可以立經陳紀, 事有頭緖. 今殿下不能擺脫冗雜事, 安知有志之士, 不爲解[9]體? 而諸臣之但肥其己者, 亦安知不視殿下而爲之也? 昔仁廟朝, 尹煌有言曰 : '自古上爲善以率下者, 有之矣, 未聞下爲不善, 而上反效之者.'[10] 此言須有理矣.殿下誠灑濯心神, 凡干雜事, 一切不爲, 心心念念, 以此事爲主, 則臣下亦何敢不忘身奉公乎? 臣前日以諸葛亮不置史官, 朱子姑待回復中原而立廟之說, 進言者, 意有所在也." 上曰 : "卿言極是. 從此當與卿, 凡事密議之. 然密議之路極難, 予徐思其方也.【後果有如此敎者.】今天灾時變如此, 夫爲所不當爲, 固致

---

7) 上曰 : 底本에는 없다.『宋子大全拾遺·幄對說話』및『顯宗改修實錄』卽位年 9月 5日 기사에 근거하여 보충하였다.

8) 沈 : 底本에는 "況"으로 되어 있다.『宋子大全拾遺·幄對說話』및『顯宗改修實錄』卽位年 9月 5日 기사에 근거하여 수정하였다.

9) 解 : 底本에는 "懈"로 되어 있다.『宋子大全拾遺·幄對說話』및『顯宗改修實錄』卽位年 9月 5日 기사에 근거하여 수정하였다.

10) 而上反效之者 : 底本에는 이 아래 "上效下之尤也"가 더 있으나,『宋子大全拾遺·幄對說話』및『顯宗改修實錄』卽位年 9月 5日 기사에 근거하여 삭제하였다.

災變, 當爲而不爲, 亦致災變. 昔晉武帝創業之後, 全無所事, 故古今變異之頻仍, 莫如當時者. 是知束手靜坐, 亦致天怒. 況今所當爲者, 實天經地義之所不可已者, 而恬然不爲, 天之示警, 不亦宜乎? 今日諸人皆畏我人被[11]虜者生變, 此必無之理也. 渠等欲使我國存保, 而長爲渠輩之利者, 是其至願, 豈欲生事我國哉? 其或恐嚇者, 則姑欲脅我以爲利也, 其心則實欲我國之無事也. 而[12]或發一言, 則皆喪氣褫魄, 極可哀也.[13] 予之所日夜勞思者, 唯養兵一事也. 卿前言養民養兵, 必勿[14]相妨, 何以則不妨耶?" 對曰 : "此非臣之所言, 乃朱子所說也. 臣意以爲, 凡係財力, 勿爲浪用, 盡歸之軍需. 又行保[15]伍之法, 使民丁無遺漏者, 然後每三人擇壯丁爲兵, 以習戰陣. 其二人出布, 以養其一兵, 如今御營之法, 則以兵養兵, 似[16]無侵及農民之事矣. 保伍之法, 乃『周禮』之意[17]也. 然必立綱紀然後, 此事可爲也, 立紀綱之道, 必在殿下之無私心也." 上曰 : "保伍之法, 當講究而爲之也." 曰 : "姜獄事, 至今人心不平, 上意以爲如何?" 上曰 : "每欲與卿言此, 而無其隙, 未果耳. 姜之爲惡, 何可一口盡言? 只以一事言之. 愛子之心, 雖禽獸亦有之矣. 頃於昭顯喪時, 大朝痛而責之曰 : '是不愼衽席之致', 姜發怒曰 : '自某月以後, 則不相近矣.' 其後生子, 欲實其不相近言, 卽自殺之而匿焉. 其性如此, 其爲謀逆, 何足怪乎? 且謀逆事跡, 宮中知之而已,

---

11) 被 : 『宋子大全拾遺·幄對說話』 및 『顯宗改修實錄』 卽位年 9月 5日 기사에는 "投"로 되어 있다.

12) 而 : 底本에는 "故"로 되어 있다. 『宋子大全拾遺·幄對說話』 및 『顯宗改修實錄』 卽位年 9月 5日 기사에 근거하여 수정하였다.

13) 底本의 이 이하 부분은 『宋子大全拾遺·幄對說話』 및 『顯宗改修實錄』 卽位年 9月 5日 기사와 순서가 다르다.

14) 勿 : 『宋子大全拾遺·幄對說話』 및 『顯宗改修實錄』 卽位年 9月 5日 기사에는 '勿'자가 없다.

15) 底本에는 "什"로 되어 있다. 『宋子大全拾遺·幄對說話』 및 『顯宗改修實錄』卽位年 9月 5日 기사에 근거하여 수정하였다. 이하 모든 "什伍"의 "什"은 "保"로 고치며 校勘記를 달지 않는다.

16) 似 : 底本에는 "使"로 되어 있다. 『宋子大全拾遺·幄對說話』 및 『顯宗改修實錄』 卽位年 9月 5日 기사에 근거하여 수정하였다.

17) 之意 : 底本에는 없다. 『宋子大全拾遺·幄對說話』 및 『顯宗改修實錄』에 근거하여 보충하였다.

外間何得知之? 其事狼藉, 千萬無疑, 外間尙今冤之, 予實痛心焉."
對曰:"其謀逆事迹, 外間誠不能知, 然如臣之愚, 亦不能無疑. 臣嘗記其時先王傳敎曰:'埋凶置毒, 必是此人所爲'. 夫必是二字, 是未分明之說. 豈有以未明之事, 而戮[18]人以大逆, 而人不稱冤之理乎? 宋朝以莫須有三字, 殺岳飛, 至今天下莫不冤之. 今此必是二字, 恐不默人口也." 上憮然曰:"此則予未之思也, 果如卿言矣. 然謀逆則誠無疑矣." 對曰:"設令姜眞有謀逆, 然金弘郁豈有知其爲逆, 而捄之之理乎? 不過所見如是, 而殿下殺之太遽, 人心尤不平矣." 上曰:"其時予已定法, 以爲如有敢言者, 卽與姜同罪云, 則渠何敢不有法令而言之乎? 此予不得不誅之也." 對曰:"此正所以來人言也. 姜旣以逆誅死, 則法已行矣, 何可憂人之敢言, 而復爲不敢言之法, 以禁人言? 此似內不足者之爲, 故人愈不能無疑也." 上良久曰:"以卿言更思之, 果如是矣."
上曰:"卿言必稱朱子, 卿幾何年讀朱書, 如是慣熟乎?" 對曰:"臣自少讀『大全』·『語類』, 心誠好之, 而其未讀處亦多矣." 上曰:"朱子之言, 果可一一行之乎?" 對曰:"古聖人之言, 或以古今異宜而[19]不能行者. 至於朱子, 則時序[20]甚近, 且其所遭之時, 與今日正相似, 故臣以爲其言一一皆可行. 殿下試於暇日, 先讀其封事·奏箚·奏議等書, 次閱『語類』中切要之語, 則必有符合於聖心者矣." 上曰:"當試如[21]卿言矣." "凡予所欲爲之事,[22]

---

18) 戮: 底本에는 "脅"으로 되어 있다. 『宋子大全拾遺·幄對說話』 및 『顯宗改修實錄』 卽位年 9月 5日 기사에 근거하여 수정하였다.

19) 而: 『宋子大全拾遺·幄對說話』 및 『顯宗改修實錄』 卽位年 9月 5日 기사에는 뒤에 "有"가 더 있다.

20) 序: 『宋子大全拾遺·幄對說話』에는 "勢"로 되어 있다.

21) 如: 底本에는 "與"로 되어 있다. 『宋子大全拾遺·幄對說話』 및 『顯宗改修實錄』 卽位年 9月 5日 기사에 근거하여 수정하였다.

22) 凡予所欲爲之事: 底本에는 '凡予所欲爲之事 이하 上曰, 卿言是矣, 此後如有誣辱者, 則予當痛絶不饒矣,'까지의 내용이 바로 위의 '上曰, 當試與卿言矣,'와 문단만 달리한 채 '仍曰, 予與卿今日所言, 無有論及諸臣黜陟之事, 而外人則必多不悅者矣,' 앞까지 그대로 이어져 있다. 그러나 『宋子大全拾遺·幄對說話』 및 『顯宗改修實錄』 즉위년 9月 5日 기사에는 이 내용이 앞서 효종과 송시열의 대화 중 '而或發一言, 則皆喪氣褫魄, 極可哀也,' 뒤에서부터 '予之所日夜勞思者, 惟養兵一事也,' 앞에 놓여 있다.

及在下欲爲之事, 中間大臣阻當, 則終不得行. 頃日布尺定式, 予聞卿言, 卽下傳敎, 先令內需司所捧, 短其尺數, 而大臣以下難之, 故事竟不行. 從此須與同志者, 議定凡事矣. 吾亦欲處卿於大任, 而適有忌之者, 以致卿不安之端也. 且卿陞遷, 則銓選無可任者, 故至今趑趄, 心常沓沓也. 予之中心所思, 則雖早晩處卿以大任, 而亦令兼任兩銓. 但以多貽以勞事爲未安, 且念如此, 則忌之者尤多, 故只藏之於心中矣." 對曰:"臣決非其才. 若是則殿下不知臣之甚也. 臣非敢自謂, 能堪殿下之委任. 前者殿下旣微示以大志, 臣友李惟泰嘗言, '聖上果有大志, 則雖無才智者, 亦且奮起, 以備石壕婦晨炊役, 可也.云云.' 故臣雖庸下, 敢膺召旨而來爾. 殿下旣有大志, 又不欲捨臣, 臣何敢有退歸之心耶? 只當以死爲期. 然臣實無適用之才, 殿下只處臣於帷幄之中, 時時詢以疑事, 則臣豈敢不盡其愚乎?"

上曰:"卿意與予不同矣. 然卿試言今日之事, 何者是急務?" 對曰:"此非立談間可盡之說, 然臣請以平日所學者陳之. 夫格致誠正之說, 爲古今陳腐迂闊之言. 然聖人必不爲此無用之言, 以欺後世也.夫格致者, 所以明此心, 使之處事 得當也. 心苟不明, 則事不得其當, 事不得其當, 則非但害於政事, 人心悍然不服, 亦且慢侮之矣. 如此而爲國者, 未之有也. 後世迂儒以致察於草木昆蟲之理爲格致. 此雖亦爲格致中一事, 然只專一於此, 而不先於庶物人倫之大者, 則惡足爲格致, 而又將焉用哉? 自上亦若以此爲格致, 則想以聖言爲迂闊不切, 而莫肯用力也. 昔朱子以凡事求是爲格致之實, 此言當深體也.至於誠意之說, 則好善惡惡, 乃其實事也. 人君內自身心之間, 外至用人處事之際, 無不用力於此, 則其於爲國, 何難之有? 若所謂正心云者, 人之心體雖已明, 好惡雖已審, 然心不能湛然虛明, 則易爲物搖, 仍爲所昏. 故反失其好惡之正.[23] 殿下誠於平明未與物接之際, 此心無有偏着之時, 自驗其酬酢之如何, 則其當理者必多, 而不當理者必少矣." 上曰:"此說極是. 予於早朝, 多驗其如此, 其與晝間心體紛擾之時, 自別矣." 曰:"格致而事皆得是, 誠意而好惡旣明, 正心而心體常自泰然無累. 如此

---

23) 正 : 底本에는 "心"으로 되어 있다.『宋子大全拾遺·幄對說話』및『顯宗改修實錄』卽位年 9月 5日 기사에 근거하여 수정하였다.

則事事物物處之, 皆得其宜矣. 如是而庶事不理·人心不服者, 必無之理. 然則所謂格致誠正者, 果是迂闊無實之虛談乎? 不然而徒以智[24]慮血氣而强爲之, 則雖不無[25]偶合於理者, 而如無根之木·無源之水, 一事當理, 而一事不當理, 今日好做, 而明日不好做. 此於自己心中, 尙常不快活, 況望他人之信服乎?"

上曰 : "此言極是. 此古人所謂'淸明在躬, 志氣如神'者. 予雖昏愚, 時時實有如此意思, 如不間斷, 則何事不可爲? 然意思好時, 極少矣." 對曰 : "此程·朱所以論學, 必以敬爲主也. 敬則此心常存, 無少間斷, 不敬則心地昏亂, 好意思旋卽衰颯. 故朱夫子曰 : '一時意思, 能得幾時'. 不好若是, 則雖小[26]事, 不可成, 況望天下國家事乎?" 上曰 : "卿每以至誠導我, 我不敢忘. 卿亦自思所以集衆善來嘉言, 以爲共濟之圖. 最是卿所謂平朝云云者, 甚切, 予亦嘗驗之矣. 自下所奏之事, 有拂戾於意者, 姑爲捨置, 以待中夜, 使不平之意消熄然後, 平朝起而應之, 則其所不當者鮮矣. 以此知孟子之說是至論也." 對曰 : "自上如此用功, 則何憂乎聖學之不至高明乎?" 上曰 : "吾有所大悶者, 今當問於卿而決之也. 今日大患, 莫甚於兩賢從祀之請矣. 予嘗於彼此, 百般彌縫, 僅得安靜, 則私以爲幸. 而此論旋復起發, 風波大生, 久而未定, 其害於事者, 何可勝言? 卿以此是非爲如何?"

對曰 : "此非容易說斷者也. 兩賢從祀之請, 一國同辭, 今已數十年, 此可爲共公矣. 惟若干人襲其先世緖論, 敢以異同之說. 臣意以爲從祀是重典, 如曰不可輕議云, 則猶之可也. 若其誣辱者, 則決是悖亂之徒也. 毋論二賢道德之如何, 而旣是先輩長者, 則後生末學, 何敢乃爾? 程門人論先輩短處, 則程子必曰 : '爾輩但學其長處', 此豈非善美之風乎?" 上曰 : "此輩誠是悖戾者, 何足較乎?" 對曰 : "此輩之不足較, 誰[27]不知之? 然其間或有爲

24) 智 : 底本에는 "志"로 되어 있다. 『宋子大全拾遺·幄對說話』 및 『顯宗改修實錄』 卽位年 9月 5日 기사에 근거하여 수정하였다.

25) 無 : 底本에는 "爲"로 되어 있다. 『宋子大全拾遺·幄對說話』 및 『顯宗改修實錄』 卽位年 9月 5日 기사에 근거하여 로 수정하였다.

26) 小 : 底本에는 "少"로 되어 있다. 『宋子大全拾遺·幄對說話』 및 『顯宗改修實錄』 卽位年 9月 5日 기사에 근거하여 수정하였다.

父兄者, 不能止之, 而反有指導者, 甚可惡也. 二賢道德學問, 臣亦末學也, 何敢知之? 自上若讀其書, 求其心, 而論其行事之實, 則可知其從祀之當與不當矣. 若不能明知篤信, 而徒人言之是聽, 則實無益於上之身心矣, 如光海之於五賢是也. 然臣於此, 別有所見, 而猥不敢達也." 上曰 : "試言之." 對曰 : "五賢從祀, 雖擧國之所共請而成者, 然其中, 豈無所更加斟酌者? 文成公 李珥嘗只擧趙光祖·李滉, 爲可以從祀, 臣恐此論甚爲端的也. 此後如有大賢如李珥者出, 則恐當於已祀五賢·未祀二賢之中, 精加取捨, 使萬世無可容議, 人無可作間也."

上曰 : "如此則事雖至當, 恐益致紛紛也." 對曰 : "臣故曰 : '必俟大賢然後, 可爲也.'" 上曰 : "今日所急者, 似非此事, 而朝臣章甫, 以爲急急之擧, 予甚痛之." 對曰 : "從祀之擧, 雖待論議歸一, 未晩也. 至於士習, 不可不先正也. 其誣辱先賢者, 則殿下深惡而痛絶, 可也, 不可視爲尋常也." 上曰 : "卿言是矣. 此後如有誣辱者, 則予當痛絶不饒矣." 仍曰 : "予與卿今日所言, 無有論及諸臣黜陟之事, 而外人則必多不悅者矣." 對曰 : "誠如聖慮. 然亦不可臆逆而疑諸臣也." 上曰 : "後日復當如今日, 而密密以書[28]商議之路, 卿亦思之也. 且今所說話, 雖有問者, 卿豈人人漏洩耶?" 臣笑而對曰 : "殿下必以臣謂不爲田光之所爲, 故有是敎也." 上笑曰 : "是豈疑長者之言也? 聖人亦有'臨事而懼, 好謀而成'[29]之說矣." 臣遂辭退, 上自呼中官以還矣. 十二日追記之, 賤臣旣追錄爲小冊矣. 其翌月, 聖候違豫, 五月初四日, 竟至賓天. 蒼天蒼天, 怨號莫及. 因山甫畢, 抱歸桑梓. 十襲藏之, 以俟可出之日, 而出之若終無其日, 則欲藏其深處, 以期於百歲之後矣. 去歲, 李子輝【持平李光稷字】翰林, 密以書問此錄有無. 且曰 : "願得以附之策書."[30] 余心始疑焉, 終日沈思, 未能決其可否矣. 終忽自語於心曰 :

---

27) 誰 : 底本에는 "雖"로 되어 있다. 『宋子大全拾遺·幄對說話』 및 『顯宗改修實錄』 卽位年 9月 5日 기사에 근거하여 수정하였다.

28) 以書 : 底本에는 없다. 『宋子大全拾遺·幄對說話』 및 『顯宗改修實錄』 卽位年 9月 5日 기사에 근거하여 보충하였다.

29) 臨事而懼, 好謀而成 : 底本에는 "懼好謀而成之"로 되어 있다. 『論語 · 述而』에 근거하여 수정하였다.

"當時天假聖壽, 卒有以成其志業, 則此錄不須有也. 今旣已矣, 若思當日之言, 終亦沈沒, 則賤臣之罪, 當如何也? 負當日丁寧之戒, 此罪反小." 故遂手自緘封, 將以專人寄去矣, 其朝子輝之訃, 忽然而至. 旣痛其夭折, 又哀其好意烟沈, 悲傷之意, 久而未已也.頃者李道源【佐郎李世長字】, 李擇之【參判李選字】二翰林, 又欲如子輝之意. 而余方以口語, 祇伏俟罪, 恐其因此益增罪戾, 故趦趄不敢矣. 今道遠之請, 屢至而不止, 余又自念旣許於前而終靳於後, 其意何居, 遂因金景能【知事金萬增字】附至.嗚呼, 我聖考宏規大志, 只見於[31]前席之間, 而一無所施, 彼蒼者天, 胡寧忍此? 惟此孤臣惸惸含恤, 尙未褥蟻, 每念德音, 徒自抆血. 今朝更撿舊封, 怳若更登文石, 親承玉音, 遂復歔泣, 而書其封外, 以告于二翰林. 嗚呼, 道遠·擇之尙有以識余之孤衷, 而此錄悉登諸汗靑. 毋或洩之外人, 而其原本因的當人還之, 不勝幸甚. 太史公有言曰："主上明聖, 而德不布聞, 有司之過也." 嗚呼, 此將布聞於萬世之後也否? 道遠·擇之其勉之哉!

崇禎乙巳七月十五日, 號弓賤臣拜上, 煩甚欠名, 悚仄悚仄. 此紙幷還之, 可也.後十一年乙卯五月初四日, 安東 金壽增 延之自成川任所, 來訪余於宜春之謫所. 延之, 文正公 石室先生之嗣孫也. 以余爲先生之門人也, 道語疇昔, 相與太息流涕矣. 臨行謂余曰："當日幄對說話, 雖知其不欲示人. 然此等事, 兩家子弟不相通知, 則有妨道理. 且欲得以附於先祖言行之後, 以爲一通, 則於事甚宜. 子以爲如何?" 余曰："諾." 因竊思之, 老先生平日之所自任者, 卽聖祖之志事也. 當時天若復假以老先生之年齡, 而得其便, 則天語之諄諄, 必不在於賤臣矣. 宜延之之不以二視, 而欲合而一之也. 遂錄諸小冊子, 緘封以寄. 其曰"幄對"者, 宋 孝宗委任張魏公父子, 嘗召南軒, 在幄中商量, 外無一人, 故今此說話, 亦名之爲"幄對"云.八月日, 書于蓬山之棘城. 【蓬山卽長鬐別號】

---

30) 策書 : 底本에는 "冊書"로 되어 있다.『宋子大全拾遺·幄對說話』및『顯宗改修實錄』卽位年 9月 5日 기사에 근거하여 수정하였다.

31) 於 : 底本에는 뒤에 "丰日"이 더 있다.『宋子大全拾遺·幄對說話』및『顯宗改修實錄』卽位年 9月 5日 기사에 근거하여 삭제하였다.

寧陵御札[32]

昨於封啓內, 得一小封書, 辭意備悉. 若非卿之血誠, 何以至此? 予甚欣悅, 不知所諭. 末端卿之不安恐懼之意, 又何以至此? 無乃不知寡昧之心乎? 君臣之間, 貴相知心, 今後勿爲外待之言, 務盡忠實, 是所望[33]也.

密札賜敎之言, 尤合予意. 予久欲爲之, 而不知卿之意下如何, 趦趄未果, 今得此言, 實愜予意. 自玆以往, 論咨國事, 庶及其至誠所在, 不勝幸甚幸甚. 不但國朝規例如此, 近日則人心分散, 故獨對之擧, 心甚惡之, 繼以做出不測之言, 將不利於國家, 其勢決不可爲之. 向日獨對之後, 察人之氣色, 則甚不悅, 如洪命夏箚子中措語, 卿亦領會乎? 其意可想, 今日之事, 不亦難乎? 以此言之, 則此路不可不開, 以通上下之心事. 第念傳信之路極難, 萬般思量, 皆不得恰當, 故不得已使世子手傳也, 卿亦領會此意, 回札又傳於世子. 如是, 則可謂鬼神亦所不知也, 豈非萬全者乎? 小紙中事, 予當一皆拖行, 卿須勿慮.[34]

如論大事, 則大臣不可不知, 而今之大臣, 皆以一時之望, 循序以進也, 有幹局之人未易得. 原平不無其才, 而氣質素[35]欠從容, 似難爲精細之事, 沈相賢而無才, 完南多病而不出. 有智慮識事務, 領相爲然, 而但不欲擔當重事, 是可欠也. 而非此人, 則亦[36]不可, 卿須知此意, 交結得其親而後, 可以次第論事矣. 西北事亦欲如是爲之, 而但西事尤難, 深慮不已也.[37] 近日怪變至此, 憂慮罔極, 而其中三月雪變, 尤可慮也. 三月二十六日曉夢, 金賊自

---

32) 『宋子大全拾遺·孝宗大王密札』 및 『肅宗實錄』 20년 윤5월 11일 기사를 校本으로 하였다.

33) 望 : 底本에는 없다. 『宋子大全拾遺·孝宗大王密札』 및 『肅宗實錄』에 근거하여 보충하였다.

34) 여기까지가 송시열이 남긴 효종의 어찰(御札) 3별 중 제1 어찰에 해당한다.

35) 素 : 底本에는 "所"로 되어 있다. 『宋子大全拾遺·孝宗大王密札』 및 『肅宗實錄』에 근거하여 수정하였다.

36) 亦 : 『宋子大全拾遺·孝宗大王密札』에는 "無"로 되어 있다.

37) 西北事亦欲如是爲之……深慮不已也 : 底本에서는 이 문장에서부터 문단을 달리하여, 효종의 제3 어찰에 포함시키고 있으나. 『宋子大全拾遺·孝宗大王密札』 및 『肅宗實錄』에 근거하여 제2 어찰 말미에 두었다.

黜, 提釖入予臥內, 予大驚, 作而叱退. 夢纔罷, 近侍報天雨大雪云, 是何怪惡之甚也? 此曾所未有之夢也, 又何不先不後而適於此際乎? 似非偶然也. 夢寐之事, 實涉虛無, 而此則似不可付之虛無也. 近日訛言, 亦非可怪之甚者乎? 暗中似有煽動者矣. 予常時不爲夢煩矣.
向日獨對時所言之事, 厥後別無可議者乎? 卿書中辭意, 詳審覆啓, 而此外可言之事, 亦皆言之. 毋存自外之心, 俾盡衷曲, 以副至望. 眼患尙未盡瘳, 精細之書, 不但不能, 亦涉悤遽, 如是胡草, 殊無尊敬之意, 深用未安矣.[38]

寧陵誌文[39]

王以聰明睿智之資,[40] 有撥亂反正之志, 臨御十年, 克勤克恤, 未嘗一日或怠. 海隅含生, 方且跂踵延頸, 以望功成治定之日. 乃以己亥五月初四禮陟, 壽四十一. 嗚呼天乎! 眞可謂"創業未半而中途崩殂"者.
嗚呼! 天之迫於氣數屈伸而生大亂, 亦必生大聖人以撥之 ; 將降大任於是人也, 亦必窮阨其身, 以增益之. 故王誕降之夕, 彩氣呈瑞. 生九歲遭丁卯之難, 十八歲而遭丙子之難, 仍質于瀋陽. 居八年, 始得東歸, 旋入燕京, 見大明灰燼. 前後二十餘年之間, 天之憂戚玉成者, 靡所不至. 遂由次適而升儲位, 由監撫而履至尊. 王心知天意之[41]有在, 不敢自暇逸, 惟修德立政, 不暇給. 嘗語宮僚曰 : "漢之文·武孰勝?" 皆曰 : "文帝勝." 王曰 : "武帝不忘平城之憂, 武帝勝." 嘗講『蓼莪』之詩, 悽咽泣下曰 : "詩本性情, 信矣. 況予先恥未雪, 含痛窮天者乎." 始宅宗, 首起金尙憲, 尙憲[42]身任大義. 嘗

---

38) 여기까지가 송시열이 남긴 효종의 어찰(御札) 3벌 중 제3 어찰에 해당한다.
39) 『孝宗實錄 · 誌文』 및 『宋子大全·寧陵誌文』을 校本으로 하였다.
40) 資 : 底本에는 "姿"로 되어 있다. 『宋子大全·寧陵誌文』 및 『孝宗實錄 · 誌文』에 근거하여 수정하였다.
41) 之 : 底本에는 없다. 『宋子大全·寧陵誌文』 및 『孝宗實錄 · 誌文』에 근거하여 보충하였다.
42) 尙憲 : 底本에는 없다. 『宋子大全·寧陵誌文』 및 『孝宗實錄 · 誌文』에 근거하여 보충하였다.

拘執在北, 奸人以此媒孽之, 禍將不測. 王應機善處, 事以得解, 後亦眷向不少怠. 嘗曰 : "宋 神宗歎無人才, 而不用二程, 何也?" 又嘗論朱子, 筵臣曰 : "朱子生南渡時, 志在經濟. 蓋欲人君正心·克己·養民·養兵之外, 了無一事以間之也." 王曰 : "宋有程·朱而不能用, 今不能推行其道, 豈不復爲後人所恨也?" 又曰 : "君臣固難相信, 任將尤難. 韓信曰 : '漢王言聽計用, 雖死不易.' 人主苟信用, 臣豈有欲去者?" 又曰 : "每念宋 高宗有宗·李·韓·岳, 而蹙處江南, 不能進一步, 未嘗不悵然太息也." 王將修擧廢墜, 振起頹綱, 以挽回世道, 以克酬聖志之所欲者, 卒未能就. 嗚呼! 且以文王之德而百年而崩, 猶未洽於天下. 況形勢之難易, 又萬萬於殷·周之際者, 而天之降壽, 又不及文王之中身哉! 嗚呼痛哉!

三代以下, 惟功利是尙, 故多愧於天理民彝. 惟王正誼明道, 無所計較, 故聖志克定, 卓然如靑天白日. '罔曰不克, 罔曰民寡, 惟厥心厥事, 是旣是愼.'[43] 王曰 : "至痛在心, 日暮道遠." 又歎曰 : "古語曰 : '一二臣同, 不爲無助.' 今則大小斅同, 惟目前是圖, 誰與我共此者?" 故時有荊南幄對之賜, 其沈機妙算, 有非人人所可窺測者. 秉天理明聖學, 正王法伸[44]大義, 以繼春秋大一統之業, 以不負皇天生聖之意者, 豈非建天地而不悖, 質鬼神而無疑者乎? 卑服康功, 師乎文王 ; 發揚蹈厲, 恐不及事, 象乎武王. 信義彰著, 昭烈近之 ; 弧矢鐵杖, 寤寐豪英而賫志不伸, 惜乎宋 孝[45]宗似之, 此則時勢然也. 王在燕, 忽見五彩盈室而神龜出見. 昔禹治洪水, 天乃以是錫禹, 使王志業成就, 則將不在禹下矣. 奈何天示之兆, 而不畀之壽, 使天下萬世, 不得受其賜歟? 孰謂亂之可治, 變之可正, 而陽不可終無歟? 『匪風』·『下泉』之終於變風, 其意安在? 豈所謂天不勝氣數屈伸而然者耶? 雖然, 建皇極之正, 明人倫[46]之晦, 其正大宏遠之規, 日星乎中天, 以遺我聖子, 以基

43) 愼 : 底本에는 이 뒤에 "有欲勿治兵食者"이 더 있다. 『宋子大全·寧陵誌文』 및 『孝宗實錄·誌文』에 근거하여 삭제하였다.

44) 伸 : 底本에는 "申"으로 되어 있다. 『宋子大全·寧陵誌文』 및 『孝宗實錄·誌文』에 근거하여 수정하였다.

45) 孝 : 底本에는 없다. 『宋子大全·寧陵誌文』 및 『孝宗實錄·誌文』에 근거하여 보충하였다.

46) 倫 : 底本에는 "理"로 되어 있다. 『宋子大全·寧陵誌文』 및 『孝宗實錄·誌文』에 근거하여

億萬年無疆之業, 則其與地平天成, 萬世永賴者, 未嘗不同也. 嗚呼! 此可以少慰臣子無窮之慟也.[47]

誌文製進後, 領府事李景奭獻議曰: "當此百罹之辰, 宜遵古人[48]語洩之戒. 云云." 戶曹判書許積陳箚曰: "臣頃見誌文, 歎其立意之得體, 而尙恨遣辭之或欠痛快. 卽伏見下都監淨本, 比草本, 多所刪改, 尤不勝慨然之至. 嗚呼! 先王臨御十一年, 未嘗一日忘'平城之憂', 大業未就, 中途薨殂, 此東土含生窮天極地之痛也. 嗚呼! 志不伸垂空文, 已不禁忠臣志士嘔血欲死之心, 今乃竝其文而沒之, 豈不痛哉? 噫! 先王豈不知燕小弱之形勢, 而猶能奮發大義? 今殿下反不敢書其志之所存於掩函之文, 孰謂'前聖後聖, 其揆一'也? 嗚呼! 受先王肉骨之恩者, 莫若臣也. 念及楡楊之失, 眞不覺悲痛之塡胸. 伏乞聖明深加意焉." 左參贊宋時烈又進箚曰: "程子之言曰: '一髮[49]不相似, 便是別人.' 容貌尙然, 況德業乎?云." 上命不謄不印以爲防慮之地, 文用初本云.

公字英甫, 號尤齋, 恩津人. 丙子隨駕入南漢, 以短刀條繩自隨, 爲臨危殉身之具. 媾成後, 遂歸懷川鄕舍, 不復出. 孝廟嘗訪人才於完南君 李厚源, 厚源以聞公有甘盤舊恩[50], 上遂倚之, 累徵不已. 丁酉公進囊封千餘言, 以正心·克己·養民·養兵之要, 累累及之. 時上銳意復讐[51], 而廷臣無有擔當者. 公深知上意大有爲之恣, 乃以世道爲己任, 極言竭論之. 上大喜以密札招之, 戊戌以參判赴召, 己亥陞拜判書. 上遂賜獨對密議, 又以手書致意, 無非尊周攘夷[52]·復讐雪恥之謨也. 居數月, 宮車晏駕, 事遂解矣. 公遂歸山, 有詩曰: "平生壯志鐵爲[53]衣, 擬把金戈向[54]日揮. 龍馭忽然天上去,

---

수정하였다.

47) 여기까지가 「寧陵誌文」의 내용이다.

48) 遵古人 : 底本에는 "存"으로 되어 있다. 『顯宗改修實錄』 卽位年 9月 5日 기사에 근거하여 수정하였다.

49) 一髮 : 底本에는 "一髮髮"로 되어 있다. 『顯宗改修實錄』 卽位年 9月 5日에 근거하여 수정하였다.

50) 恩 : 底本에는 없다. 문맥으로 보아 보충하였다.

51) 讐 : 底本에는 "贊"으로 되어 있다. 문맥으로 보아 수정하였다.

52) 夷 : 底本에는 "吏"로 되어 있다. 문맥으로 보아 수정하였다.

泣將遺札故山歸." 公於是屛居于俗離山 華陽洞, 每孝廟諱日, 入深谷痛哭盡哀. 平生言論, 必以大義爲主, 嘗語人曰："我國雖國小力弱, 不能迷. 孝廟志事, 惟當以朱子所謂 '忍痛含寃, 迫不得已', 八字存諸胸中, 可也." 臨卒遺門人權尙夏等, 使依楚人祭昭王之事, 建祠【祠名萬東.】于華陽洞磨崖之下, 【閔相公鼎重使燕, 得崇禎御筆非禮勿動四字, 顯廟命刻之巖崖.】以祀神宗·毅宗兩皇帝.

萬東廟事實[55]

祭神宗皇帝文曰："於皇聖帝, 與天合德, 至化深仁, 溥被萬國. 顧玆東表, 最蒙涵育, 懷[56]綏之恩, 實同內服. 歲在玄虯[57], 島夷桀逆, 三京蕩覆, 邦命旒綴. 帝赫斯怒, 命將東出, 飛輓徵發, 竭天下力. 皇威所及, 妖祲隨豁, 生靈復奠, 宗社再血. 凡我[58]三韓, 一草一木, 莫非皇恩, 展也罔極. 滄桑百變, 天崩地坼, 四海腥塵, 九廟荊棘. 甲子一周, 香火久[59]絶, 遺民思漢, 含痛罙切. 念昔巴人, 追祀[60]昭烈, 楚地私薦, 亦有茅屋. 今玆廟典, 古義斯則, 神孫作配, 儼一昭穆. 日吉辰良, 禮事孔肅, 載陳饎饙, 蘋香醴潔.[61]

---

53) 爲：底本에는 "衣"로 되어 있다.『宋子大全·萬德寺次朴生光一韻』에 근거하여 수정하였다.

54) 向：底本에는 "白"으로 되어 있다.『宋子大全·萬德寺次朴生光一韻』에 근거하여 수정하였다.

55)『寒水齋集·淸州華陽洞萬東祠神宗皇帝位祭文』을 校本으로 하였다.

56) 懷：底本에는 "德"으로 되어 있다.『寒水齋集·萬東祠神宗皇帝位祭文』에 근거하여 수정하였다.

57) 虯：底本에는 "蛇"로 되어 있다.『寒水齋集·萬東祠神宗皇帝位祭文』에 근거하여 수정하였다.

58) 我：底本에는 "此"로 되어 있다.『寒水齋集·萬東祠神宗皇帝位祭文』에 근거하여 수정하였다.

59) 久：底本에는 "又"로 되어 있다.『寒水齋集·萬東祠神宗皇帝位祭文』에 근거하여 수정하였다.

60) 祀：底本에는 "思"로 되어 있다.『寒水齋集·萬東祠神宗皇帝位祭文』에 근거하여 수정하였다.

英靈在天, 雖遠不隔, 庶幾降臨, 歆我無斁."[62] 臣權尙夏制.

按此祠之作, 是千古異擧. 爲之議者, 有二岐. 甲者曰："感我神宗, 哀我毅宗, 而以荊人祭昭王之意, 建祠以祀之. 可以報罔極之恩, 可以伸無限之痛. 此事斷不可已." 乙者曰："禮言'有功德者祀之', 此王者事, 非匹夫可議. 而荊祠舊俗, 朱夫子未嘗述矣. 今以外藩一陪臣, 乃建皇帝廟於一隅下土, 夫陪臣而祭天子, 卽如大夫而祭天地." 至引甲申備忘中, "華陽洞事, 反復思之, 終涉不便"之敎而爲之案. 噫! 當此世道幅裂, 黨言務勝之日, 一言講訂, 便生葛藤. 今且兩存其說, 以俟後之公心君子者處之.

尹吉甫墓碣銘【幷序】[63]

崇禎己酉四月十八日, 美村先生·坡平 尹公諱宣擧, 字吉甫, 卒于尼山之居第. 遠近章甫, 無不涕泣[64]相弔, 來哭奠賻者, 不絶于道. 搢紳之高其行者, 亦爲之歎息齎咨, 聖上亟用筵臣言, 贈官給喪需. 及葬, 送者殆數百人, 旣葬, 其所居之鄕及所經過之地, 皆將立祠以享之, 君子曰："盛德之感人也, 如是夫!"

公八松公諱煌之季子. 妣成氏, 牛溪先生·文簡公諱渾之女. 胚胎前光, 以萬曆庚戌之五月壬申生焉. 崇禎癸酉, 中生·進兩試, 出入泮宮, 議論常[65]出等夷, 嘗率諸生上疏, 論追崇非禮. 丙子, 金虜僭號, 遣二使至, 公又倡論再疏, 請斬虜使, 以明大義. 冬, 虜大入, 公奉母夫人入江都, 八松公從難于

---

61) 日吉……醴潔：底本에는 없다. 『寒水齋集 · 萬東祠神宗皇帝位祭文』에 근거하여 보충하였다.

62) 庶幾……無斁：底本에는 없다. 『寒水齋集 · 萬東祠神宗皇帝位祭文』에 근거하여 보충하였다.

63) 『宋子大全·尹吉甫墓碣銘 幷序』를 校本으로 하였다.

64) 涕泣：底本에는 "流涕"로 되어 있다. 『宋子大全 · 尹吉甫墓碣銘』에 근거하여 수정하였다.

65) 常：底本에는 "嘗"으로 되어 있다. 『宋子大全 · 尹吉甫墓碣銘』에 근거하여 수정하였다.

南漢城. 公與同志欲渡江, 冀間道達南漢, 又論任事人偸安之失, 旣不得行, 則自請分隷城守.【初本此[66]下有"明年丁丑正月, 城陷"八字.】

難已, 八松公編配于永同縣, 以嘗斥和也. 明年蒙宥, 移居錦山, 公一隨侍, 自是抛棄擧業, 專心于性理之書. 八松公捐館, 公與兄弟, 守喪于尼山, 盡其情文. 服闋, 復歸[67]錦山, 與市南 兪公 棨築室, 扁以"山泉", 相對討論, 窮晝夜不倦. 又出入愼齋 金先生之門, 講復質疑, 遂定師生之義. 戊子, 丁內艱. 孝宗大王辛卯, 連除典設別檢[68]·王子師傅, 不就. 明年, 廷臣相繼薦, 遂以侍講院諮議召, 上疏辭. 時公已歸尼山, 公門高族, 大爲設規約, 以身遵率, 又與鄕人, 行飮射·鄕約·社倉等古法, 老少信從. 陞刑曹佐郞, 再以司憲府持平召, 公自稱死罪臣, 詣畿輔, 力陳江都事以辭遞. 陞掌令·進善, 又上疏辭, 批曰 : "嘉爾守志不變, 勿辭上來." 再疏力辭.

自是承召不已, 遂赴闕陳情. 上卽命入對, 復辭以非所當, 優批趣召. 權公諰·宋公 浚吉先已入朝, 宋公謂公曰 : "如不欲承命則亟去, 無徒勤聖意也." 權公上疏, 請令以士服入謁, 許之. 遂留疏經歸.【初本"入朝"下云 : "權公上疏, 請令以士服入謁, 許之. 復請免, 宋公謂公曰 : '如不欲承命則亟去, 無徒勤聖意也.' 遂留疏徑歸."】連以掌令·進善召, 皆辭遞. 己亥五月, 孝宗大王上賓, 今上別諭, 召之卽入, 臨道拜執義, 旋以辭遞. 除掌樂院正, 賜食物, 使入對, 辭以疾. 遣御醫看病, 詣闕陳謝, 出寓近郊. 除司業·尙衣正, 又命入對, 時因山甫訖, 辭命南歸. 自是, 屢有執義之命, 又以元子講學官召, 使道臣存問周貧. 又以災異召, 欲詢消弭之策. 蓋兩朝恩禮, 愈往愈隆, 公只受食物書冊之賜而已. 旣沒, 上嗟惜其終不見也.

蓋公學問之淵源·去就之終始, 人皆見而知之, 至其造詣之深淺·義理之精粗, 固非人人之所可知者. 然余猥從遊從之後, 餘四十年, 切磨規箴, 無有不盡. 間以詼諧笑相加, 則知公詳而服公深者, 宜莫如余也.【初本, "所可

---

66) 此 : 底本에는 "以"로 되어 있다.『宋子大全 · 尹吉甫墓碣銘』에 근거하여 수정하였다.
67) 歸 : 底本에는 "故"로 되어 있다.『宋子大全 · 尹吉甫墓碣銘』에 근거하여 수정하였다.
68) 典設別檢 : 底本에는 "典別設檢"으로 되어 있다.『宋子大全 · 尹吉甫墓碣銘』에 근거하여 수정하였다.

知者"下云, "而況余於公, 不啻黃鵠·壤蟲之相懸, 雖從公久而服公深, 不足以窺闖其閫奥".】顧【初本作"又".】以老病將死, 其於狀德之文, 益復茫然, 不知所以措辭也. 竊觀諸賢敍述之文, 多且盛矣, 而惟玄石 朴和叔之狀, 該貫遍包, 據以爲說, 則庶免僭率之咎矣.

其語曰: "初, 牛溪先生得靜菴 趙文正公之學於其考聽松公, 仍與栗谷 李文成公麗澤益至. 蓋以[69]門路之正·踐履之篤, 自我東諸儒, 未之或先也. 八松公早遊其門, 後能抗正大義, 則先生固已聞知其梗槪矣. 及愼齋先生, 得沙溪 文元公之家傳, 而爲栗谷世嫡. 先生於是樂有賢父師, 考合緖論, 精專刻厲, 矯變充積. 其博約工程, 大抵溯坡山法門, 而上之以節次, 根柢於考亭矣."

又曰: "先生德性仁恕, 宇量宏深, 規模謹嚴, 容貌莊毅, 無一毫惰慢之色, 望之輒知其爲巖巖喬嶽底氣象. 雖義理無窮, 曲折萬殊, 而一以聖賢遺訓, 紬繹印證, 未得之, 發憤而忘寢. 平居晨起盥櫛, 危坐讀書, 無少倚側. 其存心, 以忠信爲主, 而敬畏爲要, 儼然常若有臨也, 惕然常若有懼也. 燕閒幽獨之中, 省察克治者, 愈加精密, 而無愧屋漏, 造次周旋之際, 威儀動止者, 自底恭謹而無愆尺步. 以至進德之勇, 汲汲如不及, 求道之勤, 縮縮如不能, 其於知行相隨, 表裏一致, 無所不用其心. 事親奉兄之禮, 必極其誠, 繇此和順內積, 輝光外徹. 昆弟信其行, 宗戚懷其德, 朋友服其義, 鄕黨化其仁, 四方之士, 嚮風興起者, 幾不可勝數矣. 遭値丙·丁之禍, 遂乃絶意於世道, 及被孝廟眷禮, 召之而不至, 援之而不留也. 上自[70]當宁, 下逮朝著, 與夫親友之素號知公者, 無不欲其暫屈, 而先生確然一定而無變. 所以遯世獨立, 守常經而任大義, 終身無有怨悔者, 固不外是矣. 然而憂國之誠, 不敢少懈, 苟或所講, 關係大體者, 輒爲諸公反復不置.【初本, 此下有'而如聞國勢不競, 匪人當塗, 每惕然太息. 嘗曰:「今之急務, 必黜私意, 以振頹綱, 除文具以做實功. 禁侈習以蘇殘民, 明舊章以革弊瘼, 大要皆在一人.」' 五十七字.】其卓絶之姿, 篤實之功, 立言敎訓, 求之挽近, 儔匹鮮矣."

---

69) 以: 『宋子大全 · 尹吉甫墓碣銘』에는 "其"로 되어 있다.

70) 自: 底本에는 없다. 『宋子大全 · 尹吉甫墓碣銘』에 근거하여 보충하였다.

嗚呼! 此和叔心悅誠服之語, 而人不以爲阿所好者也. 至其從兄龍西 尹伯奮所敍墓表, 則文雖約而意愈隆, 其於公之始卒, 精蘊至矣盡矣, 更無容贅焉. 公讀『易』,【初本, 此下有"自謂"二字.】有默契於後天說, 作『疊天圖』, 又與市南共著『家禮源流』, 又有文集十五卷, 藏于家. 夫人先沒, 而祔葬于京畿之交河縣. 余嘗著【初本, "著"作"誌".】其行于其考李公 長白之墓石【初本無"于其"以下十字】矣. 長子拯克趾公美, 朝廷待以徵士, 次推曾爲敎官, 女爲士人朴世垕妻. 庶出男, 撥·拙·挹也. 銘曰：

遯世不悔, 蓋多有玆, 聖人而曰, 惟聖能之.
伊聖所稱, 依乎中庸, 故民鮮久, 何以用功?
惟知仁勇, 是曰三德, 苟不由此, 其何能入?
學問思辨, 是之謂知, 篤行不措, 仁勇是耳. 從事於斯, 不流不倚.
公志于此, 天閼其年, 斯文氣喪, 士林涕漣.
昔李文純, 銘頌聽松, 夔·卨·沮·溺, 稱停異同.
公實其傳, 曷不欽崇? 今世何人, 以褒以彰?
允矣玄石, 極其摹狀,【初本, "摹狀"作"揄揚".】我述不作, 揭此銘章.

祭尹吉甫【宣擧】文[71)]

維崇禎歲次己酉八月辛酉朔日, 友人宋時烈聞美村 尹兄之柩將向畿輔之交河, 扶曳病軀, 浮舟而下, 攀送而哭之曰：

衆流奔趨, 砥柱不傾, 兩儀昏濛, 一星孤明. 惟不有是, 其如世程? 嗟兄源派, 匪世所埒, 八松節義, 坡翁道學. 早游膠庠, 士友皆傾, 揚言扶正, 莫與爭衡. 中罹大難,[72)] 非欲瓦全, 文山倉卒, 腦不閼年, 且在觀志, 身不敢專. 自是斂迹, 專意此事, 惟此一事, 尙屬自己. 霞谷連床, 墜緖遐尋, 西山啖薺, 所造愈深. 遂從愼老, 遡其淵源, 卽事[73)]質問, 縷析毫分. 愼老之坊, 型範有在,

---

71)『宋子大全 · 祭尹吉甫文』을 校本으로 하였다.
72) 艱 : 底本에는 "難"으로 되어 있다.『宋子大全 · 祭尹吉甫文』에 근거하여 수정하였다.

一方之士, 以所事事. 賢者依歸, 不肖者畏, 雖不運動, 曷量功利? 九皐聲聞, 旌招鼎至, 不居官名, 仍稱進士, 雖若撝謙, 意實有在. 荷衣蕙帶, 嚼然不滓, 兩朝攙掇, 一節始終, 頑廉懦立, 灑落淸風. 旣與世違, 今胡厭棄, 與化爲徒, 脩短曷計? 俯視人世, 擾擾蚊蚋, 而我無狀, 猥蒙不鄙. 山村水店, 黌舍蕭寺, 追遊切磨, 兩忘所趨, 書疏往復, 三日爲疏. 狷滯之性, 兄實箴規, 粗厲之心, 兄實醫治. 論議之間, 唯諾是耻, 長言短語, 傾底竭意. 參差爛熳, 不知其幾, 庶幾相賴, 粗免罪悔, 今其永乖, 誰我肯誨? 惟玆式穀, 克承典刑, 期與相依, 以畢頹齡. 兄其昭鑑, 以相擿冥. 嗚呼!兄乎, 歆我悲誠.

再祭文[74]

崇禎庚戌四月丁亥朔十四日庚子, 恩津 宋時烈病伏深山, 謹遣薨果之奠, 告于亡友美村 尹兄之靈筵曰：
"歲月奔趨,[75] 一期已薄, 音容益遠, 士友靡託[76]. 若余顓愚, 最蒙麻直, 今玆老大, 永失提掖, 長時踽踽, 復將誰極? 靜言思惟, 五內摧爍. 昔炭兄書, 謂兄'導諛', 昨與相泣, 謂'是胥敷, 昔渠箴規, 不極不措, 於今之世, 不可復覩', 此兄之疑, 終底相孚. 嗟!兄忠信, 豈直今無? 矧余如蘭, 粤自傾蓋, 雖余狷滯, 時或不概, 崎嶇之勢, 卒無面背. 惟是江說, 少有未契, 兄若於海, 並加原貸, 我之疑晦, 片言卽解. 凡玆語言, 更不稟訂, 痛在心曲, 甚爲我病. 惟此悃愊, 尙冀鑑知, 緘辭倩酹, 老淚漣洏."

---

73) 事 : 底本에는 "可"로 되어 있다. 『宋子大全 · 祭尹吉甫文』에 근거하여 수정하였다.

74) 『宋子大全 · 祭尹吉甫文[再祭文]』을 校本으로 하였다.

75) 趨 : 底本에는 "趣"로 되어 있다. 『宋子大全 · 祭尹吉甫文[再祭文]』에 근거하여 수정하였다.

76) 託 : 底本에는 "托"으로 되어 있다. 『宋子大全 · 祭尹吉甫文[再祭文]』에 근거하여 수정하였다.

祭宋子愼【石谷 尙敏】文【第五文】[77)]

維崇禎己巳五月丙申朔初四日己亥, 瀛州纍[78)]人擬使孫疇錫以酒脯之奠, 告于石谷 子愼之墓曰:

"昔在戊午五月, 余奉孝廟諱于蓬山棘中, 子愼伏于傍而止之曰: '慟之如是之過, 得無傷生乎?' 余爲子愼而止矣. 今日之慟, 有加於前, 豈朱先生之'鴻慶之感, 至於涕泗交頤之意'耶? 嗚呼! 子愼而無死, 相與講論多少書, 則不惟老拙有一分半分之進, 益以子愼之聰明篤實, 其進何可量也? 雖爲大儒, 可也. 奈何不聽吾言, 便自蓬山拂衣而去, 竟死於淫刑, 而只做一節之士耶? 然自孔·顔畏匡之後, 能爲爲師致死之說者, 其誰? 其能允蹈者, 惟子愼一人而已. 況其明聖人制禮之本旨, 毫分縷析, 如指諸掌, 破[79)]許穆析句誣經, 以舞文弄毒[80)]之心術, 則其尊經衛道之功, 誠不爲少矣. 至其斥鑴之攻朱子, 而稔惡窮凶之情狀, 欲防其凶于國家之形勢, 則眞所謂草野孤臣畢義願忠之誠, 昭如日星者也.

庚申之夏, 鑴等罪逆彰露, 相與伏法, 而聖上察君之學問·節義, 贈職官子. 時議欲贈以憲職, 而或人靳之, 識者恨之. 聖上旣命陞祀兩賢於聖廡, 而又命祀古昔太學生之有道者於泮宮之側. 事雖不行, 而其時或謂君當與焉, 君之有功於斯文, 何如也? 道源諸人, 倡議[81)]欲躋享於平陽先生祠宇, 則尼尹之子設淫辭防塞之. 蓋是賊鑴之淵源, 而又怒其嘗言其父江都事. 又以其父辱身之故, 讎視節義之士, 則與權·金兩公與我先君子, 並被其詆誣焉. 其防塞子愼之祀, 宜也無怪, 而在君亦榮矣.

及乎今日, 鑴之餘孽, 豕躑而狐騁, 一復鑴時之舊迹. 至如[82)]文谷之忠正,

---

77) 『宋子大全·祭宋子愼文[五祭文]』을 校本으로 하였다.

78) 纍 : 底本에는 "累"로 되어 있다. 『宋子大全·祭宋子愼文[五祭文]』에 근거하여 수정하였다.

79) 破 : 底本에는 "被"로 되어 있다. 『宋子大全·祭宋子愼文[五祭文]』에 근거하여 수정하였다.

80) 毒 : 『宋子大全·祭宋子愼文(五祭文)』에는 "姦"으로 되어 있다.

81) 議 : 底本에는 "義"로 되어 있다. 『宋子大全·祭宋子愼文[五祭文]』에 근거하여 수정하였다.

而戮死於海島, 栗谷之道德學問, 卓然有繼開之功, 而並與牛溪黜享於聖廡. 君正於[83]此時還收贈命, 預禁祀享之典, 而後錫之官亦被削汰. 此皆兆眹於尹, 而卒成於今人也. 雖以愚之鈍根, 的見於初而預言之矣. 雖然, 子愼之身乃與兩賢同其榮辱, 范母所謂'死亦何憾'者, 正爲子愼準備也. 彼尹也, 以尊尙賊鑴之故, 受報收功, 頌譽隆洽, 而子孫煥爀, 宗族畢會, 擧酒相賀. 雖擧世歆艶, 而孰知識者冷笑而寒心哉? 噫! 不昧者存, 自以爲榮耶? 辱耶? 君嘗稱尹之家法·制行, 而甚疑其論議常在利害上. 夫黨助賊鑴, 亦出於此, 今享其利矣. 朱先生嘗論『孟子』好辯章曰 : '學者於是非之原, 毫釐有差, 則害流於生民, 禍及於後世, 故孟子辨邪說如是之嚴.'

嗚呼! 今奈世道何, 宗國何? 愚以瑣力, 不自量度, 欲救其萬一, 因以仇怨溢世, 禍釁沓至. 今者再爲孤囚於瀛海, 而誅戮之論方急. 朝夕受命, 則將與子愼同遊於地下, 而摳衣於雲谷·考亭之間, 而卒請『大全』·『語類』之疑義矣, 豈不樂哉? 嗚呼! 君嘗喜讀陳·荀之說於『大全』中矣, 其說之結語曰 : '「邪說橫流, 甚於洪水·猛獸」, 孟子豈欺余哉? 年來讀書, 只覺得此意思分明, 參前倚衡, 自不能捨. 雖知爲人所惡, 終窮以死, 而誠甘樂之, 不自以爲悔也.' 愚切[84]不自遜, 竊自附於斯義, 而難與餘人言, 惟子愼可以此言聞, 故今以相言. 嗚呼! 其能聽而悲我也乎, 其不然乎? 嗚呼! 欷矣."

祭草廬【李惟泰】文[85]

維崇禎丙寅六月癸丑朔二十日壬申, 恩津宋時烈謹遣宗少宋相淹, 略以薄具, 祭于草廬李公之墓.

嗚呼! 余與公同事老先生于溪上也, 情同兄弟, 痛癢相關, 切嗟規箴, 兩去

82) 如 : 底本에는 "於"로 되어 있다. 『宋子大全 · 祭宋子愼文[五祭文]』에 근거하여 수정하였다.

83) 於 : 『宋子大全 · 祭宋子愼文[五祭文]』은 "以"로 되어 있다.

84) 切 : 『宋子大全 · 祭宋子愼文[五祭文]』에는 "竊"로 되어 있다.

85) 『宋子大全 · 祭李草廬文』을 校本으로 하였다.

皮毛. 逮先生棄後學也, 仍以事文敬先生, 一如前日, 情義之篤, 愈久無替, 雖父子間人所難言者, 亦無不盡矣. 豈意? 世道大謬, 凶徒煽禍, 公與此漢, 各遭行遣, 東西相望, 戀慘何極? 中天日月, 相照兩鄕, 鐵心石肝, 思與相勖. 嗚呼! 噫欷. 卯·寅以後之事, 置之勿復道也. 嗚呼, 豈敢疑阻? 我心愍歎. 嗚呼! 相離幾年, 仍此永隔. 甲寅之秋, 同赴國哀, 聯枕奉恩寺裏, 吐盡許多說話, 從此以後, 則不復然矣. 頃奉黔洞之約, 等待三日, 企望終孤, 至今茹恨[86]在心也. 甲子之秋, 聞公疾革, 亟書以問之, 則已不能見答矣. 及聞凶音, 豈不欲匍匐往哭哉? 竊聞彼中論議甚峻, 務爲光鮮, 故恐懼而不敢也. 嗚呼! 此豈始慮所到哉?

嗚呼! 今日世道之變, 視前日益有難言者矣. 黑水餘派, 漸漸滋長, 浸淫之言, 上及淵源, 公若有知, 亦必慨然於冥冥中矣. 向也, 不自揆度, 妄有論辨, 衆怒如火, 咆哮滔天, 不知此身將稅於何地也. 然惜此殘年, 終無一言而死, 則是孤負師門, 其罪尤大矣. 未知公意亦以爲然乎? 嗚呼! 獨立斯世, 喫盡拳踢, 蹙蹙靡騁, 生亦何樂? 山回水轉, 一邱長臥, 萬事亡羊, 魂應自得. 薦此泂酌, 公其鑑格. 嗚呼哀哉!

告沙溪先生墓文[87]

維崇禎六十二年己巳二月十一日己酉, 門人宋時烈得罪于朝廷, 遠謫耽羅, 戛過高井 文元公·沙溪 金先生之墓. 而竊嘗受教以爲"朱子不滿于伊川請見叔母之事", 故不敢登拜, 使松江後孫鄭洊操文以告曰：

竊惟集群聖而大成者, 孔子也；集群賢而大成者, 朱子也.[88] 前後聖賢, 其揆雖一, 然其博約兩至, 功力俱到, 無一不合於堯·舜·禹以來大成之道, 未有若朱子之專者也. 以故栗谷先生之學專出於此, 嘗曰："幸生朱子之後,

86) 恨：底本에는 "根"으로 되어 있다.『宋子大全·祭李草廬文』에 근거하여 수정하였다.

87)『宋子大全·告沙溪先生墓文』을 校本으로 하였다.

88) 集群……子也：底本에는 없다.『宋子大全·告沙溪先生墓文』에 근거하여 보충하였다.

學問庶幾不差.” 惟我先生實承其統緖矣.

竊瞯於講論之際, 雖周·程·張子之說, 有所同異, 則無不取舍矣. 常曰 : “微朱子則孔子之道不明, 不明則不傳矣.” 惟玆小子耳熟[89]而膺服, 以爲雖聖人復起, 不可以易斯言也. 不幸有尹鑴者, 戾氣所鍾, 乃敢攻斥朱子, 不遺餘力. 小子不自揣量, 極力觝排, 爲其所嫉, 曾有巨濟之行. 先是尹宣擧以生溪宅相故, 又爲私淑之人, 而黨鑴甚力, 以阨斯文. 小子又以『春秋』之法, ‘亂臣賊子, 先治其黨與.’ 幷與宣擧而攻之, 則其子拯不思自反蓋愆之道, 而反讎視小子, 顯有抑揚, 使其勢潛熾, 宗國將亡, 又敢爲詆侮栗谷之說. 小子不勝驚愕, 攻擊之言, 或過其中, 因以仇嫉謗讟, 海溢河漫. 彼之相與黨助者, 又多昔時攻栗谷人之子孫也. 今因朝家有事, 小子遂有此行, 而拯乃騫騰, 小子因以爲苟使吾道由吾不至盡亡, 則雖滅死萬萬, 無恨矣. 旋自惟念, 雖受敎育之恩, 行之不力, 未能變化氣質, 而不自知此出於血氣之私, 而或非義理之正耶. 苟如是, 則不但南海之神罰而殛之, 而其得罪於先生甚矣. 姑以此奉質於先生尊靈, 要以爲朝聞夕死之地[90]焉, 願先生鑑臨焉. 尙饗.

雜錄 【出『尤庵集』】[91]

[92]朴和叔丁卯十月廿七日與我書, 謂美村於鑴, 愛惜救護.

尹譜云 : “希仲立心制行, 不泥古人 ; 讀書講義, 不拘訓詁.” 夫鑴之戕賊義理, 以至於窮兇極惡, 其源實出於此, 而尹乃以此爲超詣過人. 其實見果如此, 則是未嘗聞生溪之片言隻字也 ; 其心實不如此而强爲此, 以亂孔·朱之道, 則其心術之不測, 有浮於鑴矣. 其下“陽爲病之”之說, 欲以爲掩己

89) 熟 : 底本에는 “孰”으로 되어 있다. 『宋子大全 · 告沙溪先生墓文』에 근거하여 수정하였다.
90) 地 : 底本에는 없다. 『宋子大全 · 告沙溪先生墓文』에 근거하여 보충하였다.
91) 『宋子大全 · 雜錄』 『燕居雜錄』 『偶記』 『瑣錄』 『雜著』를 校本으로 하였다.
92) 여기에서부터는 『宋子大全 卷131, 雜錄』을 校本으로 하였다.

欺人之資, 則人尤見其肺肝矣. 今時輩旣譽尹之父子, 又稱鑴之賢, 則拯雖不與時輩同謀, 而其與鑴一體, 瞽者皆見之. 此所謂'自寫誣悖, 而自然不易之公論'也. 未知玄石以爲如何?

崇禎庚申夏, 余歸自海上, 歸路聞尹鑴伏誅, 謂孫疇錫曰 : "日後士禍, 必大於已往矣." 疇曰 : "何也?" 曰 : "鑴罪伸白時, 士禍當如何?" 曰 : "寧復有伸白鑴罪時耶?" 曰 : "伸白鑴者, 必尼尹也." 疇曰 : "寧有是理?" 曰 : "伸鑴之事, 未必自爲, 而必爲鑴張本矣." 曰 : "恐是過慮也." 及至沃川書院, 復以語金萬埈, 則萬埈始亦沈吟矣, 俄而曰 : "小子亦嘗見其可疑者. 當鑴猖獗時, 與仲兄過尹門而欲入見, 則仲曰 : '鑴黨可惡, 入見何爲?' 吾强而後可. 旣入而語及時事, 則酬酢如響, 及擧鑴名, 則嘿然不答. 再擧亦不答, 三擧亦不答, 仲怒而起出, 顧叱曰 : '汝何勸入, 使我見不好景象也?' 據此則先生所見, 其將驗乎." 今日鑴之餘孽論我罪者, 復用鑴說, 旣盛譽尹之父子, 然後快雪鑴之罪名, 復其官爵. 又復其子義濟官, 又官其次子, 而亟擬拯於大憲望云. 蓋甲寅之禍, 鑴實主之, 而其遺孽承襲傳授, 以成今日之禍. 拯乃其遺孽中之雄者, 吾言偶驗於今日, 此非難知之事. 拯父宣擧平日血誠黨鑴, 鑴雖侵侮其外翁牛溪, 而益加尊信. 死而不悟. 其子之欲伸鑴罪者, 將無所不用其極矣. 大抵前後之禍皆由於鑴, 故合而爲一, 而名之曰,『甲己錄』云.

◯ 尹拯欲淸脫其父之累, 侵侮栗谷, 詬誣此漢, 以媚南人. 今卒售其志願, 而其禍波及於牛溪, 孰謂天道無知乎? 使其父有知, 其肯曰"余有賢孝子"乎? 抑有傷痛之心乎? 以其平日之心推之, 則必以拯爲繼述之孝子也.

◯ 余於崇禎乙未遭喪, 仲文以副學來弔, 仍致上意. 丁酉去喪, 而恒處興農書堂, 時黃璡·鄭普衍·金萬埈·韓如玉更來相守矣. 上手札下敎, 慰諭無事免喪, 極致眷眷之意, 遣首醫柳希聖診視喪後脈度, 又旋有密諭. 自丁酉以至戊戌之夏, 眷意極於隆重而愈不敢當, 末乃有乘轎之命, 則不敢不承膺. 七月行到振威界, 微聞上有疾, 至希道院, 則李咸卿以畿伯, 密以書言聖候違豫甚重, 仍致上催促之敎. 蓋上令入診時入侍承旨金佐明密諭畿伯也. 旣至新門外僉正叔宅, 上又使金承旨諭以病未卽見之意. 後數日, 使承旨諭以入來, 時麟坪新喪, 既進, 上泣語曰：“予與麟坪昔年同爲受學矣, 每謂早晩相逢, 則相會講學如昔年也. 豈料渠忽亡逝, 使予獨見卿也?” 泣下如雨. 次及賤臣居喪脫服事, 次及聖躬受病曲折矣. 承旨爲說聖候久於酬酢[93], 恐爲添傷矣. 臣請退則教曰：“予以病不能御筵講學, 世子則須逐日開筵, 煩爲教之也.” 是後違豫之候久益彌留, 自秋涉冬, 時或引見, 而不能從容. 及至明年己亥春, 聖候向差然後, 或賜獨對, 或賜密札, 謨猷方始, 而龍馭上賓矣.

自初喪服制以來, 尹鑴已媒士禍而不售者, 實賴顯廟及仁宣大妃之仁聖也. 及至[94]仁宣昇遐, 鑴嗾嶺人郭世楗上疏, 以至大臣被竄. 而顯廟每於賤臣, 有扶護之語, 至曰：“宋相雖有四種之說, 然此則泛論禮文之意, 乃不用之言也.” 時又有閔愼家變禮, 蓋子廢疾, 不能主喪, 其孫代主喪之說也. 余以爲此雖有朱子說, 然此莫大變禮, 須呈禮曹, 以聽朝家處分可也. 鑴又以爲愼家變禮出於我, 持之甚急. 遂爲廷議, 玄石至於待罪, 而顯廟教曰：“宋相使閔愼稟於朝家, 宋相無失矣.” 當時前後得免, 顯廟之至德也. 至於甲寅·乙卯, 楨·柟主於內, 鑴等謀於外, 遂成厲階. 蓋鑴以余嘗斥以異端, 而並攻尼尹, 故必欲殺我者, 積有年紀, 而從前陰助者, 尼尹也. 其陰助之狀, 見於鑴之祭尹文昭昭矣. 余始配北路, 自北而南, 自南而又移絶島. 而鑴又嗾蔡範夏·李之麟等並起上疏, 皆謂宋某越海招寇, 指日犯闕. 而大臣許積以下以至外官秩高者, 齊入榻前, 請亟誅殺, 幸賴聖上察我無罪, 又悟鑴等之姦[95]狀, 積等終日力爭而終不聽矣. 自庚申以後, 以至今日九年之間, 鑴之餘孼日夜經營, 以有今日, 賤臣每以爲【缺】,[96] 雖百鑴, 亦必保無他矣.

[97]石湖之賢, 不可及矣.人謂石湖雖爲兄於吉甫, 而實與吉甫有相反者, 如却李㮨昏之類是也. 㮨嘗求昏於石湖, 石湖以問於我, 我答書以爲 “或者比

---

93) 酢：底本에는 “應”으로 되어 있다.『宋子大全·雜錄』에 근거하여 수정하였다.
94) 至：底本에는 없다.『宋子大全·雜錄』에 근거하여 보충하였다.
95) 姦：底本에는 “奸”으로 되어 있다.『宋子大全·雜錄』에 근거하여 수정하였다.
96) 缺：底本과 校本인『宋子大全·雜錄』모두 이 부분이 결락되어 있다.
97) 여기에서부터는『宋子大全·燕居雜錄』을 校本으로 하였다.

之於顏·曾, 或者比之於跖·蹻, 惟在兄量處耳." 石湖謝劉, 而吉甫卽與之言定. 今其子推卽劉之壻也. 劉之說言之長也. 吉甫此昏亦篤信鑴而不能已焉, 蓋劉謂爲顏·曾者鑴也. 噫! 石湖之賢, 今日何處得來? 大抵吉甫二仲氏童土及鴻山公, 嘗謂余"每戒吉甫勿友驪, 而吉甫不聽"云. 驪卽鑴也.

◯ 宋之諸賢, 溺於異端者甚多, 而朱子獨於蘇·陸攻之, 至於苦死者, 以蘇之文章論議傾倒一世, 陸之存心·爲己工力眞實. 故朱子嘗贊蘇之持節, 又嘗以爲仁人. 而於陸每說其切實處用力, 至使其門人聽講, 其聽講者至於流涕. 蘇·陸以如此地位氣勢, 而張皇異說, 作弄於世, 於是擧世風靡, 爲害無窮. 故朱子不得不極力排斥, 以曉當世. 而如富鄭公·張魏公諸公, 則約略說及, 而未嘗深斥, 蓋其勢力不足以惑世誣民.

今者大尹以牛溪外孫·八松親子, 家法謹嚴, 律身淸苦, 又時以大驚·小怪事, 以動蕩耳目.【如却童土靴子, 是大驚也；如八松誌用趙絅文·牛溪碑篆請於許穆, 是小怪也. 穆篆請之, 而以物議不用.】以故擧世尊信, 不知其心乃鑴心也, 其道乃鑴道也[98]. 余以瑣力欲救其弊, 用力愈勤, 見效愈邈, 蓋以其地位氣勢而然也. 劉元城嘗曰："王安石家行一如溫公. 故諸公攻之雖力, 神宗察其行, 絶無可疑, 以故人益詆而益不信也." 今日尹事亦如此耳. 且尹半生只爲科擧之業, 晩雖從事儒門, 而於學如水投石, 未有入處. 故爲鑴所瞞, 終身不悟, 以禍世道. 今其行狀論學處, 皆是其子追後粧點以儒門說話, 而玄石又爲所瞞, 於其行狀, 一用其言. 果如其言, 則其流弊豈至於此哉? 世衰道微, 人心陷溺, 見楊·墨之學義學仁, 則不知其將至於無父無君, 見安石之實行過人,【朱子亦言其律己過於東坡.】則不知其[99]將戕賢病國. 見[100]尹之家行世德, 則不知其[101]鼓發斯文之大禍. 以至黜享兩賢, 而貿貿紛紛尊奉, 恐後可哀也哉. 程子曰："人有篤志力行而不知道", 古人云"人有慈孝忠信而破家亡國者", 其尹之謂哉.

---

98) 也：底本에는 없다.『宋子大全·燕居雜錄』에 근거하여 보충하였다.
99) 其：底本에는 없다.『宋子大全·燕居雜錄』에 근거하여 보충하였다.
100) 見：底本에는 없다.『宋子大全·燕居雜錄』에 근거하여 보충하였다.
101) 其：底本에는 없다.『宋子大全·燕居雜錄』에 근거하여 보충하였다.

吾於吉甫 江都事最恕者, 以其有疏斥虜使, 使之遁去, 使我朝有辭於天下後世也. 亂後其謗有不忍聞者, 至有破磁之說. 吾謂郭善山曰："如此不近之說, 不可信聽. 只以朱子『梅溪館詩』譏之, 則渠亦無辭矣." 江都之後, 渠以羞惡之心, 每稱死罪人, 又從愼齋先生學, 廢科不仕. 此爲可取, 故愼齋容之, 門下諸人亦與爲友矣. 及其身後, 而其子弟門生發揮實狀, 則大與吾儕所取者[102]相戾. 以其江都失節, 爲十分道理, 又斥當時死義之人, 爲不必死而死. 又嘗議聖祖志事, 至謂之盤樂怠傲, 又每張皇虜勢, 以爲不可圖. 或誦朱子"視吾力之强弱, 觀彼釁[103]之淺深, 徐起而圖之"之說, 則曰"句踐詐矣"；或誦朱子"不幸蹉跌, 死生以之"之說, 則曰"延廣狂矣", 一如李鄴[104]狂[105]嚇宋人之爲. 此其大槪出於其子之所記矣. 至其爲俘之時, 改名爲宣卜者, 畏虜或記上疏時姓名而執之也. 此事近出於[106]公家文書, 醜莫甚焉, 極令人悔其前日之相與也. 大抵醜是自家之醜, 管他何爲? 惟斥死義之士, 而又議聖祖志事, 則是中國而甘爲夷狄, 人類而甘爲禽獸矣, 其悖理傷化, 抑又甚焉. 其禍卒至於指斥孝廟世室, 重議當初建請者之罪, 而吉甫父子重荷贊襄,[107] 噫! 天敍天秩, 豈容如是? 孝廟志事, 今不敢明言公誦者, 有所畏而然矣, 彼敢肆議而無忌憚者, 亦有所挾而然矣. 惟義主出於神州, 天下肅淸, 則孝廟德業, 自然輝光於宇宙間矣, 惟是之俟耳.

○ 尹宣擧是今日之李鄴也. 常譏孝廟之志事, 至謂盤樂怠傲. 噫, 孝廟臨御十年, 憂勤辛苦, 不樂乎爲君, 至罷尙方織組, 其後復讎雪恥之意, 實如靑天白日, 無纖毫可疑, 而其言如此, 其意難知矣. 今日彼輩又以賤臣請爲世室爲罪而請殺, 其源實原於宣擧也. 彼輩旣黜兩賢之從祀, 勢將請罷孝廟之世室矣, 可[108]痛哭. 宣擧之罪, 於是益無所逃矣.

---

102) 者：底本에는 없다.『宋子大全 · 燕居雜錄』에 근거하여 보충하였다.
103) 釁：底本에는 없다.『宋子大全 · 燕居雜錄』에 근거하여 보충하였다.
104) 鄴：底本에는 "鄴侯"로 되어 있다.『宋子大全 · 燕居雜錄』에 근거하여 삭제하였다.
105) 狂：『宋子大全 · 燕居雜錄』에는 "誑"으로 되어 있다.
106) 於：底本에는 없다.『宋子大全 · 燕居雜錄』에 근거하여 보충하였다.
107) 襄：底本에는 "揚"으로 되어 있다.『宋子大全 · 燕居雜錄』에 근거하여 수정하였다.
108) 可：『宋子大全 · 燕居雜錄』에는 "可勝"으로 되어 있다.

○ 子愼嘗言：“先生不須言體而不正·檀弓免·子游袞之說, 使鑴藉口以成大禍也.” 余曰：“此亦篤信朱子之故. 朱子『封事』曰：‘草野僭竊, 將仗義而起；夷狄外侮, 興問罪之師.’ 此其爲危言, 奚翅倍[109]加於余所言乎? 且程子謹嚴愼密如何, 而其疏曰：‘使先皇遺體, 碎於千勻巨石之下.’ 若使小人言之, 則豈不以爲無禮於吾君, 而用鷹鸇逐鳥雀之說乎?” 子愼曰：“宋朝則立國仁厚, 尊君抑臣之弊, 頓變秦故矣. 仁宗嘗嘉王素直言曰：‘卿王朝[110]之子, 朕眞宗之子.’ 君臣之間氣象如此. 且呂夷簡是愛好官爵之人, 猶能私囑銜命之中官, 使不發石介之棺, 其政法規模之寬大何如也? 我國本以偏邦, 規度褊迫, 而鑴之姦[111]邪, 又倍於袞·貞, 常欲報異端之斥, 安得免今日之禍乎? 先生之斥彼亦已甚矣.” 余曰：“君言是矣. 然徒知宋朝之美, 而不知我孝廟之聖[112]矣. 同春·白江皆主立孫之說, 人謂 ‘孝廟臨御, 則兩家赤矣.’ 故申君弼移家以避同春矣. 及至[113]臨御, 知二臣秉義守正之賢, 信用禮遇, 至稱白江爲大人先生, 其盛德氣象何如也? 今上上是孝廟之神孫, 若非鑴姦,[114] 則必不至此矣.” 因問曰：“君知鑴如此, 而不責美村之黨鑴何也?” 曰：“知虞公之不可諫也. 其門下有韓泂者, 像表兇獰, 定是不吉之人也, 小生苦請遠之而終不聽, 況望其絶鑴乎? 概觀其意, 以爲諸先生不能知鑴而斥之云爾. 大抵此丈家法之正·制行之高, 今世無比, 而議論常在利害上, 是不可知也.” 余曰：“以其家法·制行而學術誤入, 故大爲世道之害. 朱子之於象山苦[115]死排之者, 正爲是也, 可惜可惜.”

○ 子愼眞學者也. 苟其不死, 則其進不可量, 而只死於一節, 可勝痛惜. 然以孔·顏過匡時問答言之, 則此實大倫所係也. 千載來歸, 允蹈者子愼而已. 尼尹以其父喪義之故, 而斥子愼甚酷矣, 竟至今日追奪其褒, 其說大行,

---

109) 倍：底本에는 없다. 『宋子大全·燕居雜錄』에 근거하여 보충하였다.
110) 朝：『宋子大全·燕居雜錄』에는 “旦”으로 되어 있다.
111) 姦：底本에는 “奸”으로 되어 있다. 『宋子大全·燕居雜錄』에 근거하여 수정하였다.
112) 聖：底本에는 “盛”으로 되어 있다. 『宋子大全·燕居雜錄』에 근거하여 수정하였다.
113) 至：底本에는 “知”로 되어 있다. 『宋子大全·燕居雜錄』에 근거하여 수정하였다.
114) 姦：底本에는 “奸”으로 되어 있다. 『宋子大全·燕居雜錄』에 근거하여 수정하였다.
115) 苦：底本에는 “若”으로 되어 있다. 『宋子大全·燕居雜錄』에 근거하여 수정하였다.

豈不大快於其心哉? 尹既斥權孝元·金汝南, 而又斥子愼. 然我朝禮義素明, 豈可人人而盡斥哉? 尹拯抵我書, 持我舍弟秀甫甚急. 故其答書略云: "尊先公江都事, 金滄洲 仲文言之, 非吾弟做出之言." 蓋欲脫舍弟之禍, 而追後思之, 亦不如不說之爲愈也. 蓋舍弟誠甫於吉甫, 常言其不善矣.

庚申冬, 余在西山先墓下, 京裏少輩多會. 其中一後生爲言: "尹推遞懷德而歸言: '宋某使我殺人, 殺[116]人之事, 吾不學, 故棄歸.' 云. 此言何爲而出也?" 余笑而未及出言, 而秀甫遽曰: "吾則當曰: '殺妻之事, 吾不學.' 云爾." 余責之而駟已不及舌矣. 及今臺臣首言: "以殺戮爲事. 云云." 今事之出於尹之同謀云者, 無疑矣. 蓋於昔年門孼宋奎東, 與內閣徐後行之奴同謀, 僞造我書, 抵於靈巖守, 其守乃申執義命圭子也. 事涉內閣與申家, 慮有不測之患. 欲得其寫書者, 呈官推問, 則奎東僞引林慶業之姪某, 故捉林而來矣. 其時尹以縣官來見, 疇孫亦在座矣. 尹提起奎東事曰: "奎東非但僞造私書, 亦僞造御寶而賣官敎. 書官敎者, 乃宋平昌之孫也." 余大驚曰: "城主從何聞之?" 曰: "聞於宋光杓矣." 以其事體言之, 則平昌之孫亦將並死矣. 平昌之孫爲首實求免之計, 遂呈官自明. 故奎東被囚於官家, 而尹忽棄官而去矣. 此於我何關, 而乃謂"使我殺人"耶? 其巧慘至此, 難矣難矣.

林被捉而來, 自明其事, 而因言其叔林慶業之産藉沒入官, "吾叔非死於逆獄, 則籍沒無據. 願言於勳府所親而出給. 云云." 余答 "以君之叔父節義, 心所嘉尙, 故曾見勳府人言及之, 則答謂'林某亡入中原時, 貸勳府銀貨而去, 故以其家産徵償.'云. 今日還復其産難矣." 尹於其時, 參聽其酬酢矣. 今臺啓以我爲憑依官府, 攘奪人産, 似是尹以林事, 謂我憑依勳府, 退出林産而自取云爾. 尹之[117]構虛捏無至此, 可怕可怕.

嘗見賊鑴箚子, 則曰: "倡爲子不臣母之說, 是乃宋某之罪也." 未知此箚有記載處否? 朱子於『論語』亂臣十人註, 先載馬融說, 後取劉侍讀"子不臣母"之說, 以攻破馬融, 而鑴乃爲此說, 此非但罪我, 乃排斥朱子說也. 凡其

---

116) 殺 : 底本에는 "人"으로 되어 있다. 『宋子大全 · 燕居雜錄』에 근거하여 수정하였다.
117) 尹之 : 底本에는 없다. 『宋子大全 · 燕居雜錄』에 근거하여 보충하였다.

平生論議, 無不如此, 而尹也苦死黨助, 每以爲"某未嘗窺鑴之左足, 而妄論之." 使之志益驕, 勢益張, 以至於無所不至. 吾則以爲尹之罪可與鑴並按, 而不當在末減之科也. 金斗明·羅良佐疏皆言:"尹與鑴已絶, 故鑴嘗怨毒." 噫, 何忍以此上欺聖明耶? 試觀鑴祭尹文及李永鴻代拯祭鑴文, 則可知矣. 玄石雖爲[118]尹回互, 而猶不諱其爲鑴愛惜救護之實, 其心公矣. 然其爲鑴血誠, 不止於愛惜救護而已, 則玄石未必知之也.

◯ 吉甫始謂鑴爲袞·貞. 兪胤甫爲余云:"後變爲嚆矢."

○ 李靜觀 幼能始與鑴相善, 一日與諸兄弟議曰:"此人難信, 今日不受其供, 則後必反覆矣." 遂諸宗畢會, 招而問曰:"君於兩賢從祀, 以爲何如也?" 答曰:"可合矣." 僉曰:"固知君意之如是矣." 鑴去而其妻兄權儁來會. 幼能曰:"希仲於兩賢從祀, 納招而去矣." 權訝曰:"信然乎? 昨余親聞其與希聖說, 則以爲不可矣." 幼能大訝之, 卽邀鑴而詰之, 則面色如土而去. 余以此問於吉甫曰:"此事何如?" 曰:"希仲本色如此, 幼能問之誤矣." 余曰:"其前後反覆何如?" 曰:"此希仲疏脫處也."

◯ 以直報怨, 此公而無欲者能之, 豈可望於人人哉? 今日尹拯之怨我宜矣. 然直擧吾之負犯而持之, 何患其不足哉, 而必以邪曲之謀謀之哉? 然其邪曲之謀, 未嘗不敗露, 其謀敗周敎之昏也, 其做玉堂說以構致道與我兩間也, 其誣我先君子以參凶疏之說也. 此外機阱必不止此, 而無路得知也. 然欲知之, 則吾之量已狹, 而亦近於不仁矣. 羅良佐以檜相說構成於文谷者, 渠則必自謂勝[119]算, 而其實眞如兒戲矣. 拯與良佐之事, 蓋出於驪鑴. 鑴與李煥夜揭匿名書, 而進密疏, 請盡除其書[120]中所錄之人. 今事亦其餘謀也, 拯與良佐烏得免乎? 是亦吉甫之罪也.

◯ 譬拯父子與伸脫鑴罪爲一款事, 此朱子所謂'自然不易之公論也.' 如此而尙可謂"嘗已相絶而怨毒"乎? 吾則見其膠漆可解, 而其兩間終不可解也.

---

118) 爲 : 底本에는 "以"로 되어 있다.『宋子大全 · 偶記』에 근거하여 수정하였다.
119) 勝 : 底本에는 없다.『宋子大全 · 偶記』에 근거하여 보충하였다.
120) 書 : 底本에는 "疏"로 되어 있다.『宋子大全 · 偶記』에 근거하여 수정하였다.

噫! 今日事可謂寒心矣. 尹之子敢爲侵侮栗谷語, 可謂驚心, 而其來有自, 不須深責. 至於丙·丁以後, 東土臣民, 喪義忘恥, 以及於錦州·蓋州之役, 則不敢立於覆載之間矣. 幸以列聖培養之功, 前後死義立慬[121]之士, 指可多屈, 而如三學士則名聞天下, 光耀後世. 余嘗以南領相言作傳, 極道明大義樹天經之懿矣. 賊臣許積乃於榻前進曰:"三學士是爲名而死, 非眞死節也." 彼賊臣之言, 自宜如此, 何足責哉? 今乃祖述其語, 乃以不死於虜者爲十分道理, 而以死者爲無義, 其悖理傷化極矣. 而今乃擧世尊之, 反以攻之者爲仇.

余嘗受命於孝廟, 以爲:"予以明天理·正人心爲急先之務, 而無有能助予[122]者. 願與卿協心共貞也." 當日聖謨, 鏤心銘[123]骨, 今安得不苦死以斥淫辭哉? 然實由於[124]賊鑴侮詬朱子, 其說橫流, 以至於此. 蓋朱子生於靖康之後, 汲汲以扶植節義爲事. 義眞僧人也, 雖已從夷狄之敎, 然而不從虜而潔身以死, 則表章之, 唐衛士賤卒也, 而以瓦片擊降守而死, 則表章之. 許多處女不汚身而死, 則表章之. 凡其人愈微而愈恐其泯沒, 今日事一切相戾, 何也? 豈非賊鑴之遺禍乎? 余固知不能救其萬一而身爲魚肉, 然誠不忍負天畀[125]之衷也, 不忍負聖祖之敎也. 汝等勿[126]復以明哲保身爲言也. 吾以爲保其身, 不若保其天也.

○ 論尹有二事:江都事[127]也, 尊驪鑴也. 丙子虜僭號而遣使, 有能率諸生, 上章請斬, 虜使懼而逃. 朝廷以此上奏天朝, 傳檄軍門, 使我義聲震動天下, 其功大矣. 又於江都後自稱死罪臣, 廢科不仕, 則孟子所謂'羞惡之心, 人皆有之, 苟能充之, 足以保四海者也.'[128] 忠貞李公於亂後卽曰:"過

---

121) 慬:底本에는 "殣"으로 되어 있다. 『宋子大全·偶記』에 근거하여 수정하였다.
122) 予:底本에는 "余"로 되어 있다. 『宋子大全·偶記』에 근거하여 수정하였다.
123) 心銘:底本의 글자를 판독할 수 없다. 『宋子大全·偶記』에 근거하여 보충하였다.
124) 於:底本에는 없다. 『宋子大全·偶記』에 근거하여 보충하였다.
125) 負天畀:底本에는 "天負"로 되어 있다. 『宋子大全·偶記』에 근거하여 수정하였다.
126) 勿:底本에는 "不"로 되어 있다. 『宋子大全·偶記』에 근거하여 수정하였다.
127) 事:底本에는 없다. 『宋子大全·偶記』에 근거하여 보충하였다.
128) 也:底本에는 없다. 『宋子大全·偶記』에 근거하여 보충하였다.

有可改者，有不可改者，婦人失行後亦可改乎?” 余曰：“豫讓事如何?” 曰：“此則[129]歷聘餘習也.” 余無以對. 然隱之於心, 以爲“夫子大管仲之功而稱之以仁. 尹之丙子上疏之功, 不可不記, 又其自廢之道有過人者, 其從事儒門, 則其志可尙也.” 及其死後, 其子以江都事爲十分道理, 而曰：“其稱死罪者, 非以江都事也, 乃以不赴召命, 故自罪如是云耳.” 余始聞而甚駭之, 以爲或失其父之本實也, 及見尹之末後疏章, 則果如其子之言矣. 余憮然自失, 甚悔舊見之錯誤也. 且不但以不死爲十分道理, 而乃反以死義之人爲無可死之義. 遂使三學士昭乎日月之大節, 並被譏斥, 以助賊積之淫辭, 其爲世道之害如何也? 自是之後, 則江都事極可罪而不可恕也.

至於尊鑴事, 則余竭心盡誠, 欲救其陷溺之心, 而終不回頭, 反以余爲非, 可勝歎哉? 至以余之比鑴於象山爲非, 余之比鑴·象山, 亦太恕也, 正朱夫子所謂‘執殺越人之盜, 而議其竊鉤之罪也.’ 若象山侵侮孔子, 如鑴之侵侮朱子, 則朱子必嚴辭拒之, 甚於楊·墨, 不敢與之往復切磋也. 數年前, 致道謂余曰：“得見羅良佐書， 則以長者之攻尹爲修隙.” 余聞而笑之， 有詩曰：“承三誰效放[130]淫事， 藏六還爲修隙人. 驪水蒼茫源派闊， 石潭寂廖[131]井塗堙.” 驪水一句人或以爲不然, 而以永鴻所出祭鑴文見之, 可知矣.【此文李謂尹拯所作. 此雖借重, 然爲其所借者, 何故也.】

鑴於李靜觀諸公處, 謂生·栗可以從祀, 於沈承旨光洙則謂不可從祀. 靜觀面質其反覆之狀, 而尹則終始以爲見識超詣. 余甚駭之, 嘗面質尹曰：“欲與吉甫相友, 則必攻牛溪然後可矣.” 尹面色騂然曰：“各有義意.” 余曰：“敢問其義意.” 尹作色曰：“何如是苛刻也?”云矣.【宋子愼嘗曰：“沈監司澤按湖南時, 以書問尹丈, 尹丈不受曰：‘曾向牛溪爲惡言者.’ 云, 其義凜然矣. 然於尹鑴則亹亹不厭, 是亦未可知也. 大抵尹丈制行之高·家法之正, 世無其比, 而惟議論則每在利害上, 是甚[132]可疑也.”】鑴嘗著爲一冊子, 論先正學

---

129) 則：底本에는 없다.『宋子大全·偶記』에 근거하여 보충하였다.
130) 放：底本에는 “於”로 되어 있다.『宋子大全·偶記』에 근거하여 수정하였다.
131) 寂廖：『宋子大全·偶記』에는 “寥落”으로 되어 있다.
132) 甚：底本에는 “其”로 되어 있다.『宋子大全·偶記』에 근거하여 수정하였다.

問得失, 於退溪·栗谷則稱別號, 於牛溪則稱浩原, 或只稱原. 余擧此而謂尹曰 : "無乃區別太懸乎?" 答曰 : "渠之所見若此, 奈何? 且子思亦字孔子, 稱字亦未必爲貶之之意也." 余曰 : "子之惑甚矣." 亦可謂不憚於自欺也.

◯ 聞尹搢謂我外孫權以鋌曰 : "汝外祖嘗謂驪尹爲賊鑴,[133] 今汝外祖反被賊字云." 蓋平日[134]深怒於賊鑴之說, 乘時而爲其叔報復也. 然渠亦是攻朱子之鑴黨, 故以朱子之言爲不足信而爲此言也. 朱子曰 : "孟子苦死攻楊·墨, 如不共戴天之讎何也? 云云. 若謂賊, 爲可捉爲可殺, 是主人邊人, 若謂賊也可捉[135]可恕, 便是賊邊人." 鑴也旣攻承[136]堯·舜·孔·孟道統之朱子, 則正是斯道之亂賊. 故用朱子 賊楊·墨之賊字, 謂鑴爲賊矣. 吾雖至妄, 安可無師受而敢賊名家率一世所尊崇之驪鑴哉?

至於今日, 時輩賊我者, 亦不爲無據也. 當侂胄·鏜·紘[137]之時, 謂朱子爲逆魁而請斬之章亟發, 遂先竄死西山. 將及於朱子, 而朱子遽沒, 故幸免於慘禍矣. 然欲治門人之會葬者曰 : "逆徒之葬其師者, 當一[138]切禁之." 其禍至於斯而極矣. 當今攻朱子之鑴也爲眞儒, 黨助之宣擧爲亞焉, 譽頌隆洽, 吾安得不爲其所賊乎? 搢也乘時肆言, 自以爲快, 而以愚見之, 則益[139]以證成宣擧之黨鑴而不可解矣, 又以明其今日與宗道·黯·玄之輩, 同事之心跡也. 雖然當[140]侂胄時, 廢學宮爲僧坊也, 宣聖塑像腰膂斷絶, 而逆朱子·斬朱子之言[141]狼藉焉. 是朱子與孔子同歸矣, 於朱子辱乎? 榮乎? 以故朱子嘗有詩曰 : "老年光華奸黨籍."

夫鑴謂孔子不足諱, 而宣擧之黨又以詆辱孔子之說爲題, 而試[142]士於大

---

133) 鑴 : 底本에는 없다. 『宋子大全 · 偶記』에 근거하여 보충하였다.
134) 日 : 底本에는 "生"으로 되어 있다. 『宋子大全 · 偶記』에 근거하여 수정하였다.
135) 捉 : 底本에는 이 뒤에 "也"가 더 있다. 『朱子語類 · 孟子55條』에 근거하여 삭제하였다.
136) 承 : 底本에는 없다. 『宋子大全 · 偶記』에 근거하여 보충하였다.
137) 紘 : 底本에는 "鉱"으로 되어 있다. 宋子大全 · 偶記』에 근거하여 수정하였다.
138) 一 : 底本에는 "十"으로 되어 있다. 『宋子大全 · 偶記』에 근거하여 수정하였다.
139) 益 : 底本에는 "蓋"로 되어 있다. 『宋子大全 · 偶記』에 근거하여 수정하였다.
140) 然當 : 底本에는 없다. 『宋子大全 · 偶記』에 근거하여 보충하였다.
141) 言 : 底本에는 없다. 『宋子大全 · 偶記』에 근거하여 보충하였다.

成殿下, 兩賢實學孔子之大賢, 而以[143]藁索繫其位版而黜之, 吾以此時死, 則雖被賊字, 而亦自謂[144]光華也. 摺也不知我心而辱之以此, 可謂桀·跖之見也. 雖然, 吾與牛溪先生同其禍敗, 謂吾爲賊, 則牛溪先生亦賊黨也. 摺也何故樂聞而喜言之也? 可謂偏於宣擧而忘牛溪也.

○ 尹既改名[145]宣卜, 受虜札往來之後, 自謂不復爲盛德事, 如聞人取義成仁事, 則甚不喜聞. 至於孝廟將伸大義, 則必爲非笑之言, 曰："句踐詐矣"·"延廣狂矣." 又且張皇虜勢, 以爲天下莫能當, 決非金·元之比. 且議我孝廟盤樂怠傲. 噫! 孝廟十年氷天, 備嘗艱苦, 及至臨御, 痛憤憂勤. 內無嬪御, 外絶巡遊, 雖陵幸之時, 必試砲射而歸, 尋常使令於前者, 必令攻作弓銃. 酒量甚大而絶不近, 惟勞惟瘁, 實不樂乎爲君矣, 奈何敢以此議之也? 渠之所望, 欲其一如宋 高宗, 而我孝廟明義之心, 如青天白日, 故渠甚惡之, 敢以不近之說誣之, 其罪可謂上通於天矣. 今賊鑴餘孽敢怒孝廟世室之議, 欲殺建請之舊臣, 贊尙宣卜無所不至. 嗚呼! 尙忍言哉 尙忍言哉?

○ 論吉甫事者, 未有文籍則不信之難矣? 幸而見於書札者, 頗有可據者矣, 吉甫沒後, 從其子之請, 盡爲搜還矣.

○ 朱子曰："句踐如此謀乃是." 吉甫議我孝廟曰："句踐詐矣." 何其與朱子相反耶? 若非鑴徒,[146] 則不敢爲是論矣.

○ 朱子生於高宗 建炎四年, 而請以高宗爲世室. 賤臣之請以孝宗爲世室,[147] 正如朱子意也. 此輩實以孝宗爲不足爲世室, 而託於預之一字, 以爲賤臣之罪. 尹宣擧嘗貶議孝宗, 以爲"延廣狂矣."·"句踐詐矣." 至敢以盤樂怠傲爲言.[148] 今人實與宣擧心事相通, 故敢於孝宗, 論議如此. 論其首事之罪, 則[149]宣擧當當之矣. 嗚呼! 今議世室之非者, 孰不讀『史略』二卷

---

142) 試：底本에는 없다.『宋子大全·偶記』에 근거하여 보충하였다.
143) 以：底本에는 없다.『宋子大全·偶記』에 근거하여 보충하였다.
144) 謂：底本에는 없다.『宋子大全·偶記』에 근거하여 보충하였다.
145) 名：底本에는 없다.『宋子大全·瑣錄』에 근거하여 보충하였다.
146) 徒：底本에는 없다.『宋子大全·看書雜錄』에 근거하여 보충하였다.
147) 室：底本에는 뒤에 "定"이 더 있다.『宋子大全·看書雜錄』에 근거하여 삭제하였다.
148) 句踐詐矣, 至敢以盤樂怠傲爲言：底本에는 "云云"으로 되어 있다.『宋子大全·看書雜錄』에 근거하여 수정 보충하였다.

哉? 漢 景帝元年, 申屠嘉建請文帝爲世室, 文帝實德當爲世室矣. 未聞天下後世以預請爲罪也. 【許穆嘗於榻前說孝廟政亂, 又與人書論賤臣事曰 : "浮虛之君, 尊尙過當." 宣擧尊穆異常, 嘗請穆篆以額牛溪碑, 而士論不許, 故不用之. 其氣脈元來如是矣. 今日時輩贊揚穆與宣擧於榻前, 更無餘蘊, 眞所謂不易之公論也.】

[150]崇禎己巳四月六日, 偶見『尹譜』書. 尹鑴以攻斥朱子, 自以爲大事業, 實斯文[151]之亂賊也. 尼尹出死力黨助, 使其勢益熾, 志益驕, 幾禍宗國. 『春秋』之法, "亂臣賊子, 先治其[152]黨與", 豈非炳然之大義乎? 其子繼述, 黨類尤盛, 雖欲攘除[153]其萬一, 而源深根固, 氣豪力雄, 非復鑴之比矣. 遂至暗設機穽, 營壘連絡, 禍釁之作, 倍於曩時. 蓋其醞釀愈久, 而發作愈猛. 所謂'流大於源, 枝茂於根'者, 豈不信哉? 然而其徒掩護黨鑴之實, 而謂人可欺矣, 今日時輩遂使尹之父子與鑴合爲一體, 而不可回避, 此所謂自然不易之公論也. 竊觀今日氣勢, 蓋將使朱子之道衰熄於斯世矣. 吾今死矣, 死而不見, 豈不愈於苟生而目見之乎?

井邑易簀時所記 【遂菴先生錄】[154]

己巳六月初八日卯時, 尙夏與金君平【萬埈字[155]】偕入, 先生氣息奄奄, 若不支頃刻. 開眼視尙夏, 握手而敎曰 : "余嘗以朝聞夕死爲期, 今年踰八十, 而終無所聞而死, 是吾恨也. 此時生不如死, 吾則含笑入地矣. 此後惟恃致

---

149) 則 : 底本에는 없다. 『宋子大全 · 看書雜錄』에 근거하여 보충하였다.

150) 여기에서부터는 『宋子大全 · 崇禎己巳四月六日偶見尹譜書』를 校本으로 하였다.

151) 文 : 底本에는 "門"으로 되어 있다. 『宋子大全 · 崇禎己巳四月六日偶見尹譜書』에 근거하여 수정하였다.

152) 其 : 底本에는 없다. 『宋子大全 · 崇禎己巳四月六日偶見尹譜書』에 근거하여 보충하였다.

153) 除 : 底本에는 없다. 『宋子大全 · 崇禎己巳四月六日偶見尹譜書』에 근거하여 보충하였다.

154) 『寒水齋集 · 楚山語錄』 및 『宋子大全 續拾遺附錄 · 楚山日記(門人閔鎭綱錄)』을 校本으로 하였다.

155) 字 : 底本에는 "子"로 되어 있다. 문맥을 고려하여 수정하였다.

道【遂菴字】矣."
尙夏問"後事當用何禮", 答曰:"用『喪禮備要』. 然大要[156]以『家禮』爲主, 而其未備者以『備要』參用可也." 又問"先生此時異於平日, 公服用之否?" 先生掉頭曰:"吾平日雖或造朝, 每借他人公服, 未嘗有自製之事也." 問"當用深衣, 而其次用何服?" 答曰:"朱子致仕閒居, 著上衣下裳之服, 故吾嘗倣此制而製置矣. 問于家人, 覓用可矣." 又問"其次[157]用何服?", 答曰:"襴衫是皇明 太祖時素所崇用者, 用此可矣."
又敎曰:"學問當主朱子, 而事業則以孝廟所欲爲之志爲主. 我國國小力弱, 縱不能有所爲, 常以忍痛含冤迫不得已八字, 存諸胸中, 同志之士, 傳守不失可也." 又曰:"朱子學問, 卽致知·存養·實踐·擴充【力行與治平在其中.】, 敬則通貫終始, 勉齋所作行狀詳矣." 又曰:"天地之所以生萬物, 聖人之所以應萬事者, 直而已矣. 孔子[158]以來相守, 惟是一直字矣."[159]
又曰:"己卯名賢, 何故不以復貞陵爲請, 而先及昭陵也? 吾之立朝所爲者, 惟以復貞陵一事, 庶可有辭矣." 仍指權以鎭曰:"聞此兒之言, 其夢兆【以鎭之父惟曾有夢兆事, 見『江上問答』.】眞是奇事." 尙夏曰:"其夢兆曾已聞知矣."
先生曰:"太祖追謚, 若在常時, 吾豈必以此爲先? 只以今日尊周之義晦塞,[160] 幾乎無人知此, 故吾於此惓惓[161]矣. 朴和叔之意不免有異同. 此友眞不易得, 而偶於此事如此矣." 先生執君平手曰:"汝家之禍, 何忍言?" 君平曰:"曾祖文集板子事, 先生平日每以爲慮, 今已輸置于書院矣.", 曰:"唯."[162] 又曰:"『集覽』序中所改[163]二字, 已改刊否?" 君平曰:"改刊矣."

---

156) 要 : 底本에는 "扺"이다. 『寒水齋集 · 楚山語錄』에 근거하여 수정하였다.
157) 次 : 底本에는 없다. 『寒水齋集 · 楚山語錄』에 근거하여 보충하였다.
158) 子 : 『寒水齋集 · 楚山語錄』은 "孟"으로 되어 있다.
159) 矣 : 『寒水齋集 · 楚山語錄』에는 이 뒤에 "주자가 임종시에 문인에게 고해 준 것도 여기에 벗어나지 않았으니 그대는 이것에 힘쓰라[而朱子臨終告門人, 亦不外此,君其勉之.]"는 내용이 더 있다.
160) 晦塞 : 底本에는 없다. 『寒水齋集 · 楚山語錄』에 근거하여 보충하였다.
161) 惓惓 : 底本에는 "眷眷"이다. 『寒水齋集 · 楚山語錄』에 근거하여 수정하였다.
162) 唯 : 底本에는 "惟"이다. 『寒水齋集 · 楚山語錄』에 근거하여 수정하였다.

言未畢, 書吏·羅將輩入來, 故姑退.

○ 同日辰時, 禁府都事朴履寅奉後命來到. 於是子弟門人莫敢近, 惟本邑衙前李厚眞以守直在傍. [164]先生枕厚眞臂而臥, 疾病沈篤, 已至不可爲. 氣息奄奄, 若將垂盡, 忽開眼視之而問曰："日勢早晩如何?" 厚眞對曰："早食時也." 先生問"當以何時宣藥云耶?" 未及對而又敎曰："吾病如此, 恐未及受藥而死." 似有促進之意.

瞑目須臾, 又開視曰："吾將盡矣, 藥來何遲?" 厚眞使兩[165]貢生, 代其扶抱, 出來房外井[166]上, 則書吏·羅將, 方以燒酒和三種藥而煎之, 始甚稠[167]粘. 厚眞謂曰："大監病患, 卽今極重, 雖冷水一匙, 亦必二次分飮, 決難進此藥矣." 書吏輩相顧曰："此言是矣." 復取三種藥, 淡和如米飮. 此時貢生呼厚眞曰："大監召之矣." 厚眞直入, 扶抱如前.

先生又開眼向曰："兒輩何在?" 厚眞[168]對曰："都事令嚴, 不敢入來矣." 先生轉身微哂曰："何其甚哉?" 羅將俄至, 都事已到矣, 仍麾厚眞曰："退出." 厚眞曰："吾若退出, 則大監無所支持矣, 其將奈何?" 都事入來, 立於廳前, 聞之曰："然則姑勿退出, 可也."

座首任漢一亦以守直前夜, 同入其中矣, 言於都事曰："子弟豈以此時, 終不得入訣耶?" 都事只許瑞山·錦山·龍潭入, 此外皆不許焉. 瑞山語都事曰："弦日不得行法, 國典當然. 今日是弦日而强飮爲之乎?" 先生聞此說, 蹙眉言"吾病危急若此, 今夜安保其無事乎? 不可遲也."

時先生氣息已無餘地, 子弟入訣, 則別無他語. 少頃又皆軀出, 不復少留. 仍使厚眞擁出先生於廳上, 則氣息又急, 命在頃刻矣. 書吏入告曰："上賜藥, 故方持藥而來矣." 先生初不省聞, 厚眞謂書吏曰："大監[169]病患方急,

---

163) 改：底本에는 "致"이다. 『寒水齋集·楚山語錄』에 근거하여 수정하였다.

164) 여기에서부터는 『宋子大全 續拾遺附錄·楚山日記(門人閔鎭綱錄)』을 교본으로 하였다.

165) 兩：底本에는 이 앞에 "同眞"이 더 있다. 『宋子大全·楚山日記』에 근거하여 삭제하였다.

166) 井：底本에는 "廳"으로 되어 있다. 『宋子大全·楚山日記』에 근거하여 수정하였다.

167) 稠：底本에는 "調"로 되어 있다. 『宋子大全·楚山日記』에 근거하여 수정하였다.

168) 厚眞：底本에는 없다. 『宋子大全·楚山日記』에 근거하여 보충하였다.

169) 監：底本에는 없다. 『宋子大全·楚山日記』에 근거하여 보충하였다.

不能省聞, 進前高聲可矣.” 書吏稍進, 高聲更告, 則先生卽動身起坐, 命取上衣來, 仍復少倚瞑目. 貢生覓直領於外, 告而[170]進之, 先生擧臂命着. 厚眞告曰 : “卽今氣力, 決無穿衣之勢也.” 先生以手攬取衣裾, 加於胸上. 厚眞始悟其意, 展衣加身, 幷臥席, 擁出於西楹, 廳[171]之東邊.

都事使貢生讀傳旨, 先生以衣斂膝, 瞑目而坐, 若將俯身者. 讀過五六行時, 生忽開眼, 若傾聽者然, 移時又如此. 書吏取傳旨, 以手指點示折斷, 貢生越五六行而謚讀. 讀畢, 先生復以手斂衣, 仍暫俯身矣. 醫官[172]持藥三甫兒, 可用七八合, 而又於其器, 僅備七合. 先生飮訖, 卽奉入房內.[173] 復枕于厚眞, 瞑目而臥, 面上有暈氣若醉酒者. 然厚眞言於書吏, 請臥之枕上, 都事許之. 厚眞卽奉首就枕, 先生開口噓氣者數, 因以氣盡, 更無動身撓手之事. 審藥入診屬纊後, 都事出去. 卽李厚眞所傳也.【李厚眞, 卽井邑老除下吏也. 以事知之, 故井邑倅別擇入, 救先生病患. 書吏·羅將麾而使出, 厚眞權辭曰 : “我是居民而此家主人也. 本邑倅使主人, 侍大監救病, 故不敢退出矣.” 書吏輩置而不禁云矣.】

香洞問答【尤齋先生孫宋疇錫所記】[174]

癸亥至月初六日, 砥台【李尙書 端夏居砥平.】與玄令【玄石】幷轡[175]來見老人于高陽 香洞, 相對討話, 共歎近日行言之紛紜.老人曰 : “昔明道·伊川, 是同氣間知己, 至於論議, 未嘗相同, 亦未嘗以此, 害其同道同德.今日吾輩論議, 雖有所不合, 豈有以此而少妨於相與之情義哉? 然其論議, 不害

170) 而 : 底本에는 “以”이다.『宋子大全 · 楚山日記』에 근거하여 수정하였다.
171) 廳 : 底本에는 없다.『宋子大全 · 楚山日記』에 근거하여 보충하였다.
172) 醫官 : 底本에는 없다.『宋子大全 · 楚山日記』에 근거하여 보충하였다.
173) 房內 : 底本에는 “內房”으로 되어 있다.『宋子大全 · 楚山日記』에 근거하여 수정하였다.
174)『鳳谷集 · 香洞問答』및『肅宗實錄』卷14, 9년 11월 10일 기사를 校本으로 하였다.
175) 轡 : 底本에는 “輿”로 되어 있다.『鳳谷集 · 香洞問答』및『肅宗實錄』9年 11月 10日 기사에 근거하여 수정하였다.

其相講而明辨也.” 仍及三件事.【廟號, 臺啓, 裁省事】

曰 : “廟議相[176]難, 雖各有所見, 其所難持[177]者, 每以回軍之事, 非出於純然之天理爲言, 此則有不然者. 漢高爲義帝發喪之後, 旋收美女寶貨, 會于彭城, 則縞素之擧, 亦非出於純然之天理. 而只以其名義之正, 故朱子爲之特書於『綱目』以與之. 設令聖祖[178]之事爲非純出於天理, 而其所仗者甚正, 則恐不可以後來之事, 幷掩其大義也.”

玄令曰 : “雖然回軍後事, 終[179]有未厭於人心者, 恐不必褒揚也. 愚於此議, 終不覺鄙見之爲悖. 而至於朴泰維[180]之事, 實非吾之所知, 而以此幷疑[181]吾, 則豈不過乎?”

老人曰 : “人各有所見, 何必强使之同乎? 惟裁省一事, 自孝廟以來, 講究欲行而未果, 今幸有就緖之望, 而事竟沮敗, 甚可歎也. 古語曰 : ‘十人哭, 何如[182]一人哭, 百人哭, 何如[183]十人哭?’ 都下[184]雖曰 : ‘根本之地’, 而其所妨害者,[185] 不過市井美衣美食之徒. 而玆事若成, 則國家之所賴, 殘氓之受賜不貲,[186] 利害之大小相懸, 而竟至不成, 豈不可歎乎?” 玄令曰 : “當初吾意只欲鎭定都下之人心, 姑待他日而議之未妨也.”

---

176) 相 : 底本에는 “持”로 되어 있다.『鳳谷集 · 香洞問答』 및『肅宗實錄』9年 11月 10日 기사에 근거하여 수정하였다.
177) 難持 : 底本에는 “持難”으로 되어 있다.『鳳谷集 · 香洞問答』에 근거하여 수정하였다.
178) 祖 : 底本에는 “朝”로 되어 있다.『鳳谷集 · 香洞問答』에 근거하여 수정하였다.
179) 終 : 底本에는 누락되었다.『肅宗實錄』9年 11月 10日 및『鳳谷集 · 香洞問答』에 근거하여 보충하였다.
180) 維 : 底本에는 “惟”로 되어 있다.『鳳谷集 · 香洞問答』에 근거하여 수정하였다.
181) 疑 : 底本에는 “議”로 되어 있다.『鳳谷集 · 香洞問答』 및『肅宗實錄』9年 11月 10日 기사에 근거하여 수정하였다.
182) 如 : 底本에는 누락되었다.『鳳谷集 · 香洞問答』 및『肅宗實錄』9年 11月 10日 기사에 근거하여 보충하였다.
183) 如 : 底本에는 없다.『鳳谷集 · 香洞問答』 및『肅宗實錄』9年 11月 10日 기사에 근거하여 보충하였다.
184) 都下 : 底本에는 없다.『鳳谷集 · 香洞問答』 및『肅宗實錄』9年 11月 10日 기사에 근거하여 보충하였다.
185) 者 : 底本에는 없다.『鳳谷集 · 香洞問答』 및『肅宗實錄』9年 11月 10日 기사에 근거하여 보충하였다.
186) 貲 : 底本에는 “訾”로 되어 있다.『鳳谷集 · 香洞問答』에 근거하여 수정하였다.

老人曰："此[187]亦不須多辨. 惟向日臺官所爲, 其於愚意, 終有所未服者. 蓋其啓辭旣曰：'壐·瑛雖已[188]謀凶伏法, 人情固已疑惑.[189]云云', 則是其意, 便以壐獄[190]爲虛疎也. 且趙副提學則明言'逆賊一人, 而告者四人, 此可疑也. 云云.' 其意如此, 則[191]所當明言直斥, 如權忠定之論[192]辛允武·朴永文事, 使聖上曉然知其意, 快辨其寃誣然後, 可謂事君忠直, 而有得於臺體矣.[193] 若曰：'其意[194]不然', 則其措辭不當如此, 亦不宜必[195]毆光南於誣告之律, 陷人於不測之地也.[196] 其時臺官必居於此, 故愚則終不敢以其時臺啓, 爲大公至正也. 雖然愚於此, 有所容恕臺官者. 昏朝之事, 有不足言, 而癸亥反正後, 亦有一種議論, 以爲護逆者亦逆也. 今時臺官之於壐獄, 終不敢明言者, 恐是畏[197]此而不敢也, 此亦可歎也."

玄令曰："今若加護逆之罪於向日臺官, 則其在事體如何也?" 老人曰："尊兄何不領會人言耶?" 砥台曰："令監誤聽[198]丈席之言矣. 丈席此言, 實

---

187) 此：底本에는 없다.『鳳谷集·香洞問答』및『肅宗實錄』9年 11月 10日 기사에 근거하여 보충하였다.

188) 已：底本에는 "以"로 되어 있다.『鳳谷集·香洞問答』에 근거하여 수정하였다.

189) 已疑惑：底本에는 "其"로 되어 있다.『鳳谷集·香洞問答』및『肅宗實錄』9年 11月 10日 기사에 근거하여 수정하였다.

190) 是其意, 便以壐獄：底本에는 "使壐瑛以爲"으로 되어 있다.『鳳谷集·香洞問答』및『肅宗實錄』9年 11月 10日 기사에 근거하여 수정하였다.

191) 則：底本에는 누락되었다.『鳳谷集·香洞問答』및『肅宗實錄』9年 11月 10日 기사에 근거하여 보충하였다.

192) 論：底本에는 "於"로 되어 있다.『鳳谷集·香洞問答』및『肅宗實錄』9年 11月 10日 기사에 근거하여 수정하였다.

193) 矣：『鳳谷集·香洞問答』및『肅宗實錄』9年 11月 10日 기사에는 이 뒤에 "今則不然. 意則在於彼, 而其所爲言則每爲之籠罩於外面, 此非忠直之道, 而有歉於臺體矣."가 더 있다.

194) 意：底本에는 누락되었다.『鳳谷集·香洞問答』및『肅宗實錄』9年 11月 10日 기사에 근거하여 보충하였다.

195) 亦不宜必：底本에는 "亦意不宜"로 되어 있다.『鳳谷集·香洞問答』및『肅宗實錄』9年 11月 10日 기사에 근거하여 수정하였다.

196) 也：底本에는 누락되었다.『鳳谷集·香洞問答』및『肅宗實錄』9年 11月 10日 기사에 근거하여 보충하였다.

197) 畏：底本에는 "惡"으로 되어 있다.『鳳谷集·香洞問答』및『肅宗實錄』9年 11月 10日 기사에 근거하여 수정하였다.

198) 聽：底本에는 "言"으로 되어 있다.『鳳谷集·香洞問答』에 근거하여 수정하였다.

所以忠恕於臺官也.[199] 蓋曰 : [200] '臺官雖欲忠言, 而畏此言[201]而不敢也.' 云矣." 因縷縷辨說, 玄令始曰 : "然矣."

老人令侍者, 書[202]出向日臺啓中壐·瑛雖已伏法云云一款, 而曰 : "凡看文字, 必須先文勢而後文義, 則此文勢, 明是以壐·瑛獄爲疑惑者也. 文勢如此, 而旣曰 : '吾意不然', 又曰, '吾未嘗誤下文字', 人誰信服?" 玄令曰 : "丈席所見雖如此, 而以吾所見, 則其所云疑惑者, 是指援引諸人, 皆無情節而言也. 未見其謂壐獄爲[203]疑惑也." 砥台曰 : "細看則丈席所言然矣."[204]

玄令曰 : "向日街談巷議, 皆以光南爲[205]釀成逆獄,[206] 此爲一時公論. 且其[207]火藥等事, 亦有目見者. 且逆賊一人而[208]告者四人, 亦不無疑惑. 故臺諫只靠此而盡言, 自不覺其過激也. 至於明言直斥, 則旣無可據之文籍, 如是爲言, 而若有呵責事, 則亦甚難處. 此則勢所然也, 亦何害於臺體乎?" 老人曰 : [209] "臺啓所謂'宗黨盤據, 勢成威立'等語, 是人臣之極罪. 欲斥光南, 幷欲掃盡金氏一門, 此何道理? 此[210]等事, 極令人不平矣." 玄令曰 :

---

199) 也 :『鳳谷集 · 香洞問答』에는 이 뒤에 "丈席之意, 非以護逆之罪, 歸之於臺諫也"가 더 있다.
200) 曰 : 底本에는 누락되었다.『鳳谷集 · 香洞問答』 및『肅宗實錄』9年 11月 10日 기사에 근거하여 보충하였다.
201) 而畏此言 : 底本에는 누락되었다.『鳳谷集 · 香洞問答』 및『肅宗實錄』9年 11月 10日 기사에 근거하여 보충하였다.
202) 書 : 底本에는 누락되었다.『鳳谷集 · 香洞問答』 및『肅宗實錄』9年 11月 10日 기사에 근거하여 보충하였다.
203) 爲 : 底本에는 누락되었다.『鳳谷集 · 香洞問答』 및『肅宗實錄』9年 11月 10日 기사에 근거하여 보충하였다.
204) 矣 :『鳳谷集 · 香洞問答』에는 이 뒤에 "而玄令所言亦不可謂無見矣. 老人曰, 尊兄以吾所論臺諫之言, 爲何如也."가 더 있다.
205) 爲 : 底本에는 누락되었다.『鳳谷集 · 香洞問答』 및『肅宗實錄』9年 11月 10日 기사에 근거하여 보충하였다.
206) 獄 : 底本에는 "賊"으로 되어 있다.『鳳谷集 · 香洞問答』 및『肅宗實錄』9年 11月 10日 기사에 근거하여 수정하였다.
207) 其 :『鳳谷集 · 香洞問答』에는 이 뒤에 "潛投"가 더 있다.
208) 而 : 底本에는 누락되었다.『鳳谷集 · 香洞問答』 및『肅宗實錄』9年 11月 10日 기사에 근거하여 보충하였다.
209) 曰 :『鳳谷集 · 香洞問答』에는 이 뒤에 "然則臺諫亦有以風聞而擧論者, 此亦何不可明言於啓辭中乎, 又曰"이 더 있다.
210) 何 : 底本에는 이 뒤에 "何"가 더 있다.『鳳谷集 · 香洞問答』 및『肅宗實錄』9年 11月

“此則過激[211]矣.” 老人曰：“聞[212]吳學士[213]道一, 提擧黃義州事, 言辭極爲悖慢云. 黃公之事, 雖間於三學士, 而其事出於尊周, 而竟被慘禍, 至今人[214]莫不盡傷慘怛. 而乃向此人, 反加悖慢之辭,[215] 豈非未安之甚者[216]乎?”[217] 玄令曰：“吾則曾未之聞, 若果有[218]之則非矣.”

翌日, 老人與砥台, 就見玄令于所舘. 朴生 泰殷兄弟及宋疇錫, 皆在侍隅. 老人謂疇錫曰：“汝與祖能【泰殷字】皆在座, 須各言爾志.”[219] 疇錫對曰：“近日中間說話, 果爲紛紜, 而孫則一皆無信聽, 以爲‘祖能豈向吾家長者, 發如此之言乎?’ 雖祖能之心, 亦豈異[220]於我乎?” 祖能曰：“吾未嘗知有鄭夌,[221]【仁弘孫】[222] 謂吾有鄭夌之說云者, 極可[223]異也.” 老人謂祖能曰：“吾平生願學[224]朱子, 一事無彷佛矣. 只學其戱劇[225]之一端, 君須勿

10日 기사에 근거하여 삭제하였다.

211) 激：『鳳谷集 · 香洞問答』에는 여기에 “故小生曾於東門外奉拜時, 亦嘗言其非是”가 더 있다.

212) 聞：底本에는 누락되었다.『鳳谷集 · 香洞問答』 및『肅宗實錄』9年 11月 10日 기사에 근거하여 보충하였다.

213) 士：底本에는 누락되었다.『鳳谷集 · 香洞問答』 및『肅宗實錄』9年 11月 10日 기사에 근거하여 보충하였다.

214) 人：底本에는 누락되었다.『鳳谷集 · 香洞問答』 및『肅宗實錄』9年 11月 10日 기사에 근거하여 보충하였다.

215) 辭：底本에는 “事”로 되어 있다.『鳳谷集 · 香洞問答』 및『肅宗實錄』9年 11月 10日 기사에 근거하여 수정하였다.

216) 者：底本에는 누락되었다.『鳳谷集 · 香洞問答』 및『肅宗實錄』9年 11月 10日 기사에 근거하여 보충하였다.

217) 乎：『鳳谷集 · 香洞問答』에는 이 뒤에 “玄令曰, 所謂悖慢者云何? 老人曰, 尊兄豈未之聞耶? 玄令曰, 不知. 老人曰, 是豈濡舌而相傳者耶?”가 더 있다.

218) 有：底本에는 “爲”로 되어 있다.『鳳谷集 · 香洞問答』 및『肅宗實錄』9年 11月 10日 기사에 근거하여 수정하였다.

219) 志：『鳳谷集 · 香洞問答』 및『肅宗實錄』9年 11月 10日 기사에는 이 뒤에 “汝輩果有相疑之事乎?”가 더 있다.

220) 異：底本에는 누락되었다.『鳳谷集 · 香洞問答』 및『肅宗實錄』9年 11月 10日 기사에 근거하여 보충하였다.

221) 夌：『肅宗實錄』9年 11月 10日 기사에는 “棱”으로 되어 있다.

222) 孫：底本에는 “字”로 되어 있다. 그러나 정인홍의 자는 “德遠”이므로 이것은 잘못이다. 실록 세주의 “鄭棱, 仁弘之孫, 助其祖爲惡者也.”에 근거하여 교감하였다.

223) 可：底本에는 누락되었다.『鳳谷集 · 香洞問答』 및『肅宗實錄』9年 11月 10日 기사에 근거하여 보충하였다.

怒王雱[226]之戲也." 玄令曰 : "此兒每恃丈席之眷愛, 自以爲有懷無隱, 至於此矣."

此其伊日酬酢梗槪, 其間說話,[227] 例多訛傳. 竊恐好議者, 因爲增衍, 復惹葛藤, 略記如此云耳.

後洞問答[228]

客有問於主人曰 : "尼尹事, 上自朝紳下至韋布, 是非各立, 扶抑懸殊, 至于今日, 羅良佐之疏出, 而論議益激, 擧世波蕩. 若何以得其實乎?"

主人曰 : "此非難定之論, 而世無詳知本末者. 攻之者, 不能劈破源[229]頭, 糢糊其說, 使救者有辭而爭辨紛紜. 若此不已, 邪正相蒙, 義理漸晦, 世道之害, 有不可勝言, 當爲子, 原其終始而言之.

夫尹宣擧卽八松 尹煌之子也. 八松自丁卯力主尊周之義, 宣擧亦嘗承父兄之敎, 而爲斥和之論矣. 丙子春, 孽虜僭號, 遣使誇我, 宣擧奮義氣倡多士, 自製疏文, 請斬虜使. 其疏曰 : '寧將守義而斃, 不可不義而存.' 虜使聞此, 懼而逃去, 當時言論, 實令人凜凜起敬.

及其亂作之日, 入於江都, 上書分司, 責其[230]偸安, 曰 : '薪膽卽事, 杯酒非時.' 又請渡江前進, 爲勤王之擧, 而分司不省, 則遂與士友輩約爲義旅, 分守城門. 權順長·金益兼隷於南門, 宣擧隷於東門, 各相飭勵, 共爲死守之

224) 學 : 底本에는 누락되었다. 『鳳谷集 · 香洞問答』 및 『肅宗實錄』 9年 11月 10日 기사에 근거하여 보충하였다.

225) 戲劇 : 底本에는 "劇戲"으로 되어 있다. 『鳳谷集 · 香洞問答』 및 『肅宗實錄』 9年 11月 10日 기사에 근거하여 수정하였다.

226) 雱 : 底本에는 누락되었다. 『鳳谷集 · 香洞問答』 및 『肅宗實錄』 9年 11月 10日 기사에 근거하여 보충하였다.

227) 話 : 『鳳谷集 · 香洞問答』에는 이 뒤에 "及細瑣曲折, 未能盡記, 竊念近來說話"가 더 있다.

228) 장서각 소장 『江上問答 · 後洞問答』(청구기호 K2-159, 등록번호 41006576v1)을 校本으로 하였다.

229) 源 : 底本에는 "原"이다. 장서각본 『後洞問答』에 근거하여 수정하였다.

230) 其 : 底本에는 "安"으로 되어 있다. 장서각본 『後洞問答』에 근거하여 수정하였다.

計. 此不但士友輩深信其共死之言, 人皆以爲, '此人義士, 其所自處, 若是凜然, 必能以責人者處己, 爲國一死, 可以較然無疑矣.'
俄而城陷, 賊兵闌入, 虜酋逼迫士女, 於前立斬數人, 曰 : '屈膝降則生, 否則[231]皆如此.' 於是滿城忠烈之士, 莫不憤慨自決, 如權·金諸人, 則以宣擧約死之人, 不負素志而死於所守之堞. 李敦五亦以共約之人, 縊於所次, 宣擧之妻又以宣擧之故, 死於宣擧目前. 而獨首先倡義之宣擧, 不能辦[232]命, 非徒不死, 又從虜言, 屈膝於前. 仍附珍[233]原君奉使之行, 變名宣卜而爲奴, 脫身歸來.
其狼狽[234]苟且之狀, 有足羞於人, 此不待人言, 而渠亦知爲難洗之累. 故亂定後, 退伏田里, 慚憤自廢, 不就公車, 又以爲妻由我而死, 不復再娶. 乃就故文敬公門下, 受業講學, 文敬公以爲'人潔己而進, 與其進, 不與其退', 乃是聖人之訓. 宣擧 江都事, 雖甚無義, 旣能知悔, 欲補其過, 則何可不開其自新之路乎?
若完南 李厚源, 則以爲'過有不[235]改之過, 此過何可悔責而改之乎? 雖以孔聖之訓言之,「赦小過」, 不曰 :「赦大過」, 小過於事或無所害, 若大過則關係世敎, 不可輕赦.' 云. 而文敬公之意, 終不忍謝却, 收而敎之, 一時諸賢亦以爲彼能知過則善矣, 咸與相從. 聲譽藉甚, 累被徵召, 而宣擧不敢當, 自陳處義無狀而自稱曰 : '死罪臣', 以示痛自刻責之意. 君臣上下皆信其言, 不復念其舊而嘉其新矣.
其後尹鑴侮慢朱子, 猥改『中庸章句』[236], 自以己意別立新說. 大老驚駭, 斥之以異端, 則宣擧以此爲不過好新尙奇, 不可遽主標榜, 只作爭端. 不但不與之共斥, 又爲之營救, 大老曰 : '朱子之訓, 如日中天, 敢有異議者, 乃

---

231) 則 : 底本에는 "者"로 되어 있다. 장서각본『後洞問答』에 근거하여 수정하였다.
232) 辦 : 底本에는 "辨"으로 되어 있다. 장서각본『後洞問答』에 근거하여 수정하였다.
233) 珍 : 底本에는 "琛"으로 되어 있다. 장서각본『後洞問答』에 근거하여 수정하였다.
234) 狽 : 底本에는 "貝"로 되어 있다. 용례에 따라서 수정하였다. 이하 同一 기사 내에서는 校勘記를 달지 않는다.
235) 不 : 底本에는 "可"로 되어 있다. 장서각본『後洞問答』에 근거하여 수정하였다.
236) 章句 : 底本에는 "集註"로 되어 있다. 장서각본『後洞問答』에 근거하여 수정하였다.

是斯文之亂賊.' 爲士而不思嚴斥, 反加曲護其人, 學術已可知矣. 況宣擧以文簡公宅相, 方得名於世, 此人若又誤入, 與鑴爲黨, 則世道之害, 不可勝言, 誠心誨責, 而宣擧終不回聽矣.

嘗與諸賢會於山寺, 大老又申前說, 責之以斥鑴不嚴, 則宣擧始曰：'若以陰陽·黑白言之, 鑴是陰也·黑也, 我當絶而不與爲友矣.' 大老曰：'兄從此灑然矣.' 未幾宣擧又變前說, 曰：'黑白·陰陽之說, 只就論議上而言, 人品之鑑又是別也.' 夫旣曰：'陰', 旣曰：'黑', 又曰：'我當絶而不與友'云, 則其所決斷更無餘地, 又何以更分人品·議論, 爲拖泥帶水之言乎? 況言者心之所宣, 人品爲陽爲白 而論議爲陰·爲黑者, 自古及今, 未之嘗聞. 此果成說乎?

或言：'宣擧自聞大老之言, 稍存形跡於彼, 彼乃大怒, 擧江都事而[237]言曰：「吾以交渠爲辱矣. 今欲相貳, 則於吾爲淸快矣.」宣擧懼己事之彰露, 大生恐㥘, 復與相好, 遂爲此人品·論議之說'云. 以其前後言語之變幻難信觀之, 此實近似之言也.

且己·庚禮說之起, 鑴又主三年之論, 而首發貳宗卑主之論. 尹善道祖其說而進疏, 辭語之慘無異上變之文. 於是擧世咸以爲鑴是本也·善道枝也, 善道之言, 乃鑴之意. 宣擧則本有厚情於鑴, 故雖見其危險之心昭不可掩, 而不欲加之以嫁禍士林之言, 常加庇護. 一時士流又疑其曲爲鑴地, 則宣擧本於世情鍊孰, 專以保全身名爲主, 故其心雖不捨鑴, 而又恐一番論議斷之以與鑴一科, 對人論議, 外爲斥鑴之言. 斯誠可欺之方矣, 奚能知其僞也? 此大老所以見欺於矯飾之言, 許與於生前者也.

及其子拯請其父墓文於大老也, 因持其父己酉擬贈大老書以示之. 其書首尾盡是爲鑴遊說, 而責大老之不肯聚精會神, 其與前日攻斥云者, 判作二言, 而依違之跡著矣. 又宣擧葬時, 鑴遣子致奠操文以祭, 其文曰：'子謂我妄攖世禍, 吾謂子不能自樹'. 其曰：'不能自樹'者, 謂宣擧本無非己之意, 而動於大老, 不自樹立也. 其曰：'妄攖世禍'者, 謂大老有禍心而鑴妄攖

237) 而：底本에는 없다. 장서각본『後洞問答』에 근거하여 보충하였다.

也. 觀其語意, 則不但不以鑴謂有禍心, 反以大老有禍心也, 噫嘻! 此何言也? 宣擧平日, 雖有護鑴之心, 豈料其含毒於大老, 潛持暗害, 若是甚乎? 夫自鑴貳宗卑主之言出, 而禍心二字自有所歸, 善類危縮極矣. 雖使仇視大老者言之, 不敢以此等說加之, 而宣擧之言乃至於此, 其心所在, 誠不可測也. 又聞宣擧嘗於論禮爲彼此之言, 對大老所親, 則曰 : '期年是.', 對鑴所親, 則曰 : '三年是.' 人有責之者, 則曰 : '處變之道, 安得不然?' 夫兩面說話, 輿臺之所恥, 自處以儒名者, 忍能爲之? 又從而爲之說, 其人所存當如何耶?

大老執此數事, 以爲宣擧平生言行皆是假餙, 乃於碑文, 不爲贊揚, 於其練時, 文以責之. 拯由是怨懟, 背其三十年師事之義, 詖言悖說, 極加誣辱, 世人不能詳知宣擧之實跡, 爭以爲大老之與宣擧曾是同德, 而及其死後, 無端非斥, 其子之致怨, 道理當然, 不復察識於公私是非之分, 擧世風靡, 遂成黨論.

嗟呼! 此豈知大老者哉? 大老平日, 實有至誠於宣擧, 終始責勉, 不止一再. 苟於生前知此心迹, 則必當反復開導, 俾不終誤, 而惟其掩匿於生前者, 死後始露. 九原難作, 無處戒誨, 不得不以歎惜之意略伸於祭文, 此則朋友責善之義, 不以死生而有異也. 然黨鑴之跡, 雖如是彰著, 而其所樹立於亂後者, 不可由此而竝掩. 故人有語及江都事, 則必引後悔自責之辭以救之, 其於木川人俘虜之斥, 至以互鄕目之, 大老於宣擧有何相負之事哉? 大老於疏中所謂'交誼未嘗替'者, 此也.

及拯所抵史局書出, 則乃以其父之不死江都爲十分道理, 反以權·金兩公堂堂大節謂'無必死之義'. 且曰 : '其父之自稱「苟免痛自刻責」者, 乃爲孝廟毋忘在莒之義'. 其終身不仕, 實守[238]量而後[239]入之意, 亦非以江都事爲主意也. 其死罪云者, 只[240]以違命爲大罪也, 以爲奴苟免之事, 敢擬於孔子之微服, 而謂無不可. 又引栗谷入山之事, 與其父敢相比較, 曰 : '栗谷

238) 守 : 底本에는 "有"로 되어 있다. 장서각본 『後洞問答』에 근거하여 수정하였다.
239) 後 : 底本에는 없다. 장서각본 『後洞問答』에 근거하여 보충하였다.
240) 只 : 底本에는 "亦"으로 되어 있다. 장서각본 『後洞問答』에 근거하여 수정하였다.

未免眞有入山之失, 而先人之不死, 則初無可死之義', 反以其父加於栗谷之上, 誣一世誇耀之.

夫拯之於[241]宣擧, 自謂'父子相爲知己', 則其父之意, 其子當知. 而旣曰 : '不死是十分道理', 則是其父本以不死爲當然道理, 而與士友約死, 非其本情也. 旣曰'其所自責, 其所不仕, 非以江都事爲主', 則是其父本無以江都事有悔責之心也, 無自廢之意也. 又曰 : '稱以死罪, 只爲違命' 則看一只字, 可知其父之無一毫自罪之意也. 況以爲奴苟免, 至擬孔子之微服, 以不死反加栗谷之入山, 則其心非但不以不死爲恥而已.

然則亂後不仕之事·對人自責之言, 皆是假飾, 愼齋諸賢之所取·兩朝禮遇之盛意, 盡歸虛地. 以此論之, 宣擧果爲何如人耶? 自拯書之出, 前日之許宣擧者, 莫不愕然致訝, 咸謂'以子而誣其父如此, 吾輩曾以善補過取宣擧者, 誤矣.' 到此之後, 大老安得無疑於心, 而更將何辭力贊宣擧之補過, 而抑士論之峻激也? 然因此一事, 朝論橫潰, 亂亡有象, 故[242]凡係尹哥[243]之言, 絶不發口, 見人攻斥, 一切痛禁, 手書東坡'若對靑山談世事, 要須擧白便浮君'之句以戒之, 冀或有一分調停之望矣.

夫何世無識見, 義理晦塞, 風聲所暨, 論議偏頗, 利害[244]所在, 頭面盡換, 明知其說之[245]無據而互相掩匿. 雖如權·金之大節, 暗昧不章, 文成之正學, 有所屈服, 亦無一人能知排節義, 侮正學爲大駭大悖之甚者. 至有做出變形之說, 以扶拯言, 又有甚者, 譏笑之言竝及於三學士. 循此以往, 則節義漸晦·人心漸溺, 將至於三綱淪·九法斁, 中國不得爲中國, 人類不得爲人類, 有[246]禽獸[247]逼人之患矣. 調停之道已矣難望, 而世道之害將不勝言, 則以大老憂世之心, 寧復係戀於故舊之私情, 不忽所以辭而闢之也? 此

---

241) 於 : 底本에는 없다. 장서각본『後洞問答』에 근거하여 보충하였다.
242) 故 : 底本에는 없다. 장서각본『後洞問答』에 근거하여 보충하였다.
243) 哥 : 장서각본『後洞問答』에는 "家"로 되어 있다.
244) 害 : 底本에는 "面"으로 되어 있다. 장서각본『後洞問答』에 근거하여 수정하였다.
245) 之 : 底本에는 없다. 장서각본『後洞問答』에 근거하여 보충하였다.
246) 有 : 底本에는 "而"로 되어 있다. 장서각본『後洞問答』에 근거하여 수정하였다.
247) 獸 : 底本에는 이 뒤에 "有"가 더 있다. 장서각본『後洞問答』에 근거하여 삭제하였다.

所以仍其封章略有所云云也.

噫! 自古及今, 邪之害正, 小人之害君子, 固非一二, 雖以孔·孟之聖·程·朱之賢, 不免侵辱. 而惟於立節之人, 未聞有論議之侵及. 彼鄭介淸排節義之論, 亦非正然排之也, 其意蓋曰:'黨錮之士過激取禍, 以促東京之禍,[248] 是節義之太過也.'云. 而宣廟[249]猶慮其言之有弊, 目以排節義, 榜示學宮, 況拯則直以權·金爲不必死而死者耶. 楊·墨學仁義而差過, 一人所見之差,[250] 初不必貽害於世, 及其末流之弊, 至於無父·無君而擧世靡然, 則孟子深爲世道慮, 出氣力以拒之.

今此宣擧之事, 其初則只是渠操執之不堅·所見之昏閉若無大害, 而由是餘波流害, 乃至於聖賢不[251]見嚴畏, 節義漸至非斥, 則雖使宣擧粗有一言·一事之可觀, 亦不可顧其小節而不救世敎之傾頹. 況宣擧黨惡之形迹, 已著於自家之書, 又偸生之本心, 自露於其子之所證, 而其所爲害不但亂世道而止. 今朝廷角立·國勢岌業, 則此朱子所謂'邪說害正, 人人得以攻之'者, 何必待大老之言者哉?

惜乎! 世之論宣擧者, 不能直據其實以斥之, 以其曾有講學之名·遺逸之稱. 大名之下有不可顯言指斥, 或謂之'儒賢', 或謂之'節義', 含糊爲說, 半揚半抑. 夫旣曰:'儒賢', 則又何以黨惡目之, 旣曰:'節義', 則又何以苟免斥之乎? 實跡未著之前, 縱難輕斥, 本情旣露之後, 亦不可直言乎? 惟其如是, 故彼扶右之輩推尊其道德, 則遠接乎朱子之統, 稱贊其節義, 則引置於淸陰之列. 一言有譏, 直科以誣儒賢, 排節義之律, 群起而衆咻之, 此無非吾黨之自取也."

客曰:"良佐等謂'士子與有官者, 其義有間, 固無必死之義', 此言若是, 則宣擧雖不能辦命, 何可以背義斷之乎?"

主人曰:"人之捨生, 爲不可屈義也. 義不可屈處, 何分無官與有官也? 昔

---

248) 禍:底本에는 "亡"으로 되어 있다. 장서각본『後洞問答』에 근거하여 수정하였다.
249) 廟:底本에는 "擧"로 되어 있다. 장서각본『後洞問答』에 근거하여 수정하였다.
250) 差:底本에는 "羞"로 되어 있다. 장서각본『後洞問答』에 근거하여 수정하였다.
251) 不:底本에는 "未"로 되어 있다. 장서각본『後洞問答』에 근거하여 수정하였다.

汪踦以童子死於國, 孔子美其衛社稷, 朱子於僧徒之死國者, 皆爲編錄以勸後世, 則彼童子·僧徒比於士, 奚啻微且賤也? 而聖賢猶許其節, 苟無可死之義而浪死傷勇, 則孔子·朱子夫豈贊美之也?

況宣擧名雖爲士, 比諸尋常受職者, 責任加重. 當其虜使之來, 陳疏請斬, 則自任以義者, 何如也? 其疏曰 : '寧將守義而斃, 不可不義而存', 則勉上以義者, 何如也? 又入江都, 上書分司, 責以偸安, 則責人以義者, 何如也? 倡率諸人, 分守城堞, 約以死守, 則許國以義者, 何如也? 此等事皆非當國諸臣所能辦, 而宣擧獨辦之, 則其所自處與人之期望, 果在任職者之下哉? 然於死生之際, 熊魚難決, 則平生義氣都消盡耳. 乃曰 : '我是儒也, 固無可死之義', 背其不忍背之約, 屈其不忍屈之義, 蒙恥忍辱而歸, 此非背義乎? 蓋凡民只爲避兵者, 雖不可盡責其死節, 如宣擧自任之重者, 亦無可死之義乎? 況權·金兩公眞是死於當死者, 而宣擧以一體之人, 不能如彼之卓絶, 則固當愧服之不暇, 何敢欲掩其累, 反以兩公謂無必死之義也? 今拯以其父之不死謂十分是當道理, 然則權·金之致死, 自歸於十分不當道理乎. 言之無據, 一至此極, 而急於扶護者, 猶不知非, 不知彼輩眞謂'此言足可以俟百世而不惑'乎? 良可痛也.

且良佐之疏曰 : '孟子言「可以死, 可以無死, 死傷勇」', 是以權·金諸賢之殺身爲傷勇也. 又曰 : '人固有一死, 死或重於泰山' 是以宣擧之偸生爲重於泰山也. 噫! 渠雖急於伸辨其師, 何敢誣解聖賢之言, 作此怪悖之說, 曲成義理以瞞君父乎?

權·金死於當死, 精忠貫日, 則孰敢謂之傷勇乎?[252] 宣擧學問, 乃於江都偸生之後, 則偸生之累, 世人之所知者. 況拂拭乎賢師之門, 吹噓乎群哲之手, 生而有學問之名, 死而享俎豆之薦, 則聲譽眞僞, 姑置勿論, 其爲幸於宣擧而有光於拯輩, 當如何哉? 爲拯之道, 所當自足之不暇, 而今乃不然, 呼黨引類, 舞辭文過, 欲使其父竝與江都事而淸脫. 故致令人心拂鬱, 論說層生, 舊慝·新惡, 露盡無餘. 拯之不孝, 固其大矣, 其徒之爲謀者, 亦非以德愛之

252) 乎 : 장서각본『後洞問答』에는 없다. 대신 "勇" 뒤로 "宣擧苟且圖生, 無以自立, 則何以重於泰山乎?"의 구절이 더 있다.

也."

客曰:"良佐謂'南漢·江都一也. 今士大夫孰非圍城敗國之餘生, 而其能守志死[253]節者, 凡幾人?' 其意隱然有所指之人, 若何以辨破乎?"

主人曰:"南漢當時之事, 今日臣子所不敢明言者也, 若觀朱子於靖康, 微其辭之義, 可知矣. 然當時一城保完, 無俘係之脅迫之事, 其與江都之體自別矣. 若江都, 則兵敗城陷, 廟社顚倒, 衣冠士女皆已僇辱, 此正所謂宗社亡矣, 無可往矣, 更何望而有偸生之心乎? 是故江都則忠臣烈士幾盡辦命, 而南漢則雖以淸陰·桐溪之忠烈, 只痛和事之終成, 不勝忠憤, 或剚刃, 或絶粒, 而亦無終致其命之事者, 豈非以身無汚辱之故耶? 然淸陰·桐溪是欲死而不死者, 豈如宣擧之初無欲死之心乎? 況大老則其時雖隨諸僚入城, 大駕出城, 若干諸臣之外, 皆以上命留落山城, 仍爲還都, 此與屈膝虜前, 爲奴苟免者, 果可以同日道哉?

至其中年一出, 槪有由焉. 孝廟以大有爲之志, 操大有爲之機, 欲明大義於天下, 而惟大老之節義·道德, 可以共事, 累降明旨, 責勉不已. 特賜貂裘, 顯示其意, 則誠大老效誠之秋, 於是幡然赴朝, 擔當一世. 君臣道合, 將大有爲, 不幸中途弓劍遽遺, 還尋初服, 堅守素志, 出處之正, 無媿古人. 彼雖欲陰加侵斥, 其可得乎?"

客曰:"信如主人之言, 宣擧固無可取之事, 大老何以稱贊節義, 至以立懂[254]之人竝許耶? 且生前旣若是贊美, 死後又若是非斥, 良佐所謂前後[255]相戾之說. 又何以發明耶?"

主人曰:"果有是焉, 良佐之執言·衆心之疑惑, 專在於此. 請爲子[256]極言竭論, 不避重複之嫌, 以明大老之心乎? 奧自丙·丁以後, 義理掃地, 利欲滔天. 宣擧乃以偸生苟活, 爲大羞恥事, 終身自廢, 不求榮進, 風旨有足以植節扶義者然. 故大老以爲此與忘廉喪恥觀之, 可謂'潔身不汚'·可謂'一星之

---

253) 死: 底本에는 "定"으로 되어 있다. 장서각본『後洞問答』에 근거하여 수정하였다.
254) 懂: 底本에는 "殣"으로 되어 있다. 장서각본『後洞問答』에 근거하여 수정하였다. 이하 立懂의 "懂"은 모두 底本의 "殣"을 수정한 것이다.
255) 後: 底本에는 "日"로 되어 있다. 장서각본『後洞問答』에 근거하여 수정하였다.
256) 子: 底本에는 없다. 장서각본『後洞問答』에 근거하여 보충하였다.

孤明', '始雖不同於取義之士, 終能同歸於立懂之人'云爾. 豈知其無悔責, 果如其子之所質而猶下此等文字耶?

旣曰:'不同', 則相反之意, 自在其中矣. 前則見欺而贊之, 後則覺悟而非之, 其贊其非皆出公心, 庸何傷於道理乎? 大凡論人之道, 各隨其人所行, 前後無違, 則論之者亦當前後如一, 苟或見欺於前而始覺於後, 則何可以所嘗稱許而不攻其非乎?

良佐之疏曰:'未有隱慝, 昔未發而今始得者', 何其言之不自量也? 昔日師友之間, 自言悔責, 掩蔽本情, 及至今日, 一皆呈露, 則此非隱慝之今始得者耶? 方其見欺之時, 雖不可臆逆, 旣知之後, 猶且媕婀, 不爲之明言斥之乎? 雖以朱子言論見之, 嘗稱東坡以'仁人', 又稱'英秀後凋之姿,[257] 百世之後, 可以想見'云. 而然其爲世道害處, 則至以'甚於安石'爲言, 又責汪尙書掌試, 擢用蘇氏語者.[258] 夫東坡之去朱子, 百有餘年, 則是非邪正皆已彰見, 非有隱慝後來始覺. 而朱子之或褒或貶, 不以前後之不同爲嫌, 則大老所以待宣擧者, 正朱門成法. 良佐曰:'其所以相許與者如此, 與今日斥之爲世道害者, 固不似一人之言', 何其言之無嚴也? 如以大老褒貶之不同, 謂不似一人言, 則是侮朱子之言也. 豈其源泒本出於侮慢朱子之鑴, 故其論說每每相悖於朱子耶? 吁! 可怕也."

客曰:"大老果以斥鑴不嚴, 攻宣擧, 則又何以擬鑴於進善乎?"

主人曰:"此自不知者言之, 固不能無疑. 然莫非君子之心也, 何者? 大老雖甚[259]惡鑴, 而惜其才能, 且不無庶幾改之之望, 嘗曰:'朱子於陸象山旣斥以異端, 而猶令學徒聽其講論, 吾之待鑴, 亦如斯.' 及乎秉銓也, 宣擧移書盛稱鑴之才學實行, 責其不爲薦用, 而當時大臣, 至有推讓其位之意, 則其一世之靡然, 可知矣.[260] 大老以爲'孔明旣以虛名用許靖, 衆望所繫之人, 其在收拾人心之道, 不可無試可之擧', 果不能拂其意而擬於望者.

257) 後凋之姿:장서각본『後洞問答』에는 "後凋之操, 堅確不移之姿"로 되어 있다.
258) 者:底本에는 없다. 장서각본『後洞問答』에 근거하여 보충하였다.
259) 甚:底本에는 "其"로 되어 있다. 장서각본『後洞問答』에 근거하여 수정하였다.
260) 矣:底本에는 없다. 장서각본『後洞問答』에 근거하여 보충하였다.

此[261]似欠於剛克, 而蓋亦出於公平之意也. 其後大老欲詳知鑴意, 親往其家, 戒責諄諄, 則鑴傲然自是, 曰 : '子思之意, 朱子獨知而我不能知之[262]乎?' 傍有一人乃曰 : '至于後世, 則又不知以某說爲是也.' 大老聞此言, 知其終不可開導, 遂決意棄絶而來. 若使擬望之擧在於其後, 則人之致疑固其然也, 未及決斷之前, 迫於群議, 姑試其可者, 有何不可乎?"

客曰 : "良佐之疏, '以「誣悖朱子之故, 忘身而斥鑴」者, 已過其實', 又曰 : '大老之蓄此不平, 非止一事一條, 而今日之事, 徒激於尹拯往復之言, 詆訕之醜, 上及於其父. 云云.' 觀其語意, 大老斥鑴, 非在誣悖朱子, 實由禮論, 其斥宣擧, 亦非以黨鑴之故, 而怒拯之非己也. 然則兩事但出於私嫌,[263] 此語果如何?"

主人曰 : "鑴之改註『中庸』也, 大老出力攻斥, 通國之所知. 良佐雖欲變亂前後, 其誰信之? 此不必援引他事, 只以渠疏言之. 其疏曰 : '大老嘗指鑴爲異端, 則宣擧又謂「君何畏鑴太過?」云', 而末云'此則黃山舟中語【癸巳年】也'. 夫不有大老之嚴斥, 則宣擧何以發此畏鑴之說也? 禮訟實是己亥以後事, 而異端之斥乃在癸巳, 則斥鑴者果由禮訟, 而此豈一時之私嫌[264]乎? 鑴之禮論, 誠如宣擧之言, 本無禍心, 則已, 其嫁禍之心, 終有所不可掩者, 則怒人異己, 作爲危言, 陰嗾黨與, 欲赤士流者, 是果何等人耶? 使其計得售, 則非徒大老之禍, 實是亡國之賊, 其何以嫌於害己而不爲顯斥乎? 試以甲寅以後事觀之, 其所謂無禍心之言,[265] 可信乎? 不可信乎? 其爲禍, 果爲大老一身之禍乎? 抑爲國家之禍乎? 如是而不與共斥, 反有以崇奬, 故鑴卒肆其惡, 終至於善類罹殃·宗社幾亡. 以此言之, 大老之斥鑴, 雖由於禮訟, 未爲不可, 況本非出於禮訟, 而禮訟之端, 未必不由見斥於大老, 欲試陰賊之意乎!

---

261) 此 : 底本에는 없다. 장서각본『後洞問答』에 근거하여 보충하였다.
262) 不能知之 : 底本에는 "獨不知"로 되어 있다. 장서각본『後洞問答』에 근거하여 수정하였다.
263) 嫌 : 底本에는 "謙"으로 되어 있다. 장서각본『後洞問答』에 근거하여 보충하였다.
264) 嫌 : 底本에는 "謙"으로 되어 있다. 장서각본『後洞問答』에 근거하여 보충하였다.
265) 言 : 底本에는 "意"로 되어 있다. 장서각본『後洞問答』에 근거하여 수정하였다.

至於大老之斥宣擧在拯書往復之前者, 尤甚明著. '先治黨與'之說, 在於宣擧生時, '先學可疑'之敎, 在拯受業時. 碑文之寓意·練時之祭文, 皆在拯背叛之前, 而無非譏斥之意, 則其果怒拯之非己, 而斥宣擧以黨鑴乎?

且良佐之疏曰: '大老以不絶鑴爲宣擧之病', 渠等爲師之說, 雖如是輕說, 大老之曾以不絶鑴斥宣擧者, 據此自可見矣. 然而[266]猶曰: '大老怒拯之前, 未嘗有黨鑴之斥'云者, 果成說乎? 一行文字之間, 尙不能照管前後, 則以小人之腹度君子之事, 豈無悖理之言乎? 且拯之書中所謂'門下苟有可害於先人者, 無不暴揚'云者, 雖是因怒致辱之言, 而大老斥宣擧, 元非怒拯而發者, 據此亦可知矣.

然以拯之言, 語其父之本情者, 則有之. 夫宣擧之所以[267]見疑於世者, 兩事背義與黨惡也, 所以取重於世者, 亦兩事悔過與絶鑴也. 方見背義之時, 人固疑之, 及乎悔過, 則賢之; 初年黨鑴之日, 人亦疑之, 後乃絶交, 則取之. 宣擧之所以爲宣擧, 豈非悔前愆而絶鑴惡也?

及拯出其父己酉擬書, 矜誇其薦鑴之事, 著爲年譜以明扶鑴之心, 則黨惡之跡著, 而絶鑴之言虛矣. 抵史局書, 盛言其父以江都不死爲十分道理, 而元無悔責之意云, 則背義之心露, 而悔過之說誣矣. 執此論之, 宣擧平生, 都是背義之人而黨惡之類也, 大老何取於宣擧, 而不爲之明斥乎? 然則大老今日之言, 實因其子證成語其父之矯餙, 夫豈怒拯之言, 而詆訕及於宣擧也?"

客曰: "史局一書, 豈宣擧之本意如是? 拯之不肖, 欲掩其父之過, 以爲虛誇之言[268]也."

主人曰: "果如子言, 則拯是無狀罪人, 何可一日容於覆載間也? 他人有善, 尙不可掩蔽, 況敢誣其父乎? 設使其父不知背義之可耻·黨惡之爲非, 爲子之道, 所當爲親者諱, 況其父則實有悔過之心·[269] 絶鑴之事, 而拯乃

---

266) 然而: 底本에는 없다. 장서각본 『後洞問答』에 근거하여 보충하였다.
267) 所以: 底本에는 없다. 장서각본 『後洞問答』에 근거하여 보충하였다.
268) 言: 底本에는 "人"으로 되어 있다. 장서각본 『後洞問答』에 근거하여 수정하였다.
269) 心: 底本에는 "實"로 되어 있다. 장서각본 『後洞問答』에 근거하여 수정하였다

爲其子而言其父之270)所不言, 則豈人子之所忍爲乎? 使拯而誣其父云, 則實是人情之外也, 使拯而不知其父之本意, 爲此妄錯之語云, 則拯非稚童幼子, 其所自處如何, 而獨不知一世共知之事乎?

以愚料之, 此非拯之誣言, 乃宣擧之本意也. 聞愼齋孫謂其宗人曰 : '宣擧於初被旌招之日, 製其辭疏, 專以山林高蹈之人不屑爵祿爲言, 質於愼齋, 愼齋曰 :「君之江都狼狽, 人所共知, 當悉陳此事, 引咎辭謝, 不可爲此自高語也.」宣擧承命而退, 遂陳其處義無狀'云. 然則宣擧引咎, 本非其意也. 夫陳情君父之前·講質師友之間, 亦有此自是自高之言, 況於私室父子之間, 肯爲悔責之言乎? 此必宣擧平日外面論議·燕居私語, 判爲二說. 故拯於家庭習聞於耳, 以爲'吾父之不死, 眞是十分道理, 其不仕, 非出於悔責也, 鑴之事本非小人, 而大老之斥, 實是太過.' 遂欲明其父之本意, 以傳於金石之文·竹帛之簡, 乃持己酉書迫大老以贊於碑文, 又作史局書, 使執筆者誇張於後世. 拯雖不肖, 豈爲誣父之言也?

昔朱子嘗贊陳寔·荀淑, 至以'道廣心平', '秋月寒江'等語許之矣, 及其孫群·彧附於亂賊, 則溯其源而追罪寔·淑, 曰271) : '是必父兄師友之間, 有覆蓋·文飾之議論', '邪說橫流, 甚於洪水猛獸之害矣.'. 夫群·彧之附賊, 在於寔·淑死後, 則其孫之不義, 似非其祖之所敎, 而朱子猶疑其父兄師友之間, 曾272)有文飾之論, 以致於此. 況其父之本意, 其子發明如此而曰 : '此非其父之本義', 乃謂拯之虛言, 可乎? 假曰 : '宣擧本非如此, 拯妄錯'云, 若使朱子論之, 必以追罪寔·淑者斷之. 況宣擧本是文飾之人, 而拯之言皆是聞於其父者乎! 父子事實, 本皆如此, 今之論者欲贊宣擧, 則曰 : '拯之言非其父之意', 欲救拯而無辭, 則曰 : '孝子之心, 無所不用其極'. 周旋回互, 捉衿肘見, 而自稱淸議, 誠未滿一笑矣.

抑有一說. 使欲尊宣擧者, 果以爲今日諸說皆非宣擧本意, 盡是不肖拯之誣飾云, 則似當抵書於拯, 明言斥之, 因於疏章, 數拯誣父之罪, 使一世庶解

---

270) 之 : 底本에는 없다. 장서각본『後洞問答』에 근거하여 보충하였다.
271) 曰 : 底本에는 없다. 장서각본『後洞問答』에 근거하여 보충하였다.
272) 曾 : 底本에는 "會"로 되어 있다. 장서각본『後洞問答』에 근거하여 수정하였다.

一分之疑, 爲覆蓋宣擧之道矣. 今乃不然, 兩存而俱全之, 推拯若山斗, 仰拯爲領袖, 又欲使宣擧立於無過之地, 使人不敢議此, 則儀·秦辨之於前, 賁·育脅之於後, 亦不可得矣."

客曰:"宣擧之事, 旣知本末矣, 拯之背師, 如何? 或曰:'父與師輕重自別, 對子而斥其父如此, 則師生之義亦難保全矣.', 此意亦有攻破之說耶?"

主人曰:"民生於三, 事之如一. 父生·師教, 不可二而論之. 然其父無可議之失,[273] 而其師以情外之言斥之, 則師生之義雖重, 其在父子之情亦不可晏然, 惟當竭誠開陳, 至其無可奈何而後, 含恤若窮人之無歸. 雖有人問之, 不敢以憤恚之辭加之, 而陳抱冤之事, 以待其師之覺悟而已. 今拯則不然, 旣使其父由己而疑於大老, 及大老致疑而非之, 則又欲强迫以求其譽. 而不滿於意, 則乃反回戈而攻之, 移書所親, 凌踏詬辱, 無所不至. 或曰'機關', 或曰'權數', 或曰'義理雙行, 王覇竝用', 或曰'本源之地, 不能無疑'. 惟其心之所快, 略無忌憚顧藉之言, 此實從古師生之間, 所無之變.

況拯以機關爲同春之言, 以權數爲草廬之言. 同春嘗書'高山仰止'四字, 以示景仰之意, 又托諸孫於臨死之日, 機關之人以爲山仰而托其孫乎? 草廬雖於乙卯之後不無睽矣, 而乙卯之前, 則信大老以神明一言一行, 莫不心悅, 權數之說, 自不發於其口也. 拯乃擧九原之人, 欲爲證左, 於其心, 雖以爲九原之下, 必無發明之端, 而忍發此言之時, 其顙必有泚矣. 又況拯以此兩言, 謂之曾所聞之, 則是在師事大老之日也. 師者, 道之所存, 知其如此, 而猶且屈首服事, 尊其人而學其道者, 何也? 且請其父墓文, 欲爲泉塗之賁者, 何等重事耶? 必當求一世無瑕之人, 以爲傳後之信筆, 拯果以此等事, 致疑於大老, 則何以就大老, 而求其贊父之文乎?

拯雖昏昧, 亦知此義. 其於請得碑文之時, 必無疑大老之心, 惟發怒於碑文之不滿其意, 欲陷大老. 而又恐人以因私致怒疑之, 誣引先輩之言, 捃摭不似之說, 欲爲公論者, 然而曰:'不平者私情, 論學者公心也'. 其心[274]所在, 路人所知, 而擧世之人, 猶不能明辨, 豈天奪其魄而然耶? 其所誣辱之言,

273) 失 : 底本에는 "實"로 되어 있다. 장서각본『後洞問答』에 근거하여 수정하였다.
274) 心 : 底本에는 없다. 장서각본『後洞問答』에 근거하여 보충하였다.

今欲一一辨破, 頃年崔愼疏中, 旣有所辨, 不必爲疊床之語.
愚則以爲大老之學, 自極正大, 可質於今與後. 似此蚊蚋, 不足以一毫氛翳, 與之爭辨, 實勞且辱, 故不爲呶呶也. 所可笑者, 未斥拯父之前, 大老何以爲正大之人 ; 不贊拯父之後, 大老何反爲可疑之人乎? 大老之學, 果以一箇贊與不贊, 定其正與不正耶? 若使大老心知宣擧之非, 猶且顧藉於拯, 虛譽溢美,[275] 則是眞所謂機關·眞所謂權數. 王覇竝用·義利雙行之辱, 雖不得於拯, 豈不見疑於後世之君子乎? 今以其正而直出者, 反加以此言, 不亦縱恣乎?
近世有寒暄堂以出處之義致疑佔畢[276]齋,[277] 作詩寓諷, 其心之本出於正, 亦無如拯之恣意誣辱, 李楨猶以爲不可傳於後世. 況拯之因私怨而醜詆一生服事之師者, 寧可以父師輕重之說, 有所容貸乎? 其悖理亂常, 至於此極, 而才且自以爲是,[278] 招誘蒙學, 激驅一世, 欲與大老爲角勝爭戰之計, 馴而致於同室分爭, 越人甘心, 金甌將破而莫之念, 丙枕不安而反致忽. 此在王法, 實爲難赦之人, 背師之罪, 猶是歇後[279]事也, 豈不痛哉?"
客聞此, 釋然於心, 唯唯而退, 主人遂收而爲說.

太史公曰 : "天下無眞是非者, 久矣. 是者是之, 非者非之, 各得其眞, 然後是之謂眞是非矣. 近世懷尼是非, 人不得眞是眞非, 右懷者, 以尼爲非, 右尼者, 以懷爲非, 不識其眞是非而左右之. 今見『後洞問答』, 則劈破首尾, 痛辨曲直, 雖使孩提之稍有知覺者, 聞之見之, 自當瞭然, 此所謂天下之眞是非也. 夫何有一分疑晦於其間哉? 是以我肅廟末年下敎曰 : '擬書·墓文入覽後, 是非大定.' 又於景廟辭代理之疏, 批若曰 : '近日事, 是非定而義理正, 予志汝遵, 莫之或撓.' 大哉, 聖人之眞! 所謂俟百世而不惑者也. 大尹

275) 美 : 底本에는 "矣"로 되어 있다. 장서각본 『後洞問答』에 근거하여 수정하였다.
276) 畢 : 底本에는 "俾"로 되어 있다. 이하 同一 기사 내의 "俾"은 "畢"로 고치며 校勘記를 달지 않는다.
277) 齋 : 底本에는 없다. 장서각본 『後洞問答』에 근거하여 보충하였다.
278) 是 : 底本에는 없다. 장서각본 『後洞問答』에 근거하여 보충하였다.
279) 後 : 底本에는 없다. 장서각본 『後洞問答』에 근거하여 보충하였다.

己酉之書, 已矣不足說, 而小尹辛酉之書, 大駭耳目, 誰知父事之地有此大變怪也? 若質此問答一篇, 則可以洞悉其眞是非也歟."

廣灘問答【金知事 萬增 景能所錄】

癸酉二月, 余以長湍翰林先祖墓祭輪次往其地, 去路歷入京中. 蓋己巳後初行也. 朴伯瞻【泰斗】聞余至, 卽來見之, 備敍許久阻懷語, 次乃言曰: "兄主何爲而絶廣灘叔主耶? 叔主每言'景能所爲太無情也. 數年來, 雖無上來之事, 至於書信亦爲頓絶, 此何故也?' 云云矣." 余曰: "和叔黨護尹拯, 而心不向於吾師, 余實不欲見之矣. 今聞吾師喪後, 有持服之事, 又於拯也, 作書比前有異云, 余今往長湍時, 可以歷見矣." 伯瞻曰: "然則光灘叔主必欣然開懷矣."

余留數日後, 向湍上時, 乘夕往廣灘. 和叔欣然迎接, 仍留我, 同宿溪齋. 時和叔之門徒四五人來往, 皆令退去, 與其子輩同處. 只與余聯枕挑燈, 相對說盡多少世禍.

余仍言曰: "今日師門之禍·國家之變至於此極者, 吾則以爲皆由於台兄不善處事之故也." 和叔曰: "人之處事, 豈盡好樣, 而但專歸其咎於吾身者, 兄之意何居?" 余曰: "請先言國家事. 向者台兄以吏曹參議入京時, 尹子仁亦乘召上來, 留於果川, 台兄出往見之, 勸令入來, 而彼終不聽云. 此事信有之乎?" 和叔曰: "然." 余曰: "台兄勸入侍, 彼曰: '尤菴佞己, 諂風大振, 令能救之乎? 三戚里【淸城·光城·驪陽】不可與共事, 令能擯之乎? 追錄不可不削, 令能削之乎? 此三事, 如有一款之不行, 則決不可入去'云, 此言果有之乎?" 和叔曰: "其時說話多端, 今不能記得, 而似有如許語矣." 余曰: "仲淨又言其時子仁大言尤菴之世道難變. 果然, 則吾師一生所秉, 乃『春秋』也, 以『春秋』之義扶植世道, 彼何有所惡而如是道也?" 和叔曰: "兄之言每如是太甚矣." 仍問"三件事, 兄何以歸咎我乎?"

余曰: "尤菴與人雖親好, 而若見其不是, 則必嚴斥之, 一刀兩斷, 無所饒貸, 而以諂風大振爲言者, 豈不悖乎? 三戚里皆是士類中人, 而清城·光城大有功於宗社, 且無可措之過失, 則彼之欲擯者, 抑何意也? 且台亦嘗有追削之論, 此實未曉也.” 和叔曰 : “吾輩做事, 每欲倣古人. 己卯諸賢有追削靖國四等之事, 故吾亦依此而論之矣.” 余曰 : “追錄吾亦不以爲無失, 而追削則尤以爲不當也.” 和叔曰 : “何意也?” 余曰 : “靖國四等雖削去, 於本勳, 少無所損, 而追錄則是本勳之半體, 若削去追錄, 則豈不大有損於本勳乎?” 和叔聽吾言, 沈吟以思良久言曰 : “兄之半體之言, 吾所未及思也. 兄言果然矣.” 余曰 : “以台兄與子仁之論, 群小輩執爲嚆矢, 屠戮正人, 使國事至於此境. 吾之歸咎於台兄, 不爲過矣.”

和叔曰 : “姑舍是, 復言師門事如何?” 余曰 : “吾於癸丑春, 自助邑浦乘船, 往訪台兄於白川 金谷寓所之事, 台其不忘耶?” 和叔曰 : “吾不忘矣.” 余曰 : “與台兄夜話時, 吾出示美村行狀, 其事台能記之乎?” 和叔曰 : “記之甚詳矣.” 余曰 : “吾於其時熟看台所撰行狀, 而指末端總論曰 : ‘如是僞言, 果能信服於後世乎?’ 台答曰 : ‘我少服尹丈之爲人, 故如是撰出. 相湖中長者, 必以爲不然, 而吾則以爲下語必如是而後可也.’ 吾又拈出己酉擬書一款曰 : ‘此書初不傳懷川, 而今此狀中有若一大事然者, 何也?’ 台又謂‘子仁言「渠之先人不爲出世, 而若出世行道, 則此書所論是其規模之可觀者」, 故必欲載之於狀中而然矣.’”

余曰 : “今日事, 吾所以歸咎於台兄者, 此也. 卑主貳宗四者, 乃是士禍根柢, 而擬書中取其聚精會神者, 其故可知也.” 和叔默然有間曰 : “人之處事, 安能一一盡善? 而實不料此事之到此也. 兄之歸咎於我者, 雖非架虛, 而我豈不寃甚哉?云云” 而罷.

己巳黨禍

肅廟初嬉嬪專寵. 逆宗東平君 杭附之, 著作宋相琦請嚴宮禁. 趙師錫與杭爲至親, 當卜相, 上四却其剡, 以師錫爲相, 李秀彦疏論忤旨. 相琦論杭特除提擧之命. 上怒以他事特罷之. 師錫旣相, 其徒和應, 逐金壽恒以下諸人.

至戊辰嬉嬪誕元子, 將冊立, 壽恒等入侍, 上曰："國本未定, 莫大之計, 不在他矣. 敢有異意者, 納官退去." 群臣莫曉, 上敎再及. 壽恒曰："自王子始生, 臣民惟忭. 前頭若有止正宮螽斯之慶, 國本歸於何地乎? 王子生, 纔數月, 遽定位號, 非所以惜福." 上曰："宗社大計, 不在多言. 定名號事, 分付擧行."

有柳緯漢者, 疏斥壽恒, 壽恒陳疏待罪. 答曰："么麼狐鼠之輩, 敢生嫁禍之計, 施以投畀之典." 時奉朝賀宋時烈憂善類之得罪. 疏論群少情狀, 至引宋哲宗十歲, 尙在藩王之事. 上震怒敎曰："宋時烈以山林領袖, 乃敢有不滿之心, 引喩, 極其放肆矣." 引見承旨李玄紀 尹彬, 玉堂南致薰 李益壽, 反復下詢, 至敎曰："宋時烈與尹拯, 因一私事, 分裂日甚, 以此觀之, 亦可知矣." 玄紀曰："臣於宋·尹聲聞不及, 而第觀疏中失身忘義云者, 竊以爲非矣. 尹宣擧 江都事, 元無可死之義, 而以其妻死之, 故丁丑以後, 杜門讀書, 不干世事, 其所樹立, 可想矣. 此豈失身背義之人乎?" 致薰曰："此事, 臣所慨惋者也. 此不過微細私事, 何可猥瀆於章奏之間乎?" 上曰："四五年來, 因此事, 遂成大風波. 宋時烈門徒, 豈無藉此而起紛紜之弊乎?" 玄紀曰："尹拯事, 雖曰：'君師父一體', 旣於文字間, 詬辱其父, 則其子何可晏然乎?" 致薰曰："尹拯削逸之後, 無伸白之擧, 而宋每以此事, 屢煩疏章. 而拯則使其門徒, 緘口不言云矣." 上曰："微事尙然, 大事可知. 姑從輕典, 施以削黜.

時群少因召入鑴·積之黨. 而閔黯·閔宗道·李義徵之徒, 陰結希載·杭, 朝著大變. 大司諫李沆·正言睦林一啓曰："門黜罪人宋時烈, 託跡山林, 廣樹黨與, 異己者, 非殺戮, 則必竄錮. 夷考平生, 書難盡罪. 王子定號, 肆然投疏, 王法難貸. 請極邊安置." 答曰："遠竄." 掌令李允修·持平李濟民啓曰："宋時烈本以昏朝孽臣之子, 托以山林之名, 平生罪惡, 難以毛擧. 當己亥大喪之初, 倡爲長庶之論, 用意絶悖, 得罪宗社, 當時得保首領, 已是失刑, 及至今日, 動搖國本, 其心所在, 的然可知. 請施荐棘之典, 以洩神人之憤.” 命濟州荐棘.

上曰：“向者, 朝議至於分裂者, 槪因尹拯之私書, 出於實錄廳也. 以此相擊, 至四五年, 而爲宋時烈言者, 皆苟且, 不若尹拯輩所言白直也. 曾在乙丑年間, 有李震顔者, 進攻尹拯之疏. 其時承旨韓構·[280] 尹以道措辭捧入, 觀其疏, 則莫非傾陷, 故施以停擧之罰矣. 其時領敦寧金壽恒入侍, 爲震顔伸救多端, 至於反其是非, 至今爲大風浪. 大臣之責, 惟在鎭定, 而乃反推波助瀾, 調劑之道安在? 金壽恒罷職.” 參贊兪夏益請伸尹鑴寃. 知事柳命天曰：“時烈以鑴‘宗統當歸孝宗之說’, 怨憾次骨, 必欲搆殺乃已. 卽今尹拯·宋時烈相攻擊, 蓋以拯則爲寃死, 故時烈之怒拯, 益甚. 云云.” 答曰：“後當議處矣.”

大司憲睦昌明等極言宋時烈之罪云：“異己者排擊, 附麗者奬拔. 吹噓者, 無非惟泰·李翔之類也；引用者, 無非益勳·師命之徒也. 自擬朱子, 與王莽之每擬周公·似道之竊慕謝安, 無異也. 縱益勳輩開告密之門, 屠戮搢紳, 趙持謙·韓泰東等, 欲治誣告之罪, 則反以護逆亦逆之語, 成二人之罪目. 臣等歷觀古史, 未有惡如時烈, 而不伏王誅者也. 請正邦刑.” 李萬元曰：“洪致祥誣上, 不道叵測之事, 傳播遠邇.” 昌明曰：“宋時烈, 孝廟之罪人也.” 上曰：“諸臣各陳所懷.” 應校李湜等, 極意搆捏, 無所不至. 於是, 中殿退處安國洞私第, 立張氏爲王妃. 兄希載爲總戎使, 封父母職如例. 南人初入患失, 不爲力爭. 吳斗寅·朴泰輔極諫而死杖下.

兩司請金壽恒絶島安置, 配珍島. 黯等又倡率卿宰十餘人疏請極律, 乃賜壽恒死. 上曰：“宋時烈·洪致祥依啓.” 又曰：“宋時烈則遣都事拿來, 洪致祥則鞫問後, 更處.” 判義禁黯曰：“宋時烈之罪, 彰著無餘, 非待鞫問. 且祖宗朝仁厚立國, 未嘗有鞫大臣之事, 自上問于大臣處分似宜矣.” 上曰：“大臣之意何如?” 權大運曰：“當此請鞫, 臣固未曉. 時烈罪雖凶逆, 年過八十, 不必鞫問. 自上斟酌處分似宜矣.” 柳命天曰：“近來稱以儒疏伸救罪魁事, 極痛駭. 臣聞時烈上來之道, 迎候之人, 彌滿不絶, 氣象可畏

---

280) 構：底本에는 뒤에 ‘以’가 더 있다.『肅宗實錄』11年 2月 8日 기사에 근거하여 삭제하였다.

也." 昌明曰 : "臣前任臺閣請鞫, 而今旣罪惡彰著, 不必鞫問, 直爲處斷似合矣." 上曰 : "大臣之意如此, 斟酌賜死." 李師命·金益勳, 次第賜死. 時烈至井邑受禍, 訃至中外, 士子與其門人會哭于外南山下. 執義李箕疇以其門人初上救疏, 終主其喪. 宋進士 徵殷, 以甲子爲尹拯手製通文之人, 亦來會哭而去.

甲戌, 上大悟盡黜凶黨, 復正壼位, 雪宋時烈·金壽恒寃, 餘外寃死者, 次第伸雪. 先是, 戊辰間, 宋彛錫往尼山時, 拯諸宗適會飮. 有頃拯曰 : "金益勳之命, 止斯而已." 又曰 : "宋時烈安得免乎?" 一尹以肱止拯而微言曰 : "不知座有生客乎?" 顧旋曰 : "南徒大盛, 尤丈似不免士禍." 後金萬埈來告時烈曰 : "尹拯欲殺小生家及先生家矣." 時烈責止之. 時朴泰晦云 : "李元禎之子聃命, 己巳初, 以臺諫上來言, '金壽恒則吾輩之讐人, 不可不殺. 至於時烈, 則錫胄起庚申獄時, 方在巨濟, 安得與壽恒·錫胄等通謀乎? 且渠輩以宋稱儒宗, 今若加律, 必謂之士禍, 此亦苦悶[281]處也.' 一南人曰 : '安知不與通謀乎?' 聃命曰 : '何以探知?' 其人曰 : '若使權愭問於尹拯, 必不諱矣.' 使愭問之, 拯曰 : '其時錫胄有兩度書矣.' 南人遂以爲二度書, 必是其謀, 乃作己巳之禍"云.

先是, 時烈謫巨濟時有爪病, 使尹以健·鄭維岳, 【未叛時】維岳往議錫胄, 錫胄乃製藥三十貼. 送黃玧家, 使傳以健送巨濟, 時烈服之見效. 乃書謝狀, 送以健傳于錫胄, 錫胄得謝大大喜云. 時錫胄欲辦大事, 【庚申事】而恐士林不快, 遂裁書以蠟燭三十雙送巨濟曰 : "聞大監於謫中, 每夜看書而恐魚油致眼病, 故敢以蝎燭代油." 時烈又答送, 此謂二度書也.

初朴世采疑老輩之附於戚臣, 不敢戚臣, 不欲與之和合. 及甲子以後, 見附己之少類與希載相連, 遂大悟, 以爲吾之與尤菴不得者, 本子仁之所誤也, 因大不快焉. 且拯自以爲"甲子以後, 則尤菴實孤立而人無附之者", 及己巳, 時烈行遣時, 聞城外士子, 皆爲救疏. 且其隨行者, 無慮數百, 而與拯相好者, 亦皆奔走先後, 拯乃大疑曰 : "是何人心之傾向如此?"

---

281) 悶 : 底本에는 "聞"으로 되어 있다. 『宋子大全 · 記述雜錄』에 근거하여 수정하였다.

及時烈沒後, 世采爲之服, 拯怒以爲人心之傾向, 皆和叔之所引也. 以書責之曰, 旣非師又非友, 何爲服之? 世采答曰, 栗谷於退溪服之三月, 吾亦倣此耳. 世采且見拯爲南徒所戴而斥時烈, 遂以拯爲無狀底人. 且其時諸南欲竄世采, 使鄭維岳問於拯, 拯答曰, 朝廷事, 吾豈與論乎? 世采聞之大怒, 又痛其心術. 於是, 復歸於時烈. 時烈嘗曰 : "人之攻和叔雖如此, 和叔終非害吾者. 其所見或岐貳處, 有時疑我, 而非其心術回曲而然也. 但可畏者拯也." 其言果符矣. 當時拯儕流爲之謠曰, 明齋暗齋, 行敎不敎. 明齋, 尹拯號. 行敎, 拯子也, 多助其父背師云.

第二冊

構禍事蹟 【宋校理 疇錫錄】[1]

完山 李鼎寅

有尹鑴者, 奸臣孝全之子也.【孝全 光海時, 誣告臨海君而殺之. 臨海卽光海同母兄也. 孝全策勳封帶原君, 仁廟反正, 削勳奪職.】利口辯言, 捷給巧黠, 自卄歲[2]自謂知道, 擧世風然. 沙溪門下人亦多友善, 而尹執義[3]尤篤信歆尙焉. 鑴乃以著述自任, 有雜著一篇以示人, 而頗攻退溪·栗谷諸先生說. 然於退·栗二先生則猶稱別[4]號, 而於牛溪則直書其字, 時亦不全書其字, 而只稱其下一字. 王父戒之曰："君著述太早, 且退·栗議論, 未可輕易攻破, 且高下先賢, 尤涉不韙. 況於牛溪, 又何凌踏之甚也?" 鑴更勃然曰："雖是退·栗, 所見旣異, 則何可苟同? 且牛溪何足爲儒賢? 學問不高, 且於己丑獄事, 與鄭澈協同, 多殺無辜之人, 今余之稱字其人, 亦是過矣." 王父曰："仁弘以梁弘澍之故, 嫉牛溪如仇敵, 至比於平秀吉. 君乃祖述此說, 何也?"【梁是仁弘妻兄弟也, 爲仁弘所仇, 往依牛溪之門. 仁弘意梁言其惡於牛溪, 嫉牛溪, 無所不至.】"仁[5]弘末年誤入而爲罪人矣, 其初則南冥之高弟也."

---

1) 『鳳谷集 · 構禍事蹟』 및 『稗林 · 構禍事蹟』을 校本으로 하였다.

2) 歲 : 『鳳谷集 · 構禍事蹟』 및 『稗林 · 構禍事蹟』에는 뒤에 "前"이 더 있다. 『白湖集 · 年譜』를 보면 20세에 萬言疏를 草한 기록은 있지만, 그 전에 "自謂知道, 擧世風然"했다고 볼 만한 내용은 없으며, 『四端七情人心道心說』을 지은 것은 22세이다.

3) 義 : 『鳳谷集 · 構禍事蹟』에는 이 뒤에 "宣擧"가 더 있다.

4) 稱別 : 底本에는 "別稱"이다. 『鳳谷集 · 構禍事蹟』 및 『稗林 · 構禍事蹟』에 근거하여 수정하였다.

5) 仁 : 『鳳谷集 · 構禍事蹟』 및 『稗林 · 構禍事蹟』에는 앞에 "渠曰"이 더 있다.

王父隱於心以爲"當今之時, 此實英才, 而自處太高, 不肯遜志勉學, 以求古人之實心正脈. 且其麤悖如此, 不可6)與共學, 甚令人憮然矣." 旣而渠又自退·栗推而上之, 攻斥朱子, 略無顧忌, 祖父不勝驚愕, 以爲"此實斯文之亂賊, 其將禍性命道德·生民國家也大矣.", 極力警責, 則渠甚藐視邈聽, 若無睹也, 若無聞也. 大言折之曰："義理, 天下公物, 子以爲朱子獨知, 而以我不知耶?" 凡語涉朱子, 殊無尊遜之意, 有如朱子所記著字目7)程子之爲矣. 王父自是不復與之講論, 相見只泛然而已, 則渠亦疎外, 時或避去矣.

然一時風動, 莫不以大儒稱之, 上自大臣·名士, 下至儒巾, 蔚然尊尙. 同春先生嘗抵書於王父曰："吾父子以不尊希·不攻元, 得罪於洞中淸議." 蓋指黃丈世楨【與鑴爲姨從.】等而言也.8) 希 尹鑴字希仲,9) 元10)宋 平昌 國龜字士元11)也. 然諸人只爲其風聲所驅而然矣, 至於尹丈, 則推其學術本源·作用行實而尊尙之. 其曰："妙年自悟, 有志於學, 立心制行, 不泥古人, 讀書講義, 不拘註說, 其言論見識, 實有超詣過人者."【妙年以下『尹譜』語也. 『譜』乃其子12)拯所撰. 今聞拯改撰其『譜』, 適足以彰其奸僞也.】此其意以爲不由13)古人陳跡14)及古人訓詁, 而超詣過人, 是生知之人也云爾. 然此不知鑴之所以得罪於法門, 而卒爲兇悖惡人者, 正在於此也.

夫旣曰："妙年自悟", 則於道已無疑矣, 何事於學而有志乎15)? 此正朱子

---

6) 此, 不可：底本에는 결락되어 있다.『鳳谷集·構禍事蹟』및『稗林·構禍事蹟』에 근거하여 보충하였다.

7) 目：底本에는 "且"로 되어 있다.『稗林·構禍事蹟』에 근거하여 수정하였다.

8) 蓋指……言也：底本과『稗林·構禍事蹟』에는 이 구절이 "蓋指黃丈世禎等而言也"로 축약되어 있다.『鳳谷集·構禍事蹟』에 근거하여 수정하였다.『鳳谷集·構禍事蹟』의 이 구절은 "元宋平昌國龜字士元" 뒤에 있다.

9) 希尹鑴字希仲：底本에는 없다.『鳳谷集·構禍事蹟』에 근거하여 보충하였다.

10) 元：底本에는 뒤에 "指"가 더 있으나, 앞 구절인 "希尹鑴字希仲"과 대구를 이루는 구절이므로『鳳谷集·構禍事蹟』을 따라 생략하였다.

11) 字士元：底本에는 없다.『鳳谷集·構禍事蹟』에 근거하여 보충하였다.

12) 其子：底本에는 없다.『鳳谷集·構禍事蹟』및『稗林·構禍事蹟』에 근거하여 보충하였다.

13) 不由：底本에는 없다.『鳳谷集·構禍事蹟』및『稗林·構禍事蹟』에 근거하여 보충하였다.

14) 陳跡：底本에는 없다.『鳳谷集·構禍事蹟』에 근거하여 보충하였다.

15) 乎：底本에는 "於"이다.『鳳谷集·構禍事蹟』및『稗林·構禍事蹟』에 근거하여 수정하였다.

所斥先上達而後下學者, 此不惟悖於朱子之志, 實反於孔子下學而上達之次序矣. 其曰："不泥古人"者尤悖理. 夫堯·舜·周·孔·顏·孟·周·程·張·朱, 非古人之可法者乎? 今乃陋之而不泥其跡, 則所謂'自悟'者, 何道耶, 其"超詣過人"者, 何事耶? 『詩』曰："自古在昔, 先民有作", 朱子引閔馬父之言而極[16]稱之. 孔子曰："我好古敏而求之者", 又曰："信而好古, 竊比於我老彭", 元祐諸賢論薦[17]程子曰："好古力行".[18] 今尹之譽鑴之言, 何其與孔·程·朱相悖也? 又鑴之所不拘之註說, 豈指鄭·賈等而言耶? 乃指朱子註說, 故嘗於經筵, 請毋[19]讀朱子註說. 且王父嘗因[20]宋丈奎禎, 借見鑴所讀經書, 皆於紙頭, 批以己說, 以改朱子本註. 王父不勝惶恐而卽日還之. 其於朱子註說, 不啻不拘而乃反訾斥之, 其誣經[21]毁賢甚矣, 何以曰：'超詣過人'也? 尹之尊尙如此, 故一時儕輩, 無不篤信而欽艶, 渠亦益以自大, 而人莫敢議矣. 『尹譜』成於鑴旣敗之後, 而其稱道之言如此, 則未敗之前, 推尊稱美之者, 當何如也?

李丈 養而 以書責鑴不是之行, 則其答書曰："從隆從汚, 隨物應物",[22] 是乃[23]以聖人自處[24]也.[25] 此實尹輩之尊尙太過, 而驕其心也. 王父與尹丈相逢, 則未嘗不極言責之, 尹必盛氣折之曰："此不過希仲高明之過, 則此

---

16) 而極 : 底本에는 결락되어 있다. 『鳳谷集 · 構禍事蹟』 및 『稗林 · 構禍事蹟』에 근거하여 보충하였다.

17) 薦 : 底本에는 "之"로 되어 있다. 『鳳谷集 · 構禍事蹟』 및 『稗林 · 構禍事蹟』에 근거하여 수정하였다.

18) 行 : 『鳳谷集 · 構禍事蹟』에는 "學"으로 되어 있다.

19) 毋 : 底本에는 "無"다. 『鳳谷集 · 構禍事蹟』 및 『稗林 · 構禍事蹟』에 근거하여 수정하였다.

20) 因 : 底本에는 "引"이다. 『鳳谷集 · 構禍事蹟』 및 『稗林 · 構禍事蹟』에 근거하여 수정하였다.

21) 經 : 底本에는 없다. 『稗林 · 構禍事蹟』은 "聖"으로 되어 있다. 『鳳谷集 · 構禍事蹟』에 근거하여 보충하였다.

22) 應物 : 底本에는 "隨應"이다. 『鳳谷集 · 構禍事蹟』 및 『稗林 · 構禍事蹟』에 근거하여 수정하였다.

23) 是乃 : 底本에는 "此是"이다. 『鳳谷集 · 構禍事蹟』에 근거하여 수정하였다.

24) 處 : 底本에는 "居"이다. 『鳳谷集 · 構禍事蹟』 및 『稗林 · 構禍事蹟』에 근거하여 수정하였다.

25) 也 : 底本에는 없다. 『鳳谷集 · 構禍事蹟』 및 『稗林 · 構禍事蹟』에 근거하여 보충하였다.

何害焉? 且義理天下之公, 希仲獨不可論說耶?" 王父曰 : "朱子以前, 聖人之道不明於天下, 蓋因經書義理晦塞而然矣. 自朱子以後, 則無一理之不明·無一字之或晦, 正如大明中天, 瞽者亦睹. 爲後學者, 只[26]當敬守[27]而愼思, 何敢妄加非斥耶? 且鑴不但攻朱子議論, 幷及朱子之行事而攻之, 爲吾後學者[28], 不勝寒心, 何黨助於彼而甘作朱門反卒乎?" 尹曰 : "此則希仲疎脫處也. 然其超詣處, 非今人所敢知也."

王父曰 : "彼之精義入神處, 吾黨固不敢知, 至於爲尹棨子以欽成服者, 亦是難知之事乎?" 尹便低聲曰 : "『詩』所謂'中冓之言, 不可詳也', 此忠厚之意也. 況此是南陽公家事, 非目覩而言之, 豈是長厚之道乎?" 王父瞿然曰 : "此變出於尹信伯忠厚之家, 世道之[29]不幸甚矣. 如非十分明白, 則不言可也, 此則公言厚矣. 逮戊申, 見尹體元兄弟而得其實, 則其爲變, 不啻狼藉矣. 體元兄弟因言, '吾祖母及余先人極欲其消磨矣. 及其男女放恣[30]無忌然後, 祖母使余先人誅之, 故其[31]之妻, 今持其[32]神主, 入處深峽, 而不敢致怨於先[33]人矣.'"

王父蹙然傷之曰 : "天之何爲不福忠孝之家, 至此耶?" 因曰 : "尹鑴旣斥朱子, 則固無所不至, 至於如此之人, 至爲之服, 則悖惡甚矣. 以欽之惡, 卽鑴之惡也." 然此則在於東鶴反覆[34]之後, 故[35]不復致詰於尹矣. 其時體

26) 只 : 底本에는 "必"이다. 『鳳谷集 · 構禍事蹟』 및 『稗林 · 構禍事蹟』에 근거하여 수정하였다.

27) 敬守 : 底本에는 "擎"이다. 『鳳谷集 · 構禍事蹟』 및 『稗林 · 構禍事蹟』에 근거하여 수정하였다.

28) 者 : 底本에는 없다. 『鳳谷集 · 構禍事蹟』 및 『稗林 · 構禍事蹟』에 근거하여 보충하였다.

29) 世道之 : 底本에는 "此道"로 되어 있다. 『鳳谷集 · 構禍事蹟』에 근거하여 수정하였다.

30) 恣 : 底本에는 "姿"로 되어 있다. 『鳳谷集 · 構禍事蹟』에 근거하여 수정하였다.

31) 其 : 底本에는 "某"로 되어 있다. 『鳳谷集 · 構禍事蹟』에 근거하여 수정하였다.

32) 其 : 底本에는 "主"로 되어 있다. 『鳳谷集 · 構禍事蹟』 및 『稗林 · 構禍事蹟』에 근거하여 수정하였다.

33) 先 : 底本에는 "老"로 되어 있다. 『鳳谷集 · 構禍事蹟』 및 『稗林 · 構禍事蹟』에 근거하여 수정하였다.

34) 覆 : 底本에는 "復"으로 되어 있다. 『鳳谷集 · 構禍事蹟』 및 『稗林 · 構禍事蹟』에 근거하여 수정하였다.

35) 故 : 底本에는 없다. 『鳳谷集 · 構禍事蹟』 및 『稗林 · 構禍事蹟』에 근거하여 보충하였다.

元始聞鑴服緦之說, 憤曰 : "聞鑴與其人,36) 男女同處於報恩, 甚久, 寧有不知之理乎? 知而服之, 其惡均矣." 其後鑴設先祖祭於其家, 以同宗請體元兄弟, 其兄弟皆不往, 又言其事不已, 則鑴反曰 : "尹柔非討罪也, 乃妒也." 自此體元兄弟見嫉於鑴 黨37)極矣.

王父於昔年, 至堂叔聞38)道公家, 則案上有冊子, 貌甚光鮮, 問之, 則曰39) : "此希仲所註『中庸』也. 周卿·伯興輩以書送來曰 : '希仲此註, 勝於朱子舊註, 君亦錄取以看可40)也.'" 云爾. 王父試取以見之, 果盡改舊註而易以新說. 蓋以『中庸』首章, 段段分割, 爲許多綱節, 如『大學』經一章之爲, 而其下三十二章分屬於首章, 如『大學』傳十章之爲. 王父乍41)看, 不勝驚駭, 卽投於地曰 : "何物尹鑴, 敢爲如此放恣也? 汝果錄而欲讀乎?" 堂叔曰 : "然則尼山 尹丈, 何以牛溪外孫, 而亦且尊尙也? 其尊尙, 又非吾輩之比也." 王父曰 : "牛溪親子, 何阿附於仁弘? 【此說王父嘗言, 悔其不善矣.】, 其外孫之附於尹鑴, 何足怪哉?" 王父自是以後, 其憂之也深,42) 斥之也甚,43) 自謂"如以44)一杯水救一車薪之火矣." 王父嘗以語于同春, 則同春曰 : "我則力量不足, 世自有其人.", 蓋指王父也. 王父戲之曰 : "兄眞朱子所謂'占便宜也.'" 然彼輩聞王父攻斥之說, 冷笑以爲彼說不足45)爲已病矣. 歲在戊戌, 尹丈抵王父書曰 : "希仲已爲免喪矣, 胡不使上知之46)耶?" 王

---

36) 人 : 底本에는 "八"로 되어 있다.『鳳谷集 · 構禍事蹟』 및『稗林 · 構禍事蹟』에 근거하여 수정하였다.

37) 黨 : 底本에는 "復"으로 되어 있다.『鳳谷集 · 構禍事蹟』에 근거하여 수정하였다.

38) 聞 : 底本에는 "問"으로 되어 있다.『鳳谷集 · 構禍事蹟』 및『稗林 · 構禍事蹟』에 근거하여 수정하였다.

39) 曰 : 底本에는 없다.『鳳谷集 · 構禍事蹟』 및『稗林 · 構禍事蹟』에 근거하여 보충하였다.

40) 可 : 底本에는 없다.『鳳谷集 · 構禍事蹟』 및『稗林 · 構禍事蹟』에 근거하여 보충하였다.

41) 乍 : 底本에는 없다.『鳳谷集 · 構禍事蹟』 및『稗林 · 構禍事蹟』에 근거하여 보충하였다.

42) 深 : 底本에는 "甚"으로 되어 있다.『鳳谷集 · 構禍事蹟』 및『稗林 · 構禍事蹟』에 근거하여 수정하였다.

43) 甚 : 底本에는 "深"으로 되어 있다.『鳳谷集 · 構禍事蹟』 및『稗林 · 構禍事蹟』에 근거하여 수정하였다.

44) 如以 : 底本에는 없다.『鳳谷集 · 構禍事蹟』 및『稗林 · 構禍事蹟』에 근거하여 보충하였다.

45) 不足 : 底本에는 없다.『鳳谷集 · 構禍事蹟』 및『稗林 · 構禍事蹟』에 근거하여 보충하였다.

46) 之 : 底本에는 없다.『鳳谷集 · 構禍事蹟』 및『稗林 · 構禍事蹟』에 근거하여 보충하였다.

父議於同春, 則同春曰："君嘗斥之以異端, 然今日物議如此, 吾輩之力, 其能撞塞耶?" 同春卽言于持平金禹[47]錫, 使之呈遞, 蓋欲以其窠處鑴也. 王父以爲尹旣以鑴爲眞儒, 不處以講職, 則尹必慊然矣, 遂除進善. 尹又以書來, 怒氣勃勃以爲"吾之前書, 豈欲除之以職乎?" 蓋其意則欲使王父白上, 處之以賓師之位, 而王父不悟, 受此咆哮也.【當時尹丈書, 趙丈復亨在傍見之錯愕, 錄去.】

當時除進善時, 迂齋 李相公詰王父曰："君嘗以尹鑴爲異端, 今欲使異端講於書筵耶?" 王父曰："朱子斥陸氏爲異端, 而猶使門人聽講於陸. 苟有可取者則取之, 是或一道也." 迂齋責之曰："君迫於羣議, 不得已取之, 今以朱子之說文之, 是果實情乎?" 王父受以爲過, 因曰："以羣議則奚止於進善? 非吾之固執, 則其止於進善亦難矣." 迂齋曰："以羣議則豈止待以賓師之位? 欲上之親臨見之矣." 後數日, 王父始往見鑴, 蓋視其如何, 如有回頭之勢, 則欲開諭於萬一矣. 旣至則金丈克亨已在座矣. 王父試問"今亦攻斥朱子乎?" 鑴厲聲曰："元來所見, 何可爲君而少變乎?" 王父自悔其來而謝曰："從此不復有所望矣."

翌年己亥五月, 孝宗大王上賓, 尹判書 絳·尹參議 鏶在禮曹, 問大王大妃服制. 王父與同春幷辭答曰："大行雖承大統, 實是次嫡, 當爲朞年服矣." 翌日領相陽坡 鄭公付一小屋, 入坐而招王父, 袖出[48]一小紙示曰"此紙自延陽, 乃鑴之說"云, 其說[49]以爲："禮, 第一子死, 立[50]第二長者, 亦名長子, 今日大妃當爲長子三年服."

王父曰："禮註果有此說, 然遽以爲定論難矣. 夫所謂第一子死者, 死於幼[51]稚, 不成爲長子, 故立第二爲長子也. 且其下有庶子之文, 而曰：'嫡妻

47) 禹：底本에는 "萬"으로 되어 있다.『鳳谷集·構禍事蹟』및『稗林·構禍事蹟』에 근거하여 수정하였다.

48) 出：底本에는 없다.『鳳谷集·構禍事蹟』및『稗林·構禍事蹟』에 근거하여 보충하였다.

49) 說：底本에는 이 뒤에 "曰"자가 더 있다.『鳳谷集·構禍事蹟』및『稗林·構禍事蹟』에 근거하여 삭제하였다.

50) 立：底本에는 없다.『鳳谷集·構禍事蹟』에 근거하여 보충하였다.

51) 幼：底本에는 이 뒤에 "時"자가 더 있다.『鳳谷集·構禍事蹟』및『稗林·構禍事蹟』에 근거하여 삭제하였다.

第二所生, 亦名爲庶子, 庶衆字之義.' 又其下有四種之說, 孝廟旣在此四種之中, 則不得三年也." 鄭相曰 : "吾於禮文瞢然, 所謂四種者云何?" 王父曰 : "正而不體一也, 謂嫡孫承重也. 嫡孫[52]故謂之正也, 非父子相承, 故謂之不體, 蓋父子一體也. 體而不正二也, 謂庶子承重也. 蓋父子相承故謂之體, 而庶子故謂之不正也. 正體而不得傳重三也, 謂嫡子未及承重而死者也. 傳重而非正體四也, 謂庶孫承重. 旣非父子, 又非嫡孫也."

鄭相叱退下人, 而揮[53]手止之曰 : "勿復爲此說也. 禮文雖如此, 今日敢謂大行爲庶子乎?" 王父曰 : "庶非側庶之庶. 禮文分明以衆字釋之, 此何嫌乎? 且古人[54]謂'武王聖庶奪嫡'." 鄭相曰 : "昭顯有子孫, 今日敢爲正而不體之說乎?" 王父曰 : "白江 李相明言此說, 當時雖竄遠地, 大行大王卽位[55]卽赦之, 置之相位, 信任之. 蓋嘉其冒死正言, 可任大事故也. 蓋由大行大王盛德, 人人皆知此正義[56], 今何爲過慮也?" 鄭相低聲曰 : "日後如有小人執此說以動人心, 則必生大禍, 當此時, 國當如何也? 除是[57]此紙旣出於尹鑴, 則必不但已, 公所見又[58]如此, 將如何處之?" 王父曰 : "大明之制, 無論長子·衆子, 皆期年. 雖非古禮之意, 而從周之義, 亦一道也. 斷之以此, 則可以分曉矣." 鄭相曰 : "明制於何考出?" 王父曰 : "明制見於『喪禮備要』矣." 鄭相卽呼下人, 取『備要』以來, 王父指出示, 則鄭相喜曰 : "得此明證, 可無虞矣.", 卽以此報延陽矣.

鑴又[59]變前說曰 : "今大妃, 當爲斬衰三年矣. 蓋天子諸侯之喪, 雖內宗婦

---

52) 孫 : 底本에는 이 뒤에 "之"자가 더 있다. 『鳳谷集 · 構禍事蹟』 및 『稗林 · 構禍事蹟』에 근거하여 삭제하였다.

53) 揮 : 底本에는 "揖"으로 되어 있다. 『鳳谷集 · 構禍事蹟』 및 『稗林 · 構禍事蹟』에 근거하여 수정하였다.

54) 人 : 底本에는 "今"으로 되어 있다. 『鳳谷集 · 構禍事蹟』 및 『稗林 · 構禍事蹟』에 근거하여 수정하였다.

55) 卽位 : 底本에는 없다. 『鳳谷集 · 構禍事蹟』 및 『稗林 · 構禍事蹟』에 근거하여 보충하였다.

56) 此正義 : 底本에는 "故此正義理"로 되어 있다. 『鳳谷集 · 構禍事蹟』 및 『稗林 · 構禍事蹟』에 근거하여 수정하였다.

57) 除是 : 底本에는 "深察"로 되어 있다. 『鳳谷集 · 構禍事蹟』 및 『稗林 · 構禍事蹟』에 근거하여 수정하였다.

58) 又 : 底本에는 없다. 『鳳谷集 · 構禍事蹟』 및 『稗林 · 構禍事蹟』에 근거하여 보충하였다.

女[60), 無不斬衰矣." 王父曰 : "內宗婦女[61)如臣下, 故不敢以私戚戚君, 而與諸臣同服斬衰矣. 今大妃反爲大行之臣而服斬耶? 此不但服制之差失, 其於大倫如何也?" 其後尹丈上京, 大言鑴議之是, 而以王父·同春爲非矣. 翌年庚子臨國祥, 鑴出禿浦, 謂善道曰 : "今番大妃服制之誤, 不但服制, 實有宗統之慮, 公何不痛斥之?" 又敎許穆上疏論之, 其大意蓋以第一子死, 立第二長者[62), 亦名長子之說也. 自上命禮官收議於諸臣, 則鑴之獻議, 不論禮文, 以寂寥數語爲獻, 蓋意甚危險, 令人體栗, 而善道之疏, 則以鑴說爲主意, 而極其張皇, 實一上變書也.

時上爲送禮官, 下詢於[63)王父, 王父意以爲[64)"穆疏實出於『儀禮疏說』, 而黃勉齋載錄於[65)『通解[66)續編』. 然其下復載『疏說』, 以爲'嫡妻第二所生, 亦名庶子, 所以遠別長子也.', 又其下載四種之說, 與穆所引『疏說』, 相爲矛盾, 而朱子·勉齋亦無辨破其所以矛盾之意, 此甚可疑. 然以程·朱所行者言之, 則有分明可證[67)者. 明道之兄二人早亡, 故明道爲長子, 朱子亦然, 此正穆疏所引第一子死, 立第二長者, 亦名長子者也. 若然則第一子年長而死, 而其父服之以長子之服, 則其第二長子, 當爲庶子承重也. 然則『疏說』上·下文, 蓋以互明而無矛盾之意矣. 其下有四種之說, 四者之中, 所謂

---

59) 又 : 底本에는 없다.『鳳谷集 · 構禍事蹟』 및『稗林 · 構禍事蹟』에 근거하여 보충하였다.

60) 雖內宗婦女 : 底本에는 "雖曰宗婦"로 되어 있다.『鳳谷集 · 構禍事蹟』 및『稗林 · 構禍事蹟』에 근거하여 수정하였다.

61) 內宗婦女 : 底本에는 "宗婦"로 되어 있다.『鳳谷集 · 構禍事蹟』 및『稗林 · 構禍事蹟』에 근거하여 수정하였다.

62) 立第二長者 : 底本에는 "第長者二"로 되어 있다.『鳳谷集 · 構禍事蹟』에 근거하여 수정하였다.

63) 於 : 底本에는 없다.『鳳谷集 · 構禍事蹟』 및『稗林 · 構禍事蹟』에 근거하여 보충하였다.

64) 爲 : 底本에는 "謂"로 되어 있다.『鳳谷集 · 構禍事蹟』 및『稗林 · 構禍事蹟』에 근거하여 수정하였다.

65) 於 : 底本에는 "爲"로 되어 있다.『鳳谷集 · 構禍事蹟』 및『稗林 · 構禍事蹟』에 근거하여 수정하였다.

66) 解 : 底本에는 "釋"으로 되어 있다.『鳳谷集 · 構禍事蹟』 및『稗林 · 構禍事蹟』에 근거하여 수정하였다.

67) 證 : 底本에는 "說"로 되어 있다.『鳳谷集 · 構禍事蹟』 및『稗林 · 構禍事蹟』에 근거하여 수정하였다.

體而不正, 指孝廟而言. 何謂體? 父子一體故也. 何謂不正? 謂庶也. 雖嫡妻所生而第二, 故爲[68]別於長子而謂之庶, 庶非賤稱也."

此鑴輩所指以激上怒者也. 然古人謂"武王聖庶奪嫡". 武王以太姒所生, 而猶謂之庶, 則庶豈賤稱哉? 至檀弓免·子游衰之義, 則李文貞公 敬輿當孝宗大王陞儲之日, 爛漫[69]爭之於榻前矣. 若不立孫則人心波蕩云, 仁廟之罪之也非他, 以人心波蕩之說爲案, 蓋慮或有以動搖人心也. 同春亦有疏請立孫爲敎, 仁祖怒斥其疏. 人謂李相·同春前頭必有滅族之禍, 知舊或有避去, 相絶者矣. 及孝廟卽位, 首擢同春爲諫官. 次赦白江, 俄而置之首相之位, 特加信任, 至稱大人先生, 其盛德至仁, 可謂超越百王矣. 然王父嘗自悔, 所獻之議, 太支離不端的矣. 蓋白江是守經之論, 仁廟處置, 乃達權之大用, 此幷行而不相悖矣. 白江初雖得罪, 而士論則莫不欽仰矣, 豈料憸人因王父所引泛論義理之說, 如得奇貨, 因欲赤士類哉? 夫文王嫡統, 旣移於武王, 則伯邑考雖有子孫, 如有窺覦之心, 則大逆也. 正理如此, 而欲以此眩亂聽聞, 其亦岌岌哉!

今上殿下誕生後, 許穆上疏請早定世子之位曰:"國本未定, 危國之道也." 蓋欲以危險之說, 嫁禍於王父也. 陽坡 鄭相公進言於顯廟曰:"元子誕降之辰, 卽國本已定之日也. 旣已告宗廟, 頒赦八方, 則國本未定之說, 臣未曉也.", 穆乃揜蹙, 不得售矣. 自是鑴也前激後動, 必期於售其計. 於是趙絅之疏, 金壽弘[70]之書, 至於嶺外柳世哲疏, 則鑴遣其孽兄[71]遊說而爲之. 而李袤則邀致之[72], 使以立浣[73]之說, 將爲告變[74]矣. 松谷 趙公復陽覺而

68) 爲 : 底本에는 "謂"로 되어 있다.『鳳谷集 · 構禍事蹟』에 근거하여 수정하였다.

69) 漫 : 底本에는 "熳"으로 되어 있다.『鳳谷集 · 構禍事蹟』에 근거하여 수정하였다.

70) 弘 : 底本에는 결락되어 있다.『鳳谷集 · 構禍事蹟』 및『稗林 · 構禍事蹟』에 근거하여 보충하였다.

71) 孽兄 : 底本에는 "庶子"로 되어 있다.『鳳谷集 · 構禍事蹟』 및『稗林 · 構禍事蹟』에 근거하여 수정하였다.

72) 致之 : 底本에는 결락되어 있다.『鳳谷集 · 構禍事蹟』 및『稗林 · 構禍事蹟』에 근거하여 보충하였다.

73) 浣 : 底本에는 "完"으로 되어 있다.『鳳谷集 · 構禍事蹟』에 근거하여 수정하였다.

74) 告變 : 底本에는 "變告"로 되어 있다.『鳳谷集 · 構禍事蹟』 및『稗林 · 構禍事蹟』에 근거하여 수정하였다.

播其說, 故袁郎逃去. 至於癸丑年, 則宗室翼秀以寧陵石罅上疏, 竟至遷奉. 此則鑴自稱尹生員, 昏夜出入楨·柟家, 密密謀議, 使楨·柟敎翼秀爲之. 蓋孝廟大喪, 梓宮體小, 倉卒改造, 不得廣板, 連板爲之. 蓋計出於[75]陽坡鄭相也, 鑴謂出於王父, 先使善道上疏言之, 其言絶悖而誣. 蓋癸丑遷陵, 蓋謂梓宮連板處, 必生罅隙, 欲因此起士禍, 幸而梓宮無患, 故又不得售其計矣.

甲寅仁宣[76]王后之喪, 禮訟復發, 上令大臣·禮官合議. 退憂[77]金相公時居首席, 啓以四種之說, 顯廟大怒, 竄金相. 蓋以前則顯廟信重同春, 其於四種·聖庶·檀弓免·子游衰之說, 一皆深信不疑矣. 甲寅則同春已沒, 而歿時顯廟以其論賊積[78]而恩意[79]不終. 金相被竄未久, 顯廟昇遐, 則楨·柟日夜入內, 首發禮論, 大禍作矣. 一皆鑴使楨·柟居中閃弄也. 明聖大妃以顯廟甚愛楨·柟, 亦聽其[80]與上同處, 大妃之恩義極矣, 而楨·柟等忌惡之矣. 王父首被竄謫于德源, 而諸人次第被罪.

柳弼明者, 不省人事者也. 欲爲王父上疏, 請文於諸人, 則莫有應者. 忽有前後不知人, 授以疏草, 乃太甲·太丁之說也. 遂被訊問, 柳不知其人姓名, 故誣引崔愼. 崔愼受刑幾死而不服, 終謫泗川, 柳亦謫旋善.[81] 而鑴爲大憲, 請移配王父于遠惡地, 禁府始定以熊川, 旋移長鬐而栫棘之, 是乙卯夏也. 蓋鑴積怨於王父甚久, 故必欲因是而甘心也. 時穆與鑴幷執國命, 引羣不逞, 爲爪牙腹心, 其勢旣張之後, 乃生爾瞻, 仁弘之凶謀, 而欲[82]幷及於明聖大妃.[83] 蓋不知主上誠孝出天, 而生出凶謀也. 於是鑴以不遜語, 敢加

---

75) 於 : 底本에는 없다.『鳳谷集 · 構禍事蹟』·『稗林 · 構禍事蹟』에 근거하여 보충하였다.

76) 宣 : 底本에는 "穆"으로 되어 있다.『鳳谷集 · 構禍事蹟』 및『稗林 · 構禍事蹟』에 근거하여 수정하였다.

77) 退憂 : 底本에는 "止窩"로 되어 있다.『鳳谷集 · 構禍事蹟』에 근거하여 수정하였다.

78) 賊積 : 底本에는 "積賊"으로 되어 있다.『鳳谷集 · 構禍事蹟』 및『稗林 · 構禍事蹟』에 근거하여 수정하였다.

79) 恩意 : 底本에는 "且義"로 되어 있다.『鳳谷集 · 構禍事蹟』에 근거하여 수정하였다.

80) 聽其 : 底本에는 "敢"으로 되어 있다.『鳳谷集 · 構禍事蹟』에 근거하여 수정하였다.

81) 善 : 底本에는 "義"로 되어 있다.『鳳谷集 · 構禍事蹟』에 근거하여 수정하였다.

82) 而欲 : 底本에는 "故"이다.『鳳谷集 · 構禍事蹟』 및『稗林 · 構禍事蹟』에 근거하여 수정하였다.

明聖大妃.[84] 其徒如洪宇遠等, 次第繼之, 文谷極其憂憤, 遂爲言而被竄, 則朝廷無復所憚矣. 鑴等又忌仁敬王后, 於是倡親蠶之議. 蓋親蠶則必備妃嬪, 故欲以挺昌女爲嬪, 因以去仁敬矣.【此出於庚申春逆招.】

時楨·柟, 槤入處禁中, 與宮人恣[85]行奸婬, 明聖大妃不勝驚愕而無如之何[86], 國舅淸風府院君 金公佑明,[87] 遂上疏發之, 上命竄之, 亦配宮人于遠地. 鑴·穆請反坐淸風, 事機危迫. 明聖遂垂簾, 與上同座, 引許積入來, 大妃痛哭, 因細語以曲折, 又說"主上幼沖, 專恃卿保護. 云云." 故淸風得免反坐之律, 而諸王孫, 俄以鑴·穆之言放還矣. 當其時[88], 鑴等指斥大妃之言, 何可勝言, 而大妃簾對痛哭之後, 無一人出而引罪者, 是可忍也, 孰不忍也? 文谷諸公, 旣逐後, 凶徒逆謀始狼藉, 而所忌者淸城·光城數人, 故凶徒必欲除去之. 鑴使李煥作匿名書, 列書某某人謀逆, 夜掛城門. 上亟令鉤得罪人, 則鑴上疏稱寃曰 : "李煥, 夜宿於臣家." 又上密疏,[89] 請盡[90]殺匿名書所告之人, 而上寢其疏.

石谷 宋子愼自懷德下來長鬐, 同王父讀『朱子大全』矣, 忽欲辭歸. 王父意其有上疏之意, 挽之甚力, 則曰[91] : "余欲爲同春先生, 伸其至寃矣." 王父譬曉甚至, 則竟不聽之, 徒步西歸, 至懷德具疏, 而詣闕呈進. 鑴等治以逆律, 設鞫嚴訊而殺之. 同時連累杖訊者, 趙校理 根及李洗馬 槽·申 任實

---

83) 大妃 : 底本에는 "王后"이다.『鳳谷集 · 構禍事蹟』에 근거하여 수정하였다.

84) 大妃 : 底本에는 "王后"이다.『鳳谷集 · 構禍事蹟』및『稗林 · 構禍事蹟』에 근거하여 수정하였다.

85) 恣 : 底本에는 "姿"로 되어 있다.『鳳谷集 · 構禍事蹟』및『稗林 · 構禍事蹟』에 근거하여 수정하였다.

86) 無如之何 : 底本에는 "國如"로 되어 있고 나머지 두 글자는 결락되어 있다.『鳳谷集 · 構禍事蹟』및『稗林 · 構禍事蹟』에 근거하여 수정 보충하였다.

87) 淸風府院君金公佑明 : 底本에는 "金佐明"으로 되어 있다.『鳳谷集 · 構禍事蹟』및『稗林 · 構禍事蹟』에 근거하여 수정하였다.

88) 時 : 底本에는 없다.『鳳谷集 · 構禍事蹟』및『稗林 · 構禍事蹟』에 근거하여 보충하였다.

89) 疏 : 底本에는 "書"로 되어 있다.『鳳谷集 · 構禍事蹟』및『稗林 · 構禍事蹟』에 근거하여 수정하였다.

90) 盡 : 底本에는 "坐"로 되어 있다.『鳳谷集 · 構禍事蹟』및『稗林 · 構禍事蹟』에 근거하여 수정하였다.

91) 曰 : 底本에는 없다.『鳳谷集 · 構禍事蹟』및『稗林 · 構禍事蹟』에 근거하여 보충하였다.

啓澄[92)]·具生時經·朴生世徵也. 時適有李有湞[93)]凶書之變, 莫知其端倪, 而鑴等指爲王父之所與知, 又自長鬐移之巨濟, 因使統營絶人往來. 又使蔡範夏·李之麟等上變曰："某越海招寇, 指日犯闕." 積䜌卿宰, 請用極律于王父甚急[94)], 其時臺諫之倡論者, 李袤之子[95)]寅賓也. 力爭終日, 上終不聽. 翌年庚申, 積之子堅及挺昌·台瑞等, 與楨·枏謀逆, 事覺伏誅, 而王父亦赦還矣. 鑴·積次第伏誅, 餘黨以此抵罪矣.

是歲九月, 王父[96)]承召命, 自料蹤跡不安, 而適以王母改葬, 將詣近畿.[97)] 既至近畿, 則不可不入謝, 故依伊川自蜀歸, 受西監之命, 既入謝而旋出葬所.[98)] 葬日適聞仁敬王后之訃, 卽入臨成服後, 旋出西郊矣. 明聖大妃以手札使金正字 錫衍出來宣傳, 辭意懇惻, 不敢不承, 遂爲入謝. 上亦欲數賜對, 眷遇極隆, 故不忍便訣, 過仁敬王后發引, 自西郊退歸, 上遣史[99)]官追及於果川, 留之甚懇, 而不敢留矣.

既歸, 林學士 德涵 泳以書[100)]來曰："比[101)]聞以外議, 以爲朴玄石·尹明齋合爲一領袖, 以攻擊函丈云云, 人心浮薄, 何至此乎?" 王父謝曰："我與二君, 對爲敵手, 在我則爲榮矣, 在彼二公, 不亦辱乎? 彼雖勝我, 勝亦不

---

92) 澄 : 底本에는 "徵"으로 되어 있다.『鳳谷集·構禍事蹟』및『稗林·構禍事蹟』에 근거하여 수정하였다.

93) 湞 : 底本에는 "楨"으로 되어 있다.『鳳谷集·構禍事蹟』및『稗林·構禍事蹟』에 근거하여 수정하였다.

94) 甚急 : 底本에는 결락되어 있다.『鳳谷集·構禍事蹟』및『稗林·構禍事蹟』에 근거하여 보충하였다.

95) 袤之子 : 底本에는 결락되어 있다.『鳳谷集·構禍事蹟』및『稗林·構禍事蹟』에 근거하여 보충하였다.

96) 王父 : 底本에는 없다.『鳳谷集·構禍事蹟』및『稗林·構禍事蹟』에 근거하여 보충하였다.

97) 畿 : 底本에는 "圻"로 되어 있다. 바로 뒤에 나오는 "近畿"와 용어를 통일하기 위해『鳳谷集·構禍事蹟』에 근거하여 수정하였다.

98) 所 : 底本에는 "卽"으로 되어 있다.『鳳谷集·構禍事蹟』및『稗林·構禍事蹟』에 근거하여 수정하였다.

99) 史 : 底本에는 "使"로 되어 있다.『鳳谷集·構禍事蹟』및『稗林·構禍事蹟』에 근거하여 수정하였다.

100) 書 : 底本에는 이 뒤에 "以"가 더 있다.『鳳谷集·構禍事蹟』및『稗林·構禍事蹟』에 근거하여 삭제하였다.

101) 比 : 底本에는 "此"로 되어 있다.『鳳谷集·構禍事蹟』에 근거하여 수정하였다.

武[102]矣." 其答書大意如此. 未幾拯以書來, 王父答書擧林德涵語, 而其下以所答德涵語系之, 而又曰 : "如此說話, 蓋因先丈門下人持論太峻, 故傍視者如是. 云云." 拯旋又報之曰 : "所謂先人門下峻論者, 何人?" 王父答曰 : "聞尹沃川在沃川時, 因人密告, 謂余凶謀, 將上變於監營, 歸議於其大人, 而詣營告之, 其時監司却之, 故不售而歸[103]." 此等論議, 不可謂不峻, 自是往來之言[104]漸不佳.

蓋尹丈之亡在己酉, 拯於去喪之後, 以其先人行狀, 來示王父, 其狀乃玄石所作也. 以其狀[105]請碣文, 王父欲謝而姑留之, 亟以書議於玄石, "蓋尹黨助鑴之邪說, 余欲無作此[106]碣, 未知如何?". 玄石答書, 頗費[107]說話, 蓋欲調停兩間也. 王父黽勉應副, 而贊揚之語, 則專歸於玄石. 拯見大不樂, 指摘請改者多矣, 王父或從或否矣.

又以爲其父立祠來問, 王父答[108]以"淸陰嘗住[109]尼縣久, 以淸陰與八松幷享, 而[110]以尊大人[111]配之則似好. 且朝家不許擅立祠宇, 必須章甫陳疏, 見聽後營建似好矣." 彼皆不聽, 而遽爲營造, 當其位版奉安時, 宋參判 奎濂丈諸人倡言以爲"石湖勝於其弟, 而獨享其弟, 不愜公論", 遂通文于尼院, 則諸尹或以爲當·或以爲訝, 然不得已幷享石湖. 而又沃川士人金

102) 武 : 底本에는 "知"로 되어 있다.『鳳谷集 · 構禍事蹟』및『稗林 · 構禍事蹟』에 근거하여 수정하였다.
103) 却之, 故不售而歸 : 底本에는 없다.『鳳谷集 · 構禍事蹟』및『稗林 · 構禍事蹟』에 근거하여 보충하였다.
104) 之言 : 底本에는 없다.『鳳谷集 · 構禍事蹟』에 근거하여 보충하였다.
105) 狀 : 底本에는 없다.『鳳谷集 · 構禍事蹟』및『稗林 · 構禍事蹟』에 근거하여 보충하였다.
106) 作此 : 底本에는 없다.『鳳谷集 · 構禍事蹟』및『稗林 · 構禍事蹟』에 근거하여 보충하였다.
107) 書, 頗費 : 底本에는 없다.『鳳谷集 · 構禍事蹟』및『稗林 · 構禍事蹟』에 근거하여 보충하였다.
108) 答 : 底本에는 없다.『鳳谷集 · 構禍事蹟』및『稗林 · 構禍事蹟』에 근거하여 보충하였다.
109) 住 : 底本에는 "莅"로 되어 있다.『鳳谷集 · 構禍事蹟』및『稗林 · 構禍事蹟』에 근거하여 수정하였다.
110) 而 : 底本에는 "之"로 되어 있다.『鳳谷集 · 構禍事蹟』및『稗林 · 構禍事蹟』에 근거하여 수정하였다.
111) 人 : 底本에는 "父"로 되어 있다.『鳳谷集 · 構禍事蹟』및『稗林 · 構禍事蹟』에 근거하여 수정하였다.

燁[112]上疏, 以斥尼院曰:“吾師尹元擧[113]當入院享而不與,[114] 甚爲不公.” 拯旣以其父文字不悅矣, 又有院享兩事, 則皆疑王父之斷與知, 頗有不平之意.

最後有木川人, 於尼山立院通文, 書以譏語. 又因草廬 李公聞柳壽芳有詬辱語, 此則草廬與王父宿於奉恩寺時說話也. 其後王父遇打愚於逆旅, 打愚曰:“木川人請余爲其院長甚懇, 故吾許之矣.” 王父曰:“聞木川人譏斥美村, 甚至云云, 公能化之乎?” 打愚卽使其門人通文[115]於尼院, 問其曲折, 尼院之答以爲“深感[116]諸賢尊賢衛道之心[117], 然事在久遠, 置之如何?” 據此則木川人云云之說, 尼院亦已聞之, 拯也又以爲木人無此事, 而疑出於王父. 王父聞而笑之矣.

其後外弟權以鋌見拯, 來傳所聞, 蓋其姑母夫也. 其言曰:“尹叔斥祖父, 更無餘地矣.” 王父曰:“何事? 試言之.” 以鋌曰:“旣曰更無餘地, 則何敢提起也?” 其前數日, 拯有問書在床邊, 王父使見其書曰:“果如汝言, 則此書何爲如此?” 蓋其書稱先生, 稱門人矣. 以鋌大驚曰:“此書與與我言者大相反, 此叔事甚可疑也.” 王父雖已知彼與己不悅, 而亦不料其怨[118]毒詬詈之至此也. 王父曰:“實自反自省處也.” 未久淳弟自玄石所得拯書而錄, 亦蓋謂王父義利雙行[119}·王覇幷用, 非正心誠意之學也. 王父自以爲“心之[120]所發, 全出於人慾者多矣, 寧有所謂義與王道哉? 彼之爲言, 無乃太

---

112) 燁 : 底本에는 “熑”로 되어 있다.『鳳谷集 · 構禍事蹟』및『稗林 · 構禍事蹟』에 근거하여 수정하였다.

113) 尹元擧 : 底本에는 없다.『鳳谷集 · 構禍事蹟』및『稗林 · 構禍事蹟』에 근거하여 보충하였다.

114) 不與 : 底本에는 “又【缺】”로 되어 있다.『鳳谷集 · 構禍事蹟』및『稗林 · 構禍事蹟』에 근거하여 수정 보충하였다.

115) 文 : 底本에는 없다.『鳳谷集 · 構禍事蹟』및『稗林 · 構禍事蹟』에 근거하여 보충하였다.

116) 深感 : 底本에는 없다.『鳳谷集 · 構禍事蹟』에 근거하여 보충하였다.

117) 之心 : 底本에는 없다.『鳳谷集 · 構禍事蹟』및『稗林 · 構禍事蹟』에 근거하여 보충하였다.

118) 怨 : 底本에는 “愁”로 되어 있다.『鳳谷集 · 構禍事蹟』에 근거하여 수정하였다.

119) 行 : 底本에는 없다.『鳳谷集 · 構禍事蹟』및『稗林 · 構禍事蹟』에 근거하여 보충하였다.

120) 心之 : 底本에는 “其”로 되어 있다.『鳳谷集 · 構禍事蹟』및『稗林 · 構禍事蹟』에 근거하여 수정하였다.

恕耶?”

俄聞崔愼上疏, 極攻拯之父子, 王父[121]不勝惶駭, 卽以書謝拯. 蓋以爲愼言[122]不足怒矣, 又[123]謝其書之[124]過許與也. 見拯答書, 則頗有性氣, 有一擧鏖盡之氣像.[125] 謂其父謗, 皆出於王父, 而謂之“痛[126]刻”, 又謂斥其[127]父者, 從[128]大父[129]瑞山丈爲甚, 顯示迫蹙報復意. 王父不[130]勝憂[131]懼, 略答以爲“先丈江都事, 聞於滄洲 金公.”, 蓋爲從大父[132]也. 其後得數書, 則漸[133]加層節而持之益甚, 蓋自恃徒黨之衆盛也. 王父甚悔, 語涉分疏, 自若羞吝也, 然已[134]無及矣. 後文谷·老峰兩相國, 同入榻前, 白上以爲“尹拯所爲[135]甚悖, 此後不可以儒臣待之.” 上卽允之.

---

121) 王父 : 底本에는 없다. 『鳳谷集 · 構禍事蹟』 및 『稗林 · 構禍事蹟』에 근거하여 보충하였다.

122) 愼言 : 底本에는 “言愼”으로 되어 있다. 『鳳谷集 · 構禍事蹟』 및 『稗林 · 構禍事蹟』에 근거하여 수정하였다.

123) 又 : 底本에는 “不”로 되어 있다. 『鳳谷集 · 構禍事蹟』 및 『稗林 · 構禍事蹟』에 근거하여 수정하였다.

124) 之 : 底本에는 “而”로 되어 있다. 『鳳谷集 · 構禍事蹟』 및 『稗林 · 構禍事蹟』에 근거하여 수정하였다.

125) 像 : 底本에는 “象”으로 되어 있다. 『鳳谷集 · 構禍事蹟』에 근거하여 수정하였다.

126) 痛 : 底本에는 “偏”으로 되어 있다. 『鳳谷集 · 構禍事蹟』 및 『稗林 · 構禍事蹟』에 근거하여 수정하였다.

127) 其 : 底本에는 “王”으로 되어 있다. 『鳳谷集 · 構禍事蹟』 및 『稗林 · 構禍事蹟』에 근거하여 수정하였다.

128) 從 : 底本에는 이 앞에 “從王父者”가 더 있다. 『鳳谷集 · 構禍事蹟』 및 『稗林 · 構禍事蹟』에 근거하여 삭제하였다.

129) 父 : 底本에는 “人”으로 되어 이다. 『鳳谷集 · 構禍事蹟』 및 『稗林 · 構禍事蹟』에 근거하여 수정하였다.

130) 不 : 底本에는 “可”로 되어 있다. 『鳳谷集 · 構禍事蹟』 및 『稗林 · 構禍事蹟』에 근거하여 수정하였다.

131) 憂 : 底本에는 “憒”으로 되어 있다. 『鳳谷集 · 構禍事蹟』 및 『稗林 · 構禍事蹟』에 근거하여 수정하였다.

132) 父 : 底本에는 “人”으로 되어 이다. 『鳳谷集 · 構禍事蹟』 및 『稗林 · 構禍事蹟』에 근거하여 수정하였다.

133) 漸 : 底本에는 “轉”으로 되어 있다. 『鳳谷集 · 構禍事蹟』 및 『稗林 · 構禍事蹟』에 근거하여 수정하였다.

134) 已 : 底本에는 없다. 『鳳谷集 · 構禍事蹟』 및 『稗林 · 構禍事蹟』에 근거하여 보충하였다.

135) 爲 : 底本에는 “後”로 되어 있다. 『鳳谷集 · 構禍事蹟』 및 『稗林 · 構禍事蹟』에 근거하여 수정하였다.

其後拯之因人致實錄廳書, 出自李參判 選丈家, 其悖理傷化, 不可勝言. 蓋以其父不死於[136]江都, 爲十分道理, 又謂"將出見其父於南漢然後死.", 以其終不能死, 歸之於天. 又謂權·金之死, 謂"無必死之義",[137] 有若傷勇者然. 又引栗谷以爲猶未免眞有入山之失, 而先人則初無可死之義, 見者孰不疑怒? 於是金盛大[138]等, 通文斥其悖, 沃川生員李景華等, 亦通文斥之. 其大意以爲"尹是臭穢腥膻之人, 何敢擬於栗谷大賢, 較其得失?" 旣不死於江都, 則其欲死於南漢者, 何義耶? 且天之賦[139]與於人者仁義也, 孔子曰 : '殺身成仁', 孟子曰 : '捨生取義'. 天果不欲人之成仁取義耶? 渠自不死而歸之於[140]天, 爲拯之天, 不亦苦乎?

金·李通文, 極其痛快, 而擧世怒甚, 四館停擧盛大. 拯之族黨, 居喉司者, 倡言於朝[141], 欲刑訊景華等, 其爲寒心, 孰大於是? 昔博士韓戭停擧訟栗谷諸生, 宣祖大王杖流之. 今時之議, 何其悖於聖祖之意乎? 文谷極以四館所爲之不美, 上箚論之, 諸不逞羣起而攻之, 使大臣不安其位而請去, 拯之勢焰, 可謂薰天矣.

其時有栗谷削髮之說, 以助拯說者, 王父不勝駭痛, 疏辨其誣, 則上特命遠竄其人. 落髮之說, 引張谿谷『漫筆』爲證, 蓋谿谷聞趙知事 緯[142]韓言, 而分疏其誣也. 趙知事則謂聞於沙溪, 此甚驚訝者. 設使栗谷眞有落髮之事, 自有爲賢者諱之之[143]義, 况萬萬無此乎![144] 比者沙溪先生側出子槼, 附

---

136) 於 : 底本에는 없다. 『鳳谷集 · 構禍事蹟』 및 『稗林 · 構禍事蹟』에 근거하여 보충하였다.
137) 謂無必死之義 : 底本에는 "爲無必死"로 되어 있다. 『鳳谷集 · 構禍事蹟』에 근거하여 수정하였다.
138) 大 : 底本에는 "人浩然"으로 되어 있다. 『鳳谷集 · 構禍事蹟』에 근거하여 수정하였다.
139) 賦 : 底本에는 "付"로 되어 있다. 『鳳谷集 · 構禍事蹟』 및 『稗林 · 構禍事蹟』에 근거하여 수정하였다.
140) 於 : 底本에는 없다. 『鳳谷集 · 構禍事蹟』 및 『稗林 · 構禍事蹟』에 근거하여 보충하였다.
141) 朝 : 底本에는 결락되어 있다. 『鳳谷集 · 構禍事蹟』 및 『稗林 · 構禍事蹟』에 근거하여 보충하였다.
142) 緯 : 底本에는 "偉"로 되어 있다. 『鳳谷集 · 構禍事蹟』 및 『稗林 · 構禍事蹟』에 근거하여 수정하였다.
143) 之 : 底本에는 없다. 『鳳谷集 · 構禍事蹟』에 근거하여 보충하였다.
144) 乎 : 底本에는 "而"로 되어 있다. 『鳳谷集 · 構禍事蹟』 및 『稗林 · 構禍事蹟』에 근거하여 수정하였다.

拯而爲誣[145]栗谷之說者也. 王父嘗面詰之, 則曰：“少時侍坐於先人, 時趙知事來問‘人謂[146]栗谷落髮云, 然耶?【落髮之說, 見於金時讓『荷潭[147]錄』, 其誣甚矣.】’ 先人答曰：‘嘗問栗谷先生曰：「人或云先生變形云, 何爲而有此[148]言也?」栗谷曰：「吾之陷溺其心, 有大於落髮者, 落髮與否, 何足問爲?」’ 先人所答如是, 故妄以爲落髮也, 趙知事所見亦然矣.”

王父責之曰：“此言果爲落髮之證耶? 吾與同春, 擧金時讓說, 稟於[149]先生曰：‘外人何爲有此[150]言也?’ 先生答曰：‘嘗以此稟於栗谷, 則答曰：「心既陷溺, 雖不落髮何益?」竊想先生所以語趙知事者, 亦不過如此矣, 蓋見其不落髮之意, 君何抑勒以爲落髮耶? 谿谷之記此說, 將以爲攻破, 而君則欲爲證成[151], 此非獨誣栗谷, 及所以誣老先生也.”

槼乃服罪曰：“小人果妄發矣.” 夫槼也老先生親子, 欲附於拯, 則乃爲此罔極之說也, 其他又何說焉? 夫尹之不能死[152], 忘[153]春秋之大義, 而棄朱子“迫不得已”之訓[154]者, 擧世皆然. 此則拯以其父之不死, 爲十分道理, 而斥權·金無必死之義[155]故也. 捨洙泗·洛建之正脈, 至尊尙異說以爲朱子不

---

145) 誣：底本에는 “無”로 되어 있다.『鳳谷集·構禍事蹟』및『稗林·構禍事蹟』에 근거하여 수정하였다.

146) 謂：底本에는 이 앞에 “以”가 더 있다.『鳳谷集·構禍事蹟』및『稗林·構禍事蹟』에 근거하여 삭제하였다.

147) 荷潭：底本에는 “答”으로 되어 있다.『鳳谷集·構禍事蹟』및『稗林·構禍事蹟』에 근거하여 수정하였다.

148) 有此：底本에는 “此有”로 되어 있다.『鳳谷集·構禍事蹟』및『稗林·構禍事蹟』에 근거하여 수정하였다.

149) 於：底本에는 없다.『鳳谷集·構禍事蹟』및『稗林·構禍事蹟』에 근거하여 보충하였다.

150) 此：底本에는 없다.『鳳谷集·構禍事蹟』및『稗林·構禍事蹟』에 근거하여 보충하였다.

151) 成：底本에는 “來”로 되어 있다.『鳳谷集·構禍事蹟』및『稗林·構禍事蹟』에 근거하여 수정하였다.

152) 死：底本에는 결락되어 있다.『鳳谷集·構禍事蹟』및『稗林·構禍事蹟』에 근거하여 보충하였다.

153) 忘：底本에는 결락되어 있다.『鳳谷集·構禍事蹟』및『稗林·構禍事蹟』에 근거하여 보충하였다.

154) 之訓：底本에는 “說”로 되어 있다.『鳳谷集·構禍事蹟』및『稗林·構禍事蹟』에 근거하여 수정하였다.

155) 義：底本에는 “理”로 되어 있다.『鳳谷集·構禍事蹟』에 근거하여 수정하였다.

足法者, 以尹之黨助賊鑴之故也. 世道至此, 而其中朴玄石亦尙安於習熟見聞之地, 不以爲非而反或助焉, 則王父以爲"朱子嘗以爲'如東萊之賢, 尙且陰助而不發之斥[156], 某亦何心安於避禍之說, 不爲極言竭論, 以曉一世之昏昏也哉? 其曉與不曉則勢也, 吾於勢無可奈何, 在吾之道, 則似不可縮手傍觀而已.[157] 使世有任其責者, 何故而譊譊[158]若是, 以犯世之鋒鋩哉?' 余之今日之義亦然也."

遂進一疏, 大槪陳道學缺裂·節義衰亡之弊, 皆源於賊鑴, 成於大尹, 欲上之明聖學·敦化源, 以幸世道也, 聖上頗示嘉納之意矣. 羅良佐·成至善·趙得重上疏, 極加醜詆, 而其所以爲尹丈分疏者, 皆所以證成其悖義昧理之實蹟, 眞所謂自然不易之公論. 自上特竄良佐, 於是羣憸齊起, 咆哮如沸, 遠招非類, 近引同志, 期有以除去以快己私者, 無所不用其極. 而又鼓動一[159]說, 以王父誣生溪, 持之甚急.

蓋於羅疏[160]後, 李喜朝 同甫以書問王父, 以成至善亦參其疏之由, 王父以爲"沙溪先生少時, 於栗谷·生溪, 不無差殊觀之[161]意, 此是一時之所見也, 晩年不然. 而坡門不知, 不平於先師. 又嘗言'昔時國勢危急之日, 朝廷用生溪議, 應[162]副天將說以封倭奏請, 而紓國禍. 其議蓋始於西厓[163]柳相, 而事過後, 乃咎生溪, 其不正甚矣. 以生溪言之, 則其學純篤, 此事必能權而得中, 然權非聖人不能用, 則無乃於至精至微之理, 有一毫之未審耶?' 此乃先師精義入神之論, 正如孔子稱文王以至德, 而朱子以爲不及泰伯之高, 蓋以有天下之二分也. 朱子蓋慮後世不知而妄爲藉口, 冒有國家之地, 如

---

156) 斥 : 底本에는 없다.『鳳谷集·構禍事蹟』및『稗林·構禍事蹟』에 근거하여 보충하였다.
157) 已 : 底本에는 없다.『鳳谷集·構禍事蹟』및『稗林·構禍事蹟』에 근거하여 보충하였다.
158) 譊譊 : 底本에는 "嘵嘵"로 되어 있다.『鳳谷集·構禍事蹟』에 근거하여 수정하였다.
159) 一 : 底本에는 "其"이다.『鳳谷集·構禍事蹟』및『稗林·構禍事蹟』에 근거하여 수정하였다.
160) 疏 : 底本에는 "說"이다.『鳳谷集·構禍事蹟』에 근거하여 수정하였다.
161) 之 : 底本에는 "底"이다.『鳳谷集·構禍事蹟』및『稗林·構禍事蹟』에 근거하여 수정하였다.
162) 應 : 底本에는 "圖"이다.『鳳谷集·構禍事蹟』및『稗林·構禍事蹟』에 근거하여 수정하였다.
163) 厓 : 底本에는 "崖"이다.『西厓集』에 근거하여 수정하였다.

魯三家之爲, 故不得已而爲此說, 以垂訓於後世, 夫豈有少文王之心哉? 夫生溪之事, 雖曰權而得中, 然後世不知而藉口, 以爲計功謀利之資, 則爲害不少, 不得已而爲此說, 此豈少生溪之言哉?"

然[164]此非學精仁熟, 不能知, 故坡門諸人, 不能無憾於沙溪, 王父嘗竊笑之.[165] 故於答同甫書, 略擧題目矣. 大抵沙溪之於栗谷與牛溪, 差殊視者, 少時事也, 議牛溪奏本事者, 中年事也, 至於晩年, 極其尊崇, 觀於癸亥請以其『小學續編』, 進講經筵則可知矣. 惜乎! 坡門不知而每有不平意也, 至於尹丈與成至善, 略記牛溪優於栗谷之說, 以附『栗谷別[166]集』中, 正朱子所譏計父祖[167]年甲者, 又小兒竪[168]瓦屋之說也.

大抵王父以爲尹丈父子於先正, 無所憚者, 亦染於鑴而然也. 然鑴之兇悖彰露, 旣伏刑章之後, 則庶可深惡而痛絶, 而顧乃依違苟且, 反斥斥鑴之論. 至於今日, 乃爲時輩之所憑藉以爲伸鑴之地, 而拯之一門, 獨爲時輩之所奬用, 渠[169]雖欲辭爲鑴黨, 得乎?

永鴻者與文貞公孫益命同舟, 誦拯祭鑴之文, 以爲誇張之資, 益命歸語其兄師命. 文谷[170]聞之曰 : "曾聞拯遣其子會鑴葬矣, 今其祭文又如此, 其罪將與鑴同矣." 永鴻聞之大懼, 反諱之, 與益命兄弟相詰甚久, 及其證佐明白, 知其不可諱然後乃伏[171]曰 : "是余僞造而實非拯作." 於是永鴻之父兄, 杖永鴻以謝師命兄弟. 永鴻自先世排斥成·李二先生者也, 與拯家始不相悅也, 旣同祖賊鑴之後, 相與慕悅, 相與引重, 以至此極, 此所謂胡·越一家者也.

---

164) 然 : 底本에는 없다. 『鳳谷集 · 構禍事蹟』 및 『稗林 · 構禍事蹟』에 근거하여 보충하였다.
165) 之 : 底本에는 없다. 『鳳谷集 · 構禍事蹟』 및 『稗林 · 構禍事蹟』에 근거하여 보충하였다.
166) 別 : 底本에는 없다. 『鳳谷集 · 構禍事蹟』 및 『稗林 · 構禍事蹟』에 근거하여 보충하였다.
167) 父祖 : 底本에는 "祖父"이다. 『鳳谷集 · 構禍事蹟』 및 『稗林 · 構禍事蹟』에 근거하여 수정하였다.
168) 竪 : 底本에는 없다. 『鳳谷集 · 構禍事蹟』에 근거하여 보충하였다.
169) 渠 : 底本에는 없다. 『鳳谷集 · 構禍事蹟』 및 『稗林 · 構禍事蹟』에 근거하여 보충하였다.
170) 文谷 : 底本에는 "文貞公"으로 되어 있다. 『鳳谷集 · 構禍事蹟』 및 『稗林 · 構禍事蹟』에 근거하여 수정하였다.
171) 伏 : 底本에는 "休"로 되어 있다. 『鳳谷集 · 構禍事蹟』 및 『稗林 · 構禍事蹟』에 근거하여 수정하였다.

完寧在湖營, 痛疾鑴之餘孽, 倚拯横恣, 累形於言.[172] 今又發祭鑴之文, 故特爲彼輩所惡, 其被禍之原, 則實有所在矣. 蓋鑴之凶謀發露於匿名誣告之書, 密疏請殺之事, 餘可推類, 而良佐傳相承述. 頃者良佐爲拯, 僞作王父斥[173]文谷如秦檜之書, 以間文谷. 而文谷嚴斥, 良佐窘甚, 推諉於權尙夏, 而尙夏不服, 倡說於彼此, 良佐之謀敗露無餘地矣.

坡山之人, 皆從事於坡院, 而於紫雲書院則隨行者小, 只京裏章甫往行釋菜矣. 坡州則曺冕周一人主管而已, 申琓之父爲坡牧,[174] 又逐去冕周, 則紫雲書院鞠爲茂草. 王父聞而傷之, 有詩曰: "歎息哀公十四[175]春, 遑遑尼父泣麟身." 蓋以遑遑尼父, 比之栗谷之跋疐也. 其曰: "驪水蒼茫源派濶[176]"者, 謂鑴之餘黨充滿中外, 祖述其事也. 其曰: "石潭寥落井塗堙"者, 謂栗谷書院無人奉守也. 此詩作於甲[177]寅, 而示金淸風·壽增丈及權致道者也, 鑴黨見而藏之, 至戊辰始出曰: "今年是今上十四年, 是以上比哀公者也, 此非不道而何?" 將以此起獄[178]矣, 有人證其年條, 故不得售云爾.

拯又僞做一說, 以誣[179]致道父子與王父三人, 以爲"王父在京時, 權某以書求爲玉堂, 比年王父以其書出以示人, 其人言于致道. 致道求見而王父諱之, 致道歸[180]見其人曰: '何前言之歸虛也?', 其人復來請而見之, 歸[181]語

---

172) 言 : 底本에는 "書"로 되어 있다. 『鳳谷集 · 構禍事蹟』 및 『稗林 · 構禍事蹟』에 근거하여 수정하였다.

173) 斥 : 底本에는 이 뒤에 "如"가 더 있다. 『鳳谷集 · 構禍事蹟』 및 『稗林 · 構禍事蹟』에 근거하여 삭제하였다.

174) 牧 : 底本에는 "縣"으로 되어 있다. 『鳳谷集 · 構禍事蹟』에 근거하여 수정하였다.

175) 十四 : 底本에는 "四十"으로 되어 있다. 『鳳谷集 · 構禍事蹟』 및 『稗林 · 構禍事蹟』에 근거하여 수정하였다.

176) 派濶 : 底本에는 "滿溪"로 되어 있다. 『鳳谷集 · 構禍事蹟』 및 『稗林 · 構禍事蹟』에 근거하여 수정하였다.

177) 甲 : 底本에는 "丙"으로 되어 있다. 문맥에 근거하여 수정하였다.

178) 起獄 : 底本에는 "報獻"으로 되어 있다. 『鳳谷集 · 構禍事蹟』 및 『稗林 · 構禍事蹟』에 근거하여 수정하였다.

179) 誣 : 底本에는 "捉"으로 되어 있다. 『鳳谷集 · 構禍事蹟』에 근거하여 수정하였다.

180) 歸 : 底本에는 "陽"으로 되어 있다. 『鳳谷集 · 構禍事蹟』 및 『稗林 · 構禍事蹟』에 근거하여 수정하였다.

致道. 致道復來求見, 擧其人爲證, 王父不得已而出示致道. 致道曰 : '未知必是吾父之筆, 然此等不好之書出以示人, 心甚未安, 吾從此辭矣.' 遂告絶而去, 致道之處義,[182] 善於我."云.

如此說話, 白地做出, 以眩聽聞, 可謂巧且慘矣, 此實袞·貞蟲[183]纂之餘謀也. 去年歲末, 王父歸自萬義, 有一名[184]家子忽入來急告曰 : "拯也檠也, 欲其奸謀捉某[185]家與長者, 豈有如此事乎?" 王父不深問矣, 未久而亂作, 果如其言. 故其罪王父之時, 榻前說話, 太半譽尹父子之事, 此何可諱? 昔牛溪諸賢, 打盡於一山海矣, 今日幾山海乎? 然山海之時, 其爲奸謀, 不至於今日之甚矣. 人將無[186]有得脫者, 奈何? 大抵推原其始, 則實源於賊鑴, 而其自爲匿名書, 又爲密疏之手段, 復行於今日矣. 今尹丈家與爲一體, 可勝惜哉. 然王父至此, 猶誦朱子之說曰 : "邪說橫流, 甚於洪水·猛獸之害, 孟子豈欺余哉? 年來讀書, 只覺得此意思分明, 參前倚衡[187], 自不能捨. 雖知如是爲人所惡, 終窮以死, 其心誠甘樂之, 不自以爲悔也." 王父之心, 雖則如此, 在我子孫門人之心, 其痛迫怨疾, 當如何哉? 略記其大槪, 以示同志云.

---

181) 歸 : 底本에는 "陽"으로 되어 있다. 『鳳谷集 · 構禍事蹟』 및 『稗林 · 構禍事蹟』에 근거하여 수정하였다.

182) 義 : 底本에는 "變"으로 되어 있다. 『鳳谷集 · 構禍事蹟』 및 『稗林 · 構禍事蹟』에 근거하여 수정하였다.

183) 蟲 : 底本의 글자가 명확하지 않다. 『鳳谷集 · 構禍事蹟』 및 『稗林 · 構禍事蹟』에 따라 수정하였다.

184) 名 : 底本에는 결락되어 있다. 『鳳谷集 · 構禍事蹟』 및 『稗林 · 構禍事蹟』에 따라 보충하였다.

185) 某 : 底本에는 "其"로 되어 있다. 『鳳谷集 · 構禍事蹟』 및 『稗林 · 構禍事蹟』에 따라 수정하였다.

186) 無 : 底本에는 없다. 『鳳谷集 · 構禍事蹟』 및 『稗林 · 構禍事蹟』에 근거하여 보충하였다.

187) 衡 : 底本에는 "後"로 되어 있다. 『鳳谷集 · 構禍事蹟』 및 『稗林 · 構禍事蹟』에 근거하여 수정하였다.

與尤齋先生別紙【草廬丙辰四月】[188]

[189]兄之所抱及門庭, 呵叱老物, 無所不至, 皆以藉長者之言云. 中間所傳, 豈以爲信然, 然“其父報仇, 其子行怯”, 不無其理矣. “亞卿豈人人可得者?”眞切至之言也. 至於“故舊無大故不棄”, 似是待人太薄[190]也. 又其“換面謀免”, 何相疑之至此耶?

礪山 南說, 吾所親聞, 草塢枕上, 略有所及. 只傳所聞, 更無他意, 而逢怒於[191]賢孫, 至謂“賣友得爵”, 到處名呼而辱之, 老物疲甚, 固所甘心. 然兄家氣勢, 驕盈已極, 恐爲神明之所猜也. 兄過嚴, 時有英氣, 未免害物. 學問驕人, 又豈盛德事乎? 同春一生, 不勝其苦, 豈謂“今日老而不死, 又見此境界耶? 是以又欲溘然耳.”

曾在先朝, 有疏久而承批, 聖旨諄切. 受台以此[192]爲閔禮立異之故, 得溫批云, 心竊笑之, 偶書于持台, 泛及其意.[193] 兄聞之呵叱, 故欲發明, 恐生許多葛藤, 不得已强屈矣. 閔家遞遷, 兄亦謂“兩世狂易, 又一世, 則祠廟空矣, 是則某[194]亦疑之”云云. 到後何故歸咎於此? 至以尹執義·參奉及諸人蒙點, 皆以閔禮立異之故, 以當上心而然, 又以情外之言, 勒加於人, 從而操切之, 人何堪之? 蓋“老傳, 遞遷之祠版, 難行之說.” 非某之言, 乃朱子之言. 然此則偶與子仁屋下私談, 而有及於左右矣, 何以得徹於九重之深, 而承聖批之溫乎? 曾是不意也.

---

188) 『草廬集·與尤菴書 別紙 丙辰四月 在謫所時』 및 『肅宗實錄補闕正誤』 10年 4月 24日 기사를 校本으로 하였다.

189) 문장의 시작에 “外食何足道”라는 문구가 있으나, 衍文으로 보고 번역에서 제외하였다. 이 문구는 『草廬集·與尤菴書 丙辰四月』 및 『肅宗實錄補闕正誤』 10年 4月 24日 기사에도 모두 보이지 않는다.

190) 薄 : 底本에는 “迫”으로 되어 있다. 『草廬集·與尤菴書』에 근거하여 수정하였다.

191) 於 : 底本에는 없다. 『草廬集·與尤菴書 丙辰 四月』에 근거하여 보충하였다.

192) 以此 : 底本에는 없다. 『肅宗實錄補闕正誤』 10年 4月 24日에 근거하여 보충하였다.

193) 意 : 底本에는 이 뒤에 “并請開諭春孫使之彌縫矣”라는 구절이 더 있다. 『草廬集·與尤菴書 丙辰四月』 및 『肅宗實錄補闕正誤』 10年 4月 24日 기사에 근거하여 삭제하였다.

194) 某 : 底本에는 이 앞에 “故”자가 더 있다. 『草廬集·與尤菴書 丙辰 四月』 및 『肅宗實錄補闕正誤』 10年 4月 24日 기사에 근거하여 삭제하였다.

至於代喪一節, 則愚嘗考『士喪禮』鄭註, "八十, 齊·斬之事不及, 若是者, 子代其父爲宗子."云, 其證較明明矣. 至於朱子難行之說, 則愚又以爲[195]有遞遷之理, 而參以人情事勢, 有所難行云爾. 故每對人苦口辨說, 或有釋然者矣. 求全之毁, 千萬可笑. 今日之禍, 某之所致, 其志在官爵, 不可以口舌爭也, 若夫服制, 特虛假耳. 然昔者二師之門徒, 各分門戶, 以某犯諱妄發之言, 有傳於淸風之耳, 皆以爲禍根之大者.

今日聖敎所謂"切齒"云者, 未必不由於驂[196]乘也. 然驪章·竹行, 又豈章子厚之所爲耶? 皆有命焉, 然到此只當自靖, 恭竢命而已, 何故反相疑怒, 又欲與睢盱耶? 其不思之甚也. 春孫稱我爲世讎, 已是怪事, 熞也尤不可說也. 杞城人爲拜栫中, 熞輩斥之以草黨, 故無聊而退去, 草亦有黨乎? 兄謂人曰: "申曼倩謂'某無狀', 吾以爲過, 今果然矣." 浮雜之言, 鄕里藉藉, 此則然矣, 韓子耈之子, 何故慍我耶? 吾在此罕聞怒聲, 頗以爲安, 朝夕惟恐或生還故土耳. 同春嘗謂, 余二人都是機關, 兄爲甚云, 又有甚於此者, 而吾笑以爲春言出於一時之激觸矣. 吾復以爲說, 則亦未免同春之故事也. 幸兄一笑, 而丙丁此紙也. 兄在鎭川時,有書謂"我厭聽逆耳", 亦情外之言也, 果則天厭之矣. 然兄以此爲戒, 則必能耳順, 故樂爲之說. 且吾輩將死, 今而不言, 恐無其時, 聊試一鳴, 因與之訣.

又 【丙辰九月】[197]

此以愚昧之質, 且無[198]機警之才, 不量己之言語鄙俚, 不足以容其喙, 而

---

195) 爲 : 底本에는 없다. 『草廬集 · 與尤菴書 丙辰 四月』 및 『肅宗實錄補闕正誤』 10年 4月 24日 기사에 근거하여 보충하였다.

196) 驂 : 底本에는 "參"으로 되어 있다. 『草廬集 · 與尤菴書 丙辰 四月』 및 『肅宗實錄補闕正誤』 10年 4月 24日 기사에 근거하여 수정하였다.

197) 『草廬集 · 與宋英甫書 丙辰 九月』 및 『肅宗實錄補闕正誤』 10年 4月 24日 기사를 校本으로 하였다.

198) 無 : 底本에는 없다. 『草廬集 · 與宋英甫書 丙辰 九月』에 근거하여 보충하였다.

妄有論說於服制之禮, 不知人之氣勢盈滿, 莫有以嬰其鋒. 而又不免自犯於朋友數疏之戒, 旣見小兒名呼之辱, 終致長者用疑之. 疑夫禮說, 不[199]得已也, 忠告, 愚[200]之甚也. 莫之[201]救而死, 知其自取其險也如此, 亦見人心. 然鄙俚之說, 庚子曰 : "升爲嫡[202]子", 甲寅亦曰 : "嫡子", 前後不異也. 萬義專人而自筆添足八九十字, 江郊擬疏而已意謂嫡統何歸, 則彼此相似, 何用意之有哉?

使人誣祖呈狀, 而幾年陷於刑, 其妹[203]父之罪, 而勸其離鄕遠去, 而以廉價買其良田, 不以爲嫌. 人言藉藉, 以其所聞, 有及於草塢之枕上, 則使其孫辱之, 是何道理? 銀幾兩而田地幾何, 不可掩也, 其人逢則以適己待之益厚, 其族怨[204]則恒發威劫[205]之言, 而連有營將·兵使之棍, 此長者敎子弟之道乎? 癡孫在抱, 恃其長者, 名呼老人, 亦不禁, 到請絶交, 則曰 : "故舊無大故, 不棄", 其驕盈已極, 宜乎神明之忌之也.

庚子距甲寅, 十五年矣, 甲寅之去丙辰, 三年矣. 鄙俚之說不合於禮意, 或用意於其間, 則何不一言於專人往來之時, 而今乃始出? 使好事者, 拈出一二句, 撤去其首尾, 傳播中外耶? 誠可疑也. 京鄕士友以書來問者, 多有矣, 往往未免酬答, 亦爲苦事.

又聞李廈[206]卿有所傳說, 而以致執事益增疑怒云, 可駭. 此行初程, 果遇廈卿於逆旅. 數日打話之際, 偶及先王所以溫批於賤臣之疏, 與夫執事驪

---

199) 不 : 底本에는 "可"로 되어 있다.『草廬集·與宋英甫書 丙辰 九月』에 근거하여 수정하였다.
200) 愚 : 底本에는 없다.『草廬集·與宋英甫書 丙辰 九月』 및『肅宗實錄補闕正誤』10年 4月 24日 기사에 근거하여 보충하였다.
201) 之 : 底本에는 "知"이다.『草廬集·與宋英甫書 丙辰 九月』 및『肅宗實錄補闕正誤』10年 4月 24日 기사에 근거하여 수정하였다.
202) 嫡 : 底本에는 "適"으로 되어 있다. 嫡과 適은 서로 통용되어 쓰이나 문맥상 "嫡"으로 통일한다. 이하 同一 기사 내의 "適"은 "嫡"으로 고치며 校勘記를 달지 않는다.
203) 妹 :『肅宗實錄補闕正誤』10年 4月 24日 기사에는 "叔"으로 되어 있다.
204) 怨 : 底本에는 "言"으로 되어 있다.『肅宗實錄補闕正誤』10年 4月 24日 기사에 근거하여 수정하였다.
205) 劫 : 底本에는 "㤼"으로 되어 있다.『肅宗實錄補闕正誤』10年 4月 24日 기사에 근거하여 수정하였다.
206) 廈 : 底本에는 "夏"로 되어 있다.『肅宗實錄』42年 閏3月 15日 기사에 근거하여 수정하였다. 이하 同一 기사 내의 "夏"는 "廈"로 고치며 校勘記를 달지 않는다.

章·竹行前後, 所以激惱[207]天心之事. 此則特言其天怒之偏於執事, 而此無曲徑媒寵之意也. 臨分又言曰:"聞一太宰唱[208]說曰, '不[209]行三年之制, 是無嫡子也. 他日大王大妃千秋之後, 嫡孫婦之服, 誰使當之?' 語極險詖. 禮立庶子爲後, 傳·史立庶子爲太子云者, 不可勝記, 太子非嫡子之謂乎? 是以程子代[210]彭中丞箚曰:"陛下仁宗之嫡子也." 此則發明太宰之言而已, 更無他意也. 廈卿爲何說話, 而又此紛紜耶? 若曰:"鄙[211]人用意於嫡子之說", 則萬義往復之書旣如此, 江郊[212]擬疏之說又如彼, 彼此議論無所異同, 何用意之有哉?

美村辭持平疏 【乙未十一月】[213]

"云云. 曩日江都之事, 臣不欲與言, 而臣之深痛, 實在於此. 臣仲父烇, 以宮官致其命, 而臣不得與之相抱而死. 士友權順長·金益兼等皆不負其志, 而臣不得與之同日而死. 妻決子棄, 而臣獨爲奴苟生. 如臣此累, 非獨[214]世之僇[215]笑之也, 求之古, 亦志士仁人之所當恥惡而傷慨者也. 云云."

---

207) 惱 : 底本에는 "歸"로 되어 있다. 『草廬集·與宋英甫書 丙辰 九月』 및 『肅宗實錄補闕正誤』 10年 4月 24日 기사에 근거하여 수정하였다.

208) 唱 : 底本에는 "倡"으로 되어 있다. 『草廬集·與宋英甫書 丙辰 九月』 및 『肅宗實錄補闕正誤』 10年 4月 24日 기사에 근거하여 수정하였다.

209) 不 : 底本에는 "可"로 되어 있다. 『草廬集·與宋英甫書 丙辰 九月』 및 『肅宗實錄補闕正誤』 10年 4月 24日 기사에 근거하여 수정하였다.

210) 代 : 底本에는 "對"로 되어 있다. 『草廬集·與宋英甫書 丙辰 九月』 및 『肅宗實錄補闕正誤』 10年 4月 24日 기사에 근거하여 수정하였다.

211) 鄙 : 底本에는 없다. 『草廬集·與宋英甫書 丙辰 九月』 및 『肅宗實錄補闕正誤』 10年 4月 24日 기사에 근거하여 보충하였다.

212) 郊 : 底本에는 "都"로 되어 있다. 『草廬集·與宋英甫書 丙辰 九月』 및 『肅宗實錄補闕正誤』 10年 4月 24日 기사에 근거하여 수정하였다.

213) 『魯西遺稿·辭持平江外陳情疏[再疏]』를 校本으로 하였다.

214) 獨 : 底本에는 없다. 『魯西遺稿·辭持平江外陳情疏(再疏)』에 근거하여 보충하였다.

215) 僇 : 底本에는 "謬"로 되어 있다. 『魯西遺稿·辭持平江外陳情疏(再疏)』에 근거하여 수정하였다.

美村己酉擬書[216)]

"云云. 今日之急務, 兩賢之論定, 則異端無[217)]自而作, 士習不壞於醜正, 人才可通於器[218)]用, 而偏論可以漸消矣. 禮訟之禁解, 則吾道自歸於公, 見疑者得釋於平恕, 立異者無害於辨明, 而標榜可以卽祛矣. 惟此兩端, 消融保合然後, 同寅協恭, 聚精會神, 朝廷正而庶積凞矣."

又曰 : "海尹【善道】者, 固是貪淫之物, 雖非媢嫉, 實不可用. 其餘趙·洪【絅·宇遠】諸人, 雖所論無據, 用意偏頗, 而被罰旣過, 被錮旣久, 則誠可蕩滌而用之. 此栗谷再入, 還用癸未三司之義也. 況如尹·許【鑴·穆】二註誤之失, 安得終斷[219)]以讒賊毒螫[220)]之物, 而不之容乎? 今日果能滌禮訟猜嫌之[221)]跡, 先從此兩人始, 以示我無私不吝之心, 內可以恢吾之量, 外可以服人之心. 云云."

鑴祭美村文[222)]

子謂我忘攖世禍, 吾謂子不能自樹.

美村年譜中語[223)]

希仲妙年自悟, 有志於學, 立心制行, 不泥古人, 讀書講義, 不拘註疏, 而言

---

216) 『魯西遺稿 別集 · 擬答宋英甫 己酉』를 校本으로 하였다.
217) 無 : 底本에는 "毎"으로 되어 있다. 『魯西遺稿 · 擬答宋英甫』에 근거하여 수정하였다.
218) 器 : 底本에는 "弁"으로 되어 있다. 『魯西遺稿 · 擬答宋英甫』에 근거하여 수정하였다.
219) 斷 : 『魯西遺稿 · 擬答宋英甫』에는 "疑"로 되어 있다.
220) 螫 : 底本에는 "熬"로 되어 있다. 『魯西遺稿 · 擬答宋英甫』에 근거하여 수정하였다.
221) 訟猜嫌之 : 底本에는 결락되어 있다. 『魯西遺稿 · 擬答宋英甫』에 근거하여 보충하였다.
222) 『白湖集·祭尹吉甫文』을 校本으로 하였다.
223) 『魯西遺稿 · 年譜 庚子 七月 復尹鑴書』를 校本으로 하였다.

論見識, 實有超詣過人者. 公以爲"短長相補, 要非世俗之儒." 深與之. 然未嘗不慮其才而戒其病, 累以爲戒而希仲竟不從以至於敗.

尼山抵史局書[224)]

先人江都事, 無他曲折. 城陷之日, 先妣則自決, 而先人微服從珍原君奉使南漢之行, 以渡江. 蓋在城中者, 旣得免於兵鋒, 則微服避亂, 固無不可.【其時權·金二公,隷在南門, 故與仙源同焚. 不然則亦無必死之義矣.】況先人之只欲歸見老親, 同死於南漢者乎. 其終不死[225)]則天也, 雖律之以十分義[226)]理, 少無可疑. 而只爲先人自道而辭, 故自以爲苟免, 而痛自刻責者也, 且爲孝宗大王言之故, 亦效古人無忘在莒之意也. 若其終身不出, 則實是"量而後入"之義, 亦非必皆江都一款爲其主意也. 所謂"量"者,[227)] 量時量己量人, 無不所量之中. 先人平生, 未嘗以微意示人, 故人無知者. 雖以同春·松谷之相知, 其所[228)]白先人心事, 皆有所不能盡者矣. 其自稱以死罪臣, 非他, 只以違命爲大罪也. 先人丁酉·戊戌兩疏盡矣.

又送李伯吉書【甲子 完寧字】[229)]

今或有欲以江都事, 呰病先人者, 卽何異指栗谷"以妄塞悲"[230)]之疏, 而謂

---

224)『明齋遺稿 別卷·答羅顯道 辛酉 夏』를 校本으로 하였다.

225) 不死 :『明齋遺稿 別卷·答羅顯道 辛酉 夏』에는 "得免"으로 되어 있다.

226) 義 : 底本에는 "道"로 되어 있다.『明齋遺稿 別卷·答羅顯道 辛酉 夏』에 근거하여 수정하였다.

227) 量者 : 底本에는 없다.『明齋遺稿 別卷·答羅顯道 辛酉 夏』에 근거하여 보충하였다.

228) 所 : 底本에는 이 뒤에 "以"자가 더 있다.『明齋遺稿 別卷·答羅顯道 辛酉 夏』에 근거하여 삭제하였다.

229)『明齋遺稿 別卷·答羅顯道 辛酉 夏』를 校本으로 하였다.

230) 塞悲 : 底本에는 "臺非"로 되어 있다.『明齋遺稿 別卷·答羅顯道 辛酉 夏』에 근거하여

之“自道盡之”者耶? 栗谷猶不免眞有入山之失, 而先人之不死, 則初無可死義. 孝宗大王批答, 所謂“未聞陳東終致尹穀之死云者.”, 聖人精義之言, 眞可謂百世而不惑矣.

尼山與朴玄石書[231]

頃日顯道以所被小紙, 及所以轉敎之語, 見示甚詳, 極用感幸. 卽欲奉復, 且稟[232]鄙見所疑矣. 旋念函丈西行而此言新出, 洛下紛紜可想. 此中說話又復嘵嘵, 則無益於事, 只滋頰舌, 恐不如靜守無辨之戒, 徐待其小定耳. 以此顯道許亦不敢詳答[233]矣.

昨奉[234]手誨, 俯念加切, 且示以善處之方, 尤以警恐. 然不敢卽以仰復者, 非但林便太忙, 亦以所守無辨之戒, 未能遽破也. 其後累日反復思之, 拯於今日, 開心倒意, 質疑辨惑者, 惟高明是倚耳. 此事非但[235]一身之禍福, 且蒙敎以將未免追累於先人, 則喑然閔默, 不以建暴於高明, 以更請其處義之道者, 可謂迷惑之甚者. 始乃惕然省悟, 敢具[236]前後曲折如左, 不敢有一毫之隱, 以聽高[237]明之裁敎耳. 乞深諒焉.

蓋今年正月望間, 權生來訪, 一宿而去. 其時新遭木川事, 拯與之說以爲“木

수정하였다.

231) 『明齋遺稿 別卷 · 答朴和叔 兼示羅顯道』를 校本으로 하였다.

232) 稟 : 底本에는 “亶”으로 되어 있다. 『明齋遺稿 別卷 · 答朴和叔 兼示羅顯道』에 근거하여 수정하였다.

233) 答 : 底本에는 “盡”으로 되어 있다. 『明齋遺稿 別卷 · 答朴和叔 兼示羅顯道』에 근거하여 수정하였다.

234) 奉 : 底本에는 “年”으로 되어 있다. 『明齋遺稿 別卷 · 答朴和叔 兼示羅顯道』에 근거하여 수정하였다.

235) 非但 : 底本에는 없다. 『明齋遺稿 別卷 · 答朴和叔 兼示羅顯道』에 근거하여 보충하였다.

236) 具 : 底本에는 “且”로 되어 있다. 『明齋遺稿 別卷 · 答朴和叔 兼示羅顯道』에 근거하여 수정하였다.

237) 高 : 底本에는 이 앞에 “其”가 더 있다. 『明齋遺稿 別卷 · 答朴和叔 兼示羅顯道』에 근거하여 삭제하였다.

川事如此如此, 必是出於函丈門下. 而函丈不肯說破所聞之處, 便引以自當, 以此更不敢問. 且使我自問於許璜者, 亦未曉函丈之指, 故久不能奉[238]答"云. 且言[239]"義利雙行·王霸並用, 與『大學』誠·正之不同, 同春所謂'都是機關', 草廬所謂'全用權數'者, 恐是函丈之實病. 吾欲一質所疑久矣, 而情義旣阻, 不敢有言, 常懷鬱結, 今此木川事, 又重得罪, 自此恐不能有言. 云云." 權生之達於函丈者, 卽此言也. 昨招權生問之, 則以爲旣聞此言, 不敢不告.【今七月間, 始爲仰告云.】而函丈遽曰: "若以言其先人事而絶我則可也, 若信草廬而怒我則不可. 云云." 蓋以不能奉答及不敢質疑, 爲相絶也.

然今日所謂相絶之言, 及與草相合之言, 恐是因此而出也, 草廬則別有何相合之事乎? 只是當初鄙見以爲兩家胥失. 而往年函丈之歸自海上也, 往候於蘇堤, 其時草廬亦纔歸公州, 故歸路歷候而已. 今年夏, 草廬自錦山還時, 委過此中, 尋院而去云,[240] 故交河歸[241]路亦歷宿而已, 有何與彼相合, 攻斥函丈之事乎? 二事曲折, 不過如右而已. 至於碣銘, 不溢美之故有憾云者, 函丈當初之說也. 不肖之[242]無此心, 高明之所[243]諒也.[244] 朱子之言[245]呂東萊事者, 亦函丈中間之說也. 高明旣知作[246]道理說, 則更有何言? 險難之言·不美之語, 先人之有是說也, 都不能記得, 況於出口乎? 未知

238) 不能奉 : 底本에는 "未擧"로 되어 있다. 『明齋遺稿 別卷 · 答朴和叔 兼示羅顯道』에 근거하여 수정하였다.
239) 言 : 底本에는 없다. 『明齋遺稿 別卷 · 答朴和叔 兼示羅顯道』에 근거하여 보충하였다.
240) 云 : 底本에는 "之"로 되어 있다. 『明齋遺稿 別卷 · 答朴和叔 兼示羅顯道』에 근거하여 수정하였다.
241) 歸 : 底本에는 "去"로 되어 있다. 『明齋遺稿 別卷 · 答朴和叔 兼示羅顯道』에 근거하여 수정하였다.
242) 之 : 底本에는 없다. 『明齋遺稿 別卷 · 答朴和叔 兼示羅顯道』에 근거하여 보충하였다.
243) 之所 : 底本에는 "不"로 되어 있다. 『明齋遺稿 別卷 · 答朴和叔 兼示羅顯道』에 근거하여 수정하였다.
244) 也 : 底本에는 없다. 『明齋遺稿 別卷 · 答朴和叔 兼示羅顯道』에 근거하여 보충하였다.
245) 言 : 底本에는 이 뒤에 "而"가 더 있다. 『明齋遺稿 別卷 · 答朴和叔 兼示羅顯道』에 근거하여 삭제하였다.
246) 作 : 底本에는 "非"로 되어 있다. 『明齋遺稿 別卷 · 答朴和叔 兼示羅顯道』 및 『甲乙錄 · 明村與明齋書』에 근거하여 수정하였다.

以爲向何[247]人說道耶, 極可怪也.

來敎所謂作書摧謝之云, 鄙見不能開惑, 輒敢畢布心腹. 函丈之於[248]先人, 自碣銘以來, 實非一事一言而已, 至於木川事而極矣. 人子之心, 安能晏然如他日? 由是情不能不異於前矣. 拯之於函丈, 實不能無疑[249]於本源·言行之間, 有如前日之所論者, 而不敢講質. 古人所謂師生者, 實無如此之義, 亦不得不異於前矣. 以情以義, 俱不能如前, 而不自知其非,[250] 則雖欲摧謝, 何以成其說話耶? 若只以此意自首, 而只分疏其無相絶之言, 權生所達亦只此意,[251] 而函丈已[252]認[253]以爲相絶矣, 安有渙然開釋之理? 若尋常問候之禮, 則雖不如前頻數, 固不敢廢矣. 知我罪我, 只在此處. 云云.

三洲與其仲舅書[254]

西峰之貳於尤翁也, 實由於墓文. 夫墓文之託,[255] 固當於賢者, 而不於非人矣. 西峰之師事尤翁, 凡幾年矣, 其言行隱微, 宜無不知, 而墓文爲託, 則固不以爲非君子矣. 及文成而猶嫌借重於玄石, 必欲其自爲定論, 則固以其言之信來世, 尤有重於玄石也.

此於尤翁何如哉? 至其所望不副而釁隙大生, 然後本源·心術之論出, 而尤

247) 何 : 底本에는 없다.『明齋遺稿 別卷 · 答朴和叔 兼示羅顯道』에 근거하여 보충하였다.

248) 於 : 底本에는 없다.『明齋遺稿 別卷 · 答朴和叔 兼示羅顯道』에 근거하여 보충하였다.

249) 疑 : 底本에는 "異"로 되어 있다.『明齋遺稿 別卷 · 答朴和叔 兼示羅顯道』에 근거하여 수정하였다.

250) 非 : 底本에는 이 앞에 "是"가 더 있다.『明齋遺稿 別卷 · 答朴和叔 兼示羅顯道』에 근거하여 삭제하였다.

251) 意 : 底本에는 없다.『明齋遺稿 別卷 · 答朴和叔 兼示羅顯道』에 근거하여 보충하였다.

252) 已 : 底本에는 "意"로 되어 있다.『明齋遺稿 別卷 · 答朴和叔 兼示羅顯道』에 근거하여 수정하였다.

253) 認 : 底本에는 이 앞에 "不"이 더 있다.『明齋遺稿 別卷 · 答朴和叔 兼示羅顯道』에 근거하여 삭제하였다.

254)『農巖集 · 上仲舅 乙酉』를 校本으로 하였다.

255) 託 : 底本에는 "托"이다.『農巖集 · 上仲舅 乙酉』에 근거하여 수정하였다.

翁遂爲無狀小人. 向使墓文一如其所望, 則尤翁之爲賢人君子, 固將自如, 而西峰之服勤至誠, 舅主之尊敬致禮, 亦當一如前日而不替矣.

尤翁之[256]爲君子爲小人, 宜有[257]大體之不可易也. 使其本源·心術, 誠小人也, 則墓文雖善, 而亦何能遽變爲君子? 佛氏之敎, 人雖有彌天罪過, 只一念阿彌陀佛, 能使滅除惡業, 免墮地獄, 嘗笑其言以爲無理. 今此無乃類之乎? 惜乎! 尤翁負許多罪過, 不能以三寸管, 當南無一聲, 以救超度於尼山, 而自墮阿鼻獄中, 飽受此刀山劍樹[258]之苦也. 此言近謔而事有相類者, 故聊以發一笑, 無乃不遜而罪之也. 云云.

執義尹公狀文中江都事【玄石撰】[259]

其冬, 虜果大來, 上命原任大臣奉廟社諸宮[260]以下, 先保江都. 八松公將扈駕, 而使先生兄弟陪母夫人入焉. 旣至, 分司自恃天塹, 終不爲守禦之備. 會有議令副檢察李敏求出陸進取[261]者, 先生與權公順長·金公益兼, 爭奮[262]渡江, 冀以間道達行在.

且論分[263]司偸安之失, 有"朝紳編伍, 玉趾巡城, 薪膽卽事, 杯酒非時"之語, 聞者聳動. 而已議遂寢, 仍請分守城門, 先生隷其東. 明年正月城陷, 伯兄高山公得奉母夫人, 徑走江上以免. 先生實不知也, 嘆曰："國將亡矣, 父

---

256) 之 : 底本에는 없다. 『農巖集 · 上仲舅 乙酉』에 근거하여 보충하였다.

257) 有 : 底本에는 "無"로 되어 있다. 『農巖集 · 上仲舅 乙酉』에 근거하여 수정하였다.

258) 樹 : 底本에는 "水"로 되어 있다. 『農巖集 · 上仲舅 乙酉』에 근거하여 수정하였다.

259) 『魯西遺稿 附錄下 · 成均生員贈通政大夫吏曹參議魯西先生尹公行狀』을 校本으로 하였다.

260) 宮 : 底本에는 "公"으로 되어 있다. 『魯西遺稿 附錄下 · 魯西先生尹公行狀』을 근거로 하여 수정하였다.

261) 取 : 底本에는 "就"로 되어 있다. 『魯西遺稿 附錄下 · 魯西先生尹公行狀』을 근거로 하여 수정하였다.

262) 奮 : 底本에는 이 다음에 "發"이 더 있다. 『魯西遺稿 附錄下 · 魯西先生尹公行狀』을 근거로 하여 삭제하였다.

263) 分 : 底本에는 "有"로 되어 있다. 『魯西遺稿 附錄下 · 魯西先生尹公行狀』을 근거로 하여 수정하였다.

母存沒俱不可卜, 無寧往南漢, 從死於大人所?" 仲父弼善公又勖之. 時孝宗大王以大君在虜營中, 令宗室[264]珍原君 世完奉使行在. 先生微服踵之, 會値大駕出城, 得拜八松公於城南邑.[265] 朝廷歸罪斥和諸臣, 編管八松公于永同縣.

尹辭持平疏[266]

第念臣負累之狀, 前後疏中, 旣已備達, 而聖明不以爲棄物而斥[267]退者, 蓋猶有未盡察見於戴盆之下. 臣請冒死更進焉. 曩日江都之事, 臣不欲輿言, 而臣之深痛, 實在於此. 臣仲父烇以宮官致其命, 而臣不得與之相抱而死；士友權順長·金益兼等皆不負其志, 而臣不與同日死；妻決子棄, 而臣獨爲奴苟免. 如臣此累, 非徒擧世而僇[268]笑之也. 求之古, 亦志士·仁人之所當恥惡之而慨傷者也. 臣心大恨, 以爲身已敗矣, 名已辱矣, 甘心自廢自沒齒矣. 跼蹐天地, 跧伏鄕里, 秪今數十年, 未嘗一日而忘其痛矣.

人徒見廢伏也, 而或疑其有所守[269]爲, 不覈名實, 妄下題目, 上誣聖明之聽, 下羞當世之士, 臣[270]尤痛恨. 自念以爲雖無釁垢之人, 猶以竊虛盜名[271]爲恥, 如臣辱人, 衆所同棄, 而又無行能可以灑贖之實矣. 戴笠衣

---

264) 室 : 底本에는 이 뒤에 "君"자가 더 있다.『魯西遺稿 附錄下 · 魯西先生尹公行狀』에 근거하여 삭제하였다.

265) 於城南邑 : 底本에는 "南漢而已"으로 되어 있다.『魯西遺稿 附錄下 · 魯西先生尹公行狀』에 근거하여 수정하였다.

266)『魯西遺稿 · 辭持平江外陳情疏[再疏]』를 校本으로 하였다.

267) 物而斥 : 底本에는 없다.『魯西遺稿·辭持平江外陳情疏(再疏)』에 근거하여 보충하였다.

268) 非徒擧世而僇 : 底本에는 "非世之謬"로 되어 있다.『魯西遺稿 · 辭持平江外陳情疏(再疏)』에 근거하여 수정하였다.

269) 守 : 底本에는 "事"로 되어 있다.『魯西遺稿 · 辭持平江外陳情疏(再疏)』에 근거하여 수정하였다.

270) 臣 : 底本에는 "必"로 되어 있다.『魯西遺稿 · 辭持平江外陳情疏(再疏)』에 근거하여 수정하였다.

271) 竊虛盜名 : 底本에는 "竊實逃名"으로 되어 있다.『魯西遺稿·辭持平江外陳情疏(再疏)』에 근거하여 수정하였다.

布[272), 尙不可自同平人, 則安敢朝冠束帶, 抗顔白日, 以自仄於班行乎? 而況優之以禮, 處之以徵士, 是何等盛擧, 是何等異數? 而晏然自當, 無所忌憚乎? 雖由此[273)而得違命之罪, 誅死萬萬, 決不可冒受而苟充[274)也. 然則臣之所以不敢入君門而拜恩命者, 非故爲驕蹇[275)之態, 實出於不得已也.

年譜 死罪臣一段[276)

批答曰 : "嘉爾之守志不變, 而反惑其太過也. 何者? 未聞陳東終致尹穀之死者也. 二人之死不同, 何乃以此遽謂之死罪乎? 是予之所未解者也."

疏曰 : "臣之每疏請伏罪者無他也, 直以臣有違命之故. 而其所違命, 非如高尙其志者不應徵辟之比也, 又非方仕有官者備禮克讓之爲也. 臣心實有永傷深痛於中, 而不可靦然自立於世. 故終不敢束帶拜恩, 以供臣子之職分. 臣之此罪, 自謂不容於死矣. 今承聖批, 乃以'余所未解'爲敎. 是則以聞者不能暴臣違命之實, 而明其當死之罪也. 臣請詳陳違命之本心, 聽朝廷死生之命焉. 臣疏所引陳東·尹穀之事, 非敢以古人自況也. 特以所遭遇與之同耳. 夫所謂'士爲國[277)無必死之道'者, 定計於常也, 旣在危城, 同罹危辱, 則臨亂苟免, 獨不媿於心乎? 假使陳東當尹穀之地, 其必服死, 而不忍偸生也明矣. 臣之傷痛, 實在於此, 終不能以旣往而自慰也. 今之論臣[278)

---

272) 布 : 底本에는 "巾"으로 되어 있다. 『魯西遺稿·辭持平江外陳情疏(再疏)』에 근거하여 수정하였다.

273) 此 : 底本에는 "死"로 되어 있다. 『魯西遺稿·辭持平江外陳情疏(再疏)』에 근거하여 수정하였다.

274) 充 : 底本에는 "免"으로 되어 있다. 『魯西遺稿·辭持平江外陳情疏(再疏)』에 근거하여 수정하였다.

275) 蹇 : 底本에는 "寒"으로 되어 있다. 『魯西遺稿·辭持平江外陳情疏(再疏)』에 근거하여 수정하였다.

276) 『魯西遺稿 附錄上·魯西先生年譜』를 校本으로 하였다.

277) 爲國 : 底本에는 없다. 『魯西遺稿·辭進善疏(再疏) 十一月』에 근거하여 보충하였다.

278) 臣 : 底本에는 "心"으로 되어 있다. 『魯西遺稿·辭進善疏(再疏) 十一月』에 근거하여 수정하였다.

本心者, 或以爲"與友同事, 友死而不能死, 或以與妻約死, 妻死而不能死, 以此引咎, 無意仕宦"云云. 亦莫非臣之實狀也. 然臣所以爲此, 則非爲友也, 亦非爲妻也. 只恨臣身之苟活而已[279], 則所謂知臣者, 猶有未盡白矣. 況於九重之內, 何以瀕燭疎賤之情乎? 蓋念江都事, 誠有所不可忘者, 則朝廷之所以處臣者, 許其知恥之心, 憐其忍痛之志, 毋使變易其區區匹夫之守, 不亦可乎? 若令强變其素不變, 能忘其所不忘, 從他笑詈. 苟充衣冠, 則不過爲包羞之一蔭官耳, 朝廷何用焉? 臣方以違命, 請其死罪, 而乃敢以此言發諸口者, 以臣違命之本心, 在此而不在他也."

批答曰 : "爾之所謂死罪, 無非耿介出俗之行, 予之所以惓惓不能忘, 必欲致之者也. 云云."

○ 戊戌正月, 批答曰 : "予之欲一見之, 非誘以祿利之, 欲言其無死罪之意也. 云云."

○ 且臣死罪之稱, 三辱聖敎之勤, 曰"予所未解", 曰"無非耿介", 曰"欲見而言之". 聖上之詔告賤臣, 若是鄭重, 而臣乃牢執不改·强瀆不舍者, 非敢咈違於明旨, 而好爲詭激堅僻之行也. 臣之終始負犯, 實有不容於死者矣. 夫命不趍·恩不謝·召不進·與夫不待命而徑歸, 古今之士, 或有行之, 而自不以爲嫌, 人不以爲非, 世主不以爲罪者, 以其比義而循道故也. 今臣一介無狀, 狂率蔽痼, 乃敢徑情直行, 而偃蹇於君父之前, 匹夫無禮, 罪當萬死. 縱聖上憐而赦臣, 臣何敢遽貪天寵, 便脫然自比於無罪之人哉. 云云.

尼山與金判書萬重書[280]

拯等頓首再拜言 :

日月不居, 先夫人襄奉奄過. 伏惟孝思靡逮, 遠繫絶海, 不得攀訣, 窮天冤

---

279) 而已 : 底本에는 "已而"로 되어 있다.『魯西遺稿·辭進善疏(再疏) 十一月』에 근거하여 수정하였다.

280)『明齋遺稿·與金重叔萬重 庚午 二月』을 校本으로 하였다.

酷, 何以堪處? 嗚呼! 人生孰無父母, 而豈有如吾[281]家者哉! 不肖等則嚴親兼母育之慈, 哀家則慈闈弁義方之訓. 知哀平生, 未嘗暫離膝下, 以不肖等之情事, 知哀之情事也. 乃於送終之際, 隔闊如此, 每念哀獨自號躃之狀, 爲之怛然傷心, 若自當之也. 昨修弔書, 因連鄕諸兄遞上矣, 令胤上庠, 不受而還擲. 噫! 不肖遭向來事以來, 豈不欲一暴危忱於尊昆季聯座哉? 顧以情隔勢阻, 竟不敢出言, 伯氏光城奄作古人矣. 令胤旣不知書本心, 則其不受也亦宜. 敢請因是而一暴之.

噫! 先人之於先尊丈, 平生恨不得同日而死, 歿身誦義者也. 非但屢達於天聽, 其見於私書者, 不翅丁寧, 不肖雖極無狀, 豈敢有一毫他意於其間哉? 特以先人意外被謗, 爲私心所痛, 故竊欲略暴先人不死之義. 妄以爲："二公得死所以遂其志, 而先人則偶爾得免.死固成仁, 生亦無害於義."云爾. 所謂"不然則無必死之義"云者, 蓋不肖本意, 妄以先人爲無必死之義.而人或以一生一死致疑, 故又妄以爲二公亦如先人, 偶不在其地, 則其義亦或如先人無異云爾, 何嘗敢以二[282]公爲無必死之義哉? 觀"不然"二字, 則可知矣. 不肖無狀, 若一毫有他意於方寸, 則身死之日, 亦無以見先人於地下矣. 惟其遣辭之際, 不能審愼, 文字句語之間, 全失敬謹之意. 又妄以臆見, 推之度前賢處義之道, 率意肆言, 妄謬至此, 此實不肖之罪萬殞難贖[283]者也. 日夜自刻, 無所逮及, 此心耿耿, 鬼神可質. 亦曾以此意, 仰陳於權季常【是經】令公, 非敢飾辭於今日也.

本情曲折, 畢辭於此. 雖見斥却, 終不敢自外, 敢復因連鄕諸賢, 伸布遠誠, 未知哀意以爲如何. 嗚呼! 先人之不死引咎, 終身不仕, 此卽當日同志同事之心也. 二公旣殉節於前, 先人又復畢義於後, 志義較然, 幽明一致. 不肖妄意以爲此實天下之大信也. 先誼之篤旣已如此, 則豈非子孫之所當世講者也! 常時又以出處異路, 顯晦殊跡, 不敢自通其信息, 若其忍痛含冤平生

---

281) 吾 : 『明齋遺稿·與金重叔』에는 뒤에 "兩"이 더 있다.

282) 二 : 底本에는 "云"으로 되어 있다. 『明齋遺稿·與金重叔萬重 庚午 二月』에 근거하여 수정하였다.

283) 贖 : 底本에는 "續"으로 되어 있다. 『明齋遺稿·與金重叔萬重 庚午 二月』에 근거하여 수정하였다.

心事, 則竊謂彼此相照而無間也. 畢竟以不肖妄作, 乖[284]阻至此, 無非不肖之罪, 尙何言哉? 因此弔狀, 初不敢爲畏煩之計, 而蘊衷未伸, 嘗懷鬱結, 重被令允之阻, 不得不一吐, 冒瀆哀聽, 尤增慄懼.

又與金哀君守甫[285] 鎭龜 書

云云. 竊聞光城大夫人奄忽違世. 伏想以憂思成疾, 以至於此, 承訃驚怛, 不能已已. 絶島中忽聞凶訃, 其窮天極地之痛, 令人慘然不忍想. 判書苫前, 弔狀修上, 幸因往便轉上, 如何?
噫! 先人之於金·權兩公, 平生但以不得同死爲恨, 非但於辭職之疏, 屢達天聽, 其見於私書者, 不翅反覆丁寧. 若使不肖有一毫他意, 則身死之日, 何以見先人於地下耶? 只以當初痛先人之受謗, 欲辨先人處義之道以爲:"兩公得死所, 而先人則偶爾得免焉. 死固成仁而生亦無害於義." 云爾, 而辭不達意, 語未敬謹, 致有無限情外之言, 莫非不肖之罪, 尙何言哉? 光城昆季前, 每欲一暴此心, 而情隔勢阻, 竟未敢焉, 而光城已作古人矣. 今於弔狀, 不敢猥及此意, 則幾時得暴區區衷曲耶? 只自耿耿而已. 云云.

羅良佐私記[286]

己酉先生葬時, 尹義濟爲其致奠而來. 宋子文先見其祭文曰:"祭文多有怨懟之語, 且有誣語, 不受爲當[287]." 明齋曰:"祭文雖有怨辭, 而先生平日猶曰:'當若改過遷善, 則無不可復交之義矣.' 今雖無改過之事, 然乃以哀

---

284) 乖 : 底本에는 "承"으로 되어 있다.『明齋遺稿·與金重叔萬重 庚午 二月』에 근거하여 수정하였다.
285) 甫 : 底本에는 빠져있다. 김진귀의 자가 "守甫"임을 감안하여 보충하였다.
286)『明村雜錄·續疏辨源委後記聞』을 校本으로 하였다.
287) 當 : 底本에는 없다.『明村雜錄』에 근거하여 보충하였다.

死悼舊之意來, 則此亦善端也, 寧有不受之理乎?" 子文復亦陳不可, 子文又[288]曰 : "雖以利害言之, 受此奠後, 必有不好事, 到此必思吾言"云矣. 今聞大監之言, 則子文可謂逆知[289]今日事矣. 受奠之事, 果今失着, 在子弟門生, 非泉下之所知也, 以此爲不絶之證, 則實非穩當也.

羅良佐疏中語[290]

所謂受"鑴奠酹"者, 宣擧與鑴雖已相絶, 非有深讐也. 故宣擧於常雖與鑴不通聞問, 至遭伯姊喪, 得鑴慰問而報謝. 故權儁卽宣擧妹夫, 而鑴之妻兄也. 故儁之歿也, 致書於鑴以相弔. 則鑴之當宣擧之喪, 爲文致奠, 亦以故意, 而未見有必却不受之義, 謂之"不爲已甚"者可也, 未可以疑其不絶也.

對或問

或問曰 : "尹宣擧 江都事, 大節虧矣. 後有悔過之實, 顧何足乎? 尤翁之當初奬許, 似爲過矣[291]." 余曰 : "此則有不然者. 程子曰 : '天下無不可改[292]過之人.', 『書』曰 : '宥過無大.' 蓋不與人之改過, 則是阻人自新之

---

288) 子文又 : 底本에는 "尹養一亦"로 되어 있다. 『明村雜錄』에 근거하여 수정하였다. 『명촌잡록』에 의하면 이것은 윤양일의 말이 아니라 송두장의 말이다. 『명촌잡록』에는 底本의 '尹養一亦曰' 아래에 다음의 구절이 있다. "'자문의 말이 옳습니다. 제문을 받지 않는 것이 좋을 듯합니다. 시생(侍生)도 또한 자문의 말을 옳다고 여깁니다.' 명재가 끝내 듣지 않았다.[子文之言是也. 不受似好. 侍生亦是子文之言. 明齋終不聽.]" 양일은 윤경교(尹敬教, 1632~1691)의 자이다. 본관은 파평이며, 호 장호(長湖)이다. 대사간 황의 증손, 할아버지 훈거(勳擧), 아버지 변(抃)이다. 윤선거의 문인으로 지평 · 헌납 등을 역임하였다.

289) 知 : 底本에는 "之"로 되어 있다. 『明村雜錄』에 근거하여 수정하였다.

290) 『肅宗實錄』 13년 3월 17일자에 실린 나양좌 상소문을 校本으로 하였다.

291) 過矣 : 底本에는 없다. 문맥으로 보아 보충하였다.

292) 改 : 底本에는 "迻"로 되어 있다. 『論語』에 근거하여 수정하였다.

心, 杜人向善之路也. 公山弗擾293)罪大惡極, 而夫子猶望其改過, 至往其召. 而況宣擧之苟免, 只緣無舍生之勇者乎! 後能矢心自廢, 終身不仕, 則眞所謂善補過也. 今若於江都之失, 而不與其進, 則豈聖人有過無大之意乎? 且尤翁之於宣擧, 不許其不死, 而只許其過, 則人將知臨亂苟免之爲可恥, 而孟夫子所謂舍魚取熊之義明矣. 其始之奬許, 豈過也哉? 及至其子明其父之本心, 以著其無悔過之實, 則始覺其平日見欺於矯飾也. 又謂之十分道理, 則人將以臨亂苟免爲不易之義矣, 其陷人心禍世道, 果如何哉? 其終斥之所不已也.

○ 或問："尼徒開口, 必曰：'已絶鑴.' 而尤問之'必以不絶.' 斥之者, 何也?" 余曰："己酉一書, 卽宣擧臨死之筆, 而一則'會神聚精', 一則曰'先從此兩人始'. 蓋欲尤翁與鑴·穆輩聚精會神, 又欲朝家收用必先鑴·穆也. 已果絶其人, 則欲朋友之聚精會神, 欲朝家之收用, 何也? 欲朋友之聚精會神, 欲朝家之收用, 而謂已之絶其人, 人孰信之也?

且己喪伯姊, 得彼問而謝之, 彼亡妻兄, 致唁書而慰之, 猶謂之不通聞問, 其果成說乎? 其父之生也, 旣絶其人, 其父之沒也, 反受奠酹, 拯雖不肖, 豈忍爲此! 此其父未嘗絶而子不敢拒者, 明矣.

況其年譜中贊鑴之語, 乃在庚申伏法之後, 則其不絶之狀, 有不可掩矣. 語之出於此者, 彼或誘之於誣, 而此皆據尹父子門徒之所爲說, 則背義黨惡之目, 莫非渠輩之所證成. 如是而欲人不敢議, 難矣."

示或人書294)

世之肆誣尤翁者, 固不須說, 其用心持論, 不如此甚者, 亦頗竊疑以爲："尤翁之絶鑴, 不在於毁經之日, 而在於禮訟之作. 及其蔽鑴之罪·誅黨之法, 則又必以毁經爲說, 是出於一己之私忿, 非天理之正也." 此正以小人之

---

293) 擾：底本에는 "盻"로 되었다.『論語』에 근거하여 수정하였다.
294)『南塘集·與姜甥奎煥 乙未 二月』을 校本으로 하였다.

腹, 度君子之心也. 賢於此又不知所辨, 亦見其燭理之未明也. 賢且將此事做, 已遇底去裏面, 坐在思量, 便可得見尤翁用心處矣. 賢亦有平生執友道理相許者, 一朝有妄作如鑴者, 便可立地相絶乎? 抑將戒之責之, 冀其有改而終不見聽, 或別因一事, 見其心肺[295], 無復可望其爲善人而後[296]方絶乎? 大凡朋友有大過, 固有相絶之義, 亦須有忠厚惻怛之意, 存乎其間可也. 彼悻悻然不俟終日者, 所以爲小丈夫也, 君子豈爲之哉!

尤翁之於鑴也, 早相許以道義之契, 則義固未嘗不重, 情亦未嘗不厚矣. 當鑴之始改註, 不待其戒之責之, 以盡其朋友之道, 而遽與之割席, 則豈不爲君子之薄德也耶! 故於毁經之妄作, 斥之雖嚴, 而其伯夷之稱, 講官之擢, 朋友之誼, 猶未盡絶也. 豈非所謂王庶幾改之者耶? 倘使鑴也旋卽悔悟, 改其妄作, 則尤翁所以待之者, 又豈特一善之稱, 一官之除也? 及其禮訟之作, 鑴爲卑主貳宗之說, 肆其爲讒賊, 則凡鑴之包藏凶慝爲鴟爲梟者, 敗露無餘, 而無復可望其改前日之妄作矣. 鑴於是乎始決其爲聖門之異端, 而不容復全其未絶之交誼也. 此尤翁之絶鑴 所以不在毁經之日, 在於禮訟之作也. 鑴之爲惡, 雖著於禮訟[297], 而本其非心, 依舊在毁經上. 論禮之悖, 禍止於一時, 毁經之誣, 害流於萬世, 其罪之輕重, 又有所間矣. 交誼未絶於爲惡未著之時, 君子之過, 不亦宜乎? 而扶護不替於爲惡之後, 黨人之跡, 烏可諱也? 讒賊之爲黨, 得罪於士師[298]; 異端之是與, 得罪於聖門, 於黨之中, 又其罪之有輕重也. 尤翁之所以蔽鑴之罪·誅黨之法, 又必以毁經爲重也.大抵斷鑴之奸凶, 論禮可據, 而數鑴之所負犯, 毁經爲大. 故昭奸絶惡, 雖在於禮訟, 而蔽罪誅黨, 必據於毁[299]經. 此其生物之仁, 常行絶惡之中, 知言之明, 不差於用法之際矣. 苟非義精仁熟者, 其孰[300]能與於此

295) 肺 : 底本에는 "旆"로 되어 있다. 『南塘集·與姜甥奎煥 乙未 二月』에 근거하여 수정하였다.
296) 後 : 底本에는 없다. 『南塘集·與姜甥奎煥 乙未 二月』에 근거하여 보충하였다.
297) 禮訟 : 『南塘集·與姜甥奎煥 乙未 二月』에는 "論禮"으로 되어 있다.
298) 士師 : 『南塘集·與姜甥奎煥 乙未 二月』에는 "王法"으로 되어 있다.
299) 毁 : 底本에는 "禮"로 되어 있다. 『南塘集·與姜甥奎煥 乙未 二月』에 근거하여 수정하였다.
300) 孰 : 底本에는 "熟"으로 되어 있다. 『南塘集·與姜甥奎煥 乙未 二月』에 근거하여 수정하였다.

哉? 然此可爲知者道, 難爲俗人言也. 所謂 : “君子之所爲, 衆人固不識也.” 賢亦於此見得, 許汝具一隻眼子矣.

辨說

甚矣, 尼徒之巧於誣人而不思! 夫具眼者, 覰破其底蘊也. 夫尤翁之奬許鑴, 收用鑴, 有以焉. 朱子於東坡其褒之也, 一則曰 : “仁人.” 一則曰 : “英秀後凋之姿, 堅確不移之操.” 其論爲世道害處, 則以爲甚於安石. 又責汪尙書掌試而擢士之用蘇氏語者. 其論汪應辰既曰 : “道全德備.”, 又曰 : “碌碌汪相.”, 此聖人之惡而知其美者也. 夫鑴還納告身, 爵祿是辭, 則禍心未著, 志操可尙, 故所以有伯夷之稱也. 帝堯知伯鯀之方命圮族, 而四岳齊薦, 則試之以治水之任. 孔明知許靖之浪得虛名, 而特以蜀中人望之所歸用之, 此聖賢之不自用而順人心者也. 夫鑴也, 己亥以前, 虛譽隆洽, 相臣至有推讓其位之意. 宣擧又移書於尤翁, 盛稱鑴之才學, 又責其不爲薦用, 其一時之靡然, 可知也.

尤·春兩先生秉銓時, 以爲衆望所係, 不可不收用. 所以有講官之擢, 憲職之除也. 其後尤翁詳知鑴意, 親往其家, 戒責諄諄, 鑴傲然自是曰 : “子思之意, 朱子獨知之而我不能知之乎?” 傍有一人曰 : “至後世, 則又不知某說爲是也.” 尤翁聞此言, 知其終不可開導, 遂決意棄絶而來. 若奬用之擧在於其後, 則人之致疑, 固其然也. 未及斷置之前, 愛其才, 奇其改, 而又迫於群議, 姑試其可, 豈非君子之失於厚者乎?

且夫若以尤翁於鑴, 奬用於己亥以前爲非也, 則宣擧亦嘗移書力請矣, 不可以此病尤翁也. 若又以棄絶於庚子以後爲非也, 則尼徒亦曰 : “庚子禮訟後, 尤翁絶之, 美村亦絶之.” 不可以此疵尤翁也. 特以禮訟之後, 鑴之怨毒, 專在於尤翁. 尤翁之所深惡而痛絶者, 又莫如鑴, 則尼於是乎窺此釁隙, 把作話柄, 遂以前日奬用鑴爲今日棄絶鑴, 逞私憾之證, 其於誣人, 不亦巧乎? 雖然, 若如尼說, 則尤翁之過, 不在奬用鑴, 而專在於棄絶鑴矣.

鏞若是君子, 人不可棄絶, 而尤翁乃棄絶之, 則尼徒雖歸於私憾, 固亦成說. 而鏞之爲可絶, 尼徒之所不敢諱, 則可絶而絶之, 何論其心憾之有無乎? 以大賢光明正直之擧, 歸之黯深挾雜之科者, 雖巧於誣人, 而其用意之艱險如見其肺肝矣.

庚子以後, 鏞之禍心綻露無餘, 而尤翁最當其鋒, 則在公議, 不可不絶, 而在私義, 不期絶而自絶矣. 其將避私憾之嫌而緘口結舌, 使元惡一任其壞亂國家如宣擧, 然後爲可耶? 和鏞之不可不絶, 而在人則歸之於私憾, 在已則言絶不絶, 至死 扶護者, 果何意也?

宣擧之擬書, 旣恕鏞以詿誤之失, 則詿誤之稱, 不過小眚細過也, 故舊之不可以小眚細過相絶, 明矣. 而況欲國家之收用, 欲朋友之同寅, 而聞其疑以譖賊·毒螫之物乎? 臨死一書, 若是勤懇, 則雖曰絶矣, 人孰從而信之? 至於尤翁之罪鏞, 必以毁經者, 蓋以鏞之行凶作惡, 雖著於禮訟, 而其頭腦根抵, 實在於毁經.

又其流害, 將使天下後世不知有朱子, 其迷人禍國, 非一時壞禮之比, 則其發本塞源, 聲罪致討, 不以毁經爲先也? 此等義理知之甚易, 拯也乃以此爲挾私憾之斷案耶? 若所謂"詆毁美村, 三變其說"云者, 誠極可笑, 此有成說, 今不疊床. 而至於"江都俘虜"四字, 本出於木川人, 旣有目見, 而親聞者援證明白, 而必歸之於尤翁之自做, 其爲設心, 有不忍正視.

前後疏章·書尺辨之悉矣, 亦不必呶呶, 而至其結語曰"所怒在於美村, 而吾不欲索言也". 其不欲索言, 何出於愛惜而然耶? 聞其暴揚而然也. 用意包藏, 遣辭闔闢, 若有深過隱慝存於不言之中者然. 此豈君子白直之言耶? 眞可謂盡出拯譎詆底心腸也.

尼山辛酉擬書[301)]

竊伏承前後下敎, 每以世道爲憂, 而要其歸趣, 則未嘗不歸重於言論抑揚·

301)『明齋遺稿·擬與懷川書』를 校本으로 하였다.

與奪之間, 繹之於心, 實不能無疑也. 蓋聞朱夫子之訓曰 : “須是先得吾身好, 黨類亦[302]好, 亦方能得天下國家好. 而所謂好者, 皆實皆大又久遠. 若不自吾身推之, 則彌縫掩伏, 雖可以苟合一時, 而凡所謂好者, 皆爲他日不好之病根. 云云.” 誠如是, 則世道之任[303], 安可易言? 苟未得先好吾身, 而只欲爲彌縫掩伏於外面之計, 則隨吾身所處之廣狹, 莫不陰視我爲表準, 而同歸於不好. 況又爲之言論, 抑揚·與奪以驅之哉? 然則其所以任世道者, 適足爲世道之害耳.

拯以忝在門下久, 得以竊覵於所存[304]所發, 似或未免於朱夫子所戒王霸並用·義利雙行之說. 其初蓋未嘗不夷[305]於吾心, 以爲吾所見者, 僭耳妄耳. 比年以來, 心中之所疑, 日以益甚, 雖欲强而[306]不疑, 終不可得. 而竊自念以爲 : “吾所受於門下者, 晦翁書耳, 何故與晦翁之書, 若不相似也?” 若蓄疑於心, 畏獲罪於門下, 不以仰質, 則是永負門下, 以及於晦翁耳. 玆敢一布心腹, 倘蒙赦其僭妄, 察其忠悃, 則幸甚幸甚. 拯懷此耿耿久矣. 而曩者門下在厄時, 則恐或語句之漏泄, 以遭讒賊之口, 泯默不發, 以至於今. 懈緩無誠, 尙所自悚, 亦恐鄙見誤入[307], 留以商度, 自爾遷延. 伏乞並垂宥亮諒[308]. 夫所謂“王霸幷用, 義利雙行”者, 何也? 請姑先以發處一二事者明之[309], 而論其所存然後, 可乎?

竊覵門下道學, 一宗於晦翁, 事業專在於大義, 其初固將粹然, 一以天理自期, 寧有霸與利之可言哉? 惟以其晦翁之道自任, 而大義之名自樹, 故主張不得不高. 而主張太過, 故已不能虛心而受益, 自引太高, 故人不得獻疑而

---

302) 黨類亦 : 底本에는 마멸되어 없다.『明齋遺稿·擬與懷川書』에 근거하여 보충하였다.

303) 任 : 底本에는 “使”으로 되어 있다.『明齋遺稿·擬與懷川書』에 근거하여 수정하였다.

304) 存 : 底本에는 “好”으로 되어 있다.『明齋遺稿·擬與懷川書』에 근거하여 수정하였다.

305) 夷 :『明齋遺稿·擬與懷川書』에는 “反責”으로 되어 있다.

306) 而 : 底本에는 “爲”으로 되어 있다.『明齋遺稿·擬與懷川書』에 근거하여 수정하였다.

307) 誤入 : 底本에는 “設”로 되어 있다.『明齋遺稿·擬與懷川書』에 근거하여 수정하였다.

308) 諒 : 底本에는 “亮”으로 되어 있다.『明齋遺稿·擬與懷川書』에 근거하여 수정하였다. ‘拯懷此耿耿久矣……伏乞並垂宥諒’은 문집에 작은 글씨로 되어 있는 세주인데, 底本과 다른 글자가 여럿 보인다.

309) 之 : 底本에는 없다.『明齋遺稿·擬與懷川書』에 근거하여 보충하였다. 底本에는 뒤에 “其”가 더 있다.『明齋遺稿·擬與懷川書』에 근거하여 삭제하였다.

發難. 於是尙同者見親, 而替否者被疎, 匡拂者見違, 而將順者無災. 大名壓世, 而實德難久者也. 此則發於行己者也.

嘗承敎以爲："退陶之學, 一模晦翁, 而其剛毅峻絶處, 終似欠闕." 蓋以此病於退溪, 而處己則又不覺偏於剛峻一邊. 自克勇者爲剛, 以責人猛者爲剛, 理勝欲者爲剛, 而今以力服人者爲剛, 其非眞剛也. 是以見於酬酢之間者, 其於克己躬行實地用功[310]之處, 尠或及之, 而譏誚諷切抑揚·與奪之意, 則開口肆氣. 痛切深刻, 攻人勝人之語, 不絶於語頭, 至於引繩從違, 一言之同異, 一事之差延, 分之又分, 析之又析, 平生情義, 棄之如遺, 則又類小恩之申·韓, 此則發於接物者也.

惟其如是, 故遊於門下, 承望附會爲尊賢, 傾軋險迫爲嫉[311]惡. 高者慕其名, 下者貪其利, 一例學爲談論, 而其於性·情·身·心·日用彝倫之上, 則皆蔑如也. 是以在朝, 則以同異爲親疎, 以好惡爲彼此, 新舊相傾, 到處區別, 而士夫風習之壞, 不但私意橫流矣. 在野則相歆動以勢, 相怵迫以威, 緝言納媚, 毁人發跡, 而鄕黨風俗之壞, 有同潁川之鉤距矣. 至於州縣之餽問過禮, 士林之承奉過情, 人畏其威, 不懷其德, 宛然成一富貴門庭, 而無復儒者氣像矣. 卒至平生親舊, 無一人全其終始, 使六七十年塤篪麗澤之地, 一朝變爲蚌鷸蠻觸之場. 將未免貽笑於後世, 則又無異於鬩墻之變矣. 其影如此, 其形可見, 此則發於符驗者也.

至於文章·言論, 無一不本於晦翁, 若無晦翁之言, 則無以信其說. 然夷考其實, 則或只得其名目, 其義意未必相似者有之, 或先立己見, 而引晦翁之言以重之者有之. 其或甚者, 幾乎挾天子以令諸侯者有之, 人皆外不敢抗言而內多不服. 其發於文章者如此.

平生樹立, 實在於彰明大義者, 非可以言語取判也, 亦非可以然諾取必也. 如孝廟初請對等事, 皆要得君父之然諾, 據以爲出處之名, 而殊欠至誠做去之義.[312] 其初固有喚醒人心, 聳動瞻聆之效, 而稍久則無實以繼之. 是

---

310) 功：底本에는 "工"으로 되어 있다.『明齋遺稿·擬與懷川書』에 근거하여 수정하였다.
311) 嫉：底本에는 "疾"로 되어 있다.『明齋遺稿·擬與懷川書』에 근거하여 수정하였다.
312) 如孝廟初請對等事……而殊欠至誠做去之義：『明齋遺稿·擬與懷川書』에는 小字[細註]로

以所謂“修內攘外·安壇復雪之圖”者, 今無卓然可見之實事, 而所可見, 只是祿位之隆重·聲名之洋溢而已. 其發於事功者, 又如此.

所發於外者揆之, 則所存之一二, 亦或可以窺測而言之矣. 竊謂一分之氣質之不能變[313]也. 栗谷[314]先生有言曰：“矯氣質之法, 在克己.” 己不能克, 則無以矯氣質矣. 朱子曰：“己之私有三：性質之偏, 一也；耳目口鼻之欲, 二也；人我忌克之私, 三也.” 栗谷曰：“己之難克者, 惟忿與欲耳.” 謝氏曰：“剛與欲正相反. 能勝物之爲剛, 故常伸於萬物之上；爲物揜之謂欲, 故常屈於萬物之下矣.” 夫忿與忌克, 似剛而非剛, 無他皆人欲故耳. 竊覸門下之氣質[315], 剛德爲多, 而其用有不能純於天理如右所論, 故反爲是德之病, 眞所謂氣之難克者也. 由其己不能克, 故無以矯其病而全其德. 所[316]以所發者, 無不因是病而生出[317]者也.

何謂學問之不以誠也? 子曰：“主忠信.” 而朱子解之曰：“人不忠信, 事皆無實, 爲惡則易, 爲善則難, 故學者必以是爲主焉.” 栗谷先生因以申之[318]曰：“人無實心, 則悖乎天理矣. 一心不實, 萬事皆假, 一心苟實, 萬事皆眞. 故周子曰‘誠者聖人之本’.” 今也氣質之病, 如彼而不能矯, 則其不能實心爲學, 卽此而可辨矣. 夫義者天理也, 利者人欲也, 純乎天理者王道也, 雜乎人欲者霸術也. 所存所發, 如右所陳, 不可謂粹然一出於天理, 則安得不爲雙行而幷用乎?

嗚呼! 以我門下之聰明剛毅之姿, 全確密察之學, 平生樹立之卓, 而坐其一誠之未立, 一己之未克, 末梢得失之效, 至於如此, 豈獨門人後生之失其所依歸而已! 竊想門下之明, 反以求之, 亦將喟然有學負初心之歎矣. 由此『麟經』之大義, 晦翁之法門, 與夫薦紳·章甫之宗匠, 都[319]依靠於門下之一

되어 있으나, 문맥상 큰 지장이 없으므로 본문과 같이 취급한다.

313) 變：底本에는 “辨”으로 되어 있다.『明齋遺稿·擬與懷川書』에 근거하여 수정하였다.

314) 栗谷：『明齋遺稿·擬與懷川書』에는 앞에 “何謂氣質之不能變也”가 더 있다.

315) 質：底本에는 없다.『明齋遺稿·擬與懷川書』에 근거하여 보충하였다.

316) 所：底本에는 “若”으로 되어 있다.『明齋遺稿·擬與懷川書』에 근거하여 수정하였다.

317) 出：底本에는 “云”으로 되어 있다.『明齋遺稿·擬與懷川書』에 근거하여 수정하였다.

318) 栗谷先生因以申之：底本에는 “又”로 되어 있다.『明齋遺稿·擬與懷川書』에 근거하여 수정하였다.

身, 而將無其實可以眞有辭於天下後世, 則豈非萬萬傷痛者乎? 今若爲[320]背城借一之計, 則小子竊願效一說焉.

衛武公九十有五, 猶箴警於國, 曾子臨終易簀, 欲得正而斃焉, 漢武帝行年六十有八, 才有輪臺之悔. 旣往之愆, 與化[321]俱徂, 而萬事之善, 昭映簡冊. 誠以門下, 氣質之本强, 學問之積功, 一朝發憤, 洗滌辛葷, 剗除鱗甲, 一誠所立, 百志俱貞. 由衷達表, 自小至大, 無往不合於天理. 于以紹前統而垂後緖, 以酬初志之所自期者, 眞如戶樞之轉. 未知門下以爲如何. 固知此言朝出, 而四面詬辱之言, 夕集于身, 而師友之義, 終不敢嘿, 敢此瀝盡肺膈而一暴焉, 亦感[322]於門下所敎之言耳.

昔先人嘗語不肖曰 : "尤翁突兀處難及, 汝師其突兀處可也. 然病痛處, 則不可不知." 又曰 : "尤翁受書[323]之量不弘, 汝便以朱子書, 隨事相磨, 如古人之以『三百篇』諫可也." 蓋先人之[324]於門下, 實有至誠, 無彼此無物我, 又欲納於無過, 不以門下之厭聞而自止. 又以爲非晦翁事, 則無以納約, 故實以爲開益之資, 是故敎戒於不肖者, 亦此意也. 今此忘身索言, 非但不敢負門下, 亦欲率先人平日之至誠.[325] 伏乞留神澄省焉. 倘蒙察此微誠, 賜答則雖或誤入, 庶有開牖之望矣.

昨於論草廬事也, 令季以拯爲執草事, 而病門下, 勸勿作答云. 今乃以情外見斥又如此, 則區區欲以牛溪先生所謂"閉門不見人面而死者", 爲自靖之義而已.臨書罄竭, 不覺至此, 尤增惶仄.

---

319) 都 : 底本에는 "徒"로 되어 있다. 『明齋遺稿·擬與懷川書』에 근거하여 수정하였다.
320) 爲 : 底本에는 "謂"로 되어 있다. 『明齋遺稿·擬與懷川書』에 근거하여 수정하였다.
321) 化 : 底本에는 "他"로 되어 있다. 『明齋遺稿·擬與懷川書』에 근거하여 수정하였다.
322) 感 : 底本에는 "惑"으로 되어 있다. 『明齋遺稿·擬與懷川書』에 근거하여 수정하였다.
323) 書 : 『明齋遺稿·擬與懷川書』에는 "善"으로 되어 있다.
324) 之 : 底本에는 "至"로 되어 있다. 『明齋遺稿·擬與懷川書』에 근거하여 수정하였다.
325) 昔先人……至誠 : 底本의 이 부분은 『明齋遺稿·擬與懷川書』에 작은 글씨의 세주로 되어 있다.

辨奸說

拯之背師, 有二說焉：一則以爲覷破尤翁本源心術之不正而絶之也, 一則以爲由尤翁之詬辱其親而不得不正也. 至於墓文事背師, 拯與其徒之素所索性發明者也. 然其爲說之邪遁, 有可以立辨者, 拯之辛酉擬書, 卽其證也. 何者, 擬書一篇, 臚列尤翁之罪過, 無復餘地, 唯恐其一言一事, 或免於無狀小人之歸, 師生之義, 已絶於此書矣.

其徒猶以此爲出於至誠規諫, 則眞可謂病風而喪心矣. 假使此書出於規諫, 而書成而不送, 則是知其規諫之無益也. 知其規諫之無益, 則望其遷善改過, 而尤翁之爲無狀小人, 益無所逃矣. 旣以無狀小人, 處其師, 則曰"函丈"·曰"門人", 皆僞也, 其心則已絶之矣. 千古安有以身師其人, 處其師於無狀小人者乎? 張皇一篇, 費辭構捏, 推原其氣質·學問, 歷數其言動·事爲, 卒乃擬之以於奸凶·惡逆. 而旣不送之, 又不火之, 密地相傳, 以資其徒之口舌. 而曰："吾無背師之心." 則雖五尺之童, 必不見瞞矣.

然則拯之背師, 不在於甲子, 而乃在於辛酉以前也. 擬書曰："懷此耿耿久矣. 而曩者門下在厄, 則恐或句語之漏泄, 以助讒賊之口, 泯默不發."云, 則擬書雖成辛酉, 而擬書中所陳之意, 蓋自尤翁乙卯在厄之時矣. 彼所謂尤翁之詬其親, 不過曰："木川事·忍人說·鑞毒所中之語." 而木川事在辛酉, 忍人說在甲寅, 鑞毒所中之語在丁卯. 拯之背師, 其果有於爲親乎? 三說未有之前已有擬書, 而擬書一篇, 背師之跡, 破綻昭著, 則爲親背師, 直不成說矣.

若以本源·心術之說爲拯背師之斷案, 則又有不然者. 尤翁之爲尤翁, 前後一人也. 墓文之托在於甲寅, 墓文之請改在於戊午, 則拯於尤翁, 戊午以前, 知之以大賢君子, 待之以大賢君子也. 及至文成而不愜所望, 請改而不副其願, 則遂有辛酉之書, 敢罪狼藉. 渠雖曰："非私憾也, 直見其本源之不正." 云爾, 人孰能信之? 況其所訾毁, 皆指甲寅以前事也.

甲寅以前, 實不知其無狀小人, 而追後思之, 從後論之, 乃知其爲無狀小人, 則何其暗於前明於後也? 昭好見惡, 又何其適會於墓文事之後耶? 拯雖喙長三尺, 其於挾私, 逞憾之跡, 有不可掩諱也.

草廬禮說事

崔錫文疏曰：326) "臣師於丙辰春, 往候宋於長鬐棘中, 則宋問曰：'君見草廬禮說乎?' 對曰：'未見也.' 宋曰：'此亦一可玩文字也. 其大旨以謂「不可稱庶及嫡統」一節, 略如彼輩所言矣.' 又曰：'小輩則皆以爲欲免禍而爲此說也, 吾則以爲可發一笑也. 請見之.' 令疇錫搜出而不得, 則宋尙敏得之於草廬之侄, 大駭而來示矣, 使於歸路. 而見尙敏而覓見於尙敏處, 則殊未見其有變說處也.

臣師遂以書復于宋曰：'草丈禮說得, 見則非變說也. 彼以庶子爲罪, 故特解之曰：「我亦非以爲庶也. 只謂327)以庶而爲嫡云耳.」蓋主於發明而已, 非變其前見也. 旣得書如此, 而心竊疑之矣. 其後惟泰抵書於臣師, 其略曰：'甲寅在礪巖時, 一二士友以爲「早晩有儒疏之擧, 則茫然不知爲可媿」云. 故若干文字, 書以示之. 旣而思之, 山中無書冊, 只誦所嘗聞者而言之, 若與尤翁有異, 則恐生爭端. 卽以其說, 專送僧人於萬義, 則尤翁添入八九十字而還之. 何故無異辭於專人往復之際, 而今始出之耶?' 辭說甚多, 極其峻激, 至曰：'吾憂其爲失常, 死期將迫. 云云.' 惟泰仍送當初復之本, 則卽宋手筆竄定者. 而此亦宋所謂改說, 非別本也.

臣師不勝咄歎曰：'此果見尙敏家之禮說, 而果已往復者也. 而以此攻彼, 其言孔艱, 殆欲使人掩耳.' 故臣師遂又作於宋略曰：'中心所疑, 不容不稟. 當初門下之使疇錫搜出而不得, 而使拯覓見於歸路者, 卽宋尙敏所得之本也. 宋生所得之本, 卽甲寅秋往復之本. 云云.' 宋答書亦曰：'往復誠有之矣.' 其幻出無根之言, 擠人於罔測之科, 形跡綻露, 十目難掩, 此臣師致疑於本源者一也."

---

326)『肅宗實錄』42년 3월 3일자 기사를 校本으로 하였다.

327) 謂：底本에는 "請"으로 되어 있다.『草廬先生年譜』에 근거하여 수정하였다.

○ 李蓍定疏曰："蓋在甲寅秋, 宋某以議禮, 待罪畿甸也, 惟泰爲禮說, 送示宋某. 其說間有不必言而言者, 亦有可以東西看者, 其大體無害, 故宋某略改字句而還之. 惟泰被謫之後, 頓變前見, 改著禮說之言, 盛行於世, 宋某雖不信其說, 而只訝人言之如此, 適因拯之來拜棘中, 言及惟泰事, 則宋某亦言所聞, 第令覓見其禮說初本. 宋某之意, 蓋欲辨其傳來虛實而已. 拯歸以書問於惟泰, 則惟泰書極口自明, 怨詈宋某.

拯遂復于宋某曰：'前日所謂禮說聞李生顒[328]【草廬之子】之言, 則謂「曾往復於門下」.' 又曰：'旣無變說.'云. 宋某答書曰：'聞此兄言：「我論禮誤, 可死. 云云.」愚謂此必以爲：「當初論禮, 極言不諱, 其勢當死.」云, 而傳者轉語之誤耳. 其[329]後又聞：「此兄作新說, 頓異前見」. 旣而李厦卿來說：「曾拜草丈於松京路上, 其論可異.」雖不信聽, 亦不能無訝. 故子仁臨顧之行, 擧要覽其初說矣, 及承回示, 則又自信前日相信之不謬也. 甲寅秋, 往復誠有之, 間有以愚意修刪[330]者矣. 原說有[331]不必言而言者, 而其全篇自好, 似無害矣. 云云.' 以此觀之, 伊時傳說之播人耳目, 不勝其藉藉, 則宋某之聞而致訝, 對拯云云, 固非異事. 畢竟吳始壽輩, 果以惟泰變其初見, 貽書宋某, 與之相絶, 請釋蒙宥, 始壽輩若不觀其新說, 則何以建白而放釋乎? 然則惟泰烏得免士林之疑? 而變見之說, 初不出於宋某者, 不亦較然乎?

今錫文輩疏中使疇錫覓出不得之說, 有若宋某故稱所無之新說而以陷[332]惟泰者然, 此豈非誣罔之甚乎! 以宋某書中所謂'承回示'·'自信'·'不謬'等語

328) 顒：底本에는 "頴"로 되어 있다. 『明齋遺稿·與懷川』에 의거하여 수정하였다.

329) 其：底本에는 "某"로 되어 있다. 『屛溪集·代舘學儒生李蓍定等辨尤菴遂菴兩先生被誣疏丙申』에 근거하여 수정하였다. 이하 同一 기사 내의 "其"는 "某"로 고치며 校勘記를 달지 않는다.

330) 刪：底本에는 "冊"으로 되어 있다. 『屛溪集·代舘學儒生李蓍定等辨尤菴遂菴兩先生被誣疏丙申』에 근거하여 수정하였다.

331) 有：底本에는 "爲"로 되어 있다. 『屛溪集·代舘學儒生李蓍定等辨尤菴遂菴兩先生被誣疏丙申』에 근거하여 수정하였다.

332) 陷：底本에는 "諂"으로 되어 있다. 『屛溪集·代舘學儒生李蓍定等辨尤菴遂菴兩先生被誣疏丙申』에 근거하여 수정하였다. 이하 同一 기사 내의 "諂"은 "陷"으로 고치며 校勘記를 달지 않는다.

觀之, 宋某與拯相對時, 未見其新說, 而只信惟泰之不改初說者, 尤益明白. 旣不得見新說, 使之覓出者, 豈有是理? 且宋某所以處惟泰者, 不信人言, 終始愛護之意, 至於如此, 可謂不失故舊之意, 寧有欲陷之意耶."

木川事

崔錫文疏曰 : [333] "辛酉年間, 宋自京歸鄕, 李翔出見於路, 宋曰 : '君何以與互鄕人同事也?'. 時翔爲木川書院, 院長故也. 翔驚曰 : '何謂也?' 宋曰 : '頃歲魯西之將爲院享也, 木儒於通文曰 : 「江都俘虜, 豈合享祀?」云. 士習切痛, 不可與此輩同事也.' 翔曰 : '漠然, 未聞也.' 宋曰 : '當時此說盛行, 而鄕中人無不聞之.' 翔曰 : '若然, 何以未聞也? 實同聾人也.' 歸家卽招院儒而問之, 則儒曰 : '曾無此事.' 翔曰 : '大老若無所聞, 何以言之也?' 因令査出於虛實, 則元無是事. 人多質問於宋者, 則所答各異. 於李翔之問, 則謂 : '出於柳壽芳.' 於抵臣師之書, 則以爲'問於許璜則可知". 壽芳與翔, 交惡不可面問, 許璜, 京鄕所無, 窮索不得. 此士林之所以深致疑於宋, 而臣師則以爲"豈可致於自做而自倡乎?" 不過門下不逞者之言, 而又不免喜聞而傳說. 當初宋之所言於翔者, 陽若尊尙宣擧之意, 而自播孟浪之惡言, 要作宣擧之詬病, 使於紛然辨詰之際, 以致一場羞辱. 無論言根之何在, 其意志所發, 固不佳矣. 其後沃川通文, 出於宋之門下, 而醜辱宣擧, 有甚於木儒之言, 其所謂尊尙之意, 果又安在? 而當初木儒事, 倡說之心迹, 於是益彰著矣. 此又臣師之疑其本源者二也. 其大如此, 而小小言行可疑者, 不一而足. 云云."

○ 李著定疏曰 : [334] "所謂木川事, 儘有委折. 士人許璜, 卽承旨臣許玧之堂弟也, 居在陽城, 至今生存, 錫文等以爲'京鄕所無, 窮索不得'云. 其子澗等上來陳疏, 見阻喉院, 而旣已謄播於中外矣. 其疏略曰 : '臣父璜, 居在溫

---

333) 『肅宗實錄』 42년 3월 3일자 기사를 校本으로 하였다.

334) 『屛溪集·代舘學儒生李著定等辨尤菴遂菴兩先生被誣疏 丙申』를 校本으로 하였다.

陽時, 因事到木川, 歷過士人尹宲家. 相與打話之際, 尼山書院院儒通文適到見之, 則乃尼山書院, 旣故執義尹宣擧配享事, 而列諸邑中木川下, 有江都俘虜豈合享祀八字. 臣父於還家後, 見同里士人趙文宙·韓尙謙, 說及此事, 答曰:「君果得見耶? 吾輩亦聞之矣.」厥後湖中士人, 無不傳說. 及至辛酉春, 先正來住水原萬義地, 臣父聞卽往拜, 偶以通文中[335]木川下八字之說提及, 則先正曰:「果如君言, 則木川風習, 誠可寒心.」逮夫先正還歸之時, 臣父仍隨往, 行到德坪, 李翔亦自全義來迎, 先正謂翔曰「聞木川人醜辱, 其習可惡. 公爲院長, 能化之乎?」云, 而仍以所聞於臣父者言之. 其時臣父在座參聽, 故詳記如此. 云云.'

蓋其時李翔欲使院儒摘罰, 則人多致疑於柳壽芳, 則木川深諱固隱, 有難的知. 必考其筆蹟然後, 可以得其人, 故通文尼山, 還索其文, 尼儒答書: '僉尊尊賢之論, 不勝欽仰. 第已過之事, 不必更起鬧端.' 木儒再通, 則又答以'元無懸錄之事'云. 此其前後所答, 自相牴牾, 蓋其意欲隱諱之也. 自是之後, 拯不怒木川, 而移怒於先正之傳說. 屢度移書, 迫問其言根於先正, 則先正不得已擧許璜以證之. 灦等疏謂'其父與尹拯自少相熟'云, 而拯一不問之璜, 而勒歸之於先正之自做自播者, 抑獨何心? 而今以見存之人, 直謂之無, 是其欺誣天聽, 若是無忌, 其他譸張眩幻, 何所不至乎?

至於柳壽[336]芳事, 則壽芳與惟泰論宣擧立院[337]事, 不滿之意. 故惟泰會宿於奉恩寺時, 擧似於宋某. 蓋壽芳之言, 卽私相可否者而在乙卯以前. 許璜所傳, 乃通文懸錄事而在於辛酉. 事端旣別, 年條回左, 而崔錫文等謂: '李翔之問曰「出於壽芳」, 答拯書則許璜', 勒謂之所答各異, 終歸之孟浪之惡言, 已極誣悖. 而又謂: "沃川通文, 出於宋某門下, 而謬辱宣擧, 甚於木儒, 尊尙之意, 果何在哉?' 此亦有可辨者. 蓋尹之與人書, 其父江都事, 謂:

---

335) 中: 底本에는 없다.『屛溪集·代舘學儒生李著定等辨尤菴遂菴兩先生被誣疏 丙申』에 근거하여 보충하였다.

336) 壽: 底本에는 "芳"으로 되어 있다.『屛溪集·代舘學儒生李著定等辨尤菴遂菴兩先生被誣疏 丙申』에 근거하여 수정하였다.

337) 院: 底本에는 "說"로 되어 있다.『屛溪集·代舘學儒生李著定等辨尤菴遂菴兩先生被誣疏 丙申』에 근거하여 수정하였다.

'無可死之義.' 反斥先正臣李珥謂：'眞有入山之失.' 沃儒之發文痛辨，實出於爲[338]先正之意，則與木儒無端毁斥[339]者，不特有間. 此宋某之於木儒則斥之，於沃儒則不斥者，各有意義. 然則當初發沃儒通文者，是誰之過也? 誠可笑而不足辨也.

忍人說事

崔錫文疏曰：[340] "又創爲忍人之說，以臣師之母贈貞敬夫人李氏之明白殉節者，欲歸之於宣擧之迫殺，自謂'聞之於故判書金益熙'. 益熙之於宣擧，相知最深，至登之剡章，則豈有心知其忍人而薦之於君父者哉? 臣師以此痛迫，問於宋某，則宋初答以爲：'金尙書不但曰：「忍人而已.」'，其後往復語窮之後，則乃曰：'君其問諸水濱.' 益熙之甥侄故參判李選，至貽書於宋某，言其舅之初無是言，則其爲出於益熙，實涉虛謊. 而傳播不根之說，以逞其忿懥之私者，昭不可掩."云.

○ 李蓍定疏曰：[341] "拯之迫問於宋某也，宋某答書曰：'高明何忍提起此說也? 當時金尙書每血泣而言者，不但曰「忍人」而已. 蓋其[342]同産，【權順長妻】不能從容就盡，謂出於先丈之倡之，故言不知裁. 而愚之對人說此，曾未記得. 云云.' 拯以益熙曾薦其父，且時問訊，爲必無此言之證，則宋某被誣之迫問，又不得已答曰：'金尙書前後異見，非愚所敢知，問諸水濱可也. 豈亦非復吳下阿蒙之意耶? 云云.' 蓋其所以薦剡與存問者，取其自廢

---

338) 爲：底本에는 없다.『屛溪集·代舘學儒生李蓍定等辨尤菴遂菴兩先生被誣疏 丙申』에 근거하여 보충하였다.

339) 斥：底本에는 "辨"으로 되어 있다.『屛溪集·代舘學儒生李蓍定等辨尤菴遂菴兩先生被誣疏 丙申』에 근거하여 수정하였다.

340)『肅宗實錄』42년 3월 3일자 기사를 校本으로 하였다.

341)『屛溪集·代舘學儒生李蓍定等辨尤菴遂菴兩先生被誣疏 丙申』를 校本으로 하였다.

342) 其：底本에는 "人"으로 되어 있다.『屛溪集·代舘學儒生李蓍定等辨尤菴遂菴兩先生被誣疏 丙申』에 근거하여 수정하였다.

之義, 而謂非前日之宣擧也. 此實宋某所謂論丙子後宣擧之意也. 其水濱云者, 蓋用左氏語, 以爲‘益熙之前稱忍人, 後登薦章, 非愚所知, 益熙已逝, 無他憑問’之意也. 文勢語脉, 自有所歸, 而其徒將以拯之母, 死於水濱, 故以水濱之語, 謂有捱逼, 而怨忿不已, 不亦可笑乎?

錫文等所謂 : ‘故參判李選質言其舅益熙之無是言也.’ 尤極虛謊, 是果孰聞而孰傳之耶? 益熙之子萬增, 於丁卯[343]年, 亦參於韓聖輔疏, 而其疏有‘逼殺其妻’之語, 則‘忍人. 云云’, 自在其中, 李選退後, 書問與否, 不必論也. 假使[344]選眞有是言, 選亦後生, 益熙丁丑年間之言, 何以詳其有無耶? 先正臣金某與宣擧書曰 : ‘辭疏中江都事, 必須據實明言可也. 人之訾毁左右者, 非但爲不與諸友偕死, 至謂「導妻先死, 而身能苟活也」. 今若只擧上一句, 不言下一句, 人必以爲掩覆前失, 不可不愼也.’ 朴世采與故李端夏書曰 : ‘所謂「先殺其妻, 己獨不死」者, 乃係亂初行言之溢世, 而吾亦稔聞. 云云.’ 以兩先正視之, 當初傳說之狼藉可知矣. 此豈宋某之所做出耶? 拯非不知行言之如是, 而獨迫詰於宋某者, 直以益熙死後, 言根難究之故, 欲脅之於宋某, 以逞其憾忿之私而然也.”

---

343) 卯 : 底本에는 “丑”으로 되어 있다. 『屛溪集·代舘學儒生李著定等辨尤菴遂菴兩先生被誣疏 丙申』에 근거하여 수정하였다.

344) 假使 : 底本에는 “使假”로 되어 있다. 『屛溪集·代舘學儒生李著定等辨尤菴遂菴兩先生被誣疏 丙申』에 근거하여 수정하였다.

第三冊

江上問答[1) 【遂菴門人進士韓錫祚記師門所聞.字永叔.】

某問尼事始末

先生曰："此非尼事, 乃國事也. 請劈初言之. 麟坪之子諸福,【楨·柟】素是驕傑. 今上【肅宗】初年, 數有違豫, 諸福陰蓄不逞, 窺覬非望. 但時西人當路, 恐難售計. 遂投合諸南, 以鑴·穆爲帥, 欲售排擯西人之計, 而但無隙可乘. 乃相與密謀以爲：'宋某乃西人領袖, 若排宋某, 則西必盡起而扶護矣. 隨其扶護而次第擯去, 則可以盡逐西人. 而第逐宋某罪案, 當據何事?' 又謀曰：'己亥禮論, 終拂人情, 以此爲罪案, 則去宋某如反手耳.' 乃潛間內外, 以煽甲寅之禍. 時積爲首相, 諸福乃潛見積妾子堅曰：'今上如有不幸, 汝使我爲嗣. 我當兵判汝矣.' 堅大喜, 遂祭天爲盟. 是時淸城獨掌西銓, 密知其機, 遂審察以成庚申之獄. 大抵南人則以爲此獄惟福·堅窺覬非望, 罪止其身足矣. 然猶異於弑犯之逆云.【俟上不幸, 圖爲其嗣故云.】至於黑水輩【鑴居驪江故云】, 則謂被士禍, 而視淸城猶袞·貞. 此南人之所以冤庚申獄也. 彼拯是權諰之婿, 拯弟推是李㦿之婿. 權·李卽南人巨擘, 而諰子惜㦿子三達, 又南人中最傑者也. 拯·推多與惜·三達相處. 大抵人之密好, 以情相告者, 莫切男妹也. 庚申之獄所聞者, 無非惜·三達之言, 而拯本虛弱, 遂爲其說所透涵, 以淸城爲後日大禍之魁. 且自意'尤菴自巨濟來, 若聞淸城則必與淸城有異矣'. 及尤菴上來聞獄事, 乃曰：'淸城不無衛社之功.' 拯乃失魄大驚曰：'此翁所見, 何爲如此? 若從此翁, 則終陷坑塹, 必與畢齋

---

1)『寒水齋集 附錄』「黃江問答」;『宋子大全 附錄』권19,「記述雜錄」등을 校本으로 하였다.

之於寒暄矣.' 始生角立之心, 而不得其援, 及得玄石然後, 始有背叛之迹矣.

其得玄石, 抑有曲折. 昔老峯嘗謂 : '使我當路, 則必爲靜·栗, 未施之事業.' 當庚申後, 文谷爲首相, 老峯爲左相, 淸城爲右相. 老峯素不快於淸城, 且惡與外戚同事之際, 淸城適使彼國, 老峯遂欲設施以語文谷. 文谷搖首曰 : '當此新經大獄, 主少國疑, 百姓未附之時, 惟當靜而鎭之, 以延國脉. 不宜紛更, 以致顚覆也.' 老峯不得下手. 而士類以爲 : '老峯前日之言, 都是虛張. 今已當路, 何無一事?' 攻訶沓至. 老峯悶甚以爲 : '吾之所爲阻搪, 是文谷也. 使山林之人在朝, 則豈有如是?', 遂欲彈去文谷而致尤菴, 卽白上遣承旨以招尤菴, 尤菴不來. 又招玄石, 玄石曰 : '我雖欲入, 而但山野之人, 無主人不可濟事.' 老峯曰 : '我當爲主人.' 玄石曰 : '豈有山野之人, 倚戚里而能爲國事者乎?' 老峯尤爲悶鬱曰 : '使尤菴在此則入來否乎?' 玄石曰 : '然則幸矣.' 老峯白上遣承旨, 且書尤菴曰 : '雖不欲當路, 願暫上來, 以致玄石如何?', 尤菴曰 : '吾雖嫌難供職, 使我爲和叔主人, 則吾豈不爲乎? 且吾有欲請太祖徽號事, 此事請後當留, 爲和叔後援.' 遂自驪州赴召, 至京江邀玄石, 諭以同入之意. 玄石樂聞, 遂卽入京, 日不離尤菴, 執弟子之禮甚恭. 玄石曰 : '尹子仁可招而來.' 尤菴曰 : '子仁肯來否?' 玄石曰 : '先生與小子在此, 渠安得不來?' 尤菴曰 : '第招來.' 玄石卽白上招拯. 拯留與同寢謂玄石曰 : '追錄勳削而後, 可以做事, 兄能之否.' 玄石曰 : '不能.' 拯曰 : '外戚之黨擯而後, 可以做事, 兄能之否?' 玄石曰 : '不能.' 拯曰 : '今之時態, 異己者斥之, 順己者扶之. 此風除而後, 可以做事, 兄能之否?' 玄石曰 : '不能.' 蓋追錄指金益勳·李師命輩也, 外戚指淸城·光城·老峯也, 時態指尤菴也. 拯曰 : '此三者不除, 則吾無可入之路矣.' 因留三日, 盡道其所聞於惜·三達之言以爲 : '若隨尤菴, 則大禍將至.' 玄石遂大惑, 無氣而入來. 尤菴已知爲拯之所中矣. 玄石乃不稟尤菴, 直入榻前, 遂力排徽號之議, 還走坡山. 尤菴見事機瓦解, 自高陽入金剛, 仍歸華陽. 自是京裏少輩趨附玄石, 玄石與拯甚好, 而拯黨漸盛, 乃仍其父墓文事及所謂木川事而遂叛尤菴. 其實拯本以西人, 腔子充以南人臟腑, 故忧禍之心常爲根基. 而墓文一事, 特其與尤菴角立之題目也. 此事曲折, 其脈甚微, 故世人尠能知之耳."

先生曰 : "吾請言玄石之所以與尹拯爲貳也. 蓋玄石自立貳徽號之議, 又得見「香洞問答」, 心中殊不自安. 及沃川儒生上疏曰 : '朴某以本朝臣子, 何敢立貳於徽號? 云云.' 或言於玄石曰 : '彼疏非自家意思, 乃宋疇錫陰嗾, 欲殺令公矣.' 玄石大加驚疑, 而久不出口. 其後余與敍九【疇錫字】侍坐尤菴, 忽有人奉進一封書, 見之乃玄石書也. 其書言 : '或者之說如此如此, 信然否? 自聞此言, 亟作此書, 屢欲呈而還止, 今始奉上. 云云.' 考其日月則正月作書, 六月始送也. 尤菴大駭, 敍九亦變色曰 : '此何言也?' 尤菴顧謂余曰 : '此必中間之說. 何以答書則可解和叔之疑[2]惑乎?' 余曰 : '松江疑栗谷, 乃曰 : 「吾輩不意盡死於叔獻之手.」栗谷曰 : 「然則君不過爲士禍之死, 吾則不免爲禍士林之小人, 君須勿慮也.」以此證答之則似好矣.' 尤菴乃以其言修答而下端又曰 : '吾頃與和叔同議先朝助兵錦州衛之事, 則徽號之爭, 何以異此.' 玄石見其答書遂感悟, 因爲傾聽尤菴, 而漸漸[3]生憎於少輩之與希載等連脈矣. 且其時崔愼方欲上疏排玄石, 文谷·老峯止之不能得. 宋仁一【殷錫字】適在京, 乃以書告其事於尤菴, 尤菴卽書責於愼曰 : '玄石卽余道義之交也. 汝以吾稱爲師門, 而敢斥吾道義之交, 可乎? 若如此則不復見我也.' 遂不封其書而送於仁一, 使之見之而傳於愼. 仁一見其書時, 同甫【芝村】在座傍觀, 取以示玄石, 玄石大喜, 其子孫亦皆感激曰 : '尤菴本意實如此, 而前日之妄加詆毁, 吾等之罪也.' 自是之後, 玄石家於[4]尤菴如前矣. 蓋玄石雖爲拯之所誘惑, 而及甲子以後, 見附己之少類, 漸與希載等相連, 遂大悟以爲 : '吾之與尤菴不得者, 本爲子仁之所誤也.' 因大不快於拯焉. 且拯自以爲 : '甲子以後, 則尤菴實孤立, 而人無有

---

2) 疑 : 底本에는 "議"로 되어 있다. 『宋子大全·記述雜錄』 및 『寒水齋集 附錄·黃江問答』에 근거하여 수정하였다.

3) 漸 : 底本에는 "復"으로 되어 있다. 『宋子大全·記述雜錄』 및 『寒水齋集 附錄·黃江問答』에 근거하여 수정하였다.

4) 於 : 底本에는 "與"로 되어 있다. 『宋子大全·記述雜錄』 및 『寒水齋集 附錄·黃江問答』에 근거하여 수정하였다.

附之者.' 及己巳尤菴行遣之時, 聞京外士子皆爲救疏, 且其隨行於行遣者無慮數百, 而與渠相好者, 亦皆奔走先後, 拯乃大疑曰 : '是何人心之傾向如此乎?'

及尤菴之喪, 聞玄石爲之服, 遂大怒以爲 : '人心之傾向, 皆和叔之所引也.' 卽以書責玄石曰 : '旣非師又非友, 何爲服之?' 玄石答曰 : '栗谷於退溪, 服之三月, 吾亦倣此爲之耳.' 拯又疑玄石之比尤菴於退溪, 以書問之曰 : '兄非栗谷, 宋非退溪, 何爲必服?' 玄石益不悅. 且見拯爲南徒所戴, 而斥尤菴益[5]如此, 遂以拯爲無狀底人矣. 且其時諸南欲竄玄石, 使鄭維岳問其可否於拯, 拯答曰 : '朝廷事, 吾豈與論乎?' 玄石聞之大怒, 又痛其心術. 此玄石所以與拯岐異而復路之曲折也. 尤菴嘗曰 : '人之攻和叔如此, 然和叔終非擠我底人. 只是所見或有岐貳處, 故有時疑我, 而非其心術回曲而然也. 但可畏者拯也.' 余曰 : '玄石自是不親不疎底外人, 至於子仁實如先生之子弟也, 先生雖有故, 子仁豈敢反乎?' 尤菴曰 : '君之於子仁相知, 宜不如我矣.' 其後尤菴之言如合符節, 尤菴可謂聖人矣."

○ 問 : "崔愼祭尤菴文曰'人言「拯也殺我先生, 其跡雖微, 其事甚顯」'云. 此何謂耶?".

先生曰 : "崔愼言則雖未知指何事, 而但以吾所聞則有可言者. 宋彝錫【尤菴繼子都正基泰之兄子】之甥姪, 卽尹忠教之妻姪也. 彝錫甥侄爲省其姑, 往尼山, 時蓋戊辰[6]年也. 拯諸宗適會飮, 彝甥[7]亦參座. 有頃拯曰 : '金益勳之命, 止斯已矣.' 因又曰 : '宋某亦安得免乎?' 其中一尹, 以肱止拯而微語曰 : '不知座有生客否?' 拯回顧旋曰 : '南徒大盛, 尤丈似不免士禍, 可慮.' 彝甥卽歸告尤菴, 尤菴曰 : '勿復爲未信之妄言!'. 其後金君平【萬埈】又自尼山蹙眉而來, 告尤菴曰 : '聞尹拯欲盡殺小生家及先生家矣.' 尤菴

5) 益 : 底本에는 "盖"로 되어 있다.『宋子大全·記述雜錄』및『寒水齋集 附錄·黃江問答』에 근거하여 수정하였다.

6) 辰 : 底本에는 "戌"로 되어 있다.『宋子大全·記述雜錄』에 근거하여 수정하였다.

7) 甥 : 底本에는 "錫"으로 되어 있다.『宋子大全·記述雜錄』에 근거하여 수정하였다.

又責止之. 此其所聞之一苗脈也. 且聞諸朴泰晦, 其言曰：'李元禎之子聃命, 當己巳初, 以大諫上來, 言於渠輩曰：「金壽恒則吾輩之讐人, 不可不殺, 至於宋某, 則錫胄之起庚申禍時, 方在巨濟, 安得與壽恒·錫胄等通謀乎? 且西輩以宋某爲儒宗, 今若加律則必謂之士禍, 此亦苦悶[8]處也. 不如置之.」 一南曰：「安知不與通謀乎?」 聃命曰：「然則何以探知其事?」一南曰：「若使權愭問之尹拯, 必不諱矣.」果使問拯, 拯曰：「不能詳知, 但其時與錫胄有二度書矣.」南人遂以爲二書必是其謀, 乃作己巳之禍云.' 此泰晦之所以傳, 而但泰晦本非信人, 是爲可疑. 雖然, 其所謂二度書, 則亦有苗脈, 而非泰晦之所可知者, 以此言之, 則似爲可信矣."

問曰："何謂苗脈?"

先生曰："尤菴在巨濟時有爪病, 以病錄送尹體元【以健】, 使之問藥下送. 體元問諸鄭維岳, 【未叛時】 維岳曰：'此重症, 不可獨斷.' 往議淸城, 淸城劑藥三十貼, 裁書送黃玧家, 使傳體元送于尤菴. 尤菴服之見效. 乃書謝, 又送體元傳於淸城, 淸城得謝大喜云. 且淸城欲辨大事, 【庚申事】而恐士林不快. 遂裁書以蠟燭三十雙奉送尤菴曰：'聞大監於謫中每夜看書, 而恐魚油致眼疾, 故敢以蠟燭代油. 云云.' 尤菴又答謝以送. 此所謂二度書也, 此則非他人所知, 泰晦必有所聞也. 大抵余初以拯爲太柔順之人, 及後以其父己酉擬書, 載之家譜, 獻於尤菴事觀之, 則儘是昏昧底人. 又其後得聞似此之事, 則眞狎邪小人情狀矣. 人不可易知如此."

○ 問："尼尹書同春所謂都是機關者, 亦有苗脈否?"

先生曰："此有可笑事. 昔在己酉, 同春之孫炳遠與老峯之子鎭長同年司馬. 老峯謂同春曰：'先生家設喜宴似未易, 願先生率新恩會于吾家, 以爲一場歡樂如何?' 同春許之. 老峯又奉邀尤菴, 時尤菴以職在京, 方欲還山. 而但預定行期, 則上自主上, 下至三司若館學, 必皆挽留, 事甚不便, 故不欲預定, 俟間促駕爲計矣. 同春密知其意, 乃於宴席酒酣後戲謂尤菴曰：'何

8) 悶：底本에는 "聞"으로 되어 있다. 『宋子大全·記述雜錄』에 근거하여 수정하였다.

日促裝耶?' 尤菴曰 : '吾豈有促裝事乎?' 同春笑曰 : '都是機關.' 尤菴亦爲之笑. 此蓋宴席上好戲, 而拯乃引爲攻尤菴之嚆矢, 豈非可笑之甚乎!"

○ 問 : "草廬甲寅以後事, 人多疑之, 願聞其詳."
先生曰 : "雖未知果如何, 而但誦所聞可乎? 甲寅寧陵遷奉後, 尤菴與草廬, 欲爲同修『沙溪集』於華陽, 自驪江同舟至忠州下陸. 尤菴於道中謂草廬曰 : '何不善導子弟致有人言?' 草廬聞之大怒, 旋謂尤菴曰 : '兄之孫何如也?' 【宋都正基泰夫人, 德興大院君曾孫女也. 大院孫婦謂女都正夫人曰 : '吾家雖富, 皆大院君祭田, 不可分裂, 吾無以資女.' 乃以銀二百兩授之, 夫人受以藏之. 及夫人歿後, 子孫亦藏置. 時有礪山宋哥者, 自前相親近往來尤菴宅矣. 一日宋哥謂都正諸子曰 : '吾有田畓, 欲賣之, 未知可買者乎.' 都正長子仁一見其文案不虛, 遂以其銀買之. 其後宋哥諸族以爲都正之子誘宋哥, 幷其諸族之田盡買之云, 而遂有謗言. 此所謂兄之孫如何者也.】尤菴遂不復言. 其後尤菴謂余曰 : '吾以朋友之道, 聞其子弟之有人言, 乃爲相告, 而使之善道, 則在渠之道, 惟當驚聽甘受, 以爲 : '果有之, 則當警戒. 云云.' 而徐且謂余曰 : '兄之孫亦有如此人言, 亦當警戒'云爾. 則豈非相善之道乎? 而今渠怒聽我言, 若相對擧者然, 烏在其相善之道. 云云.' 自此仁一兄弟與草廬諸子相有不平底意思矣.
且癸丑年, 尤菴在萬義, 草廬在宮村. 一日草廬忽送一書於尤菴曰 : '京裏諸人每來問己亥禮說, 而不暇酬應. 欲作此書以示來人, 願點化而送之.' 尤菴乃逐行看過, 其有字病語病處, 手加點化. 其下段有曰 : '湯·武以諸侯爲天子, 則當以天子待之耶? 當以諸侯待之耶. 云云.' 尤菴乃答書曰 : '處今之世, 與其呶呶, 無寧嘿嘿也?' 仍還其說矣. 及甲寅, 尤菴竄長鬐, 草廬謫寧邊. 金濶往李舜岳家, 李顯之子【濶卽舜岳之婿, 而舜岳及顯, 尹石湖文擧之婿.】亦來會. 俄而李夏鎭【舜岳妹夫】入來, 濶及顯子避入以聽, 則夏鎭謂舜岳曰 : '近觀之, 李惟泰最善人也.' 舜岳曰 : '何謂?' 夏鎭曰 : '不見其新禮說乎? 見其說則頓改前見. 蓋君子之道, 改過爲貴, 而今惟泰能之, 方欲白上放還而收用耳.' 所謂新禮說, 卽送來尤菴之禮說, 而所謂頓改前見, 卽湯·武云云一款也. 金溍聞其說, 卽往長鬐, 以告尤菴, 尤菴不記草廬前說之可以東西看, 而疑其別有新說之際, 尹拯適來長鬐. 尤菴曰 : ‘近聞草廬有禮說云, 其得見否?’, 拯曰 : ‘未也.’ 拯辭歸時, 謂叙九曰 : ‘草廬禮說在此否.’ 叙九以爲前禮說, 而答曰 : ‘宋子愼持去.’ 拯歷見子愼, 取觀其說, 而貽書責草廬. 草廬乃送尤菴所點化禮說, 而謂曰 : ‘此非獨我之所爲, 乃尤菴之所共商量者也. 此公素是險詖者, 今若不知者然, 而以造我謗矣.’ 拯取觀其點化, 則果尤菴筆蹟也. 拯亦始疑尤菴之果如草言矣. 且草於讁中有曰 : ‘我出一言, 則尤公不保首領.’ 草甥金某聞之, 言於尹義濟【鑴子】, 義濟言於權惟.【諰三子, 尤菴之婿.】惟乃往白尤菴, 尤菴家子弟頗有怒, 言於草廬, 草廬亦聞之, 責惟曰 : ‘汝果爲虛言於尤菴否.’ 惟曰 : ‘無所言矣.’ 尤菴又責惟曰 : ‘汝頃日何以覽言長者之說乎?’ 惟曰 : ‘草丈之言則眞是, 而但草丈甚悶其言之出, 故小子不得不自屈耳.’

且草廬行遣時, 李橝就別中路, 草廬有前有尾後無尾蛙之說矣. 橝遂傳說於京裏, 因以狼藉, 莫不竊笑曰 : ‘此老前何峻而後何怯也.’ 草得聞之, 遂書尤菴曰 : ‘聞兄之門徒大攻嗤我, 何不禁止.’ 尤菴鄙其爲人, 只答以爲 : ‘吾輩豈至此境? 惟當閉口而已. 世上嘵嘵, 付之一笑可也.’ 草廬遂以爲尤菴亦攻自家云. 且李翻往長鬐見尤菴曰 : ‘日者得見草廬書以爲 : 「尤徒幷欲與仁祖之統而絶之.」云, 極可驚駭.’ 蓋其時宋子愼以爲 : ‘凡服長子三年者, 嫡嫡相承, 三代然後乃可.’ 此本子愼統論服制之說也. 草廬傳會其說以爲 : ‘仁廟亦自旁支入承大統, 故尤菴之言如此.’ 因出幷與絶之之說焉. 宋長城時燾[9]聞之, 大[10]怒乃曰 : ‘此則南人之所不言, 而草也言之, 欲起吾家赤族之禍也.’ 草聞其言, 又以書極爲發明矣. 俄而草廬釋, 還歸中路, 忽上一疏以爲 : ‘臣所見與前無間, 不可蒙放.’ 光城言於承旨, 乃還給其疏矣. 其後庚申, 朝著復請, 上下敎曰 : ‘議禮罪臣, 不可輕釋. 諸臣中有敢言者, 論以其律.’ 以故尤菴無可釋之望矣. 草廬又上疏曰 : ‘以孝廟爲適子, 非獨臣見, 宋某之見, 與臣無異矣.’ 上以爲 : ‘然則宋某無罪矣.’ 遂釋尤

9) 燾 : 底本에는 “壽”로 되어 있다. 『寒水齋集 附錄·黃江問答』에 근거하여 수정하였다.
10) 大 : 底本에는 “上”으로 되어 있다. 『寒水齋集 附錄·黃江問答』에 근거하여 수정하였다.

菴, 付處淸風. 尤菴以爲：'臣罪自若, 而自上誤聽人言, 誣蒙放釋, 義所不安.' 乃欲仍留長鬐, 不肯上來. 金吾郞以爲：'自上旣已中道付處, 則不可自由.' 尤菴不得已登程, 未至鳥嶺, 又蒙放而歸華陽. 大抵尤菴終不言草事, 而功斥之者, 以其關自己, 而非繫於世道·斯文如美村故也."

○ 問光南事.

先生曰："此事顚末, 世人尠知. 吾今語君, 君可以語後人也. 辛酉年監試, 有一空皮封試券, 考官見之, 則乃告變書, 而所告則午人十三大家也. 一考官曰：'發匿名書有律, 此當火之.' 一考官【卽李師命】曰：'可火尋常事也. 此若不虛, 則國家當如何?' 遂堅封[11]密入. 上卽招淸城付之, 使之密察. 但所告諸人散在四方, 淸城受密托, 而無緣審察. 有金煥者本以西人業武, 得官於午人手者也. 淸城潛召煥謂曰：'國有大變, 而無路察識, 汝善爲密察以告.' 煥辭以不能. 淸城脅之曰：'若不從命, 當斬汝矣.' 煥曰：'當如敎, 但密察之術, 奈何?' 淸城曰：'許璽·許瑛方在龍山, 汝稱以避接, 住其隣家, 交深之後, 與之博局, 仍其勝敗之際, 爾乃曰：「取人之國, 亦當如此云爾.」則可以微觀其色矣. 彼如無怪色, 則仍與同寢, 密議以共叛, 可察其眞僞矣.' 煥曰：'彼無叛意, 而反以我爲叛則奈何?' 淸城曰：'此則都在吾手, 勿慮也.' 遂資煥銀錢, 以爲納交之物. 煥一如其言, 璽·瑛果如響應, 煥乃報淸城. 淸城又使察柳命堅, 命堅則煥不能親, 只與命堅之戚全[12]翊戴者交結, 以探命堅動靜. 而未及詳知之際, 淸城不得已事, 往彼國, 乃以金煥事付諸光南. 光南使煥急探命堅消息, 則煥每問翊戴, 但答以僅知殊常之事【制甲制弓等事】, 而實無的信之報. 且告變中, 又有所謂李德周, 卽其魁首云, 故亦使密察, 而未及探報之際, 忽有物議, 以爲：'金煥佯爲密察, 而實謀不軌.' 中外喧藉. 光南卽招煥以告其說, 仍使急急告變, 煥大惧. 乃請軍牢曰：'願執翊戴, 同爲告變.' 光南卽與軍牢一雙. 煥來暮至翊戴家, 急招翊戴, 而使軍牢執以還家, 囚之內室, 脅之曰：'汝與我當急告變, 可免大

---

11) 封：底本에는 "命"으로 되어 있다.『寒水齋集 附錄·黃江問答』에 근거하여 수정하였다.
12) 全：底本에는 "令"으로 되어 있다. 실록과『燃藜室記述』등을 참조하여 수정하였다.

禍.' 翊戴曰 : '柳也本無叛狀, 吾何以誣告?' 堅拒不聽. 煥乃白光南, 使囚禁府. 又謂光南曰 : '吾當入告, 而設鞫之後, 卽招翊戴, 問其事, 願牢囚以俟.' 光南遂囚之. 於是煥乃告變, 卽設鞫廳, 捉來墾·瑛, 則不下一杖而自服. 煥卽爲勳臣, 升坐中堦. 煥意翊戴亂語無實, 則恐妨己事, 遂不推來. 光南俟其推去而終無消息, 悶甚難處, 自詣鞫廳告其事. 時文谷爲委官, 乃曰 : '鞫廳事, 非出於御敎, 及罪人招辭, 則不敢擧論.' 光南悶切, 莫知所爲. 時淸城已還, 同爲委官, 乃謂光南曰 : '往兒房密啓, 則事下鞫廳, 然後乃有可處也.' 光南曰 : '吾不文, 何以草啓?' 淸城卽取簡皮, 略草啓辭, 使達之, 事遂下鞫廳. 卽招翊戴問之, 則翊戴見煥已爲勳臣而升坐, 卽以爲 : '我若告變, 則亦當如彼.' 乃告命堅謀叛. 卽拿致命堅, 與翊戴面質, 卒無所驗, 遂斬翊戴. 此光南事始末也.

大抵當初考官之密奏試紙, 及上之密付淸城, 淸城之密託光南, 事甚秘密, 故其時少輩罔或有知. 而但聞光南之資金煥以誘墾·瑛, 終致逆誅, 遂大不是光南曰 : '益勳之誘致人叛逆者, 其設心甚於自爲叛逆. 云云.' 而將有致罪之擧. 時尤菴在驪江, 上遣承旨, 使之偕來. 故承旨趙持謙累日留侍, 詳言光南誘致叛逆之設心無據. 尤菴聞之, 亦以爲無狀, 雖受死不足惜. 少輩遂大喜, 以爲 : '長者所見, 亦與吾儕同.' 及尤菴入京, 則文谷·老峯·淸城具白其本末事機, 光城一家亦來訴其曲折. 尤菴始知顚末, 乃曰 : '事果如此, 則益勳非其罪矣.' 少輩大潰, 以爲 : '長者亦有偏私, 變其初見.' 趙持謙·韓泰東輩, 自此遂角立, 而附麗者無數矣."

○ 問 : "孝廟君臣復讐之事, 人至今以爲迂闊, 其時果如何?"
先生曰 : "吾以爲太不迂闊者, 莫如孝廟·尤菴也. 孝廟入彼國時, 彼之南戰北鬪, 皆得隨行, 故虜之兵戈·技藝·將帥能否, 皆習知之. 惟龍骨大·馬夫大[13]·八王·九王, 四箇漢爲不可當底英雄, 而孝廟在彼時, 龍·馬·八王皆死, 惟九王獨在. 蓋孝廟登極, 殆將十年, 而猶不敢爲此北伐之計者, 以

13) 大 : 底本에는 "人"으로 되어 있다.『寒水齋集 附錄·黃江問答』에 근거하여 수정하였다.

其忌九王之難敵也. 丙申年, 九王亦死, 孝廟以爲無足畏者, 遂於戊戌, 與尤菴密勿經營, 而未滿一歲, 奄忽昇遐. 天乎痛矣! 蓋孝廟之意, 以衆寡不敵, 不可長驅, 惟養兵畜財, 閉關絶約. 如又不能, 則內備修攘之策, 外存羈縻之形, 以待彼釁, 欲爲迎擊. 此孝廟志也, 何謂迂闊!"

○ 問姜嬪事.

答曰 : "此關係宮禁事, 豈可詳知? 但尤菴於孝廟獨對時, 從容白之. 答曰 : '此則我家事, 我固詳知. 卿須信我言可也.' 尤菴不復言, 但曰 : '金弘旭子孫, 勿爲禁錮.' 答曰 : '當從之.' 初仁廟罪姜嬪時, 未得罪目. 適趙絅自以爲伸救疏, 有曰 : '人臣無將, 有將則誅, 雖然曖昧. 云云.' 仁廟雖出趙絅, 而遂取其疏中'有將'二字, 以爲姜嬪罪目. 尤菴嘗以此斥絅, 且絅事猶爲微末. 而至於尹鑴·洪宇遠, 則是乃爾瞻輩也. 其時所謂'照管'語脉, 世人徒知出於鑴, 而不知出於宇遠也, 請索言之. 自甲寅後, 諸福與淸風府院君金佑明, 及諸南交結日深, 至於潛奸宮女, 將有不利之漸. 明聖王后雖知之, 而以淸風不應, 未如之何. 時有許珽者, 卽仁廟初潛時友人許啓之子, 而長安大俠也. 一日突入淸風家曰 : '吾外南而內西也, 公外西而內南也. 今日吾與公爲偏論可乎?' 淸風曰 : '何謂?' 珽曰 : '仁祖氏吾父之別交也, 故仁祖之子孫與吾父之子孫爲世交. 今吾世交家子孫如彼單弱, 危不保朝夕, 吾是以憂之, 寢不成矣.' 因涕泗滂沱. 淸風聽之, 忽思 : '聖體幼弱多疾, 且無兄弟親子, 又無宿昔大臣可以保護者, 而彼諸福諸南, 日與相結.' 遂大感悟. 卽入告柟·楨交通宮禁之狀, 仍囚[14]楨·柟, 杖宮人, 宮人遂各自服. 時諸南以淸風誣服宮女, 欲殺王孫云云, 有反坐淸風之議. 積以首相入告諸福之冤·淸風之誣. 時明聖王后在帷後, 乃大聲痛哭而叱積曰 : '汝以累朝舊臣受恩如何, 而不思報效, 敢以吾目睹之事爲曖昧耶?' 積遂惶恐失措, 乃請罪諸福而出. 明日鑴·宇遠啓曰'管束慈殿, 不爲預政'云. 而'管束'二字, 極其凶慘, 故出世文字, 改以'照管動靜'矣. 此非爾瞻輩心術乎? 趙賊 嗣[15]基

---

14) 囚 : 底本에는 "因"으로 되어 있다. 문맥을 고려하여 수정하였다.

15) 嗣 : 底本에는 "絅"으로 되어 있다.『寒水齋集 附錄·黃江問答』에 근거하여 수정하였다.

至比之文定王后, 使此輩遲延時日, 安知不行幽廢之事乎."

○ 問："栗谷當以圃隱爲忠臣, 無儒者氣像. 尤菴作神道碑曰：'禑·昌之際, 事多可疑. 或有以問於退溪, 退溪曰：「當於有過中求無過, 不當於無過中求有過.」斯至論也. 云云.' 願聞其曲折."
先生曰："其時圃隱與我太祖, 各爲分黨. 圃隱邊則圃隱爲領袖, 而以太祖之黨爲小人, 太祖邊則太祖爲領袖, 而以圃隱之黨爲小人矣. 及太祖之黨漸盛, 圃隱於太祖莫如之何, 思欲除去其羽翼鄭道傳輩, 而亦不能得矣. 及辛禑死, 朝臣議所立於牧隱, 牧隱曰：'當立前王之子.' 於是立禑子昌. 蓋牧隱則以禑·昌非辛氏故也. 其後權近奉使中國時, 明太祖聞麗朝昏亂, 變王爲辛, 見權近詰問其事, 又降責詔. 近受還本國, 不敢出示. 時昌亦聞天朝疑己, 遂懷怨憤, 乃與崔瑩欲犯上國, 使太祖往攻遼東. 太祖未至遼, 還思以爲：'高麗王氏之器也, 非辛昌之國也.' 遂揚言以爲當立王氏, 乃回軍還入. 卽誅崔瑩, 仍廢辛昌, 迎立恭讓王, 遂錄其勳而圃隱亦參其錄矣. 蓋圃隱旣以昌爲王氏而身事之, 則何爲不扶王昌, 而參廢立之勳乎? 圃隱若以太祖之言爲是, 而以昌爲辛氏, 則當初何爲立而事之乎?
永叔曰："退陶嘗言：'圃隱之於禑·昌, 猶王導之於晉元帝, 雖非司馬氏, 而司馬氏宗祀則猶在, 禑·昌雖非王氏, 而王氏宗祀則猶在.'云. 豈以是耶?"
先生曰："此與牧隱所謂當立前王子之說相符, 而於圃隱少有間也. 大抵圃隱之意, 則斷無他事, 非以昌爲辛氏也, 亦非不知廢昌之可爭也. 但太祖回軍後, 群情洶惧, 皆服太祖之威. 圃隱若以隻手孤掌, 爭廢昌之議, 則太祖必曰：'國人皆曰辛昌而汝獨何以爲王昌乎? 以辛爲王, 則是無王氏也.'云爾, 則圃隱無以自解, 而其被害當在呼吸. 若圃隱就死之日, 卽麗朝墮亡之日也. 圃隱必度此事, 姑參其勳以保宗社, 而俟間隙, 欲翦太祖之黨矣. 適太祖爲迎世子, 出付黃州, 落馬傷脚, 未及入來. 圃隱乃乘其隙, 白恭讓黜道傳等, 因欲幷除太祖之家. 太宗知其謀, 遂急往平山, 奉太祖入來, 言於恭讓, 釋道傳等. 圃隱知事不諧, 乃往太祖[16]家察其機, 而遇竹橋之變.

此其事機曲折也. 蓋栗谷以爲:'國無不[17]亡之國, 身無可失之時. 則圃隱之死, 當在廢昌之時, 而不當參迎立恭讓之勳也.' 故只許其忠, 不許其儒者氣像也.尤菴之說, 所以善稱停也."
永叔曰:"孟子枉尺直尋之戒, 眞可謂萬世法也."
先生曰:"然矣."

○ 問:"退溪旣已出去, 而還參鳳城君竄啓何也?"
先生曰:"豈敢知也! 權石洲有詩曰:'從來戊·己有傷魂, 乙巳年間事更屯. 千古留名兩學士, 九原含寃一王孫. 是非滾滾終難定, 毁譽紛紛未易論.安得長風掃陰翳, 高懸日月照乾坤.' 所謂兩學, 指晦齋·退溪也. 頃年文谷抄『石洲集』, 集中載此詩, 尤菴籤其上曰:'此詩所指如此如此, 公其知之?' 文谷大驚, 卽拔其詩於刊板中. 因又曰:'沙溪問於栗谷曰:「晦·退二先生, 俱有畜妾事, 而先生之視兩先生不同, 何也?」栗谷曰:「退溪卽是學問前事, 而晦齋則不然, 故不得不異.」語在『沙溪語錄』."

○ 栗谷曰:"李文元公只是忠孝之人, 多讀古書, 善於著述. 觀其居家, 不能遠不正之色, 立朝不能任行道之責. 乙巳之難, 不能直言抗節, 乃至累作推官, 參錄僞勳. 雖竟得罪, 顙有泚矣, 烏可以道學推之耶. " 又曰:"觀人先取其大節, 然後可議其細行也. 權忠定公橃·李[18], 二[19]公平日行檢, 權固不及於李, 而臨亂抗節, 則李讓於權. 或者以爲李優於權, 吾不信也."
【『經筵日記』】

○ 問:"栗谷則以尹任爲無罪, 退溪以爲不無社稷之罪, 二先生所見不同何也?"

---

16) 祖:『寒水齋集 附錄·黃江問答』에는 "宗"으로 되어 있다.
17) 不:底本에는 "必"로 되어 있다.『寒水齋集 附錄·黃江問答』에 근거하여 수정하였다.
18) 李:底本에는 "二"로 되어 있다.『栗谷全書·經筵日記』에 근거하여 수정하였다.
19) 二:底本에는 "李"로 되어 있다.『栗谷全書·經筵日記』에 근거하여 수정하였다.

先生曰："其時事機不可詳知, 但栗谷初議削勳之際, 奇高峯不從. 三司乃彈議, 高峯以副學, 還鄕中道, 疽發背死. 或曰：'斯文不幸, 明彦死矣.' 栗谷曰：'斯文多 幸, 明彦死矣.' 蓋高峯卽退溪高弟也. 而退溪恒在山林, 高峯宦在京師, 退溪所聞無非高峯輩言也. 高峯旣以削勳爲不可, 則退溪之以尹任爲不無社稷之罪者, 無怪也. 蓋尹任以武夫居帷幄, 故退溪則以爲：'渠本無知之人, 旣居大位, 執心安能如端人正士哉?', 以此疑之. 栗谷則以爲：'尹雖武夫無彰著之罪, 而一隊諸賢皆與同好. 元衡·元[20]老本是叵測小人, 而乙巳仁宗之薨, 亦不無後世之疑. 故斷然以尹任爲有罪, 則是諸賢有罪也, 諸賢無罪, 則尹任亦無罪也. 旣曰無罪則元衡勳錄不削何爲?' 此栗谷所以亦主削勳, 後大公案也."

○ 先生曰："沈靑陽【沈義謙】事, 又有非人人所可知者. 蓋宣廟初立時, 年已十六也. 靑陽白仁順王后曰：'今聖體方幼, 智思未長, 於其玩好·嗜欲, 當加裁損, 以爲宗社生民之福.' 后素嚴有法度, 大加禁止, 宣廟於玩好等事, 不敢措手. 或時涕泗而罵曰：'吾食河城之祿, 猶爲富貴人. 何爲在此爲田舍翁所制耶?' 蓋指靑陽也. 自是宣廟大憎靑陽, 東人一隊密探上意, 遂爲排去靑陽之計. 惟鄭松江澈·金黃岡繼輝數人獨知其機, 故立斥東人爲小人. 至於栗谷則不知其事, 只見東西分黨, 故以爲都是偏論, 而初非西人之峻激矣."

永叔曰："松江·黃岡何不言其故于栗谷乎?"

先生曰："松江·黃岡非不知告栗谷, 而但栗谷本不計功謀利, 若聞其言, 則必入直諫, 恐致生梗, 故終不敢告之云耳."

○ 先生曰[21]："曾聞山海與松江, 請建儲曲折乎? 己丑逆變後, 牛溪·松江·沙溪及李希參同坐下處, 希參自以爲西南間中論, 而與三賢相親者也. 松江曰：'汝立之黨多得黃海道及金堤縣, 則其時擬汝立 黃海都事若金堤縣

---

20) 元：底本에는 "安"으로 되어 있다.『寒水齋集 附錄·黃江問答』에 근거하여 수정하였다.
21) 曰：底本에는 누락되었다.『寒水齋集 附錄·黃江問答』에 근거하여 보충하였다.

監者, 不可無罪也.' 沙溪曰 : '汝立本欺世盜名, 則其時銓曺之擬望亦例事. 豈能逆料彼賊之凶乎? 似無必罪之義矣.' 生溪曰 : '此雖然矣, 而汝立在其家, 而猶使黃海及金堤之人響應如是之多, 若果爲都事若縣監以資其勢, 則宗社之患又當何如耶? 其時銓官正不可無罪也.' 乃各罷歸, 希參直至山海家告其說, 山海大加驚惧. 適龜峰至, 山海乃告曰 : '長者欲殺我, 我當死矣.' 蓋山海擬汝立時銓長者, 長者指生溪也. 自是山海大啣生溪及松江, 常欲中之. 及山海爲領相, 西厓爲右相, 松江爲左相. 時宣廟無適嗣而多王子. 朝臣之意常屬於金淑儀所出[22]光海君, 上意則方在於金仁嬪所出信城君. 山海謂柳相曰 : '吾等爲相日久, 了無建白, 慚負奈何? 今左相新參相位, 必有急務可以建白者. 願右相與之問計, 以爲同啓如何?' 柳相遂見松江告以山海之意. 松江曰 : '今聖壽已高, 儲嗣未立, 建儲一事, 似爲今日急務, 未知如何.' 柳相曰 : '極是.' 山海遂約兩相同入啓請. 而前二日山海密招仁嬪之弟金公諒, 謂曰 : '今有新相, 方欲請立光海爲世子, 而不去仁嬪, 則有不便, 欲廢仁嬪云, 汝得聞否? 仁嬪被害, 則禍必及汝矣. ' 公諒大惧, 卽入告仁嬪. 仁嬪泣訴上曰 : '願死[23]小人家.' 上怪問之, 仁嬪曰 : '今聞新相欲立光海爲世子, 幷殺小人.'云. 上曰 : '汝何從得聞.' 仁嬪曰 : '公諒細言其事.' 上曰 : '公諒本無職, 何處得聞孟浪之說乎? 萬無其事矣.' 明日山海稱腹痛不來, 松江獨與柳相同入榻前. 松江首言建儲不可不急, 上旣聞仁嬪之言, 方疑惑之際, 遽聞此議, 遂大怒曰 : '今吾猶在, 汝請建儲, 欲何爲乎?' 天威震疊. 松江遂出待罪, 柳相不敢出一言而退. 此山海除去松江之巧術, 而柳相實亦不知山海之謀, 徒爲其所使也. 時西人一隊密知公諒事, 痛其煽動宮禁之狀, 兩司將欲合啓請殺. 尹月汀曰 : '爲公諒兩司合啓, 何其疲弊耶? 吾今在西銓, 當以公諒隷府下, 以罪誅之未晩.' 卽以公諒爲幕下. 山海知其意, 以告公諒, 公諒惧白仁嬪. 仁嬪卽訴上前, 上雖怒, 無他救策. 乃定駙馬于梧陰之孫尹新之, 以爲仁嬪婿, 使其弟不忍殺公諒也. 此山海舞奸弄詐之情態, 而宣廟生憎西人之曲折也. 且山海之懟對

---

22) 出 : 底本에는 누락되었다.『寒水齋集 附錄·黃江問答』에 근거하여 보충하였다.

23) 願死 :『寒水齋集 附錄·黃江問答』에는 '願歸死於'로 되어 있다.

松江者, 又有一事. 時有宴會滿朝畢赴, 獨山海有故不往. 乃作詩送之, 年月下不書其名, 只書鵝翁. 松江見之曰：'此大監今日眞出自家聲.' 山海聞之大憾云, 好笑好笑. 及光海立, 大惡山海, 山海亦大惧, 乃與仁弘·爾瞻輩投合. 廢母一事, 山海實陰謀於前, 而弘·瞻輩行胸臆於後."

○ 先生曰："權以鎭之父惟爲貞陵參奉, 其入直之日, 夢有一婦人, 衣翟衣, 坐丁字閣, 急招惟. 惟疾入以見則婦人曰：'吾三百年已廢之室, 惟懷德大儒復而新之, 而予不能救渠將來之禍, 豈不傷恨. 云云.' 蓋尤菴初請復貞陵時也."

○ 問崔鳴吉事.

先生曰："尤菴嘗謂：'丙子之事, 不足爲渠之大罪, 至如元宗追崇事·讒謗清陰事爲可惡也. 雖然救永安尉一事, 足以贖圖追崇之罪, 而遣獨步一事, 亦可贖讒清陰之罪. '云矣."

永叔問："追崇事, 何謂?"

先生曰："此一事其時沙溪一隊, 皆以爲不可, 故崔相乃於遣使上國時, 陰令使臣密稟於禮部尙書, 受其許諾. 然後私[24]又密啓以爲：'自上敎以「如此重事, 不可不稟於上國以爲決定」云爾, 則諸臣之異議者, 莫如之何矣.' 仁廟大喜, 遂如其言, 而追崇元宗, 此其暗昧不正, 大是小人情態也."

問："救永安尉事, 何謂?"

先生云云.【事有觸諱, 故不記.】

問："遣獨步事, 何謂?"

先生曰："崔相與林將軍慶業相議, 送獨步於天朝. 又作奏文以訴丙子萬分不得已之狀, 克明本國君臣之心跡, 皇帝始知我國無罪, 又使都督朱宗藝答極其褒美. 略有：'貴國一段苦情, 天人共鑑, 惻念遐方, 甚爲勤切. 貴國歷世貞順, 勞不可泯. 暫迫時勢, 見屈於虜, 中朝文武, 切齒軫念, 豈復督

24) 私：底本에는 "和"로 되어 있다.『寒水齋集 附錄·黃江問答』에 근거하여 수정하였다.

過! 權宜之計, 甚不然矣, 安心協力, 以效桑楡.' 又曰 : '賢王以英雄之姿, 遭陽九之會, 文獻名邦, 竟爲犬羊所噬. 胡馬猖獗, 荐食屬國, 而我不能整師征伐. 此亦貴藩之刼數厄運也. 奈何奈何? 將來願相密圖恢拓之地. 云云.' 此崔相之心, 本不似秦檜之素欲爲虜而誘宋和金也. 及遣獨步事, 爲虜所覺, 虜乃責我, 使之執送其時遣獨步之臣, 朝廷不得已執送林將軍, 林將軍至平山亡命. 事將不測, 崔相乃自當曰 : '遣獨步事, 林某與臣實尸其謀, 臣當往矣.'【崔後亮言 : "渠與其父在外堂, 忽一魁傑僧入來. 其父與其僧入密室, 渠潛往切聽, 則其僧瞋目語其父曰 : '大監與彼虜, 終爲相親乎. 云云.' 此則獨步, 而方受林將軍慶業牒文, 謀議往中朝也."】遂與其子後亮自往彼中. 蓋是行也, 死生所關, 故崔相家, 悉具初終諸具以行, 且諸府與親友送之, 以銀子幾千餘兩. 其時淸陰亦在虜中, 與崔相同囚一室, 只隔一壁. 後亮欲用其銀以贖其父, 而但恐淸陰或知其事. 乃往問淸陰曰 : '散宜生何如人也?' 淸陰曰 : '古之賢人也.' 又問 : '然則宜生所爲之事, 無不可底事乎?' 淸陰曰 : '似然矣.' 後亮以爲無憂, 遂以其銀與鄭命壽, 以紓其禍. 且崔相初以爲淸陰, 非眞扶春秋之義, 疑其有釣名之心. 及其同囚虜中, 見死生迫頭而確乎不拔, 遂信其義而服其心. 且淸陰初亦以崔爲與秦檜無異, 及在虜中, 見其以死自守, 不爲撓屈, 亦知其心本非爲虜也. 乃於同囚隔壁中, 相與唱酬詩語, 淸陰詩所謂'終尋兩世好, 頓釋百年疑', 崔相詩曰 : '君心非石終難轉, 吾道如環信所隨.' 此其解憾一事也. 其後崔相家子孫, 則以爲淸陰於其祖無一相怨, 情誼甚好. 淸陰家子孫, 則以爲別無大段相好, 只不絶問訊而已. 故文谷修淸陰年譜, 全沒此事, 尤菴見之, 乃書文谷曰 : '本末俱載年譜之體. 況解憾一事, 本不害於先生之盛, 則似不可不載矣.' 文谷終不肯. 且尤菴嘗謂 : '今人每罪鳴吉和事, 而無敢非後輩之不斥和, 此眞可笑. 鳴吉之主和, 於事勢危迫, 萬不得已之際, 則猶或可恕, 而至於其後所謂名流者, 當宴安之時, 無一人敢生斥和之計, 只爲甘心屈膝於醜虜者, 爲可罪也. 若以危急從和者, 獨爲有罪, 而宴安時從和者, 必爲無罪, 則豈成說話? 而又何以服鳴吉之心乎.'"

○ 先生曰："曾聞尤菴改『三臣傳』曲折乎?" 對曰："未也." 先生曰："崔相子後亮, 得見『三臣傳』乃曰:'吾父[25]丙子主和事, 則後人之論斷雖至罔極, 吾何敢疾怨? 而但以其時吾父不爲之事, 皆爲吾父事, 則實爲崩隕也. 至於『三臣傳』有曰:「送吳·尹二臣於虜中之際, 吾父與吳·尹俱往陽坡謂曰:『君等若如吾言, 可以得生.』吳·尹曰:『何謂?』吾父曰:『君等若多引向時斥和之臣, 則彼虜不能盡誅, 君等可以得生.』吳·尹曰:『不可. 豈以吾兩人之圖生, 盡陷他人於不測之地乎?』云云.' 此則實無之事也. 何以明其然也? 其時白沙之庶子箕男以體察使幕下, 目睹其事. 其言曰:「吾以體察稟命事在御前時, 崔判方押[26]率二臣, 同往虜中, 上曰:『予於食後, 當引見二臣而送之.』崔判曰:『虜甚催促, 如欲引見而送之, 臣當先往以聽其言.』上曰:『諾.』崔判遂於朝前卽往虜營, 二臣則食後果引見, 只使軍官押送. 云云.」以此觀之, 則所謂俱往陽坡者, 豈非誤錄乎?' 尤菴聞之曰:'此非吾親見而記之. 蓋在於三臣本家所錄, 故載之矣. 果非實事, 則豈不刪乎?' 遂見李箕男而問之, 則所對如一. 於是遂刪去陽坡一段. 時尤菴寓在驪州, 後亮方宰淸風, 余以書通其所改于淸風, 後亮大喜, 遂乘舟來謁尤菴, 稱謝不已."

又請改一段, 此卽崔相反接二臣, 至虜營, 虜大喜曰:"若非汝, 何以得此罪人?" 遂大賞崔相, 崔相受之之事也. 尤菴曰:"此事亦果有如陽坡之證左, 則可改矣. 不然則不敢改也." 又請改一段, 此卽崔相被執往虜時, 有一絶云:"我雖不殺三學士, 中夜思之心自驚. 天道由來好回換, 白頭今日又西行."之詩也. 尤菴曰:"然則此非先相公所作乎?" 後亮曰:"詩則先人之詩矣." 尤菴曰:"然則不敢改矣." 終不改所請二段. 後亮雖未能盡遂所請, 而乃曰:"鄙家受賜於大監多矣. 鄙家子孫何敢怨門下. 云云." 其後子孫乃卒如彼, 可笑可笑.

---

25) 父: 底本에는 이 뒤에 "子"가 더 있다. 『寒水齋集 附錄·黃江問答』에 근거하여 삭제하였다.

26) 押: 底本에는 "狎"으로 되어 있다. 『宋子大全·記述雜錄』에 근거하여 수정하였다. 이하 同一 기사 내에 "狎"은 "押"으로 고치며 校勘記를 달지 않는다.

○ 先生曰："曾聞尤·春兩先生廟議事乎?" 對曰："未也."
先生曰："昔韋元[27]成則以爲：'廟制二昭·二穆并太祖與文世室·武世室爲七廟,『書』之所謂「七世之廟, 可以觀德」者, 此也.' 劉歆則以爲：'三昭·三穆并太祖爲七廟, 而世室則不入此數, 惟有功德者, 不論代數, 而皆爲世室也.' 其後朱子以劉歆之說爲是. 故其獻廟議於寧宗曰：'我宋基業百年, 而始發於太祖, 則我宋之僖祖, 卽周家之后稷也. 至我太祖·太宗, 始受天命, 則亦如周家文·武, 而始受天命也. 周旣以后稷爲太祖, 百世不遷, 而以文王·武王爲世室, 則我宋亦當以僖祖爲太祖, 百世不遷, 而以太祖·太宗爲世室. 云云.' 昔我仁·明兩廟遞遷之時, 尤菴亦主朱子之論以爲：'我朝穆祖, 亦如宋朝之僖祖, 我朝太祖·太宗, 亦如宋之太祖·太宗也. 然則我之穆祖當爲太祖, 百世不遷, 以太祖·太宗, 當爲世室也. 且我朝永寧殿非古也. 以廟制論之, 非有世室, 而只有太祖, 則凡祧主, 皆藏於太祖之夾室也. 今不以康獻爲世室, 而以穆祖爲祧主, 則其祧主當降藏於太祖夾室, 以祖而藏於子孫之夾室, 不亦未安乎? 此朱子所以必以僖祖爲太祖, 而我朝之所當遵行也.' 同春則以爲：'朱子於「禘祫議」, 亦有「無二宗」之說, 然則我國廟二昭[28]二穆之外, 只有太祖爲五廟而已. 不當立世室也. 旣不立世室, 而只存太祖一廟, 則亦當以康獻爲太祖, 而穆祖則宜遷也. 此諸侯之君所以以始封之君爲祖之禮也.' 尤菴曰：'此亦徒知其一未知其二也. 朱子所謂「無二宗」者, 不見於經, 未知其指意如何. 而且所謂「始封之君爲祖之禮」, 則有不然者. 以周公言之, 則周公以上乃天子, 魯不得祀之, 故魯以周公爲祖, 理勢然也. 至若太公之封齊, 則太公豈不立其祖之五廟? 而旣立五廟, 則又豈不以廟中冣尊者爲太廟乎? 云云.' 二先生此議, 終不相合矣. 尤菴於同春墓誌有曰：'不苟同, 是公高處者.' 正指此而言也. 凡此議論, 實我國之大擧措, 兩先生之大主張, 後學不可不知也."

○ 問："伯謙【申愈字】向來事顚末".

---

27) 元：底本에는 "武"로 되어 있다.『寒水齋集 附錄·黃江問答』에 근거하여 수정하였다.
28) 昭：底本에는 "照"로 되어 있다.『寒水齋集 附錄·黃江問答』에 근거하여 수정하였다.

先生曰："其說甚長, 請盡言之. 昔軒相李景奭作「三田碑文」, 其所稱道者, 實有醜於人心者. 然其立朝淸白, 與乙酉一事, 爲足可稱, 故一時如淸陰諸賢, 皆與友善. 其後己酉, 顯宗溫幸時, 軒相爲留都相, 同春亦以世子輔養官在京. 時尤菴適有嫌,[29] 不敢冒進行在, 只出次全義矣. 軒相忽上疏以爲：'遠近諸臣, 無奔問之人.'云. 有無禮等語, 尤菴聞之, 卽上待罪疏, 而其末有曰'孫從臣云云'之說. 軒相初不知從臣之爲何語, 許積乃知撰麻碑之比於孫覿事, 乃告軒相, 軒相大怒, 以尤菴疏示同春, 同春爲之駭歎云. 其後宋判書奎濂以書問於尤菴, 尤菴答：'以春兄亦不免駭歎, 他尙何說云.'矣. 及頃年李廈成爲其祖, 自稱辨誣疏, 乃引同春之駭歎, 藉以攻尤菴. 故其時門生辨誣之議, 起於京中, 而鄭景[30]由,【纘輝之字】送其疏本於余, 使之可否. 余時適有病, 俾孫兒讀而聽之. 初不知誰人所草, 及聽文勢, 知其出伯謙手也. 至其中間同春事, 有曰：'擧世承順服習, 而某獨斥之, 則無怪其譁然. 而宋某之駭歎, 干某何事哉?', '昔明道·伊川云云'處, 吾亦初以爲'以「干某何事」, 承上「譁然」之說看', 故吾答景由以爲：'吾嘗一事兩先生, 如此貶議, 不敢聞之.' 其後聞伯謙之語, 則其本意以譁然, 只說擧世之人, 而以'干某'特爲'明道·伊川云云'之起頭云. 伯謙本意, 果是如此, 但'某之駭歎'之上, 不着'且夫'·'至於'此等文字, 而只直承於'譁然'之下, 則人之見之, 無怪其如我之初見矣. 此伯謙不能善稱停文字處也.

且兩門之所以致紛紜者, 又有說焉. 其時余之迷孫謄其疏此段, 送其婦翁宋炳翼, 炳翼以示伯純【宋一源字】. 伯純初亦以爲伯謙不如此云, 而懷中朴廷采·宋夏績輩, 得聞其說, 遂雀躍而至詆伯謙爲斯文亂賊, 而又世濟之誣, 上及其祖, 則爲伯謙者, 豈不痛心乎? 蓋夏績者本與謙[31]家有怨, 故仍此以攄私忿, 其設心可謂無狀矣. 自是伯純, 亦激怒, 以爲'若以辨誣尤菴之人爲亂賊, 是以尤菴爲亂賊矣', 懷中之徒聞其言, 卽謂'伯純亦與伯謙幷誣

---

29) 嫌：底本에는 "謙"으로 되어 있다.『寒水齋集 附錄·黃江問答』에 근거하여 수정하였다.

30) 景：底本에는 "慶"으로 되어 있다. 정찬휘의 자는 "景由"이므로 수정하였다. 이하 同一 기사 내에 "慶"은 "景"으로 고치며 校勘記를 달지 않는다.

31) 謙：底本에는 "嫌"으로 되어 있다.『寒水齋集 附錄·黃江問答』에 근거하여 수정하였다.

同春. 云云', 而幷攻伯純矣. 因此兩家子孫互相角立. 俄而懷中七八人列名, 問我以罰伯謙事, 余答：'以申某事誠爲謬妄, 而豈發之未出文字, 致齊罰之理乎.'云矣. 其後余往華陽洞, 伯謙·伯純亦來會. 余爲釋'謬妄'二字, 以責伯謙, 伯純[32]曰：'此則不待辭畢而服矣.' 余仍謂伯謙曰：'君之此事, 本亦不能無失, 今若一番稱過, 則許多紛紜都無事. 何乃固執如此?' 伯謙曰：'彼輩不惟誣小子, 而辱及先祖, 雖欲稱過, 將安所稱過乎?' 余曰：'然則當以稱過之辭數語, 送書于我, 則我以示懷人, 使之都無事矣.' 伯謙曰'此則歸當如敎'云, 而終不送書. 且乙酉四月, 伯謙來此, 相對九日[33], 力言謝過之事, 伯謙又曰'歸當如敎', 而亦不肯焉. 是何難事, 而固執如此, 此伯謙病痛處也.

至於兩家子孫, 則吾嘗謂：'兩先生自少同遊溪上, 仍爲道義之交. 至春堂臨終時, 互以高山仰止·一條淸氷, 相爲推與, 尤菴聞春堂病革, 自華陽達夜馳書. 春堂握尤菴手, 而指壁上「高山仰止」四字曰「此吾所以思公也」, 因又曰：「昔退溪有病, 乃曰『若見思菴, 則吾病瘳矣』, 門人問思菴何如人. 退溪曰『思菴乃一條淸氷也』, 今吾病則雖見思菴不可瘳也.」 尤菴曰：「一條淸氷, 何須思菴? 兄自存在腔子裏矣.」' 至於世人, 亦常幷稱溪門之兩宋, 則今兩家子孫相爲不得, 殊非美事. 而其流之弊, 終必至於春堂子孫, 或有毁尤菴者, 尤菴子孫者, 或有毁春堂者矣. 當此三分五裂之時, 豈可以微細事, 致此不佳底爻象? 何不汲汲相與謝[34]過, 以全舊誼云爾, 則宋致學,【炳翼字】以爲：'一源若稱過, 則吾當釋憾, 而今一源不稱過, 則吾不忍先屈矣.' 伯純[35]則以爲：'彼旣以我爲侮辱春堂, 今若稱過, 則有若眞爲侮辱春堂者然. 旣無侮辱之事, 則宜無謝過之義矣.' 如此相持, 轉成乘激, 聽余說話, 不啻秦·越, 而伯純則責我以'何不判斷邪正?' 稚學則責我以'何不斥絶純·謙?', 此何義理, 此何擧措耶? 此乃近事之梗槪也."

---

32) 純：『寒水齋集 附錄·黃江問答』에는 '謙'으로 되어 있다.
33) 日：底本에는 "月"로 되어 있다. 『寒水齋集 附錄·黃江問答』에 근거하여 수정하였다.
34) 與謝：底本에는 "謝與"로 되어 있다. 『寒水齋集 附錄·黃江問答』에 근거하여 수정하였다.
35) 純：底本에는 "謙"으로 되어 있다. 『寒水齋集 附錄·黃江問答』에 근거하여 수정하였다.

○ 問："大規模·嚴心法."

先生曰："如爲天地立心，爲萬世開太平，豈非所謂大規模乎？如上帝臨汝，不愧屋漏，豈非所謂嚴心法乎？"

又問："程子云'量可學而能之'，今人之本禀小量，亦學而能恢否？"

先生曰："世間甚事，無不可學而能之，至於人之局量，尤可學而能也. 如今人初爲科擧所汨，不暇顧他，是其量不出科擧之外. 又有爲己之學，而從事焉，則其量已出科擧之外，是非可學而能者乎？且如人聞譽則喜，聞毁則怒，此其量局[36]於毁譽之內也. 及其能知毁譽之本不足以干我，則毁之不足怒，譽之不足喜，此其量不局於毁譽之內也. 以此推之，至於無限之量，莫不皆然，此則吾有所試矣."

又問："程子云：'韓魏公之量，是間氣之量.'，所謂間氣者何謂也？"

先生曰："賢以世人之自謂尊尤菴，而猶病尤菴者，指尤菴何處而言耶？"

對曰："不害以太峻激太固執而言乎？"

先生曰："然. 蓋尤菴之正，難學而正，當學處在於世人所謂太峻激太固執也. 大抵見人之非，而不欲正言之者，擧世之熟習，以其忤於人，而無益於己也. 尤菴則不然. 或有見於心術之微，或有見於譎詐之態，而有害於義理者，則雖平日極尊敬極親密者，未嘗少暇，而不正則不措，如尼尹一事，亦可見也. 蓋尤菴之尹家，自八松公契分不啻隆厚，而且美村諸人事以仰友. 拯也亦佩當世之望以服事焉，則其尤菴雖見其不是處，姑且隱默不訾而已. 則擧世之趍服於唐後者，皆事尤菴，而且無後日大禍之兆，豈不好哉？尤菴非不知此，而惟其旣受孝廟明天理·正人心·闢邪說·拒詖行底重責. 故苟或有關於天理，而有涉於邪說，害於正道，則禍福·利害一切不顧，必明目張膽，極言不已. 故其時唐後事，余與叙九屢禀其大嚴峻，恐致後禍. 至於晦錫甫，則或時泣諫曰：'何不念子孫至此？' 尤菴但微笑徐謂曰：'使後世謂由我，而天理·人心得以少明，而不保其子孫，則與和泥附邪而得全其子孫者，孰爲勝負耶.' 此其尤菴之量，不局於禍福·利害，不局於尊敬·親密者

---

36) 量局：底本에는 "局量"으로 되어 있다. 『寒水齋集 附錄·黃江問答』에 근거하여 수정하였다.

也, 此所謂間氣之量, 此所謂正難學處也. 魏公之量, 亦於禍福·利害一切不局, 故程子云然耳."

又問 : "尤菴此事, 先生自料如何?"

先生曰 : "極知可學而隱之於心, 終難學矣."

對曰 : "然則尤菴大處, 後學終不可學乎?"

先生曰 : "豈其然也? 但吾不能耳. 若謂學尤菴, 而不學此等處, 則非所以學尤菴也."

問 : "願聞尤菴造道之域."

先生曰 : "豈能盡知, 而亦豈敢輕議也! 大抵細密處則雖未知曲曲處處, 皆極細密, 至於闊大處則曲曲處處, 皆極闊大矣."

又問曰 : "蚕絲牛毛, 尤菴亦皆當之否?"

先生曰 : "所謂絲毛處, 則雖未知其與朱子畢竟如何, 而至於高闊處, 則不敢知其孰爲優劣也."

先生因曰 : "吾曾作老先生畫像贊, 其中有曰'集群儒之大成'. 金仲和【農巖字】見此句以爲 : '大成二字, 本以伯夷之淸·柳下[37]惠之和, 皆倚於一編, 故惟夫子集而大成云. 則以夫子之題目, 用之尤菴, 不已未安乎?'云, 未知此言何如."

對曰 : "未知其然矣. 朱子嘗稱孔子以爲'集群聖而大成', 朱門人亦稱朱子以爲'集群賢而大成'. 其意以爲二帝·三王, 詩書禮樂, 由孔子折衷而大成也, 周·程·張·邵, 立言著說, 亦由朱子折衷而大成也. 以此言之, 則集群儒之大成云者, 正是老先生題目而未見其未安矣."

先生曰 : "誠然矣. 吾意本亦如此, 故尙不敢改其句矣."

○ 問 : "三洲【卽金昌協[38]】之知尤菴, 何如?"

先生曰 : "未嘗與渠從容講論, 雖未知其端的如何, 而但以祭尤菴文'九五

---

37) 下 : 底本에는 없다.『論語』에 근거하여 보충하였다.

38) 金昌協 : 底本에는 "申愈"로 되어 있다. 앞뒤 문장을 고려할 때 底本의 신유는 오류이다. 즉 우암 사후 집안에서 행장을 김창협에게 부탁하였다. 삼주는 김창협의 호이다.

利見, 互爲大人'之說觀之, 則尤菴大處, 可謂盡知. 而至於微密處, 則或有所未詳, 故曾前驪相【睡谷[39]】謂余曰 : '不可不急見[40]仲和, 講論歸一.'云矣. 其後驪相又謂余曰 : '近見仲和所異, 頓異於前, 無事於講論歸一.'云耳."

又問曰 : "然則洲丈何謂至今, 不狀尤菴之行乎?"

先生曰 : "敍九在時, 以誌文付驪相, 墓表付余, 行狀付仲和, 敍九忽下世. 其後諸人似不可違敍九所屬, 故使仲和狀其行, 而仲和以不敢當爲辭, 且家狀尙未出, 故亦不能强使之撰出矣."

又問曰 : "家狀何爲至今不出?"

先生曰 : "此蓋有曲折. 敍九編家狀, 强半而沒, 故吾使伯純汲汲卒藁, 以爲受行狀之地, 則伯純辭以筆力不足, 請與申伯謙共就之. 余曰 : '然則商議爲之似好矣.' 及後見之, 則全以付伯謙. 而且其所作[41]大違家狀體格, 多有合修潤[42]處, 故余以此意言及伯謙, 伯謙亦以爲然, 謂'當修潤以送', 而伯謙忽不幸, 尙無見送矣."

先生又曰 : "余謂伯謙曰 : '文雖出君手, 當以本家子弟名代述可也.' 伯謙曰 : '當以伯純名改書.'云, 而亦無所報矣."

○[43] 先生曰 : "拯又有奸慝一事. 昔八松挽宋睡翁詞, 有曰 : '二百人中, 獨一人.' 尤菴辨睡翁疏, 乃引其語, 以爲'前大司諫臣尹煌亦如此'云. 拯見其疏以爪數三劃, 其語曰 : '此非刊行文字, 豈足爲證乎.' 其心術暗黯, 類皆如此." 永叔曰 : "然則非朴泰輔所謂 : '名在凶疏, 亦是參疏'云者, 非泰輔之所作倆也." 先生曰 : "亦都出拯耳."

---

39) 谷 : 底本에는 "灘"으로 되어 있다. 당대 문집들을 참조하여 수정하였다.
40) 見 : 底本에는 누락되었다. 『寒水齋集 附錄·黃江問答』에 근거하여 보충하였다.
41) 作 : 底本에는 누락되었다. 『寒水齋集 附錄·黃江問答』에 근거하여 보충하였다.
42) 有合修潤 : 底本에는 "合有潤修"로 되어 있다. 『寒水齋集 附錄·黃江問答』에 근거하여 수정하였다.
43) 이 이하 내용은 『寒水齋集』을 비롯한 『강상문답』의 다른 판본에는 보이지 않는다.

○ 先生曰：“有一可笑事. 乙丑, 余爲觀春堂謙號, 往在懷德, 時郭師傅始徵亦來同處, 始徵謂余曰：‘先生必聽兄言, 何不思保合兩間之意乎?’ 余曰：‘兄若使尼山口出「尹鑴小人」四字, 則吾可以消融兩間矣. 如其不然, 則雖沙溪復起不能回先生山髮矣.’ 始徵曰：‘吾使出此四字則奈何?’ 余曰：‘若爾則大善矣.’ 始徵乃以其意書于拯. 拯答曰：‘致道以吾爲右尹者歟! 可笑. 云云.’ 始徵以其答欲使保合者, 極可笑也.”

○ 先生曰：“今世所謂中論者, 吾不知其心事也. 所謂中論者, 若逢老輩, 則曰‘吾不偏論’, 及逢少輩, 則接額連臂打成一片. 比之穿窬之盜, 若逢人則曰‘吾不爲盜’, 及逢其類則謀與之, 謀穿窬而無所不到, 可羞孰甚焉? 且所謂黨論者, 西·南初分之時, 則是非相間, 罔有汝我. 信如栗谷之不倚一偏調和兩間者, 此大君子公平之心也. 若拯之於尤菴, 則實有異焉, 使尤菴只爲令名之人, 渠旣屢十年師事, 則不可一朝背之. 況以尤菴之道盛德尊, 而其所以凌踏侮辱, 罔有紀極者哉. 此誠天地間大變也. 句有一毫公心, 則豈是非之難別·邪正之難分? 而擧世太半泥塗, 誠可哀也. 已夫科擧發身·馳逐靑紫·欲爲美官而已者, 固無足槪論. 至於自謂學問窮理. 而猶且倒置冠履者, 則其所謂窮理者, 未知何理. 而至聞天理性命之說云, 則尤不覺其發笑矣.”

○ 問：“玄石何如人?”
先生曰：“豈可輕議人品哉? 大抵玄石大煞聰明, 尤閑於東方事績及歷代之事, 而援證詳備, 誠不易得. 但於道之大原, 似欠端的, 而至於易學, 亦未深探其奧. 曾與宋敍九同侍經筵, 敍九白：‘以『周易』不可不講. 講『易』則『啓蒙』, 不可不先.’ 玄石進曰：‘『周易』似不切於爲政, 不如且講『綱目』等書矣.’ 尤菴聞之歎曰：‘易書之生疎, 非惟主上, 玉堂諸臣, 亦所昧然. 今若使上得講, 而俾諸臣亦爲之講習, 則其所裨益爲政者, 豈云微哉? 而和叔阻搪何意, 豈渠自不知故亦欲上之不知也耶? 可嘆可惜.’云, 不惟此也. 所謂四端七情之說, 曾主栗谷之見, 晚年還以退溪之說爲主, 可怪可怪.”

先生曰："李志陸之姪方受學於玄石, 玄石謂李曰：'君以尹子仁爲何如人耶?' 李曰：'今之儒宗也, 雖與尤菴有私詰, 而他人尊慕, 則豈有異同哉?' 玄石曰：'儒者之所學, 正在五倫[44], 師亦非五倫中乎? 千古以來之倫, 今子仁毁之. 稱爲儒宗者, 雖不能補之, 豈忍毁之耶? 素如子仁必相親者, 雖不能一朝遽絶, 而平日不親之人, 則吾未知其可尊慕也.' 李遂大悟, 不復尊慕云. 於此足見玄石之待拯也.
且甲戌後, 南九萬以首相入來, 謂李相畬曰：'吾素知子仁之非. 故頃年閔·金【老峯·文谷】兩相筵說時, 吾所以無語者, 非右子仁, 乃以兩相之言, 無餘蘊也. 今子仁欲爲吏判, 亦爲亦不擬. 云云.' 其後九萬又見玄石曰：'大監何不白榻前, 以子仁爲吏判乎?' 答曰：'大監不可自爲, 而使我爲之乎' 九萬曰：'大監言重, 足以動上故耳.' 玄石曰：'大槪用人之道, 試其才然後, 方可進退. 今子仁未有一官之試, 何爲驟升乎? 吾亦以無用, 方在大位, 豈可自誤而復誤人乎?' 九萬憮然而去云. 此亦足可見玄石之待拯也."

○ 先生曰："頃在癸亥年, 余侍尤菴時, 諸客多來, 攻呵玄石, 尤菴不答. 乃書東坡詩'若對靑山談世事, 須將太白擧浮君'之句於壁上而已. 客退尤菴謂曰：'人之攻和叔雖如此, 和叔終非捉我之人. 云云.'"

○ 昔寒暄堂卽佔畢[45]齋之門人, 而常不慊於佔畢者, 雖感其孤直, 以其有不免世態故也. 及佔畢以吏參入京也, 凡干政目, 不滿人意. 於是寒暄以一詩上佔畢, 其詩曰："道在冬裘夏飮氷, 霽行潦止豈余能? 蘭如從俗從當變, 誰信牛耕馬可乘?" 佔畢見之不悅, 乃步其韻曰："分外官聯到伐氷, 匡君救俗我何能? 終敎後輩嘲迂拙, 勢利區區不足乘." 噫! 質此一酬唱, 可以默揣其師弟子之間矣. 是以寒暄異於佔畢, 而及其士禍, 同被其禍. 後之士

---

44) 倫：底本에는 "侖"으로 되어 있다. 문리에 따라서 수정하였다. 이하 동일 기사 내의 "侖"은 "倫"으로 고치며 校勘記를 달지 않는다,
45) 畢：底本에는 "俾"로 되어 있다. 이하 同一 기사 내의 "俾"은 "畢"로 고치며 校勘記를 달지 않는다.

林先輩, 始信寒暄心事, 而亦感佔畢之斷斷無他矣. 近來尹拯父事尤翁垂五十年, 而乃以所製其父墓文之不溢美, 顯斥尤菴, 殆同骨怨血讐, 攻其本源, 尤無餘地. 及己巳初, 拯乃爲憲長, 而尤翁則謫耽羅, 又被拿中路, 又被後命, 一生一死, 榮辱絶殊. 噫! 同是師生, 而寒暄則始似異而同其禍, 尹拯則始大異而不同其禍, 尤可異也.

○ 尤菴到井邑受禍之日, 己巳六月初八日也. 訃至中外, 士子與尤菴諸門人, 曾哭於外南山下矣. 吾先人與若而士友就哭於外南山設位處, 李執義箕疇以尤菴門人, 初上救疏, 終主其喪. 乃言於同門諸士友曰 : "先生盛德, 今日尤大見矣." 宋進士 徵殷[46]以甲子爲尹拯手製通文之人, 俄者來哭而去. 始知去就之性不可誣, 而吾先生盛德, 尤可以大見云. 坐中亦有少輩, 皆曰 : "此士禍也, 安得不然. 云云."

○ 栗谷·牛溪文廟黜享之疏, 己巳初, 南徒首發之. 伊時沈三陟齊賢對其疏, 痛陳兩賢淵源, 以排南徒之誣詆, 而終不能得焉. 上遂施南徒所誣, 則南徒乃行會八路監營, 使之分付各邑以某日黜去兩賢廟享. 是日京太學, 同時黜享, 黜享之際, 造紙浮出大小紙物爲飄風所浮, 滿山鋪野, 以至蔽天掩日. 天日掩翳, 以終其日, 識者解以爲 : "紙者文房之具也, 兩賢文章冗冊, 冊卽紙也. 是日大小紙飄風浮, 而滿山野蔽天日者, 此其應."云.雖的知其然, 而大抵奇異事云.

○ 朴定齋泰輔士元以尼尹甥姪, 攻斥尤菴, 無所不至. 私室中言語·簡牘·公車上疏·箚文字, 大駭人耳目者多矣. 及己巳, 仁顯王后遜位之時, 定齋以前應敎親製疏·親寫疏, 以吳尙書斗寅爲疏頭, 李侍郎世華等八十人聯名呈疏. 天威震疊, 卽夜親鞫, 而刑杖狼藉. 以至壓膝火刑, 酷毒不忍堪, 而供辭正直, 對語恭遜. 自初更至罷漏, 酷杖嚴刑, 令人恐怖, 而不惟精神

46) 殷 : 底本에는 이 옆에 "後文科, 官參判."이 더 있다.

不遠, 堂堂大義理可把於頃刻坐盡之際. 其精忠諒節無媿於端宗之六臣矣. 尤菴以向時定齋之言說·簡·疏爲不然, 有對擧疏, 而攻定齋頗有跡矣. 至是尤菴在耽羅謫所, 聞定齋死直之報, 亟取其前年斥定齋之疏, 使之焚之, 勿令傳後. 嗚呼! 尤菴天禀, 本是節義, 乃於定齋受禍之日, 不有前嫌, 追加欽嘆, 尤菴心事, 到此尤可想得矣.

○ 太學齋任必以進士爲之, 然登進士後, 數過榜然後爲齋任. 自是三百年由來古規, 其設法亦非偶然也. 昔洪監司得禹以名祖之孫·名父之子, 而人物容華, 地望文才, 逈出儕流之上. 一日進尤菴座上, 搢紳·章甫皆會矣. 洪公先爲辭出, 尤菴曰："如洪進士者, 尙不爲太學齋任, 可異也." 座中一士人, 對曰："誠如下敎, 而洪之登進士, 未及數榜, 故姑未果矣." 尤菴曰："此等人何待榜限乎?" 蓋洪是當時第一人故也. 不過數月差太學齋任云. 此李都正光朝親聞於其考判書公, 而面言於我, 故知之耳. 益平尉洪得箕, 孝宗駙馬也. 當同春留在京東於義洞, 益平每朝以草笠青袍, 携一僮騎驢受學焉. 適値三月朔日, 有進杜鵑花煎若干者, 蓋新味也. 同春曰："此花煎使誰家? 更辦出乎?" 門下士皆曰："可使益平辦之." 同春曰："再明卽踏青日也. 良辰不可虛度." 以此意言于益平, 益平敬諾. 越三日, 門人皆會, 同春奉邀尤菴, 尤菴亦赴. 俄而益平宮設來大饌, 非持花煎而已, 佳肴美醞, 極其豊盛. 兩門門生, 列侍兩先生, 終日團欒. 兩先生論難理氣, 橫竪不已. 伊日侍傍諸人, 皆以爲平生壯觀云.

○ 丁卯年, 尤菴以尼尹父子事, 上一疏略陳前後事實. 於是羅良佐稱以大尹門生, 與其徒陳疏自辨. 故韓聖輔一陳, 亦以尤菴門下, 對疏痛辨. 卽是世所謂懷尼戰之終條也. 尤菴痛門墻之生變, 慨世道之分裂, 達夜咳嗽, 寢不成寐. 李判書卽起坐, 奉問曰："尹拯雖絶先生, 先生何爲過自憂嘆, 以犯傷生之戒乎?" 答曰："拯之絶我, 不過少事, 而因此一段轉輾, 將不免血流千里之禍. 此豈細慮也哉?" 李台曰："先生過慮矣. 彼拯也不過敗倫[47]底一物耳, 擧世將擯, 不與士類矣. 何禍之有?" 尤菴曰："吾雖不及見, 台其觀之.” 厥後竄逐相繼, 殺戮又狼藉矣.

三官記[48] 陶菴所著

尹拯潛與玄石書詆辱尤翁, 有“義利雙行·王覇并用”之語, 玄石藏於硯匣中, 久而不泄. 尤翁之孫淳錫, 玄石之婿也, 見而發之, 搢紳之間, 莫不喧傳. 門人崔愼上疏告其事, 老成諸公皆大駭, 曰 : “此倫[49]紀之變也.” 老峯時爲左相, 同首相文谷公入對, 斥拯背師之罪, 請勿復以儒賢待之. 蓋聞老峯私語人, 曰 : “吾輩視拯也等夷, 故言之易, 若吾輩死後, 彼之徒黨益張, 則擧世尊之以儒賢, 無復敢爲一言者. 及今不言, 則世道之憂, 將不可勝言.” 力贊文谷而發之, 先輩深思遠慮如此.

○ 尤菴持論嚴正, 流俗不悅者衆, 眞所謂 : “敢怒而不敢言矣.” 申翼相在史職最久, 書於史草, 曰 : “宋時烈身在山林, 遙執朝權.” 修實錄時, 其言大播, 惡尤菴者目爲直筆. 由是翼相名望甚盛於自家儕流中, 一隊少輩之論, 俱是一套, 外尊內擠蓋久矣. 及金益勳事出, 少輩猶望其扶己, 及造朝一如老成之論, 但於筵中以爲 : “益勳是先師之孫, 而臣不善敎導, 方陷於大戮, 是臣之罪也.” 自引之外, 無他語, 少輩由是顯加詆譏, 無所顧忌. 吾祖打愚公爲人樸直, 闊於世情, 惟篤信大老, 去就言論, 必與之同, 時論笑之. 玄石常欲自闢門戶, 凡繫論議, 務欲與尤菴相反, 若爲對敵者然, 蓋善於識世情而然也. 及拯書出, 玄石不爲明斥其失, 但令拯摧謝於尤翁處, 若調娛於兩間, 實則助成拯勢也. 自拯削逸以後, 流俗者之素不悅者, 讐累家子孫等嘗得罪者, 及一隊少輩之自謂淸議者, 幷合力背馳於尤翁. 始則推玄石爲宗主, 終則歸於拯黨. 打愚公於諸門人中首先以長書絶拯, 辭義極峻嚴, 拯黨

47) 倫 : 底本의 “侖”으로 되어 있다.『知守齋集·雜著』에 근거하여 수정하였다.
48)『宋子大全 附錄』권19,「記述雜錄」을 校本으로 하였다.
49) 倫 : 底本에는 “侖”으로 되어 있다. 용례에 따라 수정하였다.

嫉之尤甚, 尋以他事誣揑, 受禍最酷. 前後醜辱, 皆出於玄石之至親, 擧世莫知其怨, 而獨尤菴終始保其無他云.
余嘗拜遂菴於寒水齋, 從容語及尹拯事. 余問曰："當背師之際, 已先有幾微之見於辭色者乎?" 遂翁曰："甲寅以前數歲與吾輩言, 輒以'南人常懷禍心, 早晩必一售, 先生勢不免大禍, 門人子弟同受其敗. 決知無益, 不如早自携貳'. 世之以墓文不如意爲背師之端, 於渠欲以是自掩, 而世亦墮於其術中也. 嘗記一日侍先生坐, 京便適來有親友書, 多言'玄石務欲立異於先生, 自闢門戶, 其勢已八九成'. 先生笑, 曰：'和叔雖立門戶, 必不害我. 可畏者惟尹拯, 拯必殺我.' 余請曰：'惟子仁近雖有以墓文有形跡之不安者, 豈有害先生之理乎?' 先生笑, 曰：'君與子仁親否?' 曰：'然.' 又笑, 曰：'雖親相知, 未必如我之深. 君自視與我孰親?' 到今思之, 先生眞聖人也."

○ 沂川洪相國命夏居廟堂, 而爲山林主人. 尤菴亩與之親厚, 入都輒就其家. 及洪相沒後, 其子遠普爲扶餘倅, 尤菴過之, 休憩邑村, 聞相國夫人在衙內, 爲之念舊問候. 夫人爲設飯待之, 邑倅出接, 人士滿座, 門人亦多侍者, 尹拯在座居右而已. 飯出尤菴色變而迎之, 時丁春末, 盤有河豚爛烹者. 尤菴指而語, 曰："老夫素嗜此物, 而伏在山裏, 不食久矣." 尹拯曰："此味固佳而往往有遇害[50]而見傷者, 願加審愼." 主倅曰："吾家自昔慣食此物, 婢使無不習於烹飪, 萬無一失. 吾母又況親監, 豈有可疑?" 尤菴曰："大夫人爲舊時賓客, 有此盛設, 親嘗其味, 何敢生疑而不之食乎?" 拯又曰："非謂有可疑, 此固危道, 而因口腹之累, 忘愼疾之戒可乎?" 尤菴方取盤相近欲下箸而旋止, 曰："理到之言, 不敢不服也." 主倅退而語子弟, 曰："弟子之爲師慮患, 若是懇至, 先生又能臨餐忘味, 不憚自屈, 師弟之間兩得道, 令人嘆服." 未久拯之與玄石書, 盛播於世, 細究其日月, 河豚之諫, 蓋在其書之後. 洪公又追語其事, 曰："人心果難測也." 洪公之孫致寬爲翼陵郞, 爲余道之如是.

---

50) 害：『宋子大全 附錄 · 記述雜錄』에는 "毒"으로 되어 있다.

遂菴又言："李徵明爲忠牧時數相見, 每語及時事, 蓋以爲：'目今少輩潛結近宗之有寵者, 乃與南人合勢. 南人則寅緣後宮張姓氏, 武弁私逕, 圖更進勢, 已八九成.' 此是丁卯·戊辰間. 李公自爲不偏倚於老少一邊, 且其爲人虛懷, 凡有所聞知, 輒無所隱, 故其言如此." 又言："玄石造朝, 始知有此事機, 極悔其來. 且杭卽其從妹子, 尤所驚駭. 故卽陳疏論此事, 忤旨而退歸, 其意蓋不欲同歸於群少也."

儉齋瑣錄[51] 金大提學楺所著

先生考沙川先生奇尹鑴之才, 許與之友.且其父墳吾家先山, 隔一岡嶺, 故先君子退居墓下, 鑴因春秋墓祀, 輒來訪. 甲寅時事大變, 鑴遂得志. 乙卯春, 鑴請暇歸掃, 又歷訪先君子. 時尤丈禍色甚急, 鑴意氣得得, 歷數尤丈之罪, 自心術以至行事, 無一不訾謫, 曰："英甫之學, 大抵皆假僞. 外雖矜持, 獨居之時, 放倒無檢. 州縣餉遺輻湊其門, 故今成巨富, 豈有如此儒者乎? 挾其威權, 勢力赫然, 根深蔕固, 有百年難拔之勢, 主上英明, 一朝而除之, 冲年事業, 晉悼公之比也. 然時人若欲殺英甫則吾當力救."
先君子曰："公之言皆出於積憾, 所聞皆出於毁謗, 無一近似, 而信而傳之, 不足損於尤丈而適足爲公之病矣. 且如公言尤丈是無狀小人, 死無足惜, 而又言救之何也?" 鑴曰："積憾之云, 不知我之言也. 英甫之罪固大矣, 然丙子以後, 倡明大義, 使我國婦孺, 皆知皇明之可尊·北虜之可恥者, 英甫之功也. 只此一節, 亦足以無死." 及鑴歸, 先君子顧謂不肖等, 曰："觀鑴言動擧止, 有似風子, 此後主張殺尤菴之論者必此人也. 渠安知大義之可貴?" 已而[52]果然.

○ 老少論之標榜, 其始甚微, 而其末遂大, 今至於滔天襄陵, 可勝嘆哉?

---

51)『儉齋集』 권31,「丁戊瑣錄」; 권32,「乙丙瑣錄」·「己庚瑣錄」을 校本으로 하였다.
52) 已而：底本에는 "而已"로 되어 있다.『儉齋集·丁戊瑣錄』에 근거하여 수정하였다.

蓋庚申更化初, 李元禎以吏曹判書特命譴褫, 朴判書士行[53]以承旨繳奏於筵中, 至於涕泣力爭, 以此見少於士論, 後爲金判書鎭龜所劾. 其時諸朴方盛, 布在顯班, 多懷不平, 士類中已有云云之說, 而尙未顯矣. 其後林參判泳在玉堂, 上疏侵斥勳臣, 玄石先生尤力言追錄之非. 光城是元勳而金益勳亦參追錄. 少輩遂攻勳臣, 稱以淸論, 附者日增. 壬戌秋獄, 益勳又有兒房密啓事, 少輩遂激發峻論, 兩司俱請益勳等罪, 而大臣金文谷出力救之, 閔老峯依違兩間.

癸亥, 尤齋先生被召入京, 上疏略救益勳. 於是少輩譁然不服, 稍稍語侵, 未敢顯言斥之. 甲子, 尼山書札事發, 而少論一隊, 打成一片, 老少之間遂大潰. 然文谷·老峯以背師之罪, 請勿以儒賢待尼山, 而少論亦無大家崖異之擧, 則尙不敢全舍尤齋. 己巳, 天地翻覆, 而少論處身, 大不及老論, 玄石深以爲不是. 及甲戌更化, 南相九萬當國, 柳相尙運爲吏判, 朴士行爲吏參. 當差吏議, 其時老論則金仲和昌協, 少論則徐魯望宗泰, 乃第一人望, 而士行皆不取. 吳道一以星州牧使, 入爲吏議. 蓋吳於向來處身尤無狀, 而勇於黨論故也. 人情多不快, 其他政[54]注, 率未免偏枯. 而南相力救張希載, 少論許以深長慮, 翕然和附. 老論攻以喪失名義, 而氣力甚弱. 於是玄石以左相承召入來, 力主名義而老論賴以不孤. 自是以後, 一進一退, 轉輾層加, 以至今日而極矣. 未知此後稅駕於何地也.

○ 乙卯六月, 余自西江往拜於楊根邑底. 先生【朴玄石】問曰 : "君尋常以尹魯西事爲何如?" 余對曰 : "楺後生, 實未詳其始末." 先生曰 : "方以魯西墓碣事, 尤菴與子仁將成大隙, 殊可慮也." 余曰 : "願聞其說." 先生曰 : "我作魯西行狀, 只依子仁所草, 褒揚太過, 尤丈深懷不平, 碣文中顯示其意. 子仁屢請改而不快從, 子仁抵書於我, 多有不遜語. 豈非師生間大變乎?" 余曰 : "尤丈之不滿於魯丈何事?" 先生曰 : "魯西於尹希仲事, 是非

---

53) 士行 : 底本에는 "泰維"로 되어 있다. 『儉齋集·丁戊瑣錄』에 근거하여 수정하였다. 이하 同一 기사 내의 "泰維"는 "士行"으로 고치며 校勘記를 달지 않는다.

54) 政 : 底本에는 "致"로 되어 있다. 『儉齋集 · 乙丙瑣錄』에 근거하여 수정하였다.

不明, 到今希仲如此大狼狽[55], 尤丈之見驗矣. 魯丈若在, 固當媿服之不暇, 此是尤丈之致疑於魯丈者. 而子仁作魯西年譜, 乃具載其平日擬抵尤丈書, 書中蓋戒尤丈持論之過而多有愛惜希仲之語. 以此尤丈之疑益深, 幷與其江都事而排斥之矣.

余曰："江都事曲折何如?" 先生曰："魯丈自少有名科場, 與趙仲初齊名. 其居太學, 亦嘗上書斥和. 及其入江都也, 又與金益兼·權順長諸丈, 上書都堂, 有'薪膽卽事, 盃酒非時'之語. 因自請率儒兵分守城堞, 及城陷, 權·金兩人殉節. 魯丈欲自決, 而其叔父尹烇以宮僚在江都, 乃往見與訣. 尹丈謂曰：'吾亦當死, 而汝[56]則伯氏方在南漢, 盍與面訣然後, 從容就死?' 蓋其時八松在圍城中, 故魯丈遂依其言, 欲往南漢, 而虜兵彌滿, 道路雍隔. 江都諸人毋論貴賤, 必得虜傳令然後始許勿阻. 魯丈曾與宗室珍原君世完隣居, 故詐稱珍原君奴, 改名宣福[57], 受虜傳令. 著諸氈笠, 逢點虜營而出, 及見八松, 時日事勢, 俱已緩了, 仍不復死. 平日交游皆非議, 不齒士類, 至被儒罰. 魯丈狼狽下鄉[58], 鄉中親戚亦莫[59]不薄之. 魯丈遂轉入錦山峽中, 兪武仲亦居其地, 方有盛名, 魯丈於窮峽中, 益與親密, 朝夕從遊. 武仲勸令從愼齋問學, 仍揄揚儕流間. 尤·春兩丈初不釋然, 後乃屢會山寺, 稍稍許交. 又托子仁受學於尤丈, 故後被尤丈吹噓甚力, 而尤丈心中則未嘗忘江都事, 但以子仁故忍之耳. 今若與子仁不和, 則必將盡吐其不平於中者, 豈非可慮乎?" 余曰："然則魯西當死而不死, 雖有向後道學之美, 恐不足以掩其偸生之恥也." 先生曰："君言當矣, 而功過似當相準矣."

---

55) 狽 : 底本에는 "貝"으로 되어 있다.『儉齋集·己庚瑣錄』에 근거하여 수정하였다. 이하 同一 기사 내의 "貝"은 "狽"로 고치며 校勘記를 달지 않는다.

56) 汝 : 底本에는 "面訣"로 되어 있다.『儉齋集·己庚瑣錄』에 근거하여 수정하였다.

57) 福 : 일반적으로 "卜"으로 쓰고 있다.

58) 鄉 : 底本에는 빠져 있다.『儉齋集·己庚瑣錄』에 근거하여 첨가하였다.

59) 莫 : 底本에는 빠져 있다.『儉齋集·己庚瑣錄』에 근거하여 첨가하였다.

南塘雜識[60]

我朝東西分黨, 始於沈·金之爭. 當時元衡罪惡通天, 且有勳戚勢焰之嫌. 而金以儒生, 乃從其子婿遊, 出入其門, 寄宿其家, 其不知爲恥, 則其人之無狀, 不待更觀他事而知之矣. 靑陽之遏其清選, 可見其出於至公至正, 非有他夾雜之私也. 彼人之無狀如此, 而從而和附, 反擠淸議之人, 則其人又可知矣. 故其黨分爲南北, 而北則幽廢大妃, 南則不母國母, 無一得脫於名敎之罪人矣.
老少之分黨, 由於懷·尼之爭. 尼之父子之罪, 又非特如[61]孝元之狎邪而已. 宣擧失身江都, 阿附賊鑴, 飾詐欺世, 誣君護己. 子拯文過, 彰父隱惡, 怵禍規利, 背悖兩師. 父負四罪, 子負二罪, 罪不可以容護, 則尤翁之斥絶其人, 可以質鬼神而俟百世矣. 彼父子罪惡彰著如此, 而從而附麗, 反害任道之大賢, 則其人又可知矣. 故其黨在甲戌·辛巳, 則忘國母而護凶逆, 在辛丑·壬寅, 則背先王·讐國本, 亦無一得脫於名敎之罪人矣. 蓋其根本淵源之所在不正, 則其末流之懷襄, 固其勢然也.

○ 孝元之出入衡門, 宣擧之失身江都, 其心術之不正, 行己之汚辱, 只此一事可斷其爲人矣. 孝元之砥礪名行, 欲掩其前也, 喜引名流, 實自扳附也. 宣擧之稱爲自廢, 其勢當廢也, 托名學問, 志欲求容也, 其事本非出於誠意, 則其心尤可惡. 若於孝元之始出世路, 宣擧之出自江都, 塞而不通, 絶而不交, 則其禍必不至如今日也. 然則栗翁之於孝元, 尤翁之於宣擧, 恐亦失於辨之不早, 而斷之不決矣.

○ 安老·爾瞻·九萬以保護東宮爲號, 金孝元·趙持謙輩以排斥勳戚爲號. 汝立·仁弘·世堂·拯之父子以讀書躬行爲號. 蓋非假眞而托公, 則無以眩

---

60) 『南塘先生文集』 권38, 「雜識」 外篇[下]를 校本으로 하였다.
61) 如 : 底本에는 빠져 있다. 『南塘集·雜識』에 근거하여 보충하였다.

惑人主而誘聋一世也. 眩惑人主, 故能假勢利而行其志. 誘聋一世, 故能植黨與而張其勢. 其凶于國而害于世, 不止一人一時, 而浸淫傳習, 流波滔天, 則詖淫邪遁之害, 甚於洪水猛獸者, 信不誣矣. 然其托名愈重而爲害愈烈, 反亟禍少, 而反遲禍大者, 亦理勢之所然也. 此拯之爲禍, 比他數奸而尤慘也. 世之修身而擇交, 立朝而擧賢者, 可不察哉.

○ 小人之托名雖正, 循事考實, 亦無以遁其情矣. 仁宗之在東宮, 上則中廟慈覆無憾, 下則國人咸戴啓賢, 固無待戚聯之臣保護之力, 而安老以此爲名, 爲固位專柄計也. 光海久在東宮, 國人咸知其不克負荷, 宣廟易樹之意, 未必非宗社大計. 而儲位之定已久, 實難動撓, 則亦無待於保護, 而爾瞻以此爲名, 爲邀利希寵計也. 希賊謀害國母之罪, 斷不可貸, 而誅一逆豎, 元非關於儲位之安危, 則保護之責, 豈在縱賊? 而九萬以此爲名, 爲媚賊嫁禍計也.
明廟之末, 退黜權奸, 登進士類, 而靑陽實有力焉, 則靑陽本非可攻者, 而孝元乃托以戚里而排之, 其志欲修其私郄也. 淸城·光城討賊豎而逐奸黨, 安宗社而淸朝廷, 老峯·驪陽名德俱隆, 本爲士林所推, 國之柱石, 朝之表率. 四公皆非可攻者, 而持謙乃托以勳戚而排之, 其志欲媚於兇黨也. 汝立之反覆, 仁弘之狠愎, 鑴·堂之侮聖毁經. 宣擧之失身黨凶, 拯之證父背師, 皆於名譽方盛之時, 已有此事, 則其與讀書躬行之名反戾亦甚矣. 惜乎! 人之不能早辨, 而或反以助成其勢, 遂使奸凶肆志而貽禍無窮, 深可恨也.

○ 拯之爲禍, 比他數奸尤慘者, 若疑其過當, 終言之. 己巳尤菴之禍, 拯實慫恿, 甲戌護賊, 皆拯之黨友, 而壬寅構禍, 皆拯之徒黨·門弟, 則前數奸之禍, 未有如此之甚也. 汝立·仁弘一敗而其禍止, 以其身陷惡逆, 人皆誅之故也. 若拯傳鑴之心法, 而無鑴之逆名, 屢躓屢起, 終至於壬寅之禍, 幾亡宗國. 此所謂反遲禍大也.

久菴聞見錄 屛溪所錄. 下同

問辛丑·壬寅事顚末, 先生曰：
此非一朝一夕之故, 請劈初言之. 當初孝廟己亥年間, 金佑明兄弟以隧葬事, 見棄於驪陽. 蓋閔氏兄弟好禮尙論, 爲士類所推, 故一代士類多從之. 如尤菴·市南諸賢亦右臺論, 以是金氏諸人痛怨次骨. 及肅宗冲年嗣服, 淸風佑明以國舅, 致憾於士類, 先欲除去尤菴, 而不得其人, 乃招南人一隊, 與之同事. 及鑴·積·楨·柟謀逆狼藉, 淸風大惧. 乃入對白紅袖之事, 又見擯於積·鑴輩. 伊時積·鑴直請反坐, 則憂憤成疾, 旣而不起. 淸城繼之, 密伺傍察, 因成庚申之獄矣. 辛酉, 仁敬王后昇遐, 金氏諸議以爲："閔家自托淸流, 奴視戚畹, 今若爲國舅, 則渠必不復侮吾家矣." 此等言議流入闕內, 明聖大妃納驪陽女爲妃矣.
禧嬪卽明聖大妃宮人, 而承恩於肅廟, 明聖知之, 怒而逐之. 伊時, 張之踪跡, 極甚詭祕, 蓋承恩之宮人, 不可雜處閭閻人, 不敢留之近室矣. 東平君杭, 莊烈大妃親孫, 卽王子崇善君徵之子也. 私覿甚頻, 出入宮禁, 暗知張事, 遂延接而極其尊奉. 及明聖上賓, 乙丑後, 杭, 莊烈宮更納張嬪, 遂得寵幸, 因有己巳之變. 戊辰, 景廟誕生, 肅廟欲亟冊世子. 肅廟年壯, 仁顯無疾, 螽斯之慶, 實爲無疆, 故西人持正之論, 欲待正宮之誕育. 南壺谷龍翼以吏判登對, 直斥其急, 遽旋以儐事出朝, 及歸經罷. 老論諸公群起救之, 或罷或謫, 氣象愁沮, 南人之失志者, 少論之希覬者, 因此擠陷之. 尤菴時在華陽, 不勝憂悶, 上疏言之, 因謫耽羅, 遂有廢出之擧矣.

○ 及甲戌更化, 上以希載諺書交通之罪下鞫廳. 老論欲正謀逆之罪, 時相南九萬·柳尙運·申翼相等以爲："事有難言." 力主不必究竟之論. 其意蓋以爲："若以圖廢壺位, 埋凶作呪, 正罪希載·業同, 則張必不免, 景廟亦必不安心云. 而深長之慮, 不可不念, 不必究竟於此事." 蓋此輩鄙瑣之徒, 爲異日固寵之計, 而不思今日討逆之重. 又不知景廟旣正位東宮, 則已爲仁顯子, 雖罪希載, 何損於東宮. 而且禧[62]嬪得罪父王, 自絶于天, 則景廟雖有私情之切迫, 而於肅廟處分, 亦復奈何? 此[63]輩故爲苟且迷亂之論, 希載·業同并貸死, 安置濟州.
辛巳, 仁顯王后昇遐, 成服之日, 參判李鳳徵上疏言 : "聖侯以疾腫, 竟至賓天. 云云." 惶惧不知所處. 正言鄭維漸發簡請罪, 執義李震壽·獻納權𢢜初書勤實, 翌日皆不入臺, 維漸獨啓請島配, 上卽允之. 其時南人·少論, 皆冀張之復位, 而且天意未能度, 故權·李諸人終至如此.

○ 及巫蠱獄起, 此皆自上取服於宮女者, 非外人所知也. 行凶諸節, 昭昭發覺, 上出付鞫廳. 時相崔錫鼎又主不可究竟之說, 紹述南·柳之論, 少論一隊, 蓋皆附和, 上竟正刑希載, 賜禧[64]嬪自盡. 持平李東彦首論南·柳, 當初不嚴討逆之罪, 以致今日之禍, 請遠竄, 上卽允之. 蓋初謀廢國母, 自是大逆, 而諺書云云, 出於聖教, 不啻昭然, 則其爲臣子者, 不計日後利害, 只爲國家討逆, 自是堂堂正論, 反是道者, 卽逆黨也.
及誣獄起, 謀害國母之禍, 昭昭難掩, 則此討逆之論, 又豈不章章明白耶? 彼扶護營救者, 非逆而何? 肅廟處分卓越千古, 眞是大聖人作爲也.蓋彼少論之言以爲 : "老論一隊, 從初有不滿之意於景廟, 自前位號之議, 及至甲戌·辛巳, 討逆之論, 皆不利於景廟."云, 而自付於景廟私人. 故以至李潛疏, 曰"今日諸臣, 莫不向刃於東宮. 云云"之說而極矣. 至於辛丑, 則全露手脚, 至戊申白巾之變, 則又無可言, 豈勝痛哉?

○ 自辛巳以來, 景廟疾患彌重, 宗國之憂, 有不可言者. 丁酉, 肅廟獨對李忠文公, 密諭以宗社大計, 忠文辭之, 以不敢奉承, 終至於涕泣. 肅廟慨嘆不已, 因教以"兩王子日後保護之責, 專委於卿. 云云". 蓋自古宗社地處危疑而保全者鮮矣. 肅廟以深憂永慮, 付托於李相矣. 忠文公退, 而密告其兄子【師命之子】喜之, 及婦姪金龍澤, 使之狀士類以爲保護之地, 蓋二人有

62) 禧 : 底本에는 "僖"로 되어 있다. 실록에 근거하여 수정하였다.
63) 此 : 底本에는 "北"으로 되어 있다. 문맥을 고려하여 수정하였다.
64) 禧 : 底本에는 "僖"로 되어 있다. 실록에 근거하여 수정하였다.

才智故也. 金·李自此慷慨出力, 與李天紀·沈尙吉·鄭麟重諸人極意周旋, 其由不過如是也.

○ 睦虎龍[65]卽掌禮院書吏, 故先人【尹明運】曾爲司議時, 出入於吾家, 吾亦見之矣. 此賊素諳地術, 當宁遭毓祥廟喪事, 求山時, 以銀貨贖其身, 寂承恩寵. 一鏡輩多以貨貲悅其心, 且以利誘, 率至告變.

○ 景廟疾患沈緜, 固非一朝一夕之故. 而至於甲辰大漸時, 光佐以藥院提擧 牢諱疾患, 又不設侍藥廳, 不使中外知之. 至於憑几後, 泰億製敎文, 有"半夜宣詔"之語, 蓋渠輩之意, 終始諱疾. 建儲請政之事, 方成詔案, 而至甲辰諱疾, 則其意尤極凶悖, 欲加不忍之語於不敢言之地. 故惟賢·有翼, 主張虛言, 橫肆不道, 以爲戊申之變, 其源專由於諱疾一事矣.

○ 蓋老少之爭起於韓泰東·趙持謙輩, 論金光南反坐. 如彼壐·瑛者果若累訊不服, 則獄情歸虛而發告之金煥不可不反坐, 金煥反坐則指敎之光南亦可以論罪矣. 今壐·瑛旣以謀逆伏法, 金煥又以告變蒙賞, 則獄情不虛, 不翅照然. 旣殺瑛, 又殺光南, 若對殺者, 果何法理? 此不難知也. 但彼輩以淸流自居, 又自謂激揚之論, 則雖其躁妄, 固不當遽斥爲邪黨. 至於憤其論之不售, 又不悅尤菴之不從己, 則遂與尤門反背之, 尹拯分門割戶, 極其推尊, 以爲角立之計, 則彼輩之罪, 已大矣. 至於吳道一輩, 陰知張氏之事, 風附逆杭, 情跡可惡. 甲子以後, 邪正判然, 不可復合矣. 甲子以來, 南九萬爲異日自全之計, 致以"深[66]長慮"等語, 疑亂群聽, 熒惑上下, 不思母后之讐, 敢詆討逆之論.
至於徐文重輩, 至欲爲張氏立節者, 有敦寧府, 一會之擧, 其心腸可惡, 而小人情態, 誠鄙且巧矣. 及至辛巳, 則聖后禮陟, 臣民普痛, 而彼逆賊情節, 若是昭爛, 則爲臣子寃憤痛切, 當如何? 而尙敢爲日後之慮, 不思所以沐浴

65) 虎龍 : 底本에는 "龍虎"으로 되어 있다. 실록에 근거하여 수정하였다.
66) 深 : 底本에는 "保"이다. 실록에 근거하여 수정하였다.

之討乎? 錫鼎輩欺誣容護之計, 愈往愈甚, 一向迷亂. 而至於丙申, 斯文大定之後, 追奪拯之官爵, 則一種醜惡之徒, 益懷怨懟, 終作辛壬滔天之禍, 而猶未售計, 則與午人之失志者, 釀成戊申之變. 蓋護逆之論與親犯, 雖似少異, 而其甚者爲逆, 餘皆麗附. 始與士類爲貳, 而輾轉至此, 其勢畢竟自住不得. 學仁義之差, 乃至於無父無君者, 不其然乎?

○ 問玄石甲戌事, 先生曰 : "玄石甲子以後, 爲少論邊人, 至戊辰以吏判入朝, 見少輩交通譸張之事, 始加驚惧, 稍欲自救, 力塞吳道一吏議之望. 且袖箚論杭事, 肅廟有'招致一怪物'之敎而去. 及見己巳之事, 漸覺其非, 追思尤菴爲眞箇大賢人. 故甲戌之入, 力斥南九萬全恩之議. 如申琓·兪得一諸人, 初從玄石爲少論矣, 及是又從玄石爲老論矣."

○ 問"耈·億事, 皆是尤菴門人子孫, 而何故其論不同乎駱洞也【二憂堂】?" 曰 :
"趙師錫以莊烈大妃從兄弟, 有邪岐倚勢之謗矣.肅廟丁卯, 文谷將承命卜相, 有加卜之命.初卜李翽, 再卜呂聖齊, 三卜南龍翼.上又加卜, 文谷請對奏, 曰 : '以朝廷公議, 殆盡無餘矣.' 上曰 : '趙師錫豈不合相耶?' 文谷曰 : '以臣所見, 及朝野所望, 不出此數人, 臣不敢曲循上意也.' 上特命拜師錫爲右相. 其後金西浦萬重以都憲入對, 極論師錫以私岐得相之非. 由是, 師錫自知不容於士類, 因爲少論矣. 耈, 師錫子, 億, 嘉錫子, 而亦從耈論矣." 先生曰 : "賢亦知農巖厲階之說乎? 顯廟辛丑, 肅廟誕生時, 孝廟三年未畢, 顯廟不能無媿於兩宋先生, 方甚不手之際, 同春上疏稱賀, 尤菴則方在待罪中, 情勢不安, 不得隨例獻賀. 上意以是尤不安於尤菴矣. 適金清風佐明受暇, 往懷德【清風卽宋國澤婿, 懷德, 妻鄕也.】, 懷鄕大夫輻湊往見. 尤菴恥於隨衆, 不卽往見, 清風亦怒, 不卽來謁. 彼此不得相面, 而依俙聽得道間一言, 還朝白上, 曰 : '宋某果有不悅之意. 云云.' 蓋尤菴實無所言, 而又何敢有如何意思? 而清風則果不無偵伺之意, 而其間或不無不悅者往來之言. 而況清風曾見斥於士類, 素慍於尤菴者乎? 此說無有知者.

金尙書佐明素與靜觀齋李公端相甚善, 互無諱言. 靜觀齋適入城, 金尙書就見, 語間及此說, 或以鄙言譏詆尤菴, 靜觀大加驚惧, 專書俱由, 走急足於尤菴. 時尤菴在黃山江上矣. 其後尤菴敍靜觀碑末端所謂'危機交迫之際, 不遠千里, 耑指相報'云者, 卽此事也. 及尤菴喪後, 玄石謂芝村【靜觀子喜朝】曰 : '先碑之中, 耑指相報云云之說, 君其知之乎?' 芝村豈敢不知? 玄石曰 : '先公愛賢好德·慮事深長之美意, 尤菴特以事關自己之故, 引而不發, 豈可終使黯昧? 今若略記顚末於下, 使後人明知似宜.'

芝村所敎甚當, 因請文記之, 玄石曰 : '吾作, 固無不可, 而仲和旣在, 可使仲和記之也.' 芝村以告農巖, 農巖亦以爲然, 略記數行, 曰 : '此事終爲後日厲階. 云云.' 芝村刻之下面矣. 吳道一卽見之, 雀躍而起, 謂金右尹錫[67]衍, 曰 : '所謂厲階云者, 用於褒姒之語也, 金某敢以此擬明聖王后, 甚可慟也. 君可陳疏明斥.' 右尹曾傳聖母手札於尤菴者也, 素敬尤菴, 故趑趄不決. 道一云 : '此事不惟誣, 及先國舅, 誣辱國母, 實爲罔極. 尊家若不陳疏, 則吾當上疏言之, 尊家亦不免同罪矣.' 右尹大惧, 將欲陳疏矣.

海昌尉吳泰周, 以明聖之婿, 雅見重於金氏. 金氏諸人就議于海昌, 海昌大駭, 曰 : '抉摘人文字, 構成罪案, 自是僭邪小人所爲. 況且文字取用之法, 固宜如此, 本無可罪之端. 且此事雖微, 必至延禍先賢. 尊門方新附士類, 則尤不宜, 自我發此駭機, 彼輩毒腸, 決不可信也.' 金大覺悟, 亟止之. 海昌以告農巖·芝村, 大驚急拔其碑, 磨去其文. 農巖從此絶意, 不作人家碑碣文字【農巖卽靜觀之婿】.

○ 問 : "宣擧誣辱聖祖之事, 申球之論, 似不可已, 而寒水齋先生頗有持難之意, 致丈巖一番書責, 何也?" 曰 : "申球之論, 大抵過矣. 連以斯文是非相爭, 卒乃以文字間事, 歸之於惡逆之科, 甚非仁者之事. 且其文字雖已印行, 渠豈敢有意於誣上? 只是文字[68]之過, 不自知其到此也, 可憐而不足論也."

---

67) 錫 : 底本에는 "鑞"로 되어 있다. 실록에 근거하여 수정하였다.
68) 字 : 底本에는 "王"으로 되어 있다. 문맥상 "字"의 오류로 보인다.

○ 尤翁乙巳五月, 自溫陽扈駕, 至水原上疏. 疏中略擧其槪, 以爲："蓋自國有元子之慶, 宇內蒼生, 無不忻頌. 雖在草野之疎跡, 皆露其頌賀之情, 而臣於其時適有待罪事, 惶恐縮伏, 不敢自同諸臣, 以伸微忱, 其勢然也. 而不料仍此微有臣子所不忍聞之言. 云云."

尼尹始末[69] 上同

尹拯尼城酉峯人, 執義宣擧之子也. 少學於市南兪公棨, 既而依歸於尤菴宋文正公, 而學[70]焉父事, 蓋四十餘年. 自少不事科學, 位三事, 終身不就仕. 節士宋尙敏嘗言："拯父子家行謹篤, 而言論每在利害上."云. 初宣擧以太學生, 請斬僞號使嚇走之, 名聲振天下. 至虜亂江都陷, 宣擧與士友約死, 遂導其妻先死, 友與妻俱死, 宣擧卒不死. 自知爲謬人, 無以自立, 就愼獨齋文敬公學, 自稱天地間一大罪人. 一時諸賢捨舊愆取自新, 遂與從遊. 宋文正則以爲："以不得死於節, 至於自廢, 當死節而必[71]死之義, 於是益彰, 其不死也亦死, 與同歸於崇節義也." 列叙於『三學士傳』後, 蓋其與之尤摯也.

賊鑴改註『中庸』, 侵侮朱子, 而誣辱李文成·成文簡, 殆無忌, 文正斥以斯文賊. 宣擧以文簡宅相力扶護, 文正尤惡其中毒也. 將『春秋』先治黨與法, 擬宣擧, 宣擧末乃, 曰："彼陰也小人也." 稱絶之. 及宣擧沒, 鑴黨將用事, 拯始發宣擧擬與文正書, 載之譜, 謁銘文正, 其書卽贊鑴而勸用之者. 文正大疑宣擧絶鑴事. 其後鑴黨伏法, 一翻覆而士禍復作, 則文正將爲孤注, 拯深惧佔畢之禍, 延及門人, 必欲自貳. 而滚做前憾, 揣摩累年, 及朝論潰分, 附麗稍張, 乃托十餘年前墓文, 謂有訾辱語, 視文正如仇讐. 猶存師生之名, 依違出沒, 或怨或乞, 終至背絶. 而其意態閃弄, 人不忍正視.

---

69)『屛溪集』 권34,「尼尹始末」을 校本으로 하였다.

70) 學 : 底本에는 "擧"로 되어 있다.『屛溪集·尼尹始末』에 근거하여 수정하였다.

71) 必 : 底本에는 "不"로 되어 있다.『屛溪集·尼尹始末』에 근거하여 수정하였다.

其擬與人書, 三[72]年後, 始發於門徒, 而誣文正罔極. 句斷一生罪狀, 萬端審然者, 何故四十年處於父師地, 又何故托其父[73]傳後之文, 又何故乞得哀矜而以爲"疑結俱釋"之云. 所謂"其爲小人, 亦不索性"者, 非耶? 拯終歉宣擧偸生事爲世所恥, 欲全美之, 引其疏語以爲宣擧之不仕, 不由江都事, 又以爲江都事, 初無可死義. 文正恐此議行, 而倫[74]常之墜倒也, 世敎之壞敗也. 且惡宣擧偸生·黨凶之實, 而追悔見賣於自廢絶鑴之說, 極力詆排. 拯之怨毒轉深, 遂與己巳人交煽, 而文正之禍慘矣. 伸鑴事禍文正, 而拯乃擢拜, 其跡若泥中獸, 安可誣也?

市南公嘗著『家禮源流』, 臨死, 托拯以修整. 始兪公之著是書, 宣擧與相斯役, 後五十年, 而兪公之孫因朝命請刊之, 拯不肯與, 其子行敎乃, 曰:"此吾家書." 拯又曰:"所托全不記." 其誣人耳目甚矣. 抑又何心歟? 寒水齋權文純公以爲:"父師之地, 用此蘇·張手段." 蓋言此也. 昔程叔子論邢恕狼狽[75], 斷之, 曰:"義理不勝利害." 論者謂於拯, 亦無以改評, 若宋節士, 可謂善觀拯者也.

偶記[76] 上同

念昔景廟辛丑之九月, 余將之任文城, 引朝例, 納拜趙相泰采於終南山下以告行. 公不以余之初見而外之也, 不憚損屈尊威, 挽余留話. 時客位無煩人, 爲余道建儲時事頗詳. 公曰:"伊日適小出, 以李廷熽疏, 承命招詣闕, 及足投金虎門一步, 則是心已自定矣." 默語於口, 曰:"爲肅廟酬報, 正在今日, 此身生死, 了不復念. 仍與金·李兩相及諸臣入對上前, 請上入稟慈殿, 書下所定儲位, 卽同諸臣退出閤外, 時更鼓纔初矣. 恭俟更入之命, 則

72) 三 : 底本의 뒤에 "十"이 더 있다. 문맥으로 보아 연문으로 판단된다.
73) 父 : 底本에는 누락되었다. 『屛溪集·尼尹始末』에 근거하여 보충하였다.
74) 倫 : 底本에는 "侖"으로 되어 있다. 『屛溪集·尼尹始末』에 근거하여 수정하였다.
75) 狽 : 底本에는 "貝"로 되어 있다. 『屛溪集·尼尹始末』에 근거하여 수정하였다.
76) 『屛溪集』 권34, 「偶記」를 校本으로 하였다.

夜蓋過半, 相顧色沮, 慮無所不到, 范鎭之髩髮盡白, 實此光景也. 余謂兩相公, 曰:‘社稷存亡在此日矣. 事至如此, 萬一所書下者, 出於輿望之外, 其將如何?’ 傍有一宰相, 曰:‘若旣書下, 則名號已定, 若之何也?’ 余曰:‘何爲出此言? 建儲國之大事, 大臣當與可否. 雖旣書下, 而大臣未奉傳旨, 則不可謂名號定矣. 今日吾輩當抵死爭之, 外此無他道矣.’ 金相曰:‘大監之言正當, 豈敢不從?’ 余復叩李相, 則李相亦曰:‘兩公之意如此, 小生又何異哉.’ 余曰:‘此發自小生, 事或不幸者, 小生當先爭之, 兩相公其繼之.’ 兩相曰:‘諾.’ 俄而罷漏而命下, 始更入對, 則書下儲位, 果不外輿望. 向者云云, 幸歸閒商量, 此豈非宗社神靈有所默佑而成者耶? 然伊時事, 尙何言哉? 觀此所商量者, 亦可揣矣, 至今追思, 猶有餘懍也.”

鳳九不待辭畢, 不覺蹶然而起, 稱服而歸矣. 仍念公之辨此議論, 眞有古大臣風矣. 其曰:“大臣奉傳旨而後, 名號始可定矣.” 否則大臣容有可否之者, 此其何等力量? 何等明正? 蓋此箇見識磊落, 臨事變而料事不局矣. 況聞禍作之日, 怡然談笑, 受命之際, 十分從容, 豈亦非自明陵時一死圖酬已素定, 故事到手頭, 不慴不撓者耶? 嗚呼! 公之此議畢竟無所施者, 眞宗社世道之幸. 而公之偉識正見, 終不可泯沒無傳, 追記伊日酬酢語, 以示可與示者云. 時戊申首春日也.

瑣記[77] 上同

念昔乙酉夏, 余與李台汝五諸人, 攻業于道峯書院. 適論及西·南·老·少是非, 余謂:“今[78]日是非之邪正善惡, 實如陰陽黑白之判. 任世道之責者, 正宜明辨痛析, 使一世之人曉然知之, 必邪者歸於正, 惡者化於善, 可以一士趍而淑世道矣.” 五台曰:“予雖以西爲善人, 老爲正論, 南·少亦曰:‘我正而西邪, 此善而老惡.’ 未知後世眞是非, 謂之如何也?” 余曰:“子所言甚

---

77)『屛溪集』 권34,「瑣記」를 校本으로 하였다.
78) 今 : 底本에는 “余”로 되어 있다.『屛溪集·瑣記』에 근거하여 수정하였다.

是俗論, 全不知西·南·老·少之眞是眞非之故, 發此等話頭矣.” 五台曰 : “吾亦所知者, 非不如子之峻論, 而南少之言, 亦如子之言, 奈何?” 余曰 : “以不知者言之, 雖似烏之雌雄, 而自有眞箇是非. 在上者若主眞箇是者, 明破眞箇非者而斥之, 則自然一趍於是矣. 恨無在上之人明辨而痛析之爾.” 後丙午秋[79], 余以淸道守, 蒙經筵官召命, 將還溪上, 路過達城. 兪展甫相公以方伯來見穩話爲言. 昨年職在大諫時, 趙左相文命以朝例過辭話闌, 以爲 : “今日事可慨. 昨年聖上卽位, 南·少俱懷疑懼. 南人則吾不能盡知之, 而少論名流皆儕輩, 豈不知? 其無大段罪犯者, 莫不治任重足. 少有處分, 皆將革面歸一, 而聖上無大處分, 不別是非. 惟以同隨幷育, 一視無間爲事, 孰肯卒棄世傳之色目, 苟且趍附於老論, 以爲乞哀之爲? 雖南自南少自少, 而淸官·美職, 自可爲之, 因不復變動, 可謂失一好機也. 可歎可歎.” 蓋趙本有少論色目, 又多少論儕輩, 故雖以少論自處, 而其心事則自謂無異於老論, 其言如此云. 今者耉·輝·光·億追奪, 合啓再出, 未知時機如何. 而南·少旣有搢紳疏請, 又有若而南·少連參合啓, 上以朝東暮西, 責而罪之. 上意蓋以擺其世守之論, 附托別人爲非之也.

凡議論自有公私邪正, 黨類亦有君子小人. 世道淸明, 君子進而公正之論旣立, 則宜其大變小革, 如革上九之義矣. 果如聖教, 無論是非邪正, 各守世傳之論, 則豈有一士趍會其極之理哉? 聖上每教以廿年苦心, 實在[80]於蕩平, 未知此輩今日所爲, 眞是革面. 而其略同於討逆之論者, 亦以此斥之, 果使各持色目, 其心燕·越, 則其終爲蕩平哉? 聖上雖有苦心於蕩平, 誠不得眞蕩平之道矣, 誠是慨惜. 以趙相說觀之, 在上者果能明眞箇是非, 而擧直錯枉, 處置得宜, 則一世之趍向, 自歸於正, 色目之紛紛, 無難消滅, 向者五台之言, 眞亦有未盡覷者矣. 伏聞有朝東暮西之教, 不覺重爲之慨嘆, 玆錄昔日私相酬酢者, 以爲日後覽焉. 時丁卯冬也.

---

79) 秋 : 底本에는 “後”로 되어 있다. 『屛溪集·瑣記』에 근거하여 수정하였다.
80) 在 : 底本에는 없다. 『屛溪集·瑣記』에 근거하여 보충하였다.

小記[81] 上同

丁酉春間, 往侍江門. 時以尤·春兩先生從享事, 或主單擧, 或主并擧, 論議極不一. 鳳九問曰："今日從享之議, 若是紛紜, 先生之意如何?" 答曰："大賢從祀, 自當有定論, 何必汲汲?" 鳳九曰："尤翁從祀, 今已太晚矣. 更待何時?" 答："尤翁大賢, 雖千百代後[82], 孰不知其必合從享? 世道雖下, 而士論當存, 豈無從享之日? 而何必如是紛紜耶?" 鳳九又曰："春翁并擧之意如何?" 先生默然良久, 徐曰："吾一師兩門, 何敢有所與議耶?"

歸後幾月, 李友器甫來見, 爲問："近日從享論議, 君其稟於師門否?" 余略擧當日所受敎者言之, 以爲："先生微意自可見矣. 君輩不可不知矣." 其後器甫泮任時, 有從享之議, 故爲擧余所傳說而質問於先生. 先生答書云云, 此文集中戊戌答器甫書. 而頭辭："示書謹悉. 洛中議論, 於單擧·並擧, 或未純同. 云云." 考之則可知矣.

朋黨源委

宣廟朝東·西黨, 又分爲北黨, 仁祖朝西人, 又有老·少之漸, 至肅廟遂成老·少論黨.

○ 巽菴沈義謙卽明宗國舅沈鋼子也. 初李樑專權, 欲害尹斗壽等, 義謙承密旨, 劾樑黜之, 有扶護士林之功, 爲前輩所推許. 省菴金孝元卽曺南溟門人也, 未第時, 與尹元衡婿李肇敏相親. 時義謙以銓郎, 因公往元衡家, 見書室有孝元寢具, 心鄙之. 及孝元登第, 有時望, 年少一隊, 翕然宗之. 義謙枳孝元銓薦, 孝元斥義謙以戚屬. 沈居白門外, 金居駝駱峰, 扶沈者謂之西, 扶金者謂之東.

---

81)『屛溪集』 권34, 「小記」를 校本으로 하였다.

82) 後 : 底本에는 없다. 『屛溪集·小記』에 근거하여 보충하였다.

松江鄭澈·思菴朴淳·黃岡金繼輝·柏潭具鳳齡·梧陰尹斗壽·月汀尹根壽·藥圃李海壽·青蓮李後白·拙翁洪聖民·白麓辛應時·西村張雲翼·果齋尹暹·西垌柳根·芝川黃廷彧·白沙李恒福等, 卽西也.草堂許曄·東岡金宇顒·鵝溪李山海·蘇齋盧守愼·西厓柳成龍·鶴峰金誠一·東巖李潑·坡谷李誠中·丹崖李敬中·德溪吳健·梧里李元翼·漢陰李德馨·藥圃鄭琢·北渚金瑬·松窩李塈·淵庵[83]禹性傳·斗巖金應南·雪蓑南以恭·夢隱崔鐵堅·晴峰尹承勳·恒齋鄭宗榮·承旨姜緖·守愚崔永慶及洪汝諄·仁弘·汝立等, 卽東也.

栗谷李珥欲調劑兩間, 言于盧相守愼, 筵白兩黜, 沈·金補外. 許篈·宋應漑·朴謹元劾栗谷. 時牛溪疏救栗谷, 上優批, 應漑竄而已. 栗谷卒, 牛溪·松江·思菴俱去朝, 西人嘗困於東, 朝象益潰裂. 時東人設謀攻栗谷不已者, 汝立及柳永慶·洪汝諄·李潑等也. 己丑汝立謀逆死, 李潑·李洁辭連死, 鄭彦信·鄭彦智竄死, 金守顒竄, 崔永慶瘐死獄中. 時松江委官.

○ 辛卯, 松江爲李山海所欺, 筵請建儲策, 忤上旨竄. 壬辰亂西狩, 召還松江, 李山海以誤國竄, 柳成龍以主和罷.

○ 癸巳還都, 柳成龍還拜相, 鄭經世·金宇顒等論鄭澈誣以殺崔永慶之罪, 追奪官爵.

○ 甲午, 牛溪以和事忤旨退歸. 丁酉, 鄭仁弘嗾朴惺疏詆成渾與李珥 : "爲奸魁構殺崔永慶. 云云." 辛丑, 又嗾文景虎疏詆成渾 : "殺永慶, 遺君負國之罪極矣. 云云." 奇自獻·洪履祥·鄭光績·權憘·李效元等啓, 追奪成渾爵.

○『青野謾集』曰 : "李潑初與柳成龍有隙, 柳一隊, 金誠一·李誠中·李德

83) 庵 : 底本에는 "岩"으로 되어 있다.『孤臺日錄 · 人名錄』에 근거하여 수정하였다.

鑿爲羽翼, 潑一隊, 鄭汝立·崔永慶·鄭仁弘爲羽翼. 及至仁弘與成龍爲仇敵, 始有南·北之分."

○『荷潭錄』曰：

宣廟辛卯, 李山海主論鄭澈罪. 金粹議于禹性傳, 性傳執不可, 洪汝諄劾性傳. 南北之論始岐, 急者目爲北, 李山海·李爾瞻也. 緩者目爲南, 柳成龍·禹性傳也. 壬辰, 山海·汝諄竄, 西厓亦罷, 尹斗壽爲相. 癸巳, 成龍還拜相. 甲午, 金宇顒·李墍·奇自獻, 論鄭澈殺崔永慶罪, 鄭曄·申欽·李時發等議不合, 引避遞. 時議大變, 金應南·鄭琢相繼入相. 乙未, 鄭琢請放山海, 從之. 臺論琢遞相. 人謂"請放山海之故, 而西厓之意"云, 南北之惡, 尤甚. 李元翼爲相, 南以恭·金藎國欲通李慶全淸望, 鄭經世執不許. 戊戌, 辨丁應泰誣, 上欲送成龍, 成龍托病. 李爾瞻欲劾之, 李憲國·鄭洪翼等不從引避. 上遞憲國等而是爾瞻, 臺論削成龍.

己亥, 南以恭·金藎國等劾洪汝諄, 又分爲大小. 北主山海者爲大北, 主金·南者爲小北. 蔡謙吉·閔夢龍劾金·南罪. 庚子, 李元翼筵奏成龍事, 且言不可用任國老, 國老, 山海黨也. 崔鐵堅劾元翼遞. 山海爲領相, 與洪汝諄爭權, 主洪者爲骨北, 主李者爲肉北. 爾瞻劾洪, 上兩黜之, 山海·爾瞻·汝諄·慶全等削奪, 西人滿朝. 山海·爾瞻遂有疑貳之心, 密附光海, 引進鄭仁弘, 爲山林外援. 辛丑, 仁弘·文景虎誣成渾殺崔永慶. 上是之, 黃愼爭辨, 盡遞吏曹. 壬寅, 柳永慶爲吏判, 乃小北領袖也. 臺論成渾追削, 擢仁弘大憲. 俄拜柳永慶領相, 遂秉朝權.

○『日月錄』曰：

沈·金之時, 只有東西, 栗谷·思菴之亡, 而西人嘗困於東人.己丑之變, 東人多死於逆. 壬辰之亂, 西人受困於東者, 皆伏義討賊, 高敬命·金千鎰·宋象賢·趙憲特其著者. 然而東人愈熾, 自相攻擊. 己丑之前, 李山海主李潑而爲北, 柳成龍主禹性傳而爲南, 東號遂絶. 其後北人轉成, 又自分黨, 爾瞻·仁弘·�·李慶全·金大來·奇自獻·洪汝諄爲大北. 柳永慶·金藎國·南以恭·柳希奮·朴承宗爲小北.
昏朝初, 永慶死, 而希奮弄權, 故小北之勢不衰. 然大北最强, 各立門戶, 又自分張, 李溟·鄭昌衍以救鄭蘊爲中北, 又有淸北·濁北·骨北·肉北之名. 蓋宣廟晩年, 惡朝士之貪權, 更進迭退. 而小人之得志, 始於辛丑·壬寅間, 奇自獻·鄭仁弘等, 及永慶秉權, 害甚於前. 永慶死, 而弘·瞻卒之於廢母, 而主亦隨亡. 所謂大北無餘, 自中北以下諸黨, 或附小北, 或投西·南, 今存者三色云.

○ 『於于野談』曰：
鵝溪李山海, 遇南師古, 班荊坐語. 師古西指鞍峴, 東指駱峰, 曰："他日, 朝廷必有東西之黨, 駱者各馬也, 其終各散. 鞍者革而後安, 又在城外, 其黨多失時, 必因時事之革而後興, 終必磨滅. 云云." 其後西黨多失時, 沈義謙輩因恭憲王陟祚時而大盛, 鄭澈輩因定鄭賊之變而興, 尹斗壽輩因值播越之變而興, 又有如干人因今上初年而興.東·西分爲南·北·大·小·骨·肉之號, 其言皆驗.

○ 『續雜錄』曰："萬曆壬午間, 里謠曰：'亂國者東人, 亡國者西人.' 只知東夷·西夷而患之. 近見時事, 東人爲北而亂國, 西人當國而辱國, 無乃是耶."

○ 仁祖反正後, 金瑬務爲調劑策, 崔鳴吉秉銓, 南以恭拜大憲, 玉堂論其不合. 金瑬以年少名流爲朋黨, 而老西·少西之說筵白, 上怒貶兪伯曾·朴烇·羅萬甲于外. 張谿谷以救三學士, 亦補外. 是爲西人岐爲老少之漸也.

○ 『遲川集』曰："宣廟辛丑間, 有尹西·申西之目, 仁祖反正初, 有淸西·功西之目, 又己[84]巳老西·少西之目, 謂朴烇·羅萬甲·兪伯曾·權濤·鄭弘

84) 己：底本에는 "乙"로 되어 있다. 실록에 근거하여 수정하였다.

溟·姜碩期之類也."

○『南溪記聞』曰："我朝朋黨之禍, 自宣廟乙亥, 至光海壬戌, 五十年爲東人時, 自仁祖癸亥, 至顯宗癸丑, 五十年爲西人時.其末之禍, 東人在於戊申之日, 以柳全陽永慶心主永昌, 李爾瞻力扶東宮, 一立一落而成, 故禍之極, 在上而易國. 西人在於己丑之初, 以李完南厚源力主湖西, 金潛谷堉心護漢西, 勢不相敵, 累世而成, 故禍之極, 在下而易局."

○ 肅宗甲寅, 宋尤菴以己亥服制事被竄. 尹鑴·許穆等進用, 南人滿朝. 庚申逆獄, 翻案削勳, 金益勳·李師命杖殞. 尤菴及文谷金壽恒賜死, 權大運·睦來善·金德遠爲三公, 南黨復熾. 甲戌, 坤殿復位, 閔黯·趙嗣基等誅死, 尤菴復官爵. 辛巳, 坤殿昇遐, 禧嬪[85]賜死, 沈檀·吳始復·柳命天等竄. 自是南人屛黜, 西人進用, 遂成老少黨.

○ 庚申, 金錫胄錄勳, 金益勳·李師命追錄. 辛酉監試, 空劵告變, 所告南人十三家也. 金錫胄·金煥偵探, 壬戌煥告, 許璽·許瑛伏誅, 金益勳兒房密啓. 全翊戴告柳命堅, 拿鞫無驗, 遂斬翊戴.

○『黃江問答』曰："庚申獄, 黑水輩謂'鑴被士禍', 視淸城猶袞·貞也. 尹拯是權諰婿, 以淸城爲禍魁. 及尤菴放還, 曰'淸城不無衛社之功', 拯乃大驚, 遂叛尤菴. 時臺論方張, 請金益勳加律, 諸名士貳於尤菴, 皆附於尼, 遂爲老少分岐."

○ 右相金錫胄筵白, 上敎曰："東西分黨, 已成痼弊, 今自中又分黨." 趙持謙·韓泰東皆罷職, 吳道一·朴泰維補外. 玄石朴世采疏斥金錫胄, 金又箚辨, 彼此轉激, 朝象不佳.

---

85) 禧嬪：底本에는 "僖儐"으로 되어 있다. 실록에 근거하여 수정하였다.

○ 戊寅, 丈巖鄭澔疏論尹明齋, 上嚴批. 自是凡爲宋之疏, 不爲開納, 右尹者獎許之. 己丑, 以尹拯爲右相. 乙未, 權遂菴尚夏以柳奎疏, 請去『家禮原流』序文事, 上疏斥之, 上嚴批. 權尚夏罷職, 鄭澔遠竄. 大臣金昌集·李畲皆出城. 丙申, 命入明齋辛酉擬書, 覽後儒臣權尚夏·大臣金昌集·李畬, 召還之命. 去美村及明齋先正之稱, 收還贈謚建院之命. 致祭華陽祠.

○ 自肅宗庚申後, 西人岐爲老少. 己巳, 南黨進, 甲戌, 南黨黜, 西人復進, 少論當局. 至戊寅, 上稍用老論, 辛巳, 禧嬪[86]賜死, 時老論當局. 自辛壬以後, 黨禍轉成忠逆案.

○ 景宗壬寅三月, 睦虎龍誣獄起, 聯箚大臣李頤命·金昌集·李健命·趙泰采賜死.

○ 美村·明齋復官贈謚, 尤菴祠院恩額幷撤.

○ 英宗甲辰, 虎龍·一鏡伏誅, 四大臣復官贈謚建院. 盡宥爲尤菴被罪人, 還揭祠院恩額.

○ 戊申逆亂平後, 一鏡追定大逆律. 弼夢·賢等處斬, 李明誼·柳徠杖斃.

○ 乙亥, 逆志·逆徵伏誅, 師尚·就商·鏡疏下諸敵, 幷耈·輝追施逆律. 李光佐·趙泰億·崔錫恒幷追奪.

○ 正宗丁酉, 致祭華陽院, 追奪美村·明齋官爵, 尋還給.

○ 宣廟駐龍灣時. 有詩, 曰 : "朝廷今日後, 寧復更西東."

---

86) 嬪 : 底本에는 "儐"으로 되어 있다. 실록에 근거하여 수정하였다.

肅宗嘗有詩, 曰："從古禍人國, 莫如黨比酷. 東西纔標榜, 老少轉橫坼. 公道時淪喪, 私心日[87]係[88]着. 須知殷鑑邇[89], 終始竭忠力." 甲戌, 用左相朴世采議, 依「大誥」作教文, 以破朋黨之意, 布告中外. 景宗初年, 校理趙文命疏, 曰："今日國家受病, 朋黨是已, 此邊豈皆君子, 彼邊豈皆小人." 又曰："朋黨之禍, 賢邪顚倒, 若漢之南北·宋之元祐·熙豊是也. 惟今之黨不然. 陰陽黑白, 無甚分別, 擧一黨盡用未必皆賢, 擧一黨盡棄未必皆惡. 將不得已, 參用兩邊, 則范忠宣調停之論, 又未免苟且, 終莫如建極之道. 云云."

○ 英宗庚申, 釋負之教還收後, 頒教文略曰：
"陰朋樹黨, 國勢綿綴, 箕疇蕩平, 實所服膺. 廷臣不率, 聽予懇懇, 蠻觸紛拏, 視國秦瘠. 獨憂社稷, 寤寐憂嘆, 釋負初心, 彌望鐵石. 慈懷孔慽, 教諭勤懇, 抑志奉承, 臨位有願. 廷臣相勉, 咸曰改革, 建極立經, 永佑燕翼. 云云." 大提吳瑗製進. 丙子, 從太學生疏, 以宋文正時烈·宋文正浚吉, 從祀文廟. 甲申, 特教曰："予於文純公朴世采, 有曠世之感, 特擧從祀文廟之典."

尼書辨

李敏輔 伯訥常窩[90]著

甲寅年, 草廬作禮說示尤翁請其點化, 尤翁略加刪潤以還之. 其一段有："湯·武以諸侯爲天子, 及爲天子, 則以諸侯待之耶? 以天子待之耶?" 尤翁初不照察於其言有微旨矣. 及尤翁竄南, 草廬謫西, 未幾李夏鎭謂李舜岳, 曰："近見李惟泰, 寔善人也." 曰："何謂也?" 曰："不見其禮說乎? 吾輩方

87) 日：底本에는 "自"로 되어 있다. 실록에 근거하여 수정하였다.
88) 係：底本에는 "繫"로 되어 있다. 실록에 근거하여 수정하였다.
89) 邇：底本에는 "異"로 되어 있다. 실록에 근거하여 수정하였다.
90) 窩：底本에는 "齋"로 되어 있다. 이민보의 호가 "常窩"임을 고려하여 수정하였다.

欲向而敬之."

金公溜走長鬐, 悉告所聞, 尤菴不記湯·武說而疑其新著. 尹拯適來, 尤翁曰 : "聞草廬有新禮說, 得見否?" 曰 : "未也." 出謂宋學士疇錫, 曰 : "禮說在此乎?" 宋意拯之所覓, 卽甲寅禮說, 答曰 : "宋子愼持去." 拯遂見其說, 寄書草廬, 具報有招謗言. 草廬曰 : "此已與尤翁共商量者." 仍以尤翁筆蹟質之, 拯據作交搆之資. 然草廬與拯書, 曰 : "文字初成送示尤翁矣. 其後更考本文, 一款語, 則自此有改處, 安知所謂一款改處, 不爲變說宗旨乎?"

○ 是時趙學士根與同門諸人, 將爲師門疏辨, 欲設疏廳於昭格洞第, 而其家方借武人楊顯望. 楊之家層不多, 姑令移接下廊下, 而趙公與其婿李志逵, 且處外堂矣. 一日李頔自關西來見趙公, 曰 : "吾翁數年塞外, 病深食艱, 世安有如許寃悶者?" 時楊適在傍, 慣其顔面矣. 數日之後, 楊自外歸, 曰 : "頃者來此之客, 今日往吳判書家, 袖出一紙, 納于吳判. 吳判曰 : '春府所見如此, 則初何被謫?' 客曰 : '是以不勝寃痛.' 吳曰 : '早晩吾當白上矣.' 趙公聞此愕然矣." 尤翁·草廬所生同事也. 李懿錫疏申草廬, 其說已貳於尤. 而草廬對人論尤翁誤禮, 斥以可死, 其與李相國翽書, 曰 : "尤徒欲並與仁祖之統而絶之." 且與李廈[91]卿擧言 : "前有尾後無尾之蛙." 則不待新禮說而志操已變矣.

○ 士友勸拯以鑴惡旣稔, 宜告吉甫墓而絶之. 因辭章辨斥, 以明吉甫心事, 則一皆聽之漠然. 金公萬增兄弟過拯而說鑴, 凡三問而不答.

○ 吉甫辭疏, 盡言與妻友約死之事, 於後, 曰 : "非爲友也, 非爲妻也. 只恨臣身之苟活." 蓋其心所歉, 正在於約死不能死, 而或恐自結實案, 則無以避

---

91) 廈 : 底本에는 없다. 『肅宗實錄』42年 閏3月 15日 기사에 근거하여 보충하였다. 館學儒生 李蓍定이 송시열을 옹호하며 올린 상소내용 가운데 초려 예설의 문제점을 이하정이 초려를 개경에서 직접 만나서 한 말을 통해 제시하였다.

後世之譏. 故只泛論偷生之足可慨惋, 若以當日島中之人, 皆有此意, 隱然潛拔孝廟爲康王, 杜擧之說, 其計深矣. 拯答玄石書："正月望間. 云云." 此所謂機關·權數之書, 而宋公淳錫謄去者也. 蓋其時拯謂權生, 曰："吾發露函丈心術, 則當墮萬仞坑塹." 以鋋來告尤翁, 尤翁以爲："日前書來, 無異平昔, 何也?" 仍出示其書, 以鋋大驚, 曰："此叔言行, 何乃相戾? 至此無何." 玄石聞對權抵尤之語, 以書叩之, 拯乃以義理·王覇等說, 敷演而答之. 甲寅, 草廬謂尤翁, 曰："吉甫書院太遽矣. 未聞柳壽芳之言乎? 吉甫自號美村, 死後稱以魯西. 柳曰：'魯西可稱以達魯, 達魯卽麗時虜官之管東方者也.' 外議如此, 而强作可乎?" 此草廬與尤翁宿奉恩寺時也.
辛酉, 許璜言於尤翁, 曰："昔年, 過尹寀家, 尼山通文適來, 卽美村配享之議. 而列邑無異辭, 獨至木川, 有何人書, 曰：'江都俘奴, 不合享祀.'" 尤翁駭之, 謂打愚, 曰："木川士習, 可惡. 君爲院長, 愼勿與惡鄕人相從." 打愚欲嚴而施罰. 人多疑此事出於柳壽芳, 而未得眞犯, 必考手跡, 然後可得其人. 故還覓通文於尼山, 則院儒答："以深感諸賢衛道之心, 然事在久遠, 不必更起鬧端." 復覓, 則答曰："通文初無懸錄之事." 其意蓋諱之也. 拯意尤翁樂聞而喜傳, 迫詰言根, 終以爲尤翁造言. 丙申, 其徒崔錫文疏謂許璜京鄕所無, 璜子瀰疏辨甚悉. 其時璜猶生存, 居陽城.

○ 鑴伏法之後, 拯猶以爲吉甫執友, 而對人必稱其爵號. 打愚斥其非, 然後姑稱罪犯, 人人或言鑴事, 則輒含默不答.

○ 吉甫, 丙子後, 謗議濫世, 南人尤甚, 以吉甫父八松公, 嘗見忤南人. 又吉甫爲成文簡外孫也, 吉甫虛㤼, 故終始附合於鑴, 調於許·洪·趙者, 實欲於求掩已彰之釁, 尤圖免方來之禍穽. 而拯巽軟㤼弱, 十倍吉甫, 怵迫於甲寅·乙卯之際, 徼利於己巳·庚午之間者, 固無不至. 又必以扶護尹鑴, 立異尤門, 爲求容丐免之資. 蓋始欲掩釁而免禍, 則獻媚以尊鑴, 終欲逞憾而招怨, 合勢以伸鑴. 此其情跡照然, 萬目難掩矣.

○ 李永鴻不知何人, 與李公益命同舟時, 誦拯祭鑴之文, 以爲誇張之資. 有曰:“黨禍滔天, 命不少延.” 李公歸語其兄完寧, 文谷聞之, 駭曰:“曾聞尹遣子會鑴葬, 今其祭文如此, 其罪與鑴同矣.” 永鴻聞而大惧, 遂返前說而諱之, 與李公兄弟相結. 及其證左明白, 知不可掩, 乃曰:“是余僞作.” 於是永鴻父兄笞永鴻, 以謝李公兄弟. 尹家又以此歸諸尤翁所揑造.

○ 甲子, 崔愼疏後, 朝家削拯儒名. 己巳, 群凶復改擬. 庚午都憲時, 以玄石所勸, 乃陳疏言:“其父已絶鑴, 臣亦不言其寃死.” 群凶怒其反覆, 啓奪其職, 鑴子夏濟投章, 悉拔平日倡和狀. 甲戌, 連有除名, 終無一言及此.

○ 辛酉監試, 得一空皮封試劵, 乃告變書. 而所告南人十三大家也, 其中許堅·瑛·柳命堅在京. 一考官, 曰:“發匿名書有律, 此當火之.” 一考官, 曰:“此繫國家禍福, 豈可止乎?” 遂堅封密入, 上密托淸城詗察, 所告諸人, 散在京外, 無緣審察. 時有金煥者以西人業武, 得官於午人者也. 云云.【見上】此本肅廟密托淸城, 淸城又托光南者, 而光南所失, 只機事不密, 致先洩又徑發, 未得探情. 而堅·瑛謀逆旣狼藉, 如李德周輩, 實謀不軌, 無人不知, 則光南之詗察, 金煥之上變, 實非虛罔者矣.
尤翁在驪江, 趙持謙奉偕來命, 屢日留待, 言光南罪狀頗有據. 尤翁亦以爲然, 持謙大悅. 及入都, 文谷·老峰·光城悉告本末, 尤翁曰:“審然則光南非其罪矣.” 自是持謙輩群起, 論罪光南益急, 欲併翊戴而案法. 至以堅·瑛大逆, 亦不無一併滌貸意, 其計專在排擠元勳諸臣. 故以此爲假托傾軋之機, 而實爲後日保92)身全恩之圖也. 拯於其間, 又包臧禍心, 隱伺尤翁動靜, 煽出譏謗, 招納叛亡, 聚爲窩窟. 及至己巳之禍, 群凶以此搆罪, 而盛奬持謙建請褒贈, 饋其妻子米肉.

○ 朴士元以吉甫外孫, 持論偏毒, 良佐疏亦出其手. 其論光南事尤峻, 與光

92) 保 : 底本에는 누락되었다. 문맥에 근거하여 보충하였다.

南異姓近戚而不相通好. 己巳, 光南之被拿也, 士元以坡牧, 匹馬壹漿逆中路, 爲示悔傷之意. 又抵書金西浦謫所, 極其悼愍. 及被刑將死, 呻囈之語, 輒曰："彼老拿, 將何爲?" 蓋持尤翁也. 人謂："士元見識執滯, 聞見習熟, 不免爲少輩之論, 而非必出於爲後日徼利也." 彼見群凶得時, 禍網橫罹, 始覺其黨前日之爲, 不出於公正, 自悔參涉其間.

更化後, 老峯欲大有設施, 力致尤翁於朝, 又傍招玄石. 是時, 日不難尤翁, 執子弟禮, 言於尤翁, 曰："子仁可招. 云云."【見上】遂與玄石盡吐所言, 輒以日後禍網怵之. 於是玄石大惑, 尤翁已知爲拯毒所中. 其後玄石隨事立異於尤翁. 自此少輩, 皆趍附玄石以益衆, 而朴泰維首斥尤翁, 拯亦自恃其徒黨之盛.【此一條, 申參判㬚言, 抹之.】

○ 辛酉, 尤翁自朝歸後, 林滄溪泳以書來, 曰："比聞外議, 以尹明齋·朴玄石爲一代宗匠, 以攻斥先生." 尤翁謝, 曰："吾與二君, 對爲敵手, 在我則榮矣, 在彼則不亦辱乎? 彼雖勝我, 勝亦不武矣." 適拯書來尤翁擧林語, 仍曰："'先丈門下諸賢, 持論太峻, 使喜事浮薄之輩, 夤緣倡和, 以至於此.' 拯旋問：門下峻論者何人?" 尤翁答曰："見李相則大言尊從尹沃川事, 誠使人渾身靑."

蓋吉甫從兄鴻擧之二子抗·摠, 與鑴如父子, 故人謂抗濟·摠濟, 蓋鑴子名義濟故也. 抗爲沃川時, 因人密告謂："尤翁有逆謀." 與其父相議, 詣營告變. 其時監司諭止之, 不售而歸. 李尙眞時在湖庄詳聞, 故言諸尤翁. 此時李未及如尹合也.【此亦因申言, 略有刪.】

○ 庚申後, 國事多可憂, 凶黨陰伺, 若復入之日, 禍必先於勳戚. 故少輩托淸議·排戚勳, 媚悅凶黨, 爲後日計. 先輩惡其心術之不正, 少輩指先輩謂勳戚之黨. 拯本以鑴黨, 又有畏禍之心, 趍合於少輩, 少輩大悅, 遂與合勢, 此非爲拯也. 於尤翁則以凶黨之所仇疾, 無過於尤翁, 又怨不助其論而右勳戚, 始因光南事而侵詆, 後以拯事而肆悖. 拯則乘機投間, 恣行凶臆, 玄石爲其所賣, 反爲少輩之領袖.【玄石以下, 因申言刪.】

○ 滄洲妹婿張學士次周也, 吉甫妻李氏與張氏之室, 共處島中, 隔垣爲隣. 城陷之日, 吉甫蒼黃來到, 勸妻先死免汙辱. 張室金淑人聞之, 歎曰 : "尹上舍今世名士, 而乃至手殺其妻, 臨危處義, 必有由矣." 引刀自決. 俄者金汗令軍中所在行官之地, 禁不得殺掠, 故旁隣士夫皆得免. 滄洲以是深恨, 曰 : "向使吉甫少遲其妻之死, 吾妹亦必係須臾之命." 尤翁答拯, 曰"金尙書每傷其同氣之不得從容就盡, 謂'出於先丈之倡之'"者, 卽指此也. 張氏後孫, 以不得從容就盡之義, 或恐金淑人節義之暗昧, 從尹家慫恿, 投疏伸白, 良可笑也.

○ 庚申, 尤翁門孼[93]宋奎東與內閣徐後行奴子同謀, 僞造尤翁書, 干請於靈巖守, 守卽申公銶也. 尤翁以其事內閣與官府, 有意外之患, 欲得其寫書者, 呈官推問, 則奎東僞引林[94]慶業之姪[95], 故林亦捉來矣. 其時尹推以縣官來候尤翁, 曰 : "奎東非但僞造私書, 亦僞御寶而賣官敎." 書官敎者宋平昌之孫也. 尤翁大驚, 曰 : "城主從何聞之." 曰 : "聞於宋光杅矣." 蓋此事發覺, 則平昌之孫, 亦當幷坐, 故爲首實救免計, 遂呈官自明. 於是奎東被囚, 未幾推忽棄官歸言 : "尤翁使我殺人. 殺人之事, 吾未之學也, 故卽日決歸"云. 尤翁弟宋公時杰聞此言遽, 曰 : "余則當曰 : '殺妻之事, 吾不學'" 云爾. 尤翁責止之.

○ 庚申間, 宋公奎濂倡論, 使立朴平陽祠, 而以宋子愼配之, 懷縣諸生, 爲開祠基. 尹推時宰懷縣, 書駁諸生, 曰 : "有若酬恩報功者然, 蓋托尤翁爲主張祠議也." 其議遂中止. 於是沃川儒生通文懷川, 曰 : "若沮此祠, 則有疵無德者, 顧反爲享祠耶?" 尤翁聞之, 書責沃儒, 使亟還取書而焚之字. 子愼之見疾於拯家, 亦有由. 子愼從遊吉甫, 而每疑其言議. 常言 : "美村家法·制行, 擧世無比, 而惟其議論, 常在利害上." 吉甫狀文之成也, 拯就示

---

93) 孼 : 底本에는 "蘖"로 되어 있다. 『宋子大全·燕居雜錄』에 근거하여 수정하였다.
94) 林 : 底本에는 "休"로 되어 있다. 『宋子大全·燕居雜錄』에 근거하여 수정하였다.
95) 姪 : 底本에는 "侄"로 되어 있다. 『宋子大全·燕居雜錄』에 근거하여 수정하였다.

子愼, 子愼讀畢, 曰："先生江都後自處, 實平生高義, 今乃全沒之可乎?" 拯默然, 不悅而去. 沃儒之不滿於吉甫, 亦有由. 蓋沃儒實染重峯, 頗尊尙節義, 故於吉甫每有鄙夷之心. 滄院題位版時, 用吉甫筆, 則諸生力斥其不可, 尤翁力諭止之.

○ 拯之防塞宋學士之說, 金棐來言尤翁, 又言於尤翁胤子. 其後忽變說, 曰："防塞之說, 吾謂出於尹門, 而不謂出於尹拯矣." 尤翁責其變幻, 則棐歔欷, 曰："吾已白首, 餘年幾何? 得一官, 是吾至願. 而諸嫡都無意思, 尹敬敎氏與我有約矣." 仍言："尹門不但今日立朝者, 其兒少亦多能文決科之人, 吾何敢見惡於彼哉? 吾之情實, 可哀也."

○ 玄石論治做事, 動引箕聖皇極之說, 孔子周和之訓, 上告下諭, 率用是道. 是故是非邪正之際, 要先占得寬恕之地, 原其所受, 則模法栗翁東西調劑之術. 而庚申以是亦已擧是說措之, 良佐疏發, 始有一書, 曰云云. 觀此所論, 蓋亦襲栗翁論東西一是一非之意, 而自置其身於老少指目之外也.

○ 玄石爲拯所誘惑, 實疑前輩之附於戚臣, 不欲與之和合. 甲子以後, 見少輩與張希載牽連, 漸生憎嫌, 始以爲："吾與尤翁不相得者, 本子仁所誤也." 拯則意玄石議論與已無異, 而看得尤翁有未透, 有書必詆尤翁, 數其隱情. 玄石答曰："心術隱微之論, 果難一朝遽然徑信." 又曰："攻人本原者, 自家所言, 亦一從天理否乎?" 拯遜謝, 此其坡·尼稍貳之始也.

及戊·巳之間, 拯便謂："尤翁孤立無依." 耽羅嚴譴有命, 京外諸人, 爲疏申救. 中路迎送者, 無慮數百人, 與渠相好者, 亦莫不奔走先後. 訃至都下, 老少章甫設位於一公廨, 植木門外, 白而大書, 曰：'尤菴先生會哭所', 吊者不絶於道, 十餘日乃罷. 當是時凶徒肆氣, 而亦不能禁. 拯乃疑, 曰："是何人心之傾向如此?" 玄石書於拯, 曰："世變靡常, 人心乖隔, 雖有楚山後命, 議者自相參差. 如弟者, 情義旣不淺, 遠外承訃, 益切慘怛, 不復置意於平日言議之異同矣." 又據禮服素, 拯大怒, 以爲群心所傾, 皆和叔引之. 時鑴黨欲竄玄石, 使鄭維岳問於拯, 拯曰："朝廷事, 吾豈敢與論?" 玄石聞之, 痛其心術不正. 甲戌, 拜相赴朝, 倡曰："尤翁出以大義, 死於士禍, 些少是非[96), 久而剝落." 攻之者, 當作小人, 遂不復請. 上召拯·良佐·得重輩, 譏斥四至. 拯又謂："投時變, 見屈致, 嗟咄." 玄石不勝其苦, 解之, 曰："吾做笱璵不薦, 晦翁之義." 識者恨之.

○ 良佐以吉甫奴服, 擬諸孔聖之過宋, 直謂："避兵而入, 兵至而去, 士夫常事, 何足怪哉? 云云." 言之無所憚如此矣. 尤翁忿然, 擧其城下跪虜之事, 而證以滄洲說, 則拯尤肆怨辱. 及李公選, 有書於尤翁, 曰："跪虜一事異乎吾所聞." 尤翁答曰："只據滄洲說, 愚何敢自是?" 拯得此書, 乃謂："初旣捏造, 故其言窘遁." 竊謂："滄洲所言, 本非爽實." 而李公果未免誤矣. 忠貞申公以宮官入島, 及城陷虜脅之時, 吉甫同處患難. 申公素負氣義, 終不肯從衆而跪, 虜怒擲釰中其股, 虜不得奪. 然不自言其事, 雖子弟無知之者, 至喪後, 吉甫致書吊孤, 悉言當時所目擊. 非其證傳, 則恐此事終歸泯沒, 其家始知焉. 由此觀之, 則吉甫旣與申公同被虜脅矣, 苟其膝不屈, 則獨免虜釰之擲乎? 若曰："虜刃俱及." 而吉甫不自言, 故世無見知, 則吉甫之受人嗤點久矣, 如此好表蹟, 豈不欲持以示人, 圖掩難洗之累哉? 以此知吉甫跪虜, 如滄洲之說也.

○ 尤翁嘗因宋奎禎, 借見鑴所讀經書, 其紙頭率以己說批論, 以攻朱子本註. 尤翁大駭而卽還之. 後至其從姪[97]掌令基厚家, 則案上一策子, 貌甚光鮮問之, 則曰："希仲所註『中庸』." 而周卿·伯興輩, 以書送來, 曰："此註勝於舊註, 君亦錄取可也."云. 尤翁試取見之, 蓋以首章, 段段分割, 爲許多綱節, 如『大學』經一章之爲. 以其三十二章分屬, 首章如『大學』傳, 而盡去舊註, 易以新說. 尤翁乍看, 卽投於地, 曰："何物尹鑴? 及敢如此. 汝又何

96) 是非 : 底本에는 "枝葉"로 되어 있다.『明齋遺稿 · 答羅顯道 庚辰 三月十三日』에 근거하여 수정하였다.

97) 姪 : 底本에는 "侄"로 되어 있다. 용례에 따라 수정하였다.

敢蓄此?" 宋公曰："美村尹丈以牛溪外孫其尊信, 非吾輩比何也?" 曰："牛溪親子亦附仁弘, 外孫之尊鑴, 何怪?"

○ 愼齋諸孫家, 傳來之言. 吉甫辭疏時, 初欲循例辭免計, 愼齋勉以必引江都狼狽[98]爲咎, 吉甫遂略擧而不明言. 又言其與友約死, 不死一節, 而導妻先死一節, 則欲不論, 愼齋累加促責而後, 始詳言之. 愼齋孫萬里·萬城, 以此告尤翁.

○ 己巳禍作, 玄石貽書拯, 曰："今日尤丈復作罪首, 時議想必求異趣者以爲助, 人多爲高明深慮." 又曰："伸驪冤時, 必引兄家爲證."[99] 是時宋彝錫有甥往尼山, 是蓋爲尹忠敎之妻姪爲省其姑也. 拯諸宗適會. 云云.【見上】群凶聞而大疑, 以爲"宋·金素不相能, 至是而二札, 非禍我之獄則何事也?" 遂構成巨禍, 而引拯申鑴, 進以都憲之職.其排布和應, 率有明如此, 玄石之書, 果信矣.

○ 沙溪庶子槪·棐等, 素以無賴, 不得於門中. 拯乃誘以引納, 結爲心腹, 詗察尤翁語默動止. 凡有細事薄物, 稍可言者, 槪必增衍張大, 拯則撫掌稱賑, 陰授傳黨, 捏合裝綴, 以成良佐『雜錄』, 而方略自拯所設也. 良佐凶狡, 不可盡言, 誠以一事言之. 彼在甲子間, 見文谷處拯甚嚴, 乃以鄙辭醜說, 托於尤翁, 而加之於文谷. 甚至摸得尤翁南俗作相之書. 己巳以後, 屢書於農巖兄弟, 誘脅束迫, 靡不用極.

○ 聞良佐『雜錄』未成而身死, 拯續之, 醜詆之特甚者拯筆最多. 良佐子演謂 "非其父書", 至欲上章自明, 可知追書者儘多也. 己巳, 群凶之逞禍也, 拯乃乘機假手, 故庚申以後, 凡與拯結怨者, 卒被慘戮. 尤翁·文谷·光南固勿論, 李打愚於王覇書後, 貽書責拯, 切中忌諱. 李完寧自在湖營, 屢因事

98) 狽：底本에는 "貝"로 되어 있다. 용례에 따라서 수정하였다.
99) 이 부분은『宋子大全·附錄·年譜』에 보인다.

忤拯, 而李永鴻所誦祭钃文, 宣卜名狀啓, 皆爲其所發, 拯之切齒腐心, 實在於此.

○ 良佐投疏前數日, 文谷遇畏齋於公會. 文谷問尤翁近有何書, 畏齋曰: "向書論祭享裁減, 此已送覽, 此外姑無書. 然書之有無, 何以問也?" 文谷笑而不答, 畏齋再三强迫, 文谷乃曰: "羅良佐日前來問我, 以篤墓美村與否, 吾答: '以其子不是處, 不得不言, 而至於美村, 豈以其子之故, 不尊尙耶?' 良佐曰: '然則宜見疾於懷川也. 近聞懷川抵書右相詆斥之說如此如此.' 仍擧誦書辭, 吾問[100]其所從聞, 則曰: '聞於權相尙夏, 權則聞於親見其書人.' 云."

權新除楊根守, 來謝畏齋, 畏齋擧問, 則權大驚, 曰: "頃於人家發引會, 與羅邂逅則自言此事, 故聞之而已, 今反歸之我耶?" 因往詰於良佐, 良佐甥金公昌集適在座, 良佐言窮, 不能答. 權顧謂金公, 曰: "公旣叅聽, 知吾元無是說. 歸白大庭, 可也."

---

100) 問: 底本에는 "聞"으로 되어 있다. 문맥상 "問"으로 수정하였다.

찾아보기

ㅇ

ㅈ

ㅊ

ㅌ

ㅍ

ㅎ

편자 | 이정인 李鼎寅 (1788~?)

본관은 전주, 자 성흠(聖欽), 선조(宣祖)의 후손, 1810년(순조 10) 진사(進士), 함열현감(咸悅縣監) 등 역임

역주 |

김용흠

서울대학교 국사학과 학사, 연세대학교 대학원 문학석사·박사. 현 연세대학교 국학연구원 연구교수

주요논저 | 『조선후기 정치사 연구 I —인조대 정치론의 분화와 변통론』(2006), 『목민고·목민대방』(역서, 2012), 「조선의 정치에서 무엇을 볼 것인가—탕평론·탕평책·탕평정치」(2016), 「조선후기 노론 당론서와 당론의 특징-『형감(衡鑑)』을 중심으로」(2016), 「『경세유표』를 통해서 본 복지국가의 전통」(2017)

원재린

성균관대학교 사학과 학사. 연세대학교 대학원 문학석사·박사. 현 연세대학교 국학연구원 연구교수

주요논저 | 『조선후기 성호학파의 학통연구』(2002), 『임관정요』(역서, 2012), 『동소만록』(역서, 2017), 「조선후기 남인당론서 편찬의 제 특징」(2016), 「성호사설과 당쟁사 이해」(2018)

김정신

덕성여자대학교 사학과 학사. 연세대학교 대학원 문학석사·박사. 현 연세대학교 국학연구원 연구교수

주요논저 | 「주희의 묘수론과 종묘제 개혁론」(2015), 「주희의 소목론과 종묘제 개혁론」(2015), 「기축옥사와 조선후기 서인 당론의 구성·전개·분열」(2016), 「16~7세기 조선 학계의 중국 사상사 이해와 중국 문헌」(2018)

형감 衡鑑

이정인 편 | 김용흠·원재린·김정신 역주

초판 1쇄 발행 2019년 2월 25일

펴낸이 오일주
펴낸곳 도서출판 혜안

등록번호 제22-471호
등록일자 1993년 7월 30일

주소 04052 서울시 마포구 와우산로 35길 3(서교동) 102호
전화 02-3141-3711~2 / 팩스 02-3141-3710
이메일 hyeanpub@hanmail.net

ISBN 978-89-8494-627-9 93150

값 48,000 원